NOVOS RUMOS DO PROCESSO TRIBUTÁRIO:

Judicial, Administrativo e Métodos Alternativos de Cobrança do Crédito Tributário

CIP-BRASIL. CATALOGAÇÃO NA PUBLICAÇÃO
SINDICATO NACIONAL DOS EDITORES DE LIVROS, RJ

N848
v. 2

Novos rumos do processo tributário : judicial, administrativo e métodos alternativos de cobrança do crédito tributário, volume II / organizadoras Renata Elaine Silva Ricetti Marques, Isabela Bonfá. - 1. ed. - São Paulo : Noeses, 2020.

1104 p.
ISBN 978-85-8310-148-2

1. Direito tributário - Brasil. I. Marques, Renata Elaine Silva Ricetti. II. Bonfá, Isabela.

19-61115 CDU: 34:351.713(81)

Vanessa Mafra Xavier Salgado - Bibliotecária CRB-7/6644

Coordenação

Renata Elaine Silva Ricetti Marques
Isabela Bonfá de Jesus

NOVOS RUMOS DO PROCESSO TRIBUTÁRIO:
Judicial, Administrativo e Métodos Alternativos de Cobrança do Crédito Tributário

Volume II

2020

editora e livraria
NOESES

Copyright © Editora Noeses 2020
Fundador e Editor-chefe: Paulo de Barros Carvalho
Gerente de Produção Editorial: Rosangela Santos
Arte e Diagramação: Renato Castro
Revisão: Patricia Menezes
Designer de Capa: Aliá3 - Marcos Duarte

2020

editora e livraria
NOESES

Editora Noeses Ltda.
Tel/fax: 55 11 3666 6055
www.editoranoeses.com.br

APRESENTAÇÃO

A obra *"Novos Rumos do Processo Tributário: Judicial, Administrativo e Métodos Alternativos de Cobrança do Crédito Tributário"*, nasceu de diálogos e discussões entre as coordenadoras da obra sobre o tema juntamente com seus alunos, tanto do programa de Pós-Graduação de Mestrado em Direito Constitucional e Processual Tributário da Pontifícia Universidade Católica de São Paulo – PUC/SP, como do Programa de Pós-Graduação *Latu Sensu* em Direito e Processo Tributário da Escola Paulista de Direito - EPD.

Tais discussões rapidamente evoluíram para o importante projeto que culminou na publicação deste livro e ganhou mais relevância quando parte dos alunos do pós-graduação se juntaram a formação da ideia. A integração ainda contou com a presença marcante de juízes, advogados, procuradores combativos e militantes no Direito Processual Tributário que resultou na produção de artigos com temas variados que instigam nosso raciocínio.

O livro que se apresenta reuniu o que há de mais atual e moderno em termos de Processo Tributário, já que a necessidade da obra decorreu das constantes mudanças na lei processual civil que se consolidaram no novo Código de Processo Civil – CPC/15 (Lei 13.105, de 16 de março de 2015) que em última *ratio* interfere diretamente no Processo Tributário.

Isto decorre da falta de uma legislação processual própria o que nos leva a utilização das regras gerais processuais, naquilo que não seja incompatível com o Código Tributário Nacional, que mesmo não sendo uma lei processual em alguns momentos discorre sobre limitação na aplicação processual.

O livro está dividido em 3 (três) grandes blocos e cada colaborador convidado foi direcionado para um tema específico, o resultado não poderia ter sido melhor, são 90 (noventa) textos atuais e polêmicos que tratam do Direito Processual Tributário de forma prática, didática e atual:

1) **Processo Administrativo Tributário** (provas, limites, jurisprudência, atuação dos Tribunais Administrativos, fases, princípios, aplicação do CPC/15, LINDB);

2) **Processo Judicial Tributário** (Mandado de Segurança, Execução Fiscal, Embargos à Execução Fiscal, Exceção de Pré-Executividade, Incidente de Desconsideração da Personalidade Jurídica, Garantias, Ação Anulatória de Débito Fiscal, Ação Declaratória, Tutelas Provisórias, Recursos, Precedentes);

3) **Métodos Alternativos de Cobrança do Crédito Tributário:** (Negócio Jurídico Processual, Arbitragem Tributária e outros Métodos de Resolução).

Os leitores se depararão com os conceitos teóricos e práticos do Processo Tributário tratados por autores com vasta experiência corporativa e acadêmica na área, que abrangem tanto o contencioso tributário do dia-a-dias, como as discussões processuais na seara tributária que envolvem o CPC/15.

A finalidade é entregar à comunidade um panorama dos principais aspectos que hoje representam o desafio de estudar e atuar no âmbito do Direito Processual Tributário no Brasil, que, como é sabido, está em constante mutação.

Dentro desse contexto, há que se agradecer aos colaboradores deste livro por aceitarem escrever sobre temas tão dinâmicos.

A nossa alegria, particularmente, em coordenar essa obra, é porque conhecemos cada um dos autores e somos testemunhas da competência e dedicação de cada um. Sem medir esforços para chegar ao resultado que se tem em mãos, tal grupo qualificado se reuniu e apresentou uma produção científica de qualidade.

O nosso contentamento foi proporcionar esse encontro muito feliz de advogados, juízes, procuradores, pós-graduandos, mestres, doutores, para poder transmitir aos leitores visões jurídicas teóricas e práticas sobre diferentes aspectos do Direito Processual Tributário.

São Paulo, novembro de 2019.

Renata Elaine Silva Ricetti Marques

Coordenadora e Professora do Curso de Pós-Graduação lato sensu em Direito Tributário da Escola Paulista de Direito (EPD), Coordenadora e Professora dos cursos de Pós-Graduação em Direito Tributário da ATAME (Cuiabá). Presidente do Instituto Acadêmico de Direito Tributário e Empresarial - IADTE. Membro da Comissão de Direito Constitucional e Tributário da Ordem dos Advogados do Brasil – Subseção de Pinheiros.

Isabela Bonfá de Jesus

Vice-Coordenadora da Pós-Graduação Stricto Sensu do Núcleo de Direito Constitucional e Processual Tributário da Pontifícia Universidade Católica de São Paulo (PUC/SP), Professora dos Cursos de Bacharelado e Pós-Graduação Stricto Sensu da Faculdade de Direito da PUC/SP.

SUMÁRIO

Capítulo 1

MANDADO DE SEGURANÇA

Capítulo 2

EXECUÇÃO FISCAL

Capítulo 3

TUTELAS PROVISÓRIAS

Capítulo 4

RECURSOS

Capítulo 1

MANDADO DE SEGURANÇA

MANDADO DE SEGURANÇA

Caio Bartine[1]

1. ORIGEM E HISTÓRICO

A defesa dos direitos fundamentais em juízo e a consagração da Teoria Brasileira do *Habeas Corpus*, no período da Primeira República[2], consagra as primeiras linhas de existência do mandado de segurança. A Constituição de 1891, com redação conferida pela Emenda Constitucional de 3 de setembro de 1926, dotada de influências do liberalismo, trazia em seu bojo uma garantia para atendimento dos direitos individuais – *habeas corpus* – sem que houvesse qualquer alusão ao direito de ir e vir[3]. Isso fez com que tal instrumento fosse utilizado de maneira ampla, abrangendo toda e qualquer hipótese

1. MBA em Direito Empresarial -FGV. Especialista em Direito Tributário -IBET. Mestrando em Direito -FADISP. Professor de Planejamento Tributário do MBA em Marketing da FIA-USP. Vice-Presidente do Instituto Parlamentar Municipal -INSPAR. Advogado, consultor jurídico e autor de diversas obras jurídicas. Palestrante nacional e internacional.

2. Trata-se de um período da história brasileira, datado de 1889 a 1930, iniciando-se com a Proclamação da República e tendo o seu desfecho com a deposição de Washington Luís, como consequência da Revolução de 1930. Dentre as fases que a marcaram, temos a consolidação, a institucionalização e, por fim, a crise.

3. Art. 72, §22, da Constituição Federal de 1891: "dar-se-á *habeas corpus* sempre que o indivíduo sofrer ou se achar em iminente perigo de sofrer violência e coação, por ilegalidade ou abuso de poder".

que pudesse ensejar práticas abusivas, independentemente do constrangimento físico direto.

O maior defensor da Doutrina Brasileira do *Habeas Corpus* foi Ruy Barbosa, no qual afirmava que não se tratava de remédio próprio para constrangimentos físicos, como se previa em legislações anteriores[4], mas extensivo a todos os casos em que um direito – qualquer que seja – estivesse ameaçado pela intervenção de um abuso de poder ou ilegalidade, vez que a Constituição Federa de 1891 não fez qualquer distinção ou limitação de seu uso. E tal situação fora corroborada pelo Supremo Tribunal Federal, quando do julgamento do *Habeas Corpus* 3.536, em 6 de maio de 1914, tendo como paciente (e também impetrante) o próprio Rui Barbosa[5].

Tais discussões ensejaram a previsão do mandado de segurança, introduzido inicialmente na Constituição de 1934[6], tendo o mesmo rito adotado para o *habeas corpus*, estabelecendo-se as diferenças pelo advento da Lei 191, de 16 de janeiro de 1936, especificando as hipóteses de seu cabimento.

De acordo com o Min. Celso de Mello,

> *Com a cessação, em 1926, da doutrina brasileira do habeas corpus, a destinação constitucional do remédio heroico restringiu-se, no campo de sua específica projeção, ao plano da estreita tutela da imediata liberdade física de ir, vir e permanecer dos indivíduos, pertencendo, residualmente, ao âmbito do mandado de segurança, a tutela jurisdicional contra ofensas que desrespeitem os demais direitos líquidos e certos, mesmo quando tais situações de ilicitude*

4. O instituto do *habeas corpus* já estava previsto no Código Criminal de 1830 e no Código de Processo Criminal de 1832, fazendo menção expressa à prisão e ao constrangimento físico.

5. Advogado, jornalista, jurista, político, diplomata, ensaísta e orador, nascido em Salvador (BA), no dia 05 de novembro de 1849, tendo falecido em 10 de março de 1923.

6. O então Senador Rui Barbosa insurge-se contra ato praticado pelo Chefe de Polícia quando da proibição da publicação de um discurso proferido contra ato do Governo da União no jornal O Imparcial, alegando descumprimento do art. 18 da Constituição de 1891. A decisão não foi pacífica, gerando grande divergência na Corte Suprema acerca do cabimento do instrumento constitucional.

> *ou de abuso de poder venham a afetar, ainda que obliquamente, a liberdade de locomoção física das pessoas.*[7]

A garantia da utilização do mandado de segurança foi suprimida na Constituição de 1937, tendo o seu retorno com a Constituição de 1946, mantido até os dias de hoje, reforçando a origem de sua existência quando, na Constituição de 1988, em seu art. 5º, LXIX, deixa claro que o direito assegurado não pode ser amparado por *habeas corpus* ou *habeas data*, tendo sua atual regulamentação pela Lei 12.016/09.

2. NATUREZA JURÍDICA

Dispõe o art. 1º da Lei 12.016/09:

> *Conceder-se-á mandado de segurança para proteger direito líquido e certo, não amparado por habeas corpus ou habeas data, sempre que, ilegalmente ou com abuso de poder, qualquer pessoa física ou jurídica sofrer violação ou houver justo receio de sofrê-la por parte de autoridade, seja de que categoria for e sejam quais forem as funções que exerça.*

Trata-se, portanto, de ação judicial constitucional, tendo rito sumário e objeto específico, utilizado contra ato de autoridade pública, que atue com ilegalidade ou abuso de poder, sendo caracterizado, anteriormente, como causa *sui generis*, remédio especial, dentre outras naturezas. Cediço é que tal medida não se configura como simples processo de conhecimento – as denominadas ações de procedimento comum – de natureza eminentemente declaratória, mas de procedimento especial dotado de força executiva.

---

7. Art. 113, 33, da Constituição Federal de 1934 –"Dar-se-á mandado de segurança para defesa do direito, certo e incontestável, ameaçado ou violado por ato manifestamente inconstitucional ou ilegal de qualquer autoridade. O processo será o mesmo do *habeas corpus*, devendo ser sempre ouvida a pessoa de direito público interessada. O mandado não prejudica as ações petitórias competentes".

Segundo o Ministro Gilmar Mendes,

> *O mandado de segurança, como a lei regulamentar o considera, é ação civil de rito sumério especial destinada a afastar ofensa ou ameaça a direito subjetivo individual ou coletivo, privado ou público através de ordem corretiva ou impeditiva da ilegalidade – ordem, esta, a ser cumprida especificamente pela autoridade coatora, em atendimento a notificação judicial. Sendo ação civil, o mandado de segurança enquadra-se no conceito de "causa", enunciado pela Constituição da República, para fins de fixação de foro e juízo competente para seu julgamento quando for interessada a União Federal (art. 109, I e VII), e produz todos os efeitos próprios dos feitos contenciosos. Distingue-se das demais ações apenas pela especificidade que lhe é próprio, aplicando-se, subsidiariamente, as regras do Código de Processo Civil. Visam precipuamente, à invalidação de atos de autoridade ou à supressão de efeitos de omissões administrativas capazes de lesar direito individual ou coletivo líquido e certo. Quaisquer que sejam a origem ou natureza do ato impugnado (administrativo, judicial, civil, penal, policial, militar, eleitoral, trabalhista, etc.), o mandado de segurança será sempre processado e julgado como ação civil, no juízo competente*[8-9]

Vislumbra-se que, independentemente do tema a ser discutido, o mandado de segurança não perde a característica de ação civil, porém, dotada de peculiaridades próprias, conforme se observa no objeto, procedimento utilizado e demais requisitos. Não podemos olvidar que se trata de uma forma de controle judicial da atividade administrativa, sendo mais eficaz contra atos vinculados do que contra ato discricionários; isto porque, nos atos vinculados, todos os elementos que compõe sua validade estão determinados em lei, não se sujeitando ao juízo de conveniência e oportunidade, como no caso de atos discricionários.

Tal fato, contudo, não afasta a possibilidade de uso da ação mandamental em atos discricionários com abuso de poder. Porém, a maior eficácia aplicar-se-á nos atos vinculados, conforme acima descrito.

---

8. HC 83.966 AgR, rel. min. Celso de Mello, j. 23-6-2004, 1ª T. DJde 25-11-2005.

9. MENDES, GILMAR FERREIRA, *et al Curso de Direito Constitucional.* 4ª ed. São Paulo: Saraiva, 2009.

Sempre houve entre grandes juristas profunda controvérsia acerca da natureza jurídica do instituto mandamental. Em artigo publicado na Revista da Faculdade de Direito da Universidade de São Paulo[10], o catedrático Alfredo Buzaid sustenta que o mandado de segurança não objetiva um julgamento meramente declaratório, visto que a eficácia da decisão é assegurada por seu cumprimento compulsório sob sanções legais, sendo, *sempre*, instrumento *executório*.

Considerado quanto à matéria que versa, Buzaid afirma ser *recurso administrativo*; sob o aspecto jurisdicional, figura como *remédio judiciário*.

Pontes de Miranda[11] atribui-lhe caráter tipicamente *mandamental*, sendo que Goldschmidt o incluiu na classificação das ações, segundo a natureza do provimento jurisdicional, à categoria *autônoma*, passando a figurar ao lado das sentenças declaratórias, constitutivas e condenatórias.

Cada teoria adotada ao longo do tempo acabou não permitindo que cada um de seus ilustres autores compreendessem toda a real extensão, força e alcance do instituto. O fato de caracterização da segurança pela existência de *executividade* de seu mandado acaba por explicar a natureza do todo apenas através de uma das partes, o que não significa afirmar que se trata de algo que deva ser desprezado; mas, afirma-se, conforme bem ilustra Buzaid[12] que a executividade é *oposterius*, do qual o *prius* é a sentença que reconhece o direito líquido e certo do autor ofendido por ato manifestamente ilegal ou de abuso do poder, praticado pela autoridade coatora. Entre um e outro há um *nexo de interdependência*, não sendo legítimo atribuir ao *efeito* importância maior que a *causa* que o determinou.

---

10. BUZAID, Alfredo. " Juicio de amparo" e mandado de segurança. (Contrastes e confrontos). *Revista da Faculdade de Direito*, Universidade de São Paulo, v. 56, n. 1, p. 172-231, 1961.

11. PONTES DE MIRANDA, *Comentários ao Código de Processo Civil*, 2a. ed., vol. V, p. 147; GOLDSCHMIDT, Zivilprozessrecht, 2a. ed., 1932, § 15 A, p. 61 e seg.

12. BUZAID, Alfredo. *op. cit.*,p. 49.

Demais escolas admitiram a consideração do mandado de segurança como uma ação, de rito sumaríssimo, tendo por objeto a contenda que resolve do modo mais peremptório, atribuindo, inclusive, o caráter de *interdito*. De fato, não se pode contestar uma certa semelhança entre as duas figuras, mormente no que tange ao aspecto histórico.

O direito romano, no período da *ordo iudiciorum privatorum* assinalou diversas diferenças entre ações e os interditos, sendo que, numa delas, o pretor dava imediatamente a ordem ou proibição que já constava do edito, em atendimento à solicitação do autor. Entretanto, quando o processo civil romano evoluiu para o sistema da *extraordinaria cognitio*, houve a supressão da separação *in iure* e *in iudicio*, fazendo com que os interditos perdessem suas características, distinguindo-se das ações.

Atualmente, não há qualquer necessidade de observar o conceito de interdito para a individualização do mandado de segurança, sendo que, a única analogia que se vislumbra – que decorre da existência de liminar – é mais *formal* do que *substancial*, o que a torna praticamente irrelevante, visto que a distinção não decorre da identidade da forma processual, mas da diversidade dos direitos tutelados por ambas as medidas.

3. REQUISITOS CONSTITUCIONAIS E PROCESSUAIS DO *MANDAMUS*

O art. 5º, LXIX, da Constituição da República determina,

> *conceder-se-á mandado de segurança para proteger direito líquido e certo, não amparado por habeas corpus ou habeas data, quando o responsável pela ilegalidade ou abuso de poder for autoridade pública ou agente de pessoa jurídica no exercício de atribuições do Poder Público.*

O inaugural requisito constitucional é a *proteção do direito líquido e certo*. Observa-se que a existência de incontrovérsia reside no ato ou fato praticado, não necessariamente no *direito*. Isto porque se denota que, em sendo o mandado de segurança um *remédio constitucional* que se presta ao atendimento célere e urgente, não se compatibiliza a existência de *dilação probatória*, devendo o autor apresentar todas as provas que comprovem suas alegações na exordial.

O fato de a ação mandamental observar a existência de incontrovérsia nos atos e fatos alegados, não impede o manejo da medida em eventual controvérsia sobre matéria de direito, conforme já sedimentado pela Suprema Corte[13]. *In casu*, caberá ao juízo competente, a análise profunda dos argumentos apresentados, visto que a decisão judicial mandamental é auto executiva de certeza e liquidez, advindas do título constituído pelo constituinte.

Tal reconhecimento não ocorre em nome do interesse superior da justiça ou de eficácia da atividade jurisdicional, mas porque foram determinados, de forma antecedente no plano constituinte, como *direitos fundamentais*, exigindo sua execução judicial no Estado Democrático de Direito. Como bem ilustra Rosemiro Leal[14],

> o argumento de certeza e liquidez do direito ao pleito das tutelas de urgência a direitos fundamentais contra a Administração Governativa há de se articular por matéria de ação e de *meritum* já na esfera de acatamento dos pressupostos subjetivos e objetivos de admissibilidade estruturantes do procedimento, porque só é jurídico o atendimento tutelar*in limine litis* no direito democrático, sem prévia instalação do contraditório, quando equivale a execuções antecipadas de direitos fundamentais já acertados no título constitucional.
>
> Com efeito, a rigor, no plano instituinte (processual-discursivo) da formação da vontade democrática, a liquidez (vedação de inexequibilidade) e certeza (infungibilidade) conferidas ao devido processo na discursividade constituinte como médium (direito fundante) da possibilidade fiscalizatória do sistema constitucional, por

---

13. Súmula 625 do STF. Controvérsia sobre matéria de direito não impede a concessão de mandado de segurança.

14. LEAL, Rosemiro Pereira. *O garantismo processual e direitos fundamentais líquidos e certos*. Revista Eletrônica de Direito Processual, v. 4, n. 4, 2009.

> uma procedimentalidade juridicamente isonômica e incessante a ser exercida pelos destinatários normativos, é que fariam coercitivos e legitimariam, numa Comunidade Jurídica, os direitos processualmente fundamentados de vida, liberdade e dignidade para a Sociedade Político-Democrática constitucionalmente pretendida.

Contudo, discutimos se a expressão *direito líquido e certo* fora, de fato, criada pelo legislador ou adveio da formulação da doutrina brasileira do *habeas corpus*, notadamente em julgados da Suprema Corte Brasileira. Isto porque, quando do julgamento do HC 3.539, impetrado por Ruy Barbosa perante o STF e já anteriormente citado, a ideia do *direito líquido e incontestável* estava ligado à prova pré-constituída e a celeridade da solução do conflito de interesses, o que fora mantido em outros julgados perante o STF.

O aclaramento do conceito é a existência de *ser inconteste*, uma afirmação que não pode ser validamente impugnada pela autoridade pública, ante a prática de um ato ilegal ou mediante abuso de direito. Nestes termos, trata-se de condição *constitucional* ou de *tese processual*?

Dentro da melhor corrente doutrinária e jurisprudencial, encara-se o direito líquido e certo como *condição da ação mandamental*, não se confundindo com o mérito. Conforme o Ministro Aposentado do Superior Tribunal de Justiça, Adhemar Ferreira Maciel[15].

> quem não prova com a inicial o que diz, não tem direito líquido e certo. Deve ser, então, julgado carecedor da ação de segurança.

Outro requisito a ser observado é a existência de um *ato coator praticado por autoridade administrativa*. Trata-se de um ato – em regra, administrativo – formalmente ilegal ou abusivo – quando praticado com abuso, excesso, desvio de poder ou desvio de finalidade. Oportuno ressaltar que *atos não administrativos* de autoridades ou agentes, sejam materiais

15. MACIEL, Adhemar Ferreira. Mandado de segurança: direito líquido e certo. 1998.

ou jurídicos – inclusive, atos jurisdicionais ou legislativos – podem ser atacados pela via mandamental.

Observa-se que o mandado de segurança não será impetrado *contra uma pessoa jurídica*, mas contra ato ilegal ou abusivo praticado por uma *autoridade administrativa*, devendo se entender como sendo uma pessoa física, investida de um poder, dentro de sua esfera de competência que lhe fora atribuída pela norma. Trata-se da fração de poder atribuída pelo sistema jurídico a uma determinada pessoa física.

Tratamos de *autoridade pública* quando a pessoa física resta investida de uma função estatal, independentemente do Poder a que se vincula – se Executivo, Legislativo ou Judiciário – não se levando em conta a categoria a que pertença ou das funções que exerça, desde que seja considerada *pública*.

Necessariamente, a ação mandamental não será impetrada tão somente contra a autoridade que tenha praticado o ato, mas também daquela autoridade que emanou a ordem para a prática daquele ato. Nesse sentido, a *autoridade pública* distingue-se do *agente público*, vez que, àquela detém o poder de decisão e competência para a prática de atos decisórios, decorrente do Poder Hierárquico. Assim, nem todos os agentes públicos serão considerados *autoridades públicas* ditas *coatoras*, bastando que se pratique o ato considerado *coator* ou que deles emane ordem para a sua prática.

A sujeição à legalidade é a condição de atuação do agente público, à luz do princípio da legalidade, insculpido no art. 37, *caput*, da Constituição Federal. A atuação somente deve existir dentro dos limites estritos da lei, sob pena de seus atos serem invalidados.

Têm-se o *abuso de poder* como gênero, subdividindo-se no *excesso* ou *desvio de poder*. A partir do momento em que a autoridade pública pratica os atos além dos limites estabelecidos pela lei no uso de suas atribuições constitucionais ou infraconstitucionais, atua com *excesso de poder*; doutra forma, quando a autoridade pratica os atos com finalidades distintas daquelas previstas em lei, em contrariedade ao interesse público, atua com *desvio de poder*.

A ilegalidade abarca toda a gama de ofensas à lei, podendo o ato praticado pela autoridade viciar-se em relação a quaisquer elementos de sua validade, seja competência, finalidade, forma, motivo ou o objeto. Assim, quando a Constituição Federal se refere a *ilegalidade*, de certo modo engloba-se os atos praticados com abuso de poder.

Existem circunstâncias que legitimam a *competência delegada*. A autoridade delegante, dentro dos estritos limites da lei, poderá delegar parcela das atribuições para um delegatário, o que o legitimará como figura coatora, quando da existência de ilegalidade ou abusividade praticada pelo delegatário. Contudo, a autoridade delegante pode encampar o ato da autoridade delegada visando defendê-lo, não se entendendo por defesa do ato a mera circunstância de a autoridade delegante justificar o ato ao prestar informações solicitadas no *mandamus* que, por equívoco, a teve como coatora, conforme decisão tomada em sede do MS 3.877/85, no Tribunal de Justiça de Minas Gerais.

A súmula 510 do Supremo Tribunal Federal afirma:

> *Praticado o ato por autoridade, no exercício de competência delegada, contra ela cabe o mandado de segurança ou a medida judicial.*

Além das considerações sobre os *requisitos constitucionais* (direito líquido e certo e ato coator praticado por autoridade administrativa), os *requisitos processuais* que podem ser destacados são: *definição da sujeição passiva* e o *prazo de impetração*. Cediço que demais procedimentos vinculados ao trâmite processual – que tem relevante importância – não constituirão objeto do presente estudo.

A definição do sujeito passivo da ação mandamental não é de cunho simplista, não devendo ser confundida, *prima facie*, com a autoridade pública anteriormente citada. O agente público que pratica o ato passível de constrição é a *autoridade coatora*, mas não se trata do sujeito passivo; a *pessoa jurídica* que suportará os encargos da decisão mandamental assume este papel. Trata-se da pessoa jurídica a que a autoridade coatora se acha vinculada, ou da qual exerce atribuições e que poderá, inclusive, intervir no processo.

Reza o art. 6º da Lei 12.016/2009, que regulamenta o mandado de segurança:

> *Art. 6º A petição inicial, que deverá preencher os requisitos estabelecidos pela lei processual, será apresentada em 2 (duas) vias com os documentos que instruírem a primeira reproduzidos na segunda e indicará, além da autoridade coatora, a pessoa jurídica que esta integra, à qual se acha vinculada ou da qual exerce atribuições.*

Não se trata de tema pacífico, ante a normatização anterior, através da Lei 1.533/51. Todavia, ante o disposto no art. 6º, as dúvidas inerentes a sujeição passiva restam superadas, visto que o impetrante, à luz do imperativo legal, deverá indicar a pessoa jurídica, o qual suportará os encargos da decisão judicial.

Nos termos da súmula 631 do Pretório Excelso,

> *Extingue-se o processo de mandado de segurança se o impetrante não promove, no prazo assinado, a citação do litisconsorte passivo necessário.*

Têm-se como outro requisito de cunho processual o *prazo decadencial* de 120 (cento e vinte) dias para o manejo da ação mandamental, à luz do art. 23 da Lei 12.016/2009:

> *O direito de requerer mandado de segurança extinguir-se-á decorridos 120 (cento e vinte) dias, contados da ciência, pelo interessado, do ato impugnado.*

Para parte da corrente doutrinária, não haveria como se classificar o prazo assinalado como *decadencial*, *prescricional* ou de *preclusão*. É o que apresenta Hugo de Brito Machado[16]:

---

16. MACHADO, H. de B. *Mandado de segurança em matéria tributária*. 8. ed. São Paulo: Dialética, 2009.

> Ora, o Congresso Nacional, ao elaborar a Lei n. 1.533/51, quis deliberadamente afastar a controvérsia sobre prescrição, decadência e preclusão e para isso empregou a fórmula: "O direito de requerer mandado de segurança extinguir-se à [...]" [idênticos ditames na nova lei]. O prazo para impetrar mandado de segurança não é prazo preclusivo, porque ele não se verifica no curso do processo, tampouco é prescrição ou decadência, porque não fere mortalmente o direito material, que remanesce imprejudicado, podendo ser pleiteado pela via ordinária. O prazo é extintivo de uma faculdade pelo seu não exercício dentro de cento e vinte dias, contados da ciência do ato a ser impugnado. Não se justifica, pois recorrer aos conceitos de prescrição, de decadência e de preclusão, para explicar a natureza do prazo, quando a própria lei subministra a ideia correta, que é de extinção do direito de requerer mandado de segurança.

Sendo o mandado de segurança uma medida ontologicamente idêntica a qualquer outra medida judicial, visando à realização de um direito material, está sujeito à disciplina e à nomenclatura própria do direito processual, razão que se deve distinguir o prazo extintivo do direito instrumental daquele que se opera no direito material. Portanto, segundo entendimento adotado pelo Ministro Sálvio de Figueiredo Teixeira[17], o prazo deve ser considerado *preclusivo* e *peremptório*, subordinando-se às mesmas regras que disciplinam os prazos processuais.

Quanto à fluência, o prazo se inicia na data em que, perfeito e exequível o ato capaz de produzir lesão ao direito do impetrante, dele tem esta ciência.

4. INADMISSIBILIDADE DO MANDADO DE SEGURANÇA E SUAS CONSIDERAÇÕES

O mandado de segurança não tem cabimento contra *atos de gestão comercial praticados pelos dirigentes de empresas públicas, sociedades de economia mista* e de *concessionárias de serviços públicos.*

---

17. TEIXEIRA, Sálvio de Figueiredo. *Mandado de segurança: Uma Visão de Conjunto*. In:___ Mandado de segurança e Injunção. São Paulo: Saraiva, 1990. p. 107-124.

Como entes integrantes da Administração Pública Indireta, as empresas públicas e sociedades de economia mista servem como instrumentos de ação do Estado e, como tal, encontram-se vinculadas ao interesse público.

A opção estatal pela utilização de entes empresariais dotados de personalidade jurídica de direito privado para atingimento de seus fins é o recurso técnico que visa propiciar a agilidade e elidir os formalismos típicos da Administração Pública Direta, não impedindo sua vinculação e acatamento de suas diretrizes.

Por óbvio, por mais que façam parte da estrutura da Administração Pública, tais entidades sofrem influência política e, por certo, tal influência não pode ser excluída. Sem ela, não haveria nenhuma garantia de que os gestores das empresas não subverteriam essas empresas para atendimento de seus próprios interesses, em detrimento do interesse público.

Há que se colocar em perspectiva a influência política exercida sobre a gestão das empresas estatais e realizar análise para verificação da legitimidade das decisões. Entretanto, vez que tais decisões são emanadas de natureza eminentemente privada, não são revestidas da condição necessária para serem consideradas sujeitas à ação mandamental.

Do mesmo modo que as estatais não podem ser dotadas de privilégios que não podem ser estendidos ao setor privado, não se pode ensejar que atos que visam a gestão executiva das atividades sejam objeto de mandado de segurança, sob pena de tolher, em parte, a mantença da livre concorrência e livre iniciativa, preceitos fundamentais da ordem econômica e social[18].

18. Art. 170. A ordem econômica, fundada na valorização do trabalho humano e na livre iniciativa, tem por fim assegurar a todos existência digna, conforme os ditames da justiça social, observados os seguintes princípios:
I -soberania nacional;
II -propriedade privada;
III -função social da propriedade;
IV -livre concorrência;
V -defesa do consumidor;
VI -defesa do meio ambiente, inclusive mediante tratamento diferenciado conforme

É um fato que os serviços públicos foram tradicionalmente concebidos como atividades exógenas à livre iniciativa e, consequentemente, à concorrência, pressupondo-se via de regra apenas um prestador, fosse ele o próprio Estado ou um delegatário seu, mantendo-se a titularidade estatal exclusiva. A partir da década de oitenta, ocorreram profundas transformações no regime do serviço público, fortalecendo-se a caracterização como espécie de atividade econômica, inclusive pelo fomento à concorrência. A valorização da concorrência e da propriedade privada se dá, igualmente, no setor dos serviços de utilidade pública.

Não há como estabelecer que os atos de gestão praticados por pessoas jurídicas de direito privado em colaboração com o Estado – vez que concessionárias não são partícipes da Administração Pública – são atos revestidos de condição suficientes para suspensão ou anulação pela via mandamental. Não que tais atos não possam ser discutidos no âmbito privado através de outros mecanismos, mas não serão objeto de discussão através do mandado de segurança.

De igual modo, inviável o manejo da ação mandamental contra *ato do qual caiba recurso administrativo com efeito suspensivo, independentemente de caução*. Tal restrição está intimamente ligada ao interesse de agir, visto que, na pendência de recurso administrativo dotado de efeito suspensivo, o ato não estará produzindo efeitos e, portanto, não haverá lesão à esfera jurídica do particular.

Observa-se, contudo, que não se exige o esgotamento das via administrativa como condição de acesso ao Judiciário; caso o recurso seja interposto, deve-se aguardar o seu julgamento, mas, se transcorrer o prazo sem a sua interposição ou se a parte renunciar ao direito de recorrer, possível o uso da ação mandamental.

---

o impacto ambiental dos produtos e serviços e de seus processos de elaboração e prestação;
VII -redução das desigualdades regionais e sociais;
VIII -busca do pleno emprego;
IX -tratamento favorecido para as empresas de pequeno porte constituídas sob as leis brasileiras e que tenham sua sede e administração no País.

Discute-se, todavia, se a ação mandamental é a via adequada para a cobrança de valores pretéritos à impetração, ou seja, se é medida adequada para obtenção do ressarcimento de quantias devidas pelo Poder Público. É evidente que a sentença proferida no mandado de segurança poderá dispor sobre *efeitos patrimoniais futuros*. Mas, segundo o entendimento adotado pelo Supremo Tribunal Federal, não se pode admitir a via mandamental como meio substitutivo de ações de cobrança.

Cediço o fato de a ação mandamental ser utilizada para sanar irregularidade no processo de elaboração da lei – irregularidade na tramitação do projeto – assim como atos administrativos irregulares emanados do Poder Legislativo. Contudo, não se constitui meio adequado para atacar a lei em tese: isto porque, sendo a lei um comando geral, impessoal e abstrato, não tem o objetivo de lesar direito individual, de forma direta. O mandado de segurança é uma *garantia individual* destinada a proteger um *direito ameaçado ou violado por um ato comissivo ou omissivo de uma autoridade*. Se isso fosse admitido, seria uma afronta à separação dos Poderes, na medida em que o Poder Judiciário passaria a deter o poder de análise de mérito legislativo.

5. DA CONCESSÃO DE LIMINAR E A EXIGÊNCIA DE CAUÇÃO

Caso o juízo competente, em apreciação a inicial, observar o preenchimento de todos os seus requisitos, poderá conceder *liminar*, visando a suspensão dos efeitos do ato impugnado, desde que haja *relevância nos fundamentos apresentados* e a *possibilidade de vir a se tornar inócua a medida*, caso o deferimento ocorra no final, facultado ao juízo a possibilidade de exigir garantias do impetrante para o seu deferimento.

Dispõe o art. 7º, III e parágrafos da Lei 12.016/2009:

> *Art. 7º. Ao despachar a inicial, o juiz ordenará:*
>
> *I - que se notifique o coator do conteúdo da petição inicial, enviando-lhe a segunda via apresentada com as cópias dos documentos, a fim de que, no prazo de 10 (dez) dias, preste as informações;*

> *II - que se dê ciência do feito ao órgão de representação judicial da pessoa jurídica interessada, enviando-lhe cópia da inicial sem documentos, para que, querendo, ingresse no feito;*
>
> *III - que se suspenda o ato que deu motivo ao pedido, quando houver fundamento relevante e do ato impugnado puder resultar a ineficácia da medida, caso seja finalmente deferida, sendo facultado exigir do impetrante caução, fiança ou depósito, com o objetivo de assegurar o ressarcimento à pessoa jurídica.*
>
> *§ 1º Da decisão do juiz de primeiro grau que conceder ou denegar a liminar caberá agravo de instrumento, observado o disposto na Lei no 5.869, de 11 de janeiro de 1973 - Código de Processo Civil.*
>
> *§ 2º Não será concedida medida liminar que tenha por objeto a compensação de créditos tributários, a entrega de mercadorias e bens provenientes do exterior, a reclassificação ou equiparação de servidores públicos e a concessão de aumento ou a extensão de vantagens ou pagamento de qualquer natureza.*
>
> *§ 3º Os efeitos da medida liminar, salvo se revogada ou cassada, persistirão até a prolação da sentença.*
>
> *§ 4º Deferida a medida liminar, o processo terá prioridade para julgamento.*
>
> *§ 5º As vedações relacionadas com a concessão de liminares previstas neste artigo se estendem à tutela antecipada a que se referem os arts. 273 e 461 da Lei no 5.869, de 11 janeiro de 1973 - Código de Processo Civil.*

A liminar é decisão fundada em cognição sumária, superficial – como consequência da urgência – de que decorre um juízo de probabilidade ou de verossimilhança a respeito do direito pleiteado, sendo suficiente para a proteção interina da situação jurídica, visando assegurar a plena eficácia da decisão final meritória, mesmo que se tenha a necessidade de impor ao Estado algo além da suspensão do ato impugnado.

Tal medida pode ter natureza *cautelar* ou *satisfativa*, visando garantir a eficácia ante a iminência de dano irreversível de ordem patrimonial, funcional ou moral, se mantido o ato coator até a apreciação definitiva da causa.

Observe-se que não se trata de simples liberalidade da Justiça; como medida acauteladora, não poderá ser negada quando decorrem seus pressupostos, assim como não deve ser concebida quando ausentes os requisitos de sua admissibilidade. Pode-se afirmar na existência de um juízo *técnico-jurídico determinado*, que não se insere no campo da discricionariedade do juízo.

A norma, contudo, possibilita que o juiz poderá exigir caução para a concessão da referida medida, abrindo inúmeros precedentes para uma decisão meramente discricionária, implicando em atrofia da garantia constitucional mandamental. Isto, pelo simples fato de que, sem a liminar, o mandado de segurança perde sua verdadeira eficácia.

Portanto, a exigência de caução somente poderá se dar em circunstâncias especiais, desde que se apresente um risco irreparável à Administração Pública e que as circunstâncias do caso concreto levem o magistrado a entender que, sem a exigência da cautela, há real probabilidade do prejuízo não ser, ao final, reparado pelo impetrante, o que motivou a propositura da Ação Direta de Inconstitucionalidade (ADI) nº 4.296-DF pelo Conselho Federal da OAB.

Ademais, não são objeto de discussão através de liminar a *compensação de créditos tributários*, a *entrega de mercadorias e bens provenientes do exterior*, a *reclassificação ou equiparação de servidores públicos* e a *concessão de aumento ou vantagens ou pagamentos de qualquer natureza*[19].

Tais restrições, salvo algumas exceções, padecem de constitucionalidade duvidosa, vez que não se compatibilizam com o direito fundamental à inafastabilidade de jurisdição.

Segundo Cassio Scarpinella Bueno[20], todas as previsões são inconstitucionais, destoando por completo, da ordem constitucional e do modelo por ela criado para o mandado de segurança.

Com relação à entrega de mercadoria e de bens provenientes do exterior, total inconstitucionalidade é incontroversa. Na

---

19. Art. 7º, §2º da Lei 12.016/09.

20. BUENO, Cassio Scarpinella. *A nova Lei do Mandado de Segurança*. 2ª ed. São Paulo: Saraiva, 2010, p. 71.

Constituição de 1946, a Lei 2.770 de 1956, suprimiu as ações e procedimentos judiciais que objetivassem a liberação de bens, mercadorias ou coisas de procedência estrangeira, porém com finalidade diversificada, referindo-se a produto de contrabando.

Portanto, tais impedimentos têm sido objeto de constante discussão sobre sua aplicabilidade, ensejando possível retrocesso de direitos e garantias assegurados pela Constituição Federal.

6. DA UTILIZAÇÃO EM MATÉRIA TRIBUTÁRIA E (IN)CONSISTÊNCIAS

A ação mandamental é um dos instrumentos mais utilizados em matéria tributária, conforme bem salientado pelo Eminente Desembargador Leandro Paulsen[21]:

> É utilizado sempre que o contribuinte se sente ameaçado por uma imposição tributária indevida e não se faça necessária dilação probatória. Também é muito utilizado, e.g., para a solução de problemas relacionados a certidões negativas de débitos quando o contribuinte se sinta lesado pela omissão do Fisco, que deixe escoar o prazo de 10 dias para a expedição de certidão sem disponibilizá-la, ou quando o Fisco se nega a expedir Certidão Negativa de Débitos ou Certidão Positiva com Efeitos de Negativa.

Trata-se de instrumento processual amplo, na medida em que o lançamento tributário, a atividade fiscalizadora e a própria hipótese de incidência tributária devem estar pautados em lei e derivam, em sua maioria, de atos vinculados. Diante disso, por tratar-se de uma medida fundamental aos contribuintes de controle do poder de tributar, a ação mandamental merece análise mais apurada, notadamente na relação jurídica entre o fisco e o contribuinte.

Mesmo diante de sua ampla aplicabilidade, algumas inconsistências são anotadas ante a ausência de interpretação

---

21. PAULSEN, Leandro. *Curso de direito tributário completo.* 8.ed. São Paulo: Saraiva, 2017.

pelo Poder Judiciário, seja pela determinação do direito líquido e certo, seja quando da concessão de liminar.

Segundo Hugo de Brito Machado[22],

> *Diz-se que, estando inscrito o crédito tributário como dívida ativa, é inadmissível o mandado de segurança contra sua exigência, porque, segundo disposição expressa da lei, tal dívida goza de presunção de liquidez e certeza, não sendo lógico admitir-se a existência, contra ela, de um direito que seja líquido e certo [...].*
>
> *Efetivamente, a liquidez e certeza da dívida ativa regularmente inscrita, que se presume, diz respeito apenas a seus aspectos fáticos. Liquidez está em indicar um montante determinado, que não carece de apuração posterior. Certeza está a indicar a legalidade do procedimento de lançamento, no sentido de que os fatos que a lei define como geradores da obrigação tributária efetivamente ocorreram. Já a expressão "direito líquido e certo", no contexto normativo do mandado de segurança, está a indicar a ausência de controvérsia quanto aos fatos. O Impetrante não pode questionar a verdade do que se discute quanto aos fatos, a não ser que disponha de prova pré-constituída. Assim, aqueles aspectos de fato, aos quais diz respeito a presunção de liquidez e certeza da dívida inscrita, não são atacados no mandado de segurança. O impetrante não contesta os fatos, que em face daquela presunção de liquidez e certeza são aceitos como verdadeiros. O que o impetrante ataca é o significado jurídico dos mesmos, ou, no mais das vezes, a constitucionalidade da norma tributária. E a disputa em torno desse significado jurídico dos fatos tidos como geradores de tributo, ou da constitucionalidade da norma tributária, nada tem a ver com aquela presunção de liquidez e certeza da dívida.*

Observando os requisitos constitucionais e processuais do mandado de segurança anteriormente analisados, um dos efeitos mais significativos é a concessão de liminar visando a suspensão da exigibilidade do crédito tributário, em conformidade com o art. 151, IV, do CTN.

Mesmo que o mandado de segurança seja impetrado antes da constituição do crédito tributário (mandado de segurança preventivo), a concessão de liminar é fundamental para

22. MACHADO, H. de B. *Mandado de segurança em matéria tributária*. 8. ed. São Paulo: Dialética, 2009.

evitar o prosseguimento da exigência do crédito tributário. Equivocadamente, observa-se que se requer a concessão da liminar visando o impedimento da constituição do crédito, fato que não se considera adequado. Primeiro, se a constituição do crédito tributário ocorre através do lançamento, conforme assinala o art. 142 do Código Tributário Nacional, a ausência de lançamento acarretará a decadência, o que poderá ensejar responsabilidade funcional da autoridade competente. Assim, a constituição do crédito tributário ocorrerá, mesmo que seja para se evitar a decadência tributária. Segundo o que se pretende com a suspensão da exigibilidade do crédito é a constituição de forma definitiva, o que pode ensejar a inscrição em dívida ativa e a consequente execução fiscal.

Com o encerramento dos efeitos da liminar através de cassação ou qualquer outra forma legalmente admitida, o cancelamento do efeito suspensivo repercutirá ao contribuinte, visto que a tributação, que estava acobertada pela suspensão da exigibilidade, se torna exigível, sendo devido a incidência de correção monetária e juros moratórios. A incidência de multa, de ofício ou moratória, será devida quando da ausência do pagamento após trinta dias da data da publicação da decisão judicial que considerar a exigência tributária devida[23].

Ademais, vez que, em regra, os valores que são exigidos do contribuinte são de grande monta, a utilização desse instrumento processual possibilita assegurar os direitos do contribuinte e, ante a inexistência de ônus sucumbencial, eventual denegação da segurança em definitivo não acarreta maiores prejuízos ao cidadão-contribuinte.

7. CONCLUSÃO

A Constituição Federal assegura a utilização de um remédio que assegura a cessação de lesão ou ameaça a um direito líquido e certo, perpetrado por autoridade administrativa

23. Art. 63, §2º da Lei 9.430/96.

com abuso ou ilegalidade, desde que não amparado por *habeas corpus* ou *habeas data*.

Seus requisitos processuais merecem observância e estudo mais contundente, ante a existência de inúmeras controvérsias que podem ensejar no retrocesso de garantias fundamentais asseguradas ao cidadão ao longo dos anos.

Forçoso reconhecer que, em sede tributária, figura entre os instrumentos processuais mais utilizados, tendo em vista a celeridade, urgência e a possibilidade de, pelo deferimento liminar, suspender a exigibilidade do crédito tributário, impedindo o prosseguimento de cobrança que pode ensejar a obtenção do título executivo para o manejo da ação executiva.

A exigência de caução, como discricionariedade do juízo competente, merece a devida atenção, sob pena de esvaziamento da eficácia mandamental e o descumprimento das garantias fundamentais.

Não se pretendeu no singelo estudo, em momento algum, o esgotamento de tamanhas controvérsias, mas, instigar a inquietação, demonstrando a necessidade de maior ampliação dos debates sob a percepção teleológica, axiológica, histórica e sistemática da ação mandamental e suas respectivas exigências.

MANDADO DE SEGURANÇA EM MATÉRIA TRIBUTÁRIA

Helena Marques Junqueira[1]

Fernanda Junqueira Ferraz[2]

INTRODUÇÃO

O mandado de segurança é o importante remédio constitucional à disposição dos particulares, para combater atos lesivos aos seus direitos líquidos e certos cometidos por autoridades públicas ou agentes delegados. O objeto do mandado de segurança, portanto, é o ato abusivo ou ilegal de autoridade praticado no exercício de suas atribuições.

A exigência do tributo decorre de um ato de autoridade e o lançamento tributário é ato administrativo que pode ser objeto de mandado de segurança, quando eivado de inconstitucionalidade, ilegalidade ou coação indevida ao contribuinte.

---

1. Doutora e Mestre em Direito Tributário pela PUC-SP. Procuradora da Fazenda Nacional. Professora Universitária e de cursos de Pós-Graduação.

2. Pós-Graduanda em Direito Constitucional. Bacharel em Direito pela PUC-SP. Advogada.

A utilização do mandado de segurança para afastamento da cobrança tributária é extremamente comum e tem sido ele, ao longo do tempo, fundamental para que o contribuinte se defenda das incursões do sujeito ativo tributário, seja na criação legislativa de obrigações principais ou acessórias, seja na atuação administrativa de exigência do seu cumprimento.

A larga utilização do mandado de segurança em matéria tributária permitiu o desenvolvimento de diversos estudos da doutrina e a formação de sólida jurisprudência, que, hoje, podemos consolidar e pretendemos apresentar, neste nosso trabalho.

A partir da Constituição Federal de 1988, os indivíduos puderam obter maior consciência dos seus direitos e os contribuintes – pessoas físicas e jurídicas – passaram a se utilizar, com muita frequência, do Poder Judiciário, para questionar a imposição de normas jurídicas inconstitucionais e para enfrentar a interpretação e aplicação indevidas do sistema jurídico como um todo.

O remédio constitucional, anteriormente regulado pela Lei 1533/51, atualmente, tem suas normas estabelecidas pela Lei 12016/2009, onde foram incorporadas muitas questões definidas pela jurisprudência e promovida a modernização do instituto, como por exemplo, com a possibilidade de propositura por meios eletrônicos.

Para os operadores do direito tributário, o estudo sobre o mandado de segurança é indispensável para o sucesso das pretensões dos contribuintes e para combater atos indevidos das autoridades tributárias, que não são incomuns, no dia a dia, de empresas e pessoas físicas.

1. O DIREITO LÍQUIDO E CERTO NA EXIGÊNCIA DO TRIBUTO

A Constituição Federal permitiu ao indivíduo responder à violação de seus direitos por atos de autoridades, por meio do *habeas corpus*, do *habeas data* e do *mandado de segurança*. É o mandado de segurança que vai garantir, nos expressos termos da norma constitucional, a proteção ao direito líquido e certo do indivíduo, quando não protegido pelos demais remédios constitucionais. É o que prescreve nos incisos LXIX e LXX, do seu art. 5º., a saber:

> *LXIX - conceder-se-á mandado de segurança para proteger direito líquido e certo, não amparado por habeas corpus ou habeas data, quando o responsável pela ilegalidade ou abuso de poder for autoridade pública ou agente de pessoa jurídica no exercício de atribuições do Poder Público;*
>
> *LXX - o mandado de segurança coletivo pode ser impetrado por:*
>
> *a) partido político com representação no Congresso Nacional;*
>
> *b) organização sindical, entidade de classe ou associação legalmente constituída e em funcionamento há pelo menos um ano, em defesa dos interesses de seus membros ou associados;*

Tradicionalmente, o direito líquido e certo é aquele provado documentalmente, que não será objeto de comprovação, durante o processo, resultando de prova pré-constituída. No mandado de segurança, não existe dilação probatória. Não são possíveis outras formas de provas, como o depoimento pessoal, testemunhas ou prova pericial. Ocorrendo a necessidade de produção de provas durante o processo, a impetração do mandado de segurança torna-se impossível, devendo o interessado propor ação ordinária - instrumento adequado à comprovação e à satisfação do seu direito.

Entretanto, é bom ressaltar, que a prova deverá ser pré-constituída, mas não implica dizer que os documentos, necessariamente, deverão acompanhar a petição inicial do mandado de segurança, visto que, muitas vezes, não estarão de posse do impetrante e sim da autoridade.

De qualquer forma, não é o direito que deverá ser provado, visto que ele é sempre líquido e certo, mas os fatos é que deverão ser objeto da prova pré-constituída:

> Por se exigir situações e fatos comprovados de plano é que não há instrução probatória no mandado de segurança. Há, apenas, uma

> dilação para informações do impetrado sobre as alegações e provas oferecidas pelo impetrante, com subsequente manifestação do Ministério Público sobre a pretensão do postulante. Fixada a lide nestes termos, advirá a sentença considerando unicamente o direito e os fatos comprovados com a inicial e as informações[3].

Não podemos esquecer que, assim como qualquer ato administrativo, o lançamento tributário tem presunção de legitimidade e certeza. Todavia, essa presunção é relativa e admite prova em contrário. Para a propositura do mandado de segurança, a prova deverá ser inequívoca e pré-constituída, a cargo do sujeito passivo da obrigação tributária, que deverá apresentá-la, no ato da impetração.

> Em síntese, o mandado de segurança é um excelente instrumento que nossa ordem jurídica coloca à disposição do contribuinte para o controle da validade jurídica da tributação. Não apenas para o controle da legalidade, e da constitucionalidade da exigência do tributo, mas também do lançamento tributário em todas as suas fases, e ainda de todo e qualquer ato praticado por autoridade da Administração Tributária. Desde que o direito a ser de- fendido seja líquido e certo, é cabível o mandado de segurança contra ato desprovido de validade jurídica, praticado por qualquer autoridade da Administração Tributária, de qualquer dos níveis governamentais[4].

2. O ATO COATOR – LANÇAMENTO TRIBUTÁRIO

A propositura de mandado de segurança depende da existência de um ato concreto - mesmo que ainda por acontecer - que caracterize o abuso ou ilegalidade cometidos pela autoridade. Não é possível a propositura de mandado de segurança contra lei em tese, ou seja, o mandado de segurança não pode ser utilizado por quem, concretamente, não possa ser atingido pela norma jurídica discutida, no mérito do processo.

---

3. Hely Lopes Meirelles, *Mandado de segurança, ação popular, ação civil pública, mandado de injunção, "habeas data"*, p. 37.

4. Hugo de Brito Machado, *Mandado de Segurança em Matéria Tributária*, p. 23.

Nesse sentido, é a Súmula 266 do Supremo Tribunal Federal[5].

Da mesma forma, confirmou o Superior Tribunal de Justiça, em decisão do Tema 430 de Recursos Repetitivos:

Tema 430 - No pertinente a impetração de ação mandamental contra lei em tese, a jurisprudência desta Corte Superior embora reconheça a possibilidade de mandado de segurança invocar a inconstitucionalidade da norma como fundamento para o pedido, não admite que a declaração de inconstitucionalidade, constitua, ela própria, pedido autônomo.

Ou seja, conforme podemos entender da citada decisão, o ato coator objeto da discussão no mandado de segurança em matéria tributária tem que ser, sempre, a exigência do tributo, materializada ou a ser materializada pelo lançamento tributário. A declaração de inconstitucionalidade da lei tributária pode ser – e muitas vezes é – o fundamento para a declaração de que o tributo e as obrigações tributárias sejam indevidos e o ato de exigência seja abusivo.

Mesmo quando estamos diante de tributos sujeitos ao lançamento por declaração ou por homologação, a cargo do próprio contribuinte ou responsável, a norma jurídica que impõe a obrigação pode ser atacada pelo mandado de segurança, visto que, o não cumprimento pelo sujeito passivo resultará, por certo, no lançamento de ofício realizado pela autoridade tributária.

Desse modo, sendo a exigência do cumprimento de obrigação principal ou acessória pelo sujeito passivo tributário inconstitucional ou ilegal, poderá o indivíduo valer-se do mandado de segurança para impedir ou repelir o ato coator da autoridade tributária, ou seja, o lançamento tributário. Para isso, basta a comprovação da existência da situação concreta de incidência do tributo ou da obrigatoriedade de cumprimento de uma obrigação acessória, desde que eivadas de vícios que tornem o lançamento tributário e a cobrança do tributo ou multa indevidos.

5. Súmula 266/STF - "Não cabe mandado de segurança contra lei em tese.".

3. SUJEITO ATIVO DO MANDADO DE SEGURANÇA

O mandado de segurança é remédio constitucional para proteção tanto da pessoa física, como da pessoa jurídica. Também têm legitimidade ativa as universalidades de direito, como massa falida, espólio ou condomínios.

O Supremo Tribunal Federal entendeu que o direito à propositura de mandado de segurança também se estende ao estrangeiro, mesmo não domiciliado no Brasil[6].

Há, ainda, a possibilidade legal de propositura de mandado de segurança por terceiro interessado, no prazo de 30 (trinta) dias, quando notificado judicialmente o titular do direito líquido e certo, que permanece inerte (Art. 3º da Lei 12.016/2009).

Por entendimento do Superior Tribunal de Justiça, o direito à propositura do *mandamus* não se transmite por sucessão em decorrência da morte[7].

---

6. EMENTA: Ao estrangeiro, residente no exterior, também é assegurado o direito de impetrar mandado de segurança, como decorre da interpretação sistemática dos artigos 153, caput, da Emenda Constitucional de 1969 e do 5º., LIX da Constituição atual. Recurso extraordinário não conhecido. (RE 215267/SP. Min. Rel. Ellen Gracie. DJe. 25.05.2001).

7. PROCESSUAL CIVIL. AGRAVO REGIMENTAL EM EXECUÇÃO EM MANDADO DE SEGURANÇA. HABILITAÇÃO DE HERDEIROS. DECISÃO ANTERIOR DEFERINDO A HABILITAÇÃO PARA OUTROS LITISCONSORTES. ISONOMIA. HABILITAÇÃO DIRETA DOS HERDEIROS. POSSIBILIDADE. 1. Agravo regimental interposto contra decisão que autorizou a habilitação de herdeiros em mandado de segurança. 2. A jurisprudência do Superior Tribunal de Justiça é firme no sentido de que não é cabível a sucessão de partes, ante o caráter mandamental e a natureza personalíssima da demanda, admitindo-se a habilitação, todavia, caso o feito esteja na fase de execução. Precedentes. 3. O momento que demarca o limite a partir do qual não mais seria possível a habilitação de herdeiros em mandado de segurança é o trânsito em julgado da fase de conhecimento, e não o dos embargos à execução, cuja oposição pressupõe já ter sido iniciada a fase de cumprimento da decisão judicial. 4. Hipótese em que a questão relativa à possibilidade de habilitação de herdeiros no caso de falecimento do impetrante na fase de conhecimento já havia sido enfrentada em relação a outros impetrantes, tendo a Primeira Seção expressamente decidido que "o único requisito para a habilitação de herdeiros, no caso em que o impetrante tenha deixado bens, é que se façam representar por meio do espólio, não importando se a data do óbito ocorreu antes ou depois do trânsito em julgado do acórdão exequendo". 5. O respeito à isonomia impede que, no

4. SUJEITO PASSIVO E AUTORIDADE COATORA

Em princípio, fala-se que a autoridade coatora é aquela que realiza o ato abusivo, mas há de se entender que a autoridade com legitimidade passiva para integrar o mandado de segurança deverá ter poder de decisão, para revogar o ato coator. Portanto, nem sempre aquele servidor público que realizou o ato tem o poder de desfazê-lo e eliminar as consequências lesivas ao direito líquido e certo do impetrante.

Em matéria tributária, essa questão é muito clara e importante, visto que a autoridade fiscal que lavrou o auto de infração ou realizou a notificação não tem o poder de cancelar o lançamento e extinguir o crédito tributário.

Assim, no caso de atos realizados por Auditores Fiscais da Receita Federal, a autoridade coatora deverá ser o Inspetor da Receita Federal – em relação aos tributos aduaneiros – ou o Delegado da Receita Federal responsável pelo órgão do domicílio tributário do impetrante – em relação aos demais tributos. Com relação aos tributos estaduais ou municipais, o ato realizado pela autoridade fiscal será atacado frente ao chefe do setor de fiscalização competente.

Embora não se aplica a questões tributárias, importante ressaltar a legitimidade de autoridade delegada, nos termos da

---

mesmo processo e ante a mesma situação fática, a habilitação de herdeiros seja permitida em relação a alguns dos impetrantes e negada a outros, remetendo-os às vias ordinárias. 6. Sobrevindo a morte da parte na fase de cumprimento da decisão judicial um processo de execução, o processo deverá ficar suspenso até a regularização (art. 265, inciso I e § 1º, do CPC). A habilitação de herdeiros destina-se a possibilitar a continuidade do processo, não tendo ligação direta e necessária com a questão relativa à definição dos quinhões hereditários e à divisão dos bens do de cujus. 7. A habilitação direta de herdeiros não acarreta prejuízo a eventuais herdeiros que não estejam no processo, uma vez que, para o levantamento dos valores devidos, deverá ser exigida a comprovação formal da partilha de bens, por meio da certidão de inventariança ou do formal e da certidão de partilha, sob pena de os valores ficarem disponíveis unicamente para o espólio (AgRg nos EmbExeMS 11.849/DF, Rel. Ministra MARIA THEREZA DE ASSIS MOURA, TERCEIRA SEÇÃO, julgado em 13/3/2013, DJe 20/3/2013). Agravo regimental improvido. (EDcl no MS 11662/DF 2006/0065272-5. DJe. 20.11.205).

Súmula 510 do Supremo Tribunal Federal: "Praticado o ato por autoridade, no exercício de competência delegada, contra ela cabe o mandado de segurança ou a medida judicial." A mesma disposição pode ser extraída do §1º., do art. 1º, da Lei 12016/2009:

> *§1º Equiparam-se às autoridades, para os efeitos desta Lei, os representantes ou órgãos de partidos políticos e os administradores de entidades autárquicas, bem como os dirigentes de pessoas jurídicas ou as pessoas naturais no exercício de atribuições do poder público, somente no que diz ser respeito a essas atribuições.*

Por outro lado, os atos de gestão comercial praticados pelos administradores de empresas públicas, de sociedade de economia mista e de concessionárias de serviço público não podem ser objeto de discussão em sede de mandado de segurança, conforme disposição do § 2º. Ficam sujeitos ao mandado de segurança os atos de caráter administrativo, como as licitações e contratos, nos termos de definição do Superior Tribunal de Justiça, na súmula no. 333[8].

Por fim, independentemente da indicação da autoridade coatora, que deverá fornecer as informações sobre a situação de fato que gerou o ato atacado, a pessoa jurídica de direito público que vai sofrer as consequências das decisões proferidas no processo deverá ser citada, para defender, juridicamente, os seus interesses.

Se havia alguma dúvida e controvérsia sobre a obrigatoriedade de intimação do órgão jurídico responsável pela defesa da pessoa pública, com o disposto no inciso II.

5. CONCESSÃO DE MEDIDA LIMINAR EM MANDADO DE SEGURANÇA

A propositura de ações judiciais, entre elas o mandado de segurança, não impede a exigência do crédito tributário,

8. "Súmula 333. Cabe mandado de segurança contra ato praticado em licitação promovida por sociedade de economia mista ou empresa pública".

inclusive, com a sua inscrição na dívida ativa e início da execução fiscal. Somente a ordem judicial expressa, mediante concessão de medida liminar, é que suspenderá a cobrança, em qualquer fase. Isso por disposição expressa dos incisos IV e V, do art. 151, do CTN[9].

De toda forma, somente a concessão de medida liminar é que promoverá, em qualquer das hipóteses de impetração de mandado de segurança, a suspensão da exigibilidade do crédito tributário. Entretanto, para evitar a decadência do direito de lançar e constituir o crédito, a autoridade fiscal poderá proceder ao lançamento, mesmo na constância da vigência da medida liminar, permanecendo a exigência suspensa, até que decisão posterior reconheça ser devido o crédito tributário.

Para o contribuinte que se encontra sob a exigência de tributo indevido, em razão de ato abusivo de autoridade, a concessão de medida liminar é de suma importância, haja vista que, embora de procedimento simplificado, o trânsito em julgado do mandado de segurança sempre demandará tempo, sujeito que está à lentidão do Poder Judiciário e aos recursos inerentes à qualquer decisão judicial

A concessão da medida liminar, pleito constante em mandados de segurança em matéria tributária, poderá ser concedida pelo juiz, em decorrência do seu livre convencimento da existência da comprovação do ato coator lesivo ou da ameaça da sua ocorrência – o *"fumus boni iuris"* – e da possibilidade do dano ao impetrante causado pela demora – o *"periculum in mora"*. Esse último requisito é constante nas questões tributárias, por exigir do sujeito passivo tributário o dispêndio de recursos financeiros e a lesão ao seu patrimônio, por indevida, sempre representará um dano a ser considerado pelo juiz.

---

9. Art. 151. Suspendem a exigibilidade do crédito tributário: (...) IV - a concessão de medida liminar em mandado de segurança. V – a concessão de medida liminar ou de tutela antecipada, em outras espécies de ação judicial (...).

A medida liminar em mandado de segurança tem plena regulação no art. 7º. da Lei 12016/2009.[10]

A decisão interlocutória que conceder ou indeferir a medida liminar sujeita-se a agravo de instrumento e pode ser revogada por decisão do tribunal *"ad quem"*, conforme o § 1º. do art. 7º., da Lei 12016/2009[11].

Os efeitos da medida liminar, caso não seja revogada pelo próprio juiz ou cassada pelo tribunal, persistem até a prolação da sentença, mas a Sumula 405 STF determina que "denegado o mandado de segurança pela sentença, ou no julgamento do agravo, dela interposto, fica sem efeito a liminar concedida, retroagindo os efeitos da decisão contrária". Sendo assim, se cassada a liminar ou se o juiz não conceder a segurança, mantendo a exigência tributária, a liminar perde os efeitos, desde a data da sua concessão, incidindo, em todo o período da sua vigência, todos os acréscimos legalmente previstos. Nesse sentido, é o julgamento do Superior Tribunal de Justiça, reproduzido abaixo:

> **TRIBUTÁRIO. PROCESSUAL CIVIL. EMBARGOS DE DIVERGÊNCIA EM RECURSO ESPECIAL. CRÉDITO TRIBUTÁRIO. SUSPENSÃO DA EXIGIBILIDADE NO PERÍODO DE VIGÊNCIA DE LIMINAR EM MANDADO DE SEGURANÇA. JUROS DE MORA. INCIDÊNCIA. EMBARGOS ACOLHIDOS.**

10. Art. 7º Ao despachar a inicial, o juiz ordenará:
I - que se notifique o coator do conteúdo da petição inicial, enviando-lhe a segunda via apresentada com as cópias dos documentos, a fim de que, no prazo de 10 (dez) dias, preste as informações;
II - que se dê ciência do feito ao órgão de representação judicial da pessoa jurídica interessada, enviando-lhe cópia da inicial sem documentos, para que, querendo, ingresse no feito;
III - que se suspenda o ato que deu motivo ao pedido, quando houver fundamento relevante e do ato impugnado puder resultar a ineficácia da medida, caso seja finalmente deferida, sendo facultado exigir do impetrante caução, fiança ou depósito, com o objetivo de assegurar o ressarcimento à pessoa jurídica.

11. § 1º Da decisão do juiz de primeiro grau que conceder ou denegar a liminar caberá agravo de instrumento, observado o disposto na Lei nº 5.869, de 11 de janeiro de 1973 - Código de Processo Civil.

> 1. Divergência jurisprudencial configurada entre acórdãos da Primeira e Segunda Turmas no tocante à possibilidade de incidência de juros de mora sobre o tributo devido no período compreendido entre a decisão que concede liminar em mandado de segurança e a denegação da ordem. 2. 'Denegado o mandado de segurança pela sentença, ou no julgamento do agravo dela interposto, fica sem efeito a liminar concedida, retroagindo os efeitos da decisão contrária' (súmula 405/STF). 3. 'A multa moratória pune o descumprimento da norma tributária que de termina o pagamento do tributo no vencimento. Constitui, pois, penalidade cominada para desestimular o atraso nos recolhimentos. Já *os juros* moratórios, diferentemente, compensam a falta da disponibilidade dos recursos pelo sujeito ativo pelo período correspondente ao atraso' (Leandro Paulsen, Direito tributário: Constituição e Código Tributário *à luz da doutrina e da* jurisprudência. 12. ed. Porto Alegre: Livraria do Advogado Editora ESMA- FE, 2012, p. 1.105). 4. O art. 63, caput e § 2º, da Lei 9.430/96 afasta tão somente a incidência de multa de ofício no lançamento tributário destinado a prevenir a decadência na hipótese em que o crédito tributário estiver com sua exigibilidade suspensa por força de medida liminar concedida em mandado de segurança ou em outra ação ou de tutela antecipada. 5. No período compreendido entre a concessão de medida liminar e a denegação da ordem incide correção monetária e juros de mora ou a Taxa Selic, se for o caso. Afastada a imposição de multa de ofício. 6. Embargos de divergência acolhidos". (EREsp 839.962/MG, rel. Min. Arnaldo Esteves Lima, DJe 24-4-2013).

Por fim, o inciso III do art. 7º da lei autoriza o Juiz a exigir garantia, para que a medida liminar seja concedida, nestes termos: "[...] *sendo facultado exigir do impetrante caução, fiança ou depósito, com o objetivo de assegurar o ressarcimento à pessoa jurídica*". É claro que a exigência de garantia decorre da falta de convencimento e, portanto, uma faculdade do juiz.

Importante lembrar que a Súmula Vinculante STF 28 dispõe que "é inconstitucional a exigência de depósito prévio como requisito de admissibilidade de ação judicial na qual se pretenda discutir a exigibilidade do crédito tributário." De qualquer forma, não se trata de admissibilidade do mandado de segurança, que será admitido e terá o seu prosseguimento normal. A garantia será um requisito para concessão da medida liminar, medida extrema que gera a suspensão da exigibilidade do crédito tributário e que poderá provocar grave dano à satisfação do sujeito ativo tributário.

6. MODALIDADES DE MANDADO DE SEGURANÇA

O mandado de segurança poderá ser preventivo – impetrado, antes da realização de qualquer ato pela autoridade fiscal – ou repressivo – impetrado para discutir o crédito tributário já constituído por ato coator da autoridade.

Conforme já dissemos, a existência de norma jurídica que impõe ao sujeito passivo tributário obrigação principal ou acessória poderá resultar no lançamento tributário, desde que a situação prevista tenha se concretizado. Portanto, antes mesmo da realização do ato fiscal, estará caracterizada uma efetiva ameaça de lesão ao direito do impetrante, que poderá se valer do mandado de segurança preventivo.

Por outro lado, a existência do lançamento tributário que constitui o crédito tributário permite ao impetrante a propositura de mandado de segurança repressivo para afastar a efetiva lesão ao seu direito líquido e certo.

É importante lembrar que o mandado de segurança preventivo não se confunde com a proposta de mandado de segurança contra lei em tese, uma vez que deverá ser provada a situação concreta de ameaça ao direito do impetrante, conforme explicam Gabriel Quintanilha e Felipe Carvalho Pereira[12]:

> *"Isso se dá porque a autoridade administrativa competente não pode esquivar-se de constituir o crédito tributário pelo lançamento, sob pena de responsabilidade funcional. Assim, caso uma lei crie um tributo inconstitucional, caso o sujeito esteja no âmbito de sua incidência, cabe a impetração do mandado de segurança, tendo em vista o receio de violação de direito líquido e certo, uma vez que o crédito, por força do disposto no art. 3º combinado com o art. 142 do CTN, será constituído pelo lançamento. Trata-se, portanto, de uma lei com efeitos concretos, que pode ser atacada pelo writ."*

12. *Mandado de Segurança em Matéria Tributária*, Ed. Saraiva, 2017, p. 32.

O mandado de segurança pode ser, ainda, individual ou coletivo. O mandado de segurança individual será proposto pelo sujeito passivo da obrigação tributária em discussão, pessoa física ou jurídica que esteja sofrendo a ameaça ou lesão ao seu direito líquido e certo.

Há, ainda, o mandado de segurança coletivo, proposto por partido político com representação no Congresso Nacional ou organização sindical, entidade de classe ou associação legalmente constituída e em funcionamento há pelo menos um ano, em defesa dos interesses de seus membros ou associados. No mandado de segurança coletivo ocorre a substituição processual dos membros que compõem a entidade representativa e as decisões nele proferidas atingirão a todos. O Supremo Tribunal Federal decidiu que a impetração de mandado de segurança coletivo por entidade de classe em favor dos associados independe da autorização destes (Súmula n. 629) e que a entidade de classe tem legitimação para o mandado de segurança ainda quando a pretensão veiculada interesse apenas a uma parte da respectiva categoria (Súmula n. 630).

7. EXECUÇÃO EM MANDADO DE SEGURANÇA

Importante questão a ser discutida sobre os novos rumos do mandado de segurança trata da sua efetividade, quando tratamos de atos de autoridade que repercutem diretamente no patrimônio dos indivíduos e empresas. A exigência tributária provoca, no mais das vezes, o efetivo pagamento de tributo ou multa, visto que a propositura do mandado de segurança não tem o condão de afastar a obrigação de pagar, caso não seja possível a obtenção de medida liminar ou já existam pagamentos feitos, antes da sua impetração.

É certo que o mandado de segurança não é o meio apropriado para cobrança de tributos pagos indevidamente e que a jurisprudência, há muito, fixou-se no sentido de que a ação de repetição de indébito é o meio adequado para esse fim.

Entretanto, durante o trâmite do processo, os pagamentos podem ter ocorrido, pela imposição do ato coator em discussão, que é o lançamento tributário ou lançamentos tributários sucessivos de tributos inconstitucionais ou ilegais, nos períodos abrangidos pelo mandado de segurança. Dessa forma, há que se definir, se a repetição dos valores pagos deve se dar pela execução da sentença obtida, nos autos do próprio mandado de segurança.

Uma das formas possíveis de repetição dos valores pagos indevidamente é a apresentação da ordem emanada pelo Poder Judiciário, transitada em julgado, junto à autoridade tributária competente para efetuar a restituição ao contribuinte.

Entretanto, esse procedimento pode ser bastante demorado e a autoridade fiscal pode gerar outras discussões em relação à formalidades indevidas ou discussões a respeito dos acréscimos pertinentes, como correção monetária e juros, em detrimento do que foi decidido judicialmente.

Daí uma preferência pelos impetrantes de que a execução se faça nos autos da própria ação mandamental, principalmente, nos processos de competência da Justiça Federal, pela presteza da União no pagamento dos precatórios.

Sobre o tema já se pronunciou de forma conclusiva o Superior Tribunal de Justiça.

8. O MANDADO DE SEGURANÇA E A COMPENSAÇÃO TRIBUTÁRIA

Um tema tributário que, há muito, é objeto de mandado de segurança é o direito à compensação tributária e discussões referentes às normas jurídicas que a regulam.

A compensação tributária como forma de extinção do crédito tributário é prevista no inciso II, do art. 156, e no art. 170, do CTN.[13]

---

13. Art. 170. A lei pode, nas condições e sob as garantias que estipular, ou cuja

Entretanto, por disposição do próprio CTN, a compensação tributária depende de lei e suas regras poderão ser definidas por cada um dos entes públicos. Justamente a interpretação da lei e das suas normas relativas à compensação tributária operada pela autoridade tributária é que é objeto de mandado de segurança, conforme Súmula 213, do Superior Tribunal de Justiça, que confirmou que o mandado de segurança constitui ação adequada para a declaração do direito à compensação tributária.

Já a Súmula 212, determina que a compensação de créditos tributários não pode ser deferida por medida liminar.

O Código Tributário Nacional, neste mesmo sentido, dispõe:

> *Art. 170-A. É vedada a compensação mediante o aproveitamento de tributo, objeto de contestação judicial pelo sujeito passivo, antes do trânsito em julgado da respectiva decisão judicial.*

A compensação tributária não pode ter origem em uma liminar, pois o crédito tributário corre risco de danos irreversíveis, uma vez que a compensação tributária depende, em última instância, da verificação concreta de créditos a favor do contribuinte e da inexistência de aproveitamento de tais créditos, para extinção de outros créditos tributários.

Bastante esclarecedora a definição do Tema 118, submetido a julgamento de repercussão geral do Supremo Tribunal Federal:

> Tese firmada pela Primeira Seção no julgamento do REsp n. 1.111.164/BA, acórdão publicado no DJe de 25/05/2009: É necessária a efetiva comprovação do recolhimento feito a maior ou

---

estipulação em cada caso atribuir à autoridade administrativa, autorizar a compensação de créditos tributários com créditos líquidos e certos, vencidos ou vincendos, do sujeito passivo contra a Fazenda pública.
Parágrafo único. Sendo vincendo o crédito do sujeito passivo, a lei determinará, para os efeitos deste artigo, a apuração do seu montante, não podendo, porém, cominar redução maior que a correspondente ao juro de 1% (um por cento) ao mês pelo tempo a decorrer entre a data da compensação e a do vencimento.

> indevidamente para fins de declaração do direito à compensação tributária em sede de mandado de segurança. Tese fixada nos REsps n. 1.365.095/SP e 1.715.256/SP (acórdãos publicados no DJe de 11/3/2019), explicitando o definido na tese firmada no REsp n. 1.111.164/BA: (a) tratando-se de Mandado de Segurança impetrado com vistas a declarar o direito à compensação tributária, em virtude do reconhecimento da ilegalidade ou inconstitucionalidade da anterior exigência da exação, independentemente da apuração dos respectivos valores, é suficiente, para esse efeito, a comprovação cabal de que o impetrante ocupa a posição de credor tributário, visto que os comprovantes de recolhimento indevido serão exigidos posteriormente, na esfera administrativa, quando o procedimento de compensação for submetido à verificação pelo Fisco; e (b) tratando-se de Mandado de Segurança com vistas a obter juízo específico sobre as parcelas a serem compensadas, com efetiva alegação da liquidez e certeza dos créditos, ou, ainda, na hipótese em que os efeitos da sentença supõem a efetiva homologação da compensação a ser realizada, o crédito do Contribuinte depende de quantificação, de modo que a inexistência de comprovação suficiente dos valores indevidamente recolhidos representa a ausência de prova pré-constituída indispensável à propositura da ação mandamental.

Portanto, a despeito da utilização muito comum do mandado de segurança para obter a garantia ao direito à compensação tributária, ela somente poderá se efetivar, após o trânsito em julgado da sentença e sua efetivação ocorrerá por atos da autoridade fiscal competente. Caberá, assim, à autoridade tributária realizar o encontro de contas do impetrante e a efetivação da compensação, com a extinção do crédito tributário.

9. MANDADO DE SEGURANÇA PARA OBTENÇÃO DE CERTIDÃO NEGATIVA DE DÉBITO

Nem sempre o lançamento tributário é o ato coator a ser atacado por mandado de segurança. Muitas vezes, a autoridade fiscal ou administrativa lesa direito líquido e certo do impetrante, através de atos relacionados à matéria tributária, mas que não se restringem à exigência do tributo. É o caso de ato que denega pedido de certidão negativa de débitos tributários (CND) ou certidão positiva com efeito de negativa (CPEN).

Essas certidões são fundamentais, em geral, para que o particular exerça direitos como a venda de imóveis ou a participação em licitações promovidas por entidades públicas.

As certidões que atestam a regularidade fiscal do contribuinte junto à União são emitidas de forma conjunta pela Receita Federal do Brasil e pela Procuradoria-Geral da Fazenda Nacional. Qualquer das autoridades competentes desses dois órgãos, ou de órgãos tributários estaduais ou municipais, podem ser responsáveis pela negativa indevida das certidões.

Caberá, portanto, ao impetrante identificar qual dos órgãos tributários mantém a restrição à sua regularidade fiscal, comprovando que tal restrição não tem fundamento de fato e de direito, podendo utilizar-se do mandado de segurança, tanto na modalidade preventiva, como na modalidade repressiva, para obter ordem judicial de expedição da certidão devida.

São inúmeros os mandados de segurança que serviram para a determinação de expedição das certidões, em atendimento ao direito do contribuinte de ver sua situação fiscal regularizada e permitindo que ele fizesse valer o seu interesse. Vejamos algumas decisões do Superior Tribunal de Justiça, nesse sentido:

> PROCESSUAL CIVIL. TRIBUTÁRIO. AGRAVOS REGIMENTAIS NO RECURSO ESPECIAL. MANDADO DE SEGURANÇA. CERTIDÃO POSITIVA DE DÉBITOS COM EFEITO DE NEGATIVA. DÉBITOS PREVIDENCIÁRIOS. PARCELAMENTO ANTERIOR À LC N. 104/2001, QUE INTRODUZIU O PARCELAMENTO TRIBUTÁRIO NAS HIPÓTESES DO ART. 151 DO CTN. EXIGÊNCIA DE GARANTIA PARA A EXPEDIÇÃO DE CPD-EN. IMPOSSIBILIDADE. PRETENSÃO À CERTIDÃO NEGATIVA DE DÉBITOS - CND. IMPOSSIBILIDADE. DIREITO À CERTIDÃO QUE INFORMA COM PRECISÃO FATOS EFETIVAMENTE OCORRIDOS." (AgRg no REsp 1164219/MG AGRAVO REGIMENTAL NO RECURSO ESPECIAL 2009/0215011-1)

E, mais:

> AGRAVO REGIMENTAL. TRIBUTÁRIO. RECURSO ESPECIAL. MANDADO DE SEGURANÇA. CND. DÉBITOS DECLARADOS E NÃO PAGOS. DESNECESSIDADE DE

PROCEDIMENTO PRÉVIO. RECURSO REPETITIVO (RESP 1.123.557/RS).

DECADÊNCIA. IMPOSSIBILIDADE. PRESCRIÇÃO DO DIREITO DE COBRANÇA JUDICIAL PELO FISCO. PRAZO QÜINQÜENAL. TERMO INICIAL. CONTRIBUIÇÃO

PREVIDENCIÁRIA. TRIBUTO SUJEITO À LANÇAMENTO POR HOMOLOGAÇÃO.

PARCELAMENTO. CAUSA SUSPENSIVA DO PRAZO PRESCRICIONAL. EXTINÇÃO DO CRÉDITO TRIBUTÁRIO (ARTIGO 156, V, DO CTN). PRESCRIÇÃO. NÃO OCORRÊNCIA. ADEMAIS, AUSÊNCIA DE PREQUESTIONAMENTO. SÚMULA 356 DO STF. OMISSÃO - ART. 535, CPC. INOCORRÊNCIA. (AgRg no REsp 1125389 / SP AGRAVO REGIMENTAL NO RECURSO ESPECIAL

2008/0016965-0)

10. MANDADO DE SEGURANÇA PARA LIBERAÇÃO DE MERCADORIAS APREENDIDAS

Por fim, um ato de extrema força, que demostra o poder que a autoridade tributária tem sobre o patrimônio do particular, é a apreensão de mercadorias estrangeiras, durante o seu desembaraço aduaneiro.

Nas hipóteses consideradas pela autoridade tributária de descaminho ou contrabando dessas mercadorias, com a pretensão de ingresso no território nacional, deverão elas serem apreendidas, no exercício regular do poder de polícia, visando impedir a circulação de mercadorias em situação irregular.

Entretanto, por ser uma forma de restrição ao direito de propriedade, sem do devido processo legal, a apreensão de mercadoria tem sido objeto de muitas discussões judiciais, resultando na Súmula 323, do Supremo Tribunal Federal: "É inadmissível a apreensão de mercadorias como meio coercitivo para pagamento de tributo. "

Assim, as chamadas sanções políticas impostas pela autoridade tributária e que visam, em última instância, a cobrança dos tributos devidos, através da apreensão e do perdimento das mercadorias não são admitidas pelo Poder Judiciário.

É certo que a retenção de mercadorias pelas autoridades aduaneiras resultará em graves danos ao importador e a forma mais efetiva de liberar a mercadoria retida é a concessão de medida liminar em mandado de segurança, seja pela força da ordem liberatória, seja pela maior rapidez na sua concessão.

Importante ressaltar que a disposição do art. 7º, §2º., da Lei 12016/2009 [14], proíbe a concessão de medida liminar tanto para a compensação de créditos tributários, como para a entrega de mercadorias e bens provenientes do exterior, mas, em se obedecendo a esse dispositivo, em relação à liberação de bens, os efeitos nefastos de uma apreensão indevida não serão evitados, devido aos prejuízos causados ao proprietário de tais bens.

CONCLUSÃO

O mandado de segurança é extremamente importante como instrumento de garantia do contribuinte – pessoa física ou jurídica – contra atos de autoridades tributárias, principalmente, aqueles que promoverão a cobrança de um tributo indevido.

O lançamento tributário é ato administrativo e como tal sujeita os particulares ao poder da autoridade tributária, que constituirá e promoverá a exigência do crédito tributário. É contra o lançamento tributário que, na maioria das vezes, se insurge o impetrante.

O mandado de segurança pode ser utilizado de forma preventiva – quando o lançamento tributário ainda não foi efetivamente realizado – ou de forma repressiva – para afastar a exigência do crédito tributário já constituído.

---

14. § 2º Não será concedida medida liminar que tenha por objeto a compensação de créditos tributários, a entrega de mercadorias e bens provenientes do exterior, a reclassificação ou equiparação de servidores públicos e a concessão de aumento ou a extensão de vantagens ou pagamento de qualquer natureza.

Diante do iminente prejuízo que a exigência do crédito tributário pode causar ao impetrante, é extremamente usual a concessão de medida liminar, para afastar os efeitos do lançamento tributário.

Além do lançamento tributário, outros atos administrativos de competência da autoridade tributária são objetos de mandado de segurança, por representarem atos lesivos aos interesses dos particulares, em especial, o indeferimento de pedido de certidão negativa de débito ou certidão positiva com efeito de negativa e, ainda, a apreensão de mercadorias ou bens estrangeiros.

Podemos concluir que o mandado de segurança é um dos mais eficazes e mais utilizados meios de discussão da matéria tributária, garantindo o direito líquido e certo de contribuintes e responsáveis, pelo seu rito especial e ágil, servindo como defesa de atos abusivos das autoridades tributárias.

REFERÊNCIAS

Cassone, Vitório; Rossi, Júlio César; Cassone, Maria Eugênia Teixeira. *Processo Tributário*: teoria e prática. 15. ed. São Paulo: Atlas, 2017.

Quintanilha, Gabriel Sant'Anna; Pereira, Felipe Carvalho. *Mandado de segurança no direito tributário*. 2. ed. São Paulo: Saraiva, 2017.

Meirelles, Hely Lopes. *Mandado de segurança, ação popular, ação civil pública, mandado de injunção, "habeas data", ação direta de inconstitucionalidade*. 31. ed. Editora Malheiros, 2008.

Machado, Hugo de Brito. *Mandado de segurança em matéria tributária*. 9. ed. Editora Malheiros, 2016.

MANDADO DE SEGURANÇA - QUESTÕES PROCESSUAIS

Letícia Marchioni Sequeira[1]

1. CONCEITO

O Mandado de Segurança consiste em remédio constitucional, previsto no inciso LXIX do art. 5º da Constituição Federal de 1988, que tem como objetivo assegurar direito líquido e certo de determinada pessoa (física ou jurídica), que não esteja amparado por *habeas corpus* ou *habeas data*. É o que prevê o dispositivo constitucional acima citado:

> *Art. 5º Todos são iguais perante a lei, sem distinção de qualquer natureza, garantindo-se aos brasileiros e aos estrangeiros residentes no País a inviolabilidade do direito à vida, à liberdade, à igualdade, à segurança e à propriedade, nos termos seguintes:(...)*
>
> *LXIX - conceder-se-á mandado de segurança para proteger direito líquido e certo, não amparado por habeas corpus ou habeas data, quando o responsável pela ilegalidade ou abuso de poder for*

1. Graduada em Direito pela Pontifícia Universidade Católica de São Paulo. Pós-graduanda em Direito Tributário Brasileiro pelo Instituto Brasileiro de Direito Tributário. Advogada na Área Tributária (Contencioso Judicial) - Rayes e Fagundes Advogados Associados.

> *autoridade pública ou agente de pessoa jurídica no exercício de atribuições do Poder Público (...)*

Ainda no âmbito da Constituição Federal, inciso XXXV do art. 5º prevê que *a lei não excluirá da apreciação do Poder Judiciário lesão ou ameaça de direito*, e, dentre as mais variadas ações judiciais que visam à efetivação da referida garantia, encontra-se o Mandado de Segurança.

No âmbito infraconstitucional, por sua vez, cuidou a Lei 12.016/2009, que dispõe sobre as regras aplicadas ao Mandado de Segurança, de definir, em seu art. 1º, a finalidade da Ação Mandamental:

> *Art. 1º Conceder-se-á mandado de segurança para proteger direito líquido e certo, não amparado por habeas corpus ou habeas data, sempre que, ilegalmente ou com abuso de poder, qualquer pessoa física ou jurídica sofrer violação ou houver justo receio de sofrê-la por parte de autoridade, seja de que categoria for e sejam quais forem as funções que exerça.*

Ou seja, o Mandado de Segurança visa assegurar direito líquido e certo do sujeito ativo por meio do afastamento de determinado ato coator praticado ou em vias de ser praticado por uma determinada autoridade estatal.

Aplicando tal conceito à seara do Direito Tributário, o Mandado de Segurança pode ser considerado como o meio mais utilizado pelas empresas ao se sentirem prejudicadas frente a uma arrecadação tributária ou sanção pecuniária que julga indevida, assumindo um importante instrumento em prol aos contribuintes para o controle do poder de tributar do Estado.

E no que consiste o ato administrativo praticado ou a ser praticado por determinada autoridade pública e que será impugnado pelo sujeito ativo no Mandado de Segurança?

Trata-se de uma ação ou omissão praticada ou em vias de ser praticada por uma autoridade pública sobre a qual o sujeito ativo julga ser ilegal ou inconstitucional e que, por tal motivo, quer ver afastada. Em outras palavras, consiste na atitude ou ausência dela praticada pela autoridade pública ou agente de pessoa jurídica de direito público cuja presunção de legalidade se pretenda afastar por meio de decisão judicial.

Eurico Marcos Diniz de Santi e Paulo César Conrado pontuam que o Mandado de Segurança tem como objetivo:

> *cortar a especial presunção de legalidade que é atributo exclusivo dos atos de autoridade pública, desqualificando a sua legalidade e requalificando-o como ato coator2..*

Como citado acima, no Direito Tributário, é comum que os contribuintes utilizem tal medida judicial como instrumento para ver afastada determinada exigência tributária que entende ser indevida. Nesse caso, o ato de autoridade pública que se pretende afastar é justamente a cobrança do tributo ou a aplicação de sanção pecuniária.

Importante pontuar, nesse sentido, que, no momento da impetração do Mandado de Segurança, o ato de autoridade pública ainda não é considerado como um ato coator. Tal ato administrativo só se tornará "coator" quando da prolação da sentença concessiva na Ação Mandamental, posto que é somente nesse momento em que terá sido afastada a sua presunção de legalidade.

Feitas tais considerações, importante esclarecer que somente podem ser objeto de Mandado de Segurança os atos cometidos, necessariamente, por autoridades públicas e desde que estejam no desempenho de suas funções, conforme entendimento já sumulado pelo Supremo Tribunal Federal[3].Entende-se, por oportuno, que a autoridade pública consiste na pessoa física investida de poder de decisão dentro da esfera de competência que lhe é atribuída por determinada norma legal.

---

2. CONRADO, Paulo César. *Processo Tributário Analítico*. Volume I. 3ª Edição. São Paulo. 2015. p. 176.

3. Súmula 510.*Praticado o ato por autoridade, no exercício de competência delegada, contra ela cabe o mandado de segurança ou a medida judicial.*

Assim, considera-se autoridade coatora aquela autoridade pública que tenha praticado o ato impugnado ou da qual emane a ordem para a sua prática, no desempenho de suas funções públicas.

E, tratando-se de autoridade coatora, importante o conhecimento da Teoria da Encampação, cuja aplicação já foi, inclusive, reconhecida pelo Superior Tribunal de Justiça no julgamento de diversos casos (STJ 1ª Seção: MS 12.779/DF, Rel. Ministro Castro Meira, Primeira Seção, Dje 03.03.2008; STJ 1ª Seção: MS 20.937/DF, Rel. Ministro Olindo Menezes, julgado em 24/02/2016, DJe 02/03/2016; STJ 1ª Turma, AgRg no REsp 1270307/MG, Rel. Ministro BENEDITO GONÇALVES, julgado em 27/03/2014, DJe 07/04/2014).

A Teoria da Encampação é utilizada nas hipóteses em que o sujeito ativo (Impetrante) indica autoridade coatora errônea no Mandado de Segurança, a qual, quando notificada, apresenta defesa às alegações dispendidas pelo sujeito ativo. Diante desta situação, a autoridade coatora indicada na Petição Inicial do Mandado de Segurança, por ter apresentado defesa de mérito, torna-se legitimada a figurar no pólo passivo da demanda mandamental.

Em outras palavras, a Teoria da Encampação será utilizada quando a autoridade coatora equivocadamente apontada no remédio constitucional se manifestar sobre o mérito do ato impugnado, tornando-se legítima para figurar como autoridade impetrada no Mandado de Segurança.

Nos termos do entendimento consolidado pelo STJ (MS nº 12.779/DF, 1ª seção, Rel. Min. Castro Meira, DJ em 03.03.2008), para que seja possível a aplicação da Teoria da Encampação, é necessário o preenchimento dos seguintes requisitos: (I) efetiva discussão de mérito pela autoridade destacada na Petição Inicial como coatora; (II) existência de subordinação hierárquica entre a autoridade coatora e aquela indicada na Petição Inicial do Mandado de Segurança; e (III) manutenção da competência do Juízo em razão da indicação equivocada da autoridade coatora.

Tal Teoria é de suma importância quando aplicada ao Direito Tributário, na medida em que os contribuintes tendem a enfrentar certas dificuldades na identificação do agente responsável pela prática de determinado ato (autoridade coatora) - tendo em vista a quantidade de setores fiscais distintos dentro de um mesmo Órgão, bem como os volumosos regulamentos internos que tratam da organização do Ente Público -, de modo que, caso o sujeito ativo indique uma autoridade diversa daquela que cometeu o ato e esta apresentar defesa de mérito ao Mandado de Segurança, esta se torna legítima para figurar no pólo passivo da Ação.

Feitas tais considerações, para finalizar a conceituação do Mandado de Segurança em seus termos gerais, vale dizer que o que se pretende assegurar na Ação Mandamental é justamente um direito que o sujeito ativo julga líquido e certo.

Significa dizer que, para ser considerado um direito passível de defesa em Mandado de Segurança, deve-se considerar os fundamentos fáticos e jurídicos da demanda, os quais precisam, obrigatoriamente, estar pré-constituídos nos autos. Ou seja, trata-se de direito subjetivo demonstrável de plano na Petição Inicial, já com todas as provas documentais pertinentes, uma vez que o trâmite do Mandado de Segurança não comporta dilação probatória (diferentemente das ações que tramitam pelo Rito Ordinário, que possuem fase específica para a produção de provas).

Caso não seja demonstrada a certeza e liquidez do direito vindicado, deverá a sentença extinguir o Mandado de Segurança sem resolução demérito, fato esse que não impossibilita que o contribuinte ajuíze nova ação de procedimento comum visando discutir o ato anteriormente impugnado em sede de Mandado de Segurança (ex. Ação Anulatória, Ação Declaratória etc).

Assim, da análise dos dispositivos constitucionais tratados neste Tópico, é possível concluir que o ato de autoridade pública iminente ou efetivamente praticado e o chamado "direito líquido e certo" são condições prévias e necessárias para a impetração do Mandado de Segurança, de modo que, estando ausente qualquer um dos requisitos acima citados, impossível a resolução do mérito em sede da Ação Mandamental.

Passamos, agora, para a abordagem das espécies de Mandados de Segurança:

2. ESPÉCIES

O Mandado de Segurança poderá ser (I) preventivo ou (II) repressivo.

2.1 MANDADO DE SEGURANÇA PREVENTIVO

O Mandado de Segurança preventivo é manejado sempre em que houver uma ameaça de lesão a determinado direito que o sujeito ativo considere líquido e certo. Ou seja, o ato de autoridade pública não ocorreu, mas o sujeito ativo tem justo receio que está na iminência de ter o seu direito violado por esta ação ou omissão da Autoridade Coatora. Há o justo receio que o ato considerado ilegal/inconstitucional venha a ocorrer.

Assim, a finalidade precípua da Ação Mandamental Preventiva é impossibilitar que a autoridade pública ou o agente de pessoa jurídica de direito público realize o ato coator que se impugna. Trata-se da decretação de ilegalidade do ato antes de ser cometido. Impedimento da presunção da legalidade de determinada norma.

No Direito Tributário, o Mandado de Segurança Preventivo é bastante utilizado pelos contribuintes visando discutir a legalidade ou constitucionalidade de determinado tributo com relação ao qual o sujeito passivo venha, no futuro, a ser cobrado. Neste ponto, é importante destacar que, para afastar a aplicação da Súmula 266 do Supremo Tribunal Federal[4], que prevê o não cabimento do Mandado de Segurança contra

4. *Súmula 266.Não cabe mandado de segurança contra lei em tese.*

lei em tese, é necessário que o sujeito ativo da demanda demonstre a sua condição potencial de contribuinte, ou seja, demonstre que será submetido ao pagamento de determinado tributo no futuro.

Nesses casos, apesar de não existir um ato coator praticado pela autoridade pública (cobrança de tributo que entende indevido), há um justo receio que a exação venha a ser cobrada, uma vez que o sujeito ativo considera-se potencial contribuinte, tendo violado o seu direito de não se submeter a uma tributação que entende ilegal e inconstitucional.

Neste sentido, não basta que o contribuinte ataque o dispositivo legal que, por exemplo, institua um tributo, isso porque, caso assim o fizesse, estaria impetrando um Mandado de Segurança contra lei em tese, esbarrando, assim, na referida Súmula 266 do Supremo Tribunal Federal. É necessário que o sujeito ativo demonstre a sua qualidade de potencial contribuinte da exação instituída/exigida pela referida norma.

Ainda, por tratar-se de ação que visa evitar um ato que viole o direito do sujeito ativo, não há cômputo de prazo para a impetração do Mandado de Segurança preventivo, de modo que essa modalidade de Ação não se submete ao prazo decadencial de 5 (cinco) anos.

Uma questão importante a se destacar é a discussão acerca da impossibilidade de impetração de Mandado de Segurança Preventivo para refutar inscrição do crédito tributário em Dívida Ativa, isso porque a Ação Mandamental visaria, em verdade, discutir a relação jurídico-tributária já instituída, ou seja, à desconstituição do lançamento tributário. Tal fato se adequaria à modalidade repressiva do Mandado de Segurança, a qual será destacada no tópico a seguir, que deveria ser impetrado contra o lançamento administrativo tributário no prazo legal de 120 dias.

2.2 MANDADO DE SEGURANÇA REPRESSIVO

O Mandado de Segurança Repressivo, por sua vez, é manejado pelo sujeito ativo visando à desconstituição ou ao cancelamento de determinado ato já praticado por determinada autoridade pública, anulando-se o ato considerado coator.

Ao contrário do que ocorre na modalidade preventiva, portanto, no Mandado de Segurança Repressivo o ato considerado abusivo da autoridade coatora já foi praticado, de modo que o sujeito ativo tem o objetivo de reparar a ilegalidade/inconstitucionalidade já praticada pela autoridade coatora.

Na esfera tributária, é muito comum a impetração de Mandado de Segurança Repressivo em situações em que o sujeito ativo restou notificado de lançamento de tributo ou de suposta ausência de cumprimento de obrigação acessória (indevida), bem como nas hipóteses de aplicação de sanções decorrentes do não recolhimento destas exações (ex. impossibilidade de emissão de Certidão de Regularidade Fiscal, indevida inscrição do sujeito ativo em cadastro de inadimplentes, etc).

Por sua vez, no que tange à questão da inscrição do crédito tributário em Dívida Ativa, a qual foi brevemente delineada no tópico acima, cumpre frisar que não se pode indicar como ato coator para a impetração de Mandado de Segurança Repressivo o ato de inscrição em Dívida Ativa quando, na realidade, se pretende atacar a constituição do crédito tributário (lançamento administrativo). Explica-se. É inviável a impetração do Mandado de Segurança Repressivo contra inscrição em Dívida Ativa que tenha causa de pedir voltada a rediscutir o lançamento, uma vez que teria ocorrido o fenômeno da decadência do direito de impetrar a Ação Mandamental, que será tratada no tópico a seguir.

O Superior Tribunal de Justiça tem entendimento sedimentado neste sentido:

> PROCESSUAL CIVIL E TRIBUTÁRIO. EMBARGOS DE DIVERGÊNCIA EM AGRAVO DE INSTRUMENTO. MANDADO

> DE SEGURANÇA. IMPETRAÇÃO CONTRA A INSCRIÇÃO EM DÍVIDA ATIVA. CAUSA DE PEDIR VOLTADA A REDISCUTIR O LANÇAMENTO. DECADÊNCIA CONFIGURADA. 1. A inscrição na dívida ativa não reabre o prazo decadencial para a impetração que tem por objetivo, apenas, discutir os elementos materiais que respaldaram o lançamento tributário correspondente, ato esse cuja existência já era de conhecimento do contribuinte, há mais de 120 dias. 2. Decadência evidenciada. 3. Embargos de divergência não providos (STJ. EAG 1085151, Primeira Seção. Min. Benedito Gonçalves. Dje 18/05/2010).

> PROCESSO CIVIL - AGRAVO REGIMENTAL - MANDADO DE SEGURANÇA - DECADÊNCIA - CIÊNCIA DO ATO ILEGAL - INSCRIÇÃO EM DÍVIDA ATIVA - IMPOSSIBILIDADE DE REABERTURA DE PRAZO PARA IMPETRAÇÃO. 1. O prazo decadencial de impetração do mandado de segurança conta-se da data da ciência efetiva do ato inquinado de ilegal. Precedentes. 2. A inscrição em dívida ativa por si só não é suficiente à reabertura do prazo de impetração do mandado de segurança, quando se contesta elementos materiais do lançamento tributário como a existência de remissão do crédito pelo ente federativo. 3. Agravo regimental não provido. STJ. Ag nº 1085151, Segunda Turma. Min. Eliana Calmon. Dje 27/05/2009).

É possível, contudo, a impetração de Mandado de Segurança contra o ato de inscrição em Dívida Ativa quando o sujeito ativo não tem o intuito de discutir elementos materiais do lançamento tributário, e sim desconstituir a presunção de legalidade do ato administrativo de inscrição em dívida ativa (ex. vícios no próprio ato da inscrição). Neste caso, visa-se à desconstituição da Dívida Ativa e não do lançamento, o qual permanece válido.

Feitas tais alegações, passemos às considerações acerca do prazo para a impetração do Mandado de Segurança Repressivo.

3. PRAZO PARA A IMPETRAÇÃO DO MANDADO DE SEGURANÇA REPRESSIVO

Como adiantado nos tópicos acima, só se aplica a contagem de prazo para a impetração de Mandados de Segurança na modalidade Repressiva, ou seja, quando já ocorrido o ato coator de autoridade pública que se pretende impugnar.

Assim, nos termos do art. 23 da Lei 12.016/2009, o prazo para a impetração de Mandado de Segurança é de 120 (cento e vinte) dias a serem contados da data da ciência, pelo interessado, do ato impugnado.

Vale frisar que, apesar de o Código de Processo Civil prever a contagem dos prazos processuais em dias úteis, o cômputo de prazo para a impetração do Mandado de Segurança permanece sendo calculado em dias corridos. Isso porque o Código de Processo Civil se aplica subsidiariamente à Lei do Mandado de Segurança, visando exclusivamente preencher as lacunas (omissões) da Lei Específica, e como, nesse caso, há previsão expressa quanto ao prazo processual para a impetração da Ação Mandamental (120 dias), não havendo especificação quanto ao cômputo em dias úteis, aplica-se a contagem em dias corridos, nos termos em que destacado no art. 23 da Lei do Mandado de Segurança.

Aplicando-se tal entendimento à seara tributária, o contribuinte que entende ser inconstitucional ou ilegal a cobrança de determinado tributo por meio de Auto de Infração (notificação da ausência de recolhimento de tributo), tem o prazo de 120 dias corridos, contados a partir da ciência da lavratura da referida autuação fiscal, para impetrar o Mandado de Segurança.

Pois bem. Há que se registrar, a seguir, algumas peculiaridades que merecem ser tratadas de maneira específica para fins de cômputo do prazo para a impetração da Ação Mandamental. Vejamos:

3.1 ATO ADMINISTRATIVO ÚNICO COM EFEITOS PERMANENTES:

Em se tratando de ato administrativo único cometido pela autoridade pública, embora seus efeitos sejam permanentes (se prolonguem no tempo), o prazo para a impetração do Mandado de Segurança se inicia quando da publicação do ato.

Nesse caso, o ato administrativo é único e tem efeito imediato, apesar de suas consequências continuadas, de modo a não caracterizar atos sucessivos ou autônomos, do qual decorrem prazos próprios e independentes, com a renovação sucessiva do prazo decadencial para a impetração do Mandado de Segurança.

Esse é o entendimento do Superior Tribunal de Justiça:

> PROCESSUAL CIVIL - MANDADO DE SEGURANÇA - ATO JUDICIAL - CONCESSÃO DE LIMINAR, CONDICIONADA A DEPÓSITO PRÉVIO - CONTAGEM DO PRAZO DECADENCIAL (ARTIGO 18 DA LEI 1533/51 - INÍCIO A PARTIR DO CONHECIMENTO DO ATO CONSIDERADO LESIVO E NÃO DA DECISÃO QUE INDEFERIU PEDIDO DE RECONSIDERAÇÃO - PRECEDENTES JURISPRUDENCIAIS - SÚMULA Nº 430 DO STF. O prazo de decadência, legalmente previsto para a impetração do mandado de segurança, é de 120 (cento e vinte) dias, contados a partir da data em que o interessado tomar ciência do ato impugnado. O pedido de reconsideração, na espécie, não interrompe o prazo decadencial. Recurso improvido. (ROMS 11.257/SP - Rel. Min. Garcia Vieira - Primeira Turma - DJ de 27/08/2001 - Pág. 224)

3.2 OMISSÃO DA AUTORIDADE PÚBLICA:

A discussão acerca da contagem do prazo para a impetração do Mandado de Segurança, em casos de omissão da Autoridade Pública, ainda não restou pacificada pela jurisprudência e pela doutrina.

O Superior Tribunal de Justiça, quando do julgamento do RMS 24.631/MA, decidiu que em tais casos o prazo legal (120 dias) para a impetração do Mandado de Segurança inicia-se a partir do esgotamento do prazo legal que a Autoridade dispunha para a prática do ato que não praticou (STJ, 5ª T., RMS 24.631/MA, Rel. Min. Felix Fischer, ac. 30.05.2008, *DJe* 23.06.2008.).

Contudo, com relação aos casos de omissão permanente, ou seja, ato omissivo da Administração, envolvendo obrigação de trato sucessivo, o Supremo Tribunal Federal já manifestou entendimento no sentido deque não se inicia a contagem de prazo decadencial (STF.1ª Turma, ROMS 23.987-9, rel. Min. Moreira Alves, Dje 23.3.2003).

Por sua vez, o Superior Tribunal de Justiça entende que o prazo para ajuizamento desta ação mandamental (em casos de omissão permanente da autoridade pública) renova-se mensalmente, razão pela qual não há decadência do direito de impetrar mandado de segurança. (STJ, 3ª. Seção, MS 14.384/DF, Rel. Ministro Jorge Mussi, julgado em 22/02/2018, DJe 28/02/2018; STJ, 1ª. Seção, MS 20.426/DF, Rel. Ministro Napoleão Nunes Maia Filho, julgado em 13/12/2017, DJe 18/12/2017; STJ, 1ª. Turma, AgRg no REsp 1293389/TO, Rel. Ministro Napoleão Nunes Maia Filho, julgado em 18/11/2014, DJe 01/12/2014; STJ, 1ª. Seção, MS 16.125/DF, Rel. Ministro Arnaldo Esteves Lima, julgado em 25/05/2011, DJe 07/06/2011; STJ, 1ª. Seção, MS 16.083/DF, Rel. Ministro Benedito Gonçalves, julgado em 14/09/2011, DJe 04/10/2011).

Leciona Hely Lopes Meirelles (2003, p. 54-55) que

> [...] *contra ato omissivo da Administração, o Plenário do STF já decidiu que o prazo decadencial de cento e vinte dias começa a correr a partir do momento em que se esgotou o prazo legal estabelecido para a autoridade impetrada praticar o ato cuja omissão se ataca. Tratando-se de ato omissivo continuado, o prazo decadencial renova-se periodicamente, por envolver obrigação de trato sucessivo*[5]

Vale frisar que, em hipótese de o Mandado de Segurança ser impetrado após o prazo legal de 120 (cento e vinte) dias, a Ação será julgada extinta sem resolução do mérito em razão da ocorrência da decadência do direito de impetração da Ação Mandamental.

Importante destacar que tal fato não impede que o contribuinte ainda discuta o mérito do ato que pretende impugnar em sede de ação de procedimento comum (Ação Anulatória), que não comporta prazo para a sua propositura (STJ,3ª Seção, MS 200601414244, rel. Min. Nilson Naves, DJU 29.6.2007).

---

5. MEIRELLES, Hely Lopes. *Mandado de Segurança*. 26. ed. atual. São Paulo: Malheiros Editores, 2003.

4. LEGITIMIDADE: MANDADO DE SEGURANÇA INDIVIDUAL E COLETIVO

Além de poder ser preventivo ou repressivo, como já explicitado anteriormente, o Mandado de Segurança pode ser (I) Individual ou (II) Coletivo.

O Mandando de Segurança Individual é impetrado pelo próprio detentor do direito líquido e certo a ser assegurado na Ação Mandamental (Impetrante). Já o Mandado de Segurança Coletivo é impetrado visando à proteção de um direito de determinada categoria a qual pertence o Impetrante, o qual atua como substituto processual.

O rol de legitimados para a impetração do Mandado de Segurança na modalidade coletiva está disposto no art. 5º, inciso LXX, da Constituição Federal e no art. 23 da Lei 12.016/09, que prevê a legitimidade das seguintes autoridades: (I) partido político com representação no Congresso Nacional e (II) organização sindical, entidade de classe e associação legalmente constituída e em funcionamento há pelo menos um ano, em defesa dos interesses de seus membros ou associados.

O ente legitimado para a impetração do mandado de segurança coletivo é dotado de legitimação extraordinária, o qual atua como substituto processual, pleiteando, em nome próprio, direitos de terceiros não integrantes da relação jurídica processual. Vale registrar que não é necessária autorização específica dos substituídos.

Sobre o tema, importante registrar a Súmula 629 do Supremo Tribunal Federal, a qual prevê que "*A impetração de mandado de segurança coletivo por entidade de classe em favor dos associados independe de autorização destes*".

Vale ressaltar que o Mandado de Segurança Coletivo não acarreta litispendência para as ações individuais eventualmente ajuizadas pelo indivíduo pertencente à categoria que, posteriormente, impetrou o Mandado de Segurança. Contudo, os efeitos da coisa julgada não beneficiarão o Impetrante na Ação

Judicial Individual caso o sujeito não requeira a desistência de seu mandado de segurança no prazo de 30 (trinta) dias a contar da ciência da impetração do Mandado de Segurança Coletivo.

5. HIPÓTESES DE NÃO CABIMENTO DO MANDADO DE SEGURANÇA

O art. 5º da Lei 12.016/2009 estabelece três hipóteses em que o Mandado de Segurança não pode ser manejado pelo sujeito ativo, quais sejam: (I) contra ato do qual caiba recurso administrativo com efeito suspensivo, independentemente de caução(Súmula 429 STF), (II) contra decisão judicial da qual caiba recurso com efeito suspensivo(Súmula 267 STF) e (III) contra decisão judicial transitada em julgado (Súmula 268 STF).

Vale dizer que, com relação à restrição quanto à impetração do Mandado de Segurança contra decisão judicial da qual caiba recurso com efeito suspensivo, o Supremo Tribunal Federal e os demais Tribunais Pátrios vêm adotando entendimento diverso daquele anteriormente consolidado, deixando de aplicar a referida Súmula 267 daquele Tribunal Supremo.

Isso porque os Tribunais têm decidido pelo cabimento do mandado de segurança contra ato judicial de qualquer natureza e instância, desde que tal ato viole direito líquido e certo do Impetrante e não haja possibilidade de coibição eficaz e pronta pelos recursos comuns.

Tornou-se possível, assim, a utilização do mandado de segurança sempre que um recurso processual não tivesse efeito suspensivo, na medida em que verificados os requisitos do "perigo da demora". Exemplo disso é a impetração de mandado de segurança para dar efeito suspensivo ao recurso de agravo de instrumento. Vejam as ementas abaixo:

> RECURSO ORDINÁRIO EM MANDADO DE SEGURANÇA. PROCESSUAL CIVIL. DECISÃO QUE CONVERTE AGRAVO DE INSTRUMENTO EM RETIDO. ATO JUDICIAL CONTRA O QUAL NÃO CABE RECURSO. CABIMENTO DO WRIT.

CIRCUNSTÂNCIAS DO CASO CONCRETO QUE INVIABILIZAM FUTURA APELAÇÃO E, POR CONSEQUÊNCIA, A RATIFICAÇÃO DO AGRAVO. RECURSO PARCIALMENTE PROVIDO. 1. A doutrina e a jurisprudência majoritárias admitem o manejo do mandado de segurança contra ato judicial nas seguintes hipóteses excepcionais: a) decisão judicial manifestamente ilegal ou teratológica; b) decisão judicial contra a qual não caiba recurso; c) para imprimir efeito suspensivo a recurso desprovido de tal atributo; e d) quando impetrado por terceiro prejudicado por decisão judicial. 2. A situação desenhada no presente writ ilustra um caso típico de manifesta ilegalidade, infelizmente chancelada por sucessivas decisões judiciais que culminaram por construir em torno da pretensão dos impetrantes um cenário obscuro, com intransponíveis obstáculos pelas vias recursais regulares. 3. Assim, deve ser abrandado o rigor técnico no exame do cabimento desta impetração, uma vez que a situação inusitada com a qual se defrontam os impetrantes é de tal anomalia e atecnia que realmente dificulta a correta manifestação da parte prejudicada. Não pode o Judiciário esquivar-se de corrigir seus erros, exigindo esmero técnico do jurisdicionado prejudicado justamente por situação de manifesta ilegalidade, violadora do devido processo legal (CF, art. 5º, LIV), criada por decisão judicial. 4. É remansosa a jurisprudência desta eg. Corte quanto ao cabimento de writ contra a decisão que converte o agravo de instrumento em retido, uma vez que se trata de decisão judicial contra a qual não cabe recurso. Precedentes. 5. No presente mandamus, é forçoso reconhecer a ilegalidade da decisão que converteu o agravo de instrumento em retido e das que se lhe sucederam, em sede de pedido de reconsideração e de correição parcial, na medida em que inviabilizam a possível apelação a ser interposta contra parte da sentença objeto dos embargos de declaração. Por consequência, os recorrentes jamais poderão ratificar o agravo retido, consoante dispõe o art. 523, caput, do CPC. 6. Recurso ordinário parcialmente provido, concedendo-se a segurança para afastar o ato judicial que converteu o agravo de instrumento em retido e os que se lhe sucederam, em sede de pedido de reconsideração e de correição parcial.(STJ, 4ª Turma, ROMS (RECURSO ORDINÁRIO EM MANDADO DE SEGURANÇA) 201101565149, Rel. Min. RAUL ARAÚJO, Data da decisão 04/02/2014, Publicação DJE: 17/02/2014)

RECURSO ORDINÁRIO EM MANDADO DE SEGURANÇA. MATÉRIA ELEITORAL. CONTROVÉRSIA SOBRE O NÚMERO DE VAGAS DE VEREADORES NO MUNICÍPIO DE IPATINGA/MG. PEDIDO DE DESISTÊNCIA DE RECURSO ESPECIAL ELEITORAL. HOMOLOGAÇÃO QUESTIONADA

> POR TERCEIRO QUE NÃO INTEGROU A RELAÇÃO PROCESSUAL ORIGINÁRIA. PREJUÍZO NÃO DEMONSTRADO. AUSÊNCIA DE TERATOLOGIA OU ILEGALIDADE. RECURSO ORDINÁRIO EM MANDADO DE SEGURANÇA A QUE SE NEGA PROVIMENTO. (STF. RMS 28050, Rel. Min. CÁRMEN LÚCIA. Data: 26/10/2011). (sem grifos no original) Agravo regimental em recurso ordinário em mandado de segurança. Ato da 3ª Turma do Superior Tribunal de Justiça. Ato de índole jurisdicional. Inadmissibilidade de mandado de segurança. Inexistência de decisão teratológica que cause ofensa a direito líquido e certo. Inexistência de obstáculo judicial. Agravo regimental a que se nega provimento.1. Inadmissibilidade de impetração de mandado de segurança contra ato revestido de conteúdo jurisdicional passível de recurso próprio. Precedentes. O ato questionado consiste em ato de índole jurisdicional passível de recurso. Deixou-se de interpor o respectivo recurso extraordinário, transitando em julgado a ação.2. Não há particularidades no caso que apontariam para uma decisão teratológica. A decisão do Superior Tribunal de Justiça encontra-se amplamente fundamentada na legislação aplicável à situação e na jurisprudência dominante daquele Tribunal, bastando uma rápida pesquisa em seu sítio na internet para que se verifique a necessidade da identificação do número do processo quando do preparo, sob pena d e ser o recurso considerado deserto.3. Agravo regimental a que se nega provimento. (STF. RMS-AgR 31214, Rel. Min. DIAS TOFFOLI. Data: 20/11/2012).

Além das hipóteses acima aventadas, é vedada a impetração de mandado de segurança (I) contra lei em tese (Súmula 226 STF), (II) como substitutivo de ação de cobrança (Súmula 269 STF) e (III) visando discutir direito que não seja pré-constituído, uma vez que o trâmite do Mandado de Segurança não permite a dilação probatória.

Vale apenas reforçar que, conforme já exposto em momento anterior, para os casos de impetração de Mandado de Segurança Preventivo, para afastar a aplicação da Súmula 266 do Supremo Tribunal Federal, que prevê o não cabimento do Mandado de Segurança contra lei em tese, é necessário que o sujeito ativo demonstre a sua condição potencial de contribuinte, ou seja, demonstre que será submetido ao pagamento do tributo discutido na Ação Mandamental.

Também não é possível a impetração de Mandado de Segurança contra atos de gestão comercial praticado por qualquer dos administradores de empresas públicas, sociedades de economia mistas e/ou de concessionárias de serviços públicos (art. 1º,§ 2º, Lei 12.016/2009), haja vista que não podem ser considerados autoridade pública, cujo conceito foi amplamente delineado em tópico específico deste Texto.

6. A MEDIDA LIMINAR EM MANDADO DE SEGURANÇA

De acordo com o art. 7º, inciso III, da Lei 12.016/09, é possível que o juiz determine, em sede de Mandado de Segurança, a suspensão do ato coator quando for relevante o fundamento (*fumus boni iuris*) e do ato impugnado puder resultar a ineficácia da medida (*periculum in mora*), de acordo com o quanto é expresso na respectiva lei mencionada.

Nesse sentido, para a concessão da referida medida, é de rigor que o sujeito ativo do Mandado de Segurança demonstre, de forma inequívoca, a plausibilidade do direito líquido e certo vindicado (*fumus boni iuris*) e o elevado potencial de dano na demora em reconhecê-lo (*periculum in mora*).

De modo semelhante ao que ocorre com as tutelas de urgência e antecipatórias nas Ações Judiciais Ordinárias, a liminar em Mandado de Segurança tem por objetivo a proteção do direito líquido e certo pleiteado pelo sujeito ativo até o trânsito em julgado de decisão definitiva, conforme se verifica do disposto no art. 7º, §3º, da Lei 12.016/09.

Demonstrado o cumprimento dos requisitos acima citados, o Juiz, de forma excepcional, deverá conceder a medida liminar sem a oitiva da autoridade impetrada, o que não configura violação ao princípio do contraditório e da ampla defesa, assegurados constitucionalmente, em razão da própria natureza emergencial do Mandado de Segurança.

Na esfera tributária e em hipóteses em que o contribuinte quer afastar ou cancelar a cobrança de determinado tributo, o *fumus boni iuris* geralmente é comprovado com base na legislação instituidora da tributação, demonstrando que a sua exigência é ilegal ou inconstitucional.

Por sua vez, o *periculum in mora* é demonstrado pela impossibilidade de o sujeito ativo manter suas atividades empresariais caso a exigência seja mantida. Isso porque, caso a medida liminar não seja concedida naquele momento processual, o contribuinte corre o risco de ver a cobrança do débito ser inscrita em Dívida Ativa, com o posterior ajuizamento de Execução Fiscal, o que tornaria a situação ainda mais grave ao sujeito ativo.

Vale frisar que, nos casos em que o Juízo não reconhece a presença dos requisitos ensejadores da concessão do pedido liminar, o contribuinte, visando suspender a exigibilidade do montante que está sendo exigido (ex. tributo, multa), poderá valer-se da realização do depósito judicial do valor discutido no Mandado de Segurança, o qual suspenderá automaticamente a exigibilidade do tributo, nos termos do art; 151, inciso II, do Código Tributário Nacional.

Pois bem. Mesmo concedida a medida liminar suspendendo a exigibilidade do crédito tributário (em casos de Mandado de Segurança Repressivo) ou a exigibilidade de tributo que ainda será cobrado (em casos de Mandado de Segurança Preventivo), tal fato impede a realização dos atos constitutivos do débito tributário (ex. lançamento tributário, inscrição em dívida ativa, ajuizamento da execução fiscal)

De acordo com o Superior Tribunal de Justiça, "*A suspensão da exigibilidade do crédito tributário na via judicial impede o Fisco de praticar qualquer ato contra o contribuinte visando à cobrança de seu crédito, tais como inscrição em dívida ativa, execução e penhora, mas, não impossibilita a Fazenda de proceder à regular constituição do crédito tributário para prevenir a decadência do direito*" (Resp 1129450/SP e EResp 572.603/PR).

Ou seja, a concessão de liminar em Mandado de Segurança impede os efetivos atos de cobrança da Autoridade Coatora, a imposição de multa, a inscrição do sujeito ativo em Órgãos de Crédito (ex. Serasa, Cadin) e a apreensão de mercadorias. Contudo, a referida medida não impede que a Autoridade Pública constitua o crédito tributário para fins de afastamento da decadência e da prescrição.

Ainda com relação aos efeitos da concessão da medida liminar, cumpre fazer uma distinção da consequência do pedido liminar requerido em sede de Mandado de Segurança Preventivo e em Mandado de Segurança Repressivo.

A concessão da liminar em Mandado de Segurança Preventivo tem caráter cautelar, ou seja, previne a exigência do tributo. Trata-se de um crédito tributário que "já nasce" com a sua exigibilidade suspensa.

Por sua vez, nos casos de Mandado de Segurança Repressivo, a medida liminar visa obstar a adoção de atos de cobrança ainda não realizados a partir da data da concessão da liminar vindicada. Vale dizer que a concessão da medida liminar não desconstitui os atos já praticados pela Autoridade Pública.

Por fim, o art. 7º, §2º, da já citada Lei 12.016/09 prevê situações que não podem ser objeto de requerimento de liminar em sede de Mandado de Segurança:

> Art. 7º (...)
>
> § 2º. *Não será concedida medida liminar que tenha por objeto a compensação de créditos tributários, a entrega de mercadorias e bens provenientes do exterior, a reclassificação ou equiparação de servidores públicos e a concessão de aumento ou a extensão de vantagens ou pagamento de qualquer natureza.*

Deste modo, infere-se do dispositivo supracitado, que não será concedida medida liminar que discutam (I) a compensação de créditos tributários, (II) a entrega de mercadorias e bens provenientes do exterior, (III) a reclassificação ou equiparação de serviços públicos e (IV) a concessão de aumento ou a extensão de vantagens/pagamento de qualquer natureza.

Vale dizer que, muito embora não possa ser objeto de discussão em sede de pedido liminar, pode ser requerida em Mandado de Segurança a declaração do direito do sujeito ativo à compensação de créditos tributários, conforme entendimento sumulado do Superior Tribunal de Justiça (Súmula 213/STJ: "*O Mandado de Segurança constitui ação adequada para a declaração do direito à compensação tributária*"), discussão essa que será melhor tratada no tópico a seguir.

7. O PEDIDO DE COMPENSAÇÃO NO MANDADO DE SEGURANÇA

Como dito no tópico acima, a declaração do direito do sujeito ativo à compensação de créditos tributários pode ser objeto de requerimento em sede de Mandado de Segurança, conforme se verifica da Súmula 213 do STJ, acima citada.

Contudo, o que causava muita discussão e que foi pacificado pelo Superior Tribunal de Justiça recentemente é a questão relativa à (des)necessidade de se apresentar todos os comprovantes de recolhimento dos últimos 5 (cinco) anos anteriores à impetração do Mandado de Segurança do tributo que se pretende restituir para que seja efetivamente reconhecido o direito do sujeito ativo à compensação.

O Superior Tribunal de Justiça, em 25/05/2009, ao julgar o Recurso Especial 1.111.164, sob a sistemática dos Recursos Repetitivos, fixou a tese de que é "*necessária a efetiva comprovação do recolhimento feito a maior ou indevidamente para fins de declaração do direito à compensação tributária em sede de mandado de segurança*".

Visando, contudo, esclarecer os limites da referida Tese, o STJ voltou à discussão acerca da declaração do direito do sujeito ativo à compensação tributária decidida naquele Recurso Especial, por meio dos julgamentos dos Recursos Especiais

1.365.095/SP, 1.715.256/SP e 1.715.294/SP, oportunidade em que estabeleceu o alcance da comprovação dos recolhimentos feito indevidamente a título de determinado tributo.

Nos recentes julgamentos dos Recursos Especiais supracitados, o STJ decidiu que não precisam ser apresentadas provas detalhadas do recolhimento feito a maior ou indevidamente. Basta a empresa comprovar que é contribuinte daquele tributo e que o pagou. Segue a ementa da decisão:

> TRIBUTÁRIO E PROCESSUAL CIVIL. RECURSO ESPECIAL. REPRESENTATIVO DE CONTROVÉRSIA. TESE FIRMADA SOB O RITO DOS RECURSOS ESPECIAIS REPETITIVOS. ART. 1.036 E SEGUINTES DO CÓDIGO FUX. DIREITO DO CONTRIBUINTE À DEFINIÇÃO DO ALCANCE DA TESE FIRMADA NO TEMA 118/STJ (RESP. 1.111.164/BA, DA RELATORIA DO EMINENTE MINISTRO TEORI ALBINO ZAVASCKI). **INEXIGIBILIDADE DE COMPROVAÇÃO, NO WRIT OF MANDAMUS, DO EFETIVO RECOLHIMENTO DO TRIBUTO, PARA O FIM DE OBTER DECLARAÇÃO DO DIREITO À COMPENSAÇÃO TRIBUTÁRIA, OBVIAMENTE SEM QUALQUER EMPECILHO À ULTERIOR FISCALIZAÇÃO DA OPERAÇÃO COMPENSATÓRIA PELO FISCO COMPETENTE**. A OPERAÇÃO DE COMPENSAÇÃO TRIBUTÁRIA REALIZADA NA CONTABILIDADE DA EMPRESA CONTRIBUINTE FICA SUJEITA AOS PROCEDIMENTOS DE FISCALIZAÇÃO DA RECEITA FEDERAL, NO QUE SE REFERE AOS QUANTITATIVOS CONFRONTADOS E À RESPECTIVA CORREÇÃO. RECURSO ESPECIAL DA CONTRIBUINTE A QUE SE DÁ PARCIAL PROVIMENTO. 1. Esclareça-se que a questão ora submetida a julgamento encontra-se delimitada ao alcance da aplicação da tese firmada no Tema 118/STJ (REsp. 1.111.164/BA, da relatoria do eminente Ministro TEORI ALBINO ZAVASCKI, submetido a sistemática do art. 543-C do CPC/1973), segundo o qual é necessária a efetiva comprovação do recolhimento feito a maior ou indevidamente para fins de declaração do direito à compensação tributária em sede de Mandado de Segurança. 2. A afetação deste processo a julgamento pela sistemática repetitiva foi decidia pela Primeira Seção deste STJ, em 24.4.2018, por votação majoritária; de qualquer modo, trata-se de questão vencida, de sorte que o julgamento do feito como repetitivo é assunto precluso. 3. Para se espancar qualquer dúvida sobre a viabilidade de se garantir, em sede de Mandado de Segurança, o direito à utilização de créditos por compensação, esta Corte Superior reafirma orientação unânime,

inclusive consagrada na sua Súmula 213, de que o Mandado de Segurança constitui ação adequada para a declaração do direito à compensação tributária. 4. No entanto, ao sedimentar a Tese 118, por ocasião do julgamento do REsp. 1.111.164/BA, da relatoria do eminente Ministro TEORI ALBINO ZAVASCKI, a Primeira Seção desta Corte firmou diretriz de que, tratando-se de Mandado de Segurança que apenas visa à compensação de tributos indevidamente recolhidos, impõe-se delimitar a extensão do pedido constante da inicial, ou seja, a ordem que se pretende alcançar para se determinar quais seriam os documentos indispensáveis à propositura da ação. O próprio voto condutor do referido acórdão, submetido à sistemática do art. 543-C do CPC/1973, é expresso ao distinguir as duas situações, a saber: (...) a primeira, em que a impetração se limita a ver reconhecido o direito de compensar (que tem como pressuposto um ato da autoridade de negar a compensabilidade), mas sem fazer juízo específico sobre os elementos concretos da própria compensação; a outra situação é a da impetração, à declaração de compensabilidade, agrega (a) pedido de juízo específico sobre os elementos da própria compensação (v.g.: reconhecimento do indébito tributário que serve de base para a operação de compensação, acréscimos de juros e correção monetária sobre ele incidente, inexistência de prescrição do direito de compensar), ou (b) pedido de outra medida executiva que tem como pressuposto a efetiva realização da compensação (v.g.: expedição de certidão negativa, suspensão da exigibilidade dos créditos tributários contra os quais se opera a compensação). 5. Logo, postulando o Contribuinte apenas a concessão da ordem para se declarar o direito à compensação tributária, em virtude do reconhecimento judicial transitado em julgado da ilegalidade ou inconstitucionalidade da exigência da exação, independentemente da apuração dos respectivos valores, é suficiente, para esse efeito, a comprovação de que o impetrante ocupa a posição de credor tributário, visto que os comprovantes de recolhimento indevido serão exigidos posteriormente, na esfera administrativa, quando o procedimento de compensação for submetido à verificação pelo Fisco. Ou seja, se a pretensão é apenas a de ver reconhecido o direito de compensar, sem abranger juízo específico dos elementos da compensação ou sem apurar o efetivo quantum dos recolhimentos realizados indevidamente, não cabe exigir do impetrante, credor tributário, a juntada das providência somente será levada a termo no âmbito administrativo, quando será assegurada à autoridade fazendária a fiscalização e controle do procedimento compensatório. 6. Todavia, a prova dos recolhimentos indevidos será pressuposto indispensável à impetração, quando se postular juízo específico sobre as parcelas a serem compensadas, com a efetiva investigação da liquidez e certeza dos créditos, ou, ainda, na hipótese em que os efeitos da sentença supõem a efetiva homologação da compensação a ser realizada. Somente nessas hipóteses o crédito do contribuinte depende de quantificação, de modo que a inexistência de comprovação cabal dos valores indevidamente recolhidos representa a ausência de prova pré-constituída indispensável à propositura da ação mandamental. 7. Na hipótese em análise, em que se visa a garantir a compensação de valores indevidamente recolhidos a título do PIS e da COFINS, incidentes sobre a receita advinda da variação cambial das exportações, afastando-se as restrições previstas nos arts. 170-A do CTN e art. 26, § 3o., IX da Instrução Normativa/SRF 460/2004, o Tribunal de origem extinguiu o writ nesse ponto, sem resolução de mérito, com arrimo na pretensa insuficiência de documentação acostada, porquanto não demonstrado o efetivo recolhimento do tributo que se pretende compensar. 8. Ao assim decidir, o Tribunal de origem deixou de observar que o objeto da lide limitou-se ao afastamento de quaisquer atos ou restrições impostas pelo Fisco ao exercício do direito de compensar, e, nesse ponto, foi devidamente comprovada a liquidez e certeza do direito, necessária à impetração do Mandado de Segurança, porquanto seria necessário tão somente demonstrar que a impetrante estava sujeita ao recolhimento do PIS e da COFINS incidentes sobre receitas decorrentes de variações cambiais em suas exportações, cuja obrigatoriedade foi afastada pelas instâncias ordinárias. 9. Extrai-se do pedido formulado na exordial que a impetração, no ponto atinente à compensação tributária, tem natureza preventiva e cunho meramente declaratório, e, portanto, a concessão da ordem postulada só depende do reconhecimento do direito de se compensar tributo submetido ao regime de lançamento por homologação, sem as restrições impostas pela legislação tributária. Ou seja, não pretendeu a impetrante a efetiva investigação da liquidez e certeza dos valores indevidamente pagos, apurando-se o valor exato do crédito submetido ao acervo de contas, mas, sim, a declaração de um direito subjetivo à compensação tributária de créditos reconhecidos com tributos vencidos e vincendos, e que estará sujeita a verificação de sua regularidade pelo Fisco, em atividade fiscalizatória ulterior. 10. Portanto, a questão debatida no Mandado de Segurança é meramente jurídica, sendo desnecessária a exigência de provas do efetivo recolhimento do tributo e do seu montante exato, cuja apreciação, repita-se, fica postergada para a esfera administrativa. Portanto, perfeitamente cabível o presente Mandado de Segurança. 12. No julgamento do Recurso Especial 1.167.039/DF, de relatoria do eminente Ministro TEORI ALBINO ZAVASCKI, DJe 2.9.10, processado sob o rito do art. 543-C do CPC/1973, assentou-se que a exigência de trânsito em julgado para fins de compensação de crédito tributário, segundo a regra do art. 170-A do CTN, aplica-se às demandas ajuizadas após a entrada em vigor da LC 104/2001, ou

> seja, a partir de 11.1.2001. 11. Recurso Especial da Contribuinte a que se dá parcial provimento, para reconhecer o seu direito à compensação dos valores de PIS e COFINS indevidamente recolhidos, após o trânsito em julgado, nos termos do art. 170-A do CTN e observada a prescrição quinquenal. 12. Acórdão submetido ao regime do art. 1.036 do Código Fux, fixando-se a seguinte tese, apenas explicitadora do pensamento zavaskiano consignado no julgamento REsp. 1.111.164/BA: (a) tratando-se de Mandado de Segurança impetrado com vistas a declarar o direito à compensação tributária, em virtude do reconhecimento da ilegalidade ou inconstitucionalidade da anterior exigência da exação, independentemente da apuração dos respectivos valores, é suficiente, para esse efeito, a comprovação cabal de que o impetrante ocupa a posição de credor tributário, visto que os comprovantes de recolhimento indevido serão exigidos posteriormente, na esfera administrativa, quando o procedimento de compensação for submetido à verificação pelo Fisco; e (b) tratando-se de Mandado de Segurança com vistas a obter juízo específico sobre as parcelas a serem compensadas, com efetiva alegação da liquidez e certeza dos créditos, ou, ainda, na hipótese em que os efeitos da sentença supõem a efetiva homologação da compensação a ser realizada, o crédito do Contribuinte depende de quantificação, de modo que a inexistência de comprovação suficiente dos valores indevidamente recolhidos representa a ausência de prova pré-constituída indispensável à propositura da ação mandamental. (STJ, RECURSO ESPECIAL Nº 1.365.095, PRIEMIRA SEÇÃO, MINISTRO RELATOR NAPOLEÃO NUNES MAIA FILHO,11/03/2019).

O esclarecimento feito pela Corte Superior é de suma relevância, isso porque, quando as empresas ajuízam ação para discutir uma tese tributária, também pedem, em mandado de segurança, a declaração do direito de compensação, de modo que, em atenção à tese fixada no Recurso Especial 1.111.164, os contribuintes levantavam a totalidade dos comprovantes de recolhimento do tributo referente aos últimos 5 (cinco) anos anteriores ao ajuizamento da ação, a fim de que fosse reconhecido o seu direito à compensação de todos os recolhimentos feitos indevidamente.

Agora, com o novo posicionamento do Superior Tribunal de Justiça, a empresa poderá requerer o direito à compensação tributária, sendo desnecessária a comprovação de todos os recolhimentos feitos durante os 5 (cinco) anos anteriores ao ajuizamento da demanda. A apuração do montante a ser compensado, frisa-se, só será feita em sede administrativa, oportunidade em que a empresa deverá apresentar todos os recolhimentos feitos a título do tributo que se pretende restituir.

Tal posicionamento do Superior Tribunal de Justiça, vale dizer, se aplica perfeitamente à nova sistemática trazida pelo Código de Processo Civil de 2015, em especial no tocante à cooperação entre as partes e a celeridade no trâmite dos processos.

REFERÊNCIAS

Constituição Federal.

Código Tributário Nacional.

Lei nº 12.016/2009.

ALVIM. Eduardo Arruda Alvim. *Mandado de Segurança.* 3ª edição.GZ Editora. 2014.

CONRADO, Paulo César. *Processo Tributário Analítico.* Volume I. 3ª Edição. São Paulo. 2015. p. 176

DE JESUS, Isabela Bonfá. *Manual de Direito e processo tributário.* 2ª edição. Revista dos Tribunais. 2015.

MACHADO, Hugo de Brito Machado. *Mandado de Segurança em Matéria Tributária.* 9ª edição. Malheiros Editores. 2018.

MEIRELLES, Hely Lopes. *Mandado de Segurança.* 26. ed. atual. São Paulo: Malheiros Editores, 2003.

PINTO, Ana Priscila Ferro. *O Mandado de Segurança em Matéria Tributária.* Revista da ESMAM. São Luiz. V. 12. N 14.jul. Dez.2018.

OS ENTRAVES DO CUMPRIMENTO DE SENTENÇA EM SEDE DE MANDADO DE SEGURANÇA

Ana Carolina Dias Moreno[1]

Bruna Mendes Amorim[2]

1. INTRODUÇÃO

A problemática do presente artigo tem como objetivo analisar a seguinte questão: o Mandado de Segurança tem poderes para recuperar o pagamento indevido ou a maior feito pelo contribuinte? Ou seja, poderia o Mandado de Segurança fazer as vezes da Ação de Repetição de Indébito Tributária?

Assim, faremos uma análise da evolução das súmulas pertinentes sobre o estudo do tema para depois adentrarmos mais profundamente sobre o assunto.

Em 1963 foram criadas duas súmulas sobre o Mandado de Segurança pelo Supremo Tribunal Federal a Súmula 271

---

1. Pós-Graduada em Direito Tributário pelo IBET/SP e Graduada pela PUC/SP. Advogada.

2. Pós-Graduanda em Direito Tributário pela PUC/SP e Graduada pelo MACK/SP. Advogada.

a qual determinava que "*Concessão de mandado de segurança não produz efeitos patrimoniais em relação a período pretérito, os quais devem ser reclamados administrativamente ou pela via judicial própria*" e a Súmula 269 "*O mandado de segurança não é substitutivo de ação de cobrança*".

No contexto em que foram fixadas as Súmulas 269 e 271 pelo Supremo Tribunal Federal, verificamos que os Tribunais estavam se debruçando reiteradamente sobre *mandamus* ajuizados por servidores públicos que tinham como objetivo o pagamento de diferenças de vencimentos e proventos em relação a períodos pretéritos, utilizando-se da celeridade desse tipo específico de ação para obter prestações jurisdicionais com maior brevidade e, consequentemente, tomarem os montantes que lhes eram devidos.

Em que pese ser um posicionamento legítimo dos julgadores, que passaram a evitar distorções no sistema processual ocasionadas na época, especificamente quanto à necessidade de pagamento de vencimento e proventos a servidores públicos, os textos das súmulas editadas foram demasiadamente abrangentes.

Sendo de suma importância destacar que os precedentes dessas duas súmulas não trataram em nenhum momento de matéria tributária. Sendo que, um dos precedentes utilizados para a elaboração das súmulas 269 e 271 o Mandado de Segurança 6.747, com data de julgamento de 27 de junho 1963, Ministro Relator Victor Nunes, tratava da aprovação de professores em concurso público. Veja:

> *Professores aprovados em concurso. Sua nomeação, para fins funcionais, deve anteceder à efetivação dos interinos, determinada em lei posterior ao concurso, embora da concessão da segurança não resultem diretamente efeitos patrimoniais pretéritos.*

Pode-se concluir, então, que as referidas súmulas criadas na mesma época e que utilizaram-se, inclusive, do mesmo precedente são complementares no sentido de impedir o ajuizamento de Mandado de Segurança com finalidade patrimonial pretérita especificamente para servidores públicos.

Pois bem. Desde a sua elaboração até hoje a Súmula 271 possui grande impacto na esfera tributária, mesmo após a introdução no ordenamento jurídico da *"nova lei de mandado de segurança"* a Lei 12.016/2009, a qual estabelece em seu §4º do art. 14, *in verbis:*

> *o pagamento de vencimentos e vantagens pecuniárias assegurados em sentença concessiva de mandado de segurança a servidor público da administração direta ou autárquica federal, estadual e municipal somente será efetuado relativamente às prestações que se vencerem a contar da data do ajuizamento da inicial.*

A Lei 12.016/2009 veio posteriormente, em 2009, reproduzir o que continha na Lei 5.029/66 sobre o enunciado sumular já estabelecia em 1963, mas frisa-se que manteve sua restrição à aplicação da vedação dos efeitos patrimoniais no tocante ao mandado de segurança impetrado somente por servidor público em relação aos seus proventos.

Conforme elucida o Professor Doutor Cássio Scarpinella *"trata-se da disciplina que ocupava o art. 1º, caput, da Lei n. 5.021/1966 — expressamente revogada pelo art. 29 da Lei n. 12.016/2009 — e que continua a garantir que a concessão de mandado de segurança que diga respeito a vantagens pecuniárias envolverá as prestações que se venceram desde a impetração"*[3].

Nesse sentido, colacionamos abaixo jurisprudência do Supremo Tribunal Federal sobre a Súmula e o referido artigo da Lei 12.016/2009:

> Há a considerar, ainda, no que concerne ao pedido de concessão de "efeito retroativo a dezembro de 2011" ao benefício previdenciário ora questionado, que *o entendimento consagrado pela jurisprudência do Supremo Tribunal Federal, no sentido de que se mostra plenamente viável a utilização do mandado de segurança para veicular pretensão de conteúdo patrimonial, desde que a reparação pecuniária vindicada abranja período situado entre a data da*

3. BUENO, Cassio Scarpinella. *Mandado de Segurança e Compensação em Matéria Tributária*: Uma Análise à Luz das Súmulas 213 e 461 do STJ e da Súmula 271 do STF. 2010. Instituto Brasileiro de Estudos Tributários - IBET.

> *impetração do "writ" e aquela em que se der o efetivo cumprimento da ordem mandamental. Isso significa, portanto, que efeitos patrimoniais produzidos em momento que precede a data da impetração do mandado de segurança não são alcançados pela decisão que o concede*, tal como prescreve a Lei 12.016/2009, cujo art. 14, §4º, impõe essa limitação de ordem temporal ao destacar que *"O pagamento de vencimentos e vantagens pecuniárias assegurados em sentença concessiva de mandado de segurança a servidor público da administração direta ou autárquica federal, estadual e municipal somente será efetuado relativamente às prestações que se vencerem a contar da data do ajuizamento da inicial"*. Na realidade, *essa regra legal, que constitui reprodução do que se continha na Lei 5.029/1966 (art. 1º), nada mais reflete senão diretriz jurisprudencial consubstanciada na Súmula 271 desta Suprema Corte, (...)."* [4]

A jurisprudência brasileira seguindo o enunciado das referidas súmulas, começou a decidir em matéria tributária no sentido que o Mandado de Segurança não poderia produzir efeitos patrimoniais em relação ao pretérito, uma vez que não seria substitutivo de ação de cobrança, mesmo que os julgados que deram origem às referidas súmulas não guardassem qualquer afinidade com temas tributários. Esse é o posicionamento dos julgados trazidos abaixo:

> (...) 1. Embora o Supremo Tribunal Federal haja reconhecido o direito líquido e certo dos impetrantes quanto à percepção da Gratificação de Atividade de Segurança (GAS), instituída pelo art. 15 da Lei 11.415/2006, *a ordem judicial aqui proferida não alcança pagamentos referentes a parcelas anteriores ao ajuizamento da ação, "os quais devem ser reclamados administrativamente ou pela via judicial própria" (Súmulas n. 269 e 271 do STF).*[5]

> *Ressalto que, conforme jurisprudência do Tribunal consubstanciada nas súmulas 269 e 271, o mandado de segurança não se presta aos fins de ação de cobrança, de forma que a concessão da segurança não produz efeitos patrimoniais em relação ao período anterior à impetração.*[6]

---

4. STF - Mandado de Segurança 31.690 AgR, Relator Ministro Celso de Mello, 2ª T, Data de Julgamento 27-2-2014 - Destaques acrescidos.

5. STF - Mandado de Segurança 26.740 ED, Relator Ministro Ayres Britto, 2ª T, Data de Julgamento 7/02/2012, DJE 22/02/2012 - Destaques acrescidos.

6. Mandado de Segurança 27.565, Relator Ministro. Gilmar Mendes, 2ª T, Data de Julgamento 18/10/2011, DJE 221 de 22/11/2011 - Destaques Acrescidos.

> TRIBUTÁRIO E PROCESSUAL CIVIL - VIOLAÇÃO DO ART. 535, I DO CPC - INEXISTÊNCIA - MANDADO DE SEGURANÇA EM QUE SE DECLAROU O DIREITO À COMPENSAÇÃO ENTRE CRÉDITOS - PRETENSÃO DE RESTITUIÇÃO DOS VALORES POR MEIO DE MANDADO DE SEGURANÇA -IMPOSSIBILIDADE - INCIDÊNCIAS DAS SÚMULAS 269 E 271 DO STF. 1. (...) 2. *Se a créditos, é defeso à impetrante pretender o ressarcimento por meio de precatório requisitório. O mandado de segurança não se presta à cobrança de períodos pretéritos. Incidências das Súmulas 269 e 271 do STF. Recurso especial improvido.* [7]

Além dessas duas súmulas em 1998 o Superior Tribunal de Justiça sedimentou seu posicionamento sobre a compensação em Mandado de Segurança com a Súmula 213 a qual estabelece *"O mandado de segurança constitui ação adequada para a declaração do direito à compensação tributária"*.

Nesse ponto, a súmula do STJ foi diferente, pois analisou matéria de direito tributário em seus precedentes para consolidar seu posicionamento. Veja:

> Tributário. Mandado de segurança. Compensação de tributos. Finsocial e Cofins. Cabimento da via judicial. Inconstitucionalidade (RE n. 159.764-1). Lei n. 7.689/1988, art. 9°. Precedentes STJ. - O mandado de segurança constitui meio próprio para o exame de pedido de compensação de créditos referentes a contribuição para o Finsocial com parcelas vincendas da Cofins, por se tratar de questão apenas de direito. - Declarada inconstitucional a contribuição para o Finsocial criada pelo art. 9° da Lei n. 7.689, de 1988 (RE n. 159.764-1), os valores recolhidos a esse título, após serem corrigidos monetariamente desde a data do pagamento, são compensáveis com aqueles devidos a título de Contribuição para o Financiamento da Seguridade Social - Cofins. - Recurso parcialmente provido. [8]

Já em 2010 o Superior Tribunal de Justiça sumulou seu entendimento sobre sentença declaratória de indébito

---

7. STJ - REsp: 1178160 GO 2010/0017814-6, Relator: Ministro HUMBERTO MARTINS, Data de Julgamento: 22/06/2010, T2 - SEGUNDA TURMA, Data de Publicação: DJe 01/07/2010 - Destaques Acrescidos.

8. STJ - Recurso Especial n° 119.155-SE (97.0009832-0), Relator: Ministro Peçanha Martins, Data de Julgamento 07 de agosto de 1997 - Destaques acrescidos.

tributário a Súmula 461 a qual estabelece que: "*O contribuinte pode optar por receber, por meio de precatório ou por compensação, o indébito tributário certificado por sentença declaratória transitada em julgado.*" Confira o precedente da súmula:

> PROCESSUAL CIVIL E TRIBUTÁRIO. SENTENÇA DECLARATÓRIA DO DIREITO À COMPENSAÇÃO DE INDÉBITO TRIBUTÁRIO. POSSIBILIDADE DE REPETIÇÃO POR VIA DE PRECATÓRIO OU REQUISIÇÃO DE PEQUENO VALOR. FACULDADE DO CREDOR. RECURSO ESPECIAL REPRESENTATIVO DE CONTROVÉRSIA. ART. 543-C, DO CPC. 1. "*A sentença declaratória que, para fins de compensação tributária, certifica o direito de crédito do contribuinte que recolheu indevidamente o tributo, contém juízo de certeza e de definição exaustiva a respeito de todos os elementos da relação jurídica questionada e, como tal, é título executivo para a ação visando à satisfação, em dinheiro, do valor devido*" (REsp n. 614.577/SC, Ministro Teori Albino Zavascki). 2. *A opção entre a compensação e o recebimento do crédito por precatório ou requisição de pequeno valor cabe ao contribuinte credor pelo indébito tributário, haja vista que constituem, todas as modalidades, formas de execução do julgado colocadas à disposição da parte quando procedente a ação que teve a eficácia de declarar o indébito.* Precedentes da Primeira Seção: REsp n. 796.064-RJ, Primeira Seção, Rel. Min. Luiz Fux, julgado em 22.10.2008; EREsp n. 502.618-RS, Primeira Seção, Rel. Min. João Otávio de Noronha, julgado em 8.6.2005; EREsp n. 609.266-RS, Primeira Seção, Rel. Min. Teori Albino Zavascki, julgado em 23.8.2006. 3. Recurso especial provido. Acórdão submetido ao regime do art. 543-C do CPC e da Resolução STJ 08/2008. [9]

Pelo exposto, pode-se concluir que a sentença no Mandado de Segurança, em matéria tributária, em razão das súmulas citadas, somente poderia abarcar as prestações atuais e futuras, alcançando os consectários entre a data da impetração e do efetivo cumprimento da ordem de força mandamental e de eficácia executiva, podendo, tais valores serem objeto de compensação tributária.

---

9. STJ - Recurso Especial nº 1.114.404-MG (2009/0085329-5), Relator Ministro Mauro Campbell Marques, Data de Julgamento 10 de fevereiro de 2010 - Destaques acrescidos.

Logo, tem-se a inviabilidade da cobrança, por meio do Mandado de Segurança, dos valores referentes às parcelas pretéritas ao ajuizamento do *mandamus,* e, sendo assim, a impossibilidade da compensação de tais créditos, devendo nesse caso ser ajuizada Ação de Repetição de Indébito para a satisfação dos créditos pretéritos.

2. ANÁLISE DOS EFEITOS DA APLICAÇÃO INDISCRIMINADA DAS SÚMULAS 269 E 271 DO STF

Como demonstrado na narração dos fatos e julgados, os Tribunais, por meio de súmulas e julgados reiterados, definiram que o Mandado de Segurança não poderia surtir efeitos patrimoniais, vedando os efeitos financeiros anteriores à impetração da ação mandamental (súmula 271 do Supremo Tribunal Federal) e a substituição da ação mandamental por ação de cobrança (súmula 269 do Supremo Tribunal Federal).

Cumpre relembrar que as referidas súmulas foram editadas há um período considerável de tempo, especificamente, no ano de 1963, o que nos leva a uma necessária revisão do posicionamento firmado, principalmente considerando a importância e aplicabilidade da ação mandamental em tempos modernos, essencialmente em relação a temas tributários.

Como dito, as Súmulas 269 e 271 foram fixadas pelo Supremo Tribunal Federal em relação a tema específico, qual seja: os pagamentos de diferenças de vencimentos e proventos a servidores públicos em razão de decisão obtida por meio de ação constitucional mandamental.

Apesar da discricionariedade dos julgadores em firmar entendimento majoritário sobre determinados assuntos, é um fato que as súmulas editadas pela Corte Suprema foram construídas de maneira demasiadamente genérica. A composição linguística adotada pelos Ministros concede às referidas súmulas um efeito desmedidamente abrangente, de modo que seu enunciado leva o jurisdicionado a crer que o Mandado de

Segurança não poderia ter efeitos patrimoniais, o que não reflete a melhor aplicação do Direito.

Dizemos isso principalmente porque o Legislador se preocupou especificamente sobre esse tema, definindo por meio do próprio texto de Lei quanto à vedação aos servidores públicos dos efeitos patrimoniais retroativos[10], seja antes ou depois da publicação da Nova Lei do Mandado de Segurança.

Isto é, na ocasião em que o Legislador editou a norma dedicada a regulamentar as ações mandamentais- ano de 2009- as súmulas 269 e 271 do Supremos Tribunal Federal já haviam sido editadas, de modo que deveria o Legislador vedar os efeitos patrimoniais absolutos ao Mandado de Segurança, se essa fosse sua intenção. No entanto, o que observamos foi exatamente o inverso. O Legislador preferiu manter a vedação aos efeitos patrimoniais em sede de mandado de segurança tão somente em relação às ações ajuizadas por servidores públicos, o que reforça o argumento de que as súmulas do Supremo Tribunal Federal não podem ser aplicadas indistintamente a todos os temas que podem ser objeto de ações mandamentais.

Conforme exposto, estamos diante de interpretação pacífica adotada pela Corte Suprema aplicável a uma fatia específica do direito, a qual não poderia se estender a todas as demandas que envolvam pecúnia, especialmente, em relação a temas cogentes da seara tributária.

Na contramão das abrangentes súmulas editadas pelo Supremo Tribunal Federal, começaram a surgir novas posições sobre a tese. Em sentido diametralmente oposto, Desembargadores e Ministros passaram a afastar a incidência das súmulas 269 e 271 do Supremo Tribunal Federal quando restava reconhecido que o ato coator combatido era passível de contestação por meio de Mandado de Segurança, de sorte

---

10. § 4º O pagamento de vencimentos e vantagens pecuniárias assegurados em sentença concessiva de mandado de segurança a servidor público da administração direta ou autárquica federal, estadual e municipal somente será efetuado relativamente às prestações que se vencerem a contar da data do ajuizamento da inicial.

que a vedação dos efeitos patrimoniais impediria a efetivação do direito líquido e certo do jurisdicionado.

Isto é, em que pese o Mandado de Segurança ter como objeto uma decisão mandamental, que segundo a linha de estudos do Pontes de Miranda teria caráter exclusivamente mandatório, essa premissa não deveria afastar os efeitos patrimoniais do Mandado de Segurança.

A ação mandamental tem como fundamento o art. 5º, inciso LXIX da Constituição Federal, por meio do qual é garantido a todo cidadão a proteção a um direito líquido e certo lesionado ou sob grave ameaça de lesão. Essa ação pode ser conceituada de eficácia preponderantemente mandamental e, ao aplicada a temas tributários, geralmente, "*prende-se a atos que o juiz ou outra autoridade deve mandar que se pratique*". [11]

Ocorre que, algumas vezes, principalmente quando tratamos de ilegalidades e inconstitucionalidades desenhadas na incidência tributária, os atos coatores combatidos podem, ou até devem, ter efeitos patrimoniais. Um exemplo que materializa essa afirmação são as ações ajuizadas por contribuintes com fito de cessar ilegais atos confiscatórios realizados pelo Poder Público, de modo que o simples reconhecimento da ilegalidade não seria capaz de amparar o direito dos jurisdicionados, o que exige para satisfação da pretensão jurisdicional a materialização de consequências financeiras.

Em julgamento de matéria tributária, o Ministro Humberto Martins proferiu esclarecedor voto por meio do qual resumiu o necessário reflexo patrimonial das decisões mandamentais, indicando a vasta jurisprudência formada pela Corte Superior sobre a questão processual. Veja:

> TRIBUTÁRIO. MANDADO DE SEGURANÇA. EFICÁCIA EXECUTIVA DE SENTENÇA DECLARATÓRIA. VIA ADEQUADA. ENTENDIMENTO FIRMADO EM RECURSO REPETITIVO.

---

11. DE JESUS, Isabela Bonfá, DE JESUS; Fernando Bonfá e DE JESUS, Ricardo Bonfá. Manual de Direito Tributário. 3ª ed. São Paulo, Revista dos Tribunais, 2016, p. 416.

RESP PARADIGMA 1.114.404/MG. SÚMULAS 213 E 461 DO STJ. 1. "A sentença do Mandado de Segurança, de natureza declaratória, que reconhece o direito à compensação tributária (Súmula 213/STJ: 'O mandado de segurança constitui ação adequada para a declaração do direito à compensação tributária'), é título executivo judicial, de modo que o contribuinte pode optar entre a compensação e a restituição do indébito (Súmula 461/STJ: 'O contribuinte pode optar por receber, por meio de precatório ou por compensação, o indébito tributário certificado por sentença declaratória transitada em julgado')" (REsp 1.212.708/RS, Rel. Ministro HERMAN BENJAMIN, SEGUNDA TURMA, julgado em 11/4/2013, DJe 9/5/2013). 2. O mandado de segurança transitado em julgado reconheceu à empresa contribuinte restituir-se dos valores pagos a maior em decorrência da declaração de inconstitucionalidade dos Decretos-Leis n. 2.445/88 e 2.448/88, o que legitima à recorrente a "opção entre a compensação e o recebimento do crédito por precatório ou requisição de pequeno valor (...) pelo indébito tributário, haja vista que constituem, todas as modalidades, formas de execução do julgado colocadas à disposição da parte quando procedente a ação que teve a eficácia de declarar o indébito" (REsp 1114404/MG, Rel. Ministro MAURO CAMPBELL MARQUES, PRIMEIRA SEÇÃO, julgado em 10/2/2010, DJe 1°/3/2010 - submetido ao rito dos recursos repetitivos). 3. A possibilidade de a sentença mandamental declarar o direito à compensação (ou creditamento), nos termos da Súmula 213/STJ, de créditos ainda não atingidos pela prescrição não implica concessão de efeitos patrimoniais pretéritos à impetração. O referido provimento mandamental, de natureza declaratória, tem efeitos exclusivamente prospectivos, o que afasta os preceitos da Súmula 271/STF. Precedentes. Agravo regimental improvido.[12]

Extrai-se do inteiro teor do julgado acima colacionado que o Tribunal Regional Federal da 4ª Região havia declarado a impossibilidade da execução da sentença proferida em Mandado de Segurança com fundamento na súmula 269 do Supremo Tribunal Federal, de modo que, por unanimidade, a turma reformou o entendimento nos termos da ementa supra colacionada.

Nessa linha de pensamento, entende-se que o Mandado de Segurança, apesar de ação essencialmente constitucional, é uma

12. STJ - AgRg no REsp: 1466607 RS 2014/0166428-6, Relator: Ministro HUMBERTO MARTINS, Data de Julgamento: 05/03/2015, T2 - SEGUNDA TURMA, Data de Publicação: DJe 11/03/2015- Destaques acrescidos.

ação civil que não pode ser considerada uma exceção às normas processuais. O Professor Doutor Cassio Scarpinella ensina:

> O Mandado de Segurança é ação civil. Embora tenha assento constitucional expresso e disto advenham determinadas características relativas à interpretação de suas normas de regência com vistas à sua aplicação maximizada- o "modelo constitucional do direito processual civil" a que faz referência no número anterior-, *o mandado de segurança deve observar os institutos fundamentais do direito processual civil. Ele não pode ser entendido como algo "estranho", "alheio", à toda dogmática processual civil.*[13]

Assim, considerando que o Mandado de Segurança é ação que deve atender aos princípios e diretrizes norteadores do processo civil, mais evidente se torna a necessidade de restringirmos a aplicação das súmulas 269 e 271 do Supremo Tribunal Federal aos temas que lhe competem.

A Lei 13.105/2015 de 16 de março de 2015, que introduziu o novo Código de Processo Civil, prima e preconiza, ao longo de seu texto, o princípio da primazia da resolução do mérito como norma fundamental do direito processual brasileiro.[14]

---

13. DOS SANTOS, E.; WAMBIER, L.; NERY JUNIOR, N. e WAMBIER, T. (Org.) Execução civil. Estudos em homenagem ao Professor Humberto Theodoro Júnior Capítulo: "Sentenças concessivas de mandado de segurança em matéria tributária e efeitos patrimoniais: estudo de um caso" - SCARPINELLA BUENO, C. São Paulo, Revista dos Tribunais, 2007, p. 322.

14. Código de Processo Civil- "Art. 4º As partes têm o direito de obter em prazo razoável a solução integral do mérito, incluída a atividade satisfativa".
"Art. 139. O juiz dirigirá o processo conforme as disposições deste Código, incumbindo-lhe:
IX - determinar o suprimento de pressupostos processuais e o saneamento de outros vícios processuais;"
"Art. 282. Ao pronunciar a nulidade, o juiz declarará que atos são atingidos e ordenará as providências necessárias a fim de que sejam repetidos ou retificados.
§ 1º O ato não será repetido nem sua falta será suprida quando não prejudicar a parte.
§ 2º Quando puder decidir o mérito a favor da parte a quem aproveite a decretação da nulidade, o juiz não a pronunciará nem mandará repetir o ato ou suprir-lhe a falta".
"Art. 283. O erro de forma do processo acarreta unicamente a anulação dos atos que não possam ser aproveitados, devendo ser praticados os que forem necessários a fim de se observarem as prescrições legais.

Por força desse princípio fundamental, inegável é que deve prevalecer o resultado satisfativo do direito em detrimento de eventuais obstáculos à produção do resultado normal da lide, uma vez que nulidades insanáveis são incompatíveis com o atual processo brasileiro.

É dizer que a nova legislação processual visa a combater a chamada "jurisprudência defensiva", de modo a estimular o saneamento de vícios e viabilizar o próprio aproveitamento dos atos processuais, tudo de acordo com a colaboração mútua e boa-fé das partes e do Magistrado.

O Professor Humberto Theodoro Junior[15], em estudo pretérito, bem sintetizou os efeitos exigidos às normas de processo civil:

> No Estado de bem-estar social a atividade processual não pode se afastar da preocupação geral de aprimoramento da vida politicamente organizada. É preciso que o processo deixe de ser apenas o instrumento formal e frio de definição jurídica dos conflitos intersubjetivos, para apresentar-se como fonte da atividade inspirada pelos destinos humanos e compenetrada dos sofrimentos e aspirações daqueles que carecem de Justiça.
>
> [...]

A garantia constitucional de jurisdição a se apoiar no instrumento do devido processo legal não está, como restou demonstrado, procurando apenas um meio de simples definição e autuação dos direitos subjetivos. O que o moderno Estado de Direito se propõe a realizar é a melhor e mais eficiente promoção da Justiça aspirada pela sociedade

---

Parágrafo único. Dar-se-á o aproveitamento dos atos praticados desde que não resulte prejuízo à defesa de qualquer parte".
"Art. 932. Incumbe ao relator:
Parágrafo único. Antes de considerar inadmissível o recurso, o relator concederá o prazo de 5 (cinco) dias ao recorrente para que seja sanado vício ou complementada a documentação exigível".

15. CARNEIRO, Athos Gusmão. Op. cit. p. 8-9.

Nesse sentido, no que tange à natureza da sentença proferida em sede de Mandado de Segurança deve produzir efeitos sempre que compreender elementos suficientes para individualização da obrigação para sua efetivação (adimplemento), independentemente do instrumento utilizado para alcançar a prestação jurisdicional, sob pena de ir ao encontro das diretrizes e normas norteadoras do processo.

E para bem ilustrar as nossas conclusões utilizamo-nos do estudo realizado pelo Professor Cassio Scarpinella por meio do qual se debruçou sobre os efeitos patrimoniais do Mandado de Segurança, ainda que à luz da revogada Lei nº 5.021 de 1966[16]:

> *Sim a sentença concessiva do mandado de segurança pode ser utilizada como ação de indébito.* Seja à luz de uma interpretação devidamente contextualizada do art. 1º, §3º da Lei 5.021/66, que afasta a generalizada opinião de que o mandado de segurança não tem efeitos patrimoniais e que não é substitutivo de ação de cobrança, seja, mais recentemente, para aqueles que interpretam o inciso I do art. 475-N como um novo e substancial título executivo judicial

Em que pese as normas norteadoras dos estudo acima terem sido revogadas, infere-se que as leis vigentes mantiveram os comandos normativos no mesmo sentido, visto que a Lei 12.016 de 2009 em seu §4º do art 14 manteve a vedação aos efeitos patrimoniais retroativos exclusivamente em relação às ações ajuizadas pelos servidores públicos e o art. 515, inciso I manteve os efeitos executivos da sentença no Novo Código de Processo Civil.

De acordo com o art. 515, inciso I do Código de Processo Civil "*as decisões judiciais proferidas em processo civil que reconheçam exigibilidade de obrigação de pagar quantia, de fazer, de não fazer ou de entregar coisa*" são títulos judiciais

---

16. DOS SANTOS, E.; WAMBIER, L.; NERY JUNIOR, N. e WAMBIER, T. (Org.) *Execução civil.* Estudos em homenagem ao Professor Humberto Theodoro Júnior Capítulo: "Sentenças concessivas de mandado de segurança em matéria tributária e efeitos patrimoniais: estudo de um caso" - SCARPINELLA BUENO, C. São Paulo, Revista dos Tribunais, 2007, p. 333.

executivos, cujo cumprimento de sentença deve ser realizado de acordo com as possibilidades previstas no Título II do Código de Processo Civil. Essa disposição legal expressa é suficiente para demonstrar a exequibilidade dos títulos judiciais, independentemente da forma ou tipo de ação eleita para obter a tutela jurisdicional.

Corroborando com tal entendimento o saudoso jurista Teori Albino Zavascki foi norteador dos nossos estudos sobre a questão tratada, especialmente na conclusão de seu trabalho que esmiuçou as sentenças declaratórias, condenatórias e eficácia executiva dos julgados:

> ... se tal sentença traz definição de certeza a respeito, não apenas da existência da relação jurídica, mas também da exigibilidade da prestação devida, não há como negar-lhe, categoricamente, eficácia executiva. Conforme assinalado anteriormente, ao *legislador originário não é dado negar executividade a norma jurídica concreta, certificada por sentença, se nela estiverem presentes todos os elementos identificadores da obrigação* (sujeitos, prestação, liquidez, exigibilidade), pois isso representaria atentado ao direito constitucional à tutela executiva, que é inerente e complemento necessário do direito de ação. Tutela jurisdicional que se limitasse à cognição, sem as medidas complementares necessárias para ajustar os fatos ao direito declarado na sentença, seria tutela incompleta. E, se a norma jurídica individualizada está definida, de modo completo, por sentença, não há razão alguma, lógica ou jurídica, para submetê-la, antes da execução, a um segundo juízo de certificação, até porque a nova sentença não poderia chegar a resultado diferente do da anterior, sob pena de comprometimento da garantia da coisa julgada, assegurada constitucionalmente.

Não há dúvidas que a inexequibilidade de uma sentença condenatória transitada em julgado é extremamente prejudicial ao jurisdicionado e ao sistema processual brasileiro, isso porque além de violar o direito constitucional da parte à inafastabilidade da jurisdição (interpretação reflexa do XXXV do art. 5º da CF), dá margem à incompatibilidades de decisões, uma vez que exige a dupla apreciação de juízos diferentes sobre uma mesma demanda, demandando que o jurisdicionado, apesar de ter sentença mandamental condenatória que reconhece ato ilegal, ajuíze ação própria para realização dos seus efeitos, em evidente violação ao princípio da economia processual.

Assim, com lastro nos posicionamentos doutrinários e jurisprudenciais, sustentamos que a concessão da segurança deve permitir, por si só, o restabelecimento patrimonial causado pelo ato reconhecidamente lesivo, especificamente, nos casos de temas tributários que poderiam ser objeto de cumprimento de sentença a qual reconheça a exigibilidade de obrigação de pagar quantia certa pela Fazenda Pública, nos moldes do Capítulo V do Código de Processo Civil.

3. AS VIAS PARA EFETIVAÇÃO DOS REFLEXOS PATRIMONIAIS

Em que pese o tópico acima deixar claro, *um*, que as súmulas 269 e 271 do Supremo Tribunal Federal devem ser aplicadas à fatia específica do direito a que se dedicam (servidores públicos) e, *dois*, que os efeitos patrimoniais do Mandado de Segurança devem ser amplamente admitidos, não é o que observamos na prática. Ainda são proferidas decisões pelos Tribunais[17] impedindo a efetivação de direitos reconhecidos por meio de sentenças proferidas em sede de Mandado de Segurança em razão de suposto óbice nas súmulas editadas pela Suprema Corte.

E diante da insegurança jurídica refletida nesse estudo, caracterizada pelos diferentes posicionamentos adotados entre os magistrados, cabe ao operador do Direito refletir

17. TJ-RS - ED: 70080167802 RS, Relator: Miguel Ângelo da Silva, Data de Julgamento: 21/03/2019, Vigésima Segunda Câmara Cível, Data de Publicação: Diário da Justiça do dia 27/03/2019; STJ - AgInt no AREsp: 941883 DF 2016/0166711-4, Relator: Ministro GURGEL DE FARIA, Data de Julgamento: 07/02/2019, T1 - PRIMEIRA TURMA, Data de Publicação: DJe 11/03/2019; TJ-RS - ED: 70078726718 RS, Relator: João Barcelos de Souza Junior, Data de Julgamento: 12/12/2018, Segunda Câmara Cível, Data de Publicação: Diário da Justiça do dia 21/01/2019); TRF-4 - AC: 50056028320164047110 RS 5005602-83.2016.4.04.7110, Relator: ALEXANDRE ROSSATO DA SILVA ÁVILA, Data de Julgamento: 24/10/2018, PRIMEIRA TURMA.

quanto às vias possíveis à efetivação dos direitos patrimoniais tutelados por meio de Mandado de Segurança.

A primeira opção, das três que serão elencadas no presente artigo, já foi suscitada no tópico acima. Diante da concessão de segurança requerida e da possibilidade da aplicação das súmulas 269 e 271 do Supremo Tribunal Federal- *mesmo que o objeto da ação mandamental não seja o pagamento de vantagens a servidores públicos*- pode o jurisdicionado ajuizar ação própria para restituir os valores indevidamente recolhidos após a impetração do *mandamus*.

Isto é, valendo-se da decisão proferida em Mandado de Segurança, pode ser ajuizada Ação de Repetição de Indébito dos valores que já foram objeto do pedido na ação mandamental. Apesar dessa via processual ser garantida pelo ordenamento processual, é obviamente uma violação à economia processual, visto que exige o ajuizamento de duas ações distintas para garantir um mesmo direito jurisdicionado. Mesmo ineficiente, essa estratégia processual pode ser adotada em relação a qualquer tema, inclusive em relação às ações ajuizadas por servidores públicos, que têm óbice travado pelas súmulas 269 e 271 do Supremo Tribunal Federal é categórico.

Especificamente em relação aos temas essencialmente tributários, existem outras vias possíveis para restituição de indébitos reconhecidos por meio de sentenças mandamentais, dentre as quais destacamos as possibilidades de restituição dos montantes por meio de precatórios e pela via da compensação administrativa.

Os precatórios são requisições de pagamento expedidas pelo Judiciário para cobrar de municípios, estados ou da União, assim como de autarquias e fundações, o pagamento de valores devidos após condenação judicial definitiva (transitada em julgado), nada mais é que o reconhecimento judicial de uma dívida que o ente público tem com o autor da ação, seja ele pessoa física ou jurídica.

Os pagamentos dos precatórios devem ser realizados em ordem cronológica de apresentação, conforme determinação expressa da Constituição Federal nesse sentido:

> *Art. 100. Os pagamentos devidos pelas Fazendas Públicas Federal, Estaduais, Distrital e Municipais, em virtude de sentença judiciária, far-se-ão exclusivamente na ordem cronológica de apresentação dos precatórios e à conta dos créditos respectivos, proibida a designação de casos ou de pessoas nas dotações orçamentárias e nos créditos adicionais abertos para este fim.*

Essa forma de pagamento pode ter natureza de dois tipos: alimentar ou comum, a depender da origem da decisão que transitou em julgado, nos termos do §1º do art. 100 da Carta Magna. As ações ajuizadas para discussão de matéria tributária, têm como uma das partes integrantes do polo passivo da demanda o Poder Público, o que implica necessariamente no pagamento de indébitos por meio de precatórios.

No julgamento do Recurso Extraordinário 889.173, com repercussão geral reconhecida, o Ministro Luiz Fux esclareceu que

> *A finalidade do regime constitucional de precatórios reside em dois objetivos essenciais, quais sejam, possibilitar aos entes federados ao adequado planejamento orçamentário para a quitação de seus débitos e a submissão do Poder Público ao dever de respeitar a preferência jurídica de quem dispuser de preferência cronológica.*

Nesse sentido, sempre que houver decisão judicial definitiva em matéria tributária que resulte no necessário pagamento pelas Fazendas Públicas de pecúnia, o contribuinte deve entrar na fila de pagamento de precatórios.

O Mandado de Segurança impetrado com o objetivo de recuperar os débitos pagos indevidamente ou a maior pelo contribuinte deve conter necessariamente o pedido expresso de restituição, para que, assim, após a fase de conhecimento, se houver a concessão da segurança, o pedido de restituição seja analisado pelo juiz.

Proferida a decisão transitada em julgado reconhecendo o direito do contribuinte à restituição, nos termos do art. 535, parágrafo 3º, inciso I, do CPC[18], a execução da decisão deverá seguir por meio de precatório em favor do contribuinte ou, quando optar pela via da compensação administrativa, deve desistir claramente da execução judicial do título (sentença).

Conforme os ensinamentos dos Professores Doutores Isabela, Fernando e Ricardo Bonfá de Jesus, "*para o contribuinte que não pretende percorrer o moroso caminho do precatório, há a possibilidade de desistência da execução de sentença contra a Fazenda Pública, para que seja requerida a compensação em sede administrativa.*" [19]

Frise-se que a escolha pela compensação só será possível se o contribuinte, no pedido da sua inicial, requerer o reconhecimento do seu direito de realizar a compensação administrativa do indébito, o que é viável pela via do Mandado de Segurança, com fulcro na súmula 213 do STJ, caso contrário essa hipótese não estará abarcada pela decisão transitada em julgado.

A compensação requer a liquidez e a certeza do crédito, é por isso que o reconhecimento pela via judicial só ocorre após o trânsito em julgado da decisão, logo a providência não pode ser deferida por meio de decisões provisórias, como medidas cautelares ou antecipações de tutela, de acordo com o que estabelece o art. 170- A do Código Tributário Nacional, *in verbis:*

> *Art. 170-A. É vedada a compensação mediante o aproveitamento de tributo, objeto de contestação judicial pelo sujeito passivo, antes do trânsito em julgado da respectiva decisão judicial. (Incluído pela Lcp nº 104, de 2001)*

---

18. Art. 535. A Fazenda Pública será intimada na pessoa de seu representante judicial, por carga, remessa ou meio eletrônico, para, querendo, no prazo de 30 (trinta) dias e nos próprios autos, impugnar a execução, podendo arguir: § 3º Não impugnada a execução ou rejeitadas as arguições da executada: I - expedir-se-á, por intermédio do presidente do tribunal competente, precatório em favor do exequente, observando-se o disposto na Constituição Federal.

19. DE JESUS, Isabela Bonfá, DE JESUS; Fernando Bonfá e DE JESUS, Ricardo Bonfá. *Manual de Direito Tributário.* 3ª ed. São Paulo, Revista dos Tribunais, 2016, p. 175.

É essa a inteligência fixada pelas Súmula 212 do STJ: "*A compensação de créditos tributários não pode ser deferida em ação cautelar ou por medida liminar cautelar ou antecipatória.*" e pela Súmula 461 do STJ: "*O contribuinte pode optar por receber, por meio de precatório ou por compensação, o indébito tributário certificado por sentença declaratória transitada em julgado*", que efetivam a possibilidade do contribuinte de realizar a compensação dos indébitos administrativamente.

Ainda sobre a compensação administrativa é importante destacar que em 2019 a Primeira Seção do Superior Tribunal de Justiça se debruçou sobre os requisitos impostos ao contribuinte que ajuizar ação mandamental requerendo o reconhecimento do seu direito à compensação do indébito tributário.

Anteriormente ao julgamento do Recurso Especial 1.111.164, cuja tese fora julgada sob a égide dos recursos repetitivos e deu origem ao Tema 118, eram adotados posicionamentos diversos entre os julgadores, de modo que haviam aqueles que entendiam necessária a comprovação do indébito desde o ajuizamento da ação mediante a apresentação dos comprovantes de recolhimento do tributo e os que concluíam que bastava a comprovação de posição de credor tributário.

E, de acordo com a tese fixada, restou definido que "*é necessária a efetiva comprovação do recolhimento feito a maior ou indevidamente para fins de declaração do direito à compensação tributária em sede de mandado de segurança*", o que impõe aos contribuintes que pretendem utilizar da via do Mandado de Segurança para reaver montantes indevidamente recolhidos apresentar os comprovantes dos recolhimentos tributários até o saneamento da ação.

Após a obtenção da liquidez e certeza do crédito, os tributos podem ser compensados com espécies tributárias diferentes, desde que todas forem de competência do mesmo ente público, salvo exceções. Por exemplo, no caso de tributos federais o contribuinte pode compensar o crédito de Imposto de Renda com o débito de Contribuição Social sobre o Lucro

Líquido, com exceção da Contribuição Previdenciária que só pode ser compensada com débitos da mesma contribuição.

A compensação é hoje a via mais utilizada pelos contribuintes e a medida mais deferida pelos juízes, em razão da facilidade que esta fornece a ambos os lados, ao Fisco e ao contribuinte. Ao Fisco que não precisa retirar dinheiro dos cofres públicos para ressarcir o contribuinte naquele exato momento e ao contribuinte que pode por meio do seu crédito compensar os débitos que tem com aquele ente político.

Por fim, é importante ressaltar que depois do trânsito em julgado da decisão e do pedido de desistência o contribuinte tem 5 anos, contados a partir da homologação da desistência pelo Juízo, para compensar os créditos, observadas as instruções refletidas na Instrução Normativa 1717 de 2017, por meio da qual a Receita Federal estabelece os meios para realização de compensações e restituições administrativas.

4. CONSIDERAÇÕES FINAIS

Por todo o exposto, buscou-se aqui analisar e questionar a aplicação das súmulas 271 e 269 da Suprema Corte em matéria tributária e os consequentes efeitos do impedimento do uso da ação mandamental como meio de recuperar o pagamento indevido ou a maior feito pelo contribuinte.

Acreditamos ser viável o uso do Mandado de Segurança para o ressarcimento patrimonial causado pelo ato reconhecidamente lesivo de autoridade coatora, tendo em vista que a ação mandamental é uma ação processual civil e que apesar de ser uma ação mandamental/declaratória também pode produzir, principalmente quanto ao direito tributário, sentenças executivas.

Ademais, é importante frisar que não vemos sentido processual, ainda mais depois do Código de Processo Civil de 2015, de obrigar o contribuinte após a sentença transitada em julgado que concedeu sua segurança pleiteada, desde que juntadas todas as provas dos débitos a serem restituídos, ter que ir bater às portas do judiciário novamente para tão somente requerer os valores já declarados devidos, sob pena de dar causa a verdadeiro enriquecimento ilícito do Poder Público.

Desse modo, pedimos licença para citar novamente o saudoso jurista Teori Albino Zavascki *"não há razão alguma, lógica ou jurídica, para submetê-la, antes da execução, a um segundo juízo de certificação, até porque a nova sentença não poderia chegar a resultado diferente do da anterior"*. É uma perda de celeridade processual, de dinheiro público com gastos com o judiciário e procuradores, e claro, do contribuinte que tem que pagar advogado, custas, tudo novamente, para concretizar direito declaradamente que já é seu.

Portanto, concluímos que é possível o uso do Mandado de Segurança para fazer as vezes da Ação de Repetição de Indébito Tributária e com a sentença mandamental/declaratória que concede a segurança pleiteada também já determinar os valores a serem restituídos e pagos pela Fazenda Pública competente ao contribuinte de forma executiva.

REFERÊNCIAS

ALEXANDRE, Ricardo. *Direito Tributário*. Editora Jus Podivm, 12ª ed. 2018.

BUENO, Cassio Scarpinella. *Mandado de Segurança e Compensação em Matéria Tributária*: Uma Análise à Luz das Súmulas 213 e 461 do STJ e da Súmula 271 do STF. 2010. Instituto Brasileiro de Estudos Tributários - IBET.

_______, Cassio Scarpinella. *Cumprimento da Sentença e Processo de Execução*: Ensaio Sobre o Cumprimento das Sentenças Condenatórias.

CARNEIRO, Athos Gusmão. *Cumprimento da sentença civil*. Rio de Janeiro. Forense, 2007.

CARRAZZA, Roque Antonio. *Curso de Direito Constitucional Tributário.* 30ª ed. São Paulo, Malheiros, 2015.

CARVALHO, Paulo de Barros. *Curso de Direito Tributário.* 28ª ed. São Paulo, Saraiva, 2017.

DE JESUS, Isabela Bonfá, DE JESUS; Fernando Bonfá e DE JESUS, Ricardo Bonfá. *Manual de Direito Tributário.* 3ª ed. São Paulo, Revista dos Tribunais, 2016.

DOS SANTOS, E.; WAMBIER, L.; NERY JUNIOR, N. e WAMBIER, T. (Org.) *Execução civil.* Estudos em homenagem ao Professor Humberto Theodoro Júnior Capítulo: "Sentenças concessivas de mandado de segurança em matéria tributária e efeitos patrimoniais: estudo de um caso" - SCARPINELLA BUENO, C. São Paulo, Revista dos Tribunais, 2007.

SAMPAIO, Paz Loretta; MACEDO, Luana Vargas; DE FIGUEIREDO, João Batista. DA SOLLER, Fabrício. Parecer PGFN/CRJ/Nº2011: Análise Jurídica dos questionamentos elencados na Nota Técnica da Cosit nº 18, de 30 de julho de 2010.

TEORIA DA ENCAMPAÇÃO E A LEGITIMIDADE PASSIVA DO MANDADO DE SEGURANÇA EM DIREITO TRIBUTÁRIO

Elessandra Lira[1]

Felipe Azzi[2]

1. MANDADO DE SEGURANÇA - ASPECTOS GERAIS

O Mandado de Segurança é ação mandamental definida na Constituição Federal, no art. 5º, incisos LXIX e LXX, e seus demais contornos e processamento regidos por sua lei própria, a Lei 12.016/2009.

Em sede constitucional, o art. 5º, em seus incisos LXIX e LXX da Carta Magna dispõem que:

---

1. Pós-Graduanda em Advocacia Tributária - Escola de Direito Brasileira; Pós-graduanda em Direito Aduaneiro - Universidade Cândido Mendes; Analista de Importação e Exportação - Aduaneiras/RJ, advogada tendo atuação como área de concentração predominante o Contencioso e o Direito Tributário e Aduaneiro Consultivo.

2. Mestrando em Direito Tributário pela Pontifícia Universidade Católica de São Paulo (PUC/SP); especialista em Direito Tributário pela PUC/SP; especialista em Direito Empresarial pela Fundação Getúlio Vargas (FGV/SP), advogado tributário.

> *Art. 5º Todos são iguais perante a lei, sem distinção de qualquer natureza, garantindo-se aos brasileiros e aos estrangeiros residentes no País a inviolabilidade do direito à vida, à liberdade, à igualdade, à segurança e à propriedade, nos seguintes termos:*
>
> *LXIX - conceder-se-á mandado de segurança para proteger direito líquido e certo, não amparado por habeas corpus ou habeas data, quando o responsável pela ilegalidade ou abuso de poder for autoridade pública ou agente de pessoa jurídica no exercício de atribuições do Poder Público;*
>
> *LXX - o mandado de segurança coletivo pode ser impetrado por:*
>
> *a) partido político com representação no Congresso Nacional;*
>
> *b) organização sindical, entidade de classe ou associação legalmente constituída e em funcionamento há pelo menos um ano, em defesa dos interesses de seus membros ou associados;*

E em sede da lei regulamentadora (Lei 12.016/2009), a conceituação, em consonância com os comandos constitucionais acima replicados, trazem logo em seu artigo inaugural definição:

> *Art. 1º. Conceder-se-á mandado de segurança para proteger direito líquido e certo, não amparado por habeas corpus ou habeas data, sempre que, ilegalmente ou com abuso de poder, qualquer pessoa física e jurídica sofrer violação ou houver justo receito de sofrê-la por parte de autoridade, seja de que categoria for e sejam quais forem as funções que exerça.*

No Direito Tributário, é usualmente usado em vista de sua celeridade, inexistência de ônus financeiro à parte sucumbente[3], bem como pelo fato de que os atuantes nesta seara do direito corriqueiramente enfrentam óbices impostos pela administração pública no exercício regular de suas atividades.

Sobre a amplitude de possibilidades de utilização do mandado de segurança em âmbito tributário, o professor Hugo de Brito Machado[4] aduz nas seguintes diretivas:

---

3. Art. 25. Não cabem, no processo de mandado de segurança, a interposição de embargos infringentes e a condenação ao pagamento dos honorários advocatícios, sem prejuízo da aplicação de sanções no caso de litigância de má-fé

4. Hugo de Brito Machado, *Processo Tributário*, p. 345.

> (...) conclui-se que o mandado de segurança pode ser utilizado, no âmbito tributário, sempre que o reconhecimento da invalidade do ato administrativo impugnado independer de solução de controvérsia factual. Com ele pode-se: impugnar um lançamento (por vícios formais ou materiais); afastar óbices indevidamente oferecidos à efetivação de uma compensação (Súmula 213 do STJ); impugnar ato de cancelamento ou suspensão de imunidade ou isenção tributária (por ofensa, por exemplo, ao princípio do devido processo legal); coibir o ato ilegal e abusivo de negar o fornecimento de certidões negativas de débito, ou certidões positivas com efeito de negativa etc.
>
> O mandado de segurança pode ser utilizado, ainda, não propriamente para impugnar de modo direto o ato de lançamento, mas para discutir aspectos do processo administrativo de controle de legalidade [...].

Tem-se como fundamento de impetração de mandado de segurança coibir atos praticados por autoridade pública, praticados com abuso de poder ou ilegais, efetivos ou potenciais, que ofendam direito líquido e certo, seja de um coletivo ou de um particular.

Extrai-se das redações colacionadas a existência de duas espécies mandamentais, que são: o mandado de segurança individual e o coletivo. Na área tributária, conquanto seja mais corriqueira a utilização de mandado de segurança individual, não há qualquer impedimento de sua utilização na modalidade coletiva.

Assim, o mandado de segurança individual é o instrumento cabível para prevenir ou reprimir lesão a direito líquido e certo de um indivíduo, quando a ofensa é perpetrada por autoridade pública ao passo que o mandado de segurança coletivo tem o mesmo objeto, contudo, voltado a proteção dos direitos de uma coletividade[5].

---

5. A legitimidade para impetração de Mandado de Segurança coletivo encontra-se estabelecida no artigo 21 da Lei 12.016/2009:
Art. 21. O mandado de segurança coletivo pode ser impetrado por partido político com representação no Congresso Nacional, na defesa de seus interesses legítimos relativos a seus integrantes ou à finalidade partidária, ou por organização sindical, entidade de classe ou associação legalmente constituída e em funcionamento há,

Adentra-se a classificação da referida ação, que por sua vez pode ser impetrada na forma preventiva ou repressiva, conforme pontuado pela professora Isabela Bonfá de Jesus[6], *ex positis*:

> (a) Preventivo – tem por objeto uma ameaça ao direito líquido e certo do impetrante. Situação de fato que ensejaria a prática do ato considerado ilegal, que ainda não tenha sido praticado, existindo apenas o justo receito de que venha a ser praticado pela autoridade impetrada. Necessidade de comprovação ao juiz.
>
> É preventivo porque destinado a evitar a lesão ao direito, mas pressupõe a existência da situação concreta; ou
>
> (b) Repressivo – tem por objeto reparar ilegalidade ou abuso de poder já cometido, decorre do próprio ato impugnado, ofensivo ao direito. Vale lembrar que o mandado de segurança preventivo converte-se automaticamente em mandado de segurança repressivo quando a autoridade pratica o ato antes da decisão judicial.

Nesse sentido, o *mandamus*, em sua forma preventiva é a oportunidade para o contribuinte resguardar-se de ato coator da administração pública tributária que está em vias de ocorrer. Como exemplo prático da utilização da ação na via preventiva, veja-se:

Determinado contribuinte é notificado para pagamento de débito tributário já recolhido. Levando em consideração que no próximo mês vencerá sua certidão negativa de débitos tributários, o débito objeto de notificação será empecilho para

---

pelo menos, 1 (um) ano, em defesa de direitos líquidos e certos da totalidade, ou de parte, dos seus membros ou associados, na forma dos seus estatutos e desde que pertinentes às suas finalidades, dispensada, para tanto, autorização especial.
Parágrafo único. Os direitos protegidos pelo mandado de segurança coletivo podem ser:
I - coletivos, assim entendidos, para efeito desta Lei, os transindividuais, de natureza indivisível, de que seja titular grupo ou categoria de pessoas ligadas entre si ou com a parte contrária por uma relação jurídica básica;
II - individuais homogêneos, assim entendidos, para efeito desta Lei, os decorrentes de origem comum e da atividade ou situação específica da totalidade ou de parte dos associados ou membros do impetrante.

6. Isabela Bonfá de Jesus, *Manual de Direito e Processo tributário*, p. 403.

a regular emissão de certidão. Até que contribuinte apresente defesa na esfera administrativa frente a notificação recebida, a CND estará vencida e não será analisada a mencionada defesa. Nesse caso, o contribuinte não precisa aguardar a negativa da emissão de CND para impetração do mandado de segurança, podendo utilizar a via preventiva para declarar a extinção do crédito tributário objeto de notificação, diante do pagamento já realizado, bem como que seja garantido liminarmente o direito de expedição de CND.

De outro lado, o mandado de segurança repressivo é utilizado quando o ato coator, mediante emprego de ilegalidade ou abuso de poder já ocorreu, sendo seu objeto reaver o *status quo ante*. Assim, para que aquela ilegalidade e/ou abuso de poder não perdure no tempo, impetra-se o *writ* repressivamente. Como exemplo prático dessa modalidade, tem-se:

O contribuinte, na qualidade de importador, é usuário de determinado sistema para emissão de documentos públicos referentes a suas atividades de importações e para utilização do ambiente virtual (SISCOMEX) desse sistema lhe é cobrado uma taxa. Ocorre que tal tributo, na sua visão, foi majorado de forma inconstitucional, uma vez que a majoração se deu por meio de Portaria. Desse modo, o importador constituí um advogado para que este possa impetrar mandado de segurança repressivo, visando coibir a cobrança em patamar majorado, eis que inconstitucional.

No tocante ao prazo para sua impetração, há que se fazer uma distinção entre a modalidade preventiva e repressiva. Quando da modalidade preventiva, não há como se estabelecer um prazo determinado, uma vez que o ato coator ainda não se materializou, sendo a pretensão jurisdicional buscada justamente afastamento de eminente ilegalidade contra o contribuinte.

No que tange ao mandado de segurança repressivo, o prazo de sua impetração é requisito de seguimento do processamento do *mandamus* e assim dispõe o art. 23, da lei mandamental, *in verbis*:

> *Art. 23. O direito de requerer mandado de segurança extinguir-se-á decorridos 120 (cento e vinte) dias, contados da ciência, pelo interessado, do ato impugnado.*

Veja-se, portanto, que para o computo do prazo de impetração, é tido como termo inicial a ciência pelo contribuinte daquele ato coator eivado de ilegalidade e/ou abuso de poder. Dali em diante, tem o impetrante o prazo decadencial de 120 (cento e vinte) dias para distribuição do remédio constitucional.

Ainda dos requisitos para o manejo do *writ*, tem-se a necessidade de comprovação, no momento da impetração, de prova pré-constituída do direito líquido e certo a sustentar o direito pretendido, não cabendo levar a juízo qualquer alegação de direito que demande extensa dilação probatória ou análise pormenorizada de documentações.

Habitualmente, impetra-se mandado de segurança com pedido de medida liminar, para ver afastado o ato coator, ilegalidade e/ou abuso de poder de imediato, sendo imprescindível a demonstração dos requisitos para tanto, que são: o *fumus boni iuris* e o *periculum in mora.*

O *fumus boni iuris* reside na existência, mesmo que indícios da existência do direito líquido e certo do contribuinte, conforme entendimento do Prof. Hugo de Brito Machado[7], veja-se:

> Por "relevância da fundamentação", ou simplesmente fumaça do bom direito, deve-se compreender aquela fundamentação que convença o juiz, obviamente de modo ainda provisório, da procedência dos pedidos ao final formulados. Em suma, convença o juiz da possibilidade de a segurança vir realmente a ser concedida. Pode ser fundada em precedentes jurisprudenciais, na doutrina especializada, ou simplesmente na ilegalidade facilmente demonstrável do ato coator.
>
> Ao passo que o *periculum in mora* abordou nos seguintes termos:
>
> Quanto à "possibilidade de ineficácia da medida", ou simplesmente perigo da demora, trata-se do risco de o impetrante sofrer

7. Hugo de Brito Machado, *Processo Tributário*, p. 367.

> dano que torne inócua a segurança, caso venha a ser ulteriormente concedida.

Pois bem. Passadas as linhas gerais quanto aos requisitos concessores para o regular recebimento e processamento da presente ação mandamental, passa-se a análise da problemática enfrentada frente ao writ no direito tributário atual.

O advogado tributarista, ao preparar o mandado de segurança, seja na forma preventiva ou repressiva, obrigatoriamente deve indicar a autoridade coatora responsável pela prática que se pretende coibir. Tal temática foi enfrentada pela Profa. Isabela Bonfá[8], que aduz:

> Dentro desse contexto de indicação da autoridade coatora, lembramos que não é raro o advogado se deparar com a dúvida de qual seja a autoridade coatora para impetrar o mandado de segurança, já que nem sempre a estrutura organizacional dos Entes tributantes é clara.

Muitas vezes a incerteza de qual autoridade coatora é a competente para prática do ato é causada pela falta de informações disponíveis em seus sítios eletrônicos, legislação esparsa ou até mesmo decorrente da própria complexidade da estrutura organizacional dos entes tributantes.

O problema não se consubstancia apenas na imprecisão de indicação da autoridade coatora para que essa atenda a legitimidade passiva da demanda mas sim nos prejuízos efetivos que a indicação incorreta pode causar ao impetrante. Destaque-se que a indicação incorreta da autoridade coatora pode obrigar o Impetrante a emendar a petição inicial ou, em situações extremas, a extinção do processo sem julgamento de mérito.

Em ambos os casos, tem-se inegável prejuízo ao contribuinte, sobretudo quando se tem em vista a corriqueira morosidade do Poder Judiciário. É justamente nesse contexto de difícil identificação do polo passivo legitimado a figurar como

---

8. Isabela Bonfá de Jesus, *Manual de Direito e Processo Tributário*, p. 401.

autoridade coatora, que surge a Teoria da Encampação, que passamos a explorar.

2. TEORIA DA ENCAMPAÇÃO

Como vimos, o Mandado de Segurança é remédio constitucional de amplo uso em sede de Direito Tributário. A legitimidade passiva pertence aos agentes públicos pertencentes aos quadros da Administração Pública ou aos particulares no exercício de função pública, por delegação. Em suma: será legitimado passivo aquele que tem competência para desfazer ato ilegal ou abusivo de poder.

Ocorre que, por diversas vezes, a tarefa de identificar a autoridade coatora demanda um conhecimento da estrutura interna da Administração Pública que nem sempre é fácil de se obter, sobretudo quando falamos da Administração Pública municipal ou estadual. Como resultado, diversos são os Mandados de Segurança que são impetrados contra autoridade coatora que, embora não seja precisamente a que praticou a ilegalidade, guarda relação hierárquica direta ou jurídica com a verdadeira autoridade coatora.

Dada essa dificuldade de identificação do polo passivo adequado, somados aos inequívocos prejuízos da decretação da inépcia da inicial[9], de forma a garantir a efetividade processual, surge a denominada Teoria da Encampação aplicada ao Mandado de Segurança.

A encampação, aplicada ao Direito Administrativo, não se confunde com a encampação processual a que estamos a tratar. Tratando sobre o primeiro, Maria Sylvia Zanella di Pietro, explica ser:

> A rescisão unilateral da concessão, antes do prazo estabelecido, é conhecida doutrinariamente sob o nome de encampação;

9. Art. 330. A petição inicial será indeferida quando:
II – A parte for manifestamente ilegítima.

> equivale à concessão se revelar contrária ao interesse público, como em toda rescisão unilateral, o concessionário faz jus ao ressarcimento dos prejuízos regularmente comprovados[10].

Trata-se, portanto, de hipótese em que, diante de interesse público, a Administração Pública opta por "encampar" um serviço anteriormente prestado por particular sob o regime de concessão pública, buscando não prejudicar a continuidade da prestação desses mesmos serviços.

Em matéria de Mandado de Segurança, contudo, a Teoria da Encampação adquire caráter distinto. Trata-se de hipótese utilizada quando o impetrante indica errônea autoridade coatora, mas a autoridade notificada "encampa" a tarefa de defender o ato impugnado.

Embora a Teoria da Encampação aplicada em Mandado de Segurança não seja propriamente uma novidade nos tribunais brasileiros, em janeiro de 2019, o Superior Tribunal de Justiça (STJ) acabou por editar a Súmula 628, nos seguintes termos:

> *Súmula 628: A teoria da encampação é aplicada no mandado de segurança quando presentes, cumulativamente, os seguintes requisitos: a) existência de vínculo hierárquico entre a autoridade que prestou informações e a que ordenou a prática do ato impugnado; b) manifestação a respeito do mérito nas informações prestadas; e c) ausência de modificação de competência estabelecida na Constituição Federal.*

O STJ referenciou nada menos do que 19 (dezenove) decisões como precedentes a justificar a edição da referida Súmula. Desse total, 8 (oito) decisões se relacionam diretamente a matérias tributárias.

Passaremos abaixo a explorar alguns pontos em comum identificados nas decisões tomadas em matéria tributária, identificando o contexto em que foram proferidas.

---

10. DI PIETRO, Maria Sylvia Zanella. *Direito Administrativo*, 25ª ed. São Paulo: Atlas, 2012. Pág. 305.

2.1 ANÁLISE DAS DECISÕES DO STJ

Do total das 8 (oito) decisões analisadas, 6 (seis)[11] versam sobre a impossibilidade de aplicação da Teoria da Encampação quando da indicação do Secretário da Fazenda no polo passivo do remédio constitucional.

As demais decisões versam sobre a aplicação da Teoria da Encampação quando da inclusão no polo passivo das seguintes autoridades: (I) Advogado Geral da União, em caso de isenção de tributos sobre proventos recebidos por anistiado político[12]; e (II) Ministro de Estado da Previdência Social, contra decisão que cancelou a isenção das contribuições sociais da impetrante[13].

Em todas as decisões analisadas, a segurança foi denegada pelo Superior Tribunal de Justiça, com base no entendimento de que houve a indicação incorreta da autoridade coatora.

Passamos a analisar cada um dos casos.

2.2. ILEGITIMIDADE PASSIVA - SECRETÁRIO DA FAZENDA

Ao longo dos últimos anos, a jurisprudência do STJ foi se consolidando no sentido de que o Secretário da Fazenda não se afigura como ente legitimado a figurar no polo passivo do Mandado de Segurança. Neste sentido, diversas decisões:

> [...] V. A Primeira Turma do STJ, ao julgar o AgRg no RMS 36.846/RJ (Rel. Ministro ARI PARGENDLER, DJe de 07/12/2012), decidiu que, no regime do lançamento por homologação, a iminência de sofrer o lançamento fiscal, acaso não cumpra a legislação de regência, autoriza o sujeito passivo da obrigação tributária a

11. AgInt no Recurso em Mandado de Segurança nº 54.968; AgInt no Recurso em Mandado de Segurança nº 44.173; AgInt no Recurso em Mandado de Segurança nº 49.232; AgInt no Recurso em Mandado de Segurança nº 51.519; AgRg no Recurso em Mandado de Segurança nº 30.771; Recurso em Mandado de Segurança nº 48.179.

12. Mandado de Segurança 12.149/DF.

13. Mandado de Segurança 12.779/DF.

> impetrar mandado de segurança contra a exigência que considera indevida. Nesse caso, porém, *autoridade coatora é aquela que tem competência para o lançamento ex officio, que, certamente, não é o Secretário de Estado da Fazenda.* (Recurso em Mandado de Segurança no. 51.486/MG, Relatora Min. Assusete Magalhães, DJ 12/02/2019, destacamos).

Essa ilegitimidade se configuraria, em suma, pela não vinculação direta entre o Secretário da Fazenda e os atos tributários atacados. Assim, conquanto o Secretário da Fazenda seja normalmente a autoridade mais alta responsável pela arrecadação e fiscalização tributária, não é ele, de regra, o responsável direto por praticar os atos atacados por via do Mandado de Segurança.

Seria isso, contudo, um óbice para a aplicação da Teoria da Encampação? Como vimos, existem, nos termos da Súmula 628 do STJ, três requisitos para sua aplicação. O primeiro, a existência de vínculo hierárquico entre a autoridade Impetrada e a autoridade efetivamente coatora.

Tomemos como exemplo para nossa análise a organização do Estado de São Paulo, onde é fácil vislumbrar a existência de vínculo hierárquico e jurídico entre o Secretário da Fazenda e as autoridades responsáveis pela arrecadação de tributos.

O Decreto 60.812/2014, que organiza a Secretaria da Fazenda do Estado de São Paulo, especificamente determina caber a este órgão a "política e administração tributária[14]". E ainda, cabe à Coordenadoria da Administração Tributária, órgão integrante da Secretaria da Fazenda "arrecadar tributos e demais receitas do Estado"; "reduzir a inadimplência"; "coibir a evasão fiscal"; e "estabelecer e aplicar a interpretação da legislação tributária"[15].

---

14. Artigo 2º. Constitui o campo funcional da Secretaria da Fazenda:
I – Política e administração tributária.

15. Artigo 32 - A Coordenadoria da Administração Tributária tem as seguintes atribuições:

Diante do quadro organizacional indicado acima, não nos resta dúvida de que qualquer autoridade coatora indicada pelo contribuinte, desde que, evidentemente, pertença aos quadros do Secretaria da Fazenda do Estado de São Paulo, estaria subordinada hierarquicamente ao Secretário da Fazenda.

O mesmo não poderia se dizer, por exemplo, houvesse o contribuinte incluído no polo passivo a Mesa Diretora da Assembleia Legislativa da Legislativa do Estado de São Paulo (por se tratar de esfera de poder distinta) ou até mesmo um órgão do Poder Executivo que não guarde competência direta com a administração tributária (exe. Secretário da Casa Civil).

Portanto, sob a perspectiva de relação hierárquica, não haveria qualquer óbice da aplicação da Teoria da Encampação quando da inclusão do Secretário da Fazenda do Estado no polo passivo do Mandado de Segurança.

O segundo requisito para a aplicação da Teoria da Encampação seria a manifestação a respeito do mérito das informações prestadas. Nesse ponto, especificamente nos casos em que foi incluído o Secretário da Fazenda no polo passivo, é difícil imaginar que este, representado na figura da Procuradoria da Fazenda do Estado deixe de contestar o mérito das alegações, arriscando-se a ver preclusa a oportunidade de apresentação de sua defesa técnica.

I - contribuir para o aprimoramento da política tributária e de seus instrumentos legais;
II - propor, elaborar e examinar projetos de leis, minutas de decretos e demais atos normativos pertinentes a assuntos tributários;
III - estabelecer e aplicar a interpretação da legislação tributária;
IV - fazer o planejamento tributário;
V - facilitar o cumprimento das obrigações tributárias por parte dos contribuintes;
VI - arrecadar tributos e demais receitas do Estado;
VII - reduzir a inadimplência;
VIII - coibir a evasão fiscal;
IX - decidir o contencioso administrativo-fiscal;
X - atender e orientar o contribuinte;
XI - proteger o trabalho fiscal, corrigir e coibir a conduta em desacordo;
XII - coordenar, no âmbito da CAT:

Podemos vislumbrar a ausência de manifestação a respeito do mérito em hipóteses de erros grosseiros, em que a autoridade Impetrada não possui o conhecimento dos fatos e dos elementos técnicos a permitir a defesa dos atos atacados. Trata-se de hipótese absolutamente excepcional, sobretudo em matéria tributária.

Por fim, o terceiro requisito para a aplicação da Teoria da Encampação seria a "ausência de modificação da competência estabelecida na Constituição Federal". Esse ponto parece ser o mais relevante quando tratamos da não aplicação da Teoria da Encampação em matéria tributária e, especialmente, nos casos da Secretaria da Fazenda.

Isso pois a Constituição Federal, em homenagem à forma federativa de estado, outorgou a cada estado-membro a prerrogativa de organizar sua própria Justiça, desde que, evidentemente, respeitados os parâmetros constitucionais[16]. Assim, a competência dos tribunais estaduais deverá estar prevista na Constituição de cada estado-membro.

Via de regra, a distribuição dos feitos deve se dar no primeiro grau, sendo excepcionais as hipóteses em que a distribuição do feito se dá diretamente ao Tribunal de Justiça ou aos tribunais Superiores.

Pois bem. O Regimento Interno do Tribunal de Justiça de São Paulo, que vigorou até meados de 2009, trazia disposição expressa no sentido de que caberia às Câmaras de Justiça o julgamento de Mandados de Segurança impetrados contra atos dos Secretários de Estado. Vejamos:

> *Art. 517. Às câmaras civis e criminais compete, conforme a natureza da matéria, processar e julgar os mandados de segurança impetrados contra atos de secretários de Estado, dos juízes de primeiro grau e de outras autoridades não mencionadas nos artigos anteriores.*

---

16. Art. 125. Os Estados organizarão sua Justiça, observados os princípios estabelecidos nesta Constituição.
§1º A competência dos tribunais será definida na Constituição do Estado, sendo a lei de organização judiciária de iniciativa do Tribunal de Justiça.

Quer isso dizer, portanto, que os Mandados de Segurança contra atos praticados pelo Secretário da Fazenda deveriam ser distribuídos e julgados originariamente pelo Tribunal de Justiça, suprimindo-se a primeira instância.

Contudo, com a reforma do Regimento Interno, ocorrida em 2.009 e suas versões e emendas subsequentes, tal disposição foi suprimida. Andou bem o Regime Interno do Tribunal, haja vista que a disposição contida no revogado art. 517 ia contra disposição da Constituição Paulista, que determina ser competência originária do Tribunal de Justiça o julgamento em sede de Mandado de Segurança somente em situações específicas, as quais não incluem o Mandado de Segurança impetrado contra Secretários de Estado. Neste sentido:

> *Art. 74 - Compete ao Tribunal de Justiça, além das atribuições previstas nesta Constituição, processar e julgar originariamente:*
>
> *III - os mandados de segurança e os "habeas data" contra atos do Governador, da Mesa e da Presidência da Assembleia, do próprio Tribunal ou de algum de seus membros, dos Presidentes dos Tribunais de Contas do Estado e do Município de São Paulo, do Procurador-Geral de Justiça, do Prefeito e do Presidente da Câmara Municipal da Capital;*

Em face desse descompasso entre o Regimento Interno do Tribunal de Justiça do Estado de São Paulo, cabia aos Tribunais remeter os Mandados de Segurança impetrados contra os Secretários da Fazenda dos Estados para as Varas da Fazenda Pública (onde houvessem) ou para as Varas Cíveis[17].

Essa análise é de fundamental importância quando falamos da aplicabilidade da Teoria da Encampação. Isso pois, como vimos, a inclusão do Secretário da Fazenda no polo passivo do Mandado de Segurança em regra atende aos dois

---

17. Neste sentido:
MANDADO DE SEGURANÇA ORIGINÁRIO - Impetração contra ato do Secretário da Fazenda do Estado de São Paulo - Autoridades não contempladas no artigo 74, inciso III, da Constituição Estadual - Competência das Varas de Fazenda Pública para o julgamento -determinação de redistribuição - Mandado de segurança não conhecido. (TJSP, MS 2024880-32.2017.8.26.0000; Relator Des. Magalhães Coelho, DJ 13/03/2017)

primeiros requisitos trazidos na Súmula 628 do STJ (vínculo hierárquico e contestação do mérito). Bastaria agora concluir que a inclusão do Secretário da Fazenda no polo passivo do Mandado de Segurança não altera a competência originária de julgamento para que a Teoria da Encampação seja aplicável.

Vejamos que, no caso de São Paulo, é precisamente o que ocorre. Isso pois, de regra, não havendo competência do Tribunal de Justiça, a ser definida na Constituição do Estado, para julgar originariamente o Mandado de Segurança impetrado contra Secretário de Estado, o remédio constitucional deverá ser distribuído para as Varas da Fazenda Pública (ou cíveis), não havendo qualquer modificação de competência.

Assim, impetrado Mandado de Segurança contra ato do Secretário da Fazenda Pública do Estado de São Paulo, comparecendo este aos autos e combatendo o mérito de ato praticado por servidor que lhe é hierarquicamente inferior, não haveria que se falar do afastamento da aplicação da Teoria da Encampação com base nos requisitos da Súmula 628 do STJ.

O mesmo não ocorreria, contudo, houvesse o contribuinte impetrado o Mandado de Segurança contra ato do Governador do Estado, uma vez que este, por conta do já mencionado art. 74, III, da Constituição Paulista, teria competência deslocada para o Tribunal de Justiça.

Pode-se dizer o mesmo em diversos outros Estados da Federação, onde os Secretários de Estado, por expressa disposição constitucional estadual encontram-se sujeitos à mesma competência para julgamento que os governadores de Estado. Vejamos o que dizem as Constituições Estaduais de Minas Gerais e do Rio de Janeiro:

> *Art. 106 – Compete ao Tribunal de Justiça, além das atribuições previstas nesta Constituição:*
>
> *I – processar e julgar originariamente, ressalvada a competência das justiças especializadas:*
>
> *c) o mandado de segurança contra ato do Governador do Estado, da Mesa e da Presidência da Assembleia Legislativa, do próprio*

Tribunal ou de seus órgãos diretivos e colegiados, de Juiz de Direito, nas causas de sua competência recursal, de Secretário de Estado, do Presidente do Tribunal de Contas, do Procurador-Geral de Justiça, do Advogado-Geral do Estado e contra ato da Presidência de Câmara Municipal ou de suas comissões, quando se tratar de processo de perda de mandato de Prefeito; (Alínea com redação dada pelo art. 1º da Emenda à Constituição nº 58, de 18/12/2003.)

Art. 161. Compete ao Tribunal de Justiça:

IV - processar e julgar originariamente:

e) mandado de segurança e o habeas data contra atos:

5 - dos Secretários de Estado

Assim, conquanto a jurisprudência do STJ tenha se orientado no sentido de que o Secretário da Fazenda não se afigura como parte legitima em sede de Mandado de Segurança, isso não está a significar o absoluto afastamento da Teoria da Encampação, uma vez que o afastamento desta requer o deslocamento de competência, o que, como vimos, dependerá de uma análise da Constituição de cada Estado.

2.3 ILEGITIMIDADE PASSIVA – ADVOGADO GERAL DA UNIÃO

Como dissemos anteriormente, a maior parte dos casos relativos a matéria tributária mencionados como precedentes pelo STJ na edição da Súmula 628 versa justamente sobre a inclusão do Secretário da Fazenda no Polo Passivo.

Contudo, no Mandado de Segurança 12.149/DF, a inclusão no polo passivo a ensejar a extinção do processo sem julgamento de mérito foi do Advogado Geral da União. Trata-se de processo em que o Impetrante pretendia não ver descontado Imposto Sobre a Renda e Proventos de Qualquer Natureza, com base na sua condição de anistiado político e em disposição específica contida na Lei 10.559/2002[18].

18. Art. 9º Os valores pagos por anistia não poderão ser objeto de contribuição ao INSS, a caixas de assistência ou fundos de pensão ou previdência, nem objeto de

Não adentraremos o mérito da matéria, porquanto não objeto de nosso artigo.

Considerando a linha adotada na jurisprudência do STJ quando do entendimento da ilegitimidade da inclusão do Secretário da Fazenda no polo passivo do Mandado de Segurança, uma vez que não diretamente ligado ao ato atacado, é de se pressupor que também a inclusão do Advogado Geral da União poderia ser entendida como indevida. De fato, é o que nos parece ter sido o entendimento do relator Min. Luiz Fux:

> In casu, verifica-se que o Advogado Geral da União, conquanto tenha defendido o mérito do ato impugnado, requerendo a denegação da segurança, não ostenta legitimidade para integrar o pólo passivo do presente writ.
>
> Isso porque o referido ato - descontos, referentes ao Imposto de Renda e à contribuição previdenciária, efetuados sobre os proventos pagos a anistiado político aposentado no cargo de procurador federal - é resultado de atividade administrativa complexa, desempenhada pela Coordenadoria de Recursos Humanos da Secretaria-Geral da AGU, sem qualquer ingerência do Chefe da Advocacia Geral da União [...].

No entanto, em relação ao afastamento da Teoria da Encampação, o argumento apresentado pelo Min. Luiz Fux inicialmente não se afigura suficiente. Isso pois, a rigor, parece haver um vínculo hierárquico mínimo a justificar a aplicação da Teoria da Encampação.

O Impetrante ocupava cargo na Advocacia Geral da União. Pressupõe-se, portanto, que a atividade administrativa de efetuar os pagamentos dos proventos devidos ao Impetrante e, consequentemente, reter ou não os valores devidos a título de Imposto de Renda era desempenhada por servidor público sujeito de alguma forma, ao Advogado Geral da

---

ressarcimento por estes de suas responsabilidades estatutárias.
Parágrafo único. Os valores pagos a título de indenização a anistiados políticos são isentos do Imposto de Renda.

União, chefe da Advocacia Geral da União por expressa designação constitucional[19].

Em relação ao segundo requisito previsto na Súmula 628 (contestação do mérito), tampouco poderia justificar a extinção do processo sem julgamento de mérito, já que reconhecido pelo próprio Ministro Fux no trecho acima que houve a defesa do mérito.

Novamente, nos parece que a justificativa a ensejar a extinção do processo sem julgamento de mérito seria o deslocamento da competência originária, dessa vez, para o Superior Tribunal de Justiça. Isso pois, a Constituição Federal determina caber ao STJ processar e julgar originariamente os mandados de segurança contra "ato de Ministro de Estado[20]". É justamente neste sentido a parte final do voto do Min. Luiz Fux:

> é resultado de atividade administrativa complexa, desempenhada pela Coordenadoria de Recursos Humanos da Secretaria-Geral da AGU, sem qualquer ingerência do Chefe da Advocacia Geral da União o qual ostenta *status* de Ministro de Estado, cujos atos estão sujeitos, na via do mandado de segurança, à competência originária, de natureza constitucional e absoluta, do Superior Tribunal de Justiça.

---

19. Art. 131. Advocacia-Geral da União é a instituição que, diretamente ou através de órgão vinculado, representa a União, judicial e extrajudicialmente, cabendo-lhe, nos termos da lei complementar que dispuser sobre sua organização e funcionamento, as atividades de consultoria e assessoramento jurídico do Poder Executivo.
§ 1º - A Advocacia-Geral da União tem por chefe o Advogado-Geral da União, de livre nomeação pelo Presidente da República dentre cidadãos maiores de trinta e cinco anos, de notável saber jurídico e reputação ilibada.

20. Art. 105. Compete ao Superior Tribunal de Justiça:
Processar e julgar, originariamente:
a) Os mandados de segurança e os habeas data contra ato de Ministro de Estado, dos Comandantes da Marinha, do Exército e da Aeronáutica ou do próprio Tribunal.
O Advogado Geral da União goza de status de Ministro de Estado, atualmente por força da Medida Provisória no. 870, de 1º de janeiro de 2019:
"Art. 20. São ministros de Estado:
VI – O Advogado-Geral da União, até que seja aprovada emenda constitucional para incluí-lo no rol das alíneas "c" e "d" do inciso I do caput do art. 102 da Constituição."
Disposição com idênticos efeitos existiam nas Lei 13.502/2017 e Lei 10.683/2003.

Assim, a exemplo do que ocorre com a indicação do Secretário da Fazenda como autoridade coatora, a indicação no caso concreto do Advogado Geral da União acaba por resultar na extinção do processo sem julgamento de mérito exclusivamente pelo deslocamento da competência do tribunal julgador.

2.4 ILEGITIMIDADE PASSIVA – MINISTRO DE ESTADO DA PREVIDÊNCIA SOCIAL

Por fim, o último caso mencionado pelo Superior Tribunal de Justiça em matéria tributária como precedente a justificar a edição da Súmula 628 é o Mandado de Segurança 12.779, de relatoria do Min. Castro Meira.

Aqui, trata-se de Mandado de Segurança impetrado contra o Ministro de Estado da Previdência Social, que determinou o cancelamento da isenção de contribuições sociais concedidas à impetrante, por infração ao inciso II do art. 55 da Lei 8.212/91[21], bem como ao art. 206 do Decreto 3.048/99.

A problemática foi resolvida novamente de forma abreviada, admitindo-se que, muito embora exista uma relação hierárquica entre o servidor responsável pelo cancelamento da isenção, o reconhecimento do Ministro da Previdência Social deslocaria a competência originaria. Neste sentido o julgamento:

---

21. Disposições já revogadas, contudo reproduzidas abaixo para referência:
Art. 55. Fica isenta das contribuições de que tratam os arts. 22 e 23 desta Lei a entidade beneficente de assistência social que atenda aos seguintes requisitos cumulativamente: (Revogado pela Lei nº 12.101, de 2009)
II - seja portadora do Registro e do Certificado de Entidade Beneficente de Assistência Social, fornecidos pelo Conselho Nacional de Assistência Social, renovado a cada três anos; (Redação dada pela Medida Provisória nº 2.187-13, de 2001). (Revogado pela Lei nº 12.101, de 2009)
Art. 206. Fica isenta das contribuições de que tratam os arts. 201, 202 e 204 a pessoa jurídica de direito privado beneficente de assistência social que atenda, cumulativamente, aos seguintes requisitos: (Revogado pelo Decreto nº 7.237, de 2010).
III - seja portadora do Registro e do Certificado de Entidade Beneficente de Assistência Social fornecidos pelo Conselho Nacional de Assistência Social, renovado a cada três anos; (Redação da pelo Decreto nº 4.032, de 2001)

> Força é convir, portanto, que embora a legislação previdenciária em vigor expressamente atribua ao Instituto Nacional do Seguro Social a competência para cancelar as isenções das contribuições sociais, no caso dos autos o ato cancelatório impetrado foi exarado por servidor ocupante de cargo que integra a estrutura organizacional do Ministério da Previdência Social, na forma do art. 2° do Regimento Interno daquele Ministério vigente à época - Decreto n° 5.755/2006, in verbis:
>
> *Art. 2º - O Ministério da Previdência Social tem a seguinte estrutura organizacional:*
>
> *(...) II - órgãos específicos singulares:*
>
> *(...)c) Secretaria da Receita Previdenciária:*
>
> 1. Departamento de Administração da Receita Previdenciária;
>
> 2. Departamento de Fiscalização da Receita Previdenciária; e
>
> 3. Departamento de Informações Estratégicas;
>
> (...).'" (fls. 76/77).
>
> Com base nesses argumentos, não se mostra viável adotar-se a teoria da encampação, pois falta ao caso concreto uma das condições reconhecidas pela Primeira Seção para tanto, qual seja, a necessidade de deslocamento de competência originária para julgamento do mandamus. [...]

Assim, a exemplo do que ocorreu nos demais casos analisados, temos que extinção do processo sem julgamento de mérito ocorreu justamente pelo deslocamento da competência originária que ocorreria caso entendido que o Ministro da Previdência Social é parte legítima a integrar o polo passivo da demanda.

3. CONCLUSÃO

O Mandado de Segurança é instrumento processual de suma importância em Direito Tributário. Pela própria natureza das relações jurídicas travadas nesse âmbito, que sempre incluem de um lado uma autoridade pública, bem como pelos constantes conflitos surgidos, é diuturno o uso desse instrumento como forma a prevenir-se de atos abusivos e/ou ilegais praticados pelas autoridades.

Ainda, contribuem para a opção pela via do mandado de segurança a ausência de honorários de sucumbência, um risco sempre elevado em jurisdição cuja jurisprudência é frequentemente oscilante, bem como pela sua maior celeridade em relação a demais instrumentos processuais.

Contudo, em que pese sua ampla utilização e relevância na esfera tributária, são diversos os casos em que o contribuinte encontra dificuldade na identificação da autoridade coatora. De fato, a atividade tributária, como diversas outras atividades administrativas é complexa, envolvendo por vezes múltiplos agentes.

Nesse contexto, a Teoria da Encampação surge como uma teoria que reconhece o caráter instrumental do processo e busca garantir a efetividade processual, evitando que os Mandados de Segurança sejam extintos sem julgamento de mérito por indicação incorreta da autoridade coatora

A Súmula 628, ao reconhecer a Teoria da Encampação, parece justamente abraçar tal objetivo, buscando a manutenção do processo, desde que, evidentemente, exista um vínculo hierárquico e/ou jurídico entre a autoridade coatora indicada pelo impetrante e a efetiva autoridade coatora, bem como que exista uma manifestação acerca do mérito da matéria.

Por fim, ainda que esses dois requisitos tenham sido cumpridos, não se pode admitir a adoção da Teoria da Encampação quando a indicação de autoridade coatora incorreta desloque a competência originária para julgamento para órgão distinto. Isso pois, embora salutar a Teoria da Encampação, na medida em que, como já dissemos, consagra a efetividade processual, admitir que autoridade distinta da originária julgue o processo causaria efetiva lesão ao Devido Processo Legal e ao Princípio do Juiz Natural.

REFERÊNCIAS

MACHADO Segundo, Hugo de Brito. *Processo Tributário.* 4ª Ed. São Paulo: Atlas, 2009.

JESUS, Isabela Bonfá de. *Manual de direito e processo tributário*. 4ª Ed. São Paulo: Revista dos Tribunais, 2017.

DI PIETRO, Maria Sylvia Zanella. *Direito Administrativo*. 25ª ed. São Paulo: Atlas, 2012.

TAVARES, André Ramos. *Manual do novo mandado de segurança: Lei 12.016/2009*. 1ª ed. Rio de Janeiro: Forense, 2009.

THEODORO JR. Humberto. *O mandado de segurança segundo a Lei n.12.016, de 07 de agosto de 2009*. 1ª ed. Rio de Janeiro: Forense, 2009.

O MANDADO DE SEGURANÇA FRENTE À CONSULTA ADMINISTRATIVA TRIBUTÁRIA

Giancarla Coelho Naccarati Marcon[1]

O presente artigo possui por escopo apurar a possibilidade, bem como, as circunstâncias e requisitos necessários a impetração de mandado de segurança diante de soluções de consultas fiscais apresentadas aos contribuintes.

Buscamos partir das peculiaridades de cada instituto, bem como, de suas essências, para responder a esta questão. Neste sentido, visualizamos de modo mais aprofundado a consulta fiscal e nos debruçamos sobre o mandado de segurança, especialmente em seu caráter preventivo, visto que, notadamente, diante do cabimento da consulta fiscal apenas em momento anterior à cobrança, não há que se falar em mandado de segurança repressivo.

Diante do apurado, buscamos o posicionamento da doutrina e alguns julgados, a fim de, frente ao confronto, extrair as nossas conclusões sobre a matéria.

1. Doutoranda e mestra pela PUC/SP. Especialista em Direito Tributário pela PUC-SP – Cogeae. Advogada.

1. A CONSULTA ADMINISTRATIVA TRIBUTÁRIA

A consulta fiscal é processo administrativo em que o contribuinte, diante de uma dúvida a respeito de uma situação de fato em que se encontra, opta por dirimi-la junto à autoridade competente, a fim de obter uma decisão que a vinculará, buscando evitar o litígio. É instituto que tem suas raízes na Administração Pública e possui fundamento no direito de petição, constitucionalmente assegurado – art. 5º, XXXIV, da CF/88, e na segurança jurídica.

A consulta é disciplinada, na esfera federal, pelos arts. 46 a 58 do Decreto 70.235/72. A Lei 9.430/96 também dispõe sobre o processo administrativo de consulta em seus arts. 48 a 50. O Decreto 7.574/2011 igualmente versa sobre o processo de consulta relativo à interpretação da legislação tributária e aduaneira.

O intuito da consulta é o de dirimir o estado de incerteza em que o contribuinte se encontra, seja quanto ao seu entendimento, seja em relação ao posicionamento da Fazenda Pública, no que se refere à matéria. Neste cerne, o consulente busca a certeza do direito e a segurança jurídica a fim de evitar o descumprimento da lei e as consequências deste advindas.

Assim sendo, com a decisão haverá a certeza quanto ao entendimento da Fazenda Pública em relação àquela situação específica e a segurança de que a esta permanecerá vinculada, segundo os direitos e garantias do contribuinte. Não haverá discricionariedade.

A apresentação da consulta fiscal junto à Administração Pública dá origem aos seguintes efeitos, durante a sua tramitação: 1. Prorroga o prazo para o pagamento do tributo; 2. Impede a instauração de procedimentos fiscais relativos à matéria em consulta; 3. Veda a cobrança de penalidades.

A Consulta fiscal enseja a suspensão da exigibilidade do crédito tributário. Isto porque o Fisco fica impedido de exercitar atos de cobrança não podendo ajuizar a execução fiscal e o prazo para o pagamento do tributo acaba sendo postergado.

Valdir de Oliveira Rocha[2] entende que o processo de consulta é espécie constante do art. 151, III, do CTN, ou seja, dentre *"as reclamações e recursos, nos termos das leis reguladoras do processo tributário administrativo"*. Entendemos que, embora o seu fundamento seja o direito de petição no âmbito administrativo, a sua essência diverge das espécies em voga, visto que enquanto a primeira busca a prevenção do litígio, as segundas referem-se a uma insurgência do contribuinte diante de uma exigência fiscal ou decisão proferida.

É uma faculdade concedida ao administrado, porém um dever ao administrador, que está obrigado a proferi-la. Será apresentada em forma de petição[3], com a descrição da situação de fato e a dúvida existente, além do seu entendimento a respeito. Logo, possui por objeto a dúvida e por base a boa-fé.

A situação de fato não necessita estar relacionada a um fato concreto. Pode se tratar de uma situação hipotética, desde que o consulente consiga demonstrar o interesse jurídico em formular a consulta. Neste caso, valerá a resposta como uma orientação, pois se refere à interpretação de certa norma.

Por outro lado, quando voltada a um caso concreto diz respeito a uma relação jurídica, especificamente, se esta surgiu e quais as circunstâncias que a envolve. Hugo de Brito Machado[4] aduz que esta decisão igualmente vincula o contribuinte, visto que poderá produzir efeitos lesivos a seu direito, razão pela qual eventual recurso terá efeito suspensivo.

O consulente há de possuir legitimação frente à dúvida. Significa dizer que poderá formular consulta em vista de

---

2. ROCHA, Valdir de Oliveira. *A consulta fiscal*. São Paulo: Dialética, 1996, p.100.

3. O Decreto n. 70.235/72 preceitua:"*Art. 47. A consulta deverá ser apresentada por escrito, no domicílio tributário do consulente, ao órgão local da entidade incumbida de administrar o tributo sobre que versa.*"

4. MACHADO. Hugo de Brito. *Mandado de segurança e consulta fiscal* in MARTINS, Ives Gandra da Silva/BRITO, Edvaldo (orgs). *Direito tributário: administração tributária*. São Paulo: Ed. Revista dos Tribunais, 2014, p. 351. (Coleção Doutrinas Essenciais; v.11)

interesse próprio ou de terceiros. Deverá o consulente demonstrar que há a possibilidade de agir em defesa deste terceiro, hipótese de legitimação extraordinária[5], o que dependerá da existência de lei autorizadora.

Portanto, poderá ser qualquer pessoa física ou jurídica: contribuinte, responsável, órgão da administração pública, sindicato, associação, entidade representativa de categoria profissional ou econômica, etc., desde que possua interesse vinculado à situação de fato que deu origem à dúvida. Por esta razão o art. 46 do Decreto n. 70.235/72 apresenta uma atecnia ao se referir a *sujeito passivo*, tendo em vista que o consulente não necessariamente será o sujeito passivo da obrigação tributária.

A dúvida há de se referir, por exemplo, à presença de lacuna, ambiguidade ou obscuridade na lei; aplicação, interpretação ou integração desta, especialmente quando editada recentemente ou em caso de introdução de um novo dispositivo no sistema. Deve demonstrar o consulente, o interesse jurídico em buscar a decisão administrativa. Por esta razão, a consulta fiscal não possui caráter informativo, mas preventivo.

Deve ser a dúvida pertinente ao fato apresentado, estando em conexão, portanto, com o caráter preventivo da medida. Necessita possuir, ainda, o atributo da veracidade, ou seja, necessita ser demonstrável. Caso esteja o consulente fazendo uso da consulta fiscal diante de uma legislação clara e vasta jurisprudência a respeito, surgirá o entendimento que a motivação foi meramente protelatória, o que ofende a boa-fé que deve estar presente.

A averiguação das razões da dúvida se fará, inclusive, frente à exposição da interpretação que o consulente possui quanto à situação apresentada. Neste sentido, se a consulta fiscal for renovada por parte deste, ficará evidente a inexistência de boa-fé. Por esta razão a decisão será única para cada consulta fiscal.

---

5. ROCHA, Valdir de Oliveira. *A consulta fiscal*. São Paulo: Dialética, 1996, p.43-44.

A Administração Pública, igualmente, deverá agir com vistas ao princípio da boa-fé. Para tanto, as decisões proferidas deverão ser claras, fundamentadas e *céleres*[6], bem como, atender aos princípios da impessoalidade, da moralidade administrativa e da publicidade.

Fábio Soares de Melo[7] aponta que, no que se refere ao processo administrativo, há princípios específicos que não se encontram expressos em legislações, mas que são plenamente aplicáveis nas três esferas administrativas: o princípio da verdade material, da celeridade, da gratuidade e da informalidade. Todos estes deverão ser atendidos no processo de consulta fiscal.

Certamente que o princípio da oficialidade será desobedecido em caso de retardamento ou omissão por parte do Poder Público, tendo por consequência a responsabilização do agente, visto a violação de dever funcional. Tal princípio preceitua que o impulsionamento do processo administrativo, após a provocação por parte do particular, cabe à Administração Pública. A omissão é cabível apenas diante de consulta ineficaz.

Uma consulta será considerada ineficaz quando ausentes seus requisitos essenciais e diante de determinadas circunstâncias. O art. 52 do Decreto 70.235/72 discorre sobre estas: 1. diante de consulente intimado a cumprir obrigações relativas a fatos objeto da consulta ou sob procedimento de fiscalização iniciado para apurar fatos que se relacionem com a matéria consultada; 2. quando o fato mencionado na consulta a) já houver sido objeto de decisão anterior, ainda não modificada, proferida em consulta ou litígio em que tenha sido

6. Roque Antonio Carrazza assevera que a lei do ente político deverá trazer o prazo máximo fixado para o pronunciamento da decisão, visto que a resposta tardia fere o princípio em apreço (CARRAZZA, Roque Antonio. *Curso de direito constitucional tributário.* 31ªed., São Paulo: Malheiros, 2017, p.512-513). Para este jurista, "*... o princípio da boa fé está conectado com o da segurança jurídica e, por isso, traz à sirga as ideias de certeza, previsibilidade, lealdade celeridade nas ações do Poder Público – o que exige que este não adie indefinidamente a tomada de decisões que poderão trazer ônus para o contribuinte (v.g., a não ratificação de um convênio, em matéria de ICMS)*"(Idem, ibidem, p. 507).

7. MELO, Fábio Soares de. *Processo administrativo tributário: princípios, vícios e efeitos jurídicos.* 2ªed., Porto Alegre: Livraria do Advogado, 2018, p. 55.

parte o consulente; b) estiver disciplinado em ato normativo, publicado antes de sua apresentação; c) estiver definido ou declarado em disposição literal de lei; d) for definido como crime ou contravenção penal; 3. quando a petição de consulta não descrever a hipótese a que se referir, ou não contiver os elementos necessários à sua solução, salvo se a inexatidão ou omissão for escusável, a critério da autoridade julgadora.

Em todos estes casos, embora apresentada a consulta fiscal, os seus efeitos não se operarão, ou seja, o contribuinte poderá sofrer procedimentos de fiscalização; sobre a situação de fato, objeto de consulta, poderá ser lavrado auto de infração; e, os juros virão a fluir normalmente.

A motivação da decisão administrativa revela a legalidade do ato decisório. Trará a lume a sua justificativa e os preceitos jurídicos àquela atrelados. Isto em atendimento ao princípio da legalidade e do devido processo legal. Pode-se apontar ainda como fundamento, diante de uma interpretação analógica[8], o disposto no art. 93, IX[9], da CF, que exige a presença de motivação às decisões administrativas do Poder Judiciário.

A solução de consulta possui a natureza jurídica de ato normativo e integra a legislação tributária na condição de norma complementar, estampada no art. 96 e 100, do CTN. Neste sentido, vincula a administração pública e poderá aproveitar a terceiros que estejam em idêntica situação jurídica, por força do princípio da igualdade, caso a pleiteiem judicialmente.

O consulente que acatar a decisão terá a exclusão da penalidade, da cobrança dos juros de mora e da atualização do valor monetário da base de cálculo do tributo, conforme

8. Compartilhamos o posicionamento de Valdir de Oliveira Rocha, embasado no apontado por Lúcia Valle Figueiredo (ROCHA, Valdir de Oliveira. *A consulta fiscal*. São Paulo: Dialética, 1996, p.82).

9. "*Art. 93 . (...) IX todos os julgamentos dos órgãos do Poder Judiciário serão públicos, e fundamentadas todas as decisões, sob pena de nulidade, podendo a lei limitar a presença, em determinados atos, às próprias partes e a seus advogados, ou somente a estes, em casos nos quais a preservação do direito à intimidade do interessado no sigilo não prejudique o interesse público à informação;(...)*"

preceitua o parágrafo único do art. 100, do CTN. Em consonância com este dispositivo, o §2º do art. 161, do CTN, já mencionado, preceitua que diante da apresentação de uma consulta dentro do prazo legal para pagamento do crédito serão afastados os juros de mora, as penalidades cabíveis e a aplicação de medidas de garantia.

Ademais, não poderão, em regra, ser reformadas as decisões exaradas pela Administração Pública, cuja competência administrativa se exaure com estas. Não poderão, igualmente, atingir o passado. Qualquer alteração de entendimento poderá surtir efeitos apenas aos casos futuros, conforme assegura o art. 146, do CTN. A exceção reside na anulação de decisão eivada de vício por ilegalidade.

Após a intimação da solução de consulta o contribuinte terá o prazo de trinta dias para recolher o tributo, sendo o caso. Conforme anteriormente apontado, o §2º do art. 161, do CTN, preceitua que na pendência de consulta formulada no prazo legal para pagamento do crédito, não haverá juros de mora, penalidades ou quaisquer medidas de garantia.

De fato, somente passível de *recurso especial de uniformização jurisprudencial administrativa* as decisões de consulta, na esfera federal, voltado ao contribuinte que recebeu decisão menos favorável do que outros consulentes, diante de idêntico objeto material – identidade das situações e divergência das respostas –, conforme o art. 48, §5º, da Lei 9430/96. Às demais não caberá recurso. Isto não significa que não possa surgir futuramente a previsão de outra instância recursal, em lei.

Tal recurso não possui efeito suspensivo. Assim, produz efeitos imediatamente – após a publicação e a ciência do consulente –, devendo este acatar a decisão, caso não opte pela via judicial, até eventual reforma. O prazo para a sua interposição é de 30 dias da ciência pessoal da decisão.

A ciência do consulente quanto à solução de consulta deve ser assegurada o tanto quanto possível. Isto para garantir o direito de defesa do consulente, respaldado na publicidade dos atos administrativos. De fato, a heterogeneidade dos contribuintes associada à desnecessidade da atuação de advogados no âmbito do processo administrativo faz com que o princípio da publicidade assuma maior relevância, exigindo a notificação pessoal dos contribuintes.

Ressaltamos que este poderá se insurgir diante do mérito da decisão, em grau de recurso – caso haja –, ou mesmo por meio da via judicial. Isto, com fulcro no art. 5º, XXXV, da CF.

2. O MANDADO DE SEGURANÇA. BREVES CONSIDERAÇÕES

O mandado de segurança, presente no art. 5º, LXIX, da CF, constitui instrumento de proteção ao contribuinte diante da prática de atos ilegais ou abusivos, iminentes ou consolidados, por parte da administração pública. Constitui garantia constitucional e remédio processual.

O seu rito é célere, não havendo a possibilidade de dilação probatória e nem a condenação em ônus sucumbenciais. Assim sendo, presta-se a proteger direito líquido e certo, quando não seja possível o *habeas corpus* ou *habeas data*.

Por direito líquido e certo temos aquele sobre cujo fato – que dá origem à incidência da norma – não há discussões, embora seja plausível a dúvida quanto à norma, sua interpretação e aplicação. Portanto, é aquele comprovado documentalmente, de forma inequívoca, como prova pré-constituída, bem como, o presente em casos em que descabida a comprovação, visto que desnecessária.

Em matéria tributária o mandado de segurança pode ser utilizado em seu caráter repressivo ou preventivo. O primeiro é aquele dirigido a ato praticado pela autoridade coatora e que busca evitar os efeitos lesivos que venham a ser produzidos. O segundo, por sua vez, possui por escopo impedir que esta autoridade venha a praticar o ato embasado em norma tida como ilegal ou inconstitucional.

Assim, o mandado de segurança preventivo é utilizado quando o impetrante tem justo receio de que o seu direito líquido e certo seja violado. Portanto, impetra o mandado de segurança solicitando ao magistrado que a autoridade coatora não pratique o ato lesivo.

Deve-se demonstrar a ocorrência dos fatos que ensejam a aplicação da lei, estando este em conexão com o justo receio de que esta se realize. Logo, não há neste caso questionamento sobre a lei em tese, mas a ameaça de lesão frente a aplicação da lei.

Temos como hipóteses de utilização de mandado de segurança preventivo em matéria tributária, aquelas que se voltam contra a obrigação tributária diante de exigência do fisco embasada: em lei inconstitucional, em decreto ou atos infralegais ilegais, em solução de consulta ilegal, em praxe reiterada da administração pública que viole direitos do contribuinte.

Em seu caráter repressivo podemos citar, por exemplo, o mandado de segurança voltado a lançamento realizado indevidamente ou o que visa a compensação, ao almejar o reconhecimento de indébito tributário e o direito ao ressarcimento advindo deste. Diversas são as possibilidades.

Há, ainda, o mandado de segurança impetrado de forma coletiva, que são aqueles cujas exigências se refiram à categoria profissional ou econômica. É muito comum, em matéria tributária, a impetração de mandado de segurança por entidade de classe ou associação. Não há a exigência que tal entidade de classe seja de âmbito nacional.

Autoridade coatora, nas palavras de James Marins[10], é "*aquela que executa ou manda executar o ato concreto causador da insatisfação do impetrante*". Portanto, não é a que edita a norma geral e abstrata, mas a responsável pelo seu cumprimento. Assim, no caso da impugnação de um lançamento, a autoridade que é parte legítima é a que o expediria.

---

10. MARINS, James. *Direito processual tributário brasileiro: administrativo e judicial.* 10ªed., São Paulo: Ed. Revista dos Tribunais, 2017, p. 562.

Nos tributos administrados pela secretaria da Receita Federal do Brasil, normalmente a autoridade coatora será o Delegado da Receita Federal do Brasil. O STJ[11] firmou o entendimento, diante da complexidade da estrutura dos órgãos administrativos, que se a autoridade coatora não se limitar a arguir a sua ilegitimidade passiva, defendendo o ato impugnado, deverá ser aplicada a Teoria da Encampação, passando a ter legitimidade para a causa.

O art. 5º da Lei 12.016/09 aponta três hipóteses em que não poderá ser impetrado o mandado de segurança. São estas: 1. Diante de ato de que caiba recurso administrativo com efeito suspensivo; 2. Frente à decisão judicial, da qual caiba recurso com efeito suspensivo; e, 3. Na presença de decisão judicial transitada em julgado.

O art. 6º da Lei em voga aponta que devem ser cumpridos os requisitos estabelecidos na lei processual para a admissibilidade do mandado de segurança. A lei mencionada é o Código de Processo Civil e os requisitos dizem respeito às condições formais da petição inicial – arts. 106 e 319 a 321.

A Lei 12.016/09, em seu art. 23, traz um prazo de 120 dias da ciência do ato impugnado, pelo interessado, para a impetração do mandado de segurança, o que não inaplicável quando da impetração preventiva[12]. Isto porque, por óbvio, a ameaça de lesão nestes casos está presente de forma atemporal.

A sentença no mandado de segurança preventivo abrange duas eficácias: a eficácia mandamental e a declaratória. Ambas acolhidas pela coisa julgada.

Salientamos que o impetrante poderá desistir, a qualquer tempo, do mandado de segurança, sem a anuência do impetrado[13] ou sem a necessidade da aquiescência[14] da autoridade

11. STJ, 2ªTurma, AgRgAg 538.820, Rel. Min. João Otávio de Noronha, 2004.

12. STJ, 1ªTurma, REsp. 46.174-0/RS, Rel. Min. César Rocha, j. 23.5.1994.

13. STF, 1ª Turma, AgR no RE 550258, Rel. Min. Dias Toffoli, jun. 2013.

14. STF, 2ª Turma, ED-AgR no RE 521359, Rel. Min. Celso de Mello, out.2013.

coatora, entidade estatal interessada ou litisconsortes passivos necessários. Isto até mesmo após a sentença de mérito, sendo esta favorável ou não ao impetrante.

Há a possibilidade da concessão de medida liminar pelo juiz, quando o impetrante solicitar o provimento judicial e atender aos requisitos necessários: a *relevância do fundamento* e o *risco de ineficácia do provimento final*. Poderá o magistrado, de acordo com o caráter do mandado de segurança, determinar a prática do ato cuja omissão vem a lesar o direito líquido e certo do impetrante, ou, a abstenção de praticar o ato ameaçador.

3. O MANDADO DE SEGURANÇA FRENTE À CONSULTA ADMINISTRATIVA TRIBUTÁRIA

O contribuinte que possui uma dúvida com relação a uma situação de fato em que se encontra, em matéria tributária, poderá formular uma consulta fiscal, que se consubstancia num processo administrativo. Deve elaborar uma petição direcionada à autoridade administrativa competente, apresentando a sua dúvida – que deve ser demonstrável e estar em conexão com o fato –, expor o seu entendimento a respeito da matéria e aguardar a decisão.

Exarada, poderá o consulente recorrer da decisão – quando houver instância superior ou divergência de respostas sobre fato análogo –, ou mesmo buscar o Poder Judiciário. O mandado de segurança preventivo é remédio plausível para a insurgência em face de solução de consulta fiscal.

Diante de decisão de consulta que possui como objeto uma situação concreta significará a cobrança de tributo indevido no âmbito administrativo, com todos os encargos previstos em lei, em caso de inadimplemento. Por certo que cobrança de tributo indevido representa inconstitucionalidade por ofensa ao princípio não confisco.

Ademais, revela ameaça ao patrimônio do contribuinte ferindo o direito de propriedade, ainda que a exigência se faça posteriormente. Por esta razão, ainda, o cabimento da medida, diante da ameaça de lesão ao direito de não ser importunado por cobrança indevida.

Por outro giro, a solução de consulta decorrente de situação hipotética possui a natureza de orientação, visto não se referir a fato concreto, mas sim, mera circunstância que reside no plano abstrato, carente de suporte fático. É a interpretação que a Administração Pública possui e que aplicará, caso venha o fato a se concretizar.

Hugo de Brito Machado[15] entende que a resposta à consulta, neste caso, é um parecer normativo, valendo como norma em tese. Assevera a respeito:

> *Assim, uma vez concretizada a situação objeto de um parecer normativo, com o qual o contribuinte não esteja de acordo, e por isto não adote a conduta no mesmo indicada, surge, evidentemente, para esse contribuinte, o justo receio de vir a ser molestado pelo fisco. A Autoridade administrativa responsável pelo lançamento do tributo, ou pela aplicação de penalidade em face de inobservância de obrigações tributárias, com certeza, providências vai adotar, para fazer valer a interpretação oficial. Em situações assim é induvidoso o cabimento do mandado de segurança preventivo.*

O citado jurista[16] defende a possibilidade de impetração do mandado de segurança embasado nos diversos efeitos da solução de resposta: em relação ao consulente, diante do caso concreto e em face de situação hipotética; e, em relação a terceiros. Tece uma análise frente às variáveis. Vejamos.

No primeiro caso, argumenta que é possível a impetração do mandado de segurança, visto que a solução de consulta vincula o consulente[17], pois opera como ato administrativo em concreto.

---

15. MACHADO, Hugo de Brito. *Mandado de segurança em matéria tributária.* 9ªed., São Paulo: Malheiros, 2016, p. 370.

16. MACHADO, Hugo de Brito. *Mandado de segurança em matéria tributária.* 9ªed., São Paulo: Malheiros, 2016, p. 366-370.

17. Não compartilhamos, *data venia,* deste entendimento, visto que o consulente poderá se insurgir contra a decisão, buscando, inclusive, o Poder Judiciário.

Neste cerne, afirma a existência da relação jurídica e consequentemente a pretensão da Fazenda Pública decorrente desta.

Nas duas circunstâncias posteriores a decisão, segundo o doutrinador, possui o efeito de mera interpretação. No primeiro caso, argumenta que sem a ocorrência do fato não há que se falar em relação jurídica, e como decorrência natural, nem efeito vinculante ao consulente ou terceiros.

Em se tratando de terceiros, aduz que mesmo frente a caso concreto, não há efeito vinculante, pois o fato diz respeito apenas àquela relação jurídica firmada entre o fisco e o contribuinte. Seja como for, mesmo formulada por terceiro, assevera que a resposta é um parecer normativo.

Conclui Hugo de Brito Machado que rechaçar o cabimento do mandado de segurança sob o argumento que a resposta à consulta fiscal é um mero parecer normativo seria o mesmo que confundir a impetração contra lei em tese[18] com a impetração preventiva. Assiste razão ao jurista, visto que são díspares: a impetração preventiva diante de solução de consulta decorre de uma ameaça a direito consubstanciada no justo receio da prática de ato pela autoridade administrativa. Não reside o questionamento na validade da lei em tese.

Neste sentido, não há como rechaçar a possibilidade de impetração do mandado de segurança pelo consulente visto que há um justo receio de que a autoridade administrativa pratique um ato que venha a lesar direito líquido e certo deste. Este ato terá como base uma decisão administrativa proveniente de consulta fiscal, que a vincula.

Como o administrador atua segundo a lei, não há como exigir que o consulente vislumbre outra conduta que não a prática decorrente da decisão, por parte daquele. A ação, segundo a decisão da solução de consulta, é certa e justifica a impetração do mandado de segurança em seu caráter preventivo.

18. O STF editou a Súmula 266 : *Não cabe mandado de segurança contra lei em tese.*

CONCLUSÃO

A consulta administrativa fiscal é processo administrativo que visa a obtenção de uma resposta da administração pública, voltada à dúvida demonstrável do consulente diante de uma situação de fato em que se encontra, em matéria tributária. Possui por escopo orientá-lo em seu comportamento e vincular a administração pública, que deverá, necessariamente, agir segundo a decisão exarada.

Neste sentido, evita o litígio. Pauta-se a consulta fiscal, nos princípios da segurança jurídica e na certeza do direito. Prima pela boa-fé, tanto dos consulentes quanto da administração pública, e está envolvida por todos os princípios constitucionais e os que atuam diretamente com o processo administrativo.

Está fundamentada no direito de petição e consubstancia-se num direito do consulente, bem como, num dever por parte da administração. O consulente deverá apresentar petição diante da administração pública, por escrito, no órgão competente de seu domicílio fiscal, expondo os motivos da dúvida e o seu posicionamento a respeito. A administração deverá fundamentar a sua resposta.

A consulta enseja efeitos que poderão ser afastados quando considerada ineficaz. Tais efeitos são: a prorrogação do prazo para o pagamento do tributo; o impedimento de instauração de procedimentos fiscais relativos à matéria em consulta; e, a vedação de cobrança de penalidades.

Caso o consulente não concorde com a decisão da consulta fiscal, poderá apresentar recurso, se o caso, ou mesmo impetrar mandado de segurança preventivo, seja diante de uma situação de fato em que se encontre ou uma situação hipotética. Esta última desencadeará uma resposta sobre a interpretação que a Fazenda Pública possui da norma em comento. Porém operará efeitos diante da concretização do fato.

Por outro lado, a solução de consulta fiscal referente a uma situação concreta significará a cobrança de tributo indevido na esfera administrativa, somada aos encargos legais, em caso de inadimplemento. Representa inconstitucionalidade por ofensa ao princípio do não confisco.

Tal cobrança constitui ameaça ao patrimônio do contribuinte, ferindo o direito de propriedade. Por esta razão a possibilidade da impetração do mandado de segurança em seu caráter preventivo, pois o contribuinte está diante da ameaça de lesão a direito líquido e certo.

A impetração preventiva não pode ser confundida com a impetração de lei em tese. A primeira decorre de uma ameaça a direito consubstanciada no justo receio de prática de ato pela autoridade administrativa, enquanto a segunda, no questionamento quanto a validade da lei em tese.

Neste sentido, não há argumentos que afastem a possibilidade da impetração de mandado de segurança preventivo diante da irresignação do consulente que teve uma decisão desfavorável a seus interesses, embasada em inconstitucionalidade ou ilegalidade.

REFERÊNCIAS

BALEEIRO, Aliomar. *Direito tributário brasileiro*. 12ª ed., Rio de Janeiro: Forense, 2013.

BANDEIRA DE MELLO, Celso Antonio. *Curso de direito administrativo*. 31ª ed., São Paulo: Malheiros, 2014.

CARRAZZA, Roque Antonio. *Curso de direito constitucional tributário*. 31ªed., São Paulo: Malheiros, 2017.

CARVALHO, Paulo de Barros. *Curso de direito tributário*. 28ª ed., São Paulo: Saraiva, 2017.

CONRADO, Paulo Cesar. *Processo tributário*. 3ªed., São Paulo: Quartier Latin, 2012.

JESUS, Isabela Bonfá de/ JESUS, Fernando Bonfá de/ JESUS, Ricardo Bonfá de. *Manual de direito e processo tributário*. 3ªed., São Paulo: Ed. Revista dos Tribunais, 2016.

MACHADO. Hugo de Brito. *Mandado de segurança e consulta fiscal in* MARTINS, Ives Gandra da Silva/BRITO, Edvaldo (orgs). *Direito tributário: administração tributária.* São Paulo: Ed. Revista dos Tribunais, 2014. (Coleção Doutrinas Essenciais; v.11)

__________*Mandado de segurança em matéria tributária.* 9ªed., São Paulo: Malheiros, 2016.

MACHADO SEGUNDO, Hugo de Brito. *Processo tributário.* 9ªed., São Paulo: Atlas, 2017.

MARINS, James. *Direito processual tributário brasileiro: administrativo e judicial.* 10ªed., São Paulo: Ed. Revista dos Tribunais, 2017.

MARTINS, Ives Gandra da Silva/BRITO, Edvaldo (orgs). *Direito tributário: administração tributária.* São Paulo: Ed. Revista dos Tribunais, 2014. (Coleção Doutrinas Essenciais; v.11).

MELO, Fábio Soares de. *Processo administrativo tributário: princípios, vícios e efeitos jurídicos.* 2ªed., Porto Alegre: Livraria do Advogado, 2018.

MELO, José Eduardo Soares de. *Processo tributário administrativo.* 2ªed., São Paulo: Quartier Latin, 2009.

PAULSEN, Leandro. *Curso de direito tributário completo.* 9ªed., São Paulo: Saraiva Educação, 2018.

__________/ÁVILA, René Bergmann/ SLIWKA, Ingrid Schroder. *Direito processual tributário: processo administrativo fiscal e execução fiscal à luz da doutrina e da jurisprudência.* 7ªed., Porto Alegre: Livraria do Advogado Editora, 2012.

ROCHA, Valdir de Oliveira. *A consulta fiscal.* São Paulo: Dialética, 1996.

TORRES, Heleno Taveira (coord.). *Direito processual tributário: processo judicial tributário - Volume 1.* São Paulo: Ed. Revista dos Tribunais, 2015.–(Coleção doutrina, processos e procedimentos).

A EXTENSÃO DO ÂMBITO PROBATÓRIO EM MANDADO DE SEGURANÇA SOBRE COMPENSAÇÃO TRIBUTÁRIA - UMA REINTERPRETAÇÃO DO TEMA Nº 118/STJ À LUZ DOS RECURSOS ESPECIAIS Nº 1.715.256 E Nº 1.365.095

Igor Fernando Cabral dos Santos[1]

1. INTRODUÇÃO

Ao identificarmos a existência indiscriminada de divergências no reconhecimento judicial do direito à compensação tributária no âmbito do mandado de segurança, pretendemos fornecer proposta teórica e hermenêutica que minimize os fatores de instabilidade emanados do Poder Judiciário.

Para tanto, pressupondo a relação jurídica material tributária potencialmente conflituosa, haja vista a tensão dos interesses tutelados, analisaremos a litigiosidade da compensação tributária, nomeadamente via ação mandamental, sobre

1. Mestre em Direito Constitucional e Processual Tributário pela Pontifícia Universidade Católica de São Paulo - PUC/SP. Especialista em Direito Tributário pelo Instituto Brasileiro de Estudos Tributários - IBET. Bacharel em Direito pela Universidade Católica de Pernambuco. Professor Assistente da graduação na PUC/SP. Professor suplente no curso de graduação na Universidade São Judas Tadeu. Advogado.

a qual o acervo jurisprudencial e o repertório de enunciados sumulares são bastante vastos, o que propicia uma atividade judicial carecedora de uniformização no trato da matéria.

Como consequência desse fenômeno, temos verificado forte insegurança jurídica, com a contínua provocação do Poder Judiciário para se manifestar e reinterpretar as suas próprias decisões, a fim de delimitar a abrangência e fixar novos contornos aos *standards* outrora produzidos judicialmente.

A fim de situarmos o leitor quanto ao objeto de nossa análise, inicialmente faremos breves apontamentos sobre a compensação tributária como faculdade do contribuinte para extinguir suas obrigações tributárias, tendo como contraponto o permissivo legal para os entes políticos optarem pela regulamentação ou não da compensação. À vista da evidente tensão entre a proteção da propriedade privada do contribuinte em face da competência tributária dos entes políticos, ressaltaremos o exercício desse direito subjetivo por meio do mandado de segurança.

Tendo em conta a recorrente judicialização da pretensão à compensação tributária via ação mandamental, abordaremos retrospectivamente o acervo jurisprudencial em torno da matéria, identificando, e refutando, as aparentes contradições, com destaque ao reconhecimento do cabimento do mandado de segurança para pedir a mera declaração do direito à compensação tributária (Súmula 213/STJ), assim como à tese fixada sobre a extensão da prova pré-constituída subjacente a esse direito (Tema nº 118 – Recurso Especial 1.111.164).

Em razão da oscilação jurisprudencial concernente à extensão probatória na demonstração do direito líquido e certo à compensação tributária no mandado de segurança, deter-nos-emos, a fim de atenuarmos as dissonâncias interpretativas, sobre o recente pronunciamento do Superior Tribunal de Justiça por meio dos Recursos Especiais 1.715.256 e nº 1.365.095, os quais, em nossa perspectiva, devem considerar a necessidade e suficiência da prova pré-constituída a partir dos limites da pretensão deduzida.

Pretendemos realçar a relação de interdependência entre o arcabouço probatório mínimo da compensação tributária e os limites da lide a partir da relação causa de pedir-pedido, à luz dos precedentes vinculantes, na tentativa de mitigar os riscos do decisionismo e, assim, viabilizar a justificação racional das decisões judiciais.

2. COMPENSAÇÃO TRIBUTÁRIA: DIREITO SUBJETIVO DO CONTRIBUINTE E FACULDADE DO SUJEITO ATIVO DA OBRIGAÇÃO TRIBUTÁRIA

A compensação de créditos é instituto do direito privado que consiste em uma modalidade de extinção das obrigações, quando dois sujeitos forem, simultaneamente, credor e devedor recíprocos.[2]

A compensação de créditos fiscais também é legalmente prevista como modalidade de extinção da obrigação tributária[3] e deverá possuir disciplina própria[4], a ser objeto de lei específica editada pelo respectivo ente político no âmbito de sua competência tributária, por meio de lei ordinária que autorize a compensação de créditos tributários líquidos e certos, vencidos ou vincendos, do sujeito passivo contra a Fazenda Pública, nos termos do art. 170, do CTN.[5]

A vantagem da compensação tributária decorre da desnecessidade de fluxo de caixa, na medida em que viabiliza o adimplemento das obrigações tributárias a partir de meros

---

2. VENOSA, Silvio de Salvo. *Teoria Geral das Obrigações e Teoria Geral dos Contratos*. 5. ed. São Paulo: Atlas, 2005, p. 302/303.

3. Código Tributário Nacional: "Art. 156. Extingue a obrigação tributária: (...) II- a compensação;"

4. Enunciado nº 19 do Centro de Estudos Judiciários do Conselho da Justiça Federal: "A matéria de compensação, no que concerne às dívidas fiscais e parafiscais de Estado, Distrito Federal e Municípios, não é regida pelo art. 374 do Código Civil."

5. AMARO, Luciano. *Direito Tributário Brasileiro*. 13. ed. São Paulo: Saraiva, 2007, pág. 389.

ajustes contábeis por meio "da simples amortização de créditos recíprocos".[6]

A compensação tributária é desdobramento de um sistema constitucional tributário voltado à defesa do patrimônio dos contribuintes, da igualdade e da capacidade contributiva, da equidade e, sobretudo, da segurança jurídica, na medida em que, se for constatado ter havido recolhimento de tributo em montante superior ao efetivamente devido ou mesmo ter sido recolhido tributo ilegítimo, impõe-se o restabelecimento da ordem jurídica com o reconhecimento do crédito devido ao contribuinte que recolheu a maior ou sem que fosse devido.[7]

No âmbito federal, a compensação de tributos pagos indevidamente foi regulamentada originalmente no art. 66 da Lei 8.383/91, prescrição que foi alterada pelo art. 74 da Lei 9.430/96, segundo o qual o sujeito passivo que apurar crédito relativo a tributo ou contribuição administrado pela Secretaria da Receita Federal poderá compensá-lo com débitos próprios relativos a quaisquer tributos e contribuições administrados por aquele Órgão.

No âmbito dos Estados, do Distrito Federal e dos Municípios, cada um desses entes *poderá* regular a compensação tributária por lei própria.

A partir da literalidade do art. 170, do CTN, segundo o qual "a lei *pode* (...) *autorizar* a compensação de créditos tributários", há entendimento que milita em favor do caráter facultativo para o ente político decidir por disponibilizar ou não, em favor do contribuinte, mecanismo para a compensação tributária como modalidade de reaver o que houver indevidamente recolhido aos cofres públicos.[8]

---

6. MELO, José Eduardo Soares de. *Curso de direito tributário*. 8. ed. São Paulo: Dialética, 2008, p. 375.

7. CAIS, Cleide Previtalli. *O Processo Tributário*. 5. ed. São Paulo: Revista dos Tribunais, 2007, p. 450-451.

8. MACHADO, Hugo de Brito. *Curso de Direito Tributário*. 27. ed. São Paulo: Malheiros, 2006, pág. 222/223.

Para quem defende tal linha hermenêutica, essa faculdade não significa que o ente político pode, arbitrariamente, recusar pedido de compensação do contribuinte ao seu bel prazer. A facultatividade, para quem a admite, referir-se-ia ao plano legislativo, ao exercício da competência tributária. Assim, uma vez exercida a atividade legiferante no sentido de regular a compensação de créditos tributários, remanesceria ao contribuinte o direito subjetivo de optar por extinguir suas obrigações tributárias por meio de compensação de créditos.

E a justificativa quanto ao caráter facultativo ao ente político tributante em regulamentar ou não a compensação funda-se no reconhecimento de que, embora ao ente político não seja facultado apropriar-se de tributo recolhido indevidamente, ao contribuinte é possível satisfazer sua eventual pretensão creditória também pela via da restituição, verificando-se um regime de concorrência entre tais institutos.[9]

O próprio Superior Tribunal de Justiça já manifestou o entendimento de que a "compensação de débitos tributários com créditos do sujeito passivo contra a Fazenda Pública (consignados em precatório), é *condicionada* à existência de lei autorizativa específica, conforme estabelecido no art. 170 do CTN."[10]

Nessa linha, pois, ao mesmo tempo em que configura direito subjetivo do contribuinte, a compensação tributária poderá ser objeto das restrições que o ente tributante entender necessárias ao exercício desse direito, *tal como dispuser em lei*, do que decorre a possibilidade, *in abstracto*, de serem impostos requisitos de toda ordem, demasiadamente restritivos a ponto de inviabilizar o exercício do direito do contribuinte à compensação.

Para os fins do presente trabalho, ressaltamos não ser de nosso interesse aprofundar essa dualidade entre o caráter facultativo ou obrigatório para o ente tributante instituir

---

9. CONRADO, Paulo César. *Compensação Tributária e Processo*. 2. ed. São Paulo: Quartier Latin, 2010, p. 99-101.

10. Superior Tribunal de Justiça. REsp 1192662/RS, 2. T., j. 24/08/2010, DJe 30/09/2010. Rel. Ministro Mauro Campbell Marques.

a compensação tributária, nem nos filiarmos a esta ou aquela corrente, na medida em que a mera identificação de partidários dessa facultatividade – ecoando nos Tribunais pátrios, inclusive – já é suficiente a, por si só, indicar a litigiosidade da matéria, a demandar a intensa atividade jurisdicional sobre ela, esta sim objeto de nosso enfoque.

É inegável, pois, a evidente tensão entre a proteção da propriedade privada do contribuinte em face da competência tributária dos entes políticos, o que fica ainda mais agravado pela característica federal do Estado brasileiro, caracterizado pela existência de 27 Estados, do Distrito Federal e mais de 5.500 Municípios[11], estando cada um desse ente livre para, no exercício de sua competência tributária, estabelecer regras próprias para regular o direito à compensação.

Por essa razão, não é surpresa a experiência tributária ser caracterizada por tanta litigiosidade em matéria de compensação, nomeadamente por meio do mandado de segurança, enquanto instrumento jurídico idôneo a proteger a esfera jurídica do cidadão em face do poder abusivo. É o que analisaremos a seguir.

3. MANDADO DE SEGURANÇA EM MATÉRIA TRIBUTÁRIA

O mandado de segurança é tradicionalmente concebido como garantia fundamental à proteção, efetivação e fruição dos direitos fundamentais do cidadão.[12] Enquanto instituto jurídico voltado à especial tutela dos direitos eleitos como essenciais à sociedade, trata-se de norma de aplicabilidade imediata e eficácia plena.[13]

---

11. https://ww2.ibge.gov.br/home/estatistica/populacao/indicadores_sociais_municipais/tabela1a.shtm. Consulta em 14/05/2019.

12. FIGUEIREDO, Lucia Valle. *Mandado de Segurança*. 6. ed. São Paulo: Malheiros, 2009, p. 19.

13. MORAES, Alexandre de. *Direito Constitucional*. 21. ed. São Paulo: Atlas, 2007, p. 7.

De acordo com a dicção do texto constitucional, o mandado de segurança pode ser invocado para proteger direito líquido e certo, não amparado por "habeas corpus" ou "habeas data", quando a ilegalidade ou abuso de poder decorrer de ato emanado do Poder Público ou de particular que haja em seu nome.[14]

Diante dessas características, notadamente a sua especial finalidade protetiva, não seria difícil imaginar a recorrente utilização da ação mandamental no âmbito das relações jurídicas tributárias, cuja tônica reside em uma obrigação de entregar dinheiro ao Estado[15], legal e compulsoriamente estabelecida em desfavor do contribuinte[16], do que naturalmente podemos presumir decorrerem litígios das mais diversas naturezas, a ensejar a pretensão jurisdicional tutelável via mandado de segurança.

Enquanto ação submetida a rito especial, disciplinado pela Lei 12.016/2009, o mandado de segurança tem como objeto direito *líquido* e *certo*. Isso não significa esteja desnaturada a essência de *lide*, isto é, ainda que a pretensão deduzida em juízo deva ser demonstrada por meio de prova pré-constituída, nada impede que esteja fundamentada em matéria de direito controvertida.[17]

Essa existência de *quaestio juris* subjacente à pretensão deduzida no remédio heroico é o que comumente verificamos na seara tributária, em que a ação mandamental "opera como instrumento de constitucionalidade das leis, além de significar importante veículo colocado à disposição do contribuinte para questionar a validade da relação jurídica tributária".[18] [19]

---

14. Constituição da República, art. 5º, inciso LXIX.

15. ATALIBA, Geraldo. *Hipótese de Incidência Tributária*. 6. ed. São Paulo: Malheiros, 2006, p. 37-38.

16. BECHO, Renato Lopes. *Lições de Direito Tributário*. 2. ed. São Paulo: Saraiva, 2014, p. 67.

17. Súmula nº 625: *"Controvérsia sobre matéria de direito não impede concessão de Mandado de Segurança."*

18. CAIS, 2007, p. 326.

19. Sem que isso signifique admitir a discussão de lei em tese, o que é pacificamente

A utilização do remédio constitucional em matéria tributária impõe ao sujeito impetrante a comprovação de sua condição de titular de direito líquido e certo, documentalmente demonstrado por meio de prova pré-constituída, haja vista a vedação de dilação probatória.

Essa especial condição jurídica, para os fins do presente estudo, consistirá na demonstração, pelo impetrante, de que é titular de crédito tributário objeto de procedimento de compensação, fazendo "jus" à tutela judicial declaratória de seu direito.

A jurisprudência é bastante dissonante no trato do mandado de segurança em discussão tributária, notadamente a compensação. São inúmeros os enunciados de súmula sobre a matéria, inclusive sobre o próprio cabimento da ação mandamental. E mesmo após a intensa produção jurisprudencial que culminou no reconhecimento do cabimento do mandado de segurança para declarar o direito à compensação de créditos tributários, o Poder Judiciário ainda é vacilante na fixação dos critérios mínimos indispensáveis ao reconhecimento da titularidade desse direito.

A seguir, analisaremos essa evolução jurisprudencial no trato da matéria, com enfoque teórico processual sobre os contornos da pretensão deduzida, a fim de identificarmos a adequada delimitação da extensão probatória do direito líquido e certo.

4. MANDADO DE SEGURANÇA E TUTELA MERAMENTE DECLARATÓRIA DO DIREITO À COMPENSAÇÃO TRIBUTÁRIA – SÚMULA 213/STJ

Como já destacamos, o direito do contribuinte à compensação tributária poderá decorrer da indevida cobrança de um tributo, sendo latente a litigiosidade em torno desse direito quando seu exercício sofrer restrições indevidas.

---

vedado pelo Supremo Tribunal de Federal na Súmula nº 266.

Se o contribuinte já tiver sido alvo de alguma cobrança indevida ou tiver sido impedido de exercer seu direito à compensação, assim como na hipótese de ele se encontrar na iminência de sê-lo, poderá valer-se do mandado de segurança para obter *declaração do seu direito à compensação* nos termos da Súmula 213/STJ.

Ressaltamos, de antemão, não estarmos a afirmar que o contribuinte poderá utilizar a ação mandamental para convalidar judicialmente compensação tributária já realizada, tal como é vedado pela Súmula 460/STJ, na medida em que a estreita via mandamental não pode ser utilizada para reconhecer compensação e extinguir a obrigação tributária.

Também não pretendemos que a declaração do direito à compensação tributária se confunda com a pretensão de obter efeitos patrimoniais, na medida em que o mandado de segurança se presta a obter uma tutela mandamental que, dotada de forte carga declaratória, consista no reconhecimento da existência ou inexistência de uma relação jurídica, sem que possa extinguir a obrigação tributária por meio da compensação[20]. Fica, pois, afastada a aparente incompatibilidade com a Súmula 271/STF, segundo a qual "Concessão de Mandado de Segurança não produz efeitos patrimoniais em relação a período pretérito, os quais devem ser reclamados administrativamente ou pela via judicial própria".

Destacamos, ainda, que a possibilidade de declaração do direito à compensação não conflita com a Súmula 212/STJ, segundo a qual "a compensação de créditos tributários não pode ser deferida em ação cautelar ou por medida liminar cautelar ou antecipatória". A Súmula 212/STJ está amparada em *ratio decidendi* diversa da Súmula 213/STJ, na medida em que veda a pretensão de extinguir judicialmente crédito tributário por meio de compensação, em decisão precária, não exauriente e,

20. DIDER JR., Fredie. *Curso de Direito Processual Civil – Introdução ao Direito Processual Civil, Parte Geral e Processo de Conhecimento*, volume 1. 19. ed. Bahia: JusPodivm, 2017, p. 331.

pois, incompatível com a necessária aferição dos elementos técnico-contábeis de uma compensação tributária.[21]

Embora o nosso posicionamento pela convivência harmônica entre as Súmulas 212/STJ e 213/STJ tenha forte adesão da jurisprudência pátria, nem sempre foi assim.

A Associação dos Juízes Federais de São Paulo e Mato Grosso do Sul[22] entendeu que haveria uma incompatibilidade, em tese, entre esses enunciados, de modo que ficaria a cargo do senso crítico do órgão julgador decidir, no caso concreto, pela aplicação de um ou outro enunciado. Isto é, não se poderia reconhecer a tutela judicial de um direito via mandado de segurança e, ao mesmo tempo, proibir, aprioristicamente, a concessão de liminar, já que é instituto próprio do rito especial do *mandamus*, sob pena de desfigurar a ação mandamental.

Em princípio, tal como destacado pela Associação da Associação dos Juízes Federais de São Paulo e Mato Grosso do Sul, coadunamos com a ideia de que se é cabível o mandado de segurança para determinada discussão, em tese também

21. MARINS, James. Apontamentos sobre procedimento e processo tributário, in *Tributação e Processo – Livro* 5. Tomo II. 1. ed. Curitiba: Juruá, 2008, p. 24.

22. *Revista da Associação dos Juízes Federais de São Paulo e Mato Grosso do Sul 12*, ano 3, jan.-fev. 1999: "Da conjugação dos enunciados das Súmulas 212 e 213 do Superior Tribunal de Justiça, chega-se à absurda situação de admissão da prática de um ato administrativo passível de correção pela via do mandado de segurança, sem que o impetrante tenha, contudo, o direito de obter um provimento liminar. Ora, é da essência do mandado de segurança, até para assegurar provimento jurisdicional contra a ameaça a direito, a possibilidade sempre presente da medida liminar, desde que presentes os pressupostos legais. A prática forense pode até ter demonstrado que, em regra, o contribuinte não faz jus à liminar. Não se pode, contudo, enunciar tal negativa como regra geral e abstrata, como fez a Súmula 212. Admitida que seja a discussão da compensação tributária em sede mandamental, não se pode impedir que o juiz analise cada caso concreto para se pronunciar acerca de eventual medida liminar. Bem se vê, portanto, que o Superior Tribunal de Justiça, órgão jurisdicional a quem a Constituição Federal confiou a competência para a uniformização na interpretação da lei federal, desfigurou por completo o mandado de segurança editando súmulas que, além de pouco técnicas, são absolutamente incompatíveis entre si. Caberá aos juízes, enquanto não houver qualquer norma constitucional impondo-lhes a obrigação de aplicar servilmente as súmulas dos tribunais superiores, utilizar o indispensável senso crítico e procurar em cada caso concreto demonstrar que, no mínimo, uma das súmulas não poderá ser aplicada."

o é a concessão de liminar, desde que observados *in concreto* seus pressupostos legais, tais como o *fumus boni iuris* e o *periculum in mora*, ou seja, a liminar somente não será possível se for verificada a impossibilidade de aferir a questão jurídica em uma cognição sumária, além do perigo decorrente da entrega jurisdicional tardia.

Discordamos, porém, com a devida vênia, da conclusão de que a aceitação do cabimento do mandado de segurança para declarar o direito à compensação tributária seja incompatível com a vedação de liminar para efetivá-la judicialmente. Isto é, não reputamos inconciliáveis, em um juízo "a priori", os entendimentos sumulados nos enunciados 212/STJ e 213/STJ; eles são harmônicos e se fundamentam em *ratios* diversas.

Em nosso sentir, a Súmula 212/STJ quer dizer que a compensação não pode ser pleiteada em liminar de mandado de segurança, ante a incompatibilidade de o juiz, em cognição sumária, avaliar a correção de valores e a certeza de ser o recolhimento indevido ou não. Isto é, referido enunciado veda as situações em que os contribuintes pretendam garantir liminarmente a compensação de créditos tributários com o objetivo de extingui-los por meio de implementação judicial.

A Súmula 213/STJ, por outro lado, viabiliza a utilização de mandado de segurança visando ao reconhecimento do direito à compensação de indébitos fiscais, caso em que o juiz não pode substituir a autoridade administrativa quanto ao juízo de certeza a liquidez dos créditos tributários, cuja atribuição privativa é atribuída por lei.[23] Assim, o cabimento da ação mandamental é legitimado pelo interesse de agir do contribuinte que possui receio de ter não homologada uma compensação por alguma restrição que eventualmente possa ser posta pela autoridade fazendária, em razão de alguma norma indevidamente restritiva ou de reiteradas práticas anteriores para casos análogos – faceta preventiva –, bem como no caso de glosa injustificadamente já realizada – faceta repressiva.

23. CAIS, 2007, p. 466-467.

Enquanto a Súmula 213/STJ tutela o direito subjetivo do contribuinte à compensação tributária e, por conseguinte, seu direito de acesso à jurisdição, a Súmula 212/STJ concerne à materialização ou não dos pressupostos ensejadores da concessão de liminar (aspectos processuais considerados *de per si*).

Do enunciado sumular cerne do presente estudo – Súmula 213/STJ –, portanto, concluímos que o objeto do remédio constitucional, sob a perspectiva ora estudada, é *a mera declaração de que determinado crédito tributário seja compensável*, e não uma compensação judicialmente homologada.

A jurisprudência sedimentou, assim, o reconhecimento judicial da *compensabilidade* tributária, criando um cenário ainda mais receptivo à solução judicial de uma relação jurídica naturalmente litigiosa, qual seja a específica relação jurídica tributária entre credor e devedor recíprocos, o que ensejou a proliferação de pretensões deduzidas pelos contribuintes por meio do mandado de segurança.

A diversidade de situações concretas levadas à apreciação judicial, para fins de compensação tributária por meio do remédio constitucional, evidenciou que a mera declaração do direito à compensação tributária não é um assunto tão simples quanto a leitura do enunciado sumular sugeria, de modo que restou ao Poder Judiciário a tarefa de explicitar, além dessa primeira interpretação – em favor do pressuposto processual relativo ao cabimento –, desdobramentos outros na aplicação da Súmula 213/STJ, concernentes à extensão da prova do direito líquido e certo, conforme analisaremos a seguir.

5. OS LIMITES PROBATÓRIOS DA COMPENSAÇÃO TRIBUTÁRIA COMO PEDIDO "VERSUS" CAUSA DE PEDIR – RECURSO ESPECIAL REPETITIVO Nº 1.111.164 – TEMA Nº 118

Uma vez legitimado o uso do mandado de segurança para obter a declaração da compensabilidade tributária, a alta litigiosidade inerente à relação jurídica tributária culminou em uma infinidade de pretensões decorrentes da compensação de créditos tributários, mas que vão muito além da mera declaração desse direito.

Uma vez superada essa aparente simples controvérsia quanto ao cabimento, os contribuintes se viram compelidos a ajuizar a ação mandamental para ter reconhecido não apenas o direito à compensação tributária, mas também pleitos outros que dela diretamente decorrem, tais como a suspensão da exigibilidade do crédito e consequente expedição de certidão de regularidade fiscal. Ou seja, a compensação tributária, nesse caso, não é objeto do pedido, mas pressuposto deste.

Imaginemos a situação em que, já apresentada a declaração de compensação, mas estando pendente de homologação, o contribuinte precise de uma certidão de regularidade fiscal (CND ou CPD-EN), à cuja concessão, contudo, o Fisco se negue.

Nesse caso, o contribuinte, após apresentar a declaração, socorre-se do Poder Judiciário, o qual, para conceder a certidão de regularidade fiscal, deverá analisar os elementos da compensação, tal como a memória de cálculos que quantifique o direito pleiteado, acompanhada da comprovação de todos os recolhimentos indevidos, a fim de demonstrar a exigibilidade do indébito (não prescrito).

O magistrado deverá fazer um juízo acerca da lisura da compensação, cuja constatação, contudo, só tem o condão de favorecer a concessão da segurança relativamente à ordem de expedição de CPD-EN, mas não de homologar a compensação, pois esta é, como já se disse, atribuição da autoridade fiscal, somente cabendo reconhecimento judicial da liquidez do crédito pelas vias ordinárias, em razão da exauriente cognição inerente à ampla atividade instrutória que lhe é peculiar.

Foi nesse sentido que o Superior Tribunal de Justiça decidiu no Recurso Especial 1.111.164, processado sob o rito de recurso repetitivo – Tema 118, previsto pelo art. 543-C do então vigente Código de Processo Civil de 1973:

> TRIBUTÁRIO E PROCESSUAL CIVIL. MANDADO DE SEGURANÇA. COMPENSAÇÃO TRIBUTÁRIA. IMPETRAÇÃO VISANDO EFEITOS JURÍDICOS PRÓPRIOS DA EFETIVA REALIZAÇÃO DA COMPENSAÇÃO. PROVA PRÉ-CONSTITUÍDA. NECESSIDADE.
>
> 1. No que se refere a mandado de segurança sobre compensação tributária, a extensão do âmbito probatório está intimamente relacionada com os limites da pretensão nele deduzida. Tratando-se de impetração que se limita, com base na súmula 213/STJ, a ver reconhecido o direito de compensar (que tem como pressuposto um ato da autoridade de negar a compensabilidade), mas sem fazer juízo específico sobre os elementos concretos da própria compensação, a prova exigida é a da "condição de credora tributária" (ERESP 116.183/SP, 1ª Seção, Min. Adhemar Maciel, DJ de 27.04.1998).
>
> 2. Todavia, será indispensável prova pré-constituída específica quando, à declaração de compensabilidade, a impetração agrega (a) pedido de juízo sobre os elementos da própria compensação (v.g.: reconhecimento do indébito tributário que serve de base para a operação de compensação, acréscimos de juros e correção monetária sobre ele incidente, inexistência de prescrição do direito de compensar), ou (b) pedido de outra medida executiva que tem como pressuposto a efetiva realização da compensação (v.g.: expedição de certidão negativa, suspensão da exigibilidade dos créditos tributários contra os quais se opera a compensação). Nesse caso, o reconhecimento da liquidez e certeza do direito afirmado depende necessariamente da comprovação dos elementos concretos da operação realizada ou que o impetrante pretende realizar. Precedentes da 1ª Seção (EREsp 903.367/SP, Min. Denise Arruda, DJe de 22.09.2008) e das Turmas que a compõem.
>
> 3. No caso em exame, foram deduzidas pretensões que supõem a efetiva realização da compensação (suspensão da exigibilidade dos créditos tributários abrangidos pela compensação, até o limite do crédito da impetrante e expedição de certidões negativas), o que torna imprescindível, para o reconhecimento da liquidez e certeza do direito afirmado, a pré-constituição da prova dos recolhimentos indevidos.
>
> 4. Recurso especial provido. Acórdão sujeito ao regime do art. 543-C do CPC e da Resolução STJ 08/08.543-C, CPC.[24]

Da leitura acima constatamos a segregação de duas possíveis classes de pretensões a serem deduzidas pelo impetrante,

---

24. Superior Tribunal de Justiça. Recurso Especial nº 1.111.164/BA 2009/0029666-9, Primeira Seção, Ministro TEORI ALBINO ZAVASCKI, j. 13/05/2009, p. 25/05/2009. Rel. Ministro Teori Albino Zavascki.

a implicar, por conseguinte, a variação na extensão do ônus de demonstrar o direito líquido e certo por meio da prova pré-constituída. Isto é, o enquadramento das situações concretas num ou noutro caso decorre da verificação dos limites da pretensão deduzida na ação mandamental.

É, conforme o STJ mesmo asseverou, a relação âmbito probatório x pedido, a qual, conforme ressalta Renato Lopes Becho, ecoa na atual disciplina processual civil relativa ao dever legal de o julgador "'enquadrar' o julgamento dentro dos limites da lide, estabelecidos quando do estabelecimento da postulação (petição inicial e contestação)."[25] Fazemos apenas um ressalva quanto à lição desse autor, relativamente à configuração dos limites da lide não decorrer de contestação em mandado de segurança, já que se trata de direito líquido e certo, de modo que eventual controvérsia poderá ser apenas de direito, sob pena de não ser possível a concessão da ordem de segurança.

Nesse contexto, da pretensão à mera declaração do direito à compensação tributária resulta a dispensabilidade de prova pré-constituída dos elementos da operação de compensação em si, porquanto nesse caso não cabe juízo específico acerca da existência ou não de créditos a serem compensados, nem da exatidão do valor a compensar, pois o juízo sobre a liquidez e certeza dos valores é próprio da autoridade fiscal.

O direito líquido e certo postulado é apenas o direito de compensar indébitos tributários, ou seja, *o pedido concerne à declaração desse direito* – cujo exercício já fica assegurado para momento posterior –, o que não significa a sua imediata implementação pela via judicial. Para que o juiz possa conceder a segurança pleiteada, ele deve analisar as condicionantes desse direito, tal como a demonstração pelo contribuinte de elementos mínimos cuja verificação sugere a materialização da relação jurídica tributária.

---

25. BECHO, Renato Lopes. *Execução Fiscal: análise crítica*. 1. ed. São Paulo: Noeses, 2018, p. 55.

O impetrante deve demonstrar, nesse caso, por meio de prova pré-constituída, a condição de contribuinte, através da comprovação de que realiza uma dada atividade econômica (por meio de contrato social, bem como notas fiscais que demonstrem, por amostragem, a efetivação das operações que configuram os fatos geradores), sobre a qual se perfaz uma tributação indevida, situação em que já pode pedir ao Poder Judiciário seja reconhecido o direito à compensação, a ser exercida administrativamente caso a incidência indevida desses tributos se materialize ou, noutras palavras, caso comprove a condição de credor.

Convém salientar que o eventual reconhecimento da liquidez dos créditos tributários, isto é, a sua efetiva existência, caberá posteriormente à autoridade fazendária, pois a ação mandamental, no caso sob análise, não requer a chancela da compensação, primeiramente porque esta pode nem ter ocorrido, ou pelo fato de que, ainda que já realizada, a homologação deverá ser feita pela autoridade administrativa competente.[26]

Logo, o órgão fazendário, diante de uma decisão judicial reconhecendo o direito à compensação de determinado tributo, somente poderá não homologar as compensações a pretexto de divergências contábeis, bem como pela não comprovação do recolhimento que gerou o indébito, mas não poderá basear sua negativa em qualquer discussão acerca da natureza da relação jurídica tributária (como, p. ex., por entender que o tributo é, sim, devido), pois tal questão já terá sido pacificada pelo Judiciário.

Não obstante o Superior Tribunal de Justiça, no Tema 118, ter explicitado a relação *pedido "versus" prova pré-constituída* para delimitar a extensão probatória do direito líquido e certo, em especial no que tange à desnecessidade de comprovação exaustiva da liquidez do crédito compensável quando

---

26. Caso se pretenda postular a chancela judicial de compensação tributária, tal deverá ser feito pelas vias ordinárias, uma vez que incabível por meio da via estreita da ação mandamental.

se pleiteia a mera declaração do direito à compensação, os Tribunais pátrios têm reiteradamente conferido o mesmo tratamento indiscriminadamente a mandados de segurança com objetos diversos. Têm-se desconsiderado os pleitos específicos inerentes a cada pretensão e exigido que o impetrante demonstre inequivocamente os elementos concretos da compensação, notadamente os comprovantes de pagamento indevido, mesmo quando sua pretensão se adstrinja à mera declaração desse direito.

O Tribunal Regional Federal da 3ª Região já deixou de declarar o direito à compensação ao verificar que "*Não restou comprovado nos autos pela impetrante o recolhimento dos valores a título de PIS-Importação e Cofins-Importação que pretende compensar*". Ficou consignado que "*estando incerto o fato, tendo em vista a falta de prova pré-constituída do recolhimento da contribuição, há que ser reconhecida a ausência do alegado direito líquido e certo da impetrante*".[27]

No caso acima, foi negado o pedido de mera declaração do direito à compensação – ou seja, formulação dos pleitos nos termos da Súmula 213/STJ –, sob o fundamento de que à prova da condição de titular do direito à compensação era imprescindível a apresentação dos comprovantes de recolhimentos indevidos.

Notamos que tal exigência da materialidade do indébito vai de encontro ao pacífico entendimento do Superior Tribunal de Justiça no sentido de que a declaração do direito à compensação tributária não importa em sua convalidação, nem pode implicar efeitos patrimoniais pretéritos, sob pena de usurpar a função privativa da autoridade administrativa de homologar a compensação tributária e, por conseguinte, ofender o postulado da separação dos poderes.

27. Tribunal Regional Federal da 3ª Região. Processo nº 0009309-10.2010.4.03.6100-SP. 6ª T., j. 02/08/2012. Rel. Desembargadora Federal Consuelo Yoshida.

Dado o cenário em que os Tribunais têm apresentado decisões divergentes acerca da tese fixada no Tema 118, no sentido de entender pela necessidade da efetiva comprovação do recolhimento feito a maior ou indevidamente para fins de declaração do direito à compensação tributária em sede de Mandado de Segurança, o Superior Tribunal de Justiça reapreciou o tema em 02 (dois) recursos especiais afetados *à sistemática dos recursos repetitivos*, nos termos do art. 1.036, §1º do CPC.[28] É o que analisaremos no tópico adiante.

6. A LIMITAÇÃO DO "ONUS PROBANDI" DO IMPETRANTE À MERA CONDIÇÃO DE CREDOR – RECURSOS ESPECIAIS REPETITIVOS 1.715.256 E 1.365.095[29]

O Código Processo Civil de 2015 alterou substancialmente o ordenamento jurídico, implementando uma peculiar sistemática de precedentes, situando nosso sistema jurídico processual em uma posição intermediária entre o tradicional sistema francês do "civil law" – historicamente adotado pelo Brasil – e o modelo inglês de "common law".

Como ensina Renato Lopes Becho[30], uma das disposições nucleares dessa nova forma de atuação judicial é a previsão, constante do art. 926 do CPC/2015, de que "Os tribunais

---

28. "Art. 1.036. Sempre que houver multiplicidade de recursos extraordinários ou especiais com fundamento em idêntica questão de direito, haverá afetação para julgamento de acordo com as disposições desta Subseção, observado o disposto no Regimento Interno do Supremo Tribunal Federal e no do Superior Tribunal de Justiça. § 1º O presidente ou o vice-presidente de tribunal de justiça ou de tribunal regional federal selecionará 2 (dois) ou mais recursos representativos da controvérsia, que serão encaminhados ao Supremo Tribunal Federal ou ao Superior Tribunal de Justiça para fins de afetação, determinando a suspensão do trâmite de todos os processos pendentes, individuais ou coletivos, que tramitem no Estado ou na região, conforme o caso."

29. BRASIL. "Repetitivos e IAC", de 07.02.2019, disponível em www.stj.jus.br. Consultado em 17/05/2019.

30. BECHO, 2018, p. 57.

devem uniformizar sua jurisprudência e mantê-la estável, íntegra e coerente". Como destaca o autor, esse dever de buscar a coerência e a estabilidade da jurisprudência parece óbvio e intuitivo a qualquer sistema judicial, mas, por não ser seguido pelos julgadores de órgãos colegiados, foi necessária a sua expressa positivação em nossa legislação processual civil.

Teresa Arruda Alvim Wambier[31] atribui como causas desse fenômeno a "dispersão jurisprudencial", caracterizada pelo aumento considerável de questões judicializadas. Mas esse incremento, por si só, não acarretou a necessidade de alteração da sistemática de precedentes. Ao contrário, foi o descrédito do Judiciário, que diverge indiscriminadamente sobre a solução de uma mesma questão jurídica a cada vez que sobre ela se pronuncia. Não por acaso, a autora não fala em mera *divergência*, mas *dispersão* jurisprudencial.

Seguindo essa nova cultura jurídica de respeito aos precedentes judiciais[32], a Primeira Seção do Superior Tribunal de Justiça, por maioria, afetou os Recursos Especiais 1.715.256 e 1.365.095 à sistemática repetitiva.

Na seção de julgamento, antes mesmo de fixar os contornos hermenêuticos em torno da tese firmada no Recurso Especial 1.111.164, a Primeira Seção do Superior Tribunal de Justiça se preocupou com as oscilações quanto ao pressuposto processual de cabimento e reafirmou que o mandado de segurança constitui ação adequada para a declaração do direito à compensação tributária, explicitando, assim, a relação de interpendência e de premissa lógica com a Súmula 213/STJ.

---

31. WAMBIER, Teresa Arruda Alvim; DANTAS, Bruno. *Recurso especial, recurso extraordinário e a nova função dos tribunais superiores no direito brasileiro*. 3. ed. São Paulo: Revista dos Tribunais, 2016, p. 276.

32. BONFÁ DE JESUS, Isabela. Análise da escolha dos precedentes nos processos judicial e administrativo: redução do contencioso tributário. In: Giselle Barra Barbosa, Eduardo Perez Salusse; Tathiane Piscitelli; Juliana Furtado Costa Araujo. (Org.). in *Medidas de Redução do Contencioso Tributário e o CPC/2015*. 1. ed. São Paulo: Almedina, 2017, v. 1, p. 469-482.

Ao adentrar à discussão objeto do novo precedente, o Relator Ministro Napoleão Nunes Maia Filho explicitou novamente que o Tema 118 estrutura-se em duas teses distintas, variando conforme a pretensão processualmente deduzida.

A primeira refere-se ao mandado de segurança que apenas vise ao reconhecimento do direito de compensar em virtude de decisão judicial transitado em julgado sobre a ilegalidade ou inconstitucionalidade da exigência da exação, independentemente da apuração dos respectivos valores, sendo suficiente que o contribuinte comprove sua *"posição de credor tributário, visto que os comprovantes de recolhimento indevido serão exigidos posteriormente, na esfera administrativa, quando o procedimento de compensação for submetido à verificação pelo Fisco."*

Nessa pretensão de mera declaração do direito à compensação, a ação mandamental tem natureza preventiva e caráter meramente declaratório, e, portanto, a concessão da ordem enseja apenas o reconhecimento do direito de se compensar tributo por homologação, sem as restrições impostas pela legislação tributária.

Em outras palavras, na ação eminentemente declaratória não se objetiva a efetiva investigação da liquidez e certeza dos valores indevidamente pagos, com a apuração do exato montante do crédito que será objeto do encontro de contas, mas, sim, a *"declaração de um direito subjetivo à compensação tributária de créditos reconhecidos com tributos vencidos e vincendos, e que estará sujeita a verificação de sua regularidade pelo Fisco, em atividade fiscalizatória ulterior."*

A segunda pretensão, a ser embasada por arcabouço probatório diverso, em que a prova dos recolhimentos indevidos será pressuposto indispensável à impetração, verifica-se *"quando se postular juízo específico sobre as parcelas a serem compensadas, com a efetiva investigação da liquidez e certeza dos créditos"*, bem como *"na hipótese em que os efeitos da sentença supõem a efetiva homologação da compensação a ser realizada."*

Nessa outra situação, a declaração de compensabilidade é pressuposto lógico de outro pedido, isto é, pode-se agregar a essa tutela declaratória outro pedido acerca dos elementos da própria compensação, tais como o reconhecimento do indébito tributário que serve de base para a operação de compensação, acréscimos de juros e correção monetária sobre ele incidente, inexistência de prescrição do direito de compensar ou, ainda, seja agregado pedido de outra medida executiva que pressuponha a efetiva realização da compensação, como, por exemplo, expedição de certidão negativa, suspensão da exigibilidade dos créditos tributários contra os quais se opera a compensação.

No contexto da sistemática de precedentes, que impõe a obrigação legal direcionada à atividade jurisdicional de manter a uniformidade das decisões judiciais, notadamente em relação à aplicação dos precedentes vinculantes[33], não é razoável que as futuras soluções fornecidas pelo Poder Judiciário neguem o acesso à justiça para discutir compensação tributária, de modo que podemos concluir ser descabido, até que se altere o atual cenário jurisprudencial[34], não apenas cogitar da inadequação da via mandamental, como também impor um *onus probandi* ao impetrante em descompasso com a pretensão nele deduzida.

7. CONCLUSÕES

Ao buscarmos analisar a extensão probatória no mandado de segurança em matéria de compensação tributária, constatamos que os Tribunais pátrios, sem uniformidade e em dissonância com o entendimento firmado pelo Superior Tribunal de Justiça, têm estabelecido provas pré-constituídas que não guardam relação com o direito líquido e certo postulado. Por conseguinte, essa linha hermenêutica acabou por limitar drasticamente o objeto da discussão tributária via

33. BECHO, Renato Lopes. A aplicação dos precedentes judiciais como caminho para redução dos processos tributários, in *Revista Faculdade de Direito – Universidade Federal de Minas Gerais*, v. 71, p. 499-530, julho/dez. 2017.

34. *Ibidem.*

ação mandamental, colocando em xeque mesmo o cabimento desse instrumento processual.

Nesse cenário de resistência quanto à própria adequação do mandado de segurança, em primeiro lugar situamos a compensação tributária como um direito subjetivo do contribuinte – depois de regulamentado –, mas que também pode ser tida como faculdade do ente tributante a sua regulação ou não, ficando evidenciada uma nítida tensão que circunda as relações jurídicas tributárias, notadamente quando se trata de compensação tributária.

Em segundo lugar, constatamos vasto repertório jurisprudencial sobre o cabimento ou a inadequação do mandado de segurança para questões tributárias, ao que concluímos pelo seu cabimento para declarar o direito à compensação tributária, com as ressalvas de que a mera declaração do direito de compensar não se presta a obter efeitos pretéritos e não pode importar em homologação judicial de compensação tributária, nem mesmo por decisão liminar, tudo em conformidade com os enunciados sumulares do Superior Tribunal de Justiça.

Outrossim, além dessa mera declaração do direito à compensação, admitimos o mandado de segurança veiculando pedidos outros que diretamente decorram da declaração de compensação, como, por exemplo, quando se requer a certidão de regularidade fiscal em razão de uma compensação tributária legitimamente exercida ou quando se postule juízo acerca existência do indébito (ausência de prescrição, por exemplo).

Observamos que, a depender do que se busca por meio do remédio constitucional, deve o contribuinte atentar à formulação adequada do pedido, bem como providenciar, no momento da instauração do *writ*, as provas necessárias à comprovação do direto líquido e certo em discussão, uma vez que não é possível, na ação mandamental, juntar novos documentos no curso do procedimento.

Portanto, a extensão do âmbito probatório em Mandado de Segurança sobre compensação tributária está diretamente relacionada ao(s) pedido(s) da inicial, sendo:

(I) prescindíveis provas pré-constituídas relacionadas ao procedimento de compensação (guias de recolhimento do indébito), quando a ação objetiva a mera declaração de existência de direito líquido e certo de efetuar as compensações; e

(II) necessária a demonstração cabal, por meio da prova pré-constituída, do direito líquido e certo à compensação, com a juntada de todos os documentos que o evidenciem (pela demonstração dos elementos concretos das operações já realizadas, através das guias dos recolhimentos indevidos e a memória de cálculos consubstanciando tais valores), quando existentes pedidos outros que pressupunham necessariamente juízo acerca da lisura do procedimento de compensação já realizado.

No primeiro caso, de tutela meramente declaratória, em que o pedido consiste no reconhecimento do direito à compensação, o Superior Tribunal de Justiça assentou a dispensabilidade do comprovante de pagamento do indébito, sendo suficiente a comprovação da condição de contribuinte e, por conseguinte, da titularidade de eventual indébito líquido e certo, a ser apurado administrativamente.

No segundo caso, em que se agrega pedido outro à tutela declaratória acerca do direito à compensação, funcionando esta como pressuposto lógico para a concessão da outra tutela, os elementos da própria compensação devem estar evidenciados, no que se inclui o comprovante de recolhimento do tributo indevido.

Portanto, a decisão judicial que denegar a ordem de segurança quanto à declaração do direito à compensação sob o fundamento ausência do direito líquido e certo por faltar a prova do pagamento indevido: (I) implicará dizer, em última análise, que o mandado de segurança não é apto a obter a declaração do direito à compensação; (II) importará, desse modo, na inobservância do entendimento firmado pelo Superior Tribunal de Justiça na Súmula 213, a qual foi reafirmada no julgamento dos Recursos Especiais nº 1.715.256 e 1.365.095, processados sob a sistemática dos recursos repetitivos; (III) representará, por conseguinte, descumprimento do comando legal que impõe aos julgadores o dever de estabilização da jurisprudência e aplicação obrigatória dos precedentes vinculantes; e (IV) resultará, portanto, na negativa do direito fundamental de acesso à jurisdição.

REFERÊNCIAS

AMARO, Luciano. *Direito Tributário Brasileiro*. 13. ed. São Paulo: Saraiva, 2007.

ATALIBA, Geraldo. *Hipótese de Incidência Tributária*. 6. ed. São Paulo: Malheiros, 2006.

BECHO, Renato Lopes. *Lições de Direito Tributário*. 2. ed. São Paulo: Saraiva, 2014.

______. *Execução Fiscal: análise crítica*. 1. ed. São Paulo: Noeses, 2018.

______. A aplicação dos precedentes judiciais como caminho para redução dos processos tributários, in *Revista Faculdade de Direito – Universidade Federal de Minas Gerais*, v. 71, p. 499-530, julho/dez. 2017.

BONFÁ DE JESUS, Isabela. Análise da escolha dos precedentes nos processos judicial e administrativo: redução do contencioso tributário. In: Giselle Barra Barbosa, Eduardo Perez Salusse; Tathiane Piscitelli; Juliana Furtado Costa Araujo. (Org.). *Medidas de Redução do Contencioso Tributário e o CPC/2015*. 1. ed. São Paulo: Almedina, 2017, v. 1, p. 469-482.

BRASIL. Superior Tribunal de Justiça. REsp 1192662/RS, Rel. Ministro Mauro Campbell Marques, publ. 30/09/2010. Disponível em: <www.stj.jus.br>.

BRASIL. Superior Tribunal de Justiça, REsp nº 1.111.164/BA 2009/0029666-9, rel. Ministro Teori Zavascki, publ. 25/05/2009. Disponível em: <www.stj.jus.br>.

BRASIL. Superior Tribunal de Justiça, REsp nº 1.715.256, rel. Ministro Napoleão Nunes Maia Filho, publ. 11/03/2019. Disponível em: <www.stj.jus.br>.

BRASIL. Superior Tribunal de Justiça, REsp nº 1.365.095, rel. Ministro Napoleão Nunes Maia Filho, publ. 11/03/2019. Disponível em: <www.stj.jus.br>.

BRASIL. Superior Tribunal de Justiça, "Repetitivos e IAC", de 07.02.2019. Disponível em <www.stj.jus.br>.

BRASIL. Superior Tribunal de Justiça, Súmula nº 212/STJ, redação original publ. 02/10/1998, com alteração publ. 23/05/2005. Disponível em <www.stj.jus.br>.

BRASIL. Superior Tribunal de Justiça, Súmula nº 213/STJ, publ. 02/10/1998. Disponível em <www.stj.jus.br>.

BRASIL. Superior Tribunal de Justiça, Súmula nº 460/STJ, publ. 08/09/2010. Disponível em <www.stj.jus.br>.

BRASIL. Supremo Tribunal Federal, Súmula nº 271/STF, publ. 13/12/1963. Disponível em <www.stf.jus.br>.

BRASIL. Tribunal Regional Federal da 3ª Região, Processo nº 0009309-10.2010.4.03.6100-SP, publ. 10/08/2012. Disponível em: <www.trf3.jus.br>.

CAIS, Cleide Previtalli. *O Processo Tributário*. 5. ed. revista, ampliada e atualizada. São Paulo: Revista dos Tribunais, 2007.

CONRADO, Paulo César. *Compensação Tributária e Processo*. 2. ed. São Paulo: Quartier Latin, 2010.

DIDER JR., Fredie. *Curso de Direito Processual Civil – Introdução ao Direito Processual Civil, Parte Geral e Processo de Conhecimento*, volume 1. 19. ed. Bahia: JusPodivm, 2017.

FIGUEIREDO, Lucia Valle. *Mandado de Segurança*. 6. ed. São Paulo: Malheiros, 2009.

MACHADO, Hugo de Brito. *Curso de Direito Tributário*. 27. ed. São Paulo: Malheiros, 2006.

MARINS, James. Apontamentos sobre procedimento e processo tributário, in *Tributação e Processo – Livro* 5. Tomo II. 1. ed. Curitiba: Juruá, 2008.

MELO, José Eduardo Soares de. *Curso de direito tributário*. 8. ed. São Paulo: Dialética, 2008.

MORAES, Alexandre de. *Direito Constitucional*. 21. ed. São Paulo: Atlas, 2007.

VENOSA, Silvio de Salvo. *Teoria Geral das Obrigações e Teoria Geral dos Contratos*. 5. ed. São Paulo: Atlas, 2005.

WAMBIER, Teresa Arruda Alvim; DANTAS, Bruno. *Recurso especial, recurso extraordinário e a nova função dos tribunais superiores no direito brasileiro*. 3. ed. São Paulo: Revista dos Tribunais, 2016.

Revista da Associação dos Juízes Federais de São Paulo e Mato Grosso do Sul 12, ano 3, jan.-fev. 1999.

SITE CONSULTADO

Instituto Brasileiro de Geografia e Estatística: https://ww2.ibge.gov.br/home/estatistica/populacao/indicadores_sociais_municipais/tabela1a.shtm. Consulta em 14/05/2019.

A IMPORTÂNCIA DOS REGISTROS CONTÁBEIS E FISCAIS PARA A COMPROVAÇÃO DO DIREITO LÍQUIDO E CERTO EM MATÉRIA TRIBUTÁRIA

Daniela Gallo Tenan[1]

André Luis Adler de Carvalho[2]

A Constituição Federal de 1988, em seu art. 5º, LXIX estabelece que "*conceder-se-á mandado de segurança para proteger direito líquido e certo, não amparado por habeas corpus ou habeas data, quando o responsável pela ilegalidade ou abuso de poder for autoridade pública ou agente de pessoa jurídica no exercício de atribuições do Poder Público*". A Lei 12.016/2009, por sua vez, em seu art. 1º, é expressa ao determinar que o Mandado de Segurança se destina a proteger "*direito líquido e certo não amparado por habeas corpus e habeas data, sempre que, ilegalmente ou com abuso de poder, qualquer pessoa física ou jurídica sofrer violação ou houver justo receio de sofrê-la*

---

1. Pós-graduada em Direito Empresarial pela Fundação Getúlio Vargas - FGV. Advogada pela Pontifícia Universidade Católica – PUC/SP. Atualmente é sócia e atua como advogada nas áreas tributária e societária na empresa MRT Contábil e Tributária Ltda, em Ribeirão Preto/SP.

2. Pós-graduado em Auditoria e Perícia Contábil pela UNITRI. Atualmente é sócio e contador na Factual Contábil e Tributária LTDA e Diretor Fiscal (Auditor Contábil) nomeado pela ANS – Agência Nacional de Saúde Suplementar para acompanhamento de operadoras em Direção Fiscal.

por parte de autoridade, seja de que categoria for e sejam quais forem as funções que exerça."

A leitura dos dispositivos acima leva à conclusão de que o "direito líquido e certo" constitui um requisito para a propositura do Mandado de Segurança, sendo sua comprovação essencial ao cabimento desse recurso processual.

Diante disso, não obstante todas discussões existentes acerca do Mandado de Segurança, não é demais afirmar que ao longo dos anos a doutrina e a jurisprudência não têm poupado esforços para encontrar a definição do que vem a ser o "direito líquido e certo" tutelado por este instrumento processual e como o mesmo deve ser comprovado para viabilizar a propositura dessa medida judicial.

Nos ensinamentos de Celso Agrícola Barbi "*... o conceito de direito líquido e certo é tipicamente processual, pois atende ao modo de ser de um direito subjetivo no processo: a circunstância de um determinado direito subjetivo realmente existir não lhe dá a caracterização de liquidez e certeza; está só lhe é atribuída se os fatos em que se fundar puderem ser provados de forma incontestável, certa, no processo.*"

Já na doutrina de Maria Helena Diniz, o direito líquido e certo é "*aquele que não precisa ser apurado, em virtude de estar perfeitamente determinado, podendo ser exercido imediatamente, por ser incontestável e por não estar sujeito a quaisquer controvérsias.*"

Conforme se verifica, a doutrina tem consolidado o entendimento no sentido de que o direito líquido e certo é o direito que não precisa ser provado, que pode ser plenamente demonstrado na petição inicial, sem a necessidade de dilação probatória posterior. É o direito evidente *prima facie*.

E nessa linha também caminhou o Supremo Tribunal Federal ao consignar que o "*Direito líquido e certo, por sua vez, é aquele que se pode aferir de plano, tão somente com os documentos que acompanham a petição inicial.*"

A princípio se poderia supor que apenas questões fáticas e jurídicas revestidas de pouca complexidade poderiam ser abordadas em Mandado de Segurança, uma vez que passíveis de serem comprovadas de plano, documentalmente, sem a necessidade de outros meios de provas.

Todavia, tal interpretação foi superada pela doutrina, sendo pacífico o entendimento no sentido de que questões complexas também podem ser discutidas em sede de Mandado de Segurança, conforme bem elucida Hely Lopes Meirelles:

> *Quanto à complexidade dos fatos e à dificuldade da interpretação das normas legais que contêm o direito a ser reconhecido ao impetrante, não constituem óbice ao cabimento do mandado de segurança, nem impedem seu julgamento de mérito. Isto porque, embora emaranhados os fatos, se existente o direito, poderá surgir líquido e certo, a ensejar a proteção reclamada.*

O Tribunal de Justiça do Estado de São Paulo, na mesma esteira de entendimento, firmou sua jurisprudência no sentido de que "As questões de direito, por mais intrincadas e difíceis, podem ser resolvidas em mandado de segurança."

E nesse contexto muito se discutiu acerca da possibilidade de se abordar matéria tributária em Mandado de Segurança, por se tratar de matéria cujo conjunto probatório pode ser mais complexo.

De fato, quando se fala em matéria tributária não há como se afastar a relevância das questões econômicas que envolvem o contribuinte e os entes federativos responsáveis pela exigência e fiscalização da regular apuração e recolhimento dos tributos.

De fato, a discussões judiciais que envolvem matéria tributária abordam não somente a carga tributária envolvida em uma exigência tida como inconstitucional e/ou ilegal, mas também os impactos que as penalidades incidentes sobre eventual não recolhimento ou recolhimento indevido acarretam.

Não obstante tais particularidades, se consolidou o entendimento de que o Mandado de Segurança constitui instrumento processual hábil para se discutir matéria tributária.

No entanto, a comprovação do direito líquido e certo que se pretende resguardar merece atenção quando se fala em matéria tributária e é esse aspecto que o presente artigo objetiva analisar, mais especificamente quanto à relevância da análise prévia do conjunto probatório existente.

E sob esse aspecto, não há como se falar em análise do conjunto probatório do direito líquido e certo em matéria tributária sem se falar nos adequados e corretos registros contábeis e fiscais de quem o pleiteia.

Neste contexto, vale consignar que os registros contábeis e fiscais devem atender às normas e legislações vigentes a fim de evitar inconsistências que inviabilizem a impetração do mandado de segurança que objetiva a discussão de matéria tributária. De fato, é essencial que haja o devido cruzamento de informações entre os registros fiscais (obrigação tributária principal x obrigação tributária acessória) e os registros contábeis, conforme será abordado a seguir.

Relativamente aos registros fiscais, o art. nº 113, do CTN tece que: "*A obrigação tributária é principal ou acessória. § 1º A obrigação principal surge com a ocorrência do fato gerador, tem por objeto o pagamento de tributo ou penalidade pecuniária e extingue-se juntamente com o crédito dela decorrente. § 2º A obrigação acessória decorre da legislação tributária e tem por objeto as prestações, positivas ou negativas, nela previstas no interesse da arrecadação ou da fiscalização dos tributos. § 3º A obrigação acessória, pelo simples fato da sua inobservância, converte-se em obrigação principal relativamente à penalidade pecuniária.*

Dessa forma, a obrigação principal surge com o fato gerador, e somente se extingue com o pagamento (recolhimento) do tributo. A título exemplificativo temos, na esfera municipal, a prestação de serviços por Pessoa Jurídica, que constitui o fato gerador para incidência e pagamento do ISSQN. Com isso, a obrigação principal constitui na apuração e pagamento do ISSQN, extinguindo-se com o efetivo pagamento do imposto. Já com relação às obrigações acessórias, estas consistirão na geração e transmissão de informações ao fisco municipal, conforme as exigências e regulamentações de cada município, que englobarão, basicamente, a emissão da Nota Fiscal de Serviços Prestados, a sua escrituração no Livro Fiscal de Prestação de Serviços e a transmissão dessas informações ao fisco municipal com a apuração do ISSQN.

Ressalva-se que, independentemente de haver imposto a ser recolhido (obrigação principal), o contribuinte será sempre obrigado a cumprir a obrigação acessória exigida pela União, Estados ou Municípios.

Para ilustrar essa possibilidade, podemos considerar uma empresa, tributada pelo Lucro Presumido, que atua no ramo do comércio em geral e que teve várias operações de vendas de mercadorias no mês.

Ao se avaliar as obrigações tributárias principal e acessória a que essa empresa estaria sujeita de pronto já podemos excluir àquelas relativas ao ISSQN, na esfera municipal, uma vez que não se fala, neste caso, em prestação de serviços.

Já na esfera estadual, a circulação de mercadorias constitui fato gerador do ICMS, cuja obrigação principal consiste na apuração do ICMS a Recolher e a sua extinção se dará com o efetivo recolhimento do ICMS.

Como obrigação acessória na esfera estadual temos a obrigatoriedade de emissão de Nota Fiscal de venda de mercadorias, a escrituração e apuração do saldo devedor ou credor nos livros fiscais, sendo que no Estado de São Paulo, a escrituração das notas fiscais de entrada e saída são feitas no SPED ICMS e IPI, juntamente com a apuração realizada através da GIA (Guia de Informação e Apuração de ICMS), com a correta demonstração da movimentação de compra e venda de mercadorias e da apuração de ICMS observando-se a tabela de tributação: *"30 - Isenta ou não tributada e com cobrança do ICMS por substituição tributária, 40 – Isenta, 41 - Não tributada, 50 – Suspensão, 51 – Diferimento, 60 - ICMS cobrado anteriormente por substituição tributária".*

As obrigações acessórias acima devem ser entregues mensalmente no mês posterior ao fato gerador, ou seja, as vendas efetuadas no mês de maio, com a correspondente emissão das notas emitidas devem ser escrituradas no SPED ICMS e IPI e na GIA a serem entregues no mês de junho, nas datas definidas pelo fisco paulista.

Essas obrigações devem ser entregues ainda que ao final dos devidos registros fiscais não se apure imposto a recolher. Ou seja, a falta de obrigação principal a ser cumprida, qual seja, o pagamento do tributo, não afasta a obrigatoriedade de cumprimento das obrigações acessórias, sob pena de aplicação de multas pela falta de entrega nos termos da legislação tributária específica de cada obrigação acessória.

Na esfera federal, por sua vez, temos o PIS e a COFINS às alíquotas de 0,65% e 3%, respectivamente, quando falamos em regime cumulativo, bem como o IRPJ e CSLL por presunção sobre a receita nos percentuais de 8% e 12% respectivamente, aplicando-se sobre a base tributável as alíquotas 15% para apuração do IRPJ, acrescido de 10% de Adicional de IRPJ na hipótese da base tributável exceder R$ 60.000,00 no trimestre de apuração e 9% para apuração da CSLL.

Apuradas as obrigações tributárias principais, as obrigações acessórias a serem escrituradas e enviadas à Receita Federal do Brasil são:

- EFD Contribuições - PIS e COFINS - escrituração das compras e vendas para apuração do PIS e COFINS;

- DCTF - escrituração dos impostos apurados – PIS/CPFINS/IRPJ/CSLL, devendo ser informado como o pagamento foi realizado, se através de pagamento de DARF e/ou compensação. Importante frisar que, ainda que o pagamento não tenha sido efetuado, a informação sobre o imposto apurado deve constar na DCTF, constituindo de imediato um débito tributário; e

- ECF – Escrituração Contábil Fiscal, na qual deverá ser escriturada a apuração de IRPJ e CSLL.

Os registros contábeis, por sua vez, consistem no registro de todos os fenômenos que afetam o patrimônio de uma entidade, sejam eles financeiros, trabalhistas, fiscais, contábeis, entre outros, devendo ser registrados na data de sua ocorrência, uma vez que a contabilidade é regida pelo regime de competência.

De forma a prestar as informações de forma correta, destacamos que é imprescindível manter contabilidade regularmente processada pela empresa de forma que todas as operações realizadas tenham a contrapartida devidamente registrada nas contas contábeis competentes.

Aproveitando o exemplo acima, consideremos a venda de mercadoria por uma pessoa jurídica, tributada pelo lucro presumido, realizada em 04/06/2019, pelo valor de R$ 5.000,00 (cinco mil reais). Com essa venda, teremos a ocorrência do fato gerador para incidência de ICMS (à alíquota de 18%), PIS (à alíquota de 0,65%) e COFINS (à alíquota de 3%). Essa operação deverá ser devidamente registrada contabilmente, em 04/06/2019, da seguinte forma:

D-	Contas a Receber	
C-	Receita de Vendas	R$ 5.000,00

D-	Impostos S/Vendas	R$ 1.082,50
C-	ICMS a Recolher	R$ 900,00
C-	PIS a Recolher	R$ 32,50
C-	COFINS a Recolher	R$ 150,00

Dando continuidade na contabilização, esta mesma empresa, no 2º Trimestre de 2019, teve uma receita bruta de R$ 1.500.000,00, acarretando o IRPJ e CSLL a pagar e sua respectiva contabilização:

	IRPJ	**CSLL**
Receita de Vendas	1.500.000,00	1.500.000,00
% de Presunção	8%	12%
Base de Cálculo	120.000,00	180.000,00
Alíquota	15%	9%
Imposto	**18.000,00**	**16.200,00**
Alíquota	10%	0%
Adicional	**6.000,00**	**-**
Total a Recolher	**24.000,00**	**16.200,00**

D-	IRPJ e CSLL	R$ 40.200,00
C-	IRPJ a Recolher	R$ 24.000,00
C-	CSLL a Recolher	R$ 16.200,00

A contabilidade, após o enceramento do exercício fiscal em 31/12, deverá ser escriturada até o último dia útil de maio do ano seguinte na obrigação acessória ECD – Escrituração Contábil Digital, que conterá todos os registros contábeis da entidade.

Nos exemplos acima descritos verifica-se que todas as informações contábeis e fiscais de uma empresa devem corresponder a todos os registros realizados nas respectivas obrigações acessórias de forma a não gerar inconsistência e dúvidas acerca dos procedimentos utilizados para apuração e recolhimento dos tributos.

Com efeito, para comprovação de eventual direito líquido e certo é importante que o contribuinte tenha ciência de que todos estes registros contábeis e fiscais são objeto de cruzamento pelo fisco federal e estadual. Isso porque, eventual inconsistência pode implicar no entendimento de que não restou demonstrado o direito líquido e certo pretendido.

De fato, várias obrigações acessórias são transmitidas ao fisco, tanto fiscal como contábil, e, dessa forma, o contribuinte que pretende discutir matéria tributária em sede de mandado de segurança deve ter a certeza de que todas as informações apresentadas estão devidamente cruzadas entre si, uma vez que o fisco possui todas essas informações sem que, para tanto, necessite proceder à uma fiscalização *in-loco*.

Um exemplo simples de cruzamento, é verificar se todas as NF-e de vendas foram escrituradas na GIA, SPED ICMS e IPI, SPED Contribuições, na Contabilidade e, posteriormente, na ECD e ECF.

Vale ressaltar que o fisco federal, ao criar o SPED - Sistema Público de Escrituração Digital, trouxe sua definição no Art. 1º, do Decreto nº 6.022/2007, com sua redação alterada pelo Decreto nº 7.979 de 2013, da seguinte forma:

> *Art. 2º O Sped é instrumento que unifica as atividades de recepção, validação, armazenamento e autenticação de livros e documentos que integram a escrituração contábil e fiscal dos empresários e das pessoas jurídicas, inclusive imunes ou isentas, mediante fluxo único, computadorizado, de informações.*

Ou seja, o contribuinte (impetrante) que não possui registros contábeis e fiscais adequados às normas e legislações vigentes está sujeito a autuações que terão sua defesa prejudicada em sede de mandado de segurança em face da impossibilidade de comprovação do direito líquido e certo discutido.

Com isso, a revisão dos registros contábeis e fiscais periodicamente é fundamental para que eventuais inconsistências sejam corrigidas antes mesmo da atuação do fisco para que o mandando de segurança não deixe de ser um recurso processual possível na discussão de matérias tributárias.

A Receita Federal do Brasil, em Fórum SPED chamado "Uma revolução chamada SPED", realizado em 2015 em Goiânia, em parceria com o CRC-GO, demonstrou o "Brasil – Antes do SPED" e o "Brasil depois do SPED" da seguinte forma:

"Brasil Antes do SPED":

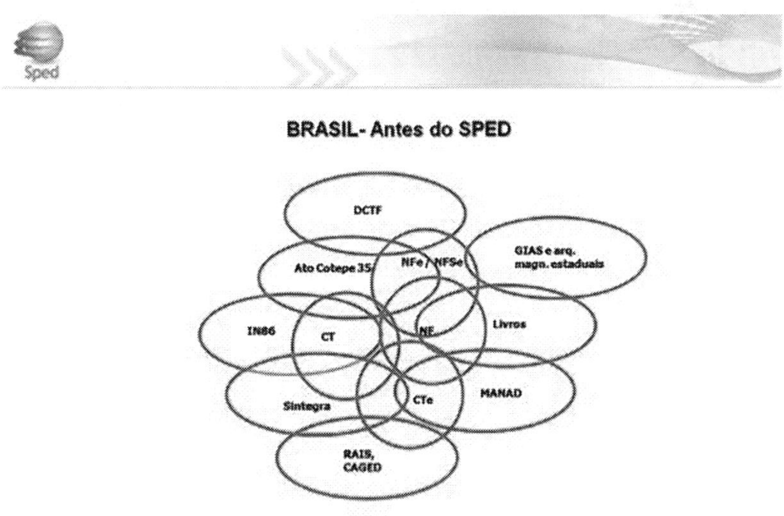

Verifica-se que as informações são fornecidas de forma individual e sem relação necessária entre as obrigações acessórias apresentadas, o que gerava a necessidade de fiscalização *in loco* pela autoridade fiscal para apuração de eventuais inconsistências ou incorreção nos registros realizados, através do cruzamento dos registros contábeis e fiscais de forma manual.

"Brasil depois do SPED":

Com a implantação do sistema SPED os cruzamentos de informações contábeis e fiscais passaram a ser todos de forma eletrônica, sem a necessidade de fiscalização *in-loco*.

Tendo em vista a quantidade de obrigações acessórias atualmente existentes, conforme ilustra o gráfico acima, exemplificaremos mais detalhadamente, alguns cruzamentos de informações a serem prestadas por pessoas jurídicas, que são de extrema relevância:

- EFD ICMS IPI X EFD Contribuições: o principal cruzamento a ser feito aqui é a escrituração dos documentos fiscais, onde deverão ser analisados se todas as notas fiscais e conhecimento de transportes estão sendo escriturados em todas as obrigações, inclusive seu conteúdo e a descrição dos itens. Por mais que as obrigações sejam referentes a apurações de impostos distintos, estadual e federal respectivamente, as informações contidas nessas obrigações acessórias devem ser as mesmas, uma vez que, em se tratando de ambiente SPED o acesso às informações é possível aos Estados e Receita Federal do Brasil.

- **EFD-ICMS IPI X Nota Fiscal Eletrônica (XML):** o contribuinte deverá verificar se todas as notas fiscais emitidas de forma eletrônica, próprias e de terceiros estão escrituradas na EFD-ICMS IPI. A falta deste cruzamento está levando vários contribuintes a serem autuados por erro ou omissão pelo fisco estadual, e como já tecemos este cruzamento é feito eletronicamente pelo fisco. Vale lembrar que além de verificar se a NF-e foi escriturada, deverá ser verificado se as informações da NF-e, tais como, valores, data de emissão e entrada, itens, CFOP, enfim, se todos os dados estão corretamente escriturados na EFD-ICMS IPI.

- **e-Social:** ele irá incorporar as seguintes obrigações:

- GFIP (Guia de Recolhimento do Fundo de Garantia por Tempo de Serviço e Informações à Previdência Social);
- CAGED (Cadastro Geral de Empregados e Desempregados);
- RAIS (Relação Anual de Informações Sociais);
- Guia da Previdência Social (GPS);
- DIRF (Declaração do Imposto de Renda Retido na Fonte enviada pelas empresas à Receita Federal).

As obrigações a serem cruzadas com o e-Social são:

ECF – Escrituração Contábil Fiscal: nesta obrigação deverão ser preenchidas as informações dos sócios e administradores e os valores recebidos a título de dividendos e pró-labore. Estas informações deveram ser cruzadas com o e-Social.

EFD – Contribuições: nesta obrigação são informadas as notas fiscais de prestação de serviços emitidas pelo contribuinte, e caso a mesma tenha retenções de PIS e COFINS, as mesmas deverão ser escrituradas. O módulo do e-Social possui o EFD-REINF que é a obrigação acessória a ser preenchida pelo tomador do serviço e que deverá conter as informações das retenções (PIS, COFINS, CSLL, IRRF e INSS) para que sejam geradas as guias de recolhimento pela DCTF-WEB. Este cruzamento em breve deverá ser acrescido da EFD – ICMS IPI, que será acrescida das informações do ISSQN.

DIRPF – Declaração do Imposto de Renda da Pessoa Física: o e-Social irá conter todas as informações de rendimento assalariado e não assalariado de forma detalhada, seja de funcionários, autônomos, sócios e administradores. Neste cruzamento as empresas e os beneficiários deveram se atentar as informações prestadas a fim de evitar inconsistências nas declarações das pessoas físicas.

ECD – Escrituração Contábil Digital: o e-Social ao cruzar a contabilidade irá identificar várias operações não declaradas em folha, no e-Social, que poderá causar problemas para o contribuinte, a título de exemplo: pagamento de pessoa física sem o devido registro como autônomo, os pagamentos a sócios de despesas de forma direta que pode ser caracterizado como pró-labore, e o mesmo para funcionários que recebem ajuda de custos de forma indevida que irá caracterizar salários.

De forma objetiva tentamos demonstrar algumas obrigações acessórias e os seus cruzamentos uma vez que o ambiente de cruzamento é muito mais amplo do que o demonstrado.

De fato, o fisco possui atualmente uma gama de informações e efetua todos os cruzamentos de forma on-line, por isto o contribuinte precisa ter ciência das informações prestadas e eventualmente utilizadas judicialmente para que não corra o risco de ver como contestável o direito líquido e certo defendido.

Observadas as questões pertinentes acerca dos controles contábeis e fiscais e do cruzamento de informações, acima descritos, sua importância se torna ainda mais evidente quando se aborda uma questão muito relevante em matéria tributária: o lançamento do tributo. De acordo com o art. 142, do CTN, o lançamento é um procedimento administrativo privativo que compete à autoridade administrativa e que visa verificar a ocorrência do fato gerador e a matéria tributável, de forma a definir o montante de tributo a ser pago e o sujeito passivo dessa obrigação.

Há na nossa doutrina quem entenda que efetivado o lançamento tributário válido e notificado validamente o contribuinte, tem-se a constituição do crédito tributário, a partir do qual o Fisco pode exigir do sujeito passivo o pagamento do tributo. Partindo dessa premissa, analisaremos a seguir os tipos de lançamento tributário e o momento da constituição do crédito tributário.

De acordo com o Código Tributário Nacional, existem três tipos de lançamento: de ofício, por declaração e por homologação, que se distinguem, basicamente, pelo nível de participação do sujeito passivo para que ocorra.

De fato, no lançamento de ofício, previsto no art. 149, do CTN, todas as providências necessárias são adotadas pela Administração, não havendo nenhuma, ou quase nenhuma, participação do sujeito passivo para que ocorra. É o que se verifica com o lançamento do Imposto Predial e Territorial Urbano - IPTU, quando as autoridades administrativas municipais enviam o valor do imposto a ser pago sem que o contribuinte tenha apresentado qualquer informação para tanto, uma vez que o Fisco possui todas as informações necessárias.

Neste tipo de lançamento, a constituição do crédito tributário se dá no momento em que o contribuinte é notificado sobre o imposto que deve ser pago.

O lançamento por declaração, por sua vez, já conta com o sujeito passivo para que ocorra. Com efeito, conforme o art. 147, do CTN, neste tipo de lançamento o contribuinte apresenta as informações ao Fisco, através de uma obrigação acessória, com todos os elementos necessários para que seja apurado o imposto a ser pago. Com isso, o Fisco efetua o lançamento do imposto e o remete ao contribuinte para que seja pago. Um exemplo de tributo lançado através do lançamento por declaração é o Imposto de Transmissão de Bens Imóveis - ITBI.

Aqui, o crédito tributário é constituído no momento no momento em que são prestadas as informações e apurado o tributo.

Por fim, o lançamento por homologação, previsto no art. 150, do CTN, conta, exclusivamente, com o sujeito passivo, limitando-se a Autoridade Administrativa a homologar os atos por ele praticados. De fato, o contribuinte presta as informações, faz a apuração do tributo e procede ao seu pagamento, competindo ao Fisco verificar o procedimento adotado e homologá-lo ou não.

A princípio tem-se a impressão de que no lançamento por homologação o próprio contribuinte procede ao lançamento do tributo, todavia, o ordenamento jurídico brasileiro não admite tal conclusão, na medida em que, conforme já mencionado, o art. 142 do CTN estabelece que o lançamento é ato privativo da autoridade administrativa.

Nesse tipo de lançamento a exigência tributária não se extingue com o pagamento do tributo pelo contribuinte, mas apenas com a homologação pela Autoridade Administrativa, que pode ocorrer tácita ou expressamente. Atualmente, a maioria dos tributos são lançados através do lançamento por homologação, sendo uma tendência que o Fisco proceda cada vez mais dessa forma. O melhor exemplo que se pode ter é o Imposto de Renda da Pessoa Física, na medida em que o contribuinte preenche a Declaração de Imposto de Renda Pessoa

Física disponibilizada pela Receita Federal do Brasil, apura o imposto devido e efetua o seu pagamento, que será submetido à homologação pelo Fisco.

Tem-se, portanto, neste caso, a constituição do crédito tributário através da homologação expressa ou tácita da apuração e recolhimento efetuado pelo contribuinte.

Importante mencionar, ainda, que o Fisco pode proceder ao lançamento tributário por arbitramento, que muito embora não seja considerado uma espécie de lançamento, está previsto no art. 148, do CTN. O arbitramento constitui, na verdade, uma ferramenta que o Fisco se utiliza para que apurar a base de cálculo do tributo e, posteriormente, proceder o lançamento de ofício.

Partindo-se da premissa que atualmente o lançamento por homologação constitui a modalidade de maior utilização pelo Fisco brasileiro e que os registros contábeis e fiscais são essenciais para comprovação de eventual direito pleiteado, nos deparamos novamente com a importância do correto preenchimento das obrigações acessórias impostas aos contribuintes.

Isso porque, conforme já destacamos acima, são elas que refletirem a exatidão dos registros contábeis e fiscais e que serão utilizadas pelo Fisco para o lançamento dos tributos por homologação. Com isso, falar em comprovação de direito líquido e certo sem que se tenha o correto preenchimento e cruzamento das obrigações acessórias pode se tornar um trabalho bastante árduo.

E para salientar, ainda mais, a importância do correto preenchimento e cruzamento das obrigações acessórias, é imperioso mencionar que a administração tributária e o poder judiciário têm manifestado entendimento no sentido de que no caso dos tributos sujeitos ao lançamento por homologação o crédito tributário é constituído no momento da entrega de algumas obrigações acessórias.

De fato, o STJ já uniformizou o entendimento no sentido de que:

> ... *2. Nos tributos sujeitos a lançamento por homologação, considera-se constituído o crédito tributário a partir do momento da declaração realizada, que se dá por meio da entrega da Declaração de Imposto de Renda Pessoa Jurídica. 3. A declaração do contribuinte elide a necessidade da constituição formal do crédito tributário, sendo este exigível independentemente de qualquer procedimento administrativo, de forma que, não sendo o caso de homologação tácita, não se opera a incidência do instituto da decadência (CTN, art. 150, § 4º), incidindo apenas prescrição nos termos delineados no art. 174 do CTN*" (RESP. 436.432/PR, Relator Ministro João Otávio de Noronha).

E referido entendimento foi sumulado através da Súmula 436, do STJ: *A entrega de declaração pelo contribuinte reconhecendo débito fiscal constitui o crédito tributário, dispensada qualquer outra providência por parte do fisco.*

Através do entendimento firmado na Súmula supra, conclui-se que com a entrega de obrigações acessórias como EFD-Contribuições/DCTF/DCTFWeb, entre outras, está constituído definitivamente o crédito tributário por homologação tácita. Todavia, há que se considerar que a extinção do crédito tributário ocorrerá apenas com o pagamento do tributo e não com a entrega da obrigação acessória.

Seguindo a mesma linha de raciocínio, o STJ, através do julgamento do AgRg no EREsp 1037202 / PR entendeu que no caso dos tributos sujeitos ao lançamento por homologação em que há discussão judicial o contribuinte promove a constituição do crédito tributário no momento em que efetua o depósito judicial do valor discutido. De fato, consignou o STJ que:

> ... nos tributos sujeitos a lançamento por homologação, "o contribuinte, ao realizar o depósito judicial com vistas à suspensão da exigibilidade do crédito tributário, promove a constituição deste nos moldes do que dispõe o art. 150 e parágrafos do CTN. Isso porque verifica a ocorrência do fato gerador, calcula o montante devido e, em vez de efetuar o pagamento, deposita a quantia aferida, a fim de impugnar a cobrança da exação. Assim, o crédito tributário

> é constituído por meio da declaração do sujeito passivo, não havendo falar em decadência do direito do Fisco de lançar, caracterizando-se, com a inércia da autoridade fazendária apenas a homologação tácita da apuração anteriormente realizada. Não há, portanto, necessidade de ato formal de lançamento por parte da autoridade administrativa quanto aos valores depositados." Precedentes da Primeira Seção e de ambas as Turmas de Direito Público. 2. Não cabem Embargos de Divergência quando a jurisprudência do Tribunal se firmou no mesmo sentido do acórdão embargado (Súmula 168/STJ). 3. Agravo Regimental não provido."

Verifica-se, portanto, que para a Segunda Turma do STJ, nos tributos sujeitos ao lançamento por homologação existe um lançamento tácito suficiente para constituição do crédito fiscal, quando o contribuinte procede ao cálculo do tributo que considera indevido e efetiva o depósito judicial do respectivo valor.

Evidente, por tanto, diante de todo o acima abordado, que para que o sujeito passivo seja capaz de comprovar o direito líquido e certo que pretende resguardar em uma discussão judicial é imprescindível que tenha, quando se fala em matéria tributária, que tenha registros contábeis eficientes e que proceda ao preenchimento das obrigações acessórias corretamente, com todas as informações devidamente cruzadas entre si.

Com efeito, é através dessa documentação que será possível demonstrar eventual tributo recolhido a maior ou indevidamente e apurar o montante a ser restituído ou compensado, frisando sempre que no decorrer do cumprimento de suas obrigações acessórias e em caso de eventual depósito judicial o sujeito passivo estará constituído o crédito tributário.

REFERÊNCIAS

Barbi, Celso Agrícola, *Do Mandado de Segurança*, 10ª Edição, Ed. Rio de Janeiro, 2001, P. 49.

Meirelles, Hely Lopes, *Mandado de Segurança, Ação Civil Popular, Ação Civil Pública, Habeas Data*, 14ª Edição, Ed. Malheiros, 1990.

STF – AO 1377 AgR/AM, 2ª Turma, Ministro Ricardo Lewandowski, DJe 11/04/2012.

TJSP, RT 254/104.

Gelbcke, Ernesto Rubens; Santos, Ariovaldo dos; Iudícibus, Sérgio de; Martins, Eliseu, *Manual de Contabilidade Societária*, 3ª Edição, Editora Atlas, 2018.

Manual do SPED (EFD-ICMS IPI, EFD CONTRIBUIÇÕES, ECD-ESCRITURAÇÃO CONTÁBIL DIGITAL, ECF-ESCRITURAÇÃO CONTÁBIL FISCAL, E-SOCIAL).

MANDADO DE SEGURANÇA E A COMPENSAÇÃO TRIBUTÁRIA - REFLEXÕES E SOLUÇÕES PROCESSUAIS FRENTE A PROBLEMATIZAÇÃO DA ANÁLISE DO FISCO PELO SISTEMA PERD/COMP

Alexandre Andreoza[1]

1. BREVE INTRODUÇÃO

Em 07 de agosto de 2019, completará dez anos que a Lei 12.016/09 introduziu alterações significativas no texto original. Mesmo com as devidas alterações, o mandado de segurança, sempre será uma robusta e sanável ferramenta jurídica para coibir atos a restrição imposta pelo Estado. Tema nevrálgico, sempre se predestinou com seu regramento no arquétipo dos textos constitucionais, não apenas referente a seus limites, como também a preservação de estado de direito.

---

1. Especialista em Direito Empresarial e Direito Tributário. Vice-presidente do IADT – Instituto Acadêmico de Direito Tributário – SP, professor de direito no curso de Pós-Graduação *latu sensu* em Direito Tributário e Processo Tributário da Escola Paulista de Direito – EPD, professor da pós-graduação em Direito Tributário Empresarial – Grupo Atame – MT. Sócio administrador da Alexandre Andreoza Sociedade de Advogados. Consultor e palestrante.

O presente trabalho versará acerca do emprego do mandado de segurança diante da omissão do ente fazendário federal no tocante ao pedido de análise para restituição, ressarcimento e compensação de tributos federais pelo sistema PER/DCOMP, pois uma parcela significativa de contribuintes brasileiros principalmente empresários, sofrem prejuízos financeiros decorrentes da morosidade da administração tributária federal em não proferir decisões acerca do pedido apresentado pelos contribuintes perante as repartições fiscais de sua circunscrição.

Portanto, o tema é oportuníssimo já que consiste em trazer aos operadores do direito um vértice constitucional visando a proteção e segurança jurídica para contribuintes e empresários que são os maiores ofertante de postos de trabalho no país – sendo estes os mais prejudicados pela morosidade e omissão.

2. CONCEITO E DEFINIÇÕES

Para melhor compreender o tema que será tratado, além de trazer a pertinência da utilização do mandado de segurança contra atos de omissão do poder público, é dever da narrativa apresentar importantes conceitos dos quais estes institutos são o motivo sólido da problematização criada pelo fisco frente ao direito material abarcado na lei, e, que, eventualmente, na ausência de vê-los constituídos, torna-se objeto inseparável do mérito do *mandamus,* do ato concreto de autoridade, ilegal e ofensivo ao direito líquido e certo dos contribuintes.

3. MANDANDO DE SEGURANÇA: O DISPOSITIVO CONSTITUCIONAL DE 1988, HODIERNAMENTE DISCIPLINADO PELA LEI 12.016, DE 2019[2]

Como primeiro, apresentamos o que está aduzido no inciso LXIX do art. 5º da CF de 1988[3] ao qual dispõe do seguinte

---

2. Anteriormente, cogitavam da matéria: a Constituição de 1934, art. 113; a de 1937 era omissa; a de 1946, art. 141, § 24; a de 1967, art. 150, § 21; a de 1969, art. 153, § 21. A legislação ordinária sobre o mandado de segurança, atualmente disciplinado na Lei 12.016, de 2009.

3. Art. 5º Todos são iguais perante a lei, sem distinção de qualquer natureza,

teor "conceder-se-á mandado de segurança para proteger direito líquido e certo, não amparado por *habeas corpus* ou *habeas data*, quando o responsável pela ilegalidade ou abuso de poder for autoridade pública ou agente de pessoa jurídica no exercício de atribuições do Poder Público. Do que se extrai do texto constitucional, da Lei que rege o mandado de segurança, sabemos que não foi a função do legislador em conceituar ou trazer a tónica de esclarecimento ao qual sempre ficou a cargo da doutrina, porém, a transcrição contida no texto constitucional é indiscutivelmente elemento norteador e fortificante para a definição do que há descrito na lei e concluímos que tal diretriz normativa solidifica o conceito tornando assim, indiscutivelmente sua conceituação impregnada na norma constitucional.

Sendo assim, é primordial que os elementos essenciais do conceito do mandado de segurança sejam balizadores, conforme preceitua Hugo de Brito Machado[4]: a) como uma garantia constitucional que, como tal, não pode ser abolida, direta ou indiretamente, pela lei; b) deve ser um instrumento processual destinado a proteger todo e qualquer direito, desde que líquido e certo e não amparado por *habeas corpus* nem pelo *habeas data*; c) uma garantia constitucional e um instrumento processual, do particular, contra o Poder Público.

Assim, notadamente havendo qualquer ato do poder público que venha eivado de coação decorrentes de ilegalidade ou abuso do poder, o mandado de segurança destina-se a proteção do direito líquido e certo do contribuinte de controvérsia dirimida por ente público, sendo uma garantia constitucional quando ultrapassadas as barreiras do direito em desfavor do

---

garantindo-se aos brasileiros e aos estrangeiros residentes no País a inviolabilidade do direito à vida, à liberdade, à igualdade, à segurança e à propriedade, nos termos seguintes: (...) LXIX - conceder-se-á mandado de segurança para proteger direito líquido e certo, não amparado por *habeas corpus* ou *habeas data*, quando o responsável pela ilegalidade ou abuso de poder for autoridade pública ou agente de pessoa jurídica no exercício de atribuições do Poder Público.

4. MACHADO, Hugo de Brito. *Mandado de segurança em matéria tributária*: (de acordo com a Lei nº 12.016/09), 8. Ed. – São Paulo: Dialética, 2009 p. 13.

contribuinte. Vale dizer, o direito líquido ao qual tratamos é aquele em cuja composição comparecem fatos que não estão sendo discutidos. Pois seu cabimento se dará quando houver ilegalidades ou abusos de direito na atividade administrativa da tributação. Portanto, conforme leciona Rafael Pandolfo[5] onde "sem dúvida, liquidez e certeza são predicados atribuídos ao direito em questão e não a sua quantificação econômica (direito "líquido e certo" equivale a direito "certo e incontestável").

Portanto, simplificando, o mandado de segurança é um excelente instrumento de controle de constitucionalidade de nossas leis tributárias, em especial não apenas para o controle de constitucionalidade da exigência do tributo, mas também do lançamento tributário em todas as fases e ainda de todo e qualquer ato praticado por autoridade da administração tributária em dissonância com as regras do jogo, ou seja, em contrariedade com nosso ordenamento constitucional.

4. RESTITUIÇÃO

O Segundo objeto, contudo, subsidiário a nossa análise é a restituição, instituto esse que dá ao contribuinte toda vez que houver pagamento de tributo a maior ou pago indevidamente, nascerá o direito de reapropriação patrimonial para quem adimpliu indevidamente, podendo solicitar de forma administrativa dentro da competência tributária de cada ente federativo. Destacamos que nossa análise tem direcionamento aos tributos da União e administrados pela Receita Federal do Brasil, que são realizados sistema eletrônico de PER/DCOMP, podendo ser apresentado pela pessoa física ou pessoa jurídica. Após módica abordagem sobre os alguns aspectos do mandado de segurança, iremos analisar conceitualmente a restituição ao qual está contida em nosso ordenamento jurídico. Mas afinal, o que é restituição? Se buscarmos

5. Congresso Nacional de Estudos Tributários, Sistema Tributário Brasileiro e a Crise Atual/ Macedo, Alberto [et al.]. – São Paulo: Noeses, 6v. 2009. p. 835.

seu conceito no dicionário[6] veremos que o significado traduz a seguinte resolução semântica, *"Devolver o que foi tomado ou o que se possui indevidamente. Devolver o que foi emprestado. Dar outra vez, fazer tornar. Fazer recuperar o uso ou o estado anterior. Reintegrar; reabilitar. Fazer voltar ou voltar. Dar ou receber indenização. Recuperar o perdido.*

Subtraindo o conceito acima, nosso ordenamento jurídico impregnou de forma consistente o conceito de restituição tanto no Código Civil e Teoria geral do direito ao qual visou criar resoluções a uma infinidade de situações das sobreditas relações sociais de cunho cível onde aquele que pagou a maior, tem o direito a ser restituído, tornando ao *status quo ante*, e não sendo diferente, em nosso direito tributário pátrio. Assim, nossa legislação tributária e doutrina não deixa a desejar quando se trata de restituição, pois de acordo com o art. 165 do CTN (Lei 5.172/1966), a restituição é o direito a que tem o contribuinte quando, por algum motivo, recolhe tributo indevidamente. A restituição seria, portanto, a devolução em espécie (dinheiro) do tributo recolhido indevidamente.

Vejamos assim, o que diz o art.165 do CTN:

> *Art. 165. O sujeito passivo tem direito, independentemente de prévio protesto, à restituição total ou parcial do tributo, seja qual for a modalidade do seu pagamento, ressalvado o disposto no § 4º do artigo 162, nos seguintes casos:*
>
> *I - cobrança ou pagamento espontâneo de tributo indevido ou maior que o devido em face da legislação tributária aplicável, ou da natureza ou circunstâncias materiais do fato gerador efetivamente ocorrido;*
>
> *II - erro na edificação do sujeito passivo, na determinação da alíquota aplicável, no cálculo do montante do débito ou na elaboração ou conferência de qualquer documento relativo ao pagamento;*
>
> *III - reforma, anulação, revogação ou rescisão de decisão condenatória.*

---

6. Dicionário do Aurélio, 2012. Disponível em: <https://dicionariodoaurelio.com/restituicao>. Acesso em: 20. mai. 2019.

Embora o artigo encontra-se disciplinado no capítulo destinado às formas de extinção do crédito tributário, a restituição (pagamento indevido)[7] não constitui uma forma de extinção da obrigação tributária do contribuinte. Na verdade, realizando o contribuinte o pagamento indevido ou qualquer daquelas modalidades descritas no art. 165 do CTN, gera um direito para o contribuinte ser devidamente restituído e o ente tributante obrigado a restituir o que recebeu indevidamente.

Luciano Amaro em sua obra *Direito Tributário Brasileiro*, todavia, em suas sempre precisas lições, ensina que:

> Na restituição (repetição) do indébito, não se cuida de tributo, mas de valores recolhidos (indevidamente) a esse título. Alguém (o *solvens*), falsamente posicionado como sujeito passivo, paga um valor (sob o rótulo de tributo) a outrem (a *accipiens*), falsamente rotulado como sujeito ativo. Se inexistia obrigação tributária, de igual modo não havia sujeito ativo, nem sujeito passivo, nem tributo devido. Porém a disciplina da matéria fala em "sujeito passivo" (como titular do direito a restituição), em "tributo", em "crédito tributário" etc., reportando-se, como dissemos, ao rótulo falso e não ao conteúdo. (2006, p. 419)

Dessa forma, quando a legislação menciona "restituição de tributo" e o contribuinte o faz de forma indevida, essa ocorrência, pois, em verdade, inexistia tributo, o que motiva assim a restituição do montante recolhido a maior. Ao passo que, esse direito à restituição do valor, descrito na legislação tributária, já contido âmbito cível, antes mesmo do CTN, tecer ou imprimir essa exatidão normativa, essa atribuição inconteste traduz na verdade são os princípios da vedação ao enriquecimento sem causa, pois não se pode permitir que alguém obtenha um aumento patrimonial em decorrência do erro de outrem. Feita essas considerações, não obstante no tocante ao ressarcimento e reembolso, não iremos fazer maiores comentários, tampouco será objeto de análise, ao qual iremos apenas imprimir reflexões frente a restituição e compensação de tributos.

---

7. Título inserido na seção III do Capítulo IV "extinção do crédito tributário" do CTN.

5. COMPENSAÇÃO

Podemos iniciar tecendo que a compensação em matéria tributária corresponde à hipótese de duas pessoas serem, ao mesmo tempo, credoras e devedoras uma da outra e à possibilidade de suas obrigações serem extintas até onde se sopesarem.

É importante frisar que a compensação, também teve seus anseios convertidos na legislação pátria antes mesmo da criação do CTN, com sua aplicação no âmbito do direito civil e não sendo diferente com acolhimento no CTN ao qual imprimiu o dever constitucional à época nas sobreditas relações entre sujeito passivo e sujeito ativo. Emerge então disciplinadamente no código civil precisamente o art. 368 do Código Civil[8], a tradução espontânea ao qual buscamos interagir com o tema, de que duas pessoas ao mesmo tempo podem ser titulares do mesmo direito e que, revestidas desta condição, poderão ver seus créditos e débitos. Contudo, a legislação no âmbito tributário não foi diferente, pois a compensação tributária urgiu com essa integra finalidade, ou seja, esse "encontro de contas", e está disciplinada pelo próprio Código Tributário Nacional – CTN, o qual, em seu art. 156, inciso II[9], ao qual descreve todas as modalidades de extinção do crédito tributário e perfecionando no aludido inciso a compensação, relacionando este instituto como uma entre outras modalidades de extinção do credito tributário.

Apesar de prever a compensação como espécie de extinção do crédito tributário, o CTN prevê que sua efetivação depende de lei nesse sentido, conforme se conclui do seguinte dispositivo:

> *Art. 170. A lei pode, nas condições e sob as garantias que estipular, ou cuja estipulação em cada caso atribuir à autoridade administrativa, autorizar a compensação de créditos tributários com créditos líquidos e certos, vencidos ou vincendos, do sujeito passivo contra a Fazenda pública.*

---

8. Art. 368. Se duas pessoas forem ao mesmo tempo credor e devedor uma da outra, as duas obrigações extinguem-se, até onde se compensarem.

9. Art. 156. *Extinguem o crédito tributário*: (...) II – a compensação;

Este dispositivo motivou inclusive, o seguinte comentário de Hugo de Brito Machado[10]:

> *No art. 170 do Código cuida-se de compensação de créditos tributários com créditos de qualquer natureza, desde que líquidos e certos, vencidos ou vincendos, do sujeito passivo com a Fazenda Pública. Objetos da compensação, neste caso, são, de um lado, um crédito tributário, que é por natureza líquido e certo, posto que constituído pelo regular procedimento administrativo de lançamento; e, do outro, um crédito de qualquer natureza que o sujeito passivo daquela relação tributária tem junto a Fazenda Pública.*

Não obstante, na compensação basicamente, o sujeito passivo possui um crédito contra a Fazenda Pública, que por sua vez tem a competência de exigir determinado tributo do contribuinte. Em vez de partir para restituição em espécie dessa quantia contra o órgão fazendário, o contribuinte pode optar por compensá-la com débitos tributário porventura.

Outro ponto importante de ressaltar que a compensação de tributos e contribuições federais é regida pela Lei 8.383/91, que, em seu art. 66, dispõe:

> *Art. 66. Nos casos de pagamento indevido ou a maior de tributos, contribuições federais, inclusive previdenciárias, e receitas patrimoniais, mesmo quando resultante de reforma, anulação, revogação ou rescisão de decisão condenatória, o contribuinte poderá efetuar a compensação desse valor no recolhimento de importância correspondente a período subsequente.*
>
> § 1º A compensação só poderá ser efetuada entre tributos, contribuições e receitas da mesma espécie.
>
> § 2º É facultado ao contribuinte optar pelo pedido de restituição.
>
> § 3º A compensação ou restituição será efetuada pelo valor do tributo ou contribuição ou receita corrigido monetariamente com base na variação da UFIR.
>
> § 4º As Secretarias da Receita Federal e do Patrimônio da União e o Instituto Nacional do Seguro Social - INSS expedirão as instruções necessárias ao cumprimento do disposto neste artigo.

---

10. MACHADO, Hugo de Brito. Curso de direito tributário / 37. ed. ver., atual. e ampl. – São Paulo: Malheiros, 2016. p. 217.

Assim, para que a compensação seja efetuada, portanto, é indispensável que o contribuinte possua, ao mesmo tempo, um crédito e um débito junto a Fazenda Pública. Se faz importante lembrar, que a compensação pode extinguir assim, total ou parcialmente, o crédito tributário da Fazenda Pública em relação ao sujeito passivo, dependendo dos valores a serem compensados.

6. A PROBLEMATIZAÇÃO DO SISTEMA FAZENDÁRIO – OMISSÃO DO FISCO FRENTE A OBRIGAÇÃO DE RESTITUIÇÃO E COMPENSAÇÃO DO CONTRIBUINTE

A Lei 10.637/2002, ao criar a Declaração de Compensação (DCOMP), trazendo ao contribuinte o efeito de extinção imediata (ainda sobre a égide de condição resolutória) do débito nela apontado, representou para os contribuintes uma profunda e sensata alteração tanto na forma de aproveitamento de créditos apurados e administrados pela Receita Federal do Brasil, incluindo também nas sobreditas compensações de débitos próprios, no que tange a sua própria essência, e consequências jurídicas nucleares a compensação.

Diante disso, é condicionado a Receita Federal do Brasil, investida de capacidade tributária ativa[11] a quem a lei delegou o poder de disciplinar o quanto nela está contido acerca desta matéria, a criação de mecanismos, regras, sistemas, visando viabilizar a análise, dentro do prazo legal previsto[12], das declarações de compensações apresentadas. Por esse

---

11. Capacidade tributária ativa, por sua vez, consiste na atividade de arrecadar e fiscalizar tributos. Tem como principais características o fato de ser delegável a outras pessoas jurídicas de Direito Público (autarquias profissionais), transferível para outra entidade política e precária, pois sua delegação pode ser revogada a qualquer tempo, conforme preceitua o artigo 7º do Código Tributário Nacional.

12. A Lei nº 10.833/2003 estabeleceu o prazo de cinco anos, contado da data da entrega da declaração de compensação, para sua homologação (ou não homologação) expressa pelo órgão que detém a capacidade tributária ativa, ou seja, a RFB, ao qual findando este prazo, a compensação declarada considera-se tacitamente homologada por esse órgão.

motivo, manifestou o surgimento do programa denominado PER/DCOMP (Pedido de Restituição, Ressarcimento ou Reembolso e Declaração de Compensação) e o Sistema de Controle de Créditos e Compensações – SCC.

Diante do sistema proposto, os contribuintes tornaram sem sobra de dúvidas portadores de direitos a regularização de crédito e débitos, formando um grau de detalhamento a apuração dos tributos devidos (DIPJ, Dacon, etc.), bem como naqueles que confessam o valor de tributos devidos (DCTF), e, ainda, nas informações relativas aos pagamentos, retenções, e/ou outras compensações efetuadas, sendo apuradas divergências pelo próprio órgão arrecadador que não permitam identificar ou confirmar o crédito alegado.

A rigor, aos contribuintes quando verificada situações que destinam a conferir que em suas operações houve equívocos na escrituração ou na forma de pagamento, tem-se que a análise do direito creditório ao qual, em sua grande maioria das vezes, deve ser efetivada individualmente nos pedidos de restituição ou quando realizado o pedido de compensação. Assim, os contribuintes, ainda que regularmente verifiquem créditos relativamente a um determinado tributo, normalmente apurarão débitos em períodos subsequentes, senão concernentes ao mesmo tributo, pelo menos referentes a outro. Nesse sentido, é geralmente mais vantajoso fazer logo uma declaração de compensação do que esperar o processamento de um pedido de restituição.

Nada obstante, é sempre possível a análise do direito creditório pleiteado pelo contribuinte. Nessa análise, o que a autoridade administrativa faz é verificar se esse direito corresponde à existência de tributo pago superior ao tributo devido num determinado período de apuração. Aparentemente, tudo mais fácil e coerente. Porém, nem sempre é assim que ocorre, pois quando se examina a existência de prazos para consecução dessa atividade de análise pelo fisco, exsurge questões que aquecem a advocacia gerando um debate que, quase sempre será sanado através de nosso remédio heroico, sem perder de vista, o mandado de segurança, diante da manifesta e flagrante omissão do fisco em analisar os pedidos do direito a compensação.

Para melhor elucidar, após o contribuinte ter realizado o protocolo pelo sistema PER/DCOMP, das informações contidas nas declarações que diga-se de passagem, foram certo grau de detalhamento, tem-se o prazo em que administração pública tem o dever de prestar em seu serviço público visando analisar se as informações prestadas estiverem em consonância com aquelas contidas nas outras declarações apresentadas pelo próprio contribuinte (e, em algumas circunstâncias, como no caso das retenções em declarações apresentadas por terceiros) o processamento eletrônico naturalmente é encaminhado para homologação da compensação efetuada. Porém, nem sempre é assim, e essa omissão por ausência de manifestação do fisco em omitir seu despacho homologatório, cria um óbice ao contribuinte acerca do direito a restituir e/ou compensação ou não.

Esse óbice já constituído, diante da omissão da análise do pedido realizado, além de gerar inúmeros transtornos ao contribuinte, fere gravemente os direitos constitucionais bem como de nosso ordenamento jurídico ao qual os mesmos impõe a observância de certos princípios que norteiam e limitam o exercício do poder administrativo, correspondendo à exigência de garantir o vínculo do poder ao fim para o qual foi atribuído, devendo eles serem observados mesmo no exercício de poder discricionário para não cometer atos que comprometam a atividade empresarial, pois a problematização desse sistema fazendário tornando-se omisso em analisar os pedidos realizados pelos contribuintes, são um ataque as garantias fundamentais.

Contudo, apesar de haver vasta previsão legal, temos muitos s princípios que norteiam a atividade administrativa, destacam-se, por sua pertinência no presente caso, os da eficiência e da continuidade.

O primeiro determina que a ação da Administração se dê de modo rápido e preciso, para produzir resultados que satisfaçam as necessidades da população, contrapondo-se à lentidão, descaso, negligência, ou omissão injustificável. O segundo impõe que as atividades administrativas sejam realizadas ininterruptamente, para que o atendimento do interesse da coletividade não seja prejudicado. Nesse contexto, a Constituição Federal[13], em relação a duração dos processos, dispõe:

> *"Art. 5º Todos são iguais perante a lei, sem distinção de qualquer natureza, garantindo-se aos brasileiros e aos estrangeiros residentes no País a inviolabilidade do direito à vida, à liberdade, à igualdade, à segurança e à propriedade, nos termos seguintes:*
>
> *(...)*
>
> *LXXVIII - a todos, no âmbito judicial e administrativo, são assegurados a razoável duração do processo"*

Dessa forma, ainda se pode aplicar subsidiariamente os preceitos da Lei 9.784/99[14], em seus artigos 2º e 48º, no que se refere ao processo administrativo no âmbito da Administração Pública Federal:

> *"Art. 2º. A Administração Pública obedecerá, dentre outros, aos princípios da legalidade, finalidade, motivação, razoabilidade, proporcionalidade, moralidade, ampla defesa, contraditório, segurança jurídica, interesse público e eficiência."*
>
> *"Art. 48. A Administração tem o dever de explicitamente emitir decisão nos processos administrativos e sobre solicitações ou reclamações, em matéria de sua competência."*

Nessa conjuntura, cabe salientar a sempre oportuna dicção de Hely Lopes Meirelles[15]:

> Quando não houver prazo legal, regulamentar ou regimental para a decisão, deve-se aguardar por um tempo razoável a manifestação da autoridade ou do órgão competente, ultrapassado o qual o silêncio da Administração converte-se em abuso de poder,

---

13. BRASIL. Constituição da República Federativa do Brasil de 1988.

14. BRASIL. Lei nº 9.784 de 29 de janeiro de 1999.

15. MEIRELLES, Hely Lopes. *Direito Administrativo Brasileiro*, 42. ed. atual. até a Emenda Constitucional 90, de 15.9.2015. – São Paulo: Malheiros, 2016. p. 125.

> corrigível pela via judicial adequada, que tanto pode ser ação ordinária, medida cautelar, mandado de injunção ou mandado de segurança[16]. Em tal hipótese, não cabe ao Poder Judiciário praticar o ato omitido pela Administração, mas, sim, impor sua prática, ou desde logo suprir seus efeitos, para restaurar ou amparar o direito do postulante, violado pelo silêncio administrativo. O silêncio não é ato administrativo; é conduta omissiva da Administração que, quando ofende direito individual ou coletivo dos administrados ou de seus servidores, sujeita-se a correção judicial e a reparação decorrente de sua inércia.

A Lei 9.784/99, ao qual regula o processo administrativo no âmbito da Administração Pública Federal nos arts. 24 e 49, estabelece que, na ausência ou inexistindo disposição específica, os atos do órgão ou autoridade responsável pelo processo e dos administrados que dele participem devem ser praticados no prazo de cinco dias, salvo motivo de forma maior (art. 24)[17], prazo, este, que pode ser dilatado até o dobro, justificadamente (parágrafo único)[18]; e que, concluída a instrução do processo administrativo, a Administração tem o prazo de até 30 dias para decidir, salvo prorrogação por igual período, expressamente motivada (art. 49).[19]

Sendo assim, tínhamos a Lei 9.784/99 contendo prazos para análise mais céleres e coerentes, sendo uma norma muito mais vantajosa e condescende com os contribuintes que procuravam ver seus pedidos de compensações analisados

---

16. A jurisprudência é pacífica no admitir mandado de segurança contra conduta omissiva: STF, Súmula 429, e mais: RTJ 501154, 53/637; RDA 70/19; RT 497/247; TFR, RDPG 3/241, RTFR 31/93; TJPR, RT272/670, 277/773; TJSP, RT278/409, 333/120, 390/124, 447/55; JST J-Lex 5/88; TJSP, RT 5591,67 (em mandado de segurança fixou-se o prazo de trinta dias para decisão de processo administrativo do impetrante).

17. Art. 24. Inexistindo disposição específica, os atos do órgão ou autoridade responsável pelo processo e dos administrados que dele participem devem ser praticados no prazo de cinco dias, salvo motivo de força maior.

18. Parágrafo Único: O prazo previsto neste artigo pode ser dilatado até em dobro, mediante comprovada justificação.

19. Art. 49. Concluída a instrução de processo administrativo, a Administração tem o prazo de até trinta dias para decidir, salvo prorrogação por igual período expressamente motivada.

com maior brevidade capitulação da Lei 9.784/99 detinha um caráter mais célere ao qual o cumprimento dentro destes prazos eram suportáveis de tal modo que a impetração do mandado de segurança tornava-se quase que desnecessário, pois tinha-se na sobre dita lei, ao nosso entender, um maior comprometimento com os princípios que regem a administração pública, contudo com a publicação da Lei 11.457/2007, houve enorme desvantagem aos contribuintes, ao qual será analisado suas características e que trouxeram significados jurídicos pertinentes para propositura da ação mandamental.

7. PRAZO DO FISCO PROPICIAR SUA ANÁLISE E EMITIR DECISÃO – LEI 11.457/2007

Fixadas algumas considerações pertinentes a legislação anteriormente dita, onde determina que o fisco deve se manifestar em processo administrativo em prazo razoável, em um passado próximo, foi introduzido a Lei 11.457/2007, que dispõe sobre a administração tributária ao qual houve a época muitas discussões acerca de qual a norma que teria realmente a força impositiva no tocante aos prazos para que o fisco analisasse os pedidos de restituição/compensação, sendo antagônicos e tão distintos conferidos pela Lei 9.784/99 e a Lei 11.457/2007.

De fato, a Lei 11.457/2007, proposta e realizada pelo legislativo, trouxe um descompasso total para os contribuintes, pois estes, além de suportar uma carga tributária descomunal e com um sistema extremamente complexo para a realização das obrigações instrumentais, se deparou com a Lei 11.457/2007, ao qual aumentou para 360 dias de prazo para análise e ensejar decisão administrativa, gerando assim um descompasso e gerando grande polemica, pois 360 (trezentos e sessenta) dias, fui muito desfavorável ao contribuinte. Vejamos o que a Lei 11.457/2007 estabeleceu:

> *"Art. 24. É obrigatório que seja proferida decisão administrativa no prazo máximo de 360 (trezentos e sessenta) dias a contar do*

> *protocolo de petições, defesas ou recursos administrativos do contribuinte."*

Como é cediço, o processo administrativo tributário sempre foi regulado pelo Decreto 70.235/72 - Lei do Processo Administrativo Fiscal. Na época, após muitos contribuintes levarem seus pleitos de insatisfação pelo afastamento da novel legislação, pleiteando a aplicação da Lei 9.784/99, ainda que ausente, na lei na sobredita lei específica, mandamento legal relativo à fixação de prazo razoável para a análise e decisão das petições, defesas e recursos administrativos do contribuinte.

Portanto, a Lei 11.457/07, com o escopo de suprir a lacuna legislativa existente, em seu art. 24, preceituou a obrigatoriedade de ser proferida decisão administrativa no prazo máximo de 360 (trezentos e sessenta) dias a contar do protocolo dos pedidos.

Deveras, ostentando o referido dispositivo legal natureza processual fiscal, foi decido pelo STJ, após o julgamento do REsp nº 1.138.206 – RS, de Relatoria da Ministro Luiz Fux[20], ao qual decidiu que o prazo de 360 dias deveria ser aplicado imediatamente aos pedidos, defesas ou recursos administrativos pendentes. Destarte, tanto para os requerimentos efetuados anteriormente à vigência da Lei 11.457/07, quanto aos pedidos protocolados após o advento do referido diploma legislativo, o prazo aplicável é de 360 dias a partir do protocolo dos pedidos (art. 24 da Lei 11.457/07).

Vejamos:

> TRIBUTÁRIO. CONSTITUCIONAL. RECURSO ESPECIAL REPRESENTATIVO DE CONTROVÉRSIA. ART. 543-C, DO CPC. DURAÇÃO RAZOÁVEL DO PROCESSO. PROCESSO ADMINISTRATIVO FISCAL FEDERAL. PEDIDO ADMINISTRATIVO DE RESTITUIÇÃO. PRAZO PARA DECISÃO DA ADMINISTRAÇÃO PÚBLICA. APLICAÇÃO DA LEI 9.784/99. IMPOSSIBILIDADE. NORMA GERAL. LEI DO PROCESSO

20. Primeira Seção, julgado em 09/08/2010, DJe 01/09/2010.

ADMINISTRATIVO FISCAL. DECRETO 70.235/72. ART. 24 DA LEI 11.457/07. NORMA DE NATUREZA PROCESSUAL. APLICAÇÃO IMEDIATA. VIOLAÇÃO DO ART. 535 DO CPC NÃO CONFIGURADA. 1. A duração razoável dos processos foi erigida como cláusula pétrea e direito fundamental pela Emenda Constitucional 45, de 2004, que acresceu ao art. 5º, o inciso LXXVIII, in verbis: "a todos, no âmbito judicial e administrativo, são assegurados a razoável duração do processo e os meios que garantam a celeridade de sua tramitação." 2. A conclusão de processo administrativo em prazo razoável é corolário dos princípios da eficiência, da moralidade e da razoabilidade. (Precedentes: MS 13.584/DF, Rel. Ministro JORGE MUSSI, TERCEIRA SEÇÃO, julgado em 13/05/2009, DJe 26/06/2009; REsp 1091042/SC, Rel. Ministra ELIANA CALMON, SEGUNDA TURMA, julgado em 06/08/2009, DJe 21/08/2009; MS 13.545/DF, Rel. Ministra MARIA THEREZA DE ASSIS MOURA, TERCEIRA SEÇÃO, julgado em 29/10/2008, DJe 07/11/2008; REsp 690.819/RS, Rel. Ministro JOSÉ DELGADO, PRIMEIRA TURMA, julgado em 22/02/2005, DJ 19/12/2005) 3. O processo administrativo tributário encontra-se regulado pelo Decreto 70.235/72 - Lei do Processo Administrativo Fiscal -, o que afasta a aplicação da Lei 9.784/99, ainda que ausente, na lei específica, mandamento legal relativo à fixação de prazo razoável para a análise e decisão das petições, defesas e recursos administrativos do contribuinte. 4. Ad argumentandum tantum, dadas as peculiaridades da seara fiscal, quiçá fosse possível a aplicação analógica em matéria tributária, caberia incidir à espécie o próprio Decreto 70.235/72, cujo art. 7º, § 2º, mais se aproxima do thema judicandum, in verbis: "Art. 7º O procedimento fiscal tem início com: (Vide Decreto nº 3.724, de 2001) I - o primeiro ato de ofício, escrito, praticado por servidor competente, cientificado o sujeito passivo da obrigação tributária ou seu preposto; II - a apreensão de mercadorias, documentos ou livros; III - o começo de despacho aduaneiro de mercadoria importada. § 1º O início do procedimento exclui a espontaneidade do sujeito passivo em relação aos atos anteriores e, independentemente de intimação a dos demais envolvidos nas infrações verificadas. § 2º Para os efeitos do disposto no § 1º, os atos referidos nos incisos I e II valerão pelo prazo de sessenta dias, prorrogável, sucessivamente, por igual período, com qualquer outro ato escrito que indique o prosseguimento dos trabalhos." 5. A Lei n.º 11.457/07, com o escopo de suprir a lacuna legislativa existente, em seu art. 24, preceituou a obrigatoriedade de ser proferida decisão administrativa no prazo máximo de 360 (trezentos e sessenta) dias a contar do protocolo dos pedidos, litteris: "Art. 24. É obrigatório que seja proferida decisão administrativa no prazo máximo de 360 (trezentos e sessenta) dias a contar do protocolo de petições,

> defesas ou recursos administrativos do contribuinte." 6. Deveras, ostentando o referido dispositivo legal natureza processual fiscal, há de ser aplicado imediatamente aos pedidos, defesas ou recursos administrativos pendentes. 7. Destarte, tanto para os requerimentos efetuados anteriormente à vigência da Lei 11.457/07, quanto aos pedidos protocolados após o advento do referido diploma legislativo, o prazo aplicável é de 360 dias a partir do protocolo dos pedidos (art. 24 da Lei 11.457/07). 8. O art. 535 do CPC resta incólume se o Tribunal de origem, embora sucintamente, pronuncia-se de forma clara e suficiente sobre a questão posta nos autos. Ademais, o magistrado não está obrigado a rebater, um a um, os argumentos trazidos pela parte, desde que os fundamentos utilizados tenham sido suficientes para embasar a decisão. 9. Recurso especial parcialmente provido, para determinar a obediência ao prazo de 360 dias para conclusão do procedimento sub judice. Acórdão submetido ao regime do art. 543-C do CPC e da Resolução STJ 08/2008. (REsp 1138206/RS, Rel. Ministro LUIZ FUX, PRIMEIRA SEÇÃO, julgado em 09/08/2010, DJe 01/09/2010)

Portanto, após o julgamento deste REsp 1.138.206 – RS, recentemente em 2018 a Ministra Assusete Magalhães, reafirma no REsp 1.625.157 - PE (stj, 2018)[21], aduzindo a seguinte afirmação: "*Há de se tomar como obrigatório para a prolação de decisão administrativa o prazo de 360 dias. Precedente do STJ (RESP 200900847330, LUIZ FUX, STJ - PRIMEIRA SEÇÃO, 01/09/2010)*", trazendo a jurisprudência do STJ nítido assentamento acerca do prazo esculpido na Lei 11.457/07, prazo este de 360 dias, o que a nosso ver, foi totalmente prejudicial aos contribuintes, pois ainda com essa dilação de prazo chancelado pelo STJ, mesmo assim, os contribuintes sofrem e ver seus pedidos realizados sem qualquer decisão que as vezes, chega ultrapassar anos após anos sem qualquer solução frente ao pedido de análise para compensar tributos. Tal ingerência, além de ser um total desrespeito com o contribuinte, sua delonga mostra sem sobra de dúvida a ineficiência estatal para com os pagadores de tributos.

---

21. STJ. RECURSO ESPECIAL: REsp 1.625.157 PE 2016/0195720-5. Relatora: Ministra Assusete Magalhães. DJ: 26/10/2018. Disponível em: <http://www.stj.jus.br/SCON/decisoes/doc.jsp>. Acesso em: 20. mai. 2018.

8. O MANDADO DE SEGURANÇA COMO INSTRUMENTO PROCESSUAL PACIFICADOR DAS SOBREDITAS RELAÇÕES ENTRE CONTRIBUINTE E FISCO

Conforme a legislação e jurisprudência aplicável a tem-se a obrigatoriedade de 360 (trezentos e sessenta) dias para que o ente fazendário prolate decisões administrativas, no entanto, não é assim que o contribuinte tem visto seus pedidos de restituição/compensação atendidos.

São inúmeras as desculpas apresentadas nos postos de atendimentos junto aos órgãos administrativos, tanto das Delegacias da Receita Federal quanto da Procuradoria-Geral da Fazenda Nacional e até do Conselho de Contribuintes do Ministério da Fazenda (CARF) são frequentemente repetidas: falta de pessoal ou lacuna nos preenchimentos dos cargos no colegiado, dentre outras.

Quando o contribuinte, verifica em sua contabilidade que algum crédito foi apurado a maior, nasce o direito a pedir o ressarcimento ou a compensação. As normas federais que regem a matéria oferecem aos credores a oportunidade de requererem a devolução do excesso pago, utilizando-se do procedimento eletrônico denominado de Pedido de Restituição, Ressarcimento ou Reembolso e Declaração de Compensação (PER/DCOMP)[22]. O fato mais intrigante, que mesmo com a legislação dilatando a análise para 360 (trezentos e sessenta) dias, os contribuintes quando requerem junto à Receita Federal, por intermédio do pedido eletrônico via PER/DCOMP solicitando a restituição e/ou compensação das importâncias indevidamente recolhidas. Passam-se meses e anos e, consultando os andamentos, a resposta é a mesma: "em análise".

Temos a plena convicção que tal ato eivado de omissão, que após o prazo legal, a única forma, caso não haja despacho de

---

22. RFB. Disponível em: <http://receita.economia.gov.br/orientacao/tributaria/restituicao-ressarcimento-reembolso-e-compensacao/perdcomp/perdcomp-web>. Acesso em: 20. mai. 2018.

homologação do pedido de restituição é a impetração de nosso heroico remédio constitucional, ou seja, o Mandado de Segurança. Pois desta forma, compete ao Poder Judiciário, no exercício da jurisdição, aplicar a norma jurídica ao caso concreto, na hipótese de lesão ou simples ameaça a direito, bem como, nos casos, como este, relativos à omissão da administração fazendária.

Damos como assim entendido, que a utilização desta ferramenta processual, o Mandado de Segurança, serve para consignar os anseios dos contribuintes já que se encontram tolhidos de seu direito a analise com o prazo extrapolado seus 360 dias, pois nosso remédio heroico, forçosamente impõe em apenas se manifestar dentro do prazo legal pela autoridade administrativa competente, que não cumpriu a determinação do art. 24 da Lei 11.457/2007, por inobservância da lei, e tampouco, não observou o art. 5º, inciso LXXVIII da Constituição Federal, tão pouco tem preservado o princípio da efetividade do procedimento administrativo.

Tem-se, portanto, que a omissão da fazenda em decidir sobre os pedidos formulados pelos contribuintes viola não apenas dispositivo legal, mas a Constituição Federal. Assevera-se, ainda, que a referida Emenda Constitucional 45[23] atribui ao princípio da razoável duração do processo e, consequentemente, princípio da efetividade, a qualidade de garantia fundamental, incluído, pois, nas cláusulas pétreas contidas da Carta Magna.

A omissão da administração pública em restituir aos cofres das empresas os valores indevidamente recolhidos culmina em afronta ao Estado Democrático de Direito, sendo a reparação da situação existente carecedora da tutela jurisdicional do Estado, conforme tem decidido e consolidado a jurisprudência mesmo antes do julgamento do RECURSO ESPECIAL Nº 1.625.157 – PE, por todo nosso país, a saber:

---

23. Artigo 5º, o inciso LXXVIII, *in verbis*: "A todos, no âmbito judicial e administrativo, são assegurados a razoável duração do processo e os meios que garantam a celeridade de sua tramitação."

ADMINISTRATIVO. MANDADO DE SEGURANÇA. DIREITO FUNDAMENTAL À RAZOÁVEL DURAÇÃO DO PROCESSO E À CELERIDADE DE TRAMITAÇÃO. 1. Vigente o postulado constitucional da razoável duração dos processos, cumpre à Administração cumprir os prazos estabelecidos na legislação. 2. No caso dos autos, tratando-se de matéria fiscal, a duração do processo administrativo rege-se pelo art. 24 da Lei nº 11.457/2007, devendo ser proferida decisão administrativa no prazo máximo de 360 dias, a contar do protocolo de petições, defesas ou recursos administrativos do contribuinte. 3. Remessa oficial improvida. REEXAME NECESSÁRIO CÍVEL Nº 5000536-47.2010.404.7009/PR, Relator, Desembargador Federal Luís Alberto D'Azevedo Aurvalle, data 21/05/2019, hora 13:30[24]

MANDADO DE SEGURANÇA. ADMINISTRATIVO. PEDIDO DE RESTITUIÇÃO. PRINCÍPIO DA RAZOÁVEL DURAÇÃO DO PROCESSO ADMINISTRATIVO FISCAL. ART. 24 DA LEI 11.457/07. REMESSA OFICIAL DESPROVIDA. 1. Cabe à administração pública respeitar o princípio da razoável duração do processo, constante no artigo 5º, inciso LXXVIII, da Constituição Federal, incluído pela Emenda Constitucional nº 45/04. 2. O Superior Tribunal de Justiça, em julgamento realizado sob o rito do artigo 543-C, do Código de Processo Civil, firmou o entendimento de que a decisão nos processos administrativos tributários deve ser proferida, obrigatoriamente, no prazo de 360 (trezentos e sessenta) dias a contar do protocolo de petições, defesas ou recursos administrativos do contribuinte, inclusive para os requerimentos efetuados anteriormente à vigência da Lei 11.457/07. 3 *In casu*, em 06/10/2015, a impetrante protocolou os pedidos de restituição via PER/DCOMP de nº.02086.42493.061015.1.2.03-0570 e 12394.05877.016015.1.2.02-5407, junto à Receita Federal do Brasil, os quais quedaram mais de um ano aguardando a apreciação da autoridade impetrada – residindo aí o direito da impetrante. 4. Remessa oficial desprovida. REEXAME NECESSÁRIO (199) Nº 5001134-92.2017.4.03.6100 RELATOR: Gab. 09 - DES. FED. NELTON DOS SANTOS. TRIBUNAL REGIONAL FEDERAL DA 3ª REGIÃO – julgado em 27/05/2019.

Portanto, temos o mandado de segurança nestes casos como um antidoto de persecução processual ao qual sana e viabiliza qualquer omissão e desídia perpetrada pela

24. TRF 4. Disponível em: <http://www.trf4.jus.br/tr4/processos/verifica.php>. Mediante o preenchimento do código verificador 4855594v2 e, se solicitado, do código CRC 5A1F0BF4. Acesso em: 20. mai. 2018.

administração fazendária, sob o amago do caráter liminar ou não visando o preceito do qual se busca, ou seja, a analise substancial do pedido de ressarcimento e/ou compensação. Diante da perplexidade existência de omissão, logo é desfeita, seja ela liminarmente, em caráter *inaldita altera pars,* seja ela após o crivo das informações prestadas pela autoridade coatora, pois havendo o esgotamento do prazo e com isso decorrendo *in albis é mister* a observação de que o presente *writ* não tem o condão de se apresentar como ação de cobrança, ou obrigar a fazenda a compensar, e sim garantir a análise e consequentemente o despacho decisório visando a homologação.

9. DO PRAZO PARA IMPETRAÇÃO, DEMONSTRAÇÃO DE CERTEZA E LIQUIDEZ E OS REQUISITOS PARA O CONJUNTO PROBATÓRIO PARA CONSECUÇÃO LIMINAR PRETENDIDA

Temos que a Lei 12.016/09 que rege as diretrizes do mandado de segurança, teceu e firmou disposto no art. 23[25], determina que o direito de se requerer o *writ* decorrerá após 120 (cento e vinte) dias, contado do conhecimento em que o contribuinte tem acerca do ato impugnado, ao passo que como regra atual a determinação do prazo de 120 dias repetiu os ditames inseridos na Lei 1.533/51[26] ao qual também havia no texto normativo estabelecendo no revogado art. 18 da mesma lei, replicando a mesma inteligência.

É oportuno e jamais em vão, discorrer acerca de sua natureza, pois na doutrina, há quem considere tal prazo como preclusivo (p. ex., Pontes de Miranda, *Comentários à Constituição de 1967*, São Paulo, Ed. RT, 1968, t. V, p. 352); quem o veja como de extinção (p. ex.: Alfredo Buzaid, *Do mandado de*

25. Art. 23. O direito de requerer mandado de segurança extinguir-se-á decorridos 120 (cento e vinte) dias, contados da ciência, pelo interessado, do ato impugnado.

26. Lei que tratava acerca do mandado de segurança ao qual foi revogada pela Lei 12.016/09.

segurança, São Paulo, Saraiva, 1989, p.153); quem o qualifique como de decadência (p. ex. Othon Sidou, *Do mandado de Segurança*, São Paulo, Ed. RT, 1969, p. 501; Hely Lopes Meireles, Arnoldo Wald e Gilmar Ferreira Mendes, *Mandado de Segurança e outras ações constitucionais*, 32.ª ed., São Paulo, Malheiros, 2009, p. 57).

Além deste debate profuso alimentado por muitos doutrinadores, entoamos que, por se tratar de lei ordinária, não obstante seja o mandado de segurança uma garantia constitucional, muitos e renomados doutrinadores consideram tal prazo inconstitucional (p. ex.: José Antônio Remédio, *Mandado de segurança individual e coletivo*, São Paulo, Saraiva, 2011, p. 602 e ss.).

Assim, notadamente o STF, visando segregar essa discussão, fora editada a Súmula 632, estabelecendo que "é constitucional a lei que fixa o prazo de decadência para impetração do mandado de segurança".

Dito isto, acertadamente acerca do prazo para impetração diante de flagrante omissão do fisco, o contribuinte terá sua segurança garantida e devidamente reconhecida, conforme já empossado entendimento do Superior Tribunal de Justiça[27], "tem-se que a ausência de manifestação da Autoridade Coatora em pagamento da reparação econômica pretérita consubstancia ato omissivo, não havendo se falar em decadência, nos termos do art.23 da Lei 12.016/2009".

Sendo assim, por se tratar de ato omissivo, maioritariamente a doutrina e a consolidada jurisprudência é pacifica em prestar esse ajuste em proclamar a admissão e impetração do mandado de segurança contra qualquer conduta omissiva do fisco e ao passo que, podemos atribuir ao raciocínio da Súmula 429 do STF "*a existência de recursos administrativos com efeito suspensivo não impede o uso do mandado de segurança contra omissão da autoridade*".

27. STJ. MANDADO DE SEGURANÇA: MS 15295 / DF 2010/0089939-4. Relatora: Ministra Castro Meira. DJ: 13/10/2010. Disponível em: <http://www.stj.jus.br/SCON/decisoes/doc.jsp>. Acesso em: 20. mai. 2018

Portanto, a demonstração da tempestividade neste caso, visando a obrigatoriedade para análise do pedido de restituição/compensação não é medida que torne a impetração do *writ* como um requisito fundamental para ter-se o afastamento da omissão, sendo que a certeza e liquidez do direito subjetivo do contribuinte que busca sua análise do pedido a restituição/compensação demandam maiores considerações.

A expressão certeza conforme aduz Hugo de Brito Machado[28] *"Líquida, quanto ao seu montante; certa, quanto a sua legalidade"*. Assim, o contribuinte tem o dever de atrelar este direito líquido informando o *quantum* que se pretende buscar informando ao juízo juntando extratos dos protocolos que atestam os valores que são objeto da restituição/compensação, pois neste caso, é dever do contribuinte ter essa prova constituída e de pronto, apontando o crivo de veracidade e afastando qualquer controvérsia acerca do numerário quantificado nas declarações objeto de pedido de análise.

O mandado de segurança também deve vir lastreado de certeza, ou seja, impregnado de legalidade contra o ato omissivo, ao passo que seja incontestáveis tanto do que se discute quanto aos fatos, datas de entrada e a extrapolação frente ao pedido de análise visando a compensação e/ou restituição, pois, há de convir, sem esta comprovação de documentos que demonstrem de forma segura a omissão alvejada diante da ausência do pronunciamento da autoridade coatora, não encontrará guarida judicial e restará a cominação apenas da negativa da prestação jurisdicional por ausência de requisitos de suma importância para concessão da ordem. Segundo o contexto normativo do mandado de segurança, tem-se que o impetrante, ora contribuinte deva realçar seu pleito de forma dinâmica e ampliativa sobre a égide do conjunto probatório que será demonstrado, atribuindo ao julgador ausência plena de qualquer controvérsia quanto aos fatos e ao direito. Pois

28. MACHADO, Hugo de Brito. *Mandado de Segurança em Matéria Tributária*: (de acordo com a Lei nº 12.016/09), 8. ed. – São Paulo: Dialética, 2009. p. 17.

dispondo o contribuinte de prova plena pré-constituída como tecemos em nosso trabalho, é certo que atingirá o pleito significativo para concessão da ordem em se favor.

No tocante, os pressupostos para o deferimento da medida liminar que se busca, desatar a inércia do fisco, em mandado de segurança são elementos exigidos para o deferimento das tutelas cautelares em geral, ou seja, o *fumus bonus iuris* e o *periculum in mora*.

Não se pode perder de vista, que em grade parte dos operadores do direito, ainda não vocacionaram em entender que o caráter liminar decorre do estado em que as coisas estão e para onde deveriam estar as coisas, pois se pretendemos a modificação do status em que se encontra o pedido da declaração de restituição/compensação, deve-se operar incisivamente pela demonstração do dos elementos ensejadores da medida liminar.

É basal a relevância dos fundamentos do pedido correspondente a *fumus bônus iuris*, acolchoando os textos normativos que irão comprovar a inobservância da lei que restará demonstrado o indiscutivelmente caracterizado pela omissão da Administração Pública, ao qual encontra-se em confronto com a Legislação de regência contida mostrando claramente a arbitrariedade empossada sob a escusa em prestar seu serviço público obrigatório, ou mesmo pela desídia perpetrada após o prazo legal de obrigatoriedade para o cumprimento pela Fazenda. Evidenciada a aparência do bom direito do contribuinte, como consequência da demonstração nos autos do mandado de segurança de forma contundente com a assertiva de suas razões de direito, não se faz necessário alongar na presente fundamentação, pois o direito invocado visando quando explicitado de forma plausível, torna-se inegável a satisfação pelo deferimento em sede liminar.

O perigo da demora esta consubstanciado no próprio perecimento do direito do contribuinte e diante da negativa da análise e omissão pelo decurso de prazo, ao qual torna-se latente que essa situação, só poderá ser revertida com a proclamação da concessão da liminar, pois não há qualquer prejuízo para a autoridade fazendária danosa a mesma, uma vez que comprovado seus requisitos, pois caso houve o pronunciamento da Receita Federal sobre os protocolos (PER/DCOMP) apresentados pelo contribuinte acarretaria em entradas de caixa, aliviando os combalidos cofres da empresa, livrando-as de recorrerem ao sistema financeiro e se subjugarem aos seus elevados juros, o que neste caso diante da comprovação da extrapolação do sobredito prazo, é a medida mais apropriada para tal finalidade, sendo que o julgador estará a garantir de forma adequada a pronta reparação do possível dano.

CONCLUSÃO

Com base nas considerações, podemos apresentar, sinteticamente, as conclusões que seguem.

Temos que por essa análise, conforme se subtraí da legislação, jurisprudência e com simples exame da frenética problematização criada pelo Fisco, tecemos o entendimento que a apreciação do Poder Judiciário, deve em sua totalidade, sem exigir grande esforço do órgão julgador competente para o recebimento deste reclame através do mandado de segurança ante a omissão no pronunciamento da Receita Federal acerca dos pedidos de análise dos contribuintes que queiram ver seu direito a restituir ou compensar. Ademais, tal conduta afronta à constituição, legislação ordinária, e todos os princípios que balizam a administração pública, em discordância, ainda, com o entendimento dos tribunais regionais e das cortes superiores.

A omissão quanto à reparação econômica, este tipo de conduta além de ser um ato ilícito continuado no tempo, prejudica economicamente seus negócios e propriamente a economia do país, pois havendo o direito para propositura da impetração do mandado de segurança, lembramos que a inteligência contida na Lei 12.016/2009 ao qual faz referência ao prazo decadencial de 120 (cento e vinte dias) para impetração, salvo melhor juízo, a doutrina e jurisprudência tem se pronunciado que mesmo após o prazo legal, oportunamente é possível os contribuintes impetrarem Mandado de Segurança visando preservar e verem cumpridos os seus direitos.

Temos convicção que a morosidade da administração tributária federal é injustificável, porém, é de se levar em conta o excesso de normas tributária e instrumental a que estão submetidos os componentes da máquina arrecadatória federal. A guisa de ilustração basta ver a toalha de retalhos que se transformou o texto inúmeras legislações tributárias e a Lei que regula o próprio Processo Administrativo Fiscal.

Finalmente, com a força mandamental em favor do contribuinte, o pronunciamento da Receita Federal sobre os protocolos (PER/DCOMP) apresentados pelos contribuintes acarretaria em entradas de caixa, tornando sua atividade empresarial mais competitiva e lucrativa, aliviando os combalidos cofres das empresas, que vivem de um imenso milagre corporativo, quando não mais, livrando-as de recorrerem ao sistema financeiro e se subjugarem aos seus elevados juros, oferecendo garantias para cumprirem suas obrigações tributárias para com o fisco.

REFERÊNCIAS

Congresso Nacional de Estudos Tributários, *Sistema Tributário Brasileiro e a Crise Atual*/ Macedo, Alberto [et al.]. – São Paulo: Noeses, 6v. 2009.

MACHADO, Hugo de Brito. *Curso de direito tributário* / 37. ed. ver., atual. e ampl. – São Paulo: Malheiros, 2016. p. 217.

MACHADO, Hugo de Brito. *Mandado de segurança em matéria tributária*: (de acordo com a Lei nº 12.016/09). 8. Ed. – São Paulo: Dialética, 2009.

MEIRELLES, Hely Lopes. *Direito Administrativo Brasileiro*, 42. ed. atual. até a Emenda Constitucional 90, de 15.9.2015. – São Paulo: Malheiros, 2016.

BRASIL. Constituição da República Federativa do Brasil de 1988.

BRASIL. Lei nº 9.784 de 29 de janeiro de 1999.

Dicionário do Aurélio, 2012. Disponível em: <https://dicionariodoaurelio.com/restituicao>

RFB. Disponível em: <http://receita.economia.gov.br/orientacao/tributaria/restituicao-ressarcimento-reembolso-e-compensacao/perdcomp/perdcomp-web>.

STJ. Disponível em: <http://www.stj.jus.br/SCON/decisoes/doc.jsp>.

TRF 4. Disponível em: <http://www.trf4.jus.br/tr4/processos/verifica.php>.

Capítulo 2

EXECUÇÃO FISCAL

NEGÓCIO JURÍDICO PROCESSUAL EM EXECUÇÃO FISCAL, A PORTARIA PGFN 742/2018 E O CHAMADO "PLANO DE AMORTIZAÇÃO": "NEGÓCIO JURÍDICO PROCESSUAL" OU "NEGÓCIO JURÍDICO ADMINISTRATIVO"?

Paulo Cesar Conrado[1]

1. INTRODUÇÃO

Merece elogios a vanguardista posição assumida pela Procuradoria-Geral da Fazenda Nacional no trato de temas que, tempos outros, seriam sumariamente abortados em vista do dogma da indisponibilidade do crédito tributário.

Negócio jurídico processual é desses temas. Por pressupor a autocomponibilidade do direito subjacente ao "processo negociado", referido instituto confrontaria, num olhar restritivo, com as demandas tributárias – como se autocomposição fosse em si mesma incompatível com essa fração do direito material.

---

1. Juiz Federal. Doutor e Mestre em direito tributário pela PUC/SP. Professor do mestrado profissional da FGV-Direito/SP. Coordenador e Professor do curso de extensão "Processo Tributário Analítico" do IBET.

Essa não parece ser a melhor forma de encarar as coisas, conclusão a que acertadamente chegou a Procuradoria-Geral da Fazenda Nacional, num movimento avesso ao da tradição tímida e que foi exteriorizado numa sequência de importantes atos normativos – primeiro, as Portarias PGFN 33/2018 (alterada pela 42 e pela 660) e 360/2018 (alterada pela 515), diplomas que disciplinam de forma ampla a aplicação do negócio jurídico processual às situações em que o órgão atua; depois, a Portaria PGFN 742/2018, especificamente dirigida à disciplina do negócio jurídico processual em execução fiscal.[2]

Reafirmamos, com um cenário tão positivo quanto esse, o que apontamos em nosso "Negócio jurídico processual em matéria tributária e as Portarias PGFN 33/2018 (art. 38) e 360/2018 (alterada pela 515/2018)":

> Aspectos formais à parte, porém, ao menos três importantes virtudes subjazem àquelas estruturas normativas: (I) além de revelar o apreço institucional da Procuradoria-Geral da Fazenda Nacional por mecanismos expressivos de consensualidade, (II) servem para estabelecer diretrizes padronizadas aos diversos agentes que integram seus quadros, (III) demonstrando, ainda, a disposição do órgão em reavaliar a intransponibilidade do dogma do "direito indisponível".[3]

Encômios à parte, um peculiar aspecto inerente ao último normativo mencionado (a Portaria PGFN 742/2018) precisa ser, pensamos, reavaliado, nem tanto porque juridicamente inviável, senão porque aparentemente dissociado do conceito-base – de negócio jurídico processual.

Falamos do assim designado "plano de amortização", um dos possíveis conteúdos contemplados na decantada portaria.

---

2. A postura da Procuradoria-Geral da Fazenda Nacional, ao editar os atos normativos referidos, evidencia que há, inclusive, desejável sinergia com as melhores práticas internacionais para incremento da segurança jurídica mediante redução do contencioso tributário, tal como as previstas no relatório *Tax Certainty* da Organização para Cooperação e Desenvolvimento Econômico (OCDE) (Cf. *Organization for Economic Co-operation and Development (OECD). Tax Certainty – IMF/OECD Report for the G20 Finance Ministers. March 2017.* Disponível em: <https://www.oecd.org/tax/tax-policy/tax-certainty-report-oecd-imf-report-g20-finance-ministers-march-2017.pdf> Acessado em: 05/06/2019).

3. *Inovações da cobrança do crédito tributário*, Juliana Furtado Costa Araújo e Paulo Cesar Conrado (coordenadores), São Paulo: Thomson Reuters Brasil, 2019, p. 191.

2. OS CONTEÚDOS DO NEGÓCIO JURÍDICO PROCESSUAL DE QUE TRATA A PORTARIA PGFN 742/2018

Em seu art. 1º, *caput*, a Portaria PGFN 742/2018 diz a que veio, fazendo-o a partir de um vocábulo juridicamente indefinido – "equacionamento". Eis sua literalidade:

> *Art. 1º. Esta Portaria estabelece os critérios para celebração de Negócio Jurídico Processual (NJP) no âmbito da Procuradoria-Geral da Fazenda Nacional, para fins de equacionamento de débitos inscritos em dívida ativa da União.*

Os parágrafos 1º e 2º do mesmo dispositivo supre a mencionada indefinição, delimitando o sentido da palavra ("equacionamento"). O fazem de modo a prescrever o que pode (parágrafo 2º) e o que não pode (parágrafo 1º) ser objeto do negócio jurídico processual, operação estipuladora dos sentidos "positivo" (o que pode) e "negativo" (o que não pode) de termo em princípio despido de sentido jurídico. Eis o teor desses parágrafos:

> *Art. 1º. (...)*
>
> *§ 1º. É vedada a celebração de NJP que reduza o montante dos créditos inscritos ou implique renuncia às garantias e privilégios do crédito tributário.*
>
> *[sentido negativo de "equacionamento"]*
>
> *§ 2º. Observado o disposto nesta Portaria, o Negócio Jurídico Processual para equacionamento de débitos inscritos em dívida ativa da União poderá versar sobre:*
>
> *I - calendarização da execução fiscal;*
>
> *II - plano de amortização do débito fiscal;*
>
> *III - aceitação, avaliação, substituição e liberação de garantias;*
>
> *IV - modo de constrição ou alienação de bens.*
>
> *[sentido positivo de "equacionamento"]*

Interessa-nos, no presente contexto, nem tanto a regra "negativa" do parágrafo 1º – até porque, sendo "processual" o negócio jurídico de que falamos, parece óbvio que se proíba sua celebração para fins de redução do crédito ou de renúncia a garantias e privilégios que lhe são (ao crédito tributário) próprios –, senão a "positiva", do parágrafo 2º, a que descreve, assertivamente, os conteúdos do negócio a ser celebrado em execução fiscal titularizada pela Procuradoria-Geral da Fazenda Nacional.

De tais conteúdos, a "calendarização" (inciso I), a "aceitação, avaliação, substituição e liberação de garantias" (inciso III) e o "modo de constrição ou alienação de bens" (inciso IV) são facilmente compreensíveis, assim pensamos, quando menos em termos de definição abstrata. O mesmo não pode ser dito, em contrapartida, em relação ao que se denominou "plano de amortização do débito fiscal", expressão contemplada no inciso II e sobre a qual recai, de chofre, a mesma indefinição que contamina a palavra "equacionamento".

Diferentemente do que se passa com esse último termo ("equacionamento") – para o qual, como vimos, a Portaria PGFN 742/2018 atribui explícito sentido, suprindo a incerteza em princípio deixada –, a locução "plano de amortização" não está ali, na mesma portaria suficientemente elucidada, impondo-se, daí, o desafio de estruturar seu significado.

E é justamente esse caminho que julgamos por bem trilhar neste texto, definindo o possível sentido da multicitada figura e, com isso, avaliar sua conformação (ou não) com o instituto que a albergaria, o negócio jurídico processual.

3. LINHAS GERAIS SOBRE O NEGÓCIO JURÍDICO PROCESSUAL

Negócio jurídico processual é instituto definido, sabe-se, no art. 190 do CPC\2015, dispositivo assim vazado:

> *Art. 190. Versando o processo sobre direitos que admitam autocomposição, é lícito às partes plenamente capazes estipular mudanças no procedimento para ajustá-lo às especificidades da causa e convencionar sobre os seus ônus, poderes, faculdades e deveres processuais, antes ou durante o processo.*

> *Parágrafo único. De ofício ou a requerimento, o juiz controlará a validade das convenções previstas neste artigo, recusando-lhes aplicação somente nos casos de nulidade ou de inserção abusiva em contrato de adesão ou em que alguma parte se encontre em manifesta situação de vulnerabilidade.*

Em reescritura sintética do enunciado legal, podemos definir negócio jurídico processual como convenção firmada, no âmbito do processo judicial, pelas partes ali operantes, convenção essa relativa ao procedimento a que o processo se vincula.

Para além das condições que decorrem da própria definição do instituto, três outras devem ser destacadas: (I) a submissão do direito subjacente ao processo a regime autocompositivo, (II) a plena capacidade das partes negociantes, (III) a formalização, mediata ou imediata, em ambiente judicial.

Observadas as premissas que assentam este trabalho, bem assim os objetivos a que ele se canaliza, não vamos gastar energia com as duas primeiras condições enunciadas, senão com a terceira, relacionada à ambientação do negócio jurídico qualificável como "processual".

4. A NECESSÁRIA INCORPORAÇÃO DA CONVENÇÃO AO AMBIENTE JUDICIAL PARA QUE ASSUMA CARÁTER "PROCESSUAL"

Embora pressuponha a autocomponibilidade do direito a que a lide se reporta (condição virtualmente presente, insistimos, no campo tributário),[4] o negócio jurídico processual expressa, por seu objeto, realidade diversa da autocomposição.[5]

---

4. Tanto é verdade que a autocomposição é compatível com o direito tributário que diversos programas federais de parcelamento incentivado, com descontos de multa e juros, foram editados ao longo dos últimos anos. Esses descontos de multa e juros aplicados são exemplos de concessão feita pela União que, em última instância, poderiam ser enxergadas como verdadeira transação, nos termos do art. 171 do Código Tributário Nacional. Esse exemplo corriqueiro evidencia o quão viável é a autocomposição em matéria tributária.

5. É justamente por pressupor, mas não se confundir, com a autocomposição, que a renúncia (I) de garantias e privilégios do crédito tributário ou (II) do próprio crédito

Incidindo, com efeito, sobre questões relativas ao procedimento a que se vincula o processo – daí, a propósito, a sede normativa em que lançado, o Código de Processo Civil –, não se inserem em sua pauta questões pertinentes à prestação materialmente debatida na demanda, tema de potencial autocomposição.

É o que se extrai da segunda parte do *caput* do mesmo art. 190 – "(...) é lícito às partes plenamente capazes estipular mudanças no procedimento para ajustá-lo às especificidades da causa e convencionar sobre os seus ônus, poderes, faculdades e deveres processuais, antes ou durante o processo."

Tomado esse sentido, é certo dizer que, pertinente à atividade processual, a convenção estabelecida pelas partes só autorizará a formação de negócio jurídico processual em sentido estrito (subsumindo-se ao indigitado art. 190) se assentada no ambiente judicial, *locus* para a produção de seus efeitos.

Por isso a formalização, imediata ou diferida, em referido ambiente (o judicial) é, assim já dissemos, condição para seu aperfeiçoamento.

Isso não quer significar, por certo, que o negócio jurídico processual não possa ser inicialmente celebrado na seara extrajudicial – e até antes da formação do processo –, mas sim que a definitiva assunção do rótulo preconizado pelo art. 190 do Código de Processo Civil demanda a oportuna internalização no processo, de modo a produzir, ali, os efeitos modificativos dele esperados.

Dessa observação deriva importante classificação dos negócios jurídicos processuais – inclusive e principalmente os celebráveis pela Procuradoria-Geral da Fazenda Nacional –, escorada, tal classificação, na simultânea análise da origem e do tempo da convenção.

Temporalmente, a convenção originadora do negócio jurídico pode (I) preceder a instauração do processo judicial ou,

---

tributário inscrito em dívida ativa, fazem parte do sentido negativo de "equacionamento" por nós referido, não podendo ser contemplados, por conseguinte, dos negócios jurídicos processuais de que tratamos.

lado outro, (II) lhe ser incidental. As primeiras (as convenções pré-processuais) são, em sua gênese, necessariamente extrajudiciais (ou administrativas, usando vocabulário mais rente à realidade tributária). As outras (as incidentais ao processo) podem ser firmadas em ambiente (I) administrativo ou (II) diretamente judicial (como quando, em audiência para tanto designada, delibera-se, com imediata intervenção homologatória do Juízo, sobre questões relativas à produção da prova pericial), formatando-se, assim, o seguinte quadro de possibilidades:

<table>
<tr><td rowspan="3">convenção geradora do NJP</td><td>1) antecedente ao processo</td><td>porque antecedente, é necessariamente firmada em ambiente administrativo</td></tr>
<tr><td rowspan="2">2) incidental ao processo</td><td>2.1) pode ser firmada administrativamente</td></tr>
<tr><td>2.2) pode ser firmada em ambiente diretamente judicial</td></tr>
</table>

A identificação dessas variáveis permite o reconhecimento daquelas em que é crucial a oportuna internalização da convenção ao ambiente judicial, condição para que se identifique o negócio jurídico como "processual".

É o que ocorre nas situações "1" e "2.1": por originalmente estranhas ao processo, as convenções firmadas essas hipóteses devem ser a ele (processo judicial) levadas, ganhando, aí sim, a possível envergadura dada pelo Código de Processo Civil (art. 190).

5. ENQUADRAMENTO DO NEGÓCIO JURÍDICO PROCESSUAL DE QUE TRATA A PORTARIA PGFN 742/2018

A Portaria PGFN 742/2018 reporta-se, em seu preâmbulo, ao art. 190 do CPC, mas, a despeito disso, estabelece balizas para a consecução de convenções essencialmente extrajudiciais – opção naturalmente compreensível, uma vez que as atividades conduzidas em ambiente administrativo não podem prescindir de balizas concretas, no mínimo por uma questão de impessoalidade.

É o que se conclui, sem maiores dificuldades, analisando-se a forma como opera o procedimento naquele normativo fixado.

Segundo o art. 4º, com efeito, a deflagração do procedimento tendente a implementar a convenção é de iniciativa do sujeito passivo, devendo o correspondente requerimento conter, cumulativa ou não (conforme o caso concreto), os requisitos descritos nos incisos do respectivo parágrafo único.[6] Tal requerimento, dirigido que é às autoridades administrativas arroladas no art. 5º, tem indubitável trânsito extrajudicial,[7]

---

6. Art. 4º. O devedor poderá solicitar a celebração de NJP, observados os procedimentos descritos nesta Portaria.
Parágrafo único. O requerimento deverá conter, conforme o caso
I - a qualificação completa do requerente e de seus administradores;
II - as informações relativas à atual situação econômico-financeira da Pessoa Jurídica;
III - a relação de bens e direitos de propriedade do requerente, com a respectiva localização destinação e valor atual e de mercado;
IV - relação dos bens particulares dos controladores, administradores, gestores e representantes legais do sujeito passivo e o respectivo instrumento, discriminando a data de sua aquisição, o seu valor atual estimado e a existência de algum ônus, encargo ou restrição de penhora ou alienação, legal ou convencional, neste último caso com a indicação da data de sua constituição e da pessoa a quem ele favorece;
V - declaração de que o sujeito passivo ou responsável tributário, durante o plano de amortização, não alienará bens ou direitos sem proceder à devida comunicação à Fazenda Nacional;
VI - indicação dos débitos que deseja incluir no negócio jurídico, com o respectivo plano de amortização;
VII - proposta para equacionamento do passivo fiscal inscrito, observado o disposto nos arts. 3º e 4º desta Portaria;
VIII - relação de bens e direitos que comporão as garantias do NJP, inclusive de terceiros, observado o disposto nos arts. 9º e 10 da Portaria PGFN nº 33/2018;

7. Art. 5º. A proposta de Negócio Jurídico Processual será analisada:
I - pela unidade da Procuradoria-Geral da Fazenda Nacional do domicílio do devedor, nos casos de NJP que objetive estabelecer plano de amortização do débito fiscal;
II - pela unidade da Procuradoria-Geral da Fazenda Nacional responsável pelo acompanhamento das execuções fiscais ajuizadas, nos demais casos.
Parágrafo único. Havendo indicação de débitos cujas execuções fiscais são de responsabilidade de outra unidade da PGFN, a unidade recebedora deverá encaminhar a proposta de NJP à unidade competente.

conclusão que se confirma pela consulta das demais regras de procedimento ali, na portaria, contidas – assim (I) a que descreve as averiguações preliminares a serem feitas pela autoridade processante (art. 6º),[8] (III) a que anuncia a potencial designação de reunião(ões) para discussão do requerimento (art. 7º),[9] (iii) a que autoriza a ampliação instrutória mediante inspeção "administrativa" (art. 8º) – ,[10] todas regras que retêm o procedimento ao decantado plano, o administrativo.

---

8. Art. 6º. Recebido o requerimento, a unidade da PGFN deverá:
I - analisar o atual estágio das execuções fiscais movidas contra o devedor e a existência de exceção, embargos ou qualquer outra ação proposta contra o crédito;
II - verificar a existência de garantias já penhoradas em execuções fiscais movidas pela PGFN, o valor e a data a da avaliação oficial e se houve tentativa de alienação judicial dos bens penhorados;
III - verificar a existência de garantias ofertadas em parcelamentos administrados pela PGFN, ainda que já extintos por pagamento ou rescindidos por descumprimento das obrigações;
IV - verificar a existência de débitos não ajuizados ou pendentes de inscrição em dívida ativa da União;
V - analisar o histórico fiscal do devedor, especialmente a concessão de parcelamentos anteriores, ordinários ou especiais, eventuais ocorrências de fraude, inclusive à execução fiscal, ou quaisquer outras hipóteses de infração à legislação com o propósito de frustrar a recuperação dos créditos devidos;
VI - analisar a aderência da proposta apresentada à atual situação econômico-fiscal do devedor e suas projeções de geração de resultados, podendo, se for o caso, solicitar documentos e informações complementares.

9. Art. 7º. Para celebração do NJP, poderão ser agendadas reuniões para discussão da proposta do devedor ou apresentação de contraproposta da PGFN, nas quais participarão, respeitada a abrangência territorial:
I - o Procurador-Regional, o Procurador-Chefe da Dívida Ativa, o Procurador-Chefe ou o Procurador-Seccional, tratando-se de acordo celebrado perante a unidade Regional, Estadual ou Seccional, ou outro procurador por estes designado;
II - o administrador, o procurador ou o representante legal da pessoa jurídica requerente, esse último munido de procuração com poderes específicos.

10. Art. 8º. A fim de averiguar a concreta situação operacional e patrimonial do requerente, a chefia da unidade da PGFN responsável pela análise do NJP poderá designar procurador da Fazenda Nacional para coordenar inspeção no estabelecimento comercial, industrial ou profissional do devedor.
Parágrafo único. O devedor requerente será comunicado da inspeção pela Procuradoria-Geral da Fazenda Nacional com até 48 (quarenta e oito) horas de antecedência.
Esse dispositivo tem seu fundamento de validade inscrito, em última análise, no art. 194 do Código Tributário Nacional, o qual prevê a possibilidade de a legislação tributária – expressão que, nos termos do art. 96 do mesmo *codex*, engloba as normas complementares, assim entendidas como atos administrativos expedidos pelas

6. NEGÓCIO JURÍDICO PROCESSUAL OU NEGÓCIO JURÍDICO ADMINISTRATIVO?

Como toda convenção de origem administrativa, também a firmada nos termos da Portaria PGFN 742/2018 – pressupondo-se, evidentemente, a aprovação, mesmo que parcial, do requerimento do sujeito passivo –,[11] demandará, assim já o dissemos, oportuna reversão ao ambiente judicial, momento em que a vontade convergente dos envolvidos passará a determinar, dentro dos limites da convenção, a forma de encaminhamento dos atos processuais – propósito último do negócio jurídico como tal ("processual") qualificável.

Pois é justamente aí, quando retomamos essa observação, que surge o "problema" do "plano de amortização", um dos possíveis conteúdos, de acordo com o art. 1º, parágrafo 2º, inciso II, da Portaria PGFN 742/2018, do negócio jurídico processual ali disciplinado.

Sem dizer, com clareza, o que vem a ser essa figura, a portaria, por seu art. 3º, oferece algumas pistas, fazendo-o nos seguintes termos:

> *Art. 3º. Sem prejuízo da previsão de outras obrigações decorrentes das peculiaridades do caso concreto, o NJP que objetive estabelecer plano de amortização do débito fiscal deverá prever, cumulativa ou alternativamente, as seguintes condições:*
>
> *I - confissão irrevogável e irretratável dos débitos inseridos no NJP, renovada a cada pagamento periódico;*
>
> *II - oferecimento de depósito em dinheiro de parcela dos débitos inscritos;*

---

autoridades respectivas (artigo 100, inciso I) – definir as competências e os poderes das autoridades administrativas em matéria de fiscalização.

11. Art. 9º. Havendo aceitação da proposta feita pelo devedor ou da contraproposta apresentada pela PGFN, a unidade responsável deverá redigir o NJP, contendo a qualificação das partes, as cláusulas e condições gerais do acordo, os débitos envolvidos com indicação das respectivas execuções fiscais e os juízos de tramitação, o prazo para cumprimento, a descrição detalhada das garantias apresentadas e as consequências em caso de descumprimento.

III - oferecimento de outras garantias idôneas, desde que observada a ordem do art. 11 da Lei nº 6.830, de 22 de novembro de 1980, se não houver compromisso de gradual substituição por depósito em dinheiro, em prazo certo;

IV - quitação de parcela dos débitos inscritos em dívida ativa da União, ajuizados ou não;

V - constrição de parcela sobre faturamento mensal ou de recebíveis futuros;

VI - compromisso de garantir ou parcelar, no prazo máximo de 30 (trinta) dias, débitos inscritos em dívida ativa após a celebração do NJP;

VII - rescisão em hipótese de superveniência de falência ou outro mecanismo de liquidação judicial ou extrajudicial;

VIII - apresentação de garantia fidejussória dos administradores da pessoa jurídica devedora, independentemente da apresentação de outras garantias

IX - prazo de vigência não superior a 120 (cento e vinte) meses, salvo autorização expressa da Coordenação-Geral de Estratégias de Recuperação de Créditos;

X - modificação da competência relativa para reunião dos processos no juízo prevento;

XI - condição resolutória a ulterior homologação judicial, quando for o caso, observado o disposto no art. 11.

Vistas em sua intimidade as condições prescritas pelo dispositivo, constatamos que parte expressiva delas não tem nada que ver com a forma de processamento da execução, ressalva feita (i) à formalização de garantia (depósito, fiança, constrição de parcela do faturamento ou outras modalidades) e (ii) à modificação de competência relativa para fins de reunião de processos isoladamente ajuizados – casos em que a convenção conteria aspectos processuais cuja eficácia está evidentemente vinculada à avaliação judicial.

No mais, porém, só é possível entender as condições registradas pela portaria se vinculadas a potencial parcelamento, ideia que, embora oculta na portaria, é a que melhor se acomoda ao chamado "plano de amortização".

Nesse sentido, é revelador o conteúdo do parágrafo 1º do mesmo art. 3º, regra que, sem chamá-las de "parcelas", dá às "amortizações mensais" tratamento tal qual o das prestações inerentes a anterior parcelamento. Eis seus termos:

> *Art. 3º. (...).*
>
> *§ 1º. Tratando-se de devedor excluído de qualquer modalidade de parcelamento administrado pela PGFN, o valor mínimo das amortizações mensais não poderá ser inferior à última parcela paga quando ativo o parcelamento, atualizada pelos mesmos índices de correção do débito inscrito.*

Igualmente reveladores se mostram, na mesma linha, os subsequentes parágrafos 2º e 3º, dispositivos que, em conjunto considerados, deixam entrevisto que o tal "plano de amortização" constitui uma forma peculiar de parcelamento, a envolver créditos ajuizados – tanto assim que a inclusão dos não ajuizados na convenção (leia-se, no "plano de amortização") dependerá de explícita concordância com o pronto ajuizamento de execução fiscal (parágrafo 2º) ou, alternativamente, com a celebração de parcelamento "convencional"[12-13].

Com essas observações traçadas, reafirma-se a impressão desde antes apontada: a portaria redefine, obliquamente, o que seria verdadeiro parcelamento, tratando-o a partir de expressão estranha ao sistema.

---

12. Art. 3º. (...)
§ 2º. Para incluir débitos inscritos e não ajuizados no NJP, o requerente deverá concordar expressamente com o ajuizamento da execução fiscal correspondente.
§ 3º. Não havendo concordância com o ajuizamento da execução fiscal, nos termos do parágrafo anterior, o requerente deverá efetuar o parcelamento dos débitos não ajuizados.

13. Eis aqui um dado curioso: caso não manifeste expressa concordância com o ajuizamento da execução fiscal, a aprovação do plano de amortização dependerá da inclusão do débito em programa de parcelamento que, segundo cremos, seria o "convencional", ordinariamente previsto nos arts. 10 a 13 e 14 a 14-F da Lei n. 10.522/2002 e regulamentado pela Portaria PGFN 448/2019, a qual possibilita ao contribuinte o parcelamento, em até 60 parcelas mensais, de débitos fiscais de qualquer natureza inscritos em dívida ativa. Diferentemente desse regime, a Portaria PGFN 742/2018 possibilita que o parcelamento ali tratado de "plano de amortização" tenha um prazo de vigência de até 120 meses. Pragmaticamente, reitera-se, portanto, a ideia de que, confrontado com o modelo convencional (ordinário), o parcelamento extravagantemente denominado de "plano de amortização" constitui uma derivação peculiar, temporalmente mais vantajosa, em tese, para o sujeito passivo.

Essa ginástica conceitual parece vinculada ao desejo de potencializar a regra contida no parágrafo 4º do multicitado art. 3º, segundo a qual "sem prejuízo da legislação aplicável aos débitos negociados, a celebração de NJP que objetive estabelecer plano de amortização do débito fiscal não suspende a exigibilidade dos créditos inscritos em dívida ativa da União", restrição minimizada pelo dispositivo imediatamente seguinte, em que se lê:

> *Art. 3º. (...)*
>
> *§ 5º. A concessão de certidão negativa de débito ou de certidão positiva com efeito de negativa fica condicionada ao cumprimento dos requisitos previstos nos artigos 205 e 206 da Lei nº 5.172, de 25 de outubro de 1966 (Código Tributário Nacional).*

Vale dizer: "plano de amortização" corresponderia a especial caso de parcelamento, na visão da Procuradoria-Geral da Fazenda Nacional despido do efeito prescrito pelo art. 151 do Código Tributário Nacional, uma vez vinculada, tal categoria, a créditos para os quais, na visão fazendária, a liberação de certidão de regularidade fiscal dependeria da prestação de garantia.

Sem avançar sobre a (in)correção dessa aparente revisão do sentido do art. 151 do Código Tributário Nacional, uma coisa nos parece certa: funcionando como parcelamento, o "plano de amortização" de que trata a Portaria PGFN 742/2018 não é, em si, elemento compatível com o conceito de negócio jurídico processual, apresentando-se muito mais como variável autocompositiva.

Talvez por isso, a mesma portaria, em seus arts. 11, *caput* e parágrafo 1º, e 12, trate a homologação judicial como elemento eventual, diferentemente do que sinaliza o art. 190 do Código de Processo Civil; confira-se:

> *Art. 11. Autorizada a celebração do NJP, a unidade da PGFN deverá formalizar, quando for o caso, o pedido de homologação judicial nos autos da execução fiscal, cumulado com requerimento de suspensão do processo, nos termos do art. 313, II, da Lei nº 13.105, de 16 de março de 2015 (Código de Processo Civil).*
>
> *§ 1º. Quando se reputar necessária a homologação judicial e houver mais de uma execução fiscal contra o mesmo devedor, o*

Procurador da Fazenda Nacional deverá requerer a reunião dos processos no juízo prevento, nos termos do art. 28 da Lei nº 6.830, de 22 de setembro de 1980, ou de eventual cláusula de modificação da competência territorial prevista no NJP.

(...)

[grifamos]

Art. 12. Implicará rescisão do NJP:

(...)

VII - a não homologação judicial, quando for o caso;

(...)

[grifamos]

Fazendo essa opção – ou seja, dizendo que a homologação pode ou não ser necessária –, indiretamente a portaria reconhece que, em certa fração, a convenção (ou melhor, o plano de amortização nela contido) pode contemplar elementos que extrapolam o âmbito de abrangência do negócio jurídico processual, estando insubmisso, por conseguinte, a controle de validade judicial.

Ao final, retomamos a indagação que dá título a esse último tópico: a Portaria PGFN 742/2018 trata do quê? De negócio jurídico processual, *ex vi* do art. 190 do CPC, ou de um instrumento potencialmente híbrido – negócio jurídico processual naquilo que é pertinente a esse universo (definição de garantias, estabelecimento de percentual de constrição sobre faturamento, por exemplo) e negócio jurídico "administrativo" naquilo que, por pertinente à solução do litígio (materialmente considerado), está afeito a outro plano, o das formas autocompositivas de eficácia diferida, caso típico dos parcelamentos?

Um último registro: a potencial redefinição do "plano de amortização", retirando-o do campo de reconhecimento do negócio jurídico processual, não faz nem de longe menos louvável a postura assumida pela Procuradoria-Geral da Fazenda Nacional no trato do assunto, postura essa que, tomada como bom pretexto, pode impulsionar o sistema na direção de uma "nova" (e importante) figura, a do "negócio jurídico administrativo".

O CRÉDITO FISCAL COMO GARANTIA NA EXECUÇÃO FISCAL E PROCEDIMENTOS ADMINISTRATIVOS PRÉVIOS

***Mary Elbe Queiroz*[1]**

***Antonio Carlos F. de Souza Júnior*[2]**

INTRODUÇÃO

Não é de hoje que discutimos um modelo ideal ou, pelo menos, melhor e mais eficiente para execução fiscal no Brasil, pois, a dinâmica da relação fisco/contribuinte passou a exigir maior

---

1. Pós-Doutora pela Universidade de Lisboa. Doutora em Direito Tributário (PUC/SP). Mestre em Direito Público (UFPE). Pós-graduação em Direito Tributário: Universidade de Salamanca – Espanha e Universidade Austral – Argentina. Presidente do Instituto Pernambucano de Estudos Tributários – IPET. Membro Imortal da Academia Brasileira de Ciências Econômicas, Políticas e Sociais – ANE. Membro do Comitê Superior de Assuntos Jurídicos e Legislativos da FIESP (CONJUR). Membro da Comissão de Juristas para Estudo da Desburocratização do Senado. Membro da Comissão Permanente de Revisão e Simplificação da Legislação Tributária do Estado de Minas Gerais. Coordenadora do IBET em Pernambuco. Professora. Livros e artigos publicados e palestras no Brasil e exterior. Advogada.

2. Doutorando em Direito Tributário (USP-SP). Mestre em Direito (UNICAP-PE). Pós-graduação em Direito Tributário pelo IBET/SP. Professor do Curso de Pós-graduação do IBET. Membro Fundador da Associação Brasileira de Direito Processual – ABDPro. Membro da Associação Norte Nordeste de Professores de Processo – ANNEP. Vice-presidente da Comissão de Assuntos Tributários da OAB/PE. Advogado.

eficiência, qualidade e agilidade na cobrança do crédito tributário. Com as reformas da execução civil, promovidas pelas Leis 11.232/2005 e 11.382/2006, ainda, no Código de Processo Civil de 1973 (já revogado) e, com a entrada em vigor do novo CPC, o debate sobre uma reforma da execução fiscal ganhou um novo fôlego.

Além do debate sobre um novo modelo judicial para a cobrança do crédito tributário, estamos acompanhamos as iniciativas por parte da Procuradoria da Fazenda Nacional para criar procedimentos administrativos tendentes aprimorar a cobrança judicial do crédito, bem como a criação de procedimentos extrajudiciais de cobrança. Destacamos, neste sentido, as mudanças promovidas pela Lei 13.606/2018 e a criação dos procedimentos previstos na Portaria PGFN 33/2018 e na Portaria PGFN 742/2018[3].

É justamente neste contexto de busca por aprimoramentos no sistema de cobrança que lançamos ao debate os aspectos atinentes à utilização do crédito fiscal para garantia "pré-executória" ou judicial nas execuções fiscais. Para melhor delimitação do tema iremos tratar da questão sob a óptica do crédito federal, porém, é totalmente aplicável o mesmo raciocínio aqui desenvolvido para outros créditos.

Para tanto, iremos discorrer sobre o regime jurídico material dos créditos e os mecanismos de aproveitamento previstos na legislação material. Em seguida, iremos analisar os mecanismos de garantia e/ou penhora da legislação processual com ênfase na possibilidade de penhora e mitigação da ordem de preferência prevista no art. 11 da Lei 6.830/80.

Finalmente, trataremos a utilização do crédito fiscal como garantia nos procedimentos prévios ao ajuizamento da execução fiscal, destacando os benefícios da aceitação e expropriação do crédito na esfera administrativa.

---

3. No mesmo sentido: *Projeto de Lei nº 1.646/2019*. Ementa: Estabelece medidas para o combate ao devedor contumaz e de fortalecimento da cobrança da dívida ativa e altera a Lei nº 6.830, de 22 de setembro de 1980, a Lei nº 8.397, de 6 de janeiro de 1992, e a Lei nº 9.430, de 27 de dezembro de 1996. Disponível em: https://www.camara.leg.br/proposicoesWeb/fichadetramitacao?idProposicao=2194879

1. A CONFIGURAÇÃO JURÍDICA DO CRÉDITO FISCAL

A Constituição Federal, ao delimitar e distribuir as competências tributárias aos Estados, Distrito Federal e a União, selecionou alguns tributos que deveriam ser não-cumulativos. É o caso, por exemplo, do ICMS (art. 155, §2º, inciso II), do IPI (art. 153, §3º, inciso II), da Contribuição para o PIS e da COFINS (art. 195, §12º).

Na Carta Política, a não-cumulatividade funciona como um limite objetivo ao ente (União, Estados e Distrito Federal) para instituição de tributos que envolvam uma determinada cadeia produtiva. Quando introduzida na legislação dos tributos, ela se apresenta "como uma técnica que opera sobre o conjunto das operações econômicas entre vários setores da vida social, para que o impacto da percussão tributária não provoque certas distorções já conhecidas pela experiência histórica, como a tributação em cascata, com efeitos danosos para apuração dos preços e crescimento estimulado na aceleração inflacionária"[4].

Sua atuação é no momento da apuração do montante do tributo que deve efetivamente ser recolhido, funcionando como um mecanismo de reduções e/ou compensações do tributo devido quando aplicada a alíquota à base de cálculo prevista na norma tributante, especialmente para que, além de desonerar a cadeia produtiva, também evitar duplicidade de pagamento do mesmo tributo sobre a mesma base de cálculo.

Há vários métodos para a aplicação da não-cumulatividade, para evitar a "cascata" na tributação como o *tax on tax* (imposto-contra-imposto) ou *basis on basis* (base-contra-base). Com isso, busca-se gravar apenas a riqueza agregada pelo contribuinte ao bem ou serviço. Por esta razão, a não-cumulatividade admite, também, o método de adição (somam-se os dispêndios do contribuinte para produção ou venda do bem

---

4. CARVALHO, Paulo de Barros. *Direito Tributário, Linguagem e Método*. 3ª ed. São Paulo: Noeses, 2009. p. 319.

ou serviço e tributa-se a medida exata da adição de valor ao objeto tributável)"[5].

No Brasil, a não-cumulatividade é concretizada por meio de introdução de normas que permitem o reconhecimento de créditos decorrentes de aquisições ou operações anteriores e utilização em etapas posteriores para redução do valor do recolhimento do tributo. A título exemplificativo destaca-se o art. 49 do Código Tributário Nacional[6].

A regra que introduz a técnica da não-cumulatividade, porém, não constitui elemento redutor da base de cálculo dos tributos e, por conseguinte, não compõe a regra-matriz de incidência tributária. Trata-se de regra autônoma que possui o condão de reduzir o *quantum* a ser pago por meio da confrontação da obrigação tributária (débito – valor a recolher) com a regra que institui um direito ao reembolso (crédito – valor já recolhido nas etapas anteriores)[7].

Além da aplicação da sistemática ordinária de créditos e débitos, a legislação também prevê, em determinados casos, a apropriação de créditos presumidos ou outras modalidades de créditos nela não usualmente previstas.

Desta feita, o recolhimento do tributo envolve a conjugação do montante de créditos permitidos pela legislação e o montante do tributo apurado na operação posterior. Quando há saldo positivo (débito) o Contribuinte deve efetuar o recolhimento do tributo.

---

5. MOREIRA, André Mendes. *A não-cumulatividade dos tributos*. São Paulo: Noeses, 2010. p.63.

6. Art. 49. O imposto é não-cumulativo, dispondo a lei de forma que o montante devido resulte da diferença a maior, em determinado período, entre o imposto referente aos produtos saídos do estabelecimento e o pago relativamente aos produtos nele entrados. Parágrafo único. O saldo verificado, em determinado período, em favor do contribuinte transfere-se para o período ou períodos seguintes.

7. CARVALHO, Paulo de Barros. *Direito Tributário, Linguagem e Método*. 3ª ed. São Paulo: Noeses, 2009. p. 321.

Para contextualizar a sistemática, utilizaremos um singelo exemplo de apuração de crédito de IPI: Empresa A industrializa um produto com operação de saída no valor de R$ 100 e, considerando a alíquota de IPI de 10%, apura um débito de R$ 10. Porém, para fabricar o seu produto, a Empresa A adquiriu insumos (matéria-prima, material de embalagem e produto intermediário) com tributação de IPI com o valor total de R$ 8. Assim, com a conjugação do crédito (R$ 8) com o débito (R$ 10), o valor a ser recolhido será R$ 2.

É possível, porém, que o valor do crédito apurado seja superior ao montante apurado na operação subsequente. Neste caso, haverá um saldo negativo (crédito), desobrigando o recolhimento do tributo na operação e possibilitando o seu aproveitamento em outras operações subsequentes. Ainda o mesmo exemplo: imagine que a saída do produto seja destinada à exportação, não havendo a incidência de IPI na saída, restará, assim, um crédito de 2 a favor do contribuinte.

Há outras formas de apurar "créditos" perante o Fisco como, por exemplo, nos casos de pagamentos em montante superior ao devido ou pagamento de tributos indevidos. Tais créditos estão sujeitos à sistemática de repetição do indébito, prevista no art. 165 do Código Tributário Nacional[8].

Neste contexto, o Código Tributário Nacional, reconhece a necessidade de procedimentos para regular as formas de restituição dos créditos fiscais apurados em face da concessão de direito de crédito previsto na legislação dos tributos

---

8. Art. 165. O sujeito passivo tem direito, independentemente de prévio protesto, à restituição total ou parcial do tributo, seja qual for a modalidade do seu pagamento, ressalvado o disposto no § 4º do artigo 162, nos seguintes casos: I - cobrança ou pagamento espontâneo de tributo indevido ou maior que o devido em face da legislação tributária aplicável, ou da natureza ou circunstâncias materiais do fato gerador efetivamente ocorrido; II - erro na edificação do sujeito passivo, na determinação da alíquota aplicável, no cálculo do montante do débito ou na elaboração ou conferência de qualquer documento relativo ao pagamento; III - reforma, anulação, revogação ou rescisão de decisão condenatória.

não-cumulativos e a devolução dos recolhimentos indevidos, inclusive possibilitando a compensação[9].

2. REGIME JURÍDICO DE LIQUIDAÇÃO DO CRÉDITO FISCAL FEDERAL

A legislação tributária federal, ao disciplinar os procedimentos para requerimento e liquidação do crédito fiscal, estabeleceu uma distinção entre créditos sujeitos ao pedido de restituição e créditos sujeitos ao pedido de ressarcimento[10]. Atualmente, as regras de ressarcimento e restituição estão sistematizadas na Instrução Normativa Receita Federal do Brasil 1.717/2017 com alterações posteriores.

O procedimento de restituição está atrelado ao pagamento indevido de crédito tributário, por meio de recolhimento no documento de arrecadação (ex: DARF, GPS), isto é, a sistemática possui direta ligação com os casos de repetição de indébito a que alude o art. 165 do CTN.

Por outro lado, o crédito da não-cumulatividade, previsto na legislação específica de cada tributo federal, é apurado na escrituração contábil do contribuinte e utilizado para dedução do imposto devido em cada período de apuração nos seus registros contábil-fiscais.

Caso não seja deduzido integramente no período em que se originou, o crédito também pode ser utilizado para dedução em períodos subsequentes ou, depois de encerrado o trimestre (marco temporal estabelecido na legislação tributária), ser

---

9. Art. 170. A lei pode, nas condições e sob as garantias que estipular, ou cuja estipulação em cada caso atribuir à autoridade administrativa, autorizar a compensação de créditos tributários com créditos líquidos e certos, vencidos ou vincendos, do sujeito passivo contra a Fazenda pública.

10. Lei nº 9.430/1996. Art. 73. A restituição e o ressarcimento de tributos administrados pela Secretaria da Receita Federal do Brasil ou a restituição de pagamentos efetuados mediante DARF e GPS cuja receita não seja administrada pela Secretaria da Receita Federal do Brasil será efetuada depois de verificada a ausência de débitos em nome do sujeito passivo credor perante a Fazenda Nacional.

objeto de devolução ao contribuinte, mediante sistemática de ressarcimento e utilizado para compensação com outros tributos vencidos ou vincendos.

O pedido (ressarcimento ou restituição), em regra, é apresentado em formato magnético e elaborado a partir do programa PER/DCOMP da Receita Federal do Brasil. Após a formalização do pedido, compete a Delegacia da Receita Federal do Brasil decidir, por meio de despacho decisório, a procedência do crédito pleiteado. O processo decisório geralmente é precedido de uma fiscalização para verificação da legitimidade do crédito pleiteado.

Não existe na Instrução Normativa um prazo específico para a edição do despacho decisório. Contudo, o Superior Tribunal de Justiça[11] possui entendimento no sentido de que o pedido deve ser apreciado em até 360 dias, nos termos do art. 24 da Lei 11.457/2007[12], sob pena de configuração da mora para fins de atualização monetária. Tal entendimento tem permitido ingresso de medidas judiciais para agilizar o exame dos pedidos de restituição e/ou ressarcimento quando expirado o prazo legal.

Reconhecido o direito de crédito (restituição ou ressarcimento) pelo despacho decisório do Delegado da Receita Federal do Brasil, compete à própria delegacia promover a devolução do crédito pleiteado por meio de pagamento na conta

11. TRIBUTÁRIO E PROCESSUAL CIVIL. AGRAVO INTERNO NO RECURSO ESPECIAL. CREDITAMENTO. CORREÇÃO MONETÁRIA. PRAZO DE 360 DIAS PARA ANÁLISE DO PEDIDO DO CONTRIBUINTE. ART. 24 DA LEI N. 11.457/2007. NECESSIDADE DE REEXAME DO CONTEXTO FÁTICO-PROBATÓRIO. SÚMULA 7/STJ. 1. A Primeira Seção do STJ, no julgamento do REsp 1.035.847/RS, sob o rito do art. 543-C do CPC, firmou entendimento de que o aproveitamento de créditos escriturais, em regra, não dá ensejo à correção monetária, exceto quando obstaculizado injustamente o creditamento pelo fisco. A jurisprudência do STJ também se posicionou no sentido de que superado o prazo de 360 (trezentos e sessenta) dias para a análise dos pedidos de ressarcimento, tem-se por configurada a resistência ilegítima do Fisco. (AgInt no REsp 1567339/RS, Rel. Ministro OG FERNANDES, SEGUNDA TURMA, julgado em 16/03/2017, DJe 22/03/2017).

12. Art. 24. É obrigatório que seja proferida decisão administrativa no prazo máximo de 360 (trezentos e sessenta) dias a contar do protocolo de petições, defesas ou recursos administrativos do contribuinte.

corrente indicada pelo contribuinte, conforme expressamente consignado no art. 147 da Instrução Normativa 1.717/2017[13].

Por outro lado, o parágrafo único do art. 73[14] da Lei 9.430/1996 impõe o dever de a autoridade administrativa, antes de proceder ao pagamento, efetuar a compensação de ofício com valores exigíveis perante a Receita Federal do Brasil e Procuradoria da Fazenda Nacional, o que poderá ser objeto de questionamento judicial (não adentraremos neste debate por não ser o objeto deste trabalho).

Logo, o crédito fiscal (direito do contribuinte junto a União) em questão, indubitavelmente, constitui mecanismo hábil para a quitação dos tributos cobrados pela União, por meio da Procuradoria da Fazenda Nacional, inclusive em execução fiscal, seja mediante o recebimento dos valores em dinheiro em conta corrente ou por meio da compensação de ofício determinada pela lei. Note-se que a devolução dos valores não prescinde de execução ou pagamento mediante regime de precatórios ou RPV.

Isto é, após o seu deferimento por despacho decisório, o crédito fiscal pode, facilmente, ser equiparado à dinheiro, pois a legislação determina o seu pagamento em dinheiro ou por meio de compensação de ofício com tributos em atraso, o que denota uma forte liquidez dos valores objeto de ressarcimento ou restituição.

---

13. Art. 147. O pagamento da restituição, do ressarcimento e do reembolso será efetuado pela RFB exclusivamente mediante crédito em conta corrente bancária ou de poupança de titularidade do beneficiário.
§ 1º Ao pleitear a restituição, o ressarcimento ou o reembolso, o requerente deverá indicar o banco, a agência e o número da conta corrente bancária ou de poupança de titularidade do sujeito passivo na qual pretende que o crédito seja efetuado.

14. Art. 73. Parágrafo único. Existindo débitos, não parcelados ou parcelados sem garantia, inclusive inscritos em Dívida Ativa da União, os créditos serão utilizados para quitação desses débitos, observado o seguinte: I - o valor bruto da restituição ou do ressarcimento será debitado à conta do tributo a que se referir; II - a parcela utilizada para a quitação de débitos do contribuinte ou responsável será creditada à conta do respectivo tributo.

Até o reconhecimento do crédito por meio do despacho decisório, entretanto, o contribuinte ainda não possui a disponibilidade do dinheiro, mas sim um direito (direito de crédito garantido na legislação tributária) que ainda depende de concretização pela homologação. Com isso, antes da efetivação da devolução (entrega do dinheiro ou compensação de ofício), o contribuinte possui um direito quantificável, o qual já deve ser integrado ao seu patrimônio e contabilizado como um ativo, conforme disposto no art. 179 da Lei 6.404/76.

Neste contexto, ao se integrar ao patrimônio do contribuinte, o crédito fiscal já é passível de ser penhorado em eventual execução fiscal, pois o art. 10º da Lei 6.830/1980 (LEF) permite que a penhora recaia sobre qualquer bem do Executado, ressalvando apenas as hipóteses de impenhorabilidade previstas na legislação supletiva:

> *Art. 10 - Não ocorrendo o pagamento, nem a garantia da execução de que trata o artigo 9º, a penhora poderá recair em qualquer bem do executado, exceto os que a lei declare absolutamente impenhoráveis.*

Sendo assim, o crédito é qualificado juridicamente como um direito, um verdadeiro bem,-integrante do patrimônio do contribuinte e passível de quantificação em dinheiro. Tal direito deve ser enquadrado nas hipóteses previstas no art. 11, inciso II, da Lei 6.830/80 e no art. 835, inciso XIII, do CPC-2015:

> *Art. 11 - A penhora ou arresto de bens obedecerá à seguinte ordem:*
>
> *(...)*
>
> *VIII - direitos e ações.*
>
> *Art. 835. A penhora observará, preferencialmente, a seguinte ordem:*
>
> *(...)*
>
> *XIII - outros direitos.*

Aliás, o crédito fiscal, quando penhorado em execução fiscal da União Federal, possui um altíssimo grau de liquidez e certeza, haja vista que a própria exequente é a devedora e terá o absoluto controle do tempo para efetivação do direito indicado à penhora, ou seja, a transformação do crédito em dinheiro dependerá exclusivamente da exequente.

Destacamos que, diferentemente de outros bens, a efetivação da execução não dependerá de decisão judicial ou qualquer outro ato de auxiliar da justiça, pois, após a penhora, o reconhecimento do crédito fiscal importará na liberação do dinheiro ou compensação de ofício com o próprio débito executado.

Entendemos que o crédito fiscal, portanto, quando solicitado à Receita Federal do Brasil, mediante pedidos de restituição e/ou ressarcimento, constitui um direito integrado ao patrimônio do contribuinte e, por conseguinte, passível de penhora na execução fiscal.

3. A ORDEM DE BENS PENHORÁVES E SUA MITIGAÇÃO EM FUNÇÃO DO PRINCÍPIO DA MENOR ONEROSIDADE

O art. 11 da Lei 6.830/19 e o art. 835 do CPC-2015 estabelecem uma ordem de preferência para fins de realização da penhora de bens do executado. Isso porque o rol destaca uma preferência decorrente do grau de liquidez (presumidamente atribuído pela legislação), porém, a referida preferência não possui o caráter impositivo. "A ordem leva em consideração a maior facilidade de conversão do bem em dinheiro – por isso a penhora de dinheiro é preferencial – e a menor onerosidade da execução (art. 805, CPC)"[15].

No entanto, o §1º do art. 835 do CPC-2015, aplicável subsidiaria e supletivamente à execução fiscal, permite que o

15. DIDIER JR. Fredie. CUNHA, Leonardo Carneiro da.; BRAGA, Paula Sarno. OLIVEIRA, Rafael Alexandria de. *Curso de Direito Processual Civil: execução.* 7ªed. Salvador: Jus Podivm, 2017. p. 856.

juiz afaste a ordem em virtude das circunstâncias do caso concreto[16]. "Entende-se, assim, o caráter 'preferencial' da ordem (art. 835, *caput*). Vale sublinhar que, mesmo existindo dinheiro, a penhora pode e deve recair sobre outros bens, incluídos em classe subsequente, sempre que a constrição" da classe "preferencial"[17] implicar maior onerosidade da execução. Isto é totalmente justificável, pois, se há débito da União para o Contribuinte, é mais justo e razoável que ela aceite esse crédito do qual é devedora do que retirar outros valores do Contribuinte que, entre outras coisas, pode ficar sem capital de giro em decorrência da demora da própria União em liberar o seu crédito fiscal.

Trata-se de verdadeira concretização do princípio da menor onerosidade da execução, consagrado em diversos dispositivos do CPC-2015[18] e pela jurisprudência do Superior Tribunal de Justiça[19].

---

16. Art. 835. A penhora observará, preferencialmente, a seguinte ordem: (...) § 1º É prioritária a penhora em dinheiro, podendo o juiz, nas demais hipóteses, alterar a ordem prevista no caput de acordo com as circunstâncias do caso concreto.

17. ASSIS, Araken de. *Manual da execução*. 19ª ed. São Paulo: Editora Revista dos Tribunais, 2017. p. 976.

18. Art. 805. Quando por vários meios o exequente puder promover a execução, o juiz mandará que se faça pelo modo menos gravoso para o executado. Parágrafo único. Ao executado que alegar ser a medida executiva mais gravosa incumbe indicar outros meios mais eficazes e menos onerosos, sob pena de manutenção dos atos executivos já determinados. Art. 829. (...) § 2º A penhora recairá sobre os bens indicados pelo exequente, salvo se outros forem indicados pelo executado e aceitos pelo juiz, mediante demonstração de que a constrição proposta lhe será menos onerosa e não trará prejuízo ao exequente.

19. STJ – Súmula nº 417: Na execução civil, a penhora de dinheiro na ordem de nomeação de bens não tem caráter absoluto. No mesmo sentido: Recurso Especial nº 1.337.790-PR (Tema repetitivo 578): Em princípio, nos termos do art. 9º, III, da Lei 6.830/1980, cumpre ao executado nomear bens à penhora, observada a ordem legal. É dele o ônus de comprovar a imperiosa necessidade de afastá-la, e, para que essa providência seja adotada, mostra-se insuficiente a mera invocação genérica do art. 620 do CPC. 1. Na execução fiscal, o executado não tem direito subjetivo à aceitação do bem por ele nomeado à penhora em desacordo com a ordem estabelecida no art. 11 da Lei 6.830/1980 e art. 655 do CPC. Para afastar a ordem legal, deve apresentar elementos concretos que justifiquem a incidência do princípio da menor onerosidade (art. 620 do CPC). 2. Hipótese em que o executado nomeou precatório à penhora. Decisão que deferiu o pedido de penhora dos ativos financeiros (penhora on line).

Por outro lado, é importante considerar que a penhora do crédito fiscal prestigia a eficiência administrativa, conforme art. 37 da Constituição Federal e art. 2º da Lei 9.784/99 e a agilidade na cobrança do crédito tributário (art. 5º, LXXVIII).

A prática judicial vem demonstrando que a nomeação de outros bens da lista de preferência do art.11 da Lei 6.830/80, com necessidade de posterior procedimento de expropriação, como ocorre, por exemplo, com os bens imóveis, não apresenta um resultado satisfatório, especialmente quando comparado com outros meios.

Destacamos, nesse sentido, estudo produzido pelo Instituto de Pesquisa Econômica Aplicada – IPEA sobre o custo e o tempo do processo de execução fiscal da Procuradoria da Fazenda Nacional:

> Caso a Justiça Federal logre penhorar bens do devedor, a probabilidade de estes satisfazerem integralmente os interesses da União tende ao irrisório. Somente 2,8% das ações de execução fiscal resultam em algum leilão judicial, com ou sem êxito. Do total de processos, em apenas 0,3% dos casos o pregão gera recursos suficientes para satisfazer integralmente o débito, enquanto a adjudicação dos bens do executado extingue a dívida em 0,4% dos casos.
>
> Pouco mais de três quintos dos processos de execução fiscal promovidos pela PGFN vencem a etapa de citação. Destes, 22,7% conduzem à penhora, mas somente 17,2% das penhoras resultam em leilão. Nas entrevistas realizadas ao longo da pesquisa, os diretores de secretaria e serventuários da Justiça responsáveis pela etapa do leilão demonstraram profundo desalento com a complexidade dos atos administrativos e judiciais necessários à realização de um leilão, que são extraordinariamente burocráticos, demandam muito trabalho e são de pouca efetividade. Como resultado, muitas das varas da Justiça Federal implantadas nos últimos cinco anos jamais realizaram qualquer pregão[20].

---

20. IPEA. *Custo e tempo do processo de execução fiscal promovido pela Procuradoria Geral da Fazenda Nacional (PGFN).* Comunicado IPEA nº 127. Janeiro de 2012. p. 6-7. Disponível em: http://www.ipea.gov.br/portal/index.php?option=com_content&id=12775 . Acesso em 20/03/2018.

Além da baixa probabilidade de satisfação dos interesses da União Federal com a penhora de bens, o citado estudo estimou o tempo médio entre penhora e leilão de bens em aproximadamente 1.291 dias:

> O PEFMpgfn permanece durante 569 dias na etapa de penhora (f) e 722 dias na de leilão (g). No trabalho de campo conduzido neste estudo, não foi calculado o tempo médio de duração das vistas à PGFN (h), de modo que os intervalos de tempo durante os quais o processo encontra-se em vistas ao exequente estão incorporados no total de cada etapa durante a qual ocorreram[21].

Com isso, a penhora de outros bens imóveis não tem se mostrado um procedimento célere, demandando mais tempo do que seria necessário caso a concretização do direito fiscal se utilizasse de créditos do contribuinte oriundos da não-cumulatividade, sobretudo se considerado o prazo mínimo de 360 dias previsto na legislação para análise dos pedidos de ressarcimento no âmbito da Receita Federal do Brasil, bem assim o fato de que o pagamento é condicionado à inexistência de débitos, o que possibilita a compensação de ofício com o crédito executado.

Aliás, considerando a autorização para celebração de negócio jurídico processual contida na Portaria PGFN 742/2018, a mitigação da ordem contida no art. 11 da Lei 6.830/80, é medida tendente a melhorar a eficiência na concretização das garantias e, consequentemente, na arrecadação do crédito tributário cobrado[22].

---

21. IPEA. *Custo e tempo do processo de execução fiscal promovido pela Procuradoria Geral da Fazenda Nacional (PGFN).* Comunicado IPEA nº 127. Janeiro de 2012. p. 11. Disponível em:
http://www.ipea.gov.br/portal/index.php?option=com_content&id=12775 . Acesso em 20/03/2018.

22. Art. 1º. Esta Portaria estabelece os critérios para celebração de Negócio Jurídico Processual (NJP) no âmbito da Procuradoria-Geral da Fazenda Nacional, para fins de equacionamento de débitos inscritos em dívida ativa da União. § 1º. É vedada a celebração de NJP que reduza o montante dos créditos inscritos ou implique renuncia às garantias e privilégios do crédito tributário. § 2º. Observado o disposto nesta Portaria, o Negócio Jurídico Processual para equacionamento de débitos

Em suma, o deferimento da penhora de créditos fiscais, formulados em pedidos de ressarcimentos pendentes de análise pela Receita Federal do Brasil, é medida que, ao mesmo tempo, concretiza o princípio da menor onerosidade e garante a efetividade da execução fiscal.

Vale alertar que, mesmo tendo sido efetuada a compensação de ofício, o Contribuinte inconformado poderá, sempre, discutir a cobrança do débito tributário que lhe estiver sendo exigido e, posteriormente, no caso de sucesso e de o débito se tornar indevido, poderá ter direito à novo crédito.

4. PROCEDIMENTOS ANTERIORES AO AJUIZAMENTO DA EXECUÇÃO FISCAL E A IMPLANTAÇÃO DA GARANTIA DO CRÉDITO FISCAL NO ÂMBITO ADMINISTRATIVO

O art. 25 da Lei 13.606/2018 acabou por inserir os artigos 20-B, 20-C e 20-E na Lei 10.522/2002, provocando uma relevante alteração da sistemática da cobrança judicial dos créditos pela Procuradoria da Fazenda Nacional.

O dispositivo mais polêmico foi o art. 20-B[23], que criou uma modalidade administrativa de indisponibilidade de bens do contribuinte, vem sendo alvo de profundos debates na co-

---

inscritos em dívida ativa da União poderá versar sobre: I - calendarização da execução fiscal; II - plano de amortização do débito fiscal; III - aceitação, avaliação, substituição e liberação de garantias; IV - modo de constrição ou alienação de bens.

23. Art. 20-B. Inscrito o crédito em dívida ativa da União, o devedor será notificado para, em até cinco dias, efetuar o pagamento do valor atualizado monetariamente, acrescido de juros, multa e demais encargos nela indicados. § 1º A notificação será expedida por via eletrônica ou postal para o endereço do devedor e será considerada entregue depois de decorridos quinze dias da respectiva expedição. § 2º Presume-se válida a notificação expedida para o endereço informado pelo contribuinte ou responsável à Fazenda Pública. § 3º Não pago o débito no prazo fixado no caput deste artigo, a Fazenda Pública poderá: I - comunicar a inscrição em dívida ativa aos órgãos que operam bancos de dados e cadastros relativos a consumidores e aos serviços de proteção ao crédito e congêneres; e II - averbar, inclusive por meio eletrônico, a certidão de dívida ativa nos órgãos de registro de bens e direitos sujeitos a arresto ou penhora, tornando-os indisponíveis.

munidade jurídica e inclusive já foi objeto de Ações Direta de Inconstitucionalidade[24]. O tema, entretanto, foge aos limites do presente trabalho e merece uma análise pormenorizada em momento oportuno.

Aqui o destaque vai para o art. 20-C da Lei 10.522/2002[25], que possibilitou a criação de um conjunto de procedimentos prévios ao ajuizamento da execução fiscal com espoco de analisar a existência de bens, direitos e atividade econômica dos devedores e corresponsáveis, dispensando o ajuizamento da execução fiscal nos casos de inviabilidade da cobrança. Lembrar que a execução fiscal indevida poderá resultar em maiores ônus para o Erário com honorários e sucumbências.

Tal inovação foi concretizada com a edição da Portaria PGFN 33/2018, que tratou dos procedimentos de oferta antecipada de bens e direitos à penhora, e para o ajuizamento seletivo de execuções fiscais. Inclusive, o art. 9º possibilitou a oferta antecipada dos seguintes bens:

> *Art. 9º. O devedor poderá apresentar, para fins de oferta antecipada de garantia em execução fiscal:*
>
> *I - depósito em dinheiro para fins de caução;*
>
> *II - apólice de seguro-garantia ou carta de fiança bancária que estejam em conformidade com a regulamentação da Procuradoria-Geral da Fazenda Nacional;*
>
> *III - quaisquer outros bens ou direitos sujeitos a registro público, passíveis de arresto ou penhora, observada a ordem de preferência estipulada no art. 11 da Lei nº 6.830, de 22 de setembro de 1980.*

---

24. Vide: ADI 5881, ajuizada pelo Partido Socialista Brasileiro (PSB) e a ADI 5886, movida pela associação Brasileira de Atacadistas e Distribuidores de Produtos Industrializados (ABAD). Disponível em: www.stf.jus.br

25. Art. 20-C. A Procuradoria-Geral da Fazenda Nacional poderá condicionar o ajuizamento de execuções fiscais à verificação de indícios de bens, direitos ou atividade econômica dos devedores ou corresponsáveis, desde que úteis à satisfação integral ou parcial dos débitos a serem executados. Parágrafo único. Compete ao Procurador-Geral da Fazenda Nacional definir os limites, critérios e parâmetros para o ajuizamento da ação de que trata o caput deste artigo, observados os critérios de racionalidade, economicidade e eficiência.

§ 1º. A indicação poderá recair sobre bens ou direitos de terceiros, desde que expressamente autorizado por estes e aceitos pela Procuradoria-Geral da Fazenda Nacional, observado o disposto no art. 9º, § 1º, da Lei nº 6.830, de 22 de setembro de 1980.

§ 2º. A indicação também poderá recair sobre bem ou direito já penhorado pela Procuradoria-Geral da Fazenda Nacional, desde que avaliados em valor suficiente para garantia integral das dívidas.

O procedimento administrativo, a princípio, não veda a indicação do crédito fiscal como garantia antecipada da execução fiscal a ser ajuizada, especialmente pelo fato de o crédito fiscal ser um direito passível de penhora. Aliás, eventual recusa por parte da Procuradoria da Fazenda Nacional precisa estar fundamentada nos requisitos do art. 12 da Portaria PGFN nº 33/2018, claramente inaplicáveis para o crédito fiscal:

Art. 12. O Procurador da Fazenda Nacional poderá recusar a oferta antecipada de garantia em execução fiscal, quando:

I - os bens ou direitos forem inúteis ou inservíveis;

II - os bens forem de difícil alienação ou não tiverem valor comercial;

III - os bens e direitos não estiverem sujeitos à expropriação judicial;

IV - os bens ou direitos forem objeto de constrição judicial em processo movido por credor privilegiado.

Parágrafo único. Para os fins do disposto neste artigo, considera-se difícil alienação quando restarem frustradas 2 (duas) tentativas de alienação judicial, no caso de bens já penhorados em execução fiscal movida pela Procuradoria-Geral da Fazenda Nacional.

Confirmada a aceitação da oferta de garantia antecipada, o art. 14[26] da Portaria PGFN 33/2018, determina o ajuizamen-

26. Art. 14. Aceita a oferta antecipada de garantia, o Procurador da Fazenda Nacional promoverá o ajuizamento da execução fiscal correspondente, no prazo máximo de 30 (trinta) dias contados da data da aceitação, indicando à penhora o bem ou direito ofertado pelo devedor. Parágrafo único. Se, por qualquer motivo, não for aperfeiçoada a penhora no processo de execução fiscal, a aceitação será desfeita e cancelados os seus efeitos.

to da execução fiscal no prazo de 30 (trinta) dias contados da data da formalização da aceitação, sob risco de cancelamento da oferta antecipada. Todavia, no caso da indicação antecipada do crédito fiscal, o dispositivo deve ser interpretado em conjunto com o art. 17, §3°, que possuem base legal no art. 37, inciso XII, da Lei 13.327/2016[27]:

> *Art. 17. (...)*
>
> *§ 3°. Quando o PRDI versar sobre fato ocorrido antes da inscrição em dívida ativa da União, o Procurador da Fazenda Nacional responsável pela análise poderá requisitar elementos de fato e de direito aos órgãos de origem, nos termos do art. 37, XII, da Lei n° 13.327, de 29 de julho de 2016, que deverão ser prestadas no prazo máximo de 60 (sessenta) dias, hipótese na qual o prazo de que trata o § 1° será contado do primeiro dia útil após o recebimento da resposta.*

Assim, efetuada a garantia antecipada da CDA, o Procurador da Fazenda Nacional deve solicitar informações para a Receita Federal do Brasil sobre a análise do pedido de ressarcimento ou restituição em que foi formalizado o crédito fiscal, prioridade na análise do pedido e a realização de compensação de ofício dos créditos reconhecidos, nos termos da legislação tributária.

O prazo para Receita Federal do Brasil atender as solicitações será de no máximo 60 dias, podendo ser prorrogado por mais 30 dias nos termos do art. 18, §1°, da Portaria PGFN 33/2018:

> *Art. 18. Caso o órgão de origem não preste as informações requisitadas no prazo descrito no § 3° do art. 17 e havendo verossimilhança das alegações do contribuinte, a unidade da Procuradoria-Geral da Fazenda Nacional poderá:*
>
> *(...)*
>
> *§ 1°. O órgão de origem poderá requerer, de maneira fundamentada, a dilação do prazo de que trata o art. 17, § 3°, desde que não superior a 30 (trinta) dias.*

---

27. Art. 37. Respeitadas as atribuições próprias de cada um dos cargos de que trata este Capítulo, compete a seus ocupantes: (...) XII - requisitar elementos de fato e de direito e informações necessárias à defesa judicial ou extrajudicial dos direitos ou dos interesses da União, de suas autarquias e de suas fundações;

Caso a resposta da Receita Federal do Brasil seja no sentido do reconhecimento, total ou parcial, do crédito fiscal indicado como garantia antecipada e, consequentemente, a realização da compensação de ofício com o débito formalizado na CDA, haverá a extinção do débito na modalidade do art. 156, inciso II, do Código Tributário Nacional, impedindo o ajuizamento da execução fiscal.

Não obstante existir base normativa para a adoção do procedimento acima descrito, por uma questão de praticidade e a necessidade constante de aperfeiçoamento da legislação, recomendamos a inserção de disposição específica na Portaria PGFN 33/2018. A disposição poderia ser numerada como o art. 14-A e conter a seguinte redação:

> *Art.14-A. Aceita a oferta antecipada de garantia por meio de indicação de crédito fiscal pendente de análise por parte da Receita Federal do Brasil, o Procurador da Fazenda Nacional responsável pela análise deverá requisitar informações sobre o crédito fiscal, análise prioritária do pedido e, caso deferido o direito de crédito, proceder a realização da compensação de ofício, nos termos do art. 73 da Lei 9.430, de 27 de dezembro de 1996.*
>
> *§1º O prazo máximo para atendimento da solicitação será de 60 (sessenta) dias, contado do primeiro dia útil após o recebimento da requisição.*
>
> *§2º A Receita Federal do Brasil poderá requerer, de maneira fundamentada, a dilação do prazo de que trata o §1º, desde que não superior a 30 (trinta) dias.*
>
> *§3º Reconhecido o direito creditório pela Receita Federal do Brasil e efetuada a compensação de ofício, o Procurador da Fazenda Nacional responsável pela análise deverá promover o cancelamento da inscrição.*
>
> *§4º Na hipótese de indeferimento do direito creditório ou deferimento em saldo insuficiente para compensação com a dívida inscrita, o Procurador da Fazenda Nacional responsável deverá solicitar do devedor a substituição ou complementação da garantia apresentada nos termos do art. 8º.*

Salientamos, por fim, que a redação possui o objetivo de fomentar o debate sobre o tema e poderá ser aperfeiçoada após discussão com a comunidade acadêmica e profissionais atuantes na área.

CONCLUSÃO

O crédito fiscal, quando solicitado à Receita Federal do Brasil, mediante pedidos de restituição e/ou ressarcimento, constitui um direito integrado ao patrimônio do contribuinte e, por conseguinte, passível de penhora na execução fiscal.

Assim, considerando que o §1º do art. 835 do CPC-2015, aplicável subsidiaria e supletivamente à execução fiscal, permite que o juiz afaste a ordem em virtude das circunstâncias do caso concreto, o deferimento da penhora de créditos fiscais, é medida razoável que, ao mesmo tempo, concretiza o princípio da menor onerosidade e garante a efetividade e agilidade da execução.

E mais, é possível ofertar o crédito fiscal como modalidade de garantia antecipada, nos termos dos procedimentos administrativos previstos na Portaria PGFN 33/2018.

A diferença é que a oferta do crédito fiscal (direito), ao contrário de outros bens, permite a satisfação do crédito cobrado (e futuramente executado) no âmbito administrativo, por meio da compensação de ofício (art. 74 da Lei 9.430/96) após a confirmação da existência e regularidade do crédito ofertado em garantia. Com isso, haverá a satisfação (efetivação) da cobrança do crédito fiscal sem a necessidade de ajuizamento da execução fiscal. Nada impede, contudo, se o Contribuinte desejar, que ele possa discutir a cobrança do tributo utilizando os meios e ações cabíveis e, posteriormente, solicitar a restituição ou ressarcimento do valor objeto da compensação de ofício.

DA INCONSTITUCIONALIDADE DA AVERBAÇÃO PRÉ-EXECUTÓRIA

Charles William McNaughton[1]

INTRODUÇÃO

O objetivo deste artigo é tratar sobre a averbação pré-executória prevista pelo artigo 20-B da Lei 10.5222/02, com a redação dada pela Lei 13.606/18.

Tal dispositivo prevê o seguinte:

> *Art. 20-B. Inscrito o crédito em dívida ativa da União, o devedor será notificado para, em até cinco dias, efetuar o pagamento do valor atualizado monetariamente, acrescido de juros, multa e demais encargos nela indicados (...)*
>
> *§ 3º Não pago o débito no prazo fixado no caput deste artigo, a Fazenda Pública poderá:*
>
> *I - comunicar a inscrição em dívida ativa aos órgãos que operam bancos de dados e cadastros relativos a consumidores e aos serviços de proteção ao crédito e congêneres; e*

---

1. Doutor, Mestre, Pós-Graduado em Direito Tributário pela PUC-SP e graduado pela mesma universidade. Professor do Instituto Brasileiro de Estudos Tributários – IBET e do COGEAE-SP.

II - averbar, inclusive por meio eletrônico, a certidão de dívida ativa nos órgãos de registro de bens e direitos sujeitos a arresto ou penhora, tornando-os indisponíveis."

Sobre tal enunciado prescritivo, duas correntes surgiram: (a) uma que entende pela inconstitucionalidade[2] e (b) outra que sustenta a constitucionalidade da tal averbação pré-executória.[3]

O meu objetivo neste pequeno artigo é esclarecer porque entendo que tal dispositivo é ilegal, por violar lei complementar e inconstitucional por infringir o primado devido processo legal e da separação dos poderes.

Iniciarei tratando da ilegalidade da norma, buscando demonstrar que viola o art. 185-A do Código Tributário Nacional[4], para, em seguida, argumentar no sentido de sua inconstitucionalidade. Finalmente, buscarei identificar se a ilegalidade e inconstitucionalidade poderiam ser superadas em razão da Portaria PGFN 33/18 que veio regulamentar tal artigo de lei.

---

2. Rodrigo Della Pria entende que há inconstitucionalidade formal e não material. (PRIA, Rodrigo Della. Objeções à Constitucionalidade da averbação pré-executória instituída pela Lei n. 13.606/18: possíveis razões para a invalidação das normas veiculadas pelos artigos 20-B e 20-E da Lei n. 10.522/02. In: *Inovações na cobrança do crédito tributário.* ARAÚJO, Juliana Furtado Costa. E CONRADO, Paulo Cesar. São Paulo: Editora Thomson Reuters, Revista dos Tribunais, 2.019, pp. 73-90). Já Carlos Augusto Daniel Neto e Diego Diniz Ribeiro sustentam a inconstitucionalidade material, contudo, entendem sanada pela regulamentação inserta na Portaria PGFN n. 33/18. (NETO, Carlos Augusto Daniel. RIBERIRO, Diego Diniz. Meios alternativos de composição de conflitos e sua incidência no âmbito da percussão do crédito tributário. In: *Inovações na cobrança do crédito tributário.* ARAÚJO, Juliana Furtado Costa. E CONRADO, Paulo Cesar. São Paulo: Editora Thomson Reuters, Revista dos Tribunais, 2.019, p. 165 a 199).

3. GOMES, Eduardo Paiva. O Conceito de Sanção Política delineado pela jurisprudência do STF: uma análise crítica do instituto da averbação pré-executória previsto no artigo 20-B da Lei n. 10.5222/02. In: *Inovações na cobrança do crédito tributário.* ARAÚJO, Juliana Furtado Costa. E CONRADO, Paulo Cesar. São Paulo: Editora Thomson Reuters, Revista dos Tribunais, 2.019, pp. 45 a 74.

4. Esta ilegalidade me foi chamada atenção pela Professora Josiane Minardi que também escreve artigo sobre o tema.

1. DA VIOLAÇÃO AO ARTIGO 185-A DO CTN PELO ARTIGO 20-B DA LEI 10.522/02.

De modo muito minoritário, não adoto a visão doutrinária e jurisprudencial de que entre lei complementar e lei inexistem "matérias comuns", isto é, matérias que revelem intersecção temática entre o domínio de condutas reguladas por lei complementar e os tratados por lei ordinária.

Entendo, para tomar um exemplo do direito tributário diretamente relacionado ao presente artigo, que a expressão "norma geral de direito tributário", que delimita certa função atribuída às leis complementares tal como estatuído no art. 146, inciso III, da Constituição, é demasiadamente vaga, tornando impossível uma separação estanque do que é matéria a ser tratada por lei complementar nacional e a ser regulada por lei ordinária expedida pelos Entes Tributantes que regem a tributação de suas competências.

Geral, de certa forma, se opõe ao específico, de modo que não caberia à lei complementar ingressar no campo das minúcias, devendo se ater a aspectos mais abrangentes. Assim, poder-se-ia, com base em tal signo, postular a possibilidade de separação do que é matéria de lei complementar e o que é tema da lei ordinária. Mas até onde se inicia o domínio do "específico" e termina o do "geral" é dado difícil de se estabelecer a priori e subjetivo para se identificar a "posteriori".

Nesse sentido, tenho que essa competência para se instituir normas gerais em matéria tributária, antes de ser uma espécie de muralha que delimita o que é competência da norma nacional em matéria tributária e o que é da esfera de cada Ente Político, é, antes, uma previsão no sistema que cria hierarquia entre a lei complementar nacional que tratar sobre norma geral de direito tributário e a lei ordinária da pessoa política que legisla sobre certo tema regrado por tal norma geral[5].

---

5. McNaughton. Charles William. *Hierarquia e Sistema Tributário.* São Paulo: Editora Quartier Latin, 2011, p. 367.

Tomando um caso concreto, quando o art. 43 do CTN define a hipótese de incidência do Imposto Sobre a Renda e Proventos de Qualquer, indica sua base de cálculo e seu sujeito passivo, assim o faz ao mesmo tempo em que a Lei 7.713/88 trata da regra-matriz do Imposto Sobre a Renda e Proventos de Qualquer Natureza da Pessoa Física – IRPF.

Por ser a mesma matéria – regra-matriz de incidência de IRPF - não entendo que a distinção entre tais normas seja evidenciada por campos materiais diferentes. De fato, ambas tratam do mesmo tema, isto é, regem a norma padrão de incidência tributária desse imposto federal.

O que há, no caso acima, é a necessidade de o legislador ordinário observar os parâmetros definidos pela lei complementar. Note-se que o legislador federal, quando cria o IRPF, terá, até mesmo, de tratar dos mesmos critérios da regra-matriz de incidência tributária instituída pela norma nacional – CTN – sob pena de não poder instituir, adequadamente, o tributo, isto é, sob pena de criar uma exação incompleta.

O exemplo, acima, mostra o que pretendo assinalar quando enuncio que a distinção do CTN para a lei ordinária não é matéria, mas sim que o CTN tem a função, estabelecida em nosso sistema constitucional, de determinar certo conteúdo a ser observado por leis ordinárias expedidas pelos diversos Entes Tributantes.

Assim, não vejo sentido na discussão se, por exemplo, responsabilidade é matéria de lei ordinária ou lei complementar (especialmente, a lei complementar nacional). Tenho para mim que lei ordinária ou lei complementar podem tratar do tema, mas quando a lei ordinária assim proceder terá de observar as determinações prescritas pela lei de caráter nacional (artigos 121 e seguintes do Código Tributário Nacional).

Em outras palavras, à medida que a lei complementar de caráter nacional, editada com base no art. 146, inciso III, da Constituição da República Federativa do Brasil, como a veiculada pelo CTN, fixa certos elementos referentes a certa matéria, fica defeso à lei ordinária alterar tais pontos estabelecidos pela norma de superior hierarquia.

Como um norte para se identificar tais antinomias, uma visão estrutural da norma pode bem iluminar os elementos normativos, facilitando a identificação de incompatibilidades normativas.

Se o direito é um fenômeno comunicativo, uma norma "N" que guarda relação de hierarquia perante outra norma "N", pode potencialmente regular como a de menor hierarquia pode transmitir uma mensagem, determinando[6]:

a) Quem pode emitir a mensagem, ou o *emissor* da mensagem;

b) Como a mensagem pode ser emitida, revelando o *canal* ou procedimento;

c) Qual *mensagem* pode ser expedida;

d) Para quem a mensagem pode ser expedida, ou *destinatário*.

Nesse sentido, a antinomia normativa pode ser identificada em duas situações: ou uma norma "N" que expede a mensagem próxima da regulada pela norma "N" de superior hierarquia, sem respeitar o "quem", "como", "qual a mensagem" e "para quem pode ser expedida"; ou bem a norma de inferior hierarquia "N" visa a regular a produção de norma "N", que havia sido regulada por "N", alterando o "emissor", "canal", "mensagem" ou "destinatário".

No que tange à questão da penhora, o art. 85-A, do CTN, com a redação dada pela Lei Complementar n. 118/05, determina o seguinte:

> *Art. 185-A. Na hipótese de o devedor tributário, devidamente citado, não pagar nem apresentar bens à penhora no prazo legal e não forem encontrados bens penhoráveis, o juiz determinará a*

6. McNaughton, Charles William. Idem, p. 106.

indisponibilidade de seus bens e direitos, comunicando a decisão, preferencialmente por meio eletrônico, aos órgãos e entidades que promovem registros de transferência de bens, especialmente ao registro público de imóveis e às autoridades supervisoras do mercado bancário e do mercado de capitais, a fim de que, no âmbito de suas atribuições, façam cumprir a ordem judicial.

*§ 1º A indisponibilidade de que trata o "**caput**" deste artigo limitar-se-á ao valor total exigível, devendo o juiz determinar o imediato levantamento da indisponibilidade dos bens ou valores que excederem esse limite.*

*§ 2º Os órgãos e entidades aos quais se fizer a comunicação de que trata o "**caput**" deste artigo enviarão imediatamente ao juízo a relação discriminada dos bens e direitos cuja indisponibilidade houverem promovido*

Aplicando as categorias acima indicadas, é possível identificar o seguinte:

a) Emissor da mensagem: Magistrado;

b) Canal da mensagem e procedimento: decisão judicial, por meio eletrônico, tão logo haja (a) citação do executado, (b) o executado não pagar, nem apresentar bens a penhora e (c) não forem encontrados bens para ser penhorados;

c) Mensagem: indisponibilidade de bens e direitos; e

d) Destinatário: entidades que promovem registros de bens e direitos.

É preciso considerar que o artigo acima, além de regular a produção normativa do magistrado, também cria certos direitos aos devedores, muito embora reconheçamos que tais direitos venham sofrendo alguma mitigação em certas decisões judiciais. Abstraindo-se tal circunstância pragmática, é possível assinalar que tais direitos são: há a relação jurídica entre devedor e Estado, de tal sorte que o devedor tem o direito a não sofrer indisponibilidade de seus bens, mediante comunicação eletrônica, antes de ser citado, de não apresentar bens ou pagamento do débito e não serem encontrados bens passíveis de serem penhorados.

O art. 20-B da Lei 10.522/02, por sua vez, com a redação dada pela Lei 13.606/18, pedindo-se vênia para repetir sua citação, prevê o seguinte:

> *Art. 20-B. Inscrito o crédito em dívida ativa da União, o devedor será notificado para, em até cinco dias, efetuar o pagamento do valor atualizado monetariamente, acrescido de juros, multa e demais encargos nela indicados.*
>
> *§ 3ºNão pago o débito no prazo fixado no "caput "deste artigo, a Fazenda Pública poderá:*
>
> *I - comunicar a inscrição em dívida ativa aos órgãos que operam bancos de dados e cadastros relativos a consumidores e aos serviços de proteção ao crédito e congêneres; e*
>
> *II - averbar, inclusive por meio eletrônico, a certidão de dívida ativa nos órgãos de registro de bens e direitos sujeitos a arresto ou penhora, tornando-os indisponíveis."*

Aplicando-se as categorias da comunicação ao artigo acima citado, nota-se que tal dispositivo permite a emissão de uma mensagem com a seguinte estrutura:

a) Emissor da mensagem: Procurador da Fazenda Nacional;

b) Canal da mensagem e procedimento: ofício do Procurador da Fazenda Nacional, por meio eletrônico, tão logo haja (a) inscrição em dívida ativa e notificação do devedor, (b) o devedor não pagar a dívida;

c) Mensagem: indisponibilidade de bens e direitos; e

d) Destinatário: órgãos que promovem registros de bens e direitos.

Da comparação analítica, acima, verifica-se que o art. 185-A do CTN e art. 20-B da Lei 10.522/02 tratam exatamente da mesma mensagem, a indisponibilidade de bens e direitos dos mesmos destinatários, isto é, órgãos que promovem registros de bens e direitos.

No entanto, tanto o procedimento como o emissor da mensagem sofreram significativas mudanças: o emissor, cravado pela lei complementar, que é o Magistrado, passa a ser o Procurador da Fazenda Nacional; e o canal da mensagem que, nos moldes previstos pela lei complementar, é a intimação judicial, após a citação na Execução Fiscal, a não apresentação de bens à penhora e a não identificação de bens e direitos aptos a serem penhorados, com o art. 20-B da Lei 10.522/02 passa a ser o ofício do Procurador da Fazenda Nacional, por meio eletrônico, tão logo haja (a) inscrição em dívida ativa e notificação do devedor, e (b) tão logo o devedor não pague a dívida.

Portanto, fica evidenciada clara antinomia, não apenas por uma questão pessoal, isto é, aquele pode ser o emissor da mensagem, como também por um fator procedimental.

De fato, com relação ao aspecto procedimental, há uma clara antinomia entre o artigo acima citado e o art. 185-A do CTN, haja vista que o primeiro permite a indisponibilidade dos bens após (1) a citação, (2) não apresentação de bens pelo executado e (3) não serem encontrados outros bens, ao passo que ao art. 20-B da Lei 10.522/02 prevê a indisponibilidade dos bens antes mesmo da citação em Execução Fiscal.

Ou seja, a norma veiculada pelo art. 185-A do CTN e a veiculada pelo art. 20-B da Lei 10.522/02 tratam da mesma conduta, isto é, a de autoridade comunicar órgãos de registro de bens e direitos para tornar bens de devedor, sujeitos a arrestos e penhoras, indisponíveis ao devedor.

Mas, há uma diferença clara no critério temporal de tal conduta, eis que a norma veiculada pela lei complementar determina marco cronológico muito posterior, no ciclo de positivação, do que o mandamento previsto pela lei federal. A lei federal, em outras palavras, adianta providência que pode prejudicar o contribuinte, revelando a antinomia com a lei complementar.

A visão majoritária sobre norma geral de direito tributário diria que o art. 20-B, acima citado, viola o art. 146, inciso III, "b" da Constituição da República Federativa do Brasil por tratar de matéria em lei complementar. Aliás, como lembram Rodrigo Dalla Pria e Danilo Monteiro de Castro, a Procuradora Geral da República se manifestou favoravelmente à inconstitucionalidade do dispositivo, por tal conta de tal aspecto, no bojo da ADI n. 5.925[7].

Em termos acadêmicos, não é exatamente o que entendo, porém, justamente por não compreender que tal divisão material entre lei complementar e lei ordinária é estanque, como enxergada majoritariamente, por nossa comunidade jurídica.

Diria, sim, que por haver lei complementar, de caráter nacional, tratando sobre o tema, não cabe à lei ordinária federal criar antinomias, isto é, contradizer os mandamentos inseridos pela lei complementar.

O art. 20-B da Lei 10.522/02 seria, nesse sentido, ilegal, por violar norma de superior hierarquia, por ir de encontro ao art. 185-A do CTN, prevendo uma indisponibilidade de bens em momento anterior ao prescrito no referido artigo.

Sei, contudo, que minha visão sobre as relações de lei complementar e lei ordinária não encontra amparo na pragmática da comunicação jurídica, de modo que se faz mais usual apontar a inconstitucionalidade formal, por violação ao art. 146, III, "b", da Lei Maior, do que se apontar um problema de ilegalidade de violação ao art. 185-A do CTN.

Antes de encerrar este item, vale apontar que também há os que apontam que normas que tratam do funcionamento da Advocacia Geral da União - AGU, do qual é a Procuradoria Geral da Fazenda Nacional faz parte, deveriam ser instituídas por lei complementar, em razão da previsão do art. 131 da Constituição da República Federativa do Brasil, de tal sorte que haveria mais esse argumento para sustentar uma inconstitucionalidade formal do dispositivo, ora examinado.

---

7. DELLA PRIA, Rodrigo; CASTRO, Danilo Monteiro. *Objeções à constitucionalidade da averbação pré-executória instituída pela Lei n. 13.606/18*: possíveis razões para a invalidação das normas veiculadas pelos artigos 20-B e 20-E da Lei n 10.522/02. Idem, p. 88.

De minha parte, entendo que a norma não trata, especificamente, do funcionamento da AGU, mas de um procedimento de cobrança do crédito tributário. Portanto, não concordo com tal linha argumentativa[8].

De qualquer sorte, fica registrada nossa visão da ilegalidade do art.20-B da Lei 10.522/02, por violar o art. 185-A do CTN.

2. DA INCONSTITUCIONALIDADE MATERIAL – O DEVIDO PROCESSO LEGAL NA CONSTITUIÇÃO

Suponhamos, no entanto, que o art. 20-B da Lei 10.522/02 seja revogado e instituído por lei complementar a mesma previsão, modificando, por exemplo, o Código Tributário Nacional. Estaria superado o problema?

Para responder a essa pergunta gostaria de narrar um fato para introduzir meu raciocínio e retomá-lo na parte final do presente artigo.

Pois bem. Certa vez ouvi em uma conferência de prestigiado Congresso de Direito Tributário que tal ramo didático do direito teria como função, por excelência, possibilitar a cobrança de tributos por parte do Poder Público. Tal assertiva me levou a reflexões que compartilho com os leitores.

Oitocentos anos antes do evento acima citado, barões ingleses, inconformados com sucessivas cobranças de tributos, tomaram a cidade de Londres e obrigaram que João Sem Terra assinasse uma Carta Magna determinando que nenhum tributo seria criado ou aumentado sem o aval de leis, aprovadas previamente por um Conselho.

Tal documento, que teve como inspiração, um problema de índole tributária, foi um marco, nada menos, do que o próprio devido processos legal, do princípio da legalidade e do próprio direito constitucional. Vejamos do artigo que trata do devido processo legal:

8. Vide comentários de Rodrigo Della Pria e Danilo Castro sobre a ADI 5.890. Idem, p. 89.

> *V – "No person shall be held to answer for a capital, or otherwise infamous crime, unless on a presentment or indictment of a Grand Jury, except in cases arising in the land or naval forces, or in the Militia, when in actual service in time of War or public danger; nor shall any person be subject for the same offense to be twice put in jeopardy of life or limb; nor shall be compelled in any criminal case to be a witness against himself," nor be deprived of life, liberty, or property, without due process of law; nor shall private property be taken for public use, without just compensation". (grifo nosso)*

Como se nota do documento acima, ninguém será privado de sua propriedade sem o devido processo legal.

Tal aplicação, do princípio do devido processo legal ao direito propriedade, foi incorporado em inúmeras Constituições ao longo da história e recepcionado por nossa Constituição de 1988.

O prestígio ao tema, foi tanto, que no art. 5º *caput*, no inciso XII, XIII e LIV inciso LIV há menção a tal primado.

> *Art. 5º Todos são iguais perante a lei, sem distinção de qualquer natureza, garantindo-se aos brasileiros e aos estrangeiros residentes no País a inviolabilidade do direito à vida, à liberdade, à igualdade, à segurança e à propriedade, nos termos seguintes*
>
> *XXII - é garantido o direito de propriedade;*
>
> *XXIII - a propriedade atenderá a sua função social;*
>
> *LIV - ninguém será privado da liberdade ou de seus bens sem o devido processo legal;*

O que significa ser privado da propriedade, ou bens sem o devido processo legal? Significa que todos estes atributos da propriedade, de gozar, reivindicar, usar e dispor não podem ser limitados sem o devido processo legal. É preciso considerar que dispor significa o direito de alienar, doar, testar, alienar fiduciariamente, entre outras condutas assemelhadas.

Agora, o devido processo legal pressupõe que nenhuma limitação ao direito de propriedade seja autorizada sem a intervenção do Estado-Juiz. A característica mais fundamental de tal primado é que se torna a antítese da autotutela, do império da força, ao pressupor que uma autoridade isenta, chamada Magistrado, irá intervir para que o direito de propriedade não seja mitigado sem observância das normas de superior hierarquia.

De fato, o que define o direito, a essência do jurídico, e da própria ideia de Estado de Direito, é que as violações às normas primárias, aquelas que estabelecem direitos e obrigações, são sancionadas, coercitivamente, por um órgão imparcial designado de Estado-Juiz ou Poder Judiciário.

De fato, Norberto Bobbio, em sua definição "o que é direito", esclarece que um dos carácteres de sua definição, que é o "critério do sujeito", pressupõe o Juiz como a autoridade imparcial capaz de aplicar a sanção. Vejamos:

> *A segunda variante do critério do destinatário é aquela segundo a qual as normas jurídicas são normas destinadas ao juiz. É claro que uma definição desse gênero somente significa alguma coisa que se defina a noção de juiz. Quem é juiz? Que se entende por juiz? Mas uma definição de juiz não pode ser obtida senão ampliando-se a consideração a todo o ordenamento. Dir-se-á que o juiz é aquele ao qual uma norma do ordenamento atribui o poder de estabelecer quem tem razão e quem não tem, e de possibilitar a execução de uma sanção.9*

Lourival Vilanova também evidencia a importância do Estado-Juiz, tornando-se a autotutela como medida excepcionalíssima:

> Desde que o Estado-Juiz chamou a si o monopólio da função jurisdicional, somente como exceção restrita se concede ao titular de direito a defesa (a autodefesa) dele de mão própria.[10]

Essa característica marcante na República Federativa do Brasil quando se observa, em nosso ordenamento jurídico no

9. Bobbio, Norberto. *Teoria do Ordenamento Jurídico*. São Paulo: Editora Edipro, Trad. Ari Marcelo Solon, 2.011, p. 42.

10. VILANOVA, Lourival. *Relação e causalidade no direito*. São Paulo: 3ª edição, editora Noeses, p. 152.

art. 2º, que Poderes Executivos, Judiciário e Legislativo são autônomos entre si.

Volto ao questionamento se direito tributário existe como mecanismo para possibilitar a cobrança de tributos. Esta pergunta não pode ser respondida de "dentro", isto é, como quem olha apenas para o sistema jurídico, porque se trata de um questionamento funcional, isto é, para que serve o direito tributário. E olhando de fora, pensando no histórico da Carta Magna de João Sem Terra, nota-se que o Estado sequer precisa do direito, ou observar o direito, para cobrar tributo. Eis a diferença do "ser" e "dever-ser" que nos mostra que o Poder Público dista de permanecer no domínio deôntico – isto é, do que deve ser, nas suas atividades de cobrar tributos.

Pois bem. Respondi algo que entendo o que não é a função do direito tributário. Mas, qual é esta função? Gostaria de colocar entre parênteses o questionamento, que respondo no último item, para avançar na minha meditação sobre a averbação pré-executória da penhora.

Vamos retomar a questão do devido processo legal. Do que se trata? O Professor Paulo de Barros Carvalho, tratando sobre o tema, assim explica:

> O postulado do devido processo legal, que anima a composição de litígios promovida pelo Poder Judiciário, e que garante ampla liberdade às partes para exigir teor de juridicidade e o fundamento de justiça das pretensões articuladas em juízo, se aplica com assomos de princípio capital também aos procedimentos administrativos e, entre eles, os que ferem matéria tributária. O *devido processo legal* é instrumento básico para preservar direitos e assegurar garantias, tornando concreta a busca da tutela jurisdicional ou manifestação derradeira do Poder Público, em problemas de cunho administrativo.[11]

Por isso, o ordenamento jurídico prevê os meios próprios para a cobrança dos tributos, especificamente, a execução

11. CARVALHO, Paulo de Barros. *Curso de Direito Tributário*. São Paulo: Editora Saraiva, 25ª edição, 2013, pp. 162 e 163.

fiscal, prevista na Lei 6.830/80. Nesse sentido, a Fazenda Pública, para exigir tributos, há de se socorrer ao meio apropriado que é a propositura de execução fiscal. Com isso, poderá o contribuinte exercer a ampla defesa, seja mediante Embargos à Execução Fiscal, seja mediante Exceção de Pré-Executividade.

Como já discorrido, por vezes, porém, o Estado julga por bem tomar, digamos assim, um atalho para burlar a efetividade do princípio do devido processo legal. Esse expediente se dá pela instituição de normas que geram embaraços ou empecilhos ao contribuinte de tal modo que o sujeito passivo do crédito tributário fica sem alternativa senão à satisfação da obrigação a ele imposta unilateralmente pelo Estado. São as chamadas sanções políticas. Uma vez impostas, a atividade profissional do contribuinte fica tolhida, ou, por vezes, encarecida, de tal sorte que não resta alternativa senão o pagamento do tributo, sem questionamento judicial, ainda que a exação seja indevida ou ilegal.

Historicamente, o Supremo Tribunal Federal sempre foi enérgico contra tais medidas, o que se revela em três súmulas distintas:

> SÚMULA70
>
> É INADMISSÍVEL A INTERDIÇÃO DE ESTABELECIMENTO COMO MEIO COERCITIVO PARA COBRANÇA DE TRIBUTO.
>
> SÚMULA 323
>
> É INADMISSÍVEL A APREENSÃO DE MERCADORIAS COMO MEIO COERCITIVO PARA PAGAMENTO DE TRIBUTOS.
>
> SÚMULA 547
>
> NÃO É LÍCITO À AUTORIDADE PROIBIR QUE O CONTRIBUINTE EM DÉBITO ADQUIRA ESTAMPILHAS, DESPACHE MERCADORIAS NAS ALFÂNDEGAS E EXERÇA SUAS ATIVIDADES PROFISSIONAIS.

Por que não é permitida a interdição de estabelecimento, a apreensão de mercadorias, a proibição de que a autoridade administrativa impeça o contribuinte de exercer suas atividades profissionais em caso de não pagamento de tributo? O que está por trás disso?

Tais sanções políticas nada mais são senão os ditos atalhos que se tomam para não se aguardar as amarras do devido processo legal, coagindo o contribuinte de pagar tributos.

Trata-se, na verdade, da chamada "fraude à Constituição", porque em vez de se violar o devido processo legal diretamente, substituindo-se o monopólio do Estado-Juiz para a autotutela, faz-se de modo oblíquo, ardiloso, criando grandes incômodos para que o contribuinte pague a obrigação tributária, sem o penoso percurso do devido processo legal.

É claro que o Supremo Tribunal Federal, em decisões mais recentes, "temperou" essa impossibilidade de cobrança de tributo mediante sanção política, aplicando parâmetros subjetivos como "proporcionalidade", "razoabilidade" etc. como se infere, por exemplo na ADI. 5.135[12].

Ocorre que a questão da sanção política é fundamentada por um princípio comum à questão que pretendo examinar aqui, mas com ela não se confunde.

De fato, a discussão de sanção política não é bem o que ocorre, porém, com a redação do art. 20-B da Lei 10.522/02. Lá, não se trata de fraude à lei, de modo oblíquo de violar a Constituição da República. Não. Trata-se de violação frontal à Carta Magna, posto que o dispositivo prevê a indisponibilidade de bens, já por ato da Procuradoria da Fazenda Nacional, isto é, sem a participação do Estado-Juiz.

Em outras palavras, não se trata da administração "driblar" o devido processo legal obrigando, obliquamente, o pagamento do tributo, mas trata-se da invasão ao direito de propriedade sem a intervenção judicial.

---

12. Sobre o entendimento jurisprudência do STF vide o excelente artigo: GOMES, Eduardo Paiva. O Conceito de Sanção Política delineado pela jurisprudência do STF: uma análise crítica do instituto da averbação pré-executória previsto no artigo 20-B da Lei n. 10.5222/02. In: *Inovações na cobrança do crédito tributário.* ARAÚJO, Juliana Furtado Costa. E CONRADO, Paulo Cesar. São Paulo: Editora Thomson Reuters, Revista dos Tribunais, 2.019, pp. 45 a 74. Vide também trecho da ADI n. 5.135.

Disponibilidade de um bem é um dos atributos de um direito fundamental em nosso sistema jurídico, que é o direito à propriedade. E esse direito, o da propriedade, é tutelado, não apenas, no art. ***5º caput***[13], da Constituição da República, como nos incisos XXII, XXIII, XXV, XXVI e XXXIX do mesmo art.[14].

Um dos atributos da propriedade, como já disse, é a possibilidade de dispor de um bem. Dispor, repito, significa alienar, transferir, doar e assim por diante. O direito de dispor dos próprios bens, portanto, é de esfera constitucional.

Claro que a propriedade pode ser perdida pelo descumprimento de uma norma primária, mas a ideia de devido processo legal é que tal perda, ou mitigação, deve passar pela intervenção do Poder Judiciário.

Tal fator não passou em branco aos juristas Carlos Augusto Daniel Neto e Diego Diniz Ribeiro que reconhecem uma potencial inconstitucionalidade no dispositivo. Para os referidos jus-tributaristas, é bem verdade, tal potencial inconstitucionalidade teria sido sanada pela regulamentação. Tenho ponto de vista distinto sobre tal efeito da norma regulamentar perante a lei ordinária, como esclareço no item que segue,

---

13. Art. 5º Todos são iguais perante a lei, sem distinção de qualquer natureza, garantindo-se aos brasileiros e aos estrangeiros residentes no País a inviolabilidade do direito à vida, à liberdade, à igualdade, à segurança e à propriedade, nos termos seguintes

14. XXII - é garantido o direito de propriedade;
XXIII - a propriedade atenderá a sua função social;
XXIV - a lei estabelecerá o procedimento para desapropriação por necessidade ou utilidade pública, ou por interesse social, mediante justa e prévia indenização em dinheiro, ressalvados os casos previstos nesta Constituição;
XXV - no caso de iminente perigo público, a autoridade competente poderá usar de propriedade particular, assegurada ao proprietário indenização ulterior, se houver dano;
XXVI - a pequena propriedade rural, assim definida em lei, desde que trabalhada pela família, não será objeto de penhora para pagamento de débitos decorrentes de sua atividade produtiva, dispondo a lei sobre os meios de financiar o seu desenvolvimento;
XXVII - aos autores pertence o direito exclusivo de utilização, publicação ou reprodução de suas obras, transmissível aos herdeiros pelo tempo que a lei fixar;
XXIX - a lei assegurará aos autores de inventos industriais privilégio temporário para sua utilização, bem como proteção às criações industriais, à propriedade das marcas, aos nomes de empresas e a outros signos distintivos, tendo em vista o interesse social e o desenvolvimento tecnológico e econômico do País;

mas de qualquer forma, vejamos a rica relação que fazem entre a indisponibilidade dos bens e a autotutela da Fazenda [15]:

> De fato, em um primeiro momento, a análise isolada do referido dispositivo legal poderia redundar na conclusão quanto a sua inconstitucionalidade, uma vez que o fisco, mediante o emprego da autotutela, decretaria a indisponibilidade do patrimônio do devedor.

Nesse sentido, ao permitir uma autotutela por parte do Fisco, sem a interferência do Poder Judiciário, tornando indisponível os bens do contribuinte, o dispositivo incorreu em violação ao devido processo legal porque permite a mitigação de um dos atributos da propriedade.

Assim, tal art. 20-B da Lei 10.522/02 incorre em inconstitucionalidade pois permite, ainda que parcialmente, a autotutela, ao determinar que significativo elemento do direito de propriedade, que é a disponibilidade, seja mitigado sem uma interferência do Poder Judiciário.

Daí sua inconstitucionalidade material.

3. DA PORTARIA PGFN 33/18

A Portaria PGFN 33/18 determina procedimentos para que se proceda a averbação pré-executória. De plano, adiantamos que se trata de regulamentação muito cuidadosa que aprimoram, de maneira bastante significativa, a previsão da lei ordinária a que vimos examinando. É preciso pensar se tal circunstância poderia infirmar o que sustentamos nos itens anteriores.

Para tanto, indico que o ordenamento jurídico pressupõe uma lógica: norma superior confere fundamento de validade à norma inferior. Assim, uma determinada norma é obrigatória porque retira fundamento de validade em norma superior e assim por diante até que se retire fundamento

15. Idem, p. 182.

Se se entende que certa norma da escala normativa é inconstitucional, as normas que retiram fundamento de validade não podem ser consideradas adequadas. É como a peça de um dominó puxada que faz cair todas as demais a ela tangentes.

A título de exemplo, se a lei que cria um tributo é inconstitucional, também deverá ser expulso do ordenamento jurídico o decreto que regulamenta tal lei, os lançamentos de ofício que exigiram o tributo e assim por diante.

Nesse sentido, tenho ponto de vista distinto dos que sustentam que a Portaria PGFN 33/18 teria sanado eventual vício do art. 20-B da Lei 10.552/02, mesmo utilizando o recurso de uma "interpretação conforme". A mim, ***não cabe*** a regulamentar não tem a aptidão de convalidar norma que lhe deveria dar suporte hierárquico.

Assim, por exemplo, o fato de os art. 25 e 27 da referida Portaria não assinalarem, expressamente, a indisponibilidade dos bens averbados não afasta a previsão legal de que tais bens estão indisponíveis e não sanaria, em minha visão, a inconstitucionalidade da lei ordinária acima aventada pelo simples motivo de que norma infralegal não sana vício constante de norma de superior hierarquia.

Aliás, como asseveram Rodrigo Della Pria e Danilo Monteiro de Castro " a despeito de não utilizar o termo "indisponibilidade", a Portaria PGFN 33/2018 traz dispositivos que evidenciam a emanação de tal efeito de ser indisponível, como por exemplo, a possibilidade de um terceiro que tenha interesse em adquirir o bem apresentar impugnação perante a própria Procuradoria Geral da Fazenda Nacional[16].

Pela mesma razão, o fato da Portaria PGFN 33/18 buscar compatibilizar os efeitos da Portaria com o art. 185 do CTN, prevendo, por exemplo, que o contribuinte possa alienar bens quando demonstra que reservou bens ao pagamento da dívida também não afasta tal inconstitucionalidade.

---

16. Ibidem, p. 79.

É claro que nos termos do art. 185 do CTN prevê que uma vez inscrita a dívida ativa presume-se fraudulenta a alienação ou oneração de bens ou rendas, ou seu começo, por sujeito passivo em débito para com a Fazenda Pública, por crédito tributário regularmente inscrito como dívida ativa.

Mas, a proibição de autotutela pressupõe que eventual desrespeito a essa norma deve ser coibido pelo Poder Judiciário e não pelo próprio credor do débito, observado os trâmites da Execução Fiscal.

Suponhamos, por exemplo, que o devedor aliene seus bens – em aparente violação ao art. 185 do CTN– e ato subsequente utilize o produto da venda para pagar seus débitos? Poderia o Fisco anular a venda? É claro que não. A atitude fraudulenta não se identifica com a alienação, em si, do bem, mas com o que se faz com produto desta alienação.

Portanto, não se pode confundir presunção de fraude à execução, que é um mecanismo repressivo para se anular uma alienação fraudulenta, com uma eventual indisponibilidade a priori dos bens do devedor, tal como efetivado pelo art. 20-B da Lei 10.522/02.

Portanto, por mais elogiável que seja a Portaria PGFN 33/18, que realmente, visa a outorgar direitos e garantias aos contribuintes, a autoridade competente judicial não pode ser substituída.

Agora, se o art. 20-B da Lei 10.522/02 for modificado para que, a exemplo, do art. 828 do CPC, a Procuradoria da Fazenda Nacional possa dar meramente publicidade da inscrição em dívida ativa, para que eventuais compradores de tais bens tenham ciência do risco de ser decretada a fraude à execução, não haveria, ali, qualquer autotutela.

Por outro lado, conceber à Procuradoria da Fazenda Nacional a atribuição para retirar a disponibilidade dos bens não nos parece procedimento adequado.

Assim, ainda que eu reconheça os méritos da Portaria PGFN 33/18, entendo que: (I) por uma razão a priori, a regulamentação de norma inferior jamais pode salvar um vício de norma superior; (II) por uma razão a posteriori, não interpreto que a dita Portaria tenha eliminado a autotutela permita pelo ato legal, ora examinado.

CONCLUSÃO

Volto ao meu questionamento que fiz anteriormente. Seria o direito tributário um mecanismo que permite a arrecadação do Fisco? Minha resposta, pensando voltando a todo histórico da Carta Magna do João Sem Terra, ao da própria Constituição Cidadã de 1988, é negativa.

O direito tributário não é um mecanismo que permite a arrecadação do Fisco – porque o Fisco pela força, sem o direito, conseguiria cobrar tributos - mas o instrumento que a permite a partir do devido processo legal. Daí a configuração de garantias, direitos, princípios que tornam a atividade de arrecadar tributos um percurso compatível com as conquistas da civilização.

A chamada averbação pré-executória é inconstitucional e ilegal por garantir autotutela ao Estado e por violar dispositivo de lei complementar. Eis a conclusão que obtenho no presente artigo.

CONEXÃO POR PREJUDICIALIDADE PARA A EFETIVIDADE DAS AÇÕES TRIBUTÁRIAS: ANÁLISE COMPARATIVA ENTRE A AÇÃO ANULATÓRIA DE DÉBITO FISCAL, A EXECUÇÃO FISCAL E OS EMBARGOS À EXECUÇÃO FISCAL

Íris Vânia Santos Rosa[1]

Mariane Targa De Moraes Tenório[2]

1. INTRODUÇÃO

O movimento processual tributário está em nova fase.

Na vigência do Código de Processo Civil de (CPC) 1973, havia uma coincidência entre a espécie processual e o conteúdo da tutela jurisdicional, sugerindo que o processo de conhecimento tinha como referencial o direito material; o processo

---

1. Doutora e Mestre em Direito Tributário pela PUC/SP, especialista em Direito Tributário pelo IBET/SP e especialista em Processo Tributário pela PUC/SP, Sócia do escritorio SAAD, Santos Rosa, Behling e Munhoz, Professora do Mestrado do IBET, de Processo Tributário do Curso de Graduação da Fundação Santo André (FSA); Professora dos Cursos de Especialização do COGEAE-PUC/SP e do Instituto Brasileiro de Estudos Tributários (IBET). Advogada.

2. Mestranda e especialista em direito tributário pelo IBET. Advogada.

de execução, o direito material preordenado no título; o processo cautelar, o direito material considerado em nível de aparência. Isso foi mudando com a edição do CPC/2015.

Pela nova legislação, o processo cautelar foi suprimido, passando a se enquadrar nas regras pertinentes às tutelas provisórias do art. 294 e seguintes, e mais, não se pode prosseguir defendendo a existência de um encadeamento obrigatório entre espécie processual e conteúdo da tutela jurisdicional, porque há um sincretismo entre as diversas formas de atuação do Poder Judiciário.

Esse sincretismo indica novas relações entre as ações tributárias como, a Ação Anulatória de Débito Fiscal, a Execução Fiscal e os Embargos à Execução Fiscal, circunstâncias que podem alterar suas competências, sugerindo: a) causas gerais, que se aplicam à ordinariedade das categorias processuais; b) causas específicas, que abarcam apenas as hipóteses de modificações exclusivas das execuções fiscais.

Passamos inicialmente pelos conceitos fundamentais da Teoria Geral do Processo para que focados nos elementos das ações e no exercício da jurisdição seja possível a modificação de competências no contexto processual tributário.

A alteração das competências motivando possível conexão por prejudicialidade entre as ações tributárias provoca, no presente artigo, análise direcionada às suas jurisdições e principalmente a comparação entre suas causas de pedir e seus pedidos, que compõem elementos determinantes à compreensão do tema proposto.

2. CONCEITOS FUNDAMENTAIS DA TEORIA GERAL DO PROCESSO TRIBUTÁRIO

De extrema importância identificarmos conceitos que, de forma ampla, representam pilares normativos para a instauração do Processo Tributário.

Sabemos que a *jurisdição* representa a atividade estatal que tem como composição conflitos de interesses; trata-se de um dever de solucionar esses conflitos. A jurisdição pode se apresentar de forma contenciosa e voluntária (atividade administrativa atipicamente desenvolvida pelo Poder Judiciário).

Já a *ação*[3], como outro instituto de relevância corresponde ao direito de postular tutela jurisdicional; direito subjetivo de ver ativado o seu direito de jurisdição.

Ainda, o *processo* instaura a relação jurídica de caráter instrumental. O processo instrumentaliza o direito de ação e o dever jurisdicional que se estabelece pelo conflito de interesses (materialização dos conflitos).

Por fim, o *procedimento* irá determinar a forma de organização lógica e cronológica do processo. O procedimento é instrumental do processo, assim como o processo é instrumento da ação. Pode ser visto como relação jurídica advinda de outra relação, de cunho material[4] e que prevê a participação de determinados sujeitos de direito, denominados sujeito ativo e passivo.

Qualquer descumprimento dessa relação jurídica material de conteúdo tributário pode instaurar outra relação, agora de cunho processual, em que se pretende obter tutela jurisdicional para dirimir aquele conflito inaugural. Os sujeitos ali envolvidos, sem qualquer análise profunda a esse respeito (legitimidade ativa e passiva), serão os mesmos da relação de direito material.

---

3. No que tange as ações tributárias, quanto ao Sujeito para a iniciativa da ação, podemos destacar ações *(I) antiexacionais* (que podem ser exercidas ou inauguradas pelo contribuinte; tendente a obstar o desenvolvimento do ciclo de positivação tributária) e as *(II) exacionais* (exercidas pelas Fazendas Públicas em geral, tais como as execuções fiscais e medias cautelares fiscais). Quanto ao objeto, as ações podem ser classificadas: *(I) preventivas* [antes da constituição do crédito tributário pelo lançamento: declaratória e mandado de segurança preventivo]; (II) *repressivas* [depois do lançamento: anulatória de débito fiscal; mandado de segurança Repressivo; embargos à execução fiscal]; *(III) reparadoras de crédito* (depois do pagamento: repetição de indébito e declaratória de compensação); e *(IV) constitutivas de crédito* (consignação em pagamento).

4. Essa relação jurídica de cunho material tem o tributo (importância pecuniária) como objeto da prestação, atrelando os sujeitos, de forma que, um deles ostente o direito subjetivo de exigir esse objeto, e, o outro, o dever jurídico de cumpri-lo.

3. ELEMENTOS DA AÇÃO

Toda ação contém elementos.

As partes, a causa de pedir e o pedido são os elementos indispensáveis da ação para determinação do seu procedimento. São os elementos que qualificam a ação quanto a sua pretensão processual. Assim, em se tratando de Ação Anulatória de Débito Fiscal, Execução Fiscal e Embargos à Execução Fiscal essas informações serão imprescindíveis para diferenciar seus procedimentos.

As legislações tributárias e processuais tributárias específicas, como a Lei 6.830/180, indicam como elementos subjetivos da ação as partes, de um lado a Fazenda Pública: representada pela União Federal, os Estados, o Distrito Federal (híbrido), os Municípios e suas respectivas Autarquias, assim como, os contribuintes que representam todo e qualquer sujeito integrante de relação jurídica material por ter o dever jurídico de cumprir a obrigação tributária ali prevista.

A *causa de pedir* e o *pedido* são os elementos objetivos da ação. São esses elementos que nos trazem as informações da norma primária violada e também que compõem a norma secundária instaurada.

Dessa visão normativa de norma jurídica completa, optamos por interessante classificação que subdivide a causa de pedir em dois tipos: *remota* e *próxima.*

Na causa de pedir remota a relação jurídica de direito material estará relatada justificando a motivação para a ação; já na causa de pedir próxima, as informações são de cunho processual e devem estar perfeitamente alinhadas com aquela relação jurídica maculada para o efetivo provimento jurisdicional.

No mesmo sentido, o objeto da ação, ou seja, o pedido também se apresenta subdividido em duas realidades: o *pedido imediato,* que corresponde à natureza do provimento solicitado, e, o *pedido mediato,* que retrata o teor ou conteúdo do provimento, conhecido como bem da vida tutelado.

Confrontando os elementos objetivos podemos aproximá-los, quanto às suas essências, da seguinte forma: a causa de pedir remota estará para o pedido mediato, assim como a causa de pedir próxima ao pedido imediato. Esse confronto reforça a natureza da ação.

4. COMPETÊNCIA PARA AJUIZAR A AÇÃO ANULATÓRIA DE DÉBITOS FISCAL, A EXECUÇÃO FISCAL E OS EMBARGOS À EXECUÇÃO FISCAL

Dentro do campo das competências judiciais, podemos destacar as questões de competência tanto territorial, material ou para interpor recursos que terão como base o titular do crédito tributário objeto da Ação Anulatória de Débitos Fiscal e da Execução Fiscal.

Verifica-se que a Lei 6.830/80 não prescreve qualquer enunciado relacionado a essa aplicação, assim, subsidiariamente, o CPC nos indica o caminho a trilhar.

Com relação à *competência territorial*, estabelece o art. 109, inciso I, da Constituição Federal (CF)[5] que compete à Justiça Federal processar e julgar as causas em que a União e suas autarquias forem interessadas na condição de autoras, rés, assistentes ou oponentes. Referido dispositivo constitucional apenas excetua desta regra as hipóteses em que se tratar de falência, de acidentes de trabalho e as sujeitas à Justiça Eleitoral e à Justiça do Trabalho.

Conclui-se daí, que os tributos de competência da União e suas autarquias serão de alçada da Justiça Federal o processamento e julgamento da causa.

Será de competência da Justiça Estadual, processar e julgar as causas em que os Estados, Distrito Federal e

---

5. Art. 109. Aos juízes federais compete processar e julgar: I - as causas em que a União, entidade autárquica ou empresa pública federal forem interessadas na condição de autoras, rés, assistentes ou oponentes, exceto as de falência, as de acidentes de trabalho e as sujeitas à Justiça Eleitoral e à Justiça do Trabalho;

Municípios forem parte nos processos, tais como nas Ações Anulatórias de Débitos Fiscais, as Execuções Fiscais e os Embargos à Execução Fiscal.

Como exceção a essa regra, caso em determinada Comarca não exista Justiça Federal, a competência para processar e julgar desloca-se para a Estadual, sendo que, quaisquer Recursos provenientes dessas ações serão direcionados para o Tribunal Regional Federal correspondente, no caso de São Paulo o da 3ª Região.

No que tange ao foro competente para o ajuizamento da Execução Fiscal, da Ação Anulatória de Débito Fiscal estabelece o art. 51 do CPC[6] que esta será proposta no foro do domicílio do réu; se não o tiver, no de sua residência ou no do lugar onde for encontrado.

Complementando este dispositivo legal, o art. 127 do CTN[7] prevê que será considerado domicílio tributário das pessoas naturais a sua residência habitual, ou sendo esta incerta ou desconhecida, o centro habitual de sua atividade; das pessoas jurídicas de direito privado ou das firmas individuais, será considerado domicílio o lugar da sua sede ou em relação aos atos ou fatos que derem origem à obrigação, o de cada estabelecimento; e por fim,

---

6. Art. 51. É competente o foro de domicílio do réu para as causas em que seja autora a União. Parágrafo único. Se a União for a demandada, a ação poderá ser proposta no foro de domicílio do autor, no de ocorrência do ato ou fato que originou a demanda, no de situação da coisa ou no Distrito Federal.

7. Art. 127. Na falta de eleição, pelo contribuinte ou responsável, de domicílio tributário, na forma da legislação aplicável, considera-se como tal: I - quanto às pessoas naturais, a sua residência habitual, ou, sendo esta incerta ou desconhecida, o centro habitual de sua atividade; II - quanto às pessoas jurídicas de direito privado ou às firmas individuais, o lugar da sua sede, ou, em relação aos atos ou fatos que derem origem à obrigação, o de cada estabelecimento; III - quanto às pessoas jurídicas de direito público, qualquer de suas repartições no território da entidade tributante. § 1º Quando não couber a aplicação das regras fixadas em qualquer dos incisos deste artigo, considerar-se-á como domicílio tributário do contribuinte ou responsável o lugar da situação dos bens ou da ocorrência dos atos ou fatos que deram origem à obrigação. § 2º A autoridade administrativa pode recusar o domicílio eleito, quando impossibilite ou dificulte a arrecadação ou a fiscalização do tributo, aplicando-se então a regra do parágrafo anterior.

quanto às pessoas jurídicas de direito público, qualquer de suas repartições no território da entidade tributante.

Sendo assim, a Ação anulatória de débito fiscal deve ser distribuída, por questão de competência territorial nas varas cíveis federais, estaduais ou municipais, dependendo de qual tributo versa a discussão; já a execução fiscal direciona-se às varas especiais de Execução Fiscal.

A *competência material*, por sua vez, a Lei 6.830/80 no art. 5º [8]estabelece que a competência para processar e julgar a Execução da dívida ativa da Fazenda Pública exclui a de qualquer outro juízo, inclusive o da falência, da concordata, da liquidação, da insolvência ou do inventário.

O juízo da execução fiscal sempre prevalecerá sobre quaisquer outros e isso tem profunda importância quando da propositura das ações anulatórias de débito fiscal que veremos adiante.

Por fim, no que diz respeito à *competência recursal* relativa ao valor da alçada, é necessária análise do art. 34 da Lei 6.830/80[9] que estabelece que das sentenças de primeira instância proferidas em execuções em valor igual ou inferior a 50 (cinquenta) das Obrigações Reajustáveis do Tesouro Nacional (ORTN's) somente serão admitidos embargos infringentes (extinto pelo CPC de 2015) e embargos de declaração. Todos os demais recursos cabíveis em face da sentença de primeiro grau não são admissíveis nestes casos.

---

8. Art. 5º - A competência para processar e julgar a execução da Dívida Ativa da Fazenda Pública exclui a de qualquer outro Juízo, inclusive o da falência, da concordata, da liquidação, da insolvência ou do inventário.

9. Art. 34 - Das sentenças de primeira instância proferidas em execuções de valor igual ou inferior a 50 (cinquenta) Obrigações Reajustáveis do Tesouro Nacional - ORTN, só se admitirão embargos infringentes e de declaração. § 1º - Para os efeitos deste artigo considerar-se-á o valor da dívida monetariamente atualizado e acrescido de multa e juros de mora e de mais encargos legais, na data da distribuição. § 2º - Os embargos infringentes, instruídos, ou não, com documentos novos, serão deduzidos, no prazo de 10 (dez) dias perante o mesmo Juízo, em petição fundamentada. § 3º - Ouvido o embargado, no prazo de 10 (dez) dias, serão os autos conclusos ao Juiz, que, dentro de 20 (vinte) dias, os rejeitará ou reformará a sentença.

5. AÇÃO ANULATÓRIA DE DÉBITO FISCAL

Agora, já podemos nos referir a ação anulatória de débito fiscal, como aquela ação do tipo antiexacional, instaurada pelos contribuintes; que será aplicada quanto ao objeto de modo repressivo, depois de constituído o crédito tributário com o lançamento. Vejamos o que isso significa.

A produção do ato constitutivo do crédito tributário (lançamento ou autolançamento) importa em significativo marco normativo-tributário, visto que, com a efetiva participação do homem, uma norma geral e abstrata de possível ocorrência mostra-se individual e concreta, e, portanto, plenamente aplicável.

A ação anulatória constitui instrumento processual destinado à produção de tutela com eficácia para desconstituir (anular) a obrigação tributária materializada pelo ato de constituição do crédito tributário.

O interesse processual do contribuinte na ação anulatória de débito fiscal persiste mesmo após a inscrição do débito em dívida ativa, permanecendo até ser proposta a ação executiva fiscal, quando o contribuinte poderá defender-se em juízo por meio de incidente processual definido como Embargos à Execução Fiscal.

A ação anulatória a que estamos nos referido, tem previsão legal distinta daquela prescrita no art. 156, IX, do CTN contra decisões dos Tribunais Administrativos; assim como aquela do art. 169 do CTN contra ato contrário a pedido de restituição administrativa.[10]

Nossa ação tem previsão legal no art. 38 da Lei 6.830/80 que preceitua:

---

10. Art. 156. Extinguem o crédito tributário: (...) IX - a decisão administrativa irreformável, assim entendida a definitiva na órbita administrativa, que não mais possa ser objeto de ação anulatória;
Art. 169. Prescreve em dois anos a ação anulatória da decisão administrativa que denegar a restituição. Parágrafo único. O prazo de prescrição é interrompido pelo início da ação judicial, recomeçando o seu curso, por metade, a partir da data da intimação validamente feita ao representante judicial da Fazenda Pública interessada.

> *A discussão judicial da Dívida Ativa da Fazenda Pública só é admissível em execução, na forma desta Lei, salvo as hipóteses de mandado de segurança, ação de repetição do indébito ou ação anulatória do ato declarativo da dívida, esta, precedida do depósito preparatório do valor do débito, monetariamente corrigido e acrescido dos juros e multa de mora e demais encargos.*

O objeto de referida ação revela-se no *ato de desconstituição do crédito tributário*, compreendido naquele Lançamento Tributário prescrito no art. 142 do CTN ou o autolançamento insculpido no art. 150 do referido Diploma, e ainda, daquele Auto de Infração lavrado pelo descumprimento da obrigação tributária.[11]

Interessante destacar que o *prazo* para sua propositura está contido em antigo Decreto de nº 20.910/32, que prescreve 05 (cinco) anos da constituição do crédito para que se evite assim a prescrição do direito de ação.

O valor da causa na ação anulatória do débito fiscal, necessariamente, corresponde àquele valor do lançamento tributário e a obrigatoriedade do depósito preparatório do valor do débito a que se refere o art. 38 da Lei 6.830/80, transformou-se

11. Art. 142. Compete privativamente à autoridade administrativa constituir o crédito tributário pelo lançamento, assim entendido o procedimento administrativo tendente a verificar a ocorrência do fato gerador da obrigação correspondente, determinar a matéria tributável, calcular o montante do tributo devido, identificar o sujeito passivo e, sendo caso, propor a aplicação da penalidade cabível. Parágrafo único. A atividade administrativa de lançamento é vinculada e obrigatória, sob pena de responsabilidade funcional.
Art. 150. O lançamento por homologação, que ocorre quanto aos tributos cuja legislação atribua ao sujeito passivo o dever de antecipar o pagamento sem prévio exame da autoridade administrativa, opera-se pelo ato em que a referida autoridade, tomando conhecimento da atividade assim exercida pelo obrigado, expressamente a homologa. § 1º O pagamento antecipado pelo obrigado nos termos deste artigo extingue o crédito, sob condição resolutória da ulterior homologação ao lançamento. § 2º Não influem sobre a obrigação tributária quaisquer atos anteriores à homologação, praticados pelo sujeito passivo ou por terceiro, visando à extinção total ou parcial do crédito. § 3º Os atos a que se refere o parágrafo anterior serão, porém, considerados na apuração do saldo porventura devido e, sendo o caso, na imposição de penalidade, ou sua graduação. § 4º Se a lei não fixar prazo a homologação, será ele de cinco anos, a contar da ocorrência do fato gerador; expirado esse prazo sem que a Fazenda Pública se tenha pronunciado, considera-se homologado o lançamento e definitivamente extinto o crédito, salvo se comprovada a ocorrência de dolo, fraude ou simulação.

em facultatividade, segundo a Súmula 247 do extinto Tribunal Federal de Recursos (TFR), nos seguintes termos: *"Não constitui pressuposto da ação anulatória do débito fiscal o depósito de que cuida o art. 38 da Lei 6.830, de 1980"*.

O Supremo Tribunal Federal que aprovou, recentemente, a Súmula Vinculante 28, estabelecendo que "é inconstitucional a exigência de depósito prévio como requisito de admissibilidade de ação judicial na qual se pretenda discutir a exigibilidade de crédito tributário".

A referida Súmula tem como precedente a decisão proferida pelo STF em 25/05/2007, nos autos da Ação Direta de Inconstitucionalidade (ADI) nº 1.074, julgada procedente para declarar a inconstitucionalidade do art. 19, caput, da Lei nº 8.870, de 15 de abril de 1.994[12].

Assim, por tal entendimento, mesmo que não haja o aludido depósito, a Ação Anulatória de débito fiscal pode ter seguimento.

Ocorre que, não havendo o depósito, a exigibilidade do crédito tributário não estará suspensa e o Fisco poderá ajuizar Execução Fiscal, razão pela qual é que se recomenda que haja o depósito preparatório, nos termos do art. 151, inciso II do CTN[13], como forma de inibir a Execução Fiscal. Referido depósito não poderá ser caracterizado como confissão de dívida, e sim, como garantia do juízo.

6. EXECUÇÃO FISCAL

Previsto na Lei 6.830/80, o processo executivo contém procedimento que, por si só não admite defesa direta, já que,

12. Art. 19. As ações judiciais, inclusive cautelares, que tenham por objeto a discussão de débito para com o INSS serão, obrigatoriamente, precedidas do depósito preparatório do valor do mesmo, monetariamente corrigido até a data de efetivação, acrescido dos juros, multa de mora e demais encargos.

13. Art. 151. Suspendem a exigibilidade do crédito tributário: (...) II - o depósito do seu montante integral;

de forma ostensiva exige o pagamento da execução em 5 (cinco) dias, sob pena de penhora, como prescrito em seu art. 8º:

> Art. 8º - O executado será citado para, no prazo de 5 (cinco) dias, pagar a dívida com os juros e multa de mora e encargos indicados na Certidão de Dívida Ativa, ou garantir a execução, observadas as seguintes normas:
>
> *I - a citação será feita pelo correio, com aviso de recepção, se a Fazenda Pública não a requerer por outra forma;*
>
> *II - a citação pelo correio considera-se feita na data da entrega da carta no endereço do executado, ou, se a data for omitida, no aviso de recepção, 10 (dez) dias após a entrega da carta à agência postal;*
>
> *III - se o aviso de recepção não retornar no prazo de 15 (quinze) dias da entrega da carta à agência postal, a citação será feita por Oficial de Justiça ou por edital;*
>
> *IV - o edital de citação será afixado na sede do Juízo, publicado uma só vez no órgão oficial, gratuitamente, como expediente judiciário, com o prazo de 30 (trinta) dias, e conterá, apenas, a indicação da exequente, o nome do devedor e dos corresponsáveis, a quantia devida, a natureza da dívida, a data e o número da inscrição no Registro da Dívida Ativa, o prazo e o endereço da sede do Juízo.*
>
> § 1º - O executado ausente do País será citado por edital, com prazo de 60 (sessenta) dias.
>
> § 2º - O despacho do Juiz, que ordenar a citação, interrompe a prescrição.

Observando a primeira parte do mencionado artigo, pode-se afirmar que sequer existe lide na execução fiscal, pois o executado deve ser citado apenas para pagar em 5 (cinco) dias e, nesse mesmo sentido, faz-se mister reconhecer que não existe defesa direta nesses autos.

Tal afirmação demonstra-se muito precipitada, já que o art. 8º da Lei 6.830/80 não se encerra ali, admitindo alternativamente a garantia da execução para oposição de embargos à execução fiscal, assim, apesar de mitigados, o contraditório e ampla defesa são admitidos, desde que haja indicação de bens ou direito que garantam o executivo fiscal.

A base de toda execução fiscal se restringe à emissão, por parte dos procuradores em de um título executivo extrajudicial. Esse título, conhecido como Certidão de Dívida Ativa (CDA), de acordo com o art. 784, IX, do CPC[14], deve necessariamente seguir as informações do auto de infração ou processo administrativo findo. Trata-se do controle sucessivo de legalidade pertinente aos atos administrativos em geral.

No que tange as partes no processo executivo, tem-se como sujeito ativos, os entes públicos e suas autarquias e, como sujeitos passivo, os contribuintes e/ou os responsáveis tributários que compõem o polo passivo da ação, desde que estejam contidos no auto de infração noticiado ou que tenha participado diretamente da discussão em sede administrativa.

Em suma, o direito positivo somente atingirá operatividade no momento em que, com a participação humana, verifica-se fato prescrito em seu antecedente instaurando relação jurídica tributária no seu consequente, ente dois sujeitos, fazendo nascer o crédito tributário, que representa a obrigação formalizada (lançamento tributário).

Cumprida a obrigação, encerra-se o ciclo e extingue-se o crédito. Caso contrário, não havendo o pagamento, inscreve-se o débito do contribuinte na dívida ativa, extraindo-se o título (CDA), que fundamentará a ação executiva fiscal, para pressionar o contribuinte inadimplente ao pagamento sob pena de expropriação de bens.

Dentro do contexto normativo da estrutura nuclear definida por um antecedente e um consequente a inadimplência será verificada com o descumprimento de um critério contido naquele conseguinte normativo, que por sua vez, corresponderá ao antecedente negativo da norma processual, que terá então, como consequência, um provimento jurídico, tendente a aplicar uma sanção.

---

14. Art. 784. São títulos executivos extrajudiciais: (...). IX - a certidão de dívida ativa da Fazenda Pública da União, dos Estados, do Distrito Federal e dos Municípios, correspondente aos créditos inscritos na forma da lei;

Verificado o não pagamento do tributo, a Fazenda Pública constituirá a CDA, na qual demonstrará em síntese, baseada na informação administrativo, seja pelo auto de infração ou processo administrativo findo, quem é o contribuinte, qual o valor do débito, qual o tributo devido, qual o período de apuração do tributo, as infrações cometidas pelo contribuinte, etc.

Vale destacar que a CDA é constituída unilateralmente, sem a participação ou intervenção do contribuinte. Além disso, a CDA não tem origem em uma sentença, mas tão somente na apuração de inadimplemento pela Fazenda Pública, sendo que somente ela dá origem ao título executivo.

Portando, a CDA constitui pressuposto de existência do executivo fiscal e nela devem estar contidas todas s informações tendentes à cobrança em questão. Essas informações seguem necessariamente aquelas trazidas em outro ato administrativo conhecido, como lançamento tributário, contido no auto de infração ou já em desenvolvimento, quando da discussão em processo administrativo.

A ausência dessas informações ou a alteração imotivada contida na CDA e que consequentemente compõe a execução fiscal são razoes de nulidade do título e extinção da cobrança judicial.

A Lei 6.830/80, é clara ao prescrever que a CDA, sob pena de nulidade, no art. 2º, § 5º, da Lei deverá conter: *(I)* o nome do devedor, dos corresponsáveis e, sempre que conhecido, o domicílio ou residência de um e de outros; *(II)* o valor originário da dívida, bem como o termo inicial e a forma de calcular os juros de mora e demais encargos previstos em lei ou contrato; (III) a origem, a natureza e o fundamento legal ou contratual da dívida; (IV) a indicação, se for o caso, de estar a dívida sujeita à atualização monetária, bem como o respectivo fundamento legal e o termo inicial para o cálculo; (V) a data e o número da inscrição, no registro de dívida ativa; e (VI) o número do processo administrativo ou do auto de infração, se neles estiver apurado o valor da dívida.

Ademais, na CDA deve esta imbuída, doa requisitos gerais de validade de qualquer ato administrativo; a inscrição deve ser impreterivelmente procedida por autoridade competente (autenticidade).

7. EMBARGOS À EXECUÇÃO FISCAL

Pois bem, restando devidamente garantida a execução fiscal, o executado terá o prazo de 30 (trinta) dias para opor os embargos à execução fiscal, para obter um provimento jurisdicional que dirá se o débito é ou não devido.

Este prazo de 30 (trinta) dias é contado de diferentes maneiras, dependendo da forma de garantia da execução fiscal.

O art. 16, I, da Lei 6.830/80, determina que no caso de depósito judicial vinculado aos autos de execução, o trintídio inicia-se na data da realização do depósito: *Art. 16 – O executado oferecerá Embargos, no prazo de 30 (trinta) dias, contados: I – do depósito;*

Caso a execução fiscal seja garantida pela carta de fiança, o prazo iniciará quando da juntada desta aos autos: "*II – da juntada da prova da fiança bancária;*"

Porém, se a execução fiscal for garantida por penhora de bens, o prazo iniciará quando da intimação do executado da referida penhora: "*III – da intimação da penhora.*"

Neste tópico, ainda cumpre esclarecer o posicionamento do Superior Tribunal de Justiça (STJ), no que se refere à inaplicabilidade do inciso I, do art. 16, da Lei nº 6.830/80, entendendo que o prazo de 30 (trinta) dias começa a fluir quando da intimação da penhora, que, tendo sido feita em dinheiro, será convertida em depósito, nos termos dos artigos 11, § 2º, e 9º, inciso I, da citada Lei:

> PROCESSUAL CIVIL. EMBARGOS À EXECUÇÃO FISCAL. GARANTIA DO JUÍZO. PREVALÊNCIA DAS DISPOSIÇÕES DA LEF SOBRE O CPC.

> 1. Discute-se nos autos a possibilidade de oposição de Embargos à Execução Fiscal sem garantia do juízo nos casos em que o devedor é hipossuficiente.
>
> 2. "Em atenção ao princípio da especialidade da LEF, mantido com a reforma do CPC/73, a nova redação do art. 736, do CPC dada pela Lei n. 11.382/2006 - artigo que dispensa a garantia como condicionante dos embargos - não se aplica às execuções fiscais diante da presença de dispositivo específico, qual seja o art. 16, §1º da Lei n.
>
> 6.830/80, que exige expressamente a garantia para a apresentação dos embargos à execução fiscal" (REsp 1.272.827/PE, Rel. Ministro Mauro Campbell Marques, Primeira Seção, DJe 31.5.2013).
>
> 3. Recurso Especial não provido.
>
> (REsp 1676138/RJ, Rel. Ministro HERMAN BENJAMIN, SEGUNDA TURMA, julgado em 05/09/2017, DJe 09/10/2017)

Caso o devedor perca o prazo para oposição dos embargos à execução, este poderá utilizar de outros meios para discutir a ilegalidade da cobrança feita pela fazenda pública. isto porque o mérito da execução fiscal não faz coisa julgada com o término do trintídio para oposição de Embargos, sendo que o executado poderá discutir o débito tributário por meio de ação anulatória ou de repetição de indébito.

Assim, os embargos à execução fiscal, como ação/defesa do tipo antiexacional, constituem veículo processual previsto legalmente posto à disposição do executado para pleitear a extinção ou redução do valor exigido no processo executório. Contudo, seu manejo é condicionado à prévia garantia do juízo por garantias suficientes.

Impor ao executado uma constrição de seus bens quando os vícios do título são evidentes, além de uma injustiça para com o executado, é um grande entrave ao próprio processo executivo.

Como dito anteriormente, a sistemática da ação de execução fiscal não admite defesa no formato direto de contestação, exceto quando garantida por penhora. Daí, possível utilizar um meio de defesa/ação, já que os Embargos à Execução Fiscal são opostos no formato de ação antiexacional, proposta pelos contribuintes, contendo disposições previstas para as contestações, nos termos do art. 336 e seguintes do CPC.

Por ser ação de conhecimento, todas as questões, tanto de ordem pública como de mérito, podem ser ventiladas amplamente, inclusive produção de provas como: apresentação de documentos, perícia, testemunhas etc.

Em relação à garantia insuficiente, destacamos interessante julgado proferido pela STJ que reconhece a possibilidade de recebimento dos embargos à execução fiscal:

> TRIBUTÁRIO. AGRAVO INTERNO NO RECURSO ESPECIAL. EXECUÇÃO FISCAL. EMBARGOS À EXECUÇÃO. GARANTIA DO JUÍZO. NECESSIDADE. PREVISÃO ESPECÍFICA. LEI 6.830/1980. PENHORA INSUFICIENTE. GARANTIA PARCIAL QUE NÃO OBSTA A ADMISSIBILIDADE DOS EMBARGOS À EXECUÇÃO. 1. A jurisprudência do STJ é no sentido de que, em sede de execução fiscal, a oposição dos embargos depende de garantia do juízo, nos termos do art. 16 da Lei 6.830/1980, não afetado pela alteração do art. 736 do CPC/1973, a teor do julgamento proferido no REsp 1.272.827/PE, Rel. Ministro Mauro Campbell Marques, submetido ao rito do art. 543-C do CPC/1973. 2. No julgamento do REsp 1.127.815/SP, sob o rito do art. 543-C do CPC/1973, esta Corte consolidou o entendimento de que "não se deve obstar a admissibilidade ou apreciação dos embargos à execução pelo simples fato de que o valor do bem constrito é inferior ao valor exequendo, devendo o juiz proceder à intimação do devedor para reforçar a penhora". Ressaltou-se, entretanto, que "a insuficiência patrimonial do devedor é a justificativa plausível à apreciação dos embargos à execução sem que o executado proceda ao reforço da penhora, [...], desde que comprovada inequivocamente". 3. Na hipótese dos autos, o Tribunal a quo reformou a sentença e determinou prosseguimento dos embargos à execução por entender que a insuficiência da penhora não é causa suficiente para a sua extinção, sem prejuízo da efetivação de novas diligências tendentes à penhora de outros bens, para efetivação da garantia total daquele valor exequendo. 4. Agravo interno não provido.
>
> (AgInt no REsp 1699802/RJ, Rel. Ministro BENEDITO GONÇALVES, PRIMEIRA TURMA, julgado em 21/03/2019, DJe 26/03/2019)

Nessa situação poderá o juiz da execução determinar o complemento da garantia, sob pena de extinção dos Embargos à Execução Fiscal.

Os argumentos do julgado versam sobre a seguinte questão: efetivada a penhora por oficial de justiça e dela sendo intimado o devedor, atendido estará o requisito de garantia para a oposição de Embargos à Execução.

A eventual insuficiência da penhora será suprida por posterior reforço, que pode se dar "em qualquer fase do processo" (Lei 6.830/80, art. 15, II), sem prejuízo do regular processamento dos Embargos.

8. POSSIBILIDADE DE MODIFICAÇÃO DAS COMPETÊNCIAS

Diante de todo o exposto, a modificação das competências se baseia em primeiro lugar no próprio conceito de competência, definida como um dos limites para o exercício da jurisdição, e, em segundo lugar por se tratar da limitação constante do art. 43 do CPC, que consagra a ideia da *perpetuatio jurisdictionis*.

De acordo com o dispositivo, a competência é determinada no momento do registro ou da distribuição da petição inicial, sendo irrelevantes as modificações do estado de fato ou de direito ocorridas posteriormente, salvo quando suprimirem órgão judiciário ou alterarem a competência absoluta.

Partindo desses pressupostos, em terceiro lugar teremos na verdade uma classificação, cujo critério repousa na circunstância de a regra de competência poder ou não poder ser alterada por alguma situação prevista no direito positivo. Em caso negativo, está-se diante de uma regra de competência absoluta, que justamente por essas características, é denominada como estática. Em caso positivo, está-se analisando uma regra de competência relativa, denominada como dinâmica.

Pois bem, nos interessa essa segunda modalidade, já que seu objetivo é estudar as causas de modificação de competência.

Destacamos todas as circunstâncias que podem alterar a competência. Para facilitar o entendimento, procede à seguinte classificação: a) causas gerais, que se aplicam à ordinariedade das categorias processuais; b) causas específicas, que abarcam apenas as hipóteses de modificações exclusivas das execuções fiscais. Seguimos, então, o roteiro por ele traçado.

a. Causas Gerais

Quatro são as causas gerais de modificação de competência.

A primeira delas é a inércia do réu nos casos de descumprimento de uma regra de competência de índole relativa. É o caso, por exemplo, de uma execução fiscal que tenha sido ajuizada fora do domicílio do sujeito passivo. Caso ele não argua a incompetência no momento oportuno, ocorrerá a prorrogação da competência, e o juízo outrora incompetente passa a ser competente para processar e julgar a demanda. No âmbito das execuções fiscais, o meio adequado para suscitar a incompetência são os embargos à execução, a teor do que dispõe o art. 16, §3º, da LEF. No entanto, eventual exceção deve ser conhecida, em razão do princípio da instrumentalidade das formas.

A segunda é clausula de eleição do foro, sobre a qual nada falaremos por não ser relevante para os fins desse artigo.

A terceira é a conexão, que ocorre quando duas ações tiverem em comum o pedido ou a causa de pedir. Interessa-nos a inovação trazida pelo art. 55, §2º, inciso I, do CPC:

> *Art. 55. Reputam-se conexas 2 (duas) ou mais ações quando lhes for comum o pedido ou a causa de pedir.*
>
> *(...)*
>
> *§ 2º Aplica-se o disposto no caput: I - à execução de título extrajudicial e à ação de conhecimento relativa ao mesmo ato jurídico;*

A regra incorporou um entendimento consolidado do STJ quando da vigência do CPC de 1973. Segundo a Corte, a ação anulatória deve ser julgada pelo juízo processante da ação de execução fiscal com o objetivo de evitar decisões contraditórias. No entanto, essa regra possui exceção: Existem varas especializadas de execuções fiscais, de competência, portanto, absoluta.

Nesses casos, se a anulatória for anterior à execução fiscal, os processos devem tramitar separados, muito embora presente o fenômeno da conexão. A solução seria aplicar o art. 313, inciso V, alínea *a*, do CPC, suspendendo-se o curso da execução.

Por fim, a quarta regra é a continência, que ocorre quando existir identidade quanto às partes e à causa de pedir, mas o pedido de uma, por ser mais amplo, abrange o das demais. Quanto ao ponto, o CPC incorporou solução já propugnada pela doutrina durante a vigência do CPC de 1973. Se a ação continente tiver sido proposta anteriormente, o processo da ação contida deve ser extinto sem resolução de mérito, pela ocorrência de litispendência. Apenas admite-se a continência se ocorrer o oposto: a ação mais ampla for posterior à ação mais estreita.

b. Causas específicas

Existe apenas uma causa específica de modificação de competência. Trata-se da reunião por conveniência, prevista no art. 28 da Lei 6.830/80:

> *Art. 28 - O Juiz, a requerimento das partes, poderá, por conveniência da unidade da garantia da execução, ordenar a reunião de processos contra o mesmo devedor.*
>
> *Nos termos da Súmula 515 do STJ*[15]*, essa regra, no entanto, consubstancia-se numa faculdade do magistrado.*

15. "A reunião de execuções fiscais contra o mesmo devedor constitui faculdade do Juiz".

9. DA POSSIBILIDADE DE CONEXÃO POR PREJUDICIALIDADE

Desde já, descartamos a conexão ou continência pura como estabelecida no CPC/2015, visto que, como demonstrado, apesar das relações jurídicas envolverem idênticos sujeitos, resta demonstrado que as causas de pedir próximas são distintas e até diametralmente opostas.

Na Execução Fiscal, *(I) partes*: Fisco e Contribuinte; *(II) Causa de pedir*: Próxima – Inadimplência e Remota – Obrigação Tributária; *(III) Pedido*: Imediato – Pagamento e Mediato (Expropriação) – Execução Forçada.

Já na Anulatória de Débito Fiscal: *(I) partes*: Fisco e Contribuinte; *(II) Causa de pedir*: Próxima – Vício no crédito e remota – Obrigação Tributária; *(III) Pedido*: Imediato – Declaração de Inexistência e Mediato – Desconstituição do Crédito.

Consigna-se que nesse caso, há necessidade de aplicação do art. 313, V, alínea "a", de suspensão da Execução Fiscal em razão de prejudicialidade das decisões divergentes nas duas ações, uma vez que julgada procedente a Ação Anulatória de débito fiscal, obrigatória será a extinção do Executivo Fiscal[16].

Vale lembrar que, nosso posicionamento diverge de outros autores como o da Professora Cleide Previtalli Cais[17], que em seu brilhante trabalho sobre a questão reconhece a possibilidade de conexão entre as ações, assim como, de alguns julgados do STJ que não são precedentes da Corte Especial.

Discordamos também da possibilidade de conexão entre as ações, razão agora de caráter extrínseco a ambos os processos, no que diz respeito à competência. A Ação Anulatória de débito fiscal deve ser distribuída, por questão de competência

---

16. Art. 313. Suspende-se o processo: (...) V - quando a sentença de mérito: a) depender do julgamento de outra causa ou da declaração de existência ou de inexistência de relação jurídica que constitua o objeto principal de outro processo pendente; (...).

17. CAIS, Cleide Previtalli, *O Processo Tributário*, 2006, p.526, item 9.11.4.

territorial nas varas cíveis federais, estaduais ou municipais, dependendo de qual tributo versa a discussão; já a Execução Fiscal direciona-se às varas especiais de Execução Fiscal.

Assim, como se dará efetivamente a conexão no caso da Anulatória ser distribuída antes da Execução Fiscal, situação essa que sabemos ser aplicada a prevenção?

Para responder tal indagação basta uma interpretação sistemática dos art. 55 e 58 do CPC, senão vejamos:

> *Art. 58. A reunião das ações propostas em separado far-se-á no juízo prevento, onde serão decididas simultaneamente.*
>
> *Art. 55. Reputam-se conexas 2 (duas) ou mais ações quando lhes for comum o pedido ou a causa de pedir.*
>
> *§ 1º. Os processos de ações conexas serão reunidos para decisão conjunta, salvo se um deles já houver sido sentenciado.*
>
> *§ 2º. Aplica-se o disposto no caput:*
>
> *I – à execução de título extrajudicial e à ação de conhecimento relativa ao mesmo ato jurídico;*
>
> *II – às execuções fundadas no mesmo título executivo.*
>
> *§ 3º. Serão reunidos para julgamento conjunto os processos que possam gerar risco de prolação de decisões conflitantes ou contraditórias caso decididos separadamente, mesmo sem conexão entre eles.*

Finalizaremos com o posicionamento convergente de Paulo Cesar CONRADO e Juliana Furtado Costa ARAÚJO, em artigo publicado no site JOTA[18]:

> *Trazido para o plano tributário, o dispositivo (notadamente o seu parágrafo 2º) pode ser reescrito nos seguintes termos: consideram-se conexas, devendo ser reunidas, execução fiscal e ação antiexacional (declaratória ou anulatória) que tratem da mesma obrigação tributária. Tudo bem racional, admitamos.*

---

18. CONRADO Paulo Cesar e ARAÚJO Juliana Furtado Costa. *A Conexão por prejudicialidade no CPC/2015*: Racionalidade e efetividade na cobrança do crédito tributário. Disponível em: https://www.jota.info/opiniao-e-analise/artigos/a-conexao-por-prejudicialidade-no-cpc2015-13112017. Acesso: 10/05/2019.

O grande problema prático, porém, é que, em diversas unidades jurisdicionais – caso da Justiça Federal da Terceira Região – voga regra de distribuição de competência segundo a qual executivos fiscais tramitam em específicas Varas, transitando as ações dos contribuintes (declaratória e anulatória) em Varas de competência residual. Diz-se que a competência assim distribuída, porque material, implicaria uma situação de absoluta e recíproca incompetência: o Juízo da execução não teria competência para a declaratória/anulatória; o Juízo da declaratória/anulatória não teria competência para a execução.

Prevalecendo tal orientação, a "conexão por prejudicialidade" deixa de produzir o efeito legalmente prescrito, mantendo-se, em órgãos jurisdicionais diversos, processos que, embora vinculados a tutelas antagônicas, dizem respeito ao mesmo crédito tributário. Não nos parece que essa seja, de todo modo, a solução a ser aplicada.

Não se desconhece o grande avanço representado pela criação, na década de 90, das Varas especializadas em execução fiscal. Referida categoria processual, quando imiscuída em contexto competencial amplo, acabava desprestigiada, o que, no decorrer do tempo, significou um represamento agudo das ações de cobrança propostas pelo Fisco.

A criação de unidades jurisdicionais com especial competência sobre essa categoria processual compôs parte do problema. Com o passar dos anos, entretanto, outros surgiram, requisitando o aprimoramento do sistema.

Talvez o mais pronunciado desses problemas se relacione à multiplicação desnecessária de demandas sobre um mesmo crédito: anulatória, seguida de execução, seguida de embargos (eventualmente precedidos de exceção de pré-executividade), tudo para discutir a exigibilidade de um mesmo crédito. Para além de inchar, desnecessariamente, o acervo de feitos em trâmite no Judiciário, essa situação potencializa, por outro lado, um grande problema – soluções antagônicas ou redundantes podem brotar.

É o que se nota quando, numa anulatória, o contribuinte efetua o depósito do valor do tributo ou presta garantia fidejussória (fiança ou seguro). Mantida a "autonomia" competencial (execução *versus ação antiexacional), a possibilidade de simultâneo ou subsequente ajuizamento de execução é evidente, implicando a redundante prestação de garantia relativa ao mesmo crédito. Pior ainda quando, em casos desse timbre, exige-se do contribuinte o ajuizamento de embargos, sob pena de se executar a garantia – mesmo na pendência da anulatória.*

Todas essas contingências, parece-nos, poderiam ser desde sempre evitadas, aplicando-se o raciocínio subjacente à "teoria" da "conexão por prejudicialidade".

> *Hoje, de todo modo, com a incorporação, no CPC de 2015, da citada figura, aquilo que era uma "possibilidade" passa a ser um imperativo, recomendando-se a consequente revisão da textualidade dos atos normativos distributivos de competência, tudo de modo a garantir máximo rendimento aos ideais de racionalização processual e de minimização de desgaste.*

10. CONCLUSÕES

O sincretismo indica novas relações entre as ações tributárias como, a Ação Anulatória de Débito Fiscal, a Execução Fiscal e os Embargos à Execução Fiscal, circunstâncias que podem alterar suas competências, sugerindo: a) causas gerais, que se aplicam à ordinariedade das categorias processuais; b) causas específicas, que abarcam apenas as hipóteses de modificações exclusivas das execuções fiscais.

A conexão por prejudicialidade leva à novos rumos, eis que ao racionalizar as tutelas jurisdicionais, aproxima o processo tributário a concretização do princípio constitucional da celeridade processual.

11. REFERÊNCIAS

CAIS, Cleide Previtalli, *O Processo Tributário*, 2006.

CONRADO Paulo Cesar e ARAÚJO Juliana Furtado Costa. *A Conexão por prejudicialidade no CPC/2015*: Racionalidade e efetividade na cobrança do crédito tributário. Disponível em: https://www.jota.info/opiniao-e-analise/artigos/a-conexao-por-prejudicialidade-no-cpc2015-13112017. Acesso: 10/05/2019.

CONRADO. Paulo Cesar. *Processo Tributário*. 2 ed. São Paulo: Quartier Latin, 2007.

ROSA. Íris Vania Santos. *A penhora na Execução Fiscal: Penhora "on line" e o Princípio da Menor Onerosidade*. 2 ed. São Paulo: Noeses. 2018.

DEFESA DO EXECUTADO NA EXECUÇÃO FISCAL E LITIGÂNCIA DE MÁ-FÉ: INOVAÇÕES

Erik Frederico Gramstrup[1]

INTRODUÇÃO

No presente capítulo, pretendemos discutir as modalidades de defesa do executado em execução fiscal, tanto a típica por meio de embargos quanto a atípica via "exceção" de pré-executividade, abordando em seguida o eventual abuso desse direito e o tratamento contemporâneo da litigância de má-fé e seus remédios. Será necessário passar pelos princípios constitucionais que infundem os direitos de ação (pois essa é a natureza dos embargos, ação) e o de defesa; e, também, pela arquitetura legal dos modos mais comuns de reação à execução fiscal. Objetivamos, após a sistematização dos modos mais comuns de reação do executado, discutir as novidades introduzidas pelo CPC de 2015 em matéria de repressão à litigância temerária, pois temos por certo que elas não foram objeto de suficiente atenção pelos diversos operadores, doutrina aqui incluída. Tem-se passado por alto de inovação relevante

1. Doutor e Mestre pela PUC/SP. Professor da PUC/SP e do curso de mestrado e doutorado da FADISP. Juiz Federal.

e essa desatenção afigura-se muito curiosa, pois a nova codificação preocupou-se com a litigância de má-fé em grau mais intenso do que sua equivalente de 1973, não apenas se ocupando da repressão, mas também – e essa é a novidade digna de nota – com a prevenção desse abuso. Avançaremos, ainda, em discussão a propósito das ações impugnativas autônomas do executado, porque não só elas se relacionam obviamente com sua estratégia de defesa, como também com a modalidade típica dos embargos e há alguns problemas práticos que não podem ser desprezados. Em síntese, "defesa" será uma palavra empregada aqui em sentido muito generoso, para denotar a apresentação de manifestações com esse intuito nos autos da execução fiscal, a ação de embargos do devedor e as arguições impugnativas da execução em ações autônomas. Depois de repassar alguns problemas corriqueiros na relação desses "meios de defesa" - em sentido amplíssimo – do devedor com a execução fiscal, ingressaremos na litigância de má-fé e nos modos de obviá-la, segundo a legislação civil e processual civil hoje vigente. É nossa intenção secundária sistematizar, nos aspectos necessários, os diversos subtemas e descortinar sua relação com a litigância temerária.

A toda evidência, a matéria de que trataremos está ligada ao direito constitucional de ação – quando se tratar de ações impugnativas autônomas da dívida ativa e dos embargos à execução fiscal – e ao direito de defesa – por simples petição apresentada nos autos da execução, quando assim couber. O executado pode opor-se ao crédito exequendo por força desses direitos fundamentais: a) o de acesso a uma ordem jurídica justa (direito de ação e de inafastabilidade da Jurisdição); b) o de recurso, extensão do direito de ação em instância ou grau superior; c) o de defesa, mais propriamente associado ao de apresentar "exceção de pré-executividade", mas que também poderia ser associado aos embargos; d) o direito ao contraditório e, de modo mais geral, ao devido processo legal[2].

---

2. Porque o devido processo é um princípio-síntese de todos os outros, como a publicidade, o contraditório, a imparcialidade do Juiz, a defesa, o recurso etc,

A litigância de má-fé é de trato muito delicado justamente por estar relacionada com o abuso desses direitos fundamentais. Mas o caso não é ímpar, porque o mesmo ocorre com outros, como os direitos ligados à ordem econômica: abusar do poder econômico é fazê-lo em relação aos direitos constitucionais de livre-iniciativa e de concorrência. Algo parecido sucede com o abuso de pessoa jurídica e assim por diante.

A defesa por meio atípico: exceção de pré-executividade

Convencionou-se chamar de exceção de pré-executividade à apresentação, sem forma rígida, de petição em autos de execução veiculando defesa que possa ser conhecida de ofício pelo juiz ou que, pelo menos, possa ser comprovada de plano, por prova pré-constituída, à semelhança do que ocorre com a ação de mandado de segurança – que, nesse aspecto específico, oferta um paradigma importante.

Exceção nesse caso é tomada como sinônimo de defesa[3]. No sentido mais estrito, de exceção substancial, denominaria os argumentos com que o executado possa postergar a cobrança (exceção dilatória) ou obstá-la definitivamente (exceção peremptória)[4]. Exemplo do primeiro caso é a arguição de fatores

---

tomando dimensão material ao lado da processual. Por essa razão, Carlos Santiago Nino afirma que "*o devido processo e as garantias vinculadas a ele constituem a forma pela qual um ato de coação estatal (...) possa ser exercido contra uma pessoa determinada*". Afirma ainda: "*o ideal de uma democracia liberal é que entre o indivíduo e a coação estatal se interponha sempre um Juiz*". (NINO, Carlos Santiago. *Fundamentos de derecho constitucional*. Buenos Aires: Astrea, 2013, p. 446, trad. nossa)

3. A respeito da defesa como um direito: "É fácil perceber que o direito de defesa constitui um contraponto ao direito de ação- bem por isso, são posições simétricas. A jurisdição, para responder ao direito de ação, deve necessariamente atender ao direito de defesa. Isso pela simples razão de que o poder, para ser exercido de forma legítima, *depende da participação dos sujeitos que podem ser atingidos pelos efeitos da decisão. E a participação das partes interessadas na formação da decisão e a fidelidade da jurisdição ao Direito que conferem legitimidade ao exercício da jurisdição. Sem a efetividade do direito de defesa, portanto, estaria comprometida a própria legitimidade do exercício do poder jurisdicional. Ação (art. 5. °, XXXV, da CF/1988) e defesa (art. 5.°, LV, da CF/1988) são posições ineliimináveis do direito ao processo justo (art. 5.°, LIV, da CF/1988).*" (MARINONI, Luiz Guilherme. ARENHART, Sérgio Cruz. MITIDIERO, Daniel. *Novo curso de processo civil – v. 01*. São Paulo: RT, 2015, p. 347.

4. Sim, sabemos que as expressões "dilatória" e "peremptória" são comumente

suspensivos da exigibilidade do crédito ou de defeitos formais que levassem à falta de pressupostos processuais. Exemplo do segundo é a exceção (substancial) peremptória de pagamento ou de prescrição, ou seja, aquela fundada na extinção do crédito pelo meio ordinário ou por meios alternativos ao pagamento. O art. 803 do CPC elenca hipóteses em que a nulidade da execução pode ser declarada independentemente da oposição de embargos do devedor, mas essas hipóteses devem ser interpretadas com o devido cuidado (é dizer, restritivamente). Não se pode afirmar que o título – ou a obrigação nele representada - seja incerto, ilíquido ou inexigível apenas porque o devedor tenha alguma alegação de mérito a deduzir, caso em que não serão dispensáveis os embargos com a finalidade de comprová-la em regime de instrução dilargada.

Costuma-se objetar que a expressão "exceção" é infeliz, já que a modalidade mais flagrantemente cabível seria a arguição de matéria cognoscível *ex officio* pelo juiz (por exemplo, a nulidade absoluta do título, a decadência ou a prescrição); nesse caso, a palavra correta seria "objeção" de pré-executividade. Mas o termo exceção, correto ou não, caiu no uso comum e é quase impossível evitá-lo. Além disso, por meio de exceção também são canalizadas arguições não passíveis de conhecimento de ofício, desde que comprovadas de plano. A pouco e pouco, a exceção de pré-executividade foi assim flexibilizada – é dizer, passou a admitir leque maior de conteúdos, não necessariamente ligados à ordem pública - na execução fiscal por conta dos frequentes erros das entidades legitimadas para a inscrição em dívida ativa. Seja porque a dívida ativa comporta créditos não-tributários (por exemplo, o FGTS; os créditos de enfiteuse pública; as multas administrativas; as restituições civis à pessoa jurídica de direito público), seja

---

usadas para classificar as exceções processuais. Por todos: NEVES, Daniel Amorim Assumpção. *Manual de direito processual civil – vol. único*. Salvador: Jus Podium, 2017, p. 658 e ss.). Mas na execução fiscal de dívida ativa tributária, também há defesas substanciar que podem apenas postergar a cobrança (parcelamento ou recurso administrativo pendente) e outras que podem obviá-la definitivamente (extinção por pagamento ou meio alternativo ao pagamento).

porque a dívida tributária nem sempre é constituída por meio de contraditório[5], a inscrição resulta ser um procedimento unilateral e não é incomum que a Fazenda Pública se precipite na cobrança. Compassivos com essa realidade, juízes e tribunais foram progressivamente tornando-se mais flexíveis na cognição de defesas apresentadas por simples petição apresentada nos autos da execução fiscal. O número - maior do que o esperado - de erros na inscrição e na cobrança, portanto, determinou a ampliação da cognoscibilidade do incidente: ele poderia conter não apenas matérias cognoscíveis de ofício, como as ligadas às condições da ação executiva e pressupostos processuais, como também defesas outras, ligadas à existência, validade ou exigibilidade do crédito inscrito (fosse ele tributário ou não). Somente não se arredou, neste último caso, de um requisito cumulativo: que a matéria pudesse ser comprovada *de plano, sem dilação instrutória*. Por fim, esse requisito passou a ser considerado o único por simplificação: em vez de enumerar-se as matérias, predominantemente processuais, por sua vinculação com a ordem pública, passou-se a entender que bastaria ao excipiente estar fornido de prova pré-constituída e inequívoca – portanto documental – para admitir-se a exceção de pré-executividade. Daí que, para além do simples costume, esse nome tenha prevalecido[6].

Dessa forma, não basta ao excipiente invocar a "nulidade" do título, se a alegada nulidade não advier de razões formais. Não são poucos os profissionais do foro que incidem no equívoco: alegam que o título é nulo, porque a obrigação nele espelhada não é exigível. E ela não é exigível porque houve fato suspensivo, modificativo ou extintivo. O vício do título não é,

---

5. Salvo a hipótese de tributo lançado de ofício, com o julgamento de impugnação ou recurso do contribuinte.

6. Ou seja: "(...) *a prática forense consagrou com o nome de ´exceção´ ou ´objeção´de pré-executividade, que nada mais é do que a possibilidade de determinadas questões, porque passíveis de apreciação oficiosa ou porque não demandem prova além da documental, serem apreciadas no próprio processo de execução.*" (BUENO, Cássio Scarpinella, *Manual de direito processual civil: inteiramente estruturado à luz do novo CPC*. São Paulo: Saraiva, 2016, p. 646.)

nesses casos, de nulidade, pois esta deveria estar calcada em razões formais. Se o ataque é ao crédito, a causa de pedir usualmente demanda prova que não pode ser produzida nos autos da execução. A prova há de estar previamente constituída e ser de fácil aferição, por simples inspeção visual. Do contrário, a exceção não pode ser conhecida. Uma variante duvidosa compreende a posse de documento pré-constituído que venha a se compreender nas seguintes hipóteses: (a) foi fundamentadamente posto em dúvida, quanto à autenticidade ou integridade, pela parte exequente; (b) foi contrastado por prova de mesma natureza (documental); (c) não permite julgamento de plano, porque as informações nele constantes dependem de análise por perito. Nas três situações, a exceção não poderá ser conhecida quanto ao mérito. Mesmo, porém, que venha a ser "rejeitada", por mera impropriedade de linguagem, isso não impedirá que no momento adequado a parte interessada venha a complementar a prova, mas não nos autos da execução.

Quando a exceção não for admissível - porque a prova não é pré-constituída ou o sendo, não dispensa a continuidade da instrução -, sua rejeição equivale ao não-conhecimento e a matéria levantada não preclui, podendo ser alegada em embargos do devedor, ocasião em que o contraditório pode ser exercido de modo pleno. E não será admissível, em síntese, sempre que por qualquer razão houver necessidade de prolongamento instrutório (por qualquer das razões acima descritas), pois este é incompatível com o rito da execução fiscal.

Só preclui, enfim, a matéria efetivamente decidida, mesmo que se trate da prescrição[7].

Outra possibilidade é a constatação, de pronto, de que a matéria alegada é inviável. Um caso comum é o de compensação do crédito tributário com crédito decorrente de indébito

7. "Quando o devedor receber a citação, não havendo necessidade de contraditório e dilação probatória, ele poderá apresentar exceção de pré-executividade, se não houver penhora de bens, para demonstrar que sua dívida está prescrita." (ZANETTI, Robson. *Execuções Fiscais*: ed. eletrônica do autor, s.d., p. 64).

fiscal. A compensação não pode ser efetuada na própria execução fiscal (art. 16, § 3º/Lei 6.830/1980), mas pode ser que tenha sido operacionalizada previamente, na escrita fiscal do contribuinte[8]. A comprovação de que a compensação levou à extinção da integralidade do crédito fiscal demanda instrução e, no mais das vezes, prova pericial. Isso porque, na execução fiscal, essa compensação não pode ser discutida em tese (não pode ser discutido o direito de compensar em si mesmo), mas deve ser debatida em concreto, comprovando-se o acerto do encontro de valores efetivado alhures. O que demanda instrução, tornando esse tipo de alegação incompatível com a exceção de pré-executividade.

Alguns causídicos supõem que a pendência de pedido administrativo de compensação – ou de pedido de revisão do débito inscrito – teria o poder de suspender a execução fiscal, até que resolvida a questão administrativamente. Nenhum desses procedimentos, porém, é reclamação ou recurso nos termos da lei processual tributária e, dessarte, não são providos de efeito suspensivo da exigibilidade (art. 151/CTN). O problema, então, reduz-se aos termos do caso anterior: como a compensação em si, quanto à sua legitimidade e quantificação não pode ser discutida nos autos da execução fiscal, a suspensão desta não é obrigatória. Depende da discrição do Juízo, ou seja, se vislumbrar motivo relevante para aguardar. É bom, a esse respeito, lembrar o óbvio: a execução fiscal é um processo de satisfação do crédito inscrito pela entidade competente e não uma arena onde se exerça o contraditório pleno – lugar de contraditório pleno são os embargos e estes requerem, como se verá adiante, a garantia do Juízo. A execução não pode ser suspensa por motivos superficiais ou por causas não taxativamente elencadas. Isso já é verdade com respeito ao crédito privado. Quanto mais para a dívida ativa inscrita, provida de interesse público e social.

---

8. Mais observações a propósito disso adiante, ao comentarmos os embargos do devedor.

Esgotado esse exemplo, torno ao ponto: se a exceção vislumbrar-se, desde logo, inviável pelo mérito, pode e deve o Juíz rejeitá-la de plano, sem a necessidade de abrir vista à parte exequente. Essa situação apresenta clara analogia com a rejeição liminar dos embargos por razões de mérito (art. 918/CPC). Reza a lei processual que podem e devem ser liminarmente rejeitados, quando *manifestamente infundados*. Se os embargos, ação de contraditório pleno, podem ser liminarmente trancados porque desde logo se comprovam improcedentes, *a fortiori* cabe o mesmo com a exceção de pré-executividade manifestamente infundada. Um bom exemplo disso são as arguições estereotipadas: descabimento de correção monetária do principal; descabimento de cumulação de multa com juros ou de correção monetária da multa. Essas alegações – e outras igualmente inconvincentes - vem sendo rejeitadas há muito pelos tribunais e não merecem maior atenção, nem perda de tempo ou de prolongamento desnecessário do processo. No caso, a alegação é rejeitada pelo mérito[9] e não pela inviabilidade de cognição. A decisão, portanto, faz precluir a discussão, mesmo nos embargos.

Essa última variante é importante e pode ocorrer tanto na hipótese de rejeição liminar da exceção de pré-executividade quanto naquela em que a exceção, após a oitiva da parte exequente, venha a ser rejeitada pelo mérito. Descabe reiterar a mesma matéria, porque houve preclusão. Cabe apenas o recurso de agravo. E, se a rejeição for mantida na instância superior, não poderá mais ser discutida, nem nos embargos do devedor, nem em nova petição autônoma. Poderá sê-lo se a causa de pedir dos embargos for diferente, embora aparentada com os mesmos fatos. Vejamos alguns exemplos esclarecedores. Se o excipiente alegou prescrição e ela foi negada, não poderá

9. Nesse sentido: "*A rejeição liminar dos embargos, que acarreta a sua extinção sem a resolução do mérito, pode ocorrer quando intempestivos; nos casos de indeferimento da petição inicial e de improcedência liminar do pedido; ou quando manifestamente protelatórios (art. 918). A improcedência diz respeito ao seu julgamento de mérito, contra as pretensões do devedor.*" MONTENEGRO FILHO, Misael. *Curso de Direito Processual Civil: de acordo com o novo CPC*. São Paulo: Atlas, 2016, p. 612.

tornar ao assunto nos embargos; porém, não se deve levar a intolerância tão longe ao ponto de não se permitir a discussão de prescrição na modalidade intercorrente nos embargos[10]. Se foi discutido que o acréscimo moratório é inconstitucional, a discussão fica prejudicada; mas deve-se permitir que seja debatida sua legalidade. Tudo dependerá de a exceção ter sido conhecida, mas rejeitada pela matéria de fundo. Se foi nominalmente rejeitada, mas por razões de inviabilidade da discussão nesse incidente, será possível reiterar as arguições de defesa nos embargos. Deve-se tomar cuidado especial com a rejeição por falta de provas: (a) ou a matéria necessitava de instrução delongada e, portanto, essa decisão equivale à inadmissão da exceção, não implicando em preclusão; (b) ou se tratava mesmo de improcedência da exceção e nesse caso haverá preclusão quanto à causa de pedir em questão.

A exceção de pré-executividade processa-se da forma mais simples possível: (a) exame de admissibilidade: a petição deve conter apenas as razões de fato e de direito, bem como matéria suscetível de prova de plano, que há naturalmente de acompanhá-la; (b) decisão negativa de inadmissibilidade ou rejeição de plano pelo mérito, porque manifestamente infundada; (c) sendo positivo o juízo de admissibilidade, intimação da parte exequente para manifestação, pelo prazo que teria para responder aos embargos ou maior, se a complexidade da questão assim indicar; (d) decisão, recorrível por agravo de instrumento (art. 1.015, § único/CPC).

Cuida-se, pois, a exceção, da forma mais simples de defesa direta do executado, no bojo dos autos da própria execução por título extrajudicial e, por extensão, da execução fiscal.

A defesa por meio típico: a ação de embargos do devedor

Os embargos constituem-se em ação movida pelo executado[11], uma vez garantido o Juízo da execução fiscal, nos quais

10. É dizer, prescrição intercorrente que não se verificara antes.

11. Sobre essa natureza: "...sendo os embargos uma ação de conhecimento em que

a perspectiva de defesa perante o crédito exequendo apresenta a maior extensão possível. São oponíveis, na execução fiscal, no prazo de 30 dias contados da formalização da garantia ou da intimação da penhora (art. 16 da Lei 6.830/1980). Em contraste com o que dissemos sobre a exceção de pré-executividade, os embargos são ação que admite defesa ampla (art. 917/ CPC), apesar da simplicidade do seu desenho procedimental. O contraditório é exercido plenamente, porque os embargos são ação tipicamente de cognição. No momento em que este texto é escrito, os embargos são regidos, primariamente, pela própria Lei de Execução Fiscal, Lei n. 6.830/80 e pelo Código de Processo Civil subsidiariamente. Daí algumas diferenças entre os embargos opostos à execução civil por título extrajudicial e os embargos à execução fiscal. Nem sempre esse diálogo de fontes é muito simples de resolver, mas esse é um problema que diz respeito à execução fiscal de modo geral e não apenas aos embargos por ocasião dela interpostos.

A primeira dessas diferenças está no fato de que os embargos à execução fiscal pressupõem garantia plena do Juízo (art. 16 da Lei 6.830/80)[12]. Na execução civil, a penhora ou garantia equivalente não é pressuposto processual, mas requisito necessário à atribuição de efeito suspensivo aos embargos. Já na execução fiscal, a garantia do Juízo cumpre os dois papéis: 1º) É pressuposto de procedibilidade dos próprios embargos; 2º) Sem ela (por exemplo, enquanto pender a sua complementação), não será conferido efeito suspensivo aos embargos. Eis porque formou-se o costume judiciário de aguardar-se a for-

---

o autor é o executado, se lhe convier poderá o devedor prosseguir no feito, mesmo que o credor desista da execução, em casos como aquele em que se pretenda a anulação do título executivo ou a declaração de extinção do débito nele documentado." (THEODORO JUNIOR, Humberto. *Curso de Direito Processual Civil – Teoria geral do direito processual civil, processo de conhecimento e procedimento comum – vol. III.* Rio: Forense, 2016, p. 265)

12. Compare-se com o teor do art. 914 do CPC: "*O executado, independentemente de penhora, depósito ou caução, poderá se opor à execução por meio de embargos.*" A diferença é notável: a penhora, nos embargos à execução civil por título extrajudicial não é requisito de procedibilidade. Na execução fiscal, é.

malização da garantia, o termo ou auto de penhora ou sua complementação, quando necessária, suspendendo-se nesse ínterim o recebimento dos embargos[13].

As variantes são as seguintes: a) penhora efetivada pelo oficial de Justiça ou, na Justiça da União, executante de mandados; b) penhora lavrada mediante termo nos autos – é o caso, por exemplo, da oferta de imóvel aceita pelo exequente, cuja formalização pode resultar de simples termo, sem a participação do oficial; c) penhora *on line* de ativos financeiros; d) depósito em dinheiro; e) seguro-garantia; f) fiança bancária[14]. A penhora, como em qualquer execução por quantia certa, consiste na vinculação de bem ou ativo à satisfação do crédito, atribuindo-se lhe um depositário, que poderá ser o próprio devedor ou um terceiro, de natureza pública ou privada. Por vezes, o depositário é a própria instituição financeira onde os valores penhorados foram encontrados ou a instituição custodiante de títulos ou de valores mobiliários. As criptomoedas, como o *bitcoin*, são ativos imateriais dotados de valor econômico, de modo que não há obstáculo em tese para sua penhora. O problema dessa penhora não é jurídico, mas prático: está na difícil materialização, porque criptomoedas podem ter como base material um aplicativo; uma unidade de armazenamento; sequências de caracteres impressos ou a carteira de uma corretora. A alternativa mais simples seria, portanto, forcejar a penhora de criptomoeda pela intimação da corretora custodiante, que ficaria como depositária. Descrever, no entanto, é mais fácil do que fazer – mormente nesse caso. Outra diferença – e é essa a que principalmente gostaríamos de frisar – é que a penhora de criptomoedas não pode, ainda, ser equiparada à de dinheiro: por ora, cuida-se de um ativo qualquer, dotado de valor econômico, algo similar ao crédito (ativo imaterial) como objeto de constrição.

---

13. Vide art. 919, § 5º, CPC: mesmo que conferido o efeito suspensivo, isso não obstaria o reforço da penhora. Com maior força de razão, pode-se fazê-lo na pendência do recebimento dos embargos.

14. Art. 16, II, da Lei n. 6.830/1980: de modo que esse Diploma praticamente equiparou o seguro-garantia e a fiança bancária ao dinheiro.

Garantia parcial não basta para abrir o caminho aos embargos à execução fiscal. Em tal caso, observa-se o costume de aguardar a sua complementação antes de receber os embargos. O mesmo pode acontecer quando, por qualquer razão, a penhora é integral mas está em curso de regularização quanto aos seus aspectos formais. Nada impede que se suspenda o recebimento dos embargos até que o procedimento esteja finalizado, como medida de economia processual. O que não se pode admitir, no entanto, é que se aguarde para sempre. Ficando evidenciado que não há como complementar (ou como regularizar o vício), serão inadmitidos de plano os embargos.

Efetivada a garantia plena do Juízo, tornam-se admissíveis os embargos à execução fiscal[15]. Também se considera satisfeito um dos requisitos para o efeito suspensivo. Mas não todos (art. 919, §1º, CPC). À garantia plena, deve-se somar a probabilidade do direito (art. 300/CPC) e a urgência. Esses pressupostos são cumulativos. Portanto, a atribuição de efeito suspensivo aos embargos importa na soma de três requisitos. A probabilidade consiste na verossimilhança da tese de defesa do devedor (causa de pedir próxima) e na plausibilidade dos fatos (causa de pedir remota). Só é possível detectá-la no caso concreto. Quanto à urgência (risco de dano de difícil reparação), não equivale à simples continuidade dos atos de excussão. Porque tais atos são da essência da execução, logo, não são eles que podem representar, por si, um dos requisitos do efeito suspensivo. Esse perigo está ligado, pensamos, à natureza dos bens penhorados: se tais bens são essenciais para o executado, então, sim, sua excussão poderia levar ao dano de difícil reparação. Por exemplo, a penhora do imóvel-sede da pessoa jurídica ou a penhora de equipamento sem o qual a continuidade econômica da empresa se torne impossível. Quando não houver tal essencialidade, a ameaça de excussão

15. Mandrioli e Carratta comentam que as "oposições" à execução buscam um equilíbrio entre a eficácia incondicionada ou 'isolante' do título e a necessidade de evitar-se consequências iníquas, decorrentes da discordância do título com a realidade (Cf. MANDRIOLI, Crisanto. CARRATTA, Antonio. *Corso di diritto processuale civile – esecuzione*, Torino: Giappichelli, 12ª ed., 2015, p. 124).

por si não preenche o requisito e o efeito suspensivo não deve ser conferido. E isso porque, de todo modo, qualquer ato de levantamento de dinheiro estará condicionado ao trânsito da sentença de improcedência dos embargos.

Duas situações devem ser destacadas para fim de análise: a penhora de dinheiro e a de seguro-fiança ou fiança bancária. Penhorado dinheiro, o efeito suspensivo é de ser concedido. Porque, por força da Lei de Execuções Fiscais, a destinação do numerário penhorado deve aguardar o trânsito em julgado. Então não faria sentido prosseguir nos atos de excussão, salvo para complementar a penhora, se for necessário – até porque essa complementação não é incompatível com o efeito suspensivo dos embargos (art. 919, § 5º/CPC). Ofertados como garantia o seguro-fiança ou a fiança bancária, o mesmo se aplica: essas garantias equivalem ao dinheiro. Persiste, porém, alguma dúvida nesse segundo caso, porque, diante da improcedência dos embargos em primeiro grau, poder-se-ia ao menos determinar que o valor segurado ou afiançado fosse depositado nos autos. Parece que a tendência, aparentemente, é a de aguardar-se o trânsito.

As matérias de defesa do executado que embarga a execução fiscal são muito mais variadas, comparativamente à exceção de pré-executividade. Pode-se alegar, nos embargos, questões processuais (como a incompetência) e questões de direito material (art. 917/CPC). Quanto às processuais, é preciso prevenir uma confusão muito comum: a alegação de falta de pressupostos processuais *da execução fiscal* ou da falta de condições *da ação executiva*, nos embargos, converte-se, quase sempre, em mérito. É fácil demonstrá-lo. A alegação de nulidade do título por questões formais ou de inaptidão do crédito para inscrição implica na falta de interesse de agir para a execução; nos embargos, isso deve levar ao julgamento de procedência (com resolução do mérito dos embargos). Seria absurdo julgar diferentemente, ou seja, sem examinar o mérito dos embargos. Dizendo o mesmo de outro modo, as condições da ação e os pressupostos processuais dos embargos não se confundem com os da ação executiva fiscal. Aquelas condições e pressupostos da execução, debatidos nos embargos, convertem-se em mérito destes.

A prescrição e a decadência são prejudiciais de mérito que, se acolhidas, levam a uma sentença que resolve o mérito, como se o pedido houvesse sido examinado (art. 487, II, CPC). Essa equiparação decorre da lei processual, para a qual a sentença que reconhece a prescrição ou a decadência deve fazer coisa julgada material, após o trânsito. Embora essas matérias sejam cognoscíveis de ofício, não podem ser resolvidas sem o contraditório das partes, pois não só essa exigência é expressa na lei, como também porque podem haver causas impeditivas, interruptivas e suspensivas que demandem instrução.

O mérito propriamente dito dos embargos à execução fiscal volta-se – além das questões processuais *da execução*, como dissemos acima – para a impugnação da penhora ou do crédito: defeitos ligados à sua formação, inscrição ou causas posteriores, modificativas, suspensivas e extintivas. Exemplos são o parcelamento do crédito, o pagamento e a compensação. Também é comum a arguição de inconstitucionalidade ou de ilegalidade das normas em que se funda o crédito inscrito. Deve-se obtemperar que a compensação pode ser alegada nos embargos à execução fiscal se o encontro de contas foi consumado *anteriormente* ao ajuizamento do executivo fiscal. A proibição legal de alegação de compensação (art. 16, § 3º., Lei 6.830/80) refere-se à oposição de crédito pendente de compensação, nos termos da lei autorizadora. Compensação anterior à execução fiscal – por exemplo, a compensação de indébito tributário, na contabilidade do contribuinte ou em procedimento administrativo – pode ser alegada como óbice à cobrança. O que não é dado ao juiz é conhecer de *crédito alegado por ocasião da execução* e, na sentença, declará-lo compensado com a dívida ativa inscrita. É esse encontro de contas na sentença que a lei visa a evitar.

Mesmo as matérias passíveis de conhecimento de ofício – e a inconstitucionalidade das normas que fundaram o crédito é o caso mais característico – não podem ser julgadas sem a prévia oitiva das partes (art. 9º/CPC). Isso significa que as partes devem ter a *oportunidade* de manifestar-se sobre elas e não que tenham efetivamente se manifestado, porque não se pode obrigá-las a tanto. Dessarte, se o ponto foi levantado por uma das partes e a outra não se manifestou, embora intimada, pode-se julgá-la sem nulidade. Se não houve o debate, as partes devem ser convidadas a tanto antes da prolação da decisão.

Quanto ao processamento dos embargos, seu perfil foi desenhado de modo simples. São ofertados mediante petição inicial, com os requisitos dela próprios e distribuídos por dependência ao Juízo da execução[16]. Como já notamos, podem trazer alegações processuais e de mérito, mas é preciso notar que a lei impõe a alegação de toda a matéria útil à defesa do executado no prazo dos embargos (art. 16, § 2º., Lei n. 6.830/19). Resulta daí que há uma preclusão geral e somente questões posteriores aos embargos podem ser alegadas se o prazo dessa ação foi esgotado, sem a devida arguição (ou, pior ainda, sem a oposição de embargos). Admitidos os embargos e, independentemente do efeito a eles atribuído, a parte exequente será citada para responder. Na impugnação, podem e devem ser alegadas questões processuais e de mérito. A falta de impugnação induz revelia, mas não necessariamente seus efeitos – pois o crédito em si está coberto pela presunção de liquidez e certeza da certidão de dívida ativa. Essa presunção atine, porém, ao crédito e não a outras circunstâncias. Os atos e o procedimento que levaram à constituição e à inscrição do crédito são cobertos pela presunção geral de legitimidade e veracidade dos atos administrativos e não pela presunção de liquidez e certeza da certidão. Se a parte embargada (exequente), citada, opuser aos embargos questões preliminares, prejudiciais ou trouxer documentos novos, o embargante deve ser intimado a apresentar réplica.

---

16. "*A competência em sede de ação de embargos é funcional, que, como sabemos, é de natureza absoluta. Incide a regra do art. 61 do CPC,26 que determina que a ação acessória segue a ação principal. O fato de ser ação incidental, que depende da existência do nascimento da ação executiva, faz que o mesmo juiz seja absolutamente competente para julgar a causa.*" (ABELHA, Marcelo. *Manual de execução civil*. Rio: Forense, 2015, p. 680)

Nesse momento, a lide já se estabilizou, descabendo modificar o pedido dos embargos ou a causa de pedir. Com a réplica ou não havendo necessidade dela, deve o juiz sanear os embargos ou proferir julgamento antecipado, se não houver necessidade de instrução processual.

O saneamento dos embargos à execução fiscal segue o modelo do saneamento das ações de conhecimento em geral (art. 357/CPC). O juiz deve resolver as questões preliminares, mas aqui indicamos as preliminares propriamente ditas, relacionadas com os próprios embargos e não as preliminares que poderiam ser discutidas na própria execução, atinentes diretamente a esta – como já dissemos, preliminares da execução convertem-se em mérito dos embargos, porque, acolhidas, levam à sua procedência e não à extinção sem resolução de mérito. Trazendo um exemplo famoso: a "ilegitimidade passiva" para a execução, trazida como alegação na inicial dos embargos, se reconhecida, leva à sua procedência. Então, para efeito dos embargos, não é uma preliminar propriamente falando. Outra confusão que se deve prevenir é a que se estabelece entre a ilegitimidade passiva para a execução e a negativa da condição de devedor (por exemplo, nega-se a condição de contribuinte ou de responsável tributário). A negativa da condição de sujeito passivo direto ou indireto do tributo é, fora de qualquer dúvida, mérito dos embargos e jamais deveria ser confundida com uma questão preliminar. Se arguida nesses termos, ela não é preliminar nem mesmo da própria execução fiscal. A rigor, a única alegação de ilegitimidade passiva que poderia ser tomada como tal – e isso somente nos autos da execução fiscal – seria a arguição da pessoa que, embora citada, não constasse do título executivo, nem fosse apresentada alegação do exequente que a caracterizasse, em tese, como responsável pelo débito. E isso porque a execução fiscal pode ser direcionada não apenas contra o devedor, mas também contra os responsáveis indicados no art. 4º. da Lei 6.830/80: a) sucessores *inter vivos* e *mortis causa*; b) responsáveis tributários (ou nos termos da legislação civil, perante a dívida ativa não-tributária; c) responsáveis *ex contractu*, como o fiador.

A decadência e a prescrição tributárias nem sempre podem ser resolvida neste momento. Se decidida em sentido negativo, sim, poderia, caso as partes já tenham apresentado – ou se tiveram a oportunidade de apresentar – suas alegações sobre elas. Em sentido positivo, raramente se poderá julgar a prescrição e a decadência tributárias no instante do saneamento – o que na prática se converteria em julgamento antecipado – porque quase sempre revolvem fatos complexos, relacionados com o termo inicial apropriado, com causas impeditivas, suspensivas ou interruptivas. E tais fatos complexos demandam instrução, quando menos a requisição do processo administrativo.

Ainda, no saneamento, o juiz deve fixar os pontos controvertidos e decidir sobre as provas. O segundo aspecto depende do primeiro, provando a importância deste. As provas mais comuns, nos embargos à execução fiscal, são a documental, a pericial e a apresentação do processo administrativo. Não há lugar para depoimento pessoal. De ordinário, a prova testemunhal é impertinente. Um problema, infelizmente, comum é que o processo administrativo seja requisitado e não apresentado pela autoridade fiscal. Ele se converte em questão de suma gravidade porque, sem o processo administrativo, a certidão de dívida ativa perde seus atributos, condenando a pretensão fiscal ao fracasso. Sim, o extravio dos autos do processo administrativo leva à procedência dos embargos à execução fiscal, desconstituindo-se o título.

Embora a decisão de saneamento siga, em linhas gerais, o que cabe para qualquer processo de conhecimento, não se deve perder de vista que a Lei 6.830, mesmo que suprida no necessário pelo CPC, atribuiu uma arquitetura simplificada aos embargos. Assim, se o juiz resolver o necessário no caso concreto, não se deve exagerar no formalismo ao apreciar-se a validade dessa decisão. Por exemplo, pode acontecer que as partes tenham discutido uma questão procedimental na formação do crédito, podendo os fatos ser conhecidos pela simples requisição do processo administrativo. Em caso tal, se o juiz, após a impugnação dos embargos, simplesmente requisitou os autos administrativos, não se deve ser formalista a ponto de enxergar-se aí alguma nulidade processual. Essa decisão não é de perfeição técnica, mas nem por isso chega a ser nula, tampouco a contaminar os atos posteriores de invalidade.

A sentença dos embargos à execução fiscal deve resolver as preliminares propriamente ditas (isto é, as relativas aos próprios embargos), as questões prejudiciais que já não tenham sido antes decididas e o mérito. Tal mérito pode compreender: a) questões relativas ao título executivo; b) questões relativas aos pressupostos e condições *da ação executiva* (que às vezes se confundem com as primeiras); c) questões envolvendo a constitucionalidade ou a legalidade das normas fundantes do crédito inscrito; d) questões suspensivas do crédito tributário: se anteriores ao ajuizamento do feito executivo, levam à procedência total, porque extinguem a execução fiscal; se posteriores, levam à procedência parcial, porquanto a execução deve permanecer suspensa até remoção da causa que o determinou; e) questões modificativas do crédito: se o alterarem quantitativamente, levam à procedência parcial e permitem o prosseguimento da execução pelo saldo eventualmente destacável; f) questões extintivas do crédito que, se acolhidas, levam à extinção da execução fiscal. Mesmo que seja o caso de extinção, porém, é preferível que o juiz desconstitua o título executivo e profira sentença extintiva nos autos da própria execução fiscal. Se a procedência foi parcial porque parte do crédito era indevida, é o caso de prosseguir pela parcela destacável, desde que isso seja possível por simples cálculo e sem a modificação dos aspectos da obrigação tributária (aliás, o mesmo raciocínio aplica-se à dívida ativa não-tributária, atentando-se aos aspectos do seu fato jurígeno).

Da sentença cabe apelação. Discutiremos aqui um único ponto, o seu efeito. Improcedentes os embargos, a apelação terá efeito unicamente devolutivo (art. 1.012, III, CPC) e a execução poderá prosseguir, como definitiva, obstada apenas a destinação final do dinheiro obtido com a excussão. É por isso que, coerentemente, a lei prescreve exatamente o mesmo quando a garantia era, desde o início, dinheiro (art. 32, § 2º Lei 6.830).

A via das ações impugnativas autônomas: alguns problemas relevantes

Por ações impugnativas autônomas entendemos aquelas que se voltam contra o crédito, ao processo de sua formação ou ao procedimento de inscrição. Costumam ser nominadas pela praxe forense como ações "declaratórias" (de inexistência de relação jurídico-tributária) ou "anulatórias". Até o mandado de segurança, quando tiver por objeto uma das situações descritas poderia ser considerado tal.

O primeiro problema que chama a atenção, a propósito das ações impugnativas autônomas, é que seu mero ajuizamento não obsta o ajuizamento da execução fiscal. O efeito suspensivo do crédito pode ser atribuído nos casos previstos pela lei tributária e pela lei civil, conforme a natureza da dívida ativa envolvido. Tirante, portanto, os casos do art. 151 do CTN, a execução da dívida ativa tributária não será suspensa pelo simples ajuizamento de medida judicial.

Caso o fator suspensivo exista e prevaleça, é preciso distinguir as ações impugnativas anteriores da execução fiscal – que levam à sua extinção, por falta de interesse de agir – das posteriores. No último caso, a pendência da causa jurídica da suspensão do crédito – e não a ação impugnativa em si mesma – provocará a suspensão do curso do executivo fiscal, até que removida.

O mesmo raciocínio vale para a sentença de procedência em primeiro grau proferida em ações declaratórias ou anulatórias. Seus efeitos não se poderão sentir antes do trânsito em julgado, seja por força de apelação interposta pela Fazenda, seja por conta do reexame necessário. Assim, salvo a hipótese de concessão de tutela de urgência na própria sentença, o executivo fiscal não será atingido. Exceção ao raciocínio é a sentença proferida em mandado de segurança obstando o prosseguimento da cobrança.

A esse ponto, o leitor poderá indagar se não há conexão entre as mencionadas ações de rito comum e a execução fiscal. Trata-se de assunto espinhoso. A rigor, só poderia haver conexão, *em tese*, entre ações de cognição, ou seja, entre a ação impugnativa e os embargos, caso ajuizados. Mas a praxe jurídica vem aceitando a referida conexão[17] entre a ação cognitiva e o executivo fiscal. Porém, o problema não está tanto na configuração da litispendência, mas sobretudo na verificação do seu efeito típico: a reunião de ações. Como o Juízo Especializado da Execução Fiscal tem competência absoluta, sendo considerado o foro *par excellence* da dívida ativa (art. 5º, Lei. 6.830/80), a reunião terá de ocorrer perante ele. Não importa se a ação impugnativa autônoma foi ajuizada antes ou depois da execução fiscal. A única competência que pode ser modificada pela conexão é a relativa, no caso, a do Juízo Cível. Portanto, a prevenção não se determina pelo registro ou distribuição da ação (art. 59/CPC), mas pela natureza absoluta da competência do Juízo da execução fiscal. E, na sistemática atual, são reunidos os feitos sempre que houver risco de decisões conflitantes (art. 54, § 3º/CPC).

Entre os embargos e a ação impugnativa autônoma do crédito o que sói ocorrer é a relação de litispendência. Mas nesse caso o problema é de pressuposto processual negativo. Apesar disso, dado o que sustentamos a propósito da conexão *com a execução fiscal*, a extinção de uma das demandas será decretada pelo Juízo Especializado da execução[18]. Às vezes,

---

17. "*Inova o CPC/2015 ao trazer, no § 2.º, situações específicas em que a própria lei afirma existir conexão. Foram apenas duas situações, de forma absolutamente casuística, mas poderiam ter sido diversas outras. E as situações escolhidas para a conexão legal (maneira pela qual pode se nominar a inovação) não são objeto de divergência jurisprudencial quanto à existência de conexão. 3.1. A primeira situação diz respeito à execução de título executivo extrajudicial e processo de conhecimento relativo à mesma dívida.*" (GAJARDONI, Fernando Fonseca. DELLORE, Luiz. ROQUE, André Vasconcelos. OLIVEIRA JR, Zulmar Duarte de. *Teoria geral do processo: comentários ao CPC de 2015*. São Paulo: Forense, 2015, p. 372)

18. Há um problema aí: as normas de organização judiciária, principalmente as da Justiça Federal, precisam ser adaptadas ao CPC/2015, reconhecendo inequivocamente a competência do Juízo Especializado para as declaratórias e anulatórias –

a litispendência é parcial – por exemplo, na ação autônoma é discutido o principal e nos embargos à execução fiscal, não apenas o crédito inscrito, mas também um acessório decorrente da própria inscrição. Parece-nos que a solução correta é considerar prejudicada, pela litispendência parcial, a alegação deduzida na ação autônoma anterior aos embargos – que será nela julgada – e prosseguir, nos embargos, no julgamento da parcela remanescente típica da execução fiscal.

Mais uma observação de ordem prática: o contribuinte que ajuizou ação impugnativa do crédito fiscal anteriormente à execução pode ser prejudicado se tiver de prestar garantia para, em seguida, ver os seus embargos extintos por litispendência. Após alguma hesitação, concluímos que a solução correta está em suspender o curso do prazo para embargos, uma vez formalizada a garantia ou aperfeiçoada a penhora. Os embargos só farão sentido se, por alguma razão, a ação impugnativa do crédito precedente não vier a ser conhecida pelo mérito. A exceção a essa regra são os embargos que venham a combater a penhora ou alguma parcela típica da execução fiscal, mas nessa hipótese ou não há litispendência ou ela é meramente parcial.

Litigância de má-fé na execução fiscal: prevenção e repressão

A litigância de má-fé é uma das espécies de abuso de direito, um ato ilícito tipificado pelo direito material e transportado para a legislação processual[19]. Abusar do direito consiste

---

mas não o Mandado de Segurança.

19. Nas admiráveis palavras de Couture: "*El proceso antiguo, con acentuada tonalidad religiosa, tenía también acentuada tonalidad moral. Esta se revelaba frecuentemente mediante la exigencia de juramentos, pesadas sanciones al perjuro, gravosas prestaciones de parte de aquel que era sorprendido faltando a la verdad etc. El proceso moderno fue abandonando estos caracteres. No ya porque considerara innecesaria la vigencia de principios éticos en el debate forense, sino porque los consideraha implícitos. Así ha ocurrido, por ejemplo, conlos preceptos que obligaban a las partes a decir la verdad. Otras veces se abolió el principio por considerarse excesivo, tal como la sanción al perjuro consistente en la pérdida del derecho litigado. En los últimos tiempos, se ha producido un retomo a la tendencia de acentuar la efectividad de un leal y honorable debate procesal.*" (COUTURE, Eduardo. *Fundamentos del derecho*

em exercê-lo de modo exagerado ou anômalo, violando as finalidades para as quais foi reconhecido pelo Ordenamento. O abuso de direito, como categoria geral, está relacionado com a responsabilidade civil objetiva[20]. Como categoria processual, o abuso é cometido pelo autor quando exerce deslealmente o próprio direito de demandar e, pelo réu, quando abusa do direito de defesa. Repare-se que esse abuso é a deslealdade, o mau comportamento, a falta de cooperação: deveria portanto ser aferido objetivamente, mais pelos resultados danos da conduta do que pelo ângulo da subjetividade das partes. Veremos uma consequência disso logo adiante.

O CPC tratou de detalhar o que seria considerado abusivo e andou bem nisso, julgamos, porque os direitos de ação e de defesa são tão amplos que poderia haver, sem a tipificação legal, alguma dificuldade na identificação das condutas consideradas ilícitas. Aliás, não faltou esmero no Código de Processo Civil que, na linha do seu Código precedente, tratou de organizar o assunto em vários eixos: a) litigância de má-fé em geral (arts. 79-80, 96 e 139 § 3º/CPC); b) no processo de cumprimento de sentença (art. 536, § 3o/CPC), em que há até a potencialidade de condenação penal; c) na execução por título extrajudicial (arts. 774 e 777/CPC – cominando de modo diferente a penalidade pecuniária); e d) litigância de má-fé praticada em conluio pelas partes (art. 142/CPC) – perante a qual o Juiz não apenas aplicará a multa, como também proferirá sentença que impeça o objetivo ilícito das partes.

A inovação mais substancial do CPC/2015 nessa matéria, porém, está na inclusão da *prevenção* da litigância de má-fé como medida relevante. Antes, pensava-se apenas na aplicação de sanções em vista do cometimento do ilícito, sendo essas sanções prevalecentemente pecuniárias. Por força do art. 139,

---

procesal civil. Buenos Aires: Depalma, 1958, p. 190)

20. Sustentamos que cabe, mais adequadamente, tratar da categoria mais ampla *abuso de posição jurídica*, incluindo: a) o abuso de direito em geral; b) o abuso de direito fundamental, como o de concorrência; c) o abuso de pessoa jurídica (art. 50/CC); d) o abuso de poder-dever, como os do tutor ou do sócio controlador de Companhia.

§ 3o/CPC, porém, foi atribuído ao Juiz não apenas reprimir, mas sobretudo *prevenir* atos atentatórios à dignidade da Justiça. Em nossa visão – e com espaço privilegiado no processo de execução – essa prevenção se dará pela adoção de *tutelas de cessação do ilícito*, por todos os meios necessários[21].

A tipificação, razoavelmente aberta, da litigância de má-fé tem sede no art. 80/CPC, tipos esses que, na execução fiscal, devem ser interpretados e aplicados conjuntamente com os do art. 774/CPC. A diferença principal está na sanção pecuniária: ela pode orçar, na execução fiscal, em até 20% do valor exequendo, enquanto que, no processo de conhecimento, não pode ser superior a 10% do valor da causa. Ao lado dessa multa, cujos limites variam do modo comentado, há outras sanções, algumas delas tópicas: a) responsabilidade civil pelo dano processual; b) responsabilidade pela sucumbência; c) responsabilidade criminal pelo descumprimento de ordem judicial no cumprimento da obrigação de fazer e não-fazer (art. 536, § 3o/CPC); d) sentença obstativa do ilícito, quando houver colusão entre as partes. O Código Civil também tipifica, na linha de seu equivalente anterior, algumas hipóteses de responsabilidade por abuso do direito de ação, cominando sanções: a) a cobrança de dívida já paga (art. 940/CC), caso em que cabe a condenação do infrator no dobro, se era inteiramente indevida ou no equivalente, se parte da dívida era inexigível; e b) a cobrança precipitada (antes do vencimento – art. 939/CC), caso em que haverá dedução proporcional dos juros e responsabilidade em dobro pelas custas. Essas sanções da legislação material permaneceram, por muito tempo, sem aplicação, por exigir-se a difícil prova do dolo. Mas, na linha de objetivação da responsabilidade por litigância de má-fé (entendida aqui como o oposto de boa-fé objetiva ou norma de comportamento processual) a jurisprudência poderia retirar, no bojo de interpretação evolutiva, essa matéria do marasmo a que foi reduzida.

---

21. Ou seja, tais meios, não custa insistir, não estão necessariamente tipificados nas disposições legais diretamente regentes da litigância de má-fé.

Já na prevenção da litigância de má-fé – mesmo que se trate da prevenção de sua continuidade, o caso mais comum – o que importa é adotar as medidas que façam cessar a reiteração ou a perpetuação dos efeitos do ato ilícito. A lei não as tipificou no trato da litigância de má-fé, porque não se tratam propriamente de sanções, mas de providências destinadas a garantir o ambiente de colaboração, de lealdade e de boa-fé objetiva no processo. Não haveria como o legislador tratar especificamente disso; essas providências dependem do caso concreto e da criatividade do aplicador, jungidas, unicamente, ao princípio da proporcionalidade[22].

Vejamos então os casos mais comuns na execução fiscal, para, ao final, exemplificar com providência preventiva da má-fé processual:

1) Defesa por petitório avulso de conteúdo manifestamente infundado: são as exceções de pré-executividade que veiculam alegações estereotipadas e claramente improcedentes, cujo propósito é o de provocar demora na movimentação processual. Cabe ao Juiz, em tais casos, indeferir o petitório de plano (por analogia aos embargos: art. 918, III/CPC), sem dar-se ao trabalho de abrir vista à parte contrária, porque é exatamente essa demora que se pretende provocar. Além disso, pode o Juiz aplicar a multa correspondente;

2) "Defesa" por via de embargos do devedor manifestamente protelatórios: aplicam-se as mesmas soluções previstas para o caso "1", supra;

---

22. Não podemos agora adentar nessa discussão, mas a doutrina assim resume: "los três submandatos del examen de proporcionalidad en sentido amplio: de acuerdo con la máxima de la proporcionalidad el medio establecido por el legislador debe ser adecuado y necesario, para alcanzar el fin perseguido. El medio es adecuado cuando con su ayuda puede ser fomentado el fin deseado; es necesario cuando el legislador no pudo elegir otro medio igualmente adecuado para el logro del fin estatal o para el fomento del derecho que colisiona con el derecho afectado, pero que suponga una menor restricción para el derecho fundamental afectado. A su vez, la limitación al derecho fundamental debe ser proporcional en sentido estricto, es decir, debe guardar una relación razonable con el peso e importancia del derecho afectado." (CLÉRICO, Laura. *EL EXAMEN DE PROPORCIONALIDAD EN EL DERECHO CONSTITUCIONAL*, Buenos Aires: Eudeba, 2009, p. 25)

3) Manifestações obstativas da penhora: visam a impedir a penhora e, se infundadas, permitem ao Juiz duas ordens de medidas: a) preventiva: determinação de esgotamento do ato (formalização ou registro da penhora), antes mesmo da apreciação do petitório ou dos embargos de declaração decorrentes; b) repressiva: aplicação da multa e da responsabilidade por dano processual (ainda ilíquida);

4) Manifestações obstativas de leilão, é dizer, aquelas manifestações que trazem: a) matéria inoportuna (que deveria ter sido apresentada no prazo dos embargos à execução fiscal: art. 16, § 2o/Lei n. 6.830/1980); b) pseudo-preliminares, ou seja, alegações de falta de condição ou de pressupostos processuais que disfarçam ataque de mérito ao crédito exequendo; c) reiteração de matéria já decidida e preclusa. No primeiro caso, a malícia está em "reservar" matéria própria dos embargos para alegar-se às vésperas do leilão, impedindo a oitiva da parte contrária. Um caso peculiar – e que desejamos destacar – é a prescrição (excetuada a intercorrente posterior à fase de embargos): se é verdade que a prescrição pode ser alegada em qualquer tempo e instância, não o é menos que a lei pode criar exceções às suas próprias regras. A Lei n. 6.830/1980 o fez, quando determinou que toda a matéria útil à defesa (no caso, a prescrição, comum ou intercorrente, ocorrida antes da fase de embargos) fosse alegada *no prazo dos embargos* à execução fiscal. No segundo (as pseudo-preliminares), a imoralidade consiste em rotular-se como "nulidade do título", "ilegitimidade passiva" ou "falta de interesse de agir" o que na verdade é alegação de mérito contra o crédito (pagamento total ou parcial anterior à fase de embargos; prescrição; inexistência de responsabilidade tributária). O objetivo é o simular que se trata de matéria de ordem pública, apreciável a qualquer momento. Na terceira hipótese, o comportamento processual inadequado é mais óbvio: quer-se rediscutir o que já foi decidido, apenas para causar tumulto. Em tais casos, as medidas são de duas ordens: a) preventiva: mandar seguir o leilão, resolvendo de plano a questão ou deixando-se para resolvê-la *a posteriori* (depois do leilão, mas antes do levantamento de

dinheiro); e b) multa, cumulativamente com a primeira. Acerca do terceiro caso, isto é, os pedidos reiterativos referentes a questões já decididas, poderia o Juiz somar uma outra medida: a rejeição de pronto, com a observação de que novos pedidos semelhantes serão juntados sem conclusão dos autos (certificando-se nesse sentido).

5) "Atravessamento" de petições procrastinatórias: esse caso pode confundir-se com algumas das situações anteriores e também abranger condutas diversas. Tem até uma denominação na praxe forense: "atravessar" petição, quando não era o momento da parte deduzir alegações nos autos. Essa prática é muito grave: vem em prejuízo da celeridade e do contraditório regular: uma das partes tenta obstar o andamento ou a efetiva manifestação da outra. Queremos destacá-lo para dar igual relevo à medida preventiva que o Juiz pode – e deve – tomar na execução fiscal, quando vir-se diante de um pedido claramente infundado, "atravessando" a continuidade normal do feito ou impedindo manifestação efetiva da contraparte. O Juiz pode determinar que o prosseguimento (o ato que a parte visa impedir, "atravessando" a petição[23]) ocorra simultaneamente à publicação da decisão que a rejeitou de plano. Quer dizer, o pedido protelatório será indeferido desde logo e as providências de cumprimento do ato que se visa obstar serão tomadas, pelo Cartório ou Secretaria, simultaneamente à publicação (ou disponibilização eletrônica) da decisão. Isso, para prevenir que o litigante de má-fé prossiga em sua conduta abusiva, por meio de novas petições ou do emprego dos embargos de declaração. Caberá, é claro, simultaneamente, a cominação de multa.

CONCLUSÃO

Nosso plano era o de apresentar as principais formas e procedimentos de reação do devedor à execução fiscal e de

23. Note-se que a qualificação desse ilícito vale também para a petição eletrônica, pois o retardamento indevido se dará de qualquer modo.

elencar, de modo concreto, algumas situações em que se tornam abusivos e contrários à boa-fé, à lealdade e à cooperação processuais. Também procuramos destacar que as sanções para a litigância de má-fé são mais variadas do que se costuma pensar e que há, hoje, medidas preventivas (ou parcialmente preventivas) atípicas, das quais juízes e tribunais não costumam se valer, mesmo quando confrontados com a litigância temerária. Não costumam empregá-las justamente porque atípicas. Temos plena ciência de que as soluções aventadas são, diante de quadro, "novas" e causarão algum mal-estar e polêmica. Almejamos, nada obstante, sustentá-las e defendê-las em dois planos: o da dogmática da legislação vigente e outro, mais alto, o da prestação jurisdicional que se faz respeitar e que faz respeitar os princípios da eficiência e do acesso à Justiça com resultados.

REFERÊNCIAS

ABELHA, Marcelo. *Manual de execução civil.* Rio: Forense, 2015.

BUENO, Cássio Scarpinella, *Manual de direito processual civil: inteiramente estruturado à luz do novo CPC.* São Paulo: Saraiva, 2016.

CLÉRICO, Laura. *EL EXAMEN DE PROPORCIONALIDAD EN EL DERECHO CONSTITUCIONAl.* Buenos Aires: Eudeba, 2009.

COUTURE, Eduardo. *Fundamentos del derecho procesal civil.* Buenos Aires: Depalma, 1958.

GAJARDONI, Fernando Fonseca. DELLORE, Luiz. ROQUE, André Vasconcelos. OLIVEIRA JR, Zulmar Duarte de. *Teoria geral do processo: comentários ao CPC de 2015.* São Paulo: Forense, 2015.

MANDRIOLI, Crisanto. CARRATTA, Antonio. *Corso di diritto processuale civile – esecuzione*, Torino: Giappichelli, 12ª ed., 2015

MARINONI, Luiz Guilherme. ARENHART, Sérgio Cruz. MITIDIERO, Daniel. *Novo curso de processo civil – v. 01*. São Paulo: RT, 2015.

MONTENEGRO FILHO, Misael. *Curso de Direito Processual Civil: de acordo com o novo CPC*. São Paulo: Atlas, 2016.

NEVES, Daniel Amorim Assumpção. *Manual de direito processual civil – vol. único*. Salvador: Jus Podium, 2017.

NINO, Carlos Santiago. *Fundamentos de derecho constitucional*. Buenos Aires: Astrea, 2013.

THEODORO JUNIOR, Humberto. *Curso de Direito Processual Civil – Teoria geral do direito processual civil, processo de conhecimento e procedimento comum – vol. III*. Rio: Forense, 2016.

ZANETTI, Robson. *Execuções Fiscais*: ed. eletrônica do autor, s.d.

CONSEQUENCIALISMO JUDICIAL NO PROCESSO TRIBUTÁRIO E NA EXECUÇÃO FISCAL

Roberto Lima Campelo[1]

1. INTRODUÇÃO

A atividade jurisdicional, isto é, o conjunto de pessoas, atos, processos e decisões que compõem os mecanismos de solução dos casos concretos confunde-se com a própria história do Direito. Desde a antiguidade, dois eixos filosóficos do Direito compõem as discussões acerca do que é o direito e, principalmente, do que o direito deve ser: o direito natural, de um lado; e o direito positivo, de outro. O exercício de tal atividade, assim como a observação de como os tribunais aplicam o Direito trazem a percepção de que para além da filosofia do direito e a ciência jurídica, existem outros fatores que influenciam a

1. Mestrando em Constitucional e Processual Tributário pela PUC-SP. Graduado em Direito pela Universidade Federal do Ceará (2002). Ex-procurador da Prefeitura Municipal de São Paulo. Tem experiência na área de Direito, com ênfase em Direito Administrativo, Processual Civil e Tributário. Ex-Conselheiro Julgador na Primeira Câmara Julgadora do Conselho Municipal de Tributos do Município de São Paulo. Juiz Federal Substituto na 3ª Região.

promoção de certas correções ou adequações do direito, sejam de ordem política, social, econômica, filosófica e mesmo psicológicas que interferem na tomada de decisões.

A perspectiva deste artigo é pragmática e consequencial do Direito, ou seja, analisa em que medida da complexidade dos casos que são levados ao Poder Judiciário pode ser levada para dentro da interpretação jurídica. Para tanto, as doutrinas de Richard Posner e Renato Becho, majoritariamente, foram utilizadas como pressuposto teórico para abordar o problema da complexidade do Direito, do uso de dados empíricos na atividade jurisdicional e como a comunidade jurídica pode conviver com decisões judiciais consequencialistas, particularmente, no Direito Tributário. De acordo com Posner, seu trabalho – *Reflections on Judging* – pertence ao gênero de escritos extrajudiciais de juízes, seguindo uma tradição americana como *The Nature of the Judicial Process* de Benjamin Cardozo e *The Path of the Law* de Oliver Wendell Holmes Jr.

No livro, Posner pretende promover o encontro entre o judiciário e a realidade. Para fazer isso, o jurista americano propõe o que ele mesmo chama de juiz realista, levando em conta, acima de tudo, as complexidades dos fatos dos quais o caso havia surgido. De antemão, o realismo abordado por Posner é uma teoria completamente diferente do Realismo Jurídico, um movimento filosófico e pragmático que surgiu entre as décadas de 20 e 30 do século passado nos Estados Unidos, construído para explicar e justificar o fenômeno da Lei, a validade das regras de direito e o papel dos juízes na construção e criação de leis.

O realismo de Posner, segundo ele mesmo, é "uma teoria positiva que ensina que as decisões e doutrinas jurídicas são orientadas por fatos, e não por teorias. Como teoria normativa, ensina que é assim que a lei deve funcionar." Nesse sentido, o autor constrói, ao mesmo tempo, uma teoria descritiva e prescritiva do Direito, ou seja, é uma teoria que explica o que é o direito e como deve ser. Em termos mais práticos, o realismo, conforme tratado neste trabalho, é uma teoria que enfatiza as consequências da decisão judicial ao enfrentar a complexidade dos casos que são apresentados ao Judiciário.

Nesse ponto, visível o paralelo entre as ideias de Richard Posner e Renato Becho. Primeiro de tudo, e acho que isso tem um grande peso nas ideias de ambos os juristas, é que ambos são juízes. Na verdade, Posner é ex-juiz de apelação do Tribunal de Apelações dos Estados Unidos para o Sétimo Circuito, onde se apresenta de 1981 a 2017. Becho, por outro lado, é um juiz federal atual no Brasil, um membro do judiciário federal. Em segundo lugar, ambos estão particularmente preocupados com o papel da decisão judicial no desenvolvimento do Direito. Em terceiro lugar, ambos chamam a atenção da comunidade jurídica para as razões subjacentes que encontraram as posses judiciais. Para Posner, essas razões não levam em conta os fatos, mas mais o desejo, ou apenas um hábito profundamente imbuído, de evitar enfrentar as complexidades externas dos fatos, ao significar os fatos que não se referem à lei, como a economia, a política, a sociologia e assim por diante. Por outro lado, mas baseado na mesma premissa, Becho sustenta que essas razões se referem a elementos políticos, sociais, econômicos, ideológicos ou mesmo prosaicos, como o fato do juiz, antes do julgamento, ter lido uma notícia de jornal que desabone, por exemplo, a conduta do Fisco. Embora esses fatores não sejam levantados textualmente na decisão, para Becho deveriam, a fim de que possa controlar adequadamente as razões da decisão judicial sob o escrutínio da segurança jurídica e, afinal, os postulados do Estado de Direito. Além disso, ambas apoiam de maneira ampla a necessidade da abordagem científica do direito para sustentar a decisão judicial, na medida em que o juiz deve fundamentar sua decisão com base em dados empíricos e não apenas com base em sua impressão pessoal, mas também deve explicar o resultado de seu trabalho nesses termos. O quinto e último motivo que aproxima os autores é que é possível fazer uma conexão hermenêutica entre o juiz formalista de Posner e a interpretação do Direito Tributário proposta por Becho, que leva em condição as matizes, fases ou etapas do fenômeno tributário, o que ele denomina de momentos da realidade jurídico-tributária: o momento pré-exacional, o exacional e o pós-exacional, cada um com sua estrutura e regras próprias de interpretação.

A proposta do presente trabalho é, portanto, oferecer justificativa juridicamente aceitável para que os dados da realidade sejam levados para dentro da interpretação do Direito, estabelecendo os limites da discricionariedade do juiz e do consequencialismo judicial em cada momento do fenômeno tributário e delineando, a partir de exemplos quando o resultado da intepretação pode ser restritiva ou extensiva, conformando ou expandindo o sentido e o alcance dos direitos debatidos em juízo. Registre-se, contudo, que, apesar do trabalho propor uma abordagem pragmática e consequencial da teoria judicial, não se afasta da finalidade do próprio Direito, ou seja, o fim da justiça e, também, do positivismo jurídico que inclui, em sua estrutura e conteúdo, a própria ideia de equidade. Por fim, após a exposição doutrinadores, analisa-se o consequencialismo em matéria tributária a partir de dois casos práticos. O primeiro é a possibilidade de o juiz exigir o depósito judicial do valor do tributo discutido como condição para conceder tutela antecipada em matéria tributária diante de um agente econômico que atua no setor de distribuição de combustíveis, gás natural e biocombustíveis. O segundo é o acórdão da Primeira Seção do Superior Tribunal de Justiça, que, ao julgar o REsp 1.340.553/RS (Rel. Ministro Mauro Campbell Marques, DJe de 16/10/2018), sob o rito do art. 1.036 do CPC/2015, fixou a interpretação do art. 40 da Lei de Execuções Fiscais, definindo os pressupostos e os termos inicial e final da prescrição intercorrente.

2. COMO O GOLFE PODE EXPLICAR COMO OS JUÍZES JULGAM

Posner[2] traz um exemplo simples, mas bastante ilustrativo da indiferença do juiz formalista em relação à realidade

2. POSNER, Richard Allen. *Reflections on Judging*. Harvard University Press, Cam-

dos fatos cientificamente comprovados dos quais emergem os casos levados ao Poder Judiciário americano. No caso *PGA Tour Inc, v. Martin*, julgado em 2001, a Suprema Corte dos Estados Unidos estabeleceu o que seria determinante ou não na vitória de uma partida de golfe, em detrimento dos estudos empíricos sobre o esporte. O caso que chegou ao tribunal foi o seguinte. A *PGA Tour* promovera torneio de golfe e, pelos regulamentos, os competidores eram obrigados a andar a pé de um buraco a outro. O jogador Casey Martin, que possuía problemas circulatórios que o impedia de andar ajuizou uma ação para que o a associação organizadora do torneio de golfe levasse sua condição peculiar em consideração e fosse obrigada a permitir que aquele competidor pudesse se locomover por meio de um carrinho de golfe de um buraco ao outro. A Suprema Corte deu ganho de causa ao requerente, sob o fundamento de que a concessão do benefício não alteraria fundamentalmente a natureza do torneio de golfe e que, portanto, a proibição imposta violaria o *American with Disabilities Act*. Agindo assim, segundo Posner, a Suprema Corte definiu, sem base empírica, o que seria essencial ou não essencial à competição, se divorciando, assim, da realidade.

O fato é que a proibição apontada tem por fundamento estudos que mostram que o ato de se locomover de um buraco a outro em uma partida de golfe é um fator determinante para vitória já que o esse esforço diminui o vigor físico do competidor. Por outro lado, aquele que se locomove com o carrinho de golfe tem uma vantagem comparativa em relação aos concorrentes. A conclusão que se chega do caso é que a Suprema Corte não levou em consideração os estudos empíricos sobre o caso, restringindo-se a uma análise meramente semântica da questão e mais: inseriu uma impressão da realidade para julgar, mas que não responde à verdade dos fatos e, fazendo isso, promoveu um desequilíbrio na competição.

---

bridge, 2013, p. 80-81.

Nesse cenário, questiona-se se a Suprema Corte, com base nos estudos científicos sobre o tema, teria tomado uma decisão diferente no caso concreto. Se a locomoção com carrinho de golfe desequilibra tanto a partida, por que não então permitir que todos se locomovam com o tal carrinho, promovendo assim a igualdade necessária e, ao mesmo tempo, cumprindo as finalidades do *American with Disabilities Act*? A resposta exata ao caso apresentado não é relevante, mas o exemplo ilustra de maneira linear a atitude do juiz formalista em contraposição ao juiz realista, extremos que são tão debatidos por Posner em sua obra.

3. COMPLEXIDADES INTERNAS E EXTERNAS

Por complexidade, Posner[3] não se dirige ao nível de dificuldade de qualquer coisa, mas, sim, a complexidade do caso que envolve sistemas, grosso modo dizendo, envolve interconexões complicadas ou interações entre os elementos que compõem o sistema. Existem as complexidades internas e externas, dependendo delas estar dentro ou fora da lei. Exemplos de complexidade interna estão ligados ao sistema legal, como textos normativos (lei estatutária estadual, *common law* estadual, lei constitucional estadual, lei estatutária federal, *common law* federal, lei constitucional federal e precedentes), ou questões que dizem respeito à interpretação. As complexidades externas, por outro lado, fazem parte de um universo infinito virtual fora do Direito, como exemplos: sistemas econômicos, como mercados; sistemas políticos, como o equilíbrio internacional de poder; sistema ecológico, como uma população de animais que competem para maximizar sua aptidão genética; tecnológicos, como telefones celulares, cadeias de blocos, big data, questões setoriais, como eletricidade, combustível, energias em geral e todas as preocupações com regulamentos, e a lista continua. Posner atribui em grande parte à complexidade, principalmente a externa, a atitude

3. Obra citada, p. 3-4.

formalista do juiz. Segundo ele, para evitar se aprofundar nas complexidades, o juiz adapta a linguagem semântica aos fatos, e não estes àqueles, e produz uma decisão sem se ater às peculiaridades de cada caso. De fato, ao assim proceder, o juiz recorta a realidade e a transporta para a linguagem fechada da semântica e dos seus próprios jogos de linguagem, na acepção de Wittgenstein[4], definindo um limite inexistente entre o que é o Direito e o que é a realidade, muitas vezes, não conseguindo explicar a um leigo a exata incidência da sentença sobre o resultado prático da demanda.

4. O JUIZ FORMALISTA E O JUIZ REALISTA

Conforme Posner[5], o juiz formalista tem as seguintes características. É adepto da subsunção. O juiz formalista está acostumado a considerar a lei como um dado estático e a tarefa do advogado é adequar a realidade à lei. Com base nos fatos e argumentos apresentados pelas partes, o juiz combina-os com os precedentes, textos constitucionais e legislativos seguindo uma metodologia puramente semântica. Além disso, apenas os materiais ortodoxos de análise jurídica – estatutos, constituições, regulamentos, precedentes, outros documentos legais – são lei; todo o resto é política ou economia. Na abordagem formalista, o intérprete é indiferente às consequências de suas interpretações no mundo real. Ele ou ela não é responsável por essas consequências, se elas são inconvenientes, é exatamente porque a lei é um dado estático e deve ser modificada pelo Poder Legislativo. Por fim, para tal corrente, os juízes que levam em consideração as consequências de interpretações alternativas estão saindo da lei, logo agindo como políticos.

Por outro lado, e no extremo oposto, está o juiz realista. Este é cético em relação ao formalismo, considerando-o mais

4. WITTGENSTEIN, Ludwig. *Philosophical investigations*. 3rd ed., Oxford, Basil Blackwell Ltd., 1958.

5. POSNER, Richard Allen. *Reflections on Judging*. Harvard University Press, Cambridge, 2013, p. 108-120.

retórico que analítico – uma retórica que esconde as verdadeiras fontes de decisão. Ademais, coloca ênfase nas consequências das decisões judiciais, sistêmicas e específicas de caso e evita a chamada *justiça míope*, isto é, aquela que responde apenas às ações das partes caso particular. A justiça segundo essa abordagem é, portanto, analítica e empírica, em vez de meramente intuitiva e política. Por fim, leva em conta as consequências sistemáticas incluem o efeito de uma doutrina ou decisão sobre a previsibilidade da lei, sobre o volume de processos, sobre a administração, sobre o trabalho de outros ramos do governo (como o legislativo, que seria desorganizado se os juízes não prestou atenção à linguagem estatutária) e às expectativas razoáveis tanto privadas quanto públicas.

5. OS ELEMENTOS EXTRAJURÍDICOS QUE INFLUENCIAM AS DECISÕES JUDICIAIS

O tema da busca de fatores externos ao direito e da necessária interdisciplinaridade para se obter uma maior compreensão do fenômeno jurídico não é propriamente uma novidade, embora varie de uma comunidade jurídica a outra, levando em conta o sistema jurídico em baseada, aspectos culturais, sociais, políticos e econômicos. A interface necessária do Direito com outros ramos do conhecimento não somente é registrado pelos juristas, mas também pelos estudiosos da economia. Com efeito, o professor de Economia de Harvard, Nicholas Gregory Mankiw[6] afirma que, apesar do estudo da disciplina revelar várias facetas, gira em torno de ideias centrais. Tais ideias centrais são expostas na obra do autor de Nova Jersey em forma de dez princípios da econômica que buscam explicar como as pessoas tomam decisões. O primeiro princípio é o de que *Pessoas Enfrentam Trade-offs*[7]. Todos estão sujeitos aos *trade-offs*

6. MANKIW, Nicholas Gregory. Princípios de Microeconomia. 3ª edição. Tradução Allan Vidigal Hastings. São Paulo: Thomson Learning, 2007, p. 5.

7. Termo em inglês que, em economia, significa conflito entre dois desejos conflitantes – e na prática significa dizer que a tomada de decisões exige escolher um bem,

porque as pessoas, as famílias, as empresas e mesmo o Governo tomam inúmeras decisões no dia a dia, desde a opção entre manteiga ou margarina, passando pela decisão de investir ou não em determinado país, até a fixação da taxa de juros pelo banco central, em países que atribuem a esta entidade a competência para tanto. Em cada uma dessas decisões, como um desejo importa uma renúncia, é necessário ponderar o que se vai perder com um determinado ganho e, partir daí, se verificar, na prática, se a troca vale ou não a pena, a depender do contexto de cada qual. Portanto, a sociedade convive com escolhas. Como se se disse, das mais simples até as mais complexas e o Estado, assim como o Direito, enfrenta, também, inúmeras escolhas na consecução de seus fins.

Entretanto, deve se registrar que as escolhas somente são conflitantes em termos relativos, levando-se em consideração o contexto e o momento da tomada de decisão, haverá o conflito. Por exemplo, desenvolvimento econômico e justiça, em tese, não são desejos ou interesses que intrinsecamente se contrapõem, mas em determinado contexto, podem sim vir, como no caso em que uma decisão judicial defere liminar em favor de um posto de gasolina para que não recolha, por exemplo, ICMS com a inclusão do PIS/COFINS em sua base de cálculo, contudo, provoca vantagem comparativa daquele posto em relação a outro que não obteve decisão judicial, causando, em certas hipóteses, especificamente ali, fechamento da empresa, desemprego, diminuição da circulação de receitas, redução da arrecadação de impostos entre outros efeitos circunstanciais.

Se o direito interfere na economia, na exata medida em que as pessoas, famílias e empresas computam na tomada de decisões o conteúdo das normas de determinado ordenamento jurídico, é lícito afirmar também que o direito – mormente a decisão judicial – pode colaborar para o desenvolvimento do país ou para a manutenção de pobreza de outros. A propósito, a relação entre economia, instituições jurídicas, desenvolvimento

---

valor ou interesse em detrimento de outro.

e pobreza do país foi retratado na obra *Por que as Nações Fracassam*, de Daron Acemoglu e James Robinson, professores do *Massachussets Institute of Techlogy* e da universidade de Harvard, respectivamente. Em síntese, os autores concluem que é possível distinguir os países que possuem instituições econômicas e políticas extrativistas e inclusivas[8]. As instituições econômicas e políticas inclusivas são aquelas que asseguram os direitos de propriedade, criam condições igualitárias para todos e incentivam os investimentos em tecnologia e inovação. Ademais, o poder político é diluído pela sociedade e, com isso, se consegue atingir um certo grau de centralização política, capaz, por sua vez, de garantir o respeito à lei e à ordem. Por outro lado, as instituições econômicas e políticas extrativistas são aquelas em que há alta concentração de poder nas mãos de poucos, de forma que estes poucos se utilizam do poder político em proveito próprio, inclusive os recursos para consolidar o poder, gerando assim um círculo vicioso e a prorrogação do Estado de pobreza de um país.

Nesse sentido, conclui-se que Direito e Economia possuem uma relação íntima que revelam o índice de desenvolvimento de um país. Como corolário dessa afirmação, também se pode chegar à conclusão de que o modo como o Direito de um determinado país é e a forma como é aplicado pelas instituições competentes para tanto, particularmente o Poder Judiciário, é fundamental para o desenvolvimento social. Pode-se, portanto, interpretar e aplicar o Direito tendo como pressuposto o desenvolvimento, o que é constitucionalmente válido, já que este encontra amparo no art. 3º da Constituição Federal de 1988[9]. Assim, ainda que de forma parcial e restrito

---

8. ACEMOGLU, Daron; ROBINSON, James. *Por Que As Nações Fracassam: As Origens do Poder, Prosperidade e da Pobreza.* Rio de Janeiro: Elsevier, 2012, p. 332.

9. Art. 3º Constituem objetivos fundamentais da República Federativa do Brasil: I - construir uma sociedade livre, justa e solidária; II - garantir o desenvolvimento nacional; III - erradicar a pobreza e a marginalização e reduzir as desigualdades sociais e regionais; IV - promover o bem de todos, sem preconceitos de origem, raça, sexo, cor, idade e quaisquer outras formas de discriminação.

à economia, pode-se concluir que existem elementos extrajurídicos que podem influenciar as decisões judiciais.

A par dos métodos clássicos de interpretação e das escolas hermenêuticas, Becho[10] tem por objeto algo definido: os elementos que influenciam o julgador que não estão expressos na decisão ou no texto interpretado, ou seja, as chamadas pelo autor de "jurisprudência que não encontra fundamento legal". Nessa mesma linha de pensamento, Becho observa que, após uma análise das decisões tributárias, chega-se à conclusão de que os julgadores não aplicam a Constituição ou a lei de regência, o que apontaria para uma crise nas decisões de Direito Tributário. Para evitar ou reduzir tal crise, necessária a estruturação de um modelo metodológico de decisão judicial que permita um controle racional da atividade do juiz, ainda que influenciada por fatores extrajurídicos, como o caso de se adotar a abordagem consequencialista. Para tanto, necessário estabelecer a estrutura e a filosofia do Direito Tributário para, a partir daí, se perquirir se é possível certa atividade criativa dos juízes, ou se é aceitável tendo em vista o direito positivo e, acaso afirmativa essa indagação, quais seriam os limites da atividade jurisdicional nesse ramo do direito. Na visão de Becho[11], de cunho jus-humanista, atualmente vive-se um novo direito tributário, centrado na figura do contribuinte, cuja fonte e limite de atuação jurisdicional são a Constituição Federal, caracterizado pela metodologia da teoria dos valores, tendo como pressuposto de validade o respeito ao ser humano como condição para a criação da sua própria realidade. A arrecadação não é mais o fim último do direito tributário e deve ser feita, validamente, dentro dos limites da justiça social. Nesse sentido, e já contextualizando as conclusões a que o professor-doutor pela PUC-SP chega, é válido afirmar que,

---

10. BECHO, Renato Lopes. Considerações sobre dados extrajurídicos que podem estar influenciando os julgamentos tributários. *Revista Brasileira a Advocacia* Ano 3. nº 8 (janeiro/março 2018). São Paulo: Revista dos Tribunais.

11. BECHO, Renato Lopes. *Filosofia do Direito Tributário*. 1ª edição. 2ª tiragem. São Paulo: Saraiva: 2010, p. 344.

para o autor, o juiz produz direito, sendo, ele mesmo, ao lado do legislador, fonte do direito.

Não restam dúvidas de que para Becho a incidência dos valores no Direito, particularmente no Direito Tributário, descansa sobre a dogmática positivista, particularmente, sobre a ideia de que o direito é uma criação estatal e não uma criação puramente social e de que a liberdade é o pressuposto filosófico do Direito Tributário é o valor da liberdade, devendo o Estado exercer sua "competência tributária respeitando a liberdade de existência, de livre-arbítrio e de propriedade do contribuinte."[12]

Nesse contexto, o professor mineiro adota propõe o chamado *procedimento de verificação* da consonância do tributo com o sistema constitucional tributário, nitidamente de cunho valorativo e aberto. Contudo, a incidência e aplicação dos princípios no campo do Direito Tributário não é livre, devendo ser respeitados os postulados da interpretação clássica e constitucional. Em ordem a possibilitar uma melhor adequação entre o tipo de norma e aplicação a ser dada, Becho distingue três momentos da realidade jurídico-tributária de forma analítica: o momento pré-exacional, o momento exacional e o momento executivo. O momento pré-exacional, por suposto, se dá ainda antes da criação do tributo e encontra-se, no Direito brasileiro, no plano constitucional, sob dois comandos: o da divisão da competência tributária e respeito ao processo legislativo, parâmetros eminentemente positivistas; e o do controle da competência tributária, este pós-positivista, caracterizada pela verificação das imunidades tributárias e pela aplicação dos princípios tributários, como liberdade fiscal, justiça fiscal, justiça tributária, direitos humanos na tributação entre outros. O momento exacional é um segundo momento no fenômeno tributário, tem como pressuposto a devida conformação do tributo aos parâmetros de verificação e controle do momento pré-exacional, atendo-se à interpretação restritiva do texto, posto não ser dado ao aplicador

12. Obra citada, p. 335.

ampliar o fenômeno tributário – e, portanto, a incidência dos tributos em todos os seus aspectos – sem autorização legal. Nessa seara, a atuação do aplicador, em verdade, é vinculada e deve respeito à legalidade estrita. Por fim, o momento executivo se dá na aplicação do direito na execução fiscal, fase em que é permitido ao juiz expandir o alcance da norma em ordem a conformar o direito ao caso concreto em favor do contribuinte, como, por exemplo, a impenhorabilidade do bem de família ao devedor solteiro a despeito de lei expressa, caso reconhecido pelo Superior Tribunal de Justiça[13].

6. A NOVA EXECUÇÃO FISCAL: UM NOVO PARADIGMA DO CONSEQUENCIALISMO

Até o início da década passada, o Poder Judiciário brasileiro carecia de estudos empíricos sistematizados que demonstrassem por meio de números a realidade dos órgãos jurisdicionais e a forma como litigam os brasileiros. Até aquela data, o modelo de juiz ainda era o enclausurado nos temas eminentemente jurídicos, em detrimento da realidade que os circunda, de forma a ser impossível mapear, de maneira clara, as consequências das decisões judiciais. A partir do ano de 2004, o Conselho Nacional de Justiça (CNJ) rompeu com o paradigma anterior e passou a promover estudos estatísticos para descrever a realidade concreta do Poder Judiciário no país. Como produto de uma reunião dos esforços de inúmeros profissionais ligados às ciências sociais, chegou-se à elaboração do Relatório Justiça em Números, publicado anualmente desde aquele ano.

Com o advento do estudo empírico do Direito[14], aliado aos conceitos da metodologia da pesquisa científica, mormente por esta pode não somente a pesquisa descritiva, que meramente apura a ocorrência dos fatos, mas também pode

---

13. (REsp 1114767/RS, Rel. Ministro Luiz Fux, Corte Especial, julgado em 02/12/2009, DJe 04/02/2010).

14. Machado, Maíra Rocha (Org.). *Pesquisar empiricamente o direito*. São Paulo: Rede de Estudos Empíricos em Direito, 2017, p. 252 e 394.

ser prescritiva ou normativa, isto é, visa propor mudanças de ações, condutas, alterações legislativas entre outras, questiona-se se o juiz, no desempenho de sua atividade jurisdicional, pode não apenas utilizar a base de dados que tem à sua disposição como subsídio, mas também, se podem levar para dentro da interpretação jurídica as evidências científicas das diversas áreas para medir as consequências de sua decisão e modular a interpretação da norma, ampliando ou reduzindo seu alcance, nessas mesmas bases para dar um tratamento mais adequado e justo ao caso concreto.

A resposta a essa questão parece ainda nebulosa no plano doutrinário e na prática da judicatura. Contudo, ao que parece, o legislador, de forma não dialogada, abortou a fase de debate, respondeu positivamente à indagação e aprovou a Lei 13.655, de 25 de abril de 2018[15], que alterou a Lei de Introdução às Normas do Direito Brasileiro (LINDB) e positivou expressamente o consequencialismo, levando-o, portanto, para dentro da decisão judicial. Críticas à parte, o fato é que, com o advento do estudo empírico do Direito reconhecido pelas práticas do CNJ, não demorou para que novos estudos fossem feitos para não apenas mapear quantitativamente os processos judiciais no país, mas também avaliá-los qualitativamente[16].

---

15. Art. 21. A decisão que, nas esferas administrativa, controladora ou judicial, decretar a invalidação de ato, contrato, ajuste, processo ou norma administrativa deverá indicar de modo expresso suas consequências jurídicas e administrativas.
Parágrafo único. A decisão a que se refere o **caput** deste artigo deverá, quando for o caso, indicar as condições para que a regularização ocorra de modo proporcional e equânime e sem prejuízo aos interesses gerais, não se podendo impor aos sujeitos atingidos ônus ou perdas que, em função das peculiaridades do caso, sejam anormais ou excessivos.
Art. 22. Na interpretação de normas sobre gestão pública, serão considerados os obstáculos e as dificuldades reais do gestor e as exigências das políticas públicas a seu cargo, sem prejuízo dos direitos dos administrados.
§ 1º Em decisão sobre regularidade de conduta ou validade de ato, contrato, ajuste, processo ou norma administrativa, serão consideradas as circunstâncias práticas que houverem imposto, limitado ou condicionado a ação do agente.
§ 2º Na aplicação de sanções, serão consideradas a natureza e a gravidade da infração cometida, os danos que dela provierem para a administração pública, as circunstâncias agravantes ou atenuantes e os antecedentes do agente.
§ 3º As sanções aplicadas ao agente serão levadas em conta na dosimetria das demais sanções de mesma natureza e relativas ao mesmo fato.

16. Para uma visão geral sobre o tema: BECKER. Howard S. *A Epistemologia da*

No campo do Direito Tributário, e especificamente, na execução fiscal, que consta como principal gargalo da execução, correspondendo ao total de 31.218.927, segundo o Relatório Justiça em Números 2018[17], ano-base 2017, e que aponta ser um grande fator de ineficiência jurisdicional e dos meios tradicionais de cobrança do crédito público. De acordo com o relatório:

> "A maior parte dos processos de execução é composta pelas execuções fiscais, que representam 74% do estoque em execução. Esses processos são os principais responsáveis pela alta taxa de congestionamento do Poder Judiciário, representando aproximadamente 39% do total de casos pendentes, e congestionamento de 92% em 2017 - a maior taxa entre os tipos de processos constantes nesse Relatório".

Por tais motivos que se revelaram historicamente por meio dos estudos do CNJ, estudos científicos foram concentrados em encontrar os gargalos da execução fiscal. O estudo realizado pelo IPEA – Custo e Tempo do Processo de Execução Fiscal Promovido pela Procuradoria Geral da Fazenda Nacional (PGFN) – foi finalizado em novembro de 2011 – e aponta, entre outros dados, a baixa efetividade da execução fiscal, na medida em que, segundo o estudo, somente em 0,3 dos processos o crédito público é integralmente executado aplicando-se os meios estritamente processuais, ou seja, constrição de bens e realização de ativos. Após esse estudo, diversas inovações legislativas, jurisprudenciais e operacionais foram implementadas. A primeira inovação veio por meio de lei ordinária. O art. 1º, I, da Lei 9.492/97, com a redação da Lei 12.767/12 possibilitou o protesto da Certidão de Dívida Ativa. A inovação legislativa teve sua constitucionalidade chancelada pelo STF na ADI 5135[18]. Portanto, atualmente, a Procurado-

---

Pesquisa Qualitativa. Revista de Estudos Empíricos em Direito 184, Brazilian Journal of Empirical Legal Studies, vol. 1, n. 2, jul 2014, p. 184-199.

17. http://www.cnj.jus.br/files/conteudo/arquivo/2018/09/8d9faee7812d35a58cee3d92d2df2f25.pdf.

18. ADI 5135, Relator(a): Min. ROBERTO BARROSO, Tribunal Pleno, julgado em 09/11/2016, PROCESSO ELETRÔNICO DJe-022 DIVULG 06-02-2018 PUBLIC

ria Geral da Fazenda Nacional (PGFN) lança mão do protesto como meio indireto de exigir os créditos, o que resvala, em tese, na redução do número de execuções fiscais distribuídas, quantidade até então não medida com precisão. A segunda inovação, veio do plano normativo infralegal. Com o advento da Portaria PGFN nº 396/2016, que dispensa o ajuizamento de execuções fiscais abaixo de 1 (um) milhão de reais e desde que não tenham sido encontrados bens por meio de expedientes administrativos, houve não apenas a diminuição aguda dos processos de execução fiscal distribuídos, bem como a suspensão em massa de vários processos que se enquadram naqueles requisitos da portaria. Ainda não há medida para o impacto da portaria nos processos de execução fiscal. A terceira inovação trata-se da averbação pré-executória, prevista na Lei 13.606 de 9 de janeiro de 2018, que incluiu o art. 20-B da Lei 10.522/2002 e criou a averbação pré-executória, que permite averbar, inclusive por meio eletrônico, a certidão de dívida ativa nos órgãos de registro de bens e direitos sujeitos a arresto ou penhora, tornando-os indisponíveis, sendo inclusive objeto de três ações diretas de inconstitucionalidade (ADI 5890, 5881e 5886), o que, se vingar, importará também em tese na redução do número de execuções fiscais a ser distribuídas. A quarta mudança veio com as recentíssimas portarias PGFN nº 422, de 08 de maio de 2019 e nº 520 de 27 de maio de 2019, que estabelecem dois critérios cumulativos para aferir a efetividade do processo de execução fiscal, pelo valor e pelo grau de recuperabilidade do crédito. A finalidade da norma é que a PGFN foque nos processos que realmente sejam viáveis para localizar e realizar ativos para satisfação do crédito público.

Quanto à quinta mudança, no final do ano de 2018, o STJ fixou a interpretação do art. 40 da Lei de Execuções Fiscais (REsp 1.340.553/RS (Rel. Ministro Mauro Campbell Marques, DJe de 16/10/2018). Anteriormente ao julgado, as execuções fiscais eram tocadas sem qualquer prazo. No passado, a

---

07-02-2018).

execução fiscal tinha dia para começar (para evitar a prescrição do crédito), mas não havia dia para terminar. Conforme o próprio julgado pontua, nem o Juiz nem o Procurador são senhores dos prazos, mas sim a lei. Portanto, o STJ acabou com as idas e vindas da execução fiscal, o que refletirá substancialmente no estoque de processos e nos processos que estão por fim. De se ressaltar que o principal fundamento extrajurídico que levou o Relator a encaminhar seu voto foi o grande acervo de execuções fiscais que tramitam no país, àquele tempo em torno de 27 (vinte e sete) milhões de processos em todo o Brasil. De se notar ainda como consequência do precedente é que se antes não havia qualquer possibilidade de se estabelecer um indicador para medir o tempo da execução, já que o processo não tinha um prazo definido para se extinguir, podendo a parte exequente requerer inúmeros prazos para busca de bens, o que fazia com que a execução retomasse *ad infititum*, atualmente existem meios para que se criem indicadores para parametrizar o tempo e custo efetivo das execuções fiscais.

Todas essas inovações levam a um ponto de inflexão na evolução do direito brasileiro na medida em que a comunidade jurídica reflete, com base em dados científicos, a efetividade do processo de execução fiscal. A ideia é, portanto, envidar esforços nos créditos recuperáveis, desafogando, assim, o Poder Judiciário da grande massa de processos que, na prática, se revelam de pouco ou nenhuma utilidade.

7. A PRESCRIÇÃO INTERCORRENTE E A ORIENTAÇÃO DO SUPERIOR TRIBUNAL DE JUSTIÇA SOBRE O TEMA

A prescrição intercorrente é fato jurídico-processual caracterizado pela inércia do exequente em dar movimento eficaz para a finalização do processo executivo, ocorre no curso do processo e tem como pressuposto a citação válida, no caso do despacho ordenador da citação ser proferido antes da vigência da Lei Complementar 118/2005, ou o próprio despacho que ordena a citação, caso este seja proferida na vigência da Lei Complementar n º 118/2005.

Tendo sido ajuizada a execução dentro do prazo de prescrição do crédito tributário, nos termos do art. 174, caput, do Código Tributário Nacional (CTN), já não é mais o caso de prescrição da pretensão de cobrar o crédito, mas sim prescrição intercorrente. A Primeira Seção do Superior Tribunal de Justiça, ao julgar o REsp 1.340.553/RS (Rel. Ministro Mauro Campbell Marques, DJe de 16/10/2018), sob o rito do art. 1.036 do CPC/2015, fixou a interpretação do art. 40 da Lei de Execuções Fiscais, definindo o seguinte: a) o prazo de suspensão de 1 (ano) previsto no §2º é *ex lege* e, portanto, inicia-se, automaticamente, da data da ciência da parte exequente a respeito da não localização do devedor ou da inexistência de bens penhoráveis no endereço fornecido, sem necessidade de manifestação judicial a respeito, ou de efetiva remessa dos autos ao arquivo sem baixa na distribuição; b) o pressuposto para a suspensão automática do processo é a mera ciência da inexistência de bens penhoráveis no endereço fornecido e/ou a não localização do devedor, não sendo, portanto, necessária a prévia intimação da parte exequente sobre a remessa dos autos ao arquivo, mesmo porque, tal remessa, como mencionado, não é necessária ao início automático do prazo de suspensão; c) o pedido de suspensão do prazo feito pela parte exequente para realização de diligências não interfere, de forma alguma, no início ou na contagem do prazo de suspensão ou no prazo de prescrição; d) em se tratando de execução fiscal de crédito tributário cujo despacho ordenador da citação tenha sido proferido antes da vigência da Lei Complementar nº 118/2005, a citação válida é *conditio sine qua non* para a contagem do prazo, que se inicia logo após a primeira tentativa infrutífera de localização de bens penhoráveis; e) em se tratando de execução fiscal de crédito tributário cujo despacho ordenador da citação tenha sido proferido na vigência da vigência da Lei Complementar nº 118/2005 e de qualquer crédito não tributário, o prazo de suspensão se inicia logo após a primeira tentativa infrutífera de localização de bens penhoráveis;

f) findo o prazo de suspensão, com ou sem pronunciamento judicial a respeito ou petição da parte exequente ou mesmo que o processo não tenha sido efetivamente arquivado sem baixa na distribuição, inicia-se automaticamente o prazo prescricional aplicável, findo o qual, o juiz, depois de ouvida a parte exequente, declarará a prescrição intercorrente por meio da delimitação dos marcos legais que foram aplicados na contagem do respectivo prazo; g) somente a efetiva constrição patrimonial e a efetiva citação são aptas a interromper a prescrição intercorrente, que retroagirá à data do protocolo da petição que requereu a providência frutífera, sendo irrelevante todo e qualquer outro tipo de petição que não resulte em providência útil àqueles fins, como pedidos de prazo para diligência ou mesmo pedido de constrição ou de citação que restaram frustrados ao fim e ao cabo; h) quanto a alegação de eventuais nulidades por falta de intimação, somente a falta de intimação acerca da parte exequente a respeito da não localização do devedor ou da inexistência de bens penhoráveis no endereço fornecido, por se tratar de presunção de prejuízo; nos demais casos, cabe à parte exequente comprovar o efetivo prejuízo causado pela falta de intimação, como, por exemplo, a demonstração da ocorrência de qualquer causa interruptiva ou suspensiva da prescrição.

Ante a abrangência do julgado, opta-se, neste trabalho, por fazer um corte necessário a fim de se pôr em contraste os motivos extrajurídicos que influenciaram na decisão e a interpretação que se fez particularmente do *caput* do art. 40 da Lei de Execuções Fiscais. Ademais, dentro desse corte proposto, ressaltam-se os pontos de divergência entre as interpretações do Ministro Relator Campbell Marques e a do voto-vista do Ministro Herman Benjamin quanto à suspensão automática da suspensão do processo de execução fiscal em caso de não localização do devedor ou de bens penhoráveis.

Primeiramente, registre-se que o fato do caso decidido envolver o impressionante número de 29,3 milhões de execuções fiscais em tramitação no Brasil, o que representa em torno de 32% do total de processos que tramitam no Brasil segundo dados do Relatório Justiça em Números 2013, circunstância não apenas citada pelos dois votos referidos acima, como também foi relevante na tomada de decisão, muito embora não tenha sejam, efetivamente, componentes da *ratio decidendi*, sendo, ao contrário, *obter dicta*, ou seja, fatos que influenciam na decisão, embora não sejam utilizados na construção propriamente jurídica. Releva-se ainda que o elemento extrajurídico do número expressivo de execuções fiscais reforçou o convencimento do Ministro-Relator, mas, ao mesmo tempo, trouxe dúvidas acerca da possibilidade de se dar um tratamento uniforme a todo aquele universo de casos por meio do precedente que estava em formação. Com efeito, nas palavras do Ministro Relator:

> Com efeito, o espírito da lei é o de que nenhuma execução fiscal já ajuizada poderá permanecer eternamente nos escaninhos do Poder Judiciário ou da Procuradoria encarregada da execução das respectivas dívidas fiscais.
>
> "Não é demais lembrar que, de acordo com o Relatório Justiça em Números 2013, elaborado pelo Departamento de Pesquisas Judiciárias do Conselho Nacional de Justiça, dos 92,2 milhões de processos em tramitação no Poder Judiciário, 29,3 milhões são execuções fiscais, o que corresponde a 32% do total de processos. São aproximadamente 25,6 milhões de execuções fiscais somente na Justiça Estadual, com taxa de congestionamento de 89%, superior a todas as outras classes. Na Justiça Federal tramitam mais de 3,5 milhões de execuções fiscais, com semelhante taxa de congestionamento. A exorbitante quantidade de execuções fiscais em trâmite nos diversos segmentos da Justiça é, hoje, uma das principais causas da morosidade sistêmica do Poder Judiciário, a prejudicar o andamento célere de outras classes processuais, na contramão do princípio constitucional da duração razoável do processo (in CONSELHO NACIONAL DE JUSTIÇA. (Ed.). Grupo de Trabalho (Portaria n. 155/2013): Política Nacional de Priorização do Primeiro Grau de Jurisdição. Brasília, 2013, pp. 66 et seq.).

Lançando mão, portanto, de uma análise consequencialista e pragmática, no contexto de um momento pós-exacional do fenômeno tributário, o entendimento apriorístico do

Ministro Relator é o de que nenhuma execução fiscal ajuizada deve ficar, de forma permanente, tramitando nos escaninhos do Poder Judiciário e, nesse contexto, o elemento quantitativo de processos, o que se poderia dizer que o Relator se utilizou de certa medida do consequencialismo, reforça, ao fim e ao cabo aquele argumento jurídico. Em outras palavras: a execução fiscal não pode permanecer eternamente em tramitação, mormente pelo fato de que, no Brasil, 32% dos processos são execuções fiscais, não havendo sentido em se admitir que quase um terço dos processos tramite indefinidamente.

Questão que se revela interessante é se houvesse um número inexpressivo de processos ao invés de milhões. Questiona-se se esse dado seria igualmente relevante para se adotar um mesmo tratamento jurídico para todas as execuções fiscais que tramitam no Brasil. Aliás, essa questão foi de certo modo aventada pelo Ministro Herman Benjamin em seu voto-vista. Nos dizeres do voto, referindo-se ao voto do Relator:

> "Com a devida vênia, não vejo como considerar que a totalidade desse valor – conforme dito, multimilionário – possa ser classificada de maneira uniforme (isto é, todo esse *quantum*, genericamente considerado, estaria sujeito a um único tratamento jurídico) e simplificada ou reduzida, em termos processuais, a um procedimento que direta ou indiretamente transforme a suspensão do processo, tendente a abreviar a disciplina da prescrição intercorrente, em um fim primordial."

De fato, pode-se observar que a mesma circunstância – o número de processos de execuções fiscais que tramitam em todo o Brasil – foi utilizada de maneira exatamente opostas por um e por outro Ministro. Para o Relator, o elevado número de processos de execução fiscal deve ter tratamento isonômico e imediato por parte do Poder Judiciário, podendo-se mesmo concluir que o Ministro teve, de fato, o desejo deliberado de dar uma interpretação jurídica que alcançasse de modo efetivo e eficiente de reduzir o estoque de processos no Poder Judiciário e, indiretamente, buscar mitigar os problemas da demora da prestação jurisdicional por conta do acúmulo de trabalho. Por outro lado, na visão do Ministro Herman Benjamin, o número expressivo de processos não permitiria que todo o universo de processos fosse tratado de maneira uniforme, tal qual proposto pelo Ministro Relator, na exata medida em que se transformou a suspensão do processo em um fim da execução fiscal.

A experiência na aplicação do precedente vem relevando que os casos concretos possuem peculiaridades que, não necessariamente se conformam, de maneira linear e perfeita, às teses cristalizadas, do que se pode concluir, como se verá adiante, que a aplicação do precedente exige exercício de interpretação e aplicação por analogia e não necessariamente a singela aplicação por subsunção. Com efeito. A principal divergência entre os entendimentos dos Ministros foi exatamente a exata compreensão da redação do *caput* do art. 40 da Lei de Execuções fiscal – "Art. 40. O Juiz suspenderá o curso da execução, enquanto não for localizado o devedor ou encontrados bens sobre os quais possa recair a penhora, e, nesses casos, não correrá o prazo de prescrição" –, em particular, a expressão "o Juiz suspenderá".

Para o Ministro Relator, a suspensão do processo se dá de forma *automática*, independentemente de haver um despacho judicial determinando a suspensão da execução e a remessa dos autos ao arquivo provisório, sob o fundamento de que nem o juiz nem o exequente são senhores do tempo do processo, mas sim a lei que determina expressamente os casos e prazos de suspensão da execução fiscal, sendo, portanto, irrelevante o despacho do juiz, posto que este nada cria no processo, mas apenas declara uma situação, ou os pedidos de prazos de 30/60/120 dias por parte da exequente. Por outro lado, para o Ministro Herman Benjamin, a suspensão não é automática, mas depende de um despacho judicial que suspende a execução após a constatação do que se chamou de "suspensão-crise", isto é, a situação objetiva caracterizada pela impossibilidade ou inviabilidade do exequente localizar o devedor ou bens passíveis de penhora, que tem como pressuposto, segundo o Ministro, a citação por edital e/ou o resultado negativo da medida que decretou a indisponibilidade de bens na forma do art. 185-A do CTN.

Sem entrar no mérito de cada construção jurídica – o que fugiria do escopo do presente trabalho – o fato é que o entendimento pressuposto de como gerir o expressivo estoque de execuções fiscais em tramitação nas secretarias do Poder Judiciário resvalou na própria construção jurídica de decisão, tendo o Ministro Relator aplicado uma análise pragmática e consequencialista do comando do *caput* do art., 40; ao passo em que o Ministro Herman Benjamin adotou interpretação semântica, exigindo-se o efetivo despacho juiz. Em outras palavras: para o Relator, a suspensão do art. 40 é *ope legis*; enquanto para o Ministro Herman Benjamin, a suspensão é *ope judicis*, isto é, a suspensão decorre da lei e tem como pressuposto um fato verificável no processo, ou seja, a ausência de localização do devedor ou de bens penhoráveis, e não o ato processual do despacho do juiz que constata aquela circunstância.

Acoplada à tese da suspensão automática do processo, o que se conclui do julgamento do Superior Tribunal de Justiça é que somente atos úteis à execução são aptos a interromper o fluxo da prescrição intercorrente e, independente do tempo que leve para que sejam cumpridas, caso bem sucedidas, a efetivação da diligência tem eficácia retroativa à data da petição que a solicitou. Desde a publicação do acórdão, o exercício da judicatura na 2ª Vara de Execuções Fiscais na Subseção Judiciária de São Paulo revela que a tese encampada pelo Relator atinge um universo infinitamente maior de processos. Com efeito, em uma análise perfunctória dos processos julgados[19], a Fazenda Nacional, de modo geral, não requer a citação por edital da executada originária. Na prática, da tentativa infrutífera da citação por correio ou da citação por mandado, a exequente requer de imediato o redirecionamento da execução contra os sócios-gerentes. Nesse cenário, acaso seja acolhida

19. Processos nº 0514885-60.1996.4.03.6182, 0522201-90.1997.4.03.6182, 0532225-17.1996.4.03.6182 e 0533029-82.1996.4.03.6182.

a divergência, o efeito de eliminar o estoque de processos não seria alcançado, o que empiricamente vem se mostrando. Em verdade, dos processos citados, em nenhum deles seria possível reconhecer a prescrição intercorrente. A utilidade prática de se considerar a suspensão automática é de profunda relevância e, de fato, é capaz de reduzir o acervo do Judiciário de maneira impactante. É que, empiricamente, a tese mais aventada pela exequente para afastar a prescrição intercorrente é justamente a falta de despacho judicial que ordenou a suspensão da execução fiscal.

8. COMPLEXIDADE, TOMADA DE DECISÕES, QUESTÕES SETORIAIS E O SETOR DE DISTRIBUIÇÃO DE COMBUSTÍVEIS, GÁS NATURAL E BIOCOMBUSTÍVEIS

Por ocasião do III do Fórum Nacional da Concorrência e da Regulação – Fonacre –, promovido pela Associação dos Juízes Federais do Brasil (AJUFE) e realizado entre os dias 15 a 17 de maio de 2019, em Brasília, foi apresentado o painel intitulado “Devedor contumaz: Interações entre tributação e defesa da concorrência”. Durante as discussões, os palestrantes defenderam, entre outros temas, a aprovação do Projeto de Lei 284/2017, que regula o art. 146-A da Constituição Federal, define a figura do devedor contumaz e prevê critérios especiais de tributação a fim de prevenir desequilíbrios concorrenciais. O Secretário de Advocacia da Concorrência e Competitividade do Ministério da Economia, César Mattos, abriu o painel sobre devedor contumaz, ressaltando dois comportamentos praticados pelos agentes do mercado que desequilibram a concorrência: o desrespeito aos marcos regulatórios e a sonegação fiscal, em parte, provocados pela alta carga tributária. Também contribuíram para debates os advogados Michelle Marques Machado e Diogo Sant’ana, que falaram sobre o papel do Conselho Administrativo de Defesa Econômica (CADE) no que diz respeito à evasão fiscal e defesa da concorrência. Sant’ana defendeu que a revisão do consolidado entendimento do Supremo

Tribunal Federal quanto à questão das sanções políticas e, em referência ao devedor contumaz, pontuou que "a jurisprudência tem sido cada vez mais aguda no sentido de reconhecer que determinadas práticas de determinados agentes econômicos constituem algo que deve ser combatido, inclusive com a cassação do registro, que o impeça de continuar no mercado". Por fim, os diretores da Associação Nacional das Distribuidoras de Combustíveis, Lubrificantes, Logística e Conveniência - Plural, Hélvio Rebeschini, e da Associação das Distribuidoras de Combustíveis - BRASILCOM, Carlos Germano trataram do tema do devedor contumaz e concordaram que uma das soluções viáveis é a aprovação do PLS 284/17. Além disso, defenderam a simplificação à tributação e a atuação permanente das secretarias de fazenda estaduais e da Receita Federal, com uso de ferramentas de inteligência.

Segundo a exposição, o devedor contumaz tem a seguintes características: adota como modelo de negócio a inadimplência tributária, fomenta a concorrência desleal e a corrupção, adota práticas ilícitas reiteradas por meio de fraudes fiscais estruturadas, que pode ou não vir acompanhada de adulteração do combustível e, por fim, o baixo grau de recuperação do crédito tributário, causado por estratégicas ilícitas como fraudes financeiras, blindagem patrimonial ou lavagem de dinheiro para omitir os ativos financeiros rastreáveis. Nesse contexto, o advogado Diogo Sant'ana, em sua exposição, propõe um filtro baseado em evidências concretas para que os órgãos de concorrência e o Poder Judiciário tratem de forma diferente o agente que por meio do não pagamento dos tributos aumenta de forma ilegal sua participação no mercado. O filtro seria formado pelos seguintes elementos cumulativos: a) repetição de prática abusiva; b) atuação no mercado de alta tributação e baixas margens de lucro; c) maior participação de mercado com práticas abusivas; d) nexo de causalidade entre evasão fiscal e aumento da quota de mercado e; e) danos à concorrência. Ante esse cenário, questiona-se se o Poder Judiciário poderia condicionar o deferimento de uma tutela antecipada que pleiteia o não pagamento de um tributo ao prévio depósito em juízo do valor pecuniário correspondente. A questão suscita um embate de interpretação no CTN, particularmente entre o inciso II, de um lado, e os incisos IV e V, do art. 151 do CTN, regras que estabelecem as causas que suspendem exigibilidade do crédito tributário.

Primeiramente, há que se ter como pressuposto para a solução do caso o fato do setor de distribuição de combustível ser, ele mesmo, uma complexidade externa, na linguagem de Posner, levando em consideração que por menor que seja o aumento do curto de um agente econômico pode alterar a concorrência, porque produz um ciclo de ações e reações de consumidores e de outras empresas para adequar suas atividades àquele aumento:

> "Uma empresa experimenta um aumento de custo. Deve decidir se aumenta seu preço para repassar uma parte do aumento de custos para seus clientes. Sua decisão dependerá, em parte, de uma avaliação de como seus concorrentes reagirão e, em parte, de uma avaliação de como seus clientes reagirão, enquanto seus concorrentes dependerão em parte de sua avaliação de como a empresa que aumentou os preços reagirá às suas respostas dos concorrentes ao aumento de preços, e assim por diante em um círculo"[20].

O segundo pressuposto corresponde à constatação de que se está diante de um fato que ocorre no momento exacional, fase em que a interpretação da lei tributária deve ser estrita, inclusive por expressa imposição do art. 111, I, do CTN. Por meio de uma abordagem puramente semântica do direito, a doutrina tradicional afirma que o inciso II é completamente independente dos incisos IV e V, o que significa que o contribuinte, para conseguir suspender a exigibilidade do crédito,

---

20. "A company experiences a cost increase. It must decide whether to raise its price in order to pass on a portion of the cost increase to its customers. Its decision will depend in part on an assessment of how its competitors will react and in part on an assessment of how its customers will react, while its competitors' will depend in part on their assessment of how the company if it does raise price will react to their responses to the price rise, and so on in a circle." (POSNER, Richard Allen. *Reflections on Judging*. Harvard University Press, Cambridge, 2013, p. 56)

pode fazer o depósito integral do valor discutido *ou* obter uma liminar ou uma tutela antecipada.

A abordagem semântica é válida e capaz de resolver muitos casos trazidos ao Judiciário. No entanto, quando o juiz se depara com um caso complexo, por exemplo, que envolve o setor de distribuição de combustíveis, a partir de uma profunda compreensão de todo o sistema, o juiz realista pode estabelecer uma regra diferente, a fim de equilibrar as vantagens desse mercado tão competitivo. No caso, estando presentes, portanto, pressupondo-se uma realidade complexa, se os elementos do filtro do devedor contumaz tal qual expostos estiverem presentes, o juiz pode exigir o prévio depósito judicial como condição para conceder a tutela antecipada, *ainda que se façam presentes os requisitos do instituto processual: probabilidade do direito e o perigo de dano ou o risco ao resultado útil do processo*. Agindo assim, o juiz restringiu um direito do contribuinte, pelo menos do ponto de vista puramente semântico já que o CTN não faz distinção entre as causas de suspensão da exigibilidade do crédito tributário, contudo, a complexidade específica do setor pauta a ação do magistrado que deve observar os efeitos de sua decisão e conformar o caso, restringindo a aplicabilidade do art. 151, IV e V e inserindo uma condicionante à concessão da medida judicial. Registre-se ainda que a conclusão é legítima, diferentemente se o CTN proibisse de maneira expressa que o juiz fizesse tal exigência, hipótese em que o juiz não poderia superar o texto legislativo.

9. CONCLUSÃO

O consequencialismo judicial é uma realidade jurisprudencial e atualmente legal, nos termos da LINDB. Os juízes e tribunais do País estão cada vez mais se aprofundando na complexidade dos fatos que são trazidos ao Poder Judiciário e medindo, na prática os efeitos da decisão judicial. Nessa ordem de ideias, o juiz não mais observa os acontecimentos de forma retrospectiva, mas prospectiva, avaliando sistematicamente não apenas o aspecto legal, mas também o aspecto prático da decisão. Nesse cenário, é medida de urgência que se criem bases jurídicas ao consequencialismo judicial para que se estabeleçam subsídios dogmáticos e, assim, se possa aferir a racionabilidade da decisão feita nesses termos, evitando seu uso arbitrário.

O perfil realista de juiz tal qual exposto por Posner se aproxima da necessidade de enfrentar a questão do consequencialismo seguindo uma metodologia jurídica e não simplesmente política. Tal necessidade se faz sempre presente na medida em que a única forma do Poder Judiciário se legitimar é por meio do Direito e da razão, devendo-se, portanto, assumir que o Direito convive com as inúmeras complexidades da vida real e que a decisão judicial, ela mesma, pode alterar a realidade de forma sistêmica, passando o juiz, de mero aplicador da lei, para participante ativo de incentivos econômicos, como é o caso das decisões em sede de tutela antecipada no setor de distribuição de combustíveis.

O juiz como fonte do direito é uma realidade inegável. De fato, o juiz em sua atividade jurisdicional produz a norma de decisão e constrói o direito levando em conta os fatos concretos e a realidade circundante. Nesse sentido, e na outra ponta da postura do juiz na aplicação da lei, negar a mínima atividade criativa ao juiz é admitir a passividade judicial. Passividade judicial seria então a atitude meramente contemplativa do juiz em face do direito, de modo a restringir a atividade do juiz a uma operação lógica silogística e eminentemente dedutiva que somente alguns defensores da Escola Exegética propugnavam, fortemente influenciados na ideia de separação estrita dos poderes estatais.

Nessa ordem de ideias, parece também inevitável chegar à conclusão com Becho no sentido em que existem momentos de atuação mais ou menos criativa no âmbito do Direito Tributário, a partir do próprio pressuposto de validade deste. Com efeito, se o Direito Tributário tem como pressuposto a garantia da liberdade, existem momentos ou searas desse ramo em que o juiz deve agira ativamente, como no momento anti-exacional, em que se perquire no caso concreto as imunidades, devendo ser interpretação mais ampla possível, assim como os princípios constitucionais tributários; ao passo em que no momento exacional, devem ser respeitados os limites estritos da legalidade, sob pena de ativismo insustentável e restrição a direitos.

Em síntese, o consequencialismo judicial é admitido, mas desde que se limite ao pressuposto filósofico do Direito Tributário, ao texto constitucional e ao momento em que tal poder exercido. Sendo feito dentro nesses parâmetros a atividade jurisdicional será de acordo com as regras vigentes e contribuirá, ao fim e ao cabo, na construção de uma segurança jurídica e certeza do direito, não aquela propugnada de maneira absoluta pelo positivismo jurídico, mas aquela necessária ao equlíbrio entre os direitos humanos do contribuinte e a necessidade de arrecadação do Estado. Nesse sentido, por ocasião do julgamento do REsp 1.340.553/RS (Rel. Ministro Mauro Campbell Marques, DJe de 16/10/2018), sob o rito do art. 1.036 do CPC/2015, a Primeira Seção do Superior Tribunal de Justiça fixou a interpretação do art. 40 da Lei de Execuções Fiscais definindo os pressupostos e termo inicial da suspensão da execução fiscal previamente ao início da contagem da prescrição intercorrente. Destacaram-se no julgamento, a influência de um número expressivo de execuções fiscais estar em trâmite nas secretarias das varas do Poder Judiciário e que tal circunstância foi vista de maneiras diversas pelo Ministro Relator e pelo Ministro Herman Benjamin, que abriu divergência. Verificou-se ainda que o elemento extrajurídico foi relevante na tomada de decisão e, por consequência, na construção jurídica do voto de cada julgador. É inegável, portanto, que outros elementos que não os puramente jurídicos influenciam, efetivamente, nas decisões judiciais, sem que, contudo, se saiba quais sejam. Nesse sentido, a proposta ofererida por Becho parece ser apropriada. Os elementos extrajurídicos de decisão devem ser expostos e conhecidos de forma prévia para que, dentro de um espectro de opções possíveis ou prováveis, se possa prever a decisão do juiz no caso concreto.

Talvez este seja um caminho seguro para a construção e manutenção da segurança jurídica e, por consequencia, o estabelecimento de regras jurídicas confiáveis que, ao fim e ao cabo, promovem redução de custos, previsibilidade das transações, aumento de investimento estrageiro, redução da pobreza e diminução da desigualdade social, objeitvos estampados na Constituição Federal de 1998.

REFERÊNCIAS

ÁVILA, Humberto. *Teoria da Segurança Jurídica.* 4ª edição. São Paulo: Malheiros, 2016.

ACEMOGLU, Daron; ROBINSON, James. *Por Que As Nações Fracassam: As Origens do Poder, Prosperidade e da Pobreza.* Rio de Janeiro: Elsevier, 2012.

BECHO, Renato Lopes. *Filosofia do Direito Tributário.* 1ª edição. 2ª tiragem. São Paulo: Saraiva: 2010.

__________________. *Considerações sobre dados extrajurídicos que podem estar influenciando os julgamentos tributários.* Revista Brasileira da Advocacia Ano 3. nº 8 (janeiro/março 2018). São Paulo: Revista dos Tribunais.

BECKER. Howard S. *A Epistemologia da Pesquisa Qualitativa.* Revista de Estudos Empíricos em Direito 184, *Brazilian Journal of Empirical Legal Studies*, vol. 1, n. 2, jul 2014.

BOBBIO, Norberto. *O Positivismo Jurídico: lições de filosofia do direito.* Compiladas por Nello Morra. Tradução Márcio Pugliesi, Edson Bini e Carlos E. Rodrigues. São Paulo: Ícone, 1995.

KELSEN, Hans. *Teoria Pura do Direito.* Tradução João Batista Machado. 2ª edição. São Paulo: Martins Fontes, 1987.

MACHADO, Maíra Rocha (Org.). *Pesquisar empiricamente o direito.* São Paulo: Rede de Estudos Empíricos em Direito, 2017.

MANKIW, Nicholas Gregory. *Princípios de Microeconomia.* 3ª edição. Tradução Allan Vidigal Hastings. São Paulo: Thomson Learning, 2007.

POSNER, Richard Allen. *How Judges Think.* Harvard University Press, Cambridge, 2010.

______________________. *Reflections on Judging.* Harvard University Press, Cambridge, 2013.

WITTGENSTEIN, Ludwig. *Philosophical investigations.* 3rd ed. Oxford. Basil Blackwell Ltd, 1958.

A RACIONALIZAÇÃO DA EXECUÇÃO FISCAL: ATOS NORMATIVOS PARA UMA COBRANÇA MAIS EFICIENTE DO CRÉDITO TRIBUTÁRIO

Leandro Cara Artioli[1]

1. PREMISSAS, METODOLOGIA E RECORTE DO TEMA

Os recentes dados estatísticos publicados pelo Poder Judiciário e Procuradoria Geral da Fazenda Nacional mostram que a execução fiscal prevista na Lei 6.830, de 22 de setembro de 1980 é um modelo ineficiente para atender as demandas crescentes, impulsionadas pela queda da arrecadação em todos os níveis da administração pública e a fraca economia da última década. Em termos sociais, esse contexto contribuiu para que o não cumprimento de obrigações tributárias seja um risco mapeado e muitas vezes não prioritário.

Em 2015 foi atualizado o sistema processual com a publicação da Lei 13.105, de 16 de março, substituindo o Código de Processo Civil de 1973, por meio do qual foram enunciadas proposições normativas mais coerentes, racionais e, em linhas gerais, convergentes com os entendimentos dos Tribunais Superiores.

---

1. Mestre em Direito Tributário pela PUC-SP. Pós-Graduado em Direito Tributário pela PUC-SP/COGEAE. Professor no IBET. Advogado.

Contribuindo para as atualizações do microssistema processual, recentemente foram editados atos normativos federais para criação de modelos instrumentais alternativos de cobrança do crédito tributário e, em tese, para solução dos conflitos de forma célere e eficiente.

Em meio a essas proposições normativas, o presente trabalho busca analisar, por meio do método indutivo, os dados estatísticos do Poder Judiciário e da Procuradoria Geral da Fazenda Nacional publicados, e a influência desses modelos alternativos na execução fiscal, sobretudo como forma de resolver o problema da ordem de liquidez ou prioridade dos bens a serem oferecidos à penhora conforme previsto na Lei nº 6.830/80. Para isso, será (I) descrito o procedimento atual do processo executivo, (II) analisados os dados estatísticos que permitem a verificação da efetividade do modelo judicial de cobrança do crédito tributário, (III) alguns modelos propostos pela Procuradoria Geral da Fazenda Nacional para satisfação da obrigação tributária ou solução dos conflitos e, por fim, (IV) descrita a interação das normas que permitem a realização de negócio jurídico processual na fase de oferecimento de bens à penhora.

Vale destacar que a análise se volta apenas à cobrança do crédito tributário pela Fazenda Pública, na qualidade de sujeito ativo da relação jurídica tributária, já que na hipótese de pagamento indevido de tributos o polo da relação jurídica se inverte e o sujeito ativo passa a ser o contribuinte.

2. EXECUÇÃO FISCAL – REFERÊNCIA PROCESSUAL PARA COBRANÇA DE DÍVIDA ATIVA

Partindo das premissas da Teoria Geral do Direito, Lourival Vilanova explica que as normas jurídicas têm feição dúplice. A norma primária, constituída pelos critérios da regra matriz de incidência tributária, não está no sistema do direito positivo dissociada de uma norma secundária[2], que traz

---

2. Sobre o assunto, Paulo de Barros Carvalho ensina: "Convém sublinhar que as

uma providência sancionatória (não se trata, aqui, de norma punitiva que aplica multa pelo descumprimento da norma primária). Nos dizeres do citado autor:

> Seguimos a teoria da estrutura dual da norma jurídica: consta de duas partes, que se denominam norma primária e norma secundária. Naquela, estatuem-se as relações deônticas direitos/deveres, como consequência da verificação de pressupostos, fixados na proposição descritiva de situações fácticas ou situações já juridicamente qualificadas; nesta, preceituam-se as consequências sancionadoras, no pressuposto do não-cumprimento do estatuído na norma determinante da conduta juridicamente devida.[3]

Em excelente análise da natureza jurídica da norma secundária, Rodrigo Dalla Pria descreve que "para que se possa falar em norma secundária, é imprescindível que se reporte a uma norma de comportamento, produzida em processo jurisdicional e materializada mediante veículo processual: sentença, acórdão etc"[4]. A relação, nesse ponto, diz sobre a coação estatal sobre o não cumprimento da norma primária, fazendo-se por meio de normas de estrutura que estabelecem procedimentos para criação de outras normas e normas que determinam comportamentos para produção de decisões judiciais.

Dada a supremacia do interesse Público e para que se produza a norma de comportamento em processo jurisdicional na cobrança do crédito tributário necessário para a manutenção do Estado, foram editadas normas de estrutura específicas, com claros privilégios ao polo ativo processual, veiculadas por meio da Lei das Execuções Fiscais – Lei 6.830/80.

---

normas que põem no ordenamento sanções tributárias integram a subclasse das normas secundárias, pois, como já observado, são providências em que o Estado-jurisdição encontra-se em relação com o sujeito infrator para fins de aplicar-lhe coativamente uma sanção". (CARVALHO, Paulo de Barros. *Direito Tributário, linguagem e método*. 3ª Ed. São Paulo: Noeses. 2009. p. 841.)

3. VILANOVA, Lourival. *As estruturas lógicas e o sistema do direito positivo*. São Paulo: Noeses, 2010. p. 73.

4. PRIA, Rodrigo Dalla. In. Paulo Cesar Conrado [Coord.]. *Processo Tributário Analítico*. São Paulo: Dialética. 2003. p. 26.

Sobre o assunto, Paulo Cesar Conrado ensina que a execução fiscal é definida por dois elementos: *(i)* sujeito ativo e *(ii)* objeto. O sujeito ativo seria a União, Estados, Distrito Federal Municípios e respectivas autarquias, conforme art. 1º da Lei 6.830/80. Já o segundo elemento – objeto – seria qualquer valor "cuja cobrança seja atribuída por lei às entidades que trata o art. 1º"[5]. Aos créditos não qualificados como dívida ativa e aos credores que não se classificam em nenhuma das pessoas descritas acima, o legislador reservou as disposições contidas no art. 824 em diante do Código de Processo Civil - Lei 13.105/2015.

O procedimento para execução previsto no Código de Processo Civil é semelhante ao das Execuções Fiscais. As diferenças são as facilidades para cobrança, notadamente a citação como marco interruptivo da prescrição, a inexistência de prazo ao exequente, corrigido posteriormente pela jurisprudência,[6], e a ordem de bens a serem penhorados, diferentemente da racionalidade prevista nas Leis 5.869, de 11 de janeiro de 1973[7] e 13.105/2015.

---

5. CONRADO, Paulo Cesar. *Execução Fiscal*. 2ª Ed. São Paulo: Noeses, 2015. p. 25.

6. BECHO, Renato Lopes. *Execução Fiscal*: análise crítica. 1ª Ed. São Paulo: Noeses, 2018. p. 45.

7. "Art. 655. A penhora observará, preferencialmente, a seguinte ordem:
I - dinheiro, em espécie ou em depósito ou aplicação em instituição financeira;
II - veículos de via terrestre;
III - bens móveis em geral;
IV - bens imóveis;
V - navios e aeronaves;
VI - ações e quotas de sociedades empresárias;
VII - percentual do faturamento de empresa devedora;
VIII - pedras e metais preciosos;
IX - títulos da dívida pública da União, Estados e Distrito Federal com cotação em mercado;
X - títulos e valores mobiliários com cotação em mercado;
XI - outros direitos.
§ 1º Na execução de crédito com garantia hipotecária, pignoratícia ou anticrética, a penhora recairá, preferencialmente, sobre a coisa dada em garantia; se a coisa pertencer a terceiro garantidor, será também esse intimado da penhora.
§ 2º Recaindo a penhora em bens imóveis, será intimado também o cônjuge do executado."

Em resumo, o procedimento previsto na Lei de Execução Fiscal pode ser sumarizado da seguinte forma:

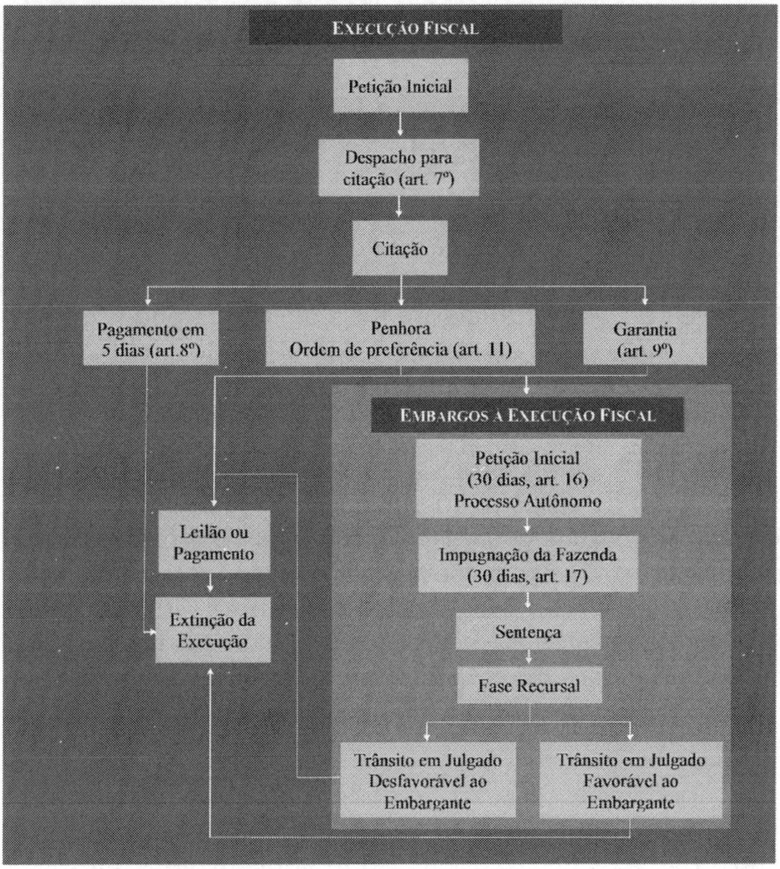

Ao analisar criticamente a Lei de Execução Fiscal, Renato Lopes Becho explica que o procedimento "é, realmente, muito simples, propício para fazer seus feitos serem processados de forma eficaz. Entretanto, o elevado objetivo do legislador, passadas várias décadas, não foi alcançado"[8].

Essa conclusão do doutrinador decorre da interpretação de vários dados do mundo físico (colhidos da experiência),

8. BECHO, Renato Lopes. *Execução Fiscal:* análise crítica. 1ª Ed. São Paulo: Noeses, 2018. p. 47.

exteriores, portanto, ao sistema do direito positivo e da ciência que lhe estuda, mas que estão comprovados empiricamente com as informações publicadas pelo Conselho Nacional de Justiça com base nas estatísticas do Poder Judiciário.

3. Lei de Execução Fiscal – Efeitos Sociais de uma (in) eficiência Estatal

No âmbito da ciência do direito, nos últimos anos, muito se discutiu sobre a eficiência do microssistema processual para solução dos litígios, sobretudo devido à conhecida morosidade do Poder Judiciário. Essa eficiência pode ser verificada por meio dos dados empíricos publicados pelo Conselho Nacional de Justiça, que trazem informações relevantes sobre os recursos envolvidos na prestação jurisdicional.

Em 2017 os processos de execução fiscal compunham 39% do total de casos pendentes de análise no Poder Judiciário. No contexto de processos executivos, 74% (setenta e quatro por cento) são execuções fiscais com congestionamento de 91,7% (noventa e um vírgula sete por cento)[9] (esse percentual mensura os processos que ficaram sem solução em relação ao total de processos que tramitou no período de um ano).

A título de comparação, o estudo do Conselho Nacional de Justiça demonstra que a cada cem processos de execução fiscal, apenas oito foram baixados em 2017. Em termos de execuções fiscais no Poder Judiciário, 85% (oitenta e cinco por cento) das execuções fiscais estão concentradas na Justiça Estadual, 14% (quatorze por cento) na Justiça Federal e o restante dividido entre Justiças do Trabalho e Eleitoral[10].

Segundo as informações divulgadas, desde 2009 crescem a quantidade de execuções fiscais pendentes de análise do Poder Judiciário, sendo que, hipoteticamente, se não fossem distribuídas mais execuções fiscais, seriam necessários 11 (onze) anos para liquidar o acervo existente.

---

9. Disponível em http://www.cnj.jus.br/files/conteudo/arquivo/2018/08/44b7368ec6f888b383f6c3de40c32167.pdf, consultado em 26 de maio de 2019. p. 125.

10. Justiça Federal 14%; Justiça do Trabalho 0,31%; Justiça Eleitoral 0,01%.

Sem dúvida as execuções fiscais impactam significativamente a morosidade do Poder Judiciário. Os índices de congestionamento bruto de processos do Poder Judiciário, entre 2009 e 2017, ficaram em torno de 70% (setenta por cento). O congestionamento das execuções fiscais é muito superior, com média de 90% (noventa por cento). Se as execuções fiscais fossem desconsideradas das estatísticas de 2017, o congestionamento do Poder Judiciário seria reduzido para 63% (sessenta e três por cento).

Como se pode verificar a seguir[11], as estatísticas publicadas pelo Conselho Nacional de Justiça demonstram que as execuções fiscais são responsáveis pelos maiores índices de congestionamento do Judiciário, o que, por si só, justificaria a alteração do sistema[12].

Fase	Procedimentos	Congestionamento
Fase de Conhecimento	Procedimentos Comum, Sumário, Especial, Trabalhista e Juizado	60,5%
Fase de Conhecimento Criminal	Procedimentos Diversos	73%
Fase de Execução	Execução Fiscal	91,7%
	Execução Extrajudicial não fiscal	85%
	Execução Judicial não criminal	70,7%
	Execução Penal não privativa de liberdade	67%
	Execução Penal privativa de liberdade	88,5%

11. Índice de Congestionamento do Poder Judiciário, 2017. Disponível em Disponível em http://www.cnj.jus.br/files/conteudo/arquivo/2018/08/44b7368ec6f888b383f6c3de40c32167.pdf, consultado em 26 de maio de 2019. Consultado em 28.05.2019.

12. Vale destacar a crítica realizada por Renato Lopes Becho sobre "descodificação" do procedimento para execução da dívida ativa, movimento que ocorreu em 1980 quando a execução fiscal passou a seguir a Lei 6.830, de natureza especial e que supostamente deveriam contribuir para um microssistema de cobrança do crédito tributário de forma mais eficiente que os demais créditos (Renato Lopes Becho. *Execução Fiscal*: análise crítica. Editora Noeses. 2018. p. 41).

Esses dados publicados pelo Conselho Nacional de Justiça indicam que a execução fiscal falhou com seus objetivos, na medida em que a cobrança da dívida ativa acumula-se a cada ano no acervo do judiciário, impactando diretamente na baixa arrecadação dos entes federados, que se utilizam de outras formas para a satisfação do crédito pelos devedores, a exemplo dos diversos parcelamentos especiais dos âmbitos federal, estadual e municipal.

A doutrina moderna é convergente na conclusão de que é preciso atualizar os procedimentos para cobrança do crédito tributário. Tanto é assim que a execução dos créditos civis, sob o regime de direito privado, hoje encontra-se regida pelo Código de Processo Civil, publicado em 2015, que se apresenta sob normas processuais com alguns vetores axiológicos, tais como racionalização, desjudicialização, rápida solução do conflito e outros.

Ao fazer uma análise crítica das normas que disciplinam a execução fiscal, principalmente quanto aos privilégios concedidos aos sujeitos ativos, Renato Lopes Becho entende que "se buscarmos a solução legislativa, um caminho pode ser a simples revogação da Lei de Execuções Fiscais, acabando com os dois pesos e duas medidas"[13].

Para o citado doutrinador, com o qual concordamos, o Código de Processo Civil atual possui normas suficientes para disciplinar a cobrança da dívida ativa de forma rápida e eficiente, ao menos é o que indicam os dados publicados pelo Conselho Nacional de Justiça.

Mas enquanto isso não ocorre, a Fazenda Pública está buscando meios alternativos para cobrança dos créditos tributários, conforme os recentes e crescentes atos normativos editados para buscar uma forma mais eficiente de solução para o atual cenário de acúmulo de processos e morosidade do Poder Judiciário.

---

13. BECHO, Renato Lopes. *Execução Fiscal*: análise crítica. 1ª Ed. São Paulo: Noeses, 2018. 2018. p. 4.

4. Inovações no Microssistema de Cobrança do Crédito Tributário

Entre as medidas inovadoras no microssistema processual, destacam-se os atos normativos pela Procuradoria Geral da Fazenda Nacional para otimizar a cobrança do crédito tributário.

Em 2016 foi criado o Regime Diferenciado de Cobrança de Créditos por meio da Portaria 396, de 20 de abril, com um novo modelo para cobrança de dívida ativa federal. Este ato normativo permitiu à Procuradoria a realização de diligências para verificação do patrimônio do devedor, protesto de certidões de dívida ativa por falta de pagamento (ainda que sujeito a críticas) e acompanhamento do cumprimento de parcelamentos, reestruturando a forma de abordagem ao sujeito passivo da relação jurídica.

No ano seguinte à instituição desse novo modelo de cobrança, segundo informações publicadas pela Procuradoria Geral da Fazenda Nacional, o regime diferenciado aumentou a recuperação de créditos, contribuiu para o arquivamento superior a 1,1 milhão de execuções fiscais sem bens do devedor e ajudou na importante identificação de corresponsáveis pelos débitos[14].

Em 2019, o art. 20 da Portaria 396/2016 foi alterado pela Portaria 520, de 27 de maio, que também trouxe importantes inovações. A redação original do referido enunciado permitia que o Procurador da Fazenda Nacional solicitasse a suspensão da execução fiscal (art. 40 da Lei 6.830/1980) cujo crédito exequendo fosse igual ou inferior a um milhão de reais, desde que não constassem nos autos informações de bens ou direitos úteis (de fácil alienação, com valor comercial significativo) à satisfação do crédito tributário, ainda que parcialmente.

Com a nova redação, o art. 20 da Portaria 396/2016[15] passou a contemplar a mesma possibilidade de suspensão da execução

---

14. Disponível em http://www.pgfn.fazenda.gov.br/acesso-a-informacao/institucional/pgfn-em-numeros-2014/pgfn_em_numeros_final_2_web.pdf. Consultado em 28.05.2019.

15. O comando normativo previsto na Portaria é da modalidade obrigatória,

fiscal a débitos não superior a um milhão de reais, "ou cujos débitos sejam considerados irrecuperáveis ou de baixa perspectiva de recuperação", o que indica ser permitido o pedido de suspensão também ao débito superior àquele limite valorativo.

Isso está em linha com o novo modelo de cobrança do crédito tributário que vem sendo proposto pela Procuradoria e com o art. 19-C na Lei 10.522/2002 (mencionado mais à frente), incluído pela Lei 13.874 de 20 de Setembro, que permitiu a dispensa de prática de atos processuais, inclusive a desistência de recursos interpostos, quando o benefício patrimonial almejado com o ato não atender aos critérios de racionalidade, economicidade e de eficiência.

Além desses atos normativos, com o acúmulo de execuções fiscais no Poder Judiciário a Procuradoria Geral da Fazenda Nacional investiu em tecnologia para monitorar o patrimônio dos devedores, com técnicas avançadas para cruzamento e gerenciamento de dados para fins de tomada de decisão (Sistema PGFN Analytics) no processo tributário.

Também foram modificados os critérios de controle de prescrição de execuções fiscais pelo Sistema Integrado da Dívida Ativa, implantado pela Procuradoria Geral da Fazenda Nacional e que contribuíram para extinção de mais de 600 mil inscrições em 2017, com significativo impacto nos anos posteriores.

Em 2018, com o objetivo de otimizar a recuperação de créditos e combater a sonegação fiscal, a Procuradoria Geral da Fazenda Nacional passou a integrar o Sistema Brasileiro de Inteligência[16], permitindo a troca de informações com outros órgãos públicos, incluindo o Ministério Público, Conselho de Controle de Atividades Financeiras e Polícia Federal[17].

---

determinando a suspensão nos termos do art. 40 da Lei de Execução Fiscal, em clara violação à competência legislativa constitucional. Interpretando referida Portaria de forma sistemática, o modal é destinado aos Procuradores, para que providenciem os atos processuais necessários para a suspensão da execução fiscal.

16. Decreto 4.376, de 13 de setembro de 2002 e Lei 9.883, de 7 de dezembro de 1999.

17. Disponível em http://www.pgfn.fazenda.gov.br/acesso-a-informacao/institucio-

No mesmo ano houve um marco importante no modelo de cobrança do crédito tributário, com impacto direto no acervo de processos do Poder Judiciário, principalmente no contingenciamento causado pelas execuções fiscais.

Foram veiculados novos procedimentos para inscrição em dívida ativa, critérios para apresentação de pedidos de revisão de dívida inscrita, para oferta antecipada de bens e direitos à penhora, inclusive o ajuizamento seletivo de execuções fiscais conforme arts. 20-B, 20-C e 20-E da Lei 10.522/2002[18],

---

nal/pgfn-em-numeros-2014/pgfn_em_numeros_2019.pdf. Consultado em 28.05.2019.

18. Art. 20-B. Inscrito o crédito em dívida ativa da União, o devedor será notificado para, em até cinco dias, efetuar o pagamento do valor atualizado monetariamente, acrescido de juros, multa e demais encargos nela indicados.
§ 1º A notificação será expedida por via eletrônica ou postal para o endereço do devedor e será considerada entregue depois de decorridos quinze dias da respectiva expedição.
§ 2º Presume-se válida a notificação expedida para o endereço informado pelo contribuinte ou responsável à Fazenda Pública.
§ 3º Não pago o débito no prazo fixado no caput deste artigo, a Fazenda Pública poderá:
I - comunicar a inscrição em dívida ativa aos órgãos que operam bancos de dados e cadastros relativos a consumidores e aos serviços de proteção ao crédito e congêneres; e
II - averbar, inclusive por meio eletrônico, a certidão de dívida ativa nos órgãos de registro de bens e direitos sujeitos a arresto ou penhora, tornando-os indisponíveis.
Art. 20-C. A Procuradoria-Geral da Fazenda Nacional poderá condicionar o ajuizamento de execuções fiscais à verificação de indícios de bens, direitos ou atividade econômica dos devedores ou corresponsáveis, desde que úteis à satisfação integral ou parcial dos débitos a serem executados.
Art. 20-D. Sem prejuízo da utilização das medidas judicias para recuperação e acautelamento dos créditos inscritos, se houver indícios da prática de ato ilícito previsto na legislação tributária, civil e empresarial como causa de responsabilidade de terceiros por parte do contribuinte, sócios, administradores, pessoas relacionadas e demais responsáveis, a Procuradoria-Geral da Fazenda Nacional poderá, a critério exclusivo da autoridade fazendária:
I - notificar as pessoas de que trata o caput deste artigo ou terceiros para prestar depoimentos ou esclarecimentos;
II - requisitar informações, exames periciais e documentos de autoridades federais, estaduais e municipais, bem como dos órgãos e entidades da Administração Pública direta, indireta ou fundacional, de qualquer dos Poderes da União, dos Estados, do Distrito Federal e dos Municípios;
III - instaurar procedimento administrativo para apuração de responsabilidade por débito inscrito em dívida ativa da União, ajuizado ou não, observadas, no que cou-

incluído pela Lei 13.606, de 09 de janeiro de 2018, e regulamentado pela Portaria PGFN 33/2018.

No ajuizamento seletivo de execuções fiscais (art. 33[19] da Portaria 33 da Lei 6.830/1980), a União condicionou-o à localização de indícios de bens, direitos ou atividade econômica do devedor ou corresponsável, que possam ser utilizados, ainda que parcialmente, ao pagamento do crédito exequendo.

Essas são medidas importantes no contexto do processo judicial, pois podem contribuir para a redução dos índices de congestionamento do Poder Judiciário, na medida em que a existência de bem ou direito de difícil alienação, ou sem valor comercial, inclusive quando o devedor possui indícios de atividade econômica inexpressiva, poderão obstar a propositura de execução fiscal que não tem perspectiva de recuperação de crédito.

O ajuizamento seletivo permite que sejam centralizados esforços pelo sujeito ativo na identificação de indícios suficientes para aferir o índice de recuperação do crédito tributário, considerando, ainda, os custos em contraposição ao interesse público.

Mais recentemente foi publicada a Medida Provisória nº 881, de 30 de abril de 2019, convertida na Lei nº 13.874, de 20 de

---

ber, as disposições da Lei 9.784, de 29 de janeiro de 1999.
Parágrafo único. Compete ao Procurador-Geral da Fazenda Nacional definir os limites, critérios e parâmetros para o ajuizamento da ação de que trata o caput deste artigo, observados os critérios de racionalidade, economicidade e eficiência.

19. Art. 33. O ajuizamento de execuções fiscais para cobrança de débitos inscritos em dívida ativa da União fica condicionado à localização de indícios de bens, direitos ou atividade econômica do devedor ou corresponsável, desde que úteis à satisfação integral ou parcial do débito a ser executado.
§ 1º. Para fins do disposto no caput, entende-se por inútil o bem ou direito de difícil alienação, sem valor comercial ou de valor irrisório, bem como os indícios de atividade econômica inexpressiva.
§ 2º. A dispensa de ajuizamento de que trata este artigo não se aplica aos débitos:
I - decorrentes de aplicação de multa criminal;
II - da dívida ativa do FGTS;
III - de elevado valor, conforme definido em ato do Ministro de Estado da Fazenda;
IV - de responsabilidade das pessoas jurídicas de direito público, ou de direito privado submetidas ao regime jurídico das pessoas de direito público;
V - de devedores com falência decretada ou recuperação judicial deferida.

setembro de 2019, por meio da qual foram incluídos e alterados diversos enunciados da Lei 10.522/2002, tornando mais racional a cobrança do crédito tributário. Referida Medida Provisória trouxe novos enunciados e permitiu que a Procuradoria-Geral da Fazenda Nacional deixe de contestar, interpor e responder a recursos, a desistir de recursos já interpostos, na hipótese de:

(i) matérias de dispensa de inscrição em dívida ativa referidas no art. 18 da Lei 10.522/2002;

(ii) temas que sejam objeto de parecer, vigente e aprovado, pelo Procurador-Geral da Fazenda Nacional, que conclua no mesmo sentido do pleito do particular;

(iii) temas sobre os quais exista súmula ou parecer do Advogado-Geral da União que conclua no mesmo sentido do pleito do particular;

(iv) temas fundados em dispositivo legal que tenha sido declarado inconstitucional pelo Supremo Tribunal Federal em sede de controle difuso e tenha tido sua execução suspensa por Resolução do Senado Federal ou tema sobre o qual exista enunciado de súmula vinculante ou que tenha sido definido pelo Supremo Tribunal Federal em sentido desfavorável à Fazenda Nacional em sede de controle concentrado de constitucionalidade;

(v) temas decididos pelo Supremo Tribunal Federal, em matéria constitucional, ou pelo Superior Tribunal de Justiça, pelo Tribunal Superior do Trabalho, pelo Tribunal Superior Eleitoral ou pela Turma Nacional de Uniformização de Jurisprudência, no âmbito de suas competências, quando não houver viabilidade de reversão da tese firmada em sentido desfavorável à Fazenda Nacional, conforme critérios definidos em ato do Procurador-Geral da Fazenda Nacional; e

(vi) temas que sejam objeto de súmula da administração tributária federal referidas no art. 18-A da Lei 10.522/2002.

Inclusive o §4º do art. 19[20] da Lei 10.522/2002 possibilitou que temas julgados pelos Tribunais Superiores (nas hipóteses previstas nos incisos V e VI do mesmo enunciado[21]) sejam estendidos "a tema não abrangido pelo julgado, quando a ele forem aplicáveis os fundamentos determinantes extraídos do julgamento paradigma ou da jurisprudência consolidada, desde que inexista outro fundamento relevante que justifique a impugnação em juízo".

Igualmente, aos Auditores Fiscais da Receita Federal são aplicáveis o mesmo racional de atuação da Procuradoria Geral da Fazenda Nacional, só que na forma de norma de conduta com modal proibido para a constituição do crédito tributário.

Talvez uma das maiores inovações no contexto pré-execução fiscal esteja previsto no recém introduzido art. 19-C da Lei 10.522/2019, que permite que a Procuradoria-Geral da Fazenda Nacional dispense a prática de atos processuais (propositura de execução fiscal, apresentação de recurso ou defesa, inclusive desista dos já interpostos), quando o benefício patrimonial almejado "*não atender aos critérios de racionalidade, de economicidade e de eficiência*".

Embora referidos conceitos tenham amplitude semântica que ainda carecem de definições por meio de outros atos normativos, nota-se que estão sendo publicadas proposições que

---

20. "Art. 19. (...) § 4º A dispensa de que tratam os incisos V e VI do **caput** poderá ser estendido a tema não abrangido pelo julgado, quando a ele forem aplicáveis os fundamentos determinantes extraídos do julgamento paradigma ou da jurisprudência consolidada, desde que inexista outro fundamento relevante que justifique a impugnação em juízo."

21. "Art. 19. (...) V - temas fundados em dispositivo legal que tenha sido declarado inconstitucional pelo Supremo Tribunal Federal em sede de controle difuso e tenha tido sua execução suspensa por Resolução do Senado Federal ou tema sobre o qual exista enunciado de súmula vinculante ou que tenha sido definido pelo Supremo Tribunal Federal em sentido desfavorável à Fazenda Nacional em sede de controle concentrado de constitucionalidade; VI - temas decididos pelo Supremo Tribunal Federal, em matéria constitucional, ou pelo Superior Tribunal de Justiça, pelo Tribunal Superior do Trabalho, pelo Tribunal Superior Eleitoral ou pela Turma Nacional de Uniformização de Jurisprudência, no âmbito de suas competências, quando não houver viabilidade de reversão da tese firmada em sentido desfavorável à Fazenda Nacional, conforme critérios definidos em ato do Procurador-Geral da Fazenda Nacional."

podem ter efeitos sociais e jurídicos importantes para aumento da arrecadação e redução do contingenciamento de execuções fiscais com poucas chances de satisfação do crédito tributário.

5. Penhora em Execução Fiscal – Meio de expropriação do patrimônio do devedor

No contexto do processo civil, Paulo de Barros Carvalho ensina que "se prosseguirmos no exame das normas processuais, separando-as conforme os vários estágios das demandas, perceberemos também que nenhuma dessas etapas está 'mais rente à vida' do que o instante da execução"[22].

Continua referido jurista a descrever que a Lei de Execuções Fiscais é circundada por denso "peritexto"[23], formado por outros enunciados prescritivos e construções de sentido oriundas da ciência do direito na intenção de promove-la aos tempos atuais e permitindo-lhe que atinja índices satisfatórios de celeridade, eficiência e qualidade.

Execução fiscal importa, de um lado, o credor de direito líquido, certo e exigível, e de outro o devedor, com ordem para pagamento ou apresentação de garantia quando lhe é comunicado por meio do mandado de citação. É nesse ato que se materializa o primeiro fato para a formação da relação jurídica processual com o objetivo de expropriação do patrimônio do devedor, daí a referência de Paulo de Barros Carvalho no sentido de que a execução é a etapa "mais rente à vida", conotando a separação entre o mundo físico e o sistema jurídico.

E justamente por atingir diretamente os direitos do devedor sobre seu próprio patrimônio é que surgem diversas questões que até hoje são discutidas no judiciário. Merece destaque a ordem de preferência da penhora em execução fiscal e o direito de recusa do exequente.

---

22. CARVALHO. Paulo de Barros. Prefácio In. BECHO, Renato Lopes. *Execução Fiscal*: análise crítica. 1ª Ed. São Paulo: Noeses, 2018.

23. Id.

O art. 9º da Lei 6.830/80 estabelece que o executado poderá, em garantia à execução fiscal, *(i)* efetuar depósito em dinheiro, à ordem do Juízo em estabelecimento oficial de crédito, que assegure atualização monetária; *(ii)* oferecer fiança bancária ou seguro garantia; *(iii)* nomear bens à penhora na ordem do artigo 11; ou *(iv)* indicar à penhora bens oferecidos por terceiros e aceitos pela Fazenda Pública.

Essa garantia é oferecida pelo executado e, não o fazendo ou não realizado o pagamento, haverá o prosseguimento dos atos necessários para a penhora prevista no art. 11 da mencionada lei, que possui a seguinte redação:

> *Art. 11 - A penhora ou arresto de bens obedecerá à seguinte ordem:*
>
> *I - dinheiro;*
>
> *II - título da dívida pública, bem como título de crédito, que tenham cotação em bolsa;*
>
> *III - pedras e metais preciosos;*
>
> *IV - imóveis;*
>
> *V - navios e aeronaves;*
>
> *VI - veículos;*
>
> *VII - móveis ou semoventes; e*
>
> *VIII - direitos e ações.*
>
> *§ 1º - Excepcionalmente, a penhora poderá recair sobre estabelecimento comercial, industrial ou agrícola, bem como em plantações ou edifícios em construção.*
>
> *§ 2º - A penhora efetuada em dinheiro será convertida no depósito de que trata o inciso I do artigo 9º.*
>
> *§ 3º - O Juiz ordenará a remoção do bem penhorado para depósito judicial, particular ou da Fazenda Pública exequente, sempre que esta o requerer, em qualquer fase do processo.*

Diante das diversas interpretações sobre a amplitude semântica da expressão "seguinte ordem" no enunciado prescritivo citado, foi suscitada a aplicação do princípio da menor onerosidade ao executado para ver reconhecido o direito de nomear bens em garantia ou terem seus bens penhorados, cuja ordem supostamente ficaria a critério subjetivo do executado. Prestigiando o sistema de precedentes introduzido no sistema processual na última década, o Superior Tribunal de Justiça definiu, em regime de recursos repetitivos[24], que o art. 9°, III, da Lei 6.830/80 obriga a observância da ordem legal dos bens arrolados. Ao executado caberia comprovar que são necessárias medidas menos onerosas sob pena de privação do exercício de sua atividade econômica (art. 620 do CPC/1973 e 829, §2º do CPC/2015).

Esse entendimento é compartilhado por Paulo Cesar Conrado, para o qual o executado deve demonstrar a necessidade concreta de que a observância da ordem de penhora prevista na Lei 6.830/80 pode inviabilizar suas atividades[25].

Renato Lopes Becho descreve outra forma de interpretação ao art. 9º, III da Lei 6.830/80. O autor faz referência às suas categorias teóricas e aos princípios aplicáveis ao processo de execução, incluindo os "direitos humanos do devedor", para aplicar o princípio da menor onerosidade ao executado prevista no art. 829, §º do CPC com o direito subjetivo de o executado oferecer bens à penhora da forma menos gravosa, desde que o faça no prazo de 5 dias. Após esse prazo, a penhora deveria recair sobre seu patrimônio na ordem estabelecida no art. 11 da Lei 6.830/80[26].

Contudo, as 1ª e 2ª Turmas do Superior Tribunal de Justiça[27] têm reiterado o entendimento consolidado no recurso

---

24. REsp 1337790/PR, Rel. Ministro Herman Benjamin, Primeira Seção, julgado em 12/06/2013, DJe 07/10/2013.

25. CONRADO, Paulo Cesar. *Execução Fiscal*. 2ª Ed. São Paulo: Noeses, 2015. p. 210.

26. Nesse sentido Iris Vânia Santos Rosa, para a qual "com base no princípio da menor onerosidade, previsto no art. 620 do CPC/1973 e replicado no art. 805 do CPC/2015, o executado tem a prerrogativa de oferecer todas as modalidades de garantia prescritas na legislação em comento. Em ato contínuo, a consequência imediata do não pagamento e da não indicação de bens pelo executado em cinco dias será a efetivação de penhora de bens e direitos – que representa também a garantia da execução, em especial para fins de oposição de embargos". (ROSA, Iris Vânia Santos. *O Novo CPC e seu impacto no direito tributário*. In. Paulo Cesar Conrado e Juliana Furtado Costa Araújo [Coord.]. São Paulo: Fiscosoft. 2015. p. 179.)

27. AgInt no AREsp 1227640/RS, Rel. Ministro Napoleão Nunes Maia Filho, Primeira Turma, julgado em 13/05/2019, DJe 20/05/2019; AgInt no REsp 1768519/SP, Rel. Ministro Francisco Falcão, Segunda Turma, julgado em 12/03/2019, DJe 18/03/2019.

repetitivo anteriormente citado, para as quais deve ser observada a ordem de preferência dos bens oferecidos à penhora, exceto se houver demonstração clara de que pode causar prejuízos ao exercício da atividade do executado.

Os problemas jurídicos decorrentes da observância da ordem de penhora ensejam cuidado por parte dos julgadores, já que a penhora via Bacenjud e a penhora de faturamento podem ser classificadas no maior índice de liquidez da ordem prevista no art. 11 da Lei 6.830/80, o que pode ser verificado nos recentes julgados do Superior Tribunal de Justiça que mantiveram a penhora de ativos financeiros e faturamento, mesmo havendo outros bens do devedor disponíveis[28].

Isabela Bonfá de Jesus, Fernando Bonfá de Jesus e Ricardo Bonfá de Jesus, ao criticarem a ordem de penhora prevista na Lei de Execuções Fiscais, destacam que o bloqueio de contas bancárias deve ser o último meio de expropriação do patrimônio do devedor, uma vez que "acaba por tolher a livre iniciativa, a continuidade de seu objetivo social e, até mesmo, o pagamento dos salários dos empregados (...)"[29].

Nesse aspecto, as atualizações do microssistema processual, instituídas essencialmente com a publicação da Lei 13.105/2015, podem contribuir para que muitas questões levadas ao judiciário sejam resolvidas entre os próprios sujeitos do processo, com a utilização do instituto enunciado nos arts. 190 e 191 da mencionada lei.

6. O Negócio Jurídico Processual e o Oferecimento de Bens à Penhora

Introduzido em 2015, o Código de Processo Civil proporcionou importantes mudanças no sistema jurídico, pois

---

28. AgInt no REsp 1768519/SP, Rel. Ministro Francisco Falcão, Segunda Turma, julgado em 12/03/2019, DJe 18/03/2019; AgInt no AgInt no AREsp 454.526/SP, Rel. Ministro Napoleão Nunes Maia Filho, Primeira Turma, julgado em 18/02/2019, REPDJe 26/02/2019, DJe 25/02/2019.

29. JESUS, Isabela Bonfá de. JESUS, Fernando Bonfá de. JESUS, Ricardo Bonfá de. *Manual de Direito Tributário*. 3ª Ed. São Paulo: Revista dos Tribunais. 2016. p. 389.

preencheu lacunas existentes na legislação processual anterior, atualizou procedimentos e certamente trouxe inovações, entre as quais a otimização do procedimento com a realização de negócios jurídicos processuais atípicos.

O processo tributário – em seu universo de ações exacionais e antiexacionais – serve há décadas de veículo de comunicação entre as partes e o Estado-juiz sobre o cumprimento (ou descumprimento) de obrigações tributárias. Diante da evolução cada vez mais rápida das relações sociais, o anterior sistema processual mostrou-se moroso, burocrático e ineficiente para acompanhar o crescente número de conflitos.

Também por isso, as normas processuais instituídas pelo Código de Processo Civil de 2015 merecem interpretação sempre na rápida solução dos conflitos e racionalidade. É como que, utilizando-se das lições de lógica, o primado da rápida solução dos conflitos fosse condição necessária para o devido processo legal atual.

Nesse contexto, os arts. 190 e 191 do Código de Processo Civil[30] possibilitou às partes convencionar específico procedimento nos litígios que permitirem a autocomposição, convencionando ônus, poderes, faculdades e deveres processuais, antes ou depois de iniciado o processo.

No âmbito normativo, o processo de enunciação só constitui a norma individual e concreta (estrutural e comportamental) com a linguagem inserida no processo que constitui

30. "Art. 190. Versando o processo sobre direitos que admitam autocomposição, é lícito às partes plenamente capazes estipular mudanças no procedimento para ajustá-lo às especificidades da causa e convencionar sobre os seus ônus, poderes, faculdades e deveres processuais, antes ou durante o processo".
Parágrafo único. De ofício ou a requerimento, o juiz controlará a validade das convenções previstas neste artigo, recusando-lhes aplicação somente nos casos de nulidade ou de inserção abusiva em contrato de adesão ou em que alguma parte se encontre em manifesta situação de vulnerabilidade.
Art. 191. De comum acordo, o juiz e as partes podem fixar calendário para a prática dos atos processuais, quando for o caso.
§ 1º O calendário vincula as partes e o juiz, e os prazos nele previstos somente serão modificados em casos excepcionais, devidamente justificados.
§ .2º Dispensa-se a intimação das partes para a prática de ato processual ou a realização de audiência cujas datas tiverem sido designadas no calendário.

determinado fato (concordância expressa), vinculando as partes e o juiz aos atos processuais –objeto, cuja eficácia fica condicionada ao respeito ao devido processo legal e à situação de não hipossuficiência ou vulnerabilidade "manifesta"[31], sob pena de nulidade. Possui, portanto, natureza triádica por meio o controle de validade previsto no parágrafo único do art. 190 do Código de Processo Civil.

Entre outros, o tema ganha contornos sobre os referenciais semântico, tais com o conceito de hipossuficiência e a vaguidade do termo "manifesta vulnerabilidade", ambos no contexto dos negócios jurídicos processuais; e sintático, já que o objeto da relação jurídica deve estar entre as espécies da classe de "direitos que admitem autocomposição", funcionando como limite do autoregramento das partes, inclusive quanto à eficácia e aplicação das normas processuais criadas pelo negócio jurídico em desacordo com princípios constitucionais. Deve-se considerar ainda o regime jurídico de direito público ao qual é submetido o crédito tributário, sob o aspecto do direito material como objeto de transação no processo, que brilhantemente foi analisado por Rodrigo G. N. Massud, considerando a "atividade plenamente vinculada que decorre do lançamento do crédito e da obrigação tributária"[32].

Todas essas questões também podem ser estudadas sob aspectos metafísicos, como a boa-fé, no campo da ética, e interesse comum pela interpretação e aplicação, célere e simples, das normas jurídicas pelo Estado. Estando presentes a boa-fé e o interesse comum, as partes podem passar a interagir e participar do processo não mais em posições contrapostas, mas em posição simétrica.

---

31. Art. 190. (...). Parágrafo único. De ofício ou a requerimento, o juiz controlará a validade das convenções previstas neste artigo, recusando-lhes aplicação somente nos casos de nulidade ou de inserção abusiva em contrato de adesão ou em que alguma parte se encontre em manifesta situação de vulnerabilidade.

32. Rodrigo G. N. Massud. *Inovações na cobrança do crédito tributário*. Coord. Juliana Furtado Costa Araújo e Paulo Cesar Conrado. São Paulo: Thomson Reuters Brasil, 2019, p. 213.

Essa é a ideia principal introduzida pelo Código de Processo Civil, o qual, juridicamente, não é aplicável apenas no âmbito das relações submetidas ao regime jurídico de direito privado, mas podem ser utilizadas também no âmbito da execução fiscal para resolver questões processuais controvertidas, chegando-se ao senso comum dos polos litigantes.

7. Primeiros passos na modernização do processo tributário

Como mencionado anteriormente, um dos elementos para realização do negócio jurídico processual é a expressa concordância das partes. Dada a própria organização funcional da Procuradoria Geral da Fazenda Nacional, foram criadas as primeiras normas de estrutura internas permitindo a realização de negócio jurídico processual por meio da Portaria 360, de 13 de junho de 2018, atualizada pela Portaria 515, de 20 de agosto de 2018, para (i) cumprimento de decisões judiciais; (ii) confecção ou conferência de cálculos; (iii) recursos, inclusive a sua desistência; e (iv) forma de inclusão do crédito fiscal e FGTS em quadro geral de credores, (v) prazos processuais, e (vi) ordem de realização dos atos processuais, inclusive em relação à produção de provas.

Também por restrições de renúncia fiscal, a mencionada Portaria proibiu a realização de negócios jurídicos processuais que envolvesse "qualquer disposição de direito material por parte da União, ressalvadas as hipóteses previstas Portaria PGFN 502, de 12 maio de 2016, e na Portaria PGFN 985, de 18 de outubro de 2016".

Essa última parte foi importante porque permitiu a realização de negócio jurídico processual envolvendo direito material nas hipóteses de dispensa da Procuradoria da Fazenda Nacional à interposição de recursos e ao oferecimento de contrarrazões, dentre as quais relacionadas ao tema fundado em norma que tenha sido declarada inconstitucional pelo Supremo Tribunal Federal ou definido em sentido desfavorável à Fazenda Nacional pelos Tribunais Superiores, ambos em sede de recursos repetitivos.

Toda essa inovação representou grande avanço na relação ente contribuintes e autoridades da Procuradoria Geral da Fazenda Nacional, possibilitando a interação até mesmo antes do processo ser instaurado. Em termos práticos essa iniciativa reduziria o volume de processos e, como consequência, tornaria mais céleres os litígios passíveis ou não de negociação – eficiência do sistema jurídico.

A Portaria 33, de 08 de fevereiro de 2018, em seu art. 38[33], também trouxe a possibilidade se convencionar, no âmbito processual, sobre a recuperação dos débitos em tempo razoável ou obtenção de garantias em dinheiro, isoladamente ou em conjunto com bens idôneos a serem substituídos em prazo determinado, inclusive mediante penhora de faturamento, observado o procedimento disposto no regulamento expedido pela Procuradoria-Geral da Fazenda Nacional.

Considerando esses atos normativos, ficou a lacuna que permitisse a realização de negócio jurídico processual quanto à garantia oferecida em execução fiscal. Foi editada, então, a Portaria 742, de 21 de dezembro de 2018, pela Procuradoria Geral da Fazenda Nacional, estabelecendo critérios para celebração de Negócio Jurídico Processual no âmbito da Procuradoria Geral da Fazenda Nacional, "para fins de equacionamento de débitos inscritos em dívida ativa da União".

Com base nesse ato normativo, foi permitida a realização de negócio jurídico processual para definir prazos processuais, plano de pagamento do débito fiscal, aceitação, avaliação, substituição e liberação de garantias e modo de constrição ou alienação de bens.

---

33. "Art. 38. O Procurador da Fazenda Nacional poderá celebrar Negócio Jurídico Processual visando a recuperação dos débitos em tempo razoável ou obtenção de garantias em dinheiro, isoladamente ou em conjunto com bens idôneos a serem substituídos em prazo determinado, inclusive mediante penhora de faturamento, observado o procedimento disposto no regulamento expedido pela Procuradoria-Geral da Fazenda Nacional".

A ordem de bens a serem nomeados à penhora entrou na esfera de direitos passiveis de negociação por parte da Procuradoria, e pode resolver diversos problemas enfrentados no judiciário, estruturando o que indica ser os primeiros passos de um modelo de cobrança do crédito tributário moderno, em que a posição simétrica das partes na execução fiscal é utilizada como forma de solução do conflito, em total convergência com as normas atuais do Código de Processo Civil.

Devido às particularidades da linguagem, ainda há um campo duvidoso na semântica utilizada na Portaria 742/2018. Vale recordar das observações de Alf Ross de que "a maioria das palavras são ambíguas, e que todas as palavras são vagas, isto é, que seu campo de referência é indefinido, pois constituem num núcleo ou zona central e um nebuloso círculo exterior de incerteza"[34].

O art. 2º da referida Portaria estabelece que a realização do negócio jurídico processual "está condicionada à demonstração de interesse da Fazenda Nacional" e deve considerar a (i) vinculação à capacidade econômico-financeira do devedor, ao perfil da Dívida e às peculiaridades do caso em concreto; (ii) previsão de prazo certo para liquidação das dívidas, quando for o caso, ou concretização de garantias e demais condições do negócio, e (iii) imposição de obrigações ou meios indiretos que facilitem ou otimizem a fiscalização ou acompanhamento do cumprimento das condições do acordo.

Para resolver os problemas semânticos das expressões "demonstração de interesse", "capacidade econômico-financeira", "particularidades do caso", "prazo certo", "meios indiretos que facilitem ou otimizem", Alf Ross explica que "o significado preciso de uma palavra numa situação específica é sempre em função da unidade total ou entidade: a expressão como tal, o contexto e a situação"[35].

---

34. ROSS, Alf, *Direito e Justiça*. 2ª ed. Bauru: Edipro. 2007. p. 164.

35. Id.

Parece-nos redundante condicionar o negócio jurídico processual à demonstração de interesse da Fazenda Nacional, já que, só há negócio bilateral com a concordância mútua das partes. Quanto às demais expressões, a amplitude semântica permite que sejam negociados os bens a serem oferecidos em garantia, ainda que não respeite a ordem de prioridade prevista no art. 11 da Lei 6.830/1980, independentemente se o crédito exequendo poder colocar em risco a atividade econômica do executado.

Importante pontuar, por fim, que foi enunciada norma específica na Portaria 742/2018 possibilitando a celebração de reuniões entre contribuintes e Fazenda Nacional para apresentação de proposta de celebração de negócio jurídico, novamente com o objetivo de estabelecer uma relação simétrica e convergente na solução do conflito em processos tributários[36].

8. Conclusão

De fato, a aproximação dos sujeitos ativo e passivo na relação jurídica processual é uma tarefa difícil, considerando os privilégios inseridos na Lei de Execução Fiscal, porém não é impossível. A interação entre Fazenda e Contribuinte tem evoluído e a inovação inserida no art. 190 e 191 do Código de Processo Civil poderá otimizar a eficiência dos processos em termos temporais e qualitativos.

A ideia de cooperação inserida pelo Código de Processo Civil propiciou a sinergia entre a Fazenda e os Contribuintes, a qual pode ser vista sob o ponto de vista individual – envolvendo determinados casos específicos – ou sob uma perspectiva mais ampla, mediante normas gerais e concretas,

36. "Art. 7º. Para celebração do NJP, poderão ser agendadas reuniões para discussão da proposta do devedor ou apresentação de contraproposta da PGFN, nas quais participarão, respeitada a abrangência territorial:
I - o Procurador-Regional, o Procurador-Chefe da Dívida Ativa, o Procurador-Chefe ou o Procurador-Seccional, tratando-se de acordo celebrado perante a unidade Regional, Estadual ou Seccional, ou outro procurador por estes designado;
II - o administrador, o procurador ou o representante legal da pessoa jurídica requerente, esse último munido de procuração com poderes específicos".

principalmente nos casos em que não haja dilação probatória, por meio de modelos de gestão de processos a serem criados. O terreno, nesse campo, é fértil.

Enquanto no primeiro plano o Código de Processo Civil procurou conferir rápida solução aos litígios, o segundo plano do referido diploma procurou legitimar democraticamente as soluções. E o negócio jurídico processual talvez seja o que mais representa essa democratização porque permite aos atores processuais participar de forma simétrica e unidirecional na solução dos conflitos, com os negócios processuais atípicos.

Esses princípios democráticos até podem quebrar paradigmas ao reduzir o protagonismo judicial, mas não implicam livre convenção das partes, já que o juiz atuará como intérprete dos enunciados prescritivos – normas de estrutura convencionadas no negócio jurídico.

Deve existir o esforço de todos os envolvidos no processo, e não só dos polos ativos e passivos, para que a sociedade resgate a crença no judiciário, tornando "realidade a promessa constitucional de uma justiça pronta e célere", como disse o Ministro Luiz Fux no Anteprojeto do Código de Processo Civil.

Em termos jurídicos, ainda que sejam introduzidas novas normas de estrutura, caberá ao juiz dar-lhes eficácia, exercendo o controle de legalidade e constitucionalidade, de ofício ou a requerimento do interessado. O ponto convergente na relação triádica deve ser a celeridade, simplicidade e racionalidade do sistema processual.

Referências

BECHO, Renato Lopes. *Execução Fiscal: análise crítica*. 1ª Ed. São Paulo: Noeses, 2018.

CARVALHO, Paulo de Barros. *Direito Tributário, linguagem e método*. 3ª Ed. São Paulo: Noeses. 2009.

CONRADO, Paulo Cesar. *Execução Fiscal.* 2ª Ed. São Paulo: Noeses, 2015.

JESUS, Isabela Bonfá de. JESUS, Fernando Bonfá de. JESUS, Ricardo Bonfá de. *Manual de Direito Tributário.* 3ª Ed. São Paulo: Revista dos Tribunais. 2016.

ROSA, Iris Vânia Santos. *O Novo CPC e seu impacto no direito tributário.* In. Paulo Cesar Conrado e Juliana Furtado Costa Araújo [Coord.]. São Paulo: Fiscosoft. 2015.

ROSS, Alf, *Direito e Justiça.* 2ª ed. Bauru: Edipro. 2007.

PRIA. Rodrigo Dalla. In. Paulo Cesar Conrado [Coord.]. *Processo Tributário Analítico.* São Paulo: Dialética. 2003.

VILANOVA, Lourival. As *estruturas lógicas e o sistema do direito positivo.* São Paulo: Noeses, 2010.

O CABIMENTO DO INCIDENTE DE DESCONSIDERAÇÃO DA PERSONALIDADE JURÍDICA NA EXECUÇÃO FISCAL À LUZ DA GARANTIA DO DEVIDO PROCESSO LEGAL

Francisco Ettore Giannico Neto[1]

1. INTRODUÇÃO AO TEMA

O Código de Processo Civil inovou no ordenamento jurídico brasileiro ao regulamentar a forma como um terceiro (sócio ou sociedade) deve ser chamado para participar de processo do qual ele não faz parte, denominando esse procedimento de "incidente de desconsideração da personalidade jurídica".

Esse incidente será cabível na "execução fundada em título executivo extrajudicial" (art. 134), "o sócio ou a pessoa jurídica será citado para manifestar-se e requerer as provas cabíveis no prazo de 15 (quinze) dias" (art. 135) e qualquer decisão a respeito da desconsideração ou não da personalidade jurídica será tomada após "concluída a instrução, se necessária" (art. 136).

---

1. Mestre em Direito Constitucional e Processual Tributário pela Pontifícia Universidade Católica de São Paulo. Pós-graduado em Direito Tributário pela Fundação Getúlio Vargas. Especialista em Direito da Tributação no Setor Industrial pela Fundação Getúlio Vargas. Advogado. E-mail: fgn@dinamarco.com.br

O que se percebe, portanto, é a criação de um procedimento *novo* com regra de participação *prévia* do terceiro *antes* de qualquer decisão a respeito da sua responsabilidade.

A exposição de motivos do Anteprojeto de Código de Processo Civil esclarece que essa importante novidade procurou evidenciar a "harmonia da lei ordinária em relação à Constituição Federal da República", afirmando que o procedimento "com contraditório e produção de provas, prévio à decisão que desconsidera da pessoa jurídica" buscou aplicar os princípios constitucionais da ampla defesa e do contraditório.

O presente estudo se propõe a analisar o cabimento do incidente de desconsideração da personalidade jurídica no âmbito das execuções fiscais à luz da garantia do devido processo legal e, em especial, o seu aproveitamento em todas as hipóteses em que se pretenda a responsabilização de terceiro não incluído no título executivo, como é o caso, por exemplo, da desconsideração da personalidade jurídica, da dissolução irregular da sociedade e da responsabilidade tributária de terceiros.

2. PANORÂMA DOUTRINÁRIO E JURISPRUDENCIAL SOBRE O TEMA

As opiniões doutrinárias e jurisprudenciais sobre o cabimento do incidente de desconsideração da personalidade jurídica no âmbito das execuções fiscais podem ser divididas, de um modo geral, da seguinte forma: *(I)* pelo não cabimento do incidente nas execuções fiscais, *(II)* pelo cabimento do incidente nas execuções fiscais apenas na hipótese de desconsideração da personalidade jurídica (CC, art. 50 – desvio de finalidade e confusão patrimonial) e normalmente para a responsabilização de grupo econômico e *(III)* pelo cabimento do incidente nas execuções fiscais em quaisquer das hipóteses de responsabilização de terceiros.

Logo nos primeiros meses após a edição do Código de Processo Civil, ainda no período de *vacatio legis*, foram aprovados pelo II Fórum Nacional de Execução Fiscal (FONEF) e pela Escola Nacional de Formação e Aperfeiçoamento de Magistrados (ENFAM) enunciados com o entendimento de que o incidente de desconsideração da personalidade jurídica *(a)* não seria cabível na hipótese de redirecionamento da execução fiscal fundada na responsabilidade tributária de terceiros (STJ, Súm. 435; e CTN, art. 135) e *(b)* seria cabível na hipótese de responsabilidade geral de terceiros fundada na configuração de grupo econômico (CC, art. 50).[2] Pela lógica, presume-se que foi admitida a compatibilidade do procedimento do incidente com o procedimento da execução fiscal.

Em julgamento realizado em 21 de fevereiro de 2019, o Superior Tribunal de Justiça sinalizou que acolheria o referido entendimento ao julgar o recurso especial n. 1.775.269-PR afirmando ser *(a) dispensável* a instauração do incidente de desconsideração da personalidade jurídica na hipótese de responsabilidade tributária de terceiros porque "a responsabilidade dos sócios, de fato, já lhes é atribuída pela própria lei, de forma pessoal e subjetiva", razão pela qual "não necessita da desconsideração da pessoa jurídica devedora" e *(b) obrigatória* "quando a pretensão fazendária de redirecionamento mira pessoa jurídica integrante do mesmo grupo econômico a que pertence a sociedade empresária originalmente executada, que não está indicada na Certidão de Dívida Ativa"[3].

---

2. FONEF, enunciado n. 20: O incidente de desconsideração da personalidade jurídica, previsto no art. 133 do NCPC, não se aplica aos casos em que há pedido de inclusão de terceiros no polo passivo da execução fiscal de créditos tributários, com fundamento no art. 135 do CTN, desde que configurada a dissolução irregular da executada, nos termos da súmula 435 do STJ.
FONEF, enunciado n. 21: O incidente de desconsideração da personalidade jurídica, previsto no art. 133 do NCPC, é aplicável aos casos em que há pedido de redirecionamento da execução fiscal da dívida ativa, com fundamento na configuração de grupo econômico, ou seja, nas hipóteses do art. 50 do CC.
ENFAM, enunciado n. 53: O redirecionamento da execução fiscal para o sócio-gerente prescinde do incidente de desconsideração da personalidade jurídica previsto no art. 133 do CPC/2015.

3. STJ, 1ª Turma, recurso especial n. 1.775.269-PR, relator Ministro Gurgel de Faria, j. 21.2.19, DJe 1º.3.19, v. u.

De maneira mais restritiva, o Tribunal de Justiça de São Paulo se manifestou no sentido da inaplicabilidade do incidente de desconsideração da personalidade jurídica nas execuções fiscais em razão da incompatibilidade de procedimentos, afirmando que "incidente que não se coaduna com as regras específicas da cobrança dos créditos públicos, disciplinadas pela Lei 6.830/80"[4].

Esse mesmo posicionamento acabou sendo adotado pelo Superior Tribunal de Justiça quando do julgamento do recurso especial n. 1.786.311-PR, em 9 de maio de 2019, afirmando que haveria uma "verdadeira incompatibilidade entre o regime geral do Código de Processo Civil e a Lei de Execuções, que diversamente da Lei geral, não comporta a apresentação de defesa sem prévia garantia do juízo, nem a automática suspensão do processo, conforme a previsão do art. 134, § 3º, do CPC/2015"[5].

É importante esclarecer, no entanto, que a afirmação a respeito da incompatibilidade entre os procedimentos previstos na Lei de Execuções Fiscais e no Código de Processo Civil constou *exclusivamente* em trecho da ementa do acórdão.

Essa importante questão – a análise de compatibilidade entre procedimentos – *não foi* tratada ao longo do voto condutor do acórdão, que se limitou a fundamentar sua decisão na afirmação de que, "quando o CPC/2015 pretendeu que o incidente de desconsideração da personalidade jurídica fosse aplicado a um microssistema, o Código foi expresso nesse sentido, a exemplo do art. 1.062 em relação aos juizados especiais. É dizer, isso não ocorreu em relação ao sistema especial que envolve a o regime jurídico da execução fiscal" e, portanto, não haveria "fundamento jurídico para a obrigatoriedade da instauração desse incidente".

---

4. Por todos, confira-se: TJ-SP, 15ª Câmara de Direito Público, agravo de instrumento n. 2100980-91.2018.8.26.0000, relator Desembargador Erbetta Filho, j. 21.8.18, v. u.

5. STJ, 2ª T., recurso especial n. 1.786.311-PR, relator Ministro Francisco Falcão, j. 9.5.19, DJe 14.5.19, v. u.

Por fim, a nosso ver, de maneira bem menos precipitada, o Tribunal Regional Federal da 3ª Região admitiu Incidente de Resolução de Demandas Repetitivas ("IRDR")[6], abriu consulta pública (encerrada em 29 de junho de 2018) e designou audiência pública (no dia 5 de setembro de 2018), com o objetivo de debater se "o redirecionamento de execução de crédito tributário da pessoa jurídica para os sócios dar-se-ia nos próprios autos da execução fiscal ou em sede de incidente de desconsideração da personalidade jurídica".

A questão do cabimento do incidente de desconsideração da personalidade jurídica no âmbito das execuções fiscais foi discutida de maneira pormenorizada no IRDR, inclusive com extensa e aprofundada análise da compatibilidade entre os procedimentos disciplinados na Lei de Execuções Fiscais e no Código de Processo Civil. Infelizmente, o IRDR não foi resolvido antes da conclusão deste estudo.

Diante do que foi exposto e de todas as questões que envolvem a aplicação do incidente de desconsideração da personalidade jurídica nos processos de execução fiscal, podemos resumir os argumentos *contrários* da seguinte forma:

(i) impossibilidade de se regular normas gerais de direito tributário (CF, art. 146, inc. III, letra *b*) por lei ordinária (CPC) e não por lei complementar, principalmente considerando que não há previsão legal exigindo o contraditório prévio para a satisfação do crédito tributário (CTN, art. 135, inc. III)[7];

(ii) especialidade da Lei de Execuções Fiscais suficiente para afastar a aplicação subsidiária da norma geral

---

6. Processo n. 0017610-97.2016.4.03.0000.

7. "Pedido de redirecionamento aos sócios administradores. Decisão que determinou a instauração de incidente de desconsideração da personalidade jurídica. Pretensão à reforma. Acolhimento. Súmula 435 do STJ. Ausência de Lei complementar que determine contraditório prévio nas hipóteses do art. 135, III, do CTN. Inteligência do art. 146, III, *b*, da CF/88" (BRASIL. TJ-SP, 18ª Câmara de Direito Público, agravo de instrumento n. 2090114-24.2018.8.26.0000, rel. Des. Ricardo Chimenti, j. 24.5.18, v. u.).

(CPC), inclusive por não prever qualquer condição para a inclusão do responsável (LEF, art. 4º, inc. V)[8];

(*iii*) existência de prerrogativas especiais das Fazendas Públicas para satisfação do interesse público primário a afastar a aplicação subsidiária da norma geral (CPC)[9];

(*iv*) a responsabilidade tributária preexiste ao processo (CTN, art. 121, inc. II) porque o responsável tributário já é considerado um devedor *ex ante* e *ex lege*[10];

(*v*) incompatibilidade de procedimentos: a Lei de Execuções Fiscais exige a garantia do crédito (art. 16) como condição para o contraditório na execução fiscal;

(*vi*) incompatibilidade de procedimentos: a Lei de Execuções Fiscais não admite a suspensão da execução pela mera instauração de incidente (CPC, art. 134, § 3º) e independentemente de garantia;

(*vii*) a suspensão do incidente dará margem à prática de fraudes;

(*viii*) independentemente de qualquer verificação a respeito da compatibilidade de procedimentos, grande

---

8. "Disciplina do Código de Processo Civil (lei geral) que, ademais, não se aplica subsidiariamente, porque incompatível, à especial disciplina da Lei de Execução Fiscal sobre o tema (art. 4º, V, da Lei 6.830/80)" (BRASIL. TJ-SP, 18ª Câmara de Direito Público, agravo de instrumento n. 2090114-24.2018.8.26.0000, rel. Des. Ricardo Chimenti, j. 24.5.18, v. u.).
"Decisão recorrida que não determinou a instauração do incidente de desconsideração da personalidade jurídica – Insurgência – Descabimento – Artigo 133 e seguintes do Código de Processo Civil que não se aplica aos feitos executivos fiscais – Lei especial que tem prevalência sobre lei geral - Desconsideração da personalidade jurídica que não se confunde com o redirecionamento da execução fiscal contra o sócio – Precedentes desta Corte de Justiça - Decisão mantida" (BRASIL. TJ-SP, 1ª Câmara de Direito Público, agravo de instrumento n. 2106980-44.2017.8.26.0000, rel. Des. Marcos Pimentel Tamassia, j. 29.8.17, v. u.).

9. BRASIL. TJ-SP, 18ª Câm. de Dir. Priv., ag. de inst. n. 2093310-70.2016.8.26.0000, rel. Des. Ricardo Chimenti, j. 2.6.16, v. u.

10. BRASIL. TJ-SP, 18ª Câm. de Dir. Priv., ag. de inst. n. 2093310-70.2016.8.26.0000, rel. Des. Ricardo Chimenti, j. 2.6.16, v. u.

parte da doutrina tributária se manifestou de maneira desfavorável ao cabimento do incidente de desconsideração da personalidade jurídica na execução fiscal simplesmente porque a desconsideração da personalidade jurídica não se confunde com a "dissolução irregular" e com a "responsabilidade de terceiros" prevista no Código Tributário Nacional[11];

Já os argumentos *favoráveis* ao cabimento do incidente de desconsideração da personalidade jurídica na execução fiscal podem ser resumidos da seguinte forma:

(i) para a concretização do princípio do contraditório não basta a mera ciência do executado e a sua possibilidade de defesa, mas é indispensável seja oferecida oportunidade de participação na formação da convicção e o incidente de desconsideração da personalidade jurídica guarda "sintonia fina" com essa exigência;

(ii) há compatibilidade entre ritos porque *(a)* a Lei de Execuções Fiscais é omissa e não apresenta disciplina processual de como trazer o sócio ao processo; *(b)* não há a necessidade de apresentação de garantia porque ainda não foi definida a responsabilidade do sócio; e *(c)* o incidente de desconsideração da personalidade jurídica exige a suspensão apenas para o sócio e não para o executado (CPC, art. 134, § 3º);

11. FERRAZ, Beatriz Biaggi. Inaplicabilidade do Incidente da Desconsideração da Personalidade Jurídica nos Feitos Executivos Fiscais. In: **Revista Juris UniToledo**, São Paulo: Araçatuba, v. 02, n. 01, jan./mar. 2017, p. 3-16. CANTANHEDE, Luiz Claudio Ferreira. O Redirecionamento da Execução Fiscal em Virtude do Encerramento Irregular da Sociedade Executada e o Incidente de Desconsideração da Personalidade Jurídica. In: CONRADO, Paulo Cesar; COSTA ARAUJO, Juliana Furtado (Coord.). **O Novo CPC e seu Impacto no Direito Tributário**. São Paulo: Fiscosoft, 2015. p. 68. LIMA, Luciane Pimentel de. Incidente de Desconsideração de Personalidade Jurídica e os Efeitos no Processo Tributário. In: **Revista de Direito Tributário Contemporâneo.** São Paulo: Revista dos Tribunais, n. 12, 2018, p. 65 – 86. Aparentemente nesse sentido: CONRADO, Paulo Cesar. **Execução fiscal**. São Paulo: Noeses. 2017, p. 57-62.

(iii) é cabível o incidente de desconsideração da personalidade jurídica mesmo nos casos de imputação direta de responsabilidade porque esse procedimento é o mais compatível com as exigências constitucionais (contraditório, ampla defesa, publicidade, duplo grau de jurisdição, segurança jurídica *etc.*).

No presente estudo, nos dedicaremos exclusivamente à análise do cabimento do incidente de desconsideração da personalidade jurídica na execução fiscal à luz da garantia do devido processo legal.[12]

3. LINHAS GERAIS DO INCIDENTE DE DESCONSIDERAÇÃO DA PERSONALIDADE JURÍDICA

O incidente de desconsideração da personalidade jurídica é uma das principais novidades trazidas pelo Código de Processo Civil. Sem correspondente no regramento anterior, criou-se uma nova espécie do gênero *intervenção de terceiros*.

O Código de Processo Civil estabelece, em linhas gerais, que a parte e o Ministério Público poderão requerer a instauração do incidente de desconsideração da personalidade jurídica em qualquer fase do processo de conhecimento (evidenciando uma verdadeira exceção à regra da estabilização da demanda), no cumprimento de sentença e na execução fundada em título executivo extrajudicial – o que interessa ao objeto desse estudo.

Por meio do incidente, caberá ao requerente formular "pedido de desconsideração da personalidade jurídica" (CPC, art. 133, §1º) – inclusive na modalidade "inversa" (CPC, art. 133, §2º) – e preencher os pressupostos gerais (CPC, art. 133, §1º) e específicos (CPC, art. 134, §4º) de todo e qualquer pedido.

---

12. Para a análise da compatibilidade entre os procedimentos previstos na Lei de Execuções Fiscais e no Código de Processo Civil ver: GIANNICO NETO, Francisco Ettore. *O incidente de desconsideração da personalidade jurídica na execução fiscal.* 2019. Dissertação de Mestrado. Pontifícia Universidade Católica de São Paulo. São Paulo, 2019.

A instauração do incidente deve ser imediatamente comunicada ao cartório distribuidor para que sejam realizadas as anotações de praxe (CPC, art. 134, §4º), à semelhança do que ocorre com as petições iniciais.

O Código de Processo Civil também afirma que o pedido de desconsideração da personalidade jurídica poderá ser formulado na petição inicial, hipótese em que se "dispensa" a instauração do incidente e a suspensão do processo (CPC, art. 134, §§ 2º e 3º).

O terceiro será chamado a participar do incidente, por meio da citação, devendo apresentar defesa e requerimento para produção das provas cabíveis para a demonstração do seu direito no prazo de quinze dias (CPC, art. 135).

Apresentada eventual defesa pelo terceiro e produzidas as provas que eventualmente se fizerem necessárias, o incidente de desconsideração da personalidade jurídica será resolvido por decisão interlocutória (CPC, art. 136).

Por fim, ainda com o objetivo de apresentar as linhas gerais do incidente de desconsideração da personalidade jurídica, o Código de Processo Civil esclarece quais são os efeitos que a procedência do pedido produzirá sobre a alienação ou a oneração de bens "havida em fraude de execução" (CPC, art. 137).

4. O PRINCÍPIO DO CONTRADITÓRIO E A PARTICIPAÇÃO DAS PARTES NA EXECUÇÃO

O princípio do contraditório (e a participação franqueada às partes) passou por grande evolução ao longo do tempo, principalmente no processo de execução.

Enrico Tullio Liebman afirmava que a posição jurídica das partes seria diferente estando elas no processo de conhecimento ou no de execução. Na primeira situação, as partes estariam "em posição de igualdade e de equilíbrio"; na execução, "muito pelo contrário, (...) não há mais equilíbrio entre as partes, não há contraditório; uma delas foi condenada e sobre este ponto não pode mais, em regra, haver discussão". Daí por que se entendia que a oitiva do executado seria admissível "só na medida em que a sua colaboração possa ser útil e podendo pretender unicamente que os dispositivos da lei não sejam ultrapassados no cumprimento dessa atividade"[13].

Citando a doutrina de Francesco Carnelutti – a quem o processo de conhecimento elucida um conceito de "razão" e o de execução um de "força" – Alfredo Buzaid também afirmava que na execução "há desigualdade entre o exequente e o executado"[14].

Enrico Tullio Liebman ainda afirmava que os responsáveis executivos secundários poderiam se opor à apreensão dos seus bens por meio de embargos de terceiro[15]. Em outras palavras, mesmo após ter os seus bens atingidos na execução em razão de uma decisão que reconhecia a sua responsabilidade, estes não se tornariam partes na execução, mas meros terceiros.

Atualmente o princípio do contraditório é uma exigência política[16] decorrente do Estado Democrático de Direito na preparação e na legitimação dos atos de poder, no que Cândido Rangel Dinamarco veio a denominar de *legitimação pelo contraditório* e *pelo devido processo legal*[17].

---

13. LIEBMAN, Enrico Tullio. *Processo de Execução.* São Paulo: Saraiva, 1946, p. 80-81.

14. BUZAID, Alfredo. *Do Concurso de Credores no Processo de Execução.* São Paulo: Saraiva, 1952, p. 26.

15. LIEBMAN. op. cit., p. 155.

16. "o contraditório é uma exigência política, na medida em que o sistema jurídico-constitucional nega legitimidade ao provimento dado sem que seus destinatários tenham sido admitidos a participar de sua preparação, com as influências lícitas que cada um pudesse trazer" (DINAMARCO, Cândido Rangel. *Execução Civil*, 7 ed. São Paulo: Malheiros, 2000, p. 122).

17. "o que legitima os atos de poder não é a mera e formal observância dos procedimentos, mas a *participação* que mediante o correto cumprimento das normas processuais tenha sido possível aos destinatários. Melhor falar, portanto, em *legitimação pelo contraditório e pelo devido processo legal*" (DINAMARCO, Cândido Rangel. O Princípio do Contraditório e sua Dupla Destinação. In: *Fundamentos do Processo Civil Moderno*, t. I. São Paulo: Malheiros, 2010, p. 518).

Essa exigência política produz efeitos em todo o ordenamento jurídico na medida em que direcionada *para o legislador*, que deve instituir meios de participação das partes no processo[18], *para as partes*, sujeitos do contraditório, e *para o juiz*, que não só deve fazer cumprir a legislação oferecendo oportunidade para as partes exercerem o seu direito ao contraditório, mas também "deve participar da preparação do julgamento a ser feito, exercendo ele próprio o contraditório"[19].

E se no passado a observância do princípio do contraditório se limitava ao binômio informação-reação – bastando a ciência pelo litigante do ato judicial contrário aos seus interesses e a oportunidade para a reagir contra ele – "a moderna doutrina processual enfatiza a ideia de contraditório como garantia de *prévio* conhecimento pelas partes da questão a ser objeto de decisão judicial", justamente porque o direito ao contraditório deve significar a possibilidade de "*influir no convencimento do julgador*"[20].

O direito de reação, portanto, engloba não só os atos decisórios contrários aos interesses do litigante, mas também a possibilidade de se insurgir contra os pedidos desfavoráveis ao seu patrimônio[21].

Daí a conclusão de que a produção de atos de poder é apenas legítima se for oferecida oportunidade para o litigante de participar da sua formação. Nas palavras de Fredie Didier Junior:

---

18. "Para cumprir a exigência constitucional do contraditório, todo modelo procedimental descrito em lei contém e todos os procedimentos que concretamente se instauram devem conter momentos para que cada uma das partes *peça, alegue e prove*" (Ibidem, p. 518).

19. Ibidem, p. 517.

20. BEDAQUE, José Roberto dos Santos. Sucessão de Empresas e Desconsideração da Personalidade Jurídica. In: YARSHELL, Flávio; PEREIRA, Guilherme Setoguti Julio (coords.). *Processo Societário*. São Paulo: Quartier Latin, 2012, p. 455.

21. DINAMARCO, Cândido Rangel. O Princípio do Contraditório e sua Dupla Destinação. In: *Fundamentos do Processo Civil Moderno*, t. I. São Paulo: Malheiros, 2010, p. 518.

> "o direito ao contraditório é composto por uma séria de direitos: direito de alegar, direito de produzir prova, direito de participar da produção da prova, direito de manifestar-se sobre a prova produzida, direito à motivação da decisão, direito ao recurso etc. Um dos direitos que compõem esse complexo de situações jurídicas é, exatamente, o direito de ser ouvido antes de uma decisão proferida contra si"[22].

Portanto, para satisfazer a exigência do princípio do contraditório em relação às partes, estas devem ser ouvidas *antes* que seja proferida decisão contrária aos seus interesses[23] para que tenham oportunidade de participar do processo, no que Cândido Rangel Dinamarco resumiu em "participar pedindo, participar alegando e participar provando"[24].

O mesmo princípio do contraditório, dessa vez analisado sob a ótica do juiz, o impede de:

> "tomar qualquer decisão, sem ouvir as partes a respeito de questões a serem abordadas no provimento. (...) Nessa medida, não se concebe contraditório real e efetivo sem que as partes possam participar da formação do convencimento do juiz, mesmo tratando-se das questões de ordem pública, cujo exame independe de provocação. O debate anterior à decisão é fundamental para conferir eficácia ao princípio. (...) Toda essa preocupação está voltada à preservação do contraditório real, ou seja, aquele em razão do qual o juiz tem o dever de proporcionar às partes condições de participação efetiva na elaboração do julgamento, influindo no resultado"[25].

---

22. DIDIER JR., Fredie. In: CABRAL, Antonio do Passo; CRAMER, Ronaldo (Coords.). *Comentários ao Novo Código de Processo Civil*, 2 ed. Rio de Janeiro: Forense, 2016, p. 35.

23. "o princípio do contraditório vem assumindo contornos diferentes e mais abrangentes ao longo do tempo. O art. 9º, *caput*, trata de sua essência – cientificar a proporcionar a possibilidade de manifestação à parte, antes que seja proferida decisão em seu desfavor" (WAMBIER, Teresa Arruda Alvim; CONCEIÇÃO, Maria Lúcia Lins Conceição; RIBEIRO, Leonardo Ferres da Silva; TORRES DE MELLO, Rogerio Licastro. *Primeiros Comentários ao Novo Código de Processo Civil: Artigo por Artigo*. São Paulo: Revista dos Tribunais, 2015, p. 65-66).

24. DINAMARCO, Cândido Rangel. *Instituições de Direito Processual Civil*, v. I, 8 ed. São Paulo: Malheiros, 2016, p. 345.

25. BEDAQUE, José Roberto dos Santos. *Tutela Cautelar e Tutela Antecipada: Tutelas sumárias e de urgência (tentativa de sistematização)*. 5 ed. São Paulo: Malheiros,

Por essa razão é que André Pagani de Souza destaca a necessidade de concretizar o princípio do contraditório mediante o *diálogo* entre as partes e o juiz para que este aponte os esclarecimentos necessários para a formação do seu convencimento e aquelas tenham a possibilidade de influir efetivamente no resultado do processo[26].

A mesma evolução, naturalmente, foi notada no processo de execução.

Como se sabe, a atividade do juiz no exercício da tutela executiva (processo de execução e cumprimento de sentença) é *preponderantemente* voltada à prática de atos executivos, de ordem material, com o objetivo de produzir a concretização do comando jurídico consubstanciado no título executivo – em outras palavras, partindo da certeza do direito, a tutela executiva busca efetivá-la.

Todavia, como bem ressalta Cândido Rangel Dinamarco, "não só atos executivos o juiz realiza no processo executivo, assim como o processo de conhecimento contém atividades não-cognitivas"[27].

Afinal, também na execução é possível verificar a prática de atos com conteúdo decisório – e, portanto, de conhecimento – que visam a preparar o ato material final destinado

---

2009, p. 103-104.

26. "a melhor forma de garantir a participação das partes e do juiz no processo – concretizando o princípio do contraditório – é mediante o *diálogo*. Para que as partes possam participar efetivamente do processo com reais chances de influir no seu resultado, é preciso que o juiz dialogue com elas, pedindo esclarecimento quando tiver dúvidas e também deixando claro para elas quais são as questões e os pontos que ele entende serem importantes para a resolução do litígio que lhe foi apresentado" (SOUZA, André Pagani. *"Decisão-surpresa" e a sua Vedação no Processo Civil Brasileiro*. Disponível em: <https://www.migalhas.com.br/CPCnaPratica/116,-MI257894,21048Decisaosurpresa+e+a+sua+vedacao+no+Processo+Civil+brasileiro> – Acessado em 20 mai. 2019.

27. DINAMARCO, Cândido Rangel. *Execução Civil*, 7 ed. São Paulo: Malheiros, 2000, p. 115.

à satisfação do direito estampado no título executivo[28], como, por exemplo, quando da análise dos requisitos de admissibilidade da tutela jurisdicional suscitados no âmbito do processo executivo (condições da ação)[29], da possibilidade de aplicação de sanções ao executado quando verificada a prática de ato atentatório à dignidade da justiça (CPC, art. 774) ou quando da preparação dos atos relativos à penhora, à arrematação, demonstração dos cálculos etc..

E se a legitimidade dos atos de poder decorre da participação dos litigantes, privar o executado de participar do processo de execução, facultando a sua colaboração apenas no que "possa ser útil" (como disse Enrico Tullio Liebman), representa verdadeira violação do contraditório e, consequentemente, a impossibilidade de imposição dos resultados do exercício do poder.

Por isso é que Cândido Rangel Dinamarco afirma que:

> "também na relação processual executiva está presente o trinômio *pedir-alegar-provar*, ao cabo de cuja realização o juiz decide. A Constituição Federal não permite duvidar da inclusão do processo ou fase executiva na garantia do contraditório (art. 5º, inc. LV) e isso é democraticamente correto porque não só o de conhecimento produz resultados capazes de atingir o patrimônio das pessoas; as atividades executivas atingem-no sempre, sendo que a execução por dinheiro produz o gravíssimo resultado consistente na expropriação do bem penhorado"[30].

Portanto, também na execução deve ser oferecida às partes (exequente e executado) e garantida pelo juiz, mediante o diálogo, a participação na formação dos atos destinados à

---

28. Ibidem, p. 114.

29. MEDINA, José Miguel Garcia. *Execução Civil*, 2 ed. São Paulo: Revista dos Tribunais, p. 369. BEDAQUE, José Roberto dos Santos. Cognição e Decisões do Juiz no Processo Executivo. In: FUX, Luiz; NERY JR, Nelson; WAMBIER, Teresa Arruda Alvim. *Processo e Constituição: Estudos em Homenagem ao Professor José Carlos Barbosa Moreira*. São Paulo: Revista dos Tribunais, 2006. p. 358.

30. DINAMARCO, Cândido Rangel. O Princípio do Contraditório e sua Dupla Destinação. In: *Fundamentos do Processo Civil Moderno*, t. I. São Paulo: Malheiros, 2010, p. 521-522.

satisfação do direito do credor estampado no título executivo. E o controle desse devido processo legal deve ser feito pelo Poder Judiciário para a indispensável garantia dos "direitos fundamentais dos contribuintes"[31].

Partindo dessa premissa, com ainda mais razão deve ser oferecida ao terceiro a oportunidade de participar da formação dos atos destinados à satisfação do credor.

Afinal, se o executado na execução fiscal apenas assume essa qualidade porque participou do procedimento administrativo destinado à constituição da dívida ativa (título executivo extrajudicial), ao terceiro (aqui definido como aquele que não consta nem do título executivo nem do processo de execução) também deve ser oferecida a oportunidade do contraditório, de modo que possa influir, *prévia* e *efetivamente*, na formação da decisão que acate a sua responsabilidade.

Por isso a conclusão de José Roberto dos Santos Bedaque no sentido de que "admitir-se a invasão do patrimônio de terceiro, sem prévio contraditório, constitui violação ao devido processo legal"[32].

E se durante algum tempo parte da doutrina[33] e dos Tribunais pátrios[34] admitia a constrição patrimonial de terceiros sem a sua prévia oitiva, o que se denominou de *contraditório diferido*[35] – em que o ônus dos fatos constitutivos do direito do

---

31. SIMÕES, Braulio Bata. *Execução Fiscal e Dignidade da Pessoa Humana*. Belo Horizonte: Fórum, 2015, p. 102.

32. BEDAQUE, José Roberto dos Santos. Sucessão de Empresas e Desconsideração da Personalidade Jurídica. In: YARSHELL, Flávio; PEREIRA, Guilherme Setoguti Julio (coords.). *Processo Societário*. São Paulo: Quartier Latin, 2012, p. 457.

33. Por todos, ver BRUSCHI, Gilberto Gomes. *Aspectos Processuais da Desconsideração da Personalidade Jurídica*, 2 ed. São Paulo: Saraiva, 2009, p. 100.

34. "Sob a égide do CPC/73, a desconsideração da personalidade jurídica pode ser decretada sem a prévia citação dos sócios atingidos, aos quais se garante o exercício postergado ou diferido do contraditório e da ampla defesa. Precedentes" (BRASIL. STJ, 3ª T., REsp n. 1.735.004-SP, rel. Min. Nancy Andrighi, j. 26.6.18, DJe 29.6.18, v. u.).

35. SOUZA, André Pagani de. Do Incidente de Desconsideração da Personalidade Jurídica (Comentários aos Artigos 133 à 137 do CPC de 2015). In: CRUZ, José

credor/exequente era transferido ao terceiro após a decisão a respeito da sua participação no processo ou, pior, após a constrição do seu patrimônio –, atualmente essa situação não é (e, na verdade, nunca poderia ter sido) admitida em nosso ordenamento jurídico.

Aliás, corolário da garantia constitucional do contraditório, até mesmo o Código Tributário Nacional exige a prévia citação do devedor para que se determine a indisponibilidade dos seus bens e direitos (art. 185-A).

Essa evolução, há muito tempo notada pela doutrina processualista à luz do modelo processual constitucional, foi expressamente recepcionada pelo legislador nos artigos 9º e 10 do Código de Processo Civil, que servem (ou pelo menos deveriam servir) como "normas fundamentais do processo civil", devendo ser aplicadas também no processo de execução fiscal.

5. COMPATIBILIDADE DO INCIDENTE DE DESCONSIDERAÇÃO DA PERSONALIDADE JURÍDICA COM A EXECUÇÃO FISCAL À LUZ DA GARANTIA DO DEVIDO PROCESSO LEGAL

É exatamente dentro do contexto exposto no item anterior que se dá a criação do incidente de desconsideração da personalidade jurídica, com o objetivo de dar cumprimento ao disposto no artigo 5º, incs. LIV e LV, da Constituição Federal, e "impedir que o patrimônio de terceiro seja agredido sem que ele tivesse prévia oportunidade de exercer o contraditório"[36].

Rogério; TUCCI; Manoel Caetano Ferreira Filho; APRIGLIANO, Ricardo de Carvalho; DOTTI, Rogéria Fagundes; MARTINS; Sandro Gilbert (org.). *Código de Processo Civil Anotado*, v. 1, 1 ed. São Paulo; Curitiba: Associação dos Advogados de São Paulo (AASP); Ordem dos Advogados do Brasil, Subsecção Paraná OABPR, 2015, p. 242.

36. YARSHELL, Flávio Luiz. In: CABRAL, Antonio do Passo; CRAMER, Ronaldo (Coords.). *Comentários ao Novo Código de Processo Civil*, 2 ed. Rio de Janeiro: Forense, 2016, p. 236.

Trata-se, nas palavras de André Pagani de Souza, de um incidente cognitivo criado com o objetivo de "garantir que o princípio do contraditório seja observado sempre que, por determinação judicial, os efeitos de certas e determinadas obrigações sejam estendidos aos bens particulares dos administradores ou dos sócios da pessoa jurídica"[37].

O incidente de desconsideração da personalidade jurídica, portanto, deve ser entendido como um "valioso culto à garantia do contraditório"[38], na medida em que procurou "assegurar o pleno respeito ao contraditório e ao devido processo legal no que diz respeito à desconsideração da personalidade jurídica"[39].

Nesse aspecto, o Código de Processo Civil ficou responsável apenas por criar o *mecanismo*[40] para efetivar a previsão constante do direito material, isso é, *processualizá-lo*[41], sem pretender criar nova regra a respeito das hipóteses de responsabilização previstas no direito material[42].

Afasta-se assim os argumentos contrários à aplicação do incidente de desconsideração da personalidade jurídica à

---

37. SOUZA, André Pagani de. Do Incidente de Desconsideração da Personalidade Jurídica (Comentários aos Artigos 133 à 137 do CPC de 2015). In: CRUZ, José Rogério; TUCCI; Manoel Caetano Ferreira Filho; APRIGLIANO, Ricardo de Carvalho; DOTTI, Rogéria Fagundes; MARTINS; Sandro Gilbert (org.). *Código de Processo Civil Anotado*, v. 1, 1 ed. São Paulo; Curitiba: Associação dos Advogados de São Paulo (AASP); Ordem dos Advogados do Brasil, Subsecção Paraná OABPR, 2015, p. 234.

38. DINAMARCO, Cândido Rangel. O Novo Código de Processo Civil Brasileiro e a Ordem Processual Civil Vigente. In: *Revista de Processo*, n. 247, 2016.

39. CÂMARA, Alexandre Freitas. Comentários aos Arts. 133 a 137. In: *Breves comentários ao novo Código de Processo Civil.* Coord. Teresa Arruda Alvim Wambier *et. al.* São Paulo: Revista dos Tribunais, 2015, p. 425.

40. "é preciso ter em conta que o CPC disciplina apenas o modo pelo qual se debate e se decide eventual desconsideração da personalidade jurídica" (YARSHELL, Flávio Luiz. In: CABRAL, Antonio do Passo; CRAMER, Ronaldo (coords.). *Comentários ao Novo Código de Processo Civil*, 2 ed. Rio de Janeiro: Forense, 2016, p. 230).

41. DIDIER JR, Fredie. *Curso de Direito Processual Civil: Introdução ao Direito Processual Civil, Parte Geral e Processo de Conhecimento*, 19 ed. Salvador: Jus Podivm, 2017, p. 579.

42. BECHO, Renato Lopes. *Execução Fiscal: Análise Crítica.* São Paulo: Noeses, 2018, p. 191.

execução fiscal sob o fundamento de que o Código Tributário Nacional não exigiria o contraditório prévio para a responsabilização dos sócios ou de que haveria uma especialidade na Lei de Execuções Fiscais apta a afastar a sua aplicação, principalmente porque diante da preservação de um interesse público primário, qual seja, a satisfação do crédito tributário.

O incidente de desconsideração da personalidade jurídica não procurou (e nem poderia) trazer qualquer inovação no aspecto material da norma de direito material, mas apenas instrumentalizar a forma como o terceiro seria chamado a participar do processo (mediante a sua citação e prévio contraditório), razão pela qual não se poderia nem sequer falar em reserva de lei complementar, nos termos do artigo 146 da Constituição Federal, para tratar do tema.

Por sua vez, a necessidade de participação do terceiro previamente à decisão que determina a sua responsabilidade – com a oportunidade de manifestação, produção de provas sobre os aspectos que entender necessário para a sua defesa e todas as demais garantias para o adequado exercício do seu direito de defesa – não decorre de uma simples exigência do Código de Processo Civil ou da suposta ausência de sua exigência no Código Tributário Nacional, mas é corolário da própria Constituição Federal (art. 5º, incs. LIV e LV).

Isso porque, como se viu, a legitimidade dos atos de poder destinados à satisfação do crédito tributário (atendimento do interesse público primário) depende da observância do princípio do contraditório, decorrente do próprio Estado Democrático de Direito.

Daí também não ser possível defender a existência de prerrogativas especiais das Fazendas Públicas para satisfação do interesse público primário como argumento para afastar a observância do princípio constitucional do contraditório ou a aplicação subsidiária do Código de Processo Civil que prevê o seu cumprimento.

Repita-se: a observância do contraditório é uma exigência constitucional e decorre da própria essência do Estado Democrático de Direito, razão pela qual deve ser observado na execução fiscal, a confirmar a compatibilidade do incidente de desconsideração da personalidade jurídica com a Lei de Execuções Fiscais.

E diferentemente do que se pode afirmar do disposto no art. 4º, da Lei de Execuções Fiscais – a chamada "porta"[43] de entrada de terceiros na execução – ela não contém qualquer previsão expressa a respeito da *forma* como o terceiro deverá vir a ser chamado a participar da execução fiscal[44].

O disposto no artigo 4º da Lei de Execuções Fiscais apenas se destina, no máximo, a esclarecer que, também nesse procedimento, é observada a distinção entre obrigação e responsabilidade[45].

Idêntica disposição poderia ser encontrada já no Código de Processo Civil de 1973 (art. 592) e, atualmente, no Código de Processo Civil de 2015 (art. 790) e, ainda assim, a doutrina processualista classificou o incidente de desconsideração da personalidade jurídica como uma novidade que procurou resolver uma "lacuna normativa", contemplando "um específico instrumento processual por meio do qual a autoridade judicial apreciaria o pedido da desconsideração da personalidade jurídica"[46].

Do mesmo modo, Renato Lopes Becho afirma que "não havia, no sistema jurídico, a oportunidade para o apontado como responsável oferecer defesa prévia, repita-se, ao contrário da cobrança em face do contribuinte"[47].

---

43. CONRADO, Paulo Cesar. *Execução Fiscal*. São Paulo: Noeses. 2017, p. 61.

44. LOBATO, Valter de Souza; BARROS, Mônica de. Análise Jurisprudencial sobre a Aplicação Subsidiária do CPC às Execuções Fiscais. In: HENRIQUES, Guilherme de Almeida; GODOI, Marciano Seabra de; BONITO, Rafhael Frattari; LOBATO, Valter de Souza (coords.). *Os Impactos do Novo CPC Sobre o Processo Judicial Tributário*. Belo Horizonte: Editora D'Plácido, 2016, p. 96.

45. CÂMERA, Miriam Costa Rebollo. *Execução Fiscal: Doutrina e Jurisprudência*. Coord. Vladimir Passos de Freitas. São Paulo: Saraiva, 1998, p. 86-87.

46. CONRADO, Paulo Cesar. *Execução Fiscal*. São Paulo: Noeses. 2017, p. 61.

47. BECHO, Renato Lopes. *Execução Fiscal: Análise Crítica*. São Paulo: Noeses,

Portanto, não se pode afirmar que, desde 1980, a Lei de Execução Fiscal continha uma disposição tendente a regular a forma como a pessoa não constante do título executivo deveria ser chamada a participar da execução. O artigo 4º da Lei de Execuções Fiscais simplesmente não serve – nem nunca serviu – para esse objetivo.

Diante do exposto, considerando que a necessidade de observância do princípio do contraditório decorre da Constituição Federal e considerando a ausência de procedimento na Lei de Execuções Fiscais destinado a regular o modo como o terceiro deve ser incluído na execução fiscal, concluímos ser perfeitamente compatível o incidente de desconsideração da personalidade jurídica com a execução fiscal à luz da garantia do devido processo legal.

6. O APROVEITAMENTO DO INCIDENTE DE DESCONSIDERAÇÃO PARA OUTRAS HIPÓTESES DE RESPONSABILIZAÇÃO DOS SÓCIOS

Ainda diante da exigência do princípio do contraditório, que permeia toda e qualquer tomada de decisão em face de determinada pessoa, é que analisamos o aproveitamento do incidente de desconsideração da personalidade jurídica para outras hipóteses de responsabilização dos sócios. Afinal, não é característica exclusiva da desconsideração da personalidade jurídica a observância do princípio do contraditório, mas de todo um sistema constitucional.

Sabemos que os pressupostos de aplicação da desconsideração da personalidade jurídica são diversos dos previstos para a caracterização da dissolução irregular da sociedade ou da responsabilidade tributária de terceiros prevista no Código Tributário Nacional.

2018, p. 214.

Contudo, não se pode perder de vista que é a própria Constituição Federal que exige que nenhuma pessoa seja privada dos seus bens sem o *devido processo legal* (art. 5º, inc. LIV). Isso significa dizer que o princípio do contraditório deve ser observado em *todos os procedimentos de responsabilização*:

> "em todos os procedimentos de responsabilização listados no item precedente, é necessário o cumprimento do devido processo legal, cujo conteúdo mínimo pode ser assim indicado: direito de ser julgado por um juiz natural (identificado antes da ocorrência de fatos litigiosos); direito de ser citado/notificado no início do processamento do feito; direito ao contraditório (conhecer, previamente, o teor da acusação, ter acesso à movimentação processual e às provas apresentadas pela parte contrária); direito à ampla defesa (direito de apresentar defesa técnica, feita por profissional competente, *e* de produzir as provas que suportarão seus argumentos), prévia ao julgamento (antes de gerar efeitos contra si); direito a um julgamento motivado, que é essencial ao exercício do direito de recurso; direito de recurso (ver reexaminado seu processo por outro julgador, preferencialmente um órgão colegiado), insculpido na regra do duplo grau de jurisdição"[48].

Como reforço argumentativo, podemos citar importante julgado do Supremo Tribunal Federal no sentido de que:

> Os princípios do contraditório e da ampla defesa aplicam-se plenamente à constituição do crédito tributário, em desfavor de qualquer espécie de sujeito passivo, irrelevante a sua nomenclatura legal (contribuintes, responsáveis, substitutos, devedores solidários etc.)[49].

E como bem lembra Cassio Scarpinella Bueno, o Código de Processo Civil apenas estabelece um procedimento, em amplo e prévio contraditório, para a análise e julgamento das

---

48. BECHO, Renato Lopes. Desdobramentos das Decisões sobre Responsabilidade Tributária de Terceiros no STF: Regras-matrizes de Responsabilização, devido Processo Legal e Prazos de Decadência e Prescrição. In: *Revista Dialética de Direito Tributário*, v. 204, 2012, p. 53-54.

49. BRASIL. STF, 2ª. T., AgRg no RE n. 608.426-PR, rel. Min. Joaquim Barbosa, j. 4.10.11, DJe 21.10.11, v. u.

"razões de direito material que justificam a responsabilização do sócio pela pessoa jurídica", concluindo que melhor seria se o Código de Processo Civil tivesse denominado o incidente de "*corresponsabilização*" já que não há razão para que não ocorra a sua aplicação em outros casos que não o da desconsideração da personalidade jurídica[50].

Araken de Assis também se posicionou afirmando que é no incidente de desconsideração da personalidade jurídica que o órgão judicial poderá apurar os elementos da incidência das regras de responsabilização dos sócios, seja a ocorrência de desvio de finalidade ou de confusão patrimonial seja "a condição de gerente ou de administrador; a dissolução irregular da sociedade, perante a dívida tributária"[51].

Especificamente em relação à responsabilização do sócio na execução fiscal pela dissolução irregular da sociedade, Araken de Assis ainda se posiciona de modo favorável ao cabimento do incidente à luz do "processo civil garantista" e da aplicação subsidiária do art. 795, §4º, do Código de Processo Civil[52].

É dessa forma que o incidente criado pelo Código de Processo Civil, como toda regra processual, deve ser entendido: *como um meio e não um fim em si mesmo.*

Todo pedido tendente a responsabilizar pessoa diversa da originalmente prevista no título executivo exige uma atividade cognitiva e, em última análise, uma tomada de decisão pelo juiz.

---

50. "é correto entender que outras causas de corresponsabilização de sócios que não guardam relação ou que não se confundam com a desconsideração da personalidade jurídica – e, por isso mesmo, que pretendem responsabilizar, até mesmo, administradores – também possam ser discutidas ao longo do processo no incidente cognitivo disciplinado pelos arts. 133 a 137. O fundamental, para tanto, é que a discussão observe o procedimento disciplinado pelos dispositivos do incidente em exame, respeitando-se a ampla defesa e o contraditório" (BUENO, Cassio Scarpinella. *Comentários ao Código de Processo Civil,* v. 1. Coord. Cassio Scarpinella Bueno. São Paulo: Saraiva, 2017, p. 573).

51. ASSIS, Araken de. *Processo Civil Brasileiro*, v. II, t. I. Parte geral: Institutos Fundamentais. São Paulo: Editora Revista dos Tribunais, 2015, p. 145.

52. Ibidem, p. 141.

O Código de Processo Civil apenas procurou regular de que forma deverá ser apresentada essa pretensão no processo, como deverá ser exercida a atividade cognitiva e quando essa decisão poderá ser tomada.

Por meio do incidente, procurou-se apenas sistematizar a forma legítima (lembre-se que o contraditório decorre da própria essência do Estado Democrático de Direito) de se "autorizar a prática de atos executivos contra o patrimônio de quem, até então, era terceiro em relação ao processo"[53].

Por essa razão, conclui Flávio Luiz Yarshell que apenas seria possível derrogar o sistema estabelecido pelo Código de Processo Civil se fosse editada uma regra especial a respeito da forma de responsabilização de sócios em determinado processo perante determinada justiça. Do contrário, deve ser aplicado o incidente de desconsideração da personalidade jurídica para outras hipóteses de responsabilização dos sócios porque ele "está em consonância com os cânones do devido processo legal (CF, art. 5.º, LIV) – deve prevalecer. Da mesma forma, é aplicável aos processos de todas essas justiças a regra expressa no art. 9º do CPC, inspiração geral do incidente ora examinado"[54].

Lia Carolina Batista Cintra afirma que a aplicação do incidente de desconsideração da personalidade jurídica para outras hipóteses de responsabilização de sócio, ainda que de forma analógica, "é, mais do que recomendável, necessária, pois visa a preservar o direito de defesa prévio – que é a regra do sistema – do sujeito que terá seu patrimônio atingido pela decisão judicial"[55].

---

53. BUENO, op. cit., p. 574.

54. YARSHELL, Flávio Luiz. In: CABRAL, Antonio do Passo; CRAMER, Ronaldo (coords.). *Comentários ao Novo Código de Processo Civil*, 2 ed. Rio de Janeiro: Forense, 2016, p. 230. YARSHELL, Flávio Luiz. O Incidente de Desconsideração da Personalidade Jurídica no CPC 2015: Aplicação a Outras Formas de Extensão da Responsabilidade Patrimonial. In: *Processo Civil Societário II*. Coord. Flávio Luiz Yarshell e Guilherme Setoguti J. Pereira. São Paulo: Quartier Latin, 2015, p. 218-224.

55. BATISTA CINTRA, Lia Carolina. *Intervenção de Terceiro por Ordem do Juiz – A Intervenção iussu iudicis no Processo Civil*. São Paulo: Revista dos Tribunais, 2017, p. 166.

Vale transcrever as lições de João Antônio Cánovas Bottazzo Ganacin a respeito do tema:

> A partir dessa premissa constitucional, infere-se que toda e qualquer pretensão à responsabilização dos sócios por obrigações sociais – esteja ou não fundada na desconsideração – há de ser submetida ao contraditório antes de desencadear efeitos contrários aos interesses do sujeito contra o qual ela se dirige. Se a legislação infraconstitucional não estabelece um procedimento para a integração desses indivíduos em determinadas hipóteses, a solução não é ignorar tal providência, e sim buscar alternativas que assegurem sua implementação, conforme manda a Constituição[56].

Tratando especificamente da responsabilidade tributária de terceiros prevista no artigo 135, do Código Tributário Nacional, Braulio Bata Simões afirma expressamente que essa responsabilidade deve ser apurada por meio do incidente de desconsideração da personalidade jurídica:

> a abordagem processual desta responsabilização não deveria se dar no âmbito das execuções fiscais, mas sim em procedimento de apuração da responsabilidade destas pessoas, tal como o Incidente de Desconsideração da Personalidade Jurídica, no âmbito de Mandado de Segurança, Ação Declaratória de inexistência de relação jurídico tributária entre o sócio e o auto de infração que colocou o nome dele e/ou da sociedade prejudicada. O que não se admite é o que se vem aplicando na prática, a responsabilização de todos os envolvidos, tanto contribuinte quanto responsável, como se solidária fosse a responsabilidade do artigo 135 do CTN[57].

Em outra passagem, Braulio Bata Simões afirma que o referido incidente deve ser aplicado "para todo procedimento de tentativas de redirecionamento das execuções fiscais"[58].

---

56. GANACIN, João Antônio Cánovas Bottazzo. *Incidente de Desconsideração da Personalidade Jurídica*. 2018. Dissertação de Mestrado. Universidade de São Paulo, São Paulo, 2018, p. 91.

57. SIMÕES, Braulio Bata. *Neoconstitucionalismo e Responsabilidade Tributária de Terceiros*. 2017. Tese de Doutorado. Pontifícia Universidade Católica, São Paulo, 2017, p. 241.

58. Ibidem, p. 250.

Ainda a respeito do tema, após a análise crítica do posicionamento do Superior Tribunal de Justiça acerca da responsabilidade de terceiros, principalmente em relação à aplicação desenfreada do entendimento da Súmula n. 435, afirma Renato Lopes Becho que o incidente de desconsideração da personalidade jurídica representa a superação da doutrina a respeito do contraditório no processo de execução fiscal e traz benefícios para a defesa do terceiro[59].

Renato Lopes Becho ainda vai além e afirma que a Lei de Execuções Fiscais deve ser vista com "novos olhos", os de um Estado Democrático de Direito preocupado com o devido processo legal, razão pela qual conclui que "o incidente de que se cuida será um avanço importante e plenamente compatível com a nova leitura da legislação de 1980"[60].

Pelas mesmas razões, James Marins também conclui pelo cabimento do incidente de desconsideração da personalidade jurídica para qualquer hipótese de responsabilização e pela sua compatibilidade com a Lei de Execuções Fiscais[61].

---

59. -"considerando que a imputação da responsabilidade tributária mais comum, atualmente não encontra fundamento legal (compare-se a Súmula n. 435 do egrégio STJ com o art. 135 do CTN e se observará nela que não há fato gerador de obrigação tributária nenhum, como estipula o legislador) e não é baseada em título executivo, ao menos essa última falha sistêmica poderá ser superada a partir de março de 2016. No indigitado incidente, ao contrário do que ocorre atualmente, o apontado responsável 'será citado para manifestar-se e requerer as provas cabíveis no prazo de 15 (quinze) dias', conforme a dicção do art. 135 do CPC/2015. Como se percebe, esse incidente faz com que seja superada a doutrina que indicava não haver a possibilidade do contraditório no processo executivo fiscal. Agora haverá, com todas as implicações daí decorrentes. Haverá a suspensão da execução (art. 134, parágrafo 3º) e uma fase probatória (art. 135), que poderá incluir audiências, com depoimento pessoal e oitiva de testemunhas, etc. (...) de nossa parte, acreditamos que o legislador, no novo CPC, foi positivamente criativo. Referido incidente vai melhorar o sistema de defesa dos apontados como responsáveis tributários. Portanto, sua aplicação melhorará a pratica atual nas execuções fiscais, no que tange à responsabilização tributária" (BECHO, Renato Lopes. Alterações mais Importantes do Processo Civil em Matéria Tributária e o Novo CPC. In: ROCHA, Valdir de Oliveira (org.). *Grandes Questões Atuais do Direito Tributário*, v. 19, 1 ed. São Paulo: Dialética, 2015, p. 390-392).

60.-BECHO, Renato Lopes. *Execução Fiscal: Análise Crítica*. São Paulo: Noeses, 2018, p. 216.

61. -"Não estamos de acordo, porém, com a corrente jurisprudencial restritiva.

Importante esclarecer que nada impede que sejam adotadas providências de natureza cautelar em face do patrimônio da pessoa a ser atingida pelo incidente. Essa possibilidade decorre de expressa previsão legal (CPC, arts. 9º e 300) e depende do preenchimento dos requisitos específicos para tanto (tutela de urgência, arts. 300 e seguintes; tutela de evidência, arts. 311 e ss).

Por todo o exposto, nos sentimos seguros para afirmar que a Constituição Federal estabelece como regra a exigência de que qualquer pessoa deve ser chamada a participar do processo, com todas as faculdades decorrentes do contraditório e da ampla defesa, antes de ser atingida por qualquer ato judicial, seja no que diz respeito ao acatamento da sua responsabilidade seja em relação à constrição dos seus bens.

Por isso é que, diante da existência, em todo o sistema processual, de um único procedimento destinado a regular a forma como esse terceiro deverá ser chamado a participar do processo, concluímos que o incidente de desconsideração da personalidade jurídica também deve ser aplicado em outras hipóteses responsabilização como no caso da dissolução irregular da sociedade e da responsabilidade tributária de terceiros.

7. CONCLUSÃO

Ao longo do presente estudo pudemos observar que o Código de Processo Civil inovou no ordenamento jurídico

---

Segundo pensamos, o incidente previsto nos arts. 133 e seguintes do CPC pode ser perfeitamente aplicado às execuções fiscais. Em primeiro lugar porque o instituto contribui para evitar a permanência de prática que conspira contra o *due process of law* ao permitir que cidadãos sejam executados sem que nunca tenham tido a oportunidade de defesa, administrativa ou judicial. Em segundo, porque a divergência sobre a natureza da responsabilidade em tela não impede a aplicação do instituto processual no âmbito fiscal, pois seu componente material não é obstáculo para que seja aplicado, *mutatis mutandis*, o incidente de processo que corrige grave erro consistente na promoção da gravosa execução sem título. E em terceiro, porque a suspensão do processo é mera e natural decorrência dessa teratológica condição: executar sem existência de título, que reedita, perigosa variável da vetusta e inaceitável prática do *solve et repete*" (MARINS, James. *Direito Processual Tributário Brasileiro: Administrativo e Judicial*, 11 ed. São Paulo: Revista dos Tribunais, 2018, p. 769).

brasileiro e se dedicou a regulamentação do incidente de desconsideração da personalidade jurídica em seus artigos 133 a 137, criando um procedimento com regra de participação prévia do terceiro antes de qualquer decisão a respeito da sua responsabilidade.

O Código de Processo Civil ficou responsável apenas por criar o *mecanismo* para efetivar as previsões constantes do direito material, isso é, processualizá-las, sem pretender criar novas regras a respeito do tema, não se aplicando qualquer reserva de lei complementar para regular essa matéria.

Por sua vez, a observância do princípio do contraditório é uma exigência política decorrente do Estado Democrático de Direito na preparação e na legitimação dos atos de poder. Para satisfazer a exigência do princípio do contraditório em relação às partes, estas devem ser ouvidas antes que seja proferida decisão contrária aos seus interesses e também nas execuções em geral, o princípio do contraditório deve ser observado mediante participação de todos na formação dos atos destinados à satisfação do direito do credor estampado no título executivo.

Por essas razões, considerando que não há na Lei de Execuções Fiscais procedimento destinado a regular o modo como o terceiro deve ser incluído na execução fiscal e que o princípio do contraditório também deve ser observado no seu âmbito – já que essa garantia permeia todo o sistema constitucional, concluímos que o incidente de desconsideração da personalidade jurídica criado pelo Código de Processo Civil mostra-se compatível com a Lei de Execuções Fiscais.

Por fim, considerando que a Constituição Federal estabelece como regra a exigência de que qualquer pessoa deve ser chamada a participar do processo, como todas as faculdades decorrentes do contraditório e da ampla defesa, antes de ser atingida por qualquer ato judicial, seja no que diz respeito ao acatamento da sua responsabilidade seja em relação à constrição dos seus bens, diante da existência, em todo o sistema processual, de um único procedimento destinado a regular a forma como esse terceiro deverá ser chamado a participar do processo, concluímos que o incidente de desconsideração da personalidade jurídica também deve ser aplicado em outras hipóteses de responsabilização de terceiros, como é o caso da dissolução irregular da sociedade e da responsabilidade tributária de terceiros, e não apenas na hipótese de desconsideração da personalidade jurídica.

BIBLIOGRAFIA

ASSIS, Araken de. *Processo Civil Brasileiro*, v. II, t. I. Parte geral: Institutos Fundamentais. São Paulo: Editora Revista dos Tribunais, 2015.

BATISTA CINTRA, Lia Carolina. *Intervenção de Terceiro por Ordem do Juiz – A Intervenção iussu iudicis no Processo Civil.* São Paulo: Revista dos Tribunais, 2017.

BECHO, Renato Lopes. Desdobramentos das Decisões sobre Responsabilidade Tributária de Terceiros no STF: Regras-Matrizes de Responsabilização, devido Processo Legal e Prazos de Decadência e Prescrição. In: *Revista Dialética de Direito Tributário,* v. 204, 2012.

________________________. Alterações mais Importantes do Processo Civil em Matéria Tributária e o Novo CPC. In: ROCHA, Valdir de Oliveira (org.). *Grandes Questões Atuais do Direito Tributário*, v. 19, 1 ed. São Paulo: Dialética, 2015.

________________________. *Execução Fiscal: Análise Crítica.* São Paulo: Noeses, 2018.

BEDAQUE, José Roberto dos Santos. Cognição e Decisões do Juiz no Processo Executivo. In: FUX, Luiz; NERY JR, Nelson; WAMBIER, Teresa Arruda Alvim. *Processo e Constituição: Estudos em Homenagem ao Professor José Carlos Barbosa Moreira.* São Paulo: Revista dos Tribunais, 2006.

________________________. *Tutela Cautelar e Tutela Antecipada: Tutelas sumárias e de urgência (tentativa de sistematização).* 5 ed. São Paulo: Malheiros, 2009.

________________________. Sucessão de Empresas e Desconsideração da Personalidade Jurídica. In: YARSHELL, Flávio; PEREIRA, Guilherme Setoguti Julio (coords.). *Processo Societário.* São Paulo: Quartier Latin, 2012.

BRUSCHI, Gilberto Gomes. *Aspectos Processuais da Desconsideração da Personalidade Jurídica,* 2 ed. São Paulo: Saraiva, 2009.

BUENO, Cassio Scarpinella. *Comentários ao Código de Processo Civil,* v.1. Coord. Cassio Scarpinella Bueno. São Paulo: Saraiva, 2017.

BUZAID, Alfredo. *Do Concurso de Credores no Processo de Execução.* São Paulo: Saraiva, 1952.

CÂMARA, Alexandre Freitas. Comentários aos Arts. 133 a 137. In: *Breves comentários ao novo Código de Processo Civil.* Coord. Teresa Arruda Alvim Wambier *et. al.* São Paulo: Revista dos Tribunais, 2015.

CÂMERA, Miriam Costa Rebollo. *Execução Fiscal: Doutrina e Jurisprudência.* Coord. Vladimir Passos de Freitas. São Paulo: Saraiva, 1998.

CANTANHEDE, Luiz Claudio Ferreira. O Redirecionamento da Execução Fiscal em Virtude do Encerramento Irregular da Sociedade Executada e o Incidente de Desconsideração da Personalidade Jurídica. In: CONRADO, Paulo Cesar; COSTA ARAUJO, Juliana Furtado (Coord.). *O Novo CPC e seu Impacto no Direito Tributário.* São Paulo: Fiscosoft, 2015.

CONRADO, Paulo Cesar. *Execução Fiscal.* São Paulo: Noeses. 2017.

DIDIER JR. Fredie; ARAGÃO, Leandro. *Comentários ao Novo Código de Processo Civil.* Coord. Antonio do Passo Cabral e Ronaldo Cramer, 2 ed. Rio de Janeiro: Forense, 2016.

________________________. *Curso de Direito Processual Civil: Introdução ao Direito Processual Civil, Parte Geral e Processo de Conhecimento,* 19 ed. Salvador: Jus Podivm, 2017.

DINAMARCO, Cândido Rangel. *Execução Civil,* 7 ed. São Paulo: Malheiros, 2000.

________________________. O Princípio do Contraditório e sua Dupla Destinação. In: *Fundamentos do Processo Civil Moderno,* t. I. São Paulo: Malheiros, 2010.

________________________. O Novo Código de Processo Civil Brasileiro e a Ordem Processual Civil Vigente. In: *Revista de Processo,* n. 247, 2016.

________________________. *Instituições de Direito Processual Civil,* v. I. 8 ed. São Paulo: Malheiros, 2016.

FERRAZ, Beatriz Biaggi. Inaplicabilidade do Incidente da Desconsideração da Personalidade Jurídica nos feitos Executivos Fiscais. In: *Revista Juris UniToledo,* São Paulo: Araçatuba, v. 02, n. 01, jan./mar. 2017.

GANACIN, João Antônio Cánovas Bottazzo. *Incidente de Desconsideração da Personalidade Jurídica.* 2018. Dissertação de Mestrado. Universidade de São Paulo, São Paulo, 2018.

GIANNICO NETO, Francisco Ettore. *O incidente de desconsideração da personalidade jurídica na execução fiscal.* 2019. Dissertação de Mestrado. Pontifícia Universidade Católica de São Paulo. São Paulo, 2019.

LIEBMAN, Enrico Tullio. *Processo de Execução.* São Paulo: Saraiva, 1946.

LIMA, Luciane Pimentel de. Incidente de Desconsideração de Personalidade Jurídica e os Efeitos no Processo Tributário.

In: *Revista de Direito Tributário Contemporâneo*. São Paulo: Revista dos Tribunais, n. 12, 2018.

LOBATO, Valter de Souza; BARROS, Mônica de. Análise Jurisprudencial sobre a Aplicação Subsidiária do CPC às Execuções Fiscais. In: HENRIQUES, Guilherme de Almeida; GODOI, Marciano Seabra de; BONITO, Rafhael Frattari; LOBATO, Valter de Souza (coords.). *Os Impactos do Novo CPC Sobre o Processo Judicial Tributário*. Belo Horizonte: Editora D'Plácido, 2016.

MARINS, James. *Direito Processual Tributário Brasileiro: Administrativo e Judicial*, 11 ed. São Paulo: Revista dos Tribunais, 2018.

MEDINA, José Miguel Garcia. *Execução Civil*, 2 ed. São Paulo: Revista dos Tribunais, 2004.

SIMÕES, Braulio Bata. *Execução Fiscal e Dignidade da Pessoa Humana*. Belo Horizonte: Fórum, 2015.

______________________. *Neoconstitucionalismo e Responsabilidade Tributária de Terceiros*. 2017. Tese de Doutorado. Pontifícia Universidade Católica, São Paulo, 2017.

SOUZA, André Pagani de. Do Incidente de Desconsideração da Personalidade Jurídica (Comentários aos Artigos 133 à 137 do CPC de 2015). In: CRUZ, José Rogério; TUCCI; Manoel Caetano Ferreira Filho; APRIGLIANO, Ricardo de Carvalho; DOTTI, Rogéria Fagundes; MARTINS; Sandro Gilbert (org.). *Código de Processo Civil Anotado*, v. 1, 1 ed. São Paulo; Curitiba: Associação dos Advogados de São Paulo (AASP); Ordem dos Advogados do Brasil, Subsecção Paraná OABPR, 2015.

______________________. *"Decisão-surpresa" e a sua Vedação no Processo Civil Brasileiro*. Disponível em: <https://www.migalhas.com.br/CPCnaPratica/116,MI257894,21048Decisao-surpresa+e+a+sua+vedacao+no+Processo+Civil+brasileiro> – Acessado em 20 mai. 2019.

WAMBIER, Teresa Arruda Alvim; CONCEIÇÃO, Maria Lúcia Lins Conceição; RIBEIRO, Leonardo Ferres da Silva; TORRES DE MELLO, Rogerio Licastro. *Primeiros Comentários ao Novo Código de Processo Civil: Artigo por Artigo*. São Paulo: Revista dos Tribunais, 2015.

YARSHELL, Flávio Luiz. Do Incidente de Desconsideração da Personalidade Jurídica. In: CABRAL, Antonio do Passo; CRAMER, Ronaldo (coords.). *Comentários ao Novo Código de Processo Civil*. Rio de Janeiro: Forense, 2015.

________________________. O Incidente de Desconsideração da Personalidade Jurídica no CPC 2015: Aplicação a Outras Formas de Extensão da Responsabilidade Patrimonial. In: *Processo Civil Societário II*. Coord. Flávio Luiz Yarshell e Guilherme Setoguti J. Pereira. São Paulo: Quartier Latin, 2015.

O PROTESTO DA CERTIDÃO DE DÍVIDA ATIVA COMO UMA DAS NOVAS FORMAS DE COBRANÇA DO CRÉDITO TRIBUTÁRIO, SUA INCONSTITUCIONALIDADE E A ADI 5135

Daniel Moreti[1]

INTRODUÇÃO

Os meios tradicionais para a exigibilidade do crédito tributário mostram-se, em razão de diversos fatores, ineficientes, o que prejudica a arrecadação tributária, receita fundamental para manutenção do Estado.

Nesse contexto, surgem novos mecanismos e medidas tendentes a garantir maior efetividade da cobrança do crédito tributário, destacando-se, para os fins deste breve estudo, o protesto da certidão de dívida ativa, instrumento que, embora

---

1. Doutor e Mestre em Direito Tributário pela PUC/SP. Professor do IBMEC-São Paulo, do Instituto Brasileiro de Estudos Tributários – IBET, da Escola Paulista de Direito – EPD e outras instituições de ensino. Professor de Direito Tributário da Faculdade de Direito Damásio de Jesus. Professor de Direito Tributário e Direito Econômico da Universidade São Judas. Supervisor Acadêmico e Professor do Curso de Pós-Graduação em Advocacia Tributária da Escola Brasileira de Direito – EBRADI. Autor de diversas obras e artigos jurídicos de Direito Tributário. Juiz do Tribunal de Impostos e Taxas do Estado de São Paulo. Membro da Comissão de Direito Constitucional Tributário da OAB- Subseção Pinheiros. Advogado.

tenha sido declarado constitucional pelo Supremo Tribunal Federal (ADI 5135), não se apresenta, no nosso sentir, em perfeita harmonia com a ordem jurídica vigente.

Este é o tema do qual nos ocuparemos, procedendo à análise do protesto da certidão de dívida ativa, como meio para a realização da cobrança do crédito tributário, sob a luz do devido processo legal, do princípio da proporcionalidade e daquilo que se entende como sanção política.

1. Panorama atual do sistema de exigibilidade do crédito tributário no Brasil

De acordo com a legislação vigente, após a constituição do crédito tributário, pelo Fisco ou pelo contribuinte, caso não haja o pagamento ou a existência de causa que impeça a exigibilidade, cabe ao ente tributante, titular do direito subjetivo de exigir a prestação tributária, inscrever o crédito em dívida ativa (art. 201 do CTN), a fim de constituir o título executivo extrajudicial (art. 784, IX do CPC), o qual será objeto da posterior ação de execução fiscal.

Muito embora existam inúmeras garantias e privilégios conferidos ao crédito tributário, os números indicam que estas não têm se mostrado suficientes para assegurar o cumprimento do objeto da ação de execução fiscal.

Segundo informações divulgadas pelo Conselho Nacional de Justiça, as execuções fiscais representam, aproximadamente, 38% (trinta e oito por cento) dos casos pendentes no Judiciário (cerca de 30,4 milhões de ações) e têm taxa de congestionamento de 91% (noventa e um por cento), ou seja, apenas 9% (nove por cento) das execuções fiscais, aproximadamente, têm resultado na recuperação do crédito público.[2]

2. Justiça em Números 2017: ano-base 2016/Conselho Nacional de Justiça - Brasília: CNJ, 2017.

Esse resultado pode decorrer de diversos fatores: ineficiência dos órgãos competentes para realização da ação executiva, morosidade do Poder Judiciário, emprego de meios ardilosos pelo contribuinte com o objetivo de *esconder* o patrimônio que poderia ser objeto de constrição, simples inexistência de patrimônio para fazer frente à dívida tributária, necessidade de reforma da legislação para garantir maior eficiência aos meios de cobrança etc.

Nesse cenário, a Procuradoria Geral da Fazenda Nacional – PGFN, objetivando otimizar e conferir maior efetividade à cobrança do crédito tributário, tem se mostrado pioneira na implementação de medidas destinadas a tal mister.

Foi assim que, no ano de 2016, por meio da Portaria PGFN 396/2016, foi instituído o chamado Regime Diferenciado de Cobrança de Créditos – RDCC, estabelecendo procedimentos destinados a tornar mais eficiente a recuperação de créditos inscritos em dívida ativa, a saber: automatização do processo de coleta de informações sobre bens dos devedores em um único ambiente; utilização de meios extrajudiciais de cobrança, como o protesto; aprimoração do acompanhamento de devedores que realizaram o parcelamento da dívida; e acompanhamento das execuções fiscais garantidas.

No ano de 2018, a Lei 13.606 incluiu os artigos 20-B e 20-C ao texto da Lei 10.522/2002[3] e, a fim de regulamentar tais dispositivos, foi editada a Portaria PGFN 33/2018.

---

3. Art. 20-B. Inscrito o crédito em dívida ativa da União, o devedor será notificado para, em até cinco dias, efetuar o pagamento do valor atualizado monetariamente, acrescido de juros, multa e demais encargos nela indicados.
§ 1ºA notificação será expedida por via eletrônica ou postal para o endereço do devedor e será considerada entregue depois de decorridos quinze dias da respectiva expedição.
§ 2 Presume-se válida a notificação expedida para o endereço informado pelo contribuinte ou responsável à Fazenda Pública.
§ 3ºNão pago o débito no prazo fixado no caput deste artigo, a Fazenda Pública poderá:
I - comunicar a inscrição em dívida ativa aos órgãos que operam bancos de dados e cadastros relativos a consumidores e aos serviços de proteção ao crédito e congêneres; e

Para tanto, a Portaria PGFN 33/2018 prevê diversos mecanismos, tais como: o controle de legalidade da inscrição em dívida ativa, a cobrança extrajudicial, formas de antecipação da garantia, pedido de revisão da dívida inscrita, averbação pré-executória e ajuizamento seletivo de execuções fiscais.

Dispõe a Portaria PGFN 33/2018, em seu artigo 6º que, inscrito o débito em dívida ativa, o devedor será notificado para:

a) No prazo de 05 (cinco) dias: pagar ou parcelar o débito integral, acrescido de juros multas e demais encargos; ou

b) No prazo de 30 (trinta) dias: ofertar, antecipadamente, garantia em execução fiscal; ou apresentar Pedido de Revisão de Dívida Inscrita (PRDI).

Esgotados os prazos e não realizada nenhuma das medidas previstas na portaria por parte do devedor, a PGFN estará autorizada a adotar as seguintes providências: encaminhar a certidão de dívida ativa para protesto extrajudicial, por falta de pagamento; comunicar a inscrição em dívida ativa aos órgãos de proteção e restrição ao crédito; averbar a certidão de dívida ativa nos órgãos de registro de bens e direitos sujeitos a arresto ou penhora, para fins de averbação pré-executória; utilizar serviços de bancos públicos para cobrança etc.

É com base em tais procedimentos que pretende o Fisco federal implementar e otimizar a recuperação eficiente do crédito tributário inscrito em dívida ativa.

II - averbar, inclusive por meio eletrônico, a certidão de dívida ativa nos órgãos de registro de bens e direitos sujeitos a arresto ou penhora, tornando-os indisponíveis.
Art. 20-C. A Procuradoria-Geral da Fazenda Nacional poderá condicionar o ajuizamento de execuções fiscais à verificação de indícios de bens, direitos ou atividade econômica dos devedores ou corresponsáveis, desde que úteis à satisfação integral ou parcial dos débitos a serem executados.
Parágrafo único. Compete ao Procurador-Geral da Fazenda Nacional definir os limites, critérios e parâmetros para o ajuizamento da ação de que trata o caput deste artigo, observados os critérios de racionalidade, economicidade e eficiência.

Todavia, alguns dos instrumentos voltados a esta cobrança extrajudicial são de legalidade e constitucionalidade duvidosa.

Nos ocuparemos, porém, do protesto da certidão de dívida ativa.

2. A *constitucionalização* do protesto da Certidão de Dívida Ativa pelo Supremo Tribunal Federal

Tem sido praxe, nos últimos anos, a utilização, pela Fazenda Pública, de um meio inusitado para *exigência* do crédito tributário de forma extrajudicial, a saber: o protesto das certidões de dívida ativa tributária, conforme autorizado pela Lei 12.767/2012, que alterou a Lei 9.492/97, incluindo as certidões de dívida ativa entre os títulos sujeitos a protesto.[4]

Ocorre que o instrumento do protesto de títulos, conforme pensamos, quando utilizado para atestar o descumprimento da obrigação tributária principal, incorre em inconstitucionalidade.

Ora, o protesto possui, historicamente, três finalidades específicas, a saber:

a) a constituição de prova plena, pública e solene, do descumprimento de obrigações cambiárias, a fim de assegurar o exercício do direito de regresso, em face dos coobrigados cambiais (art. 15, II da Lei 5.474/68), além da interrupção da prescrição (art. 202, III do Código Civil);

b) a comprovação da impontualidade do devedor empresário para requerimento de sua falência, conforme disposto pela Lei 11.101/2005, em seu artigo 94, I; e

4. Art. 1º Protesto é o ato formal e solene pelo qual se prova a inadimplência e o descumprimento de obrigação originada em títulos e outros documentos de dívida. Parágrafo único. Incluem-se entre os títulos sujeitos a protesto as certidões de dívida ativa da União, dos Estados, do Distrito Federal, dos Municípios e das respectivas autarquias e fundações públicas.

c) comprovar o inadimplemento de obrigações constantes de títulos de dívida em geral, cujo objetivo é tornar pública a impontualidade do devedor, acarretando-lhe o abalo de crédito, coagindo-o a pagar (art. 1º da Lei 9.492/97).

Notadamente, o protesto da certidão de dívida ativa não possui qualquer afinidade com o protesto falimentar ou comum. Isso porque não seria útil para fins falimentares, uma vez que o pedido de falência pela Fazenda Pública tem sido afastado no âmbito do Poder Judiciário, por falta de interesse de agir (STJ, RE 164.389).[5]

Ademais, no campo tributário, é desnecessária a comprovação da impontualidade do devedor, eis que o não pagamento do tributo no prazo legal o coloca em mora automaticamente (art. 161 do CTN).

Por fim, a CDA não traduz figuras de coobrigados[6] nos termos do direito comercial e já possui força executiva.

Todavia, o protesto de CDA foi considerado constitucional pelo Supremo Tribunal Federal, no julgamento da ADI 5135, ocorrido em 09/11/2016, firmando a seguinte tese: "O protesto das Certidões de Dívida Ativa constitui mecanismo constitucional e legítimo, por não restringir de forma desproporcional quaisquer direitos fundamentais garantidos aos contribuintes e, assim, não constituir sanção política".

O acórdão do Pretório Excelso é ementado com base em dois grandes pilares, a saber: inexistência de sanção política e respeito ao princípio da proporcionalidade.

Segundo a decisão, a medida não configura sanção política por não restringir direitos fundamentais dos contribuintes, já que:

---

5. Anote-se a existência do Projeto de Lei 10.220/2018, que prevê a convolação automática da recuperação judicial em falência, no caso de a empresa recuperanda deixar de pagar o parcelamento de débitos tributários, bem como a faculdade de a Fazenda Pública requerer a falência de devedor tributário.

6. Deve-se observar, para eventual responsabilização de coobrigados em caráter solidário, ou de terceiros, em caráter pessoal, subsidiário ou supletivo, as regras do Código Tributário Nacional.

a) Inexistiria afronta ao devido processo legal, pois: ***(i)*** a existência do instrumento típico para cobrança do crédito tributário (execução fiscal) não excluiria outros instrumentos extrajudiciais, tal como o protesto da CDA; ***(ii)*** o protesto não impediria o devedor de acionar o Poder Judiciário para questionar o crédito tributário.

b) A publicidade do protesto da CDA não representaria embaraço à livre iniciativa e à liberdade profissional, por não comprometer, de forma direta, a organização e a condução das atividades da empresa, tal qual ocorre nos casos de interdição de estabelecimento, apreensão de mercadorias etc.

Segundo a Corte Suprema, a restrição que o protesto produz no crédito do contribuinte junto ao mercado não poderia ser atribuída ao Fisco, mas aos próprios atores do mercado.

Para concluir pela inexistência de violação ao princípio da proporcionalidade, o Supremo Tribunal Federal analisou as três dimensões do princípio e, assim, definiu que:

- O protesto é medida adequada por conferir maior publicidade ao descumprimento de obrigações tributárias, além de figurar como importante forma extrajudicial de cobrança, tendo como efeitos o estímulo à adimplência, o aumento da arrecadação pelo Fisco e a promoção da justiça fiscal.

- A medida é necessária por viabilizar o alcance dos fins pretendidos de forma menos gravosa ao contribuinte devedor, pois não possui os encargos presentes na execução fiscal (penhora, custas, honorários etc.), além de ser mais eficiente para a arrecadação do que a execução fiscal.

- A medida, segundo o entendimento apresentado na decisão, é proporcional em sentido estrito, já que os prejuízos sofridos pelo contribuinte devedor em razão do protesto são compensados pelos seus benefícios (maior eficiência e economicidade da recuperação

> dos créditos tributários; garantia da livre-concorrência; alívio da sobrecarga do Poder Judiciário).

Indubitavelmente, incorreu a Egrégia Corte em um grave desacerto com a prolação do acórdão comentado acima, no julgamento da ADI 5135, prejudicando direitos básicos dos contribuintes e legitimando instrumento abusivo de cobrança de tributos pelo Fisco.

A certidão de dívida ativa, título executivo extrajudicial (art. 784, IX do CPC/2015) constituído unilateralmente pelo credor,[7] diversamente do entendimento exarado pelo Supremo Tribunal Federal, constitui sim violação ao princípio da proporcionalidade (ou razoabilidade)[8] e é nítida sanção política.

3. Protesto da certidão de dívida ativa e a violação ao princípio da proporcionalidade

Em breve definição, conforme já tivemos a oportunidade de discorrer[9], o princípio da proporcionalidade é o instrumento de mensuração da compatibilidade da legislação tributária dos atos praticados pela Administração Tributária com a ordem jurídica.

Representa a face substantiva do devido processo legal (*substantive due processo of law*) e, de acordo com a

---

7. A certidão de dívida ativa goza da presunção de certeza e liquidez (art. 204 do CTN). A Portaria PGFN 33/2018 reconhece o controle de legalidade da inscrição em dívida ativa como direito do contribuinte (art. 2º) e estabelece o procedimento denominado Pedido de Revisão de Débito Inscrito – PRDI (art. 15).

8. Optamos pela equivalência de sentidos entre proporcionalidade e razoabilidade, conforme lição de Luiz Roberto Barroso: "(...)sem embargo da origem e do desenvolvimento diversos, um e outro abrigam os mesmos valores subjacentes: racionalidade, justiça, medida adequada, sendo comum, rejeição aos atos arbitrários ou caprichosos. Por essa razão, razoabilidade e proporcionalidade são conceitos próximos o suficiente para serem intercambiáveis, não havendo maior proveito metodológico ou prático na distinção." (Curso de direito constitucional contemporâneo: os conceitos fundamentais e a construção do novo modelo. 4. ed. São Paulo: Saraiva, 2013, p. 280).

9. MORETI, Daniel. *Regime especial de controle e fiscalização de tributos e a livre-concorrência*. São Paulo: Noeses, 2017, p. 32.

jurisprudência do Tribunal Constitucional da Alemanha, deve ser mensurado de acordo com três critérios ou dimensões: adequação, necessidade e proporcionalidade em sentido estrito.

Essas dimensões da proporcionalidade, asseguram, respectivamente, que os atos praticados pela Administração Pública devam conter equilíbrio entre meios e fins; a utilização da medida menos gravosa ao administrado; e que as vantagens dela oriundas se deem em maior grau do que os prejuízos decorrentes.

Cumpre, então, analisarmos com detalhes tal prática do Fisco sob a luz dos três filtros de compatibilidade à ordem jurídica que contemplam a proporcionalidade (adequação, necessidade e proporcionalidade em sentido estrito).

A ***adequação*** impõe ao legislador e ao administrador público o dever de avaliar se o ato praticado é próprio ou adequado para atingir os fins pretendidos, ou seja, deve-se perquirir se o ato se presta a alcançar os fins almejados.

Nesse sentido, o protesto da certidão de dívida ativa tributária, utilizado como meio de cobrança extrajudicial, em princípio, até poderia ser tido como ato que leva ao recebimento do crédito tributário, já que tem o condão de forçar o contribuinte a realizar o pagamento ou parcelamento do débito tributário inscrito em dívida ativa, sob pena de ter dificultada a sua atividade empresarial em razão dos efeitos que o protesto acarreta para o devedor no mercado.

Assim, é comum que o devedor tributário, que recebe a intimação do Tabelião de Protesto, informando que o protesto será efetivado ou registrado se o débito não for pago no prazo legal, acabe por pagar ou parcelar o débito tributário para evitar outros prejuízos.

Todavia, a proporcionalidade não se esgota nesse primeiro critério, devendo-se averiguar também a sua sujeição à necessidade e à proporcionalidade em sentido estrito.

Ainda que o ato passe eventualmente pelo filtro da adequação, ou seja, que se mostre como meio que permite alcançar determinado fim, impõe-se que seja também analisado sob a luz dos demais critérios, de modo que o ato não será razoável se qualquer um dos critérios vier a ser desrespeitado.

No critério ***necessidade***, é imprescindível que se verifique a existência de outro meio para alcançar o mesmo fim, que seja menos gravoso ao contribuinte, impedindo-se, com isso, a prática de eventuais excessos (proibição de excessos).

Exigir do sujeito passivo, por meio do protesto da certidão de dívida ativa tributária, o pagamento ou o parcelamento do débito tributário, é medida que não atende ao critério necessidade.

Isso porque, em se tratando de meios para promover a cobrança do crédito tributário e assegurar o seu recebimento, a legislação brasileira é farta e estabelece mecanismos para tanto.

Nesse sentido, destacam-se as garantias e privilégios do crédito tributário, previstas no Código Tributário Nacional e na legislação esparsa, além daqueles privilégios processuais conferidos ao poder público.

Conforme lição de José Eduardo Soares de Melo:

> O crédito tributário se reveste de indiscutível interesse público, tendo em vista que os valores que abrange visam atender às amplas necessidades da coletividade, em razão de que sua indisponibilidade constitui um verdadeiro dogma. O atingimento das finalidades públicas torna indispensável a obtenção dos recursos oriundos da atividade tributária, justificando-se a concessão de garantias e privilégios para seus credores.[10]

As garantias do crédito tributário consubstanciam instrumentos voltados a assegurar que o Poder Público consiga, de maneira eficaz, receber o montante relativo ao crédito e

10. Melo, José Eduardo Soares de. *Curso de direito tributário*. 10. Ed. São Paulo: Dialética, 2012, p. 438.

impedir que o sujeito passivo disponha de seu patrimônio em prejuízo da Fazenda Pública.

Isabela Bonfá de Jesus traz a seguinte definição acerca das garantias e privilégios do crédito tributário:

> Tem-se por garantia a segurança do crédito tributário e a responsabilidade das pessoas ao seu pagamento (formas de assegurar o recebimento do crédito pelo credor). São os meios jurídicos assecuratórios que cercam o direito subjetivo do Estado de receber a prestação do tributo. [11]

Dentre as garantias, citemos, por exemplo, o art. 185 do Código Tributário Nacional - CTN, o qual estabelece que se presume fraudulenta a alienação ou oneração de bens ou rendas pelo sujeito passivo em débito com a Fazenda Pública, a partir do momento em que este esteja inscrito em dívida ativa.

O CTN estabelece, ainda, no art. 185-A, que ocorrida a citação do devedor nos autos da ação de execução fiscal e não apresentados bens à penhora, ou não encontrados bens penhoráveis, o juiz determinará a indisponibilidade dos bens e direitos do devedor, comunicando o ato aos órgãos competentes para que cumpram a ordem, efetuando os seus bloqueios.

A Lei 8.397/92, por sua vez, institui e disciplina a chamada medida cautelar fiscal, a qual será utilizada pela Fazenda Pública para obter a indisponibilidade de bens dos devedores de débitos fiscais até o limite do valor devido, evitando-se, com isso, lesão ao erário, tanto na fase de cobrança administrativa como na judicial.

Com base na medida cautelar fiscal, o Fisco tem a possibilidade de assegurar a não disposição de bens por parte do contribuinte, mesmo antes do ajuizamento da ação executiva, a fim de impedir eventual dilapidação do patrimônio do devedor que possa comprometer o recebimento do crédito tributário.

---

11. JESUS, Isabela Bonfá de. *Manual de direito tributário*. Manual de direito e processo tributário. 4. Ed. São Paulo: Editora Revista dos Tribunais, 2017, p. 187.

Em regra, esse procedimento pode ser instaurado após a constituição do crédito tributário e poderá ser proposto quando o devedor, sem domicílio certo, intenta ausentar-se ou alienar bens que possui ou deixa de pagar a obrigação no prazo fixado; tendo domicílio certo, ausenta-se ou tenta ausentar-se, visando a ilidir o adimplemento da obrigação; caindo em insolvência, aliena ou tenta alienar bens; possui débitos inscritos ou não, em dívida ativa, que somados ultrapassem trinta por cento do seu patrimônio conhecido; etc.

Os privilégios do crédito tributário, por sua vez, visam determinar a posição preferencial do crédito tributário nas hipóteses de concurso de credores e juízos universais, assegurando a primazia de tal crédito em relação aos demais, exceto os de natureza trabalhista.[12]

Como exemplos de privilégios, podemos citar os seguintes: não sujeição do crédito tributário ao juízo da falência ou recuperação judicial e desnecessidade de habilitação de crédito na falência; não submissão à ordem de credores em inventário ou arrolamento e em liquidação judicial ou voluntária de pessoas jurídicas de direito privado; exigência da prova da quitação para prolação de sentença em partilha ou adjudicação de bens e para a celebração de contrato ou aceitação de proposta em licitação realizada pelos órgãos da Administração Pública direta e indireta etc.

Ademais, relembre-se que são inúmeras as vantagens processuais conferidas à Fazenda Pública, disciplinadas pela legislação processual.

Dentre tais vantagens processuais podemos citar as seguintes:

---

12. "Privilégio é a exclusão dos créditos fiscais dos juízos universais (não há necessidade de habilitação em falência, recuperação judicial, concurso de credores, inventário e arrolamento). É a superioridade de que desfruta o crédito tributário com relação aos demais, excetuando-se os créditos decorrentes da legislação do trabalho". (JESUS, Isabela Bonfá de. *Manual de direito tributário*. Manual de direito e processo tributário. 4. Ed. São Paulo: Editora Revista dos Tribunais, 2017, p. 187).

- Existência de processo especial de execução (Lei 6.830/80, art. 1º);
- A imediata penhora de bens do executado se, citado em execução fiscal, não pagar ou garantir o juízo no prazo de cinco dias (Lei 6.830/80, art. 8º);
- Prazos processuais em dobro (CPC, art. 183);
- Obrigatoriedade de submissão ao duplo grau de jurisdição da sentença proferida contra a Fazenda Pública (remessa necessária – CPC, art. 496);
- Intimação pessoal dos representantes da Fazenda Pública (CPC, art. 183, §único e art. 25 da Lei 6.830/80);
- Prerrogativa de requerer a substituição do bem penhorado por outros, independentemente da ordem legal de penhora, além de rejeitar as garantias oferecidas pelo executado (Lei 6.830/80, art. 15);
- Prerrogativa de emendar ou substituir o título executivo defeituoso (certidão de dívida ativa) sem a extinção do processo, até a decisão de primeira instância (Lei 6.830/80, art. Art. 2º, §8º);
- Etc.

Dessa forma, é certo que a Fazenda Pública dispõe de medidas legitimadas pelo direito positivo, as quais são menos gravosas, ao devedor, para exigência do crédito tributário.

Portanto, resta evidente que o princípio da supremacia do interesse público, que motiva a existência de tais vantagens, garantias e privilégios do crédito tributário, mostra-se devidamente atendido pela legislação brasileira, desde que tais instrumentos sejam regular e devidamente manejados pelos representantes das Fazendas Públicas.

Estes instrumentos são os que devem ser utilizados como meio para proteção do crédito tributário e sua cobrança, conforme estabelecido pela ordem jurídica.

De acordo com a lição de Hugo de Brito Machado "Cabe ao Fisco a utilização dos caminhos que a ordem jurídica oferece para constituir o crédito tributário, e cobrá-lo, mediante ação de execução fiscal".[13]

Com efeito, se os instrumentos existentes não se mostram suficientes, conforme demonstram os números da "recuperabilidade" do crédito tributário, é necessário que se busque caminhos para preservar a arrecadação tributária, o que atende ao imprescindível interesse público, todavia, isso não pode significar a adoção de mecanismos que violem direitos fundamentais do contribuinte, sob pena de nos vermos submetidos a um Estado policialesco, que fere os ideais republicanos.

É certo que o protesto da certidão de dívida ativa tributária, conquanto possa não impedir, de plano e diretamente, o exercício da atividade econômica, em razão da espécie da restrição de direitos imposta, implica a criação de obstáculos que podem, no decorrer do tempo e em razão dos reflexos provocados na condução da atividade econômica, levar à impossibilidade de sua continuidade.

Ora, o apontamento de um protesto, de imediato, restringe o crédito do agente econômico junto aos fornecedores, instituições financeiras e até mesmo junto a clientes que adotam regras mais rigorosas de *compliance*, o que pode afetar a capacidade de solvibilidade do contribuinte para com seus fornecedores, colaboradores e até mesmo o pagamento de tributos.

O protesto de dívida ativa compromete o crédito do empresário na praça e impõe obstáculos que invariavelmente descapitalizarão o contribuinte, inviabilizando o exercício de

13. MACHADO, Hugo de Brito. Sanções Políticas no Direito Tributário. In: *Revista Dialética de Direito Tributário*. n. 30, p. 46, mar. 1998, p. 48.

sua atividade empresária e, por consequência, colocando a própria existência da atividade em risco.

O protesto da certidão de dívida ativa tributária não é o único meio de que dispõe a Fazenda Pública para exigir os tributos devidos pelos contribuintes, porque, conforme afirmado, a Fazenda Pública dispõe de inúmeros mecanismos dotados de garantias e privilégios para fazê-lo.

Há medidas menos prejudiciais para cobrança do crédito tributário por parte do Fisco, que se levadas a cabo, podem trazer resultados positivos, com a garantia do exercício dos direitos conferidos pela ordem jurídica.

Nesse contexto, não há razão no fundamento exarado pelo STF ao afirmar, no julgamento da ADI 5135, que existiria adequação no protesto da certidão de dívida ativa por ser medida menos gravosa, uma vez que não possuiria os encargos da execução fiscal.

Ora, não obstante a ação de execução fiscal ser um processo extremamente oneroso ao contribuinte que, por vezes, tem o seu direito de acesso à jurisdição (CF, art. 5º, XXXV) violado em razão da dificuldade de constituir garantia para a execução a fim de cumprir o requisito exigido para a admissibilidade dos embargos do executado (Lei 6.830/80, art. 16), não se pode substituir um mal por outro.

A inscrição em dívida ativa encontra-se na fase pré-executória e não significa que a sua adoção simplesmente afaste os obstáculos e encargos da execução fiscal, pois trata-se, na verdade, de mais um encargo posto em face do contribuinte, que pode comprometer a própria viabilidade de suas atividades econômicas.

Assim é que resta induvidoso que o protesto da certidão de dívida ativa não passa pelo filtro da *necessidade*, o que o torna uma medida desproporcional.

A incompatibilidade do protesto da certidão de dívida ativa com o princípio da proporcionalidade fica ainda mais evidente com o exame do critério denominado proporcionalidade em sentido estrito.

A ***proporcionalidade em sentido estrito*** assegura que os ônus e restrições decorrentes das medidas aplicadas pelo poder público sejam superadas pelos benefícios por elas trazidos.

Os ônus impostos ao contribuinte, em razão do protesto da certidão de dívida ativa tributária (restrição de crédito, recusa de clientes para realização de operações etc.), efetivamente, não são compensados pelas vantagens potenciais em prol da coletividade.

Conforme afirmado, o protesto da certidão de dívida ativa tributária decorre de ato exclusivo do credor, levando a protesto um título executivo por ele constituído, de forma unilateral.

Ainda que, por meio de tal coação, o Fisco logre êxito no recebimento dos tributos devidos pelo contribuinte, que teve a certidão de dívida ativa tributária protestada, o potencial benefício oriundo do recebimento do crédito, que compõe o patrimônio público, afeta outros direitos da coletividade que integram a ordem jurídica.

Estamos referindo-nos àqueles objetivos protegidos pelos princípios da livre iniciativa e da função social da empresa.

O primeiro (livre inciativa), é fundamento da ordem econômica, ao lado da valorização do trabalho humano, os quais figuram como base para que a ordem econômica assegure a todos a existência digna, calcada nos ditames da justiça social, conforme estabelece o art. 170 da Carta Magna.[14]

Já a função social da empresa, hodiernamente, implica o reconhecimento de que a empresa, enquanto atividade econômica, fonte geradora de riquezas, empregos, receitas públicas por meio do pagamento de tributos etc., atende não apenas

---

14. Art. 170. A ordem econômica, fundada na valorização do trabalho humano e na livre iniciativa, tem por fim assegurar a todos existência digna, conforme os ditames da justiça social, observados os seguintes princípios:
(...)

aos interesses individuais do empresário, mas também aos interesses da coletividade.

Nesse sentido a lição de Misabel Abreu Machado Derzi:

> Se a empresa cumpre uma função social e é geradora de empregos e de riqueza, então a sua preservação não interessa apenas a seus credores investidores, mas ainda ao Fisco, que se alimenta de sua capacidade econômica, e aos trabalhadores em geral. O Direito Tributário, Previdenciário e do Trabalho deverão ser alimentados por essa nova visão que privilegia a empresa, em detrimento do empresário.[15]

Vai daí que a função social da empresa implica a necessidade de sua preservação para garantia dos interesses transindividuais que dela decorrem.[16]

Nesse passo, não nos parece acertada a conclusão do STF, no julgamento da ADI 5135, que, ao analisar a proporcionalidade em sentido estrito, aduz que as limitações creditícias sofridas pelo contribuinte devedor seriam compensadas pela economicidade da recuperação do crédito tributário; pela garantia da livre concorrência, que impediria que os agentes econômicos possam extrair vantagens competitivas indevidas da sonegação de tributos; e o respeito à duração razoável do processo, com o alívio da sobrecarga de processos do Poder Judiciário.

Primeiro, observa-se que a adoção de medidas que acarretam a economicidade da recuperação do crédito tributário não pode ser vista como salvo conduto para prática de atos

---

15. DERZI, Misabel Abreu Machado. (O princípio da preservação das empresas e o direito a economia de impostos. In: ROCHA, Valdir de Oliveira. (Org.). *Grandes Questões atuais do Direito Tributário*. São Paulo: Dialética, 2006, v. 10, p. 101).

16. A preservação da empresa em reconhecimento à sua função social encontra amparo expresso na atual Lei de Falências e Recuperação Judicial (Lei 11.101/2005), que dispõe em seu art. 47 dispõe que "A recuperação judicial tem por objetivo viabilizar a superação da situação de crise econômico-financeira do devedor, a fim de permitir a manutenção da fonte produtora, do emprego dos trabalhadores e dos interesses dos credores, promovendo, assim, a preservação da empresa, sua função social e o estímulo à atividade econômica".

irregulares pelo Fisco, que violam direitos fundamentais dos contribuintes.

Em segundo lugar, ao destacar a observância da duração razoável do processo como objetivo atingido pelo alívio da sobrecarga de processos no Judiciário, o que conclui a Corte é que, a utilização do protesto pode trazer maior eficiência na arrecadação sem que se necessite utilizar a via judicial da ação de execução fiscal.

Ora, a ação de execução fiscal faz parte do sistema de exigibilidade do crédito tributário. Não negamos a necessidade de se imprimir a redução da litigiosidade, o que pode decorrer do ajuizamento de um número mais reduzido de ações de execução fiscal, porém, muito embora existam encargos e barreiras impostas ao contribuinte para discutir as dívidas cobradas em execução fiscal, este é o instrumento previsto pelo ordenamento que garante o direito de resistência à pretensão fiscal, com base nos embargos à execução fiscal.

Fixar-se o instrumento extrajudicial (protesto da CDA), que nitidamente promove uma espécie de coação do contribuinte, com o objetivo de evitar que se alcance o Judiciário, esfera na qual há chances de discussão submetida à decisão imparcial e isonômica, importa no reconhecimento da existência de barreiras indiretas para que o contribuinte possa, após garantido o juízo, opor embargos à execução.

É certo que o contribuinte tem a possibilidade de se valer da ação anulatória de débito fiscal, com realização de depósito do montante integral ou a eventual obtenção de uma tutela provisória para suspender a exigibilidade do crédito tributário e, por consequência, obter a suspensão do protesto, mas essa prerrogativa não tem o condão de legitimar o protesto da certidão de dívida ativa, que continua atentando contra o princípio da proporcionalidade.

Ademais, não se pode admitir que o protesto da CDA possa ser tido como ***instrumento de defesa da livre concorrência***, "...que impediria que os agentes econômicos possam extrair vantagens competitivas indevidas da sonegação de tributos", conforme consta da ementa da ADI 5135.

Esclareça-se, de antemão, que sonegação de tributos não se confunde com o mero inadimplemento.

Como sonegação fiscal entende-se a infração à legislação tributária que, em razão da gravidade atribuída à conduta pelo legislador, figura também como infração à lei penal.

Na atualidade, o principal diploma a disciplinar os crimes contra a ordem tributária é a Lei 8.137/90[17]. A lei mencionada definiu como crimes os fatos que antes estavam previstos na Lei 4.729/65, sem, contudo, atribuir-lhes a denominação de *sonegação fiscal*, conforme o fez este último diploma.

Todavia, analisando-se o conteúdo do acórdão proferido no julgamento da ADI 5135, resta evidente que a legitimação do protesto da CDA, pelo STF, se deu não apenas em face do inadimplemento decorrente de sonegação fiscal, mas também se aplica ao mero inadimplemento de tributos, ou seja, reconheceu o Pretório Excelso que o protesto é constitucional em qualquer hipótese de débito tributário (mero inadimplemento ou sonegação), com o que não concordamos, em nenhuma das hipóteses.

Com efeito, o reconhecimento e a legitimação, pelo STF, do protesto da certidão de dívida ativa como um instrumento que traz limitações creditícias aos agentes econômicos com o objetivo de proteger a livre concorrência, significa a instituição de forma de intervenção do Estado no domínio econômico que pode influir de forma indevida na formação dos mercados, já que haverá movimento dos mercados a fim de excluir ou restringir a realização de operações com o agente econômico que teve uma certidão de dívida ativa submetida a protesto.

17. No ordenamento jurídico brasileiro, além dos crimes contra a ordem tributária disciplinados pela Lei 8.137/90, existem outros crimes tributários definidos pelas leis penais, dentre eles: descaminho (art. 334 do Código Penal Brasileiro); sonegação de contribuição previdenciária (art. 337-A do Código Penal Brasileiro); apropriação indébita previdenciária (art. 285-A do Código Penal Brasileiro); e crimes contra a Fazenda Pública praticados por funcionários públicos (Lei 8.026/90).

A defesa da livre concorrência, princípio da ordem econômica previsto pelo artigo 170, inciso IV da Constituição, fundamenta-se na função interventiva do Estado no domínio econômico, a fim de regular o livre mercado para garantir a existência digna e a justiça social, e dispõe de disciplina constitucional e legal, além de instrumentos próprios de atuação.

Nesse sentido, a Constituição da República, no art. 173, § 4º[18], combinado com o art. 24, I[19], atribui à União a competência para estabelecer normas gerais para disciplinar a repressão do abuso do poder econômico que vise à dominação dos mercados, à eliminação da concorrência e ao aumento arbitrário dos lucros.

Assim é que atualmente vigora a Lei 12.529/2011, que figura como norma geral em matéria de direito econômico, campo no qual se insere a defesa da livre-concorrência.

A aludida lei disciplina o controle e os limites à prática de atos de concentração econômica, tipifica as condutas consideradas anticompetitivas e prevê sanções para a sua repressão, além de estruturar o Sistema Nacional de Defesa da Concorrência – SBDC, atribuindo ao Conselho Administrativo de Defesa Econômica – CADE a competência para atuar na prevenção de atos de concentração econômica (controle *ex ante*) e na repressão de atos anticoncorrenciais (controle *ex post*).

A este sistema normativo e institucional é que cabe a função de reprimir as violações ao direito da livre-concorrência, mesmo quando tais ilícitos decorram de condutas dos agentes econômicos praticados no campo tributário.

A defesa da livre-concorrência está devidamente disciplinada pela ordem jurídica brasileira e não há autorização para

---

18. Art. 173. (...). § 4º A lei reprimirá o abuso do poder econômico que vise à dominação dos mercados, à eliminação da concorrência e ao aumento arbitrário dos lucros.

19. Art. 24. Compete à União, aos Estados e ao Distrito Federal legislar concorrentemente sobre:
I - Direito tributário, financeiro, penitenciário, econômico e urbanístico; (...)

que as leis viabilizem a prática de medidas interventivas no domínio econômico com fundamento na livre-concorrência com o objetivo de promover a eficiência da arrecadação tributária.[20]

Não negamos que determinadas condutas praticadas no campo tributário, como o inadimplemento reiterado e sistemático (devedor contumaz) ou a sonegação fiscal possam acarretar distúrbios concorrenciais, todavia, cabe ao Sistema Brasileiro de Defesa da Concorrência, mediante as regras de defesa da concorrência, cuidar dos efeitos verificados nesta área.[21]

Portanto, as supostas vantagens oriundas do protesto da certidão de dívida ativa tributária, as quais implicariam o efetivo cumprimento das obrigações tributárias pelo sujeito passivo, não superam outros direitos da coletividade assegurados pela Carta Magna, tais como o princípio da livre iniciativa e função social da empresa, visto que o protesto da certidão de dívida ativa, na medida em que dificulta o exercício da atividade econômica, poderá acarretar gravíssimo prejuízo e risco para a sua continuidade.

Ademais, o fundamento da defesa da livre concorrência não sustenta a prática do protesto da certidão de dívida ativa, já que o fato do inadimplemento tributário não foi submetido ao campo da ordem jurídica que disciplina a defesa do postulado da livre concorrência.

Demonstrada, portanto, a não conformação do protesto da certidão de dívida ativa tributária com a proporcionalidade, já que não passa pelo filtro dos critérios *necessidade* e *proporcionalidade em sentido estrito*, resta evidente que, nestes casos, o Estado estará agindo *manu militari*, a fim de compelir o contribuinte ao pagamento do tributo, por meio de mecanismos que não se coadunam com a ordem jurídica.

---

20. O art. 146-A da Constituição abre campo para a instituição de lei complementar que estabeleça critérios especiais de tributação com o objetivo de prevenir desequilíbrios da concorrência, todavia, não houve a edição do aludido veículo normativo.

21. MORETI, Daniel. *Regime especial de controle e fiscalização de tributos e a livre-concorrência*. São Paulo: Noeses, 2017, p. 198.

4. O protesto da certidão de dívida ativa como sanção política

Muito embora o STF tenha reconhecido que o protesto da certidão de dívida ativa não caracteriza sanção política, não pensamos que seja assim.

Sanção política corresponde à imposição de penalidades de natureza não pecuniária pela Administração Tributária, mediante o emprego de meios de coação, por meio em restrições, vedações ou condicionamentos à fruição de direitos essenciais dos contribuintes, como forma indireta de obrigá-los ao pagamento de tributos.

Conforme definição de Hugo de Brito Machado:

> Em Direito Tributário a expressão sanções políticas corresponde a restrições ou proibições impostas ao contribuinte, como forma indireta de obrigá-lo ao pagamento do tributo, tais como a interdição de estabelecimento, o regime especial de fiscalização, entre outras.[22]

Rotineiramente, o Fisco vale-se de medidas dessa natureza, constrangendo o contribuinte para forçá-lo ao pagamento do crédito tributário, passando, muitas vezes, ao largo de direitos fundamentais.

Ocorre que tais medidas ignoram garantias e princípios constitucionais sob a justificativa de se estabelecer meios mais eficientes de arrecadação, violando o devido processo legal nas suas duas vertentes: formal e substantiva.[23]

---

22. MACHADO, Hugo de Brito. Sanções Políticas no Direito Tributário. In: *Revista Dialética de Direito Tributário*, n. 30, mar. 1998, p. 46.

23. Muito embora o entendimento histórico do STF seja no sentido de rechaçar a prática de sanções políticas, vide Súmulas 70, 323 e 547, a Corte tem flexibilizado o seu entendimento acera da caracterização de sanções políticas, admitindo, assim, a utilização de medidas coercitivas para cobrança de tributos por parte do Fisco. Nesse sentido o julgado na AC 1657 MC, Relator: Min. JOAQUIM BARBOSA, Tribunal Pleno, julgado em 27/06/2007; o RE 550.769, Relator: Min. JOAQUIM BARBOSA, Tribunal Pleno, julgado em 22/05/2013 e, mais recentemente, os votos proferidos no julgamento da ADI 3952, Rel. Min Joaquim Barbosa, cujo julgamento ainda não foi concluído.

A violação ao devido processo legal substantivo foi demonstrada acima, na medida em que ficou constatado que o protesto da certidão de dívida ativa não se coaduna com o princípio da proporcionalidade.

Quanto ao aspecto formal ou adjetivo do devido processo legal *(procedural due process)*, melhor sorte não cabe ao instrumento de cobrança em exame.

O devido processo legal adjetivo corresponde aos direitos e garantias processuais para que, entre o indivíduo e a coação estatal que pode recair sobre seu patrimônio e sua liberdade, é imperioso que haja a interposição de um processo, devidamente conduzido por um julgador.

Esse direito fundamental pode ser definido como o "conjunto de garantias constitucionais que, de um lado, asseguram às partes o exercício de suas faculdades e poderes processuais e, do outro, são indispensáveis ao correto exercício da jurisdição".[24]

Essa ideia implica observância à forma que deve ser respeitada no desenvolvimento do processo, atendidos os requisitos formais que permitem ao julgador decidir com imparcialidade, a partir das provas articuladas pelas partes, em condições de igualdade, sendo de fundamental importância como instrumento de atuação para alcance do direito material.[25]

Ora, pelo breve exposto, verifica-se que, figurando o protesto da certidão de dívida ativa como meio de cobrança extrajudicial, seu emprego se dá mediante violação ao devido processo legal formal, já que não há garantia do

---

24. CINTRA, Antônio Carlos de Araújo; GRINOVER, Ada Pellegrini; DINAMARCO, Candido Rangel. *Teoria Geral do Processo*. 31. ed. São Paulo: Malheiros, 2015, p. 89.

25. O devido processo legal adjetivo desdobra-se no texto constitucional em diversos outros princípios, como o do contraditório e da ampla defesa (art. 5º, inc. LV); na igualdade processual (art. 5º, inc. I), na publicidade e no dever de motivar (art. 5º, inc. LX e art. 93, inc. IX), impossibilidade das provas obtidas por meios ilícitos (art. 5º, inc. LVI), inviolabilidade de domicílio (art. 5º, inc. XI), sigilo das comunicações em geral (art. 5º, inc. XII), juiz competente (art. 5º, inc. XXXVII e LIII) etc.

contraditório e ampla defesa dos demais consectários da garantia constitucional.

Nem se pretenda afirmar que, caracterizando-se o protesto da certidão de dívida ativa como forma de cobrança extrajudicial, o devido processo legal restaria observado com a previsão, pela Portaria PGFN 33/2018, do Pedido de Revisão de Dívida Inscrita – PRDI.

Na análise do PRDI, a PGFN estará limitada, caso entenda pela procedência do pedido e o consequente cancelamento da inscrição e o do protesto, às matérias previstas no art. 15 da aludida Portaria que, em resumo, abrange os casos de: pagamento, parcelamento, suspensão de exigibilidade por decisão judicial, compensação, retificação da declaração, preenchimento da declaração com erro, vício formal na constituição do crédito, decadência ou prescrição, quando ocorridos em momento anterior à inscrição em dívida ativa da União; jurisprudência vinculante favorável ao contribuinte; ou qualquer causa de extinção ou suspensão do crédito tributário ou não tributário.

Assim, os temas que eventualmente podem ser admitidos, em PRDI, para cancelamento da inscrição em dívida ativa e, por consequência, para impedimento do protesto, são aqueles que comprometem a exigibilidade ou a própria existência do crédito tributário.

Esses temas são os que poderiam, em sede de execução fiscal, serem arguidos em exceção de pré-executividade, por se tratar de questões relativas aos requisitos necessários à validade do título executivo (CDA), ou da própria existência ou continuidade da execução fiscal.[26]

---

26. A exceção de pré-executividade, na atualidade, encontra amparo nos artigos 783 e 803 do CPC. Pode ser oposta a qualquer tempo, independentemente de garantia do juízo. As matérias discutidas por essa via são aquelas que não demandam dilação probatória, portanto, demonstradas por prova inequívoca e pré-constituída. Segundo Isabela Bonfá de Jesus, "a exceção de pré-executividade é indicada para o devedor que não pretende garantir o valor do débito e, portanto, não apresentar os embargos à execução fiscal, para alegar matéria que possa ser reconhecida de ofício pelo juiz (exemplo: prescrição, decadência)." (*Manual de direito e processo tributário*. 4. Ed. São Paulo: Editora Revista dos Tribunais, 2017, p. 384.

Portanto, o protesto da certidão de dívida ativa, tido, pelo Supremo Tribunal Federal, como meio extrajudicial de cobrança do crédito tributário, constitui verdadeira execução administrativa, que viola a garantia do devido processo legal, também no seu aspecto formal.

Nesse sentido, no nosso sentir, o protesto da certidão de dívida ativa é verdadeira sanção política, pois viola o devido processo legal substantivo, do qual decorre o princípio da proporcionalidade, além de violar a garantia do devido processo legal no sentido formal.

O protesto da certidão de dívida ativa é nítida sanção política, uma vez que consubstancia medida desautorizada pela Constituição Republicana. Sua prática se dá de forma coercitiva e imoral pela Administração Tributária, com a única finalidade de garantir a satisfação do crédito tributário, desrespeitando garantias constitucionais de caráter material e processual.

Considerações finais

No contexto das novas formas de exigência do crédito tributário, o Supremo Tribunal Federal declarou a constitucionalidade do protesto da certidão de dívida ativa.

Todavia, o protesto das certidões de dívida ativa tributária é meio incompatível com a cobrança do crédito tributário, por violar o princípio da proporcionalidade, tida como a dimensão substantiva do devido processo legal, além de violar o devido processo legal no sentido formal, caracterizando nítida sanção política.

Para mensuração do atendimento do princípio da proporcionalidade, três critérios devem ser observados: a) *adequação* entre os meios e os fins almejados; b) *necessidade*, que implica a verificação acerca da existência de meios menos gravosos ao administrado; e c) *proporcionalidade em sentido estrito*, que corresponde à ponderação entre os benefícios e as restrições de direitos oriundos do ato, a fim de verificar se estas últimas são justificadas ou compensadas pelo benefício que acarreta.

Analisado sob tal perspectiva, o protesto da certidão de dívida ativa tributária não atende ao critério *necessidade*, pois há inúmeros meios para exigência do crédito tributário com menor prejuízo à atividade econômica do contribuinte, vale dizer, o crédito tributário, que compõe o patrimônio público, é dotado de inúmeras garantias e privilégios e de meio especial para cobrança forçada, a saber: a ação de execução fiscal, prevista pela Lei 6.830/80.

Também não atende à *proporcionalidade em sentido estrito*, pois, ainda que por meio da coação ilegal decorrente do protesto o Fisco logre êxito no recebimento dos créditos devidos pelo contribuinte, os prejuízos de caráter geral que dele decorrem são maiores do que o benefício oriundo do eventual recebimento do crédito tributário, pois o contribuinte, que teve o título protestado, terá seu nome comprometido no mercado, cessando qualquer possibilidade, por exemplo, de compra a prazo, obtenção de crédito bancário etc.

Tem-se, assim, mecanismo utilizado pelo Fisco, com o nítido caráter de sanção política, como forma indireta de obrigar os contribuintes ao pagamento de tributos, em completo desrespeito às garantias constitucionais.

Tal medida pode dificultar e até mesmo inviabilizar as atividades econômicas dos contribuintes, consubstanciando forma de intervenção no domínio econômico completamente alheia aos ditames constitucionais.

Ainda que STF, no julgamento da ADI 5135, tenha declarado a constitucionalidade do protesto da certidão de dívida ativa, conferindo-lhe a qualidade de forma de cobrança extrajudicial que confere menores ônus ao contribuinte em relação à execução fiscal, é certo que a decisão mostra-se completamente equivocada.

Com a mencionada decisão na ADI 5135, a Egrégia Corte Suprema fez tábula rasa de princípios constitucionais essenciais, homologando uma perigosa forma de atuação da Administração Tributária que, por ser nitidamente contrária à proporcionalidade, ao devido processo legal adjetivo e caracterizar sanção política, significa perigoso passo para a ruptura do Estado Democrático de Direito.

Infeliz decisão! Não se pode permitir que o Fisco aja a qualquer custo sob a justificativa de receber o crédito tributário, pois se assim o for, toda a estrutura de direitos e garantias construída durante séculos e sob duras penas restará violada.

O Estado-Fisco deve encontrar limitações não apenas em face do *quantum* cobrado a título de tributo, mas também em relação à forma de fazê-lo.

Todavia, o órgão do qual se espera, em razão de sua função constitucional, a coibição de tais atos imorais praticados pela Administração Tributária, não o fez.

EFEITO SUSPENSIVO NA EXECUÇÃO FISCAL: INTERPRETAÇÃO HISTÓRICA EM CONFRONTO COM A INTERPRETAÇÃO SISTEMÁTICA

Mariana Barboza Baeta Neves Matsushita[1]

1. EXPOSIÇÃO DA PROBLEMÁTICA

Os privilégios gozados pela fazenda pública na seara processual, em especial no que diz respeito à execução de seus créditos, é matéria amplamente conhecida e debatida pela doutrina e jurisprudência brasileira há algum tempo.

Fundados especialmente no interesse público, o Código de Processo Civil de 1973 concedia prazo em dobro para recorrer e em quadruplo para contestar qualquer ação em que seja parte (Art. 188 do CPC/1973). O atual Código de processo Civil, concede apenas prazo em dobro, mas estende seus

---

1. Doutora pela PUC/SP (2018) com bolsa da CAPES, Mestre pela PUC/SP (2014) com bolsa integral do CNPq; DEA - Diploma de Estudios Avanzados pela Universidad de Barcelona - España (2009); Especialização em Processo Civil pelo IDP - Instituto Brasiliense de Direito Público (2010); Posgrado en Derecho Tributario Internacional - Universidad de Barcelona - España (2007); MILE - Master in International Law and Economics - World Trade Institut - Bern Universität - Suíça (2006); e, graduação em Direito pelo UniCeub - Centro Universitário de Brasília (2005). Atualmente é Professora na UPM - Universidade Presbiteriana Mackenzie- São Paulo/SP.

efeitos para todas as manifestações do ente público (art. 183 do CPC/2015).

No que diz respeito às execuções de seus créditos, é concedido à fazenda inúmeras outras vantagens para ver satisfeita sua pretensão de recebimento de créditos de natureza tributária ou não.

Uma problemática que envolveu a doutrina e jurisprudência brasileira diz respeito à negativa de concessão automática de efeito suspensivo aos Embargos à Execução Fiscal.

Quanto às execuções de maneira geral, o quadro de discussões nas últimas duas décadas não foi menos tormentoso, de tal modo que, antes de se ingressar na problemática acerca das execuções fiscais, é imperioso destacar algumas mudanças legislativas a respeito das execuções civis.

O Código de Processo Civil de 1973 não trazia incialmente previsão de efeito suspensivo automático aos Embargos à Execução. Somente com a reforma pela Lei 8.953, de 13 de dezembro de 1994, que o art. 739, §1º, previu essa característica aos embargos do devedor. Todavia, tal mudança perdurou até 2006, quando a Lei 11.382, voltou a tornar o prosseguimento da execução como regra, e os efeitos suspensivos como exceção. O Código de Processo Civil de 2015 manteve a espírito da reforma de 2006, ao determinar em seu art. 919, §1º do CPC/2015.

Paralelo a esse quadro, já se discutia o mesmo assunto no que diz respeito às Execuções Fiscais e a Lei 6.830, de 22 de setembro de 1980. Isso se deu porque alguns defendiam que os efeitos suspensivos estavam previstos nessa legislação de forma implícita em alguns de seus artigos, confira-se:

> *Art. 24 - A Fazenda Pública poderá adjudicar os bens penhorados:*
>
> *I - antes do leilão, pelo preço da avaliação, se a execução não for embargada ou se rejeitados os embargos;*
>
> *II - findo o leilão:*
>
> *Art. 32 - Os depósitos judiciais em dinheiro serão obrigatoriamente feitos:*

> *I - na Caixa Econômica Federal, de acordo com o Decreto-lei 1.737, de 20 de dezembro de 1979, quando relacionados com a execução fiscal proposta pela União ou suas autarquias;*
>
> *II - na Caixa Econômica ou no banco oficial da unidade federativa ou, à sua falta, na Caixa Econômica Federal, quando relacionados com execução fiscal proposta pelo Estado, Distrito Federal, Municípios e suas autarquias.*
>
> *§ 1º - Os depósitos de que trata este artigo estão sujeitos à atualização monetária, segundo os índices estabelecidos para os débitos tributários federais.*
>
> *§ 2º - Após o trânsito em julgado da decisão, o depósito, monetariamente atualizado, será devolvido ao depositante ou entregue à Fazenda Pública, mediante ordem do Juízo competente.*[2]

Segundo o entendimento esposado por aqueles que defendiam a tese dos efeitos suspensivos implícitos na Lei de Execuções Fiscais, os dois citados artigos tratam de autênticos atos expropriatórios que só podem ser praticados se a execução não for embargada, ou for improcedente com trânsito em julgado.

Tal discussão intensificou-se quando da já referida reforma do CPC em 2006, ao ser considerado que nas execuções civis a ausência de efeito suspensivo é regra, e sua concessão uma medida excepcional. A aplicação desse preceito, presente no art. 739-A do CPC/73, nas execuções fiscais então tornou-se matéria de intensa controvérsia nos tribunais.

Para fins de demonstração de tal divergência, cumpre fazer breve cotejo de decisões do STJ no REsp. 1127353/SC, pode-se observar tendência inicial pró-fisco do STJ no sentido de se defender a aplicação nas execuções fiscais do art. 739-A do CPC. Confira-se a ementa:

> PROCESSUAL CIVIL E EMBARGOS À EXECUÇÃO FISCAL – OFENSA AO ART. 542, § 3º, DO CPC – AUSÊNCIA DE PREQUESTIONAMENTO (SÚMULA 282/STF) – É APLICÁVEL O ART. 739-A DO CPC ÀS EXECUÇÕES FISCAIS – ART. 1º DA

---

2. BRASIL. Lei n. 6.830, de 22 de setembro de 1980. Disponível em: < http://www.planalto.gov.br/ccivil_03/leis/l6830.htm>. Acesso em: 18/04/2019.

> LEI 6.830/80 – ATRIBUIÇÃO DE EFEITO SUSPENSIVO – PERIGO DE DANO IRREPARÁVEL OU DE DIFÍCIL REPARAÇÃO – MATÉRIA QUE ENSEJA O REEXAME DE PROVAS – IMPOSSIBILIDADE EM RECURSO ESPECIAL (SÚMULA 7/STJ) 1. Aplica-se o enunciado da Súmula 282/STF no que diz respeito às questões em relação às quais o Tribunal não emitiu juízo de valor a respeito.
>
> 2. Determina o art. 1º da Lei 6.830/1980 a aplicação subsidiária das normas do CPC.
>
> 3. O artigo 739-A, introduzido pela Lei 11.382/2006, é aplicável à execução fiscal diante da ausência de norma específica na Lei 6.830/80.
>
> 4. Para verificar se o prosseguimento da execução fiscal ensejaria dano de difícil reparação ao executado, faz-se necessário incursionar no conjunto fático probatório, o que não se admite na instância especial, a teor da Súmula 7/STJ.
>
> 5. Recurso especial conhecido em parte e, nessa parte, não provido.[3]

O acórdão acima não foi julgado em sede de recursos repetitivos. O fundamento do referido posicionamento é a ausência de previsão expressa de efeito suspensivo na LEF, e a previsão de art. 1º da Lei 6.830/80 de aplicação subsidiária das normas do CPC em caso de lacuna.

Todavia, acórdão divergente da segunda turma, pouco mais de 2 (dois) anos depois, consignou entendimento diverso pró-contribuinte no sentido de se defender o efeito suspensivo nos embargos à execução fiscal pela sua simples apresentação, cumprindo o requisito essencial da garantia do crédito exigido pela própria LEF. Confira-se:

> PROCESSUAL CIVIL. RECURSO ESPECIAL. EMBARGOS À EXECUÇÃO FISCAL. EFEITO SUSPENSIVO. NÃO-INCIDÊNCIA DO ART. 739-A DO CPC. NORMA DE APLICAÇÃO SUBSIDIÁRIA À LEI 6.830/80. INTELIGÊNCIA DE SEU ART. 1º

---

3. BRASIL. Superior Tribunal de Justiça. Aplicação do art. 739-A do CPC às execuções fiscais – art. 1º da lei 6.830/80 – atribuição de efeito suspensivo. REsp 1127353/SC, Rel. Ministra ELIANA CALMON, SEGUNDA TURMA, julgado em 05/11/2009, DJe 20/11/2009.

INTERPRETADO EM CONJUNTO COM OS ARTIGOS 18, 19, 24 E 32 DA LEF E 151, DO CTN.

1. Controvérsia que abrange a discussão sobre a aplicabilidade do art. 739-A e § 1º, do CPC, alterados pela Lei 11.382/2006, às execuções fiscais.

2. A Lei 6.830/80 é norma especial em relação ao Código de Processo Civil, de sorte que, em conformidade com as regras gerais de interpretação, havendo qualquer conflito ou antinomia entre ambas, prevalece a norma especial. Justamente em razão da especialidade de uma norma (LEF) em relação à outra (CPC), é que aquela dispõe expressamente, em seu artigo 1º, que admitirá a aplicação desta apenas de forma subsidiária aos procedimentos executivos fiscais, de sorte que as regras do Código de Processo Civil serão utilizadas nas execuções fiscais apenas nas hipóteses em que a solução não possa decorrer da interpretação e aplicação da norma especial.

3. O regime da lei de execução fiscal difere da execução de títulos extrajudiciais, pois regula o procedimento executivo de débitos inscritos na dívida ativa, ou seja, constantes de títulos constituídos de forma unilateral.

4. A interpretação dos artigos 18, 19, 24, inciso I, e 32, § 2º, da LEF leva à conclusão de que o efeito suspensivo dos embargos à execução fiscal decorre da sua apresentação. Isso porque tais dispositivos legais prevêm a realização de procedimentos tendentes à satisfação do crédito (manifestação sobre a garantia, remissão, pagamento, adjudicação, conversão de depósito em renda) apenas após o julgamento dos embargos ou nas hipóteses em que estes não sejam oferecidos, evidenciando a suspensão do prosseguimento da execução até o julgamento final dos embargos.

5. Ainda a evidenciar o regime diferenciado da execução fiscal e o efeito suspensivo inerente aos embargos que se lhe opõem, está o § 1º do artigo 16 da Lei 6.830/80, segundo o qual "não são admissíveis embargos do executado antes de garantida a execução", o que denota a incompatibilidade com as inovações do CPC quanto ao efeito suspensivo dos embargos à execução.

6. Recurso especial provido.[4]

---

4. BRASIL. Superior Tribunal de Justiça. Não incidência do art. 739-A do CPC. norma de aplicação subsidiária à lei 6.830/80. inteligência de seu art. 1º interpretado em conjunto com os artigos 18, 19, 24 e 32 da LEF e 151, do CTN. REsp 1291923/PR, Rel. Ministro BENEDITO GONÇALVES, PRIMEIRA TURMA, julgado em 01/12/2011, DJe 07/12/2011.

O fundamento primordial para sustentar esse entendimento foi o princípio da especialidade, segundo o qual a norma especial prevalece sobre a norma geral, invocando os artigos 18, 19, 24, inciso I, e 32, §2º, da LEF como fundamentos suficientes para afastar a aplicação subsidiária do CPC/73.

A discussão perdurou até o julgamento do REsp. 1272827 / PE, no qual se decidiu pela tese pró-fisco, que foi submetido à sistemática de Recurso Repetitivo previsto no art. 543-C, do CPC, e da Resolução STJ n. 8/2008. Confira-se a ementa:

> PROCESSUAL CIVIL. TRIBUTÁRIO. RECURSO REPRESENTATIVO DA CONTROVÉRSIA. ART. 543-C, DO CPC. APLICABILIDADE DO ART. 739-A, §1º, DO CPC ÀS EXECUÇÕES FISCAIS. NECESSIDADE DE GARANTIA DA EXECUÇÃO E ANÁLISE DO JUIZ A RESPEITO DA RELEVÂNCIA DA ARGUMENTAÇÃO (FUMUS BONI JURIS) E DA OCORRÊNCIA DE GRAVE DANO DE DIFÍCIL OU INCERTA REPARAÇÃO (PERICULUM IN MORA) PARA A CONCESSÃO DE EFEITO SUSPENSIVO AOS EMBARGOS DO DEVEDOR OPOSTOS EM EXECUÇÃO FISCAL.
>
> 1. A previsão no ordenamento jurídico pátrio da regra geral de atribuição de efeito suspensivo aos embargos do devedor somente ocorreu com o advento da Lei n. 8.953, de 13, de dezembro de 1994, que promoveu a reforma do Processo de Execução do Código de Processo Civil de 1973 (Lei n. 5.869, de 11 de janeiro de 1973 - CPC/73), nele incluindo o §1º do art. 739, e o inciso I do art. 791.
>
> 2. Antes dessa reforma, e inclusive na vigência do Decreto-lei n. 960, de 17 de dezembro de 1938, que disciplinava a cobrança judicial da dívida ativa da Fazenda Pública em todo o território nacional, e do Código de Processo Civil de 1939 (Decreto-lei n. 1.608/39), nenhuma lei previa expressamente a atribuição, em regra, de efeitos suspensivos aos embargos do devedor, somente admitindo-os excepcionalmente. Em razão disso, o efeito suspensivo derivava de construção doutrinária que, posteriormente, quando suficientemente amadurecida, culminou no projeto que foi convertido na citada Lei n. 8.953/94, conforme o evidencia sua Exposição de Motivos - Mensagem n. 237, de 7 de maio de 1993, DOU de 12.04.1994, Seção II, p. 1696.
>
> 3. Sendo assim, resta evidente o equívoco da premissa de que a LEF e a Lei 8.212/91 adotaram a postura suspensiva dos embargos do devedor antes mesmo de essa postura ter sido

adotada expressamente pelo próprio CPC/73, com o advento da Lei 8.953/94, fazendo tábula rasa da história legislativa.

4. Desta feita, à luz de uma interpretação histórica e dos princípios que nortearam as várias reformas nos feitos executivos da Fazenda Pública e no próprio Código de Processo Civil de 1973, mormente a eficácia material do feito executivo a primazia do crédito público sobre o privado e a especialidade das execuções fiscais, é ilógico concluir que a Lei 6.830 de 22 de setembro de 1980 - Lei de Execuções Fiscais - LEF e o art. 53, §4º da Lei 8.212, de 24 de julho de 1991, foram em algum momento ou são incompatíveis com a ausência de efeito suspensivo aos embargos do devedor. Isto porque quanto ao regime dos embargos do devedor invocavam - com derrogações específicas sempre no sentido de dar maiores garantias ao crédito público - a aplicação subsidiária do disposto no CPC/73 que tinha redação dúbia a respeito, admitindo diversas interpretações doutrinárias.

5. Desse modo, tanto a Lei 6.830/80 - LEF quanto o art. 53, §4º da Lei 8.212/91 não fizeram a opção por um ou outro regime, isto é, são compatíveis com a atribuição de efeito suspensivo ou não aos embargos do devedor. Por essa razão, não se incompatibilizam com o art. 739-A do CPC/73 (introduzido pela Lei 11.382/2006) que condiciona a atribuição de efeitos suspensivos aos embargos do devedor ao cumprimento de três requisitos: apresentação de garantia; verificação pelo juiz da relevância da fundamentação (*fumus boni juris*) e perigo de dano irreparável ou de difícil reparação (*periculum in mora*).

6. Em atenção ao princípio da especialidade da LEF, mantido com a reforma do CPC/73, a nova redação do art. 736, do CPC dada pela Lei 11.382/2006 - artigo que dispensa a garantia como condicionante dos embargos - não se aplica às execuções fiscais diante da presença de dispositivo específico, qual seja o art. 16, §1º da Lei 6.830/80, que exige expressamente a garantia para a apresentação dos embargos à execução fiscal.

7. Muito embora por fundamentos variados - ora fazendo uso da interpretação sistemática da LEF e do CPC/73, ora trilhando o inovador caminho da teoria do "Diálogo das Fontes", ora utilizando-se de interpretação histórica dos dispositivos (o que se faz agora) - essa conclusão tem sido a alcançada pela jurisprudência predominante, conforme ressoam os seguintes precedentes de ambas as Turmas deste Superior Tribunal de Justiça. Pela Primeira Turma: AgRg no Ag 1381229 / PR, Primeira Turma, Rel. Min. Arnaldo Esteves Lima, julgado em 15.12.2011; AgRg no REsp 1.225.406 / PR, Primeira Turma, Rel. Min. Hamilton

Carvalhido, julgado em 15.02.2011; AgRg no REsp 1.150.534 / MG, Primeira Turma, Rel. Min. Benedito Gonçalves, julgado em 16.11.2010; AgRg no Ag 1.337.891 / SC, Primeira Turma, Rel. Min. Luiz Fux, julgado em 16.11.2010; AgRg no REsp 1.103.465 / RS, Primeira Turma, Rel. Min. Francisco Falcão, julgado em 07.05.2009. Pela Segunda Turma: AgRg nos EDcl no Ag n. 1.389.866/PR, Segunda Turma, Rei. Min. Humberto Martins, DJe de 21.9.2011; REsp, n. 1.195.977/RS, Segunda Turma, Rei. Min. Mauro Campbell Marques, julgado em 17/08/2010; AgRg no Ag n. 1.180.395/AL, Segunda Turma, Rei. Min. Castro Meira, DJe 26.2.2010; REsp, n, 1.127.353/SC, Segunda Turma, Rei. Min. Eliana Calmon, DJe 20.11.2009; REsp, 1.024.128/PR, Segunda Turma, Rei. Min. Herman Benjamin, DJe de 19.12.2008.

8. Superada a linha jurisprudencial em sentido contrário inaugurada pelo REsp. n. 1.178.883 - MG, Primeira Turma, Rel. Min. Teori Albino Zavascki, julgado em 20.10.2011 e seguida pelo AgRg no REsp 1.283.416 / AL, Primeira Turma, Rel. Min. Napoleão Nunes Maia Filho, julgado em 02.02.2012; e pelo REsp 1.291.923 / PR, Primeira Turma, Rel. Min. Benedito Gonçalves, julgado em 01.12.2011.

9. Recurso especial provido. Acórdão submetido ao regime do art. 543-C, do CPC, e da Resolução STJ 8/2008.[5]

Devida a importância do referido julgado, cumpre analisá-lo detidamente em tópico destacado.

1.1 A decisão do RESP 1272827/PE

Diante da multiplicidade das demandas em que se discutiram tais questões, com decisões divergentes dentro do próprio STJ, a questão foi decidida definitivamente na forma do então art. 543-C do CPC/73, a chamada sistemática dos recursos repetitivos.

Por conseguinte, no REsp. 1272827 / PE o STJ adotou postura de analisar historicamente a questão referente aos efeitos

5. BRASIL. Superior Tribunal de Justiça. aplicabilidade do art. 739-A, §1º, do CPC às execuções fiscais. necessidade de garantia da execução e análise do juiz a respeito da relevância da argumentação (fumus boni juris) e da ocorrência de grave dano de difícil ou incerta reparação (periculum in mora) para a concessão de efeito suspensivo. REsp 1272827/PE, Rel. Ministro MAURO CAMPBELL MARQUES, PRIMEIRA SEÇÃO, julgado em 22/05/2013, DJe 31/05/2013.

suspensivos de uma maneira geral, para daí concluir pela aplicabilidade do art. 739-A do CPC nas Execuções Fiscais.

Os fundamentos dessa decisão podem ser assim resumidos:

a) No Código de Processo Civil de 1939 (Decreto-lei 1.608/39) a atribuição de efeito suspensivo era medida excepcional;

b) O Decreto-lei 960, de 17 de dezembro de 1938, que tratava da cobrança judicial da dívida ativa da Fazenda Pública, não trazia a hipótese dos efeitos suspensivos, o que era feito jurisprudencialmente por aplicação do CPC de 1939 como medida excepcional;

c) O CPC de 1973, Lei 5.869, trouxe parte da disciplina da execução fiscal para seu bojo, com revogação parcial do Decreto-lei 960/38. De acordo com essa nova norma processual o efeito suspensivo continuaria como exceção;

d) A Lei de Execuções Fiscais, Lei 6.830, de 22 de setembro de 1980, invocando sua exposição de motivos, objetivou aumentar a eficiência na cobrança de dívidas ativas ao desvincular a execução fiscal de certos preceitos do CPC de 1973 que colocavam o referido crédito em posição inferior ao de títulos executivos das instituições financeiras.

Dessa exposição de motivos da Lie 6.830/80, extrai o acórdão do REsp. 1272827 / PE quatro conclusões essenciais: i) o crédito público não pode ser preterido sobre o privado; ii) necessidade de garantias de efetividade na cobrança; iii) A LEF adaptou-se ao sistema do CPC/73, invocando sua aplicação subsidiária; e iv) a LEF não previu efeito suspensivo dos embargos, seguindo diretriz do CPC de 1973.

Confira-se trecho do acórdão com especial importância:

> Desse modo, resta evidente que a Lei 6.830/80 não trouxe qualquer inovação no que diz respeito ao debate que era travado na doutrina e na jurisprudência a respeito da omissão do CPC/73

> quanto à atribuição ou não de efeito suspensivo aos embargos à execução fundada em título executivo extrajudicial. Sendo assim, a LEF sempre foi compatível com uma ou outra solução, já que, por princípio adotado em sua elaboração, conservou a sistemática dos embargos do devedor prevista no CPC/73.[6]

Daí conclui o acórdão:

> Esses dispositivos põe uma pá de cal por sobre o mito de que a Lei 6.830/80 - LEF é incompatível com a ausência de reconhecimento de efeito suspensivo nos embargos à execução. A compatibilidade existe, basta que se siga o mencionado art. 21 c/c art. 32, por interpretação extensiva, depositando-se o valor dos bens alienados no aguardo do desfecho do julgamento dos embargos do devedor, adotando-se, no âmbito federal, a sistemática prevista na Lei 9.703/98, que disciplina os depósitos judiciais de tributos e contribuições federais, o que evitaria a necessidade de seguir-se o rito dos precatórios na constatação do indébito em sede de embargos.[7]

Para afastar a tese dos efeitos suspensivos implícitos nos artigos 19 e 24 da LEF, que preveem atos expropriatórios apenas depois de rejeitados os embargos ou quando estes não forem apresentados, o acórdão faz um contraponto com o art. 21 também da LEF, que prevê a possibilidade de alienação antecipada. Confira-se: *"Art. 21 - Na hipótese de alienação antecipada dos bens penhorados, o produto será depositado em garantia da execução, nos termos previstos no artigo 9º, inciso I."*[8]

Nesse sentido, pela linha argumentativa histórica apresentada pelo REsp. 1272827 / PE, fez-se menção à reforma sofrida pelo CPC de 1973 com a Lei 8.212/91, que fez com que a LEF a continuasse como já fazia anteriormente. Daí conclui-se que, com a nova reforma pela Lei 11.382/2006, a LEF também deveria segui-la.

---

6. Ibdem.

7. Idem, Ibdem.

8. BRASIL. Lei n. 6.830, de 22 de setembro de 1980. Disponível em: <http://www.planalto.gov.br/ccivil_03 /leis/l6830.htm>. Acesso em: 18/04/2019.

Confira-se trecho de importância esclarecedora:

> As transcrições efetuadas apenas explicitam o fato de que, muito embora posteriormente se formasse doutrina majoritária no sentido de que os embargos do devedor teriam sempre efeito suspensivo, a letra do CPC/73 vigente ao tempo do advento da LEF e da Lei 8.121/91 deixava a questão em aberto, carecendo de posição interpretativa. Desse modo, não há como presumir-se que a LEF ou o art. 53, §4°, da Lei 8.212/91 fossem a priori incompatíveis com um ou outro posicionamento, já que se tratava de questão a ser dirimida no âmbito das possibilidades de interpretação do CPC/73. Sendo assim, seja qual fosse a posição tomada pela jurisprudência (efeito suspensivo ou não), a LEF e a Lei 8.212/91 a acompanhariam, assim como acompanham agora a inovação quanto à regra de ausência de efeito suspensivo dos embargos trazida pela Lei 11.382, de 6 de dezembro de 2006.[9]

Nesse sentido, argumentou-se que, se a satisfação do crédito privado passou a gozar de determinados privilégios com a reforma de 2006, não poderia o crédito público deixar de tê-las. Em contrapartida, a possibilidade de oposição de embargos sem garantia, trazida pelo art. 736 do CPC com a reforma da Lei 11.382/2006, não seria aplicável às execuções fiscais por expressa previsão diversa na LEF em seu art. 16, §1°, invocando aí o princípio da especialidade.

Assim, na conclusão do julgamento, afirmou-se que os entendimentos jurisprudências contrários a esse posicionamento fazem "tábula rasa da história legislativa", pois desconsideram o desenvolvimento histórico do efeito suspensivo apresentado naquele voto.

Insta salientar que o espírito da reforma da Lei 11.382/2006 foi mantido pelo texto do novo Código de Processo Civil, nos termos do art. art. 919, §1° do CPC/15.

---

9. BRASIL. Superior Tribunal de Justiça. aplicabilidade do art. 739-A, §1°, do CPC às execuções fiscais. necessidade de garantia da execução e análise do juiz a respeito da relevância da argumentação (fumus boni juris) e da ocorrência de grave dano de difícil ou incerta reparação (periculum in mora) para a concessão de efeito suspensivo. REsp 1272827/PE, Rel. Ministro MAURO CAMPBELL MARQUES, PRIMEIRA SEÇAO, julgado em 22/05/2013, DJe 31/05/2013.

Conquanto a decisão do STJ em sede de recursos repetitivos tenha resolvido a questão de maneira definitiva, pelo menos até que o próprio Tribunal mude de entendimento ou que haja alteração legislativa, a decisão então tomada não é isenta de críticas e de análise acadêmica, o que se passa a fazer nos tópicos seguintes.

2. UMA QUESTÃO HERMENÊUTICA

Exposta a problemática a partir da análise jurisprudencial apresentada, cumpre enfrentar a questão a partir dos preceitos da hermenêutica jurídica.

Uma rápida análise do voto do REsp. 1272827 / PE demonstra com facilidade que se adotou ali uma interpretação histórica do problema, inclusive com inúmeras referências às exposições de motivos dos diplomas legais que trataram do assunto.

Acerca do elemento histórico na interpretação, torna-se indispensável citar alguns trechos do pensamento de Carlos Maximiliano:

> Mais importante do que a história geral do Direito é, para o hermeneuta, a especial de um instituto e, em proporção maior, a de um dispositivo ou norma submetida a exegese. A lei aparece como último elo de uma cadeia, como um fato intelectual e moral, cuja origem nos fará conhecer melhor o espírito e alcance do mesmo.
>
> [...]
>
> O confronto de disposições vigentes com outras anteriores, paralelas, ou análogas, não só evidencia a continuidade, embora progressiva, de ideias e teorias preexistentes; como também prova que essa perpetuação relativa é a regra; o contraste, a mudança radical aparece como exceção.[10]

Inicialmente, a linha argumentativa adotada pelo STJ parece se coadunar perfeitamente com o entendimento de

10. MAXIMILIANO, Carlos. *Hermenêutica Jurídica*. Rio de Janeiro: Editora Forense, 1999, 18º edição, p. 138 e 140.

Carlos Maximiliano. Todavia, outro trecho de sua obra critica o uso excessivo de materiais preparatórios de lei, como é o caso das exposições de motivo. Confira-se:

> Além do elemento histórico propriamente dito, constituído pelo Direito anterior do qual o vigente é apenas um desdobramento, existe, sob a mesma denominação geral, outro fator de exegese, que os autores designam com as expressões – Materiais Legislativos ou Trabalhos Preparatórios. Essa espécie tem menos valor que a descrita anteriormente, muito menos; entretanto, é invocada com frequência maior no Brasil, sobretudo a respeito de leis recentes. Compreende anteprojetos; os Projetos e as respectivas Exposições de motivos; Mensagens dirigidas pelo Executivo às Câmaras;
>
> [...]
>
> Houve exageros no apreço aos Trabalhos Preparatórios, a ponto de se lhes atribuir o valor de interpretação autêntica, o que era rematado absurdo. Não parece defensável o equiparar a uma exegese oficial, compulsória, irretorquível, um processo espontâneo e menos eficiente e recomendável que o sistemático, o teleológico, baseado na jurisprudência e o que se funda num elemento mais recente e muito seguro, o Direito Comparado. [11]

Em que pese reconhecer a importância do denominado "elemento histórico", apesar de adotar uma linha mais restritiva à possibilidade de mudança radical na interpretação, Carlos Maximiliano rechaça com clareza a primazia da utilização de exposições de motivos como exegese oficial e interpretação autêntica, afirmando que "Os Materiais Legislativos têm alguma utilidade para a hermenêutica; embora não devam ser colocados na primeira linha [...]"[12]

Portanto, adotando um posicionamento mais moderado no que diz respeito à hermenêutica, a decisão do STJ já é criticável por dar primazia aos Materiais Legislativos em detrimento de outros métodos interpretativos, tais como a interpretação sistemática ou teleológica.

---

11. MAXIMILIANO, op. cit., p. 138 e 141.

12. MAXIMILIANO, op. cit., p. 142.

Todavia, a postura interpretativa adotada pelo REsp. 1272827 / PE é mais criticável ainda se forem levantados alguns pontos atuais da Hermenêutica Jurídica. Nesse sentido, Miguel Reale defende a Hermenêutica Estrutural, partindo da ideia de um "trabalho construtivo de natureza axiológica" para fazer uma compreensão atual do problema hermenêutico. Assim, o citado jusfilósofo defende o caráter criador do hermeneuta, voltado essencialmente para uma análise valorativa da norma. Confira-se em sua doutrina:

> Mais do que qualquer outro autor, Emílio Betti soube dar realce ao papel da interpretação jurídica, distinguindo-a cuidadosamente de outras formas de interpretação, como a histórica, a literária ou a musical. O interprete do Direito, consoante demonstrações convincentes daquele mestre, não fica preso ao texto, como o historiador aos fatos passados, e tem mesmo mais liberdade do que o pianista diante da partitura. Se o executor de Beethoven pode dar uma interpretação própria, através dos valores da sua subjetividade, a música não pode deixar de ser a de Beethoven. No Direito, ao contrário, o intérprete pode avançar mais dando à Lei uma significação imprevista, completamente diversa da esperada ou querida pelo legislador, em virtude de sua correlação com outros dispositivos, ou então pela sua compreensão à luz de novas valorações emergentes no processo histórico.[13]

Como se pode observar, Miguel Reale não nega a importância do elemento histórico, porém traz a sua discussão para o campo da valorização que o interprete dá, ressaltando seu papel criador. Confira-se:

> Não pode absolutamente ser contestado o caráter criador da Hermenêutica Jurídica nesse árduo e paciente trabalho de cotejo de enunciados lógicos e axiológicos para atingir a real significação da lei, tanto mais que esse cotejo não se opera no vazio, mas só é possível mediante contínuas aferições no plano dos fatos, em função dos quais as valorações se enunciam.[14]

---

13. REALE, Miguel. *Lições Preliminares de Direito*, São Paulo: Editora Saraiva, 2001, 25ª ed, 2ª tiragem, p. 293.

14. REALE, OP. CIT., P. 293.

Diante dessas profundas lições tiradas das mais balizadas doutrinas a posição adotada pelo STJ no julgamento do REsp. 1272827 / PE se mostra cada vez mais anacrônica, seja pelo uso indiscriminado e preponderante dos Materiais Legislativos em detrimento da interpretação sistemática, uma vez que se demonstrará adiante que o Código Tribunal Nacional sequer foi considerado no entendimento esposado pelo STJ, seja por afastar o papel criador do hermeneuta jurídico na valorização dos fatos durante o processo interpretativo das normas.

2.1 Interpretação sistemática da execução fiscal

Como foi possível observar, a questão debatida reclama de imediato a aplicação de apurada técnica hermenêutica para sua solução.

A interpretação sistemática do ordenamento jurídico, de início, parece ser a mais adequada para solucionar o problema. Isso se deve porque a questão não pode ser encarada apenas sob o prisma da Lei de Execuções Fiscais, mas deve envolver também um profundo debate entre dispositivos do Código Tributário Nacional e o Código de Processo Civil.

Assim, nesse esforço hermenêutico convém lembrar que os requisitos essenciais para qualquer execução é a certeza, liquidez e exigibilidade do crédito que se pretende cobrar.

Tais requisitos podem ser observados nas execuções em geral no art. 783 do CPC/15. Confira-se: *"Art. 783. A execução para cobrança de crédito fundar-se-á sempre em título de obrigação certa, líquida e exigível."*[15]

Parte-se do pressuposto, portanto, que para ser possível a utilização do procedimento executório não pode pender, *a priori*, discussão acerca da existência do crédito, de sua

15. BRASIL. LEI 13.105, DE 16 DE MARÇO DE 2015. Disponível em: <http://www.planalto.gov.br/ccivil_03/_ato2015-2018/2015/lei/l13105.htm>. Acesso em: 18/04/2019.

quantificação monetária e nem da possibilidade jurídica de se exigir o seu pagamento.

Seguindo essa diretriz o Código Tributário Nacional, Lei 5.172, de 25 de outubro de 1966, em seu art. 204 repete disposição semelhante: "*Art. 204. A dívida regularmente inscrita goza da presunção de certeza e liquidez e tem o efeito de prova pré-constituída.*"[16]

Redação semelhante também se repete na Lei de Execuções Fiscais, em seu art. 3º:

> *Art. 3º - A Dívida Ativa regularmente inscrita goza da presunção de certeza e liquidez. Parágrafo Único - A presunção a que se refere este artigo é relativa e pode ser ilidida por prova inequívoca, a cargo do executado ou de terceiro, a quem aproveite.*[17]

Da interpretação desses dispositivos percebe-se com clareza que a certidão de dívida ativa é o título que se pretende exigir o adimplemento com o processo executivo. Confira-se, para tanto, o art. 784, inciso IX, do CPC/2015 e o art. 6º, §1º, da LEF.

> *Art. 784. São títulos executivos extrajudiciais:*
>
> *[...]*
>
> *IX - a certidão de dívida ativa da Fazenda Pública da União, dos Estados, do Distrito Federal e dos Municípios, correspondente aos créditos inscritos na forma da lei;*[18]
>
> *Art. 6º - A petição inicial indicará apenas:*
>
> *[...]*
>
> *§ 1º - A petição inicial será instruída com a Certidão da Dívida Ativa, que dela fará parte integrante, como se estivesse transcrita.*[19]

---

16. BRASIL. LEI 5.172, DE 25 DE OUTUBRO DE 1966. Disponível em: < http://www.planalto.gov.br/ccivil_03/leis/l5172.htm>. Acesso em: 18/04/2019.

17. BRASIL. Lei 6.830, DE 22 DE SETEMBRO DE 1980. Disponível em: < http://www.planalto.gov.br/ccivil_03/ leis/l6830.htm>. Acesso em: 18/04/2019.

18. BRASIL. LEI 13.105, DE 16 DE MARÇO DE 2015. Disponível em: < http://www.planalto.gov.br/ccivil_03/ _ato2015-2018/ 2015/lei/l13105.htm>. Acesso em: 18/04/2019.

19. BRASIL. Lei 6.830, DE 22 DE SETEMBRO DE 1980. Disponível em: < http://

Nesse sentido, o crédito da fazenda pública, tributário ou não, é representado pela certidão de dívida ativa, que se exige o pagamento por meio do processo executivo. Daí se conclui que, caso o crédito tributário tenha a exigibilidade suspensa, o seu título que o representa, passará sofrer dos mesmos efeitos, o título executivo terá sua exigibilidade suspensa.

A suspensão do crédito tributário está prevista no art. 151 do CTN. Confira-se:

> *Art. 151. Suspendem a exigibilidade do crédito tributário:*
>
> *I - moratória;*
>
> *II - o depósito do seu montante integral;*
>
> *III - as reclamações e os recursos, nos termos das leis reguladoras do processo tributário administrativo;*
>
> *IV - a concessão de medida liminar em mandado de segurança.*
>
> *V – a concessão de medida liminar ou de tutela antecipada, em outras espécies de ação judicial; (Incluído pela Lcp 104, de 10.1.2001)*
>
> *VI – o parcelamento. (Incluído pela Lcp 104, de 10.1.2001)*
>
> *Parágrafo único. O disposto neste artigo não dispensa o cumprimento das obrigações assessórios dependentes da obrigação principal cujo crédito seja suspenso, ou dela consequentes.*[20]

Importa aqui destacar a importância dos incisos II e V. Ambos tratam de causas distintas pelas quais se suspenderá a exigibilidade do crédito. Frise-se que a lei diferencia com clareza em incisos separados a hipótese de suspensão da exigibilidade pelo depósito do montante integral da hipótese pela concessão de liminar ou tutela antecipada.

Um funda-se na segurança gerada pelo depósito, vez que de forma relativa satisfaz a pretensão exigível; a outra se funda no poder coativo de decisão judicial que reconhece o risco

---

www.planalto.gov.br/ccivil_03/ leis/l6830.htm>. Acesso em: 18/04/2019.

20. BRASIL. LEI 5.172, DE 25 DE OUTUBRO DE 1966. Disponível em: < http:// www.planalto.gov.br/ccivil_03/leis/l5172.htm>. Acesso em: 18/04/2019.

de dano e a verossimilhança das razões apontadas pelo devedor para se insurgir contra o crédito.

Cumpre destacar ainda o art. 141 do CTN, que é expresso em afirmar que as hipóteses de suspensão de exigibilidade decorrerão sempre de lei. Confira-se:

> *Art. 141. O crédito tributário regularmente constituído somente se modifica ou extingue, ou tem sua exigibilidade suspensa ou excluída, nos casos previstos nesta Lei, fora dos quais não podem ser dispensadas, sob pena de responsabilidade funcional na forma da lei, a sua efetivação ou as respectivas garantias.* [21]

Continuando por essa linha de raciocínio, a Lei de Execuções Fiscais inova, em seu art. 9º, ao criar outra hipótese de suspensão de exigibilidade. Na verdade, ela equipara a garantia, qualquer que seja, ao depósito do montante integral que se refere o art. 151, inciso II do CTN.

> *Art. 9º - Em garantia da execução, pelo valor da dívida, juros e multa de mora e encargos indicados na Certidão de Dívida Ativa, o executado poderá:*
>
> *I - efetuar depósito em dinheiro, à ordem do Juízo em estabelecimento oficial de crédito, que assegure atualização monetária; [...]*
>
> *III - nomear bens à penhora, observada a ordem do artigo 11; ou [...]*
>
> *§ 3º - A garantia da execução, por meio de depósito em dinheiro ou fiança bancária, produz os mesmos efeitos da penhora.*[22]

Da interpretação do citado artigo, se conclui que do gênero "garantia da execução" têm-se duas espécies equivalentes que produzem os mesmos efeitos por força do §3º, quais sejam: o depósito integral e a nomeação de bens à penhora.

Em outras palavras, a interpretação do §3º é via de mão dupla, que permite concluir que os efeitos da penhora são os

---

21. Ibdem.

22. BRASIL. Lei 6.830, de 22 de setembro de 1980. Disponível em: < http://www.planalto.gov.br/ccivil_03/leis/l6830.htm>. Acesso em: 18/04/2019.

mesmos do depósito integral. Considerando que a LEF é uma lei federal, a exigência do art. 151 do CTN é satisfeita.

Ora, a exigibilidade é requisito da execução (Art. 784 do CPC/15 cc art. 3º da LEF), e indo além, é pressuposto processual da execução, vez que se o título não é exigível carecerá de interesse de agir o procedimento executório.

De antemão, não se quer confundir aqui o efeito suspensivo dos Embargos do Devedor com a suspensão do crédito tributário. Todavia, é patente que uma vez apresentada a garantia obrigatória para embargar a execução fiscal, a exigibilidade do crédito tributário estará suspensa, o que inequivocamente provocará a suspensão da execução, pois a mesma não poderá realizar atos expropriatórios de dívida cuja exigibilidade está suspensa.

Esse provavelmente é o motivo do silêncio da LEF do dito efeito suspensivo dos Embargos. Entendeu a lei que sequer seria necessário tecer maiores considerações acerca dos efeitos dos embargos na execução, vez que um dos pressupostos essências desta última, a exigibilidade, já estaria de plano suspensa diante da garantia necessária para embargar.

São por tais razões que a LEF pressupõe que a execução só prosseguirá quando os embargos não forem opostos ou forem julgados improcedentes, como efetivamente ocorre com os art. 19, 24 e 32.

Considerando que o art. 151 do CTN diferencia com clareza o depósito do montante integral da concessão de liminar, e que a LEF equipara a penhora com o depósito (§3º do art. 9º), só é possível concluir que é desnecessário para suspender a exigibilidade em sede de Embargos os requisitos exigidos pelo CPC no art. art. 919, §1º do CPC/2015, com a alegação de *fumus boni iuris* e *periculum in mora*, ou seja, os chamados “requisitos para a concessão da tutela provisória”, pois aqui se tem a aplicação da lei especial em detrimento da lei geral, uma vez que, como visto, o CTN trata a garantia do juízo e concessão de liminar como hipóteses distintas e não cumulativas aptas a gerar a suspensão da exigibilidade.

3. A ALIENAÇÃO ANTECIPADA DO ART. 21 DA LEF

O acórdão do REsp. 1272827 / PE afirma por uma "pá de cal" na questão ao citar o art. 21 da LEF como indício de que o referido diploma legal prevê a continuidade da execução.

Cumpre destacar trecho do voto relator:

> Esses dispositivos põe uma pá de cal por sobre o mito de que a Lei 6.830/80 - LEF é incompatível com a ausência de reconhecimento de efeito suspensivo nos embargos à execução. A compatibilidade existe, basta que se siga o mencionado art. 21 c/c art. 32, por interpretação extensiva, depositando-se o valor dos bens alienados no aguardo do desfecho do julgamento dos embargos do devedor, adotando-se, no âmbito federal, a sistemática prevista na Lei 9.703/98, que disciplina os depósitos judiciais de tributos e contribuições federais, o que evitaria a necessidade de seguir-se o rito dos precatórios na constatação do indébito em sede de embargos.[23]

Inicialmente, convém criticar o referido entendimento pela intepretação gramatical. O adjetivo "antecipada", que qualifica o termo "alienação", não está na lei por acaso.

Na lição de Carlos Maximiliano: "*Verba cum effectu, sunt accipienda*: 'não se presumem, na lei, palavras inúteis.' Literalmente: 'Devem-se compreender as palavras como tendo alguma eficácia".[24]

Ora, "antecipada" nos remete a uma possibilidade de algo ocorrer em prazo mais curto do que deveria. Fosse uma alienação comum o artigo dispensaria o referido termo.

Disso é possível concluir que a hipótese do art. 21 não trata de algo corriqueiro, mas sim medida excepcional que difere

---

23. BRASIL. Superior Tribunal de Justiça. aplicabilidade do art. 739-A, §1°, do CPC às execuções fiscais. necessidade de garantia da execução e análise do juiz a respeito da relevância da argumentação (fumus boni juris) e da ocorrência de grave dano de difícil ou incerta reparação (periculum in mora) para a concessão de efeito suspensivo. REsp. 1272827/PE, Rel. Ministro MAURO CAMPBELL MARQUES, PRIMEIRA SEÇÃO, julgado em 22/05/2013, DJe 31/05/2013.

24. MAXIMILIANO, op. cit., p.250.

do que ocorre comumente. Isso obviamente deve ser fundada em alguma razão de direito relevante que justifique o carácter dessa exceção.

A regra é não alienar antecipadamente, sendo a antecipação a exceção. Antecipar a partir de qual referencial? Antecipar-se ao término dos embargos evidentemente. Fundado em quais razões? A interpretação sistemática nos remete sem a menor sombra de dúvidas ao art. 852 do CPC/15. Confira-se:

> *Art. 852. O juiz determinará a alienação antecipada dos bens penhorados quando:*
>
> *I - se tratar de veículos automotores, de pedras e metais preciosos e de outros bens móveis sujeitos à depreciação ou à deterioração;*
>
> *II - houver manifesta vantagem.*[25]

Assim, o mesmo artigo 21 da LEF que supostamente colocaria uma "pá de cal" na questão, serve para demonstrar que a previsão ali disposta é medida de exceção que confirma a regra, que é o não prosseguimento da execução fiscal quando garantida a dívida.

4. O SUPOSTO PRIVILÉGIO DO CRÉDITO PRIVADO SOBRE O TRIBUTÁRIO

Ainda acerca da fundamentação do REsp. 1272827 / PE levantou-se ali uma questão interessante.

O crédito público goza de privilégios que não são extensíveis ao crédito privado. Todavia, se se entendesse que os embargos à execução fiscal tivessem efeitos suspensivos imediatos, o crédito privado estaria em posição mais vantajosa, pois tal efeito não é imediato nos embargos à execução civil.

Todavia, essa não é uma interpretação mais razoável e proporcional do que ocorre na prática. Essa linha argumentativa

25. BRASIL. LEI 13.105, DE 16 DE MARÇO DE 2015. Disponível em: < http://www.planalto.gov.br/ _03/_ato2015-2018/2015/lei/l13105.htm>. Acesso em: 18/04/2019.

desconsidera importante diferença entre a execução fiscal e a execução civil; aquela somente abre prazo para embargos com garantia da dívida, enquanto que nesta última os embargos do devedor dispensam tal medida.

Considerando a obrigatoriedade da prestação de garantia, torna-se evidente que o crédito privado não estará em posição mais vantajosa que o público. Em outras palavras, só se abre um processo de conhecimento contra um crédito público quando se tem certeza processual de que ocorrerá o adimplemento do mesmo mediante a garantia do juízo.

Sopesando ambas as características, é possível concluir por razões de razoabilidade, que mesmo suspensa automaticamente, a execução fiscal continuará sendo mais eficiente que a civil, posto que a fiscal exige garantia integral para inaugurar a fase de execução.

5. A SEGURANÇA JURÍDICA COMO ELEMENTO DE CERTEZA

Diante de tudo que foi exposto em linhas pretéritas, fica evidente que toda a celeuma gravita em torno do sobreprincípio a segurança jurídica, interpretando-se pelo viés do princípio da legalidade e pela sua característica de invocação da certeza como valor a ser alcançado.

Assim, evidencia-se que, se por um lado a fazenda pública busca o adimplemento forçado de uma obrigação, por outro o jurisdicionado busca garantir a execução para poder se defender.

A grande questão em análise consiste em verificar se uma vez garantido o crédito tributário atinge-se o grau de certeza e estabilidade suficientes para satisfazer, ainda que com limites, a pretensão executiva da Fazenda Pública.

Se a atuação do fisco se baseia na desconfiança e incerteza, não se estará de forma alguma respeitando o sobreprincípio da segurança jurídica. Por outro lado, se fosse fundado na confiança e certeza jurídicas este princípio não restaria violado.

Todavia, o que se verifica que é que a Fazenda Pública, diante de situação em que seu crédito está plenamente garantido, desconfia dos próprios mecanismos judiciais que visam dar certeza de adimplemento no âmbito do processo executivo, que a garantia do juízo.

Frise-se, a opção do legislador em equiparar a garantia em execução fiscal aos efeitos do depósito do montante integral (§3º do art. 9º da LEF) gera certeza jurídica escorada no princípio da legalidade, posto haver previsão expressa tanto no CTN como na LEF da suspensão da exigibilidade do crédito nesses casos.

Não obstante tais argumentos, o STJ utilizou-se de razões históricas, e não jurídicas, para fundamentar sua decisão no sentido de que a simples garantia não importa em suspensão da execução fiscal de forma automática, desconsiderando completamente outros dispositivos da LEF e do CTN.

Todavia, o prosseguimento de execução fiscal contra crédito suspenso de acordo com determinação legal viola, assim, tanto a legalidade como a segurança jurídica. A fundamentação do STJ fundou-se na desconfiança e a na incerteza, pressupondo que o crédito garantido judicialmente ainda pode ser inadimplido, o que em última análise consiste em não prestigiar o próprio sistema processual brasileiro transferindo ao jurisdicionado o ônus de provar os pressupostos para concessão de liminar (probabilidade do direito e perigo de dano) visando suspender sua execução.

Conclui-se assim que, o posicionamento pacificado na jurisprudência do STJ além de não ser a interpretação mais correta do ordenamento jurídico brasileiro, assim considerado o método sistemático, viola ainda o sobreprincípio da segurança jurídica, posto fundar-se na desconfiança contra o jurisdicionado.

6. CONCLUSÃO

Ao longo do presente estudo buscou-se demostrar a controvérsia jurídica que existe acerca do efeito suspensivo em caso de oposição de embargos á execução.

A questão inicialmente tormentosa para o judiciário, foi pacificada em sede de recursos repetitivos no REsp. 1272827/PE, julgado em julgado em 22/05/2013 pelo STJ, oportunidade na qual entendeu o tribunal que aplica-se o CPC à execuções fiscais nesse ponto específico, exigindo-se para suspensão da execução não só a garantia do juízo como também a descontração de probabilidade do direito e perigo de dano.

Em que pese a importância e relevância do citado julgado, ele não é imune à críticas, especialmente no meio acadêmico, o que buscou-se fazer neste estudo. Para isso, em um primeiro momento estabeleceu-se a premissa que de a interpretação histórica da lei não é, e nem deve ser, a mais importante. Os materiais preparatórios para elaboração legislativa, como a exposição de motivos e os debates no Congresso, em que pese possam ser objeto de estudo, não devem prevalecer sobre a interpretação sistemática do ordenamento jurídico.

Uma vez que isso foi estabelecido, buscou-se em seguida buscar nas normas vigentes, especialmente no CTN, uma melhor compreensão da LEF. Com este olhar, restou cristalino que o art. 151 do CTN, que estabelece a garantia do juízo e a concessão ode liminar como hipóteses distintas para suspensão da exigibilidade do crédito tributário, está em perfeita sintonia com o art. 9º, §3º, da LEF, que por sua vez equipara o depósito para fins de embargos como uma modalidade de garantia do juízo.

Compreendido esse ponto, não restam dúvidas de que a execução fiscal não deve prosseguir uma vez que esteja embargada, posto que é exigência da lei para oposição de embargos a garantia do juízo. Uma vez garantido tem-se a equiparação com o depósito do montante integral, razão pela qual a exigibilidade do título estará suspensa.

É pressuposto de qualquer execução, seja civil ou pública, os requisitos de certeza, liquidez e exigibilidade. Ora, se este último requisito está suspenso, por força da garantia/depósito, não há qualquer razão para continuidade do feito executivo, razão pela qual deve ser suspenso.

Diante desse quadro, especial relevo toma o princípio invocado pelo STJ segundo o qual o crédito público não pode gozar de menos benefícios que o crédito privado. Acerca desse ponto, deve-se sopesar não só a questão da incidência ou não de efeitos suspensivos imediatos, mas toda as diferenças processuais de ambos os tipos de execução (a civil e a pública).

Considerando essa ótica, identifica-se especial diferença entre os tipos de ritos executivos, que é a necessidade de garantia obrigatória para oposição dos embargos. Enquanto a execução civil, nos termos do art. 919, §1º do CPC/2015 não exige garantia para ajuizamento da citada ação, o feito executivo fiscal traz disposição expressa na LEF no sentido de ser obrigatória a garantia do juízo para o executado embargar.

Uma vez que seja sopesado esses aspectos, verifica-se que mesmo com a concessão de efeito suspensivo automático, o crédito público ainda estará em posição privilegiada sobre o crédito privado, em razão da exigência de garantia para ajuizamento de embargos.

Diante de tudo que foi exposto, realizando-se uma apurada interpretação sistemática do ordenamento jurídico, não restam dúvidas de que a mera oposição de Embargos á execução fiscal, com prévia garantia do juízo, tem-se inequívoca hipótese de suspensão da exigibilidade do crédito tributário, razão pela qual o feito executivo fiscal deve ser suspenso enquanto tramitam os embargos.

REFERÊNCIAS

BRASIL. LEI 5.172, DE 25 DE OUTUBRO DE 1966. Disponível em: < http://www.planalto.gov.br/ccivil_03/leis/l5172.htm>. Acesso em: 18/04/2019.

______. LEI 5.869, DE 11 DE JANEIRO DE 1973. Disponível em: < http://www.planalto.gov.br/ccivil_03/leis/l5869compilada.htm>. Acesso em: 18/04/2019.

______. LEI 6.830, DE 22 DE SETEMBRO DE 1980. Disponível em: < http://www.planalto.gov.br/ccivil_03/leis/l6830.htm>. Acesso em: 18/04/2019.

______. LEI 13.105, DE 16 DE MARÇO DE 2015. Disponível em: < http://www.planalto.gov.br/ccivil_03/_ato2015-2018/2015/lei/l13105.htm>. Acesso em: 18/04/2019.

______. Superior Tribunal de Justiça. Aplicação do art. 739-A do CPC às execuções fiscais – art. 1º da lei 6.830/80 – atribuição de efeito suspensivo. REsp. 1127353/SC, Rel. Ministra ELIANA CALMON, SEGUNDA TURMA, julgado em 05/11/2009, DJe 20/11/2009.

______. Superior Tribunal de Justiça. não-incidência do art. 739-A do CPC. norma de aplicação subsidiária à lei 6.830/80. inteligência de seu art. 1º interpretado em conjunto com os artigos 18, 19, 24 e 32 da LEF e 151, do CTN. REsp. 1291923/PR, Rel. Ministro BENEDITO GONÇALVES, PRIMEIRA TURMA, julgado em 01/12/2011, DJe 07/12/2011.

______. Superior Tribunal de Justiça. aplicabilidade do art. 739-A, §1º, do CPC às execuções fiscais. necessidade de garantia da execução e análise do juiz a respeito da relevância da argumentação (fumus boni juris) e da ocorrência de grave dano de difícil ou incerta reparação (periculum in mora) para a concessão de efeito suspensivo. REsp 1272827/PE, Rel. Ministro MAURO CAMPBELL MARQUES, PRIMEIRA SEÇÃO, julgado em 22/05/2013, DJe 31/05/2013.

MAXIMILIANO, Carlos. *Hermenêutica Jurídica*. Rio de Janeiro: Editora Forense, 1999, 18º edição, p. 138 e 140.

REALE, Miguel. *Lições Preliminares de Direito*, São Paulo: Editora Saraiva, 2001, 25ª ed, 2ª tiragem, p. 293.

BREVE ANÁLISE SOBRE A (IM)POSSIBILIDADE DE SUSPENDER A EXIGIBILIDADE DO CRÉDITO TRIBUTÁRIO SEM APRESENTAÇÃO DE GARANTIA

Maria Paula Carvalho Molinar[1]

A exigibilidade do crédito tributário abarca, entre outros aspectos, requisitos processuais, uma vez que a maior parte das hipóteses em que ocorre tal exigência termina por gerar volumosa contenda entre sujeitos passivos e sujeitos ativos (Fisco). Isto, pois a relação jurídica entre contribuintes e autoridades fazendárias proporciona ao Fisco o direito de exigir uma prestação econômica do sujeito passivo, ensejando-lhe o pagamento de tributo, sendo esta obrigação principal constituinte do crédito tributário exigível.

Tal crédito será constituído com o lançamento, meio pelo qual ele será aperfeiçoado para posterior cobrança. Ao dizer da possibilidade de suspender tal exigibilidade por certo tempo, tem-se como consequências não só o impedimento do Fisco em exercitar a cobrança – não podendo ajuizar execução fiscal até o encerramento da causa suspensiva – bem como a suspensão da contagem do prazo prescricional para

1. Graduada em Direito pela Pontifícia Universidade Católica de São Paulo ("PUC-SP"). Atualmente advoga na área de direito tributário e é professora voluntária de direito constitucional a alunos do ensino médio da rede pública de ensino da cidade de São Paulo.

ajuizamento da execução fiscal (se já iniciado) ou impedida a fluência de tal prazo.

Esta suspensão desperta questões de ordem prática, como por exemplo, a possibilidade de o Fisco efetuar o lançamento do tributo enquanto pendente a causa suspensiva e a expedição de certidões que espelhem a situação fiscal dos contribuintes.

O primeiro exemplo é alvo de críticas pela doutrina[2], uma vez que há aqueles que defendem que seria impossível efetuar o lançamento, já que ele seria o aperfeiçoamento do crédito tributário, enquanto a exigibilidade estiver suspensa. Isto porque, se a cobrança está vedada enquanto vigente a causa de suspensão, impossível dizer que o Fisco poderia exigir qualquer montante apenas para evitar a "decadência do direito de efetuar o lançamento" – até porque a decadência seria consequência apenas da inércia do titular do direito e não da Fazenda Pública.

Já a segunda questão diz respeito à possibilidade dos contribuintes emitirem certidões que comprovem a regularidade fiscal enquanto suspensa a exigibilidade do crédito tributário, o que é popularmente denominada "certidão positiva com efeito de negativa ("CPD-EN")", conforme dispõe o artigo 206, Código Tributário Nacional ("CTN").

Tal possibilidade de emissão da CPD-EN ainda que a exigibilidade do crédito tributário esteja somente suspensa possui grande relevância em razão da possibilidade de manutenção das atividades econômicas de diversos contribuintes que precisam comprovar estarem em cumprimento com suas obrigações tributárias, seja para participação em licitações, seja por motivos de *compliance* de fornecedores e clientes.

Quanto às hipóteses de suspensão da exigibilidade do crédito tributário, apesar do CTN dispor apenas em relação à suspensão da obrigação principal, importante ressaltar que o

---

2. COSTA, Regina Helena. *Curso de Direito Tributário Constituição e Código Tributário Nacional.* 7ª Edição. Editora Saraiva, 2017.

artigo 151, em seu parágrafo único, veicula preceito didático ao afirmar que tal suspensão não dispensa o cumprimento de obrigações acessórias.

Hipóteses de Suspensão da Exigibilidade do Crédito Tributário

Conferido o panorama geral em torno da possibilidade de suspensão do crédito tributário e as questões práticas à sua volta, cabe, então, analisarmos mais a fundo quais as hipóteses arroladas pelo CTN para que se proceda com tal suspensão.

A matéria envolvendo a suspensão da exigibilidade do credito tributário é trazida no CTN em seus artigos 151 a 155-A, sendo este primeiro o responsável por elencar, taxativamente, em conjunto com a Lei Complementar 104/2001, todas as hipóteses suspensivas da exigibilidade do crédito, quais sejam:

> *Art. 151. Suspendem a exigibilidade do crédito tributário:*
>
> *I - moratória;*
>
> *II - o depósito do seu montante integral;*
>
> *III - as reclamações e os recursos, nos termos das leis reguladoras do processo tributário administrativo;*
>
> *IV - a concessão de medida liminar em mandado de segurança.*
>
> *V – a concessão de medida liminar ou de tutela antecipada, em outras espécies de ação judicial;*
>
> *VI – o parcelamento.*
>
> *Parágrafo único. O disposto neste artigo não dispensa o cumprimento das obrigações assessórios dependentes da obrigação principal cujo crédito seja suspenso, ou dela consequentes.*

Analisaremos com maior zelo as hipóteses previstas nos incisos II e V, as quais serão objeto de aprofundamento nos tópicos abaixo do presente artigo e servirão de base para elucidar possível evolução jurisprudencial.

O inciso II prevê a possibilidade de suspensão da exigibilidade do crédito tributário por meio de depósito integral em dinheiro, maneira em que o contribuinte garante o crédito à Fazenda Pública, impedindo-a de proceder à sua cobrança e, consequentemente, vedando a possibilidade do ajuizamento de uma execução fiscal.

Este depósito poderá ser realizado antes ou depois do lançamento e, para ter caráter suspensivo, deve ser feito obrigatoriamente no montante integral, conforme determinado inclusive na Súmula 112 do Superior Tribunal de Justiça:

> *Súmula 112 – O depósito só suspende a exigibilidade do crédito tributário se for integral e em dinheiro.*[3]

A despeito do depósito poder ser realizado tanto no âmbito do processo administrativo como no processo judicial, é mais comumente utilizado na esfera judicial, uma vez que o processo administrativo por si só já é uma das causas de suspensão previstas no artigo 151, CTN. Quando realizado na esfera administrativa, tem como objetivo basicamente impossibilitar a atualização monetária da dívida, vez que a execução fiscal está inibida pelo próprio recurso administrativo.

Já o inciso V, por sua vez, foi acertadamente acrescido ao CTN com o advento da Lei Complementar 104/2001. Tal inovação legislativa, passou a assegurar aos contribuintes a possibilidade de ver suspensa a exigibilidade do crédito tributário em razão de concessão de tutela provisória (decisão provisória) até que seja proferida a sentença (decisão terminativa). Tal possibilidade é aplicável apenas aos casos em que o sujeito passivo comprova a urgência do seu pedido e claramente demonstra que caso tenha que esperar a decisão final, incorrerá em determinado dano em razão da demora do julgamento final. Vale ressaltar que antes de tal novidade, a possibilidade de suspensão da exigibilidade do crédito tributário mediante liminar,

---

3. Súmula 112, PRIMEIRA SEÇÃO, julgado em 25/10/1994, DJ 03/11/1994 p. 29768.

somente era assegurada por meio da impetração de mandados de segurança, os quais possuem escopo bastante restrito.

Em que pese o dispositivo do CTN seja claro e objetivo ao elencar ambas as possibilidades como hipóteses distintas de suspensão da exigibilidade do crédito tributário – a medida liminar ou tutela antecipada em qualquer ação judicial e o depósito –, não é raro que se verifique nas decisões acerca do tema, a exigência do depósito para a concessão de medidas liminares.

Sobre essa questão, vale ressaltar que o artigo 38[4] da Lei de Execução Fiscal (Lei 6.830/80) dispõe que o depósito no montante integral seria requisito obrigatório para ajuizamento de ação anulatória de débito fiscal. Em nosso ver, tal dispositivo traz ao contribuinte um ônus inconstitucional, uma vez que o depósito deixaria de ser apenas mais uma das hipóteses de suspensão da exigibilidade e passaria a ser condição específica para ajuizamento de um tipo de ação.

Tal condição seria diametralmente oposta ao que assegura a Constituição Federal ("CF"), pois além de ferir o princípio da isonomia, é incompatível com o princípio da inafastabilidade do controle jurisdicional, previsto no artigo 5º, XXXV, CF/88:

> *Art. 5º Todos são iguais perante a lei, sem distinção de qualquer natureza, garantindo-se aos brasileiros e aos estrangeiros residentes no País a inviolabilidade do direito à vida, à liberdade, à igualdade, à segurança e à propriedade, nos termos seguintes:*
>
> *XXXV - a lei não excluirá da apreciação do Poder Judiciário lesão ou ameaça a direito;*

Do mesmo modo, diferente do que prevê o ordenamento jurídico pátrio, vimos em vários *decidums* a exigência de depósito no valor integral do débito para a concessão de tutela provisória com caráter suspensivo, novamente caracterizando uma violação ao texto constitucional.

4. Súmula 247 do extinto TFR: "Não constitui pressuposto da ação anulatória do débito fiscal o depósito de que cuida o art. 38 da Lei 6.830, de 1980".

É esta incongruência que passaremos então a analisar no âmbito jurisprudencial, pois, surpreendentemente, nos deparamos com um série de julgados proferidos ao longo dos últimos anos no sentido de impor à tutela provisória requisito que não é próprio, qual seja, o depósito, e de modo a limitar possibilidade de suspensão do crédito tributário por meio das decisões liminares e antecipação de tutela e impondo o depósito integral e direto como requisito único para tal suspensão.

Tutelas Provisórias – Diferenças e Requisitos

As tutelas provisórias são instrumentos utilizados em ações declaratórias e possuem, como se pode inferir logicamente, caráter temporário. Dessa maneira, não produzem coisa julgada quando conferidas ao contribuinte. Esse tipo de decisão temporária pode ser revogado a qualquer tempo, de modo que necessitam sempre de decisão futura em caráter definitivo.

Tais tutelas estão fundamentadas dos artigos 294 até 311 do Código de Processo Civil ("CPC") e são subdivididas em dois grandes grupos, quais sejam: tutela provisória de evidência e tutela provisória de urgência. A primeira é aquela disposta no artigo 311[5] do CPC, a qual possui como requisito apenas a demonstração de que o direito é provável / evidente, não sendo necessária a comprovação do perigo e da possibilidade de dano ao resultado útil do processo.

Já a tutela de urgência, prevista nos artigos 300[6] a 310 do CPC, é aquela fundada na demonstração não só da probabilidade do direito (acolhimento da tese pleiteada) como também é obrigatório que haja perigo de dano ou ocorrência de ilícito. Esta espécie de tutela ainda se subdivide em (i) antecipada,

5. Art. 311. A tutela da evidência será concedida, independentemente da demonstração de perigo de dano ou de risco ao resultado útil do processo, quando: (...)

6. Art. 300. A tutela de urgência será concedida quando houver elementos que evidenciem a probabilidade do direito e o perigo de dano ou o risco ao resultado útil do processo.

a qual tem como objetivo antecipar um direito pretendido ao final do processo, para que tal direito seja satisfeito naquele exato momento e (ii) cautelar, a qual tem como objetivo preservar um futuro direito que se pretende ao final do processo, ou seja, é caracterizada por resguardar um direito e conservar o resultado útil do processo.

Ainda, a tutela provisória de urgência antecipada e a tutela provisória de urgência cautelar, podem ter caráter incidental, casos em que a tutela será requerida conjuntamente com o pedido final ou após se ter formulado o pedido final ou podem ter caráter antecedente, momento em que a tutela será requerida obrigatoriamente antes de se formular o pedido final.

Análise da jurisprudência sobre a (Im)possibilidade de Suspender a Exigibilidade do Crédito Tributário

Após a exposição acima das hipóteses de suspensão da exigibilidade do crédito tributário nos termos do artigo 151, CTN e os requisitos essenciais para a concessão de tutela provisória de urgência, mais especificamente da antecipada, passemos à análise da jurisprudência brasileira no que diz respeito à concessão da suspensão da exigibilidade do crédito tributário.

Apesar de serem claras as seis possibilidades elencadas pelo legislador que proporcionam a suspensão da exigibilidade do crédito, identificamos na jurisprudência pátria uma séria tendência dos julgadores em decidirem judicialmente que tal suspensão está diretamente relacionada à obrigatoriedade de o contribuinte realizar um depósito do montante integral e em dinheiro do débito em discussão. A argumentação utilizada em tais decisões é, em sua maioria, fundamentada nos artigos 151, II do CTN e na Súmula 112 do STJ.

No entanto, estas reiteradas decisões acabam por afastar a possibilidade de os contribuintes obterem o direito à suspensão da exigibilidade com base nas demais hipóteses igualmente asseguradas no CTN, mais especificamente naquela prevista no inciso V do artigo 151 combinado com o artigo 300 do CPC.

E, além da ilegalidade de se reduzir a aplicação do artigo 151 ao seu segundo inciso, é inadmissível que se vincule as decisões nas quais se pleiteia a suspensão da exigibilidade unicamente ao artigo 151, II do CTN com base na Súmula 112 do STJ. Isso porque, além de expressas as demais hipóteses no referido artigo, tal Súmula não impõe que a suspensão seja concedida apenas quando há depósito do montante integral e em dinheiro.

A referida Súmula tem como finalidade determinar apenas que títulos de dívida agrária ou cartas fianças bancárias não são suficientes para fundamentar pedidos de suspensão de exigibilidade do crédito tributário. Ou seja, referida Súmula teve como objetivo elucidar que, ainda que tais títulos tenham valor econômico reconhecido, não poderiam ser equiparados a depósito judicial para fins de suspensão da exigibilidade. Vejamos abaixo trechos dos precedentes que a originaram a fim de demonstrarmos sua correta interpretação:

> "Nos termos do art. 151, inciso II, do CTN, ***o depósito em dinheiro e não a fiança bancária, ou depósito de títulos da dívida agrária suspende a exigibilidade do crédito tributário*** e é evidente que, sendo o Código Tributário Nacional uma lei complementar, não pode ser alterado por lei ordinária, não podendo prevalecer, no caso, o disposto no art. 9º, §3º, da Lei 6.830/1980, que admite a fiança bancária com efeitos da penhora.[7]"

> "A suspensão da exigibilidade do crédito tributário, só é admissível mediante deposito integral em dinheiro na forma prevista nos arts. 151, II do CTN e 9., par. 4. da Lei 6.830/80. [...] '*Só o depósito integral do débito em dinheiro — e não em Títulos da Dívida Agrária ou fiança bancária* — pode evitar a exigibilidade do crédito tributário. Admitir a hipótese contrária seria desvirtuar a celeridade, e a liquidez e certeza, que a lei confere na cobrança dos créditos tributários. Realmente, se admitida a fiança teria o Fisco, eventualmente, que encetar outra ação contra o fiador caso não honrasse de pronto a fiança do fiador. E se aceitos os TDA, estaria a receber muito menos do que o valor do crédito, já que aquelas valem menos do que 10% (dez por cento) do seu valor de face.[8]"

---

7. REsp. 8.764 SP, rel. ministro Garcia Vieira, 1ª Turma, DJ 21/3/1994, p. 5441.

8. RMS 1.267 AM, rel. ministro Jose de Jesus Filho, 2ª Turma, DJ 16/8/1993, p. 15974.

A leitura dos trechos acima transcritos extraídos dos julgados do STJ nos possibilita identificar a evidente a vinculação que se dá à Súmula 112 aos casos em que o contribuinte equivocadamente tentou equiparar seus títulos ao depósito judicial para requerer a suspensão da exigibilidade do crédito tributário em discussão.

Ocorre que, a jurisprudência recente ao se deparar com situações completamente diferentes destas que ensejaram a propositura de tal Súmula, mas que tão somente versam sobre pedidos de suspensão da exigibilidade do crédito tributário fundadas em outros incisos do artigo 151 (que não o II), vinha, de maneira surpreendente, aplicando tal entendimento e vinculando ao contribuinte a obrigatoriedade de depositar o montante total do crédito exigido.

Em diversos Tribunais foi possível identificar tal posicionamento, o qual, quer-nos parecer, equivocadamente e de maneira ilegítima, veda o direito do contribuinte em ter a suspensão concedida em razão unicamente da tutela provisória. Nesse sentido, colacionamos abaixo exemplos de trechos de decisões proferidas pelo Tribunal Regional Federal da 3ª Região ("TRF3") que decidiram pela não concessão da tutela provisória de urgência e, consequentemente, vedaram a suspensão da exigibilidade do crédito em razão de ausência de depósito:

> A agravante propôs ação anulatória com escopo de suspender a exigibilidade de crédito e sua inscrição em dívida ativa e CADIN, bem como a expedição de certidão positiva com efeito de negativa.
>
> *Verifico que a referida ação anulatória foi ajuizada sem o devido depósito, o que impede a concessão da antecipação da tutela, para fins de suspensão da exigibilidade do crédito tributário.*[9]
>
> AGRAVO DE INSTRUMENTO. AÇÃO ANULATÓRIA. *SUSPENSÃO DA EXIGIBILIDADE. INEXISTÊNCIA DE DEPÓSITO*. NECESSIDADE DE DILAÇÃO PROBATÓRIA.

9. Agravo de Instrumento nº 5023852-50.2017.4.03.0000, Relatora Des. Marli Ferreira, Publicado em 30 de outubro de 2018.

1. Pretende o Agravante alcançar, através da concessão da antecipação dos efeitos da tutela recursal, a suspensão da exigibilidade do crédito tributário descrito nos autos nº. 0008024-69.2016.403.6100.

2. A r. decisão agravada não reconheceu a pretensão do Agravante *simplesmente porque não havia qualquer garantia ao débito impugnado*, não fazendo uma análise pormenorizada dos demais elementos ventilados nos autos, fato que impede, na presente sede recursal, o respectivo exame, sob pena de supressão de instância. (...)[10]

Em outras oportunidades, ainda que o contribuinte tenha garantido o juízo de alguma maneira que não o depósito para requerer a suspensão da exigibilidade do crédito tributário, foi vedado a ele este direito.

No entanto, em que pese a o desfecho tenha sido desfavorável ao sujeito passivo para fins de suspensão da exigibilidade, a ele foi concedida a emissão de CPD-EM, conforme podemos verificar de excertos extraídos de decisões também do TRF3:

"*PROCESSUAL CIVIL. TRIBUTÁRIO. SEGURO GARANTIA. CERTIDÃO POSITIVA DE DÉBITOS COM EFEITOS DE NEGATIVA. SUSPENSÃO DE EXIGIBILIDADE. DEPÓSITO INTEGRAL E EM DINHEIRO. APELAÇÃO PROVIDA.*

1. A questão posta nos autos diz respeito à suspensão de exigibilidade do crédito tributário.

2. No período anterior à constituição do crédito tributário ou naquele compreendido entre a constituição definitiva e a propositura da execução fiscal, é legítima a antecipação de garantia com o fito de obter certidão de regularidade fiscal e salvaguardar o exercício da atividade empresarial. (...)

4. No caso dos autos, de fato, foi ajuizada a ação anulatória (autos nº 29691-25.2013.4.01.3400), no bojo da qual, mediante agravo de instrumento (autos nº 0044261-31.2013.4.01.0000) *foi deferida tutela provisória para expedição de certidão positiva de débitos com efeitos de negativa, mediante oferecimento de seguro garantia.*

5. Ocorre que, conforme argumenta a apelante, a decisão proferida no agravo de instrumento em tela acolheu a caução ofertada somente para obtenção de certidão de regularidade fiscal, não se manifestando sobre a suspensão da exigibilidade do crédito.

---

10. Agravo de Instrumento nº 0007914-37.2016.4.03.0000, Relatora Des. Marcelo Saraiva, Publicado em 13 de novembro de 2018.

6. A esse respeito, ressalta-se que as hipóteses de suspensão da exigibilidade do crédito tributário, inclusive das verbas acessórias, seguem regime de estrita legalidade (artigo 97, VI, do CTN).

7. *Nesse sentido, esclarece a Súmula 112 do STJ que "o depósito somente suspende a exigibilidade do crédito tributário se for integral e em dinheiro."*

8. *De outra parte, destaca-se que o seguro garantia judicial equivale à penhora levada a efeito nos autos, razão pela qual não se equipara ao depósito do montante integral do débito, como causa suspensiva disposta no art. 151, II, do CTN, haja vista que o dispositivo elenca situações taxativas.*

9. Portanto, não há que se falar em suspensão da exigibilidade do crédito em cobro ou em irregularidade no ajuizamento da execução fiscal.

10. Apelação provida, para determinar o prosseguimento da execução fiscal."[11]

"Trata-se de agravo de instrumento interposto pela AGÊNCIA NACIONAL DE SAÚDE COMPLEMENTAR contra a decisão que, em sede de ação de procedimento comum, deferiu a tutela provisória requerida para suspender a exigibilidade do crédito cobrado, consistente na multa objeto do AI nº 29002 (Processo Administrativo nº 25879.005348/2005-17) e determinar que a ANS não inclua o nome da parte autora do CADIN até o desfecho da ação.

Alega a agravante, em síntese, que para que a exigibilidade da multa seja suspensa faz-se necessário o depósito em Juízo do valor integral do débito. (...)

No caso dos autos, em que pese o crédito estar garantido pelo imóvel oferecido (doc. ID nº 415481), não se observa nos autos o depósito do montante integral, o que, nos termos da jurisprudência impede a suspensão da exigibilidade do crédito. Assim, de rigor a restauração da exigibilidade do crédito. (...)[12]

Trata-se de agravo de instrumento interposto por Nestlé Brasil Ltda. em face de decisão interlocutória, proferida na Ação Anulatória de n.º 5026600-88.2017.4.03.6100, que indeferiu a tutela de urgência, objetivando a suspensão da exigibilidade de multa administrativa aplicada pelo INMETRO até o julgamento final da

---

11. Agravo de Instrumento nº 0044486-75.2013.4.03.6182, Relatora Des. Antonio Cedenho, Publicado em 12 de dezembro de 2018.

12. Agravo de Instrumento nº 5001104-24.2017.4.03.0000, Relatora Des. Monica Nobre, Publicado em 14 de setembro de 2018.

> demanda, nos termos do artigo 151, V, do CTN c.c. artigos 294 e seguintes do CPC/2015.
>
> A agravante, em suas razões recursais, alegou que, em caráter de tutela provisória, foi pleiteado o deferimento da apresentação de caução da dívida fiscal por meio da Apólice de Seguro Garantia no valor integral da causa, (...) pleiteou o reconhecimento de que a apresentação do seguro garantia também é apta para caucionar o débito fiscal, nos termos do artigo 9º, inciso II, da Lei 6.830/80, com a consequente suspensão de sua exigibilidade. (...)
>
> Em suma: é indevida a equiparação do depósito integral do crédito à prestação de garantia por meio de seguro-fiança para fins de suspensão da exigibilidade do crédito fiscal, nos termos do art. 151, II, do CTN. De outro modo, a garantia do débito fiscal por meio de apólice securitária permite apenas a expedição de CPD-EN, nos termos do art. 206 do CTN c.c. art. 7º, II, da Lei de Execuções Fiscais com a redação dada pela Lei n.º 13.043/2014. Não se trata, porém, de hipótese prevista no rol taxativo do art. 151 do CTN para fins de suspensão da exigibilidade do crédito fiscal que efetivamente tem como consequência - mais ampla que a mera obtenção da CPD-EN – a instauração de óbice à prática de providências executivas por parte do Fisco.[13]
>
> Conforme acima demonstrado e, vale ressaltar, não apenas no TRF3, a majoritária jurisprudência supervaloriza o depósito integral e em dinheiro para que seja garantido o juízo e evidencia seu entendimento no sentido de que o crédito tributário só poderá ser suspenso caso haja o depósito, ou seja, corroborando apenas com a hipótese prevista no inciso II do CTN em detrimento a todas as demais.

Em que pese a maioria dos julgados sejam neste sentido, é possível notar em recentes posicionamentos jurisprudenciais um indicativo de mudança em tal posicionamento. Em três acórdãos de julgamentos recentes do TRF3, todos eles de relatoria da Desembargadora Federal Mônica Nobre, nota-se o que parece ter iniciado uma inovação na jurisprudência pátria, ou, ao menos, no âmbito do TRF3, no que diz respeito à possibilidade de se conquistar a suspensão da exigibilidade do crédito tributário a despeito do depósito integral.

---

13. Agravo de Instrumento nº 5003019-74.2018.4.03.0000, Relatora Des. Cecília Marcondes, Publicado em 21 de agosto de 2018.

Ainda que tal posicionamento não seja representativo da maioria das decisões proferidas por este Tribunal ou até mesmo do posicionamento jurisprudencial dos tribunais federais sobre o tema, é possível perceber uma movimentação contrária na jurisprudência, o que já representa bons sinais aos contribuintes, os quais podem, ao menos, vislumbrar a correta interpretação do sistema normativo.

Tais precedentes são favoráveis aos contribuintes e, em todos eles, a fundamentação acertadamente trazida para sustentar o direito do sujeito passivo à suspensão do crédito tributário sem a necessidade de apresentação de quaisquer formas de garantia, se deu com base no artigo 151, V, CTN. E, apesar desta notícia ser apontada no presente artigo com manifesta surpresa, importante ressaltar que, na verdade, nos parece ser essa a punica inferência lógica que pode extrair do dispositivo legal ora em análise.

Afinal, na realidade, o que a Ilustre Julgadora fez nestas três decisões nada mais foi do que a correta interpretação e aplicação da norma. Para elucidar os argumentos aduzidos por ela, vejamos trechos dos arestos:

> "(...) A suspensão da exigibilidade pode ser concedida em razão de *qualquer uma das hipóteses constantes do art. 151 do CTN.* (...)
>
> De fato, uma vez obtida a suspensão da exigibilidade nos termos do art. 151, V do CTN, não é necessário que o contribuinte apresente o depósito integral do montante devido. Somente na hipótese de reversão da decisão que concedeu a suspensão é que o depósito deverá ser utilizado com o escopo de obstar o ajuizamento de uma execução fiscal ou o curso de uma que já esteja ajuizada.
>
> Ressalte-se que, nos termos do Resp. n. 962.838/BA (art. 5º, XXXV da CF/88), *o art. 38 da Lei de Execuções Fiscais não foi recepcionado pelo Constituição Federal,* o que inclusive ensejou a elaboração da Súmula Vinculante n. 28. (...)
>
> *Portanto, nos termos do art. 151, V do CTN, deve ser concedida a antecipação da tutela para suspender a exigibilidade dos créditos tributários objeto do processo administrativo* nº 10865.720575/2015-11, nos termos acima expostos, *independente de garantia, vez que preenchidos os requisitos do art. 300 do CPC.*

> Assim, faz-se necessário o levantamento de eventual valor depositado como garantia nos autos principais."[14]
>
> *"TRIBUTÁRIO. AÇÃO ANULATÓRIA. CONCESSÃO DA SUSPENSÃO DA EXIGIBILIDADE NOS TERMOS DO ART. 151, V DO CTN. POSSIBILIDADE. DESNECESSIDADE DE DEPÓSITO CONCOMITANTE. (...)*
>
> - *O oferecimento de garantia em* ação anulatória com o fito de suspender *a exigibilidade somente tem lugar quando indeferido o pedido liminar de suspensão ou quando reformada a decisão que concedeu a suspensão.* Nesse sentido já decidiu o C. STJ, sob o rito dos recursos representativos de controvérsia (REsp nº 962838/BA). - *De fato, uma vez obtida a suspensão da exigibilidade nos termos do art. 151, V do CTN, não é necessário que o contribuinte apresente o depósito integral do montante devido.* Somente na hipótese de reversão da decisão que concedeu a suspensão é que o depósito deverá ser utilizado com o escopo de obstar o ajuizamento de uma execução fiscal ou o curso de uma que já esteja ajuizada."[15]
>
> "TRIBUTÁRIO. AÇÃO ANULATORIA. CONCEDIDA A SUSPENSÃO DA EXIGIBILIDADE LIMINARMENTE. POSSIBILIDADE. *DESNECESSIDADE DE DEPÓSITO CONCOMITANTE. AGRAVO INTERNO IMPROVIDO.*
>
> - A suspensão da exigibilidade pode ser concedida em razão de *qualquer uma das hipóteses constantes do art. 151 do CTN,* e no presente caso foi concedida nos termos do art. 151, V (fls. 458/464), através da concessão de liminar proferida nos autos da ação anulatória n. 2003.61.04.005582-8. (...)"[16]

Em síntese, os três acórdãos acima mencionados elucidam que uma vez cumpridas quaisquer das hipóteses previstas no rol do artigo 151 do CTN, ao contribuinte deverá ser concedida a suspensão da exigibilidade do crédito tributário. Ou seja, uma vez enquadrado em um dos incisos de tal dispositivo, o contribuinte já poderá ter acesso a seu direito e, na

---

14. Agravo de Instrumento nº 0017200-39.2016.4.03.0000, Relatora Des. Monica Nobre, Publicado em 3 de maio de 2018.

15. Agravo de Instrumento nº 0014582-24.2016.4.03.0000, Relatora Des. Monica Nobre, Publicado em 12 de abril de 2018.

16. Agravo de Instrumento nº 0000669-82.2010.4.03.0000, Relatora Des. Monica Nobre, Publicado em 31 de maio de 2017.

verdade, exigir que seja depositado o montante integral do débito para que então seja concedida, concomitantemente, ao sujeito passivo a tutela provisória de urgência, seria extrapolar os ditames legais a bel-prazer da Fazenda Pública.

Até porque, como vimos acima, os requisitos para a concessão da tutela provisória de urgência antecipada, são apenas dois, quais sejam: demonstração do direito e comprovação do risco de dano, não sendo o depósito mais uma exigência para o pleito da tutela.

Fazendo um paralelo à situação descrita anteriormente, vejamos nas palavras do professor e desembargador Leandro Paulsen que a suspensão da exigibilidade mediante liminar também independe do oferecimento de depósito:

> Somente as decisões liminares (em mandado de segurança) e tutelas provisórias de urgência ou de evidência (Lei 13.105/15) que impeçam a exigência do tributo é que terão efeito suspensivo da exigibilidade (art. 151, IV e V, do CTN). Em quaisquer ações, é possível a obtenção de medida suspensiva da exigibilidade de tributo que se mostre indevido. Nenhum óbice há à tutela imediata em matéria tributária para fins de obstar a exigibilidade de crédito tributário. Para tanto, basta que o Juiz verifique a presença dos seus requisitos. No mandado de segurança, terá como referência para a análise dos pedidos de liminar o art. 7º, inc. III, da Lei n. 12.016/09; nas ações em geral, a tutela de urgência é regida pelo art. 300 do novo CPC e a tutela de evidência pelo seu art. 311[17].

Corrobora com este entendimento o jurista Luciano Amaro, o qual também leciona neste sentido:

> A liminar não depende de garantia (depósito ou fiança), mas é frequente que sua concessão seja subordinada à prestação de garantia ao sujeito ativo, inclusive o depósito. A exigência de depósito, nessa situação, não nos parece justificável. Se estão presentes os requisitos para concessão da liminar (fumus boni iuris e periculum in mora), a liminar deve ser concedida, exatamente

17. *Curso de Direito Tributário Completo*, 8ª Edição Revista e Atualizada. São Paulo: Saraiva, 2017, pág. 252.

> para proteger o impetrante da agressão patrimonial iminente por parte da autoridade coatora.[18]

O que se extrai dos ensinamentos acima colacionados e dos precedentes relatados pela ilustre desembargadora é lição basilar da hermenêutica jurídica e decorre de exercício de leitura esmerada e detalhista.

O art. 151 do CTN elenca em seu texto um rol taxativo de hipóteses de suspensão da exigibilidade do crédito tributário e dispõe entre tais hipóteses tanto a figura do depósito quanto a de decisões liminares e de tutela antecipada em ações judiciais. Tais hipóteses estão, portanto, arroladas em incisos do mesmo artigo e, por conseguinte, são hierarquicamente equânimes e possuem, cada uma, seus requisitos e características específicos.

Dessa maneira, impor como condição para a obtenção de uma dessas hipóteses e materialização de um dos incisos – qual seja, a obtenção de liminares ou tutelas antecipadas – que os contribuintes procedam de acordo com outra das hipóteses arroladas no mesmo artigo – depósito integral do montante do crédito tributário – é, a bem da verdade, negar a letra da lei e tornar o inciso V do artigo 151 letra morta, em clara violação ao princípio basilar da hermenêutica do *verba cum effectu sunt accipienda*, segundo o qual a lei deve ser interpretada de modo a dar efetividade a seu texto.

O que se verifica, portanto, é a ressurreição de uma discussão que muitos haviam dado por vencida e uma boa oportunidade para que o contribuinte possa assegurar-se de que terá seu direito apreciado pelo Poder Judiciário, ainda que não haja depósito de qualquer montante (ou até mesmo outro tipo de garantia), em apreço ao quanto disposto em nossa Constituição Federal, mais especificamente em seu artigo 5º, XXXV.

---

18. *Direito Tributário Brasileiro*, 21ª Edição. São Paulo: Saraiva, 2016, pág. 414.

REFERÊNCIAS

PAULSEN, Leandro. *Curso de direito tributário completo*. 8. ed. rev. atual. São Paulo: Saraiva, 2017.

PAULSEN, Leandro. *Constituição e Código Tributário à luz da doutrina e da jurisprudência*. 18. ed. São Paulo: Saraiva, 2017.

JESUS, Isabela Bonfá de; JESUS, Fernando Bonfá de; JESUS, Ricardo Bonfá de. *Manual de direito e processo tributário*. 3. ed. rev. São Paulo: Revista do Tribunais, 2016.

AMARO, Luciano da Silva. *Direito Tributário Brasileiro*. 21. ed. São Paulo: Saraiva, 2016.

MODIFICAÇÕES DA PENHORA *ON LINE* A PARTIR DO CÓDIGO DE PROCESSO CIVIL DE 2015 E O RESPEITO AO PRINCÍPIO DO CONTRADITÓRIO

Joaquim Caldas Neto[1]

INTRODUÇÃO

Ao tratar do procedimento de penhora *on line* a partir do Código de Processo Civil de 2015 e sua análise a partir do princípio do contraditório, nos termos do art. 854 e seguintes, é relevante expor sobre a importância do tema, a partir das transformações legislativas da matéria, e a sua aplicação consoante as garantias processuais estabelecidas na Constituição Federal de 1988.

A relevância do tema objeto de estudo é inicialmente verificada ao perceber que, objetivamente, na Comissão de Juristas encarregada de elaborar Anteprojeto do Novo Código de Processo Civil, instituída pelo Ato 379/2009 do Senado Federal, na sua segunda reunião, em que foram decididas as proposições temáticas, ficou indicado que, dentre os planos daquele Código, estava o de simplificar essa penhora: "*Definir*

1. Mestre em Direito Tributário pela Pontifícia Universidade Católica – PUC/SP. Especialista em Direito Tributário pelo IBET – SP. Especialista em Direito Empresarial pela Universidade Presbiteriana Mackenzie – SP. Professor de graduação e pós-graduação. Advogado.

com precisão a forma de aperfeiçoamento da penhora *on line (isto é, do bloqueio à efetiva penhora) simplificando-o".*

Portanto, é cediça que a nova legislação processual trata a matéria como um dos seus temas principais, para a sua simplificação do procedimento e seu aperfeiçoamento.

Outro aspecto relevante é o grande volume de execuções fiscais no âmbito judiciário e a quantidade de casos pendentes ou sem qualquer satisfação do crédito tributário.

Segundo o Conselho Nacional de Justiça (2016:61), através do estudo *Justiça em número - 2016*, relacionado a dados de 2015, as execuções fiscais são os responsáveis

pela alta taxa de congestionamento do Poder Judiciário, tendo em vista que representam aproximadamente 39% (trinta e nove por cento) do total de casos pendentes e apresentam congestionamento de 91,9% (noventa e um, vírgula nove por cento), o maior dentre os processos. O próprio relatório destaca que chegam ao Poder Judiciário títulos executivos referentes a débitos antigos e que, por isso, há uma dificuldade de adimplemento o que, por conseguinte, retarda o encerramento das cobranças[2].

Assim, acompanhando outros comportamentos adotados pela própria legislação (modificação do art. 174 inciso I do Código Tributário Nacional - CTN, pela Lei Complementar 118/2005) e, infelizmente, da própria jurisprudência (Súmula

---

2. BRASIL. CONSELHO NACIONAL DE JUSTIÇA. *Justiça em números – 2016*. Disponível em: <www.cnj.jus.br>. Acesso em: 14. nov. 2016. Pg. 63.
"Dessa forma, o processo judicial acaba por repetir etapas e providências de localização do devedor ou patrimônio capaz de satisfazer o crédito tributário já adotadas pela administração fazendária ou pelo conselho de fiscalização profissional sem sucesso, de modo que chegam ao Judiciário justamente aqueles títulos cujas dívidas já são antigas, e por consequência, mais difíceis de serem recuperadas.
Basta ver que os processos de execução fiscal representam, aproximadamente, 39% do total de casos pendentes e 75% das execuções pendentes no Poder Judiciário. Os processos desta classe apresentam alta taxa de congestionamento, 91,9%, ou seja, de cada 100 processos de execução fiscal que tramitaram no ano de 2015, apenas 8 foram baixados. Desconsiderando estes processos, a taxa de congestionamento do Poder Judiciário cairia de 72,2% para 63,4% no ano de 2015 (redução de 9 pontos percentuais). A maior taxa de congestionamento de execução fiscal está na Justiça Federal (93,9%), e a menor, na Justiça do Trabalho (75,8%)".

435 do Superior Tribunal de Justiça - STJ, Recurso Extraordinário 1.120.295/SP – Supremo Tribunal Federal - STF, Recurso Especial 1.104.900/ES – STJ), há uma busca avassaladora em recuperar esses valores, e que justifica a atenção no procedimento de penhora.

Portanto, é notória a relevância desse estudo quanto a reiteração do comportamento da Fazenda Pública na busca da real eficácia das execuções, quanto satisfação do crédito.

Outro ponto que é importante destacar é a evolução legislativa quanto aos artigos que tratam da penhora de aplicações financeiras nos casos de execução. Segue abaixo as últimas alterações legislativas sobre o tema:

Pela Lei de Execuções Fiscais – Lei 6.830/80, o arts. 7º, 10º e 11, na redação original publicada em 22 de setembro de 1980:

> *Art. 7º - O despacho do Juiz que deferir a inicial importa em ordem para:*
>
> *I - citação, pelas sucessivas modalidades previstas no artigo 8º;*
>
> *II - penhora, se não for paga a dívida, nem garantida a execução, por meio de depósito, fiança ou seguro garantia;*
>
> *(...)*
>
> *Art. 10 - Não ocorrendo o pagamento, nem a garantia da execução de que trata o artigo 9º, a penhora poderá recair em qualquer bem do executado, exceto os que a lei declare absolutamente impenhoráveis.*
>
> *Art. 11 – A penhora ou arresto de bens obedecerá à seguinte ordem:*
>
> *I – dinheiro;*

Percebe-se que na Lei de Execuções Fiscais, em nenhum momento é referida a possiblidade de um bloqueio de contas bancárias, mas único e exclusivamente a hipótese de dinheiro.

Já no Código Tributário Nacional, foi o art. 185-A, incluído pela Lei Complementar 118/2005, já tratou mais especificamente sobre o tema, expondo uma possibilidade de penhora *on line*, desde que obedecidos alguns requisitos:

> *Art. 185-A. Na hipótese de o devedor tributário, devidamente citado, não pagar nem apresentar bens à penhora no prazo legal e não forem encontrados bens penhoráveis, o juiz determinará a indisponibilidade de seus bens e direitos, comunicando a decisão, preferencialmente por meio eletrônico, aos órgãos e entidades que promovem registros de transferência de bens, especialmente ao registro público de imóveis e às autoridades supervisoras do mercado bancário e do mercado de capitais, a fim de que, no âmbito de suas atribuições, façam cumprir a ordem judicial.*

Por fim, o Código de Processo Civil de 2015, instituído pela Lei 13.105/2015, tratou da penhora *on line*, no art. 854, trouxe um procedimento específico para a hipótese de bloqueio de contas, inclusive indicando os prazos pelos quais deve ocorrer o processo, dispondo:

> *Art. 854 Para possibilitar a penhora de dinheiro em depósito ou em aplicação financeira, o juiz, a requerimento do exequente, sem dar ciência prévia do ato ao executado, determinará às instituições financeiras, por meio de sistema eletrônico gerido pela autoridade supervisora do sistema financeiro nacional, que torne indisponíveis ativos financeiros existentes em nome do executado, limitando-se a indisponibilidade ao valor indicado na execução.*

Logo a análise é a partir dessas transformações quanto a penhora de dinheiro em depósito ou em aplicação financeira, para confirmar o atual método de como é feita esse bloqueio.

Porém, antes disso, é necessário delimitar, brevemente, as garantias processuais dispostas na Constituição Federal de 1988. Dentre as garantias processuais previstas na CF/88, está o contraditório, tanto no processo administrativo, como no âmbito judicial, o que é consubstanciando no chamado *Devido Processo Legal* (art. 5º inciso LIV da CF/88).

O princípio do contraditório é garantido constitucionalmente no art. 5º inciso LV da CF/88, sendo entendido como a efetiva participação das partes sobre a formação do provimento jurisdicional, não podendo o juiz deixar de ouvi-las, nem deixar de considerar as questões que suscitem, ou mesmo decidir sem responder às alegações dispostas e, para nosso caso, sem atingir a liberdade e propriedade de uma das partes.

A doutrina destaca que o princípio do contraditório é formado por dois elementos: informação e possibilidade de reação. Aquele está associado à necessidade da parte de ter conhecimento do que acontece no processo para sua manifestação. Pelo exercício do contraditório, depende da vontade da parte, que opta por reagir ou omitir, bastando a oportunidade da reação.

No CPC/2015 o respeito ao contraditório também deve ser exercido pelo magistrado, a ser identificado nos arts. 9º e 10º, que vedam o proferimento de decisões sem que antes as partes sejam ouvidas, ainda nos casos em que ele deve pronunciar-se de ofício, devendo ser evitada as chamadas "decisões – surpresas".

Logo, havendo a aplicação de uma regra sem a manifestação da parte, sem qualquer justificativa, haverá violação ao princípio do contraditório. E esse é o ponto que será averiguado quanto a análise do art. 854 do CPC/2015.

Como decorrente ao princípio do contraditório, o CPC/2015 prevê, normativamente, a regra da cooperação, posto no art. 6º, que estabelece um modelo processual cooperativo vocacionado à prestação efetiva da tutela jurisdicional, com ampla participação de todos os sujeitos processuais, do início ao fim da atividade jurisdicional.

A partir dessa previsão, será analisado o art. 854 do CPC/2015, quanto a regra da cooperação, principalmente no que se refere aos deveres do magistrado. Assim, será relevante indicar também o conceito de penhora, bem como todo o procedimento antes e durante a penhora, tanto exposto na LEF, como no CPC/2015 e as previsões jurisprudenciais sobre a matéria e, a verificação quanto essa nova previsão da penhora *on line* quanto a sua previsão legal "sem a ciência do executado" do art. 854 do CPC/2015.

1. PRINCÍPIOS NA CONSTITUIÇÃO FEDERAL DE 1988

Antes de analisar especificamente a questão do contraditório quanto a penhora *on line*, é necessário ainda explanar com mais detalhes como os princípios estão dispostos na Constituição Federal de 1988.

Por se tratem de princípios constitucionais, é relevante expor a posição que a Lei Maior encontra-se no ordenamento jurídico. Sobre o tema, Roque Antonio Carrazza (2010:34) dita que "a Constituição ocupa o nível supremo da ordem jurídica, acima da qual não se reconhece outro patamar de juridicidade positiva".

Nesse sentido, continua Roque Carrazza (2010:34), a Constituição é o último critério de existência e validade das demais normas do sistema do Direito, sendo assim o limite do Poder Público e o fundamento de todo o sistema jurídico.

Portanto, nos termos do Roque Antonio Carrazza (2010:33) as leis valem, em última análise, enquanto se harmonizam com as normas constitucionais, sendo interpretadas e aplicadas de modo a se ajustarem aos ditames constitucionais.

Essa lógica foi desenvolvida por Hans Kelsen, para quem o fundamento de validade de uma regra somente pode ser a validade de outra norma. Assim, as regras ordenam-se segundo uma relação sintática, em que as inferiores, recebem o respaldo de validade daquelas que estão em cima, tal como a CF/88.

Assim, partindo do pressuposto que os princípios, tal como o contraditório, constam na Lei Maior e são basilares do ordenamento jurídico, Roque Carrazza (2010:57) cita que: "as leis e demais atos normativos de igual ou inferior hierarquia, além de obedecer às regras constitucionais, precisam ser interpretados e aplicados da forma mais congruente possível com os princípios encartados no Código Suprema. Se uma lei for equívoca, deverá ser aplicada em sintonia com os princípios que a Constituição acolhe".

Ainda quanto à congruência das normas aos princípios, Geraldo Ataliba (2011:43) expõe que "toda lei emanada de quaisquer órgãos constituídos do país há de submeter-se às balizas e limites contidos na Constituição e, sobretudo, tender a realizar (assegurando-lhe a sua eficácia, na maior plenitude possível) os princípios constitucionais".

Luís Roberto Barroso (2015:356), ao falar sobre a Lei Maior vigente, expressa que a Constituição Federal de 1988 deve ser compreendida como um sistema aberto de princípios e regras, permeável a valores supra- positivos. Para Barroso (2015:246), o vocábulo "*princípio*" identifica as normas que expressam: *decisões políticas fundamentais* – República, Estado democrático de direito, Federação -, *valores* a serem observados em razão de sua dimensão ética – dignidade humana, segurança jurídica, razoabilidade – ou *fins públicos* a serem realizados -, desenvolvimento nacional, erradicação da pobreza, busca do pleno emprego.

Como consequência de tais conteúdos, para Luís Roberto Barroso (2015:247), os princípios podem referir-se tanto a direito individuais como a interesses coletivos. Para o autor, os princípios apontam para estados ideias a serem buscados, sem que o relato da norma descreva de maneira objetiva a condita a ser seguida, havendo ainda diferentes meios para sua realização da conduta.

Para expor sobre a aplicação dos princípios na CF/88, é necessária a sua conceituação e a caracterização, o que foi iniciada por Aristóteles, expondo sobre os princípios inerentes às coisas (por natureza ao sistema jurídico), enquanto outros não são (construídos no ordenamento). Os primeiros estão no núcleo do direito, essenciais, não importando a época do intérprete, desde que seja de maior relevância para a compreensão do sistema. Já os segundos são construídos por escolhas, mas que, ao serem elaborados, comprometem as regras a serem formuladas a partir dessas decisões.

Também foi bem desenvolvida por Robert Alexy (2011:104) ao expor que os princípios exigem que algo seja realizado na maior medida possível dentro das possibilidades jurídicas e fáticas existentes. Por isso, eles não contêm um mandamento definitivo, mas apenas *prima facie*. O caminho do direito *prima facie* até o direito definitivo passa pela definição de uma relação de preferência, o que, segundo a lei de colisão, culminará com a definição de uma regra.

Nesse caso, para Robert Alexy (2011:105), sempre que o princípio for uma razão para um juízo concreto de *dever-ser*, ele será fundamento de uma regra, o que representa uma razão definitiva para esse juízo. Portanto, para o autor, em si mesmos, os princípios nunca são razões definitivas.

Já José Afonso da Silva (2015:93) conceitua princípio como ordenações que se irradiam e imantam o sistema de normas, sendo assim 'núcleos de condensações' que não confluem valores e bens constitucionais. Em sentido próximos, Paulo Bonavides (2014:38) divide os princípios em duas categorias: os com caráter de ideias jurídicas norteadoras, para a concretização na lei e na jurisprudência; e a dos que se cristalizam como lei, numa regra jurídica de aplicação imediata. Para o autor, diferentemente de Alexy, a partir do pós – positivismo, o "princípio normativo deixa de ser, assim, tão somente *ratio legis* para se converter em *lex*; e, como tal, faz parte constitutiva das normas jurídicas, passando, desse modo, a pertencer ao Direito".

Contemporaneamente, Ana Paula de Barcellos (2005:168), dita que os princípios "estabelecem estados ideais, objetivos a serem alcançados, sem explicitarem necessariamente as ações que devem ser praticadas para a obtenção desses fins". A autora entende que os princípios permitem uma adaptação livre às infinitas possibilidades do caso concreto e que são capazes de conferir ao intérprete liberdade de adaptar o sentido geral do efeito pretendido às peculiaridades do caso.

Na seara tributária, Renato Lopes Becho (2010:259), ao falar sobre princípios, conceitua como decorrências lógicas, reconhecidos como pontos cardeais ("aqueles que os situam no início, de onde uma coisa vem a ser"), imprescindíveis para a compreensão do ordenamento e de um comando normativo.

Renato Lopes Becho (2010:258) dita que os princípios são componentes, junto com as regras, das normas jurídicas. O autor parte do pressuposto de que, a norma jurídica é o todo, sendo essa norma o conteúdo de significação, encontrável a partir de textos legais, mas não só, apreensiva também através de diversas fontes. Por essa lógica, dentro das normas jurídicas, estão inseridos princípios e regras, normalmente diluídos dentro do campo de significação.

Portanto, a partir das diversas conceituações de princípio, tem-se que é comum a todas como pontos cardeais imprescindíveis para a compreensão do ordenamento jurídico.

Como exposto, todas as regras do ordenamento devem respeitar os princípios constitucionais e, além disso, devem ser aplicadas e interpretadas de forma consoante a Lei Maior e os princípios previstos, tal como o contraditório, o que será caracterizado abaixo.

2. PRINCÍPIO DO CONTRADITÓRIO

Quanto ao princípio do contraditório, Humberto Theodoro Junior (2015:37) indica que se trata de um reflexo no prisma da igualdade que ambas as partes possuem na lide.

Este princípio está previsto, como garantia fundamental, no art. 5º inciso LV da Constituição Federal de 1988, consistindo o pleno direito de defesa e ataque das partes e de pronunciamento durante o curso da ação, extinguindo os privilégios não justificados. Por isso, o contraditório seria absoluto, devendo ser sempre observado, sob pena de nulidade, a quem se submete tanto as partes como o juiz.

Nesse sentido, para Humberto Theodoro Junior (2015:37) o contraditório é a efetiva participação das partes sobre a formação do provimento jurisdicional, não podendo o juiz deixar de ouvi-las, ou levar em conta as questões que suscitem, nem decidir sem responder às alegações dispostas, na fundamentação da decisão nos termos do art. 93 inciso IX da CF/88.

Humberto Theodoro Junior (2015:38) expõe que o Plenário do STF[3], a partir do julgamento do Mandado de Segurança n. 24.268/MG, de relatoria do Ministro Gilmar Mendes, publicado em 17.09.2004, entendeu que o contraditório é composto pelos seguintes direitos às partes: (i) direito de informação, que obriga o julgador a informar a parte todo ato praticado, com explicitação dos seus elementos; (ii) direito de manifestação, que assegura ao litigante a possibilidade de manifestar-se sobre os elementos fáticos e jurídicos constantes do processo; (iii) direito de ver seus argumentos considerados, que exige do julgador capacidade, apreensão e isenção de ânimo para contemplar as razões apresentadas.

Para Humberto Theodoro Junior (2015:38), nesse caso, nenhuma decisão não deve representar uma surpresa para os litigantes ainda que resolva questão de ofício, nos termos do art. 267 §3º do CPC/2015. Assim, existem três consequências do princípio ao contraditório: a) a sentença só afeta as pessoas que foram parte no processo; b) só há relação processual completa após regular citação do demandado; c) toda decisão só é proferida depois de ouvidas ambas as partes.

No caso, além da oportunidade de falar, o contraditório garante também o direito de fazer prova e que os argumentos das partes sejam considerados e analisados pelo julgador. O juízo cabe ser exaustivo em torno de todo o debate produzido nos autos, de modo que todos os sujeitos do processo tenham essa oportunidade.

Humberto Theodoro Junior (2015:38), quando afirma o caráter absoluto do contraditório, pretende-se dizer que nenhum processo pode ser disciplinado sem assegurar isonomia das regras processuais. Assim, o devido processo legal exige que o contraditório, ceda momentaneamente à medidas indispensáveis, à eficácia e efetividade da garantia de acesso ao processo justo, tal como no caso de medidas provisórias.

O autor (2015:39) observa que, mesmo que não possa o juiz conduzir o processo sem respeitar o contraditório, a parte

3. STF - Mandado de Segurança n. 24.268/MG, de rel. Ministro Gilmar Mendes, publicado em 17.09.2004.

terá a liberdade de exercitá-lo ou não, sendo assim o direito de participar do contraditório é disponível.

Ainda sobre o contraditório, Bráulio Bata Simões (2015:93), remete que esse princípio representa a obrigação da informação e a possibilidade de manifestação à parte contrária, sendo a todos os litigantes dados essa oportunidade.

Já Daniel Assumpção Neves (2015:138) indica que o princípio do contraditório é tradicionalmente formado por dois elementos: informação e possibilidade de reação. Quanto à informação, é necessidade da parte de ter conhecimento do que acontece no processo. Ferirá o princípio qualquer previsão que exija um comportamento da parte sem instrumentalizar formas para que se tome conhecimento da situação processual.

No que se refere à relação, Daniel Assumpção Neves (2015:138) relata que esse elemento depende da vontade da parte, que opta por reagir ou omitir. Porém, essa faculdade de reação limita-se aos direitos disponíveis. Para estes, o contraditório está garantido ainda que concretamente não se verifique reação, bastando a oportunidade da reação. No caso dos indisponíveis, o contraditório exige a efetiva reação, havendo mecanismos processuais para que, ainda que a parte não responda, cria-se uma ficção jurídica de que houve a reação, pois a própria lei prevê os efeitos jurídicos da reação.

Daniel Assumpção Neves (2015:141) indica que a completa realização do contraditório exige uma igualdade real entre as partes para que as reações possam efetivamente igualar suas situações no processo.

O binômio "informação + possibilidade de reação", segue Daniel Assumpção Neves (2015:141), garante somente o aspecto formal do contraditório. Exige-se também que a reação tenha poder de influenciar o juiz. A capacidade de influência passa a ser o terceiro elemento do contraditório, sendo assim a capacidade de convencerem os juízes no caso concreto.

Por fim, Assumpção Neves (2015:142) prega que a observância do contraditório é capaz de evitar a prolação de decisões surpresa. Portanto, ainda nos casos em que o juiz deverá conhecer de ofício, deverá intimar as partes para manifestação prévia antes de proferir a decisão.

Um aspecto relevante quanto ao princípio do contraditório é a sua aplicação para partes, juízes e na execução, o que cabe uma análise específica, feita abaixo.

2.1 Contraditório entre as partes

Quanto ao contraditório entre as partes, Cândido Rangel Dinamarco (2016:344) entende que o exercício do poder só se legitima quando preparado por atos idôneos, segundo a Constituição e a lei, com a participação dos sujeitos interessados.

Para o autor (2016:344), jamais pode haver um contraditório que não seja participativo, devendo ser sempre o contraditório em caráter participativo das partes. Segue Dinamarco (2016:345) destacando que se tem a reforçar os poderes do juiz e seus deveres de participação, cabendo oferecer a cada uma das partes, ao longo do procedimento, oportunidades para participar pedindo, participar alegando e participar provando.

Dinamarco (2016:345) dita que para cumprir a exigência constitucional do contraditório, todo modelo procedimental do Código precisa conter momentos para que as partes peçam, aleguem e provem. A efetividade das oportunidades para participar depende do conhecimento que a parte tenha do ato, devendo haver uma consistente comunicação processual destinada às partes a ciência de todos os atos que ocorrem no processo.

Portanto é necessária a ocorrência do binômio *informação – reação*, com a ressalva de que, embora a primeira seja necessária sob pena de nulidade processual, a segunda é somente possível, preservando a liberdade da parte. Não havendo a reação, nem por isso a violação ao contraditório, pois houve a regular citação.

Cândido Rangel Dinamarco (2016:347) indica que há casos em que a reação se impõe como absolutamente indispensável, havendo a necessidade de um contraditório efetivo.

Importa, portanto, falar da atuação do contraditório quanto aos juízes, o que será relevante quanto a aplicação do art. 854 do CPC/2015.

2.2 Contraditório na execução

Cândido Rangel Dinamarco (2016:348) dita que também na fase executiva está presente o trinômio *pedir – alegar – provar*. No caso, seria ilegítimo privar o executado de participar da execução – sujeitando-se aos atos do juiz e suportando inerte o exercício do poder sobre os bens de sua propriedade ou posse.

Além disso, para o autor, como é necessário que a lei se faça pelo *modo menos gravoso possível* (art. 805 CPC/2015) não há como dar efetividade a essa regra se não fosse mediante o contraditório.

Dinamarco (2016:348) ainda expõe que no atual sistema processual, o princípio do contraditório, principalmente na execução, manifesta-se mediante a *cooperação* entre as partes e o juiz, nos termos do art. 6º do CPC/2015, sendo um dever de todos os sujeitos do processo.

Assim, considerando que o art. 854 do CPC/2015 é aplicado em execução de título executivo extrajudicial, e que traz, no início do seu *caput* que o bloqueio acontecerá *"sem a ciência prévia das partes"*, a partir dessa previsão, cabe a pergunta: É constitucional haver o bloqueio de ativos financeiros sem a prévia ciência do executado?

Para responder tal questão, é relevante tratar sobre a ideia de cooperação prevista no CPC/2015 e como essa regra reflete o contraditório e se coaduna com o art. 854 do código.

3. CONTRADITÓRIO NO CPC/2015 – COOPERAÇÃO

Para Cássio Scarpinella Bueno (2015:42) a cooperação disposta no CPC/2015 decorre do princípio constitucional do contraditório, expresso no inciso LV do art. 5º da CF/88, devendo ser compreendida na perspectiva das partes e eventuais terceiros conseguirem influenciarem a decisão do juiz.

Ou seja, que eles tenham condições efetivas de influenciar os atos dos juízes.

Scarpinella Bueno (2015:43) expressa que o modelo de processo estabelecido pelo CPC 2015, em harmonia com o modelo constitucional, é um processo cooperativo, em que todos os sujeitos processuais – partes, terceiros intervenientes, auxiliares da justiça e o magistrado – cooperem ou colaborem entre si com vistas a uma finalidade comum: prestação da tutela jurisdicional. A cooperação também deve ser respeitada pelo magistrado, entre uma série de deveres, tais como: de esclarecimento (o juiz deve solicitar às partes explicações sobre o alcance de suas postulações); de consulta (juiz colher manifestação das partes preparatória de sua própria manifestação ou decisão); de prevenção (as partes devem ser alertadas do uso inadequado do processo e a inviabilidade do julgamento de mérito); de auxílio (incentivar as partes a superar dificuldades relativas ao cumprimento adequado de seus direitos e deveres processuais).

Tal modelo de processo cooperativo, indica que a concepção de processo deve ser vista como método de solução estatal de conflitos, em que os sujeitos, agem com boa – fé e em regime de cooperação entre si para viabilizar a efetiva prestação da tutela jurisdicional a quem tiver direito sobre tal, sendo esse processo por, de fato, devido e eficiente.

No que se refere as decisões – surpresa, Cássio Scarpinella Bueno (2015:87) explica que o art. 10, aplicando o que se pode extrair do art. 9º, evita o proferimento das “decisões – surpresas”, ou seja, aquelas proferidas pelo magistrado sem que tenha permitido previamente às partes a oportunidade de influenciar sua decisão, e, além disso, sem permitir a elas que tivessem conhecimento de que decisão como aquela poderia vir a ser proferida. Ou seja, o prévio contraditório deve ser observado ainda que se trate de matéria que deva ser decretada de ofício, independentemente de provocação, e o dever das partes serem ouvidas previamente sobre a resolução dessas questões.

Cássio Scarpinella Bueno (2015:88) expõe que a finalidade dessa previsão é viabilizar que as partes possam se manifestar sobre o que a partir de uma decisão de alguma forma de modifique o processo, eliminando, de qualquer forma, a possibilidade de surpresa no desenvolvimento do processo. Portanto, considerando essa finalidade das partes se manifestarem antes do proferimento de qualquer decisão ou despacho que modifique de alguma forma o processo.

Como se está analisando o bloqueio de contas bancárias, atualmente vigente no art. 854 do CPC/2015, que é um procedimento de penhora, caberia verificar se é constitucional haver o bloqueio de ativos financeiros sem a prévia ciência do executado.

Para responder tal questão, agora, é necessário a conceituação a respeito da penhora, e, posteriormente, a evolução legislativa do instituto.

4. CONCEITO DE PENHORA

Sobre a penhora, Íris Vânia Santos Rosa (2015:161) conceitua como mecanismo adequando ao alcance do pagamento da dívida tributária, caracterizado por seus procedimentos obrigatórios e específicos. Assim, a penhora funciona como instrumento de apreensão judicial garantidora da Execução Fiscal, passando pela venda até o pagamento do crédito tributário.

Essa penhora, segue Íris Vânia (2015:161), é um ato de afetação no processo, que transforma o bem ou direito disponibilizado para que seja satisfeito o crédito tributário.

Para Arnaldo Marmitt (1992:7) penhora é um ato executivo, sendo preparatório da alienação. Consiste, para o autor, na apreensão de coisas móveis ou imóveis, corpóreas ou incorpóreas, do acervo patrimonial do executado, inclusive bens ou crédito futuros, para sua oportuna conversão em pecúnia e pagamento dos credores. Pela penhora, são destacados bens bastantes do executado, para a efetiva garantia da execução.

Marmitt (1992:13), indica duas finalidades para a penhora: a preparatória da expropriação, que objetiva individualizar e apreender os bens sujeitos à constrição judicial, tornando-os indisponíveis e reservados para o futuro ato expropriatório. Destina-se objetivamente à expropriação futura e à satisfação consequente do direito do exequente. A segunda finalidade consiste em manter os bens individualizados na situação em que se encontravam ao ensejo da constrição, visando evitar que houvesse deterioração, em prejuízo da execução. Isso porque os bens constritos são confiados a um depositário que deve zelar pela sua incolumidade, sob penas legais.

A essas duas finalidades, acrescenta-se uma terceira finalidade: a de fixar a preferência em prol do exequente que por primeiro concretizou a penhora, sem prejuízo de relações de direito material, acaso estabelecidas anteriormente.

Tratando sobre a finalidade, Carnelutti (CARNELUTTI *apud* MARMITT:1992:14), indicou que a função da penhora se traduz em determinar os bens que hão de ser expropriados, e estabelecer a sujeição deles à ação executiva.

Arnaldo Marmitt (1992:14) indica que a penhora se caracteriza também por sua provisoriedade, tendo a função imediata de subordinar os bens aos fins da execução. A penhora afeta a condição jurídica do bem penhorado, cientificando terceiro do ônus imposto, deixando de ser livre e desembaraçado.

Após essa conceituação, importa destacar como o instituto da penhora está posto no ordenamento jurídico pátrio, em que descambou no art. 854 do CPC/2015, para verificar a sua legalidade quanto o procedimento sem a ciência do executado.

4.1 Procedimento da penhora pela Lei de Execuções Fiscais

A Lei de Execuções Fiscais – Lei 6.830/80, trata da penhora principalmente nos art. 7º, 8º e 10º. Inicialmente, o art. 7º dita que o despacho do Juiz que deferir a inicial importa em ordem para: a citação; a penhora, caso não for paga a dívida, nem garantida a execução, por meio de depósito, fiança ou seguro garantia. Já o art. 8º expressa que o executado será citado para, no prazo de 5 (cinco) dias, pagar a dívida com os juros e multa de mora e encargos indicados na Certidão de Dívida Ativa, ou garantir a execução.

João Aurino de Melo Filho (2012:170) dita que, ao apresentar a garantia à execução fiscal, o executado, em regra, evita que a Fazenda Pública, por meios próprios, indique o bem a ser penhorado. A nomeação de bens à penhora não é apenas uma faculdade, mas um dever do executado, para que possa ter direito de escolha quanto ao bem que será penhorado.

Já Ricardo Chimenti (2008:143) indica que após o prazo de 5 (cinco) dias da citação sem que o executado comprove o pagamento da dívida ou oferte uma das garantias, será efetivada a penhora de bens suficiente para a segurança do juízo da execução, até o valor atualizado.

Pelo art. 10 da LEF, caso o devedor, regularmente citado, não pague a dívida e nem garanta a execução, impõe-se, para que a demanda fiscal atinja o seu desiderato, a adoração de providência que busquem a satisfação do crédito independentemente de sua vontade, exceto os que a lei declare absolutamente impenhoráveis, que será feita pelo oficial de justiça e/ou pelo credor.

Continua Chimenti (2008:144) expondo que, optando o executado por nomear bens à penhora, deve observar a ordem do art. 11 da LEF, sem prejuízo ao princípio da menor gravosidade para o devedor, o que, para o autor, pode alterar a ordem de nomeação de bens. Essa opinião é compartilhada por João Aurino de Melo Filho (2012:174), o devedor está adstrito à ordem do art. 11 da LEF, pois se o devedor, na nomeação do bem, ignorar a ordem legal, a Fazenda pode recursar o bem oferecido. Para o autor, a simples violação à ordem prevista no art. 11 da LEF é justificativa suficiente para recursar o bem oferecido à penhora, pois não é possível compelir a Fazenda Pública a aceitar em garantia à execução bem que não observe a ordem legal.

Para João Aurino (2012:174), no que refere ao art. 11 da LEF, nada obstante o princípio da menor onerosidade ao devedor, a execução é feita no interesse do credor, que pode, por esta razão, impor ao devedor o cumprimento da ordem legal de preferência de bens. Para o autor, dependendo das circunstâncias do caso concreto, contudo, o credor pode aceitar bens de desacordo com a ordem. Assim, seria prerrogativa do exequente, pois nada impede que a Fazenda rejeite bem imóvel de difícil alienação, mas aceite ou indique bem de maior liquidez, mesmo situado em posição inferior na ordem legal.

Esse ponto será rebatido posteriormente em tempo certo, porém, portanto, pela Lei de Execuções Fiscais, em suma, o procedimento para penhora é: após a regular citação do executado, ele possui 5 (cinco) dias para pagar ou garantir o débito fiscal, com um bem móvel ou imóvel, dentre seu interesse, respeitando, na medida do possível, o rol do art. 11 da LEF, aplicado em consonante com o princípio da Menor Onerosidade da Execução. Caso seja oferecido um bem para garantia do débito, a Fazenda será intimada para se manifestar sobre a garantia, podendo fazer adendo sobre seu interesse naquele bem ou quanto ao desembaraço do mesmo.

Assim, verifica-se que, pela LEF, existem três requisitos para que a penhora recaia sobre qualquer bem, a escolha do exequente ou do oficial de justiça, inclusive dinheiro: regular citação (ciência do executado), não pagamento em 5 (cinco) dias e não oferecimento de garantia nos mesmos 5 dias. Não ocorrendo qualquer dessas condições, não há que se falar na penhora a livre escolha do exequente ou do oficial de justiça.

Observa-se que nenhum momento a Lei de Execuções Fiscais fará referência a penhora *on line*, ou qualquer forma de bloqueio de contas bancária como forma de equiparação a penhora em dinheiro. Essa previsão, especificamente no âmbito tributário, foi acrescida pelo art. 185-A do Código Tributário

Nacional, inserido pela Lei Complementar 118/2005, que será tratado abaixo.

4.2 Procedimento de penhora *on line* pelo CTN

A Lei Complementar 118/2005 incluiu no CTN o art. 185-A, que tratou especificamente sobre a penhora *on line*. Observa-se:

> *Art. 185-A. Na hipótese de o devedor tributário, devidamente citado, não pagar nem apresentar bens à penhora no prazo legal e não forem encontrados bens penhoráveis, o juiz determinará a indisponibilidade de seus bens e direitos, comunicando a decisão, preferencialmente por meio eletrônico, aos órgãos e entidades que promovem registros de transferência de bens, especialmente ao registro público de imóveis e às autoridades supervisoras do mercado bancário e do mercado de capitais, a fim de que, no âmbito de suas atribuições, façam cumprir a ordem judicial.*

Leonardo Carneiro da Cunha (2013:445) indica que a decretação de indisponibilidade de recursos financeiros em contas bancárias, do art. 185 – A do CTN, somente pode ser efetuada após a citação do devedor, e se este não pagar nem nomear bens à penhora no prazo legal e não forem encontrados bens penhoráveis, limitada ao valor total exigível.

Como a indisponibilidade é uma medida violenta ao patrimônio do devedor, o magistrado deve aplicar o princípio da proporcionalidade, determinando a indisponibilidade somente se realmente não houver outro meio de garantir a execução, devendo essa execução processar-se pela forma menos gravosa, nos termos do art. 805 do CPC/2015.

A regra do art. 805 do CPC/2015 visa evitar o abuso de direito do exequente que, dispondo de mais de um meio para satisfazer crédito, devendo ser indicado daquele menos oneroso ao executado. Assim, para Leonardo Carneiro da Cunha (2013:446), somente se não houver outro meio de constrição, impõe-se adota a medida extrema da indisponibilidade, o que não ocasionaria qualquer abuso do direito.

Ainda quanto a limitação da limitação da penhora *on line*, Ricardo Chimenti (2008:155), dita que essa penhora *on line* deve ser limitada em quantidade que não inviabilize a atividade do devedor executado, competindo ao juiz da execução, diante de prova segura, fixar os limites da penhora de dinheiro em espécie, depositado ou investido em instituições financeiras. Para Chimenti (2008:155), a penhora *on line* exige redobrada cautela e prudência do juiz para saber se a constrição corresponde efetivamente a patrimônio. A falta de cautela pode inviabilizar a manutenção da atividade da atividade empresarial do devedor e tronar ilegítima a constrição judicial realizada.

De qualquer forma, a previsão do art. 185-A do CTN é clara: exclusivamente na hipótese do executado, devidamente citado, não pagar nem apresentar bens à penhora no prazo legal e não forem encontrados bens penhoráveis, o juiz determinará a indisponibilidade de seus bens e direitos. Assim, no CTN, diferentemente da Lei de Execuções Fiscais, são quatro requisitos para que seja feita a penhora *on line*, como a livre escolha do exequente: regular citação (ciência da execução), não pagamento, não apresentação de bens a penhora (garantia), e não forem encontrados bens penhoráveis.

Quando a necessidade do exaurimento da procura de outros bens penhoráveis, o STJ, através do REsp. 1.112.943/MA[4], decidiu, em sede de recurso repetitivo, em julgado publicado em 23.11.2010, que "após o advento da Lei 11.382/2006, o juiz, ao decidir acerca da realização da penhora *on-line*, não pode

4. STJ. REsp 1.112.943/MA, Rel. Min. Nancy Andrighi, Corte Especial, publicado em 23.11.2010 - Repetitivo, Penhora. Sistema Bacen-Jud. Lei 11.382/2006. A Corte Especial. Ao julgar recurso sob o regime do art. 543-C do CPC/1973 c/c a Res. 8/2008-STJ, entendeu que a penhora *on line*, antes da entrada em vigor da Lei n. 11.382/006, configura medida excepcional cuja efetivação está condicionada {a comprovação de que o credor tenha realizado todas as diligências no sentido de localizar bens livres e desembaraçados de titularidade do devedor. Contudo, após o advento da referida lei, o juiz, ao decidir sobre a realização da penhora *on line*, não pode mais exigir do credor prova de exaurimento das vias extrajudiciais na busca de bens a serem penhorados.

mais exigir a prova, por parte do credor, de exaurimento de vias extrajudiciais na busca de bens a serem penhorados."

Portanto, a partir desse julgamento em sede de recurso repetitivo, pode-se afirmar, que se limitam a 3 (três) os requisitos para a penhora *on line* a partir da previsão no art. 185-A: regular citação (ciência da execução), não pagamento, não apresentação de bens a penhora (garantia).

Após das duas análises acima, da Lei de Execuções Fiscais e do Código Tributário Nacional, importa dispor como é o procedimento de penhora no CPC/2015 e como essa lei geral vem trazendo a penhora *on line*.

4.3 Inclusão da penhora *on line* pelo Código de Processo Civil de 1973

Ao tratar do procedimento da penhora no Código de Processo Civil, importa relatar a Exposição de Motivos da Lei 11.382/2006, de elaboração do Ministro da Justiça à época, Márcio Thomas Bastos, que alterou várias regras sobre a execução no CPC/1973, que modificou o art. 655 inciso I e incluiu o art. 655-A, que se refere a penhora *on line*, traz, de forma clara, as justificativas a respeito da necessidade de promover como mais agilidade e efetividade a execução.

Na Exposição de Motivos citada, observa-se que a alínea *f* destaca a necessidade de ser melhorada a efetividade da execução, *in verbis*:

> *f) são sugeridas muitas alterações no sentido de propiciar maior efetividade à execução, pela adoção de condutas preconizadas pela doutrina e pelos tribunais ou sugeridas pela dinâmica das atuais relações econômicas, inclusive com o apelo aos meios eletrônicos, limitando-se o formalismo ao estritamente necessário;*

A partir dessa Exposição, foi inserido no CPC/1973, o art. 655 – A, além de modificado o art. 655 inciso I, prevendo a possibilidade de penhora de dinheiro em depósito ou aplicação financeira, desde que requerida pela Exequente. Observa-se:

> *Art. 655. A penhora observará, preferencialmente, a seguinte ordem:*
>
> *I - dinheiro, em espécie ou em depósito ou aplicação em instituição financeira;*
>
> *(...)*
>
> *Art. 655-A. Para possibilitar a penhora de dinheiro em depósito ou aplicação financeira, o juiz, a requerimento do exequente, requisitará à autoridade supervisora do sistema bancário, preferencialmente por meio eletrônico, informações sobre a existência de ativos em nome do executado, podendo no mesmo ato determinar sua indisponibilidade, até o valor indicado na execução.*

Também houve a modificação do art. 652 do CPC/1973, para alterar o prazo para pagamento da dívida e penhora dos bens:

> *Art. 652. O executado será citado para, no prazo de 3 (três) dias, efetuar o pagamento da dívida.*
>
> *§ 1º Não efetuado o pagamento, munido da segunda via do mandado, o oficial de justiça procederá de imediato à penhora de bens e a sua avaliação, lavrando-se o respectivo auto e de tais atos intimando, na mesma oportunidade, o executado.*
>
> *§ 3º O juiz poderá, de ofício ou a requerimento do exequente, determinar, a qualquer tempo, a intimação do executado para indicar bens passíveis de penhora.*

Assim, pela previsão do CPC/1973, modificado pela Lei 11.382/2006, após a regular citação, não havendo o pagamento em 3 (três) dias, o oficial de justiça, com a segunda via do mandato, retornaria a executado para proceder a penhora de bens e sua avaliação.

Logo, pelo CPC/1973, haveria somente dois requisitos para que houvesse a penhora: a regular citação (ciência da ação) e o não pagamento em 3 (três) dias. Nesse caso, haveria o retorno do oficial de justiça para a penhora dos bens necessários. Ainda era facultado ao magistrado a intimação do executado para indicar bens a penhora.

Com o advento do CPC/2015, foi mantido o instituto da penhora *on line*, porém com a previsão no *caput* do art. 854 que, como será demonstrado, traz a previsão "sem dar ciência do ato ao executado", o que pode incorrer em violar o princípio do contraditório.

5. MODIFICAÇÕES DA PENHORA *ON LINE* NO CPC/2015

Antes de expor como a penhora *on* line está sendo exposta no CPC/2015 é relevante indicar como o Anteprojeto do Novo Código de Processo Civil, elaborado pela Comissão de Juristas instituída pelo Ato do Presidente do Senado Federal 379, de 2009, presidida pelo Ministro Luiz Fux, expôs sobre a penhora *on line*. Segue abaixo a previsão no Anteprojeto:

> *Art. 778. Para possibilitar a penhora de dinheiro em depósito ou em aplicação financeira, o juiz poderá, a requerimento do exequente, em decisão fundamentada, transmitida preferencialmente por meio eletrônico, ordenar à autoridade supervisora do sistema bancário que torne indisponíveis ativos financeiros existentes em nome do executado, limitando-se a indisponibilidade ao valor indicado na execução.*

Observa-se que pela previsão do Anteprojeto, não havia a expressão "sem a ciência do executado", o que, segundo o defendido por esse estudo, coloca em risco a garantia do contraditório, e é contrastante com a ideia de cooperação, prevista no CPC/2015.

Porém o projeto aprovado no Senado (art. 810) e na Câmara (art. 870), e sancionado no art. 854 trouxe exatamente essa expressão, conforme observa-se:

> *Art. 854. Para possibilitar a penhora de dinheiro em depósito ou em aplicação financeira, o juiz, a requerimento do exequente, sem dar ciência prévia do ato ao executado, determinará às instituições financeiras, por meio de sistema eletrônico gerido pela autoridade supervisora do sistema financeiro nacional, que torne*

> *indisponíveis ativos financeiros existentes em nome do executado, limitando-se a indisponibilidade ao valor indicado na execução.*

No CPC/2015 também foi mantida no art. 831 a preferência por dinheiro em espécie ou em depósito ou aplicação em instituição financeira, sendo está, expressamente, a prioridade de penhora a ser feita pelo magistrado, nos termos do art. 835 do CPC/2015.

Quanto a citação, no art. 829, ainda é o prazo de 3 (três) dias para pagamento, contados da citação. É posto ainda que não próprio mandado de citação, haverá a ordem de penhora a ser cumprida pelo oficial, logo que não seja verificado o pagamento. *In verbis*:

> *Art. 829. O executado será citado para pagar a dívida no prazo de 3 (três) dias, contado da citação.*
>
> *§ 1º Do mandado de citação constarão, também, a ordem de penhora e a avaliação a serem cumpridas pelo oficial de justiça tão logo verificado o não pagamento no prazo assinalado, de tudo lavrando-se auto, com intimação do executado.*
>
> *§ 2º A penhora recairá sobre os bens indicados pelo exequente, salvo se outros forem indicados pelo executado e aceitos pelo juiz, mediante demonstração de que a constrição proposta lhe será menos onerosa e não trará prejuízo ao exequente.*

Pela análise do art. 854 cominado com o art. 829, ainda não resta claro a extensão da expressão "sem dar ciência prévia do ato ao executado". Explica-se.

A partir dessa expressão, é possível que o juiz proceda a penhora *on line* sem que tenha se esgotado o prazo para pagamento. Isso porque, considerando que o §1º do art. 829 destaca que nesse mandado também constará a ordem de penhora, nada impediria que o juízo procedesse esse bloqueio antes mesmos de esgotado o prazo para pagamento.

Por visível equívoco que possa parecer, por essa linha, também não seria ilógico imaginar que, na prática forense, os magistrados, pela regra do art. 854, determinassem a penhora *on line* mesmo sem que houvesse a regular citação do executado, sem pelo motivo de ausência ocasional ou propositada do executado.

Ou seja, pela análise dessas duas previsões, nada impediria que, sob a mera suspeita de que o executado esteja se esvaziando de receber a citação, já poderia haveria a penhora *on line*, justificando-se exatamente na "sem dar ciência prévia do ato ao executado".

Ultrapassadas esses pontos, cabe relatar o risco de penhora *on line* após findo o prazo para o pagamento ou quando não há a regular citação.

5.1 Risco de penhora *on line* logo após findo o prazo para o pagamento ou quando não há a regular citação

Quanto a esse risco de penhora *on line*, Leonardo Carneiro da Cunha (2013:433) dita que não é possível haver penhora antes de ser citado o executado, pois este tem o direito de pagar ou nomear bens. Somente depois, não havendo pagamento ou sendo ineficaz ou insuficiente a nomeação de bens, é que poderá haver penhora on line.

Não é necessário o prévio exaurimento de tentativas de penhora em outros bens para que se determine a penhora *on line*, como prevê o STJ, mas é necessário que antes, seja garantido o direito do executado de pagar ou nomear bens.

Pela análise do art. 854 do CPC/2015, conjuntamente o art. 829 §§ 1º e 2º e art. 830, é possível que haja a penhora *on line* dos valores em instituições financeiras logo após o vencimento do prazo de 3 (três) dias para pagamento, contados da citação, independentemente de ciência do executado.

Esse risco é notório porque, pela análise do art. 829, por logo, não é oportunizada a garantia do suposto débito, por voluntariedade do executado. Isso porque, no § 1ª desse artigo, no mandado de citação, constará a ordem de penhora, a ser cumprida quando o oficial de justiça verificar que não houve o pagamento.

Na ordem de penhora, serão relacionados os bens a serem penhorados e nada impede o magistrado de indicar a penhora de dinheiro por meio de bloqueio de contas bancárias como primeiro bem a ser penhorado, inclusive porque o § 1º do art. 835 indica que é "prioritária a penhora em dinheiro, podendo o juiz, nas demais hipóteses, alterar a ordem prevista no *caput* de acordo com as circunstâncias do caso concreto".

Pelo CPC/2015, não há nenhum impeditivo para que o magistrado já determine a penhora *on line* logo após os 3 (três) dias, no momento em que constatado o não pagamento. Ocorre que, a mera citação do executado para pagamento não justifique que, após os três dias, já haja essa constrição dos valores em conta bancária, sem oportunizar qualquer outra manifestação do executado.

Pelo procedimento do CPC/2015, o juiz, ao determinar a citação do executado para promover o pagamento em três dias, indicará a ordem de penhora, iniciando com dinheiro, para que seja penhorado.

Não havendo o pagamento, em três dias, sem a ciência do executado, já haveria a penhora imediatamente das aplicações financeiras em dinheiro. Assim, ainda que haja outros bens penhoráveis, previstos também no rol do art. 835, a penhora *on line* será efetuada, imediatamente de ciência do executado, após o prazo de três dias da data da citação.

No caso, expõe Marcos Paulo Sandri (2012:211), que, após a citação, não paga a dívida e nem garantida, o juiz deveria intimar o exequente para que indique bens penhoráveis, sob risco de violação a Menor Onerosidade ao Executado, do art. 805 do CPC/2015.

Portanto, não caberia o magistrado, havendo outros bens penhoráveis, proceder a penhora *on line*, principalmente sem a ciência do executado, ou seja, sem oferecer a oportunidade do executado oferecer outros bens ou se manifestar a respeito daquela Execução.

No mesmo sentido, Marcos Paulo Sandri (2012:211) entende que essa modalidade de penhora deve ter um caráter subsidiário, pois após a citação, não quitado, nem indicado bens à penhora, o juízo poderia, desde logo, determinar a pesquisa de ativos financeiros.

Assim, para o autor, deveria haver a prévia pesquisa de bens por parte do oficial de justiça, que precederia o pedido de penhora sobre ativos financeiros.

Logo, verifica-se que há um risco de penhora *on line* logo após findo o prazo para pagamento ou quando não há a regular citação, o que, por logo, ocorrendo, violará o princípio do contraditório, como será especificado abaixo.

6. APLICAÇÃO DO ART. 854 DO CPC/15 EM FACE O PRINCÍPIO DO CONTRADITÓRIO

Como citado anteriormente, o princípio do contraditório é absoluto, devendo ser sempre observado, tanto pelas partes como o juiz. O contraditório é a efetiva participação das partes sobre a formação do provimento jurisdicional, não podendo o juiz decidir um aspecto relevante do provimento, sem abrir espaço a manifestação de uma das partes.

Assim, quando o magistrado penhora os ativos bancários do contribuinte, nos termos do art. 854 do CPC/2015, sem sequer cita-lo, ou, quando o faz, sem facultar que proceda a penhora de outros bens, ou ainda, quando, ainda após o prazo para pagamento, havendo outros bens penhoráveis, proceder a penhora *on line*, principalmente sem a ciência do executado, há uma violação expressa ao contraditório.

Por logo, reitera-se que a indisponibilidade dos ativos financeiros, assim como expõe Marcos Paulo Sandri (2012:212), deve ser utilizada de forma cautelar, haja vista que é um instrumento destinado a garantir a efetividade da execução fiscal. Quanto ao primeiro caso, na ausência da juntada da citação regular, não há que se falar em relação processual completa.

Também não é possível em falar em decisão devidamente fundamentada, quando ela é proferida quando não ouvidas ambas as partes, exceto nos casos de medidas provisórias, com caráter de urgência ou de evidência, como estabelecido pelo CPC/2015, o que não é o caso.

Pelos dois elementos clássicos do contraditório, informação e possibilidade de reação, a penhora *on line*, jamais poderia ocorrer sem a ciência do executado, pelo menos sem que o magistrado informe sobre a possibilidade aquela indisponibilidade.

Ainda assim, considerando o terceiro elemento do contraditório, trazido por Assumpção Neves (2015:141), que a reação seja capaz de influenciar o juiz, aí que a penhora *on line* do art. 854 do CPC/2015 contradiz o disposto no princípio do contraditório.

Ressalta-se a delimitação de Dinamarco (2016:347) de que o contraditório se consubstancia quando as partes possuem momentos para *pedir, alegar e provar*, o que não ocorre no caso da penhora *on line*, sem a ciência do executado.

No caso da penhora pelo art. 854 do CPC/2015, o executado não tem a faculdade sequer de oferecer bens à penhora, ou mesmo de indicar outro bem que não seja não aquele que não o dinheiro indisponibilidade via penhora *on line*, não correspondendo aos momentos supracitados de *pedir, alegar e provar*.

Também, pelo que foi exposto por Cássio Scarpinella Bueno (2015:87), há uma violação clara a cooperação e a necessidade de evitar as chamadas "decisões – surpresa". Logo, há uma afronta direta aos arts. 6º, 9º e 10º do CPC/2015.

Isso porque, ao proceder a penhora *on line* sem que haja a ciência prévia do executado, ou seja, durante o período para pagamento, ou sem que fosse oportunizada o oferecimento de garantia dos bens, ou sem a própria efetiva citação do executado, ou ainda quando houvesse outros bens penhoráveis, que causaria menos gravidade ao executado, ao invés da indisponibilidade, o magistrado não oportuniza a parte a influenciar decisão, sem permitir a ela que tivessem conhecimento de que decisão como aquela poderia vir a ser proferida.

No que expõe Cássio Scarpinella Bueno (2015:88), considerando que a finalidade dos arts. 6ª, 9ª e 10º é viabilizar que as partes se manifestem de alguma forma que possa influenciar o entendimento do magistrado, tal como, por exemplo, formas menos onerosas de execução, nos termos do art. 805 do CPC/2015, ao determinar que a penhora *on line* será realizada sem a ciência do executado, o magistrado acaba por inviabilizar essa possibilidade de manifestação hábil para modificar o seu entendimento.

Portanto, há mais do que o entendimento de que, considerando a falta de clareza do art. 854 do CPC/2015, da forma como está posta no Código, corre-se o risco de ser aplicado de forma que viole frontalmente o princípio do contraditório e a regra da cooperação, além do intuito de evitar "decisões – surpresas".

Assim, para que possa ser aplicado de acordo com o modelo constitucional vigente, o art. 854 do CPC/2015, deve ser condicionado a regular citação, que significa efetiva demonstração de que o executado foi citado (ex. devolução de AR devidamente assinado, termo do oficial de justiça comprovando a entrega da Execução Fiscal, entre outras), não sem pago, nem sendo oferecida qualquer outra forma de garantia, deverá, o oficial de justiça, buscar outros bens a serem penhoráveis, facultando o executado a indica-los, em respeito a Menor Onerosidade do art. 805 do CPC/2015 e, somente nesse último silêncio, promover a penhora *on line*, na forma do art. 854 e seguintes do CPC/2015.

CONCLUSÃO

Nesse estudo buscou-se demonstrar as modificações da penhora *on line* a partir do CPC/2015 e sua verificação a partir do princípio do contraditório.

Notória a relevância do tema, haja vista que o próprio Anteprojeto do Código trata expressamente sobre o tema. Além disso, qualquer ponto no que se refere a Execução Fiscal é importante haja vista o percentual de ações executivas no país.

Observou-se que o procedimento de penhora, modificou ao passar do tempo, principalmente a partir da Lei 11.382/2006, que dispôs a previsão no CPC/1973 e a Lei Complementar 118/05, que trouxe o enunciado no CTN.

O CPC/2015 manteve o tema no art. 854, dispondo no seu *caput*, o trecho "sem dar prévia ciência do ato ao executado", diferentemente do que estava previsto em seu Anteprojeto.

Essa expressão, em face da falta de clareza, pode ocasionar uma série de interpretações, que culminariam nas violações aos princípios do contraditório, da cooperação e o pressuposto de evitar "decisões – surpresa".

Isso porque, pela análise literal do art. 854 do CPC/2015, o juiz pode determinar que a penhora *on line* seja efetivada sem que haja a ciência prévia do executado, ou seja, durante o período para pagamento; ou sem que fosse oportunizada o oferecimento de garantia dos bens; ou sem a própria efetiva citação do executado, quando o executado não é encontrado, seja de forma involuntária seja de forma proposital; ou ainda quando houver outros bens penhoráveis, que causariam menos gravidade ao executado, ao invés da indisponibilidade.

Qualquer das situações expostas acima violariam o princípio do contraditório, que tem eficácia plena e imediata.

Tais situações também violariam os arts. 6º, 9º e 10º do CPC/2015, que regam pelo respeito a cooperação e a não "decisões-surpresas", pois o executado não tem a faculdade de oferecer bens à penhora, ou mesmo de indicar outro bem que não seja não aquele que não o dinheiro via penhora *on line*.

Considerando a violação ao contraditório, esse art. 854 deve ser aplicado de acordo com o art. 185-A do CTN e art. 11 da LEF, pela aplicação conjunta da LEF e do CTN, considerando ainda o REsp. 1.112.943/MA do STJ, julgado em sede de recurso repetitivo, são três os requisitos para que a penhora recaia sobre qualquer bem, a escolha do exequente, como a penhora *on line*: regular citação (ciência do executado), não pagamento em 5 dias e não oferecimento de garantia.

Por isso, conclui-se que o art. 854 do CPC/2015, deve ser aplicado considerando o art. 185-A do CTN, obedecendo os seguintes procedimentos: aguardar a regular citação; não havendo pagamento, nem ser oferecida outra forma de garantia, deve-se buscar outros bens a serem penhoráveis, facultando o executado a indica-los. Somente após esse procedimento, deve ser promovida a penhora *on line*, na forma do art. 854 do CPC/2015.

REFERÊNCIAS

ALEXY, Robert. *Teoria dos direitos fundamentais*. 2 ed. São Paulo: Malheiros. 2011.

ATALIBA, Geraldo. *República e Constituição*. São Paulo: Malheiros. 2011.

BARCELLOS, Ana Paula de. *Ponderação, racionalidade e atividade jurisdicional*. Rio de Janeiro: Renovar. 2005.

BARROSO, Luis Roberto. *Curso de direito constitucional contemporâneo: os conceitos fundamentais e a construção do novo modelo*. 5 ed. São Paulo: Saraiva. 2015.

BECHO, Renato Lopes. *Filosofia do direito tributário*. São Paulo: Saraiva. 2010.

BRASIL. CONSELHO NACIONAL DE JUSTIÇA. *Justiça em números – 2016*. Disponível em: <www.cnj.jus.br>. Acesso em: 14. nov. 2016.

BONAVIDES, Paulo. *Curso de direito constitucional*. 29 ed. São Paulo: Malheiros. 2014

BUENO, Cássio Scarpinella. *Manual de Direito Processual Civil*. São Paulo: Saraiva. 2015.

CARRAZZA, Roque Antonio. *Curso de direito constitucional tributário*. 26 ed. rev. ampl. São Paulo: Malheiros. 2010.

CHIMENTI, Ricardo Cunha. ABRAÃO, Carlos Henrique. Álvares, Manoel. BOTTESINI, Maury Ângelo. FERNANDES, Odmir. *Lei de execução fiscal: comentada e anotada*. 5 ed. rev. ampl. São Paulo: Revista dos Tribunais. 2008.

CUNHA, Leonardo Carneiro da. *A fazendo pública em juízo*. 11 ed. rev. e atua. São Paulo: Dialética. 2013.

CUNHA, Sérgio Sérvulo da. *Princípios constitucionais*. 2 ed. Saraiva: São Paulo. 2013.

DINAMARCO, Cândido Rangel. *Instituições de direito processual civil*. 8 ed. rev. atual. São Paulo: Malheiros. 2016.

MARINS, James. *Direito processual tributário brasileiro*. São Paulo: Dialética. 7ª ed. 2014.

MARMITT, Arnaldo. *A penhora: doutrina e jurisprudência*. 2 ed. São Paulo: Aide. 1992.

MELO FILHO, João Aurino. *Formalidades e procedimento na apresentação de bens para garantia da execução fiscal*. in Execução fiscal aplicada: análise pragmática do processo de execução fiscal. coord. João Aurino de Melo Filho. São Paulo: JusPodivm. 2012.

NEVES, Daniel Amorim Assumpção. *Manual de direito processual civil*. 7 ed. rev., atual. ampl. São Paulo: Método. 2015.

ROSA, Íris Vânia Santos. *A penhora na Execução Fiscal: penhora "on line" e o princípio da menor onerosidade*. São Paulo: Noeses. 2014.

SANDRI, Marco Paulo. *Penhora e avaliação de bens no processo de execução fiscal*. in Execução fiscal aplicada: análise pragmática do processo de execução fiscal. coord. João Aurino de Melo Filho. São Paulo: JusPodivm. 2012.

SILVA, José Afonso da. *Curso de direito constitucional positivo*. 38 ed. rev. atual. São Paulo: Malheiros. 2015.

SIMÕES, Bráulio Bata. *Execução fiscal e dignidade da pessoa humana*. Belo Horizonte: Fórum. 2015.

THEODORO JUNIOR, Humberto. *Curso de direito processual civil*. rev. ampl. vol. 1. 56 ed. São Paulo: Forense. 2015.

NEGOCIAÇÃO DE GARANTIAS EM EXECUÇÃO FISCAL

Vítor Martins Flores[1]

1. Introdução

Este artigo trata da possibilidade de a Procuradoria-Geral da Fazenda Nacional – PGFN celebrar Negócio Jurídico Processual com contribuintes, com especial atenção para a oferta de garantias no âmbito das Execuções Fiscais.

Essa é uma tendência processual que se torna oportuna ante as novas sistemáticas de cobrança do crédito tributário formuladas pela PGFN, e o advento do novo Código de Processo Civil – CPC[2] em 2015, segundo o qual "é lícito às partes plenamente capazes estipular mudanças no procedimento

1. Mestre em Direito Tributário pela Pontifícia Universidade Católica de São Paulo (PUC-SP 2012), graduado em Contabilidade pela Pontifícia Universidade Católica de São Paulo (PUC-SP 2009), formado em direito pela Universidade Federal da Bahia (UFBA 2004). Tem experiência profissional e acadêmica na Holanda, país onde obteve o título de Mestre em Direito Tributário Internacional pela Universidade de Leiden (2014). Seu conhecimento em normas contábeis internacionais IFRS é certificado pelo ICAEW (2016). Advogado tributarista com experiência profissional em firmas de auditoria e escritórios de advocacia.

2. Lei 13.105/2015.

para ajustá-lo às especificidades da causa e convencionar sobre os seus ônus, poderes, faculdades e deveres processuais, antes ou durante o processo" sempre que os direitos que admitam autocomposição.

Como regra, os ativos a serem oferecidos pelos contribuintes em garantia à Execução Fiscal enquanto se discutem os Embargos à Execução Fiscal, ou a serem penhorados pelo Juízo da Execução Fiscal para esse fim, devem ser selecionados segundo ordem de preferência estabelecida na Lei de Execuções Fiscais – LEF, art. 11[3]. Excepcionalmente, a LEF permite à Fazenda Pública solicitar a substituição dos bens penhorados por outros, a despeito da ordem de preferência[4]. Essa flexibilidade, no entanto, não é negociada com o contribuinte, e limita-se a modificar a ordem de preferência da penhora dentre os ativos disponíveis. Se for admitida a celebração de Negócios Jurídicos Processuais – NJPs nas Execuções Fiscais, as formas de garantias poderão ser ampliadas de forma a atingir o duplo objetivo de dar máxima satisfação ao crédito critério, com uma dose constrição patrimonial que seja suportável pelo contribuinte.

A negociação das formas de garantia é oportuna tendo em vista alguns números apresentados pela PGFN em seu Relatório Anual "PGFN em Números"[5]. Do *total* dos créditos tributários inscritos em Dívida Ativa da União – DAU e do Fundo de Garantia por Tempo de Serviço – FGTS, a PGFN razoavelmente espera recuperar apenas 33% (trinta e três por cento) dos

---

3. Lei 6.830/1980, art. 11. A penhora ou arresto de bens obedecerá à seguinte ordem: i) Dinheiro, ii) título da dívida pública, bem como título de crédito, que tenham cotação em bolsa, iii) pedras e metais preciosos, iv) imóveis, v) navios e aeronaves, vi) veículos, vii) móveis e semoventes e viii) direitos e ações. § 1º - Excepcionalmente, a penhora poderá recair sobre estabelecimento comercial, industrial ou agrícola, bem como em plantações ou edifícios em construção.

4. Art. 15 - Em qualquer fase do processo, será deferida pelo Juiz: II - à Fazenda Pública, a substituição dos bens penhorados por outros, independentemente da ordem enumerada no artigo 11, bem como o reforço da penhora insuficiente.

5. Disponível em http://www.pgfn.fazenda.gov.br/acesso-a-informacao/institucional/pgfn-em-numeros-2014/pgfn_em_numeros_2019.pdf . Acesso em 05.06.2019.

créditos, ou seja, espera uma inadimplência de 77% (setenta e sete por cento). Se forem considerados apenas os créditos inscritos nos *últimos 5 anos*, as estratégias de cobrança da PGFN foram eficazes para recuperar apenas 22% (vinte e dois por cento) dos créditos, ou seja, elas não foram eficazes para cobrar 78% (setenta e oito por cento) dos créditos no período. Desse percentual de 22% (vinte e dois por cento), aproximadamente a metade (47% - quarenta e sete por cento) foram recuperados por meio de benefícios fiscais. O relatório não detalha, mas provavelmente está incluído entre esses benefícios, o Programa Especial de Regularização Tributária – PERT, que concedeu aos contribuintes melhores condições para pagamento de seus débitos[6]. A despeito da alta taxa de inadimplência, foram arrecadados em 2017 tributos que somam 32% (trinta e dois por cento) do Produto Interno Bruto – PIB, dos quais 22% (vinte e dois por cento) couberam à União[7].

Duas conclusões podem ser sacadas desses números. A primeira é que existem contribuintes que são assíduos pagadores de tributos, pois não seria viável arrecadar-se 32% (trinta e dois por cento) do PIB com uma inadimplência de 77% (setenta e sete por cento) dos créditos de uma forma geral, ou com uma inadimplência de 78% (setenta e oito por cento) dos créditos nos últimos 5 (cinco) anos. A segunda é que a negociação do valor e da forma do pagamento dos tributos incrementam a eficácia da arrecadação, tendo em vista o efeito positivo na arrecadação provocado pela renegociação de débitos.

Essas conclusões indicam que pode ser oportuno à PGFN celebrar NJPs com os contribuintes em respeito às garantias ao crédito objeto de Execução Fiscal, com vistas a adequar a força da medida constritiva a um grau que garanta um bom

---

6. O PERT foi instituído pela Lei 13.496/2017.

7. Esses são dados do relatório "Carga Tributária no Brasil 2017: Análise por Tributos e Bases de Incidência" preparado pela Receita Federal do Brasil em novembro de 2018. Disponível em: http://receita.economia.gov.br/noticias/ascom/2018/dezembro/carga-tributaria-bruta-atingiu-32-43-do-pib-em-2017/carga-tributaria-2017-1.pdf . Acesso em 05.06.2019

equilíbrio entre a eficácia da cobrança e o ônus que o contribuinte suporta durante o período em que a garantia.

A PGFN já manifestou favoravelmente à celebração de NJP em matéria de garantias às Execuções Fiscais. Para ela pode ser "conveniente ao interesse público a aceitação de bens e frutos futuros, em alguma escala conjugada com garantias outras, se existentes, e, nesse contexto, reputar suficientemente garantido o executivo fiscal, com as consequências decorrentes desse ato"[8]. Nada obstante, as conclusões alcançadas nesse Parecer ainda estão sujeitas a debate internos e ainda não foram transformadas em atos normativos concretos. Essa nos parece ser a tendência processual mais recente em respeito aos métodos alternativos de cobrança do crédito tributário.

Para tratar desse tema, discorreremos sobre o panorama jurídico no que toca à celebração dos NJPs e, em seguida, propomos ideias que podem contribuir com a edição de uma norma da PGFN sobre NJPs específicos para a oferta de garantias em Execuções Fiscais.

2. Negócios Jurídicos Processuais Tributários

Os NJPs são numa novidade instituída em 2015 pelo CPC, art. 190[9]. Para serem viáveis, requer-se que os direitos em discussão admitam *autocomposição*, isto é, direitos que possam ser em alguma medida transacionados entre as partes. Nesse contexto, para avaliar a aplicabilidade dos NJPs aos direitos tributários, devemos avaliar preliminarmente se eles admitem a autocomposição.

---

8. Parecer Conjunto PGFN/CRJ/CGU 5/2017.

9. CPC, art. 190. Versando o processo sobre direitos que admitam autocomposição, é lícito às partes plenamente capazes estipular mudanças no procedimento para ajustá-lo às especificidades da causa e convencionar sobre os seus ônus, poderes, faculdades e deveres processuais, antes ou durante o processo. Parágrafo único. De ofício ou a requerimento, o juiz controlará a validade das convenções previstas neste artigo, recusando-lhes aplicação somente nos casos de nulidade ou de inserção abusiva em contrato de adesão ou em que alguma parte se encontre em manifesta situação de vulnerabilidade.

Sobre o tema, o Código Tributário Nacional – CTN permite a celebração de negócios jurídicos que visem a extinção do crédito tributário por meio de *transação*, ou a adoção de ato jurídico unilateral para sua *remissão*[10]. Contudo, esses atos de *disposição* do crédito tributário somente podem ocorrer se estiverem amparados em lei. Afinal, se o crédito tributário é criado por lei, somente instrumento jurídico de força igual, ou superior, poderá ser utilizado para modificar ou extinguir a dívida[11] em situações além daquelas já previstas, notadamente quando há o pagamento ou quando se reconhece a prescrição.

Nesse sentido, os programas para pagamento incentivado dos créditos tributários, a exemplo do PERT, seriam modalidades de *transação* do crédito tributário, no qual o legislador estabelece claramente as vantagens no pagamento a serem fruídas pelo contribuinte, e este em contrapartida decide se adere ou não aos programas. Essa transação envolve, portanto, uma declaração unilateral de vontade pela Fazenda Pública de reduzir o valor do crédito tributário, e uma decisão binária do contribuinte (sim ou não) sobre o aceite da oferta. A negociação de modo discricionário sobre os termos da oferta pela Fazenda Pública ocorre verdadeiramente com os congressistas que irão formular a lei que veiculará a oferta.

A Lei 13.140/2015 buscou ampliar o escopo para transações para resolver "controvérsias jurídicas que envolvam a administração pública federal direta, suas autarquias e fundações" (art. 35). No entanto, ela vedou explicitamente a composição de conflitos no que se refere aos tributos federais[12].

---

10. CTN, art. 156. Extinguem o crédito tributário: III - a transação; IV - remissão.

11. CTN, art. 171. A lei pode facultar, nas condições que estabeleça, aos sujeitos ativo e passivo da obrigação tributária celebrar transação que, mediante concessões mútuas, importe em determinação de litígio e consequente extinção de crédito tributário. Parágrafo único. A lei indicará a autoridade competente para autorizar a transação em cada caso.

12. Lei 13.140/2015. Art. 38. Nos casos em que a controvérsia jurídica seja relativa a tributos administrados pela Secretaria da Receita Federal do Brasil ou a créditos inscritos em dívida ativa da União: I - não se aplicam as disposições dos incisos II e III do *caput* do art. 32.

Em vista disso, seria possível concluir que os processos que tratassem de créditos tributários jamais poderiam ser objeto de NJP, pois não ensejariam autocomposição. Em contraposição, Leonardo Cunha opina que "a indisponibilidade do direito material não implica necessária indisponibilidade do direito processual. Mesmo quando os interesses em disputa sejam indisponíveis, há margem para celebração de convenções ou acordos processuais, por exemplo, a eleição de foro, a suspensão do processo, a dilação de prazos e a redistribuição do ônus da prova. A indisponibilidade do direito material não acarreta, por si só, a indisponibilidade sobre o processo, nem a impossibilidade da celebração de negócio jurídico processual"[13]. Esse raciocínio é esclarecedor, pois chama atenção para o fato de que a formação e o desenvolvimento processual contam com diversas normas que não tocam diretamente ao direito material em discussão, tampouco dizem respeito à natureza disponível ou não do direito. Dessa forma, revela-se *possível* a celebração de NJP mesmo em processos tributários, sempre que digam respeito às normas processuais.

Em respeito às Execuções Fiscais, podemos notar que a LEF permite alguma *flexibilidade* no que tange às garantias do crédito tributário. Com efeito, de acordo com essa lei, a Fazenda Pública tem a prerrogativa de eleger o tipo de ativo objeto de constrição, a despeito da ordem de preferência legal[14]. Dentro desse âmbito, quer nos parecer que a lei lhe confere alguma *discricionariedade* à Fazenda Pública sobre os ativos

---

Art. 32. A União, os Estados, o Distrito Federal e os Municípios poderão criar câmaras de prevenção e resolução administrativa de conflitos, no âmbito dos respectivos órgãos da Advocacia Pública, onde houver, com competência para: (...) II - avaliar a admissibilidade dos pedidos de *resolução de conflitos, por meio de composição*, no caso de controvérsia entre particular e pessoa jurídica de direito público; III - promover, quando couber, a celebração de *termo de ajustamento de conduta*.

13. CUNHA, Leonardo Carneiro da. *A Fazenda Pública em juízo*, 15ª ed., Rio de Janeiro: Forense, 2018, pp. 719.

14. LEF, art. 15 - Em qualquer fase do processo, será deferida pelo Juiz: II - à Fazenda Pública, a substituição dos bens penhorados por outros, independentemente da ordem enumerada no artigo 11, bem como o reforço da penhora insuficiente.

a serem recebidos em garantia. Note-se, a propósito, que essa prerrogativa não se confunde com o poder de transacionar ou diminuir o crédito tributário, mas apenas diz respeito à forma de sua satisfação. A nosso ver, isso significa que a LEF é bastante em si mesma para permitir um NJP que vise a autocomposição quanto às formas de garantia do crédito tributário.

Essa flexibilidade é potencializada pelo dispositivo da LEF que dispõe que as Execuções Fiscais serão regidas por si e "subsidiariamente, pelo Código de Processo Civil" (art. 1º). Com isso, abre-se a possibilidade de uso de NJPs no âmbito das Execuções Fiscais no que diz respeito às garantias do crédito tributário, e no uso de expedientes do CPC, a exemplo da penhora de percentual de faturamento (CPC, art. 866), e da penhora de frutos e rendimentos (CPC, art. 867). Essas normas em nada dizem respeito à possibilidade de autocomposição de discussões envolvimento o crédito tributário cobrado.

Esse raciocínio foi capturado em alguns Enunciados do I Fórum Nacional do Poder Público – FNPP, realizado em Brasília nos dias 17 e 18 de junho de 2016. O Enunciado 09 dispõe que "a cláusula geral de negócio processual é aplicável à execução fiscal (Fundamento legal: art. 190, da Lei 13.105, de 2015; art. 1º da Lei 6.830, de 1980)", e o Enunciado 10 proclama que "é possível a calendarização dos atos processuais em sede de execução fiscal e embargos (Fundamento legal: art. 191, da Lei 13.105, de 2015)".

Esses enunciados foram endossados *com ressalvas* pela PGFN em seu Parecer PGFN/CRJ 1167/2016[15]. Ela indicou como ressalvas aquelas constantes do Parecer PGFN/CRJ 618/2016, onde concluiu que "mesmo que se considere possível a realização do negócio jurídico processual (...) é indispensável que esteja prevista, em ato regulamentador próprio,

---

15. SANTANA, Juliana Buarque Gusmão de. Parecer PGFN/CRJ nº 1167/2016. In: Revista da PGFN, n. 9, 2016. Disponível em: http://www.pgfn.fazenda.gov.br/centrais-de-conteudos/publicacoes/revista-pgfn/ano-v-numero-9-2016/ano-v-numero-9-2016 . Acesso em 05.06.2019.

a definição de parâmetros e requisitos para tal finalidade, de modo a evitar prejuízos à União" [16].

Dessa forma, foi aberta a temporada de elaboração de Portarias da PGFN com vistas a regulamentar a celebração de NJPs. É fundamental estudar essas normas e escutar o que a PGFN pensa sobre o assunto, com vistas a compreender as formas que esses negócios podem assumir.

A Portaria PGFN 502/2016 e a Portaria PGFN 985/2016 autorizaram a celebração de NJPs entre a PGFN e os Julgadores com vistas a racionalizar em lotes o processamento de casos que tratassem do mesmo tema. A segunda Portaria referida permitiu a elaboração de outros NJPs "objetivando a otimização e a racionalização da atuação [da PGFN]", mas expressamente proibiu "celebração de negócio jurídico processual que implique prática de ato não autorizado ou vedado em lei, que disponha sobre direito material ou importe em transação, conciliação ou outro meio de autocomposição em matéria tributária". É evidente que esses supostos acordos não são NJPs, pois não são celebrados com a parte adversa à PGFN; eles têm em verdade a natureza de *convênios* entre órgãos do Poder Público, de onde podemos concluir que essas Portarias foram apenas tímidos ensaios iniciais para elaboração de NJPs.

A Portaria PGFN 33/2018 facultou aos responsáveis (a) "ofertar *antecipadamente garantia* em execução fiscal"[17] e (b) "apresentar *Pedido de Revisão de Dívida Inscrita* (PRDI)" (art.

---

16. COELHO, Flávia Palmeira de Moura. Parecer PGFN/CRJ nº 618/2016: Impacto do NCPC às execuções fiscais. In: *Revista da PGFN*, n. 9, 2016. Disponível em: http://www.pgfn.fazenda.gov.br/centrais-de-conteudos/publicacoes/revista-pgfn/ano-v-numero-9-2016/ano-v-numero-9-2016 . Acesso em 05.06.2019.

17. As garantias antecipadas poderão recair apenas sobre depósitos em dinheiro, seguro garantia ou fiança bancária, ou outros bens ou direitos sujeitos a registro público, observada a ordem de preferência estipulada no art. 11 da LEF, cf. Portaria 33/2018, art. 9º. Nota-se aqui que, por um lado, a PGFN oferece a possibilidade de garantia antecipada, o que pode ser útil ao contribuinte para evitar riscos de não conseguir obter Certidão Negativa de Débitos, mas por outro lado restringe-se os tipos de bens que poderão ser aceitos.

6º), o que são inovações ao rito administrativo pré-executório e que, em nossa opinião, podem compreendidas como NJPs.

No caso da oferta de garantia antecipada, (a.i) a norma permite ao contribuinte antecipar o prazo estabelecido na LEF para oferta de garantias aos Embargos à Execução, e já permite ao contribuinte a emissão de Certidão Negativa de Débitos – CND (art. 13), e (a.ii) deixa pré-estabelecido com a PGFN qual bem esta irá indicar à penhora como garantia da Execução Fiscal (art. 14).

No caso (b) do PRDI (art. 15), nota-se que esse expediente enseja um contraditório administrativo preliminar à Execução Fiscal, mesmo quando o crédito tributário já está inscrito e por isso mesmo conta com presunção de certeza e liquidez. Esse contraditório nos parece muito bem cumprir a função de Exceções de Pré-Executividade, o que corrobora sua natureza de NJP com vistas à prevenção de litígios judiciais.

De modo explícito, a Portaria 33/2018 tratou da celebração de NJPs "visando a recuperação dos débitos em tempo razoável ou obtenção de garantias em dinheiro, isoladamente ou em conjunto com bens idôneos a serem *substituídos* em prazo determinado, inclusive mediante *penhora de faturamento* observado o procedimento disposto no regulamento expedido pela Procuradoria-Geral da Fazenda Nacional" (art. 38). Como se observa, a PGFN se preparou para a celebração de NJPs, mas deixou a eficácia da norma condicionada à edição de regulamento específico. O objeto desse NJP seria a penhora não apenas de dinheiro (ativo preferido pela LEF), mas também de outros ativos, o que pode balancear o peso da constrição patrimonial enquanto os Embargos à Execução são processados. Isso pode ser alcançado se, por exemplo, for acordado que 5% (cinco por cento) da penhora irá recair em dinheiro e o restante sobre o faturamento da sociedade.

O *regulamento geral* dos NJPs foi afinal delineado na Portaria PGFN 360/2018. Ali está prevista a possibilidade de NJPs sobre fixação de calendário para a prática de atos processuais, cumprimento de decisões judiciais, confecção ou conferência de cálculos, forma de inclusão do crédito fiscal e FGTS em quadro geral de credores. Em contraste, veda-se o uso de NJPs que, dentre outros casos, prevejam penalidade pecuniária ou que gerem custos adicionais à União. Os NJPs devem ser previamente autorizados pelo Procurador-Chefe de Defesa da respectiva Procuradoria-Regional e/ou do Procurador--Chefe de Dívida Ativa da respectiva Procuradoria-Regional.

A Portaria PGFN 360/2018 não tratou de Execuções Fiscais; o tema somente foi regulamentado posteriormente pela Portaria PGFN 742/2018, da qual nos ocupamos a seguir.

3. Negócios Jurídicos Processuais em Execuções Fiscais

Segundo a Portaria PGFN 742/2018, os NJPs em sede de Execução Fiscal devem versar sobre (i) calendarização da execução fiscal, (ii) plano de amortização do débito fiscal, (iii) aceitação, avaliação, substituição e liberação de garantias, (iv) modo de constrição ou alienação de bens. Eles não poderão reduzir o montante dos créditos ou renunciar às garantias ou privilégios do crédito tributário. Os NJPs que mais nos interessam aqui examinar se referem à amortização do débito fiscal, às garantias necessárias para o parcelamento da dívida ou para oposição de Embargos à Execução, e aqueles sobre o modo de constrição dos bens.

Para celebração de um NJP que vise um *plano de amortização do débito fiscal*, requer-se preliminarmente que o devedor confesse a dívida negociada. Com isso, o devedor naturalmente renuncia o direito de opor Embargos à Execução. Feito isso, a PGFN poderá negociar um plano para um prazo de até 120 meses (art. 3º, IX), ou seja, o dobro daquele ordinariamente previsto para demais formas de parcelamento, previsto na Lei 10.522/2002[18]. A vigência do NPJ nesse caso pode ser am-

18. Art. 10. Os débitos de qualquer natureza para com a Fazenda Nacional poderão ser parcelados em até sessenta parcelas mensais, a exclusivo critério da autoridade

pliada sob autorização da Coordenação-Geral de Estratégias de Recuperação de Créditos.

O débito poderá ser garantido com depósito em dinheiro de apenas parte da dívida (art. 3º, II) e outras garantias idôneas, observada a ordem de preferência da LEF, art. 11 (art. 3º, III). Da interpretação conjugada desses dispositivos, podemos inferir que o NJP pode ser formulado para que os débitos sejam garantidos, *parte* em dinheiro e *outra parte* com outros bens. Esses outros bens poderão incluir parcela do faturamento mensal ou recebíveis futuros (art. 3º, V). Essa interpretação é coerente com a Portaria 33/2018, art. 38, acima vista[19]; aliás, podemos afirmar que essas normas são a regulamentação específica que tal portaria aguardava para ter plena eficácia.

O balanceamento das garantias entre diferentes classes de ativo poderá reduzir o efeito negativo de penhora dos saldos em conta bancária do devedor. Segundo nos parece, a penhora do faturamento pode ser acolhida pela PGFN, a despeito de o CPC estabelecer que isso somente poderia ser possível "se o executado não tiver outros bens penhoráveis ou se, tendo-os, esses forem de difícil alienação ou insuficientes para saldar o crédito executado" (art. 866). Essa flexibilização é uma prerrogativa da PGFN, outorgada pela LEF, art. 15, II[20], a que aludimos acima.

A Portaria PGFN 742/2018 permite que o devedor firme o compromisso de garantir ou pagar o débito em até 30 (trinta por cento) dias (art. 3º, VI), o que poderá ser útil para ele obter desde logo uma CND e com isso conseguir, por exemplo, o

---

fazendária, na forma e condições previstas nesta Lei.

19. Art. 38. O Procurador da Fazenda Nacional poderá celebrar Negócio Jurídico Processual visando a recuperação dos débitos em tempo razoável ou obtenção de garantias em dinheiro, isoladamente ou em conjunto com bens idôneos a serem substituídos em prazo determinado, inclusive mediante penhora de faturamento, observado o procedimento disposto no regulamento expedido pela Procuradoria--Geral da Fazenda Nacional.

20. Art. 15 - Em qualquer fase do processo, será deferida pelo Juiz: II - à Fazenda Pública, a substituição dos bens penhorados por outros, independentemente da ordem enumerada no artigo 11, bem como o reforço da penhora insuficiente.

recebimento de pagamento de seus clientes, com o qual poderá então honrar seu compromisso no NPJ. Permite-se ainda que os *administradores* da sociedade devedora prestem fiança em garantia da dívida (art. 3º, VIII), o que é muito mais vantajoso para o devedor do que as garantias reais (dinheiro, imóveis, estoque de produtos, veículos etc.). Parece-nos estranho que os *sócios* não possam apresentar fiança, dado que afinal são eles os beneficiários finais das sociedades empresárias, não os administradores. Os sócios podem eventualmente decidir não pagar a dívida e destituir os administradores, colocando estes em situação extremamente perigosa.

Como forma de simplificar o processamento das Execuções Fiscais, o NJP pode ser celebrado para "modificação da competência relativa para reunião dos processos no juízo prevento" (art. 3º, X; art. 11, §1º). Isso, em verdade, não é uma novidade, pois a LEF, art. 28, já permitia ao Juiz "ordenar a reunião de processos contra o mesmo devedor", caso em que "os processos serão redistribuídos ao Juízo da primeira distribuição", ou seja, ao juízo prevento. De toda sorte, será mais fácil essa organização do trâmite, se as partes se apresentarem conjuntamente ao Juiz, apresentando-lhe para esse efeito um NJP.

A Portaria PGFN 742/2018 alerta que "sem prejuízo da legislação aplicável aos débitos negociados, a celebração de NJP que objetive estabelecer plano de amortização do débito fiscal *não suspende a exigibilidade* dos créditos inscritos em dívida ativa da União" (art. 3º, §4º). À primeira vista, parece-nos estranho que um plano para amortização não suspenda a exigibilidade do crédito tributário. Isso significaria que esse plano não se amolda a nenhuma das hipóteses de suspensão previstas no CTN, art. 151[21], dentre elas o parcelamento. Significaria também que não será possível ao devedor obter uma CND (art. 3º,

21. Art. 151. Suspendem a exigibilidade do crédito tributário: I - moratória; II - o depósito do seu montante integral; III - as reclamações e os recursos, nos termos das leis reguladoras do processo tributário administrativo; IV - a concessão de medida liminar em mandado de segurança; V – a concessão de medida liminar ou de tutela antecipada, em outras espécies de ação judicial; VI – o parcelamento.

§5º). Essas conclusões são absurdas e devem ser evitadas. Para melhor interpretação do dispositivo, devemos nos atentar para o fato de que o pedido de homologação do NJP ao juízo deverá ser "cumulado com requerimento de suspensão do processo, nos termos do art. 313, II" e art. 921 do CPC[22] (art. 11), caso em que não corre o prazo para prescrição intercorrente, posto que inaplicável a LEF, art. 40, nem o CPC, art. 921, no que diz respeito a esse tema. Com isso, podemos concluir que (i) muito embora o NJP não seja modalidade de parcelamento (o que limitaria suas condições aos termos da Lei 10.522/2002) e que, portanto, ele não tem o condão de suspender a exigibilidade dos créditos tributários, (ii) o NJP pode resultar na suspensão da Execução Fiscal por convenção das partes, o que afinal resultará na suspensão da cobrança. Em nossa opinião, o art. 3º, §4º, poderia ser removido da Portaria, o que evitaria confusões e não afetaria as conclusões aqui alcançadas.

A proposta do NJP poderá ser feita por iniciativa do devedor (art. 4º). Conforme o caso, ele deverá, dentre outros, apresentar (a) informações sobre à atual situação econômico-financeira da Pessoa Jurídica, (b) a relação de bens do requerente, de seus controladores, administradores, gestores e representantes legais, (c) o plano de amortização da dívida e os bens que deseja incluir no NJP, (d) a relação de bens que comporão as garantias do NJP. Desses requisitos, não nos parece que será o caso de se apresentar informações relativas a controladores, administradores, gestores e representantes legais se eles *não* forem responsáveis pelo débito tributário. O devedor também deverá (e) declarar que não alienará bens ou direitos sem proceder à devida comunicação à Fazenda Nacional, ato que se assemelha ao arrolamento de bens e direitos previsto na Lei 9.532/1997, e que visa permitir à Fazenda Nacional monitorar o patrimônio do contribuinte e, conforme o caso, adotar Medida Cautelar Fiscal – MCF contra o esvaziamento de seu patrimônio, consoante a Lei 8.397/1992. A

22. Art. 313. Suspende-se o processo: II - pela convenção das partes; Art. 921. Suspende-se a execução: I - nas hipóteses dos art. 313 e 315, no que couber.

adoção dessa medida preventiva é justa causa para rescisão do NJP (art. 12, IV). Será prudente também ao devedor substituir ou reforças as garantias, conforme o caso, sob pena de rescisão do acordo (art. 12, VIII).

Como condições para celebração do NJP, a Portaria PGFN 742/2018, art. 2º, manda serem observadas a (i) vinculação à capacidade econômico-financeira do devedor[23], ao perfil da Dívida e às peculiaridades do caso em concreto, (ii) previsão de prazo certo para liquidação das dívidas, quando for o caso, ou concretização de garantias e demais condições do negócio, (iii) imposição de obrigações ou meios indiretos que facilitem ou otimizem a fiscalização ou acompanhamento do cumprimento das condições do acordo.

Para além das disposições literais da Portaria PGFN 742/2018, tecemos a seguir algumas reflexões sobre a formatação de NJPs.

4. Novos Rumos do NJP sobre Garantias às Execuções Fiscais

A flexibilidade que dispõe a Fazenda Pública para aceitar garantias abre-lhe um campo para ajustar a força de seu poder executivo ao resultado esperado *satisfação do crédito*, sem perder de vista que essa força é um ônus que o contribuinte suporta para exercitar seu direito ao contraditório, e que os números revelam que a negociação continua sendo um meio tão eficaz quanto a Execução Fiscal para o pagamento de débitos[24].

---

23. Em nossa visão, a capacidade *econômica* diz respeito ao grau de solvência do contribuinte, constatado ao observarmos a relação entre seus ativos e passivos, e ao tempo necessário para liquidar os ativos. A capacidade *financeira* diz respeito ao fluxo de caixa da atividade, e a capacidade de alocação dos recebimentos ao pagamento da dívida, sem que isso prejudique a atividade principal do devedor.

24. Mais acima demonstramos o seguinte: "Se forem considerados apenas os créditos inscritos nos *últimos 5 anos*, as estratégias de cobrança da PGFN foram eficazes para recuperar apenas 22% dos créditos, ou seja, elas não foram eficazes para cobrar 78% dos créditos no período. Desse percentual de 22%, aproximadamente a metade (47%) foram recuperados por meio de benefícios fiscais".

Nesse balanceamento de sua força, a PGFN pode, por exemplo, aceitar como garantia o *estoque de bens fungíveis* do contribuinte, ao invés de dinheiro ou percentual do faturamento. A garantia não recairia exatamente sobre os bens que constassem no estoque no momento em que a garantia é oferecida, mas sobre o nível de bens em estoque que se verificasse constante ao longo do ciclo empresarial. Afinal, trata-se de bens fungíveis. De fato, o estoque está sempre em circulação, da fase de produção (ou compra) para a fase de venda, e daí para a fase de recebimento. O nível de bem em estoque e a velocidade de seu giro podem ser aferidas contabilmente. Esse procedimento seria uma métrica alternativa para penhora do faturamento; afinal, o faturamento decorre do estoque. A despeito da penhora, o estoque poderia continuar a ser vendido pelo devedor, ante a premissa de que o giro da empresa iria se encarregar de recolocá-lo. Sobre o tema, o Superior Tribunal de Justiça – STJ já se posicionou no sentido de que "a penhora sobre bens fungíveis se aperfeiçoa independentemente da tradição dos bens, sendo que, na hipótese de recair sobre produção agrícola, não deve impedir a respectiva comercialização, transferindo-se sempre à produção futura, que deverá ser apresentada no momento oportuno" (REsp. 1.342.588, 2014).

Em nossa opinião, outro aspecto que deve ser levado em consideração à dosimetria da força executiva é a consideração sobre a *razoável duração do processo judicial* para efeito de substituição de garantias existentes por outras menos gravosas. Quando as garantias são oferecidas para interposição de Embargos à Execução, a constrição perdurará pelo tempo do processamento da discussão, o que pode demorar bastante. Enquanto a controvérsia não chega ao fim, é natural novas dívidas se acumulem, piorando a capacidade de o devedor oferecer novas garantias. Eventualmente, ele não será capaz de garantir todo o débito exigido, e nos parece odioso negar-lhe o direito de Petição por falta de recursos para arcar com seu direito de ampla defesa.

Em vista disso, considerada a capacidade econômico-financeira do devedor, seu histórico de pagamento, assiduidade no cumprimento de obrigações acessórias, dentre outros, seria oportuno que a Fazenda Pública permitisse que a garantia em dinheiro ou outros ativos líquidos fosse substituída por ativos menos líquidos. Em favor disso, recorde-se que, como divulgado pela PGFN e aqui comentado, a taxa de recuperação de créditos por meio de Execuções Fiscais é baixa. Nesse contexto, parece muito mais favorável à Fazenda Pública fazer concessões ao contribuinte que comparece para formular um NJP, e que está genuinamente interessado em discutir judicialmente a validade da cobrança, do que induzir um comportamento para que ele se junte aos que não pagam suas dívidas. Essa concessão encontra amparo jurídico no CPC, art. 847, segundo o qual "o executado pode (...) requerer a substituição do bem penhorado, desde que comprove que lhe será menos onerosa e não trará prejuízo ao exequente", e encontra condições materiais para a aplicação dessa norma no *rating* de crédito do devedor avaliado pela PGFN, consoante os critérios fixados na Portaria 293/2017. De acordo com essa norma, o risco de crédito do devedor será utilizado baseado na capacidade de pagamento, endividamento total e histórico de adimplemento do devedor. Os contribuintes recebem um *rating* de crédito que varia de A até D, onde os níveis A e B indicam boa perspectiva de recebimento, e os níveis C e D indicam má perspectiva de recebimento. A PGFN poderia ser mais flexível em receber garantias sempre que, por exemplo, o devedor tiver bom histórico de adimplemento, mas encontrar-se com alto endividamento.

Outra oportunidade para celebração de NJP seria quanto à *avaliação dos ativos* oferecidos em garantia. Alguns deles podem ter um valor controvertido ou estão sujeitos a oscilação, e os NJPs podem ser úteis para designação de peritos e método de avaliação, e para fixar prazos para sua reavaliação. O NJP nesse caso é possível, pois o CPC dispõe que "não se procederá à avaliação quando uma das partes aceitar a estimativa feita pela outra" (art. 871).

Seria possível ainda imaginar um NJP em que a Fazenda Pública devesse desistir da Execução Fiscal, caso a matéria discutida em sede de Embargos fosse pacificada na jurisprudência. Nada obstante, isso nos parece inócuo, tendo em vista que a Portaria PGFN 502/2016 já trata do assunto. Nesses casos, a PGFN tenderá a desistir unilateralmente do feito. Como medida intermediária entre a execução do crédito e a desistência da ação, poderia ser convencionado em NJP que a garantia poderia ser reduzida ou reforçada, conforme caminhassem as decisões no processo em favor de uma outra parte, ou conforme se apresentassem as decisões dos Tribunais, ainda que elas não tivessem sido consolidadas nos termo da Portaria PGFN 502/2016.

No horizonte próximo, devemos ter atenção ao Projeto de Lei 1.646/2019 com trâmite na Câmara dos Deputados, que estabelece novos mecanismo para cobrança de crédito tributário. Ele prevê a de oferta, para devedores com baixo *rating* de crédito, com créditos tributários inscritos em dívida ativa há mais de 10 anos, descontos de até 50% (cinquenta por cento) e parcelamento da dívida em até 60 (sessenta) prestações mensais (art. 5º). Ele também permite que os devedores poderão oferecer Embargos à Execução, sempre que "o Juiz reconhecer a impossibilidade da prestação de garantia integral pelo devedor" (art. 7º). Eventualmente, a regulamentação dessa norma pode se dar mediante uso de NJPs.

No ano de 2019, duas normas foram introduzidas sobre o tema e merecem atenção: a Lei 13.874/2019 que instituiu a "Declaração de Direitos de Liberdade Econômica", e a Medida Provisória – MP 899/2019 que "dispõe sobre a transação nas hipóteses que especifica", a qual até o momento da edição desse artigo ainda não havia sido convertida em lei.

A Lei 13.874/2019 modificou a Lei 10.522/2002, para dispor que a PGFN poderá celebrar NJPs com o Judiciário, consoante o CPC, art. 190, para maximizar a aplicação das normas relativas à dispensa de contestar ou recorrer[25]. Da mesma forma,

---

25. Lei 10.522/2002, Art. 19. § 12. Os órgãos do Poder Judiciário e as unidades da Procuradoria-Geral da Fazenda Nacional poderão, de comum acordo, realizar mutirões para análise do enquadramento de processos ou de recursos nas hipóteses

ela deverá regulamentar a celebração de NJPs "na cobrança administrativa ou judicial da dívida ativa da União"[26]. Em complemento, permite-se à PGFN evitar e/dou desistir de atos processuais, "quando o benefício patrimonial almejado com o ato não atender aos critérios de racionalidade, de economicidade e de eficiência" (Art. 19-C, *caput*). Para esse efeito, ela poderá definir "parâmetros de valor para a dispensa da prática de atos processuais" (Art. 19-C, §1º), inclusive "no âmbito do contencioso administrativo fiscal" (Art. 19-C, §3º). É interessante notar que essas dispões não implicarão "o reconhecimento da procedência do pedido formulado pelo autor", o que é perfeitamente aderente à ideia de que os NJPs não tocam ao direito material, mas apenas à forma de seu processamento.

Em nossa opinião, as modificações da Lei 13.874/2019 apenas corroboram o conteúdo das Portarias PGFN até aqui comentadas, incentiva a edição de novas normas sobre o tema, e reconhece que os NJPs *não* atingem o direito material.

A MP 899/2019, por sua vez, estabelece verdadeira possibilidade de *transação* sobre o direito material tributário, já que visa diretamente à "redução de até cinquenta por cento do valor total dos créditos a serem transacionados" e a "quitação em até oitenta e quatro meses" (Art. 5º, §3º), conforme previsto no CTN, art. 156, III; e art. 171. A pessoa natural, microempresa ou empresa de pequeno porte terão redução de até setenta por cento, e prazo de pagamento de até cem meses (Art. 5º, § 4º).

De acordo com sua Exposição de Motivos, MP 899/2019 visa melhorar a liquidação "carteira de créditos irrecuperáveis ou de difícil recuperação (...), que perfazem cerca de R$ 1,4 trilhão de reais" e afastar a "criação periódica de parcelamentos especiais, com concessão de prazos e descontos excessivos

---

previstas neste artigo e celebrar negócios processuais com fundamento no disposto no art. 190 da Lei nº 13.105, de 16 de março de 2015 (Código de Processo Civil).

26. Lei 10.522/2002, Art. 19. § 13. Sem prejuízo do disposto no § 12 deste artigo, a Procuradoria-Geral da Fazenda Nacional regulamentará a celebração de negócios jurídicos processuais em seu âmbito de atuação, inclusive na cobrança administrativa ou judicial da dívida ativa da União.

a todos aqueles que se enquadram na norma (mesmo aqueles com plena capacidade de pagamento integral da dívida)" (Exposição de Motivos, §3º). Em paralelo, ela tem atenção à situação dos contribuintes que "já não possuem capacidade de pagamento" e que "foram autuados, não raro, pela complexidade da legislação que permitia interpretação razoável em sentido contrário àquele reputado como adequado pelo fisco" (Exposição de Motivos, §6º).

A Exposição de Motivos explica que o modelo de transação foi baseado no instituto "Offer in Compromise" ("Ofertas de Acordo"), em que a Autoridade Fiscal Federal dos Estados Unidos da América – EUA, o "Internal Revenue Service – IRS", pode aceitar propostas de transação, quando o contribuinte oferta pagar menos do que deve, porém no valor máximo que as Autoridades esperam arrecadar num lapso temporal razoável[27]. Percebe-se, portanto, que é levada em consideração a *capacidade de pagamento* individual de cada devedor.

É interessante notar o deslocamento da ênfase normativa da *capacidade contributiva*, atinente ao lançamento tributário, para a *capacidade de pagamento*, pertinente à solvência do devedor e à perspectiva de uma eficaz cobrança tributária.

A transação visa débitos inscritos em dívida ativa, e poderá ser feita por proposta individual do contribuinte, ou por adesão aos termos ofertados pela PGFN (Art. 3º). Aqui, vislumbra-se um campo aberto para a PGFN traçar parâmetros econômico-financeiros abstratos para os contribuintes formularem suas ofertas, e parâmetros econômico-financeiros pré-definidos em que o órgão já estaria pré-disposto a aceitar.

---

27. O sítio do IRS explica a "Offer in Compromise – OIC": "Uma Oferta de Acordo permite a você pagar seu débito tributário por menos do que o valor total devido. Pode ser uma opção legítima se você não pode pagar o total do débito, ou fazer isso criaria uma dificuldade financeira. Nós consideramos seus fatos e circunstâncias: capacidade de pagamento, renda, despesas e patrimônio líquido. Nós geralmente aprovamos uma OIC quando o valor ofertado representa o máximo que nós esperamos receber dentro de um lapso temporal razoável. Explore todas suas opções de pagamento antes de submeter-nos uma OIC" (Tradução do inglês feita pelo autor do artigo).
Original disponível em : https://www.irs.gov/payments/offer-in-compromise Acesso em 10.11.2019.

Acreditamos que o espírito do OIC poderá guiar os termos do acordo: (i) o valor máximo que o contribuinte pode pagar, sem prejudicar completamente sua capacidade de solvência, observado (ii) o quanto o tempo máximo e os custos da cobrança viriam a onerar a arrecadação tributária.

Essas disposições, segundo nos parece, já estão capturadas em boa medida pela Portaria PGFN 742/2018, mas pensamos que elas incentivam o refinamento das características quanto à recuperabilidade da dívida, e ao estabelecimento de parâmetros para avaliação da capacidade econômico-financeiro do contribuinte. Elas ensejam o estabelecimento de parâmetros objetivos que, por exemplo, um juiz utilizaria para aprovar um plano de recuperação judicial de uma entidade com dificuldades de pagamento de suas obrigações.

Uma novidade importante é a possibilidade de o Ministro da Economia propor oferta unilateral para liquidação de temas controvertidos, o que não deve ser entendido como admissão pelas partes de que tem, ou não, razão sobre o assunto (Art. 11), o que aliás é a essência de uma verdadeira transação. Essas ofertas abrangem apenas os débitos em discussão administrativa ou judicial, mas não aqueles que não foram objeto de lançamento tributário (Art. 13).

Ao que interessa o tema das Execuções Fiscais, deve-se ressaltar que a transação requer a renúncia à discussão de mérito e a confissão da dívida, o que tenderá levar à extinção de eventuais Embargos à Execução com resolução do mérito (Art. 14). É importante ter em mente que o STJ já firmou a Tese 604[28], segundo a qual confissão de dívida de débito decaído não pode ser objeto de lançamento tributário, o que pode deixar aberto aos contribuintes à possibilidade de seguir contestando débitos com essa característica, a despeito da transação.

---

28. Tese 604. A decadência, consoante a letra do art. 156, V, do CTN, é forma de extinção do crédito tributário. Sendo assim, uma vez extinto o direito, não pode ser reavivado por qualquer sistemática de lançamento ou auto-lançamento, seja ela via documento de confissão de dívida, declaração de débitos, parcelamento ou de outra espécie qualquer (DCTF, GIA, DCOMP, GFIP, etc.).

No caso de débitos inscritos em dívida ativa, a transação poderá tratar sobre "o oferecimento, a substituição ou a alienação de garantias e de constrições" (Art. 5º, III), e não suspenderá a exigibilidade da execução (Art. 6º), muito embora as partes possam convencionar isso (Art. 6º, §1º). Isso enseja a retomada dos comentários que fizemos acima, onde opinamos pela penhora de bens fungíveis, de faturamento, do balanceamento das garantias entre as mais preferidas e as menos preferidas, e da atenção ao *rating* de crédito do contribuinte.

Em vista do cenário legislativo acima delineado, imaginamos que o novo *norte* a guiar rumo processual em matéria de Execuções Fiscais será a *capacidade de pagamento* do contribuinte, e o *vento favorável* à navegação dos negócios e o atendimento dos interesses públicos do País será o encerramento de controvérsias jurídicas antes que se tenha firmado uma jurisprudência clara em favor ou contra uma certa tese jurídica.

Acreditamos que uma medida de avaliação do *sucesso da viagem* será, para o Fisco, a redução do contencioso tributário e da oferta de regimes especiais de pagamento de tributos; e para os Contribuintes, a adequação da carga tributária a uma justa medida no pagamento de tributos, a elevação da facilidade para se fazer negócios e se produzir riquezas no País, e a consectária segurança jurídica de seu patrimônio e previsibilidade das normas fiscais.

REFERÊNCIAS

BRANDÃO, Luiz Mathias Rocha Brandão. Desafios Contemporâneos da Autocomposição de Conflitos Tributários e o Novo Código de Processo Civil Brasileiro. In: *Revista da PGFN*, n. 9, 2016. Disponível em: http://www.pgfn.fazenda.gov.br/centrais-de-conteudos/publicacoes/revista-pgfn/ano-v-numero-9-2016/ano-v-numero-9-2016 . Acesso em 05.06.2019.

COELHO, Flávia Palmeira de Moura. Parecer PGFN/CRJ 618/2016: Impacto do NCPC às execuções fiscais. In: *Revista da PGFN*, n. 9, 2016. Disponível em: http://www.pgfn.fazenda.gov.br/centrais-de-conteudos/publicacoes/revista-pgfn/ano-v-numero-9-2016/ano-v-numero-9-2016 . Acesso em 05.06.2019.

DIDIER JR., Fredie. *Ensaios sobre os Negócios Jurídicos Processuais*. Salvador: Ed. Juspodivm, 2018.

CUNHA, Leonardo Carneiro da. *A Fazenda Pública em juízo*, 15ª ed., Rio de Janeiro: Forense, 2018.

NOGUEIRA. Pedro Henrique. *Negócios Jurídicos Processuais*. Salvador: Ed. Juspodivm, 2018.

MENDONÇA, Priscila Faricelli de Mendonça. Celebração de negócio jurídico processual para fins de garantia tributária in *Garantias Judiciais no processo tributário*, São Paulo: Editora Blucher, 2018.

MÜLLER, Julio Guilherme. Negócios Processuais e Desjudicialização da Produção da Prova. Coleção "*O Novo Processo Civil*". São Paulo: Ed. RT, 2017.

SANTANA, Juliana Buarque Gusmão de. Parecer PGFN/CRJ nº 1167/2016. In: Revista da PGFN, n. 9, 2016. Disponível em: http://www.pgfn.fazenda.gov.br/centrais-de-conteudos/publicacoes/revista-pgfn/ano-v-numero-9-2016/ano-v-numero-9-2016. Acesso em 05.06.2019.

OS IMPACTOS DO PROCESSO DE RECUPERAÇÃO JUDICIAL NAS EXECUÇÕES FISCAIS

Patrícia Fudo[1]

1. O passivo tributário na Lei de Recuperação Judicial

Com a edição da Lei 11.101 de 2005, o processo de recuperação judicial se consolidou como uma alternativa para que empresas viáveis economicamente possam superar um cenário de crise financeira temporário, reorganizando seu passivo sem comprometer a sua função social.

A Lei de Recuperação Judicial e Falências buscou suprimir o anseio da economia moderna que por muito tempo clamava por uma legislação que melhor se adaptasse a realidade e, de fato, viabilizasse a superação de um quadro de crise econômico-financeira do devedor, como forma de manter a fonte produtora de riqueza e estimular a atividade econômica.

1. Mestre em Direito Tributário pela PUC/SP. Especialista em Direito Tributário pela PUC/SP - COGEAE. Professora de Pós-Graduação de Direito Tributário e Processo Tributário. Membro Efetivo da Comissão Especial de Direito Tributário da OAB/SP. Advogada.

De forma inédita, a "nova" Lei de Recuperação Judicial e Falências tratou dos créditos fiscais na recuperação judicial, trazendo a expectativa legal de um programa de parcelamento especial, com condições para a regularização fiscal das empresas sem comprometimento do plano de adimplemento dos passivos de outra natureza, priorizando, assim, a continuidade de suas atividades.[2]

Como a Lei 11.101/2005 estabeleceu como premissa para solução da controvérsia a instituição de um parcelamento especial que permitisse a equalização do passivo fiscal das empresas em crise, nos demais dispositivos legais se limitou a reforçar o isolamento dos créditos fiscais na recuperação judicial, nos seguintes termos:

- Continuidade das execuções fiscais mesmo após o deferimento da recuperação judicial, diversamente das ações e execuções de outra natureza, que ficam suspensas pelo prazo de 180 (cento e oitenta) dias (art. 6º, §7º da LRJF).

- Não sujeição dos créditos tributários ao plano de recuperação judicial. (art. 187 do CTN).

- Obrigatoriedade de apresentação de certidão negativa tributária para homologação do plano de recuperação judicial. (art. 57 da Lei 11.101/2005 e art. 191-A do CTN).

Deste modo, a exigência do artigo 6º, §7º da Lei 11.101/2005 (reproduzido pelo artigo 155-A do CTN[3]) que condiciona a con-

---

2. Lei 11.101/05 - Art. 68. As Fazendas Públicas e o Instituto Nacional do Seguro Social – INSS poderão deferir, nos termos da legislação específica, parcelamento de seus créditos, em sede de recuperação judicial, de acordo com os parâmetros estabelecidos na Lei 5.172, de 25 de outubro de 1966 - Código Tributário Nacional. Parágrafo único. As microempresas e empresas de pequeno porte farão jus a prazos 20% (vinte por cento) superiores àqueles regularmente concedidos às demais empresas. (Lei 11.101/2005). CTN - Art. 155-A. (...) § 3º Lei específica disporá sobre as condições de parcelamento dos créditos tributários do devedor em recuperação judicial. § 4º A inexistência da lei específica a que se refere o § 3º deste artigo importa na aplicação das leis gerais de parcelamento do ente da Federação ao devedor em recuperação judicial, não podendo, neste caso, ser o prazo de parcelamento inferior ao concedido pela lei federal específica. (reproduzidos na Lei 11.101/05 em seu art. 6º, §7º da Lei 11.101/2005).

3. CTN - Art. 191-A. A concessão de recuperação judicial depende da apresentação

cessão da recuperação judicial à apresentação das certidões negativas de débitos fiscais (ou equiparada) pelo contribuinte, tem como pressuposto lógico a prévia regularização fiscal mediante o parcelamento com condições especiais.

E não poderia ser de outra forma, já que, diante da elevada carga tributária, a imposição de satisfação integral desses créditos num ambiente de aguda crise financeira fadaria ao fracasso do próprio mecanismo da recuperação judicial.

No mesmo sentido, a autonomia do executivo fiscal prevista na Lei 11.101/2005[4], que determina a continuidade do processamento das cobranças com a exclusão dos créditos tributários à sujeição ao juízo universal da recuperação judicial, dentro das premissas axiológicas do instrumento de superação de crise somente encontraria fundamento na pressuposta a regularidade do contribuinte mediante o parcelamento.

Isto porque, a interpretação isolada do §7º, do artigo 6º da Lei 11.101/2005 (reproduzido pelo art. 187, do CTN, introduzido pela LC 118/2005) iria de encontro às premissas intrínsecas da recuperação judicial, permitindo-se a concomitância dos acordos de concessões mútuas firmados com credores privados com o prosseguimento das cobranças de débitos em execuções fiscais, inclusive com possibilidade de atos de constrição de patrimônio.

Ocorre que a lógica estabelecida pelo legislador ordinário foi comprometida pela carência legislativa quanto a um programa de parcelamento especial e adequado para regularização fiscal das empresas em recuperação judicial, o que demandou a intervenção do Poder Judiciário para solucionar

---

da prova de quitação de todos os tributos, observado o disposto nos arts. 151, 205 e 206 desta Lei. (reproduzido no art. 57 da Lei 11.101/2005).

4. Lei 11.101/2005 – artigo 6º. § 7º As execuções de natureza fiscal não são suspensas pelo deferimento da recuperação judicial, ressalvada a concessão de parcelamento nos termos do Código Tributário Nacional e da legislação ordinária específica.
CTN - Art. 187. A cobrança judicial do crédito tributário não é sujeita a concurso de credores ou habilitação em falência, recuperação judicial, concordata, inventário ou arrolamento.

o conflito gerado pela leitura isolada dos dispositivos relativos aos créditos fiscais.

Assim, sensível a impossibilidade de cumprimento da exigência das certidões de regularidade fiscal antes da instituição de um programa de parcelamento especial, o Poder Judiciário tem suprimiu esta imposição como forma de viabilizar o processamento dessas ações, obstando que atos de constrição patrimonial fossem levados a efeito em executivos fiscais sem a prévia avaliação do juízo universal.

É neste cenário que se propõe a presente análise, debruçando-se nas dificuldades enfrentadas tanto pelas empresas em crise como pela Fazenda Pública advindas do tratamento do crédito fiscal no curso do processo de recuperação judicial que, atualmente, impedem a sua otimização e efetividade.

2. O parcelamento especial e o princípio da preservação da empresa

Como mencionado anteriormente, a Lei 11.101/2005, inovou ao inserir o passivo tributário no cenário da recuperação judicial, criando grande expectativa quanto a regulamentação da norma de parcelamento especial pelos entes federativos.

Com base nos dispositivos da indigitada legislação especial, as condições de pagamento a serem disponibilizadas pelo Fisco para regularização do passivo fiscal das empresas deveriam observar a lógica do processo de recuperação judicial, especialmente quanto às limitações de fluxo financeiro pressuposto num cenário de crise econômica aguda.

Desta forma, no processo de recuperação judicial a empresa apresentaria o plano de pagamento de todos os credores, com a obrigatoriedade de comprovação do fluxo financeiro necessário para regularização do seu passivo tributário, sob pena de não cumprimento do pressuposto básico de viabilidade econômica regulada pelo artigo 47 da Lei 11.101/2005:

> *Art. 47. A recuperação judicial tem por objetivo viabilizar a superação da situação de crise econômico-financeira do devedor, a fim de permitir a manutenção da fonte produtora, do emprego dos trabalhadores e dos interesses dos credores, promovendo, assim, a preservação da empresa, sua função social e o estímulo à atividade econômica.*

Mesmo porque, cumpre salientar que a análise da viabilidade econômica da empresa como condição para deferimento da recuperação judicial é a garantia de que o instituto jurídico se prestará para o bem da coletividade (e não para proteção de interesses privados e individuais do empresário), justificando assim a relativização dos direitos dos credores, conforme aponta Fabio Ulhôa Coelho:

> Nem toda falência é um mal. Algumas empresas, porque são tecnologicamente atrasadas, descapitalizadas ou possuem organização administrativa precária devem mesmo ser encerradas. Para o bem da economia como um todo, os recursos – materiais financeiros e humanos – empregados nessa atividade devem ser realocados para que tenham otimizada a capacidade de produzir riqueza. Assim, a recuperação da empresa não deve ser visto como um valor a ser buscado a qualquer custo. Pelo contrário, as más empresas devem falir para que as boas não se prejudiquem. Quando o aparato estatal é utilizado para garantir a permanência de empresas insolventes inviáveis, opera-se uma inversão inaceitável: o risco da atividade empresarial transfere-se do empresário para seus credores.[5]

Ocorre que, não obstante a importância do passivo fiscal na reestruturação econômico-financeira das empresas, as expectativas positivas geradas com a Lei de Recuperação Judicial foram frustradas pela inercia da Fazenda na disponibilização de critérios viáveis de regularização de seus créditos, criando um panorama caótico absolutamente diverso da pretensão inicial da lei.

Primeiramente, o que se observou foi uma crise de efetividade das normas direcionadas ao crédito tributário trazidas

---

5. COELHO, Fábio Ulhoa, *Comentários a Nova Lei de Falências e Recuperação de Empresas* – São Paulo: Saraiva, 2005, págs. 116/117.

pela LFRJ em face da falta de regulamentação do parcelamento especial, mantendo os créditos fiscais à margem do processo de recuperação das empresas[6].

Neste período, o Fisco buscou atribuir eficácia aos demais dispositivos da LRJF que regulamentavam a cobrança do crédito fiscal, especialmente aquele que preconizava pela continuidade dos executivos fiscais mesmo após deferimento da recuperação judicial, sob fundamento de que a lacuna legal estaria regulamentada no art. 155, §3º do CTN[7], que determinava que até a edição de lei específica os contribuintes deveriam se sujeitar as regras gerais de parcelamento de cada ente da federação.

Entretanto, a postura assumida pelo Fisco se revelou ilógica, demandando a intervenção do Judiciário que, sensível a impossibilidade de conciliar a fragilidade da situação das empresas com a voracidade arrecadatória do Fisco, viabilizou o processamento das ações de recuperação judicial sem a exigência prévia das certidões de regularidade fiscal, enquanto não instituído um programa de parcelamento especial, com regular prosseguimento das ações de execução fiscal no juízo competente conforme previsão do §7º, do art. 6º, da Lei 11.101/2005, desde que a prática de qualquer ato constritivo ou expropriatório ficasse sob a competência do juízo universal da recuperação judicial. [8]

---

6. Cabe ressaltar, que no período compreendido entre a edição da Lei 11.101/2005 e a Lei 13.043/2014 (que instituiu o parcelamento especial para os contribuintes em recuperação judicial), tivemos pelo menos 03 programas especiais de regularização tributária no âmbito federal direcionadas para os contribuintes em geral, sem o cômputo das reiteradas reaberturas de prazos de adesão - Parcelamento Excepcional (Paex) em 2006; Refis da Crise em 2009; duas reaberturas de prazo em 2013 e uma em 2014 e uma nova reabertura de prazo para débitos de outros períodos em 2014.

7. Art. 155-A. – (...)
§ 3º Lei específica disporá sobre as condições de parcelamento dos créditos tributários do devedor em recuperação judicial. (Incluído pela Lcp 118, de 2005)
§ 4o A inexistência da lei específica a que se refere o § 3o deste artigo importa na aplicação das leis gerais de parcelamento do ente da Federação ao devedor em recuperação judicial, não podendo, neste caso, ser o prazo de parcelamento inferior ao concedido pela lei federal específica. (Incluído pela Lcp nº 118, de 2005)

8. STJ - AgRg no CC 129.622/ES, Rel. Min. RAUL ARAÚJO, DJe de 29.9.2014. AgRg

O referido entendimento foi bem refletido no acórdão do Agravo Regimental no Conflito de Competência 136.130/SP, quando o Superior Tribunal de Justiça adotou a premissa do Enunciado 55 na I Jornada de Direito Comercial CJF/STJ nos seguintes termos:

> *O parcelamento do crédito tributário na recuperação judicial é um direito do contribuinte, e não uma faculdade da Fazenda Pública, e, enquanto não for editada lei específica, não é cabível a aplicação do disposto no art. 57 da Lei 11.101/2005 e no art.191-A do CTN.*

Este Tribunal Superior, por meio de seu órgão fracionário, ressaltou a necessidade de um tratamento especial para as empresas em recuperação judicial, concluindo que a aplicação das regras de parcelamento dos contribuintes em geral implicaria no tratamento igualitário para sujeitos em situações distintas, corolário do princípio da isonomia, *in verbis*:

> Assim, a exigência peremptória de regularidade fiscal dificulta, ou melhor, impede, o benfazejo procedimento da recuperação judicial, o que não satisfaz o interesse nem da empresa nem dos credores, incluindo aí o Fisco, uma vez que é somente com a manutenção da empresa economicamente viável que se realiza a arrecadação, seja com repasse tributário direto da pessoa jurídica à Fazenda Pública, seja indiretamente, como, por exemplo, por intermédio dos tributos pagos pelos trabalhadores e das demais fontes de riquezas que orbitam uma empresa em atividade Portanto, uma legislação vocacionada ao saneamento financeiro de empresa em crise não estaria completa - correria mesmo o risco de ser inócua - se não contemplasse providências especiais para o crédito tributário; se não lhe conferisse um tratamento harmônico com o sistema, vale dizer, solução que não exaspere a situação de crise empresarial no que concerne às dívidas para com o Fisco.[9]

Diante desta conjuntura jurisprudencial, instaurou-se o caos! A falta de previsão legal de um parcelamento especial

no CC 134.470/RS Rel. Min. PAULO DE TARSO SANSEVERINO, DJe de 1º.10.2014; AgRg no CC 120.643/RS e AgRg no CC 124.052/SP, Rel. Min. JOÃO OTÁVIO DE NORONHA, DJe de 18.11.2014.

9. Agravo Regimental no Conflito de Competência nº 136.130/SP.

que a princípio foi tratado como um privilégio da Fazenda Pública no ambiente de recuperação judicial se revelou como o fundamento de frustração do recebimento de seus créditos.

Isto porque, o passivo tributário, que anteriormente era visto como entrave para os que se socorrem da recuperação judicial, foi neutralizado pela posição assumida pela jurisprudência, passando a ser praticamente desconsiderado pelos operadores do direito e pelos sujeitos afetados pela proposta de reestruturação econômico-financeira empresarial.

Este quadro se manteve até novembro de 2014, quando finalmente foi editada a Lei 13.043, instituindo o tão aguardado parcelamento especial para as empresas em recuperação judicial.

Neste aspecto, antes de se analisar as condições de parcelamento disponibilizadas pela nova lei, vale destacar que as expectativas dos contribuintes foram construídas considerando o cenário compreendido entre a publicação das Leis 11.101/2005 (LRJF) e 13.043/2014, quando instituídos pelo menos 03 programas especiais de parcelamento no âmbito federal para os contribuintes em geral, compreendendo diferentes períodos de apuração, com condições que estabeleciam extensos prazos de pagamento (120 – cento e vinte a 180 – cento e oitenta meses), descontos nos valores de multa e juros e a possibilidade de utilização de prejuízos fiscais acumulados para abatimento do saldo devedor.

A menção acima motiva a frustração com que os operadores do direito e os agentes econômicos receberam a proposta de parcelamento especial trazida pela Lei 13.043/2014, com condições muito aquém daquelas que periodicamente foram facultadas aos contribuintes em geral.

De acordo com a Lei 13.043/2014, as sociedades empresariais que tiverem deferido o processamento da recuperação judicial poderão parcelar seus débitos com a Fazenda Nacional em 84 parcelas mensais e consecutivas, calculadas observando-se os seguintes percentuais mínimos, aplicados sobre o valor da dívida consolidada sem qualquer redução:

- I - da 1ª à 12ª prestação: 0,666% (seiscentos e sessenta e seis milésimos por cento);
- II - da 13ª à 24ª prestação: 1% (um por cento);
- III - da 25ª à 83ª prestação: 1,333% (um inteiro e trezentos e trinta e três milésimos por cento); e
- IV - 84ª prestação: saldo devedor remanescente.

Ora, mesmo que desconsideradas as demais exigências vinculadas a este parcelamento (que serão analisadas a seguir), desponta-se inconteste a desarmonia do meio de adimplemento dos créditos fiscais com as premissas do processo de recuperação judicial, especialmente em face da inexistência de previsão de redução do valor total do débito e da quantidade proposta de parcelas que não se coaduna com o período necessário para superação de um cenário agudo de crise financeira.

Sem embargo, a flexibilidade quanto a forma de pagamento do parcelamento instituído pela Lei 13.043/2014, com redução do impacto financeiro inicial mediante exigência mensal do percentual de 0,666% (zero vírgula seiscentos e sessenta e seis por cento) da dívida durante o primeiro ano sequer implica na redução de 50% (cinquenta por cento) da parcela regular (1,19% - um vírgula dezenove por cento), se calculada mediante divisão do valor total consolidado em 84 (oitenta e quatro) meses.

Se não bastasse, os §§ 1º e 2º, do art. 10-A da Lei 10.522/2002 (com redação da Lei 13.043/2014) impôs a obrigatoriedade de inclusão de todos os débitos da sociedade no parcelamento, incluindo-se até mesmo aqueles cuja exigibilidade esteja suspensa ou que sejam objeto de discussão judicial, condicionando o deferimento do acordo à prova da renúncia do contribuinte a quaisquer alegações de direito que versem sobre a exigência fiscal.

Ora, de acordo com os dados levantados por Ana Teresa Lima Rosa Lopes e Laura Romano Campedelli, em sede do contencioso administrativo federal, o índice de decisões favoráveis aos contribuintes ultrapassa 50% (cinquenta por cento), refletindo, por si só, os anseios arrecadatórios da Fazenda que ensejam a cobrança de créditos indevidos:

> O Relatório das decisões do CARF mostrou que, dentre os recursos jugados, 4.830 (80,6% do total) foram recursos ordinários e especiais apresentados pelos contribuintes e 1.166 (119,4% do total) foram recursos de ofício e especiais apresentados pela Fazenda Nacional. Quanto aos resultados, no conjunto, o contribuinte restou favorecido em 52% das decisões e Fazenda Nacional em 48%.[10]

Neste aspecto se depreende que a condicionante legal, de forma descomedida, fragiliza o direito constitucional do contribuinte a ampla defesa (art. 5º, XXXV, da CF), compelindo-o à prática de uma renúncia geral de direitos, independentemente da constatação de exigências indevidos por parte da Fazenda Pública, que afetaria patrimônio indispensável para o seu soerguimento da empresa, na contramão da otimização gerencial de resultados necessária para o êxito do processo de recuperação judicial.

E ainda, o § 6º do mesmo dispositivo legal estabelece que a concessão desta modalidade de parcelamento não implica a liberação dos bens e direitos do devedor ou de seus responsáveis que tenham sido constituídos em garantia dos respectivos créditos.

Deste modo, mesmo após a instituição do parcelamento especial voltado para os contribuintes em recuperação judicial, ainda estaríamos diante do conflito gerado pelos impactos dos gravames levados a efeito nas execuções fiscais no cumprimento do plano de recuperação judicial.

Diante dessas ponderações, viu-se um imenso descompasso entre as condições propostas para regularização do passivo

---

10. LOPES, Ana Teresa Lima Rosa e CAMPEDELLI, Laura Romano. Dados do Contencioso Tributário no Brasil e o Novo Código Civil: a importância da pesquisa empírica para o aprimoramento da atividade jurisdicional, pag.90 – *Medidas de Redução do contencioso tributário e o CPC/2015*: contributos práticos para ressignificar o processo administrativo e judicial tributário. Coordenadores: Gisela Barra Bossa, Eduardo Perez Salusse, Tathiane Piscitelli, Juliana Furtado Costa Araújo, São Paulo – Almedina, 2017.

fiscal com a finalidade almejada para soerguimento econômico financeiro da empresa, posto que o parcelamento instituído em 2014 ainda trazia a mesma intransigência quanto a posição privilegiada da cobrança dos créditos fiscais, mantendo, assim, a marginalidade e o descompromisso do credor público com a estrutura de esforço coletivo da recuperação judicial, o que afrontaria o princípio da preservação da empresa almejado.

Por este motivo, o parcelamento especial não teve o condão de suprir a carência advinda do vácuo legislativo anterior, não repercutindo, portanto, na jurisprudência consolidada sobre a matéria, especialmente quanto a dispensa das certidões de regularidade fiscal e da submissão de quaisquer atos de constrição de bens que afetem o patrimônio da empresa (inclusive aqueles relacionados a execuções fiscais em andamento) ao juízo universal da recuperação judicial.

3. A crise de efetividade da cobrança do crédito tributário na recuperação judicial

O caos jurídico criado pela inexistência de condições viáveis de regularização do passivo tributário no âmbito da recuperação judicial, acompanhado da intervenção ativa do Poder Judiciário sobre a matéria, deu ensejo a uma crise de efetividade dos executivos fiscais.

Esta situação agrava ainda mais a situação da Fazenda diante da dificuldade com relação ao baixo potencial de créditos tributários recuperáveis, onde, segundo levantamentos do Tesouro Nacional, somente o percentual aproximado de 16% (dezesseis por cento) dos tributos inscritos na dívida ativa da União teriam condições de serem recuperados e a obtenção de receitas só seria possível ao longo de vários anos, considerando os trâmites administrativos e judiciais disponibilizados aos contribuintes.[11]

11. http://www.tesouro.fazenda.gov.br/

Desta forma, a frustração da Fazenda Pública se faz sentir de forma mais acentuada na atmosfera interdisciplinar dos processos de recuperação judicial, pois a ela que recaiu os efeitos mais severos, consubstanciados na alocação de seus créditos a margem do processo de reestruturação[12], sendo preteridos diante da satisfação (mesmo que parcial) dos créditos de natureza privada.

Quando o juízo universal avoca para si a competência para decidir sobre os atos constritivos ou expropriatórios que recaiam sobre o patrimônio da recuperanda em sede das ações de execução fiscal, macula diretamente a efetividade do procedimento de cobrança do Fisco, fazendo com que a recuperação judicial seja um ambiente inóspito ao crédito fazendário.

Cumpre salientar ainda que atualmente o Fisco amarga à espera da definição da matéria no âmbito do Superior Tribunal de Justiça que, por conta de sua organização interna em órgãos especializados, sujeita a análise das decisões proferidas no juízo universal à Segunda Seção (Direito Privado), cujo entendimento uniforme é no sentido de que a execução prossegue sem constrição de bens, salvo se o juízo da recuperação autorizar, enquanto as matérias levantadas em sede de executivos fiscais, objeto de recurso da Fazenda Pública, são distribuídas à Primeira Seção (Direito Público), que possui precedentes diametralmente opostos.

Deste modo, recai ao Superior Tribunal de Justiça a tarefa de definir este impasse interno, mas com forte tendência para a reserva de competência a Seção de Direito Privado[13] e

---

12. MENEGAT, Bruno. FOLADOR, Rafael. Da cobrança de créditos fiscais de empresas em recuperação judicial: custos, experiências internacionais e análise crítica da jurisprudência brasileira. *Revista da PGFN* - Número 10.

13. AGRAVO INTERNO EM CONFLITO DE COMPETÊNCIA. EXECUÇÃO FISCAL. EMPRESA EM RECUPERAÇÃO JUDICIAL. COMPETÊNCIA INTERNA. SEGUNDA SEÇÃO. ATO DE CONSTRIÇÃO EFETIVADO. PARCELAMENTO DO DÉBITO TRIBUTÁRIO. 1. Segundo o decidido pela Corte Especial, no julgamento de Questão de Ordem no CC 136.167-SP, compete à Segunda Seção processar e julgar conflito de competência entre o juízo da recuperação judicial e o da execução fiscal, seja pelo critério da especialidade, seja pela necessidade de evitar

a consequente manutenção do entendimento atual contrário à Fazenda Pública, sendo raros os casos em que prevalece o entendimento que importa no impacto do passivo tributário ao processamento e deferimento da recuperação judicial.

Somado a isto, o ministro Mauro Campbell Marques determinou, mediante autorização prévia da Primeira Seção, que os Recursos Especiais 1.694.316, 1.712.484 e 1.694.261 sejam julgados sob o rito dos recursos repetitivos para definição da controvérsia sobre a possibilidade da prática de atos constritivos em face de empresa em recuperação judicial, em sede de execução fiscal.

Portanto, até o julgamento da tese afetada pela Primeira Seção do Superior Tribunal de Justiça, devem ser suspensos todos os processos pendentes, individuais ou coletivos, que versem sobre a constrição de bens em executivos fiscais que tramitam contra empresas em recuperação judicial em todo o território nacional.

Em termos práticos, provavelmente restará frustrada qualquer tentativa da Fazenda Pública voltada para a otimização dos resultados nos executivos fiscais em tramite contra contribuintes em recuperação judicial, posto que a afetação de bens do devedor é pressuposto de efetividade das execuções.

Como não há submissão dos créditos fiscais ao plano de recuperação judicial, a ineficácia das execuções fiscais diante do impedimento à afetação de bens das empresas recuperandas resulta na impossibilidade de satisfação de qualquer crédito público em momento anterior aos de natureza privada, nos termos acordados no plano de recuperação judicial.

---

julgamentos díspares e a consequente insegurança jurídica 2. O prosseguimento da execução fiscal e eventuais embargos, na forma do art. 6º, § 7º, da Lei 11.101/2005, deverá se dar perante o juízo federal competente, ao qual caberão todos os atos processuais, inclusive a ordem de citação e penhora, exceto a apreensão e alienação de bens. A superveniência da Lei 13.043/2014 não alterou esse entendimento.3. Agravo interno a que se nega provimento. (AgInt no CC 138.810/PE, Rel. Ministra MARIA ISABEL GALLOTTI, SEGUNDA SEÇÃO, julgado em 08/11/2017, DJe 23/11/2017).

Isto porque, a Fazenda Pública e o juízo da execução fiscal credor público ou o juízo do executivo fiscal ao menos tenham não possuem qualquer controle da sobre a regularidade do cumprimento do plano e da variação patrimonial do contribuinte capaz de comprometer o exercício ulterior do seu direito de preferência, especialmente se verificada a falência ou mesmo encerramento da recuperação judicial da sociedade.

Deste modo, do ponto de vista financeiro, o imbróglio criado pela inadequada norma de parcelamento favorece o contribuinte pois possibilita, ainda que indiretamente, a suspensão dos efeitos das cobranças dos créditos tributários durante um período indeterminado, impactando positivamente no fluxo financeiro fragilizado da recuperanda.

4. As perspectivas futuras e a possibilidade de utilização de meios alternativos de soluções de conflito

De acordo com o levantamento do Conselho Nacional de Justiça as execuções fiscais figuram como principal impasse para a litigiosidade do Poder Judiciário, representando mais da metade dos processos pendentes de baixa até o exercício de 2017:

> O Poder Judiciário contava com um acervo de 80,1 milhões de processos pendentes de baixa no final do ano de 2017, sendo que mais da metade desses processos (53%) se referia à fase de execução.
>
> (...) A maior parte dos processos de execução é composta pelas execuções fiscais, que representam 74% do estoque em execução. Esses processos são os principais responsáveis pela alta taxa de congestionamento do Poder Judiciário, representando aproximadamente 39% do total de casos pendentes, e congestionamento de 92% em 2017 - a maior taxa entre os tipos de processos constantes nesse Relatório.
>
> (...) Os processos de execução fiscal representam, aproximadamente, 39% do total de casos pendentes e 74% das execuções pendentes no Poder Judiciário, com taxa de congestionamento de 91,7%. Ou seja, de cada cem processos de execução fiscal que tramitaram no ano de 2017, apenas 8 foram baixados. Desconsiderando esses

> processos, a taxa de congestionamento do Poder Judiciário cairia 9 pontos percentuais, passando de 72% para 63% em 2017.[14]

Esses dados, aliados ao baixo índice de recuperabilidade dos créditos tributários, demonstram a necessidade de otimização dos procedimentos relativos às execuções fiscais, em prol da redução do impacto negativo de sua manutenção prolongada, especialmente diante da grave crise econômica que assola o país.

Como reiteradamente destacado, a instituição da Lei 11.101/2005 veio atender o anseio do direito moderno que, guiado pela lógica revelada após a expansão das fronteiras econômicas em face do horizonte criado no processo de globalização, fez surgir uma ordem jurídica focada na dignidade da pessoa humana, no valor social do trabalho, na função social da propriedade e na livre iniciativa, estreitando as balizas que sustentavam a dicotomia entre o direito privado e o direito público, para conciliar o sistema capitalista que se impunha ao que denominamos de Estado do bem-estar social, com destaque ao compromisso dos direitos subjetivos privados em assegurar o bem-estar comum.

Outrossim, com a nova realidade, a importância da atividade empresarial deixou de limitar-se ao âmbito do direito privado, dada a função social a ela atrelada como alicerce da economia, responsável pela geração de riquezas, empregos, inovação tecnológica, meio ambiente, entre outros, impondo a sintonia entre o direito societário e o direito tributário como pressuposto lógico para solução das questões inerentes a atividade empresarial.

Com a superação do conceito restrito de empresa, que transcende os interesses particulares, também não se justificava a manutenção de um espectro normativo baseado na soberania dos interesses estatais e em privilégios irrestritos dos créditos públicos em face dos privados.

---

14. BRASIL, Conselho Nacional de Justiça. Análise do Poder Judiciário. Justiça em números. Págs. 121/136. https://www.cnj.jus.br/files/conteudo/arquivo/2018/09/8d9faee7812d35a58cee3d92d2df2f25.pdf.

Logo, o instituto da recuperação judicial foi regulado como forma de estabelecer condições de preservação da empresa, não porque se pretendeu proteger os interesses do empresário, mas sim da coletividade que seria afetada em caso de encerramento das atividades, seja por conta da geração de empregos, seja por conta das relações econômicas indiretas geradas e até mesmo pela carga tributária por ela suportada.

E sob o manto axiológico da função social da empresa que o artigo 47[15], da Lei 11.101/2005 instituiu a recuperação judicial, como discorreu Edison Aurélio Corazza[16]:

> (...) este novo procedimento objetiva mais que a liquidação das dívidas da empresa em dificuldades econômicas: transcende as relações negociais diretas que a levaram ao inadimplemento efetivo ou potencial, possibilitando-lhe concretizar sua viabilidade social, propiciando não apenas satisfazer os credores envolvidos em determinadas negociações mal sucedidas, como também todas aquelas pessoas que, de alguma forma, seriam impactadas com eventual interrupção das atividades da empresa, como fornecedores de bens e serviços e empregados, preservando, assim, sua condição de componente ativo do ciclo produtivo econômico e social.

Esta é a razão pela qual se estabeleceu como pressuposto para deferimento da recuperação judicial a comprovação prévia da viabilidade econômica da empresa, ou seja, a prova de que com a ponderação de direitos através da equalização dos débitos a atividade econômica poderá ser preservada.

Além do mais, a recuperação judicial não deve e não pode ser instrumento utilizado em prol de interesses particulares, como forma de redução do passivo, sob pena de figurar como meio de amparo à insolvência, cabendo ao magistrado o dever

---

15. "Art. 47. A recuperação judicial tem por objetivo viabilizar a superação da situação de crise econômico-financeira do devedor, a fim de permitir a manutenção da fonte produtora, do emprego dos trabalhadores e dos interesses dos credores, promovendo, assim, a preservação da empresa, sua função social e o estímulo à atividade econômica."

16. In Sucessão, Crédito Tributário e Nova Lei de Recuperação Financeira de Empresas e Falências, in *Direito Societário e Nova Lei de Falências e Recuperação de Empresas*, 2006, pág. 356.

de gerenciamento do processo e a produção das provas necessárias, bem como a convolação em falência quando verificada qualquer mácula em desacordo com a lei.

Portanto, os argumentos com bases estatísticas ou exemplificativas que utilizam casos de insucesso da recuperação judicial não se prestam para justificar a inflexibilidade da Fazenda, já que a problemática muitas vezes está no âmbito da aplicação das normas e não no seu plano geral e abstrato.

E, quando a frustração dos processos de recuperação judicial se dá por questões geradas no plano individual e concreto, a solução está no fortalecimento do poder fiscalizatório dos credores e dos magistrados, evitando-se a utilização dos processos de recuperação judicial com a finalidade de proteção exclusiva de direitos privados do empresário ou para empresas que não possuem viabilidade econômica que justifique os esforços de terceiros para sua manutenção.

E, é dentro dessas premissas e valores que se torna imperativo encontrar alternativas jurídicas capazes de reajustar o equilíbrio inicialmente pretendido pelo legislador ordinário quanto ao tratamento dos credores públicos e privados na recuperação judicial, de forma que a preservação da empresa e interesse dos credores não se faça às custas da frustração dos créditos de natureza fiscal.

Para tanto, é de conhecimento o trâmite nas Casas Legislativas de projeto de lei para alteração da Lei 11.101/2005 e da Lei 10.522/2002 com a finalidade de atualizar o regime da recuperação judicial e trazer melhores condições para o acordo de parcelamento dos créditos fiscais.[17]

Contudo, embora se admita a evolução positiva da temática no âmbito legal verificada em caso de aprovação da proposta legislativa, entende-se que ainda será necessária a utilização de meios alternativos para solução de conflito, seja porque as condições do parcelamento proposto ainda seriam

17. Projeto de Lei 10.220/2018.

de difícil cumprimento, seja por conta das particularidades das necessidades de cada empresa.

Considerando a complexidade das relações comercias no atual cenário econômico globalizado, os meios alternativos de solução de conflitos se mostram cada vez mais imprescindíveis para a resposta aos anseios sociais, não mais supridos através de uma única estrutura legal aplicável a todas as categorias e segmentos.

Paralelamente às normas legais específicas direcionadas a recuperação judicial, recentemente verifica-se um esforço maior da Fazenda Pública para amenizar a rigidez no tratamento dos contribuintes, em busca da maior efetividade no recebimento dos créditos fiscais, onde destacamos a Portaria PGFN 742/2018 que instituiu o negócio jurídico processual (CPC, art. 190 e seguintes) no âmbito tributário, disciplinando os critérios para a celebração de negócios jurídicos processuais em sede de execução fiscal e possibilitando o diálogo entre Fisco e contribuinte para fins de equacionamento de débitos inscritos em dívida ativa.

Assim, visando otimizar a solução dos conflitos fiscais, o Negócio Jurídico Processual instituído pela Procuradoria-geral da Fazenda Nacional poderá versar sobre: I - calendarização da execução fiscal; II - plano de amortização do débito fiscal; III - aceitação, avaliação, substituição e liberação de garantias; e IV - modo de constrição ou alienação de bens.

Ato contínuo, a Portaria PGFN 742/2018 inova ao prever a sua aplicação aos devedores em recuperação judicial, o que parece refletir um comportamento mais ponderado do Fisco, a caminho de uma harmonização com a Lei de Recuperação Judicial e Falências (Lei 11.101/2005), objetivando a função social da empresa e a ampliação de possibilidades de saneamento da dívida tributária para mitigar a ineficiência da atividade arrecadatória.

Contudo, a celebração de NJP está condicionada à demonstração de interesse da Fazenda Nacional, considerando o seguinte critério:

> *I - vinculação à capacidade econômico-financeira do devedor, ao perfil da Dívida e às peculiaridades do caso em concreto;*
>
> *II - previsão de prazo certo para liquidação das dívidas, quando for o caso, ou concretização de garantias e demais condições do negócio;*
>
> *III - imposição de obrigações ou meios indiretos que facilitem ou otimizem a fiscalização ou acompanhamento do cumprimento das condições do acordo.*

Apesar de flexibilizar prazos e formas de amortização e garantia dos débitos inscritos, não é permitida a redução do montante de créditos inscritos ou a renúncia às garantias e privilégios do crédito tributário, hipótese esta que, em face da indisponibilidade de receitas públicas (onde se inclui os créditos tributários), demandaria previsão em lei.

Igualmente, tal como se observa no Código de Processo Civil, o negócio jurídico processual, técnica que permite a adequação dos atos processuais ao caso concreto, deve limitar-se a convencionar os ônus, poderes, faculdades e deveres processuais, antes ou durante o processo, observados os direitos que permitam a autocomposição (CPC, art. 190).

A natureza pública da atividade de recuperação de créditos tributários impõe o necessário controle de validade[18] realizado pelo juízo competente, verificando-se eventual nulidade ou a inserção de cláusula "abusiva em contrato de adesão ou em que alguma parte se encontra em manifesta situação de vulnerabilidade" (CPC, art. 190, parágrafo único).

Por conta disto, a Portaria PGFN 742/2018, em seu artigo 2º, condiciona a celebração do instrumento à "demonstração de interesse da Fazenda Nacional" considerando critérios que, entre os seus incisos, extraem-se dois pontos de necessária menção.

---

18. Neste ponto, afasta-se o Enunciado 133 do Fórum Permanente de Processualistas (FPPC) que dispõe que "salvo nos casos expressamente previstos em lei, os negócios processuais do caput do art. 189 não dependem de homologação judicial", vista natureza pública do processo e, especialmente, da matéria regulada (arrecadação tributário).

O primeiro está relacionado aos princípios que regulam a atividade da Administração Tributária, entre os quais a eficiência (CF, art. 37, *caput* e incisos XVIII e XXII) e a razoabilidade, observados os limites da legalidade e da finalidade dos atos administrativos, convergem para a necessidade de imposição de mecanismo que auxilie no combate aos baixos índices alcançados com a execução fiscal.

E por conta disto, o negócio jurídico processual tributário é limitado pelo tríplice fundamento da conduta estatal (adequação-exigibilidade-proporcionalidade)[19], de forma que o agente público utilize o instrumento em estrita compatibilidade com a sua finalidade (pacificação do conflito fiscal), necessidade (ausência de meio diverso menos gravoso ou oneroso) e vantagem (quando comparado com o cenário atual e suas desvantagens), como se vê nos critérios de demonstração da capacidade econômico-financeira do devedor em relação à Dívida e a imposição de prazo certo para a sua liquidação, bem como a realização das garantias e demais condições do negócio (Port. PGFN 742/2018, art. 2º, incisos I e II).

Consequentemente, o segundo quesito, adstrito ao poder de polícia, estabelece a limitação do "exercício dos direitos individuais em benefício da segurança"[20], visto necessário acompanhamento do cumprimento das condições do acordo (Port. PGFN 742/2018, art. 2º, inciso III), como forma de continua manutenção da supremacia do interesse público.

---

19. Cf. FILHO, CARVALHO. *Manual de direito administrativo* / José dos Santos Carvalho Filho. – 30. ed. rev., atual. e ampl. – São Paulo: Atlas, 2016. p. 90-96.

20. Cf. Di Pietro, Maria Sylvia Zanella. *Direito administrativo*. São Paulo: Atlas, 2014. p. 124, *ipsi litteris:* "No direito brasileiro, encontra-se conceito legal de poder de polícia no artigo 78 do Código Tributário Nacional: "considera-se poder de polícia atividade da administração pública que, limitando ou disciplinando direito, interesse ou liberdade, regula a prática de ato ou abstenção de fato, em razão de interesse público concernente à segurança (...) A Administração Pública, no exercício da parcela que lhe é outorgada do mesmo poder, regulamenta as leis e controla a sua aplicação, preventivamente (por meio de ordens, notificações, licenças ou autorizações) ou repressivamente (mediante imposição de medidas coercitivas)".

Merece destaque também a possibilidade de calendarização da execução fiscal (Port. PGFN 742/2018, art. 1º, §2º), que permite a otimização da atividade arrecadatória em harmonia com a política judiciária de pacificação dos conflitos (CPC, art. 191), especialmente, em relação aos processos de natureza tributária que possuem alta taxa de congestionamento[21].

Ato contínuo, cabe esclarecer que o Regulamento administrativo não menciona a necessidade de participação do juiz competente na composição do acordo, exclusivamente, por conta da vinculação do juízo ao ato celebrado, o que, visto necessário recorte acadêmico, não será objeto do presente estudo.

Por outro lado, em que pese a calendarização se limitar aos procedimentos da execução fiscal, vista natureza taxativa da norma administrativa, o critério de amortização dos débitos tributários é perfeitamente compatível com o procedimento de recuperação judicial, inserindo novo paradigma à solução das questões fiscais envolvendo contribuintes em condição ímpar de fragilidade econômica.

Todavia, embora a referida portaria evidencie o interesse do Fisco na otimização da sua sistemática de cobrança mediante acordo de concessões mútuas com os contribuintes, é importante acentuar que em seu artigo 3º[22] foram arroladas

---

21. Sítio eletrônico do Conselho Nacional de Justiça. Justiça em números 2018. <http://www.cnj.jus.br/files/conteudo/arquivo/2018/08/44b7368ec6f888b383f6c3de40c32167.pdf > Acessado em 17/06/2019. Conforme o estudo, "A maior parte dos processos de execução é composta pelas execuções fiscais, que representam 74% do estoque em execução. Esses processos são os principais responsáveis pela alta taxa de congestionamento do Poder Judiciário, representando aproximadamente 39% do total de casos pendentes, e congestionamento de 92% em 2017 - a maior taxa entre os tipos de processos constantes nesse Relatório".

22. Art. 3º. Sem prejuízo da previsão de outras obrigações decorrentes das peculiaridades do caso concreto, o NJP que objetive estabelecer plano de amortização do débito fiscal deverá prever, cumulativa ou alternativamente, as seguintes condições:
I - confissão irrevogável e irretratável dos débitos inseridos no NJP, renovada a cada pagamento periódico; II - oferecimento de depósito em dinheiro de parcela dos débitos inscritos; III - oferecimento de outras garantias idôneas, desde que observada a ordem do art. 11 da Lei nº 6.830, de 22 de novembro de 1980, se não houver compromisso de gradual substituição por depósito em dinheiro, em prazo certo; IV - quitação

condições rígidas que, diante da previsão de sua aplicação cumulativa ou alternativa.

Aliás, é evidente que para que se viabilize a superação da crise financeira do contribuinte a carga tributária deve ser proporcional ao fluxo financeiro percebido após a queda de seu faturamento, permitindo a manutenção das atividades da empresa.

Assim, apesar da ampliação da margem de discricionariedade do Fisco em suas negociações com o contribuinte, demonstrar o avanço do legislador para criar condições para solução da problemática relativa a baixa efetividade do processo executivo fiscal, será a aplicação individual e concreta que será definida a eficácia do negócio jurídico processual dentro da recuperação judicial.

Assim, aguarda-se uma postura mais maleável da Fazenda Pública nas negociações voltadas a executivos fiscais relacionados a esses casos, dada a perspectiva de acordos viáveis estabelecidos mediante a proximidade entre as partes, que possam estabelecer um cronograma de pagamento dos créditos fiscais ou mesmo de realização das garantias, preservando-se os interesses do Poder Público sem comprometimento do plano de recuperação financeira para preservação da empresa.

Só o efetivo comprometimento do Fisco para equalizar as condições para recuperação da empresa com a garantia do crédito tributário poderá alterar o caos atual originado do antagonismo axiológico verificado entre as premissas do processo de recuperação judicial e as condições para satisfação dos créditos fiscais.

---

de parcela dos débitos inscritos em dívida ativa da União, ajuizados ou não; V - constrição de parcela sobre faturamento mensal ou de recebíveis futuros; VI - compromisso de garantir ou parcelar, no prazo máximo de 30 (trinta) dias, débitos inscritos em dívida ativa após a celebração do NJP; VII - rescisão em hipótese de superveniência de falência ou outro mecanismo de liquidação judicial ou extrajudicial; VIII - apresentação de garantia fidejussória dos administradores da pessoa jurídica devedora, independentemente da apresentação de outras garantias; IX - prazo de vigência não superior a 120 (cento e vinte) meses, salvo autorização expressa da Coordenação-Geral de Estratégias de Recuperação de Créditos; X - modificação da competência relativa para reunião dos processos no juízo prevento; XI - condição resolutória a ulterior homologação judicial, quando for o caso, observado o disposto no art.11.

A realidade após a edição da Lei de Recuperação Judicial e Falências demonstra que na guerra entre Fisco e contribuinte não há vencedores: perde a Fazenda se frustrada a satisfação dos seus créditos em prol da viabilidade do processo de recuperação judicial ou se comprometida a manutenção da atividade empresarial geradora de receitas públicas, como perde o contribuinte com a insegurança gerada pela impossibilidade de inclusão dos débitos fiscais na reestruturação financeira da empresa.

Consequentemente perde a sociedade, que não pode ver bem aplicado o instituto da recuperação judicial para manutenção das empresas que realmente possuem viabilidade econômica para cumprir a sua função social ao manter empregos, pagar tributos e gerar riquezas, contribuindo para o desenvolvimento econômico, social e cultural mediante práticas empresariais sustentáveis.[23]

Logo, espera-se que a Fazenda utilize a discricionariedade concedida por este instrumento de negociação para colaborar com a solução dos litígios que envolvem a cobrança dos créditos fiscais nas recuperações judiciais, trazendo uma postura mais sensível às dificuldades inerentes ao ambiente de crise financeira das empresas.

Caso contrário, a previsão do negócio jurídico processual se revelará como mais um instrumento limitado a esfera abstrata, sem qualquer representatividade para a mudança do precário cenário das recuperações judiciais.

5. Conclusão

Diante da recessão econômica do Brasil que ensejou um recuo no produto interno bruto (PIB) nos últimos anos, a recuperação judicial, instituída através da Lei 11.101/2005, se consolidou como um instrumento eficaz para superação de crise econômico-financeira das empresas, para implementação do

23. COELHO, Fábio Ulhôa. *Curso de direito comercial*: direito de empresa (volume 1). 16ª edição. São Paulo: Saraiva, 2012, pág. 88.

princípio da preservação da empresa e manutenção de sua função social.

A equalização dos créditos tributários na recuperação judicial ainda tem gerado conflitos diante da dicotomia representada pela "supremacia da execução fiscal", que visa resguardar o indiscutível interesse público representado pelo crédito tributário (art. 6º, §7º, da Lei 11.101/2005), e pelo princípio da preservação da empresa em dificuldades financeiras, com a manutenção das unidades produtivas e de postos de trabalho.[24]

De acordo com a LRJF, a recuperação judicial será concedida às empresas que estejam comprovadamente regulares perante o Fisco, posto que os créditos fiscais não se submetem ao juízo universal, sujeitando-se a cobrança autônoma que não se suspende com o deferimento do pedido do devedor.

Todavia, para viabilizar a sujeição do devedor a rigidez desta premissa, a legislação especial determinou que os entes da federação editassem normas específicas com as condições de parcelamento de créditos tributários do devedor em recuperação judicial.

Ocorre até a presente data os acordos para satisfação do passivo fiscal disponibilizados pelas Fazendas Públicas em atendimento ao disposto na Lei 11.101/2005[25] não estabeleceram critérios que se coadunam com o princípio da preservação da empresa.

No âmbito federal, embora a Lei 13.043/2014 (que acrescentou o art. 10-A à Lei10.522/2002[26]) tenha instituído o par-

24. STF - RE 704.676. Relatora Ministra Carmen Lúcia.

25. Artigo 68 da Lei 11.101/2005.

26. Referido modelo se presta a determinar o prazo mínimo para os parcelamentos a serem instituídos pelos demais entes da federação, conforme previsão:
CTN - Art. 155-A. (...) § 3º Lei específica disporá sobre as condições de parcelamento dos créditos tributários do devedor em recuperação judicial. § 4º A inexistência da lei específica a que se refere o § 3º deste artigo importa na aplicação das leis gerais de parcelamento do ente da Federação ao devedor em recuperação judicial, não podendo, neste caso, ser o prazo de parcelamento inferior ao concedido pela lei

celamento especial para empresas em recuperação judicial, não restou suprimida a lacuna legal, posto que, conforme reconhecido pelo Superior Tribunal de Justiça, as rígidas condições impostas aos contribuintes não se mostraram viáveis para o cenário de crise aguda financeira.

Diante desta deficiência legal, os Tribunais pátrios inclinaram-se pela dispensa da comprovação da regularidade fiscal para concessão do pedido de recuperação judicial, permitindo o trâmite concomitante dos executivos fiscais desde que qualquer ato de constrição patrimonial fosse submetido à competência do juízo universal, posto impactar diretamente no fluxo necessário para cumprimento do plano de superação de crise.

Portanto, atualmente os contribuintes, por não encontrarem um ambiente favorável para negociação das dívidas de natureza tributária, não regularizam o passivo fiscal dentro da reestruturação proposta no processo de recuperação judicial, frustrando os interesses da Fazenda Pública em face da impossibilidade de afetação do patrimônio da empresa mediante execução fiscal.

Em face do crescente número de pedidos de recuperação judicial e do prejuízo hoje enfrentado pela Fazenda Pública, torna-se necessário encontrar alternativas que permitam preservar o crédito tributário sem inviabilizar as chances de recuperação das empresas.

Isto porque, a possibilidade de regularização do passivo fiscal reflete no êxito do processo de recuperação judicial, demandando uma solução jurídica que possa trazer segurança tanto ao credor fiscal, como à empresa recuperanda e os demais envolvidos, demonstrando que a regulamentação do negócio jurídico processual figura como alternativa para a supressão da fragilidade posta nas legislações específicas, dependendo, contudo, da sensibilidade da Fazenda Pública quanto às necessidades da empresa para superação do seu

---

federal específica. (Incluídos pela LCP 118, de 2005)

momento de crise financeira e preservação de sua atividade e função social.

De acordo com levantamentos realizados pelo *Serasa Experian*, a porcentagem de casos de deferimento ou concessões de pedidos de recuperação judicial se eleva em períodos próximos à abertura dos programas especiais de parcelamento de débitos instituídos para os contribuintes em geral, com previsão de reduções do valor total do débito fiscal e o com prazo de vigência estendido.[27]

Diante desta constatação, verifica-se que a possibilidade de regularização do passivo fiscal reflete no êxito do processo de recuperação judicial, demandando uma solução jurídica que possa trazer segurança tanto ao credor fiscal, como à empresa recuperanda e os demais envolvidos.

Só assim, o instituto da recuperação judicial poderá cumprir a sua finalidade precípua, viabilizando a preservação de empresas para que, após superação do quadro pontual de crise econômico-financeira, continuem economicamente viáveis através da equalização do pagamento de todos os seus credores.

6. Referências

FILHO, CARVALHO. *Manual de direito administrativo* / José dos Santos Carvalho Filho. – 30. ed. rev., atual. e ampl. – São Paulo: Atlas, 2016;

CASTRO, Rodrigo R. Monteiro de. ARAGÃO, Leandro Santos de (coord.) – *Direito Societário e a Nova Lei de Falências e Recuperação de Empresas*. São Paulo. Quartier Latin. 2006;

COELHO, Fábio Ulhoa. *Comentários à Lei de Falências e de Recuperação de Empresas*. 10ª ed.. São Paulo. Saraiva. 2014;

27. Sítio eletrônico da empresa Serasa Experian < https://www.serasaexperian.com.br/amplie-seus-conhecimentos/indicadores-economicos > acessado em 17/06/2019.

________, Fábio Ulhoa. *Curso de direito comercial:* direito de empresa (volume 1). 16ª edição. São Paulo: Saraiva, 2012;

CONSELHO NACIONAL DE JUSTIÇA. Justiça em números 2018. <http://www.cnj.jus.br/files/conteudo/arquivo/2018/08/44b7368ec6f888b383f6c3de40c32167.pdf > Acessado em 17/06/2019;

CORAZZA, Edison Aurélio. Sucessão, Crédito Tributário e Nova Lei de Recuperação Financeira de Empresas e Falências, *in* CASTRO, Rodrigo R. Monteiro de. ARAGÃO, Leandro Santos de (coord.) – *Direito Societário e a Nova Lei de Falências e Recuperação de Empresas*. São Paulo. Quartier Latin. 2006;

DI PIETRO, Maria Sylvia Zanella. *Direito administrativo*. São Paulo: Atlas, 2014;

FÓRUM PERMANENTE DE PROCESSUALISTAS (FPPC), Enunciado n.º 133;

KUYVEN, Luiz Fernando Martins. (coord.) *Temas essenciais do direito empresarial*: estudos em homenagem a Modesto Carvalhosa. São Paulo. Saraiva. 2012;

LOPES, Ana Teresa Lima Rosa e CAMPEDELLI, Laura Romano. *Dados do Contencioso Tributário no Brasil e o Novo Código Civil: a importância da pesquisa empírica para o aprimoramento da atividade jurisdicional,* pag.90 – Medidas de Redução do contencioso tributário e o CPC/2015: contributos práticos para ressignificar o processo administrativo e judicial tributário. Coordenadores: Gisela Barra Bossa, Eduardo Perez Salusse, Tathiane Piscitelli, Juliana Furtado Costa Araújo, São Paulo – Almedina, 2017;

MENEGAT, Bruno. FOLADOR, Rafael. Da cobrança de créditos fiscais de empresas em recuperação judicial: custos, experiências internacionais e análise crítica da jurisprudência brasileira. *Revista da PGFN* - Número 10;

ROCHA, Sérgio André (coord.) *Direito Tributário, Societário e a Reforma da Lei das S/A* – Inovações da Lei 11683. São Paulo. Quartier Latin. 2008;

TOLEDO, Paulo F. C. Salles. ABRÃO, Carlos Henrique. (coord.) in *Comentários à Lei de Recuperação de Empresas e Falência*. São Paulo. Saraiva. 2005.

EXCEÇÃO DE PRÉ-EXECUTIVIDADE EM EXECUÇÃO FISCAL - PEDIDO DE REVISÃO DE DÍVIDA INSCRITA (PRDI) - CONSIDERAÇÕES À LUZ DO PRINCÍPIO DA COOPERAÇÃO

Paulo Antonio Balduino Filho[1]

1. Considerações iniciais

O processo é a relação instrumental pela qual é manifestado o dever estatal de prestação jurisdicional, que "nada mais é do que o corretivo da imperfeita realização automática do Direito objetivo"[2]. O êxito em sua finalidade ocorre quando alcançados iguais resultados aos que ocorreriam com o natural e espontâneo cumprimento da norma jurídica.

Paulo Cesar Conrado assevera que o denominado processo tributário é também o processo civil, com a particularidade de estar a relação jurídica que o precede relacionada ao ramo do Direito Tributário:

---

1. Especialista em Direito Tributário pelo INSPER. Advogado.

2. MIRANDA, Pontes de. Comentários ao Código de Processo Civil. 5ª ed. atual. Por Sérgio Bermudes. Rio de Janeiro: Forense, 2001. P. 78.

> "Processo tributário é, em princípio, processo civil (segue, destarte, os parâmetros do direito positivo correspondente), particularizando, todavia, em função da específica natureza da relação jurídica que pressupõe – tudo a especificar aquele específico ramo do direito positivo processual (o civil) deve ser interpretado mediante necessário cruzamento com o ramo do direito positivo material de que tratamos, o tributário"[3].

É sabido que as demandas tributárias representam a maioria dos processos submetidos ao Poder Judiciário. De acordo com os dados divulgados pelo Conselho Nacional de Justiça (CNJ), por meio do relatório "Justiça em Números 2018", cujo ano-base é 2017, os processos de execução fiscal correspondem à maior causa de congestionamento do Poder Judiciário:

> Historicamente as execuções fiscais têm sido apontadas como o principal fator de morosidade do Poder Judiciário. (...) Os processos de execução fiscal representam, aproximadamente, 39% do total de casos pendentes e 74% das execuções pendentes no Poder Judiciário, com taxa de congestionamento de 91,7%. Ou seja, de cada cem processos de execução fiscal que tramitaram no ano de 2017, apenas 8 foram baixados[4].

Esta é uma das razões que justificam as medidas que vêm sendo adotadas, especialmente pela Procuradoria Geral da Fazenda Nacional, no intuito de reduzir o contencioso fiscal.

Espera-se que o mesmo espírito de solução da controvérsias seja seguido pelas demais Procuradorias Fazendárias, a fim de que a função jurisdicional seja exercida para atender à finalidade para qual foi instituída – aplicação do Direito para que se torne possível o convívio social - com respeito à segurança jurídica e visando à estabilidade das decisões, sobretudo, de mérito.

---

3. CONRADO, Paulo Cesar. *Processo tributário*. 3ª ed. São Paulo: Quartier Latin, 2012.

4. Brasil. Conselho Nacional de Justiça (CNJ). "Justiça em Números 2018", p. 125. Disponível em: <http://www.cnj.jus.br/pesquisas-judiciarias/justicaemnumeros/2016-10-21-13-13-04/pj-justica-em-numeros>. Acesso em: 04/06/2019.

A execução fiscal é uma das ações exacionais[5] do processo judicial tributário, que permite à Fazenda Pública o exercício da cobrança da dívida ativa, tributária ou não tributária, dos sujeitos passivos da obrigação, cujo regramento está previsto na Lei 6.830, de 22 de setembro de 1980[6], denominada de Lei de Execuções Fiscais (LEF).

Apesar do executivo fiscal contar com procedimento próprio, a norma especial apresenta conteúdo predominantemente procedimental, sendo admitida, assim, a aplicação subsidiária do Código de Processo Civil (CPC), que está adstrita ao atendimento de dois requisitos, quais sejam a existência de ponto omisso e a ausência de contrariedade com o sistema da execução (art. 1°, da LEF)[7].

O atual Código de Processo Civil, instituído pela Lei 13.105, de 16 de março de 2015, reestruturou o sistema processual, buscando ou atender aos anseios da sociedade moderna, com o devido comprometimento com a coerência interna, de modo a valorizar a moralidade, a razoabilidade, a efetividade do processo judicial e administrativo e a segurança jurídica.

As inovações trazidas merecem a devida atenção, vez que são aplicáveis ao processo de execução fiscal, tanto em

---

5. "As ações tributárias são classificadas em: (a) exacionais: são de iniciativa do Fisco e visam a compelir o sujeito passivo ao cumprimento da obrigação tributária. Exemplo: execução fiscal. (b) antiexacionais: são de iniciativa do sujeito passivo (contribuinte ou responsável) e têm por objetivo um provimento jurisdiciona que reconheça a inexistência de uma relação jurídico-tributária ou a ausência de seu descumprimento. Exemplos: mandado de segurança, ação anulatória de débito fiscal, ação declaratória de inexistência de relação jurídico-tributária, embargos à execução fiscal e ação de repetição de indébito. Outra ação de iniciativa do sujeito passivo, mas sem conteúdo antiexacional, é a consignação em pagamento". JESUS, Isabela Bonfá de. *Manual de direito e processo tributário*. Isabela Bonfá de Jesus, Fernando Bonfá de Jesus, Ricardo Bonfá de Jesus. 3ª ed. rev. atual. e ampl. São Paulo: Editora Revista dos Tribunais, 2016. p. 381-382.

6. Ementa: "Dispõe sobre a cobrança judicial da Dívida Ativa da Fazenda Pública, e dá outras providências".

7. "Art. 1°. A execução judicial para cobrança da Dívida Ativa da União, dos Estados, do Distrito Federal, dos Municípios e respectivas autarquias será regida por esta Lei e, subsidiariamente, pelo Código de Processo Civil".

benefício do Fisco, ao primar pela viabilidade de adoção de medidas mais efetivas à satisfação do crédito tributário, quanto em prol do contribuinte-executado, ao aprimorar os instrumentos de defesa, em garantia de seu efetivo exercício.

Na presente abordagem, é proposta uma reflexão a respeito dos efeitos que essa nova visão gera ao instrumento de defesa denominado de exceção de pré-executividade, que, apesar de limitada quanto ao conteúdo passível de discussão, permanece sendo meio de defesa flexível aos pressupostos formais de acesso, pela dispensa de prévia garantia do juízo pelo sujeito passivo; que, ainda que não permita dilação probatória, diante do princípio da cooperação, permite flexibilizar o ônus probatório em determinados casos que a Procuradoria da Fazenda apresenta maior facilidade de acesso às informações.

Serão trazidos, ainda, aspectos relativos ao Pedido de Revisão de Dívida Inscrita no âmbito da Procuradoria Geral da Fazenda Nacional, cujo procedimento está regulamentado pela Portaria PGFN 33, de 08 de fevereiro de 2018.

2. Exceção de pré-executividade e embargos à execução fiscal

A ação antiexacional por excelência do contribuinte-executado no âmbito da execução fiscal é os embargos à execução fiscal[8], os quais somente são passíveis de oposição e recebimento mediante a garantia prévia do juízo (art. 16, §1º, da LEF)[9].

---

8. Hugo de Brito Machado Segundo aduz que "embora as questões terminológicas não nos pareçam essenciais, não consideramos adequada a expressão embargos de devedor. Isso porque o executado não necessariamente deve a quantia que lhe é exigida, que pode ser inexistente, ou inválida. (...) A expressão embargos à execução, por sua vez, conquanto não seja "incorreta", é imprecisa, eis que os embargos de terceiro – que com os embargos do executado não se confundem – também são opostos "à execução". Mais pertinente, por tudo isso, é a expressão embargos do executado". SEGUNDO, Hugo de Brito Machado. *Processo tributário*. 10ª ed. rev. e atual. São Paulo: Atlas, 2018. p. 346.

9. "Art. 16 - O executado oferecerá embargos, no prazo de 30 (trinta) dias, contados: (...)
§ 1º - Não são admissíveis embargos do executado antes de garantida a execução".

Ocorre que também é reconhecido ao contribuinte-executado o direito de defesa nos executivos fiscais por meio da objeção ou exceção de pré-executividade[10], cuja identificação foi construída pela doutrinária, que, diferentemente dos embargos do devedor, não exige a prévia segurança do juízo, mas está limitada à discussão das matérias passíveis de reconhecimento de ofício ou que não demandem dilação probatória.

A viabilidade da apresentação de referida medida excepcional pelo contribuinte-executado, sem a prévia garantia do feito, para afastar eventual cobrança consubstanciada em título com patentes vícios reconhecidos de ofício e sem a necessidade de dilação probatória, representa clara flexibilização do disposto na norma de regência da execução fiscal (art. 16, da LEF).

Maria Rita Ferragut esclarece e defende a viabilidade de referida flexibilização ao responder, pela negativa, às seguintes duas indagações, levando em consideração tanto o elevado custo envolvido na manutenção do executivo fiscal, quanto o sabido tempo médio de sua duração:

> A "flexibilidade" a que nos referimos leva em consideração garantias constitucionais asseguradas a todo cidadão, traduzidas nas respostas negativas dadas às seguintes indagações:
>
> Pode alguém ser submetido ao longo e custoso processo executivo se este se encontra desprovido dos pressupostos processuais e das condições da ação, seja por vício no processo, seja por vício no título em que se funda a ação?
>
> **É constitucional e legal compelir o executado a garantir o juízo, quando de plano já restam demonstrados os vícios da execução?**[11]

---

10. "Trata-se de objeção quando o incidente referir-se à matéria de ordem pública, que deve ser conhecida de ofício (decadência e prescrição); exceção quando a matéria a ser apreciada depender de arguição (pagamento ou compensação). Entretanto, faz-se a ressalva que a prática do contencioso tributário adotou a expressão exceção de pré-executividade". JESUS, Isabela Bonfá de. *Manual de direito e processo tributário*. Isabela Bonfá de Jesus, Fernando Bonfá de Jesus, Ricardo Bonfá de Jesus. 3ª ed. rev. atual. e ampl. São Paulo: Editora Revista dos Tribunais, 2016. p. 381-382. p. 397.

11. FERRAGUT, Maria Rita. *Responsabilidade tributária e o Código Civil de 2002*.

A apresentação de exceção de pré-executividade pelo contribuinte-executado não impossibilita a posterior oposição dos embargos à execução fiscal, com algumas ressalvas.

Há entendimento no sentido de que as questões a serem discutidas via embargos não podem ter sido objeto de decisão em sede de exceção de pré-executividade[12].

O mencionado impedimento da rediscussão de matéria que já foi objeto de apreciação pelo Poder Judiciário[13] decorre de uma das importantes alterações trazidas pelo novo Código de Processo Civil. A inovação prima pela efetiva garantia à segurança jurídica e à estabilidade das decisões, na medida que, no caso, considera a ocorrência da coisa julgada (art. 502, do CPC)[14].

Paulo Cesar Conrado assim discorre sobre a coisa julgada no processo judicial:

> Com isso, diríamos, numa espécie de síntese, que sob o regime novo, a exceção de pré-executividade articula oportunidade para que, sob a forma de sentença (extinção do processo de execução) ou sob a forma de interlocutória (rejeitada, no mérito, a pretensão do executado), sobrevenha coisa julgada, naturalmente impeditiva da recolocação, pelo executado, do mesmo temário em grau de embargos (art. 267, V, do CPC/1973 e 485, V, do CPC/2015), tudo de modo a reafirmar a natureza contingencialmente sincrética do processo de execução fiscal: oposta e admitida a exceção de pré-executividade (contingência), o processo, de início, voltado à

São Paulo: Noeses, 2013. p. 216.

12. Vale a consideração de Araken de Assis: "Apesar de rejeitada a exceção, ao executado afigurar-se-á lícito alegar a matéria, outra vez, nos embargos. É que, em caso de rejeição, só ocorrerá preclusão (art. 507), fenômeno interno ao processo executivo, jamais a eficácia de coisa julgada (Art. 502), cuja existência, nos domínios executivos, é discutível. Admite-se tão só a preclusão: admitindo o Tribunal a legitimidade do exequente, através de agravo de instrumento, não poderá o órgão judiciário de primeiro grau pronunciar a ilegitimidade, no mesmo processo (preclusão hierárquica)". ASSIS, Araken de. *Manual da execução*. 19ª ed. rev. atual. e ampl. São Paulo: RT, 2017. p. 1616.

13. Nesses termos: STJ. AgRg no REsp 1.480.912/RS. Rel. Min. Mauro Campbell Marques. 2ª Turma. DJe 26/11/2014; STJ. AgRg no REsp nº 982.981/RJ. Rel. Min. Maria Isabel Gallotti. STJ, 4ª Turma. DJe 21/08/2017.

14. "Art. 502. Denomina-se coisa julgada material a autoridade que torna imutável e indiscutível a decisão de mérito não mais sujeita a recurso".

> emissão da tutela exclusivamente executiva, passa a experimentar clara carga cognitiva, definível pelo dever judicial de "falar" sobre a exigibilidade da cobrança subjacente ao título, acolhendo ou rejeitando a defesa do executado, com clara proteção de definitividade, dada a novel compostura do fenômeno da coisa julgada[15].

Portanto, é defeso ao contribuinte-executado, em sede de embargos à execução fiscal, a reabertura de matérias, sob os mesmos argumentos, já decididas em exceção de pré-executividade, que, no momento oportuno, não foram objeto de recurso cabível pela parte interessada (art. 1.015, Parágrafo Único, do CPC)[16], pois, nesta situação, o direito do contribuinte-executado encontra-se precluso, restando consumada a figura da coisa julgada[17].

Interessante mencionar que, a *contrário sensu*, o Poder Judiciário também tem admitido a possibilidade de o contribuinte-executado apresentar exceção de pré-executividade, após a oposição dos embargos à execução fiscal, para discussão de matéria que nesses não tenha sido apreciadas, desde que relacionadas à matéria de ordem pública e que não demande dilação probatória[18].

Em ambas as situações, a limitação quanto a matéria a ser discutida decorre de uma das relevantes reformulações trazidas pelo novo Código de Processo Civil, que deixou de

---

15. CONRADO, Paulo Cesar. ARAUJO, Juliana Furtado Costa. *O novo CPC e seu impacto no direito tributário*. 2ª ed. São Paulo: Fiscosoft, 2016. p. 137.

16. "Art. 1.015. Cabe agravo de instrumento contra as decisões interlocutórias que versarem sobre:
(...)
Parágrafo único. Também caberá agravo de instrumento contra decisões interlocutórias proferidas na fase de liquidação de sentença ou de cumprimento de sentença, no processo de execução e no processo de inventário".

17. Precedentes: STJ. Resp nº 1.724.366. Ministro Relator Herman Benjamin. Segunda Turma. Dje: 25/05/2018;
STJ, AgRg no REsp 1354894/PE, Rel. Ministro Herman Benjamin, Segunda Turma, julgado em 16/04/2013, DJe 08/05/2013; STJ, AgRg no Ag 908.195/RS, Rel. Ministra Denise Arruda, Primeira Turma, DJ 17/12/2007.

18. STJ. REsp 1.755.221, Ministro Relator Herman Benjamin. Segunda Turma. Dje: 21/11/2018.

vincular genericamente a coisa julgada à sentença[19], atualizando o conceito de modo a relacionar à qualquer decisão de mérito, seja terminativa, seja interlocutória, que apreciar total ou parcialmente o mérito da causa (art. 503, do CPC)[20].

Tal posicionamento, ainda, demonstra pontos importantes quanto à exceção de pré-executividade: a evolução de seu reconhecimento como um instrumento legítimo de defesa do contribuinte-executado no processo de execução fiscal; e a inexistência de limitação temporal para o seu manejo, atendente ao instituto da coisa julgada, fortalecido pelo novo Código de Processo Civil.

Não restam dúvidas que, no âmbito da ação de execução fiscal, ao contribuinte-executado é permita a apresentação de duas formas de defesas: a exceção de pré-executividade e os embargos à execução fiscal, sendo que, respeitado o instituto da coisa julgada, não há restrição temporal para oposição dos embargos após julgamento da medida excepcional ou ainda apresentação de exceção de pré-executividade após julgados os embargos do devedor.

3. Conceito, natureza jurídica e características da exceção de pré-executividade

A dívida ativa inscrita goza da presunção legal de certeza e liquidez (art. 3º, *caput*, da LEF)[21]. Luciano Amaro esclare-

---

19. Ao analisar o artigo 966, do CPC, o Fórum Permanente de Processualistas Civis em seu Enunciado nº 336 aduz que: "Cabe ação rescisória contra decisão interlocutória de mérito".

20. "Art. 503. A decisão que julgar total ou parcialmente o mérito tem força de lei nos limites da questão principal expressamente decidida.
§ 1º O disposto no caput aplica-se à resolução de questão prejudicial, decidida expressa e incidentemente no processo, se:
I - dessa resolução depender o julgamento do mérito;
II - a seu respeito tiver havido contraditório prévio e efetivo, não se aplicando no caso de revelia;
III - o juízo tiver competência em razão da matéria e da pessoa para resolvê-la como questão principal.
§ 2º A hipótese do § 1º não se aplica se no processo houver restrições probatórias ou limitações à cognição que impeçam o aprofundamento da análise da questão prejudicial".

21. "Art. 3º - A Dívida Ativa regularmente inscrita goza da presunção de certeza e liquidez".

ce que "compete à Fazenda Pública proceder à inscrição em dívida ativa em livro próprio", sendo que tal inscrição deve atender a requisitos legais "relativos à identificação do devedor e corresponsáveis, valor devido, fundamento legal, data de inscrição, identificação do processo administrativo que houver, mais a identificação do livro e folha da inscrição", vez que "tais requisitos são essenciais, dado os efeitos da inscrição"[22].

Assim, para ter força executiva, um título executivo precisa, entre outras coisas, ser líquido e certo, vez que a falta de quaisquer desses requisitos retira-lhe por completo a força executiva, desconstruindo, assim, a "presunção relativa ou juris tantum (admite-se prova em contrário) de certeza e liquidez"[23] que goza o título executivo.

Renato Lopes Becho faz importante ressalva de que "o próprio legislador se cercou de cautela e equilibrou a força da inscrição em dívida ativa, cuja Certidão é título executivo, afirmando a sua relatividade"[24].

A exceção de pré-executividade, sendo um dos instrumentos de defesa menos onerosos ao contribuinte-executado, tem sido um dos mais utilizados para afastar a cobrança intentada pela Fazenda Pública, que consubstanciadas em títulos executivos eivados de patente nulidade.

Apesar de ser uma construção doutrinária, a medida excepcional encontra respaldo na Lei das Execuções Fiscais (art. 3º, Parágrafo Único)[25], no Código Tributário Nacional

---

22. AMARO, Luciano. *Direito tributário brasileiro*. 18 ed. São Paulo: Saraiva, 2012.

23. JESUS, Isabela Bonfá de. *Manual de direito tributário*. Isabela Bonfá de Jesus, Fernando Bonfá de Jesus, Ricardo Bonfá de Jesus. 3ª ed. rev. atual. e ampl. São Paulo: Editora Revista dos Tribunais, 2016. p. 381-382. p. 397.

24. BECHO, Renato Lopes. *Responsabilidade tributária de terceiros*: CTM, arts. 134 e 135. São Paulo: Saraiva, 2014. p. 2019.

25. "Art. 3º - A Dívida Ativa regularmente inscrita goza da presunção de certeza e liquidez.
Parágrafo Único - A presunção a que se refere este artigo é relativa e pode ser ilidida por prova inequívoca, a cargo do executado ou de terceiro, a quem aproveite".

(art. 204)[26] e no Código de Processo Civil (art. 783 e 803, Parágrafo Único)[27] [28].

E, ainda, encontra respaldo jurisprudencial, consagrada pelo Superior Tribunal de Justiça com a edição da Súmula 343, segundo a qual "a exceção de pré-executividade é admissível na execução fiscal relativamente às matérias conhecíveis de ofício que não demandem dilação probatória".

A menor onerosidade (art. 805, do CPC)[29], conforme mencionado alhures, decorre da possibilidade de sua apresentação sem prévia garantia do juízo, ainda que essa esteja restrita à discussão pelo sujeito passivo ou terceiro a que dela se aproveite matérias passíveis de reconhecimento de ofício ou que não demandem dilação probatória.

Por essa razão, a via da exceção de pré-executividade é tida por uma via de defesa estreita. Historicamente, apenas as matérias de ordem pública eram passíveis de discussão, vez que reconhecidas de ofício, como a decadência e a prescrição; com o avanço do entendimento adotado pelo Poder Judiciário, passaram a ser aceitas as discussões de matérias relacionadas à existência de fatos modificativos ou extintivos

---

26. "Art. 204. A dívida regularmente inscrita goza da presunção de certeza e liquidez e tem o efeito 'de prova pré-constituída.
Parágrafo único. A presunção a que se refere este artigo é relativa e pode ser ilidida por prova inequívoca, a cargo do sujeito passivo ou do terceiro a que aproveite".

27. "Art. 783. A execução para cobrança de crédito fundar-se-á sempre em título de obrigação certa, líquida e exigível".

28. "Art. 803. É nula a execução se:
I - o título executivo extrajudicial não corresponder a obrigação certa, líquida e exigível;
II - o executado não for regularmente citado;
III - for instaurada antes de se verificar a condição ou de ocorrer o termo.
Parágrafo único. A nulidade de que cuida este artigo será pronunciada pelo juiz, de ofício ou a requerimento da parte, independentemente de embargos à execução".

29. "Art. 805. Quando por vários meios o exequente puder promover a execução, o juiz mandará que se faça pelo modo menos gravoso para o executado.
Parágrafo único. Ao executado que alegar ser a medida executiva mais gravosa incumbe indicar outros meios mais eficazes e menos onerosos, sob pena de manutenção dos atos executivos já determinados".

do direito dos sujeitos passivos[30], desde que seja possível a sua comprovação de plano[31].

Nada obstante essa limitação, não se pode ignorar o fato de que representa importante instrumento de defesa.

4. Do novo Código de Processo Civil: da Exceção de pré-executividade e da primazia da solução do mérito à luz do princípio da cooperação

4.1 Da primazia da solução do mérito à luz do princípio da cooperação

A mens legis[32] do novo Código de Processo Civil que apresenta como propósito a garantia do direito das partes, bem como da própria sociedade em obter a resolução integral do litígio de forma satisfativa, com a cooperação das partes e em tempo razoável, é inspirada em modelo constitucional.

No pano de fundo da reestruturação do sistema processual, está a Emenda Constitucional (EC) 45, de dezembro de 2004, que, há mais de uma década, instituiu a Reforma do Judiciário, com a clara finalidade de maior transparência e eficiência às decisões (art. 5º, LXXVIII, da CF/88)[33].

---

30. A jurisprudência reconhece o cabimento da exceção de pré-executividade para discussão, além das nulidades reconhecidas de ofício, a título exemplificativo, da ilegitimidade passiva do contribuinte-executado, da liquidação da dívida por meio do pagamento e da declarada inconstitucionalidade dos tributos pelo Supremo Tribunal Federal.

31. O Superior Tribunal de Justiça, ao julgar o Recurso Especial nº1.110.925/SP, sob o rito do artigo 543-C do Código de Processo Civil de 1973, vigente à época, proclamou o entendimento de que a Exceção de Pré-Executividade é cabível para discutir questões de ordem pública no âmbito da execução fiscal, desde que não demandem dilação probatória (REsp. 1.110.925/SP. Rel. Min, Teori Albino Zavascki. DJe 4/5/2009).

32. "Mens Legis. O espírito, a finalidade da lei". (HOUAISS, Antônio. Dicionário Eletrônico Houaiss da Língua Portuguesa. Versão multiusuário 2009.3). Disponível em <http://www.stf.jus.br/portal/ jurisprudencia/listarTesauro.asp?txtPesquisaLivre=MENS%20LEGIS>. Acessado em 04.05.2019.

33. "Art. 5º Todos são iguais perante a lei, sem distinção de qualquer natureza, garantindo-se aos brasileiros e aos estrangeiros residentes no País a inviolabilidade do direito à vida, à liberdade, à igualdade, à segurança e à propriedade, nos termos seguintes:

Com igual espírito, o novo Código de Processo Civil apresentou substancial evolução no antigo modelo processual, de forma a introduzir medidas fundadas em princípios que buscam uma maior proteção dos direitos fundamentais das partes do processo, além da própria sociedade. O grande avanço foi na busca de superar o antigo modelo adversarial para implementar um modelo cooperativo.

Com efeito, a superação proposta será desafiadora ao buscar a alteração da cultura processual com a implementação às partes processuais da ideia de que a efetiva prestação da tutela jurisdicional decorrerá de uma ampla participação de todos os sujeitos processuais. No âmbito da execução fiscal, fala-se da participação da Fazenda Pública, do contribuinte-executado e do juiz.

Cassio Scarpinella Bueno estende a todos que movem o processo judicial a necessidade de cooperação, como os auxiliares da Justiça e, evidentemente, o próprio Ministério Público, fiscal da lei:

> "Assim é que, dentre outras providências, a cooperação entre todos os sujeitos do processo deve significar colaboração na identificação das questões de fato e de direito de abster-se de provocar incidentes desnecessários e procrastinatórios. Essa vedação, aliás, decorre da expressa do "princípio da boa-fé" pelo art. 5º do CPC de 2015.
>
> Observação importante que deve ser feita é que a cooperação prevista no dispositivo em comento dever ser praticada por todos os sujeitos do processo. Não se trata, portanto, de envolvimento apenas entre as partes (em qualquer uma das diversas modalidades de intervenção de terceiros), do próprio magistrado, de auxiliares da Justiça e, evidentemente, do próprio Ministério Público quando atue na qualidade de fiscal da ordem jurídica"[34].

(...)

LXXVIII - a todos, no âmbito judicial e administrativo, são assegurados a razoável duração do processo e os meios que garantam a celeridade de sua tramitação".

34. BUENO, Cassio Scarpinella. *Novo código de processo civil anotado*. 2ª ed. rev. atual. e ampl. São Paulo: Saraiva, 2016. p. 63.

Assim, propõe o Código de Processo Civil que "as partes têm o direito de obter em prazo razoável a solução integral do mérito, incluída a atividade satisfativa" (art. 4º). Para tanto, "todos os sujeitos do processo devem cooperar entre si para que se obtenha, em tempo razoável, decisão de mérito justa e efetiva" (art. 6º), devendo "aquele que de qualquer forma participa do processo deve comportar-se de acordo com a boa-fé" (art. 5º).

Analisando os indigitados dispositivos, o Fórum dos Permanente de Processualistas Civis apresentou em seu Enunciado 373, que "As partes devem cooperar entre si; devem atuar com ética e lealdade, agindo de modo a evitar a ocorrência de vícios que extingam o processo sem resolução de mérito e cumprindo deveres mútuos de esclarecimento e transparência".

Desse modo, ainda que estranho ao contexto do processo de execução fiscal, que leva o antigo conceito do antagônico embate entre o Fisco e o suposto sujeito passivo da obrigação[35], o preceito legal almeja um provimento jurisdicional justo e efetivo, decorrente da atividade conjunta das partes.

5. Da Exceção de pré-executividade e do princípio da cooperação

Retomando aos principais pontos apresentados até o momento, é inconteste que, apesar da restrição da matéria a ser discutida, a exceção de pré-executividade é o instrumento de defesa menos danoso ao contribuinte-executado e mais célere, sendo plenamente aplicável no processo de execução fiscal.

---

35. Nesse sentido, Francesco Carnelutti esclarece a diferença entre o feito executivo e o processo de conhecimento, apontando que, no processo de execução fiscal,"(...) não nos encontramos mais perante duas partes que reciprocamente disputam entre si a razão e um juiz que busca qual das duas a tenha na verdade, e sim perante uma parte que quer ter uma coisa e outra que não a quer dar, enquanto que o órgão do processo retira a esta para ser dada àquela". CARNELUTTI, Francesco. *Sistema de direito processual civil*, traduzido por Hiltomar Martins Oliveira. São Paulo: Classicbook, 2000. p. 294.

E, embora o executivo fiscal seja regido por legislação própria - Lei das Execuções Fiscais[36] - há expressa previsão quanto à aplicação subsidiária do Código de Processo Civil[37].

Desta feita, apesar da arraigada visão quanto aos antagonismos existentes no processo de execução fiscal – que já vem sendo revista; as inovações trazidas pelo novo Código de Processo Civil, inspirada em modelo constitucional, são aplicáveis no processo tributário, devendo as partes cooperar para alcançar uma tutela satisfativa.

Para elucidar, Paulo César Conrado propõe a seguinte situação: um contribuinte-executado apresenta defesa via exceção de pré-executividade, para afastar a cobrança diante da patente nulidade do título executivo, vez que os débitos em cobro estão liquidados por meio de compensação. Nesta ocasião, o contribuinte-executado acosta aos autos os respectivos extratos, obtidos na plataforma da Secretaria da Receita Federal do Brasil (RFB), para comprovar a operação de compensação de débitos realizada.

Nesse contexto, "ainda que se trate de matéria sobre a qual deva decidir de ofício" (10º, do CPC)[38], ao juiz não seria permitida a extinção do feito sem que ouvida a Fazenda Pública, ao considerar que "não se proferirá decisão contra uma das partes sem que ela seja previamente ouvida" (art. 9º, do CPC)[39].

Desse modo, a Procuradoria da Fazenda Pública é intimada para apresentar manifestação quanto ao alegado, sendo

---

36. Lei 6.830, de 22 de setembro de 1980.

37. Lei 13.105, de 16 de março de 2015.

38. "Art. 10. O juiz não pode decidir, em grau algum de jurisdição, com base em fundamento a respeito do qual não se tenha dado às partes oportunidade de se manifestar, ainda que se trate de matéria sobre a qual deva decidir de ofício".

39. "Art. 9º Não se proferirá decisão contra uma das partes sem que ela seja previamente ouvida.
Parágrafo único. O disposto no *caput* não se aplica:
I - à tutela provisória de urgência;
II - às hipóteses de tutela da evidência previstas no art. 311, incisos II e III;
III - à decisão prevista no art. 701".

que, para apuração da veracidade dos fatos apontados pelo contribuinte-executado, do ente fazendário será exigida a busca junto a Secretaria da Receita Federal de informações, por ser essa o órgão responsável pela constituição dos créditos tributários.

Neste ponto, considerando a via estreita da exceção de pré-executividade, incompatível com discussão que demande a dilação probatória, questiona-se quanto a viabilidade da medida excepcional adotada pelo contribuinte-executado:

"A depender do comportamento da Receita Federal, notadamente quanto à sua eficiência no processamento desses dados (os pertinentes, repita-se, à alegada compensação), pode que a resposta demore mais ou menos tempo.

Ficamos, com isso, diante da seguinte dúvida: poder-se-ia dizer, verificado esse quadro, que a exceção é descabida, uma vez que desacompanhada de prova cabal do fato alegado (trazendo, no lugar disso, indicativos mesmo que eloquentes)?

Mais: seria possível atribuir ao administrativo, no âmbito processual, o encargo de "substituir" a Administração no que se refere à produção, em nível de certeza, de fato como o da compensação, implicativos da extinção do crédito tributário?"[40]

Considerando a nova estrutura proposta pelo novo Código de Processo Civil, voltada para a indispensável cooperação[41] das partes na construção de uma tutela satisfativa

40. CONRADO, Paulo Cesar. ARAUJO, Juliana Furtado Costa. *O novo CPC e seu impacto no direito tributário*. 2ª ed. São Paulo: Fiscosoft, 2016. p. 137.

41. Eduardo Cambi aponta que "a atuação cooperativa permite a melhor interação entre os envolvidos no conflito, a ponto de a solução ser harmônica, pacífica e que melhor atenda aos interesses dos litigantes", em manifesto contraste com o padrão vigente na legislação revogada, permeada pela competição, a qual "torna a cooperação mais difícil, pois é marcada por objetivos inversamente interdependentes, ou seja, quando o aumento das chances de sucesso de um de seus integrantes gera automaticamente a diminuição das chances de outro. CAMBI, Eduardo; HAAS, Adriane; SCHMITZ, Nicole. Princípio da cooperação processual e o novo CPC. Revista dos Tribunais: São Paulo, 2017. p. 345-384.

eficiente e em tempo razoável, certamente, as respostas quanto aos questionamentos apresentados seriam pela negativa.

Rita Dias Nolasco sustenta esse diagnóstico apresentando que as decisões devem ser fruto de uma atividade conjunta das partes, ainda que no âmbito da execução fiscal:

> "O princípio da cooperação deriva do devido processo legal e está consagrado no artigo 6º, do Código de Processo Civil, ao determinar que todos os sujeitos do processo devem cooperar entre si para que se obtenha, em tempo razoável, decisão de mérito justa e efetiva. Na ampliação do princípio de cooperação, as decisões judiciais passam a ser fruto de uma atividade conjunta"[42].

Vale registrar, ainda, que a cooperação pretendida (art. 6, do CPC)[43], não afasta a antiga visão máxima de que incumbe às parte comprovar os fatos por elas alegados (art. 373, do CPC)[44], mas tão somente comprova que, diante da nova visão, tal disposição não aparece de forma estante[45], mas sim flexível.

---

42. NOLASCO, Rita Dias. GARCIA, Victor Menezes. *Execução fiscal à luz da jurisprudência*: lei 6.830/1980 comentada por artigo: de acordo com o novo CPC. São Paulo: Revista dos Tribunais, 2015. p. 61.

43. "Art. 6º Todos os sujeitos do processo devem cooperar entre si para que se obtenha, em tempo razoável, decisão de mérito justa e efetiva".

44. "Art. 373. O ônus da prova incumbe:
I - ao autor, quanto ao fato constitutivo de seu direito;
II - ao réu, quanto à existência de fato impeditivo, modificativo ou extintivo do direito do autor.
§ 1º Nos casos previstos em lei ou diante de peculiaridades da causa relacionadas à impossibilidade ou à excessiva dificuldade de cumprir o encargo nos termos do caput ou à maior facilidade de obtenção da prova do fato contrário, poderá o juiz atribuir o ônus da prova de modo diverso, desde que o faça por decisão fundamentada, caso em que deverá dar à parte a oportunidade de se desincumbir do ônus que lhe foi atribuído.
§ 2º A decisão prevista no § 1º deste artigo não pode gerar situação em que a desincumbência do encargo pela parte seja impossível ou excessivamente difícil.
§ 3º A distribuição diversa do ônus da prova também pode ocorrer por convenção das partes, salvo quando:
I - recair sobre direito indisponível da parte;
II - tornar excessivamente difícil a uma parte o exercício do direito.
§ 4º A convenção de que trata o § 3º pode ser celebrada antes ou durante o processo.".

45. Nesse sentido, esclarecedoras são as palavras de Hugo de Brito Machado Segundo, ao afirmar que "é noção elementar da teoria da prova a afirmação de que, em

Voltando os olhos ao processo tributário, a aplicação subsidiária do Código de Processo Civil impulsiona grande avanço na solução do conflito, tanto ao permitir que o contribuinte-executado apresente defesa menos gravosa que demande da Fazenda Pública apuração de matéria apresentada de maneira não exaustiva, quanto ao possibilitar a extinção de uma execução fiscal que apresenta latente vício em seu título executivo, cuja manutenção apenas representará impacto negativo ao sistema processual e aos cofres públicos, dado o custo de sua manutenção.

6. Da Exceção de pré-executividade e do PRDI – Pedido de Revisão de Dívida Inscrita

Se a exceção de pré-executividade é medida a ser parabenizada como meio de defesa após o ajuizamento do executivo fiscal, também devemos considerar como importante avanço para assegurar as garantias de defesa do executado o Pedido de Revisão de Dívida Inscrita (PRDI).

Trata-se de procedimento que "possibilita a reanálise, pela Procuradoria-Geral da Fazenda Nacional, dos requisitos de liquidez, certeza e exigibilidade dos débitos inscritos em dívida ativa da União, de natureza tributária ou não tributária"[46].

Muito embora o executado pudesse questionar a dívida ativa, não havia uma regulamentação do referido procedimento, resultando no fato de os requerimentos apresentados não surtirem os efeitos almejados, quais sejam, a reanálise da dívida e cancelamento com o consequente cancelamento do executivo fiscal.

---

princípio, o ônus da prova compete a quem alega. A parte que faz uma afirmação quanto à ocorrência de um fato deve, para ter sua afirmação aceita, comprová-la. O ônus de provar, portanto, estará repartido de acordo com o ônus de alegar. Ao autor cumpre provar a ocorrência dos fatos dos quais decorre o seu direito, e ao réu incumbe provar suas afirmações quanto a fatos impeditivos, extintivos ou modificativo do direito do autor. Essa divisão, porém, não se dá de forma inteiramente dual e estanque, como a legislação parece sugerir". SEGUNDO, Hugo de Brito Machado. *Processo tributário*. 10ª ed. rev. e atual. São Paulo: Atlas, 2018. p. 516.

46. Artigo 15 da Portaria PGFN 33, de 08 de fevereiro de 2018.

Dessa forma, muito embora os argumentos a serem apresentados no PRDI também sejam restritos (assim como na exceção de pré-executividade), trata-se de medida que vai ao encontro dos novos rumos da cobrança do crédito tributário, já que busca a redução do contencioso fiscal, na medida em que a dívida ativa será revista, mesmo após o prévio controle de legalidade a que esteve sujeita[47].

7. Das considerações finais

No âmbito do processo judicial tributário, as alterações introduzidas pelo Código de Processo Civil são fundamentais para superarem as falhas constantes da Lei da Execução Fiscal, dado o contexto de sua criação e a natural desatualização com os avanços das relações sociais.

Theodoro Humberto Júnior destaca que, a Lei da Execução Fiscal:

> tão logo editada, contou com a crítica da literatura especializada porque implicou "a instituição de privilégios exagerados e injustificáveis para a Fazenda Pública, que foi cumulada com favores extremos que chegam, em vários passos, a repugnar à tradição e à consciência jurídica do direito nacional[48].

Desse modo, é incontestável a necessidade de superar essa antiga visão do antagonismo entre a Fazenda Pública e o contribuinte executado, a fim de extirpar os privilégios concedidos a alguns, com o puro objetivo de primar pela primazia da solução do mérito, com uma tutela jurisdicional justa e célere.

---

47. Artigo 2º, §3º da LEF: "A inscrição, que se constitui no ato de controle administrativo da legalidade, será feita pelo órgão competente para apurar a liquidez e certeza do crédito e suspenderá a prescrição, para todos os efeitos de direito, por 180 dias, ou até a distribuição da execução fiscal, se esta ocorrer antes de findo aquele prazo."

48. JÚNIOR, Humberto Theodoro. Lei de execução fiscal. 2ª ed. São Paulo: Saraiva, 1986. p. 4 *in* SEGUNDO, Hugo de Brito Machado. *Processo tributário*. 10ª ed. rev. e atual. São Paulo: Atlas, 2018.

Rui Barbosa inspira e fortalece a adoção de tais medidas para um bem comum:

> Não vos mistureis com os togados, que contraíram a doença de achar sempre razão ao Estado, ao Governo, à Fazenda; por onde os condecora o povo com o título de "fazendeiros". Essa presunção de terem, de ordinário, razão contra o resto do mundo, nenhuma lei reconhece à Fazenda, ao Governo, ou ao Estado.[49]

Fato é que a Fazenda Pública está incumbida do encargo de cobrar as dívidas vencidas e não pagas, forçando ao contribuinte-devedor o pagamento que deveria ter realizado de forma espontânea. Porém, há tempos, percebe-se que os meios adotados para tal ignoram diversos princípios.

O resultado é o ajuizamento de milhares de processos de execuções fiscais, em sua maioria, em valores irrisórios, nas quais o custo decorrente da movimentação do Poder Judiciário é superior ao valor cobrado no feito.

A reforma sistêmica trazida pelo novo Código de Processo Civil, à luz da pretensão do legislador com a Emenda Constitucional (EC) n.45, de dezembro de 2004, com a implementação de inovadora visão, propõe esperançoso rumo ao processo judicial tributário. Especialmente, ao considerar que tem sido dedicado especial atenção e estudo os desdobramentos incorridos no tipo de processo que ocupa a maior parte do Poder Judiciário.

Para ilustrar as inovações, é digno de destaque as constantes alterações que a Lei 10.522/2002 tem sofrido, de modo a atribuir uma maior autonomia para a Procuradoria Geral da Fazenda Nacional, por exemplo, permitindo que essa não constitua créditos tributários ou ajuíze ações de execuções fiscais de baixo valor.

Cita-se, ainda, a edição da Portaria PGFN 502, de 12 de maio de 2016, a qual dispensa a Procuradoria Geral da Fazenda Nacional de apresentar contestação, oferecer eventuais

---

49. BARBOSA, Rui. *Oração aos Moços*. Rio de Janeiro: Cada de Rui Barbosa, 1949. p. 71.

contrarrazões e interpor recursos nas ações que versarem sobre teses já consolidadas pelos Tribunais Superiores, pela sistemática seja da repercussão geral ou seja do recurso repetitivo (art. 2º)[50].

Em igual sentido, a Lei 13.874, de 20 de Setembro de 2019, prevê que a Procuradoria Geral da Fazenda Nacional "poderá dispensar a prática de atos processuais, inclusive a

---

50. "Art. 2º. Sem prejuízo do disposto no artigo precedente, fica dispensada a apresentação de contestação, oferecimento de contrarrazões, interposição de recursos, bem como recomendada a desistência dos já interpostos, nas seguintes hipóteses:
I - tema elencado no art. 18 da Lei 10.522, de 19 de julho de 2002, ou sobre o qual exista Ato Declaratório de Dispensa, elaborado na forma do inc. II do art. 19 da Lei 10.522, de 2002; II - tema sobre o qual exista Súmula ou Parecer do Advogado-Geral da União - AGU, ou Súmula do Conselho Administrativo de Recursos Fiscais – CARF, aprovada ou não pelo Ministro de Estado da Fazenda, que concluam no mesmo sentido do pleito do particular;
III - tema sobre o qual exista Nota ou Parecer vigente e aprovado pelo Procurador-Geral da Fazenda Nacional ou por Procurador-Geral Adjunto da Fazenda Nacional, elaborado nos termos, respectivamente, dos arts. 82 e 83 do Regimento Interno da Procuradoria-Geral da Fazenda Nacional - PGFN, aprovado pela Portaria MF 36, de 2014, e este ato da PGFN conclua no mesmo sentido do pleito do particular;
IV - tema fundado em dispositivo legal que tenha sido declarado inconstitucional pelo Supremo Tribunal Federal – STF em sede de controle difuso e tenha tido sua execução suspensa por Resolução do Senado Federal (art. 52, inc. X, da Constituição Federal de 1988) ou por ato da Presidência da República (artigo 1º, § 3º, do Decreto 2.346, de 10 de outubro de 1997), ou tema que tenha sido definido pelo STF em sentido desfavorável à Fazenda Nacional em sede de controle concentrado de constitucionalidade;
V - tema definido em sentido desfavorável à Fazenda Nacional pelo Supremo Tribunal federal - STF, pelo Superior Tribunal de Justiça – STJ ou pelo Tribunal Superior do Trabalho – TST, em sede de julgamento de casos repetitivos, inclusive o previsto no art. 896-C do Decreto-Lei 5.542/1943; VI - tema sobre o qual exista enunciado de súmula vinculante, de súmula do STF em matéria constitucional ou de súmula dos Tribunais Superiores em matéria infraconstitucional, em sentido desfavorável à Fazenda Nacional;
VII - tema sobre o qual exista jurisprudência consolidada do STF em matéria constitucional ou de Tribunais Superiores em matéria infraconstitucional, em sentido desfavorável à Fazenda Nacional;
VIII - quando esgotadas as vias recursais e, bem assim, quando o recurso não puder ser interposto por lhe faltar requisito de admissibilidade;
IX - quando for possível antever, fundamentadamente, que o ato processual resultaria em prejuízo aos interesses da Fazenda Nacional;
X - quando peculiaridades do direito material ou processual discutidos no caso concreto indicarem a total inviabilidade do ato processual cabível;
XI - quando se tratar de decisão interlocutória: (...)".

desistência de recursos interpostos, quando o benefício patrimonial almejado com o ato não atender aos critérios de racionalidade, de economicidade e de eficiência" (art. 19-C.)[51].

Nessa perspectiva, é para essa direção que os princípios trazidos pelo novo Código de Processo Civil devem levar o processo de execução fiscal, na busca de maneira cooperativa para uma tutela jurisdicional efetiva e célere, conciliando a primazia da menor onerosidade do contribuinte-executado, vez que não se trata de mera faculdade judicial, mas um preceito cogente, em igual passo a possibilitar o aprimoramento dos meios para satisfação da cobrança fazendária.

---

51. "Art. 19-C. A Procuradoria-Geral da Fazenda Nacional poderá dispensar a prática de atos processuais, inclusive a desistência de recursos interpostos, quando o benefício patrimonial almejado com o ato não atender aos critérios de racionalidade, de economicidade e de eficiência.
§ 1º O disposto no caput inclui o estabelecimento de parâmetros de valor para a dispensa da prática de atos processuais.
§ 2º A aplicação do disposto neste artigo não implicará o reconhecimento da procedência do pedido formulado pelo autor.
§ 3º O disposto neste artigo aplica-se, inclusive, na atuação da Procuradoria-Geral da Fazenda Nacional no âmbito do contencioso administrativo fiscal".

A EFICÁCIA DA EXECUÇÃO FISCAL E O DEVER DE GARANTIR OS DIREITOS FUNDAMENTAIS DIANTE DE MÉTODOS ALTERNATIVOS DE COBRAR O CRÉDITO TRIBUTÁRIO À LUZ DO PRINCÍPIO DA PROIBIÇÃO AO CONFISCO NO PROCESSO TRIBUTÁRIO: INVOCAÇÃO DO PRINCÍPIO EM TESE COMO DIREITO FUNDAMENTAL

João Paulo Mendes Neto[1]

INTRODUÇÃO

A Constituição Federal de 1988, em seu artigo 5º, assegura aos cidadãos os direitos individuais basilares que compõem a pavimentação do ordenamento jurídico pátrio. Dessa mesma forma, o artigo 6º, por sua vez garante aos tutelados direitos sociais, coletivos, inerentes à sociedade como um todo.

1. Doutorando em Direito Processual Tributário Constitucional na PUC/SP. Mestre em Direito Constitucional na linha Efetividade do Direito na PUC/SP. Especialista em Direito Tributário Constitucional e Processual Tributário na PUC/SP. Professor Titular de Direito Tributário do Centro Universitário do Estado do Pará - CESUPA. Coordenador de Pós-Graduação Lato Sensu em Direito do CESUPA. Coordenador da Especialização em Direito Tributário e Processual Tributário – CESUPA. Co-coordenador da Especialização em Direito Processual: Civil e Trabalho. Co-coordenador da Especialização em Direito Material e Processual do Trabalho. Advogado Sócio no Mendes Advocacia e Consultoria. Presidente da Associação dos Advogados Tributaristas do Pará – AATP (2018-2020). Presidente da Comissão Especial de Direito Empresarial do Conselho Federal da OAB (2019-2021). Email: jpaulo@mendesadv.com

Em verdade, afirma-se que essas garantias são responsáveis por organizar o Estado Democrático de Direito. Desse modo, o Legislador criou os três poderes, cujas competências e funções se encontram insculpidas no Texto Máximo. Legislativo, Executivo e Judiciário trabalham separadamente com um objetivo comum, ou seja, aplicar efetivamente os direitos previstos na Carta Política de 1988 para estruturar a República Federativa do Brasil.

Entretanto, existe um grande hiato entre a previsão teórica e a aplicação prática desses direitos, pois o Estado obrigatoriamente necessita de vários instrumentos externos que o texto normativo não consegue suportar.

Assim, é notório que os recursos do Estado são limitados e regrados pela Lei Orçamentária Anual, cuja função é direcionar os recursos financeiros do país que ficam comprometidos a uma destinação especifica pelo período nela definido.

Por certo, são os tributos, os maiores responsáveis pela arrecadação do Estado, e é por meio desta receita que o Estado deverá garantir os direitos basilares dos cidadãos, contribuintes, contudo há limites para esta arrecadação, a qual não pode ser desenfreada com uma suposta justificativa para "garantir direitos", nem ser considerada indevida se o Estado deixar de garantir tais direitos.

Nos últimos anos, inúmeros são os estudos que visam demonstrar a ineficiência do instituto da Execução Fiscal no Brasil e, como suposta resposta, várias medidas alternativas foram adotadas pelo Fisco, com a razão última de arrecadar, buscando demonstrar uma maior rigidez aos contribuintes caracterizados como sonegadores ou devedores contumaz.

A pergunta que fica é: E o contribuinte de boa-fé? Aliás, má-fé, dolo, fraude etc, podem ser presumidas a ponto de justificar a mudança de comportamento das autoridades fiscais com o viés de cobrar sem observância dos princípios constitucionais tributários?

Nesse sentido, o objeto do presente estudo perpassa como pressuposto o conceito dos direitos fundamentais para incluir de maneira extensiva a ideia de não confisco como um primado constitucional que deve ser inserido harmonicamente com a solidariedade do sistema tributário, diante destes métodos alternativos de cobrança do crédito tributário proposto nesta obra.

Ademais, além de possibilitar uma análise que transpareça a importância indubitável dos direitos fundamentais sociais pelos vários setores que serão estudados, o presente artigo visa trabalhar com um enfoque tributário, usando de pano de fundo essa fundamentação imperiosa dos direitos fundamentais para discutir a extensão que o princípio da vedação ao confisco possui, defendendo que tal extensão deve ser incluída no âmbito processual, podendo ser invocado em tese, mesmo que não demonstrado concretamente efeito confiscatório.

Nesse sentir, é de imensa importância, não só para o corpo jurídico, mas para a sociedade, estabelecer uma reflexão sobre o que são direitos sociais e a vedação ao confisco e como os mesmos devem ser tratados frente ao ordenamento jurídico brasileiro que instituiu o princípio da capacidade contributiva.

O Brasil vem demonstrando uma carência para se alcançar a eficácia da tutela judicial dos direitos sociais. É assim que esse artigo enfrentará tal tutela nos limites do confisco.

A realidade brasileira precisa começar a avançar, de modo que cada vez mais o texto constitucional seja aplicado na prática. Dessa forma, através de uma discussão jurídica pretende-se avaliar em como pode ser concretizado este avanço tão almejado para o país.

O PRIMADO DO NÃO CONFISCO - DELIMITANDO UM CONCEITO

O princípio da capacidade contributiva, embora vinculado ao postulado da isonomia, em mútua implicação, não se confunde com este.

A capacidade contributiva evidencia uma das dimensões da isonomia, qual seja, a igualdade na lei, quando se busca tratar de forma distinta situações diversas. Assim o princípio em tela, está profundamente ligado ao da igualdade, mas neste não se esgota. Enquanto a isonomia avoca um caráter relacional, no bojo do confronto entre situações jurídicas, o princípio da capacidade contributiva, longe de servir apenas para coibir discriminações arbitrárias, abre-se para a consecução de um efetivo ideal de justiça para esse ramo de Direito Público.

Portanto, essa busca de justiça se funda na noção de equidade abrangendo o caráter horizontal (os contribuintes que possuam igual capacidade de pagar deverão contribuir com a mesma quantidade pecuniária) e vertical (os contribuintes que possuam desigual capacidade de pagar deverão contribuir com diferentes quantidades pecuniárias).

De fato, a implementação do critério de distinção, para fins de aferição da real capacidade contributiva, está intimamente ligada ao modo como o Estado recebe os recursos necessários ao atendimento das necessidades coletivas. Logo, não basta arrecadar a receita, mas arrecadar a receita exigida pela justiça.

Desse contexto se extrai que a capacidade contributiva possui várias condições elementares que servem de limites ao poder de tributar para não configuração de confisco por parte do Fisco.

Vejamos alguns desses elementos.

Recorre-se a dois conceitos que causam situações dilemáticas, contrapondo as necessidades elementares do ser humano, compreendidas em seu núcleo como o mínimo existencial, a um limite contingencial, isto é, à reserva do possível.[2]

A reserva do possível (*Der Vorbehalt des Möglichen*), teve origem na jurisprudência constitucional alemã, visto como um verdadeiro *topos*, que entendia a prestação dos direitos sociais como possível desde que existente a disponibilidade dos respectivos recursos fáticos para torná-la efetiva.[3]

---

2. NUNES JÚNIOR, V. S. *A Cidadania Social na Constituição de 1988*: Estratégias de Positivação e Exigibilidade Judicial dos Direitos Sociais. São Paulo: Editora Verbatim. 2009. p. 169.

3. KRELL, A. J. *Direitos Sociais e Controle Judicial no Brasil e na Alemanha*: Os

Para Nunes Júnior:

> A reserva do possível se aplica para boa parte dos direitos fundamentais sociais que se consubstanciam em prestações estatais e consequentemente reclamam a disponibilização de recursos públicos para a sua realização.[4]

Nesse diapasão, se defende a impossibilidade de invocar a reserva do possível como argumento formal e absoluto em face de uma ordem constitucional garantidora dos direitos básicos inerentes ao homem, mas somente diante da impossibilidade fática comprovada de efetivar um direito, exceto aquele standard mínimo que deverá sempre estar garantido.

Caso aplicado de forma absoluta, a reserva do possível se entenderia que a realização de direitos dependeria de "caixas cheios" do Estado o que certamente reduziria a zero a eficácia destes, relativizando a universalidade dos direitos fundamentais, condenando-os a serem colocados em um patamar secundário diante do orçamento estatal, redefinindo o conceito de *redistribuição,* em um país com as piores estatísticas de distribuição de renda.[5]

Existente paralelamente à reserva do possível o ordenamento jurídico pátrio agrega o instituto que por sua natureza garante uma efetividade dos direitos fundamentais, qual seja o mínimo existencial.

Nascido no pós-guerra, segunda metade do século XX, o mínimo existencial é um conceito empregado para a proteção dos direitos fundamentais que deve ser visto de forma

---

(dês)caminhos de um Direito Constitucional "Comparado". Porto Alegre: Ed. Sérgio Antônio Fabris. 2002. p. 52.

4. NUNES JÚNIOR, V. S. *A Cidadania Social na Constituição de 1988*: Estratégias de Positivação e Exigibilidade Judicial dos Direitos Sociais. São Paulo: Editora Verbatim. 2009. p. 170.

5. KRELL, A. J. *Direitos Sociais e Controle Judicial no Brasil e na Alemanha*: Os (dês)caminhos de um Direito Constitucional "Comparado". Porto Alegre: Ed. Sérgio Antônio Fabris. 2002. p. 54.

absoluta, um standard mínimo de condições que o Estado deve garantir para se viver com a dignidade humana.

Extrai-se o entendimento, portanto, de que, apesar do conceito em apreço não possuir uma dicção constitucional, sua origem reside na ideia de liberdade, nos princípios constitucionais da dignidade humana, da igualdade (isonomia), da legalidade, do devido processo legal, tanto no ordenamento pátrio como no sistema internacional por meio da Declaração dos Direitos Humanos.[6] Cabe elucidar que o mínimo existencial não incorpora a discricionariedade do Poder Público, uma vez que retrata garantias institucionais da liberdade, na estrutura dos serviços públicos essenciais, logo não deve ser tratado como critério, mas como uma razão do ordenamento jurídico.[7]

O mínimo deve ser estabelecido com o intuito de impossibilitar que o indivíduo possa sofrer algum dano, assim como parametrizar boas condições de saúde, por exemplo, para que um indivíduo tenha as condições de vida básicas solidificadas, ou seja, que tenha a capacidade com o mínimo garantido de se identificar como ser humano e alcançar outros mínimos contingenciais, assim, um indivíduo com boa saúde, tem as condições de ter um trabalho, com isso sustento próprio (alimentação e vestuário), com isso alcançar sua autonomia e poder ser considerado um ser humano digno. Não se quer dizer que, necessariamente, o Estado deve garantir todos os padrões descritos, mas garantir a base para que cada um possa atingir os patamares desejados conforme o mérito individual; é essa base que o Estado não pode se abster de garantir, razão que se verifica um limite de tributação, sob pena de se fazer patente uma situação de confisco, expressamente vedada pela Lei Maior.

O mínimo existencial, conhecido, também, como núcleo vital, limiar mínimo etc. tem sua maior importância por seu caráter absoluto e universal, que impõe ao Estado o seu

---

6. TORRES, R. L. *Curso de Direito Financeiro e Tributário*. 14ed. São Paulo: Renovar, 2007.p. 314.

7. TORRES, op. cit., p. 315.

cumprimento e garantia a todo cidadão; se sustenta firma repelindo a falta de leis ou insuficiência destas e medidas agressivas restritivas desses direitos.[8]

Outro elemento inerente à capacidade contributiva de cunho constitucional é o princípio da Progressividade, possuidora de grande relevância, repercussão e utilidade.

Esse princípio consagra o aumento da carga tributária pela majoração da alíquota aplicável, na medida em que há o aumento da base de cálculo. [9]

No Direito Tributário brasileiro vigente, este princípio aplica-se ao Imposto de Renda, ao Imposto Territorial Rural, ao Imposto Predial Territorial Urbano e, também ao Imposto sobre Propriedade de Veículos Automotores.

Pelo princípio em destaque, as alíquotas progressivas crescem de acordo com a base de cálculo e são fixadas em percentuais variáveis, conforme o valor da matéria tributada, matéria está em regra traduzida em propriedade que é enaltecido pelo texto constitucional.

Assim, o valor do tributo aumenta em proporção superior ao incremento da riqueza. Desta forma, os que têm capacidade contributiva maior, por este princípio, contribuem em proporção superior.

Todavia, cumpre ressaltar que o Princípio da Progressividade não pode ser adotado de forma desmedida, desestimulando o desenvolvimento e inibindo o crescimento econômico, devendo ser limitado pelo princípio constitucional que veda o confisco, previsto no art. 150, IV, da Constituição Federal.

O Princípio da Progressividade relaciona-se com o Princípio da Isonomia, pois se traduz em instrumento de redistribuição de riqueza, bem como com o Princípio da Capacidade

---

8. CANOTILHO, J. J. *Estudos sobre Direitos Fundamentais*. 1. ed. São Paulo: Revista dos Tribunais, 2008. p. 261.

9. BECHO, R. L. *Lições de Direito Tributário*. 3a Ed. São Paulo: Saraiva, 2015.

Contributiva, que se concretiza pela existência da progressividade no cálculo dos ônus fiscais.

Outro elemento inerente à noção de justiça em matéria tributária é a extrafiscalidade.

A extrafiscalidade nada mais é que um enfoque além de arrecadatório ao tributo, é que já vem sendo defendido no presente estudo; abarca o emprego de instrumentos tributários para o atingimento de finalidades não arrecadatórias, mas, sim, incentivadoras ou inibitórias de comportamentos, com vista à realização de outros valores constitucionalmente consagrados.[10]

Ratifica-se, então, que a extrafiscalidade pode ser implantada mediante a instituição de graduação de tributos, a concessão de isenções e outros incentivos fiscais, com a possibilidade de dedução de despesas efetuadas pelos contribuintes referentes a recursos empregados na preservação do meio ambiente,[11] isso tudo por meio de uma política de comando e controle, adotada no Brasil, onde a tributação é dirigida aos particulares, para que adotem comportamentos coerentes ou afinados com a preservação ambiental, por exemplo.

Incentiva-se que no Brasil os tributos possam possuir esse caráter social de preservar, exemplificativamente, o meio ambiente como pode ser adotadas possíveis sugestões ao associar o artigo 225 e o 170, IV[12] da Constituição Federal: No imposto de Renda pode-se deduzir nas hipóteses de projetos destinados ao fim ambiental ou até conceder isenções em relação a rendimentos provenientes de atividades preservadoras do meio ambiente – Nas Taxas pode-se ver a cobrança sobre a poluição (incidentes sobre a emissão de poluentes no meio

---

10. RIBAS, L. M. L. R. *Defesa Ambiental*: utilização de instrumentos tributários. *In* Direito Tributário Ambiental. São Paulo: Editora Malheiros, 2006. p. 688.

11. COSTA, R. H. *Apontamentos Sobre a Tributação Ambiental no Brasil*: *In* Direito Tributário Ambiental. São Paulo: Editora Malheiros, 2006. p. 322.

12. **Art. 170.** A ordem econômica, fundada na valorização do trabalho humano e na livre iniciativa, tem por fim assegurar a todos existência digna, conforme os ditames da justiça social, observados os seguintes princípios: **IV** - livre concorrência;

ambiente); sobre a utilização voltadas às construções de centrais de tratamento de resíduos e administrativas no controle de autorização de utilização de novos produtos químicos, por exemplo – No imposto sobre Produtos Industrializados pode-se valer da regra de seletividade para aplicar menores alíquotas para produtos menos gravosos ao meio ambiente – Nos impostos sobre a propriedade imobiliária como IPTU e ITR deve-se utilizar concessões de benefícios para a função social da propriedade além dos mínimos ordenados – No imposto sobre Circulação de Mercadorias e Prestação de Serviços também deve-se aplicar a seletividade e essencialidade do produto para a concessão de benefícios àqueles menos degradáveis ao meio em que se vive – No imposto sobre a Propriedade de Veículos Automotores concessões devem ser aplicadas para os veículos mais "amigáveis ao meio ambiente" e nesse sentido pode-se aplicar instrumentos tributários para beneficiar o meio ambiente sem, claro, deixar de lado os princípios do Direito Tributário que são inarredáveis como igualdade, capacidade contributiva etc. quando dessa aplicação.

Por fim, destaca-se dois outros elementos da capacidade contributiva que caminham de forma conjunta, a proporcionalidade e a razoabilidade.

Esclareço que, tal como Alexy[1320], não vejo a proporcionalidade como um princípio, mas, como uma regra de apoio ao intérprete-aplicador, uma regra orientadora para a construção de uma argumentação racional para a solução de colisões de princípios. Em outras palavras, penso que a

---

13. Alexy não entende o princípio da proporcionalidade como um princípio no sentido utilizado em seu trabalho. Para ele, os três subprincípios da proporcionalidade (adequação, necessidade e proporcionalidade em sentido estrito) não são ponderados contra outras coisas. Eles não tomam precedência em uma situação ou em outra. A questão da satisfação ou não dos subprincípios é de legalidade ou ilegalidade. Por essa razão, afirma Alexy, na realidade, eles consistem em regras. (ALEXY, 2002, p. 66-67). Para uma defesa da natureza de princípio do "princípio da proporcionalidade" ver: PONTES, H. C. *O princípio da proporcionalidade e o direito tributário.* São Paulo: Dialética, 2000, p. 64-65; e GOES, G. S. F.. *Princípio da proporcionalidade no processo civil:* o poder de criatividade do juiz e o acesso à justiça. São Paulo: Saraiva, 2004, p 66-72.

proporcionalidade é, meramente, uma regra técnica que pode ser útil para bem descrever a colisão de princípios, buscando a melhor interpretação-aplicação possível de princípios éticos concorrentes. Não vejo na ponderação ou no sopesamento de princípios uma panacéia capaz de resolver todos os desafios da interpretação-aplicação dos casos difíceis.[14] Dessa maneira, neste trabalho, valho-me da teoria de Alexy, especialmente, com relação à proporcionalidade e à colisão de princípios, como instrumento para organizar a apresentação do problema que pretendo abordar e para estabelecer uma linguagem comum com o leitor para a construção (e/ou interpretação) do direito à verdade na Constituição brasileira.

Dito isso, lembro que no direito público alemão, a proporcionalidade compreende três testes: o de adequação, necessidade e proporcionalidade em sentido estrito (que coincide com a exigência de ponderação com outros princípios colidentes). A ação do Estado que limita o gozo de um direito deve ser capaz de alcançar o fim desejado (adequação), ela deve ser o meio menos restritivo de fazê-lo (necessidade) e deve ser justificada dado o "custo" do direito em questão (proporcional em sentido estrito).

A necessidade corresponde à exigência de otimizar os princípios relevantes à luz do que for empiricamente, ou factualmente, possível; enquanto o teste da proporcionalidade em sentido estrito corresponde à exigência de otimizar os princípios relevantes à luz do que for legalmente possível. A necessidade indaga se algum outro meio menos intrusivo poderia alcançar o mesmo fim, o que é essencialmente uma questão empírica de previsão e causalidade; e a proporcionalidade

14. Acompanho integralmente a seguinte afirmação de Ana Paula de Barcelos: "A técnica da ponderação não oferece respostas definitivas (...). Em si mesma, a ponderação é apenas uma técnica instrumental, vazia de conteúdo. É bem de ver que essa limitação não retira o valor de aprimorar-se a técnica da ponderação propriamente dita. A organização do raciocínio ponderativo facilita o processo decisório, torna visíveis os elementos que participam desse processo e, por isso mesmo, permite o controle da decisão em melhores condições." BARCELLOS, Ana Paula de. *Ponderação, Racionalidade e Atividade Jurisdicional.* Rio de Janeiro: Renovar, 2005.

em sentido estrito indaga se o fim vale a pena ser perseguido, ante os custos necessariamente envolvidos (em outros termos, a não satisfação ou o detrimento de outros princípios).

É importante notar que necessidade e proporcionalidade (em sentido estrito) são testes diferentes: uma medida talvez seja o meio menos invasivo de alcançar determinado fim, e, ainda assim, mesmo a menor intrusão necessária pode ser um preço muito alto a pagar em relação a outros interesses legalmente reconhecidos.

O teste da adequação pode ser subsumido sob o teste da necessidade, de vez que qualquer ação do Estado que seja necessária, no sentido de ser o meio menos intrusivo de alcançar algum fim, deve, por definição, ser capaz de alcançar o fim em primeiro lugar. Ainda assim, o teste da adequação tem a função prática de um filtro inicial. Qualquer ação do Estado que não seja apta a atingir determinado fim é ilícita, independentemente da existência de meios alternativos. O teste da proporcionalidade em sentido estrito também tem uma contraparte em seu limiar. A proporcionalidade pressupõe que a ação do Estado seja direcionada para a busca de um fim legítimo. Se o fim for ilegítimo, nenhuma limitação de qualquer direito será justificável. Desse modo, qualquer ação estatal que seja proporcional em sentido estrito, que pese corretamente os ganhos alcançados pela medida em questão com os custos para outros interesses, deve, por definição, perseguir um fim legítimo. Se não for assim, não haverá ganhos para compensar os custos.

Em síntese, o teste da proporcionalidade compreende duas exigências iniciais (busca de um fim legítimo por um meio efetivo) e duas exigências de otimização (o uso do meio menos intrusivo para alcançar um fim que valha os custos envolvidos).

Alexy identifica três estágios nos quais pode ser dividido o processo de ponderação (ou sopesamento): o primeiro consiste em estabelecer o grau de não-satisfação ou detrimento do primeiro princípio; no segundo, é estabelecida a importância de satisfazer o princípio colidente; e, no terceiro, deve-se estabelecer se a importância de satisfazer o princípio colidente justifica a não satisfação ou detrimento do primeiro princípio[15].

Notar que o limite do que é legalmente possível na otimização de determinado princípio diz respeito à satisfação ou não dos demais princípios em colisão. Em sua *Theorie der Grundrechte*, Alexy esclarece que os princípios não são limites em si, pois para chegar a uma limitação definitiva, é preciso balancear o princípio constitucional relevante com seu(s) princípio(s) limitador(es). Poder-se-ia afirmar, então, que não são os princípios que constituem limites para direitos constitucionais, mas sim as regras que resultam do balanceamento entre os princípios.[16]

O autor distingue dois tipos de limites constitucionais: "Como normas de *status* constitucional, os direitos constitucionais só podem ser limitados por ou com base em normas de mesmo *status*. Limites com *status* constitucional são constitucionalmente imediatos; limites de *status* inferior são constitucionalmente mediatos." Desse modo, um exemplo de *limite constitucional imediato,* na Constituição Brasileira de 1988, é o do direito de reunião, que deve ser exercido "pacificamente, sem armas" (Art. 5º, XVI). A regra expressa nessa cláusula limita a realização de um princípio constitucional. Sua especificidade consiste no fato de que foi o próprio constituinte quem formulou o limite. Nesse preciso sentido, o dispositivo tem a natureza de uma regra. Mas, por trás da regra, o nível do princípio mantém seu significado.

Por sua vez, os *limites constitucionais mediatos* são limites que a Constituição atribui a alguém como competência de estabelecer. A mais clara expressão do poder de estabelecer limites constitucionalmente mediatos pode ser encontrada nas cláusulas de reservas expressas. São dispositivos ou partes de dispositivos que, explicitamente, atribuem poder para limitar

15. ALEXY, Robert. *Teoria da argumentação jurídica*. Trad. Zilda Silva. São Paulo, Landy, 2005. p. 405.

16. ALEXY, Robert. *Teoria dos Direitos Fundamentais*. 2 ed. São Paulo: Editora Malheiros. 2017. p. 405.

um direito. Exemplo fundamental para este trabalho é o caso do inciso XXXIII do Artigo 5º da Constituição Federal de 1988, que estabelece o direito de livre acesso à informação governamental, ressalvando os casos (a serem determinados por lei ordinária) em que o sigilo for "imprescindível para a segurança da sociedade e do Estado". Assim, sempre que uma lei ordinária é referida como um limite, um poder derivado (mediato) de estipular limites foi criado. O principal problema das reservas, como veremos com vagar no caso do referido inciso XXXIII, reside na delimitação de sua extensão. Tal delimitação, nos termos da *Theorie der Grundrechte,* pressupõe o teste da proporcionalidade lastreado por argumentação jurídica racional.[17]

Há uma certa discricionariedade implícita na própria estrutura do teste da proporcionalidade ("discricionariedade estrutural"). Por exemplo, quando dois princípios colidem, há uma gama de opções possíveis: da séria interferência para proteção de um interesse muito importante, à interferência menor para a proteção de um interesse menor. Não há maneira na qual o princípio da proporcionalidade pressuponha somente uma única resposta certa quando direitos constitucionais colidem[18], e, para Alexy, a deferência judicial à legislatura democraticamente legitimada exige respeito pelas escolhas legislativas.

Esse argumento pode ser estendido com respeito ao processo de tomada de decisões do Executivo, ainda que princípios formais levemente distintos estejam em questão. As cortes podem aceitar que os órgãos executivos talvez tenham maior perícia no estágio do teste da necessidade (por exemplo, previsão do possível impacto de diferentes medidas), e que os órgãos legislativos tenham mais visão no estágio da proporcionalidade em sentido estrito, impondo exigências de argumentação mais ou menos rígidas para os que procuram impugnar uma decisão. Nesse sentido, é possível insistir que todos os atos das

---

17. ALEXY, op. cit., p. 189-192.

18. Como parecem demonstrar os votos contrários de dois Ministros do STF no exemplo do conhecido "caso Ellwanger".

autoridades públicas devem ser proporcionais, mas que o tipo de prova e de argumentação necessária para atestar a proporcionalidade pode ser sensível ao contexto e perícia do tomador de decisões, e aos princípios em oposição.

Além disso, se reitera que o próprio constituinte muitas vezes procura apresentar soluções prévias para possíveis colisões de princípios, numa espécie de exercício antecipado do teste da proporcionalidade.[19][21] Por isso, segundo Alexy, as provisões de direitos constitucionais podem ser vistas não apenas como a promulgação, e, portanto, decisões em favor de certos princípios, mas também como a expressão de uma tentativa de tomar decisões à luz das exigências de princípios concorrentes:

> Nesse ponto, movemo-nos para o nível das regras e, desse modo, as provisões adquirem um aspecto duplo. De um lado, elas afirmam princípios; de outro lado – na medida em que mostram expressões diferentes de seus âmbitos e limites – elas contêm decisões relativas às exigências de princípios concorrentes. É claro que as decisões nelas contidas são incompletas. De modo algum elas livram a tomada de decisões dos exercícios de ponderação possíveis em todo caso. Expressões diferentes dos direitos constitucionais mostram grande variação do seu grau de precisão. Compare-se, por exemplo, a expressão da liberdade de expressão artística com a inviolabilidade do lar.

Decorre daí que quando uma provisão de direitos constitucionais decide relativamente às exigências de princípios concorrentes, ela não afirma apenas um *princípio*, ela também afirma uma *regra*. E, na medida em que decisões foram tomadas no nível das regras, foi estabelecido mais do que a mera decisão por certos princípios. Nesse caso, em virtude da vinculação de todos à Constituição, as decisões tomadas no âmbito das regras tomam a precedência sobre outras decisões alternativas que o âmbito dos princípios torna meramente possível.[20]

---

19. Tome-se o exemplo do § 1º do Artigo 220 da Constituição de 1988, que afirma a plena liberdade de informação jornalística, respeitando-se a inviolabilidade da intimidade, da vida privada da honra e da imagem das pessoas (Art. 5º, inc. X).

20. ALEXY, op. cit., p. 198.

A razoabilidade por sua vez na esfera tributária visa adequar uma justa medida para a solução de um conflito, que no caso será a tributação, novamente reforçando a ideia de equidade trazida alhures.

Por fim, enfrenta-se, em conjunto com o princípio da capacidade contributiva, o princípio da vedação ao confisco, que não só serve de elemento não só limitador da tributação estatal, mas como elemento definidor da capacidade contributiva.

Assim, o arranjo de todos os elementos expostos, serve para a conceituação dos limites ao confisco.

O artigo 150, IV da CF/88 veda o Estado exercer a tributação levando a uma situação de confisco ao contribuinte. Entende-se por confisco por uma interpretação literal, o ato pelo qual se apreendem e se adjudicam ao fisco bens pertencentes a outrem, por ato administrativo ou por sentença judicial, fundados em lei.

Destaca-se que a proibição de confiscatoriedade pela CF/88 promove e garante a importância dada à propriedade privada, acima mencionado e aos direitos fundamentais como um todo.

Desse modo, pode-se afirmar que toda entidade impositiva que confisca, na seara tributária, vai além da capacidade contributiva do cidadão, estiolando-a com intenção predatória. Por outro lado, a entidade política que se atém aos limites da capacidade contributiva do cidadão mantém-se na ideal zona intermediária entre o confisco e o mínimo razoável na tributação.

Portanto, recorda-se que o princípio da vedação ao confisco deriva do princípio da capacidade contributiva já apresentada, atuando aquele em conjunto com este.

UMA INTERPRETAÇÃO EXTENSIVA DO CONFISCO COMO PROTEÇÃO DAS GARANTIAS DO PROCESSO TRIBUTÁRIO DIANTE DOS MÉTODOS ALTERNATIVOS DE COBRANÇA DO CRÉDITO TRIBUTÁRIO

Com todo o exposto, chega-se ao ponto nuclear do presente artigo.

A essa altura, defendendo que o direito ao não confisco é um direito fundamental dos contribuintes e do cidadão de maneira geral, devendo possuir uma ampla proteção e aplicabilidade imediata de efetividade, defende-se que este direito fundamental pode e deve ser invocado em tese, ou em fases processuais.

Sabe-se que a alegação do princípio do não confisco será feita após um ato fiscal caracterizar uma afronta à capacidade contributiva do cidadão, mas será apenas nestas hipóteses?

Diante, de uma medida de redirecionamento da execução fiscal por presunção de dissolução irregular, este ato pode ser considerado confiscatório? A Súmula 435 do STJ deve ser vista de maneira absoluta, ou em prol da carga axiológica trazida pela CPC de 2015, deve-se pautar nos *ratio decidendi* dos julgamentos que levaram a criação da referida súmula?

Uma inclusão do nome do sócio da empresa na Certidão de Dívida Ativa de débito contra a Pessoa Jurídica que é parte desde a inicial para evitar eventual prescrição é uma medida confiscatória?

A não aceitação pelo Fisco de bem certo oferecido à penhora por contribuinte ou responsável, requerendo o bloqueio on-line de valores em conta corrente por não ser a ordem prioritária de satisfação do crédito tributário, é uma medida confiscatória?

Recentemente, várias questões inerentes aos métodos alternativos de cobrança do crédito tributários, tema central desta obra, vieram à tona como: Deve ser aplicado ou não o incidente de desconsideração da personalidade jurídica – IDPJ na esfera tributária? É constitucional a averbação pré-executória introduzida pela Lei 13.606/2018? Qual a duração do Protesto de CDA há limites? Como deve ser aplicado os critérios do Arrolamento de bens previstos na IN 1.565/2015? O ICMS declarado e não pago enseja responsabilidade criminal?

Perceba que se busca demonstrar que estes atos exemplificados, dentre outros, poderão causar em tese, no futuro uma constrição ao patrimônio de contribuinte de maneira confiscatória ou trazer consequências que afronte a livre iniciativa prevista no artigo 170 da CF/88. Logo, não é apenas o ato em si de constrição, mas todas as medidas, se forem irregulares, requeridas pelo Fisco que prepararão para um futuro ato confiscatório que devem ser repudiadas, destacando que qualquer ato alternativo de cobrança que não possua amparo legal pode representar uma pena capital para o contribuinte (PF ou PJ) algo veementemente inaceitável pelo nosso ordenamento.

A defesa do primado da vedação ao confisco deve ser ampla, geral e irrestrita, desde que demonstrado que houve uma medida desleal no processo ou procedimento tributário. É isto que a Constituição Federal garante.

Por meio de uma interpretação sistêmica, integrativa, o magistrado perceberá que os limites constitucionais ao poder de tributar do Estado e, consequentemente, a caracterização de medidas confiscatórias não estão apenas no pagamento principal de tributos, mas nas multas, na atualização do débito, nas medidas preparatórias tributárias, nas obrigações acessórias etc. devendo haver ampla proteção ao princípio da vedação ao confisco; podendo ser alegado em tese ou em medida procedimental/processual por ser uma garantia constitucional.

Quanto aos questionamentos hipotéticos acima, a intenção última é promover uma reflexão do leitor, mas diante de um recorte metodológico, prudente se faz enfrentar, mesmo que de forma superficial, alguns exemplos ali destacados.

Vejamos.

Quanto ao redirecionamento por presunção de dissolução irregular, poderá ser caracterizado um confisco, devendo o ordenamento proteger os cidadãos que solidariamente contribuem para a manutenção do sistema tributário.

A Súmula 435 do STJ e a responsabilização da pessoa física do sócio, se deve ter claro os pontos a seguir.

A súmula sedimenta entendimento do tribunal fundado em interpretação do art. 135 do CTN, que trata da responsabilidade pessoal, entre outros, do diretor ou sócio-gerente pelos créditos correspondentes a obrigações tributárias resultantes de atos praticados com excesso de poderes ou infração de lei, contrato social ou estatutos.

A súmula tem o mérito de fazer referência a "sócio-gerente", afastando a responsabilização do sócio que não influenciava no desenvolvimento das atividades da empresa ao tempo da dissolução.

Além disso, é imprescindível que se considere, como o próprio STJ vem fazendo, ser incabível, em nosso ordenamento, a figura da responsabilidade objetiva, isto é, o fato da dissolução irregular acarretar o redirecionamento da execução fiscal para o sócio-gerente não implica que este necessariamente será condenado ao pagamento.

Não: apenas se, de fato, tiver agido com dolo, culpa, fraude ou excesso de poder na forma do art. 135, III, do CTN é que será condenado. A súmula explicita, todavia, que é ônus dele, sócio-gerente, ilidir a presunção que agora pesa contra si. Deverá ele, portanto, fazer a prova (nesse sentido: AgRg no REsp. 1091371/MG, Rel. Ministro MAURO CAMPBELL MARQUES, SEGUNDA TURMA, julgado em 21/10/2010, DJe 5/11/2010). Nesse sentido, é que se entende que a própria súmula pode ser invocada por ofender o princípio da vedação ao confisco, em tese.

Em outras palavras, a presunção de que se está tratando e a do caso em tela, é relativa – comporta prova em sentido contrário, aliás, apenas isto pode garantir a segurança jurídica tão almejada em âmbito tributário.

Por fim, por mais que esteja implícita a ideia, nunca é demais ressaltar: quanto à possibilidade de "redirecionamento' da execução fiscal, significa dizer, por óbvio, que o Fisco deve sempre tentar obter a satisfação de seu crédito, de início, da própria sociedade, que é a devedora-principal.

Quanto ao Arrolamento de bens e responsabilidade tributária, tecemos as seguintes considerações.

O crédito tributário representa juridicamente a expressão nominal do direito de crédito que o Estado dispõe contra o sujeito passivo tributário (contribuinte ou responsável), direito este que revela um interesse público especial na medida em que o tributo constitui o preço que a cidadania paga para que o Estado promova a satisfação das necessidades coletivas.

A obrigação tributária, no bojo da qual nasce o crédito tributário, nada mais é que a estrutura formal desenvolvida no âmbito do Direito Privado, tomada de empréstimo pelo Direito Tributário para instrumentalizar o dever tributário de pagar tributos imposto a todos no Estado Democrático de Direito.

Criados para reforçar o cumprimento do dever tributário pelo sujeito passivo, os privilégios e garantias compõem a essência do regime jurídico do crédito tributário, são-lhe ínsitos e dele não se apartam. O crédito qualifica-se como tributário, entre outras razões, porque é dotado de privilégios e garantias que a ordem jurídica lhe assegura. Assumem a natureza de privilégios e garantias do crédito tributário todas as normas jurídicas que tenham o objetivo precípuo de reforçar a possibilidade de realização do direito de crédito do Estado em matéria tributária. O arrolamento de bens está inserido neste contexto.

O arrolamento consiste em medida acautelatória dos interesses da Fazenda Pública. Trata-se de procedimento administrativo de acompanhamento do patrimônio do sujeito passivo que visa garantir o crédito tributário, mediante a identificação de possíveis situações de dilapidação patrimonial.

A finalidade da aludida medida é realmente de conferir maior garantia aos créditos tributários da Fazenda Pública, de valor significativo, com o objetivo declarado de garantir a futura suficiência de bens e direitos do sujeito passivo para a satisfação do débito fiscal.

Contudo, o arrolamento de bens só pode ser utilizado quando atendidos os requisitos legais atinentes a presunção de risco do crédito – crédito tributário maior que 30% (trinta por cento) dos bens declarados do sujeito passivo, nos termos na IN 1.565/2015.

Uma vez gravados com o arrolamento os bens do sujeito passivo, a substituição fica condicionada a análise da RFB e ainda é necessária a feitura de avaliação oficial do valor do imóvel, o que implica em onerosidade totalmente ilegal. É inegável, portanto, a restrição ao direito de propriedade, pois há embaraço e ônus negocial, pecuniário e procedimental, logo uma possível afronta ao não confisco.

O gravame fica registrado na matrícula do imóvel e exposto na atividade comercial que o contribuinte realiza, portanto, há sérios reflexos negativos em seu direito de propriedade somente pelo fato de estar sendo considerado como responsável de crédito tributário ainda em discussão administrativa. Não se pode admitir prejuízo real ao particular em razão de garantia virtual de um crédito tributário potencial que por própria dicção legal não está em risco.

Um dos elementos de definição do crédito tributário é a caracterização daqueles que devem compor o polo passivo da obrigação, ou seja, a sujeição passiva é elemento indissociável da definitividade do crédito como um todo, e, bem assim, de sua exigibilidade.

Por esse motivo, na aplicação do princípio da tipicidade tributária e com vistas à maior proteção de quem deve pagar o tributo, o sujeito passivo deve necessariamente ser definido em lei (CTN, art. 97, III).

O sujeito passivo direto é o contribuinte (CTN, art. 121, § único, I), ou seja, aquele que tem relação pessoal e direta com a situação que constitua o fato típico prescrito na lei, seja vinculado ou não à atividade estatal.

O sujeito passivo indireto – ou responsável na definição legal (CTN, art. 121, § único, II), é aquele que, embora não seja contribuinte, pois não integra a relação contributiva natural, possui obrigação decorrente de disposição expressa de lei calçada em pressuposto fático específico, tendo como consequência responder pelo pagamento de tributo cujo inadimplemento tenha relação com o descumprimento daquele dever.

A responsabilidade tributária é disciplinada pelo Código Tributário Nacional no capítulo V do título II (Obrigação Tributária) do livro segundo (Normas Gerais do Direito Tributário). Nos artigos 129 a 133 é regulada a responsabilidade por sucessão; a responsabilidade de terceiros, nos artigos 134 e 135; e a responsabilidade por infrações nos artigos 136 a 138.

Em especial, a responsabilidade pessoal dos diretores, gerentes ou representantes das pessoas jurídicas de direito privado é estabelecida pelo artigo 135, III, do CTN, abaixo transcrita:

> *Art. 135. São pessoalmente responsáveis pelos créditos correspondentes a obrigações tributárias resultantes de atos praticados com excesso de poderes ou infração de lei, contrato social ou estatutos:*
>
> *[...]*
>
> *III - os diretores, gerentes ou representantes de pessoas jurídicas de direito privado.*

Veja-se que o pressuposto inicial é de que deva haver a separação patrimonial e a limitação de responsabilidade. Nesse sentido, o art. 135, inc. III do CTN, dispõe sobre condutas específicas em que se faz necessário a aferição de dolo. Somente o dolo atrai a responsabilidade tributária dos sócios-administradores.

Este é o cerne da responsabilidade pessoal, a qual, todavia é cada vez mais utilizada como pressuposto que se equipara a responsabilidade objetiva, diante da sucessão de presunções legais criadas para fins de praticabilidade tributária.

É que a presunção legal estabelecida pelo art. 287 do RIR, ocorre na medida em que não haja a comprovação, por parte da fiscalizada, da origem dos recursos creditados em conta de depósito ou investimento mantida junto a instituição financeira. Ou seja, só há infração legal de omissão de receita quando a origem dos valores não puder ser comprovada, a mera não escrituração, por exemplo, não implica em omissão. Entendo, portanto, que uma eventual e suposta presunção, se é que transponha o crivo de legalidade, restringe-se apenas a presunção de omissão e não se estende a presunção de dolo da conduta omissiva, indispensável para a responsabilização dos sócios-administradores.

A fiscalização jamais está desincumbida de comprovar o dolo nesta omissão para que seja aplicável não só o art.135, III do CTN, como o art.173, inc. I do CTN, a despeito do art. 150, §4º (nos tributos por homologação, como foi o caso), e também estejam presentes os elementos necessários a persecução penal.

Neste sentido, Paulo de Barros Carvalho:

> Sendo assim, ao compor em linguagem o fato ilícito, além de referir os traços concretos que perfazem o resultado, a autoridade fiscal deve indicar o nexo entre a conduta do infrator e o efeito que provocou, ressaltando o elemento volitivo (dolo ou culpa, conforme o caso), justamente porque integram o vulto típico da infração.

É que todas essas situações expostas implicam em verdadeiras sanções a condutas dos sujeitos passivos, e como tais, é a prova que constitui o fato jurídico tributário no tempo e no espaço e identifica seus sujeitos, sem ela não se pode afirmar que um evento ocorreu, ou seja, que houve subsunção do fato à previsão da norma jurídica sancionatória. É o que se depreende da lição de Fabiana Del Padre Tomé:

> A fundamentação das normas individuais e concretas na linguagem das provas decorre da necessária observância aos princípios da estrita legalidade e da tipicidade tributária, limites objetivos que buscam implementar o sobreprincípio da segurança jurídica, garantindo que os indivíduos estarão sujeitos à tributação somente se for praticado o fato conotativamente descrito na hipótese normativa tributária.

Este entendimento já fora esposado inclusive no Conselho Administrativo de Recurso Fiscais. Vejamos:

> PROCESSO ADMINISTRATIVO FISCAL - Auto de infração - Omissão de receita ou rendimentos - Ocorrência - Contribuinte que não comprova a origem de valores creditados em conta bancária - Fato, entretanto, que não permite presumir o dolo de sonegação - Inteligência do art. 42 da Lei 9.430/1996.
>
> IPI - Não incidência - Empresa que é dedicada ao comércio e optante do Simples - Exigência legal que não pode ser imposta ao empreendedor que não industrializa produtos.
>
> RESPONSABILIDADE TRIBUTÁRIA - Terceiro - Inadmissibilidade - Autoridade fazendária que, para a configuração do fato gerador, deve descrever os fatos caracterizadores da tipicidade fiscal - Considerações genéricas que não podem atribuir responsabilidade objetiva em relação a fato jurídico ou conduta não praticada.
>
> Ementa: Depósitos bancários. Valores creditados em nome próprio. Não comprovação da origem. Presunção de omissão de receita. Impossibilidade de presunção de existência de dolo.
>
> Nos termos do art. 42 da Lei 9.430/1996, presume como omissão de receita os valores creditados em conta bancária em relação aos quais o contribuinte, regularmente intimado, não comprove a origem dos mesmos. Contudo, desta presunção que decorre da lei não se pode extrair outra presunção de que o titular dos recursos estava agindo com o intuito de sonegar, ocultar ou retardar a ocorrência do fato gerador. A omissão de receita se presume, mas a existência de dolo somente pode ser caracterizado mediante provas concretas.
>
> (...)
>
> Solidariedade tributária. Responsabilidade de terceiros. Distinções fáticas e jurídicas entre situações previstas nos arts. 124, I, e 135, I e II, do CTN.

> Nas situações previstas no art. 124, I, do CTN, há uma norma que incide em relação ao contribuinte que participa na situação que constitua o fato gerador que obriga o contribuinte direto. No art. 135, II e III, além da norma que incide na situação que constitua o fato gerador, há outra norma, de natureza sancionatória, que incide sobre a conduta de terceiro que, não participando na situação que constitua o fato gerador, se torna responsável por praticar ato ou conjunto de atos que extrapolam seus poderes de comando frente à empresa ou resultam, por ação própria, em violação de normas legais vinculadas à obrigação de pagar tributos devidos pela empresa.
>
> Responsabilidade tributária. Análise individual dos fatos e das provas.
>
> Nos casos do art. 135 do CTN, em que a responsabilidade é atribuída a terceiros, que não participam na relação jurídica que constitua o fato gerador, por inexistir responsabilidade desvinculada da conduta pessoal, cabe à autoridade lançadora descrever os fatos que caracterizam a responsabilidade descrevendo, de preferência, quando ocorreram, onde ocorreram e como ocorreram. Não é possível fazer considerações genéricas sem correlaciona-las aos fatos.
>
> Recurso voluntário parcialmente provido.
>
> (CARF - Processo 11516.004335/201093 - j. 10/5/2012 - v.u. - julgado por Moisés Giacomelli Nunes da Silva - 10/5/2012 - Área do Direito: Tributário)

Quanto ao IDPJ, apresentamos algumas considerações.

O incidente de desconsideração da pessoa jurídica é fruto da construção histórica da *disregard doctrine* e da constitucionalização do direito processual civil promovida pelo Código de Processo Civil de 2015.

Na sua gênese[21] e durante séculos, o fenômeno da personalização, o qual culmina na existência de pessoas jurídicas, se viu associado à ideia imutável e inafastável de autonomia

21. João Grandino destaca que os relatos históricos que apontam o surgimento do fenômeno da personalização remontam ao Direito Romano Imperial, onde a capacidade jurídica desta, até então nova figura jurídica, derivava da existência de patrimônio próprio. (RODAS, João Grandino. *Sociedade Comercial e Estado*, São Paulo, Saraiva, 1995. p.05).

patrimonial. Esta, aliada à limitação de responsabilidade, até os dias de hoje são percebidas como ferramentas jurídicas de incentivo ao empreendedorismo, pois atuam como importante redutor do risco empresarial. *É o que doutrina Fábio Ulhôa Coelho:*

> A limitação da responsabilidade do empreendedor ao montante investido na empresa é condição jurídica indispensável, na ordem capitalista, à disciplina da atividade de produção e circulação de bens ou serviços. Sem essa proteção patrimonial, os empreendedores canalizariam seus esforços e capitais a empreendimentos já consolidados. Os novos produtos e serviços somente conseguiriam atrair o interesse dos capitalistas se acenassem com altíssima rentabilidade, compensatória do risco de perda de todos os bens. Isso significa, em outros termos, que o preço das inovações, para o consumidor, acabaria sendo muito maior do que costuma ser, sob a égide da regra da limitação da responsabilidade dos sócios, já que esses preços deveriam cobrir custos e gerar lucros extraordinários, capazes de remunerar o risco de perda total do patrimônio, a que se expôs o empreendedor. A limitação da responsabilidade dos sócios pelas obrigações sociais é, em suma, direito-custo.[22]

Todavia, por óbvio, a importância do fenômeno da personificação não poderia encerrar em supervalorização da autonomia patrimonial, de modo a considerá-la absoluta[23]. Nesse sentido, Marlon Tomazette[24], afirma que vêm do século XIX, dos sistemas que adotam o *common law,* as primeiras inquietações com a má utilização da pessoa jurídica, partindo-se então a buscar meios idôneos e eficazes de contê-la e/ou reprimi-la.

Foi neste contexto histórico que nasceu *a disregard doctrine,* aperfeiçoada e ampliada ao longo dos anos para comportar novas realidades econômicas e novas exigências sociais.

---

22. COELHO, Fábio Ulhoa. *Curso de direito civil: parte geral. Vol. 1,* 5a ed. São Paulo: Saraiva, 2012, pg. 366.

23. KOURY, Suzy Elizabeth Cavalcante. *A desconsideração da personalidade jurídica (Disregard docrine) e os grupos de empresas.* 3. ed. Rio de Janeiro: Forense, 2011.p. 68 e 69.

24. TOMAZETTE, Marlon. *Curso de direito empresarial: Teoria Geral e direito societário.* 7ª edição revisada, atualizada e ampliada. São Paulo: Atlas, 2016. p. 249.

De toda sorte, no Brasil, a *disregard doctrine* permaneceu por muitos anos sendo aplicada à míngua de suporte processual que estabelecesse seu procedimento

É de conhecimento amplo que o Fisco, por intermédio das Procuradorias dos Municípios, Estados, Distrito Federal e União, mediante simples petição nos autos das execuções fiscais requer o redirecionamento do feito executivo para a figura dos sócios, muitas das vezes sem qualquer fundamento legal ou jurisprudencial para tanto.

É bem verdade, por outro lado, a premissa de que a defesa do *executado,* em regra, deve ser exercida por meio de embargos à execução, após a prévia garantia do juízo executivo – art.16 da Lei 6.830/80.

Contudo, falsa é conclusão supostamente decorrente dessa premissa, isto é, de que o IDPJ não poderia ser aplicado aos executivos fiscais, porque, se o fosse, estar-se-ia permitindo que o *executado* obtivesse a suspensão do processo sem a prévia garantia do juízo executivo e sem o manejo de embargos à execução ou de outra ação de conhecimento.

É necessário esclarecer que o equívoco da conclusão está na indevida definição da condição de executado àquele que consta no pedido de redirecionamento da execução. Isto porque, na verdade, esta pessoa, que poderá vim a sofrer os efeitos da despersonificação, por meio da extensão da responsabilidade tributária, é um mero *terceiro, conforme exposto na primeira parte deste artigo e*, por não integrar a lide executiva na condição de *parte*, não pode ser previamente qualificado e nem equiparado ao(s) *executado(s)*, que estariam indicados no título executivo extrajudicial (CDA).

Em execução fiscal, a qualificação jurídica de *parte, formalmente* só pode ser atribuída a quem conste no título executivo extrajudicial (CDA), na condição de *executado* ou *responsável tributário.* Se a pessoa afetada pela eficácia jurídica e patrimonial da desconsideração da personalidade jurídica não figura na CDA, não há título executivo apto a presumir a sua legitimidade passiva.

Trata-se, portanto, de um *terceiro* na lide executiva, que não pode ser equiparado *ao executado*, sob pena de quebra da isonomia, em clara inobservância da exigência de tratamento paritário estabelecida pelo art. 7º do CPC[25].

Sobre o princípio, Hugo de Brito Machado diz que "*a isonomia, ou igualdade de todos na lei e perante a lei, é um princípio universal de justiça. Na verdade, um estudo profundo do assunto nos levará certamente à conclus*ão de que o isonômico é o justo".[26]

Logo, Fernando de Andrade[27] afirma que caso esse *terceiro* não ostente a posição de *parte executada*, não lhe pode ser aplicado o mesmo tratamento jurídico que o art. 16 da LEF prescreve para os sujeitos que têm contra si presunção legal relativa da sua condição de legitimados passivos como responsáveis tributários, por estarem indicados na CDA ou já terem sido incluídos na lide, por meio de redirecionamento deferido antes da vigência do IDPJ.

No mais, ao que aparenta, um incidente, tal como o IDPJ claro e eficiente evita futuras alegações de nulidades, o que, de resto, corrobora para a maior celeridade na solução do conflito de interesses e maior prestígio daqueles que seriam os macro princípios do processo civil – *Efetividade e Segurança Jurídica*[28] -, responsáveis por determinarem a adequada e

25. Art. 7º É assegurada às partes paridade de tratamento em relação ao exercício de direitos e faculdades processuais, aos meios de defesa, aos ônus, aos deveres e à aplicação de sanções processuais, competindo ao juiz zelar pelo efetivo contraditório.

26. MACHADO, Hugo de Brito. *Curso de Direito Tributário*. 30. ed., revista, atualizada e ampliada. São Paulo: Malheiros, 2009, p. 276.

27. DE ANDRADE, Fernando Ferreira Rebelo. *IDPJ e sua aplicabilidade às execuções fiscais: Breves críticas ao posicionamento fazendário*. Resenha crítica publicada no Portal Jurídico Jota. Disponível em: https://www.jota.info/opiniao-e-analise/colunas/pauta-fiscal/idpj-e-sua-aplicabilidade-as-execucoes-fiscais-13072017#_ftn1

28. Para analisar a Segurança Jurídica nas suas mais variadas vertentes e concepções Cf. ÁVILA, Humberto. *Segurança Jurídica: Entre a permanência, mudança e*

lógica marcha do processo, tendente a pacificação das relações estremecidas e formação de decisão com o selo do Estado e com interessante caráter prospectivo, protetivo e chancelador dos direitos fundamentais.

A intenção última não é defender ou permitir que o IDPJ sirva de escudo ou blindagem ao adimplemento da obrigação tributária, mas que, por meio deste possa haver maior proteção e garantias às partes da relação jurídica processual e até economizando ao Fisco honorários sucumbenciais de inclusões indevidas no polo passivo – repetimos, a presunção de responsabilidade só existe pela estrita legalidade tributária, o que não é dizer que se possa presumir condutas dolosas, por ofender todo o arcabouço do princípio de boa-fé e inocência existente no ordenamento jurídico brasileiro.

Por fim, a título de exemplos se traz à discussão a Lei 13.606/2018 cujo conteúdo refere-se a um programa de regularização rural – PRR, mas que, isoladamente, no artigo 25 introduz os artigos 20-B, § 3º, II e 20-E à Lei 10.522/2002 que prevê a possibilidade de averbar, mesmo antes da execução fiscal a CDA nos órgãos de registro de bens e direitos, tornando-os indisponíveis para aquele contribuinte.

Quanto a este ponto, verifica-se que esta previsão não só é inconstitucional formalmente por estar inadequada à Lei Complementar e seu conteúdo destoar do objeto da Lei Ordinária em questão, mas também materialmente, pois o que se verifica é uma não observância ao princípio da legalidade de se cobrar tributo por meio de uma execução fiscal, sem utilizar de instrumentos que caracterizem sanções políticas ou medidas coercitivas, já amplamente vedadas pelo STF.

É nesta deslealdade legislativa que o contribuinte se encontra, buscando no Poder Judiciário uma salvaguarda de suas garantias e direitos fundamentais.

---

realização no Direito Tributário. São Paulo: Editora Malheiros. 2010.

O último ponto a ser ventilado, é a possibilidade de incriminar sujeito passivo que declare o ICMS e não o recolha.

Se estivéssemos a tratar de contribuição previdenciária de terceiros, onde a fonte pagadora retém dos seus colaboradores a referida contribuição e recolhe em nome destes. O não recolhimento, nesta hipótese configura apropriação indébita, mas dizer que a mesma sistemática se aplica ao ICMS é desconhecer a forma de apuração como conta corrente, onde em um mês pode haver débito, mas nos seguintes créditos. Como conceber responsabilidade criminal, dolo ou fraude nesta hipótese? Mas de forma bastante incoerente, se houver o pagamento a qualquer tempo, mesmo após a coisa julgada, haverá a extinção de punibilidade, logo não pode ser outra a conclusão a não ser que este tipo de medida representa uma forma coercitiva de cobrar tributo.

Seja como for, súmulas como a 435 do STJ, criações legislativas nitidamente ilegais/inconstitucionais e métodos alternativos de cobrar o tributo apenas pautados em relatórios estatísticos que precisam cobrar a qualquer preço (medidas alternativas que respeitem a legalidades e segurança jurídica são bem-vindas) acabam por retirar qualquer segurança do processo tributário brasileiro.

Afinal, inegável o desestímulo que posicionamentos como esse trazem a milhares de empreendedores em todo o Brasil, que não conseguiriam dissolver regularmente suas empresas nem se quisessem, ante a infinita burocracia reinante: comunicação à receita, ao Município, ao Estado, ao FGTS, ao INSS.

Nessa linha, posiciona-se o mesmo Superior Tribunal da Justiça:

> TRIBUTÁRIO – EXECUÇÃO FISCAL – POSSIBILIDADE DE APRECIAÇÃO DA MATÉRIA ALEGADA EM EXCEÇÃO DE PRÉ-EXECUTIVIDADE – REDIRECIONAMENTO – CDA NÃO CONSTA NOME DO SÓCIO – ÔNUS DA PROVA - FAZENDA PÚBLICA.
>
> 1. A exceção de pré-executividade, segundo o Min. Luiz Fux (REsp. 573.467/SC), é servil à suscitação de questões que devam ser conhecidas de ofício pelo juiz, como as atinentes à liquidez

> do título executivo, os pressupostos processuais e as condições da ação executiva.
>
> 2. *In casu*, a questão da ilegitimidade passiva, arguida pelo sócio-gerente, em exceção de pré-executividade, constitui matéria de ordem pública, por configurar condição da ação que, quando defeituosa ou inexistente, leva à nulidade do processo. Assim, por ser causa extintiva do direito exequente, é possível sua veiculação em exceção de pré-executividade. 3. A Primeira Seção, no julgamento dos EREsp 702.232/RS, de relatoria do Min. Castro Meira, assentou:
>
> 1) se a execução fiscal foi promovida apenas contra a pessoa jurídica e, posteriormente, foi redirecionada contra sócio-gerente cujo nome não consta da Certidão de Dívida Ativa, cabe ao Fisco comprovar que o sócio agiu com excesso de poderes ou infração de lei, contrato social ou estatuto, nos termos do art. 135 do CTN. 4. Na hipótese dos autos, a Certidão de Dívida Ativa não incluiu o sócio-gerente como corresponsável tributário, cabendo à exequente os ônus de provar os requisitos do art. 135 do CTN. Agravo regimental improvido. (AGRESP 200701588350, HUMBERTO MARTINS, STJ - SEGUNDA TURMA, 14/04/2018).

Observa-se que a referida decisão é clara ao mencionar que no caso em que a execução fiscal foi promovida apenas contra a pessoa jurídica e, posteriormente, foi redirecionada contra sócio-gerente cujo nome não consta da Certidão de Dívida Ativa, cabe ao Fisco comprovar que o sócio agiu com excesso de poderes ou infração de lei, contrato social ou estatuto, nos termos do art. 135 do CTN o que reforça a aplicação do IDPJ.

É nesse sentido que se defende que em tese, como garantia processual, o princípio da vedação ao confisco deve ser invocado, pois tais medidas, mesmo que administrativas (como a inclusão na CDA de sócio) podem ter efeitos negativos multiplicadores aos contribuintes.

CONCLUSÃO

Destarte, lembra-se que os direitos sociais não se limitam apenas aos direitos positivos (demandam prestações ativas estatais), mas também às liberdades sociais, como a liberdade de sindicalização, o direito de greve, a garantia do salário-mínimo etc.[29]

Os direitos sociais representam a pilar central para o gozo dos direitos individuais de liberdades, de modo que promovem a igualdade real e aumentam as condições de realizações das liberdades individuais[30].

Ademais, resta patente, a interdependência desses direitos, pois os mesmos só funcionam se estiverem concomitantemente garantidos. Nos moldes do processo de conscientização para afirmar que os direitos sociais são direitos fundamentais e que sua eficácia necessariamente depende da inter-relação com os direitos civis e políticos, muitos embates ocorreram até que se alcançasse esse entendimento.

Nesse panorama, ratifica-se que os direitos sociais precisam ter a plena eficácia da norma, sob pena, de depender de uma regulação ordinária e, possivelmente, nunca gozar da eficácia que merecem.

Assim a finalidade central deste artigo, após defender a fundamentalidade dos direitos sociais, foi buscar demonstrar que mesmo havendo uma ineficiência de prestações positivas pelo Estado, por uma desorganização arrecadatória tributária, não poderá este mesmo Estado deixar de observar as garantias constitucionais da vedação ao confisco que deve ter ampla extensão e proteção, ainda assim considerando as inovadoras medidas alternativas de cobrança do crédito tributário.

E é exatamente nesse contexto que se introduz o conceito construído do respeito à vedação ao confisco como limite ao Poder de Tributar do Estado. Por meio de uma interpretação sistêmica, integrativa, o magistrado perceberá que os limites constitucionais ao poder de tributar do Estado

---

29. SARLET, I. W. *A Eficácia dos Direitos Fundamentais*. 5. ed. Porto Alegre: Livraria do Advogado, 2005, p.41.

30. SILVA, J. A. *Curso de Direito Constitucional Positivo*. 26. ed. São Paulo: Malheiros, 2007.p. 285 e ss.

e, consequentemente, a caracterização de medidas confiscatórias não estão apenas no pagamento principal de tributos, mas nas multas, na atualização do débito, nas medidas preparatórias tributárias, nas obrigações acessórias etc. devendo haver ampla proteção ao princípio da vedação ao confisco; podendo ser alegado em tese ou em medida procedimental/ processual por ser uma garantia constitucional.

Além disso, se defende que o Judiciário pode dar nova interpretação a esse primado tributário aplicando ao mesmo, a conjugação com o princípio da capacidade contributiva como forma de ampliar a proteção dos direitos e garantias fundamentais no Brasil.

Reitera-se, portanto, à luz da fundamentalidade dos direitos fundamentais a necessidade do órgão judicante brasileiro buscar efetivar esses direitos, não de forma deturpada, mas promovendo estudos contextuais fáticos, não se limitando às estruturas estatais, transcendendo, se for o caso, às iniciativas privadas, sem deixar de considerar a efetividade maior desses direitos por ações coletivas, e a tributação nacional, faz se necessário ter claro que a efetividade dos direitos sociais pela via do Poder Judiciário requer do órgão judicante brasileiro decisões com os pés no chão, mas com os olhos voltados para o céu (futuro) para uma maior lealdade e boa-fé tributária e efetividade na cobrança do crédito tributário.

REFERÊNCIAS

ALEXY, Robert. *Teoria da argumentação jurídica*. Trad. Zilda Silva. São Paulo, Landy, 2005.

ALEXY, Robert. *Teoria dos Direitos Fundamentais*. 2 ed. São Paulo: Editora Malheiros. 2017. BECHO, R. L. *Lições de Direito Tributário*. 3a Ed. São Paulo: Saraiva, 2015.

CANOTILHO, J. J. *Estudos sobre Direitos Fundamentais*. 1. ed. São Paulo: Revista dos Tribunais, 2008.

COELHO, Fábio Ulhoa. *Curso de direito civil: parte geral. Vol. 1*, 5a ed. São Paulo: Saraiva, 2012, p. 366.

COSTA, R. H. *Apontamentos Sobre a Tributação Ambiental no Brasil: In* Direito Tributário Ambiental. São Paulo: Editora Malheiros, 2006.

DE ANDRADE, Fernando Ferreira Rebelo. *IDPJ e sua aplicabilidade às execuções fiscais: Breves críticas ao posicionamento fazendário.* Resenha crítica publicada no Portal Jurídico Jota. Disponível em: https://www.jota.info/opiniao-e-analise/colunas/pauta-fiscal/idpj-e-sua-aplicabilidade-as-execucoes-fiscais-13072017#_ftn1

KOURY, Suzy Elizabeth Cavalcante. *A desconsideração da personalidade jurídica (Disregard docrine) e os grupos de empresas.* 3. ed. Rio de Janeiro: Forense, 2011.p. 68 e 69.

KRELL, A. J. *Direitos Sociais e Controle Judicial no Brasil e na Alemanha:* Os (dês)caminhos de um Direito Constitucional "Comparado". Porto Alegre: Ed. Sérgio Antônio Fabris. 2002.

MACHADO, Hugo de Brito. *Curso de Direito Tributário.* 30. ed., revista, atualizada e ampliada. São Paulo: Malheiros, 2009, p. 276.

NUNES JÚNIOR, V. S. *A Cidadania Social na Constituição de 1988:* Estratégias de Positivação e Exigibilidade Judicial dos Direitos Sociais. São Paulo: Editora Verbatim. 2009.

RIBAS, L. M. L. R. *Defesa Ambiental:* utilização de instrumentos tributários. *In* Direito Tributário Ambiental. São Paulo: Editora Malheiros, 2006.

RODAS, João Grandino. *Sociedade Comercial e Estado.* São Paulo, Saraiva, 1995. p.05).

SARLET, I. W. *A Eficácia dos Direitos Fundamentais.* 5. ed. Porto Alegre: Livraria do Advogado, 2005.

SILVA, J. A. *Curso de Direito Constitucional Positivo*. 26. ed. São Paulo: Malheiros, 2007.

TOMAZETTE, Marlon. *Curso de direito empresarial: Teoria Geral e direito societário*. 7ª edição revisada, atualizada e ampliada. São Paulo: Atlas, 2016. p. 249.

TORRES, R. L. *Curso de Direito Financeiro e Tributário*. 14ed. São Paulo: Renovar, 2007.

A EXECUÇÃO FISCAL COMO A ÚLTIMA ETAPA DE COBRANÇA DO SUJEITO PASSIVO - UM DEBATE SOBRE A COEXISTÊNCIA DE MECANISMOS PARA RECEBIMENTO DO CRÉDITO TRIBUTÁRIO

Fernanda Garuti Allegrini[1]

Leandro Gião Tognolli[2]

1. Considerações iniciais

A compreensão do direito tributário enquanto um conjunto de normas jurídicas de ordem pública que regulam a relação jurídico-tributária entre o sujeito ativo, ente público investido do poder de tributar (direito ao crédito tributário), e o sujeito passivo, pessoa física ou jurídica cujo patrimônio sofre periódicas constrições em função desse vínculo obrigacional *ex lege*, permite alcançar, mesmo para as mentes pouco

---

1. Especialista em Direito Penal Econômico pela FGV-SP. Graduada em Direito pela PUC-SP. Advogada.

2. MBA em Análise Econômica pela FIPE/USP. LLM em Direito Empresarial pelo CEU Law School. Especialista em Direito Tributário pela PUC-SP. Graduado em Direito pela PUC-SP. Sócio fundador do escritório Tognolli e Semeraro Advogados Associados.

experimentadas em conceitos e institutos do Direito, a percepção dos inúmeros conflitos oriundos da incidência dessas leis sobre os fatos da vida relacionados à propriedade e à liberdade.

Isto porque a realidade tem demonstrado que mesmo com a existência de um sistema tributário primordialmente determinado no texto da Constituição Federal de 1988, com a distribuição detalhada e rígida das competências impositivas, determinação dos princípios limitadores do poder de tributar do Estado e exigente em relação à atuação da administração fazendária, de normas estruturantes do sistema e condicionantes da atividade do legislador, não foi possível vislumbrar a harmonização das pretensões fiscais com a satisfação daqueles que desenvolvem atividade econômica ou administram os parcos recursos necessários para a subsistência na atual realidade brasileira.

As hipóteses de incidência existentes no sistema tributário brasileiro atual, marcantes pela elevada tributação sobre a produção e o consumo, inadequado tratamento sobre as faixas de tributação progressiva sobre a renda e impedimento de redução da base de cálculo com o aproveitamento de despesas vitais, intervenções imprevisíveis no comércio exterior e no âmbito das atividades financeiras, o incrível número de deveres instrumentais, arduamente cumpridos por profissionais que investem horas no adimplemento dessas obrigações acessórias, a burocracia infindável e incompreensível que obsta qualquer passo em direção ao desenvolvimento tecnológico e negocial e, mais recentemente, a instituição de diversos mecanismos de cobrança do crédito tributário e penalidades, conformam um conjunto caótico de normas que geram ineficiência na arrecadação e agridem direitos e garantias fundamentais.

Somente por essas razões já seria possível constatar a adequação de doutrina tradicional acerca da qualificação das normas de direito tributário enquanto normas de rejeição social, posto que a intervenção do Estado nas relações interpessoais tem desrespeitado preceitos do próprio direito, especialmente, no que concerne aos limites da imposição tributária e os mecanismos desenvolvidos para perseguir o patrimônio particular, conforme lição de Ives Gandra da Silva Martins[3]:

> "O importante, entretanto, é que a evolução social hoje diagnosticada é de que no passado – mas em passado próximo, no qual as relações complexas de relacionamento Estado-contribuinte já existiam – a teoria que levara a norma tributária a ganhar colorido de norma de rejeição social devia-se à crença de que a participação do Estado "era indevida", pois retirava do trabalho e dos bens do contribuinte os recursos para os quais não tinha contribuído. Hoje a teoria já não é mais da *participação indevida, mas desmedida*, pois se reconhece que as necessidades estatais devem ser cobertas pelos recursos tributários. Entretanto, essas necessidades só em parte são de interesse público; noutra parte são do interesse privado dos detentores do poder, e, portanto, a exigência é superior e desmedida em relação às necessidades reais, adentrando, assim no campo das normas de rejeição social."

E o efeito da rejeição social pode ser atribuído tanto ao Poder Legislativo, ao estabelecer o alargamento de hipóteses de incidências, deixar de observar os limites da capacidade contributiva e a proibição de tributos e multas confiscatórias, introduzir expedientes procedimentais e processuais diversos para perseguir o crédito tributário mediante o constrangimento das liberdades; ao Poder Executivo, na extrapolação por via regulamentar dos limites legais, criando novas obrigações e gerando burocracia que dificulta o cumprimento efetivo da lei; e, também, o Poder Judiciário, na medida em que produz provimentos jurisdicionais vinculantes que, na prática, substituem ou subvertem mandamentos legais, ou, por vezes, empenham interpretação das normas em decisões que geram insegurança jurídica e desestabilizam o sistema.

O constrangimento por vezes se inicia com a introdução de leis no ordenamento jurídico que perseguem o crédito tributário por mecanismos não previstos ou adequados às diretrizes do Código Tributário Nacional. Não é raro que a

---

3. MARTINS, Ives Gandra da Silva. *Teoria da imposição tributária*. São Paulo: Saraiva, 1983. p. 112.

própria atividade administrativa constitutiva do crédito tributário – ou delegada ao terceiro por meio de "autolançamento" – também revele a exacerbação da atuação estatal para recolher recursos aos cofres públicos.

São diversos os instrumentos previstos na legislação para viabilizar a cobrança de dívida tributária, tais como: a medida cautelar fiscal, o impedimento de disposição do patrimônio, negação do direito à obtenção de certidão fiscal, inserção em cadastros públicos que obstam financiamentos e participação em contratações públicas, protesto de dívida ativa, averbação pré-executória e etc. Estes meios constituem expedientes disponibilizados ao fisco para que, por seu próprio juízo e conveniência, implemente medidas sancionatórias que criam verdadeira sanção política sobre os particulares, cujo constrangimento busca a obtenção da satisfação do crédito tributário de qualquer maneira.

Atualmente, até mesmo a persecução criminal pode ser caracterizada como um esforço aliado a uma política de satisfação do crédito tributário. O propósito de identificação dos elementos caracterizadores da conduta delitiva é negligenciado em troca do recolhimento do tributo aos cofres públicos. Cessa a preocupação de punir a conduta transgressora de norma com o enriquecimento do erário.

Mesmo com o conjunto de mecanismos disponíveis para a cobrança do crédito tributário, tem-se observado a ineficiência do sistema, na medida em que a última etapa de cobrança da dívida tributária também não tem gerado bons resultados: a execução fiscal.

O processo de execução fiscal de iniciativa da Fazenda Pública seria a ação pela qual a dívida ativa inscrita, resultante da formalização de título decorrente da constituição definitiva do crédito tributário, viabilizaria a cobrança do tributo devido ao fisco. Na realidade, percebe-se que este expediente tem sido mal utilizado pela própria administração tributária, representada pelas procuradorias fazendárias, que usam amplamente dos expedientes citados anteriormente como medidas de constrangimento dos particulares para pagamento do tributo, renunciando, na prática, de uma atuação mais efetiva no âmbito do processo judicial próprio.

É bem verdade que as execuções fiscais já abarrotam as secretarias do Poder Judiciário e têm revelado a faceta de litigante irracional da administração fazendária, seja pela notória demora na distribuição das peças inaugurais da execução fiscal, seja pela demorada gestão dos processos em curso, cuja culpa também é atribuível ao legislador, na medida em que permite uma condução privilegiada destes processos, com prazos desarrazoados e prerrogativas jamais imaginadas para outros sujeitos envolvidos em demandas judiciais.

Por todas essas questões é necessário indagar se o modelo de execução fiscal atualmente previsto na legislação está alcançando a sua finalidade. Especialmente, se a existência de tantos mecanismos de cobrança do crédito tributário e constrangimento dos particulares não foram mais eficientes em incentivar a criatividade dos indivíduos na fuga das garras do fisco, do que em antecipar providências relacionadas ao processo de execução fiscal.

O presente artigo pretende analisar os diversos mecanismos de cobrança do crédito e práticas corriqueiras do Estado com o processo de execução fiscal para fomentar o debate acerca da eficiência do sistema de cobrança de dívidas tributárias.

2. A constituição definitiva do crédito tributário

Preceitua o artigo 3º do Código Tributário Nacional que o tributo é *toda prestação pecuniária compulsória, em moeda ou cujo valor nela se possa exprimir, que não constitua sanção de ato ilícito, instituída em lei e cobrada mediante atividade administrativa plenamente vinculada.*

O conteúdo normativo explícito do diploma orientador do legislador ordinário e da administração tributária revela que os impostos, taxas e contribuições constituem uma obrigação decorrente de lei, cuja satisfação decorre da entrega de dinheiro para o sujeito investido do poder de tributar, sendo que o vínculo primordial constitui uma relação jurídica não sancionatória gerida pelo corpo administrativo do ente tributante.

Implicitamente, o legislador do Código Tributário Nacional permite compreender que (i) as obrigações tributárias não têm natureza contratual, e, portanto, não há margem de discricionariedade na conformação do crédito tributário por parte do aplicador de norma jurídica dessa natureza (lançamento tributário); (ii) tributo não é sanção, de modo que eventual pagamento de penalidade não satisfaz o crédito tributário; (iii) a cobrança do crédito tributário jamais prescindirá da atividade administrativa prevista em lei.

O veículo introdutor da norma de incidência tributária será sempre a lei em sentido estrito[4] – lei ordinária –, ainda que se tenha adotado a peculiaridade no direito brasileiro de admitir que um diploma produzido pelo Poder Executivo possa instituir ou majorar tributos em algumas hipóteses[5]: a Medida Provisória. Mesmo admitindo a estranha interpretação de que a instituição ou majoração de tributos pudesse configurar medida de *urgência* e *relevância*.

A *hipótese de incidência tributária* é o desígnio da norma jurídica de tributação que estabelece no plano normativo abstrato as situações que poderão ser alcançadas pelo fenômeno da tributação. Pelo esforço do intérprete dos textos legais será possível o exercício racional de construção da norma jurídica e revelação dos aspectos fundamentais da norma de incidência, quais sejam: material, espacial, temporal, pessoal e quantitativo.

4. Conforme previsto no artigo 150, inciso I, da Constituição Federal.

5. Deve-se ponderar que o Texto Constitucional proíbe expressamente que medidas provisórias disponham sobre matérias atinentes à lei complementar, conforme artigo 62, parágrafo 1º, inciso III, da Constituição Federal (introduzida pela Emenda Constitucional 32/2001).

Para que a hipótese de incidência tributária possa irradiar os efeitos pretendidos pelo legislador, consistente na intervenção no patrimônio privado para retirar uma parcela destinada aos cofres públicos, será necessária a atuação da administração tributária, para que o direito seja aplicado e a incidência da norma jurídica se perfaça.

Prescreve o artigo 142 do Código Tributário Nacional que compete *privativamente à autoridade administrativa constituir o crédito tributário pelo lançamento, assim entendido o procedimento administrativo tendente a verificar a ocorrência do fato gerador da obrigação correspondente, determinar a matéria tributável, calcular o montante do tributo devido, identificar o sujeito passivo e, sendo caso, propor a aplicação da penalidade cabível.*

O parágrafo único do mencionado dispositivo ainda estabelece que o lançamento tributário decorre de atividade vinculada e obrigatória – novamente reforçando a vedação da discricionariedade, conforme o artigo 3º do Código Tributário Nacional –, e que o agente fiscal não poderá deixar de praticar o ato, sob pena de responsabilidade funcional.

Isto significa que o lançamento tributário é um *poder-dever* da administração fazendária, que atuará em um processo de aplicação da norma geral e abstrata, convertendo-a, pela adequação dos signos do fato ao mandamento da hipótese de incidência, produzindo uma norma individual e concreta, que identifica com precisão a relação jurídico-tributária, de modo a encerrar um *ciclo de positivação do direito*.

O Código Tributário Nacional relaciona três espécies de lançamento tributário: lançamento de *ofício*, por *declaração* ou por *homologação* ("autolançamento").

O lançamento de ofício consiste na constituição do crédito tributário a partir de um esforço exclusivo do fisco para reconhecer os contornos da relação jurídica tributária, notificar o sujeito passivo acerca de sua ocorrência e adequação ao texto legal e cobrar diretamente o valor devido à título de tributo.

A partir do lançamento tributário e do envio da notificação ao sujeito passivo (contribuinte ou responsável), a obrigação tributária é conhecida por aquele que tem o dever de recolher o tributo aos cofres públicos, devendo proceder ao pagamento e satisfação dos interesses previstos em lei do sujeito ativo titular da competência para exigir a extinção do crédito tributário. Essa modalidade de lançamento por ofício seria aquela que melhor traduziria, no campo didático, como se realizaria a atividade fiscal e a satisfação dos interesses do Estado com a tributação.

No entanto, verifica-se que o tributos que têm maior relevância econômica para os sujeitos ativos (o IR para a União, o ICMS para os Estados e Distrito Federal e o ISS para os Municípios e Distrito Federal), no que se refere ao potencial revelador de riqueza dos fatos eleitos pelo legislador tributário, não estão sujeitos ao lançamento praticado diretamente pela administração fiscal.

Os tributos que viabilizam uma arrecadação mais volumosa aos cofres públicos estão em regra sujeitos ao lançamento por homologação *que ocorre quanto aos tributos cuja legislação atribua ao sujeito passivo o dever de antecipar o pagamento sem prévio exame da autoridade administrativa, opera-se pelo ato em que a referida autoridade, tomando conhecimento da atividade assim exercida pelo obrigado, expressamente a homologa*, conforme previsto no *caput* do artigo 150 do Código Tributário Nacional.

Nessa modalidade de lançamento, o contribuinte (ou responsável) está obrigado a prestar todas as informações relativas aos fatos relevantes para efeitos de incidência tributária, preencher formulários eletrônicos e transmitir arquivos para o fisco, calcular o valor devido, gerar guias de pagamento e efetuar o recolhimento do tributo.

O pagamento efetuado estará *sob condição resolutória da ulterior homologação ao lançamento* pelo prazo decadencial de 5 (cinco) anos – conforme o artigo 173 do Código Tributário

Nacional – contados a partir do adimplemento desse expediente delegado ao particular – na hipótese de pagamento da totalidade do crédito tributário –, ou a partir do primeiro dia do exercício seguinte à ocorrência do fato imponível, na hipótese de falha no cumprimento das obrigações principais e acessórias ("deveres instrumentais") relacionadas. Em regra, não se observa a formalização pelo fisco de um ato ulterior de homologação, ocorrendo aquilo que se convencionou denominar de *homologação tácita.*

Para alguns autores, inclusive, essa atuação dos particulares em favor da constituição do crédito tributário acaba substituindo o ato privativo da administração fiscal que se concebe originalmente como lançamento tributário. Tal perspectiva encontra-se descrita em trecho da obra de referência no ensino do direito tributário de Isabela Bonfá de Jesus[6]:

> Assim, entregue pelo contribuinte qualquer Declaração de cunho acessório reconhecendo determinado débito, a Autoridade Fiscal é dispensada de efetuar o lançamento e exige o pagamento dos tributos, sob pena de inscrição direta em Dívida Ativa e cobrança executiva. A declaração do contribuinte elide a necessidade da constituição formal do crédito tributário, sendo este exigível independentemente de qualquer procedimento administrativo (lançamento).

Em função da atribuição de árdua e arriscada tarefa de mensurar o valor de tributo devido e prestar declarações reconhecendo todas as ocorrências relevantes ao surgimento do vínculo tributário, pode-se imaginar que diversos sujeitos passivos recorreram aos tribunais para questionar a responsabilização por tarefa que deveria ser privativa do fisco.

O posicionamento atual dos tribunais revela o fracasso desse embate dos contribuintes com o Estado. Sagrou-se vencedora a tese de que a declaração entregue pelo sujeito passivo substitui a formalização do crédito tributário por ato da

6. JESUS, Isabela Bonfá de. *Manual de direito e processo tributário.* 4ª Edição. São Paulo: Revista dos Tribunais, 2017. p. 372.

administração fazendária. Inclusive, o Superior Tribunal de Justiça há um considerável tempo aplica tal entendimento, consolidado na Súmula 436: "*A entrega de declaração pelo contribuinte reconhecendo débito fiscal constitui o crédito tributário, dispensada qualquer outra providência por parte do fisco.*"

Finalmente, nos termos do artigo 147 do Código Tributário Nacional o *lançamento por declaração é efetuado com base na declaração do sujeito passivo ou de terceiro, quando um ou outro, na forma da legislação tributária, presta à autoridade administrativa informações sobre matéria de fato, indispensáveis à sua efetivação.*

Trata-se de espécie de lançamento pouco utilizado nos dias atuais, especialmente, se considerado o seu traço tradicional de *esforço misto*, uma vez que o sujeito passivo deveria entregar uma declaração convertendo em linguagem própria os fatos supostamente sujeitos à tributação e, com base nesses dados formalizados, o fisco promoveria a valoração e a cobrança de valores para pagamento.

É claro que o aprimoramento dos sistemas de troca de informações do fisco, a parametrização de formulários eletrônicos de preenchimento obrigatório pelos contribuintes – limitando a margem de escolha acerca da forma como se pode transmitir uma informação – e o acesso à informações patrimoniais das pessoas físicas e jurídicas existentes nos bancos de dados da União, Estados, Distrito Federal e Municípios, levarão, em um futuro próximo, ao debate se o nível de conhecimento da fiscalização e as limitações práticas ao adimplemento de deveres instrumentais não estariam convertendo a modalidade de *lançamento por homologação* para uma nova espécie de *lançamento por declaração*. Evidentemente, esta discussão poderá ser desenvolvida em outros trabalhos.

Com a ocorrência do lançamento, o crédito tributário, ora compreendido como direito do fisco, consubstanciado em norma individual e concreta ("veículo introdutor") de intervir no patrimônio privado para recolher uma parcela à título de tributo, está constituído.

O ato de lançamento presume-se legítimo. Pelos atributos de reconhecimento da existência do vínculo relacional tributário e da possibilidade de cobrança administrativa do adimplemento de uma obrigação definida, diz-se que o crédito tributário constituído se torna *líquido, certo* e *exigível.*

Evidentemente, tendo em vista que o lançamento constitui ato administrativo, e que a administração fazendária não está livre de cometer equívocos, o Código Tributário Nacional estabelece que o lançamento tributário pode ser modificado (i) por força de juízo decisório proferido dentro da própria administração fiscal a partir de *impugnação do sujeito passivo*; (ii) via *recurso de ofício*, nas hipóteses previstas na lei; ou (iii) por iniciativa da própria fiscalização, ao identificar vícios que corrompam a higidez do ato[7].

Deve-se considerar, ainda, a possibilidade de o sujeito passivo não adimplir com as suas obrigações tributárias, mesmo após a notificação do lançamento ou a entrega das declarações relativas aos lançamentos que demandam a colaboração dos contribuintes.

Nesta hipótese, a fiscalização detém a prerrogativa de lavrar um *auto de infração*, consistente em ato administrativo *"que consubstancia a aplicação de uma providência sancionatória a quem, tendo violado preceito de conduta obrigatória, realizou evento inscrito na lei como ilícito tributário"*, conforme leciona Paulo de Barros Carvalho[8].

O auto de infração também traduz norma individual e concreta apta a verificar a aplicação da lei sobre o fato "gerador" da obrigação inadimplida, de modo que não é raro verificar que em função do total inadimplemento da obrigação tributária (por exemplo: o sujeito passivo que não presta declaração e não recolhe o tributo) a administração tributária lavre o auto

---

7. Conforme prescrevem os artigos 145 e 149 do Código Tributário Nacional.

8. CARVALHO, Paulo de Barros. *Curso de direito tributário.* 29ª Edição. São Paulo: Saraiva, 2018. p. 416.

de infração com a cobrança do tributo, dos juros incidentes e a multa. Eis a razão de certa confusão de alguns entre o "lançamento tributário" e o "auto de infração", posto que este também pode exigir o adimplemento de tributo, ainda que acrescido da recomposição financeira e da penalidade correspondente.

A partir da lavratura do auto de infração o sujeito passivo poderá (i) apresentar defesa administrativa ("impugnação ao auto de infração"), o qual será julgado por autoridade fiscal dentro do próprio ente fazendário do Poder Executivo, (ii) pagar o tributo acrescido de juros e multa, sendo certo que as administrações tributárias tem incentivado o pagamento a partir de parcelamento ou de reduções de penalidades cominadas; ou (iii) recorrer diretamente ao Poder Judiciário, renunciado, portanto, à discussão no âmbito administrativo[9].

Sobre a impossibilidade de concomitância de litígio administrativo e judicial, bem como sobre a necessidade de harmonização do sistema, merece destaque a tradicional lição de Rubens Gomes de Sousa[10]:

---

9. Vale destacar o entendimento dos tribunais administrativos e dos tribunais superiores acerca da impossibilidade de concomitância entre o processo judicial e o processo administrativo versando sobre a mesma matéria, com o fito de desconstituição do crédito tributário. Por exemplo:
a) Súmula 1 do Conselho Administrativo de Recursos Fiscais – CARF: *"Importa renúncia às instâncias administrativas a propositura pelo sujeito passivo de ação judicial por qualquer modalidade processual, antes ou depois do lançamento de ofício, com o mesmo objeto do processo administrativo, sendo cabível apenas a apreciação, pelo órgão de julgamento administrativo, de matéria distinta da constante do processo judicial."*
b) Acórdão do Superior Tribunal de Justiça frequentemente citado sobre a questão: "(...) 3.A propositura, pelo contribuinte, de mandado de segurança, ação de repetição do indébito, ação anulatória ou declaratória da nulidade do crédito da Fazenda Nacional importa em renúncia ao direito de recorrer na esfera administrativa e desistência do recurso interposto (art. 1º, §2º, do Decreto-Lei n. 1.737/59 e parágrafo único do art. 38 da Lei n. 6.830/80). Precedentes: REsp 1.001.348 / AM, Primeira Turma, Rel. Min. José Delgado, julgado em 08.04.2008; REsp 840.556 / AM, Primeira Turma, Rel. Min. Francisco Falcão, Rel. p/ Acórdão Ministro Luiz Fux, julgado em 26.09.2006;AgRg no Ag 1.286.561 / MG, Segunda Turma, Rel. Min. Mauro Campbell Marques, julgado em 05.08.2010 REsp 1.161.823 / CE, Segunda Turma, Rel. Min. Eliana Calmon, julgado em 15.06.2010. 4. Recurso especial parcialmente provido." (REsp 1294946/MG, Rel. Ministro MAURO CAMPBELL MARQUES, Segunda Turma do Superior Tribunal de Justiça, julgado em 28/08/2012, DJe 03/09/2012)

10. SOUSA, Rubens Gomes de. *Estudos de direito tributário*. São Paulo: Saraiva, 1950. p. 45.

> Não havendo, assim, coisa julgada administrativa, que pudesse ser oposta ao Judiciário, não existe também litispendência entre processo administrativo e processo judicial: o fato do contribuinte interpor alguma reclamação, ou intentar qualquer medida na órbita administrativa, não tem, pois, força para sobrestar o andamento de quaisquer processos judiciais que já estejam em curso. O que é importante, apenas, é que a lei ou a regulamentação administrativa estabeleçam claramente a ordenação do processo administrativo em suas relações com o executivo fiscal, de modo a evitar que a propositura antecipada deste possa vir a frustrar o direito do contribuinte de recorrer às instâncias administrativas.

Caso o sujeito passivo opte pela impugnação ao auto de infração, demonstrando resistência à pretensão fiscal, será inaugurada a fase contenciosa de discussão do crédito tributário, consistente no *processo administrativo tributário*.

Proferido o julgamento final pelo tribunal administrativo em desfavor[11] do sujeito passivo, os autos do processo administrativo são remetidos para uma divisão de cobrança que notificará o contribuinte acerca do encerramento do processo administrativo e determinará o pagamento acrescido dos juros e penalidade. Crédito tributário constituído.

A constituição definitiva do crédito tributário representa o direito presumido do fisco de intervir no patrimônio privado, de acordo com a norma individual e concreta conhecida pelo sujeito passivo e as importâncias pecuniárias já estão

---

11. Caso o resultado do julgamento na esfera administrativa entenda pela improcedência da pretensão fiscal, julgando extinto o crédito tributário cobrado por meio do auto de infração e, portanto, acolhendo a tese do contribuinte, o fisco não poderá recorrer ao Poder Judiciário. Nesse sentido, pondera Humberto Theodoro Júnior em análise à jurisprudência sobre o tema dos tribunais superiores: "Desde que previstos em lei e processados com respeito ao contraditório e ampla defesa, tais recursos são legítimos, e sua solução vincula a Administração, não, porém, o contribuinte. Este, mesmo vencido na esfera administrativa, "sempre poderá recorrer ao Poder Judiciário para que seja reexaminada a decisão administrativa. Já a Fazenda Pública não poderá se insurgir caso seu recurso hierárquico não prospere, uma vez que não é possível a Administração propor ação contra ato de um de seus órgãos" (STJ, 2ª T. RMS 12.386/RJ, Rel. Min. Franciulli Neto, ac. 19-2-2004, DJU 19-4-2004, p. 168)." (THEODORO JÚNIOR, Humberto. *Lei de execução fiscal*: comentários e jurisprudência. 13ª Edição. São Paulo: Saraiva, 2016. p. 66.)

definidas. Inicia-se, então, a utilização de mecanismos de cobrança e constrangimento do contribuinte autorizados pelas leis que regulam tais expedientes.

Nada obstante todos os mecanismos previstos para coagir o sujeito passivo ao adimplemento da obrigação tributária a partir da constituição definitiva do crédito fiscal, os quais serão analisados no próximo capítulo, a legislação[12] determina, para fins de viabilização da cobrança judicial, que os autos do processo administrativo encerrado devem ser remetidos para uma procuradoria fazendária para a *inscrição em dívida ativa* e produção de um título executivo extrajudicial[13].

A procuradoria fazendária promove o *registro* e lavra o *termo de inscrição de dívida ativa*, que contém, no mínimo, as seguintes informações: (i) o nome e endereço do devedor e dos corresponsáveis; (ii) o valor do tributo, os juros e o critério de cálculo, a multa, os encargos incidentes e os marcos temporais para efeitos de cálculo; (iii) origem, natureza e fundamento legal da dívida; (iv) a data e o número da inscrição, no Registro de Dívida Ativa; e (v) o número do processo administrativo ou do auto de infração.

A *certidão de dívida ativa* corresponde ao título extrajudicial que *goza da presunção de certeza e liquidez e tem o efeito de prova pré-constituída*, conforme prescreve o artigo 204 do Código Tributário Nacional. Evidentemente, tal presunção é relativa, de modo que o devedor poderá apresentar prova para demonstrar a inconsistência do título.

---

12. Especialmente, as prescrições contidas nos artigos 201, 202, 203 e 204 do Código Tributário Nacional, os artigos 2º e 3º da Lei nº 6.830, de 22 de setembro de 1980 e o artigo 39 da Lei nº 4.320, de 17 de março de 1964.

13. O didatismo de Bernardo Ribeiro de Moraes socorre o estudioso na compreensão deste fenômeno jurídico: "Uma vez ocorrido o pressuposto de fato que dá origem à relação jurídica tributária, nasce a obrigação tributária, a qual, após o lançamento, é denominada crédito tributário. Este deve ser pago (liquidado) dentro do prazo previsto em lei. O não adimplemento da obrigação tributária, sem qualquer justificação legal, transforma esse crédito tributário em dívida ativa". (MORAES, Bernardo Ribeiro de. *Compêndio de direito tributário*. Rio de Janeiro: Forense, 1984. p. 782)

Munido da certidão de dívida ativa, o Estado poderá promover outras medidas para constrangimento do contribuinte ao recolhimento da dívida aos cofres públicos, bem como buscar o provimento jurisdicional adequado: o processo de execução fiscal[14]. A certidão de dívida ativa adquire novos contornos de legitimidade e *executoriedade*, conforme esclarece o jurista Paulo Caliendo[15]:

> O crédito tributário não pago será registrado em dívida ativa no prazo estipulado na legislação correspondente. A autoridade fiscal poderá registrar o crédito tributário em dívida ativa imediatamente a partir da comprovação do inadimplemento do contribuinte. A inscrição em dívida ativa torna possível a executoriedade do crédito tributário, mediante a cobrança judicial ou administrativa. Autoriza igualmente a aplicação de todas as restrições decorrentes da presença do indébito tributário, tal como a restrição de crédito público ou sua inabilitação, impossibilidade de contratar com a administração pública, impossibilidade de expedição de Certidão Negativa de Débito (CND), entre outros.

Adicionalmente, a partir da constituição do crédito tributário[16], conforme prevê a legislação específica[17], os autos do

---

14. Socorremo-nos, novamente, ao escólio de Bernardo Ribeiro de Moraes: "Para a propositura da ação de execução fiscal a Fazenda Pública deverá apresentar o título de crédito executivo extrajudicial (respeita-se o princípio da *nulla executio sine titulo*), que, no caso, é a certidão de inscrição de dívida ativa, relativa a crédito tributário inscrito na forma da lei. Os pressupostos específicos do processo executório são: possibilidade jurídica e legitimação para agir, que se encontram no título executivo, onde encontramos os limites objetivos e subjetivos da ação; e o interesse de agir, que se manifesta com o inadimplemento da obrigação materializada no aludido título."(MORAES, Bernardo Ribeiro de. *Compêndio de direito tributário*. Rio de Janeiro: Forense, 1984. p. 902). No mesmo sentido, postula Leonardo Carneiro da Cunha: "Após a inscrição na dívida ativa, será emitida uma certidão que atesta a certeza e a liquidez do débito. Essa certidão, denominada certidão de dívida ativa, constitui o título executivo apto a legitimar a propositura da execução fiscal." (CUNHA, Leonardo Carneiro da. *A Fazenda Pública em juízo*. 14ª Edição. Rio de Janeiro: Forense, 2017. p. 409)

15. CALIENDO, Paulo. *Curso de direito tributário*. São Paulo: Saraiva, 2017. p. 794.

16. Vide a súmula vinculante 24 do Supremo Tribunal Federal: Não se tipifica crime material contra a ordem tributária, previsto no art. 1º, incisos I a IV, da Lei 8.137/1990, antes do lançamento definitivo do tributo.

17. Trata-se da Lei 8.137, de 27 de dezembro de 1990.

processo administrativo fiscal poderão ser remetidos para a autoridade competente para iniciar a persecução criminal. Dada a jurisprudência sobre o tema apontando no sentido de que o pagamento a qualquer tempo é causa para a extinção da punibilidade na hipótese de sonegação fiscal[18], indaga-se sobre a efetividade da pretensão punitiva no âmbito criminal, uma vez que esta representa maior força de constranger ao pagamento do tributo, do que propriamente punir o eventual transgressor.

É evidente que não seria possível propor a extinção dos crimes contra a ordem tributária. O presente artigo pretende analisar, apenas, se os efeitos globais da investigação criminal e os procedimentos aplicados não apontam para mais uma forma de constrangimento dos contribuintes, dentre as muitas existentes no ordenamento jurídico, desenvolvendo um sistema de insegurança jurídica, conforme será exposto a seguir.

3. Medidas à disposição do Estado para a cobrança do crédito tributário ou constrangimento do sujeito passivo para o adimplemento de obrigação

3.1 Inscrição no cadastro de devedores – CADIN

A Lei 10.522/2002 estabeleceu a possibilidade de *inscrição* de débitos federais no cadastro informativo de créditos não quitados do setor público federal – CADIN. Esta lei criou um sistema harmonizado de registro de débitos federais das pessoas físicas e jurídicas – o Sistema de Informações do Banco Central do Brasil – desenvolvendo uma base de consulta disponível para a administração pública que influencia e condiciona o relacionamento entre a administração pública direta e indireta e os devedores.

Ainda que os créditos da União Federal passíveis de inscrição nesse cadastro não sejam apenas aqueles de natureza tributária, verifica-se que a condição natural de qualquer cidadão de

18. Vide o Habeas Corpus 362.478/SP, Rel. Ministro JORGE MUSSI, Quinta Turma do Superior Tribunal de Justiça, julgado em 14/09/2017, DJe 20/09/2017.

compor em algum momento o polo passivo de relação jurídico tributária, seja pela produção de riqueza nova (bens e serviços), seja pela condição de proprietário de bens ou titular de direitos, ou pela remuneração do capital ou trabalho – bases imponíveis da maioria dos tributos do ordenamento jurídico brasileiro –, desenvolve a percepção natural acerca do elevado número de sujeitos que, em função do inadimplemento de obrigações tributárias, podem ser submetido a essa verdadeira sanção política.

E a perspectiva de sanção política decorre de uma possível limitação de direitos a partir da existência da inscrição de débito no CADIN, visto que a administração pública está obrigada a promover a consulta dessa base de informações para fins de (i) *realização de operações de crédito que envolvam a utilização de recursos públicos;* (ii) *concessão de incentivos fiscais e financeiros*; e (iii) *celebração de convênios, acordos, ajustes ou contratos que envolvam desembolso, a qualquer título, de recursos públicos, e respectivos aditamentos*[19].

Tendo em vista que as concessões de créditos, incentivos tributários ou financeiros, e celebração de contratos com o Estado necessariamente serão analisados por sujeitos investidos de poder decisório motivado por conveniência e oportunidade – atos discricionários –, logo o registro no CADIN constitui um limitador natural ao desenvolvimento de atividades relacionadas com o Poder Público.

Desta feita, pode-se considerar que a possibilidade de restrição de uma parcela da atividade econômica a partir da inscrição no CADIN como uma hipótese de constrangimento[20]

---

19. Conforme artigo 6º, incisos I a III, da Lei 10.522/2002.

20. O jurista Cristiano Carvalho classifica a inscrição no CADIN com sanção política: "Outras formas alternativas de sanção passam a funcionar como paliativos para o Estado. As chamadas "sanções políticas", que incluem cadastro de devedores, necessidade de certidão negativa de débito para diversas atividades dos contribuintes, selos e alvarás de funcionamento, emissão de documentos fiscais apenas quando as empresas estiverem em dia com o fisco e mesmo apreensões e retenções de bens privados passam a funcionar como elemento de pressão para forçar o cumprimento das obrigações tributárias." (CARVALHO, Cristiano. *Teoria da decisão tributária*. São Paulo: Almedina, 2018. p. 232)

para que o sujeito passivo realize o recolhimento do crédito tributário.

Em obra crítica sobre o processo de execução fiscal, Renato Lopes Becho, experiente magistrado e estudioso dos dados relativos aos processos em curso, demonstra que o Poder Executivo federal tem utilizado do mecanismo do constrangimento pela inscrição no CADIN como um expediente mais eficaz que o próprio processo de execução fiscal[21]:

> A análise da legislação federal indica que são poucas as providências disponíveis para o Poder Executivo Federal, na cobrança administrativa (notificar o contribuinte e enviar o processo para a Procuradoria da Fazenda Nacional para fins de ajuizamento da execução fiscal). Os fatos indicam que ele demora praticamente cinco anos da caracterização da mora até a propositura da execução judicial. Diante desses dados, parece razoável identificar que a política pública de cobrança de tributos federais está fundada na esperança de que a inscrição da dívida no CADIN leve o contribuinte a recolher espontaneamente o tributo. Somente quando essa providência não surte efeito e às vésperas da prescrição, o Poder Executivo Federal lança mão da providência que pode efetivar a cobrança: o ajuizamento da execução fiscal.

E tal constrangimento se perfaz sem qualquer provimento por parte do Poder Judiciário. Não há mecanismo no âmbito administrativo para que o devedor possa questionar a inscrição do débito. No interior do próprio Poder Executivo a dívida é constituída e o constrangimento é perpetrado.

3.2 Os efeitos da investigação criminal – violação ao *ne bis in idem*?

Como se não suficiente fosse o contexto ora apresentado, a ânsia arrecadatória do Estado excede o exercício da máquina administrativa, sendo capaz de vincular outras esferas à sua busca por receita.

---

21. BECHO, Renato Lopes. *Execução Fiscal*: análise crítica. 1ª Edição. São Paulo: Noeses, 2018. p. 265.

Nesse passo, paralelamente ao trâmite processual que a discussão tributária naturalmente percorre – desde o lançamento do tributo até a execução fiscal, como anteriormente destacado –, o Direito Penal, como a via mais agressiva dentre os aparatos estatais, vem sendo instrumentalizado como nova modalidade de coerção aos pagadores de tributos.

De fato, representações fiscais para fins penais são constantemente confeccionadas com o fim de provocar o Ministério Público a atender não apenas efetivas práticas de sonegação fiscal mediante fraude, como também casos de mero inadimplemento tributário - como se delituosos o fossem.

Há, pois, uma patente subversão do propósito legislativo, uma vez que a falta de pagamento, desacompanhada de qualquer engodo para a consecução da sonegação seria, em tese, passível unicamente de sanção na via administrativa, jamais imputação de crime contra a ordem tributária previsto na Lei 8.137/90, cujas diretrizes exigem uma conduta fraudulenta (elemento subjetivo do tipo penal).

Mas o raciocínio outrora acompanhado tanto pela doutrina majoritária, quanto pela jurisprudência, foi ao longo do tempo sendo deturpado, articulando a hipótese em que o contribuinte, ainda que tenha declarado o tributo ao Fisco Estadual, sem qualquer falsificação de documentos fiscais ou outro meio ardiloso, pode ser também implicado criminalmente se deixar de recolher valores devidos aos cofres públicos.

E tanto é assim que, em agosto de 2018, durante o julgamento do Habeas Corpus n. 399.109, impetrado pela Defensoria Pública de Santa Catarina, o Superior Tribunal de Justiça consolidou o entendimento de que o não recolhimento de ICMS – ainda que devidamente declarado – deixa de configurar mero inadimplemento fiscal, sendo apto a configurar delito tributário, o que representa um verdadeiro desacerto do Poder Judiciário no tocante à priorização da tutela penal.

De mais a mais, é certo que o direito penal atua para tutelar os bens jurídicos afetos à sociedade e individualidade, tanto de forma preventiva, zelando pela segurança social, quanto reativa, sancionando condutas penalmente relevantes[22].

Mas tais preceitos não autorizam a intervenção do direito penal em todos os campos do convívio humano. Pelo contrário, traduzem que a seara criminal deve ser acionada somente quando carentes todas as demais na resolução de conflitos, como precisamente explica Guilherme de Souza Nucci:

> Significa que o direito penal não deve interferir em demasia na vida do indivíduo, retirando-lhe autonomia e liberdade. Afinal, a lei penal não deve ser vista como a primeira opção (prima ratio) do legislador para compor conflitos existentes em sociedade, os quais, pelo atual estágio de desenvolvimento moral e ético da humanidade, sempre estarão presentes. Há outros ramos do Direito preparados a solucionar as desavenças e lides surgidas na comunidade, compondo-as sem maiores traumas. O direito penal é considerado a ultima ratio, isto é, a última cartada do sistema legislativo, quando se entende que outra solução pode haver senão a criação de lei penal incriminadora, impondo a sanção penal ao infrator.[23]

E como *ultima ratio* que é, cabe ao direito penal a observância aos princípios da subsidiariedade e da intervenção mínima, tomando frente como último remédio legal, quando o bem jurídico não pode ser protegido de nenhuma outra forma.

No entanto, os conceitos e princípios que deveriam nortear o ordenamento jurídico são desprezados com o fim de ampliar as possibilidades de arrecadação ao Estado, transferindo ao direito penal as atribuições do fisco na cobrança ao contribuinte em casos de mero inadimplemento tributário.

É, pois, manifesto o abandono da tutela de bens jurídicos verdadeiramente preciosos à sociedade, resguardando somente o "interesse estatal na obtenção de receitas" – como

---

22. BITENCOURT, Cezar Roberto. *Tratado de Direito Penal* - Parte Geral 1. 19ª edição. São Paulo: Saraiva, 2013. p.47.

23. NUCCI, Guilherme de Souza. *Manual de Direito Penal.* 9ª edição. São Paulo: Revista dos Tribunais, 2013. p. 92/93.

entende a corrente patrimonialista[24] –, vez que a seara penal é instada a atuar como ferramenta de coerção para cobrança de impostos, os quais deveriam ser exclusivamente postulados em sede de execução fiscal, meio mais adequado e menos prejudicial à liberdade e dignidade do cidadão. Assim é a lição de Jaqueline Tortola Sisti:

> Como sistema garantista que é, com função de indispensável proteção dos bens jurídicos essenciais, não deve o Direito Penal prestar-se ao papel de mero cobrador de impostos, atuando na coerção dos contribuintes ao pagamento dos tributos, já que tal função contraria os postulados constitucionais da dignidade da pessoa e da ultima ratio.[25]

Mas não é só! A penalização criminal tão somente sobre eventual falta de recolhimento de tributos já cobrados e discutidos na seara administrativa também se revela uma absoluta afronta ao princípio do *ne bis in idem*, vigente no sistema jurídico-penal do Estado Democrático de Direito, o qual impõe a impossibilidade tanto de sancionar o mesmo indivíduo pelos mesmos fatos e fundamentos (aspecto material), quanto de processá-lo sobre fatos anteriormente julgados (aspecto processual).

E inobstante seja o princípio usualmente reconhecido para resolução de conflitos dentro de um só ramo do Direito[26], é possível admitir que suas diretrizes sejam suscetíveis de extensão, de modo a abranger todo o ordenamento jurídico, quando verificada a incidência tríplice dos requisitos: sujeito, fato e motivação.

---

24. RODRIGUES, Savio Guimarães. *Bem Jurídico-Penal Tributário*: A Legitimidade do Sistema Punitivo em Matéria Fiscal. Porto Alegre: Núria Fabris Ed., 2013. p. 148.

25. SISTI, Jaqueline Tortola Ribeiro; TEIXEIRA, Rodrigo Valente Giublin. Da legitimidade da intervenção penal na ordem tributária. *Revista Brasileira de Ciências Criminais*. Volume 17, novembro/dezembro de 2015.

26. De acordo com Jacobo López Barja de Quiroga, "no âmbito misto administrativo-jurisdicional penal, a problemática se apresenta quando a Administração e a Jurisdição penal impõem, ou estão em vias de fazê-lo, cada uma dentro do seu alcance, uma sanção quanto ao mesmo fato e à mesma pessoa". BARJA DE QUIROGA, Jacobo López. *El principio: non bis in idem*. Madrid: Dykinson, 2004. p. 38.

Significa dizer que a hipótese de movimentação concomitante de duas máquinas públicas para punir o mesmo contribuinte (sujeito) – por meio de sanção criminal e por infração administrativa – em virtude de idêntica lacuna tributária (fato), ambas com o mesmo ímpeto de garantir o recolhimento de impostos aos cofres do Estado (fundamento), configura verdadeira violação ao princípio do *ne bis in idem*.

Em outros termos, "o que o *ne bis in idem* veda é a duplicidade de sanções administrativa e penal no caso em que há identidade de sujeito, fato e fundamento, pois a permissão desta dupla sanção revelaria indevida desproporcionalidade quanto à culpabilidade do agente e à magnitude do injusto no caso concreto."[27]

Desde já vale destacar que a máxima da independência de instâncias – utilizado à exaustão na tentativa de legitimar a dupla sanção –, não censura o raciocínio posto, vez que seu conceito indica tão somente "que as conclusões alcançadas em um processo administrativo, por exemplo, não são necessariamente vinculantes em relação ao processo penal (e vice-versa)."[28]

Nesse passo, em hipóteses de identidade de fundamento, ainda que em diferentes esferas do direito, é viável a observância ao princípio do ne bis in idem como forma de evitar a indevida cumulação sancionatória, como bem ensina Helena Regina Lobo da Costa:

> Examinada a possibilidade de aplicação do ne bis in idem entre sanção penal e sanção administrativa no direito brasileiro, verificou-se que não apenas inexiste qualquer óbice para sua adoção, senão também que o princípio da proporcionalidade o impõe, já

27. KASSADA, Daiane Ayumi; CARVALHO, Érika Mendes de. Responsabilidade das pessoas jurídicas em infrações ambientais em face do princípio do ne bis in idem: uma abordagem político-criminal. *Revista de Criminologias e Políticas Criminais*, v. 3, 2017. p. 56.

28. TEIXEIRA, Adriano. ESTELLITA, Heloísa. CAVALI, Marcelo. *Ne bis in idem e o cúmulo de sanções penais e administrativas: um 'Estado Hidra de Lerna'?* JOTA, 2018. Disponível em: https://www.jota.info/opiniao-e-analise/artigos/ne-bis-in-idem-e-o-cumulo-de-sancoes-penais-e-administrativas-01082018. Acesso em: 29/05/19.

que a cumulação das vias penal e administrativa viola o subprincípio da necessidade.[29]

Sendo, portanto, superado o dogma da independência de searas, é necessária a limitação do poder sancionador a apenas uma esfera do Direito quando há um mesmo propósito, de modo a evitar a ocorrência de *bis in idem*. Ocorre que o princípio do *ne bis in idem* é axiologicamente neutro[30]– isto é, não determina qual prevalência de sanção em caso de coincidência de fato, sujeito e fundamento –, razão pela qual a questão deve ser solucionada a partir dos princípios do conflito aparente de normas.

Ao contrário do estigma que circunda a seara penal acerca de sua efetividade sancionatória, vale relembrar que ambas as esferas projetam em suas sanções (infração administrativa e pena) as mesmas finalidades preventivas e retributivas, sendo igualmente competentes a atingi-las. Logo, deve-se "*abandonar a ideia de que as sanções impostas pelo direito administrativo são bagatelares ou de menor gravidade.*"[31]

E uma vez que a seara administrativa é meio apto a tutelar legitimamente o interesse estatal na recuperação de receitas, razão não assiste à dupla sanção pela via criminal, restando, pois, inadmissível, em observância aos princípios norteadores do Estado Democrático de Direito, a articulação da *ultima ratio* como ferramenta de intimidação e ameaça à liberdade dos indivíduos visando alargar a margem de arrecadação tributária aos cofres públicos.

---

29. LOBO DA COSTA, Helena Regina. *Direito Penal Econômico e Direito Administrativo Sancionador*: ne bis in idem como medida de política sancionadora integrada. Tese (Livre Docência). Universidade de São Paulo. São Paulo. 2013. p. 237.

30. GARCÍA ALBERO, Ramón. *Non bis in idem*: material y concurso de leyes penales. Barcelona: CEDECS, 1995. p. 85.

31. LOBO DA COSTA, Helena Regina. *Direito Penal Econômico e Direito Administrativo Sancionador*: ne bis in idem como medida de política sancionadora integrada. Tese (Livre Docência). Universidade de São Paulo. São Paulo. 2013. p. 236.

3.3 Medida cautelar fiscal

A *Medida cautelar fiscal* decorre de previsão da Lei 8.397/92, consistente em medida judicial que pode ser ajuizada a partir da constituição do crédito tributário, até mesmo no curso de processo executivo fiscal, visando obter provimento jurisdicional para a decretação da indisponibilidade de bens e ulterior satisfação do crédito tributário, decorrente de hipóteses em que a cobrança se tornar dificultosa ou que exista a suspeita de adoção de comportamentos pelo sujeito passivo que impeçam a satisfação da obrigação.

Sobre o instrumento processual cautelar à disposição do fisco, escreveu Humberto Theodoro Júnior[32]:

> "Para prevenir a fraude contra o crédito público, a Lei 8.397, de 6 de janeiro de 1992, instituiu a "medida cautelar fiscal", que pode ser adotada antes da ação executiva fiscal ou em seu curso e que consiste na indisponibilidade de bens do devedor necessários a garantir a satisfação do crédito cuja constituição conste de prova literal (arts. 3º e 4º). Para a decretação da medida, porém, não basta a existência do crédito da Fazenda, mas também terá de ser demonstrado o risco de insolvência do devedor, segundo a ocorrência de algum dos fatos arrolados no art. 2º Lei 8.397. Trata-se de providência cautelar assemelhada ao arresto (CPC/73, art. 813), embora não haja a obrigatoriedade de submeter os bens constritos a depósito judicial."

O efeito de indisponibilidade de bens do sujeito passivo para fins de garantia do crédito tributário, o qual, por vezes, sequer encontra-se ajuizado por meio do competente processo de execução fiscal, limita a liberdade individual e o direito de propriedade, restringindo, verdadeiramente, pela demora típica de processos judiciais e das medidas que devem ser impostas para a restrição da disposição dos bens envolvidos[33].

---

32. THEODORO JÚNIOR, Humberto. *Lei de execução fiscal*: comentários e jurisprudência. 13ª Edição. São Paulo: Saraiva, 2016. p. 190.

33. Estabelece o artigo 4º da lei da medida cautelar fiscal: "Art. 4º A decretação da medida cautelar fiscal produzirá, de imediato, a indisponibilidade dos bens do

Pode-se considerar um certo abandono deste instrumento, tendo em vista que: (i) os prazos exigidos pela lei[34] para a propositura de execução fiscal após a concessão da medida cautelar fiscal não são compatíveis com a conhecida atuação das procuradorias fazendárias, e; (ii) os próprios contribuintes e responsáveis tem adotado medidas para suspender a exigibilidade do crédito tributário e, mediante a prestação de garantia, pagamento ou obtenção de provimento jurisdicional, ter reconhecido o direito à certidão de regularidade fiscal.

3.4 Protesto da Certidão de Dívida Ativa - CDA

Por meio de alteração introduzida pela Lei 12.767/2012 no artigo 1º da Lei 9.492/97, a procuradoria fazendária passou a poder utilizar do mecanismo de protesto de título – *ato formal e solene pelo qual se prova a inadimpl*ência e o descumprimento de obrigação *originada em títulos e outros documentos de dívida* – para fins de cobrança da dívida ativa. O principal efeito da medida, na prática, é criar elemento para desconfiança do mercado e dificultar a celebração de negócios, em especial, aqueles envolvendo operações financeiras.

A medida foi questionada perante o Supremo Tribunal Federal por meio da ADI nº 5.135/DF, mas o resultado do julgamento foi a consagração do entendimento de que o protesto da dívida ativa não fere direitos e garantias fundamentais dos contribuintes. Em decorrência dessa decisão, tem-se verificado que este instrumento tem sido amplamente utilizado pelo fisco.

Inquestionavelmente, o protesto da certidão de dívida ativa constitui uma forma de coerção do Estado, ainda que

requerido, até o limite da satisfação da obrigação. (...)§ 3° Decretada a medida cautelar fiscal, será comunicada imediatamente ao registro público de imóveis, ao Banco Central do Brasil, à Comissão de Valores Mobiliários e às demais repartições que processem registros de transferência de bens, a fim de que, no âmbito de suas atribuições, façam cumprir a constrição judicial."

34. Conforme prescrevem os arts. 11, 12 e 13 da Lei 8.397/92.

a sua utilização tome por fundamento a redução dos custos para a máquina pública na cobrança da dívida tributária.

Mesmo diante da constatação da redução dos custos para o Estado, não é possível a defesa irrestrita deste mecanismo, posto que o protesto gera a desconfiança do mercado e impede o sujeito constrangido de obter financiamentos, celebrar contratos e desenvolver plenamente a sua atividade. Não há dúvidas de que a queda do dinamismo econômico gera a redução na produção de riquezas que, consequentemente, diminuem a arrecadação tributária. O manejo desse instrumento tem sido amplo e os efeitos já são bem conhecidos.

3.5 Averbação pré-executória

A Lei 13.606, de 9 de janeiro de 2018, introduziu os artigos 20-B, 20-C, 20-D e 20-E na Lei 10.522/2002, instituindo a *averbação pré-executória* que corresponde a um expediente à disposição da Procuradoria da Fazenda Nacional para determinar a indisponibilidade de bens e direitos a partir da averbação da certidão de dívida ativa nos órgãos de registro desses bens e direitos, sem qualquer limitação em função da natureza, finalidade social ou situação dos bens e direitos envolvidos.

Com a finalidade de regulamentar o quanto disposto na Lei 13.606/2018 sobre a averbação pré-executória e introduzir algumas regras para a adaptação da sistemática existente para fins de garantia no processo de execução fiscal, e o comportamento da Procuradoria Fazendária Federal em algumas hipóteses do próprio rito executivo de acordo com algumas circunstâncias e débitos especificados, foi editada a Portaria da PGFN 33/2018.

Acerca da averbação pré-executória[35], a Portaria da PGFN 33/2018 estabelece uma série de medidas e expedientes

35. A finalidade da averbação pré-executória consta bem descrita no artigo 21, *caput*, da Portaria da PGFN 33/2018: "Art. 21. A averbação pré-executória é o ato pelo qual se anota nos órgãos de registros de bens e direitos sujeitos a arresto ou penhora, para o conhecimento de terceiros, a existência de débito inscrito em dívida ativa da União, visando prevenir a fraude à execução de que tratam os artigos

– inclusive um procedimento de impugnação da averbação pré-executória –, evidenciando-se que a medida verdadeiramente antecipa o próprio processo de execução fiscal e com este se relaciona[36] diretamente para a garantia da ulterior satisfação do crédito tributário.

Ainda não está clara como se dará a utilização deste instrumento de indisponibilidade de bens e direitos dos devedores, visto que as circunstâncias em que a lei foi editada, bem como a imediata reação de setores da sociedade civil contra a nova medida[37], impediram, até o momento da publicação deste artigo, o conhecimento sobre os efeitos econômicos e a harmonização com os demais meios de cobrança do crédito tributário.

Enfim, todos os instrumentos apresentados no presente capítulo demonstram a existência de toda espécie de mecanismo de constrangimento dos sujeitos passivos e cobrança do crédito tributário até a adoção da medida judicial adequada para tanto: o processo de execução fiscal.

Diante da notória dificuldade do fisco de obtenção de recursos, não há como deixar de constatar que os mecanismos utilizados não estão viabilizando o recolhimento de tributos e, apenas, têm suscitado a crítica de especialistas e o repúdio daqueles que sofrem os efeitos econômicos de tais constrangimentos.

4. Análise crítica do processo de execução fiscal

Com o advento da Lei 6.830, de 22 de setembro de 1980, foi estabelecido o diploma específico relativo à *cobrança judicial da Dívida Ativa da Fazenda Pública*, cuja aplicação levou ao reconhecimento do texto como a "Lei das Execuções Fiscais - LEF".

---

185 da Lei 5.172, de 25 de outubro de 1996 (Código Tributário Nacional) e 792 da Lei 13.105, de 16 de março de 2015."

36. Especialmente os artigos 30, 32, 33 e 40 da Portaria da PGFN 33/2018.

37. Visto que foram apresentadas contra a inovação legal até o momento as Ações Diretas de Inconstitucionalidade de nº 5881, 5886, 5890, 5891, 5925, 5931 e 5932 e estão aguardando julgamento sob a relatoria do Ministro Marco Aurélio do Supremo Tribunal Federal.

Da análise perfunctória da lei é possível constatar, em vista do conhecimento do ordenamento processual e de prerrogativas da Fazenda Pública já delimitadas no Código Tributário Nacional que o legislador pretendeu: (i) a descodificação de um procedimento que já se integrara ao Código de Processo Civil e (ii) o reconhecimento de privilégios à Fazenda Pública para a cobrança da dívida fiscal e atuação neste processo.

Dentre os privilégios identificáveis no texto da lei sob análise podem ser destacados: (i) possibilidade de substituição ou emenda da Certidão de Dívida Ativa até a decisão de primeira instância (artigo 2º, parágrafo 8º, da LEF); (ii) a possibilidade de promover a execução fiscal contra o contribuinte ou responsáveis, sem a exigência de processo administrativo prévio para a constatação de responsabilidade individual, se for o caso (artigo 4º da LEF); (iii) a citação dos contribuintes e responsáveis (executados) pelo correio como regra geral, cujo prazo de recolhimento da dívida ou garantia do juízo de cinco dias (artigo 8º da LEF), enquanto qualquer intimação para a procuradoria fazendária é realizada pessoalmente (artigo 25 da LEF); (iv) a possibilidade de aceitação dos bens oferecidos à procuradoria fazendária (artigo 11 da LEF); (v) não admissão dos embargos antes de garantida a execução fiscal, ferindo, assim, o direito de petição (artigo 16, parágrafo 1º, da LEF); e, (vi) na hipótese de demanda perante o Poder Judiciário para questionar dívida tributária que não seja por via dos embargos à execução fiscal, a lei estabelece o depósito em dinheiro como "requisito" – uma condicionante de procedibilidade – ferindo, novamente, o direito de petição (artigo 38 da LEF).

A relação turbulenta existente entre sujeito ativo e sujeito passivo em função da expectativa de aplicação das normas emanadas do Poder Legislativo, quase sempre prevendo carga tributária elevada e deveres instrumentais de difícil adimplemento, e dos expedientes para a cobrança do crédito tributário à disposição do Poder Executivo, amplamente abordados no presente artigo, adquire um novo nível de complexidade e rompimento com o tratamento equidistante esperado do Poder Judiciário, visto que o processo de execução fiscal reconhece prerrogativas excessivas[38] à Fazenda Pública.

Da redação de dispositivos da própria lei acerca da petição inicial e da tramitação da execução fiscal, verifica-se a preocupação do legislador em estabelecer exigências mais simples para a formalização do processo e concretização do objetivo de viabilizar a recuperação de dívida, conforme explica didaticamente Renato Lopes Becho[39]:

> A execução fiscal possui ao menos dois objetivos tradicionais: (i) a recuperação de créditos do Estado, não adimplidos espontaneamente pelos devedores, e (ii) funciona como uma ferramenta de inibição da sonegação fiscal. Quanto mais efetiva for a execução, maiores são as chances de pagamento voluntário dos tributos. Mas há um terceiro e não menos importante objetivo: (iii) conduzir o processamento de cobrança das exações dentro dos estritos termos da legislação brasileira. Nessa ótica, podemos afirmar que o processo de execução fiscal funciona como uma ferramenta em que o executado tem a chance de ver um magistrado julgando se a dívida é devida e se está sendo cobrada nos termos da lei, sem abusos.

Para que o executado possa apresentar a sua defesa no prazo de 30 (trinta) dias, opondo *embargos à execução fiscal*, este deverá garantir o juízo, mediante depósito em dinheiro ou oferecendo os bens à penhora previstos na legislação, sem prejuízo da possibilidade do devedor peticionar a qualquer tempo nos autos por meio de exceção de pré-executividade para arguir matérias de ordem pública.

---

38. Sobre os privilégios, discorreu Humberto Theodoro Júnior: "Quanto aos privilégios exagerados que a Lei instituiu em prol da Fazenda Pública, não se deve esquecer que no sistema democrático um dos princípios mais caros, na ordem constitucional, é o da isonomia, ou seja, o da igualdade de todos perante a lei, do qual não se deve afastar nem mesmo a Fazenda Pública, mormente quando, como é o caso do Brasil, a Administração e os particulares litigam perante uma só justiça." (THEODORO JÚNIOR, Humberto. *Lei de execução fiscal*: comentários e jurisprudência. 13ª Edição. São Paulo: Saraiva, 2016. p. 28-29.)

39. BECHO, Renato Lopes. *Execução Fiscal*: análise crítica. 1ª Edição. São Paulo: Noeses, 2018. p 40.

É aplicável a previsão constante do artigo 185 do Código Tributário Nacional, segundo a qual presume-se "*fraudulenta a alienação ou oneração de bens ou rendas, ou seu começo, por sujeito passivo em débito para com a Fazenda Pública, por crédito tributário regularmente inscrito como dívida ativa*", a partir da inscrição em dívida ativa e na pendência do encerramento da execução fiscal.

Portanto, enquanto pendente o reconhecimento pelo juiz acerca da suficiência dos bens oferecidos à penhora, o executado permanecerá com o risco de ter alguma relação negocial de seus bens concebida como alienação fraudulenta. Por isso, é importante que na hipótese de venda de bens o devedor tributário preserve patrimônio suficiente para satisfazer o débito inscrito em dívida ativa executado.

Na hipótese de ter ocorrido a citação e o devedor não ter apresentado bens à penhora ou realizado o depósito integral da dívida inscrita, sem a localização ulterior de bens que possam sofrer com tal constrição, conforme o artigo 185-A do Código Tributário Nacional,

> Art. 185-A: *o juiz determinará a indisponibilidade de seus bens e direitos, comunicando a decisão, preferencialmente por meio eletrônico, aos órgãos e entidades que promovem registros de transferência de bens, especialmente ao registro público de imóveis e às autoridades supervisoras do mercado bancário e do mercado de capitais, a fim de que, no âmbito de suas atribuições, façam cumprir a ordem judicial.*

Em harmonia com outras normas do código processual, desenvolveu-se um mecanismo de identificação de dinheiro mantido em instituição financeira para o bloqueio da disposição desses bens pelo executado, na hipótese de determinação do juízo para tal bloqueio. O expediente é conhecido como *penhora on-line*.

O nível de sofisticação dessa forma de determinação de indisponibilidade de bens gera constantes preocupações nos devedores, especialmente, ante a possibilidade de se descobrir sobre a existência de uma execução fiscal com a impossibilidade de realizar transações financeiras. Não raro se tem verificada essa realidade preocupante.

Ainda no campo dos problemas relativos à garantia com oferecimento de bens à penhora, cite-se a conhecida controvérsia em torno da aceitação do seguro garantia e da fiança bancária para fins de assegurar a execução fiscal. Somente com a alteração do artigo 9º, inciso II, da LEF pela Lei 13.043/2014 foi possível viabilizar a aceitação do seguro garantia e da fiança bancária[40], ainda que os tribunais superiores preservem o entendimento sobre a preferência do dinheiro sob as demais modalidades de garantia, impedindo, por vezes, a substituição do depósito[41].

Deveria ser possível concluir que um procedimento que adota forma simples e investe o magistrado de inúmeros mecanismos para assegurar a dívida seria extremamente eficaz no recebimento dos recursos devidos ao erário. Na realidade, não é bem assim.

De acordo com o relatório *Justiça em Números 2018* do Conselho Nacional de Justiça[42], o *"Poder Judiciário contava com um acervo de 80,1 milhões de processos pendentes de baixa no final do ano de 2017, sendo que mais da metade desses processos (53%) se referia à fase de execução."*

Do total de processos de execução pendentes – mais da metade da totalidade de processos pendentes perante os tribunais brasileiros – cerca de 74% (setenta e quatro por cento) são execuções fiscais (39% - trinta e nove por cento) do total de processos pendentes). O mesmo trabalho indica com

---

40. REsp 1726915/RS, Rel. Ministro HERMAN BENJAMIN, Segunda Turma do Superior Tribunal de Justiça, julgado em 17/04/2018, DJe 24/05/2018.

41. REsp 1592339/PR, Rel. Ministro HERMAN BENJAMIN, Segunda Turma do Superior Tribunal de Justiça, julgado em 17/05/2016, DJe 01/06/2016.

42. Conselho Nacional de Justiça. Justiça em Números 2018: ano-base 2017.Brasília: CNJ, 2018. p. 121.

clareza que os processos dessa natureza são os principais responsáveis pelo congestionamento do Poder Judiciário.

Talvez o índice mais alarmante se refira ao dado de congestionamento dessa espécie de processo: 91,7% (noventa e um vírgula sete por cento). Em outras palavras, de cada cem execuções fiscais que tramitaram no ano de 2017, somente oito foram baixadas, conforme conclusões do relatório do CNJ.

O parágrafo introdutório[43] do item sobre as execuções fiscais, no início do capítulo dedicado do *Justiça em Números 2018*, reproduz bem o debate ora proposto:

> Historicamente as execuções fiscais têm sido apontadas como o principal fator de morosidade do Poder Judiciário. O executivo fiscal chega a juízo depois que as tentativas de recuperação do crédito tributário se frustraram na via administrativa, provocando sua inscrição na dívida ativa. Dessa forma, o processo judicial acaba por repetir etapas e providências de localização do devedor ou patrimônio capaz de satisfazer o crédito tributário já adotadas, sem sucesso, pela administração fazendária ou pelo conselho de fiscalização profissional. Acabam chegando ao Judiciário títulos de dívidas antigas e, por consequência, com menor probabilidade de recuperação.

O presente artigo pretendeu justamente demonstrar que mesmo com a existência de diversos mecanismos à disposição do Poder Executivo para constranger os contribuintes e responsáveis ao recolhimento do tributo, impondo, por vezes, sanções verdadeiramente políticas, e mesmo o processo típico para cobrança da dívida tributária não alcançando os seus objetivos, a relação entre fisco e sujeitos passivos persiste com graves distorções e insatisfação de ambas as partes.

Diante de todo o exposto, é necessário reconhecer que não será pela criação de novos mecanismos de constrangimento dos contribuintes ou de cobrança do crédito tributário, ou mesmo de uma revolução normativa no processo de execução fiscal, que a cobrança do crédito tributário será mais efetiva.

---

43. Idem. p. 125.

Ainda que as falhas na condução dos processos de execução fiscal sejam evidentes – dado o excesso de demandas que ingressam anualmente no Poder Judiciário e ficam congestionadas – é preciso ponderar que as procuradorias fazendárias são as maiores litigantes do Brasil.

Portanto, deve-se buscar uma reforma do sistema tributário que harmonize as espécies de cobranças administrativas do tributo com um processo judicial de execução fiscal justo, que não incentive a informalidade, e consequente sonegação, bem como não desenvolva incentivos para o inadimplemento das obrigações tributárias, visto que, ainda que se adquira maior eficiência arrecadatória, as normas tributárias sempre estarão inserida no universo de normas de rejeição social.

5. Referências

BARJA DE QUIROGA, Jacobo López. *El principio: non bis in idem*. Madrid: Dykinson, 2004.

BECHO, Renato Lopes. *Execução Fiscal*: análise crítica. 1ª Edição. São Paulo: Noeses, 2018.

BITENCOURT, Cezar Roberto. *Tratado de Direito Penal* – Parte Geral 1. 19ª edição. São Paulo: Saraiva, 2013.

CALIENDO, Paulo. *Curso de direito tributário*. São Paulo: Saraiva, 2017.

CARVALHO, Cristiano. *Teoria da decisão tributária*. São Paulo: Almedina, 2018.

CARVALHO, Paulo de Barros. *Curso de direito tributário*. 29ª Edição. São Paulo: Saraiva, 2018.

CUNHA, Leonardo Carneiro da. *A Fazenda Pública em juízo*. 14ª Edição. Rio de Janeiro: Forense, 2017.

GARCÍA ALBERO, Ramón. *Non bis in idem*: material y concurso de leyes penales. Barcelona: CEDECS, 1995.

JESUS, Isabela Bonfá de. *Manual de direito e processo tributário*. 4ª Edição. São Paulo: Revista dos Tribunais, 2017

KASSADA, Daiane Ayumi; CARVALHO, Érika Mendes de. *Responsabilidade das pessoas jurídicas em infrações ambientais em face do princípio do ne bis in idem*: uma abordagem político-criminal. Revista de Criminologias e Políticas Criminais, v. 3, 2017.

LOBO DA COSTA, Helena Regina. *Direito Penal Econômico e Direito Administrativo Sancionador*: ne bis in idem como medida de política sancionadora integrada. Tese (Livre Docência). Universidade de São Paulo. São Paulo. 2013

MARTINS, Ives Gandra da Silva. *Teoria da imposição tributária*. São Paulo: Saraiva, 1983.

MORAES, Bernardo Ribeiro de. *Compêndio de direito tributário*. Rio de Janeiro: Forense, 1984.

NUCCI, Guilherme de Souza. *Manual de Direito Penal*. 9ª edição. São Paulo: Revista dos Tribunais, 2013.

RODRIGUES, Savio Guimarães. *Bem Jurídico-Penal Tributário*: A Legitimidade do Sistema Punitivo em Matéria Fiscal. Porto Alegre: Núria Fabris Ed., 2013.

SISTI, Jaqueline Tortola Ribeiro; TEIXEIRA, Rodrigo Valente Giublin. *Da legitimidade da intervenção penal na ordem tributária*. Revista Brasileira de Ciências Criminais. Volume 17, novembro/dezembro de 2015.

SOUSA, Rubens Gomes de. *Estudos de direito tributário*. São Paulo: Saraiva, 1950.

TEIXEIRA, Adriano. ESTELLITA, Heloísa. CAVALI, Marcelo. *Ne bis in idem e o cúmulo de sanções penais e administrativas: um 'Estado Hidra de Lerna'?* JOTA, 2018. Disponível em: https://www.jota.info/opiniao-e-analise/artigos/ne-bis-in-idem-e-o-cumulo-de-sancoes-penais-e-administrativas-01082018. Acesso em: 29/05/19.

THEODORO JÚNIOR, Humberto. *Lei de execução fiscal*: comentários e jurisprudência. 13ª Edição. São Paulo: Saraiva, 2016.

O CENÁRIO ATUAL DO PROTESTO DA CERTIDÃO DE DÍVIDA ATIVA SOB A ÓTICA DOS DIREITOS FUNDAMENTAIS DOS CONTRIBUINTES

Vanessa Pereira Rodrigues Domene[1]

Marina Garcia Valio[2]

1. Introdução

O uso do protesto como procedimento alternativo de cobrança da Certidão de Dívida Ativa pelas Procuradorias das Fazendas Públicas surge com o objetivo de se ter celeridade e eficiência no adimplemento do crédito tributário. Este instrumento marcou o nascimento de novas metodologias

1. Mestranda em Direito Tributário pela FGV/SP. Especialista em direito tributário pela PUC/SP – Cogeae. Foi Juíza do Tribunal de Impostos e Taxas da Secretaria da Fazenda do Estado de São Paulo de 2004 a 2015, com assento na Câmara Superior de 2009 a 2015. Foi Conselheira na 2ª Seção do CARF de 2007 a 2010. Membro da Comissão de Processo Administrativo Tributário da OAB/SP desde 2014. Vice-Presidente da Comissão de Direito Tributário Constitucional da OAB Pinheiros desde 2019. Advogada. Sócia de Lima Junior, Domene e Advogados Associados. Diretora Jurídica Adjunta da FIESP – Federação da Indústria do Estado de São Paulo.

2. Pós-graduanda em Direito Tributário pelo INSPER – Instituto de Ensino. Foi membro da Comissão de Ética e Disciplina da OAB/SP em 2018. Advogada Associada de Lima Junior, Domene e Advogados Associados.

empregadas pelo erário público para alavancar a arrecadação da dívida ativa, num momento em que o status obsoleto da LEF – Lei das Execuções Fiscais não mais consegue alcançar a dinâmica das relações econômico-financeiras da sociedade atual.

O objetivo do presente artigo é avaliar o atual cenário jurídico do instrumento de protesto das Certidões de Dívida Ativa, considerando a declaração de constitucionalidade e legalidade pelos nossos Tribunais Superiores, para ao final delimitar o seu alcance diante de direitos fundamentais dos contribuintes. Dar-se-á enfoque para o protesto da Certidão de Dívida Ativa realizada pela PGFN – Procuradoria Geral da Fazenda Nacional.

Para tanto, iniciamos com a breve análise histórica deste instrumento.

2. Protesto da Certidão de Dívida Ativa: Uma breve análise histórica

É cediço que, desde 2016, a possibilidade de protesto de CDA - Certidão de Dívida Ativa pelas Fazendas Públicas mudou de status, deixando de ser apenas um instrumento jurídico de grande uso na realidade fática para passar a ser um mecanismo reconhecidamente constitucional e legítimo, visto que foi fixada pelo Supremo Tribunal Federal, no julgamento da ADI nº. 5135, a seguinte tese: *"O protesto das Certidões de Dívida Ativa constitui mecanismo constitucional e legítimo, por não restringir de forma desproporcional quaisquer direitos fundamentais garantidos aos contribuintes e, assim, não constituir sanção política."*.

É bem verdade que o protesto de CDA enquanto instrumento de cobrança vem sendo utilizada pelo Fisco desde a década de 1980, com o advento da Lei de Execuções Fiscais. Isso, porque, a Lei 6.830/80 trouxe em seu bojo os requisitos para a emissão de Certidão de Dívida Ativa e, juntamente com o disposto no artigo 585, VII do Código de Processo Civil de

1973[3], restou claro que a CDA é um título executivo extrajudicial, portanto, passível de ser protestado, de acordo com a interpretação extensiva que se fazia da expressão – "outros documentos de dívida" – constante no *caput* do artigo 1º da Lei de Protesto (Lei 9.492/97)[4]. Ocorre que, claramente, esta interpretação extensiva era feita tão somente pela Fazenda Pública, enquanto que os contribuintes alegavam, em seu favor, que a Lei havia se feito silente.

Diante da controvérsia posta, sobreveio a alteração feita por meio da Lei 12.767/2012 que restou incluído no artigo 1º da Lei 9.492/97, o parágrafo único[5], o qual determinou a inclusão entre os títulos sujeitos a protesto as certidões de dívida ativa da União, dos Estados, do Distrito Federal, dos Municípios e das respectivas autarquias e fundações públicas, pondo fim nas discussões e polêmicas acerca da possibilidade ou não do título do Fisco ser protestado. Pois bem, foi neste contexto que o protesto extrajudicial da certidão de dívida ativa validou-se como instrumento jurídico prévio ao ajuizamento da Ação de Execução Fiscal, consistindo em medida extrajudicial de cobrança do contribuinte.

Diante do uso constante do Protesto da CDA por parte das Fazendas Públicas, a constitucionalidade deste instrumento como meio hábil à cobrança do contribuinte foi questionada por meio da ADI nº 5135/DF[6], a qual entendeu que o parágrafo

---

3. Art. 585. São títulos executivos extrajudiciais: VII - a certidão de dívida ativa da Fazenda Pública da União, dos Estados, do Distrito Federal, dos Territórios e dos Municípios, correspondente aos créditos inscritos na forma da lei.

4. LEI 9.492, de 10 de setembro de 1997: Define competência, regulamenta os serviços concernentes ao protesto de títulos e outros documentos de dívida e dá outras providências.

5. Art. 1º Protesto é o ato formal e solene pelo qual se prova a inadimplência e o descumprimento de obrigação originada em títulos e outros documentos de dívida. Parágrafo único. Incluem-se entre os títulos sujeitos a protesto as certidões de dívida ativa da União, dos Estados, do Distrito Federal, dos Municípios e das respectivas autarquias e fundações públicas. (Incluído pela Lei 12.767, de 2012).

6. Supremo Tribunal Federal (STF) - Ação Direta de Inconstitucionalidade 5135. Origem: DF – Distrito Federal. Relator: Ministro Roberto Barroso. Data de Julga-

único do art. 1º da Lei 9.492/1997, inserido pela Lei 12.767/2012, que incluiu as Certidões de Dívida Ativa no rol dos títulos protestáveis, seria compatível com a Constituição Federal de 1988, tanto do ponto de vista formal quanto do material.

No julgamento ora *in comento* assentou-se que, (i) fato de a execução fiscal ser o instrumento típico para a cobrança judicial da dívida ativa não exclui mecanismos extrajudicial, como o protesto da CDA, bem como que, (ii) o protesto não impede o devedor de acessar o Poder Judiciário para discutir a validade do crédito. O reconhecimento da constitucionalidade foi somente o despertar de um novo modelo de cobrança do crédito tributário, focado na efetividade e celeridade, constituindo-se como a base para a introdução de novos atos normativos e de inovadores instrumentos jurídicos para complementação do instrumento de execução tradicional.

O protesto da CDA enquanto método alternativo de cobrança, nada mais é do que mais um procedimento destinado à recuperação do crédito público, o qual ganhou novo capítulo em sua história com o julgamento do *leading case* Resp 1.686.659/SP[7]. Neste julgado, apesar de a constitucionalidade do protesto da CDA já ter sido reconhecida pelo Supremo, a legalidade deste instrumento foi colocada em pauta perante o STJ – Superior Tribunal de Justiça, fixando-se a tese jurídica, no mesmo sentido que o Supremo já havia fixado - "*A Fazenda Pública possui interesse e pode efetivar o protesto da CDA, documento de dívida, na forma do art. 1ª, parágrafo único, da Lei 9.492/1997, com a redação dada pela Lei 12.767/2012.*".

Foi neste cenário que restou assentada a viabilidade constitucional e legal do uso do protesto da CDA como forma de cobrança.

Contudo, apesar do determinado em tais julgamentos, a polêmica sobre o uso do protesto pelo Fisco não deixou de existir.

mento: 09/11/2016.

7. Recursos Especiais Representativos de Controvérsia. ProAfR no REsp 1686659/SP, Rel. Ministro Herman Benjamin, 1ª Seção, julgado em 06/03/2018, DJe 23/03/2018.

O próprio Ministro Napoleão Nunes Maia Filho, na sessão de julgamento realizada pela 1ª Seção de Direito Público do STJ, em março de 2018, frisou a natureza coativa deste instrumento, destacando que *"a ameaça de sujar o nome do contribuinte constrange principalmente pequenos devedores, que preferem pagar as dívidas a discutir cobranças indevidas com o poder público enquanto o nome está no cadastro do SPC ou do SERASA"*[8].

A partir disto, pudemos verificar a implementação de novas técnicas para impelir ao pagamento do crédito tributário pelo contribuinte, abrindo-se um terreno fértil para o enfoque em iniciativas com o objetivo de aumentar a efetividade da recuperação do crédito, propiciando *insights* para a reformulação do Modelo de Cobrança da DAU – Dívida Ativa da União.

É o que temos visto com a instauração dos seguintes instrumentos: (i) Lei 13.606/2018 (PRR – Programa de Regularização Tributária Rural), que trouxe a possibilidade de averbação da CDA nos órgãos de registro de bens e direitos sujeitos a arresto ou penhora, com o intuito de torná-los indisponíveis; (ii) estudo pela PGFN sobre a viabilidade da criação de um *"ranking de contribuintes"* – um cadastro positivo fiscal segundo histórico de contribuintes; com o aumento do uso de Cautelares Fiscais; (iii) criação de um Canal de Denúncias Patrimoniais, bem como com a Portaria 33/2018, que instaurou o Regime Diferenciado da Cobrança do Crédito (RDCC); (iv) com o convênio de cooperação técnica firmado com o Serasa para obtenção de informações sobre inadimplementos e negativação. Ainda, verifica-se a mesma tendência com o Projeto de Lei 1.646/2019[9], que traz medidas ao combate do devedor contumaz.

8.RACANICCI, Jamile. STJ permite protesto de Certidão de Dívida Ativa. JOTA, Brasília, 28/11/2018. Disponível em: <https://www.jota.info/tributos-e-empresas/tributario/protesto-certidao-divida-ativa-28112018 > Acesso em: 05/06/2019.

9. PL 1646/2019: Estabelece medidas para o combate ao devedor contumaz e de fortalecimento da cobrança da dívida ativa e altera a Lei 6.830, de 22 de setembro de 1980, a Lei 8.397, de 6 de janeiro de 1992, e a Lei 9.430, de 27 de dezembro de 1996. Apresentação em 20/03/2019.

É nesta era de "empoderamento fiscal", onde há uma busca incessante pelo aperfeiçoamento e fortalecimento das tecnologias e métodos empregados pelo Fisco em sua atuação, que se teme pelos contribuintes, que ficam cada dia mais vulneráveis às ações fiscais. É sob esta nova perspectiva fiscal que se passa a questionar sobre a forma como esses novos instrumentos e métodos de cobrança serão utilizados pelo Estado, se haverá respeito aos direitos fundamentais do contribuinte, bem como a proporcionalidade entre o crédito tributário devido e o meio de impelir o contribuinte ao seu adimplemento.

3. Análise acerca do uso indevido do protesto da CDA enquanto instrumento jurídico alternativo de cobrança fiscal e as consequências suportadas pelos contribuintes

Com todos estes questionamentos que estão por vir, a partir do momento em que as novas técnicas fiscais passarem a ser utilizadas em larga escala, já se faz necessário iniciar um debate no que concerne ao uso devido e prudente do meio alternativo de cobrança fiscal que foi o precursor desta nova etapa da história da relação entre Fazenda Pública e contribuinte, qual seja, o protesto da CDA. É o que se tratará a seguir.

Parte-se do pressuposto de que o Estado deve buscar arrecadar recursos financeiros de modo eficiente, e, sobretudo, responsável. Assim, o Estado deve tributar e cobrar o crédito público em razão da necessidade de gerar recursos para prover as atividades que são de interesse da coletividade. No entanto, o poder estatal de tributar sofre limitações, principalmente em face dos direitos fundamentais dos contribuintes. A proporcionalidade nos meios empregados na ação fiscal, bem como o respeito aos cidadãos contribuintes não devem ser sacrificados em prol da eficiência na arrecadação tributária.

Com o protesto da CDA, diversas dificuldades são geradas aos contribuintes, que podem ir desde a impossibilidade de abertura de um crediário em uma loja de móveis populares até a impossibilidade de participação em processo de licitação para a construção de um estádio de Copa do Mundo. Enquanto a dívida não for quitada, embaraços e entraves serão uma constante nas relações comerciais e financeiras travadas pelos contribuintes em sua vida diária.

Diante das restrições que são provocadas a partir do protesto, é fato que o instrumento deve ser utilizado com cautela e prudência pela Fazenda Pública. O protesto da CDA não deveria ser apenas e tão somente um instrumento de eficiência na arrecadação fiscal, mas também, de minoração de eventuais restrições aos direitos fundamentais dos contribuintes.

Logo, o direito de protestar do Estado não pode ser ilimitado. Vale reiterar aqui o que fora mencionado no julgamento da ADI 5135/DF, pelo Ministro Roberto Barroso, relator do processo, no sentido de que a Administração Pública deverá agir com a devida cautela a fim de evitar abusos de direitos e prejuízos desnecessários ao devedor, de forma que tal ato não pode ultrapassar os limites constitucionais do direito de protestar.

Nesta toada, no entanto, é sabido que o protesto da CDA não é, nem de longe, vantajoso, para o cidadão contribuinte, sequer menos agressivo ou prejudicial que aquele procedimento narrado na Lei de Execuções Fiscais. Na verdade, o protesto da CDA é visto pelo pagador de tributos como uma flagrante agressão perpetrada pela Fazenda Pública. Nesta estante, é possível afirmar que existe uma enorme distância entre a bonita e teórica facilidade de se sustar ou, de retirar um protesto de seu nome ou de sua empresa e o que, efetivamente, ocorre na vida prática.

O comportamento do Estado de revestir, a partir da adição do parágrafo único no art. 1º da Lei de Protesto, a possibilidade de protesto da CDA, com o manto da legalidade, foi, claramente, o *start* para a constituição de uma nova Política Fiscal/Financeira pensada com um viés unilateral, a qual tende a ser encarada, portanto, como uma verdadeira sanção política pelo cidadão contribuinte.

Os dizeres do Ilustre Professor Aliomar Baleeiro sobre este tema corroboram com a ideia aqui sustentada:

> O sucesso de qualquer Política Financeira depende muito da atitude psicológica dos contribuintes.
>
> (...)
>
> Os abusos do legislador e autoridades fiscais amortecem aquela consciência e levam o espírito do povo a tolerância com os sonegadores e a hostilidade contra o Fisco, que só teria a ganhar com a adesão leal dos cidadãos.[10]

Assim, enquanto o protesto da CDA for uma realidade fática na vida dos contribuintes, estaremos diante de um meio coativo de impeli-lo ao pagamento do crédito tributário, de uma sanção política com fins arrecadatórios, que, ao contrário daquelas que foram vedadas por meio das Súmulas 70, 323 e 547 do STF, esta foi constitucionalmente reconhecida. A sensação de abuso suportada pelo contribuinte ao ter o seu nome protestado é de grande eficácia ao Fisco, porém, de alto prejuízo e vexame à massa da população pagadora de tributos.

Com o escopo de tornar o protesto da CDA em algo além do que um meio alternativo de cobrança, mas em um instrumento que respeitasse aos princípios tributários, aos direitos fundamentais do contribuinte, o correto seria a edição de uma norma legal que trouxesse parâmetros e requisitos a serem obedecidos pelo Fisco no momento do envio da dívida ao Tabelionato.

Ademais, imbuído deste mesmo intuito, haveria de ser fixado um regime de revisão periódica dos atos de protesto, visto que são vastas as situações em que o protesto pode se afigurar como descabido e/ou desarrazoado, por exemplo, quando se estiver diante de crédito prescrito, débitos cobrados em homônimos, tributos exigidos em duplicidade, impostos exigidos com os seus juros estipulados em patamar superior à

---

10. DE BRITO MACHADO, Hugo, *Os direitos fundamentais do contribuinte e a efetividade da jurisdição*. Tese (Doutorado em Direito) – Universidade Federal de Pernambuco. Recife. P.112. 2009.

Taxa Selic, CDA com ausência de um dos requisitos previstos na LEF, bem como, o protesto de créditos cuja invalidade tenha sido assentada em processo afetado para julgamento nas Cortes Superiores, pela sistemática de Repetitivos.

Neste espeque, abre-se espaço para se discutir, também, sobre a necessidade de se prever, como forma de minimizar as chances de agressão aos direitos fundamentais tributários do contribuinte, a responsabilização pessoal do agente público que atua de forma negligente ao enviar para protesto uma CDA descabida, por exemplo. Igualmente, já que o protesto teve sua constitucionalidade e legalidade reconhecidas, como forma de equilibrar a relação tributária, há de se reconhecer, também, como instrumento de reparo, a possibilidade de manejo de Ação Indenizatória pelo cidadão contribuinte contra o Estado em face de um eventual dano gerado por protesto indevido, assegurando o direito de demonstrar a ocorrência de dano que teve origem no uso distorcido deste método alternativo.

Ainda imbuídos do espírito de discussão sobre as consequências e novos questionamentos que a possibilidade de protesto da CDA gerou, deve-se, ainda, analisar o instituto do protesto da CDA e seus reflexos em meio à dinâmica da afetação para julgamento em sede de Repetitivo no Código de Processo Civil de 2015. Questiona-se aqui como ficará a situação dos contribuintes que possuem a sua relação tributária com o Fisco debatida em processo cujo mérito se encontra afetado para julgamento em sede de Recurso Repetitivo representativo de controvérsia, com a determinação de sobrestamento do curso de sua lide.

Essa indagação teve sua origem na ADI 5135/DF, pois, em que pese ter sido reconhecida a constitucionalidade do protesto, foram ressalvadas e repudiadas as situações práticas em que o protesto deste título executivo extrajudicial tivesse o seu uso distorcido. Assim, frisou-se neste julgamento que a Administração Pública deve agir com cautela no momento em que fizer uso deste meio alternativo de cobrança, com o objetivo de se minimizar eventuais violações aos direitos fundamentais dos contribuintes. Posto isto, é possível dizer que a tese fixada pela Corte Superior, em verdade, quedou-se incompleta, deixando a desejar que se fizesse constar em sua redação uma ressalva no seguinte sentido: *"contanto que, no caso concreto, tal utilização não se mostre desproporcional, evitando-se restrições aos direitos fundamentais"*.

4. Breve estudo sobre a situação das lides tributárias afetadas para julgamento em sede de repetitivos

A ausência de cautela pelas Fazendas Públicas quando diante do sobrestamento do trâmite processual em razão da afetação, fará com que o protesto se afigure em desacordo com o tanto quanto decidido pelo STF, sendo este um tipo de uso não amparado pela tese jurídica fixada pelo STF no julgamento da ADI 5135/DF. Nesta toada, faz-se importante ressaltar que a afetação da discussão tributária envolve, inexoravelmente, a CDA que a embasa. Logo, coloca-se em pauta a segurança sobre o atributo da certeza deste título fiscal.

Posto isto, passa-se a analisar, de modo breve, sobre a Certidão de Dívida Ativa e os seus atributos, com o intuito de uma melhor compreensão do tema aqui tratado. A CDA atesta a certeza e liquidez do débito tributário, consubstanciando-se como título executivo extrajudicial, que possui a sua origem após o inadimplemento do crédito tributário constituído e notificado ao devedor que, por sua vez, não apresentou defesa ou a teve por rejeitada.

Trata-se a Certidão de Dívida Ativa de um título formal, cujos elementos devem estar muito bem caracterizados para que se assegure a ampla defesa e o contraditório do contribuinte. Estes elementos estão listados no art. 2º, §5º, da LEF e a omissão de qualquer um deles é causa de nulidade da inscrição e do processo de cobrança da dívida tributária, nos termos do descrito no art. 203, do CTN. Sendo a CDA um título executivo extrajudicial que embasa a execução fiscal, é imperioso destacar que a sua natureza jurídica é de ato administrativo, o que atrai, por conseguinte, a incidência do regime jurídico administrativo. Assim, é claro que a CDA, enquanto ato administrativo, carrega para si todos os elementos e pressupostos desta espécie de ato jurídico.

Os atos administrativos trazem em seu bojo a presunção de legitimidade, ou seja, a presunção de que nasceram de acordo com o determinado em lei. Essa característica que deflui da própria natureza do ato encontra-se presente, por óbvio na Certidão de Dívida Ativa. Além desta presunção de legitimidade, o artigo 3º da Lei de Execuções Fiscais ainda preconiza que a dívida regularmente inscrita possui também a presunção relativa – *juris tantum* – de certeza e liquidez, o que lhe confere caráter de prova pré-constituída, a qual somente poderá ser ilidida por prova inequívoca, a cargo do contribuinte ou de quem lhe interesse.

Diante do enfoque deste trabalho, ater-se-á ao estudo apenas e tão somente do atributo da certeza da CDA e os reflexos por este suportado quando diante da dinâmica da afetação de processos.

Porém, para se compreender melhor sobre os reflexos do sobrestamento em razão de afetação para julgamento em sede de Repetitivo, antes se faz necessário discorrer um pouco sobre a dinâmica deste instituto processual. O processamento desses recursos repetitivos segue um cronograma lógico que vem detalhado no Código de Processo Civil nos artigos 1.036 e seguintes. Em um primeiro momento, realiza-se a seleção dos processos representativos da matéria que será decidida. Essa seleção ocorre a partir dos processos eleitos pelos Tribunais de Justiça e Tribunais Regionais Federais, sob a orientação de buscarem aqueles que possuam a mais ampla e argumentação sobre a matéria. Uma vez selecionados aos menos dois recursos representativos da controvérsia, o presidente ou vice-presidente do respectivo Tribunal irá encaminhá-los ao Superior Tribunal de Justiça ou Supremo Tribunal Federal.

Conforme determina o art. 1.037 e incisos, selecionados os recursos, o relator do Tribunal Superior irá proferir a decisão de afetação. Para além dos objetivos da decisão de afetação em delimitar o escopo de cognição e da questão a ser discutida, tem-se também a suspensão do processamento de todos os processos pendentes. Diante dessa situação, o §9º do art. 1.037, do CPC/2015, dá-se a possibilidade de discutir a suspensão de processo em instância ordinária, sob o argumento de existir causa distinta, não merecendo o despacho de suspensão.

É sabido que nestas situações em que a questão jurídica está selecionada e afetada para julgamento pelos Tribunais Superiores, quaisquer lides em trâmite, seja uma ação anulatória de débito, embargos à execução fiscal, seja exceção de pré-executividade, terão o seu processamento interrompido e ficarão aguardando a solução definitiva. Assim, durante a suspensão provisória de um processo tributário, é possível dizer que ocorre um abalo em um dos atributos da CDA, qual seja o atributo da certeza. Ou seja, indaga-se se a relação tributária ali constante é válida ou não. Dito isto, o mais prudente por parte da Fazenda Pública seria o aguardo da definição da questão jurídica repetitiva para, só então, efetuar o protesto, o que, diga-se passagem, só poderá ocorrer se a decisão for ao seu favor ou, em caso de desafetação da causa processual tributária.

Ocorre que a situação pós-afetação não possui implicâncias apenas em relação às ações em andamento, mas também sobre a matéria que é tratada nelas. Isto é, a afetação não pode se limitar ao aspecto processual de seus efeitos, devendo haver uma interpretação extensiva quanto às situações que vão ao seu encontro. Nesse sentido, relevante a indagação sobre legalidade e viabilidade do protesto da certidão de dívida ativa quando a situação tributária a qual se pretende agir é objetivo de regime de afetação.

Posto isto, necessário se faz pensar sobre a relevância dos princípios que regem a utilização desta nova ferramenta extrajudicial de coação. Ainda que sua constitucionalidade tenha sido declarada em abstrato, as possibilidades de seu uso esbarram em inconstitucionalidades que mitiguem ou excluam as garantias fundamentais do contribuinte ainda não se mostram esgotadas. De toda forma, os parâmetros a serem considerados quando do protesto da certidão de dívida ativa ainda são aqueles moldam o Estado de proporcionalidade que prevê o constitucionalismo moderno.

Assim, quando a Suprema Corte determina, no julgamento da ADI 5135/DF, que sejam observados os direitos fundamentais dos contribuintes, por via oblíqua a proporcionalidade e a razoabilidade no uso do protesto da CDA devem ser a regra. Assim, não se trata de mera valoração subjetiva da aplicabilidade do protesto, deixando a cargo do agente estatal investido no poder para decidir se deve ou não se utilizar do protesto como forma de compelir o contribuinte ao pagamento. Pelo contrário, a decisão sobre utilizar este meio alternativo deveria seguir um filtro de requisitos a serem observados antes da própria opção. Isto é, para chegarmos ao questionamento de que devemos ou não devemos nos utilizar do protesto como meio de coação ao pagamento espontâneo, a questão da proporcionalidade e razoabilidade do meio deve estar superada.

Como exposto pelo ilustre doutrinador Celso Antônio Bandeira de Melo[11], o princípio da proporcionalidade determina que, ao atuar na esfera de sua competência discricionária, o Estado deverá aderir a critérios aceitáveis de um ponto de vista racional, em conformidade com o senso normal de equilíbrio e sempre em respeito à finalidade que deu azo à competência exercida. Esse princípio traz à tona a ideia de que não há espaço para condutas que extrapolem seus fins. Mesmo na presença de determinadas ferramentas, sua utilização deverá observar um grau de ressonância com o que é esperado do bom senso comum.

A constitucionalidade da utilização de protesto da CDA não deve, portanto, ser utilizada quando distante da sensatez de seus objetivos. Um protesto de CDA que não guarda elo com uma intenção razoável, por exemplo, quando relativizada

---

11. BANDEIRA DE MELLO, Celso Antônio. *Curso de Direito Administrativo*. 33ª ed. São Paulo. Malheiros, 2016, p. 113.

a constituição do título executivo, não pode ser objeto de protesto. A exigibilidade de um débito fundado em elemento jurídico em discussão em nível de resolução de demanda repetitiva não se mostra em linha com o razoável, tampouco com o proporcional. Trata-se apenas de discricionariedade administrativa exacerbada.

Em mesma linha, ao se tratar da questão da proporcionalidade da medida, deve-se atentar para o conteúdo jurídico presente no instituto. Novamente, não se trata de mero valor subjetivo atribuído à decisão, mas de requisitos objetivos a serem observados. Devemos levar em consideração que, uma vez declarada constitucional, a medida passa ao plano da possibilidade, mas ainda deve procurar abrigo no manto da proporcionalidade para que possa ser validada.

Neste mesmo sentido, o exercício das competências do Estado só pode ser válido quando em conformidade, na extensão e na intensidade, com a demanda a que se propõe a suprir. Significa dizer que o exercício do poder estatal deve estar alinhado, de maneira proporcional, ao fim que se dispõe a realizar. Referida regra se aplica integralmente ao protesto de CDA.

Portanto, diante dos efeitos extrajudiciais do protesto da CDA, é que surge o questionamento sobre a proporcionalidade do meio. A proporcionalidade pode ser melhor entendida sob o prisma de seus subprincípios, há muito estudados pela doutrina e reforçados pela jurisprudência. Daquilo que compõe o exercício proporcional tem-se os requisitos de adequação, necessidade e proporcionalidade em sentido estrito.

Tendo em mente que a finalidade do ato de protesto é a cobrança e recebimento dos débitos tributários não adimplidos, o protesto deve se mostrar apto para consecução desse fim. Ou seja, por meio do protesto os valores cobrados devem ser pagos. O protesto deve levar ao pagamento do tributo estritamente. Quanto à necessidade, significa que o instrumento utilizado deverá ser aquele de menor prejuízo ao administrado em sentido amplo. Quanto à necessidade, diga-se de passagem, que este foi o subprincípio provocador da constitucionalização do protesto da CDA, tendo em vista que o instrumento processual (Lei 6.830/80) designado especificamente para a cobrança de créditos tributários não estava mais se mostrando como suficiente o bastante para arrecadar dinheiro ao erário público, assim, o protesto da CDA, por ter essência simples e prática, se tornou necessário neste cenário.

Por fim, tem-se a proporcionalidade em sentido estrito que, de forma singela, determina que os benefícios do uso do protesto da CDA devem ser superiores aos prejuízos que por ele podem ser causados. Nesse ponto, volta-se a dirimir sobre os reflexos do regime de afetação. Isso porque a questão da proporcionalidade estrita esbarra no protesto de CDA quando a situação nela descrita está sujeita ao julgamento de recursos repetitivos. As desvantagens do uso do protesto da CDA ao cidadão contribuinte, quando existe demanda tributária relacionada afetada para julgamento na dinâmica dos Recursos Repetitivos trazida pelo CPC/2015, são latentes.

Os prejuízos ocorrem porque, enquanto afetada a lide processual tributária, o protesto se encontra pendente e, enquanto este não é sustado, os entraves na vida financeira e nas relações comerciais-econômicas do contribuinte continuam a ocorrer. Neste mesmo sentido sofrem prejuízos a imagem e a moral do cidadão contribuinte.

Assim, por variadas razões da vida prática, a afetação e sobrestamento de uma causa tributária pode carregar consigo um enorme potencial lesivo. A suspensão pode gerar, até mesmo, uma espécie de resistência na concessão de tutelas provisórias por parte da autoridade de primeiro grau, dificultando ou, na verdade, praticamente impedindo a sustação do protesto de CDA.

Neste espeque, deve haver uma maturidade profissional e jurídica bem elevada acerca da decisão de se utilizar o protesto como meio de impelir o contribuinte ao pagamento de seu débito. Além disto, o mesmo deve ser dito para o instituto processual da afetação, visto que não se pode, em detrimento da produtividade técnica, que não se realize um aguçado exame sobre os potenciais danos que esta novel técnica pode gerar face aos direitos fundamentais do contribuinte.

Portanto, diante de um uso abusivo, apesar do caráter vinculante do teor do julgado em sede da ADI 5135/DF, a solução caberia ao Poder Judiciário, pois somente este teria a competência para afastar o protesto, visto que o seu uso indevido em nada se coaduna com os termos da tese jurídica fixada pelo STF.

Posto isto, do ponto de vista da afetação para julgamento, não há como assegurar que o protesto nessa situação de afetação da lide tributária seja constitucional, uma vez que a ausência de definição sobre a matéria transforma o protesto em verdadeira sanção política. Ademais, constatado o uso indevido, poderá levar a apresentação de Ação Indenizatória pelo contribuinte, gerar-se-á ônus ao Estado e, infelizmente, ao contribuinte também, pois este necessitará arcar com despesas inevitáveis ao socorro pelo Poder Judiciário. Isto é, o abuso da ferramenta pelo agente público gerará ônus para todas as partes.

No mais, ultrapassado o limite imposto pelos ditames constitucionais, os prejuízos não se limitam a esfera patrimonial do contribuinte ou do Estado, mas implicam na violação de muitas de suas garantias fundamentais. Nessa perspectiva, o ato estatal que as viola não pode ser considerado eficiente, independente da vantagem adquirida, tendo em vista ser uma traição ao Estado de Direito que o concede essa competência.

Observa-se que o protesto do título em face da incerteza trazida pela afetação para julgamento em sede de Repetitivo configura uma imediata afronta ao princípio da isonomia tributária. A hipersuficiência do Estado deve ser levada em conta quando comparada às reais possibilidades de acesso à Justiça disponíveis ao contribuinte. Isso porque, a situação de inconstitucionalidade criada pela Administração só poderá ser contestada por aqueles que possuem meios para tanto. Ainda que em um Estado que patrocine e promova as formas de acesso, os efeitos negativos do protesto são imediatos e podem causar prejuízos irreparáveis antes mesmo do controle judicial.

Isto significa dizer que, o contribuinte desprovido de recursos para manejar a máquina estatal deverá arcar com as consequências do protesto, para poder se ver livre das agressões que este lhe causa, pois, muitas vezes, se optar por aguardar a possibilidade de se manifestar em juízo, as consequências já lhe serão irreparáveis.

Ainda, possível argumentar que a situação de incerteza sobre o fundamento que sustenta a situação de cobrança afronta a ideia da própria legalidade do tributo. Isso porque os efeitos da lei aplicada ao caso concreto, estando sob questionamento pelos Tribunais Superiores, relativiza a legalidade de suas consequências e afastam a proporcionalidade em sentido estrito, bem como a eficiência desta. Ou seja, a lei vigente, aplicada à situação de forma reputada inconstitucional, não terá o lastro de legalidade necessário para configuração da obrigação tributária.

Portanto, o regime de afetação para julgamento de recursos repetitivos deve ser entendido como ponto de questionamento sobre as à utilização dos protestos de certidão de dívida ativa. As razões são diversas e podem ser observadas pelos diversos ângulos expostos.

Não podemos falar em eficiência, uma vez que há possibilidade de julgamento acolhendo tese contrária ao Estado, atribuindo invalidade ao protesto e gerando ônus à Administração Pública que deverá reverter a situação por ela criada. Igualmente, não se verifica qualquer razoabilidade ou proporcionalidade, tendo em vista que não se mostra comum a sanção econômica indireta que o protesto causa, muito menos proporcional em face das desvantagens causadas ao contribuinte.

Por fim, vemos que além de todos os efeitos nefastos que podem ser gerados à esfera patrimonial do contribuinte, o protesto da certidão de dívida ativa que descreve situação alcançada pela afetação de recursos repetitivos viola garantias próprias do contribuinte, violando as limitações ao direito de tributar do Estado, tendo em vista que se fundamenta em situação que tem seus efeitos legais relativizados.

5. Conclusão

Incontestavelmente, a partir da constitucionalização do protesto da CDA, bem como do cenário econômico-político do país, notou-se uma verdadeira mudança de postura em relação à forma de cobrança do crédito público pelas Fazendas Públicas, visando a implementação de instrumentos mais céleres e eficientes, voltados para a redução da litigiosidade, resultando num verdadeiro "empoderamento fiscal". Por outro lado, como clara consequência, vê-se o nascer de debates acerca dos direitos fundamentais dos contribuintes e de formas para a sua proteção diante da hipersuficiência estatal.

A junção das novidades, quais sejam, a possibilidade legalmente reconhecida do uso do protesto da CDA como meio alternativo de cobrança e, a afetação para julgamento pela sistemática de repetitivos trazida pelo Código de Processo Civil de 2015, inaugura um novo cenário para o contribuinte e para a dinâmica da cobrança do crédito fiscal. Cenário este em que os seus direitos fundamentais não só estarão em xeque, como também servirão como verdadeiras barreiras para a atuação do Poder Público.

Assim, sob pena de haver sério desequilíbrio na relação jurídico-tributária, a decisão pelo uso do protesto deverá ser feita com muita cautela pelas Fazendas Públicas, tendo em vista que a afetação e sobrestamento de uma causa tributária pode carregar consigo um enorme potencial lesivo à situações da vida prática dos contribuintes, principalmente quando se estiver diante de uma relação processual em que já exista um Certidão de Dívida Ativa protestada.

Conclui-se, portanto, que a afetação da lide processual tributária como limite se prestará, pois a ponderação dos efeitos que uma situação de incerteza traz, mostra uma negativa quanto suas benesses. Assim é que, de forma a estender o que fora decidido pela Suprema Corte, a interpretação mais acertada nos parece ser aquela que retira do alcance dos protestos as matérias sobre o regime de afetação, posto que sua situação não se mostra em consonância com um Estado de ponderação.

Referências:

BANDEIRA DE MELLO, Celso Antônio. *Curso de Direito Administrativo*. 33ª ed. São Paulo. Malheiros, 2016.

FURTADO COSTA ARAÚJO, Juliana; CONRADO, Paulo César. In: *Inovações na Cobrança do Crédito Tributário*. 1ª ed. São Paulo. Thomson Reuters – Revista dos Tribunais, 2019.

FURTADO COSTA ARAÚJO, Juliana; CONRADO, Paulo César. In: *O novo CPC e seu impacto no Direito Tributário*. 1ª ed. São Paulo. Thomson Reuters – FiscoSoft Editora LTDA, 2015.

DE BRITO MACHADO, Hugo, *Os direitos fundamentais do contribuinte e a efetividade da jurisdição*. Tese (Doutorado em Direito) – Universidade Federal de Pernambuco. Recife, 2009.

RACANICCI, Jamile. *STJ permite protesto de Certidão de Dívida Ativa*. JOTA, Brasília, 28/11/2018. Disponível em: <https://www.jota.info/tributos-e-empresas/tributario/protesto-certidao-divida-ativa-28112018 > Acesso em: 05/06/2019.

BRASIL. Constituição (1988). Constituição da República Federativa do Brasil. Brasília. Senado Federal, 1988.

BRASIL. Código de Processo Civil (2015). Lei 13.105, de 16 de março de 2015. Brasília: Senado Federal, 2015.

BRASIL. Código de Processo Civil (1973). Lei 5.869, de 11 de janeiro de 1973. Brasília: Senado Federal, 1973.

BRASIL. Lei 9.492 de 10 de setembro de 1997. Brasília: Senado Federal, 1997.

SUPREMO TRIBUNAL FEDERAL. ADI 3135. Relator: Ministro Roberto Barroso. DJU em 09/11/2016.

SUPERIOR TRIBUNAL DE JUSTIÇA. RESP REsp. 1686659/SP. Relator: Ministro Herman Benjamin. DJU em: 23/03/2018.

A "GUERRA FISCAL" NO ÂMBITO DO ICMS: ASPECTOS PONTUAIS SOBRE ESTRATÉGIA PROCESSUAL JUDICIAL APÓS A MANUTENÇÃO DO AIIM NA ESFERA ADMINISTRATIVA

Aline Nogueira Leite Sant'anna[1]

INTRODUÇÃO

Há alguns anos os contribuintes seguem em discussões administrativas e judiciais buscando o cancelamento das autuações acerca do aproveitamento de créditos de ICMS em face da tão incansável e discutida Guerra Fiscal no âmbito do ICMS.

O assunto de fato é tormentoso porque, por mais que expressivos os valores em discussão a questão ainda busca uma solução definitiva, que muitos acreditam que esteja realmente próximo do fim.

Para o presente estudo, abordaremos os aspectos gerais do ICMS, a guerra fiscal, a estratégia processual após o encerramento da discussão na esfera administrativa e mais precisamente

1. Especialista em Direito Tributário pela Pontifícia Universidade Católica de São Paulo (PUC/SP). Advogada com atuação sobre o mais diversos assuntos tributários na área de impostos diretos e indiretos, contencioso administrativo e judicial.

para os contribuintes paulistas a expectativa da facilidade para anular autos de infração lavrados pelo Estado de São Paulo.

O que vemos, toda esta discussão denota que a remissão e anistia não são automáticas, uma vez que é necessário condutas ativas por parte das Unidades Federadas, assim como dos contribuintes, principalmente no Estado de São Paulo, enfoque deste estudo, que continua autuando os contribuintes e no Tribunal de Impostos e Taxas (TIT) de São Paulo, a Câmara Superior continua mantendo autuações fiscais relativas ao aproveitamento de créditos de ICMS.

Diante deste cenário, entende-se que as mudanças são necessárias para surgimento de um novo contexto econômico e seguro para os contribuintes.

Assim depreende-se que o presente estudo não tem o objetivo de exaurir o tema, haja vista que tal tarefa seria impossível, uma vez que próprio trabalho revelará que tanto a jurisprudência quanto o fisco estão em constante mudança de posicionamento, ora ampliando as possibilidades dos contribuintes, ora restringindo-as.

1. O ICMS e a Regra Matriz de Incidência Tributária

1.1 Aspectos Gerais do ICMS

O ICMS – Imposto sobre a Circulação de Mercadorias e Prestações de Serviços de Transporte Interestadual, Intermunicipal e de Comunicação, foi instituído pelo art. 155, II, da CF/88.

O ICMS é um imposto de competência estadual e distrital. Logo, os Estados e o Distrito Federal, mediante lei ordinária, podem instituí-lo ou sobre ele dispor, mediante a observância do disposto no Texto Maior e na Lei Complementar 87/96.

A Lei Complementar 87/96, também conhecida por "Lei Kandir", dispõe no seu artigo 2º, as hipóteses de incidência do ICMS, que tem como princípios norteadores os da não-cumulatividade e da seletividade em função da essencialidade do produto.

Nesse sentido, as alíquotas do ICMS serão seletivas em razão da essencialidade do produto, ou seja, se um produto é essencial terá a tributação distinta de um produto dispensável, apesar disso deverá observar as alíquotas mínimas e máximas estabelecidas pelo Senado Federal.

Com relação a não-cumulatividade do ICMS, conforme citado anteriormente, haverá a compensação do que for devido em cada operação relativa à circulação de mercadorias ou prestação de serviços, com o montante cobrado nas operações anteriores.

Logo, o creditamento do imposto não é faculdade do contribuinte, mas dever para com a ordem jurídica objetiva, tanto que não lhe é possível renunciar ao lançamento do crédito do imposto, ainda quanto isto fosse conveniente, nem a lei poderia autorizá-lo, sob pena de inconstitucionalidade[2].

Acerca do referido imposto, vale ressaltar que em que pese o ICMS tenha função predominantemente fiscal, alguns benefícios podem ser outorgados a fim de promover a indústria e o comércio dentro do Estado, visando o desenvolvimento econômico e o equilíbrio entre as regiões brasileiras. Contudo, vale lembrar que o Texto Maior estabeleceu no art. 155, §2º, inciso XII, alínea *g*, competência para lei complementar regular a forma como os benefícios e incentivos fiscais serão concedidos e revogados.

Pois bem. O §2º, XII, *g*, é a principal previsão constitucional que procura evitar a "guerra fiscal", exigindo convênio que estabeleça as práticas fidedignas.

1.2 Operações relativas à "Circulação de Mercadorias"

Antes de analisarmos a regra matriz de incidência tributária, necessário se faz conceituar: "operação", "circulação" e "mercadoria".

No ensinamento do Prof. Paulo de Barros Carvalho[3] "*operações, no contexto, exprime o sentido de atos ou negócios há-*

2. RE 111.757/SP, excerto do voto do Min. Célio Borja, RTJ 126, p.715/721.

3. CARVALHO, Paulo de Barros. *Regra Matriz do ICM*. Tese apresentada para obtenção de Título de Livre Docente da Faculdade de Direito da PUC/SP, 1981. p. 170.

beis para provocar a circulação de mercadorias. Adquire, neste momento, a acepção de toda e qualquer atividade, regulada pelo Direito, e que tenha a virtude de realizar aquele evento".

Acerca da "circulação" significa dizer para o Direito mudar de "dono". Neste sentido, mencionamos a lição de Geraldo Ataliba[4], diz: *"Circular significa para o Direito mudar de titular". Se um bem ou uma mercadoria mudam de titular, circula para efeitos jurídicos. Convenciona-se designar por titularidade de uma mercadoria, a circunstância de alguém deter poderes jurídicos de disposição sobre a mesma, sendo ou não seu proprietário (disponibilidade jurídica).*

Logo, sem mudança de titularidade da mercadoria, não há falar em tributação por meio do ICMS. Isso porque, o Texto Maior só prevê a tributação das "operações relativas à circulação de mercadorias", mediante um ato mercantil.

Assim, "Mercadoria" é para o Direito, um bem móvel passível de comercialização, sujeitando-se as normas jurídicas comerciais. Acerca do tema, o Professor Roque Antonio Carrazza[5], em sua obra aduz:

> Não é qualquer bem móvel que é mercadoria, mas tão-só aquele que se submete à mercancia. Podemos, pois, dizer que toda mercadoria é bem móvel, mas nem todo bem móvel é mercadoria. Só o bem móvel que se destina à prática de operações mercantis é que assume a qualidade de mercadoria.

Esta também é a visão de José Souto Maior Borges[6]:

> Mercadoria é o bem móvel, que está sujeito à mercancia, porque foi introduzido no processo econômico circulatório. Tanto que o que caracteriza, sob certos aspectos, a mercadoria é a destinação, porque aquilo que é mercadoria, no momento que se introduz no

---

4. ATALIBA, Geraldo. *Núcleo de definição constitucional do ICM*. RDT 25/111.

5. CARRAZZA, Roque Antonio. *ICMS*. 11ª ed. Editora Malheiros, 2006. p. 43.

6. BORGES, José Souto Maior. *Questões Tributárias*. 1ª ed. São Paulo. Resenha Tributária, 1975.p. 75.

> ativo fixo da empresa, perde essa característica de mercadoria, podendo ser reintroduzido no processo circulatório, voltando a adquirir, consequentemente, esta conotação de mercadoria.

Portanto, podemos afirmar, conforme lição do Professor Paulo de Barros Carvalho[7] que:

> (...) Tais vocábulos, como explicitação qualificativa, reduzem, inevitavelmente, o campo semântico do termo "operações", para dizer que a incidência não se realiza em qualquer de suas espécies, mas apenas naquelas "relativas à circulação de mercadorias. Se decompusermos esse adjunto adnominal, vamos encontrar, como vocábulo de segundo relevo, "circulação", qualificado restritivamente por "de mercadorias.

Logo, "operações", "circulação" e "mercadorias" são três elementos essenciais para a caracterização da comercialização de mercadorias.

1.3 A regra-matriz de incidência tributária

Ao iniciarmos a análise da regra matriz de incidência tributária do ICMS, destacamos que ele é um dos impostos "pela ótica econômica", mais importante. Seguramente por isso, aquele que, envolve volume financeiro e que apresenta incansáveis debates jurídicos.

Na expressão "regra-matriz de incidência", destacamos o ensinamento de Lourival Vilanova, citado pelo Professor Paulo de Barros de Carvalho[8], a seguir:

> ***É uma estrutura lógica. Estrutura sintático-gramatical é a sentença ou oração, modo expressional*** frástico (de frase) da síntese conceptual que é a norma. A norma não é a oralidade ou a escritura da linguagem, nem é o ato-de-querer ou pensar ocorrente no

7. CARVALHO, Paulo de Barros. *Direito Tributário, Linguagem e Método*. 3ª ed. Editora Noeses. 2009. p. 731.

8. CARVALHO. Paulo de Barros. *Direito Tributário, Linguagem e Método*. 3ª ed. Editora Noeses. 2009. p. 602.

sujeito emitente da norma, ou no sujeito receptor da norma, nem é, tampouco, a situação objetiva que ela denota. A norma jurídica é uma estrutura lógico-sintática de significação (...).

A regra matriz de incidência tributária do ICMS – "Circulação de Mercadorias", conforme citado anteriormente, está esculpida no artigo 155, II, CF/88: "*Compete aos Estados e ao Distrito Federal instituir impostos sobre (..) operações relativas à circulação de mercadorias (...) ainda que as operações se iniciem no exterior*".

Vale destacar que, no caso do ICMS, temos, na verdade, três regras-matrizes de incidência. Na lição do Professor Paulo de Barros Carvalho[9],apontamos os três antecedentes normativos que a legislação constitucional consagra para, de seguida, tratarmos dos consequentes:

a) *Realizar operações relativas à circulação de mercadorias;*

b) *Prestar serviços de comunicação, mesmo que se iniciem no exterior, prestações essas que deverão concluir-se ou ter início dentro dos limites territoriais dos Estados ou do Distrito Federal, identificadas as prestações no instante da execução, da geração ou da utilização dos serviços correspondentes;*

c) *Prestar serviços de transporte interestadual ou intermunicipal.*

Assim, desdobrando os estudos sobre a regra-matriz de incidência tributária, temos uma norma primária, que integra uma classe de ocorrências afastadas do ilícito, uma relação jurídica que obriga o sujeito passivo a recolher uma quantia em dinheiro aos cofres públicos, surgindo assim a relação jurídica tributária.

De tal modo que, completado os critérios: (i) "material": realizar operação relativa à circulação de mercadoria (física ou

---

9. Carvalho, Paulo de Barros, *Direito Tributário, Linguagem e Método*, 4ª ed. São Paulo: Noeses 2011, p. 737.

simbólica), incluindo aquela que se inicia no exterior; (ii) "espacial": âmbito territorial do Estado ou Distrito Federal e (iii) "temporal": momento da saída da mercadoria do estabelecimento do contribuinte.

Já no antecedente da norma, temos os critérios: (a) "pessoal": (i) sujeito ativo: Estado (ou Distrito Federal); e (ii) sujeito passivo: aquele que praticou a operação relativa à circulação de mercadoria e o (b) "quantitativo": pagar (verbo) imposto (complemento): (i) Base de Cálculo: é o valor da operação que ensejou a saída das mercadorias; e a (ii) Alíquota: é aquela prevista na lei ordinária do Estado (ou Distrito Federal), respeitados as alíquotas internas e interestaduais., no seu consequente, podemos concluir que temos a chamada "regra-matriz de incidência tributária".

Para o Professor Paulo de Barros Carvalho, a norma jurídica tributária é a aplicação da regra matriz de incidência tributária, e conclui que, simbolicamente, apresentam a mesma composição sintática, sendo os conteúdos mínimos de significação da hipótese e dos consequentes compostos, invariavelmente, pelos mesmos critérios, o que, num esforço mental de suspensão de seus vetores semânticos objetivos, permite-nos construir um esquema padrão, a regra-matriz de incidência tributária[10]:

$$H[Cm(v.c).Ct.Ce] \rightarrow C[Cp(Sa.Sp).Cq(bc.al)]$$

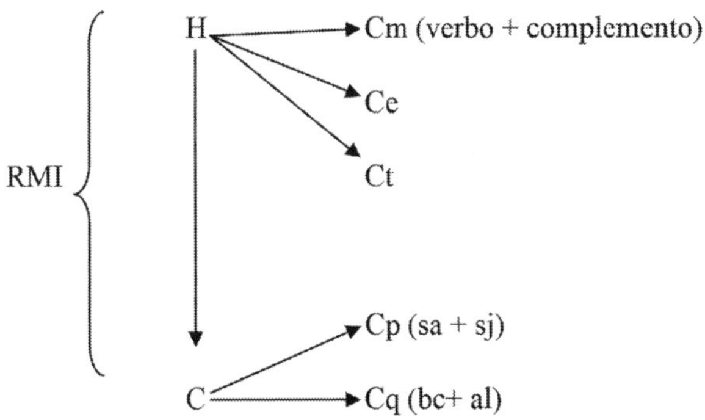

10. CARVALHO, Aurora Tomazini. *Curso de Teoria Geral do Direito*. 3ª ed. Editora Noeses. 2013, p. 381.

Legenda:

- RMI = regra matriz de incidência tributária
- H = Hipótese de incidência
- Cm = Critério material
- v = Verbo pessoal
- c = Complemento do verbo
- . = "e" (adição)
- Ct = Critério temporal
- Ce = Critério espacial
- → = "Dever ser"
- C= Consequência tributária
- Cp = Critério pessoal
- Sa = Sujeito ativo
- Sp = Sujeito passivo
- Cq = Critério quantitativo
- bc = Base de cálculo
- al = Alíquota

2. GUERRA FISCAL: Breves Considerações

2.1 Incentivos Fiscais no âmbito do ICMS

Motivo de disputa entre os estados brasileiros há muito tempo, a guerra fiscal vem ganhando novos capítulos desde a publicação da Lei Complementar 160/2017 e, em seguida, do Convênio ICMS 190/2017.

O objetivo principal da Lei Complementar 160/2017 e do referido Convênio, foram criar regras mais flexíveis para perdoar débitos anteriores e reinstituir benefícios fiscais relativos ao "ICMS", dando aos estados a possibilidade de manter por tempo limitado empreendimentos atraídos no passado por incentivos fiscais.

Exatamente por serem os benefícios medidas de caráter extravagante que veiculam vantagens àqueles por eles alcançados, a sua concessão deve observar os princípios inerentes ao Estado Democrático de Direito, em específico o da igualdade e o da legalidade, além das normas constitucionais que disciplinam os benefícios e incentivos fiscais, em especial aquelas atinentes à prevenção do pacto federativo e as que visão neutralizar a concorrência infida.

Ao discorrer sobre os benefícios fiscais, o Prof. Paulo de Barros Carvalho[11], diz que:

> Os benefícios fiscais configuram um estímulo de índole econômica, introduzido pelo Poder Público, para que se tenha o exercício de determinadas atividades privadas, consideradas relevantes pelo legislador e que propiciem atingir os objetivos extrafiscais. Dentre eles podemos citar: (i) a redução das desigualdades regionais; (ii) a promoção do emprego, especialmente em áreas onde o desemprego é grande, ou haja carência de empregos a certas categorias de trabalhadores; (iii) a captação de investimentos a fim de promover a atividade econômica e empresarial em determinadas regiões do País; (v) o fomento das exportações, entre outros.

Infelizmente, as fortes desavenças entre os Estados e o Distrito Federal têm causado sérias deformidades na estrutura jurídica do ICMS, sobretudo em razão da não observância das normas constitucionais relativas à concessão de benefícios fiscais. É certo que, tal atitude gerou e tem gerado conflito entre os estados da federação, desequilibrando o pacto federativo e a relação de confiança que deve prevalecer entre as pessoas políticas.

---

11. MARTINS. Ives Gandra da Silva. CARVALHO. Paulo de Barros. *Guerra Fiscal, reflexões sobre a concessão de benefícios no âmbito do ICMS*. Editora Noeses. 2012, p.38.

2.2 A "Guerra Fiscal" no âmbito do ICMS

A denominada e tão discutida "guerra fiscal" consubstancia-se isenção, nas reduções de alíquotas, concessão de créditos presumidos ou outros benefícios por um estado com vista a atrair os investimentos para os seus territórios em detrimento dos demais estados.

Eis, que a partir destes atrativos, muitas empresas decidem instalar-se em determinado Estado ou até mesmo promover a abertura de uma filial, com o objetivo de obter vantagens econômicas.

Os Estados prejudicados por sua vez, acabam adotando medidas para anular os efeitos dos benefícios concedidos irregularmente, glosando os créditos. O §2°, XII, é o principal dispositivo constitucional que procura evitar a guerra fiscal, exigindo convênio que estabeleça práticas legítimas.

É certo que a guerra fiscal desestabiliza todo arcabouço sobre qual se assenta a exigência do ICMS, na medida em que se revela falta de harmonia entre as legislações das diversas unidades federativas que convivem num mesmo sistema tributário.

Diante deste cenário, sofrem os contribuintes, que ficam inseguros quanto à validade dos benefícios fiscais concedidos, uma vez que diante dessa problemática estão suscetíveis a diversos questionamentos por parte das autoridades fiscais.

Implica, ainda, a falta de observância dos requisitos previstos na legislação, por parte dos Estados de origem da mercadoria, sendo que os mesmos não têm obedecido às regras contidas nos dispositivos legais e, concedem todo e qualquer tipo de benefício capaz de reduzir ou eliminar a carga tributária resultante das operações praticadas dentro da sua jurisdição sem a "celebração" e "aprovação" de Convênio pelo CONFAZ.

Neste diapasão, os Estados destinatários das mercadorias beneficiadas tem buscado no Supremo Tribunal Federal a inconstitucionalidade dessas leis que outorgaram os benefícios unilaterais, e muitos deles também tem editado leis internas a fim de estabelecer limites para crédito de imposto nestes casos, exemplo nítido, é o caso do Estado de São Paulo, que possui a Portaria CAT 36/2004, que determina a glosa de créditos.

Pois bem. É nesse cenário caótico, permeado de dúvidas e insegurança jurídica, que os contribuintes lutam para garantir e preservar seus direitos constitucionais, buscando respostas em discussões administrativas e judiciais que não decidem definitivamente a questão.

Muitos são os impactos tributários para estes contribuintes "adquirentes das mercadorias incentivadas", em face das leis que estabelece limite/glosa ao aproveitamento de crédito do ICMS.

2.3 A glosa de créditos de ICMS - Argumentos que o contribuinte dispõe para discutir

Em função dos benefícios serem concedidos de forma supostamente irregular pelo Estado de origem, acabam causando reflexos tributários para os cofres públicos dos Estados de destino, em razão do aproveitamento dos referidos créditos pelos estabelecimentos destinatários, decorrentes das operações anteriores.

Como é sabido, existem numerosos precedentes "favoráveis" e "desfavoráveis" ao aproveitamento desses créditos, contudo, não se pode perder de vista que eventuais penalidades e glosas não poderão recair sobre o contribuinte de "boa fé", mas sim sobre os responsáveis diretos pela concessão das referidas benesses.

Nesse sentido, posiciona-se a Prof.ª Daniela de Andrade Braghetta[12]:

> O raciocínio é simples: não é possível se atribuir ao contribuinte a obrigação de examinar e conferir a legislação produzida pelos Poderes Legislativos ou os TAREs firmados com os Poderes Executivos dos entes federados. A análise de constitucionalidade ou

12. BRAGHETTA, Daniela de Andrade. *Impactos atuais de guerra fiscal no âmbito administrativo bandeirante – rediscussões sobre ICMS*. Editora Noeses.2011, p. 343.

> legalidade não pode ser retirada do Estado entregue ao particular, que, sem dúvida, é o mais prejudicado nesta guerra federativa.

Adicionalmente, é importante destacar que inexiste em nosso ordenamento jurídico qualquer dispositivo legal que admita condição ao aproveitamento do crédito do imposto ao conhecimento prévio pelo contribuinte do benefício ou incentivo fiscal concedido de forma "supostamente" irregular pelo Estado de origem.

Não obstante, por óbvio, não cabe ao contribuinte ou ainda, ao Estado, julgar se aquele benefício ou incentivo é ou não constitucional, esse julgamento é de competência privativa do Poder Judiciário.

Por certo, o contribuinte não pode ser prejudicado com a supressão do direito constitucional – princípio da não cumulatividade – por discussões travadas entre os Estados da Federação, estando ele apenas na qualidade de terceiro nessa relação.

Sobre o assunto, vejamos o ensinamento de José Eduardo Soares de Melo[13]:

> Entretanto, a guerra fiscal não pode atingir terceiros estranhos aos benefícios, como é o caso dos adquirentes das mercadorias, ou os tomadores de serviços (transporte interestadual, intermunicipal, e de comunicação), especialmente quando se encontrem em estabelecidos em distinta unidade da federação. Os mencionados adquirentes de bens, e serviços não podem sofrer a glosa de crédito fiscal (ou distrital) de sua jurisdição, sob a assertiva de que o Estado (ou o DF) da localidade do fornecedor da mercadoria (...).

Nesse mesmo sentido, ainda, vale a pena citar os ensinamentos do Professor Fernando Bonfá de Jesus[14] sobre o tema:

> O direito ao crédito integral é um direito constitucional do contribuinte. A irregularidade cometida pelos Estados e DF não

---

13. MELO, José Eduardo Soares de. *ICMS, Teoria e Prática*. Editora Dialética, 2002. p. 821.

14. JESUS, Fernando Bonfá. *ICMS – Aspectos Pontuais*. Editora Quartier Latin, 2007. p. 98.

> pode penalizar o contribuinte. Deve, sim, o Estado prejudicado procurar remédio judicial para restabelecer a ordem. Penalizar o contribuinte é, mais uma vez, ignorar a Lei Maior, é ferir a garantia fundamental do indivíduo prevista no art. 5º, inc. II, do Pergaminho Excelso.

É certo, também, que o princípio da legalidade, prevê que "ninguém será obrigado a fazer ou deixar de fazer alguma coisa senão em virtude de lei". Logo, tem que ser respeitado as imposições legais.

Mas não é só. Esquecem, por evidente, de que os contribuintes partem da mais legítima presunção de validade da norma que outorgou os privilégios tributários.

Nesse sentido, são as lições do Prof. Paulo de Barros Carvalho[15]:

> O conceito de "validade" pode ser construído a partir da própria definição de direito positivo. Sendo este o conjunto das normas jurídicas válidas, em determinadas coordenadas de tempo e espaço, toda proposição normativa integrante do ordenamento jurídico apresentará validade. Ser norma válida, portanto, quer significar que está mantém relação de pertinencialidade com um determinado sistema, sendo a validade o vínculo que se estabelece entre a norma jurídica e o sistema do direito posto. A afirmação de que uma norma "N" é válida significa que pertence ao sistema "S". A validade não é, pois, um atributo que qualifica a norma jurídica, mas a relação de sua pertinência a determinado sistema jurídico.

De acordo com o que ensina o consagrado mestre, no ordenamento jurídico, uma norma jurídica publicada por órgão competente, mesmo que seja inconstitucional, seja regular seja irregular, será ela válida até que outra norma emitida pelo mesmo órgão que venha, expressa ou tacitamente, a retirar sua validade.

Diante do princípio constitucional da Tripartição dos Poderes, dúvidas não restam de que o Estado que se julgue

15. CARVALHO, Paulo de Barros. *Guerra Fiscal, Reflexões sobre a concessão de benefícios no âmbito do ICMS*. Editora Noeses. 2012, p. 74.

prejudicado, ao querer julgar a validade de norma do outro Estado, extrapola seu âmbito de competência, interferindo em questões que se colocam fora do campo de atuação do Poder Executivo (atuação prevista no art. 84 da CF/88).

Sendo assim, não há dúvida que somente o Poder Judiciário tem competência para dirimir e resolver eventual conflito existente entre dois Estados da Federação acerca da legitimidade ou não do suposto benefício fiscal instituído por um deles.

Isso significa dizer, uma vez que a norma jurídica é introduzida no ordenamento jurídico, sendo ela compatível ou não com o próprio sistema, a regra permanece válida e dotada de presunção, até que outra lhe expulse do sistema jurídico.

Não obstante, a Constituição Federal prevê que o ICMS é um imposto não cumulativo, compensando-se o que for devido em cada operação relativo à circulação de mercadoria.

O princípio da não cumulatividade tem como finalidade minimizar o impacto sobre o valor pago pelo contribuinte das mercadorias adquiridas, tornando-as menos onerosas.

Deste modo, ao permitir que o Estado de destino perpetre a glosa do crédito do ICMS e a ocasional aplicação de sanções em virtude de benefício ou incentivo fiscal, estar-se-ia ferindo o princípio constitucional da não cumulatividade, além de transferir a responsabilidade de eventual promulgação de lei inconstitucional ao sujeito passivo do imposto, e não ao ente responsável pela sua criação e fiscalização.

Portanto, o direito ao crédito do imposto está assegurado constitucionalmente, não podendo ser afastado por lei, decreto, comunicado, portaria, dentre outros dispositivos.

Por derradeiro, objetivando não estender mais os argumentos que podem ser utilizados pelos contribuintes em suas discussões administrativas e judicias, existe uma série de decisões jurisprudências do TJ, STJ e STF favoráveis ao contribuinte.

3. "Aspectos Pontuais" sobre estratégia processual judicial após a manutenção do AIIM na esfera administrativa

3.1 Embargos à Execução Fiscal

Infrutífera sendo a discussão do AIIM na esfera administrativa, após a propositura da ação de execução fiscal pela Procuradoria, o contribuinte devidamente citado e ofertado a garantia do juízo, poderá apresentar a defesa cabível, qual seja, embargos à execução fiscal nas normas da LEF (Lei 6.830/80) da nova realidade processual que se aborda com a entrada em vigor do Novo Código de Processo Civil (Lei 13.105/2015).

Por outro lado, para nortear de maneira simplificada o operador do direito na interpretação das mudanças trazidas pelo CPC/15, diretamente na Execução Fiscal, uma vez que a LEF (Lei 6.830/1980) determina, em seu artigo 1º, que *a execução judicial para cobrança da Dívida Ativa da União, dos Estados, do Distrito Federal, dos Municípios e respectivas autarquias será regida por esta Lei e, subsidiariamente, pelo Código de Processo Civil.*

Não obstante, vale destacar, que nos embargos à execução é possível alegar matéria de prova e de direito. Assim, embora seja uma ação autônoma, é distribuída por dependência à execução fiscal, ficando os autos apensados.

Além disso, as controvérsias acerca do prazo e garantias apresentados anteriormente em sede de embargos à execução fiscal, que deixou inclusive os advogados apreensivos, sobre a aplicação dos dias úteis aos prazos previstos na LEF, e já que o artigo 1º da LEF prevê expressamente a aplicação subsidiária do CPC/15.

Portanto, sendo a LEF silente sobre a contagem de prazos processuais, resta inteiramente cabível o disposto do artigo 219, do CPC/15, quanto ao cômputo em dias úteis dos prazos processuais, bem como devem ser aplicadas aos prazos previstos na LEF, principalmente para contagem do prazo para embargar a execução fiscal, previsto no art. 16 da LEF.

3.2 Pedido de Efeito Suspensivo

A esse respeito, acerca da ideia de que os embargos à execução fiscal só podem ser admitidos com a prévia garantia do juízo, já foi superado. Esse pensamento é equivocado e não deve prosperar.

Em contrapartida, a LEF não atribui o efeito suspensivo para admissibilidade dos embargos à execução fiscal e o CPC/15 disciplina de modo oposto, promulga esse último claramente a regra de admissão sem efeito suspensivo. Até mesmo, o CPC/15 só exige a garantia para promover o efeito de suspender a execução, nunca para admitir os embargos.

Ou seja, o direito de defesa do contribuinte está garantido, em cumprimento aos princípios constitucionais que impõem a observação da garantia de defesa ao exigido em processo judicial. Igualmente, para suspender a execução, o juízo deverá estar seguro.

Nesse contexto, possibilidade de atribuir-se o efeito suspensivo fica condicionada à garantia do juízo. Contudo, a possibilidade do exercício da defesa pelo executado, através da ação de embargos à execução, não pode ser condicionada à garantia do juízo, pois representa nitidamente cerceamento de defesa.

Muito se discutiu se a regra também valeria para as execuções fiscais, eis que a LEF é especial e regula a execução fiscal, nada dispondo sobre os efeitos em que devem ser recebidos os embargos, e o CPC é lei geral - devendo ser aplicado subsidiariamente.

Desta forma, o contribuinte deverá pugnar pela atribuição do efeito suspensivo. Se o juiz entender que não há razão para suspender a execução fiscal, esta continuará a ser processada, entretanto, como a garantia do débito (condição dos embargos) foi realizada, o contribuinte pode obter CND normalmente.

3.3 Exceção de Pré-Executividade (sem garantia da execução fiscal)

No conceito dos nobres doutores, Isabela, Fernando e Ricardo Bonfá,[16] *"conceitua-se, portanto, exceção de pré-executividade como o instrumento de provocação do órgão jurisdicional, utilizável por quaisquer interessados, por meio que se permite arguir a ausência dos requisitos da execução para impedir a constrição patrimonial do devedor"*.

Ou seja, a exceção de pré-executividade é o meio de defesa eficaz para extinguir uma execução sem a necessidade de apresentar embargos à execução fiscal. O contribuinte pode apresentar a exceção sem garantir a execução fiscal.

Como não há previsão legal, trata-se de construção doutrinária e jurisprudencial, encetando com o parecer saudoso de Pontes de Miranda, em julho de 1996, por solicitação da Companhia Siderúrgica Mannesmann, a exceção não tem prazo estipulado, cabendo o contribuinte propor a qualquer tempo. Entretanto, a maioria dos contribuintes prefere opor a exceção entre a citação da execução fiscal e o prazo para oposição dos embargos à execução fiscal.

Por outro lado, na exceção de pré-executividade apenas as matérias de ordem pública ou nulidade poderá ser suscitada. Não cabe matéria de prova. O executado deverá demostrar ao juiz, de forma irrefutável, os motivos para a extinção da execução fiscal.

Quanto à forma a exceção é apresentada por meio de petição nos próprios autos da execução fiscal; podendo ser oposta a qualquer tempo; não há cobrança de custas judiciais, não necessita de garantia do juízo e não possui efeito suspensivo.

Por não haver efeito suspensivo, cabe o contribuinte requerer a suspensão do andamento da execução fiscal até julgamento do pedido da exceção de pré-executividade.

---

16. JESUS, Isabela Bonfá de; JESUS, Fernando Bonfá de e JESUS, Ricardo Bonfá de. *Manual de Direito e Processo Tributário* 4ª edição atualizada. Editora Revista dos Tribunais. 2017, p. 384.

Vale trazer a lume, que caso o juiz não aprecie o pedido da exceção de pré-executividade ou acolha parcialmente o pedido, o contribuinte poderá utilizar outros argumentos jurídicos em sede dos embargos à execução fiscal.

4. Estratégia Processual

4.1 Ação Anulatória x Embargos à Execução Fiscal

A ação anulatória de débito fiscal, com previsão no artigo 38 da LEF, tem como objeto a desconstituição do lançamento tributário, ora realizado, seguindo o rito ordinário comum, sendo proposta na Vara da Fazenda Pública enquanto que a execução fiscal é distribuída na Vara das Execuções Fiscais.

Normalmente o contribuinte que propõe ação anulatória fiscal, visa desconstituir a exigência tributária, isto porque o lançamento tributário traz inevitáveis implicações para o dia-a-dia do devedor, como por exemplo, inscrição no CADIN, dificuldade para emissão e/ou renovação da CND, participação em processos de licitação, dentre outras atividades que podem sofrer impactos com a inscrição do débito em dívida ativa.

Outrossim, a propositura da ação anulatória de débito fiscal, por si só, não possui o condão de obstar a ação de execução fiscal proposta pela Fazenda Pública.

Além disso, o artigo 38 da LEF prevê que a ação anulatória de débito fiscal deve ser precedida de do depósito preparatório do valor do débito, monetariamente corrigido e acrescido dos juros e multa de mora e demais encargos.

Contudo, o depósito preparatório deve ser considerado facultativo, isto porque caso o contribuinte não o faça, ele poderá ingressar com a aludida ação. A consequência prática da realização do depósito é assegurar a suspensão da exigibilidade do crédito tributário e não figurará como óbice, por exemplo, para emissão da Certidão Positiva com efeito de Negativa.

Assim, a propositura da ação anulatória é cabível de qualquer maneira.

4.2 Processada a execução fiscal o que ocorre com a ação anulatória proposta anteriormente?

Resta claro que na ação anulatória de débito fiscal o objetivo do contribuinte é desconstituir o crédito tributário e, por consequente, impedir a cobrança pelo Fisco, objetivo inteiramente oposto ao da execução fiscal em que se pretende ver satisfeito o crédito tributário não adimplindo.

Assim, respondendo à pergunta é que, em regra, existirá conexão entre a ação anulatória de débito fiscal e a execução fiscal se tiver por objeto o mesmo crédito tributário, ocasionando na reunião dos feitos o julgamento em conjunto, sendo devida a distribuição do feito ao juiz prevento para julgamento conjunto.

É prevento o juiz que tiver primeiro despachado. Regra processual que visa evitar a ocorrência de decisões conflitantes sobre a mesma matéria.

Insta mencionar que, quando a comarca existir vara especializada em execução fiscal, a conexão entre a ação anulatória de débito fiscal e a execução fiscal não determina a reunião dos feitos, já que a conexão não modifica a competência absoluta em razão da matéria.

A conexão somente poderá ser aplicada nos casos de competência relativa (território ou valor da causa). Quando houver competência absoluta (em relação à matéria) não há que se falar em reunião dos processos.

Solução: Havendo uma ação anulatória de débito fiscal distribuída anteriormente à execução fiscal, esta não poderá ser processada junto ao juízo da anulatória (Fazenda Pública), pois a execução fiscal, em razão da matéria, deve ser julgada por Vara Especializada dos Executivos Fiscais (competência absoluta).

De igual sorte, a ação anulatória de débito fiscal não pode ser processada pela Vara dos Executivos Fiscais, pois o juízo não tem competência para julgar ações de iniciativa do contribuinte.

A solução encontrada para estes casos é que se suspenda a execução fiscal até que a ação anulatória de débito fiscal seja julgada e desde que haja garantia do débito.

Importante destacar, caso a ação anulatória de débito fiscal for julgada improcedente, o contribuinte não poderá discutir a mesma matéria em sede de embargos à execução fiscal, pois ocorrerá a litispendência.

4.3 Caso Concreto – Glosa de Crédito do ICMS "Guerra Fiscal"

Determinada empresa, pessoa jurídica distribuiu em 26/01/2010 a ação cautelar, posteriormente, em 02/03/2010, distribuiu a ação anulatória de débito fiscal.

Referida empresa aguarda o julgamento da Ação Anulatória na Vara da Fazenda Pública.

Por não estar garantido o juízo, a Procuradoria inscreveu o débito em dívida ativa e está na iminência de distribuir a execução fiscal.

Admitindo a hipótese de o débito permanecer sem garantia, teremos o processamento simultâneo da anulatória na Vara da Fazenda Pública e a execução fiscal na Vara das Execuções Fiscais Estaduais.

Nesse caso a conexão não estaria configurada e a execução fiscal teria seu curso normal – inclusive no que diz respeito à constrição de bens da executada. E a sentença de procedência da ação anulatória transitada em julgado tornaria a execução fiscal extinta.

5. Guerra Fiscal – Convalidação dos Incentivos Fiscais e a Desistência de Ações ou Embargos

De tudo o quanto restou consignado até o presente momento, a guerra fiscal ganhou um novo cenário, os contribuintes paulistas, terão agora mais facilidade para anular os autos de infração pelo uso dos créditos de ICMS obtidos por meio de incentivo fiscal irregular.

O Governo do Estado de São Paulo adequou a legislação paulista à Lei Complementar 160/2017 e ao Convênio 190/2017, que estabeleceram as condições para regularização de créditos de ICMS concedidos por outros estados. A Resolução Conjunta SFP/PGE 1/2019, determina os procedimentos necessários para os contribuintes requerem os reconhecimentos desses créditos.

A expectativa é que a medida traga segurança jurídica para as empresas paulistas que discutem AIIM no âmbito administrativo, quanto em ações judiciais.

Importante ressaltar, que o contribuinte paulista deverá apresentar o pedido à Secretaria da Fazenda (caso tenha discussão na esfera administrativa) ou à Procuradoria Geral do Estado (PGE), conforme a situação do débito fiscal (não inscrito ou inscrito em dívida ativa, respectivamente). Os requerimentos devem ser específicos, indicando qual o item do auto de infração no contencioso administrativo, ou o encaminhamento para a inscrição do débito na Dívida Ativa, ou a ação judicial, conforme o caso.

Na prática, no momento do preenchimento do formulário que será protocolizado na SEFAZ/SP ou na PGE/SP, por exemplo, o contribuinte fará a renúncia da defesa ou recurso administrativo ou judicial.

Todavia, com a apresentação do referido pedido, fica suspenso o julgamento do AIIM no âmbito do contencioso administrativo tributário ou o encaminhamento para a inscrição do débito na Dívida Ativa, ou a ação judicial até a data da notificação da decisão do FISCO acerca do reconhecimento do crédito.

A renúncia tratada acima, somente se efetivará com o reconhecimento do crédito do ICMS objeto do AIIM.

Diante deste cenário, não sendo acolhido o pedido de reconhecimento do crédito tributário, terá prosseguimento o julgamento do AIIM, bem como a inscrição do débito em dívida ativa.

Por fim, vale destacar, ainda que também a renúncia relativa à ação judicial mencionada linhas acima somente se efetivará com o reconhecimento do crédito do ICMS objeto do AIIM, e caso não seja acolhido o pedido de reconhecimento do crédito, que terá prosseguimento o curso da ação judicial a ele relacionada.

6. Conclusão

Considerando que o Direito Tributário, diferente do Direito Civil e Penal, não possui sistemática processual própria, exceto a LEF, que ainda assim não abrange todos os dispositivos legais e, por tal motivo, é necessário socorrer-se subsidiariamente ao CPC/15, pois a LEF não abarca os dispositivos necessários para solucionar os conflitos processuais vinculados ao processo tributário.

E, considerando uma infinidade de processos administrativos e judiciais em andamento, o contribuinte ainda goza dos efeitos da LC 160/2017, do Convênio 190/2017 e da nova Resolução Conjunta SFP/PGE 1/2019, que indicam os procedimentos necessários para requerem os reconhecimentos dos créditos glosados em face da Guerra Fiscal.

Para tanto, o contribuinte paulista deve apresentar pedido à Secretaria da Fazenda e Planejamento ou à Procuradoria Geral do Estado (PGE), conforme a situação do débito fiscal, inscrito ou não, em Dívida Ativa.

Assim, diante desse cenário, em meio às buscas a dar uma solução definitiva à questão da guerra fiscal, a nova legislação oferece alento em termos de segurança jurídica para o contribuinte do ICMS, sempre receoso com a precariedade dos benefícios estaduais.

Mas ainda assim, mesmo com todo esse avanço, é prematuro afirmar que a questão da guerra fiscal está totalmente resolvida, pois ainda há desafios políticos e de desenvolvimento das Unidades Federadas pela frente para assegurar que a solução trazida pela nova resolução seja realmente segura e eficaz.

7. Referências

AMARO, Luciano. *Direito Tributário Brasileiro*. 18ª Ed. São Paulo: Editora Saraiva, 2012.

ATALIBA. Geraldo. *Núcleo de definição constitucional do ICM*. RDT 25/111.

BORGES. José Souto Maior. *Questões Tributárias*. 1ª Ed. São Paulo: Resenha Tributária. 1975.

_____. O ICMS e os benefícios fiscais concedidos unilateralmente por Estado-membro, in "*Grandes questões atuais do direito tributário*". 4° volume. São Paulo: Editora Dialética. 2000,

BRAGHETTA. Daniela de Andrade. *Impactos atuais de guerra fiscal no âmbito administrativo bandeirante* – rediscussões sobre ICMS. São Paulo: Editora Noeses. 2011.

BERGAMINI; GUIMARÃES; PEIXOTO. *O ICMS na história da jurisprudência do Tribunal de Impostos e Taxas do Estado de São Paulo*. MP Editora. 2011.

_____. *Curso de Direito Constitucional Tributário*. 23ª Ed. São Paulo: Malheiros Editores, 2007.

CARRAZZA, Roque Antônio. *ICMS*. 11ª Ed. São Paulo: Malheiros Editores, 2006.

CARVALHO, Aurora Tomazini. *Curso de teoria geral do direito*: O construtivismo Logico-Semântico. 3ª Ed. São Paulo: Noeses, 2013.

CARVALHO. Paulo de Barros. *Regra Matriz do ICM*. Tese apresentada para obtenção de Título de Livre Docente da Faculdade de Direito da PUC/SP, 1981.

_____. *Curso de Direto Tributário*. 25ª Ed. São Paulo: Editora Saraiva 2013.

_____. *Direito Tributário, Linguagem e Método*. 3ª Ed. São Paulo: Noeses, 2009.

CÔELHO. Sacha Calmon Navarro. *Curso de Direito Tributário Brasileiro*. 9ª Ed. Rio de Janeiro: Editora Forense. 2007.

CONRADO. Paulo Cesar. *Processo Tributário Análitico* (Coordenador). Volume II. Editora Noeses. 2013.

DUARTE. Fernanda; BOMFIM. Gilson e MURYAMA Janssen (Organizadores). *A LEF e o Novo CPC*: Reflexões e Tendências: O que ficou e o que mudará. Editora Lumen Juris. Rio de Janeiro. 2016.

JESUS. Fernando Bonfá. *ICMS – Aspectos Pontuais*. Editora Quartier Latin. 2007

JESUS. Isabela Bonfá de; JESUS, Fernando Bonfá de e JESUS. Ricardo Bonfá de. *Manual de Direito e Processo Tributário*. 4ª edição atualizada. Editora Revista dos Tribunais, 2017.

MACHADO SEGUNDO. Hugo de Brito. *Processo Tributário*. 11ª Edição. Atlas, 2019.

MARTINS, Ives Gandra da Silva; CARVALHO, Paulo de Barros. *Guerra Fiscal: Reflexões sobre a concessão de benefícios no âmbito do ICMS*. 1ª Ed. São Paulo: Noeses, 2012.

MARTINS. Ives Gandra da Silva. Direito a compensação do ICMS incidente sobre combustíveis e insumos nas operações de transportes mesmo quando realizadas mediante subcontratação. *RDDT* 151, abril/08.

MELO. José Eduardo Soares de. *ICMS, Teoria e Prática*. São Paulo: Editora Dialética. 2002.

PAULSEN, Leandro; ÁVILA, René Bergann; SLIWKA, Ingrid Schroder. *Leis De Processos Tributários Comentadas*. 9ª Edição. Editora Saraiva. 2018.

SILVA. José Afonso. Curso de Direito Constitucional Positivo. 13ª Ed. São Paulo. 1997. PAULSEN. Leandro. *Direito Tributário. Constituição e Código Tributário à luz da doutrina e da jurisprudência*. 15ª Ed. Livraria do Advogado. São Paulo: Editora ESMAFE. 2013.

Capítulo 3

TUTELAS PROVISÓRIAS

A TUTELA PROVISÓRIA DE EVIDÊNCIA NO DIREITO PROCESSUAL TRIBUTÁRIO

Danilo Barth Pires[1]

1. Introdução

O Código de Processo Civil acaba de completar 3(três) anos de vigência. Nesse curto espaço de tempo, considerada a grandiosidade do novo diploma processual, um dos novos institutos que ainda merece toda a atenção dos estudiosos e aplicadores do Direito Processual Tributário é a tutela provisória de evidência. Não se encontram tantos artigos específicos sobre o tema, além dessa espécie de tutela provisória não ter ganhado a efetividade que se esperava nos fóruns de todo o país. Conforme veremos adiante, trata-se de um instituto processual próprio para pacificar as lides tributárias. A correta apreensão e a boa aplicação da tutela de evidência são imprescindíveis para abreviar a duração dos processos judiciais tributários, especialmente nos dias atuais, em que o aumento

1. Mestre em Direito Constitucional e Processual Tributário pela PUC/SP. Especialista em Direito Processual Civil pela Escola Superior da Procuradoria Geral do Estado de São Paulo. Bacharel em Direito pela Faculdade Presbiteriana Mackenzie. Procurador do Estado de São Paulo. Autor do livro *Tutela Provisória no Direito Processual Tributário*, Curitiba: Juruá, 2018. E-mail: dbpires@uol.com.br

do volume de demandas em curso perante o Poder Judiciário parece não ter fim. É o que cuidaremos nas páginas seguintes.

2. As causas suspensivas de exigibilidade do crédito tributário e as tutelas provisórias no Código de Processo Civil: classificação, situação do tema e a tutela provisória de evidência

A decisão judicial que suspende a exigibilidade do crédito tributário é uma decisão interlocutória, provisória, em cognição sumária, não definitiva, precária, mas de extrema relevância para o contribuinte. Em importância, só perde para a decisão final, definitiva, em cognição exauriente, ou seja, a sentença ou o acórdão que após o trânsito em julgado efetivamente extinguem o crédito tributário.

Com a exigibilidade do crédito tributário suspensa, igualmente estará suspensa a marcha processual da execução fiscal eventualmente em curso, bem como os meios indiretos de cobrança dos tributos, a exemplo do protesto da certidão da dívida ativa e da restrição no cadastro de inadimplentes. Conhecer e bem transitar por todas as causas suspensivas da exigibilidade do crédito tributário é salutar para todos os operadores do Direito Processual Tributário.

Dentre outras hipóteses, o Código Tributário Nacional prevê que "*a concessão de medida liminar ou de tutela antecipada, em outras espécies de ação judicial*" suspende a exigibilidade do crédito tributário[2]. A redação do referido dispositivo está a merecer uma adequação em sua redação. Isso porque a então "tutela antecipada" prevista no CPC/1973 teve profunda alteração com o advento do CPC de 2015. A disciplina do tema está agora prevista na Parte Geral, Livro V, entre os artigos 294 e 311, com a denominação de "tutela provisória". O ideal então

2. Código Tributário Nacional: "Art. 151. Suspendem a exigibilidade do crédito tributário: [...] V - a concessão de medida liminar ou de tutela antecipada, em outras espécies de ação judicial".

é que a redação do art. 151, V do CTN seja simplesmente alterada para "a concessão de tutela provisória".

De acordo com a previsão do atual CPC, a tutela provisória pode ter por fundamento a urgência ou então a evidência[3]. Temos então uma primeira classificação bipartida, de um lado a tutela provisória de urgência e, de outro, a tutela provisória de evidência, ambas espécies do gênero tutela provisória. A tutela provisória de urgência tem como requisitos a probabilidade do direito e o perigo de dano ou o risco ao resultado útil do processo[4]. A classificação da tutela provisória de urgência é ainda mais esmiuçada na lei. Pode ter natureza cautelar ou antecipada e ainda ser requerida e concedida em caráter antecedente ou incidental[5].

E assim chegamos ao objeto deste estudo, a tutela provisória de evidência, espécie do gênero tutela provisória que igualmente deve ser considerada como causa suspensiva da exigibilidade do crédito tributário.

3. A tutela provisória de evidência: tipicidade legal e repercussão no Direito Processual Tributário

A tutela provisória de evidência tem previsão em um único artigo do Código de Processo Civil[6].

---

3. Lei 13.105/15: "Art. 294. A tutela provisória pode fundamentar-se em urgência ou evidência".

4. Lei 13.105/15: "Art. 300. A tutela de urgência será concedida quando houver elementos que evidenciem a probabilidade do direito e o perigo de dano ou o risco ao resultado útil do processo".

5. Lei 13.105/2015: "Art. 294. [...] A tutela provisória de urgência, cautelar ou antecipada, pode ser concedida em caráter antecedente ou incidental".

6. O vocábulo utilizado pelo legislador não é novo. A tutela de evidência foi tratada como tal em tese defendida no ano de 1995 pelo hoje Ministro do Supremo Tribunal Federal, Luiz Fux, justamente o presidente da Comissão de Juristas que elaborou o texto base do atual CPC. São essas as palavras do referido autor já naquela época: "*A nossa proposta é exatamente suscitar um desafio entre os experts quanto à existência no direito brasileiro de um processo verdadeiramente sumário, através do qual a parte, diante de uma situação de perigo ou de evidência do direito, pode utilizar-se do*

Vejamos o dispositivo:

> *Art. 311. A tutela da evidência será concedida, independentemente da demonstração de perigo de dano ou de risco ao resultado útil do processo, quando: I - ficar caracterizado o abuso do direito de defesa ou o manifesto propósito protelatório da parte; II - as alegações de fato puderem ser comprovadas apenas documentalmente e houver tese firmada em julgamento de casos repetitivos ou em súmula vinculante; III - se tratar de pedido reipersecutório fundado em prova documental adequada do contrato de depósito, caso em que será decretada a ordem de entrega do objeto custodiado, sob cominação de multa; IV - a petição inicial for instruída com prova documental suficiente dos fatos constitutivos do direito do autor, a que o réu não oponha prova capaz de gerar dúvida razoável. Parágrafo único. Nas hipóteses dos incisos II e III, o juiz poderá decidir liminarmente.*

De plano é preciso salientar que no *caput* do dispositivo o legislador afastou os requisitos próprios da tutela provisória de urgência[7]. A tutela provisória de evidência será concedida *"independentemente da demonstração de perigo de dano ou de risco ao resultado útil do processo"*. E então o legislador elencou quatro hipóteses que ensejam a concessão dessa específica tutela provisória, uma em cada inciso do acima referido dispositivo legal.

Dentre as quatro hipóteses, três delas exigem a presença da *"prova documental"*. Não por acaso, o vocábulo "evidência" tem origem na palavra inglesa *evidence*, que significa prova[8]. E dentre todas as hipóteses, a que devemos nos ater neste bre-

---

procedimento cautelar para fins satisfativos, submetendo a sua pretensão a uma sumária cognitio sui generis, finda a qual a decisão judicial há de prevalecer com força do caso julgado tal como as demais sentenças de conhecimento, exatamente por encerrar a última palavra do judiciário acerca do litigio, de tal sorte que não lhe reste mais qualquer utilidade noutro provimento, tomando-a carente de interesse de agir" (FUX, Luiz. *Tutela de segurança e tutela de evidência.* São Paulo: Saraiva, 1996, p. 387).

7. Lei 13.105/15: "Art. 300. A tutela de urgência será concedida quando houver elementos que evidenciem a probabilidade do direito e o perigo de dano ou o risco ao resultado útil do processo".

8. Nesse sentido: YARSHELL, Flávio Luiz; ABDO, Helena. *As questões não tão evidentes sobre a tutela de evidência.* Tutela provisória no novo CPC: dos 20 anos de vigência do art. 273 do CPC/1973 ao CPC/2015 – Coordenação de Cassio Scarpinella Bueno [et al.]. São Paulo: Saraiva, 2016, p. 455.

ve estudo é a segunda, qual seja, a prova documental e tese firmada em julgamento de casos repetitivos ou em súmula vinculante.

É seguramente a hipótese com maior aplicabilidade no Direito Processual Tributário. As questões de direito tributário sempre envolvem milhares e milhares de contribuintes em idêntica situação jurídica. É natural que as teses tributárias sejam levadas até as últimas instâncias, nos tribunais superiores, e que os respectivos julgados sejam observados pelas instâncias locais.

Iniciemos pela tese firmada em julgamento de casos repetitivos. Trata-se de técnica de julgamento que já estava prevista no CPC de 1973[9]. Um ou mais recursos representativos da controvérsia são admitidos e julgados em conjunto, replicando então a tese jurídica decidida em milhares de outras ações. A novidade do CPC atual é que não apenas os recursos especiais podem ser julgados consoante o rito dos recursos repetitivos. Há expressa previsão de que também os recursos extraordinários podem ser julgados seguindo esse mesmo procedimento[10]. E mais, o CPC também prevê que a decisão proferida em incidente de resolução de demandas repetitivas - IRDR - deve ser considerada como julgamento de casos repetitivos[11]. Como o Código de Processo Civil não restringe, é

9. Lei 5.869/73: "Art. 543-C. Quando houver multiplicidade de recursos com fundamento em idêntica questão de direito, o recurso especial será processado nos termos deste artigo".

10. Lei 13.105/15: "Art. 1.036. Sempre que houver multiplicidade de recursos extraordinários ou especiais com fundamento em idêntica questão de direito, haverá afetação para julgamento de acordo com as disposições desta Subseção, observado o disposto no Regimento Interno do Supremo Tribunal Federal e no do Superior Tribunal de Justiça".

11. Lei 13.105/2015: "Art. 928. Para os fins deste Código, considera-se julgamento de casos repetitivos a decisão proferida em: I - incidente de resolução de demandas repetitivas; II - recursos especial e extraordinário repetitivos. Parágrafo único. O julgamento de casos repetitivos tem por objeto questão de direito material ou processual. [...] Art. 976. É cabível a instauração do incidente de resolução de demandas repetitivas quando houver, simultaneamente: I - efetiva repetição de processos que contenham controvérsia sobre a mesma questão unicamente de direito; II - risco de ofensa à isonomia e à segurança jurídica".

possível afirmar que os IRDRs julgados pelos tribunais locais, a exemplos dos Tribunais de Justiça e Tribunais Regionais Federais, também podem fundamentar a concessão de tutela provisória de evidência.

Se a tese jurídica já tiver sido julgada pelo Superior Tribunal de Justiça ou pelo Supremo Tribunal Federal consoante o rito dos recursos repetitivos, ou ainda se já tiver sido proferida decisão em IRDR, basta ao contribuinte juntar prova documental para comprovar que o caso se amolda ao paradigma, indicando o tema decidido, que a tutela provisória de evidência deverá ser inexoravelmente concedida[12]. É um avanço e tanto, se comparado com o CPC/1973, ainda não compreendido em sua inteireza por toda a comunidade jurídica processual tributária.

Aqui é importante ressaltar a necessidade de constante e infindável atualização dos operadores do Direito Processual Tributário a respeito dos julgados do Superior Tribunal de Justiça e do Supremo Tribunal Federal, bem como dos IRDRs em matéria tributária[13].

O Superior Tribunal de Justiça já utiliza essa técnica de julgamento há muitos anos. Já foram julgados diversos recursos especiais consoante o rito dos recursos repetitivos, tendo sido admitidos outros tantos, ainda pendentes de julgamento. Mencionaremos apenas dois deles, a título de exemplos, de forma a pontuar os mais recentes. No julgamento do Tema nº 994 - RESP nº 1.638.772/SC, em 10-04-2019, o STJ fixou a seguinte tese: *"os valores de ICMS não integram a*

---

12. A doutrina mais abalizada também segue esse mesmo e exato raciocínio: *"No que se refere ao CPC/2015, o diploma trouxe em seu art. 311 a possibilidade de concessão da tutela provisória de evidência nos casos em que a matéria sub judice for unicamente de direito e houver jurisprudência firmada em julgamento de recursos repetitivos, de incidente de resolução de demandas repetitivas ou em súmula vinculante"* (CARNEIRO, Claudio. *Processo Tributário Administrativo e Judicial.* 5ª ed. São Paulo: Saraiva, 2018, p. 153)

13. O Conselho Nacional de Justiça - CNJ - dispõe de um "Banco Nacional de Demandas Repetitivas e Precedentes Obrigatórios". A pesquisa textual facilita a localização dos temas nos tribunais de todo o país. Disponível em http://www.cnj.jus.br/pesquisas-judiciarias/demandas-repetitivas, acesso em 11-5-2019.

base de cálculo da contribuição previdenciária sobre a receita bruta - CPRB, instituída pela Medida Provisória n. 540/2011 e convertida na Lei 12.546/2011". E, no julgamento do Tema nº 980 - RESP nº 1.658.517/PA, em 14-11-2018, o STJ fixou a seguinte tese:*"(i) O termo inicial do prazo prescricional da cobrança judicial do Imposto Predial e Territorial Urbano - IPTU inicia-se no dia seguinte à data estipulada para o vencimento da exação; (ii) o parcelamento de ofício da dívida tributária não configura causa interruptiva da contagem da prescrição, uma vez que o contribuinte não anuiu".* Ambas as teses, bem como inúmeras outras já julgadas pelo STJ consoante esse mesmo procedimento, ensejam a tutela provisória de evidência.

No Tribunal de Justiça de São Paulo também já existem diversos IRDRs admitidos e pendentes de julgamento em matéria tributária. Tão logo sejam julgados, se a favor dos contribuintes, igualmente viabilizarão a tutela provisória de evidência. A título de exemplos, podem ser citados: Tema 9, que trata das tarifas de uso dos sistemas de distribuição e transmissão - TUSD e TUST - na base de cálculo do ICMS sobre energia elétrica (IRDR nº 2246948-26.2016.8.26.0000)[14]; Tema 19, que trata da base de cálculo do ITBI no Município de São Paulo (IRDR nº 2243516-62.2017.8.26.0000); e o Tema 24, que trata da possibilidade de substituição da CDA, quando ausentes alguns dos requisitos legais no título executivo original (IRDR nº 0057572-21.2017.8.26.0000)[15]. Da mesma forma, no Tribunal Regional Federal da 3ª Região existe IRDR para saber se o redirecionamento de execução de crédito tributário da pessoa jurídica para os sócios pressupõe ou não o incidente de desconsideração da personalidade jurídica (IRDR nº 4.03.1.000001 – processo paradigma nº 0017610-97.2016.4.03.0000). Esse mesmo tema

---

14. Esse mesmo tema é objeto de IRDR no TJ/PR (autos nº 001664-25.2016.8.16.0000 – tema nº 1), bem como de recursos repetitivos admitidos e ainda não julgados pelo Superior Tribunal de Justiça - Tema nº 986 - REsp 1.163.020/RS, REsp 1.699.851/TO e REsp 1.692.023/MT.

15. Disponível em https://www.tjsp.jus.br/Nugep/Irdr, acesso em 01-05-2019.

está pendente de julgamento no Tribunal Regional da 5ª Região (IRDR nº 0001978-74.2016.4.05.0000 – tema nº 2).

O outro fundamento da tutela provisória de evidência é a Súmula Vinculante, aquela prevista na Constituição Federal e editada exclusivamente pelo Supremo Tribunal Federal[16]. A aprovação exige decisão favorável de 2/3 (dois terços) dos Ministros do STF em sessão plenária[17]. O STF já editou várias súmulas vinculantes em matéria tributária. Também apenas a título de exemplos, podem ser lembradas as seguintes: SV nº 52 -*"Ainda quando alugado a terceiros, permanece imune ao IPTU o imóvel pertencente a qualquer das entidades referidas pelo art. 150, VI, "c", da Constituição Federal, desde que o valor dos aluguéis seja aplicado nas atividades para as quais tais entidades foram constituídas"*; e SV nº 41 - *O serviço de iluminação pública não pode ser remunerado mediante taxa"*. Essas e outras súmulas vinculantes igualmente ensejam a concessão da tutela provisória de evidência.

Não devemos fugir da questão sobre o correto alcance do art. 311, II, do CPC, ou seja, se ele admite ou não interpretação extensiva. Isso porque, nos termos da lei, é apenas a tese firmada em julgamento de recurso repetitivo ou em súmula vinculante que possibilita a concessão da tutela provisória de evidência. E o chamado "direito jurisprudencial" do atual Código de Processo Civil é bem mais abrangente: decisões do STF em controle concentrado de constitucionalidade, acórdãos em incidente de assunção de competência, súmulas não

16. Constituição Federal: "Art. 103-A. O Supremo Tribunal Federal poderá, de ofício ou por provocação, mediante decisão de dois terços dos seus membros, após reiteradas decisões sobre matéria constitucional, aprovar súmula que, a partir de sua publicação na imprensa oficial, terá efeito vinculante em relação aos demais órgãos do Poder Judiciário e à administração pública direta e indireta, nas esferas federal, estadual e municipal, bem como proceder à sua revisão ou cancelamento, na forma estabelecida em lei".

17. Lei 11.417/2006: "Regulamenta o art. 103-A da Constituição Federal e altera a Lei 9.784, de 29 de janeiro de 1999, disciplinando a edição, a revisão e o cancelamento de enunciado de súmula vinculante pelo Supremo Tribunal Federal, e dá outras providências".

vinculantes do STF e do STJ e ainda a orientação do plenário ou dos órgãos especiais dos tribunais locais[18]. Pensamos que a interpretação deve ser a literal[19]. O legislador poderia ter ampliado o cabimento da tutela provisória de evidência, mas não o fez. A escolha legislativa recaiu apenas e tão somente sobre o recurso repetitivo e a súmula vinculante, deixando de lado vários outros institutos jurisprudenciais[20]. Seguir o art. 311, II do CPC, tal como o aprovado pelas casas legislativas e regularmente sancionado, é dar a devida importância ao devido processo legal[21]. As súmulas do STJ em matéria tributária, bem como outras espécies de precedentes jurisprudenciais, podem fundamentar a tutela provisória de urgência, dando-se

---

18. Lei 13.105/2015: "Art. 927. Os juízes e os tribunais observarão: I - as decisões do Supremo Tribunal Federal em controle concentrado de constitucionalidade; II - os enunciados de súmula vinculante; III - os acórdãos em incidente de assunção de competência ou de resolução de demandas repetitivas e em julgamento de recursos extraordinário e especial repetitivos; IV - os enunciados das súmulas do Supremo Tribunal Federal em matéria constitucional e do Superior Tribunal de Justiça em matéria infraconstitucional; V - a orientação do plenário ou do órgão especial aos quais estiverem vinculados".

19. Nesse sentido: *"A par da tutela provisória de urgência, o novo CPC/15 também prevê a possibilidade obtenção de tutela de evidência, hipótese em que não há necessidade de demonstração de perigo de dano ou de risco ao resultado útil do processo, bastando, e.g., que as questões de fato sejam comprovadas documentalmente e que haja tese firmada em julgamento de casos repetitivos ou em súmula vinculantes, nos termos do art. 311."* (PAULSEN, Leandro. *Constituição e Código Tributário comentados à luz da doutrina e da jurisprudência*, São Paulo: Saraiva, 2017, p. 1824).

20. Também nesse sentido: NERY JUNIOR, Nelson. *Código de Processo Civil comentado.* 16ª ed. rev., atual e amp. São Paulo: Revista dos Tribunais, 2016, p. 948; CÂMARA, Alexandre Freitas. *O novo processo civil brasileiro.* 3ª ed. São Paulo: Atlas, 2017, p. 173; e RIBEIRO, Leonardo Ferres da Silva. *Tutela provisória: tutela de urgência e tutela da evidência.* São Paulo: Revista dos Tribunais, 2015, p. 192. Em sentido contrário, ou seja, da interpretação extensiva do art. 311, II do CPC: *"Quer nos parecer que, para fins da concessão da tutela de evidência por uniformidade jurídica, as hipóteses dos incisos I a IV do art. 927 podem ser inteiramente aplicáveis, justamente porque estão, no mínimo, no mesmo patamar hierárquico dos enunciados previstos no art. 311, II."* (MARINS, James. Direito Processual Tributário Brasileiro - Administrativo e Judicial. 9ª ed., São Paulo: Revista dos Tribunais, 2016, p. 624).

21. Constituição Federal: "Art. 5º [...] LIV – ninguém será privado da liberdade ou de seus bens sem o devido processo legal;". Tratamos desse tema com maior profundidade em nosso *Tutela Provisória no Direito Processual Tributário*, Curitiba: Juruá, 2018.

ênfase na probabilidade do direito já reconhecido por tribunal superior, mas não a tutela provisória de evidência[22]. Não se deve tentar alargar as hipóteses legais de tutela provisória de evidência, sob pena do contribuinte ver a questão processual postergar indefinidamente o provimento jurisdicional pleiteado, com resistência da Fazenda Pública, justamente o que se pretende evitar[23].

A esse respeito é importante ressaltar que a ideia de utilizar a tutela provisória de evidência para abreviar as lides tributárias encontra ressonância nas Fazendas Públicas. Por óbvio, se o tema já foi decidido consoante o rito dos recursos

---

22. A interpretação do art. 311, II do CPC está longe de ser pacífica. Em sentido contrário ao ora defendido, existe o Enunciado nº 48 do Conselho da Justiça Federal: *"É admissível a tutela provisória da evidência, prevista no art. 311, II, do CPC, também em casos de tese firmada em repercussão geral ou em súmulas dos tribunais superiores"*. Também em abono da intepretação extensiva, o STJ recentemente concedeu tutela provisória de evidência fundamentada em recurso extraordinário julgado com repercussão geral pelo STF: *"TRIBUTÁRIO E PROCESSUAL CIVIL. AGRAVO INTERNO NO PEDIDO DE TUTELA PROVISÓRIA DE EVIDÊNCIA NO AGRAVO EM RECURSO ESPECIAL. ICMS. BASE DE CÁLCULO. PIS/COFINS. RECENTE POSICIONAMENTO DO STF EM REPERCUSSÃO GERAL (RE 574.706/PR, REL. MIN. CÁRMEN LÚCIA). PRESENÇA DOS REQUISITOS AUTORIZADORES DA TUTELA DE EVIDÊNCIA EXIGIDOS PELO ART. 311, II DO CÓDIGO FUX. DEFERE-SE, POR ESTA DECISÃO, A TUTELA PROVISÓRIA DE EVIDÊNCIA, PARA AUTORIZAR QUE A REQUERENTE RECOLHA AS PARCELAS DAS CONTRIBUIÇÕES AO PIS E À COFINS, SEM INCLUSÃO DO ICMS EM SUA BASE DE CÁLCULO, ATÉ O JULGAMENTO FINAL DO PRESENTE RECURSO OU DELIBERAÇÃO ULTERIOR. AGRAVO INTERNO DA FAZENDA NACIONAL A QUE SE NEGA PROVIMENTO. [...] 4. No particular, os fundamentos da pretensão de que se autorize o recolhimento das parcelas das Contribuições ao PIS e à COFINS, sem a inclusão do ICMS em sua base de cálculo, estão amparados nas conclusões do julgamento do mencionado RE 574.706/PR, subsumindo-se, desse modo, à hipótese prevista no art. 311, II do Código Fux. 5. Agravo Interno da FAZENDA NACIONAL a que se nega provimento."* (AgInt na TutPrv no AREsp nº 300.743/SP, Rel. Ministro Napoleão Nunes Maia Filho, Primeira Turma, julgado em 25-03-2019, DJe 01-04-2019).

23. De acordo com a interpretação literal do art. 311, II do CPC, que entendemos correta, confira-se o seguinte julgado do Tribunal de Justiça de São Paulo: *"Agravo Interno – Decisão monocrática que negou seguimento a agravo de instrumento nos termos do art. 932, III do CPC – Pedido de tutela de evidência fundado no art. 311, II do CPC - Recurso que não indica o "caso repetitivo" ou a súmula vinculante que ampara sua tese – Insuficiência de fundamentação – Agravo interno desprovido"* (Agravo Interno Cível 2245136-75.2018.8.26.0000; Relatora: Luciana Bresciani; 2ª Câmara de Direito Público; Foro Central - Fazenda Pública/Acidentes - 5ª Vara de Fazenda Pública; Data do Julgamento: 10/12/2018; Data de Registro: 10/12/2018).

repetitivos ou é objeto de súmula vinculante, não há sentido em prosseguir com a interposição de recursos. Em relação ao CPC/1973, o CPC atual inovou ao trazer a previsão do dever de cooperação entre as partes e repetiu as penas de litigância de má-fé para aquele que interpõe recurso com intuito manifestamente protelatório[24]. Esses dispositivos, como não poderia deixar de ser, têm aplicabilidade para todas as partes no Direito Processual Tributário.

A Lei 10.522, de 19 de julho de 2002, prevê que a Procuradoria-Geral da Fazenda Nacional está autorizada a não contestar ações que versam sobre matérias já decididas pelos tribunais superiores[25]. No mesmo sentido, a Portaria PGFN 502, de 12 de maio de 2016, prevê dispensa de contestação, oferecimento de contrarrazões e interposição de recursos para *"tema definido em sentido desfavorável à Fazenda Nacional pelo Supremo Tribunal federal - STF, pelo Superior Tribunal de Justiça – STJ ou pelo Tribunal Superior do Trabalho – TST, em sede de julgamento de casos repetitivos"* e, ainda, para *"tema sobre o qual exista enunciado de súmula vinculante"*. Na Procuradoria do Estado de São Paulo, a Resolução PGE 14, de 7 de maio de 2018, instituiu a lógica reversa recursal, com a claro intuito

24. Lei 13.105/15: "Art. 6º Todos os sujeitos do processo devem cooperar entre si para que se obtenha, em tempo razoável, decisão de mérito justa e efetiva. [...] Art. 80. Considera-se litigante de má-fé aquele que: [...] VII - interpuser recurso com intuito manifestamente protelatório".

25. Lei 10.522/02: "Art. 19. Fica a Procuradoria-Geral da Fazenda Nacional dispensada de contestar, de oferecer contrarrazões e de interpor recursos, e fica autorizada a desistir de recursos já interpostos, desde que inexista outro fundamento relevante, na hipótese em que a ação ou a decisão judicial ou administrativa versar sobre: [...] V - temas fundados em dispositivo legal que tenha sido declarado inconstitucional pelo Supremo Tribunal Federal em sede de controle difuso e tenha tido sua execução suspensa por Resolução do Senado Federal ou tema sobre o qual exista enunciado de súmula vinculante ou que tenha sido definido pelo Supremo Tribunal Federal em sentido desfavorável à Fazenda Nacional em sede de controle concentrado de constitucionalidade; VI - temas decididos pelo Supremo Tribunal Federal, em matéria constitucional, ou pelo Superior Tribunal de Justiça, pelo Tribunal Superior do Trabalho, pelo Tribunal Superior Eleitoral ou pela Turma Nacional de Uniformização de Jurisprudência, no âmbito de suas competências, quando não houver viabilidade de reversão da tese firmada em sentido desfavorável à Fazenda Nacional, conforme critérios definidos em ato do Procurador-Geral da Fazenda Nacional;".

de reduzir a litigiosidade e racionalizar a interposição de recursos nos tribunais superiores[26]. Não é possível recorrer de todas as decisões desfavoráveis. É preciso escolher as teses a serem advogadas, sob pena de banalizar a atuação. Se o tema já foi julgado consoante o rito dos recursos repetitivos, por exemplo, não haverá interposição de recurso, salvo excepcional autorização do Procurador do Estado Chefe. Nesse sentido, em complemento ao referido ato normativo, a Portaria SubG-CTF nº 02, de 29 de março de 2019, elenca as hipóteses de interposição obrigatória de recursos em matéria tributária, ainda não definidas pelas cortes superiores. No Município de São Paulo, o Decreto 57.263, de 29 de agosto de 2016, prevê a competência dos Diretores dos Departamentos da Procuradoria Geral do Município para *"autorizar a dispensa de interposição de recursos e a não impugnação de embargos"*.

Enfim, já existe um consenso de que todos devem obediência ao direito jurisprudencial, Fazendas Públicas inclusive, especialmente nas lides tributárias em que a repetição de teses é própria do Direito Processual Tributário. Em todos esses casos, dentro das balizas legais, os pleitos dos contribuintes não encontrarão resistência das Fazendas Públicas. A tutela provisória de evidência não pode ser desprezada. É um caminho seguro para desde logo suspender a exigibilidade do crédito tributário, sem as incertezas por exemplo das tutelas provisórias de urgência.

26. Resolução PGE/SP 14/2018: "Art. 1º. A pretensão de interpor recursos ou quaisquer outras medidas judiciais dirigidas ao Supremo Tribunal Federal – STF, ao Superior Tribunal de Justiça – STJ e ao Tribunal Superior do Trabalho - TST será submetida pelo Procurador do Estado responsável pela ação judicial à chefia da unidade em que atua, para apreciação e decisão. Art. 2º. O Procurador do Estado deverá apresentar à chefia da subprocuradoria da unidade, para análise da viabilidade de interposição do recurso ou medida judicial, pedido que conterá: [...] §1º – Nos casos em que a matéria tratada nos autos já tiver sido apreciada em definitivo, com trânsito em julgado, em sede de controle concentrado de constitucionalidade, em caráter de repercussão geral, pela via do recurso repetitivo ou outro incidente de uniformização jurisprudencial de natureza vinculante, caberá ao Procurador oficiante, se ainda assim entender pela viabilidade recursal, demonstrar em seu pedido as diferenças jurídicas entre o caso paradigma e aquele objeto de seu processo".

4. A tutela provisória de evidência: ação declaratória, ação anulatória, exceção de pré-executividade, embargos à execução fiscal, estabilização e a tutela provisória de evidência recursal

De tudo o quanto até aqui foi exposto, é natural vislumbrar a tutela provisória de evidência sendo requerida e concedida em uma ação declaratória de inexistência de relação jurídica tributária ou então em uma ação anulatória de débito fiscal, quando já constituído o crédito tributário. Diante de uma tese já julgada consoante o rito dos recursos repetitivos, ou de uma súmula vinculante, a suspensão da exigibilidade depende apenas de prova documental de que o caso concreto se amolda à tese já anteriormente julgada.

Mas é preciso avançar, mesmo que em terreno arenoso. Sim, porque a doutrina sobre a matéria ainda é pouca e a jurisprudência sobre a tutela provisória de evidência em matéria tributária ainda está em estado embrionário.

A exceção de pré-executividade é o meio de defesa próprio para o contribuinte alegar matérias que não precisam de dilação probatória e que podem ser conhecidas de ofício pelo juiz. Não se exige o oferecimento de qualquer garantia por parte do executado. Nas precisas lições de Isabela Bonfá de Jesus, exceção de pré-executividade é *"o instrumento de provocação do órgão jurisdicional, utilizável por qualquer interessado, por meio do qual se permite arguir a ausência dos requisitos da execução para impedir a constrição patrimonial do devedor"*[27]. A jurisprudência já está há muito pacificada no sentido da possibilidade de utilização desse meio de defesa pelos contribuintes. No julgamento do Tema nº 104, Resp. nº 1.104.900/ES, o STJ fixou a seguinte tese: *"A exceção de pré-executividade é admissível na execução fiscal relativamente às matérias conhecíveis de ofício que não demandem dilação*

27. JESUS, Isabela Bonfá de [et. al.]. *Manual de Direito e Processo Tributário*. 3ª ed., rev., atual e amp. São Paulo: Editora Revista dos Tribunais, 2016, p. 397.

probatória". Exatamente nesse mesmo sentido é o verbete da Súmula 393 do Superior Tribunal de Justiça[28].

O que se propõe neste trabalho é utilizar a tutela provisória de evidência no bojo da exceção de pré-executividade para desde logo suspender a exigibilidade do crédito tributário. Ao receber a exceção, presentes os pressupostos legais, o Juízo já deve conceder de plano a tutela provisória, suspendendo o andamento da execução fiscal, inclusive os atos de constrição patrimonial. E para tanto vamos utilizar exemplos de decadência e prescrição, matérias próprias para essa específica defesa do contribuinte, pois não demandam dilação probatória e podem ser decididas de ofício pelo juiz[29].

O primeiro exemplo, mais antigo, é a Súmula Vinculante 8 do STF: *"São inconstitucionais o parágrafo único do artigo 5º do Decreto-Lei 1.569/1977 e os artigos 45 e 46 da Lei 8.212/1991, que tratam da prescrição e decadência do crédito tributário"*. Prescrição e decadência têm natureza de normas gerais de direito tributário, e assim exigem a previsão em lei complementar, conforme previsto na Constituição Federal[30]. A previsão de tais prazos em leis ordinárias é inconstitucional. Os prazos então são os previstos no Código Tributário Nacional, independentemente da espécie tributária.

Um segundo exemplo. O Superior Tribunal de Justiça também já fixou várias teses sobre prescrição intercorrente no julgamento do REsp. nº 1.340.553/RS, em 16-10-2018, com embargos de declaração já julgados em 13-03-2019 sem efeitos infringentes. Dentre outras teses[31], o Tema nº 566 ficou assim

---

28. Súmula nº 393 do STJ: *"A exceção de pré-executividade é admissível na execução fiscal relativamente às matérias conhecíveis de ofício que não demandem dilação probatória"*.

29. Lei 13.105/2015: "Art. 487. Haverá resolução de mérito quando o juiz: [...] II - decidir, de ofício ou a requerimento, sobre a ocorrência de decadência ou prescrição".

30. "Art. 146. Cabe à lei complementar: [...] III - estabelecer normas gerais em matéria de legislação tributária, especialmente sobre: [...] b) obrigação, lançamento, crédito, prescrição e decadência tributários".

31. Outras teses fixadas no julgamento do REsp. nº 1.340.553/RS - Tema nº 567:

ementado: *"O prazo de 1 (um) ano de suspensão do processo e do respectivo prazo prescricional previsto no art. 40, §§ 1º e 2º da Lei 6.830/80 - LEF tem início automaticamente na data da ciência da Fazenda Pública a respeito da não localização do devedor ou da inexistência de bens penhoráveis no endereço fornecido, havendo, sem prejuízo dessa contagem automática, o dever de o magistrado declarar ter ocorrido a suspensão da execução"*. E ainda mais ainda recentemente, o STJ também fixou teses sobre prescrição para redirecionamento de execuções fiscais contra os sócios no julgamento do REsp. nº 1.201.993/SP, em 08-05-2019 - Tema nº 444[32].

"Havendo ou não petição da Fazenda Pública e havendo ou não pronunciamento judicial nesse sentido, findo o prazo de 1 (um) ano de suspensão inicia-se automaticamente o prazo prescricional aplicável"; Tema nº 568: *"A efetiva constrição patrimonial e a efetiva citação (ainda que por edital) são aptas a interromper o curso da prescrição intercorrente, não bastando para tal o mero peticionamento em juízo, requerendo, v.g., a feitura da penhora sobre ativos financeiros ou sobre outros bens"*; Tema nº 569: *"Havendo ou não petição da Fazenda Pública e havendo ou não pronunciamento judicial nesse sentido, findo o prazo de 1 (um) ano de suspensão inicia-se automaticamente o prazo prescricional aplicável"*; Tema nº 570: *"A Fazenda Pública, em sua primeira oportunidade de falar nos autos (art. 245 do CPC/73, correspondente ao art. 278 do CPC/2015), ao alegar nulidade pela falta de qualquer intimação dentro do procedimento do art. 40 da LEF, deverá demonstrar o prejuízo que sofreu (exceto a falta da intimação que constitui o termo inicial - 4.1., onde o prejuízo é presumido), por exemplo, deverá demonstrar a ocorrência de qualquer causa interruptiva ou suspensiva da prescrição"*.

32. O v. acórdão ainda não foi publicado pelo STJ. Segundo matéria publicada no *site* https://www.jota.info/, as teses fixadas pelo STJ foram as seguintes: *"1 - O prazo de redirecionamento da execução fiscal, fixado em cinco anos contados da citação da pessoa jurídica, é aplicável quando o referido ato ilícito previsto no artigo 135, III, do Código Tributário Nacional (CTN), for precedente a esse ato processual. 2 - A citação positiva do sujeito passivo devedor original da obrigação tributária por si só não provoca o início do prazo prescricional quando o ato de dissolução irregular for a ela posterior, uma vez que em tal hipótese inexistirá, na aludida data da citação, pretensão contra o sócio gerente. O termo inicial do prazo prescricional para cobrança do crédito dos sócios gerentes infratores nessas hipóteses é a data da prática de ato inequívoco indicador do intuito de inviabilizar a satisfação do crédito tributário já em curso de cobrança executiva promovida contra a empresa contribuinte, a ser demonstrado pelo fisco. 3 - Em qualquer hipótese, a decretação da prescrição para o redirecionamento impõe seja demonstrada a inércia da Fazenda Pública ou ato inequívoco mencionado no item anterior, respectivamente nos casos de dissolução irregular, precedente ou superveniente à citação da empresa, cabendo às instâncias ordinárias o exame dos fatos e provas atinentes à demonstração da prática de atos concretos no sentido de cobrança do crédito tributário no decurso do prazo prescricional."* Acesso em 11-05-2019.

Em todos os casos, decorridos os prazos para a constituição do crédito, para o ajuizamento, ou então para o redirecionamento da execução fiscal, será possível a tutela provisória de evidência em exceção de pré-executividade. Para tanto, basta ao contribuinte narrar os fatos, especialmente as datas e a inércia da Fazenda Pública, relacionando o caso concreto com o julgado paradigma ou com a súmula vinculante.

Agora alguns apontamentos sobre os embargos à execução fiscal. Após muita discussão doutrinária e jurisprudencial, o Superior Tribunal de Justiça decidiu consoante o rito dos recursos repetitivos que o art. 739-A, §1º do Código de Processo Civil de 1973 é aplicável aos embargos à execução fiscal[33]. A tese firmada no julgamento Tema nº 526 – Resp. nº 1.272.827/PE - foi a seguinte: *"A atribuição de efeitos suspensivos aos embargos do devedor fica condicionada "ao cumprimento de três requisitos: apresentação de garantia; verificação pelo juiz da relevância da fundamentação (fumus boni juris) e perigo de dano irreparável ou de difícil reparação (periculum in mora)".* O atual Código de Processo Civil trouxe novidade sobre essa matéria. Agora os requisitos da tutela provisória devem estar presentes para que seja concedido efeito suspensivo aos embargos à execução, além de a execução estar garantida por

33. Lei 5.869/1973: "Art. 739-A. Os embargos do executado não terão efeito suspensivo. § 1º O juiz poderá, a requerimento do embargante, atribuir efeito suspensivo aos embargos quando, sendo relevantes seus fundamentos, o prosseguimento da execução manifestamente possa causar ao executado grave dano de difícil ou incerta reparação, e desde que a execução já esteja garantida por penhora, depósito ou caução suficientes. § 2º A decisão relativa aos efeitos dos embargos poderá, a requerimento da parte, ser modificada ou revogada a qualquer tempo, em decisão fundamentada, cessando as circunstâncias que a motivaram. § 3º Quando o efeito suspensivo atribuído aos embargos disser respeito apenas a parte do objeto da execução, essa prosseguirá quanto à parte restante. § 4º A concessão de efeito suspensivo aos embargos oferecidos por um dos executados não suspenderá a execução contra os que não embargaram, quando o respectivo fundamento disser respeito exclusivamente ao embargante. § 5º Quando o excesso de execução for fundamento dos embargos, o embargante deverá declarar na petição inicial o valor que entende correto, apresentando memória do cálculo, sob pena de rejeição liminar dos embargos ou de não conhecimento desse fundamento. § 6º A concessão de efeito suspensivo não impedirá a efetivação dos atos de penhora e de avaliação dos bens".

penhora, depósito ou caução suficientes[34]. Com o advento do atual Código de Processo Civil, o efeito suspensivo nos embargos à execução também não se mostra automático. Os requisitos para a concessão são os seguintes: a) requerimento do embargante; b) requisitos da tutela provisória; c) execução já garantida por penhora, depósito ou caução suficientes[35]. E é aqui que está a novidade. Como o CPC utiliza o gênero tutela provisória no art. 919, §1º, a concessão do efeito suspensivo aos embargos à execução fiscal pode ser fundada tanto na tutela provisória de urgência quanto na tutela provisória de evidência. Se a tese jurídica versada nos embargos à execução fiscal já tiver sido julgada consoante o rito dos recursos repetitivos ou tiver previsão em súmula vinculante, estará franqueada ao contribuinte a tutela provisória de evidência para o efeito suspensivo dos embargos à execução e também à suspensão da exigibilidade do tributo.

Agora um outro assunto. Algumas linhas sobre a possibilidade de estabilização da tutela provisória de evidência no Direito Processual Tributário. Trata-se de mais uma novidade do CPC atual[36]. Em apertada síntese, entende-se por estabili-

---

34. Lei 13.105/2015: "Art. 919. Os embargos à execução não terão efeito suspensivo. § 1º O juiz poderá, a requerimento do embargante, atribuir efeito suspensivo aos embargos quando verificados os requisitos para a concessão da tutela provisória e desde que a execução já esteja garantida por penhora, depósito ou caução suficientes. § 2º Cessando as circunstâncias que a motivaram, a decisão relativa aos efeitos dos embargos poderá, a requerimento da parte, ser modificada ou revogada a qualquer tempo, em decisão fundamentada. § 3º Quando o efeito suspensivo atribuído aos embargos disser respeito apenas a parte do objeto da execução, esta prosseguirá quanto à parte restante. § 4º A concessão de efeito suspensivo aos embargos oferecidos por um dos executados não suspenderá a execução contra os que não embargaram quando o respectivo fundamento disser respeito exclusivamente ao embargante. § 5º A concessão de efeito suspensivo não impedirá a efetivação dos atos de substituição, de reforço ou de redução da penhora e de avaliação dos bens".

35. Nesse sentido: QUEIROZ, Pedro Gomes de. *A influência do CPC/2015 na execução fiscal. In*: BUENO, Cassio Scarpinella; RODRIGUES, Marco Antonio (Coord.). Processo Tributário. Coleção Repercussões do Novo CPC – v. 16. Salvador: Juspodivm, 2017, p. 524.

36. Lei 13.105/2015: "Art. 303. Nos casos em que a urgência for contemporânea à propositura da ação, a petição inicial pode limitar-se ao requerimento da tutela antecipada e à indicação do pedido de tutela final, com a exposição da lide, do direito

zação a situação processual em que os efeitos de uma decisão concessiva de tutela provisória são protraídos no tempo, sem a necessidade de uma decisão final posterior. Tem como pressuposto a não interposição de recurso pela parte contrária, que estaria assim anuindo com a decisão judicial. Se não há oposição da parte contra a qual foi deferida a tutela provisória, os efeitos dessa decisão ganham ares de definitividade. Essas são as linhas gerais do novo instituto, sem dúvida influenciadas pelo direito francês[37].

A questão a ser desenvolvida é saber se, em uma ação anulatória de débito tributário, uma tutela provisória de evidência concedida a favor do contribuinte, sem recurso da Fazenda Pública, pode ou não estabilizar. O problema inicial para a possível resposta afirmativa é que a estabilização não foi prevista para toda e qualquer tutela provisória. A previsão está no específico capítulo denominado *"Do procedimento da tutela antecipada requerida em caráter antecedente"*. Nos termos da lei, é nesse específico procedimento que se torna possível a estabilização da tutela provisória: *"Art. 304. A tutela antecipada, concedida nos termos do art. 303, torna-se estável se da decisão que a conceder não for interposto o respectivo recurso"*[38]. Outro ponto desfavorável é que o Código de Proces-

---

que se busca realizar e do perigo de dano ou do risco ao resultado útil do processo. [...] § 5o O autor indicará na petição inicial, ainda, que pretende valer-se do benefício previsto no caput deste artigo".

37. Mesclando os idiomas, Daniel Mitidiero faz interessante apanhado da estabilização da tutela provisória no direito francês: *"A ordonnance de référé constitui instrument de règlement anticipé du litige. Nessa condição, consubstancia-se em uma décision provisoire (art. 484) que investe o juiz no pouvoir d'ordonner immédiatement les mesures nécessaires (art. 484), sendo exécutoire à titre provisoire (art. 489). É uma decisão que n'a pas, au principal, l'autorité de La chose juggé (art. 488), podendo ser modificada em caso de circonstances nouvelles (art. 488)."* (MITIDIERO, Daniel. *A técnica antecipatória na perspectiva do direito comparado.* Revista Magister de Direito Civil e Processual Civil n. 57, nov-dez de 2013. Magister: São Paulo, 2013, p. 30).

38. Não há consenso na doutrina a respeito desse tema. No sentido da literalidade do CPC, ou seja, de que apenas a tutela antecipada requerida em caráter antecedente pode estabilizar, encontramos as lições de Olavo de Oliveira Neto, Luiz Guilherme Marinoni e ainda de Fredie Didier Júnior. Também o Enunciado n. 420 do Fórum Permanente de Processualistas Civis segue essa mesma linha: *"Não cabe*

so Civil prevê expressamente que a tutela provisória estabilizada não faz coisa julgada[39]. E o Código Tributário Nacional exige *"decisão passada em julgado"* para a extinção do crédito tributário[40]. A Constituição Federal ainda exige a *"sentença transitada em julgado"* para expedição de precatório ou requisição de pequeno valor[41]. Não é plausível a interpretação de que o CPC possa excepcionar o art. 100 e parágrafos da CF/88 ou ainda o art. 156, X, do CTN. Ou seja, admitir que lei federal tenha o condão de revogar norma constitucional ou lei

---

estabilização de tutela cautelar". Teresa Arruda Alvim Wambier, fazendo referência aos ensinamentos de Humberto Theodoro Junior, admite a estabilização da tutela antecipada requerida em caráter incidental e também da tutela de evidência, mas não da tutela cautelar (OLIVEIRA NETO, Olavo de [et. al.]. *Curso de Direito Processual Civil – Volume 1 – Parte Geral.* 1ª ed. São Paulo: Verbatim, 2015, p. 646; MARINONI, Luiz Guilherme. *Novo Curso de Processo Civil*: Tutela dos Direitos mediante procedimento comum – Volume 2. 1ª ed. São Paulo: Revista dos Tribunais, 2015, p. 214; DIDIER JR., Fredie. Curso de Direito Processual Civil – Volume 2. 10ª ed., rev., amp. e atual. Salvador: Juspodivm, 2015, p. 606; WAMBIER, Teresa Arruda Alvim [et al.]. *Primeiros Comentários ao Novo Código de Processo Civil.* 2ª ed. São Paulo: Revista dos Tribunais, 2016, p. 564).

39. Lei 13.105/2015: "Art. 304 [...] § 6º A decisão que concede a tutela não fará coisa julgada, mas a estabilidade dos respectivos efeitos só será afastada por decisão que a revir, reformar ou invalidar, proferida em ação ajuizada por uma das partes, nos termos do § 2º deste artigo".

40. Código Tributário Nacional: "Art. 156. Extinguem o crédito tributário: [...] X - a decisão judicial passada em julgado".

41. Constituição Federal: "Art. 100. Os pagamentos devidos pelas Fazendas Públicas Federal, Estaduais, Distrital e Municipais, em virtude de sentença judiciária, far-se-ão exclusivamente na ordem cronológica de apresentação dos precatórios e à conta dos créditos respectivos, proibida a designação de casos ou de pessoas nas dotações orçamentárias e nos créditos adicionais abertos para este fim. § 1º Os débitos de natureza alimentícia compreendem aqueles decorrentes de salários, vencimentos, proventos, pensões e suas complementações, benefícios previdenciários e indenizações por morte ou por invalidez, fundadas em responsabilidade civil, em virtude de sentença judicial transitada em julgado, e serão pagos com preferência sobre todos os demais débitos, exceto sobre aqueles referidos no § 2º deste artigo. [...] § 3º O disposto no caput deste artigo relativamente à expedição de precatórios não se aplica aos pagamentos de obrigações definidas em leis como de pequeno valor que as Fazendas referidas devam fazer em virtude de sentença judicial transitada em julgado. [...] § 5º É obrigatória a inclusão, no orçamento das entidades de direito público, de verba necessária ao pagamento de seus débitos, oriundos de sentenças transitadas em julgado, constantes de precatórios judiciários apresentados até 1º de julho, fazendo-se o pagamento até o final do exercício seguinte, quando terão seus valores atualizados monetariamente".

complementar[42]. Esses elementos nos levam a crer na impossibilidade de estabilização da tutela provisória de evidência no Direito Processual Tributário.

Finalizaremos este breve artigo com alguns apontamentos sobre a tutela provisória de evidência em âmbito recursal. Utilizar esse novo instituto processual apenas em primeira instância é limitá-lo em demasia. Não existe essa restrição no CPC. Já afirmamos a necessidade de atualização constante a respeito dos julgados do STJ e STF em matéria de tributária. E aqui devemos acrescentar que uma nova tese julgada consoante o rito dos recursos repetitivos ou então a edição de uma nova súmula vinculante deve ter consequências imediatas nas ações em curso perante os tribunais. Imagina-se o caso por demais corriqueiro em que um recurso de apelação esteja aguardando julgamento em um tribunal local. Se, por exemplo, o Superior Tribunal de Justiça firmar uma nova tese em um recurso especial seguindo a referida técnica de julgamento, será possível ao contribuinte desde logo pleitear a tutela provisória de evidência e assim conseguir a suspensão da exigibilidade do crédito tributário. Mais do que nunca é importante mapear as teses admitidas e as que estão aguardando julgamento, para que assim as ações tributárias possam ter regular impulsionamento tão logo sejam decididas as teses jurídicas pelos tribunais superiores.

A preocupação com a competência para apreciar o pedido de tutela provisória de evidência em âmbito recursal deve estar sempre presente, com o intuito de abreviar tanto quanto possível a prestação jurisdicional. A conjugação de dois dispositivos do CPC – arts. 299, parágrafo único, e 932, II – permite afirmar que em regra a competência para apreciar o pedido de tutela provisória de evidência em âmbito recursal é do tribunal

42. Nesse sentido: *"A tutela de evidência é viável em matéria tributária, mas não poderá levar à expedição de precatório em ação de repetição de indébito, porquanto o precatório depende de sentença transitada em julgado"* (PAULSEN, Leandro. *Constituição e Código Tributário comentados à luz da doutrina e da jurisprudência*, São Paulo: Saraiva, 2017, p. 1824).

competente para julgar o recurso, especialmente do relator, após regular distribuição desse mesmo recurso[43]. Essa regra é em parte excepcionada para os recursos especial e extraordinário. Até a publicação da decisão de exame de admissibilidade, a competência é do próprio tribunal local. Somente após o exame de admissibilidade a competência passa a ser do tribunal superior respectivo[44]. A competência também é do tribunal local quando o recurso estiver sobrestado em razão de pendência de julgamento de recurso repetitivo. Ou seja, o mesmo tribunal que vai aplicar a tese do paradigma é o competente para apreciar o pedido de tutela provisória de evidência recursal[45].

5. Conclusão

A tutela provisória de evidência representa um grande avanço processual tributário. Quando corretamente utilizada,

43. Lei 13.105/2015: "Art. 299 [...] Parágrafo único. Ressalvada disposição especial, na ação de competência originária de tribunal e nos recursos a tutela provisória será requerida ao órgão jurisdicional competente para apreciar o mérito. [...] Art. 932. Incumbe ao relator: [...] II - apreciar o pedido de tutela provisória nos recursos e nos processos de competência originária do tribunal".

44. Lei 13.105/2015: "Art. 1.029. O recurso extraordinário e o recurso especial, nos casos previstos na Constituição Federal, serão interpostos perante o presidente ou o vice-presidente do tribunal recorrido, em petições distintas que conterão: [...] § 5º O pedido de concessão de efeito suspensivo a recurso extraordinário ou a recurso especial poderá ser formulado por requerimento dirigido: I – ao tribunal superior respectivo, no período compreendido entre a publicação da decisão de admissão do recurso e sua distribuição, ficando o relator designado para seu exame prevento para julgá-lo; II – ao relator, se já distribuído o recurso; III – ao presidente ou ao vice-presidente do tribunal recorrido, no período compreendido entre a interposição do recurso e a publicação da decisão de admissão do recurso, assim como no caso de o recurso ter sido sobrestado, nos termos do art. 1.037". No mesmo sentido são as seguintes Súmulas do STF, embora referentes às então denominadas "medidas cautelares": Súmula n. 634: *"Não compete ao Supremo Tribunal Federal conceder medida cautelar para dar efeito suspensivo a recurso extraordinário que ainda não foi objeto de juízo de admissibilidade na origem"*; Súmula n. 635: *"Cabe ao Presidente do Tribunal de origem decidir o pedido de medida cautelar em recurso extraordinário ainda pendente do seu juízo de admissibilidade"*.

45. Lei 13.105/2015: "Art. 1.039. Decididos os recursos afetados, os órgãos colegiados declararão prejudicados os demais recursos versando sobre idêntica controvérsia ou os decidirão aplicando a tese firmada".

os contribuintes podem obter rapidamente a suspensão da exigibilidade do crédito tributário, bem como ver as respectivas lides tributárias solucionadas em um curto espaço de tempo, contando inclusive com a anuência das Fazendas Públicas. Refletimos em alguns pontos sobre a ação anulatória, a ação declaratória, a exceção de pré-executividade, os embargos à execução fiscal, a estabilização e a tutela provisória de evidência recursal. O espectro de utilização do novo instituto processual tributário é enorme, quase sem fronteiras. Esperamos assim contribuir para que as ações tributárias sejam abreviadas e desde logo pacificadas, observados os contornos legais e constitucionais, o que é desejo de todos os operadores do Direito Processual Tributário.

6. Referências

CÂMARA, Alexandre Freitas. *O novo processo civil brasileiro.* 3ª ed. São Paulo: Atlas, 2017.

CARNEIRO, Claudio. *Processo Tributário Administrativo e Judicial.* 5ª ed. São Paulo: Saraiva, 2018.

DIDIER JR., Fredie. *Curso de Direito Processual Civil – Volume 2.* 10ª ed., rev., amp. e atual. Salvador: Juspodivm, 2015.

FUX, Luiz. *Tutela de segurança e tutela de evidência.* São Paulo: Saraiva, 1996.

JESUS, Isabela Bonfá de [et. al.]. *Manual de Direito e Processo Tributário.* 3ª ed., rev., atual e amp. São Paulo: Editora Revista dos Tribunais, 2016.

MARINS, James. *Direito Processual Tributário Brasileiro - Administrativo e Judicial.* 9ª ed., São Paulo: Revista dos Tribunais, 2016.

MARINONI, Luiz Guilherme. *Novo Curso de Processo Civil:* Tutela dos Direitos mediante procedimento comum – Volume 2. 1ª ed. São Paulo: Revista dos Tribunais, 2015.

MITIDIERO, Daniel. *A técnica antecipatória na perspectiva do direito comparado*. Revista Magister de Direito Civil e Processual Civil n. 57, nov-dez de 2013. Magister: São Paulo, 2013.

NERY JUNIOR, Nelson. *Código de Processo Civil comentado*. 16ª ed. rev., atual e amp. São Paulo: Revista dos Tribunais, 2016.

OLIVEIRA NETO, Olavo de [et. al.]. *Curso de Direito Processual Civil – Volume 1 – Parte Geral*. 1ª ed. São Paulo: Verbatim, 2015.

PAULSEN, Leandro. *Constituição e Código Tributário comentados à luz da doutrina e da jurisprudência*, São Paulo: Saraiva, 2017.

PIRES, Danilo Barth. *Tutela Provisória no Direito Processual Tributário*. 1ª ed. Curitiba: Juruá, 2018.

RIBEIRO, Leonardo Ferres da Silva. *Tutela provisória: tutela de urgência e tutela da evidência*. São Paulo: Revista dos Tribunais, 2015.

QUEIROZ, Pedro Gomes de. *A influência do CPC/2015 na execução fiscal*. In: BUENO, Cassio Scarpinella; RODRIGUES, Marco Antonio (Coord.). Processo Tributário. Coleção Repercussões do Novo CPC – v. 16. Salvador: Juspodivm, 2017.

YARSHELL, Flávio Luiz; ABDO, Helena. *As questões não tão evidentes sobre a tutela de evidência*. Tutela provisória no novo CPC: dos 20 anos de vigência do art. 273 do CPC/1973 ao CPC/2015 – Coordenação de Cassio Scarpinella Bueno [et al.]. São Paulo: Saraiva, 2016.

WAMBIER, Teresa Arruda Alvim [et al.]. *Primeiros Comentários ao Novo Código de Processo Civil*. 2ª ed. São Paulo: Revista dos Tribunais, 2016.

TUTELAS PROVISÓRIAS DE URGÊNCIA E DE EVIDÊNCIA E O PROCESSO TRIBUTÁRIO

Rangel Perrucci Fiorin[1]

Maria de Fatima Monte Maltez[2]

1. INTRODUÇÃO

No campo do Direito Tributário[3] não são poucas as situações conflituosas que tornam necessária a intervenção imediata do Poder Judiciário para, diante da probabilidade do direito afirmado, pôr fim ou mesmo prevenir a ocorrência de dano ou risco ao resultado útil do processo.

O papel do Estado-juiz no exercício do seu poder geral de cautela tem especial relevância, eis que a tutela provisória, quando cabível e adequadamente concedida, constitui-se em meio eficiente de assegurar o acesso do jurisdicionado à justiça justa.

---

1. Doutorando e Mestre pela Pontifícia Universidade Católica – PUC/SP, Especialista em Direito Tributário pela Universidade Presbiteriana Mackenzie; professor de Direito Tributário da Universidade Presbiteriana Mackenzie; Ex-Conselheiro do CARF. Advogado.

2. Mestranda pela FADISP – Faculdade Autônoma de Direito em São Paulo; Especialista em Direito Empresarial pela Universidade Presbiteriana Mackenzie; professora de Direito Processual Civil da Universidade Presbiteriana Mackenzie; Advogada.

3. Separa-se o direito em ramos para fins didáticos e acadêmicos.

O leque de questões que poderiam ser levantadas a partir dessa atividade do magistrado é amplo, sem dúvida. Porém, optou-se por tratar brevemente da *tutela provisória* à luz do novo Código de Processo Civil (Lei 13.105/2015) para, depois, trazer o posicionamento da doutrina e da jurisprudência acerca da possibilidade e dos limites de concessão das *tutelas provisórias de urgência e evidência* (artigos 293 a 311) nos chamados processos tributários.

2. TUTELAS PROVISÓRIAS

2.1 Os princípios orientadores do processo civil

A tutela jurisdicional a direitos violados ou ameaçados de violação, como resultado do exercício da função jurisdicional do Estado, deve se dar com observância do *devido processo legal* (artigo 5º, LIV, da CF/88), cujo princípio abrange diversas garantias com vistas a um processo justo.

Atentando-se aos princípios especialmente relevantes para o estudo das tutelas provisórias, CARLOS AUGUSTO DE ASSIS destaca, além do *acesso à justiça*, o *princípio do contraditório*, o *princípio da isonomia*, o *princípio da motivação*, o *princípio da isonomia*, a *adequada cognição* e o *princípio da duração razoável do processo*, sem olvidar da importância do *princípio da proporcionalidade*.[4]

O artigo 5º, inciso XXXV, da Constituição Federal de 1988 traz o *princípio da inafastabilidade da jurisdição*, garantindo a todos o *acesso à justiça* ao vedar que se exclua da apreciação do Poder Judiciário lesão ou ameaça a direito, disposição constitucional reiterada no artigo 3º, *caput*, do novo Código de Processo Civil (Lei nº 13.105/2015): "Não se excluirá da apreciação jurisdicional ameaça ou violação a direito".

4. ASSIS, Carlos Augusto de. LOPES, João Baptista. *In Tutela provisória*. Gazeta Jurídica: Brasília, p. 32-43.

Ressalta o doutrinador[5] que não há como dissociar o *acesso à justiça* do *devido processo legal*, pois aquele "pressupõe o direito a um processo, mas não qualquer processo e sim aquele feito segundo determinados princípios e garantias", ou seja, "a ideia de acesso à justiça é indissociável da do devido processo legal".

Para que se assegure o acesso à justiça, além de afastar as barreiras advindas da insuficiência de recursos por meio de assistência jurídica integral e gratuita prestada pelo Estado (artigo 5º, LXXIV, da CF), importa atuar no sentido de se construir um processo efetivo, ou seja, que resulte na prestação de uma tutela jurisdicional adequada e em tempo razoável.

A *duração razoável do processo* e os *meios necessários para uma tramitação célere* (artigo 5º, LXXVIII, da CF/88) vêm de encontro à busca de uma solução integral do mérito e satisfação do direito em prazo razoável, isto como forma de realmente se fazer justiça e para o que devem cooperar entre si os sujeitos processuais – *princípio da cooperação* (artigos 4º e 6º do CPC), sem olvidar da cooperação que se exige da administração pública no âmbito de todos os Poderes (artigo 37, *caput*, da CF/88)[6].

Por óbvio, a busca por um processo mais célere não autoriza a relativização do *princípio do contraditório* (artigo 5º, LV, da CF/88), por meio do qual às partes é dada ciência de todos os atos processuais praticados no processo, assegurando-lhes o direito de atuarem na defesa de seus interesses e, assim, contribuírem para o resultado do julgamento, na medida em que cabe ao juiz se convencer sobre quem tem razão a partir dos elementos trazidos aos autos.

Assim é que, observando o *princípio do contraditório*, o artigo 9º do CPC/2015 dispõe que nenhuma decisão será proferida contra a parte sem que seja previamente ouvida, não sem excepcionar aquela voltada às tutelas provisórias de urgência

---

5. Ibidem, p. 32.

6. BUENO, Cássio Scarpinella. *Manual de direito processual civil*. Saraiva: São Paulo, 2015, pp. 49-50.

e evidência (Parágrafo único, incisos I e II). Da mesma forma é vedado ao julgador proferir decisão com base em fundamento sobre o qual as partes não tiveram a oportunidade de se manifestar, mesmo que se trate de matéria apreciável de ofício pelo juiz (artigo 10 do CPC), de modo que inadmissível sejam os litigantes surpreendidos.

O contraditório deve ser estabelecido assegurando-se às partes tratamento isonômico, isto é, a elas deve ser dispensado tratamento igualitário[7], com paridade de armas, em atendimento ao *princípio da isonomia* (artigo 5º, *caput*, da CF e artigos 139, I, e 7º, do CPC).

O *princípio da motivação* (artigo 93, IX, da CF/88) exige que todas as decisões sejam motivadas (interlocutórias, sentenças e acórdãos), tratando o legislador do novo Código de Processo Civil do dever de motivação das decisões relativas às tutelas provisórias em seu artigo 298: "Na decisão que conceder, negar, modificar ou revogar a tutela provisória, o juiz motivará seu convencimento de modo claro e preciso".

A decisão motivada é fruto de um procedimento legal preestabelecido que, observado pelo julgador, levará a uma cognição com maior ou menor aprofundamento acerca da matéria fática e de direito atinente ao conflito, sendo a cognição adequada mais uma exigência do devido processo legal.[8]

Embora sucinta a referência aos princípios destacados, é possível compreender, a partir da orientação que deles se extrai, a importância que têm na condução da atividade jurisdicional voltada à apreciação do pedido de tutelas provisórias e para o alcance do efetivo acesso à justiça quando deferidas à luz das condições necessárias à sua concessão.

---

7. "O grande problema da isonomia, porém, é que nem sempre essa igualdade pode ser matemática. Isso porque a verdadeira igualdade não meramente formal, mas tem conteúdo real, atendendo à recomendação de ARISTÓTELES, no sentido de '*tratar igualmente os iguais e desigualmente os desiguais, na medida de sua desigualdade.*" (ASSIS, Carlos Augusto de. *In* Op. cit., p. 39).

8. Ibidem, p. 41.

2.2 As modalidades de tutelas provisórias

No que tange às tutelas provisórias, são proferidas em cognição sumária (não exauriente), a partir de um juízo de probabilidade e de modo não definitivo, com o objetivo de evitar o risco de injustiça ou dano advindo da demora do processo. São tratadas no novo Código de Processo Civil sob o título "Da Tutela Provisória" (artigos 294 a 311), dividindo-se em *tutela provisória de urgência* (*cautelar* ou *conservativa* e *antecipatória* ou *satisfativa*) e *tutela de evidência*, respectivamente nos artigos 300 a 302 e artigo 311.

FERNANDO FONSECA GAJARDONI[9] ressalta que, embora o CPC/2015 não se refira às tutelas *provisórias satisfativas autônomas*, isto é, àquelas que se "bastam por si mesmas e esgotam-se com a simples concessão da liminar", muitas vezes com efeitos irreversíveis, não há como deixar de considerá-las, utilizando-se do "substrato processual das tutelas provisórias de urgência (arts. 300 a 301), especialmente do art. 304 e §§, com as adaptações necessárias".

Enquanto a cognição exauriente leva à tutela definitiva, passível de formação de coisa julgada, a **cognição sumária**, ao contrário, não tem esse efeito, conforme explicam LUIZ GUILHERME MARINONI, SÉRGIO CRUZ ARENHART e DANIEL MITIDIERO[10], lastreados em Hans Karl Briegleb, explicam:

> A tutela é sumária quando é prestada mediante um procedimento em que apenas uma das partes teve a oportunidade de se manifestar ou em que o material probatório recolhido ainda é passível de enriquecimento ao longo do procedimento ou ainda de outro procedimento. Tutela sumária, assim, é caracterizada pela incompletude material da causa ("*materrielle Unvollstândigkeit der causas cognatio*").

---

9. ___ DELLORE, Luiz; ROQUE, André Vasconcelos; OLIVEIRA Jr., Zulmar Duarte de. *In Teoria geral do processo. Comentários ao CPC de 2015: Parte geral.* Método: São Paulo, 2015, p. 854 e 915.

10. ARENHART, Sérgio Cruz. MARINONI, Luiz Guilherme. MITIDIERO, Daniel. *Curso de Processo Civil*, vol. 2, 3ª ed. Revista dos Tribunais: São Paulo, 2017, p. 51-52.

Certamente a cognição sumária não afasta a necessidade de que haja **elementos suficientes** para que se conceda a tutela provisória, com especial atenção nos casos de concessão liminar, "inaudita altera parte"[11].

O CPC/2015 prevê a **concessão de tutela provisória em grau de recurso**, que deverá ser requerida perante o órgão jurisdicional competente para julgar o mérito" (artigo 299, par. único). No caso de apelação, cabível a tutela voltada à suspensão da eficácia da sentença quando houver probabilidade de provimento do recurso ou, se relevante a fundamentação, "houver risco de dano grave ou de difícil reparação" (artigo 1.012, §4º), requisitos exigidos também para a suspensão de eficácia da decisão em se tratando de embargos declaração (art. 1.026, §1º). Sem menção expressa aos requisitos, o Código prevê a atribuição de efeito suspensivo ao agravo de instrumento ou a antecipação (total ou parcial) da pretensão recursal (art. 1.019, I), como também aos recursos especial e extraordinário (artigo 1.019, §5º).[12]

No que concerne à recorribilidade da decisão interlocutória que defere ou indefere tutela provisória, cabe a interposição de *agravo de instrumento*, se proferida em juízo de primeiro grau (artigo 1.015, I, do CPC) e *agravo interno* se a decisão for monocrática do relator (artigo 1.021).

---

11. FERNANDA TARTUCE explica que "por não ser exauriente a análise do mérito, não há como exigir *provas* cabais para a concessão de liminares". Contudo, a cognição sumária, própria das tutelas provisórias de urgência, certamente não afasta a necessidade de prova inicial suficiente para a tomada da decisão. ***(Processo civil no Direito de Família: teoria e prática.*** 3ª ed. Método: São Paulo, 2018, p. 159)

12. Esclarecem ELIAS MARQUES DE M. NETO, ANDRÉ PAGANI DE SOUZA e DANIEL PENTEADO DE CASTRO que ser despicienda "a disciplina apartada" quanto aos requisitos para a tutela recursal em sede de recurso, eis que o artigo 995, parágrafo único, do CPC já trata do efeito suspensivo a ser apreciado pelo relator, além de o artigo 932, II, conferir a ele poderes para apreciar pedido de tutela provisória formulado em recursos ou em processos de competência originária. *(Tutela da evidência em grau recursal. In* Migalhas: 22.02.2018. <https://www.migalhas.com.br/CPCnaPratica/116,-MI274888,31047-Tutela+da+evidencia+em+grau+recursal> - Acesso 16.05.2019)

O caráter provisório das tutelas de urgência ou evidência, concedidas a partir de cognição sumária e juízo de verossimilhança, exige sejam confirmadas ou revogadas pela decisão definitiva e, porque passíveis de alteração no curso do processo, a Súmula 735 do STF dispõe não ser cabível contra ela recurso extraordinário[13]. Já decidiu o Superior Tribunal de Justiça que tal entendimento se aplica também ao recurso especial, já que tais decisões, por terem natureza precária, não têm o condão de violar norma infraconstitucional.[14]

Excepcionalmente admite-se a não incidência da Súmula, como já decidiu o Ministro LUIZ FUX, quando o recurso extraordinário apresentar outras questões que não se confundam com a controvérsia relativa à concessão da contracautela, pois "insubsistente para o caso em questão o argumento de precariedade da decisão, uma das razões que ensejaram a edição da Súmula 735 do STF".[15]

2.2.1 Tutelas provisórias de urgência

É fato, o CPC/2015 trouxe inovações no trato das tutelas provisórias, sendo a principal delas a unificação das cautelares (atipicidade das cautelares), isto à luz do poder geral de cautela do juiz (artigos 297 e 301). Pôs-se fim às cautelares típicas do CPC/1973, para as quais eram estabelecidos procedimentos próprios, tais como as cautelares de arresto e sequestro (entre outras), que hoje são mencionadas no artigo

---

13. Nesse sentido: "De plano, verifica-se que o recurso extraordinário foi interposto em face de acórdão que apreciou decisão interlocutória acerca de antecipação de tutela. Nesse sentido, constato que a jurisprudência do STF consolidou o entendimento segundo o qual as decisões que concedem ou denegam antecipação de tutela, medidas cautelares ou provimentos liminares, passíveis de alteração no curso do processo principal, não configuram decisão de última instância a ensejar o cabimento de recurso extraordinário. Aplica-se, portanto, a Súmula 735 ao caso: 'Não cabe recurso extraordinário contra acórdão que defere medida liminar'. (STF, 1ª Turma, ARE nº 1.155.504, relator Ministro EDSON FACHIN, decisão monocrática, j. 17.10.2018, *DJE* de 22.10.2018)

14. STJ, AgREsp. 1.264.804-SP, relator Ministro MOURA RIBEIRO, j. 03.05.2018.

15. STF, 1ª Turma, AgR 931.989, relator Ministro LUIZ FUX, j. 26.04.2016, *DJE* 159 de 01.08.2016.

301 do CPC/2015 para exemplificar como pode ser efetivada a tutela de urgência cautelar, mas ressalvando a admissão de "qualquer outra medida idônea para asseguração do direito".

A tutela *provisória de urgência* (*conservativa* ou *satisfativa*) somente será concedida se presentes elementos que evidenciem a probabilidade do direito e o perigo de dano ou o risco ao resultado útil do processo, podendo o juiz concedê-la liminarmente se a parte desde logo demonstrar a presença desses elementos, ou, caso não, após audiência de justificação prévia, se a ciência do réu não colocar em risco a efetivação da medida (artigo 300, *caput* e § 3º, do CPC).[16]

PROTO PISANI[17], referindo-se às tutelas cautelares atípicas, diz que dentro dos limites do prejuízo irreparável, consiste no mínimo que nenhum o legislador ordinário pode ignorar, sob pena de serem feridos os princípios mais básicos de todo sistema processual.

Conforme o caso, poderá o juiz exigir seja oferecida caução idônea (real ou fidejussória), objetivando garantir a reparação de eventuais danos que a parte contra quem foi proferida a decisão venha a sofrer no cumprimento da medida de urgência (§2º).

Por fim, para a concessão da tutela de urgência de natureza antecipada exige-se como requisito a reversibilidade da medida (§ 3º). Merece atenção a concreta possibilidade de a tutela de urgência concedida ser irreversível, caso em que, vencido o beneficiado por ela, a questão resolve-se com perdas e danos, até porque a parte que a requereu responde

16. Nesse sentido: "Havendo perigo de que a ouvida do réu torne ineficaz a medida, para a audiência deverá ser intimado apenas o autor." (NERY JÚNIOR, Nelson; NERY, Rosa Maria de Andrade. *Código de processo civil comentado*, 16ª ed. Saraiva: São Paulo, p. 931)

17. "La tutela cautelare atipica, nei limiti della irreparabilità del pregiudizio, rappresenta quindi un minimum che nessun legislatore ordinario potrà pretermettere, pena la entrata in crisi dei più elementari principi cardine di ogni sistema processuale." (PISANI, Andrea Potro, *Diritto Processuale Civile*. 2ª ed. Jovene Editore: Napoli, 1996, Potro, p. 656.)

objetivamente pelo prejuízo advindo do cumprimento da medida urgência (artigo 302 do CPC).

Quanto ao **momento** em que são requeridas e apreciadas, a tutela provisória de urgência pode ser *antecedente*, ou seja, formulada por meio de petição inicial dirigida ao juízo competente para apreciar o pleito principal, este oportunamente formulado no mesmo processo e no prazo decadencial de 30 dias após a efetivação da medida concedida provisoriamente, sob pena de perda da eficácia (309, inciso I, do CPC); ou pode ser *incidente*, hipótese em que o pedido de tutela provisória é apresentado na petição inicial da demanda principal ou no curso do processo instaurado, neste caso a qualquer tempo (artigo 294, parágrafo único, do CPC).

A forma como o legislador optou por tratar das tutelas provisórias, com inovações que merecem aplausos, não estão livres de críticas de parte da doutrina, principalmente quanto à complexidade da regulamentação dada à tutela de urgência antecedente, como ressalta FERNANDA TARTUCE[18], que, nesse sentido, sugere: "Para evitar maiores dificuldades, recomenda-se atuar de forma conservadora com vistas a evitar prejuízos no caso concreto por questões processuais".

O CPC/2015 trouxe também a possibilidade de **estabilização** da tutela provisória concedida em caráter antecedente e não impugnada pela parte contra a qual foi proferida (art. 304 e §§), o que não significa que se dará coisa julgada, para o que indispensável a cognição exauriente.

DANIEL AMORIM ASSUMPÇÃO NEVES[19] diz que a estabilização da tutela provisória é a grande novidade trazida com o artigo 304 do CPC/2015, lamentando, porém, tenha o réu como única opção de conduta para evitar a estabilização

---

18. *O tempo, a demanda familiar e tutela de urgência. In* Jusbrasil: 03.04.2017. <https://processualistas.jusbrasil.com.br/artigos/445734013/o-tempo-a-demanda-familiar-e-a-tutela-de-urgencia> - Acesso em 15.05.2019.

19. NEVES, Daniel Amorim Assumpção. *Novo CPC, Código de Processo Civil: Inovações-Alterações-Supressões*. Método: São Paulo, 2015, p. 211.

da tutela antecipada a interposição de agravo de instrumento, eis que, para ele, o dispositivo poderia ter previsto "qualquer espécie de resistência, inclusive meramente incidental oferecida perante o juízo que concedeu a tutela".

O CPC/2015 não traz nas disposições gerais que tratam da tutela provisória norma prevendo a aplicação da regra da **fungibilidade**[20] nos casos de divergência entre a medida urgente requerida e a verdadeira tutela que a parte pretende alcançar.

Ao tratar da tutela provisória cautelar antecedente, o artigo 305, parágrafo único, do Código, admite a fungibilidade caso o judicante requeira tutela acautelatória e seu pedido, na verdade, tenha natureza antecipatória, hipótese em que o juiz deve observar o disposto no artigo 303 (que trata da tutela antecipada antecedente). Porém, foi silente o legislador quanto à aplicação da regra da fungibilidade em sentido inverso, ou seja, pedido de tutela antecipada recebido como cautelar ("fungibilidade regressiva").

A doutrina, tratando dessa omissão, tem se posicionado no sentido de que se deve admitir "a via de mão dupla" na aplicação da regra da fungibilidade, considerando que o novo Código de Processo Civil unificou os requisitos exigidos para a concessão de ambas as tutelas (cautelar e antecipada), sem olvidar do *princípio da cooperação*, de modo que o equívoco da parte na indicação da tutela provisória de que precisa não impede que o juiz entregue a medida adequada à situação que lhe foi posta, de modo a conservar ou satisfazer o direito frente a uma situação que se mostre prejudicial e premente.

2.2.2 Tutela de evidência

Em capítulo próprio, o artigo 311 do CPC/2015 trata da *tutela provisória de evidência* que, diferentemente das tutelas de

20. Para FERNANDO GAJARDONI entende-se a fungibilidade como "a operação de receber um ato processual praticado por outro, isto na suposição de que, além de mais adequado aos fins pretendidos, a adaptação represente ganho de efetividade ou de economia processual". (Op. cit., p. 906)

urgência, dispensa para a sua concessão o requisito de dano ou risco ao resultado útil do processo (*caput*), exigindo-se apenas o direito material provável, desde logo provado, de modo que pouco ou nada se pode esperar de eventual contestação.

Ao requerente da medida provisória lastreada na evidência do direito basta "apenas demonstrar que o direito é bem provável", não havendo perigo de "incontroversibilidade fática", como diz ISABELA BONFÁ DE JESUS[21]".

Nesse sentido também FERNANDO GAJARDONI[22]:

> É possível encontrar situações em que o direito se mostra tão evidente que, pela lógica do sistema, não faz sentido privar o autor de tutela imediata. (...)
>
> Com a concessão da tutela de evidência, o tempo do processo é distribuído com mais justiça entre as partes, fazendo com que aquele que aparenta não ter razão acabe por suportá-lo (e não o autor, como é a regra). (...)
>
> Trata-se, em apertada síntese, de uma situação em que o juiz antecipa ao autor efeitos da tutela, mesmo não havendo urgência para a sua obtenção, prestigiando, por conseguinte, o princípio da razoável duração do processo (art. 5º, LXXVII, da CF).

Sem dúvida, ao se conceder de pronto tutela satisfativa àquele que desde logo demonstra ser titular de direito prestigia-se o tratamento isonômico das partes, pois distribui-se de forma racional o ônus do tempo do processo.[23]

---

21. ___ JESUS, Fernando Bonfá de; JESUS, Ricardo Bonfá de. In Manual de direito e processo tributário, 4ª. ed. Revista dos Tribunais: São Paulo, 2017, p. 395.

22. Op. cit, p. 855.

23. Nesse sentido: "O sistema processual civil, para atender aos direitos fundamentais de ação e de defesa, dando tratamento igualitário ao autor e ao réu, deve tratar o tempo como um ônus e não como algo diferente e neutro às posições das partes no processo. Nessa dimensão deve se preocupar com a distribuição racional do ônus do tempo do processo, pois de outra forma será impossível alcançar um processo que espelhe o princípio da isonomia." (MARINONI, Luiz Guilherme; ARENHART, Sérgio Cruz; MITIDIERO, Daniel. *Curso de processo civil: teoria do processo civil*, vol. 1. Revista dos Tribunais: São Paulo, 2015, p. 396-397)

Sempre requerida em caráter incidente, as hipóteses de cabimento da tutela de evidência estão elencadas nos incisos do artigo 311 e serão concedidas quanto: I. caracterizado o abuso do direito de defesa ou manifesto propósito protelatório da parte[24]; II. as alegações de fato puderem ser comprovadas apenas documentalmente e houver tese firmada em julgamento de casos repetitivos ou em súmula vinculante; III. se tratar de pedido reipersecutório fundado em prova documental adequada do contrato de depósito; e IV. a petição inicial estiver instruída com prova documental suficiente dos fatos constitutivos do direito do autor, a que o réu não oponha prova capaz de geral dúvida razoável. Admite-se decisão liminar ("inaudita altera parte") com relação aos pressupostos de cabimento da tutela previstos nos incisos II e III (parágrafo único).[25]

Não se confunde a concessão da *tutela de evidência* com o *julgamento antecipado do mérito* (artigo 355 do CPC), pois neste caso pressupõe-se o exaurimento da cognição, o que não se tem na tutela provisória, de cognição sumária, exigindo-se o prosseguimento com observância do contraditório e produção de provas, se o caso.[26] O mesmo fundamento se aplica à distinção entre *tutela de evidência* e *julgamento antecipado parcial do mérito* (artigo 356 do CPC).

---

24. DANIEL AMORIM ASSUMPÇÃO trata de diferenciar ato praticado em *abuso de direito* e aquele com *propósito protelatório* afirmando: "A forma mais adequada de interpretar o dispositivo legal é considerar que o abuso de direito de defesa representa atos protelatórios praticados no processo, enquanto no manifesto propósito protelatório do réu há um determinado comportamento – atos ou omissões – fora do processo, com ele relacionados." (*Manual de Direito Processual Civil*, vol. único, 10ª ed. JusPODIVM: Salvador, 2018)

25. Segundo FERNANDO GAJARDONE ressalta que o CPC/2015 "ampliou, profundamente, as hipóteses de tutela de evidência", além de manter "as tutelas de evidência no âmbito dos procedimentos especiais, tanto no CPC/2015 quanto no âmbito da legislação extravagante". (Op. cit., p. 923-924)

26. ARRUDA ALVIM esclarece que "nas hipóteses de tutela de evidência, os pedidos ainda não se encontram em condições de julgamento, pelo fato de ser ainda necessária a produção de provas visando à elucidação das questões de fato porventura surgidas no processo. (*Novo Contencioso no CPC/2015*. Revista dos Tribunais: São Paulo, 2016, p. 194).

3. AS TUTELAS PROVISÓRIAS E O DIREITO TRIBUTÁRIO

Como mencionado, muitas são as demandas envolvendo a Fazenda Pública e o contribuinte que se arrastam por anos sem solução, algumas delas tendo por objeto controvérsia já decidida pelos tribunais superiores, inclusive com posicionamento pacificado, o que mostra a relevância das tutelas provisórias como forma de assegurar o efetivo acesso à justiça.

PAULO CESAR CONRADO[27] diz que o processo tributário "é processo civil, particularizado pela circunstância, única, de relação jurídica que o precede logicamente alinhar-se ao específico ramo didático do direito tributário."

O novo Código de Processo Civil vigente simplificou os procedimentos para concessão da tutela provisória, que é gênero da tutela de urgência e da tutela de evidência, distinguindo-se em razão dos requisitos necessários à concessão da medida. Porém, em matéria tributária vale ressaltar algumas particularidades referentes à concessão da tutela contra a Fazenda Pública diante da prescrição do CPC/2015.

Pois bem, o artigo 1.059 do CPC/2015, referindo-se à tutela provisória contra a Fazenda Pública, faz menção a normas restritivas à sua concessão e que devem ser aplicadas: artigos 1º a 4º da Lei 8.437/1992 e artigo 7º, § 2º, da Lei 12.016/2009.

A Lei 8.4347/1992, dispondo sobre a concessão de medidas cautelares contra atos do Poder Público, veda a concessão de medidas liminares se inadmissível a medida em mandado de segurança por vedação legal (art. 1º, *caput*) e, inexistindo impedimento, admite-as em mandado de segurança e ação civil pública apenas após ouvido em audiência o representante judicial da pessoa jurídica de direito público (art. 2º). A lei assegura efeito suspensivo ao recurso voluntário ou *ex officio* interposto contra sentença desfavorável à pessoa jurídica

27. *Processo Tributário*, 2ª ed. Quartier Latin: São Paulo, 2009, p. 26.

de direito público ou seus agentes e que importe em outorga ou adição de vencimentos ou reclassificação funcional (art. 3º), atribuindo ao presidente do tribunal competência para suspender, a requerimento e por despacho fundamentado, a execução de liminar quando manifesto o interesse público ou manifesta a ilegitimidade ou, ainda, para evitar grave lesão à ordem, à saúde, à segurança e à economia públicas (art. 4º).[28]

A Lei 12.016/2009, que dispõe sobre o mandado de segurança individual e coletivo, veda a concessão de medida liminar que vise a compensação de créditos tributários; a entrega de mercadorias e bens provenientes do exterior; a reclassificação ou equiparação de servidores públicos e a concessão de aumento ou extensão de vantagens ou pagamento de qualquer natureza, cuja vedação é estendida às tutelas antecipadas (art. 7º, §2º e §5º).

Tais normas, que o CPC/2015 exige sejam observadas, ainda são objeto de críticas por parte da doutrina que entende ser inconstitucional vedar a concessão de tutelas provisórias de urgência contra o Poder Público por violação ao artigo 5º, XXXV, da Constituição Federal, embora o Plenário do Supremo Tribunal Federal, convocado para se manifestar a respeito, tenha decidido pela constitucionalidade de algumas das restrições.[29]

Para CRISTIANO SIMÃO MILLER[30], em que pese o entendimento do STF, a aplicação do artigo 1.059 do CPC/2015 de forma indistinta "não escapará da mancha da inconstitucionalidade", pois resultará em violação ao princípio da inafastabilidade da jurisdição (artigo 5º, XXXV, da CF/88), "na

28. Os artigos 1º a 4º da Lei 8.437/92 aplicam-se à Lei 9.494//96, que disciplina a tutela antecipada contra a Fazenda Pública (artigo 1º), que para alguns foi revogada tacitamente, eis que o artigo 1059 regula a matéria. (Op. cit., p. 2.423)

29. O posicionamento do STF sobre a constitucionalidade de algumas das restrições à concessão de medidas contra o Poder Público se deu no julgamento da ADI 233-6 (sobre a MP 173/90) e a ADC 4 (sobre o art. 1º da Lei 9.494/97).

30. *In Comentários ao Código de Processo Civil.* Coordenadores: ALVIM, Angélica Arruda; ASSIS, Araken de; ALVIM, Eduardo Arruda de; LEITE, George Salomão. 2ª ed. Saraiva: São Paulo, p. 1259.

medida em que retirará a possibilidade de o Judiciário apreciar, em de tutela provisória, determinadas questões que envolvam o Poder Público."

Cabe questionar, neste ponto, se frente a um conflito de valores é possível conceder a medida de urgência (cautelar ou antecipada). A respeito FERNANDO GAJARDONI[31] lembra que se tem admitido a concessão de tutela de urgência se o juiz, no caso concreto, verificar que a proteção do Poder Público (mediante indeferimento da medida) resultar em prejuízo a valor constitucional que se mostre preponderante.

Questiona-se, ainda, se o artigo 1.059 do CPC/2015, ao referir-se a "tutela provisória", exige sejam aplicadas as normas restritivas tanto para as tutelas de urgência quanto para as de evidência. Considerando que o artigo faz referência tão somente a dispositivos que tratam de vedação à concessão de tutelas de urgência, excluída da restrição está a tutela de evidência.

FERNANDO GAJARDONI[32] posiciona-se nesse sentido:

> Apesar da natureza provisória da tutela, o alto grau de probabilidade do direito justifica a admissão do cabimento indiscriminado da tutela de evidência dentro das hipóteses do art. 311 do CPC/2015. Ademais, observe-se que as Leis 8.437/1992 e 12.016/2009 não fazem referência à tutela de evidência, de modo que se fosse intenção do legislador limitar o cabimento da tutela de evidência contra a Fazenda Pública, teria explicitamente o feito nos arts. 311 ou 1.059 do CP/2015. Plenamente possível que se determine a reclassificação de servidores, aumento ou implantação de vantagens mediante tutela de evidência (obrigação de fazer). Mas não é possível, por outro lado, a imediata satisfação do direito da parte no tocante ao pagamento dos valores em atraso, vez que o art. 100 da CF/88 só autoriza a expedição de precatório após o trânsito em julgado.

Segundo afirmam ELIAS MARQUES DE M. NETO, ANDRÉ PAGANI DE SOUZA e DANIEL PENTEADO DE

31. ___DELLORE, Luiz; ROQUE, André Vasconcelos; OLIVEIRA Jr., Zilmar Duarte de. *In Execução e recursos: comentários ao CPC de 2015*. Método: São Paulo, 2017, p. 1308.

32. *In* Op. cit., p. 1310.

CASTRO[33], a análise fria da lei leva ao entendimento de que as limitações do artigo 1.059 do CPC/2015 atingiriam também a tutela de evidência, pois o artigo 294 trata da tutela provisória fundamentada na urgência e na evidência. Contudo, ressaltando não haver dúvida quanto ao cabimento da concessão de tutela de evidência em face do ente público, concluem pela inaplicabilidade do artigo 1.059 se a hipótese envolver tese firmada em casos repetitivos ou súmula vinculante (311, II), isto diante da "praticamente certeza" que se tem quanto à existência do direito, postergando-se a tutela definitiva apenas porque dependente do trâmite processual. Tal entendimento, afirmam os autores, melhor se coaduna "com a segurança jurídica e com a interpretação sistemática do CPC/2015 e com o seu principal alicerce, o respeito aos precedentes".

Assim, por exemplo, no caso de ter sido reconhecida a ilegalidade de um tributo em sede de recurso repetitivo ou em repercussão geral, admite-se a concessão de tutela provisória de evidência, independentemente da demonstração de dano ou risco advindo da demora do processo.

O Supremo Tribunal Federal, ao tratar da evidência ligada a julgamento de casos repetitivos, consolidou entendimento de que a existência de precedente do Pleno da Corte firmado sob o regime de repercussão geral permite o pronto julgamento dos processos atrelados à mesma controvérsia, independentemente do trânsito em julgado do paradigma, caso em que se autoriza a concessão de tutela de evidência.[34]

---

33. *A tutela de evidência, a Fazenda Pública e as limitações do artigo 1.059 do CPC/2015.* Migalhas: *in* 30.08.2018 <https://www.migalhas.com.br/CPCnaPratica/116,MI286564,-61044-A+tutela+de+evidencia+a+Fazenda+Publica+e+as+limitacoes+do+artigo> Acesso 10.05.2019.

34. "TRIBUTÁRIO E PROCESSUAL CIVIL. PEDIDO DE TUTELA PROVISÓRIA DE EVIDÊNCIA. ICMS. BASE DE CÁLCULO. PIS/COFINS. RECENTE POSICIONAMENTO DO STF EM REPERCUSSÃO GERAL (RE 574.706/0R, REL. MIN. CÁRMEN LÚCIA). PRESENÇA DOS REQUISITOS AUTORIZADORES DA TUTELA DE EVIDÊNCIA EXIGIGOS PELO ART. 311, II, DO CPC/2015. DEFERE-SE, POR ESTA DECISÃO, A TUTELA PROVISÓRIA DE EVIDÊNCIA, PARA AUTORIZAR QUE A REQUERENTE RECOLHA AS PARCELAS DAS CONTRIBUIÇÕES AO PIS E DA COFINS, DESDE OUTUBRO DE 2017, SEM INCLUSÃO DO ICMS EM

Quanto ao comprimento da tutela provisória concedida em processo tributário, CAMILA VERGUEIRO CATUNDA[35] entende desnecessário observar o procedimento do cumprimento provisório de sentença contra a Fazenda Pública, previsto nos artigos 534 e 535 do CPC/2015, eis que:

> nos termos do art. 151 do CTN, o deferimento da tutela provisória produz efeitos imediatos suspendendo a exigibilidade das obrigações tributária, ou seja, cobrança. Diante disso, as regras relativas ao cumprimento de sentença, no processo tributário, permanecem restritas ao cumprimento da ação de repetição de indébito que condena a Fazenda Pública a pagar quantia de dinheiro ao particular.

Muitas são as situações que se apresentam perante o Poder Judiciário e que levam à discussão sobre a admissibilidade ou não da concessão de tutelas provisórias de urgência (cautelar ou antecipatória) e de evidência, não comportando nesta breve abordagem discuti-las amplamente, motivo pelo qual opta-se por abordar situações.

3.1 Das tutelas provisórias de urgência e evidência no processo tributário

Em se tratando de medida não pautada em situação de evidência do direito, resta à parte buscar as *tutelas provisórias de urgência*, quando cabíveis (porque inexistente vedação legal) e presentes os requisitos para a sua concessão, a probabilidade do direito e o risco de dano ou de inutilidade do processe pela demora do processo (art. 300, CPC).

SUA BASE DE CÁLCULO, ATÉ JULGAMENTO FINAL DO PRESENTE RECURSO OU DELIBERAÇÃO ULTERIOR (fls. 1.565).” (STJ, 1ª Turma, AgInt na TutPrv no Agravo em Recurso Especial nº 300743-SP, Relator Ministro NAPOLEÃO NUNES MAIA FILHO, j. v.u. em 25.03.2019)

35. *A tutela provisória, o CPC de 2015 e o processo tributário, in O novo CPC e seu impacto no direito tributário.* Coordenadores PAULO CONRADO e JULIANA FURTADO COSTA ARAÚJO. Fiscosoft: São Paulo, 2015.

No âmbito do Direito Tributário, a busca pelo contribuinte de *tutela de urgência satisfativa (antecipada)* é comum em ações declaratórias que, lastreadas na afirmação de inexistência de relação jurídico-tributária, visam a imediata exclusão de valores da base de cálculo do imposto e a suspensão da exigibilidade do respectivo crédito tributário, conforme artigo 151 do Código Tributário Nacional.

No que concerne à suspensão da exigibilidade de débito fiscal é certo que a possibilidade de tutela provisória nesse sentido confere ao litigante um meio de satisfação de seu interesse, ainda que provisório, evitando que decurso do tempo esvazie a eficácia de eventual tutela definitiva que venha a reconhecer a inexistência do crédito. A suspensão do crédito tributário por decisão judicial, conforme autoriza o artigo 151, incisos IV e V, do CTN sem um mínimo de contraditório, sabe-se, é medida excepcional, especialmente se não houver depósito judicial prévio (inciso II).[36]

Veja-se que em ação de declaratória objetivando a declaração de inexigibilidade do ICMS incidente sobre as tarifas de transmissão e distribuição de energia elétrica (TUST e TUSD) o Tribunal de Justiça de São Paulo manteve decisão de Juízo de primeiro grau que negou tutela de urgência voltada à suspensão da exigibilidade do crédito tributário (requerida pelo contribuinte com base no artigo 151, incisos II e V, do CTN e na pretensão de depositar o valor cobrado na conta de energia elétrica), pautado na mudança do entendimento do Superior Tribunal de Justiça sobre a matéria (Tema 986), que sinaliza terão julgamento com resultado diverso da tese defendida pelo contribuinte, cenário que mostra estar "ausente a probabilidade do direito (com ou sem caução)".[37]

---

36. A Súmula 112 do STJ dispõe que a suspensão da exigibilidade do crédito tributário, nos termos do artigo 151, II, do CTN, apenas é possível mediante depósito integral do valor e em dinheiro, o que para fins de suspensão não se prestam o seguro garantia e carta fiança.

37. TJSP, 10ª Câmara de Direito Público, relator Desembargador MARCELO SEMER, j. v.u. em 08.04.2019.

Além da probabilidade do direito (no caso afastada), para a concessão da tutela de urgência exige-se como requisito a demonstração do perigo do dano ou do risco ao resultado útil do processo, motivo pelo qual há julgados no sentido de que ausente medidas executórias ou constritivas em andamento, descabido o deferimento da medida requerida.

Não raramente o débito fiscal, após decisão administrativa irreformável e contrária ao contribuinte, mas ainda não objeto de execução fiscal, representa óbice à renovação de Certidão Positiva com Efeito de Negativa (CPEN), em face do apontamento emitido pelas competentes Secretarias e Fazendas Públicas.

Assim é que ações são propostas com o objetivo de garantir futura execução fiscal a partir da lavratura de auto de infração e imposição de multa, a fim de que seja possível a expedição de CPEN. Nessas ações comumente se requer tutela provisória, consistente no deferimento de imediata caução e sustação de protesto da Certidão de Dívida Ativa (CDA) enquanto se aguarda a propositura da execução fiscal.

Muitas são as decisões admitindo ser possível defender, por meio de declaratória com pedido de tutela provisória, o direito do contribuinte de oferecer caução mediante seguro garantia ou carta de fiança para assegurar o direito à obtenção da CPEN enquanto não tiver conhecimento do ajuizamento de execução fiscal.

Diga-se, o novo Código de Processo Civil, aplicado subsidiariamente à Lei de Execuções Fiscais (Lei 6.830/80), ratifica a possibilidade do oferecimento da carta de fiança e do seguro fiança em substituição ao dinheiro, dispondo o artigo 835, §2º, do Código que se equiparam "desde que em valor não inferior ao do débito constante da inicial, acrescido de 30% (trinta por cento)". [38]

38. Contudo, é entendimento de nossos Tribunais que o oferecimento de seguro garantia ou fiança bancária permite a obtenção de tutela voltada à obtenção de certidão positiva com efeitos de negativa, apenas não se prestando para a suspensão da exigibilidade do crédito tributário, que exige depósito em dinheiro (Súmula 112 do STJ).

Tem-se aqui, típico caso de concessão de tutela provisória de evidência, conforme prescreve o artigo 311, inciso II e parágrafo único, do CPC/2015, requerida com o intento de assegurar o direito de oferecer garantia aos débitos decorrentes, vez que tal tutela será concedida quando as alegações de fato puderem ser comprovadas apenas documentalmente e houver tese firmada em julgamento de casos repetitivos, independentemente da demonstração de perigo de dano ou de risco ao resultado útil do processo.

Questão interessante envolve decisão do Tribunal de Justiça de São Paulo sobre a concessão de tutela provisória em ação de antecipação de caução do débito fiscal pautada no REsp. 1.123.669/RS[39], julgado conforme artigo 1.036 do CPC/2015, isto é, em sede de recursos repetitivos.

A respeito o Tribunal de Justiça de São Paulo já decidiu que a sistemática do novo Código de Processo Civil, ao não prever processo cautelar autônomo, tornou inadmissível tutelas cautelares de natureza satisfativa, levando à superação do entendimento do RESP nº 1.123.669-RS, pois as tutelas requeridas em caráter antecedente:

> (...) não se prestam a garantir futuro e incerto processo a ser eventualmente ajuizado pela parte adversa, mas sim aquele próprio processo no qual foram requeridas, no qual, após apreciação do pedido da tutela em caráter antecedente, deve ser formulado o pedido principal que seguirá o rito comum até apreciação da tutela principal requerida, em conformidade com a disposição vigente.[40]

O julgador, reconhecendo que o contribuinte, para o regular desenvolvimento de suas atividades, precisa buscar “a suspensão da exigibilidade do crédito tributário/sustação de protestos/emissão de CPEN”, não lhe sendo possível aguardar a distribuição e andamento da execução fiscal, ressalta que:

---

39. STJ, Ministros da Primeira Seção, relator Ministro LUIZ FUX, j. v.u. em 09/12/2009.

40. TJSP, 13ª Câmara de Direito Público, AI nº 3000040-67.2019.8.26.0000, relator Desembargadora FLORA MARIA NESI TOSSI SILVA, j. v.u. em 10.04.2019.

> nada impede que o contribuinte, qualquer momento, ajuíze competente ação anulatória de débito fiscal, de rito comum, ocasião em que poderá pleitear tais medidas em sede de tutela de urgência/evidência, ressalvada a possibilidade de suspensão do crédito tributário, se preenchida alguma das hipóteses dos incisos do artigo 151 do CTN.

Embora haja norma de vedação, questionamento interessante pode-se extrair do Enunciado 422 do Fórum Permanente de Processualistas Civis, que reconhece a compatibilidade da tutela de evidência com os procedimentos especiais, frente ao entendimento de que não se aplicam as normas restritivas apontadas no artigo 1.059 do CPC/2015 quando o pedido de tutela estiver lastreado em tese firmada em casos repetitivos ou súmula vinculante.

4. CONCLUSÃO

Não há em nosso ordenamento jurídico lei que trate de regular processo voltado especialmente à busca de solução dos conflitos de natureza tributária, isto é, inexiste um processo tributário codificado, razão porque os sujeitos da relação tributária deverão se valer do Código de Processo Civil (Lei 13.105/2015), alinhando-o ao caso tributário em concreto.

Tal como todas as leis, o Código de Processo Civil subordina-se à supremacia da Constituição Federal, de forma que a tutela jurisdicional envolvendo litígios atinentes à seara tributária (como qualquer outra) será prestada pelo Estado-juiz conforme o *devido processo legal*, ou seja, à luz dos princípios que asseguram a legalidade do instrumento (princípios do *contraditório*, da *isonomia*, da *motivação*, da *adequada cognição* e da *duração razoável do processo*), levando ao acesso efetivo à justiça.

Como visto, a lei processual traz como requisitos para a concessão da *tutela provisória de urgência* (conservativa ou satisfativa) a presença da probabilidade do direito e do perigo de dano ou o risco ao resultado útil do processo, passível de ser concedida inclusive "inaudita altera parte". Já para a concessão da *tutela provisória de evidência* desnecessária a demonstração de perigo ou de risco do resultado útil do processo, bastando a forte probabilidade do direito material, com prova que praticamente torne inafastável ou resultado que não o reconhecimento definitivo do direito afirmado (artigos 294 a 311 do CPC).

Fato é que resta clara a importância do poder geral de cautela do Estado-juiz naqueles casos em que o conflito entre o fisco e o contribuinte exija imediata intervenção do Poder Judiciário, diante de situação que se mostre urgente ou evidente, pois a presteza e adequada concessão da tutela provisória (em cognição sumária) permite que os efeitos de situações prejudiciais e/ou injustas atreladas à demora na obtenção da tutela jurisdicional definitiva (em cognição exauriente) sejam afastados em prol da verdadeira justiça.

5. REFERÊNCIAS

ALVIM, Arruda. *Novo contencioso no CPC/2015*. Revista dos Tribunais: São Paulo, 2016.

ASSIS, Carlos Augusto de. LOPES, João Baptista. *Tutela provisória*. Gazeta Jurídica: Brasília, 2018.

BUENO, Cássio Scarpinella. *Manual de direito processual civil*. Saraiva: São Paulo, 2015.

CATUNDA, Camila Vergueiro. *A tutela provisória, o CPC de 2015 e o processo tributário, in O novo CPC e seu impacto no direito tributário*. Coordenadores: CONRADO, Paulo Cesar. ARAÚJO, Juliana Furtado Costa. Fiscosoft: São Paulo, 2015.

CONRADO, Paulo Cesar. *Processo Tributário*, 2ª ed. Quartier Latin: São Paulo, 2009.

GAJARDONI, Fernando da Fonseca; DELLORE, Luiz; ROQUE, Andre Vasconcelos; OLIVEIRA Jr., Zulmar Duarte de.

Teoria geral do processo: Comentários ao CPC de 2015, Parte Geral. Método: São Paulo, 2015.

______. *Execução e recursos: comentários ao CPC de 2015.* Método: São Paulo, 2017.

JESUS, Isabela Bonfá de; JESUS, Fernando Bonfá de; JESUS, Ricardo Bonfá de. *In Manual de direito e processo tributário*, 4ª. ed. Revista dos Tribunais: São Paulo, 2017.

MARINONI, Luiz Guilherme; ARENHART, Sérgio Cruz; MITIDIERO, Daniel. *Curso de processo civil: teoria do processo civil*, vol. 1. Revista dos Tribunais: São Paulo, 2015.

______. *Curso de Processo Civil*, vol. 2, 3ª ed., Revista dos Tribunais: São Paulo, 2017.

M. NETO, Elias Marques; SOUZA. André Pagani de. CASTRO, Daniel Penteado de. *Tutela da evidência em grau recursal. In* Migalhas: 22.02.2019. <https://www.migalhas.com.br/CPCnaPratica/116,MI274888,31047-Tutela+da+evidencia+em+grau+recursal> - Acesso 16.05.2019

______. *A tutela de evidência, a Fazenda Pública e as limitações do artigo 1.059 do CPC/2015. In* Migalhas: 30.08.2018 <https://www.migalhas.com.br/CPCnaPratica/116,MI286564,61044-A+tutela+de+evidencia+a+Fazenda+Publica+e+as+limitacoes+do+artigo> Acesso 10.05.2019.

MILLER, Cristiano Simão. *In Comentários ao Código de Processo Civil.* Coordenadores: ALVIM, Angélica Arruda; ASSIS, Araken de; ALVIM, Eduardo Arruda de; LEITE, George Salomão. 2ª ed. Saraiva: São Paulo.

NEVES, Daniel Amorim Assumpção. *Novo CPC Código de Processo Civil: Inovações, Alterações, Supressões Comentadas.* Editora Método: São Paulo, 2015.

__________. *Manual de Direito Processual Civil*, vol. único, 10ª ed., JusPODIVM: Salvador, 2018.

NERY JÚNIOR, Nelson. NERY, Rosa Maria de Andrade. *Código de processo civil comentado*, 16ª ed. Saraiva: São Paulo, 2016.

PISANI, Andrea Potro, *Diritto Processuale Civile*. 2ª ed. Jovene Editore: Napoli, 1996.

TARTUCE, Fernanda. *Processo civil no Direito de Família: teoria e prática*. 3ª ed. Editora Método: São Paulo, 2018.

______. *O tempo, a demanda familiar e tutela de urgência. In* Jusbrasil: 03.04.2017. <https://processualistas.jusbrasil.com.br/artigos/445734013/o-tempo-a-demanda-familiar-e-a-tutela-de-urgencia> - Acesso 15.05.2019

REPERCUSSÕES DA NOVA SISTEMÁTICA DAS TUTELAS PROVISÓRIAS PREVISTAS NO CÓDIGO DE PROCESSO CIVIL DE 2015 NO CONTEXTO DO PROCESSO JUDICIAL TRIBUTÁRIO

Igor Lubiana Chisté[1]

1. O NOVO CÓDIGO DE PROCESSO CIVIL E O PROCESSO PÚBLICO TRIBUTÁRIO

1.1 Dignóstico inicial: Existência de diálogo, mas dificuldade para compatibilização. O CPC/2015 deixou lacunas acerca da (in)aplicabilidade de determinadas figuras processuais ao processo tributário

O novo Código de Processo Civil (Lei 13.105/2015) ensejou, não se pode negar, uma alteração sistemática do direito processual civil brasileiro. Com o escopo de atender as necessidades de uma realidade social distinta daquela existente à época da promulgação do diploma anterior e aos anseios de uma comunidade jurídica ávida por um conjunto normativo tradutor de uma jurisdição consentânea ao texto

---

1. Mestre em Direito Constitucional e Processual Tributário pela PUC-SP. Especialista em Direito Tributário pelo IBET. Advogado.

constitucional, o Código de 2015 criou novos mecanismos processuais e alterou de forma considerável procedimentos já previstos anteriormente.

A tentativa de imprimir maior celeridade e efetividade à prestação da tutela jurisdicional e ainda a adoção de um modelo de verticalização das decisões judicias revelam a evidente preocupação do novel estatuto processual com os problemas que orbitam a sociedade contemporânea: conflitos massificados; grande quantidade de processos; elevada morosidade para o cumprimento de decisões judiciais; mutabilidade e dinamicidade das situações.

Ademais, o novo contexto instaurado com a Constituição Federal de 1988 importou uma alteração de paradigma de compreensão do processo civil, o qual passara a ser interpretado a partir de seu "modelo constitucional"[2]. O novo código de processo buscou traduzir essa conformação da legislação processual às diretrizes do texto constitucional.

A despeito das grandes inovações introduzidas, não houve uma preocupação maior do legislador em compatibilizar esses novos mecanismos processuais no âmbito de processos judiciais (ou administrativos, em determinados casos) especiais[3],

2. Consoante Cássio Scarpinella Bueno a observância do 'modelo constitucional do direito processual civil' não é uma escolha teórica ou filosófica que dependa da adesão de um determinado autor ou doutrinador, mas uma imposição advinda de norma constitucional. Nesse sentido, relata o autor que a disposição prevista no artigo 1º do novo Código de Processo ("o processo civil será ordenado, disciplinado e interpretado conforme os valores e as normas fundamentais estabelecidos na Constituição da República Federativa do Brasil, observando-se as disposições deste Código") mesmo que inexistente, deveria ser observada por decorrência direta da Constituição. Ressalva, contudo, a utilidade didática do preceito para orientação dos estudantes, estudiosos e aplicadores do direito processual civil. (BUENO, Cassio Scarpinella. *Manual de Direito Processual Civil.* 3. ed. São Paulo: Saraiva. 2017, 46).

3. À título exemplificativo, é de se questionar se o negócio jurídico processual atípico - NJP (previsto no art. 190 do atual Código de Processo Civil) e o incidente de desconsideração da personalidade jurídica - IDPJ (disposto no art. 133 do diploma) podem ser aplicados no âmbito de um processo de execução fiscal. Destaca-se que a Portaria PGFN nº 742/2018 já disciplinou a celebração do NJP para fins de equacionamento de débitos inscritos em dívida ativa da União. No que concerne ao IDPJ, ressalta-se que até o presente momento tanto a 2ª Turma (REsp. nº 1.786.311) quanto a 1ª Turma

tal como é o processo tributário regido por normas específicas que escapam do processo comum (v.g Lei de Execuções Fiscais – Lei 6.830/80; Decreto 70.235/72 que regula o processo administrativo fiscal no âmbito federal; Lei 12.016/2000 que disciplina o Mandado de Segurança; e ainda as próprias normas de conteúdo processual previstas no Código Tributário Nacional – Lei Complementar 5.172/66).

Perdeu o novo diploma processual a oportunidade de melhor sistematizar e sanar dúvidas acerca da (in)aplicabilidade de determinadas figuras processuais à relação litigiosa do particular com a Fazenda Pública. É de se notar que dentro do quadro geral de execução, os processos de execução fiscal representam parcela considerável de processos pendentes no Poder Judiciário[4]. A despeito dessa constatação, e talvez

---

do Superior Tribunal de Justiça (REsp. nº 1.775.269 e nº 1.173.201) esboçaram entendimento no sentido de que não cabe a instauração do incidente em uma execução fiscal nas hipóteses de redirecionamento da dívida tributária para sócios, administradores e outras pessoas jurídicas relacionadas a devedora. O colegiado da 1ª Turma apenas abriu exceção para as situações nas quais a Fazenda Nacional baseia a cobrança equivocadamente no inciso I do art. 124 do CTN, que permite a responsabilização de empresas do mesmo grupo econômico quando houver interesse comum no fato gerador da devedora. Nessa hipótese específica, quando a Fazenda falhar ao demonstrar o interesse comum, o redirecionamento também poderia ser solicitado se ficar comprovado o desvio de finalidade ou a confusão patrimonial das empresas, com base no art. 50 do Código Civil. Assim, seria cabível o IDPJ. Certamente a controvérsia será pacificada pela 1ª Seção do tribunal, que reúne as duas Turmas de Direito Público da Corte. Ainda, outro tema fulcral diz respeito à aplicabilidade do Incidente de Resolução de Demandas Repetitivas – IRDR (art. 976ss do CPC/15) em matéria tributária e as repercussões daí advindas. A discussão, que foge do escopo do presente estudo, sem dúvidas, deverá ser objeto de enfrentamento por parte dos estudiosos e intérpretes do processo tributário, tendo e vista tratar-se de um processo de massa com campo fértil para aplicação de "tese jurídicas".

4. Em interessante estudo estatístico publicado pelo Conselho Nacional de Justiça fora realizado os seguintes apontamentos: "(...) Os processos de execução fiscal representam, aproximadamente, 39% do total de casos pendentes e 74% das execuções pendentes no Poder Judiciário, com taxa de congestionamento de 91,7%. Ou seja, de cada cem processos de execução fiscal que tramitaram no ano de 2017, apenas 8 foram baixados. Desconsiderando esses processos, a taxa de congestionamento do Poder Judiciário cairia 9 pontos percentuais, passando de 72% para 63% em 2017. O maior impacto das execuções fiscais está na Justiça Estadual, que concentra 85% dos processos. A Justiça Federal responde por 14%; a Justiça do Trabalho, 0,31%, e a Justiça Eleitoral apenas 0,01% (...)". Conselho Nacional de Justiça. Justiça em números. 2018: ano-base 2017.

pela influência tradicionalmente privatística e civilística[5], os engendradores do novo código optaram por não imprimir um tratamento específico ao processo público tributário.

Nessa linha, o CPC de 2015, no que consente aos procedimentos judiciais especiais, apenas dispôs que lhes seria aplicável supletivamente (sem embargo da aplicação subsidiária do diploma geral já estatuído nessas leis especiais)[6]. Por outros tornos, no que diz respeito aos processos administrativos, determinou uma aplicação supletiva e subsidiária das disposições gerais do código[7].

De toda forma, esse diálogo entre o regramento do novo Diploma Processual (interpretado sob uma perspectiva

---

Brasília. p. 125 Disponível em: http://www.cnj.jus.br/pesquisas-judiciarias/justicaemnumeros/2016-10-21-13-13-04/pj-justica-em-numeros. Acesso em 20 mai. 2019.

5. Referimos aqui respeitosamente à influência do direito privado na compreensão dogmática do direito processual civil. Segundo James Marins "(...) a orientação teórica do Código de Processo Civil de 1973 encontra suas raízes assentadas sobre o Direito Privado, refletindo a concepção predominante nas décadas de 1950 e 1960. Esta característica dificultava a prestação da tutela jurisdicional quando se cuida de lides entre o Estado e o cidadão, como são as lides tributárias. À exceção do mandado de segurança, ação civil constitucional, cuja estrutura processual tem evidente arrimo publicista, as ações comumente usadas para o julgamento da lide fiscal são impróprias, isto é não estão fundadas em regime jurídico próprio para a questão tributária (...)". (MARINS, James. *Direito processual tributário brasileiro*: administrativo e judicial. 9 ed. São Paulo: Revista dos Tribunais, 2016, p. 27). Apesar do autor fazer referência ao pensamento predominante quando da promulgação do Código de 73, pensamos que essa orientação continua balizando o processo civil atual. Na mesma linha, ao tratar da emergência do direito processual público, Cássio Scarpinella Bueno assevera que em geral o processo civil foi estruturado e sistematizado a partir de conflitos de direito privado, uma vez que ao longo do século passado, inexistia a concepção – tão presente como a atual – de necessidade de controle jurisdicional dos atos do Estado. (SUNDFELD, Carlos Ari. BUENO, Cassio Scarpinella (coord.). *Direito processual público* – A Fazenda Pública em juízo. São Paulo: Malheiros, 2000, p. 33).

6. "Art. 1.046, § 2º Permanecem em vigor as disposições especiais dos procedimentos regulados em outras leis, aos quais se aplicará supletivamente este Código". Ressalta-se que a própria Lei de Execuções Fiscais estabelece a aplicação subsidiária do Código de Processo Civil às execuções fiscais (art. 1º da Lei 6.830/80: "A execução judicial para cobrança da Dívida Ativa da União, dos Estados, do Distrito Federal, dos Municípios e respectivas autarquias será regida por esta Lei e, subsidiariamente, pelo Código de Processo Civil").

7. "Art. 15. Na ausência de normas que regulem processos eleitorais, trabalhistas ou administrativos, as disposições deste Código lhes serão aplicadas supletiva e subsidiariamente."

constitucional) e os procedimentos judiciais especiais que orbitam a matéria tributária em algum momento deverão ser enfrentados pelos intérpretes para fins de compatibilização e uniformidade de aplicação. Trata-se de imperativo de segurança jurídica. À doutrina, por sua vez, caberá delinear o conjunto de proposições teóricas que norteará e dará contornos a essa atuação.

1.2 Diagnóstico específico: Dificuldade de compatibilização da nova sistemática das tutelas provisórias dispostas no CPC/2015 com o processo judicial tributário. Aplicabilidade ou inaplicabilidade?

Aporte dessa explanação inicial, é de se observar que a nova sistemática das tutelas provisórias estabelecida a partir do artigo 294 do Livro V da Parte Geral do atual Código de Processo Civil trouxe grandes inovações nas espécies de tutelas provisórias e nos procedimentos destinados a discipliná-las.

Como ressaltado, a criação de um Livro próprio para as tutelas provisórias resulta da preocupação do novo diploma em moldar-se à uma realidade dinâmica que exige prestações jurisdicionais ágeis (sob pena de perecimento do bem jurídico) e da inquietação com o chamado tempo do processo. Trata-se de mais um conjunto de técnicas processuais que o legislador buscou imprimir maior sistematização, tudo tendo em vista à adequação do processo às peculiaridades do direito material (diante daquelas situações que pressupõem urgência) e ao desiderato de racionalidade e celeridade do andamento processual (pelo que se infere a partir da criação da chamada tutela de evidência).

Contudo, o sintoma inicialmente diagnosticado afeta o tema do presente estudo de modo específico: As tutelas provisórias podem ser manejadas no bojo de ações antiexacionais? Como compatibilizar o procedimento das tutelas provisórias e, mais especificamente a tutela provisória fundada na evidência, com os procedimentos judiciais especiais tributários? É possível a estabilização da tutela de urgência antecipada antecedente concedida contra a Fazenda Pública? As tutelas provisórias fundamentas na evidência são úteis às ações tributárias? E no que diz respeito ao Mandado de Segurança? Existe compatibilidade procedimental?

Não são poucas as dúvidas lançadas ao estudioso e aos aplicadores do direito processual tributário. O presente estudo optará por delimitar seu objeto sobre as principais repercussões que o novo procedimento das tutelas provisórias tem suscitado no contexto do processo tributário. Contudo, a elucidação das inovações que o tema ganhou com o atual Código e a abordagem das tutelas provisórias em sua generalidade e em seus fundamentos serão necessárias de modo que não nos descuidaremos de realizar tais apontamentos. É o que passaremos a fazer no capítulo subsequente.

2. BREVES CONSIDERAÇÕES ACERCA DA NOVA SISTEMÁTICA DAS TUTELAS PROVISÓRIAS PREVISTAS NO CPC/2015. PRINCIPAIS MUDANÇAS EM RELAÇÃO AO CPC/73

A preocupação com um processo adequado à tutela dos direitos e com a efetividade do sistema processual não é uma característica recente e exclusiva do legislador processual de 2015.

O Código de Processo de 1973 já previa modalidades de tutelas jurisdicionais diferenciadas precedidas de cognição sumária com o intuito de evitar que o tempo pudesse comprometer o resultado do processo. Em seu Livro III (destinado ao processo cautelar), eram previstas a partir do art. 796 as chamadas medidas cautelares típicas. Ademais, o artigo 798[8] do antigo diploma processual também possibilitava ao juiz conceder medidas provisórias atípicas diante da necessidade de preservar o direito dos prejuízos provocados pelo tempo. Essa preocupação do

8. "Artigo 798 do CPC/73: Além dos procedimentos cautelares específicos, que este Código regula no Capítulo II deste Livro, poderá o juiz determinar as medidas provisórias que julgar adequadas, quando houver fundado receio de que uma parte, antes do julgamento da lide, cause ao direito da outra lesão grave e de difícil reparação".

legislador com a adequação do processo às peculiaridades da situação substancial ficara ainda mais patente com a introdução de um regime geral de tutela antecipada no bojo do Livro I (art. 273 ss) do código pretérito pela Lei 8.954/94.

Ao tratar das modalidades de tutela jurisdicional diferenciada com base na urgência, ainda sob a égide do Código de 1973, José Roberto do Santos Bedaque pontificava:

> Por esse ângulo, há quem identifique no gênero tutela de urgência duas espécies distintas: a cautelar e a antecipatória, ambas destinadas a evitar que o tempo comprometa o resultado da tutela jurisdicional. Identificam-se não só pelo escopo comum, mas também pela inexistência da coisa julgada como qualidade inerente ao pronunciamento que as contém. Distinguem-se, todavia, pelo caráter satisfativo de uma, inexistente na outra.
>
> As medidas cautelares exerceriam no sistema processual apenas a função de assegurar a utilidade do pronunciamento futuro, mas não antecipar seus efeitos materiais, ou seja, aqueles pretendidos pelas partes no plano substancial.
>
> A diferença fundamental entre ambas residiria, pois, nesse aspecto provisoriamente satisfativo do próprio direito material cuja tutela é pleiteada de forma definitiva, ausente na cautelar e inerente na antecipação[9].

O código passado, vale lembrar, também estabelecia que a ação cautelar, uma vez proposta (antes ou no curso do processo principal) ensejava o surgimento de um novo processo (o processo cautelar). Por outro lado, a tutela antecipada poderia ser concedida somente no bojo do próprio processo principal.

Com o advento do Código de Processo Civil de 2015, a despeito de ter-se mantido o fundamento das tutelas jurisdicionais diferenciadas, houve uma alteração sistemática do procedimento disciplinador dessas figuras e importantes inovações não previstas no diploma anterior. Dedicou o novo CPC livro próprio categorizado sob a alcunha "Tutelas

---

9. BEDAQUE, José Roberto dos Santos. *Tutela Cautelar e Tutela Antecipada*: tutelas sumárias e de urgência. 5. ed. São Paulo: Malheiros. 2009, p. 26.

Provisórias" e, ainda, criou um disciplinamento próprio para a tutela de evidência, concebendo relevância à figura já que previu hipóteses não estipuladas no antigo estatuto[10].

Pode-se assim afirmar, sob a perspectiva do novo CPC e para fins elucidativos, que as "tutelas provisórias" podem ser divididas, no que consente ao fundamento pela qual são concedidas, em *"tutelas provisórias fundamentadas na urgência"* (disciplinadas nos arts. 300 a 310) e *"tutela provisória fundamentada na evidência"* (disciplinada no art. 311). Observa-se ainda que o código manteve a clássica distinção supracitada concebida às tutelas de urgência em *"tutelas de urgência antecipada"* e *"tutelas de urgência cautelar"* valendo-se da aptidão da tutela provisória em satisfazer ou apenas assegurar o direito material do requerente.

Importante ressaltar que embora tenha sido mantida essa distinção, o novo regramento ao dispor no artigo 300 que a tutela de urgência (antecipada ou cautelar) será concedida quando houver elementos que evidenciem a *"probabilidade do direito e o perigo de dano ou o risco ao resultado útil do processo"* parece ter dado um fim (ou pelo menos imprimido um trato mais flexível)[11] aos diferentes requisitos anteriormente previstos para o

10. Apesar de se afirmar que o novo CPC criou a chamada tutela provisória fundamentada na evidência, não se pode negar que o antigo código já permitia ao juiz, a requerimento da parte, conceber provimentos provisórios antecipatórios independentemente da urgência e, desde que, demonstrado a "prova inequívoca e a verossimilhança da alegação" e "o abuso de direito de defesa ou o manifesto propósito protelatório do réu". É a interpretação que se faz da literalidade do artigo 273, *caput* e inciso II do código pretérito. De toda forma, as inovações introduzidas pelo atual diploma ao possibilitar a concessão de uma tutela genérica mesmo em hipóteses em que não se vislumbre abuso da defesa, mas tão somente 'direito evidente' tal como sói inferir dos incisos II e IV do art. 311 do CPC/15, indubitavelmente conferem à figura foros de relevância não presente no diploma anterior.

11. Consoante doutrina de Cássio Scarpinella Bueno, os requisitos para a concessão da tutela antecipada e da cautelar foram igualados não havendo mais distinção no que consente ao aprofundamento da cognição jurisdicional. Para o autor, sequer sobrevive no CPC de 2015 a diferença entre o 'perigo de dano' e o 'risco ao resultado útil do processo' sugerida por alguns para distinguir, respectivamente, a tutela antecipada (vocacionada a tutelar o próprio direito material) e a tutela cautelar (vocacionada a tutelar o processo). Nas suas palavras "os dois referenciais – que

requerimento das tutelas de urgência (ora exigindo-se '*a prova inequívoca e a verossimilhança da alegação e o risco de dano irreparável ou de difícil reparação*' para a concessão das tutelas antecipatórias; ora exigindo-se o mero '*fumus boni iuris e o periculum in mora*' para a obtenção de um provimento cautelar). Percebeu em boa hora o legislador que as distinções se imiscuem em uma zona cinzenta podendo prejudicar, como evidencia a experiência, o próprio direito material tutelado. A unificação dos requisitos, portanto, parece estar em consonância com a perspectiva funcional e simplificadora que o Código buscou imprimir[12].

Mesmo assim, a distinção entre a tutela de urgência cautelar e a tutela de urgência antecipada (satisfativa) ainda tem relevância prática haja vista ter o próprio código previsto peculiaridades procedimentais a depender da tutela pleiteada. Nesse sentido, a inovadora previsão da chamada estabilização da tutela, por exemplo, aplica-se tão somente à tutela antecipada não se vislumbrando previsão semelhante para a tutela cautelar[13].

Por fim, há de se destacar que o recente editado diploma processual não mais prevê a existência de um processo

---

denotam uma necessidade urgente de intervenção jurisdicional – são empregados indistintamente para aquelas duas espécies (...)" (BUENO, Cassio Scarpinella. *Manual de Direito Processual Civil*. 3. Ed. 2017. Ed. Saraiva, p.265).

12. Ao tecer reflexões acerca do Projeto que deu origem ao atual Código de Processo Civil, Arruda Alvim esclarece essa preocupação do atual diploma: "(...) Além disso, da estrutura do Projeto extrai-se, em primeiro lugar, a intenção de se imprimir maior organicidade e simplicidade à normativa processual civil e ao processo, com o objetivo de fazer com que o juiz deixe, na medida do possível, de se preocupar excessivamente com o processo, como se fosse um fim em si mesmo, deslocando o foco da atenção do julgador para o direito material. Com isto, pretende-se descartar uma processualidade excessiva, desvinculada do objetivo do direito material". (ALVIM, Arruda. Notas sobre o projeto de código de processo civil. In: *Revista de Processo*, São Paulo, v. 191, p. 299, jan. 2011.)

13. É a conclusão que se chega a partir da intepretação literal do artigo 304 do CPC/2015: "A tutela antecipada, concedida nos termos do art. 303, torna-se estável se da decisão que a conceder não for interposto o respectivo recurso". Persiste, contudo, a dúvida doutrinária no que consente a possibilidade de estabilização da tutela de evidência. Contudo, já adiantamos que entendemos pela impossibilidade de tal estabilização uma vez que pensamos não ser possível o requerimento de uma tutela de evidência de forma antecedente. Mais adiante cuidaremos com mais afinco da questão.

cautelar autônomo destinado a assegurar o resultado de um processo principal. Sob a égide do novo regramento, a parte deverá realizar um "pedido cautelar" que poderá ser requerido antecedentemente ou incidentalmente, mas sempre em um único processo. O mesmo raciocínio vale para o "pedido antecipatório (satisfativo)" que também pode ser feito de forma antecedente ou incidente.

Aporte desse cabedal teórico concebido a partir das novas disposições referentes às tutelas provisórias e cientes das dificuldades próprias do processo público, buscaremos nesse momento do estudo tratar do tema quando inserido no âmbito do processo judicial tributário.

3. AS INOVAÇÕES DO CPC/15 E AS TUTELAS PROVISÓRIAS NO PROCESSO TRIBUTÁRIO

3.1 Natureza cautelar da tutela provisória de urgência que suspende a exigibilidade do crédito tributário. O procedimento de estabilização apenas fora previsto para a hipótese de tutela provisória de urgência antecipada antecedente.

No contexto do processo tributário, em regra, as tutelas provisórias são requeridas pelo contribuinte com a finalidade de, por meio de um pronunciamento sumário, obter a suspensão da exigibilidade da obrigação tributária e, assim, impedir que a Fazenda Pública prossiga no seu *iter* de cobrança do crédito tributário com a contínua realização de atos que podem causar embaraços à vida e aos negócios do devedor (inscrição do débito em dívida ativa; ajuizamento de ações de execução fiscal; realização de atos constritivos ao seu patrimônio).

O próprio Código Tributário (Lei 5.172/66) dispõem no seu artigo 151 que tanto "a concessão de medida liminar em mandado de segurança" (inciso IV), quanto a "concessão de medida liminar ou de tutela antecipada, em outras espécies de ação judicial" (inc. V) suspendem a exigibilidade do crédito tributário. Nessa linha, já há tempo, não resta dúvida da eficácia suspensiva da exigibilidade das liminares pleiteadas no procedimento especial do mandado de segurança. Já no que consente às tutelas provisórias de urgências requeridas no bojo de ações ordinárias, se antes pairava dúvidas acerca dessa eficácia suspensiva, com a Lei Complementar 104/2001, a discussão deu-se por encerrada fazendo-se prever expressamente no inciso V do artigo 151 do CTN as "liminares concedidas em outras ações judiciais". Portanto, não resta dúvidas de que as tutelas provisórias de urgência podem ser pleiteadas com o objetivo de suspender a exigibilidade da obrigação tributária.

Entretanto, ainda permanece o questionamento acerca da natureza da tutela que concede a suspensão da exigibilidade do crédito tributário, isto é, se antecipatória (satisfativa) ou cautelar. Embora entendamos que não há mais distinção dos requisitos exigidos para a concessão dessas tutelas não podendo o contribuinte ser prejudicado por ter pedido uma ao invés de outra, a certificação da espécie de tutela de urgência ainda é relevante e útil pragmaticamente até porque o código prevê peculiaridades procedimentais a depender da tutela requerida. É dizer, se o contribuinte requerer uma tutela provisória de urgência antecipatória em caráter antecedente poderá os efeitos dessa tutela estabilizarem-se diante da omissão da Fazenda em manifestar seu inconformismo com a interposição de recurso da decisão concessiva da medida. O mesmo não se pode dizer da tutela provisória de urgência cautelar, cujo disciplinamento não prevê a possibilidade de estabilização de efeitos.

De toda forma, embora parte da doutrina remanesça em entender que o pedido de suspensão da exigibilidade do crédito tributário possui cunho antecipatório prático dos efeitos da sentença[14], somos do entendimento de que o pedido de suspensão

14. No sentido, James Marins, ao defender que a suspensão de exigibilidade do crédito tributário no bojo de ações declaratórias de inexistência de relação jurídica tributária ou anulatórias tem um caráter de provimento antecipatório dos efeitos práticos da provável decisão futura, assim leciona: "(...) Em tais hipóteses, bastante comuns, a liminar suspensiva da exigibilidade do crédito tributário assume

da exigibilidade da obrigação tributária possui nítido caráter acautelatório do resultado útil do processo. O que o devedor objetiva ao requerer tal modalidade de tutela diferenciada é evitar que possa vir, desde logo, a ser prejudicado por atos embaraçosos à sua vida econômica enquanto o processo no qual se questiona a própria legitimidade da exação e de sua cobrança está sendo discutido, assegurando, ao fim, sua utilidade prática. Ademais, tal pedido a ser concebido em uma decisão sumária não se confunde com o pedido final que é a própria extinção do crédito tributário nos termos do artigo 156, X, do CTN.

Dito isso, não vemos como possível a estabilização de uma tutela provisória de urgência que conceda a suspensão da exigibilidade do crédito tributário pois, como ressaltado, tal providência tem caráter nitidamente acautelatório e não se amolda à previsão do artigo 304 do CPC/2015, aplicável tão somente à tutela provisória de urgência antecipada.

Contudo, considerando-se o contexto do processo público tributário amplamente de modo a abarcar toda a litigiosidade que orbita o processo de cobrança e fiscalização do tributo, é possível perceber que não são raras providências liminares requeridas pelo contribuinte de cunho antecipatório (satisfativo) dos efeitos do provimento final. Pensamos que, nesses casos, quando a urgência for contemporânea à propositura da ação de modo a impedir, em tempo hábil, a elaboração de uma petição com o cuidado devido, o pedido da tutela antecipatória antecedente poderá encontrar terreno fértil já que a situação exigirá uma intervenção imediata e enérgica do Poder Judiciário. Imaginemos, por exemplo, situação na qual o contribuinte realiza um pedido de liberação de mercadorias perecíveis provenientes do exterior apreendidas pelas autoridades administrativas alfandegárias em razão do não pagamento do tributo ou de

natureza de antecipação parcial de tutela justamente porque precipita temporalmente o efeito de possível decisão de mérito que afaste definitivamente a exigibilidade tributária, seja em virtude de anulação de ato administrativo, seja em razão da declaração da inexistência de relação jurídica tributária, tudo conforme seja o petitum formulado pelo contribuinte por ocasião da dedução em juízo da lide tributária (...)" (MARINS, James. Op. cit., p. 624).

uma outra eventual irregularidade tributária[15]. Ao que nos pa-

15. É importante observar que o artigo 1.059 do Livro Complementar do CPC/15 dispôs, à sorrelfa, que à tutela provisória requerida contra a Fazenda Pública será aplicado o disposto nos arts. 1° a 4° da Lei n° 8.437/92 e no art. 7°, § 2°, da Lei 12.016/09. A disposição, delineada às escondidas e distante da disciplina das tutelas provisórias, busca ratificar os inconstitucionais empecilhos e restrições à utilização das medidas provisórias quando concedidas contra o Poder Público. Ao se analisar tais Leis, percebe-se que, em má redação, os dispositivos buscam conceber verdadeiros privilégios à Fazenda Pública, ora vedando ou restringindo a concessão de liminares, ora concebendo instrumentos de verdadeira imunização dos efeitos das decisões proferidas em desfavor do Poder Público. Vejamos. "Lei 8.437/92- Art. 1º Não será cabível medida liminar contra atos do Poder Público, no procedimento cautelar ou em quaisquer outras ações de natureza cautelar ou preventiva, toda vez que providência semelhante não puder ser concedida em ações de mandado de segurança, em virtude de vedação legal. § 1° Não será cabível, no juízo de primeiro grau, medida cautelar inominada ou a sua liminar, quando impugnado ato de autoridade sujeita, na via de mandado de segurança, à competência originária de tribunal. § 2° O disposto no parágrafo anterior não se aplica aos processos de ação popular e de ação civil pública. § 3° Não será cabível medida liminar que esgote, no todo ou em qualquer parte, o objeto da ação. § 4° Nos casos em que cabível medida liminar, sem prejuízo da comunicação ao dirigente do órgão ou entidade, o respectivo representante judicial dela será imediatamente intimado. (Incluído pela Medida Provisória nº 2.180-35, de 2001) § 5° Não será cabível medida liminar que defira compensação de créditos tributários ou previdenciários. (Incluído pela Medida Provisória nº 2,180-35, de 2001) Art. 2º No mandado de segurança coletivo e na ação civil pública, a liminar será concedida, quando cabível, após a audiência do representante judicial da pessoa jurídica de direito público, que deverá se pronunciar no prazo de setenta e duas horas. Art. 3° O recurso voluntário ou *ex officio*, interposto contra sentença em processo cautelar, proferida contra pessoa jurídica de direito público ou seus agentes, que importe em outorga ou adição de vencimentos ou de reclassificação funcional, terá efeito suspensivo. Art. 4° Compete ao presidente do tribunal, ao qual couber o conhecimento do respectivo recurso, suspender, em despacho fundamentado, a execução da liminar nas ações movidas contra o Poder Público ou seus agentes, a requerimento do Ministério Público ou da pessoa jurídica de direito público interessada, em caso de manifesto interesse público ou de flagrante ilegitimidade, e para evitar grave lesão à ordem, à saúde, à segurança e à economia públicas";
"Lei 12.016/2009 - Art. 7 § 2º Não será concedida medida liminar que tenha por objeto a compensação de créditos tributários, a entrega de mercadorias e bens provenientes do exterior, a reclassificação ou equiparação de servidores públicos e a concessão de aumento ou a extensão de vantagens ou pagamento de qualquer natureza". Consideramos que as referidas disposições, assim como o artigo 1.059 do CPC/15 não passam pelo teste da constitucionalidade, por afrontarem flagrantemente o princípio constitucional do amplo acesso ao Judiciário e à obtenção de uma tutela jurisdicional efetiva (art. 5º, inc. XXV da CF/88). No sentido, são as lições de Luiz Guilherme Marinoni: "(...) Se a realidade da sociedade contemporânea não comporta a espera do tempo despendido para a cognição aprofundada do litígio, o direito fundamental à tutela jurisdicional efetiva está na dependência das tutelas antecipada e cautelar. O legislador certamente tem o dever de instituir técnicas processuais que não permitam que o cidadão seja prejudicado pela demora do processo. Portanto, a lei, ainda que possa disciplinar os procedimentos, obviamente não pode, sob pena de negação ao direito fundamental à tutela jurisdicional efetiva, vedar o direito de postulação das tutelas antecipada e cautelar contra quem quer que seja, especialmente contra a Fazenda Pública(...). (MARINONI,

rece, o contribuinte poderá formular um "pedido antecedente" requerendo a imediata liberação das mercadorias. Concedida a medida, deverá aditar a petição inicial com a complementação de sua argumentação e a juntada de novos documentos no prazo de 15 (quinze) dias, sob pena de extinção do processo e consequente revogação da tutela (cf. §1º e 2º do art. 303). Uma vez sendo intimada e citada a Fazenda Pública da decisão concessiva e, não se manifestando por meio da interposição de recurso[16], estabilizada estará a tutela.

3.2 Estabilização da tutela antecipada concedida em caráter antecedente e prerrogativas do Poder Público. É possível a estabilização contra as Fazendas Públicas?

A despeito do que foi ressaltado, uma outra questão remanesce como mais um obstáculo à estabilização da tutela nas lides tributárias: trata-se da constatação de que do outro lado da demanda está a Fazenda Pública, com todo o seu regime peculiar fundado na supremacia do interesse público sobre o privado. Com isso, surge o seguinte questionamento: Diante do regime específico do direito público e das prerrogativas inerentes à Fazenda Pública, seria possível a tutela concedida em seu desfavor (nos moldes do artigo 303 e 304 do CPC/2015) vir a se estabilizar?

Pensamos que a dúvida acaba por ensejar três posicionamentos divergentes.

Luiz Guilherme. *Tutela de urgência e tutela de evidência.* 1 ed. São Paulo: Revista dos Tribunais, 2017, p. 139). Sobre a inconstitucionalidade dos preceitos em razão da afronta ao princípio do amplo acesso ao Judiciário, confira-se também as lições de James Marins (Op. cit. p. 607) e de Cássio Scarpinella Bueno - este, inclusive, com aprofundado estudo acerca da inconstitucionalidade da Medida Provisória 2.180-35/2001- (BUENO, Cassio Scarpinella. *O Poder Público em Juízo.* 5 ed. São Paulo: Saraiva, 2009).

16. Consoante entendimento de Cássio Scarpinella Bueno qualquer manifestação expressa de inconformismo do réu em sentido contrário à tutela provisória concedida, deve ser compreendida no sentido de inviabilizar a estabilização. (BUENO, Cassio Scarpinella. *Manual de Direito Processual Civil.* 3. Ed. 2017. Ed. Saraiva, p.273). Visto isso, é possível concluir que não apenas a interposição de recurso de agravo de instrumento, mas também a oposição de embargos de declaração que infirmem a tutela ou, ainda, tratando-se da Fazenda Pública, o próprio pedido de suspensão, será apto a impedir a estabilização referida.

O primeiro deles seria a aceitação irrestrita da estabilização da tutela concedida contra as pessoas de Direito Público. Assim, mantendo-se inerte a Fazenda Pública, independentemente do reexame obrigatório realizado pelo Tribunal[17], a tutela se estabiliza e seus efeitos são mantidos enquanto não for revista, reformada ou anulada nos termos do §3 º do art. 304.

Sob um outro ponto de vista, é possível sustentar a impossibilidade (não aceitação) da estabilização da tutela provisória antecipada antecedente quando concedida contrariamente à Fazenda Pública em razão do próprio regime diferenciado concebido a esses entes públicos. Parte-se da premissa de que o silêncio da Fazenda Pública não pode ser compreendido como uma consequência que lhe é prejudicial. Corrobora com essa linha argumentativa a ideia de indisponibilidade do interesse público que orbita as lides tributárias e a constatação de que o Código, em dispositivos esparsos, atribuiu um tratamento diferenciado aos direitos indisponíveis. A leitura dos artigos que tratam do ônus da impugnação especificada dos fatos (art. 341, I)[18], da confissão (art. 392)[19] e dos efeitos da

---

17. Vale lembrar que nos termos do artigo 469 do CPC/2015, os pronunciamentos proferidos contra as pessoas jurídicas de Direito Público estão sujeitos ao reexame obrigatório do Tribunal: "Art. 496. Está sujeita ao duplo grau de jurisdição, não produzindo efeito senão depois de confirmada pelo tribunal, a sentença: I - proferida contra a União, os Estados, o Distrito Federal, os Municípios e suas respectivas autarquias e fundações de direito público; II - que julgar procedentes, no todo ou em parte, os embargos à execução fiscal (...)". Embora o artigo tenha feito remissão tão somente à "sentença", entendemos que, sob a perspectiva do novo código, quanto mais satisfativos sejam os provimentos, maior será a necessidade de reexame. Logo, as decisões interlocutórias concessivas de tutelas provisória de urgência antecipatória também estariam sujeitas à remessa necessária.

18. "Art. 341. Incumbe também ao réu manifestar-se precisamente sobre as alegações de fato constantes da petição inicial, presumindo-se verdadeiras as não impugnadas, salvo se: I - não for admissível, a seu respeito, a confissão; II - a petição inicial não estiver acompanhada de instrumento que a lei considerar da substância do ato; III - estiverem em contradição com a defesa, considerada em seu conjunto. Parágrafo único. O ônus da impugnação especificada dos fatos não se aplica ao defensor público, ao advogado dativo e ao curador especial".

19. "Art. 392. Não vale como confissão a admissão, em juízo, de fatos relativos a direitos indisponíveis. § 1º A confissão será ineficaz se feita por quem não for capaz de dispor do direito a que se referem os fatos confessados. § 2º A confissão feita por um representante somente é eficaz nos limites em que este pode vincular o representado".

revelia (arts. 344 e 345)[20] denotam esse tratamento diferenciado na medida em que não se aplicará o ônus da impugnação especificada, nem os efeitos da revelia (a presunção de veracidade dos fatos alegados pelo autor) quando o objeto da demanda tratar de direitos indisponíveis.

Por fim, pode-se afirmar ainda que a estabilização em discussão se concretizaria, mas desde que a decisão concessiva da tutela provisória fosse submetida ao reexame compulsório do Tribunal – trata-se de uma aceitação com ressalvas da estabilização da tutela concedida em face da Fazenda Pública. Por essa linha argumentativa, uma vez mantida a concessão da tutela antecipatória pelo Tribunal quando do exercício de sua competência de reexame da matéria, a medida se estabilizará e seus efeitos serão mantidos enquanto não seja (a medida) revista, reformada ou anulada em ação própria a ser proposta no prazo de 2 (dois) anos nos termos dos §§ 2º e 3º do art. 304. Pensamos que essa última construção seja a mais consentânea com o Código na medida em que compatibiliza de forma razoável os interesses do requerente da tutela de urgência, a celeridade e a racionalidade do processo e as prerrogativas da Fazenda Pública em juízo.

3.3 A cautelar para antecipação de garantia à execução no contexto de extinção do processo cautelar

Como já exposto inicialmente, o Código de Processo Civil de 2015 extinguiu o chamado "processo cautelar" tal como figurava no Livro III do antigo diploma processual. Sob a nova sistemática das tutelas provisórias, não mais se vislumbra uma ação cautelar preparatória ou incidental ao processo

20. "Art. 344. Se o réu não contestar a ação, será considerado revel e presumir-se-ão verdadeiras as alegações de fato formuladas pelo autor."; "Art. 345. A revelia não produz o efeito mencionado no art. 344 se: I - havendo pluralidade de réus, algum deles contestar a ação; II - o litígio versar sobre direitos indisponíveis; III - a petição inicial não estiver acompanhada de instrumento que a lei considere indispensável à prova do ato; IV - as alegações de fato formuladas pelo autor forem inverossímeis ou estiverem em contradição com prova constante dos autos".

principal, mas um pedido cautelar (antecedente ou incidente) ao pedido principal, ambos manejados em um único processo. Nessa senda, o contribuinte poderá aduzir um pedido cautelar antecedente (estando obrigado, dentro de 30 dias, a aditar o pedido principal sob pena de cessarem os efeitos da medida, nos termos dos artigos 308 e 309) ou poderá deduzir desde logo o pedido principal, sem embargo de realizar um pedido cautelar incidental (de forma concomitante ao ajuizamento da ação, ou mesmo, em qualquer outro momento do processo nos termos do art. 294 ss).

Tais alterações procedimentais levadas a cabo pelo novo Código, a despeito das boas intenções, acabam por repercutir em algumas situações do processo tributário ensejando dúvidas por parte de seus aplicadores. Uma situação interessante que tem sido objeto de dúvidas no contexto do processo tributário é a utilização da medida cautelar pelo contribuinte, após o vencimento da sua obrigação[21] e antes do ajuizamento da execução fiscal com a finalidade de obter certidão negativa de débito (CND) ou positiva com efeito de negativa (CPD-EN).

Observa-se, na *práxis* tributária, que não são raros os casos nos quais os contribuintes dependem da imediata regularidade fiscal para obtenção de um crédito, recebimento de empréstimos bancários, participação em licitações e contratações com o Poder Público, de modo que não se figura como razoável aguardar as Procuradorias Fazendárias ajuizarem a execução fiscal para, somente então, apresentar a garantia nos autos da execução e obter a expedição da certidão. É verdade que o contribuinte, diante de tal cenário, também poderia ajuizar uma ação anulatória de débito fiscal em sede da qual apresentaria a garantia e pleitearia liminarmente a obtenção da certidão de regularidade fiscal. Contudo, ainda é sobranceiro o entendimento de que, tratando-se de ação anulatória, somente o depósito do montante integral em dinheiro enseja a suspensão da exigibilidade do crédito ou, até mesmo,

21. Diga-se, após o lançamento e o encerramento do prazo para pagamento ou, ainda, a partir da prolação da decisão de última instancia administrativa na hipótese em que o contribuinte apresenta defesa administrativa.

a obtenção de certidão de regularidade fiscal. Além do mais, tal caminho levaria o contribuinte antecipar-se na discussão do direito material antes mesmo de qualquer iniciativa por parte do Poder Público.

A questão já fora enfrentada, sob a égide do Código pretérito, em sede de Recurso Repetitivo que resultou no REsp. 1.123.699. Ficara consagrado no referido acórdão que é direito do contribuinte se valer da ação cautelar para garantir o juízo de forma antecipada e obter a certidão positiva com efeito negativo naquelas situações em que, embora tenha sido constituído o débito e vencido a obrigação, ainda não foi ajuizada a execução fiscal. Nesse sentido, o contribuinte que se encontrava nessas circunstâncias podia ajuizar uma ação cautelar inominada antecipando a garantia e requerendo a obtenção da CPD-EN sem que houvesse a necessidade de que viesse a questionar antecipadamente aspectos relacionados à própria relação jurídica de direito material que somente seriam discutidos futuramente em sede de embargos quando ajuizada a execução fiscal.

Dito isso, com as alterações trazidas pelo novo Código, diante da inércia da Fazenda Pública para a propositura da execução fiscal, o contribuinte não mais poderá dispor de uma ação cautelar preparatória para oferecer a garantia e obter a regularidade fiscal já que, como relatado, tenha o atual diploma abolido a figura de um processo cautelar autônomo. Assim, deverá, em substituição, utilizar os novos procedimentos estipulados para o requerimento das tutelas provisórias. Nesse contexto, embora a questão ainda se encontre em um campo de incertezas, vislumbramos como soluções possíveis do impasse processual i) o ajuizamento da tutela provisória de urgência com base nos dispositivos gerais dos artigos 300 a 302 do Código, dispensando-se do aditamento para formulação do pedido principal ii) ou o ajuizamento da ação anulatória, desde de que se admita que outras garantias para além do depósito integral do montante em dinheiro (como o seguro garantia; a fiança bancária; a nomeação de bens imóveis desembaraçados à penhora) também sejam aceitas como aptas a embasar à concessão de certidão de regularidade fiscal ao contribuinte e ao irrompimento de efeito suspensivo da exigibilidade.

Na primeira via processual supracitada, qual seja, ajuizamento de uma tutela provisória de urgência genérica, deverá ser dispensado o aditamento da inicial para complementação da argumentação ou formulação do pedido principal. Caso contrário, o contribuinte correrá o risco de ter o processo extinto sem julgamento do mérito. Assim, aceitando-se a garantia e concedendo-se a certidão negativa de débitos (ou positiva com efeitos de negativa), aguardar-se-á o ajuizamento da execução fiscal pela Fazenda.

Já a segunda solução processual delineada somente seria exitosa caso se admitisse que nas ações anulatórias, o oferecimento de outras garantias (e não exclusivamente o depósito em dinheiro) também teriam o condão de viabilizar a certidão de regularidade fiscal e a suspensão da exigibilidade. De outro modo, não irrompendo a anulatória o efeito suspensivo da exigibilidade, não se vislumbrará óbice ao ajuizamento da execução fiscal. Nessa linha, uma vez ajuizada a ação fiscal pelo Poder Público o contribuinte terá que opor embargos à execução fiscal, sujeitando-se ao risco da dupla sucumbência, já que poderá ser condenado e responder pelo ônus da sucumbência em ambos os processos.

Destaca-se que há quem tenha sustentado a possibilidade de se requerer um pedido de tutela provisória de evidência por prova fática e uniformidade jurídica (art. 311, inc. II) com fundamento no próprio Recurso Repetitivo (REsp. 1.123.669) que consagrou ao contribuinte o direito de oferecer antecipadamente uma garantia e obter a certidão de regularidade fiscal, mesmo antes da execução fiscal. Contudo, embora a solução pareça útil pragmaticamente podendo, inclusive, ir ao encontro dos objetivos dos contribuintes, pensamos que não resiste a uma análise técnica mais detida. E isso porque não se vislumbra do texto legal do Código previsão de "tutela provisória de evidência antecedente", isto é, autônoma em relação ao pedido principal. O próprio artigo 294, parágrafo único, estabelece apenas que as tutelas provisórias de urgência (antecipada ou cautelar) poderão ser concedidas em caráter antecedente ou incidental, não fazendo remissão à tutela fundado no direito evidente. Ademais, a tutela de evidência, por sua própria natureza, pressupõe ação já ajuizada, pois é através da dedução da pretensão posta em juízo e da análise dos documentos apresentados que é possível avaliar se o direito do autor é, de fato, evidente[22].

Aporte nessas premissas, não compreendemos como tecnicamente correto a utilização do pedido de tutela provisória de evidência com fundamento no Recurso Repetitivo haja vista não tratar o acórdão referido da pretensão principal aduzida na ação. É dizer, a tutela de evidência poderia ser utilizada como medida apta a ensejar a suspensão da exigibilidade e a obtenção da certidão se o contribuinte fundasse sua pretensão principal, desde logo, em uma "tese firmada em julgamento de casos repetitivos ou em súmula vinculante". À título exemplificativo, pode-se pensar em uma situação hipotética na qual o contribuinte busca atacar ato administrativo lavrado com base em norma declarada inconstitucional por decisão do Supremo Tribunal Federal. Nessa situação, o contribuinte poderia requerer a tutela de evidência fundada nesse referencial decisório do STF, com a finalidade de obter sumariamente um provimento sem que seja necessário aguardar o desenrolar final do processo. Na situação em comento, contudo, o contribuinte se vale do Recurso Repetitivo não como fundamento de seu pedido principal (a questão de direito que justifica a anulação do ato), mas como fundamento do pedido de antecipação da garantia e obtenção da certidão. Ao seguir esse raciocínio, deveríamos concluir que o contribuinte sempre teria o referido direito a obtenção da certidão (desde que fundamentado no Recurso Repetitivo), independentemente da questão de direito material principal veiculada na demanda. Não pensamos ser esse o raciocínio legitimador do manejo da tutela provisória fundada na evidência.

Nesse contexto, certamente a questão deverá ser enfrentada pelos Tribunais. O que não nos parece possível é que a lacuna permaneça. Em momentos de crise econômica, tal como o que vivemos atualmente, a obtenção de um crédito por uma sociedade empresária é, muitas vezes, fator primordial para a

22. Conforme Humberto Theodoro Junior (*Novo Código de Processo Civil Anotado.* 20ª Ed. Rio de Janeiro: Forense, 2016).

sobrevivência do negócio e para manutenção dos empregos. O esclarecimento da conduta a ser realizada pelos contribuintes é necessidade que decorre da própria noção de segurança jurídica, sob pena do Direito não cumprir sua função primordial de proporcionar previsibilidade à comunidade social.[23]

Por fim, buscaremos abordar no próximo item as principais repercussões da tutela provisória fundada na evidência na seara própria do processo tributário. Entendemos por bem conceber um capítulo próprio a essa modalidade de tutela haja vista tratar de relativa inovação trazida pelo CPC/2015 que trouxe importantes consequências para as ações tributárias, principalmente para a ação constitucional do mandado de segurança.

4. A TUTELA DE EVIDÊNCIA NO PROCESSO TRIBUTÁRIO

4.1 Considerações gerais acerca da tutela de evidência no CPC/15. Fundamento e aspectos constitucionais

A tutela provisória fundamentada na evidência passou a ser prevista expressamente pelo CPC/2015 no artigo 311 do Título III do Livro destinado a reger as Tutelas Provisórias. Como já delineado, embora o legislador pretérito já estipulasse

---

23. Nesse sentido, Humberto Ávila ao tratar da segurança jurídica, especificamente da necessidade de clareza das prescrições normativas, assim leciona: "(...) A clareza somente é obtida por meio de uma dose de informações. Falta de informação causa insegurança: sem especificação apropriada, na norma, da conduta a ser adotada o destinatário fica incapacitado de obedecer a ela, pela ausência de fixação do comportamento a seguir. O destinatário sabe que deve fazer algo, mas esse algo não está definido. Excesso de informações também causa insegurança: uma quantidade demasiada de especificações, que se entrecruzam e se contradizem, dependendo do ângulo por meio do qual sejam analisadas, igualmente impede o destinatário de obedecer a um comando, pela falta de fixação de qual comando deve ser obedecido. O destinatário sabe que deve fazer algo, porém esse algo é contraditoriamente definido. Daí a constatação de von Arnauld no sentido de que tanto 'informação demais' quanto 'informação de menos' não guiam o comportamento. É preciso, pois, acertar na dose: dosis facit venerum." ÁVILA, Humberto. *Teoria da Segurança Jurídica*. 3 ed. São Paulo: Malheiros Editores, 2014, p. 335.

a possibilidade de concessão de provimentos sumários independentemente do elemento urgência (v.g. art. 273, inc. II do CPC/73 que prevê a antecipação de tutela nos casos de "abuso do direito de defesa ou manifesto propósito protelatório do réu")e, ainda, já se valesse da técnica de sumarização da cognição diante de um direito evidente em determinados procedimentos especiais (v.g. procedimento das ações possessórias), o legislador de 2015 preocupou-se em disciplinar uma tutela de evidência genérica concebendo, sem dúvida, uma maior amplitude à figura.

Diferentemente das tutelas provisórias fundamentadas na urgência, a tutela provisória de evidência independe do perigo de dano ou do risco ao resultado útil do processo (isto é, do chamado *periculum in mora).* Trata-se, em verdade, de uma técnica processual que objetiva a distribuição do ônus do tempo no processo. Por outras palavras, se o provimento sumário nas tutelas de urgência justifica-se em face da imediaticidade requerida pela situação (sob pena de perecimento do bem jurídico a ser tutelado), nas tutelas de evidência, a medida provisória desde logo concebida justifica-se diante do direito evidente do autor, imprimindo-se uma maior racionalidade ao tempo do processo.

Nessa linha são as lições de Luiz Guilherme Marinoni:

> (...) Bem vistas as coisas, tal técnica de tutela jurisdicional destina-se a viabilizar a distribuição do ônus do tempo do processo. Para tanto, a técnica não poderia realmente fugir dos critérios da evidência do direito e da fragilidade da defesa, aptos a permitir que a tutela do direito se dê no curso do processo sem que seja pago o preço do direito de defesa.
>
> Note-se que essa espécie de técnica de tutela dos direitos é o resultado da admissão de que: i) o tempo do processo não pode ser jogado nas costas do autor, como se esse fosse o culpado pela demora inerente à investigação dos fatos; ii) portanto, o tempo do processo deve ser visto como um ônus iii) o tempo deve ser distribuído entre os litigantes em nome da necessidade de o processo tratá-los de forma isonômica (...).[24]

---

24. MARINONI, Luiz Guilherme. Op. cit., p. 276.

Percebe-se, em consonância com o que foi ressaltado inicialmente, a preocupação do novo diploma com a disponibilização de instrumentos processuais que possibilitem ao jurisdicionado não somente o mero acesso ao Poder Judiciário, mas também uma tutela jurisdicional efetiva (art. 5, inc. XXXV da Constituição Federal). Daí a preocupação com o tempo no processo e a necessidade de sua distribuição racional, evitando-se uma postura absolutamente neutra.

Dito isso, observa-se que o código dispôs quatro hipóteses de evidência, todas previstas no artigo 311.

Vejamos:

> *I - o abuso do direito de defesa ou o manifesto propósito protelatório da parte; II - as alegações de fato puderem ser comprovadas apenas documentalmente e houver tese firmada em julgamento de casos repetitivos ou em súmula vinculante; III - se tratar de pedido reipersecutório fundado em prova documental adequada do contrato de depósito, caso em que será decretada a ordem de entrega do objeto custodiado, sob cominação de multa; IV - a petição inicial for instruída com prova documental suficiente dos fatos constitutivos do direito do autor, a que o réu não oponha prova capaz de gerar dúvida razoável.*

Deixaremos de lado a hipótese do inciso III por se tratar de uma situação específica atinente a relação entre depositante e depositário, estranha, portanto, ao nosso objeto de estudo. Passemos agora a análise das demais hipóteses no contexto processual tributário.

4.2 A Tutela de Evidência no contexto do Processo Tributário

A despeito da possibilidade de o contribuinte aduzir a tutela de evidência com fundamento nas três hipóteses supracitadas (incisos I, II e IV do art. 311), pensamos que a tutela de evidência fundada na prova fática e uniformidade jurídica (inc. II) é a que encontra maior campo de aplicação e utilidade no processo tributário até porque é a única a qual o Código autoriza a concessão da providência liminarmente *"inaudita altera parte"*, consoante parágrafo único do mesmo artigo[25]. Assim, como na maioria das situações tributárias na qual o contribuinte busca obter uma tutela em sede cognição sumária por parte do Judiciário o elemento da urgência encontra-se presente, a utilidade das tutelas de evidência acaba por ficar um tanto que diminuta. De qualquer forma, pensamos que o requerente poderá pleitear os pedidos de tutela provisória de evidência de forma subsidiária à tutela provisória de urgência de maneira que caso o juiz entenda pela inexistência do 'perigo da demora', passe a analisar a existência de 'direito evidente'.

Em relação à primeira hipótese, disposta no inc. I do artigo 311 ("abuso do direito de defesa ou manifesto propósito

---

25. Ressalta-se que a concessão da providência fundada na evidência independentemente da oitiva da parte contrária (diga-se, *inaudita altera parte),* por autorização expressa do artigo 311 § único, tem tido sua constitucionalidade colocada em *xeque* por abalizados estudiosos do tema. Sustentam que o deferimento do contraditório apenas se justificaria naquelas situações que pressupõem urgência, de modo que diante do risco de perecimento do bem jurídico, estar-se-ia legitimada a postergação do contraditório para momento posterior. Como nas providências fundadas no direito evidente não se vislumbra a premissa do 'perigo da demora', não se justificaria o deferimento do contraditório inviabilizando-se a concessão da medida *inaudita altera parte*. Aporte desse entendimento, ressaltam Lenio Luiz Streck, Lúcio Delfino e Diego Crevelin de Sousa: "(...) No que tange à evidência proveniente de prova documental (CPC, artigo 311, II), descurou o legislador que mesmo aí as alegações de fato podem comportar múltiplas intepretações. Com frequência, o conteúdo documental atiça exegeses diversas, levando à instauração de litígios porque os contratantes alimentam impressões diferentes daquilo que reza o instrumento entabulado. Ademais, comumente documentos são impugnados por contraprovas que eliminam por completo sua força probante. Assim, se o direito não corre risco de lesão não se justifica a redução do contraditório, o que, per se, deslegitima a vulneração do contraditório prévio(...)" (Disponível em: [http://www.conjur.com.br/2017-mai-15/tutela-provisoria-contraditorio-evidente-inconstitucionalidade]. Acesso em 20 mai. 2019). No mesmo sentido, Marinoni: "(...) A tutela de evidência – não obstante o inconstitucional parágrafo único do art. 311 – não pode ser prestada inaudita altera parte. O réu sempre tem a oportunidade de contestar os fatos constitutivos e apresentar os fatos impeditivos, modificativos ou extintivos do direito do autor, requerendo, se a defesa não depender de instrução, o imediato julgamento do mérito (MARINONI, Luiz Guilherme. Op. cit., p. 332). A prevalecer o entendimento dos eminentes doutrinadores, a utilidade das tutelas de evidência no âmbito tributário indubitavelmente reduzirá já que, como veremos, a concessão de liminares fundadas na evidência no bojo da ação do mandado de segurança tem sido suscitada como uma boa via processual para o contribuinte que porte a seu favor alegações de fato e de direito de elevada juridicidade, diga-se, com alta probabilidade de êxito.

protelatório da parte"), infere-se que para a obtenção da medida não bastará a mera "inconsistência da defesa", fazendo-se necessário também que o autor demonstre existência do elemento da "juridicidade do direito" (estipulado genericamente no caput do dispositivo). Todavia, ressalva Cássio Scarpinella Bueno que nas situações nas quais o abuso do direito de defesa é, ele próprio, conotativo da maior juridicidade do direito do autor, irrecusável será a pertinência da tutela de evidência. Nas palavras do Professor da Pontifícia Universidade Católica de São Paulo:

> "(...) Assim, por exemplo, a orientação administrativa, em sentido contrário àquele defendido pela administração pública em juízo, é indicativo da probabilidade do direito do administrado. No entanto, é irrecusável, mesmo nestes casos, que o magistrado examine o caso para constatar suas peculiaridades (...)"[26]

Com base nessas premissas, compreendemos que nada impede ao contribuinte requerer uma tutela provisória fundada na evidência naquelas situações na qual a Administração Pública traz à baila em juízo um entendimento em sentido contrário ao abalizado no âmbito administrativo mediante parecer, manifestação ou súmula administrativa.[27]

A hipótese avençada no inc. II ("as alegações de fato puderem ser comprovadas apenas documentalmente e houver tese firmada em julgamento de casos repetitivos ou em súmula vinculante") por sua vez, aparenta ser a que melhor oferece possibilidade dialógica e utilidade ao processo tributário. Deixaremos para examiná-la no item subsequente quando trataremos de forma específica do Mandado de Segurança. Contudo, já adiantamos que a interpretação consentânea com a sistematicidade do Código não pode restringir a concessão

---

26. BUENO, Cassio Scarpinella. Op. cit., p.283.

27. Fora esse inclusive o entendimento veiculado no enunciado n. 34 do Fórum Permanente de Processualistas Civis: Considera-se abusiva a defesa da Administração Pública, sempre que contrariar entendimento coincidente com orientação vinculante firmada no âmbito administrativo do próprio ente público, salvo se demonstrar a existência de distinção ou da necessidade de superação do entendimento.

da medida à tese jurídica firmada tão somente no julgamento de casos repetitivos ou em súmulas vinculantes. Faz-se necessário que os outros referenciais decisórios previstos no artigo 927[28] também sejam considerados. Trata-se de intepretação a par do escopo de uniformidade, estabilidade, integridade e coerência que o atual diploma busca imprimir.

Por fim, a situação disposta no inciso IV ("prova documental suficiente dos fatos constitutivos do direito do autor, a que o réu não oponha prova capaz de gerar dúvida razoável") apesar de, por razões lógicas, não se coadunar com a liminar inaudita altera parte uma vez que a manifestação da parte contrária é premissa para a concessão da medida, poderá ser útil ao contribuinte naquelas hipóteses em que dispõem de "prova documental suficiente dos fatos". Destaca-se, com espeque na doutrina de Scarpinella Bueno[29], que a exigência de prova documental deve ser interpretada de maneira ampla para abranger qualquer prova pré-constituída que possa ser apresentada com a petição inicial, ainda que não se trate de documento. Assim, nada impede que o contribuinte aporte documentos técnicos documentados (pareceres ou perícias contábeis à exemplo) e pleiteie a tutela de evidência. Caso a Administração Pública limite-se a negar o fato constitutivo do direito do autor não ensejando dúvida razoável ao juiz, poderá o mesmo inverter o ônus do tempo do processo para o réu e conceber, desde logo, a tutela ao autor enquanto não se exaurir o andamento processual. Contudo, trazendo à tona a Fazenda Pública fatos impeditivos, modificativos ou extintivos do direito do autor ou, ainda, questionando a consequência

---

28. "Art. 927: Os juízes e os tribunais observarão: I - as decisões do Supremo Tribunal Federal em controle concentrado de constitucionalidade; II - os enunciados de súmula vinculante; III - os acórdãos em incidente de assunção de competência ou de resolução de demandas repetitivas e em julgamento de recursos extraordinário e especial repetitivos; IV - os enunciados das súmulas do Supremo Tribunal Federal em matéria constitucional e do Superior Tribunal de Justiça em matéria infraconstitucional; V - a orientação do plenário ou do órgão especial aos quais estiverem vinculados".

29. BUENO, Cassio Scarpinella. Op. cit., p. 284.

jurídica por ele pleiteada de modo a gerar dúvida razoável, não será possível o deferimento da medida.

5. AS TUTELAS PROVISÓRIAS E A AÇÃO DO MANDADO DE SEGURANÇA. UTILIDADE E COMPATIBILIDADE DA TUTELA FUNDAMENTADA NA EVIDÊNCIA COM O RITO DO *MANDAMUS*

A Ação do Mandado de Segurança está prevista expressamente no artigo 5º, inc. LXIX[30] da Constituição Federal e consiste em verdadeiro "procedimento jurisdicional constitucionalmente diferenciado"[31]. Isto é, trata-se de uma das hipóteses na qual a própria Carta Constitucional disciplina a forma pela qual o Judiciário deve ser provocado para resolver as mais variadas questões. Nessa senda, por se tratar de garantia individual e instrumento de tutela das liberdades públicas deve ser admitido de forma ampla, considerando-se ilegítima qualquer tentativa que venha a restringir ou contradizer sua natureza constitucional.

Atualmente, o procedimento do Mandado de Segurança é regulado pela Lei 12.016/2009 e possui ampla aplicabilidade nos litígios tributários seja em sua função preventiva (com o objetivo de evitar a incidência de norma formal ou materialmente inconstitucional) seja em sua vocação repressiva (com a finalidade de desconstituir ato administrativo já perpetrado e tido por ilegal). Em razão da celeridade do rito e, ainda, diante da inexistência de risco sucumbencial[32] é uma das ações antiexacionais mais utilizada pelos contribuintes.

---

30. Art. 5º, inc. LXIX: conceder-se-á mandado de segurança para proteger direito líquido e certo, não amparado por habeas corpus ou habeas data, quando o responsável pela ilegalidade ou abuso de poder for autoridade pública ou agente de pessoa jurídica no exercício de atribuições do Poder Público.

31. Ibidem, p. 47.

32. É o que dispõem as súmulas 512 do STF ("Não cabe condenação em honorários de advogado na ação de mandado de segurança") e 105 do STJ ("Na ação de mandado de segurança não se admite condenação em honorários advocatícios").

Ademais, como já ressaltado, a liminar concedida em mandado de segurança (art. 7º da Lei 12.016/2009) é causa de suspensão da exigibilidade do crédito tributário prevista expressamente no art. 151, inc. IV do Código Tributário Nacional (Lei 5.166/72) desde sua edição. Assim, vindica questionar, no contexto do novo Código de Processo, se os institutos da tutela provisória seriam aplicáveis ao procedimento especial do mandado de segurança. Pensamos que a resposta é positiva, mas dependerá o seu efetivo manejo da utilidade e da compatibilidade dessas técnicas com o rito especial do *mandamus*.

No que consente às tutelas provisórias fundamentadas na urgência (antecipatórias ou cautelares) proferidas de forma incidental, não há, em regra, incompatibilidade com o procedimento do MS. Contudo, entendemos que o manejo dessas técnicas carecem de qualquer utilidade já que a própria liminar do Mandado de Segurança alicerçada no "fundamento relevante do direito" e no "risco de ineficácia da medida" já figura como um instrumento hábil e historicamente utilizado para requerer eventual suspensão de exigibilidade do crédito tributário (ou até mesmo um provimento de cunho satisfativo)[33] quando presente o elemento da urgência. Por outro lado, não vislumbramos que o rito do *writ* seja compatível com as tutelas requeridas de forma antecedente. Tais tutelas (antecipadas ou cautelares) pressupõem um pleito inicial resumido (brevemente fundamentado) deixando para momento posterior a complementação das razões e a dedução do pedido final. Por óbvio, trata-se de procedimento incompatível com o mandado de segurança cuja interposição exige, desde logo, o pressuposto constitucional do direito líquido e certo e a presença de todos os elementos.

---

33. A experiência demonstra que a natureza antecipatória ou cautelar da liminar concedida em Mandado de Segurança é absolutamente irrelevante. O MS destina-se liminarmente a suspender o ato coator independentemente da natureza cautelar ou antecipatória por trás dos efeitos dessa providência. Ambas hipóteses estão abarcadas pela liminar e essa constatação nos parece suficiente.

Em contrapartida, a tutela provisória fundamentada na evidência disposta no inc. II do artigo 311 ("quando as alegações de fato puderem ser comprovadas apenas documentalmente e houver tese firmada em julgamento de casos repetitivos ou em súmula vinculante") nos parece plenamente aplicável, compatível e útil ao procedimento especial do Mandado de Segurança.

Como ressaltamos incialmente, o próprio Código de Processo de 2015 viabiliza, nos termos do artigo 1.046, §2º, a aplicação supletiva do atual diploma processual aos procedimentos especiais judiciais, tal como é o procedimento do Mandado de Segurança, não deixando dúvidas acerca da possibilidade dialógica das técnicas processuais das tutelas provisórias (dispostas no Livro V) ao rito da ação constitucional. Ressalta-se ainda que o permissivo à concessão da medida liminarmente (isto é, *inaudita altera parte)* previsto no parágrafo único do artigo 311 para a hipótese do inciso II (prova documental e tese jurídica uniformizada) concebe à figura contornos de compatibilidade com o rito célere do MS. Assim, se em relação às outras hipóteses (incisos I e IV)[34] a necessidade lógica de oitiva da parte contrária acaba por torná-las incompatível (ou não útil) com o procedimento do *writ*, o mesmo não se observa em relação à situação prevista no inciso II, já que o contribuinte poderá pleitear prontamente a concessão da medida liminar com base na evidência.

Visto isso, para além da viabilidade de aplicação e da compatibilidade, o requerimento da medida liminar com fundamento na evidência e na uniformidade jurídica poderá permitir ao contribuinte a obtenção de um provimento imediato independentemente da existência do "risco de ineficácia da medida", isto é, da presença do elemento da urgência. Trata-se daquilo que Paulo Cesar Conrado denominou de "variante à clássica medida liminar em mandado de segurança", que se caracterizaria, inovadoramente, pela irrelevância do *periculum in mora*. Nesse sentido, são esclarecedoras as palavras do autor:

---

34. A hipótese prevista no inciso III do artigo 311 a despeito de poder ser concedida liminarmente é totalmente estranha ao processo tributário já que diz respeito a uma relação entre depositante e depositário.

> (...) E não cogitaríamos que a tomada dessa ideia representaria o indevido afastamento da exigência do *periculum in mora*, como se fosse uma espécie de reescritura ilegítima da lei de regência do mandado de segurança: esse importante instrumento processual, embora disciplinado em lei própria, deve ser interpretado em contexto com o CPC/2015, e não isoladamente, como se alheio estivesse — o que é especialmente relevante se (re)lembrarmos que a tutela de evidência, na mencionada hipótese do inciso II do artigo 311, pauta-se na existência (i) de prova cabal dos fatos (ideia que coincide com a de direito líquido e certo; até ai, portanto, nenhuma novidade) e (ii) de tese firmada em julgamento de recursos, especial ou extraordinário, repetitivos ou em súmula vinculante; vale dizer: quando se propõe a aplicação, em mandado de segurança, de parâmetros tais como os da tutela de evidência (notadamente a fundada no decantado inciso II), garante-se a incidência, também nessa espécie processual, de um de uma dos principais pilares do CPC/2015, sabidamente relacionado à vinculação/prevalência da orientação jurisprudencial assentada.[35]

Não resta dúvida, portanto, acerca da compatibilidade e da utilidade da tutela de evidência no bojo de ações de mandado de segurança com o objetivo de obter liminarmente a suspensão da exigibilidade do crédito tributário ou até mesmo um outro provimento de caráter satisfativo[36]. Por se tratar de um direito eminentemente constitucional[37] e estribado sob

---

35. CONRADO, Paulo Cesar. *Tutela de evidência em mandado de segurança, afeta direito tributário*. Disponível em: [http://www.conjur.com.br/2016-mai-25/paulo-conrado-tutela-evidencia-ms-afeta-direito-tributario]. Acesso em 20 mai. de 2019.

36. Embora Paulo Cesar Conrado entenda que no contexto do processo tributário a medida liminar em mandado de segurança suspensiva da exigibilidade é provimento de natureza cautelar (tende a assegurar um direito) – com o qual concordamos - não vemos óbice a obtenção de liminares no bojo do MS com natureza tipicamente satisfativa. Ao se analisar a questão de maneira mais detida, percebe-se que em determinados casos o contribuinte, em verdade, antecipa total ou parcialmente os efeitos concretos do pronunciamento final, obtendo, em sede de liminar, provimentos satisfativos. Entendemos que a liminar do mandado de segurança (seja fundada na urgência, seja, sob a égide do CPC/15, fundada na evidência) é ampla suficiente para abarcar qualquer tipo de provimento (cautelar ou satisfativo). Daí a irrelevância da discussão. É possível obter uma liminar para suspender a exigibilidade do crédito tributário; para evitar o leilão de um bem; para afastar um óbice à expedição de uma certidão negativa de débito; para realizar um parcelamento administrativo.

37. Nas palavras do mestre Geraldo Ataliba "(...) a matéria tributária deverá ser tratada necessariamente na Constituição por uma dúplice razão: a matéria

as raias do princípio da legalidade, o direito tributário correntemente dá azo a lides que envolvem interpretação acerca de matéria constitucional ou infraconstitucional. Tal depuração interpretativa acerca da lei infraconstitucional ou referente à (in)constitucionalidade de determinado dispositivo acaba sendo lançado às Cortes Superiores. Com isso, e sob a sistemática do novo Código, esses referenciais decisórios poderão desde logo serem invocados pelo contribuinte com a finalidade de obter um provimento liminar fundado no direito evidente. O raciocínio não poder ser diferente: se há entendimento jurisprudencial pacificado a favor do requerente, o ônus do tempo do processo deve ser invertido em desfavor do réu, concedendo-se, ainda que provisoriamente, a tutela ao autor. Assim, salvo na hipótese de ser revogada pelo magistrado, a medida conservará seus efeitos até o momento da sentença quando então será concedida ou denegada a segurança.

À título exemplificativo, no julgamento do Recurso Extraordinário 574.706, com repercussão geral reconhecida, o Supremo Tribunal Federal considerou inconstitucional a inclusão do ICMS na base de cálculo do PIS/COFINS. Ficara consignado no acórdão que que o valor arrecadado a título de ICMS não se incorpora ao patrimônio do contribuinte e, dessa forma, não pode integrar a base de cálculo dessas contribuições, que são destinadas ao financiamento da seguridade social. Aporte dessa orientação jurisprudencial assentada pela Corte Suprema, muitos contribuintes com o escopo de não mais se verem obrigados a apurar e recolher as contribuições com o referido valor do "ICMS", interpuseram a ação judicial de mandado de segurança pleiteando, em caráter subsidiário, a liminar fundada na evidência para obterem a suspensão da

---

tributária se envolve diretamente com o princípio da submissão do Estado ao Direito e com a liberdade e propriedade individuais. A tributação é a transferência compulsória de parcela da riqueza individual para os cofres públicos; daí sua conexão com a propriedade. É, também, forma de controle ou indução da liberdade individual, enquanto instrumento – deliberado ou não – de estímulo ou desestímulo de comportamentos, quando não de compulsão (...)". ATALIBA, Geraldo. *Sistema Constitucional Tributário Brasileiro*. São Paulo: Revista dos Tribunais, 1968, p. 10.

exigibilidade do crédito tributário referente às apurações realizadas a partir da decisão que consolidou o precedente.[38]

Por fim, acreditamos que a referida técnica processual poderá ampliar ainda mais os desígnios constitucionais do Mandado de Segurança. Sabemos que o provimento liminar clássico dessa ação constitucional é instrumento bastante amplo e hábil à obtenção de providências sumárias no processo

---

38. Colacionamos, para fins elucidativos, trecho de pronunciamento que julgou procedente agravo de instrumento interposto contra decisão de primeira instância que indeferiu a liminar fundada na tutela de evidência: "(..) Impende, pois, seja analisada a possibilidade de concessão de tutela provisória sob o espeque da evidência. A tutela de evidência é a tutela provisória concedida sem a exigência da comprovação de dano grave ou de difícil reparação, ou seja, apenas pelo fato de estar evidente o direito postulado, o que significa dizer que a defesa da parte contrária será, de todo modo, inconsistente. Nessa senda, impõe-se considerar que o pedido de tutela de evidência ora formulado encontra arrimo no art. 311, inciso II, do CPC, que assim dispõe: 'Art. 311. A tutela da evidência será concedida, independentemente da demonstração de perigo de dano ou de risco ao resultado útil do processo, quando: II - as alegações de fato puderem ser comprovadas apenas documentalmente e houver tese firmada em julgamento de casos repetitivos ou em súmula vinculante'. Com efeito, ao menos a *primo ictu oculi*, creio que estão configurados os requisitos apregoados pelo dispositivo supracitado, porquanto, além de haver comprovação nos autos da imposição tributária ora vergastada, não há olvidar a existência de precedente obrigatório do Supremo Tribunal Federal, à luz do art. 1.036 do CPC, reconhecendo que 'o ICMS não compõe a base de cálculo para a incidência do PIS e da COFINS'(RE 574.706). Ainda que, até o presente momento, não tenha havido a publicação do acórdão paradigma, faz-se forçoso atentar que, ex vi do parágrafo 11 do art. 1.035 do CPC, a súmula da decisão sobre a repercussão geral constará de ata, que será publicada no diário oficial e valerá como acórdão. Dessarte, considerando que a ata do julgamento já foi publicada (Ata n.º 6, de 09/03/2017. DJE n.º 52, divulgado em 16/03/2017), não vejo empeço à aplicação do julgado desde logo. Consigno que, conquanto se possa cogitar de futura modulação temporal dos efeitos da decisão proferida pelo Supremo Tribunal Federal, tal circunstância apenas poderia ser considerada como óbice, a princípio, ao imediato reconhecimento da suspensão da exigibilidade de competências passadas. Situação essa, ressalto, diversa da hipótese em testilha, já que a impetrante visa justamente a que lhe seja assegurado o seu direito líquido e certo de não ser compelida a incluir o valor do ICMS incidente nas vendas de mercadorias na base de cálculo das contribuições PIS e COFINS, devidas nos períodos vincendos. Dessarte, considerando que não se trata de singular entendimento jurisprudencial, mas, sim, de movimentação do Judiciário no sentido da uniformização da jurisprudência, mediante requisitos legais e determinado procedimento, ensejando precedente obrigatório aos demais Tribunais, ex vi dos arts. 926 e 927 do CPC, impende seja concedida, desde já, a tutela de evidência (...)". (Brasil. Tribunal Regional Federal da 4ª Região. Agravo de instrumento nº 50112977120174040000 5011297-71.2017.404.0000. Relator: Amaury Chaves de Athayde. Data de Julgamento: 29 mar. 2017. Órgão Julgador: Primeira Turma. Publicação).

tributário. Contudo, não encontramos óbices para que o contribuinte possa pleitear, ainda que subsidiariamente, a tutela fundada no direito evidente, primordialmente nas situações que independem de urgência e que tenha a seu favor orientação jurisprudencial pacificada. Esse é o espírito do novo Código. Agilidade. Racionalidade. Integridade. Coerência e estabilidade.

6. CONCLUSÃO

O desenvolvimento do presente estudo foi orientado por uma premissa central: embora o Código de Processo Civil de 2015 tenha criado novas figuras processuais e alterado de forma considerável determinados procedimentos já previstos anteriormente, não houve uma preocupação maior do legislador em compatibilizar esses novos mecanismos com as peculiaridades do processo público tributário.

A criação de uma nova sistemática de tutelas provisórias com reestruturação dos procedimentos e com uma inovadora modalidade de tutela de evidência genérica não foge a esse 'diagnóstico inicial' e repercute no contexto processual tributário de modo que caberá ao intérprete colmatar esses espaços de incerteza e à doutrina balizar criticamente essa atuação.

Com efeito, longe de esgotar o assunto ou empreender proposições teóricas dotadas de definitividade, chegamos às seguintes conclusão ao término desse estudo: **I)** a providência que suspende a exigibilidade do crédito tributário possui natureza cautelar **II)** somente a tutela provisória de urgência antecipatória (satisfativa) antecedente pode vir a se estabilizar **III)** por conclusão lógica, não é possível a "estabilização da suspensão da exigibilidade do crédito tributário" **IV)** essa constatação não impede que outras providências de caráter satisfativo que orbitam as lides tributárias possam, diante da inércia da Fazenda Pública, vir a se estabilizarem **V)** a estabilização da tutela concedida contra as Fazendas Públicas dependerá da inexistência de manifestação de inconformismo por parte das pessoas de direito público e, ainda, do reexame obrigatório da decisão pelo Tribunal **VI)** a antecipação da garantia à execução com o objetivo de obter a regularidade fiscal (expedição de certidão positiva com efeito negativo) poderá ser suscitada **a)** por meio de uma tutela provisória de urgência, embasada nos dispositivos gerais dos artigos 300 a 302 do Código, dispensando-se qualquer aditamento para formulação do pedido principal **b)** ou mediante o ajuizamento da ação anulatória, desde de que se admita que outras garantias para além do depósito integral do montante em dinheiro (como o seguro garantia; a fiança bancária; a nomeação de bens imóveis desembaraçados à penhora) também sejam aceitas como aptas a embasar, em sede da ação antiexacional, a concessão de certidão de regularidade fiscal ao contribuinte e o irrompimento de efeito suspensivo da exigibilidade **VII)** a despeito da possibilidade do contribuinte aduzir a tutela de evidência com fundamento em três hipóteses do artigo 311 (incisos I, II e IV), a situação que veicula a prova fática e a uniformidade jurídica (inc. II) parece ser a que oferece melhor diálogo com o processo tributário **VIII)** não há utilidade no manejo das tutelas provisórias de urgência no bojo do mandado de segurança já que a liminar do *writ* é ampla o suficiente para abarcar situações que requerem uma resposta imediata **IX)** a tutela provisória de evidência é compatível e útil ao procedimento do MS possibilitando-se ao contribuinte suspender liminarmente a exigibilidade do crédito tributário, independentemente da existência do elemento da urgência.

REFERÊNCIAS

ALVIM, Arruda. Notas sobre o projeto de código de processo civil. In: *Revista de Processo*, São Paulo: RT, jan/2011, p. 299, vol. 191.

ATALIBA, Geraldo. *Sistema Constitucional Tributário Brasileiro*. São Paulo: Revista dos Tribunais, 1968.

ÁVILA, Humberto. *Teoria da Segurança Jurídica*. 3 ed. São Paulo: Malheiros Editores, 2014.

BEDAQUE, José Roberto dos Santos. *Tutela Cautelar e Tutela Antecipada*: tutelas sumárias e de urgência. 5 ed. São Paulo: Malheiros. 2009.

BUENO, Cassio Scarpinella. *Manual de Direito Processual Civil*. 3. ed. São Paulo: Saraiva. 2017.

______. ______. O Poder Público em Juízo, 5 ed. São Paulo: Saraiva, 2009.

CONRADO, Paulo Cesar. Tutela de evidência em mandado de segurança, afeta direito tributário. Disponível em: <http://www.conjur.com.br/2016-mai-25/paulo-conrado-tutela-evidencia-ms-afeta-direito-tributario> Acesso em 20 mai. 2019.

Conselho Nacional de Justiça. Justiça em números. 2018: ano-base 2017. Brasília. p. 125. Disponível em: http://www.cnj.jus.br/pesquisas-judiciarias/justicaemnumeros/2016-10-21-13-13-04/pj-justica-em-numeros. Acesso em 20 mai. 2019.

JUNIOR, Humberto Theodoro. *Novo Código de Processo Civil Anotado*. 20ª Ed. Rio de Janeiro: Forense, 2016.

MARINONI, Luiz Guilherme. *Tutela de urgência e tutela de evidência*. 1 ed. São Paulo: Revista dos Tribunais, 2017.

MARINS, James. *Direito processual tributário brasileiro: administrativo e judicial*. 9 ed. São Paulo: Revista dos Tribunais, 2016.

STRECK, Lenio; DELFINO, Lúcio; CREVELIN, Diego. *Tutela provisória e contraditório*: uma evidente inconstitucionalidade. Disponível em: <http://www.conjur.com.br/2017-mai-15/tutela-provisoria-contraditorio-evidente-inconstitucionalidade> Acesso em 20 mai. 2019.

SUNDFELD, Carlos Ari. BUENO, Cassio Scarpinella (coords.). *Direito processual público* – A Fazenda Pública em juízo. São Paulo: Malheiros, 2000.

ESTABILIZAÇÃO DA TUTELA PROVISÓRIA E A FAZENDA PÚBLICA: CABIMENTO DA MEDIDA EM AÇÃO ANULATÓRIA DE DÉBITO FISCAL[1]

Nelson Loureiro dos Santos[2]

1. INTRODUÇÃO

Em razão de posicionamentos doutrinários indicando que não caberia o novel instituto de direito processual civil da estabilização de tutela provisória concedida antecipadamente, em sede antecedente, contra a Fazenda Pública, faz-se necessário aprofundar um pouco mais a análise do assunto, para averiguar a correção dessas teses.

Assim, busca-se um panorama abrangente da matéria, com base fincada nos princípios constitucionais de regência e também nos fundamentos que se extraem dos comandos processuais

---

1. Trabalho originariamente apresentado como requisito para conclusão da disciplina *Os impactos do novo Código de Processo Civil na fase de conhecimento*, ministrada no 2º Semestre de 2016 pelo Prof. Dr. Eduardo Arruda Alvim, no Mestrado em Direito da PUC-SP. Alterado e atualizado.

2. Juiz federal vinculado ao Tribunal Regional Federal da 1ª Região, lotado na 2ª Vara da Subseção Judiciária de Sete Lagoas, Estado de Minas Gerais. Especialista em Direito Processual Civil (UCDB/INPG) e Mestre em Direito Tributário, pela Pontifícia Universidade Católica de São Paulo.

orientadores da colaboração e da isonomia que deve reinar entre os atores envolvidos nas relações jurídicas do processo.

O objetivo do presente estudo, portanto, vincula-se à procura de elementos que possam, eventualmente, compatibilizar a atuação processual da Fazenda Pública e a estabilização das tutelas provisórias contra ela deferidas, já que se nos afigura – adiantamos desde logo – muito desconfortável admitir, nessas situações, a inaplicabilidade do novo instituto estabelecido na norma codificada justamente com o intuito de economizar medidas e ao mesmo tempo otimizar a pacificação social.

Desse modo, com olhos postos nos princípios processuais explícitos da cooperação e da isonomia entre as partes, buscar-se-á demonstrar que existe, sim, a possibilidade de a tutela provisória antecipada deferida contra a Fazenda Pública ser processualmente estabilizada, inclusive quando a decisão seja proferida em ação anulatória de débito fiscal.

2. AS MUDANÇAS CONCEITUAIS DE ORDEM PROCESSUAL

O novo Código de Processo Civil surgiu no mundo jurídico com a elevada pretensão de melhor ajustar as regras do procedimento às exigências do Estado Democrático de Direito inaugurado pela ordem constitucional de 1988, já não atendidas adequadamente, na visão do legislador ordinário, pelas normas processuais de 1973.

Verdade que o Código revogado vinha, ao longo do tempo, sofrendo diversas reformas parciais, verdadeiros remendos, no sentido de guardar maior compatibilidade com os ares democráticos trazidos pela nova Constituição Federal e também às exigências atuais da sociedade, sobretudo no que tange à busca de alternativas para reduzir o tempo de tramitação processual, privilegiando a efetiva e célere distribuição da tutela jurisdicional.

Não faz parte deste trabalho investigar de modo aprofundado se o antigo Código realmente não atendia mais sua finalidade, ou mesmo se o novo atende àquela pretensão inicial. Fato é, no entanto, que o Código de Processo Civil de 2015 trouxe algumas inovações importantes, deixando, no entanto, de introduzir outras mudanças tão necessárias para o verdadeiro respeito ao regime democrático que se deseja.

Quanto às inovações trazidas no novo Código, restrito ao que interessa para nosso objeto de investigação, lembremos dois princípios expressamente consignados em seus dispositivos iniciais: o da cooperação e o da isonomia entre as partes. Embora esses mandamentos já integrassem implicitamente a sistemática antiga, agora vêm indicados de modo explícito, merecendo, pois, nossa maior atenção.

Em relação ao primeiro deles, previsto no art. 6º (*Todos os sujeitos do processo devem cooperar entre si para que se obtenha, em tempo razoável, decisão de mérito justa e efetiva*), tem-se que decorre dos comandos constitucionais que garantem o contraditório, o devido processo legal e o princípio da eficiência processual.

No dizer de Cassio Scarpinella Bueno (2016, p. 95-97), esse princípio cria deveres para todos os atores processuais, inclusive para o magistrado. Os advogados das partes, embora mantenham o dever de lealdade e probidade junto a seus clientes, não podem criar empecilhos à parte contrária e seu advogado; já o magistrado, tem deveres de esclarecimento (explicitação sobre o alcance das postulações e manifestações), de consulta (manifestação das partes antes de decidir), de prevenção (alerta quanto ao uso inadequado do processo e a possibilidade de não enfrentamento do mérito) e de auxílio (incentivo às partes para que cumpram os direitos, faculdades, ônus e deveres processuais).

O outro princípio que nos interessa no momento vem previsto no art. 7º do novo Código (É assegurada às partes paridade de tratamento em relação ao exercício de direitos e faculdades processuais, aos meios de defesa, aos ônus, aos deveres e à aplicação de sanções processuais, competindo ao juiz zelar pelo efetivo contraditório), referindo-se diretamente ao princípio da isonomia, tão caro ao regime democrático. A própria Carta Magna contempla esse princípio já no *caput* do art. 5º, que alinha os direitos e garantias fundamentais destinados a todos os cidadãos.

Importante ressaltar, neste passo, que o legislador ordinário que trouxe a lume o novo Código, apesar de estipular expressamente a necessária garantia ao direito à isonomia processual das partes, ainda manteve alguns inexplicáveis tratamentos diferenciados em favor dos entes públicos (*v.g.* reexame necessário e prazos mais largos para a prática de atos), violando, ele próprio, o comando constitucional antes referido[3].

A despeito dessa falta de coerência do legislador ordinário, entretanto, nota-se o grande esforço despendido para o fim de dotar o regramento processual civil de mecanismos que garantam maior democratização procedimental, tendente à obtenção de tutela mais rápida e efetiva, sempre com a participação de todos os atores envolvidos, tratados de modo igualitário e sem atribuição de privilégios injustificáveis. Aí estão os princípios da cooperação e do tratamento isonômica a justificar o dito.

3. AS *TUTELAS PROVISÓRIAS* DO NOVO CÓDIGO

Buscando unificar os casos em que possível o deferimento de tutelas judiciais específicas e efetivas antes do provimento final, o novo Código estatui no Livro V de sua Parte Geral o que denomina *tutelas provisórias*. Objetiva agasalhar, desse modo, nos artigos 294 a 311, as medidas da natureza.

Nesse mister, o legislador ordinário cria as tutelas de urgência e de evidência.

---

3. Apesar de nossa conclusão acima explicitada, não olvidamos a existência de respeitáveis opiniões em sentido contrário. Como exemplo, a doutrina de ALVIM; THAMAY; e GRANADO (2014, p. 31), onde, justificando as contagens de prazos dilatados nas condições diferenciadas de trabalho dos órgãos favorecidos, concluem que "Nessa medida, temos que o benefício dos arts. 181, 184 e 186 do NCPC (art. 188 do CPC/1973) se compatibilizam inteiramente com o art. 5º, *caput*, da CF/1988".

As tutelas de urgência, que podem ser pleiteadas antes da apresentação da petição inicial do feito (denominadas antecedentes), juntamente com a peça inicial ou no curso do processo (quando denominadas incidentes), assumem duas categorias: uma, tutela antecipatória, quando objetiva efeito satisfativo do direito; outra, de caráter cautelar, tem o condão de inibir a possibilidade de dano ou garantir o proveito útil do próprio processo.

Para obtenção de medida antecipatória ou cautelar, seja de modo antecedente ou incidental, o interessado deve comprovar a urgência (perigo da demora) e a plausibilidade do direito invocado. Aí os tradicionais *periculum in mora* e o *fumus boni iuris*, agora exigidos de modo indiscriminado em todas as tutelas provisórias de urgência.

De outro lado, a tutela de evidência, que não desafia a demonstração de urgência da medida, exigindo apenas a comprovação de que o direito invocado pelo autor possui atributos que indiquem, com certa margem de segurança, que a tutela final lhe será favorável, figurando na própria norma as situações possíveis, na visão do legislador (incisos I a IV do art. 311).

4. A SISTEMÁTICA DA ESTABILIZAÇÃO DA TUTELA PROVISÓRIA

Eis aqui uma das grandes inovações do Código de Processo Civil de 2015, estabelecida no art. 304 com os seguintes dizeres:

> *Art. 304. A tutela antecipada, concedida nos termos do art. 303, torna-se estável se da decisão que a conceder não for interposto o respectivo recurso.*
>
> *§ 1º No caso previsto no* caput, *o processo será extinto.*
>
> *§ 2º Qualquer das partes poderá demandar a outra com o intuito de rever, reformar ou invalidar a tutela antecipada estabilizada nos termos do caput.*
>
> *§ 3º A tutela antecipada conservará seus efeitos enquanto não revista, reformada ou invalidada por decisão de mérito proferida na ação de que trata o § 2º.*

§ 4º Qualquer das partes poderá requerer o desarquivamento dos autos em que foi concedida a medida, para instruir a petição inicial da ação a que se refere o § 2º, prevento o juízo em que a tutela antecipada foi concedida.

§ 5º O direito de rever, reformar ou invalidar a tutela antecipada, previsto no § 2º deste artigo, extingue-se após 2 (dois) anos, contados da ciência da decisão que extinguiu o processo, nos termos do § 1º.

§ 6º A decisão que concede a tutela não fará coisa julgada, mas a estabilidade dos respectivos efeitos só será afastada por decisão que a revir, reformar ou invalidar, proferida em ação ajuizada por uma das partes, nos termos do § 2º deste artigo.

Como se observa nos termos da norma, a tutela antecipada deferida em caráter antecedente (art. 303) será *estabilizada* se a parte contrária não manejar o respectivo recurso contra a decisão antecipatória (agravo de instrumento ou agravo interno, a depender do grau de jurisdição em que proferida a decisão).

Uma primeira dúvida que surge da leitura apressada desse dispositivo, em nosso sentir solucionada adequadamente pela melhor doutrina[4], e também pela jurisprudência[5], refere-se ao fato de que não somente o manejo de recurso próprio, mas qualquer outra forma de irresignação contra a decisão antecipatória será suficiente para garantir o curso regular da demanda, evitando, portanto, a *estabilização* da tutela deferida.

Com esse esclarecimento, seguindo na análise do dispositivo legal verifica-se que acaso a parte contrária não apresente

4. Por todos, cita-se a lição de BUENO (2016, p. 262), para quem "Qualquer manifestação expressa do réu em sentido contrário à tutela provisória antecipada em seu desfavor deve ser compreendida no sentido de inviabilizar a incidência do art. 304".

5. Como exemplo, posição do Superior Tribunal de Justiça, retirada de excerto da ementa do julgado produzido no REsp. 1760966/SP, relator Ministro Marco Aurélio Bellizze, em decisão unânime da 3ª Turma em 04/12/2018, conforme endereço eletrônico do Tribunal na rede mundial de computadores, consulta feita em 09/05/2019, segundo a qual "a leitura que deve ser feita do dispositivo legal [art. 304], tomando como base uma interpretação sistemática e teleológica do instituto, é que a estabilização somente ocorrerá se não houver qualquer tipo de impugnação pela parte contrária, sob pena de se estimular a interposição de agravos de instrumento, sobrecarregando desnecessariamente os Tribunais".

irresignação contra a decisão antecipatória antecedente, o processo será extinto desde logo (§1º), com a conservação dos efeitos da medida urgente (§3º). Pode qualquer das partes, entretanto, no prazo de dois anos contados da ciência da extinção do feito (§5º), buscar a revisão, reforma ou invalidação daquele provimento antecipatório, em processo próprio, instaurado para esse fim.

Uma vez transcorrido o prazo extintivo de dois anos antes referido, o conteúdo da decisão antecipatória antecedente manterá a estabilidade dos respectivos efeitos, agora imutáveis, embora não fazendo coisa julgada (§6º).

Para finalizar este item, necessário esclarecer uma dúvida: além dos requisitos já enumerados, existe a necessidade de o autor da demanda, beneficiário da decisão antecipatória antecedente, concordar com a estabilização?

Analisado sistematicamente o regramento de regência, parece que a resposta positiva se impõe. É que, tendo em vista que a estabilização da tutela provisória, como visto, não faz coisa julgada, claro que sua ocorrência no processo depende não apenas da inércia do réu, mas também da vontade do autor (que pode, evidentemente, desejar que seu litígio seja resolvido pelo mérito). Assim, no momento em que o autor atender ao que disposto no §5º do art. 303 (*O autor indicará na petição inicial, ainda, que pretende valer-se do benefício previsto no* caput *deste artigo*), terá a oportunidade de manifestar expressamente sua vontade de não submeter à estabilização a decisão antecipatória que lhe favoreça, ainda que o réu não apresente qualquer irresignação contra tal decisão.

Nesse caso, portanto, em que o autor esquiva-se formalmente da estabilização, o feito deverá prosseguir, até decisão final de mérito, independentemente de qualquer atitude, omissiva ou comissiva, da parte demandada.

4.1 SITUAÇÕES GENÉRICAS DE CABIMENTO

Embora o art. 304, reproduzido acima, faça expressa referência ao cabimento da estabilização da tutela provisória apenas no caso do art. 303 (tutela antecipada de urgência, antecedente), nada impede, a nosso ver, haja a estabilização de medida antecipatória concedida em casos de evidência do direito, como previsto no art. 311 do novo Código.

É que, conforme já demonstrado, a estabilização da decisão antecipatória depende dos seguintes requisitos: urgência, a justificar o pedido antecedente satisfativo; demonstração da plausibilidade do direito; ausência de irresignação do réu contra a decisão antecipatória; e a falta de oposição do autor à estabilização.

Ora, no caso da tutela de evidência, embora o art. 311 diga expressamente que não depende da demonstração de perigo de dano ou de risco ao resultado útil do processo, nada impede seja buscada em caso que justifique a urgência do provimento, situação em que tem lugar, sem nenhuma dúvida, o deferimento de medida urgente antecedente. Isso, pelo menos na situação prevista no inciso II do art. 311 (*as alegações de fato puderem ser comprovadas apenas documentalmente e houver tese firmada em julgamento de casos repetitivos ou em súmula vinculante)* já que as demais hipóteses trazidas no texto dependem de manifestação prévia do réu, incompatibilizando-se, portanto, com a sistemática da estabilização.

Desse modo, afigura-se possível, também, a estabilização de tutela provisória satisfativa antecedente, no feito em que comprovada a evidência do direito do autor, decorrente de prova documental suficiente e da existência de tese firmada em casos repetitivos ou súmula vinculante, provada também a urgência da medida pleiteada.

4.2 NATUREZA JURÍDICA DO ATO QUE *EXTINGUE O PROCESSO*

Ainda nos limites das noções gerais sobre a estabilização da tutela provisória, importante verificar qual a natureza jurídica da sentença que extingue o processo nos termos em que previsto no §1º do art. 304.

Embora existam opiniões de que tal extinção deva resolver o mérito do litígio[6], parece que a razão está com os que defendem o contrário, ou seja, a sentença extintiva será proferida sem resolução do mérito. E o motivo é simples: não existe no processo, ainda, mérito a ser resolvido.

Realmente. Em se tratando, como se trata, de pedido antecipatório antecedente, pode ter ocorrido de no momento de prolação da sentença nem mesmo a emenda à inicial ter sido apresentada (art. 303, §1º, I), já que o mesmo dispositivo autoriza o juiz a conceder prazo mais dilargado ao autor, sendo factível, com isso, tenha transcorrido antes o prazo para que o réu apresentasse irresignação contra a decisão provisória que será estabilizada. Assim sendo, nesse momento processual ainda não existe *mérito* a ser decidido, pois a tutela provisória surge, como sabido, com base na plausibilidade do direito invocado, fruto de cognição sumária e não exauriente.

De outro lado, ainda que o autor já tenha emendado a inicial no momento da prolação da sentença, aquele ato conjunto de *intimação* e *citação* previsto no art. 303, § 1º, II (que o Código presume ocorrer apenas depois da emenda à inicial) pode ter sido antecipado para logo depois da decisão urgente, desde que o caso assim exija. Nessa situação também não existirá mérito a ser julgado, pois sequer a triangulação processual terá ocorrido de modo válido, dado que o prazo para o réu recorrer da decisão expira antes de seu prazo para contestar, a não ser que o processo seja sobrestado, para promoção de regular citação (enquanto corre ou mesmo já transcorrido o prazo para recurso), o que vai de encontro à sistemática de otimização que o novo Código procura instituir.

---

6. Cita-se a doutrina de MARINONI; ARENHART; e MITIDIERO (2016, p. 225), onde aduzem que "Não interposto o agravo, estabiliza-se a decisão e o processo deve ser extinto (art. 304, § 1º) – obviamente *com resolução do mérito favorável* ao demandante (art. 487, I)".

Mais um argumento para fortalecer a conclusão acerca da natureza jurídica da sentença proferida no feito com decisão provisória estabilizada, refere-se à explícita previsão de que esse provimento não fará coisa julgada. Fosse o caso de a sentença extintiva abordar o mérito do litígio – evidentemente que naquelas situações em que isso fosse possível, com efetiva emenda à inicial e regular citação do réu para defesa – parece não haver razão para que o legislador ordinário fizesse essa ressalva quanto à coisa julgada. Bastaria dizer que a sentença seria proferida nos termos do art. 487, I, do novo Código, deixando para a ação rescisória eventual revisão, reforma ou invalidação do que decidido no feito.

Portanto, sob qualquer ótica em que examinada a questão, nossa conclusão é de que a sentença que extingue o processo onde estabilizada decisão provisória, antecipada e antecedente, é proferida sem resolução do mérito, nos termos do art. 485, X.

Já finalizando este item, em parênteses e com o único objetivo de manter a coerência no que temos dito, necessário consignar que embora a demanda, nesses casos de extinção sem resolução do mérito, não impeça que a parte proponha novamente a ação (art. 486), evidente que depois de transcorridos os dois anos previstos no §5º do art. 304 o direito de modificar o conteúdo da decisão estabilizada estará extinto, configurando, pois, de modo definitivo, verdadeiro obstáculo para o curso de nova demanda. Efeito assemelhado à coisa julgada, pela vontade expressa do legislador, segundo autorizado pela interpretação sistemática do Código.

5. CABE A ESTABILIZAÇÃO DA TUTELA PROVISÓRIA CONTRA A FAZENDA PÚBLICA?

Repassados esses aspectos gerais do novo instituto da estabilização da tutela provisória, é chegado o momento de enfrentar o tema que nos desafia, qual seja, decifrar a dúvida se é ou não possível a aplicação dessa modalidade de extinção do feito em que figura a Fazenda Pública, dados os contornos diferenciais que envolvem tais demandas.

5.1 ALGUNS POSICIONAMENTOS SOBRE O TEMA

De logo, vejamos rapidamente as razões de alguns posicionamentos doutrinários que já enfrentaram o assunto e defendem o descabimento da estabilização nesses casos.

A doutrina de Luiz Rodrigues Wanbier e Eduardo Talamini (2016, p. 892-894) indica, dentre os óbices gerais, sistemáticos, que impedem a incidência da estabilização, as causas onde discutidos direitos indisponíveis e os *processos urgentes preparatórios em face da Fazenda Pública.*

Quanto aos feitos que carreiam direitos indisponíveis, utilizando-se da mesma técnica aplicada no procedimento monitório, os Mestres citados concluem que os direitos propriamente indisponíveis não admitem qualquer disponibilidade ao direito de defesa, pelo que são incompatíveis com a estabilização da decisão provisória.

Em relação às demandas envolvendo a Fazenda Pública, também fazendo paralelo com a ação monitória, para justificar o descabimento da estabilização, lembram as discussões surgidas naquele âmbito, inclusive jurisprudencialmente, aduzindo que o novo Código, na sede monitória, adotou posição de que o título ali produzido contra o erário público somente será efetivo após o trânsito em julgado (art. 701, §4º). Junto disso, justificam suas ideias ainda nas situações em que existe indisponibilidade do direito.

Outra respeitável opinião contrária à estabilização de tutela provisória contra a Fazenda Pública é a de Marco Antonio Rodrigues (2016, p. 109/110). Como primeiro fundamento para a conclusão negativa, lembra que os efeitos da revelia, em caso de falta de contestação, não traduzem os característicos efeitos contra as pessoas jurídicas de direito público. Assim, conclui, admitir a estabilização aqui estudada significa violação ao que disposto no art. 345, II, do novo Código de Processo Civil.

Prosseguindo, esse Mestre afirma que "No entanto, caso se admita a concessão de tutela antecipada antecedente em face da Fazenda Pública, do pronunciamento que extingue o processo, uma verdadeira sentença, a encerrar tal fase de conhecimento simplificada – deve ser objeto de reexame necessário, considerando a estabilização que gerará, apesar de não ter decidido definitivamente o mérito" (RODRIGUES, 2016, p. 110).

Como se observa na lição dos estudiosos citados, basicamente dois aspectos impediriam a estabilização da decisão provisória contra a Fazenda Pública, a saber: envolvimento de direitos indisponíveis e a necessidade de submissão ao duplo grau obrigatório das sentenças proferidas contra as pessoas jurídicas de direito público.

5.2 ENFRENTANDO OS POSSÍVEIS OBSTÁCULOS

Apesar de todo o respeito que merecem tais posicionamentos, bem analisado o contexto fático-jurídico em que inseridos, essas objeções não nos impressionam, cedendo passo, uma a uma, à realidade que se examina.

5.2.1 DIREITOS INDISPONÍVEIS

Para começar, vejamos um dos principais fundamentos utilizados para restringir a ocorrência da estabilização das tutelas provisórias, em que indicada sua não incidência nos casos em que o litígio contemple direitos indisponíveis. Dizem os defensores dessa ideia que, nessas situações, a indisponibilidade do direito exige que a manifestação judicial definitiva somente ocorra depois do estabelecimento de necessário contraditório, com o exame exauriente das alegações das partes envolvidas.

Questão de ordem prática, no entanto, desautoriza por completo esse posicionamento.

Bom lembrar, desde logo, que a situação examinada – estabilização definitiva de tutela provisória de cunho antecipado e antecedente – pressupõe total descaso da parte demandada para com o litígio, pois, intimada da decisão que defere tal medida, nenhuma providência adota, autorizando a extinção do feito; depois disso, regularmente intimada, permite que transcorra mais dois anos, sob os efeitos da decisão provisória, sem implementar qualquer medida para reverter a situação.

Ora, diante dessa realidade (total inércia da parte demandada), não é necessário nenhum esforço para concluir que, no caso concreto, ainda que fosse garantido o contraditório e a ampla defesa, o magistrado decidiria o mérito do litígio apenas com base no que argumentado e comprovado pelo autor. Afinal, no regime processual vigente não existem meios de *obrigar* o demandado a comparecer em juízo e produzir provas.

Mesmo nos casos em que o litígio verse sobre direitos indisponíveis, se o demandado não desejar defender-se, claro que a demanda deve ser resolvida em seu mérito segundo os elementos trazidos pelo autor. Ou seja, nas situações de insuperável inércia do demandado, ainda que se trate de direitos indisponíveis, exigir que se prossiga no feito até sentença final de mérito – em alguns casos ainda submetida ao reexame necessário –, significa impor injusto sacrifício ao autor que, afinal, deseja a solução antecipada de seu caso litigioso, sobrevinda da estabilização da tutela antecipatória antecedente.

Para melhor elucidar o assunto, pensemos num exemplo clássico: exoneração de pensão alimentícia. O autor, escorado em documentação hábil, pede a exoneração de sua obrigação, em tutela antecipada antecedente, dada a urgência demonstrada; na petição inicial é indicado como pedido de tutela final a declaração de ausência de relação jurídica entre autor e réu, bem como a expressa concordância com a estabilização da tutela provisória, acaso preenchidos seus requisitos; proferida decisão antecipatória suspendendo o pagamento de pensão anteriormente estipulada, dela é intimado o réu, que não se manifesta. Pelos termos da norma aplicável (*caput* do art. 304 do novo Código), a tutela provisória, como visto antes, deve ser estabilizada, extinguindo-se o feito sem resolução do mérito. O suposto titular do direito indisponível, nesse caso, ainda tem mais dois anos para discutir a decisão estabilizada (§2º do art. 304). Se mantido seu silêncio nesse interregno, aquele provimento que era precário torna-se imutável, como visto antes.

Parece claro nesse singelo exemplo, portanto, que não é o fato de o litígio ser resolvido por decisão antecipatória antecedente, ou por sentença que aborde o mérito, que interfere na modificação do direito indisponível do demandado, mas, sim, sua omissão em apresentar elementos que possam infirmar o direito alegado pelo autor. Essa omissão, portanto, pode ser observada tanto em um caso quanto em outro (cognição sumária ou exauriente, lastreada apenas nos elementos trazidos pelo autor da demanda), conduzindo, afinal, ao mesmo resultado.

Desse modo, conclui-se que a possibilidade de estabilização da decisão provisória, mesmo que proferida em casos que carreiem discussão sobre direitos indisponíveis, traz ótima alternativa endereçada ao autor da demanda que deseje ver sua relação jurídica solucionada mais rapidamente, ainda que por meio de decisão unilateral que não faça coisa julgada material.

Ademais, olhos postos no princípio da cooperação antes indicado, não se vê nenhum óbice para que o legislador ordinário criasse mecanismo de solução definitiva de quaisquer litígios sob o enfoque da estabilização de decisão provisória antecipada de modo antecedente, já que, como visto, garantiu expressamente à parte contrária a possibilidade de defender-se, inclusive em momento posterior à extinção do feito onde proferida a decisão.

Conclui-se, pois, que mesmo nos litígios que envolvam direitos indisponíveis, a estabilização da tutela provisória é, sim, perfeitamente possível.

5.2.2 REEXAME NECESSÁRIO

Outro argumento que vez ou outra é apresentado como impeditivo para a estabilização do provimento provisório deferido contra a Fazenda Pública, vincula-se à necessidade de as sentenças proferidas contra os entes públicos estar submetida ao denominado reexame necessário, conforme art. 496

do novo Código (*Está sujeita ao duplo grau de jurisdição, não produzindo efeito senão depois de confirmada pelo tribunal, a sentença [...] proferida contra a União, os Estados, o Distrito Federal, os Municípios e suas respectivas autarquias e fundações de direito público*).

Tal argumento é facilmente refutado, porquanto, como visto anteriormente, a sentença que extingue o processo onde estabilizada a tutela provisória é proferida sem julgamento do mérito.

E se assim é, claro que não existe lugar para o argumento de que tal sentença teria algum conteúdo *contra* a Fazenda Pública. Com isto quer-se dizer que apesar de a tutela antecipada antecedente, agora estabilizada, carrear medida desfavorável ao ente público, isso não significa que a sentença proferida no feito deva ter o mesmo teor daquele provimento, já que se limita, como visto, à mera extinção do feito sem apreciação do mérito.

Desse modo, faltando à sentença conteúdo condenatório em desfavor de ente público, dado que não proferida *contra* qualquer um deles, obviamente que não se sujeita ao que determinado no art. 496 do Código de Processo Civil de 2015, por total falta de correspondência entre o fato e a norma.

5.2.3 PROIBIÇÃO DE ORDEM LEGAL

Ainda existe outro possível obstáculo, que merece nossa atenção neste passo.

O Código de Processo Civil de 2015 prevê, em seu art. 1.059, que à *tutela provisória requerida contra a Fazenda Pública aplica-se o disposto nos arts. 1º a 4º da Lei nº 8.437, de 30 de junho de 1992, e no art. 7º, § 2º, da Lei nº 12.016, de 7 de agosto de 2009.*

Conforme dito anteriormente, o legislador ordinário que trouxe a lume o novo Código de Processo Civil perdeu a oportunidade de extirpar do mundo jurídico algumas nítidas violações ao princípio da isonomia, como exemplo a antiquada sistemática da *suspensão*, pelo presidente do tribunal competente, de ato que defere medida urgente contra o Poder Público, prevista no art. 4º da referida Lei 8.437/1992, independentemente e sem prejuízo do manejo de recurso regular contra o mesmo ato. Ao invés de inibir essa violação ao tratamento igualitário entre as partes do processo, o legislador a confirmou, como visto, inserindo o referido art. 1.059 no novo Código.

Apesar dessa violação ao princípio da isonomia, fato é que, conforme a norma posta, existem óbices para concessão de tutelas provisórias contra a Fazenda Pública.

Para os fins do presente trabalho, o obstáculo que merece nossa atenção é aquele que proibia a concessão de liminar, em ação cautelar, ou antecipação de tutela nas demandas ordinárias, nos casos em que tal medida *esgotasse, no todo ou em qualquer parte, o objeto da ação* (art. 1º, § 3º, da Lei 8.437/1992, combinado com art. 1º da Lei 9.494/1997). Agora, por força do referido art. 1.059, essa proibição se estende às tutelas provisórias do novo Código de Processo Civil.

Considerando esse aspecto proibitivo contido na norma, então, pode-se concluir que não cabe a concessão de tutela provisória antecipada – antecedente ou incidental – contra a Fazenda Pública, já que, nesses casos, como visto antes, o provimento necessariamente será satisfativo em relação ao mérito do litígio?

Obviamente que se impõe a resposta negativa a essa pergunta.

Inicialmente, examinada a proibição especificamente na matéria tributária de que se trata, o conteúdo do art. 151, do Código Tributário Nacional (*Suspendem a exigibilidade do crédito tributário: [...] a concessão de medida liminar ou de tutela antecipada, em outras espécies de ação judicial*) desautoriza por completo as referidas proibições legais, eis que, eventualmente admitida sua eficácia nesses casos, as modalidades de suspensão do crédito tributário não passariam de *letras mortas* contidas na norma complementar, o que evidentemente não se alinha à interpretação sistemática do ordenamento vigente.

Mas não é só. Também a garantia de acesso ao Poder Judiciário constitucionalmente assegurada no art. 5º, XXXV, afasta completamente a cega utilização das referidas proibições de ordem legal, pois "A depender dos valores envolvidos no caso concreto, o direito mais evidente e mais carente de tutela *deve ser* tutelado ainda que de maneira *satisfativa*, isto é, ainda que 'esgotando o objeto da ação'. É para esta finalidade, aliás, que a tutela provisória *antecipada* é predisposta. Fosse ela *limitada a assegurar* algum direito, bastaria sua feição *cautelar*" (BUENO, 2016, p. 271).

Com isto quer-se dizer, portanto, que, retirando os casos enquadráveis no impedimento já previsto no §3º do art. 300 do novo Código (*A tutela de urgência de natureza antecipada não será concedida quando houver perigo de irreversibilidade dos efeitos da decisão*), as normas proibitivas antes referidas, aplicáveis às tutelas provisórias conforme o lembrado art. 1.059, são derrotadas pelos princípios constitucionais que asseguram direitos fundamentais a todos os cidadãos, em especial a noção implícita de proporcionalidade, segundo a qual o aplicador deve sopesar as normas em conflito, quando de sua incidência no caso concreto, buscando a maior otimização possível no sentido de bem resguardar o direito, também constitucionalmente assegurado, de livre acesso à justiça.

Cabível, então, a obtenção de tutela provisória antecipada, mesmo que antecedente, requerida contra a Fazenda Pública, se preenchidos os requisitos exigidos para tanto.

5.3 NOSSA POSIÇÃO SOBRE O TEMA

Por tudo quanto até aqui exposto, pode-se concluir que a estabilização de tutela provisória antecipada e de caráter antecedente é perfeitamente adaptada aos casos em que o litígio verse sobre direitos indisponíveis e tenha, no polo passivo do feito, a presença da Fazenda Pública.

Os fundamentos desse nosso entendimento já foram expostos em linhas anteriores, mas não é demais reiterá-los neste passo, para melhor fixação.

Quanto à indisponibilidade do direito discutido, além de o legislador não excepcionar essa modalidade daquelas situações onde possível a incidência da norma, constata-se que existe no procedimento a expressa previsão de respeito ao contraditório, cabendo exclusivamente à inércia da parte demandada, aliada à deliberada vontade do autor, a ocorrência da estabilização de que se trata. Desse modo, respeitado o direito de defesa do réu, a previsão codificada encontra total compatibilidade com o ordenamento vigente, inclusive em seu âmbito constitucional.

Já em relação às demandas em que figure a Fazenda Pública no polo passivo, também não existe nenhum óbice para que haja estabilização de tutela provisória antecipada de modo antecedente, porquanto as normas ordinárias que proíbem a concessão dessas tutelas em desfavor da Fazenda Pública cedem passo diante dos princípios constitucionais aplicáveis, em especial o do acesso à justiça, sempre submetidos à noção, também constitucional, de proporcionalidade. De outro lado, a sentença que extingue o processo onde estabilizada a tutela provisória não se sujeita ao duplo grau de jurisdição, sendo possível, portanto, que a decisão antecipatória, assim estabilizada, produza seus regulares efeitos a partir de então, inclusive de modo definitivo depois de transcorrido o prazo extintivo de dois anos, concedido ao interessado para que reveja, reforme ou invalide o provimento.

Assim concluído pelo total cabimento da estabilização de tutela provisória proferida contra a Fazenda Pública, resta ver se a possibilidade se mantém no caso de ação anulatória de débito fiscal, dadas suas especificidades. É o que será visto adiante.

6. A AÇÃO ANULATÓRIA DE DÉBITO FISCAL

Como é do conhecimento geral, após a constituição definitiva do crédito tributário pela Fazenda Pública, com a consequente inscrição dos valores em dívida ativa, as únicas possibilidades endereçadas ao contribuinte são o pagamento do valor, quitando a dívida, ou a busca de sua invalidação no âmbito judicial. Sem sucesso em uma dessas frentes, o sujeito passivo sofrerá as consequências danosas de uma execução fiscal.

A seguir analisaremos a pequeno trecho alguns dos principais aspectos processuais da ação anulatória de débito fiscal, uma das vias adequadas para perseguir a invalidação do ato administrativo constitutivo da obrigação tratada.

6.1 PANORAMA PROCESSUAL, QUANTO À TUTELA PROVISÓRIA

Como visto, uma das possibilidades de o sujeito passivo eximir-se de obrigação tributária já constituída, e que aqui nos interessa, é o manejo da ação anulatória de débito fiscal, como previsto na parte final do art. 38 da Lei 6.830/1980 (*A discussão judicial da Dívida Ativa da Fazenda Pública só é admissível em execução, na forma desta Lei, salvo as hipóteses de mandado de segurança, ação de repetição do indébito ou ação anulatória do ato declarativo da dívida, esta precedida do depósito preparatório do valor do débito, monetariamente corrigido e acrescido dos juros e multa de mora e demais encargos*).

De logo, bom esclarecer que esse *depósito preparatório do valor integral do débito* é mera faculdade concedida ao autor da demanda, pois corresponde a uma das causas de suspensão da exigibilidade do crédito tributário previstas no Código Tributário Nacional (art. 151, II). Não configura, portanto, condição necessária para o ajuizamento da demanda anulatória, como a leitura apressada da parte final do dispositivo antes reproduzido poderia sugerir[7].

Ocorre, no entanto, que em não se utilizando dessa faculdade (depósito do valor integral da dívida), o autor permanece sujeito à temida execução fiscal daquele débito constituído e

---

7. Nesse sentido, aliás, o conteúdo da Súmula Vinculante 28: É inconstitucional a exigência de depósito prévio como requisito de admissibilidade de ação judicial na qual se pretenda discutir a exigibilidade de crédito tributário.

já inscrito em dívida ativa em seu nome, dado que a exigibilidade do título permanece hígida, enquanto não suspensa por outra daquelas modalidades previstas no referido art. 151 do Código Tributário Nacional.

Nesse caso resta ao contribuinte, então, pugnar pela concessão judicial de medida provisória antecipatória, que garanta desde logo a retirada de um dos atributos do título executivo fiscal, relacionado a sua exigibilidade.

Para tanto, nos termos da norma processual civil aplicável (art. 300), deverá convencer o julgador com elementos que evidenciem a probabilidade do direito alegado e comprovem o perigo de dano ou risco ao resultado útil do processo. Se a urgência for contemporânea à propositura da demanda, tal provimento poderá, inclusive, ser requerido de modo antecedente (art. 303).

Uma vez obtido esse provimento judicial provisório, o autor da demanda poderá tranquilizar-se pois, enquanto mantido o efeito da decisão, o Fisco permanecerá de mãos atadas quanto à via executiva, já que seu título extrajudicial não mais possui um dos atributos hábeis e necessários para tanto, que é a exigibilidade[8], agora suspensa, no caso, por ordem judicial.

Assim visto de modo bastante superficial o processamento da ação anulatória de débito fiscal, especificamente quanto à tutela que corresponde ao nosso objeto de investigação, chega o momento de averiguarmos se ocorre a estabilização das decisões provisórias manifestadas nesses casos específicos.

6.2 ESTABILIZAÇÃO DA TUTELA PROVISÓRIA *VERSUS* CRÉDITO TRIBUTÁRIO

Como dito anteriormente, a ação anulatória de débito fiscal possui características próprias, que podem, inclusive, conflitar com a estabilização de tutela provisória.

---

8. Conforme conteúdo do art. 783, do Código de Processo Civil: *A execução para cobrança de crédito fundar-se-á sempre em título de obrigação certa, líquida e exigível.*

Para melhor esclarecer esses aspectos, que correspondem justamente ao nosso objeto de indagação, afigura-se importante trazer um exemplo que bem ilustra o assunto: pensemos na hipótese de uma pessoa jurídica autuada pelo Fisco com base em fato gerador decorrente de lei aparentemente inconstitucional, cujo processo administrativo fiscal chegou ao seu fim naquele âmbito, sendo os valores da autuação inscritos em dívida ativa; pretendendo não se sujeitar aos efeitos maléficos da respectiva execução fiscal (constrição de bens, despesas com o processo de embargos, demora), bem como obter certidão de regularidade fiscal para participar em processo licitatório em curso, opta pelo ajuizamento de ação anulatória de débito fiscal, requerendo tutela antecipada antecedente para suspender a exigibilidade do referido título extrajudicial e garantir a obtenção de certidão positiva com efeito de negativa; analisados os aspectos de custo financeiro e de tempo de tramitação do processo, tudo aliado à satisfação de sua pretensão (não ser atingida pelos efeitos de execução fiscal), já na petição inicial do feito a autora expressa sua vontade de que tal tutela provisória seja estabilizada, se preenchidos os requisitos da norma processual; em razão das provas documentais apresentadas, da urgência do caso e do volume de precedentes judiciais já firmados (inclusive em sede de repercussão geral, com seu decorrente efeito vinculante relativo à inconstitucionalidade da norma que sustenta a autuação), o magistrado decide deferir o pedido provisório antecedente, como requerido, determinando a imediata intimação do Fisco para que cumpra tal decisão.

Pois bem. Diante desse quadro fático, prosseguindo no exercício de imaginação, admitamos a possibilidade de que o Fisco atenda à ordem judicial assim expedida, não apresentando qualquer espécie de irresignação. Certificado o transcurso do prazo, em cumprimento ao rito estabelecido o magistrado prolata sentença extintiva do feito, estabilizando-se, portanto, a decisão provisória antes proferida. Transcorridos os dois anos contados a partir da intimação dessa sentença extintiva, ainda diante da total inércia da parte demandada em nosso exemplo hipotético, a estabilização torna-se definitiva.

Conforme tudo quanto exposto em momentos anteriores, as decorrências processuais acima alinhadas são de rigor. Suspensa a exigibilidade do crédito tributário por decisão judicial antecipatória, posteriormente estabilizada conforme o regramento processual aplicável, o Fisco permanece com a certidão de dívida ativa em nome do autor mas não poderá utilizar-se da execução fiscal em razão da retirada do requisito essencial desse título, pois apesar de manter-se líquido e certo (requisitos que não foram discutidos judicialmente em nosso exemplo), não possui mais a exigibilidade em razão do comando judicial estabilizado. Em outras palavras, a decisão estabilizada representa, em última análise, verdadeira anulação do título executivo, pois retira sua característica de documento hábil para aparelhar ação executiva, embora não tenha o condão de anular o crédito tributário em si mesmo (efeito que somente seria obtido quando e se prolatada sentença declaratória, com resolução do mérito).

Justamente nesse desdobramento fático é que reside uma particularidade do crédito tributário, em nosso exemplo discutido em ação anulatória de débito fiscal, que poderia conduzir ao entendimento – equivocado – da existência de incompatibilidade entre estabilização de tutela provisória e a demanda ordinária de que se trata. Dada a importância do tema para o desate de nosso objeto de pesquisa, o assunto será melhor esquadrinhado no próximo item.

6.3 SOLUÇÃO ADMINISTRATIVA DA (APARENTE) INCOMPATIBILIDADE

Como visto, estabilizada a tutela provisória antecipada de modo antecedente, que suspende a exigibilidade de crédito tributário em ação anulatória de débito fiscal, a certidão de dívida ativa, enquanto título executivo extrajudicial, perde sua exequibilidade diante da ausência de um dos requisitos necessários para tanto. Não obstante, apesar desse efeito jurídico indiscutível, o Fisco permanecerá com aquele "crédito tributário" constituído, mas que jamais será satisfeito pelo sujeito passivo, justamente em razão da falta de exigibilidade, atributo imprescindível para aparelhamento da execução forçada, conforme já demonstrado.

E essa anomalia ocorre em razão de o Código Tributário Nacional arrolar, em seu art. 156, as hipóteses de extinção do crédito tributário, sendo certo que nesse rol taxativo, no que nos interessa, consta no inciso X que *extingue o crédito tributário a decisão judicial passada em julgado.*

Ora, na medida em que a decisão estabilizada que concede tutela provisória antecipada não faz coisa julgada (conforme a parte inicial do §6º do art. 304 do novo Código de Processo Civil), não se preenche, portanto, aquele requisito do inciso X do art. 156 do Código Tributário Nacional, permanecendo, então, o "fantasma" de crédito tributário sem a necessária exigibilidade, segundo a situação antes examinada.

Como resolver, então, essa disparidade?

A solução mais óbvia é que, *de lege ferenda*, haja adaptação do Código Tributário Nacional à nova sistemática trazida pelo Código de Processo Civil de 2015, relativamente à possibilidade de a tutela provisória estabilizada extinguir o crédito tributário. Deve o legislador ordinário, então, por lei complementar, acrescentar mais um inciso no referido art. 156, onde contemplada a hipótese vista.

Enquanto isso não ocorre, entretanto, a própria Lei Complementar tributária já traz previsão apta a resolver a aparente incompatibilidade em comento.

Refere-se, no particular, ao conteúdo do art. 149, IX, do Código Tributário Nacional, que estabelece no seguinte sentido:

> *Art. 149. O lançamento é efetuado e revisto de ofício pela autoridade administrativa nos seguintes casos:*

> *[...]*
>
> *IX - quando se comprove que, no lançamento anterior, ocorreu fraude ou falta funcional da autoridade que o efetuou, ou omissão, pela mesma autoridade, de ato ou formalidade especial.*

Bem analisado o conteúdo da norma complementar, que carreia a previsão de ato administrativo plenamente vinculado, na medida em que, ocorrida a previsão nele contida, *deverá, obrigatoriamente*, ser praticado de ofício pela autoridade competente, tem-se que no exemplo que se vem trabalhando ocorreu flagrante *falta funcional da autoridade que efetuou o lançamento*, posteriormente consubstanciada em razão do conteúdo da decisão judicial estabilizada, que reconheceu o vício procedimental administrativo ao suspender a exigibilidade do respectivo título decorrente daquele ato originário.

Assim sendo, enquanto não sobrevém a alteração legislativa para adequação da norma tributária, a autoridade administrativa competente deve declarar *extinto o crédito tributário* (conforme inc. IX do art. 156 do Código Tributário Nacional) que tenha sido objeto de suspensão de exigibilidade decorrente de decisão judicial antecipatória imutável por conta de estabilização definitivamente ocorrida.

7. CONCLUSÕES

Pelos fundamentos expostos, conclui-se que a estabilização de tutela provisória concedida antecipadamente de modo antecedente pode ocorrer, também, em face da Fazenda Pública, dado que não dependente do fato de o direito discutido ser disponível, tampouco da observância dos privilégios ainda existentes em favor das pessoas jurídicas de direito público, como é o caso do reexame necessário das sentenças contra elas proferidas e das previsões de ordem legal quanto à proibição de deferimento dessas medidas urgentes em alguns casos.

Em relação à estabilização ocorrida em ação declaratória de nulidade de débito fiscal, a incompatibilidade entre a ausência de requisito de exequibilidade do título extrajudicial da Fazenda Pública, consistente na suspensão de exigibilidade, e a permanência da certidão de dívida ativa no mundo jurídico, resolve-se, enquanto não advinda alteração legislativa necessária, pela extinção do respectivo crédito tributário de ofício, em cumprimento a ato administrativo vinculado previsto expressamente no Código Tributário Nacional.

REFERÊNCIAS

ALVIM, Eduardo Arruda; THAMAY, Rennan Faria Kruger; e GRANADO, Daniel Willian. *Processo Constitucional*, São Paulo: Revista dos Tribunais, 2014,

BRASIL. Consulta. Em http://www.stj.jus.br.

BRASIL. Constituição Federal. Disponível em http://www.planalto.gov.br.

BRASIL. Lei n. 5.172, de 25 de outubro de 1966. Dispõe sobre o Sistema Tributário Nacional e institui normas gerais de direito tributário aplicáveis à União, Estados e Municípios. Código Tributário Nacional. Em http://www.planalto.gov.br.

BRASIL. Lei n. 8.437, de 30 de junho de 1992. Dispõe sobre a concessão de medidas cautelares contra atos do Poder Público e dá outras providências. Em http://www.planalto.gov.br.

BRASIL. Lei n. 9.494, de 10 de setembro de 1997. Disciplina a aplicação da tutela antecipada contra a Fazenda Pública, altera a Lei n. 7.347, de 24 de julho de 1985, e dá outras providências. Em http://www.planalto.gov.br.

BRASIL. Lei n. 13.105, de 16 de março de 2015. Institui o Código de Processo Civil. Em http://www.planalto.gov.br.

BUENO, Cassio Scarpinella. *Manual de Direito Processual Civil*, 2. ed. rev. atual. e ampl. São Paulo: Saraiva, 2016.

MARINONI, Luiz Guilherme; ARENHART, Sérgio Cruz; MITIDIERO, Daniel: *Novo Curso de Processo Civil,* vol. 2, Teoria do Processo Civil, 2. ed. rev. atual. e ampl. São Paulo: Revista dos Tribunais, 2016.

RODRIGUES, Marco Antonio. *A Fazenda Pública no Processo Civil*, 2. ed. rev. atual. e ampl. São Paulo: Atlas, 2016.

WANBIER, Luiz Rodrigues; TALAMINI, Eduardo. *Curso Avançado de Processo Civil,* vol. 2, Cognição jurisdicional, processo comum de conhecimento e tutela provisória, 16. ed. rev. e ampl. de acordo com o novo CPC. São Paulo: Revista dos Tribunais, 2016.

MANDADO DE SEGURANÇA E A TUTELA DE EVIDÊNCIA: APLICABILIDADE E RELEVÂNCIA NO DIREITO TRIBUTÁRIO

Luís Alexandre Barbosa[1]

Denis Kendi Ikeda Araki[2]

1. Introdução

A importância do Mandado de Segurança como instrumento ao moderno processo tributário é inquestionável, sendo classificada por relevante parcela da doutrina como a "ação tributária por excelência"[3].

---

1. Especialista em Direito Tributário pela Pontifícia Universidade Católica de São Paulo – PUC/SP - COGEAE (2002-2003) e Direito da Economia e da Empresa pela Fundação Getúlio Vergas em São Paulo (FGV/SP). Professor de Direito Tributário e nos cursos de MBA e Extensão da Fundação Instituto de Administração (FIA) nas cadeiras de Gestão Empresarial e Finanças. Sócio fundador do escritório LBMF | Barbosa e Ferraz Ivamoto Sociedade de Advogados.

2. Especialista em Direito Processual Tributário pela Pontifícia Universidade Católica de São Paulo – PUC/SP. Advogado do escritório LBMF | Barbosa e Ferraz Ivamoto Sociedade de Advogados.

3. Neste sentido, destaca-se a citação de Marins (2015, p. 577), a saber: [...] a vocação constitucional deste writ para servir como instrumento de proteção dos

No mesmo sentido são as palavras de Costa (2015, p. 440), que ratifica ser o *mandamus a ação mais utilizada pelos contribuintes*. E enumera as razões para tanto, quais sejam: i) a desnecessidade de dilação probatória como regra nas discussões tributárias; ii) a razoável celeridade do procedimento; e notadamente iii) a ausência de condenação em honorários de sucumbência, que implica grande influência prática para a adoção do mandado de segurança nas grandes discussões tributárias.

Não obstante tratar-se de garantia constitucional originalmente caracterizada pela sua razoável simplicidade processual[4], a constante evolução do cenário jurisdicional, somada às recentes alterações na legislação processual, fizeram nascer importantes elementos ao direito processual tributário, cuja análise científica se faz necessária para a detida adequação ao procedimento especial mandamental, como forma de evolução do próprio instrumento ao atual cenário jurisdicional.

Por mais de meio século o Mandado de Segurança foi regrado apenas pela Lei 1.533, de 31 de dezembro de 1951. No entanto, a crescente relevância deste instrumento processual não passou desapercebida pelo legislador que sofreu relevantes modificações quando do advento da Lei 12.016, de 7 de agosto de 2009 e mais recentemente por meio da Lei 13.676, de 11 de junho de 2018, de forma a adequar a utilização deste relevante instrumento processual às necessidades e preceitos hodiernos.

Trata-se de evolução, não apenas importante, mas efetivamente necessária e fundamental, sob pena de se incentivar a obsolescência e a ausência de adequação da norma ao ordenamento jurídico e à sociedade como um todo.

---

particulares em face dos possíveis abusos praticados pelo Poder Público o transforma no principal instrumento judicial de proteção do cidadão-contribuinte diante do exercício da função fiscal.

4. Nos termos da norma constitucional (art. 5º, LXIX) será concedida "para proteger direito líquido e certo, não amparado por habeas corpus ou habeas data, quando o responsável pela ilegalidade ou abuso de poder for autoridade pública ou agente de pessoa jurídica no exercício de atribuições do Poder Público".

Dentre as inovações processuais que resultaram em relevantes efeitos na ação de Mandado de Segurança, destaca-se a Lei 13.105, de 16 de março de 2015, que estabeleceu o chamado "Novo Código de Processo Civil". Entretanto, certo é que também não é a única: aliás, sequer as inovações decorrerão sempre de alteração legislativa, mas de interpretação frente às novas necessidades da sociedade (na seara tributária, do contribuinte ou do fisco).

No presente estudo, busca-se discorrer sobre a compatibilidade da ação mandamental com uma das alterações da mais alta importância na legislação processual, a saber, o instituto das tutelas, que passou por grandes mudanças na novel legislação processual civil, com enfoque no instituto da tutela de evidência, que já se mostra como importante instrumento de garantia da segurança jurídica nas relações tributárias.

2. Das Considerações Gerais das Tutelas – Aplicação Suplementar ao Procedimento Especial

A novel legislação processual unificou os procedimentos de tutela antecipada e cautelar em seu Livro V, sob a nomenclatura de "Tutela Provisória". Dentre as suas espécies, por sua vez, estão a *Tutela de Urgência* (está dividida nas modalidades cautelar e antecipada) e a *Tutela de Evidência*.

A tutela de urgência encontra grande similaridade com os procedimentos antecipatórios e cautelares comuns no CPC/1973: a sua concessão depende da demonstração da existência de "*elementos que evidenciem a probabilidade do direito e o perigo de dano ou o risco ao resultado útil do processo*"[5].

Trata-se de disposição análoga ao pedido liminar em Mandado de Segurança, previsto incialmente na Lei 1.533/51 e atualmente no art. 7º, inciso III, da Lei 12.016/2009 (Lei do Mandado

5. Art. 300. A tutela de urgência será concedida quando houver elementos que evidenciem a probabilidade do direito e o perigo de dano ou o risco ao resultado útil do processo.

de Segurança), cabível quando houver *fundamento relevante* quando *do ato impugnado puder resultar a ineficácia da medida.*

Já a tutela de evidência prescinde do chamado *periculum in mora* (fato este, aliás, expresso no *caput* do art. 311[6]), sendo condicionada às seguintes alternativas: **i)** *ficar caracterizado o abuso do direito de defesa ou o manifesto propósito protelatório da parte*; **ii)** *as alegações de fato puderem ser comprovadas apenas documentalmente e houver tese firmada em julgamento de casos repetitivos ou em súmula vinculante*; **iii)** *se tratar de pedido reipersecutório fundado em prova documental adequada do contrato de depósito, caso em que será decretada a ordem de entrega do objeto custodiado, sob cominação de multa*; ou **iv)** *a petição inicial for instruída com prova documental suficiente dos fatos constitutivos do direito do autor, a que o réu não oponha prova capaz de gerar dúvida razoável.*

Outra diferença com relação às tutelas de urgência é que, para a tutela de evidência, não há consenso se seria inovação do novo *códex* ou uma simples remodelagem de previsão já contida na legislação revogada. Para Paulo Cesar Conrado, por exemplo, a figura seria inédita: "*A par dessas certezas, o CPC/2015, inovando no capítulo destinado ao que chamou de "tutelas provisórias", instituiu a inédita figura da "tutela de evidência" [...]* (CONRADO, 2016).

Inobstante, contudo, a inexistência de dispositivo na legislação revogada que reproduza fielmente todos os requisitos acima transcritos, necessários à concessão da tutela de evidência, parece acertada a posição contrária, tal como defendido por Marins (2015, p. 679), no sentido de que "*Ainda que sem a devida sistematização, essa modalidade de tutela antecipatória já figurava no sistema do CPC/73*", convencimento este derivado do caráter alternativo contido no art. 273, inciso II e §6º da antiga legislação, o qual previa a possibilidade de antecipação dos efeitos da tutela quando i) *haja fundado*

6. Art. 311. A tutela da evidência será concedida, *independentemente* da demonstração de perigo de dano ou de risco ao resultado útil do processo, quando:

receio de dano irreparável ou de difícil reparação; ou ii) *fique caracterizado o abuso do direito de defesa ou o manifesto propósito protelatório do réu; ou iii) um ou mais dos pedidos cumulados, ou parcela deles, mostrar-se incontroverso.*

Contudo, independentemente de previsão no CPC/73, a compatibilidade dessa modalidade de tutela com o procedimento especial do Mandado de Segurança é tema de controvérsias, muito embora atualmente estas tenham reduzido.

O Superior Tribunal de Justiça, em mais de uma oportunidade, pronunciou pelo descabimento de sua aplicação em razão da inexistência de disposição específica na legislação especial (STJ, MS 23.050, 2017), vejamos:

> Não obstante a nova disciplina da tutela de evidência, no âmbito da ação mandamental não é cabível o pleito no procedimento em causa. Com efeito, os requisitos para a concessão de liminares na via do mandado de segurança encontram-se expressamente insculpidos na Lei 12.016/09, diploma legal esse que não contém prescrição no tocante à de tutela de evidência. No mesmo sentido, as seguintes decisões monocráticas: MS n.º 22.488/DF, Rel. Min. MAURO CAMPBELL MARQUES, DJe de 04/04/2016; MS n.º 21.634/DF, Rel. Min. ASSUSETE MAGALHÃES, DJe de 14/04/2015; e MS n.º 17.333/DF, Rel. Min. HERMAN BENJAMIN, DJe de 02/08/2011.

Não parece, contudo, ser esse o entendimento mais acertado, considerando a necessidade de aplicação supletiva do CPC/15 à Lei 12.016/09 e a quaisquer outros procedimentos especiais, conforme expresso no art. 1.046, §2º: "*Permanecem em vigor as disposições especiais dos procedimentos regulados em outras leis, aos quais se aplicará supletivamente este Código*".

O vocábulo *supletivo* tem como significado, (FERREIRA, 1999, p. 1906) "*que supre ou se destina a suprir*". O vocábulo *suprir*, por seu turno, possui mais de uma definição (FERREIRA, 1999, p. 1907), sendo a aplicável ao caso a de "*complementar, inteirar, preencher*". Ora, não há qualquer lógica na adoção do significado de caráter de *substituição*, em boa observância ao princípio da *lex specialis derogat legi legerali.*

Há que questionar, contudo, até que ponto se trata de simples complementação ou efetiva alteração. De fato, muito embora o alinhamento à corrente de que a tutela de evidência já encontrava previsão no CPC/73, fato é que ela nunca integrou o procedimento do Mandado de Segurança, de modo que poderia parecer se tratar de uma tentativa de *alteração*, considerando que nunca foi utilizada a tutela de evidência em ação mandamental antes da égide do CPC/2015.

Há, contudo, uma justificativa simples para esse fato: a inovação se encontra não no instituto da tutela de evidência, mas na determinação de aplicação supletiva da legislação processual geral aos procedimentos especiais. Não havia, no CPC/73, dispositivo correspondente ao art. 1.046, §2º, do CPC/2015.

Logo, o instituto da tutela de evidência se mostra como meio complementar passível de utilização no curso do procedimento especial do Mandado de Segurança, *naquilo que não contrariar a sistemática do próprio procedimento.*

Trata-se de ressalva que se faz necessária em razão da existência de importantes manifestações pelo cabimento da tutela de evidência em Mandado de Segurança, manifestações estas que, contudo, não apontam de forma objetiva quais seriam essas limitações. Muito embora não tenham poder vinculante, tais manifestações são de notória relevância neste momento de atual aplicação prática, vez que seu intuito é justamente pacificar questões controvertidas decorrentes do advento da nova legislação processual, como o Enunciado 49[7] da I Jornada de Direito Processual Civil do Centro de Estudos Judiciários do Conselho da Justiça Federal, bem como o Enunciado 422[8] do Fórum Permanecente de Processualistas Civis, dos quais são participantes figuras de renome atuantes em todas as áreas do meio jurídico.

---

7. "ENUNCIADO 49 – *A tutela da evidência pode ser concedida em mandado de segurança*".

8. "*422. A tutela de evidência é compatível com os procedimentos especiais*".

Como crítica a tais construções irrestritas, aponta-se que, em razão de inevitável conflito procedimental, não é possível a utilização irrestrita da tutela de evidência na seara mandamental – sendo, aliás, justamente o oposto: o seu cabimento restaria limitado à hipótese prevista no inciso II, do artigo 311 do CPC/2015.

A relevância desse apontamento se converge nos reflexos decorrentes dessa restrição para as discussões judiciais – em especial as de natureza tributária, considerando ser o Mandado de Segurança o instrumento mais utilizado para esta finalidade.

Indispensável, para a demonstração desse ponto, a análise dos requisitos para a concessão da tutela de evidência e a sistemática de processamento e julgamento da ação de mandado de Segurança.

3. Procedimento Mandamental x Requisitos da Tutela de Evidência

Por importante, delimita-se que serão objeto de análise neste estudo somente as condições previstas nos incisos I, II e IV, do art. 311, do CPC/2015, tendo em vista a ausência de correlação entre a possibilidade aventada no inciso III (*pedido reipersecutório fundado em prova documental adequada do contrato de depósito*) em razão de sua notória inaplicabilidade às ações mandamentais tributárias.

No tocante à hipótese prevista no inciso II (*alegações de fato puderem ser comprovadas apenas documentalmente e houver tese firmada em julgamento de casos repetitivos ou em súmula vinculante*), não há incongruência com o procedimento do Mandado de Segurança: uma vez existente tese jurídica firmada sob a sistemática dos feitos repetitivos ou súmula vinculante[9], o pleito de tutela de evidência poderá ser formulado

9. Muito embora se tenha ciência da discussão, não cumpre adentrar, para fins desta dissertação, sobre quais procedimentos de aplicação vinculante estariam abrangidos pela regra do art. 311, inciso II.

concomitantemente à inicial do *writ*, cabendo ao juízo o seu deferimento *inaudita altera parte*.

Quanto à hipótese prevista no inciso I (*"ficar caracterizado o abuso do direito de defesa ou o manifesto propósito protelatório da parte"*), há, inicialmente, que verificar o que se enquadraria nesses conceitos. Não é discussão fácil: há teorias diversas que buscam delimitar esses institutos (objetiva, subjetiva etc.), sobre as quais não cumpre adentrar ao mérito para esta exposição.

Há que convir, contudo, que há certa carga de subjetividade do Magistrado para verificar a ocorrência dessas hipóteses, conquanto se possa extrair critérios minimamente objetivos da legislação processual, nos artigos 4º[10], 5º[11], 6º[12] e 80[13]. Extrai-se, portanto, que o abuso ou propósito protelatório tem como objetivo atribuir à determinada parte o ônus do tempo e os reflexos daí decorrentes.

Na seara tributária, o leque de ações contra o contribuinte que podem restar configuradas como abusivas ou protelatórias é menor quando comparada às ações de natureza civil, visto se tratar, via de regra, de uma relação simples entre fisco e contribuinte na qual a discussão restringe-se a ato coator vinculado a alegada exigência tributária.

---

10. Art. 4º As partes têm o direito de obter em prazo razoável a solução integral do mérito, incluída a atividade satisfativa.

11. Art. 5º Aquele que de qualquer forma participa do processo deve comportar-se de acordo com a boa-fé.

12. Art. 6º Todos os sujeitos do processo devem cooperar entre si para que se obtenha, em tempo razoável, decisão de mérito justa e efetiva.

13. Art. 80. Considera-se litigante de má-fé aquele que:
I - deduzir pretensão ou defesa contra texto expresso de lei ou fato incontroverso;
II - alterar a verdade dos fatos;
III - usar do processo para conseguir objetivo ilegal;
IV - opuser resistência injustificada ao andamento do processo;
V - proceder de modo temerário em qualquer incidente ou ato do processo;
VI - provocar incidente manifestamente infundado;
VII - interpuser recurso com intuito manifestamente protelatório.

O grande interesse na tutela de evidência sob o manto do inciso I, portanto, referem-se às defesas e recursos manifestamente destituídos de fundamento. E aí se abre a oportunidade para nova discussão: afinal, quando há enquadramento nesse conceito? Tratando-se o direito ao contraditório e à ampla defesa de princípios constitucionais, faz-se necessária cautela quando da atribuição de caráter abusivo ou protelatório a qualquer ato processual.

Partindo-se da premissa compartilhada por Marins (2015, p. 577), de que a atual tutela de evidência é um simples detalhamento da previsão já contida no art. 273, inciso II e §6º do CPC/73, possível é a interpretação de que a existência de tese firmada em julgamento de casos repetitivos ou em súmula vinculante (hipótese prevista no art. 300, inciso II, do CPC/2015), configuraria, no caso de oposição do réu, em *abuso do direito de defesa ou manifesto propósito protelatório*.

Aliás, mesmo antes do advento do CPC/2015, parte da doutrina já se manifestava pela ocorrência de *abuso* ou *propósito protelatório* quando da apresentação de defesas e recursos contrários à orientação dos Tribunais Superiores, a exemplo de Alvim (2003, p. 101):

> Haverá abuso de direito de defesa ou manifesto protelatório do réu sempre que, por exemplo, a jurisprudência firmar-se em determinado sentido, nas Cortes Superiores de Justiça, mormente através de orientação sumulada, e o demandado insistir em negar, através de contestações esteoreotipadas (...), o direito do autor, com o único propósito de retardar a prolação da sentença.

No mesmo sentido são as lições de Carneiro (2004, p. 36 e 37), a que se referem Didier Jr., Braga e Oliveira (2019, p. 755): "*Eis alguns exemplos de condutas que autorizam a concessão da tutela de evidência punitiva: (...) f) invocar uma tese bisonha ou oposta à orientação dominante nos tribunais superiores (...)*".

Por evidente que, aceita a argumentação acima, não estará caracterizada a conduta reprovável unicamente quando da apresentação de defesa contrária, estritamente, à orientação dominante dos Tribunais Superiores. A essência é, conforme reconhecido pelo Fórum Permanecente de Processualistas Civis[14], *lato*: existente entendimento já firmado, por exemplo, em ato da própria administração pública, seja contrário ao defendido pela Fazenda Pública em sua defesa ou recurso, seja reconhecendo a improcedência de seus argumentos em razão da jurisprudência consolidada (ainda que não em sede de recursos repetitivos), restará caracterizada a intenção protelatória.

Corroborando o exposto (inclusive com relação ao aspecto histórico da tutela de evidência) é o julgamento do REsp. nº 194193/CE[15], no qual o então Ministro Gilson Dipp concedeu tutela em razão da evidência do direito do postulante, fundado em reconhecimento pela própria União, que se verificava da prática de ato externo ao processo (edição de Medida Provisória). Os excertos do julgado em tela são autoexplicativos:

> [...] a própria União já reconheceu ser devido o reajuste está providenciando o seu pagamento, tanto que editou a Medida Provisória nº 1.704-3, em 28.09.97, estendendo a vantagem aos servidores públicos civis que não ingressaram com ações judiciais com esse objetivo. Diante desse fato superveniente, o direito dos recorridos à antecipação da tutela se evidencia, exigindo, sua observância pela Recorrente. A apontada violação dos arts. 273, do CPC, não se configura, pois além do reconhecimento do Poder

14. "*34. (art. 311, I) Considera-se abusiva a defesa da Administração Pública, sempre que contrariar entendimento coincidente com orientação* vinculante firmada no âmbito administrativo do próprio ente público, consolidada em manifestação, parecer ou súmula *administrativa, salvo se demonstrar a existência de distinção ou da necessidade de superação do entendimento. (Grupo: Tutela Antecipada)*"

15. "PROCESSO CIVIL. TUTELA ANTECIPADA. REAJUSTE DE VENCIMENTOS DE SERVIDORES PÚBLICOS. 28,86%. RECONHECIMENTO ADMINISTRATIVO DO DIREITO. MEDIDA PROVISÓRIA Nº 1.704-3/97. RECURSO ESPECIAL. PREQUESTIONAMENTO.
O direito ao reajuste de vencimentos dos servidores públicos em 28,86%, está pacificado no âmbito do Supremo Tribunal Federal e do Superior Tribunal de Justiça. O reconhecimento administrativo desse direito, através da Medida Provisória 1.704-3/97, conjugado com a intenção de efetuar o pagamento dos valores correspondentes a todos os servidores públicos, mesmo que não tenham ingressado em juízo, torna inequívoco o direito dos recorridos à concessão de antecipação de tutela. Na hipótese, a insistência da União em recorrer caracteriza abuso do direito de defesa e manifesto propósito protelatório, (art. 273, II, do CPC). (...)" (REsp. 194.193/CE, Rel. Ministro GILSON DIPP, QUINTA TURMA, julgado em 25/03/1999, DJ 19/04/1999, p. 166).

> Judiciário do direito dos servidores, a própria União também o reconhece. Por essa razão, inequívoco o direito à concessão da antecipação de tutela, neste caso.

Poder-se ia argumentar, ainda, a inaplicabilidade desse raciocínio considerando a indisponibilidade dos bens e direitos tutelados pela administração pública e o dever de esgotamento dos meios de defesa pelos seus representantes judiciais (Procuradorias). De fato, não pode ocorrer penalização em razão do necessário cumprimento ao dever de ofício (cujo descumprimento implica, inclusive, em responsabilização funcional)[16].

Entretanto, essa obrigatoriedade que, até algum tempo, era verdade absoluta, vem sofrendo alterações, de modo a se adequar ao novo panorama judiciário buscado, principalmente, pelo CPC/2015, a saber: o prestígio da segurança jurídica mediante a uniformização da jurisprudência e o desafogamento do Poder Judiciário. No âmbito federal, por exemplo, houve a ampliação da possibilidade de dispensa de procuradores da Fazenda Nacional a contestar e recorrer mediante a Portaria PGFN 502, de 12 de maio de 2016. Medidas semelhantes também já foram adotadas nos âmbitos estadual e municipal.

E, mesmo que inexistente a possibilidade expressa de dispensa, a inércia na adoção de providências que busquem adequar as funções do órgão em questão ao atual momento social não pode ser utilizada como desculpa para protelar a fruição de direito ao qual faz jus o cidadão.

---

16. Nesse sentido, confira-se o julgamento do REsp. 1190059/SP:
"PROCESSUAL CIVIL. LITIGÂNCIA DE MÁ-FÉ. NÃO CONFIGURAÇÃO. RECURSO INTERPOSTO POR DEVER DE OFÍCIO.
1. A multa prevista no artigo 18 do Código de Processo Civil pressupõe a má-fé do litigante, que não se identifica nas hipóteses em que a parte por dever de ofício recorre para veicular pretensão em sentido oposto ao que se inclinava os Tribunais Superiores.
2. *In casu*, apelação da Fazenda Nacional manifestou insurgência contra decisão de mesmo sentido da jurisprudência dominante do STJ e do STF, que apenas posteriormente veio a ser sedimentado na Súmula 373 do STJ e na Súmula Vinculante 21 do STF, o que descaracteriza a má-fé.
3. Recurso especial a que se dá provimento.
(REsp. 1190059/SP, Rel. Ministro LUIZ FUX, PRIMEIRA TURMA, julgado em 10/08/2010, DJe 25/08/2010)"

No âmbito tributário, toda essa discussão é também de suma importância, tendo em vista a existência de discussões nas quais há jurisprudência consolidada, não submetida, contudo, à sistemática dos recursos repetitivos, no sentido da inexigibilidade de determinado tributo (por vezes, inclusive com a determinação de dispensa de recursos pela procuradoria fazendária), o que permitiria, portanto, a concessão de tutela de evidência no caso de resistência da Fazenda Pública.

A título exemplificativo, pode ser mencionada a jurisprudência consolidada no sentido da inexigibilidade da Taxa Siscomex nos patamares majorados pela Portaria do Ministério da Fazenda 257/2011. Muito embora inexistente precedente submetido à sistemática dos recursos repetitivos, tanto a Primeira (RE nº 959.274) quanto a Segunda Turma (RE nº 1.095.001) do Supremo Tribunal Federal já se manifestaram no sentido da inconstitucionalidade da exigência formalizada pela citada Portaria, entendimento este que vem sendo adotado pelos Tribunais Regionais Federais de todo País.

Inclusive, em razão do reconhecimento da consolidação do entendimento no sentido favorável aos contribuintes, foi editada pela Procuradoria da Fazenda Nacional a Nota SEI 73/2018/CRJ/PGACET/PGFN-MF, que motivou a inclusão do tema na lista de dispensa para contestação e recursos[17], à qual faz alusão à Portaria 502, de 12 de maio de 2016.

---

17. a) **Inconstitucionalidade da majoração da taxa do SISCOMEX - Delegação incompleta Resumo**: O STF firmou o entendimento de que o reajuste promovido pela Portaria MF 257, de 20 de maio de 2011 é inconstitucional, pois o art. 3º, § 2º, da Lei 9.716/98 violou a legalidade tributária ao, não prescrevendo nenhum teto, permitir que ato normativo infralegal reajustasse o valor da taxa de acordo com a variação dos custos de operação e dos investimentos no SISCOMEX.
Observação: O afastamento do reajuste promovido pela Portaria MF 257/2011, não impede a cobrança (ou a apuração do excesso, para fins de limitação do indébito a ser restituído) baseada na correção monetária acumulada no período.
Precedentes: RE 959274/SC, RE 1095001/SC, ARE 1.115.340/SP, RE's 1.149.599/SC, 1155912/PR e 1169123/RS, 1155381/SC, 1167609/SC, RE 838284/SC.
Referência: Nota SEI nº 73/2018/CRJ/PGACET/PGFN-MF
*** Data da inclusão:**13/11/2018
(Disponível em http://www.pgfn.fazenda.gov.br/assuntos/legislacao-e-normas/documentos-portaria-502/lista-de-dispensa-de-contestar-e-recorrer-art-2o-v-

Logo, em consonância ao exposto, verifica-se cabível a tutela de evidência como forma de suspender a exigência da Taxa Siscomex realizada com fulcro nos valores disciplinados na Portaria MF nº 257/2011, já reputada inconstitucional pelo Supremo Tribunal Federal, com base no inciso I, do art. 311, do CPC/15, caso resistida a pretensão do contribuinte mediante defesa que não demonstre a inadequação do caso concreto aos precedentes jurisprudenciais.

Na ação de Mandado de Segurança, contudo, essa mesma tutela não seria cabível, por inadequação ao procedimento específico da ação mandamental. Para a compreensão desse ponto, cumpre, antes de mais nada, destacar o momento no qual essa tutela poderia ser concedida.

De análise do conjunto normativo que rege a tutela de evidência, merece atenção o conteúdo disciplinado no parágrafo único do art. 311[18], o qual é expresso no sentido que o juiz somente poderá decidir liminarmente (ou seja: logo no início da etapa processual, antes da prática de quaisquer outros atos como a prévia oitiva da parte contrária), nas hipóteses de seus incisos II e III – e não do inciso I.

Do mesmo modo, é o no art. 9º, parágrafo único, inciso II[19], do CPC/2015, que é expresso quanto à impossibilidade de se proferir decisão *inaudita altera parte*, com exceção, no caso das tutelas de evidência, às hipóteses previstas no inciso II do art. 311.

E essa limitação é simples decorrência lógica da própria condição estabelecida no inciso I. Ora, o abuso do direito de defesa ou manifesto propósito protelatório da parte dependem, necessariamente, da prática de ato pela parte contrária

---

vii-e-a7a7-3o-a-8o-da-portaria-pgfn-no-502-2016).

18. Art. 311. A tutela da evidência será concedida, independentemente da demonstração de perigo de dano ou de risco ao resultado útil do processo, quando: (...) Parágrafo único. Nas hipóteses dos incisos II e III, o juiz poderá decidir liminarmente.

19. Art. 9º Não se proferirá decisão contra uma das partes sem que ela seja previamente ouvida. Parágrafo único. O disposto no *caput* não se aplica: (...) II - às hipóteses de tutela da evidência previstas no art. 311, incisos II e III ;

(no caso, o exercício de direito com o único objetivo de postergar o desfecho da demanda). Não há como se presumir que a parte contrária irá incorrer nessas práticas.

Sobre o assunto, são precisas as lições de Alvim (2017, p. 321):

> Como decorre da própria nomenclatura adotada pelo legislador, o "abuso do direito de defesa" decorre do irregular exercício do direito de defesa, entendida esta em seu sentido mais amplo, abarcando não apenas a peça de defesa propriamente dita – contestação -, mas todas as manifestações da parte no curso do processo, com vistas a defender seus próprios interesses. A caracterização do abuso de direito de defesa, portanto, pressupõe que o réu já tenha sido citado (pois o autor já está incluído na relação jurídica processual desde o início), e que tenha oferecido resposta.
>
> Há, portanto, abuso de direito de defesa quando houver prática de atos processuais tendentes a protelar o feito, tornando injusta a manutenção do ônus do decurso do tempo para a regular tramitação processual apenas ao autor.

No caso do Mandado de Segurança, não há propriamente *defesa* da Autoridade Impetrada para caracterização de abuso. O regramento determina que esta preste somente *informações* que, muito embora acabem, na maioria das vezes, travestindo-se em contestação em razão dos argumentos nelas dispendidos, não são formalmente classificadas na modalidade de *defesa*, não se revestindo das características necessárias para tanto; mas sim de *prova judiciária*, conforme entendimento do Superior Tribunal de Justiça[20]. Possuem, como o

20. "ADMINISTRATIVO. PROCESSUAL CIVIL. RECURSO ORDINÁRIO EM MANDADO DE SEGURANÇA. INTEMPESTIVIDADE DAS INFORMAÇÕES. CERCEAMENTO DE DEFESA. INOCORRÊNCIA. CONCURSO PÚBLICO. APROVAÇÃO DENTRO DO CADASTRO DE RESERVA PREVISTO EM EDITAL. ABERTURA DE NOVAS VAGAS NO PRAZO DE VALIDADE DO CERTAME. AUSÊNCIA DE DOTAÇÃO ORÇAMENTÁRIA PARA A REALIZAÇÃO DAS NOMEAÇÕES. COMPROVAÇÃO.
1. As informações prestadas pelo Tribunal de Justiça não foram intempestivas. Primeiramente foram apresentadas as informações e, em um segundo momento, a sua complementação. Não havendo qualquer ilegalidade no fato. Ademais, a intempestividade nas informações em mandado de segurança não macula o acórdão que denega o *writ*, uma vez que o atraso na sua apresentação é uma mera irregularidade, que não afeta o acórdão

próprio nome diz, natureza unicamente *informativa* – tanto o é que sua ausência ou apresentação extemporânea não induz os efeitos da revelia[21].

Sem a previsão de apresentação de *defesa* pela autoridade impetrada em Mandado de Segurança, não se vislumbra, via de consequência, possibilidade de se arguir pela prática de *abuso do direito de defesa*. No tocante ao *manifesto propósito protelatório*, mesmo para os defensores de que este se referiria a atos praticados *fora* do processo, não se vislumbra quais poderiam obstar a regular tramitação da ação mandamental, principalmente considerando a jurisprudência supramencionada, a qual é expressa no sentido da inaplicabilidade dos efeitos da revelia quanto ás *informações* da autoridade, bem como de que a prova do direito pleiteado via Mandado de Segurança é exclusivamente de responsabilidade do impetrante.

Ademais, ainda que se atribuísse a natureza de *defesa* às *informações*, ainda assim seria inócuo o requerimento de tutela de evidência, dada à natureza célere do procedimento mandamental, que possui pouquíssimas etapas quando comparado ao procedimento ordinário. Lembre-se novamente que, por expressa vedação contida no parágrafo único do art. 311, não é possível o deferimento liminar do pedido de tutela de evidência quando fundado em *abuso do direito de defesa* ou *manifesto protelatório da parte*.

---

proferido no *mandamus. Até porque tais informações são necessárias para a formação do convencimento do Juiz, podendo até se falar em prova judiciária.*

2. Após a apresentação das informações pela autoridade coatora e ouvido o Ministério Público, com ou sem o parecer, os autos serão conclusos ao juiz, para a decisão (art. 12 da Lei 12016/09), ou seja, é desnecessária a intimação da parte para se manifestar acerca dos documentos apresentados, até porque ao impetrante cumpre demonstrar, mediante prova pré-constituída dos fatos que embasam a impetração, a ocorrência do direito líquido e certo. (...) (RMS 37.701-RO)

21. "*A intempestividade das informações prestadas pela autoridade apontada coatora no mandado de segurança não induz a revelia, uma vez que ao impetrante cumpre demonstrar, mediante prova pré-constituída dos fatos que embasam a impetração, a ocorrência do direito líquido e certo.*" (RMS 11751/SP; RMS 26170/RO).

Partindo-se dessa premissa, tem-se que a decisão sobre o pedido de tutela de evidência, em ação mandamental, seria hipoteticamente possível quando do retorno dos autos do Ministério Público, após a apresentação das informações pela autoridade coatora.

Ocorre que, nessa situação, o Mandado de Segurança já estará em condições para pronto julgamento, não sendo razoável admitir, até por respeito aos princípios processuais constitucionais e presentes no próprio CPC/2015, a concessão de tutela provisória quando da possibilidade de prolação imediata de sentença.

Destaque-se também que, inobstante não se veja na prática a aplicação desse dispositivo, após o feito reunir todas as condições para julgamento, a prolação da sentença deverá se dar em prazo célere – 30 (trinta) dias – contados da conclusão dos autos ao juiz para decisão (art. 12, parágrafo único, da Lei 12.016/2009).

Logo, a sistemática simplificada da ação mandamental retira a efetividade da tutela de urgência postulada com base no inciso I, do art. 311, do CPC/2015. E, de igual forma, esse raciocínio também é aplicável à hipótese do inciso IV desse mesmo dispositivo (*a petição inicial for instruída com prova documental suficiente dos fatos constitutivos do direito do autor, a que o réu não oponha prova capaz de gerar dúvida razoável*), considerando que também nessa hipótese é vedada a decisão em caráter liminar.

Poder-se ia argumentar ainda que na situação do exemplo acima retratado (no qual há jurisprudência consolidada, mas não com julgamento realizado sob a sistemática repetitiva), seria possível a concessão de tutela de evidência com fulcro no inciso II, do art. 311 (o que tornaria possível, portanto, a sua postulação em ação mandamental, considerando a autorização expressa para decisão liminar nessa situação).

Trata-se de entendimento de parcela da doutrina, que busca ampliar a abrangência do referido dispositivo mediante o abrandamento dos conceitos mais restritivos (*tese firmada em julgamento de casos repetitivos* e *súmula vinculante*), sob o pretexto de se preservar a intenção do legislador e garantir a uniformidade jurisprudencial tão prestigiada pelo CPC/2015.

O raciocínio é, de fato, válido e aplicável em algumas situações. Exemplo da aplicação positiva foi a realizada pela Escola Nacional de Formação e Aperfeiçoamento de Magistrados – ENFAM, ao interpretar[22] pela aplicabilidade do art. 311, inciso II, do CPC/15, quando da existência de orientação fixada pelo Supremo Tribunal Federal em controle abstrato de constitucionalidade ou de súmula sem caráter vinculante.

Nesse caso, o abrandamento seria possível em razão da necessidade de manutenção da integridade do próprio CPC/2015, mediante a coerência desse dispositivo com o art. 927, incisos I e IV, segundo o qual é de observação obrigatória pelos juízes e tribunais "*as decisões do Supremo Tribunal Federal em controle concentrado de constitucionalidade*" e "*os enunciados das súmulas do Supremo Tribunal Federal em matéria constitucional e do Superior Tribunal de Justiça em matéria infraconstitucional*".

Ou seja, o próprio CPC/2015 já atribui efeito vinculante a esses dois instrumentos, de modo que não caberia a sua não observação quando da análise do pedido de tutela de evidência. É certo que, ainda assim, trata-se de opinião controversa: afinal, questiona-se doutrinariamente a possibilidade de lei ordinária, tal qual o CPC/15, atribuir eficácia vinculante, por exemplo, às súmulas comuns, ou mesmo se o art. 927 seria norma cogente. Não cumpre adentrar, contudo, nesse momento, nessa discussão.

De toda forma, é completamente diferente a situação retratada no exemplo supra, referente à taxa aduaneira: naquele caso, muito embora existente jurisprudência consolidada,

---

22. 30) É possível a concessão da tutela de evidência prevista no art. 311, II, do CPC/2015 quando a pretensão autoral estiver de acordo com orientação firmada pelo Supremo Tribunal Federal em sede de controle abstrato de constitucionalidade ou com tese prevista em súmula dos tribunais, independentemente de caráter vinculante.

reconhecida inclusive pela própria Procuradoria da Fazenda Nacional, esta não se deu por nenhuma das formas elencadas no art. 927 do CPC/2015. Ou seja: em que pese o intuito da legislação processual na uniformização dos precedentes e garantia da segurança jurídica e isonomia, a força da tese jurídica firmada fora da sistemática dos repetitivos ou não sumulada, inobstante estritamente observada (inclusive por ambas as Turmas do Supremo Tribunal Federal), é *menor*.

Há que considerar, também, que determinado direito implica, muitas vezes (senão na maioria), na relativização de outros, tal como no caso da decisão liminar em tutela de evidência, para a qual há a relativização do direito ao contraditório e da ampla defesa em função da celeridade processual e garantia de rápida prestação jurisdicional e fruição de direito pelo demandante.

Por sua vez, há critérios que determinam quando é possível a relativização de um direito em prol do outro. No caso da tutela de evidência, este é nítido: o grau certeza do resultado do julgamento final, cujo ápice é a força vinculante da "*tese firmada em julgamento de casos repetitivos ou em súmula vinculante*".

Do contrário, a extensão desarrazoada desses conceitos previstos no inciso II, do art. 311, do CPC/2015, implicaria em pisotear o princípio basilar da hermenêutica jurídica: *verba cum effectu sunt accipienda* – as palavras devem ser entendias com efeito e, assim sendo, a lei não contém palavras inúteis.

Corrobora esse entendimento Alvim (2017, p. 326), o qual destaca:

> Contudo, pode-se questionar se é acertada a limitação estabelecida pelo inciso II do art. 311 no tocante às decisões precedentes proferidas apenas em julgamento de casos repetitivos, tendo em vista justamente a necessidade de preservação da segurança jurídica e da isonomia. Parece-nos que andou bem o legislador, que estabeleceu critérios objetivos para a configuração da hipótese autorizadora de tutela de evidência prevista no inciso II do art. 311 que, por isso mesmo, não merece interpretação ampliativa.

Logo, verifica-se que a tutela de evidência, enquanto relevante e utilíssimo instrumento, possui aplicação extremamente restrita na ação mandamental, por incompatibilidade prática e aplicabilidade processual.

O cenário se altera, contudo, quando do exaurimento da competência originária do *writ* e sua submissão, aos Tribunais de 2ª instância ou aos Tribunais Superiores, às normas gerais do processo. Na prática jurídica, sabe-se que não é incomum a denegação da segurança mesmo em casos nos quais reste cabalmente demonstrado e comprovado o direito do impetrante.

Assim, a partir da apresentação do Recurso de Apelação, Recurso Ordinário ou Recurso Especial/Extraordinário, cabível será a apresentação incidental de uma tutela de evidência fundada, seja no inciso I ou IV do art. 311, do CPC.

4. Tutela de Evidência e as Vedações em Face da Fazenda Pública

Discute-se também sobre a necessária obediência da tutela de evidência às vedações previstas no art. 7º, §2º, da Lei 12.016/2009, ou no art. 1ª, da Lei 8.437/92, seja no âmbito da ação mandamental ou no procedimento ordinário.

Sobre o tema, cumpre destacar que há expressa disposição legal no art. 1.059, do CPC/2015 de que "À tutela provisória requerida contra a Fazenda Pública aplica-se o disposto nos arts. 1º a 4º da Lei 8.437, de 30 de junho de 1992, e no art. 7º, §2º, da Lei 12.016, de 7 de agosto de 2009".

No mesmo sentido e, em alusão à legislação processual geral anterior, a própria Lei do Mandado de Segurança também possui disposição expressa no §5º, do art. 7º, de que "*As vedações relacionadas com a concessão de liminares previstas neste artigo se estendem à tutela antecipada a que se referem os arts. 273 e 461 da Lei 5.869, de 11 janeiro de 1973 - Código de Processo Civil*".

Do mesmo modo, inobstante existam questionamentos acerca da atual vigência da Lei 9.494/97, o seu art. 1º também impunha limitações na concessão de tutelas antecipadas contra a Fazenda Pública.

De análise dessas imposições restritivas, verifica-se que, com exceção da vedação relativa à natureza da autoridade coatora (§1º do art. 1º da Lei 8.437/92), a sua maioria tem como característica basilar a irreversibilidade, ou difícil reversão, dos efeitos da concessão da tutela e o prejuízo (de natureza patrimonial ou não), via de consequência, irreparável da Fazenda Pública.

Não se desconhece que boa parte da doutrina defende a inaplicabilidade dessas restrições para o instituto da tutela de evidência (sem discriminação se em âmbito da ação ordinária ou de procedimento especial, tal como o mandado de segurança). Inclusive, o próprio Fórum Permanecente de Processualistas Civis editou o Enunciado nº 35[23], em defesa desse entendimento.

Afinal, o requisito para a concessão da tutela de evidência é a própria evidência do direito, que pode ser traduzida na elevada chance de preservação da tutela eventualmente concedida até o final do processo e no baixo risco de que esta seja revertida. Em suma, o risco da Fazenda Pública em razão de uma possível revogação da tutela concedida restaria mitigado pela própria natureza e condições da tutela de evidência.

Ademais, não são poucas as manifestações no sentido de que essas vedações não teriam sustentação constitucional e, tampouco legal, por obstar o plena acesso ao judiciário e a prestação jurisdicional efetiva (art. 5º, XXXV, da Constituição Federal) e da isonomia processual (art. 7º, do CPC/2015), entendimento com o qual não se coaduna.

Isso porque, a vedação é expressa e não se vislumbra interpretação sistemática com força o suficiente para afastá-la. Não se pode esquecer que a quase certeza não é certeza; o baixo risco não é inexistência; a elevada chance não é garantia.

---

23. 35. (art. 311) As vedações à concessão de tutela provisória contra a Fazenda Pública limitam-se às tutelas de urgência.30 31 (Grupo: Tutela Antecipada; redação revista no V FPPC-Vitória).

O entendimento acima exposto, com a devida *venia* a seus defensores, é elevar o judiciário ao mundo ideal, desprovendo a Fazenda Pública (que suporta o interesse comum) de qualquer proteção contra quaisquer peculiaridades fáticas, erros e condutas nem sempre louváveis do ser humano.

E não é outro o intuito das normas limitativas que não o da proteção de direitos, no caso, o da coletividade, representada, no caso, pela Fazenda Pública.

É certo, por outro lado, que o poder geral de cautela do juiz jamais pode ser afastado e é, em última análise o melhor instrumento para a garantia da efetividade da prestação jurisdicional. Retomando-se, portanto, a premissa de que à justiça é intrínseca a *relativização de direitos*, a depender da circunstância será possível a concessão da tutela mesmo diante das situações rechaçadas pela norma proibitiva. E isso em qualquer modalidade de ação judicial.

5. Considerações Finais

A complexidade do instituto das tutelas foi sempre presente na legislação processual e permanece no novo Código de Processo Civil. Como instrumentos de notória essencialidade para a justiça, não é possível o estudo da aplicação evolutida tutela seja realizada de forma isolada da realidade jurídica e social, sendo este instrumento um dos mais relevantes para a necessária efetividade da aplicação do Direito de forma evolutiva da norma processual.

Para o ramo do Direito Tributário, não é diferente: são as discussões que, em última análise, afetam com maior carga a sociedade brasileira como um todo. Por isso, o estudo das tutelas em conjunto com o instituto do Mandado de Segurança que, repetindo as palavras de Costa (2015, p. 440), "é a ação mais utilizada pelos contribuintes" não pode ser definida de outra forma que não como essencial. Tudo como forma de garantir a correta aplicação da justiça ao contribuinte e à sociedade (que se vê representada tanto pelos contribuintes, quanto pela Fazenda Pública).

Da análise da doutrina e jurisprudência realizada, verifica-se que o tema é rodeado de controvérsias. Especificamente no tocante à tutela de evidência, esta foi e ainda é objeto de inúmeras discussões. Muito embora relevante instrumento em matéria tributária, há que ter cautela quanto à sua utilização, sob pena de, ou inutilizá-la, ou de utilização desenfreada e inadequada.

Na sistemática especial do Mandado de Segurança, por exemplo, sua aplicabilidade encontra maiores restrições – não somente as expressamente previstas em lei, tais como nas tutelas contra a Fazenda Pública – por pura e simples incompatibilidade do instituto com o procedimento em si.

Por outro lado, sua utilização, quando possível, mais que um simples direito, colabora na uniformização da jurisprudência e na garantia da isonomia e da segurança jurídica, dando maior agilidade ao já célere procedimento mandamental e, portanto, na maioria das discussões tributárias.

Não se tira, contudo, o mérito desse instrumento na ação ordinária (inclusive para fins tributários). Muito pelo contrário: nessa modalidade de ação, sua aplicabilidade é ainda maior. Trata-se, contudo, de alternativa que, na seara tributária, nem sempre se mostra a mais recomendada pelos causídicos, principalmente considerando os vultosos valores em discussão.

Independentemente da forma processual, portanto, a possibilidade de a evidência, como fato jurídico processual, ser tutelada em juízo, corrobora com a efetiva prestação jurisdicional, auxiliando o Poder Judiciário em sua tarefa de garantir a justiça – a qual, destaque-se, na imensa maioria dos casos, tem pressa.

Referências

ALVIM, José Eduardo Carreira. *Tutela antecipada*. 3ª Ed. Curitiba: Ed. Juruá, 2003.

ALVIM, José Eduardo Carreira. *Tutela provisória*. 2ª Ed. São Paulo: Ed. Saraiva, 2017.

BRASIL. Constituição (1988). Constituição da República Federativa do Brasil. Brasília, Distrito Federal: Senado Federal, 1988. Disponível em: <http://www.planalto.gov.br/ccivil_03/constituicao/constituicaocompilado.htm>. Acesso em 25.04.2019.

______. Decreto nº 1.533, de 31 de dezembro de 1951. Altera disposições do Código de Processo Civil, relativas ao mandado de segurança. Disponível em: <http://www.planalto.gov.br/ccivil_03/LEIS/L1533.htm>. Acesso em 25.04.2019.

______. Lei nº 8.437, de 30 de junho de 1992. Dispõe sobre a concessão de medidas cautelares contra atos do Poder Público e dá outras providências. Disponível em: < http://www.planalto.gov.br/ccivil_03/LEIS/L8437.htm>. Acesso em 10.05.2019.

______. Lei nº 12.016, de 7 de agosto de 2009. Disciplina o mandado de segurança individual e coletivo e dá outras providências. Disponível em: <http://www.planalto.gov.br/ccivil_03/_ato2007-2010/2009/lei/l12016.htm>. Acesso em 25.04.2019.

______. Lei nº 13.105, de 16 de março de 2015. Código de Processo Civil. Disponível em: < http://www.planalto.gov.br/ccivil_03/_ato2015-2018/2015/lei/l13105.htm>. Acesso em 25.04.2019.

______. Procuradoria-Geral da Fazenda Nacional. Nota SEI nº 73/2018/CRJ/PGACET/PGFN-MF. Disponível em: <http://www.pgfn.fazenda.gov.br/assuntos/legislacao-e-normas/documentos-portaria-502/nota-sei-73-2018.pdf>. Acesso em 25.04.2019.

______. Superior Tribunal de Justiça. Acórdão no REsp nº 194.193/CE. Relator: DIPP, Gilson Langaro. Publicado no DJ de 19-04-1999, p. 166. Disponível em <https://ww2.stj.jus.br/processo/ita/documento/mediado/?num_registro=199800821910&dt_publicacao=19-04-1999&cod_tipo_documento=> Acesso em 28.04.2019.

______. Superior Tribunal de Justiça. Acórdão em Recurso em Mandado de Segurança nº 11.751/SP. Relator: TEIXEIRA, Sálvio de Figueiredo. Publicado no DJ de 23-10-2000, p. 142. Disponível em <https://ww2.stj.jus.br/processo/revista/documento/mediado/?componente=IMG&sequencial=72576&num_registro=200000107310&data=20001023&formato=PDF> Acesso em 03.05.2019.

______. Superior Tribunal de Justiça. Acórdão em Recurso em Mandado de Segurança nº 26.170/RO. Relator: FALCÃO, Francisco. Publicado no DJe de 15-12-2008. Disponível em <https://ww2.stj.jus.br/processo/revista/documento/mediado/?componente=ITA&sequencial=845858&num_registro=200800138382&data=20081215&formato=PDF> Acesso em 03.05.2019.

______. Superior Tribunal de Justiça. Acórdão no REsp nº 119.059/SP. Relator: FUX, Luiz. Publicado no DJ de 25-08-2010. Disponível em <https://ww2.stj.jus.br/processo/revista/documento/mediado/?componente=ITA&sequencial=992845&num_registro=201000727770&data=20100825&formato=PDF> Acesso em 28.04.2019.

______. Superior Tribunal de Justiça. Acórdão em Recurso em Mandado de Segurança nº 37.701-RO. Relator: MARQUES, Mauro Campbell. Publicado no DJ de 23-04-2013. Disponível em <https://ww2.stj.jus.br/processo/revista/documento/mediado/?componente=ITA&sequencial=1224964&num_registro=201200829900&data=20130423&formato=PDF> Acesso em 03.05.2019.

______. Superior Tribunal de Justiça. Decisão Monocrática no Mandado de Segurança nº 23.050. Relatora: VAZ, Hilário Laurita. Publicado no DJ de 02-02-2017. Disponível em https://ww2.stj.jus.br/processo/revista/documento/mediado/?componente=MON&sequencial=68357218&num_registro=201603365311&data=20170202&formato=PDF. Acesso em 16.07.2016.

BUENO, Cassio Scarpinella. *Novo Código de Processo Civil anotado*. São Paulo: Saraiva, 2015.

CARNEIRO, Athos Gusmão. *Da antecipação de tutela*, 5ª Ed. Rio de Janeiro: Forense, 2004, p. 36 e 37 apud DIDIER JÚNIOR, Fredie; BRAGA, Paula Sarno; OLIVEIRA, Rafael Alexandria de. *Curso de direito processual civil: teoria da prova, direito probatório, decisão, precedente, coisa julgada e tutela provisória* - 14ª ed. Salvador: Ed. Juspodvm, 2019. v2.

CONRADO, Paulo Cesar.*Tutela de evidência em mandado de segurança afeta Direito Tributário*. Disponível em: <https://www.conjur.com.br/2016-mai-25/paulo-conrado-tutela-evidencia-ms-afeta-direito-tributario> Acesso em 25.04.2019.

CONSELHO DA JUSTIÇA FEDERAL. *I Jornada de Direito Processual Civil*. Disponível em: < https://www.cjf.jus.br/cjf/noticias/2017/setembro/copy_of_Enunciadosaprovadosvfpub.pdf> Acesso em 27.04.2019.

COSTA, Regina Helena. *Curso de direito tributário: Constituição e Código Tributário Nacional*. 5ª Ed. ver., atual. e ampl. São Paulo: Saraiva, 2015.

DIDIER JÚNIOR, Fredie; BRAGA, Paula Sarno; OLIVEIRA, Rafael Alexandria de. *Curso de direito processual civil: teoria da prova, direito probatório, decisão, precedente, coisa julgada e tutela provisória* - 14ª ed. Salvador: Ed. Juspodvm, 2019. v2.

ESCOLA NACIONAL DE FORMAÇÃO E APERFEÇOAMENTO DE MAGISTRADOS. *Seminário – O Poder Judiciário e o Novo Código de Processo Civil*. Disponível em: < https://www.enfam.jus.br/wp-content/uploads/2015/09/ENUNCIADOS-VERS%C3%83O-DEFINITIVA-.pdf> Acesso em 05.05.2019.

FERREIRA, Aurélio Buarque de Holanda. *Novo Aurélio Século XXI: o dicionário da língua portuguesa*. 3ª Ed. totalmente revista e ampliada. – Rio de Janeiro: Nova Fronteira, 1999.

FÓRUM PERMANENTE DE PROCESSUALISTAS CIVIS. *Enunciados do Fórum Permanente de Processualistas Civis*. Disponível em: <https://institutodc.com.br/wp-content/uploads/2017/06/FPPC-Carta-de-Florianopolis.pdf> Acesso em 27.04.2019.

MARINS, James. *Direito processual tributário brasileiro*: (administrativo e judicial) (atualizado com o CPC/15, comparativamente com o CPC/73). 8ª ed. São Paulo: Dialética, 2015.

NEGRÃO, Theotonio et al. *Código de Processo Civil e legislação processual em vigor*. 48ª ed. São Paulo: Saraiva, 2017.

TUTELA DE EVIDÊNCIA EM MANDADO DE SEGURANÇA

Hans Bragtner Haendchen[1]

Priscilla Moreno Takakura[2]

INTRODUÇÃO

A Lei 13.105, de 16 de março de 2015 ("CPC/2015") instituiu o Código de Processo Civil, revogando as disposições da legislação anterior e trazendo em seu bojo diversas mudanças norteadoras de suas normas. Dentre elas, atribuiu-se maior importância e força aos precedentes judiciais, tornando-os, em determinadas hipóteses, vinculantes aos juízes e tribunais.

Em meio a essa valorização dos precedentes judiciais, incluiu-se a Tutela de Evidência (art. 311), como forma de

---

1. Mestre em Direito Constitucional e Processual Tributário pela Pontifícia Universidade Católica de São Paulo (PUC-SP). LL.M em Direito Tributário pelo Instituto de Pesquisa e Ensino de São Paulo – INSPER. Bacharel em Direito pelas Faculdades COC de Ribeirão Preto-SP. Professor convidado do Curso de Pós-graduação em Direito Tributário e Processo Tributário da Escola Paulista de Direito – EPD. Advogado em São Paulo. Endereço eletrônico: hanshaendchen@gmail.com.

2. Pós-graduada em Direito Tributário pela Fundação Getulio Vargas - FGV. Bacharel em Direito pelo Mackenzie. Advogada em São Paulo. Endereço eletrônico: priscillatkr@gmail.com.

cognição sumária, independente da demonstração de perigo de dano. No presente artigo nos interessa a Tutela de Evidência concedida nos termos do inciso II do art. 311 do CPC/2015, isso é, quando as alegações de fato puderem ser comprovadas documentalmente e houver tese firmada em julgamento de casos repetitivos ou em súmula vinculante.

Assim, o que se pretende elucidar no presente artigo é a possibilidade de tal tutela de evidência prevista no inciso II, que prescinde da demonstração do perigo de dano, ser concedida no âmbito do Mandado de Segurança, cujos fundamentos para a sua concessão são, conjuntamente, o fundamento relevante e o risco da ineficácia da medida.

Nesse sentido, abordaremos as características da tutela de evidência, bem como as características do Mandado de Segurança e da medida liminar, para perquirir a possibilidade de sua utilização em sede mandamental.

TUTELA PROVISÓRIAS NO CPC/2015

A Constituição Federal assegura às partes o contraditório, a ampla defesa e o devido processo legal (art. 5 º, incisos LIV e LV) como garantias processuais a serem observadas, de modo imperativo, visando impedir arbitrariedades que pudessem ser cometidas em desrespeito aos trâmites estabelecidos para os processos. Por outro lado, a observância de tais princípios, embora de extrema importância, por vezes prolongam a duração do processo no tempo, e, consequência disso, muitas vezes, a possibilidade de acarretar injustiças e até mesmo resultar na ineficácia do julgamento final da ação. A par disso é que se buscou sopesar princípios constitucionais para que não houvesse desrespeito ao princípio do contraditório, da ampla defesa e do devido processo legal, como também não houvesse negativa de prestação jurisdicional ou prestação jurisdicional insuficiente (art. 5 º, inciso XXXV, da Constituição Federal) pela impossibilidade de se tutelar um direito em razão da demora no julgamento.

O devido processo legal e o perigo na demora são bem trabalhados por Humberto Theodoro Júnior no sentido de que a Justiça objetiva a tutela de um direito, e para tanto, utiliza-se do processo como ferramenta para assegurar tal garantia; no entanto, por vezes, a duração do processo pode acarretar em determinadas situações prejuízos a uma das partes, obstando a tutela do direito[3].

O mecanismo criado, então, para corrigir tal impropriedade do sistema jurídico, foi a introdução de tutelas provisórias concedidas em cognição sumária, que permitissem ao menos a tutela do direito pleiteado, sem observar, nesse momento, o devido processo legal. Ressaltamos que não se trata de ignorar ou burlar o devido processo legal, mas atende-lo em momento posterior, após a tutela do bem que está em iminente risco de tornar ineficaz a sentença final ou para acautelar o bem que se busca tutelar, evitando o perecimento do direito da parte.

No âmbito do processo civil, a Lei 13.105, de 16 de março de 2015, trouxe as tutelas provisórias como forma de assegurar a eficácia do desfecho final e impedir que o fator tempo tenha influência negativa na tutela de direitos das partes, seja de modo a tutelar o bem da vida que se protege, seja de modo a acautelá-lo.

As tutelas provisórias estão dispostas no Livro V do CPC/2015, especificamente nos arts. 294 a 311, e foram diferenciadas em seu primeiro artigo: separou-as entre as tutelas que se (i) fundamentam na urgência e (ii) as tutelas que se fundamentam na evidência. Por tutela provisória, como o próprio nome sugere, entendemos aquela que conserva sua eficácia no processo, podendo ser modificada ou revogada a qualquer tempo (art. 296).

A sua finalidade primordial é assegurar à parte lesada o combate a dano ou injustiça decorrente da demora no julgamento da ação, por meio da concessão de provimento

---

3. THEODORO JÚNIOR, Humberto. *Curso de Direito Processual Civil* - Teoria geral do direito processual civil, processo de conhecimento e procedimento comum - vol. I. 51 ed. rev., atual. e ampl. Rio de Janeiro: Forense, 2016, p. 609/610.

imediato. Quando falamos em tutela para combater *danos*, estamos falando em medidas de urgência, sejam de natureza cautelar, sejam de natureza antecipatória, em que há um risco envolvido na demora do desfecho final da ação (perigo de dano); por outro lado, quando falamos em *injustiça*, estamos falando da tutela de evidência que, embora possa não haver um perigo de dano latente, há uma injustiça à parte em aguardar o desfecho final da ação por possuir a evidência de seu direito material[4].

Destacamos que ambas as tutelas (de urgência e de evidência) possuem cognição sumária, caráter provisório e não fazem coisa julgada. O que as difere é a probabilidade do direito e o perigo de dano. Na tutela de urgência, o perigo de dano ou risco ao resultado útil do processo tem que ser demonstrado para que haja a concessão da medida. O que já não se mostra indispensável na tutela de evidência. De igual forma ocorre com a probabilidade do direito, na tutela de urgência a probabilidade do direito é analisada juntamente com a urgência, ao passo que na tutela de evidência a probabilidade do direito deve se mostrar evidente.

Vale ressaltar que a cognição sumária é traduzida como aquela "que se limita à investigação das alegações trazidas pelo autor, diferindo-se a momento futuro o eventual exame dos fundamentos de defesa eventualmente admissíveis (como no processo monitório)" dispensando o juiz do exercício da cognição plena diante da necessidade de "tutela jurisdicional particularmente tempestiva"[5].

Fizemos essa breve introdução para demonstrar o tratamento conferido às tutelas provisórias no CPC/2015, sendo que para o presente trabalho nos concentraremos adiante na tutela de evidência.

---

4. Op. Cit., p. 610/611.

5. DINAMARCO, Cândido Rangel. *Instituições de direito processual civil*: volume I. 8ª ed., rev. e atual. Segundo o Novo Código de Processo Civil – São Paulo: Malheiros, 2016, p. 261.

TUTELA DE EVIDÊNCIA

A tutela de evidência foi disciplinada no art. 311 do CPC/2015, o qual estabeleceu quatro hipóteses para a sua concessão, que independe do perigo de dano, quais sejam[6]: (i) quando "as alegações de fato puderem ser comprovadas apenas documentalmente e houver tese firmada em julgamento de casos repetitivos ou em súmula vinculante"; (ii) quando "a petição inicial for instruída com prova documental suficiente dos fatos constitutivos do direito do autor, a que o réu não oponha prova capaz de gerar dúvida razoável".

A tutela de evidência, portanto, como já consignamos, não se vincula ao perigo de dano; este pode se fazer presente, mas não é necessário para o deferimento da tutela. Lado outro, busca assegurar que a demora no desfecho final da ação não traga prejuízos à parte que dispõe de direito evidente.

Da leitura das hipóteses em que se possibilita o deferimento da tutela, extraímos que as situações são caracterizadas por haver a demonstração satisfatória do direito que se pretende tutelar, não se justificando que se aguarde o desfecho do processo. Essa é, pois, a característica da tutela de evidência, a probabilidade do direito é verificada pela plausibilidade exime de dúvidas do direito invocado. Há de haver, então, "intensa probabilidade", denominada de evidência, certeza manifesta, nas palavras de DINAMARCO[7].

Nas palavras de THEODORO JÚNIOR, "justifica-se pela possibilidade de aferir a *liquidez* e *certeza* do direito material, ainda que sem o caráter de definitividade, já que o debate e a instrução processuais ainda não se completaram"[8]. Aqui, portanto, o direito da parte, embora em cognição sumária, deve se mostrar muito mais latente em relação à tutela de urgên-

---

6. Trataremos apenas dos incisos II e IV do artigo 311do CPC/15 por mais adequados ao processo tributário.

7. Op. Cit., p. 259.

8. Op. Cit., p. 689.

cia, a autorizar o deferimento da medida com base na mera análise da probabilidade, satisfatória, do direito alegado.

Na hipótese do inciso II, foi trazida a situação em que as alegações de fato podem ser comprovadas apenas documentalmente e há entendimento firmado em sede de repetitivo ou súmula vinculante. A exigência de que as alegações de fato sejam comprovadas apenas documentalmente traz grande aproximação com o direito líquido e certo exigido pelo mandado de segurança.

A professora CAMILA CAMPOS VERGUEIRO[9] destaca que: "há que se ter em vista que a demonstração do direito evidente por meio de prova documental de plano para fins de concessão da tutela provisória de evidência origina-se na concepção de direito líquido e certo do Mandado de Segurança (...)".

Cristalina, portanto, a nítida aproximação do "direito líquido e certo" exigido pelo Mandado de Segurança, apoiado em prova pré-constituída, com "as alegações de fato puderem ser comprovadas apenas documentalmente e houver tese firmada em julgamento de casos repetitivos ou em súmula vinculante" exigidos pela Tutela de Evidência. Destacamos, no entanto, que no Mandando de Segurança a prova é pré-constituída, isso é, deve ser juntada no momento da propositura da ação, para comprovar o direito líquido e certo, sendo descabida a dilação probatória no curso do processo. Por sua vez, na tutela de evidência, em razão da característica de provisoriedade – presente também na liminar em Mandado de Segurança -, permite-se a dilação probatória e a renovação do pedido de tutela de evidência, haja vista a sua não limitação pelo CPC/2015.

Além da prova dos fatos por meio documental, o dispositivo do inciso II exige também que o entendimento sobre o direito material tenha sido firmado em sede de recurso repetitivo ou súmula vinculante. Basta, portanto, que a matéria

9. CONRADO, Paulo Cesar (coord.). *Processo tributário analítico.* Camila Campos Vergueiro ...[et. Al.]; coordenação Paulo Cesar Conrado. 1 ª ed – São Paulo: Noeses, 2016, p. 187.

de direito tenha sido firmada sob o rito de qualquer dos dois modelos para que se permita a concessão da tutela.

Pontuamos, aqui, inovadora figura prestigiada em diversos momentos no CPC/2015 que é a valorização dos precedentes como forma de racionalização do sistema jurídico (Teoria dos Precedentes). O legislador dedicou dispositivos ao longo do CPC/2015 que expressamente determinam a uniformização da jurisprudência dos tribunais, estabelecendo ainda a obrigatoriedade de mantê-la estável, íntegra e coerente (art. 926). Tal advém da necessidade de se criar entendimento uníssono no âmbito dos tribunais, evitando decisões díspares sobre a matéria, que contribuem para a perpetuação da insegurança jurídica no sistema jurídico brasileiro, e em consonância com os "princípios da segurança jurídica, da proteção da confiança e da isonomia" (art. 927, §4º).

Tamanha a importância da adoção dos precedentes pelas modificações implementadas via CPC/2015 que o professor ARRUDA ALVIM[10] destaca a necessidade, "seja para aplicar uma *tese* firmada, seja para negar sua aplicação, os juízes deverão, no CPC/2015, cumprir o dever de *observar* o direito jurisprudencial, não podendo dele se distanciar injustificadamente".

A uniformização compreende a edição de súmulas que reflitam a posição majoritária do tribunal. Embora objeto de críticas[11], entendemos positiva a mudança, que busca limitar a atuação do julgador quando já há entendimento sólido e dominante na jurisprudência fixado em repetitivo ou súmula vinculante.

Aos tribunais não cabe apenas a obrigatoriedade de uniformização de sua jurisprudência, o CPC/2015 prescreve também que os juízes e tribunais observarão (art. 927): (i) "as

10. ALVIM, Arruda. *Novo Contencioso cível no CPC/2015* – São Paulo: Editora Revista dos Tribunais, 2016, p. 521.

11. Conforme MARINONI, Luiz Guilherme. *O novo processo civil*/ Luiz Guilherme Marinoni, Sérgio Cruz Arenhart, Daniel Mitidiero. – São Paulo: Editora Revista dos Tribunais, 2015, p. 549/556.

decisões do Supremo Tribunal Federal em controle concentrado de constitucionalidade"; (ii) "os enunciados de súmula vinculante"; (iii) "os acórdãos em incidente de assunção de competência ou de resolução de demandas repetitivas e em julgamento de recursos extraordinário e especial repetitivos"; (iv) "os enunciados das súmulas do Supremo Tribunal Federal em matéria constitucional e do Superior Tribunal de Justiça em matéria infraconstitucional"; e (v) "a orientação do plenário ou do órgão especial aos quais estiverem vinculados".

Para não deixar dúvidas quanto ao entendimento dos termos, esclarece no art. 928 que se considera julgamento de casos repetitivos a decisão proferida em (i) incidente de resolução de demandas repetitivas e (ii) recursos especial e extraordinário repetitivos.

ALVIM[12], ao tratar da tutela de evidência à luz desse dispositivo leciona: "Em todas essas hipóteses, a corte superior já analisou uma série de casos idênticos e determinou qual a correta interpretação de uma questão jurídica. A repetição de argumentos já enfrentados não tem razão de ser; o réu está aí abusando do seu direito de defesa."

Nessa toada, concluímos que andou muito bem o legislador ao trazer como hipótese de concessão a tutela de evidência fundada em prova documental e cuja tese foi firmada em Súmula Vinculante ou julgamento de recurso repetitivo, pois se alinhou aos preceitos que o CPC/2015 buscou proteger, no caso concreto, de valorização dos precedentes.

Assim, não é razoável imputar à parte que aguarde o desfecho final do processo, quando o seu direito está fixado em tese firmada em julgamento repetitivo e embasado em prova apenas documental. Daí que se justifica o cabimento da tutela de evidência a fim de coibir injustiças que possam ser incorridas em detrimento de uma das partes.

12. Op. Cit., p. 195.

Com relação ao inciso IV, novamente vemos a semelhança com o Mandado de Segurança no sentido de direito líquido e certo, em razão da obrigatoriedade de que a prova documental juntada seja suficiente para demonstrar o direito do autor, conjugado com o fato de que o réu não oponha prova capaz de gerar dúvida razoável. Vale observar que nesse caso não é permitida a concessão da tutela liminarmente, isso é, sem a oitiva da parte contrária, pois, por decorrência lógica da norma, exige-se que o réu tenha exercido o contraditório e de modo não satisfatório, incapaz de alterar as provas trazidas pelo autor.

MARINONI[13] aponta que "é hipótese clássica em que o tempo para produção da prova deve ser suportado pelo réu – e não pelo autor que já se desincumbiu do seu ônus probatório documentalmente".

Dessa forma, explicitadas as hipóteses de cabimento da tutela de evidência, analisaremos a seguir as peculiaridades da medida liminar em Mandado de Segurança para, então, perquirirmos a possibilidade de utilização da tutela de evidência em seu bojo.

O MANDADO DE SEGURANÇA EM MATÉRIA TRIBUTÁRIA

Relembrando o contexto histórico que deu origem à criação do remédio constitucional denominado Mandado de Segurança, a doutrina ao longo do tempo buscou encontrar algum mecanismo que pudesse limitar os atos ilegais e abusivos praticados pelas autoridades públicas, surgindo, então, a figura do Mandado de Segurança, positivado inicialmente na Constituição Federal brasileira de 1934[14].

---

13. Op. Cit., p. 236.

14. MACHADO SEGUNDO, Hugo de Brito. *Processo tributário* – 9ª ed. rev. Atual. – São Paulo: Atlas, 2017, p.358.

Prosseguindo no tempo, a Constituição da República Federativa do Brasil de 1988 também incorporou ao seu texto a previsão do Mandado de Segurança e assegurou no Capítulo I "Dos direitos e deveres individuais e coletivos", integrante do Título II "Dos Direitos e Garantias Fundamentais", a sua concessão "para proteger direito líquido e certo, não amparado por *habeas corpus* ou *habeas data*, quando o responsável pela ilegalidade ou abuso de poder for autoridade pública ou agente de pessoa jurídica no exercício de atribuições do Poder Público".

Regulamentando a previsão constitucional, a Lei 12.016, de 7 de agosto de 2009, disciplinou o Mandado de Segurança individual e coletivo, dispondo em seu art. 1º sobre a hipótese de seu cabimento:

> *Art. 1º Conceder-se-á mandado de segurança para proteger direito líquido e certo, não amparado por habeas corpus ou habeas data, sempre que, ilegalmente ou com abuso de poder, qualquer pessoa física ou jurídica sofrer violação ou houver justo receio de sofrê-la por parte de autoridade, seja de que categoria for e sejam quais forem as funções que exerça.*

Como se verifica, o Mandado de Segurança assegura a proteção de direito tanto individual, como coletivo, sendo que para o escopo do presente artigo abordaremos apenas o mandado de segurança individual.

O Mandado de Segurança individual, portanto, tem por escopo assegurar (i) o direito líquido e certo do particular, (ii) não amparado por *habeas corpus* ou *habeas data*, (iii) sempre que houver abuso do poder ou ilegalidade cometida por autoridade, seja por ação seja por omissão.

Por direito líquido e certo, compreende-se "aquele em cuja composição comparecem fatos que não estão sendo discutidos. Não são objeto da controvérsia a ser superada pelo Juiz em face da impetração"[15].

---

15. MACHADO Hugo de Brito. *Mandado de segurança em matéria tributária*: (de acordo com a Lei 12.016/2009). 8ª ed., São Paulo: Dialética, 2009, P.13.

O brilhantíssimo professor HELY LOPES MEIRELLES[16] a respeito do direito líquido e certo nos ensina que o direito que se busca tutela deve vir expresso em norma legal, se os fatos ainda não estiverem determinados, não será objeto de Mandado de Segurança.

Ou seja, o direito líquido e certo não deve demandar esclarecimentos acerca da matéria de fato pelas partes, pelo contrário, o conjunto fático é incontroverso e dispensa dilação probatória para que a medida constitucional se concentre apenas na resolução do direito material.

A impossibilidade de dilação probatória decorre da própria essência do Mandado de Segurança de celeridade processual; lado outro, ter-se-ia o mesmo procedimento processual das demais ações de rito ordinário.

HUGO DE BRITO MACHADO[17], em sua obra *Mandado de segurança em matéria tributária*, elucida acerca da inexistência de direito líquido e certo quando o direito que se busca tutelar depender de provas em juízo; no entanto, se a prova dos fatos não demandar dilação probatória, ainda que a questão seja complexa, cabível o mandado de segurança.

Ao nosso ver, no âmbito tributário, não se pode afastar o cabimento do Mandado de Segurança, por suposta ausência de direito líquido e certo do contribuinte meramente em razão de que o débito inscrito em Dívida Ativa gozaria de presunção de certeza e liquidez (art. 204 do Código Tributário Nacional – "CTN"), se for demonstrada a teratologia do ato. Para tanto, precisaria, em verdade, que a discussão sobre o título executivo envolvesse matéria fática, a controvérsia a respeito dos próprios critérios embutidos na liquidez e certeza do título executivo, e não a simples análise jurídica acerca da aplicação do direito ao caso, a discussão da constitucionalidade da norma.

---

16. MEIRELLES, Hely Lopes; WALD, Arnold; MENDES, Gilmar Ferreira. *Mandado de segurança e ações constitucionais*. 32ª ed. São Paulo. Malheiros, 2009, p. 34.

17. Op. Cit., p. 14.

O cabimento do Mandado de Segurança pressupõe também a impossibilidade de utilização das outras vias asseguratórias de direito: *o habeas corpus e o habeas data.* Ou seja, o cabimento do Mandado de Segurança deve ser analisado pela via excludente, sempre que não couber os outros referidos remédios constitucionais.

Há também que haver a ilegalidade ou abuso de poder praticado por autoridade pública ou agente de pessoa jurídica no exercício de atribuições do Poder Público. Atos da autoridade são as ações e omissões do Poder Público ou de seus delegados, no exercício de suas funções e autoridade consiste na pessoa física a quem a lei atribui a competência de poder de decisão[18].

Concluímos, portanto, pelos requisitos do Mandado de Segurança, ser cabível em matéria tributária, inclusive para afastar normas ilegais, mormente em razão de que o próprio CTN (art. 151, inciso IV) prevê expressamente a medida liminar concedida em sede do remédio constitucional tem o condão de suspender a exigibilidade do crédito tributário.

Parece-nos não haver qualquer dúvida quanto ao seu cabimento no âmbito tributário, portanto.

Feitas as breves introduções a respeito do cabimento do Mandado de Segurança em matéria tributária, passaremos à análise da medida liminar.

MEDIDA LIMINAR

O art. 7º, inciso III da Lei 12.016/2009[19] introduziu a possibilidade de concessão de medida liminar para suspender o ato que deu origem à impetração, quando presentes o (i) fun-

---

18. FUX, Luiz. *Mandado de Segurança* – 1ª ed. – Rio de Janeiro: Forense, 2010, p. 14.

19. Art. 7º Ao despachar a inicial, o juiz ordenará: (...)
III . que se suspenda o ato que deu motivo ao pedido, quando houver fundamento relevante e do ato impugnado puder resultar a ineficácia da medida, caso seja finalmente deferida, sendo facultado exigir do impetrante caução, fiança ou depósito, com o objetivo de assegurar o ressarcimento à pessoa jurídica.

damento relevante e (ii) do ato impugnado puder resultar a ineficácia da medida.

Primeiramente é importante observar que se diz "liminar" por ocorrer no momento inicial do processo, autorizando inclusive que seja sem a oitiva, nesse caso, da parte contrária.

Além disso, exige o preenchimento, cumulativo, dos dois requisitos "fundamento relevante" e a "possibilidade de resultar a ineficácia da medida". Tais requisitos são comumente designados no latim de *fumus boni iuris* e *periculum in mora.*

Prestam-se a assegurar que a parte não seja prejudicada pela demora no resultado da demanda, podendo ser atribuídos efeitos, desde já, que não levem à ineficácia da medida. No âmbito tributário, e.g., a medida liminar pode ser concedida para que determinado contribuinte tenha o crédito tributário suspenso até o desfecho em sentença.

A acepção da expressão "fundamento relevante" se remete a Constituição Federal e ao direito positivo; a flagrante inconstitucionalidade ou ilegalidade do ato impugnado; e aos precedentes jurisprudenciais[20]. É a fundamentação capaz de convencer o juiz da procedência dos pedidos formulados na ação[21].

Em outras palavras, ao nosso ver, o fundamento relevante, como o próprio nome sugere, exige que o impetrante demonstre desde logo a existência do direito que se busca tutelar neste momento, isso é, deve permitir ao magistrado a identificação, com base nessa análise provisória, da ilegalidade ou do abuso do direito do impetrante frente à urgência envolvida.

A concessão da liminar pressupõe também, como dito, a possibilidade de que o ato impugnado resulte a ineficácia da medida caso não concedido - *periculum in mora* -, isso é, deve-se justificar que a não concessão da liminar poderá acarretar

---

20. MACHADO, Hugo de Brito. *Mandado de segurança em matéria tributária*: (de acordo com a Lei 12.016/2009). 8ª ed., São Paulo: Dialética, 2009, p.136/137.

21. MACHADO SEGUNDO, Hugo de Brito. *Processo tributário* – 9ª ed. rev. Atual. – São Paulo: Atlas, 2017, p. 384.

dano irreparável ou de difícil reparação se aguardar o desfecho da ação. Da inteligência do dispositivo, extraímos que a medida liminar visa assegurar que o impetrante não sofra prejuízos em decorrência dos trâmites processuais que devem ser observados à luz do devido processo legal. Trata-se de sopesar a concessão da liminar ante a necessidade de proteção de um direito em detrimento do devido processo legal, especialmente em razão do iminente risco de que a sentença seja ineficaz se concedida tardiamente.

Nas palavras de MACHADO SEGUNDO[22], "trata-se do risco de o impetrante sofrer dano que torne inócua a segurança, caso esta venha a ser ulteriormente concedida".

Vale ressaltar que a irreversibilidade da concessão da medida, embora não seja requisito expresso na lei, deve ser observada, de modo a não impedir que lese a parte contrária acaso não acatado o pleito final e afastar o efeito satisfativo da medida liminar, conforme veremos a seguir. Daí que há previsão de deferimento da medida liminar mediante caução, fiança ou depósito.

Concluímos, portanto, que a concessão da medida liminar tem por norteador dois fatores cumulativos: a demonstração da relevância do fundamento e a demonstração da ineficácia da medida em razão da demora do julgamento do mérito.

Para o desenvolvimento do nosso raciocínio jurídico, não bastam as elucidações a respeito apenas do conceito dos requisitos. É preciso ir mais adiante: analisar a cognição dispendida para o deferimento da medida liminar.

Observamos, a partir da conceituação dos requisitos para concessão da liminar, que esta possui cunho de tutela de urgência, que exige a um só tempo o fundamento relevante e o risco da ineficácia da medida. Nesse contexto, quando se está diante de medidas de urgência, em que há perigo de ineficácia da medida, muitas vezes, para que seja assegurado o direito

22. Op. Cit., p. 384.

da parte, põe-se a urgência em primeiro plano, com a mitigação, ainda que mínima, do fundamento relevante.

Não queremos dizer, com isso, que não haverá que se observar o preenchimento do fundamento relevante, muito pelo contrário, tal requisito é indispensável à concessão da medida. Queremos significar que o risco da ineficácia, quando tão evidente, acaba por tirar força do fundamento relevante, ainda que indiretamente.

Nesse sentido, MACHADO[23] muito bem elucida a conjugação dos dois requisitos: "(...) Entretanto, há situações nas quais esse perigo é tão evidente que não se há de ser rigoroso no exame dos fundamentos do pedido. Nestes casos, o Juiz deve examinar se o deferimento da liminar cria uma situação irreversível, danosa à parte contrária, deve deferir a liminar.".

Nessa linha de raciocínio, entendemos que o juízo de valor da medida liminar é provisório e poderá ser modificado por ocasião do julgamento final. Mais do que provisória, aparenta-nos como juízo fundado em cognição provisória, rasa, que assim se justifica para que se possa permitir a eficácia da tutela pleiteada no tempo adequado.

JAMES MARINS[24] defende a posição de que em cognição liminar deve ser aferida a plausibilidade da afirmação do impetrante de existência do direito líquido e certo e a necessidade da concessão imediata desse direito. Segundo o autor, o convencimento definitivo ocorrerá quando da sentença.

Ou seja, a figura da medida liminar, sob a nossa ótica, em razão de se fazer necessário o seu deferimento de imediato, a fim de coibir a ineficácia da medida, possui cognição sumária de relevância do fundamento e de aparência do direito que se

---

23. MACHADO Hugo de Brito. *Mandado de segurança em matéria tributária*: (de acordo com a Lei 12.016/2009). 8ª ed., São Paulo: Dialética, 2009, p. 137.

24. MARINS, James. *Direito processual tributário brasileiro*: (administrativo e judicial) (atualizado com o CPC/15, comparativamente com o CPC/73 – 8ª ed. – São Paulo: Dialética, 2015, p. 604.

busca proteger com a liminar. Caso contrário, se se exigisse a perquirição da cognição exauriente de plano do fundamento da liminar, poder-se-ia ter a ineficácia da medida frente à delonga na análise do direito.

Quanto à natureza da medida liminar, a doutrina ainda se divide para classificá-la. MEIRELLES[25] assegura que possui natureza acautelatória de direito do autor, e não antecipatória dos efeitos da sentença, e defende que "não importa prejulgamento, não afirma direitos, nem nega poderes à Administração. Preserva, apenas, o impetrante de lesão irreparável, sustando provisoriamente os efeitos do ato impugnado".

Defensor desse entendimento, MACHADO[26] elucida que a finalidade e o pressupostos da medida liminar são os mesmos em relação às medidas cautelares, de modo que poder-se-ia dizer que a medida liminar tem natureza jurídica da cautelar, embora não se confunda com a ação cautelar.

No mesmo sentido, observa-se o entendimento exarado em obra organizada por MACHADO SEGUNDO, pelo qual se compreende que a liminar tem natureza cautelar, na medida em que visa a suspensão do ato impugnado, e não a antecipação do bem da vida pretendido, supondo-se a configuração do perigo da demora[27].

Por outro lado, MARINS defende a liminar em mandado de segurança como forma de antecipação da tutela, apontando que no Código de Processo Civil de 2015 ("CPC/2015") os requisitos da tutela de urgência são a probabilidade do direito e o perigo de dano ou o risco ao resultado útil do processo, independentemente se cautelar ou antecipada[28].

---

25. Op. Cit., p. 86.

26. MACHADO Hugo de Brito. *Mandado de segurança em matéria tributária*: (de acordo com a Lei 12.016/2009). 8ª ed., São Paulo: Dialética, 2009, p. 136.

27. Op. Cit., p.162.

28. Op. Cit., p. 604/606.

FUX conduz ao entendimento de que "o poder acautelatório, no Mandado de Segurança, realiza-se por vezes, via antecipação dos efeitos práticos da segurança.". Posição fixada à luz do Código de Processo Civil de 1973, entendeu que os requisitos para a concessão da segurança são os mesmos da tutela antecipada, em face da natureza satisfativa do provimento liminar[29].

A Lei 12.016/2009 elenca, em dois momentos, as hipóteses em que seria vedada a concessão da liminar, pretendendo, numa leitura rápida, limitar a concessão da medida liminar apenas àquelas situações cuja natureza jurídica fosse de cautelar, e não de antecipação da tutela. Vejamos:

> *Art. 7º Ao despachar a inicial, o juiz ordenará:*
>
> *(...)*
>
> *§ 2º Não será concedida medida liminar que tenha por objeto a compensação de créditos tributários, a entrega de mercadorias e bens provenientes do exterior, a reclassificação ou equiparação de servidores públicos e a concessão de aumento ou a extensão de vantagens ou pagamento de qualquer natureza.*
>
> *(...)*
>
> *§ 5º As vedações relacionadas com a concessão de liminares previstas neste artigo se estendem à tutela antecipada a que se referem os arts. 273 e 461 da Lei 5.869, de 11 janeiro de 1973 - Código de Processo Civil.*

No entanto, em nosso sentir, as vedações contidas nos dispositivos acima têm por pano de fundo a impossibilidade de se antecipar o bem da vida tutelado pela ação mandamental, especificamente para se evitar a irreversibilidade da medida, o que demonstra a vontade do legislador em atribuir à liminar a natureza jurídica de cautelar.

Filiamo-nos ao mesmo entendimento de MACHADO SEGUNDO[30], o qual bem destacou que a antecipação de tutela

---

29. Op. Cit., p. 73.

30. Op. Cit., p. 388

não pode ser irreversível. Entendemos ser de extrema pertinência colacionar breve trecho que bem elucida a posição, alinhada ao Código de Processo Civil de 2015:

> É precisamente por isso que os provimentos urgentes não podem - em regra - ser irreversíveis, pois a irreversibilidade suprime a utilidade do contraditório posterior, e de todo o transcurso das demais etapas do processo. A "satisfatividade" vedada à liminar em mandado de segurança, e aos provimentos provisórios em geral, portanto, é a mesma satisfatividade vedada, em tese, à própria "tutela provisória de urgência" de que trata o art. 300, §3º, do CPC/2015, a qual, conquanto "antecipe" o conteúdo da sentença a ser proferida no processo de conhecimento, não pode ser irreversível. A antecipação de uma situação jurídica, realidade puramente institucional que pode a qualquer tempo ser reformulada pela sentença, não é irreversível e, por isso, não impede a concessão de tutelas de urgência em geral, conceito no qual se inclui a medida liminar em mandado de segurança.

Aliás, a exposição de motivos anexa ao Projeto de Lei 5.067, de 2001, esclarece que "são mantidas, no projeto, as restrições impostas em leis especiais, que, em determinados casos, vedam tanto a concessão da medida liminar como a execução da decisão antes de seu trânsito em julgado"[31].

Observamos, então, que a inteligência da legislação especial é no sentido de aceitar a liminar no Mandado de Segurança apenas quando há natureza jurídica de cautelar, isso é, para assegurar o direito pretendido, mas não para antecipar o bem da vida pretendido ao final da demanda nas hipóteses em que especifica, pois negado por expressa disposição legal. Porém, na prática, verificamos que em muitos casos a liminar é concedida com a finalidade de antecipar o bem jurídico tutelado.

Delineados os principais aspectos acerca do surgimento do Mandado de Segurança e das características para a

---

31. BRASIL. Câmara dos Deputados. Projeto de Lei 5.067, de 2001 (Do Poder Executivo). Disciplina o mandado de segurança individual e coletivo e dá outras providências. Disponível em: https://www2.camara.leg.br/legin/fed/lei/2009/lei-12016-7-agosto-2009-590271-norma-pl.html : Acesso em 19/05/2019.

concessão da medida liminar, discorreremos no tópico seguinte acerca da possibilidade de utilização da tutela de evidência prevista pelo CPC/2015 no âmbito do Mandado de Segurança.

DA TUTELA DE EVIDÊNCIA NO MANDADO DE SEGURANÇA

Acreditamos que o dispositivo que, na prática, poderá gerar maiores repercussões no âmbito tributário é o inciso II do art. 311 do CPC/2015, pelo qual permite a concessão da tutela quando puder ser provado apenas por meio de prova documental e houver tese firmada em julgamento de casos repetitivos ou em Súmula Vinculante.

Isso porque, é comum no direito tributário que a prova para comprovação das alegações de fato seja apenas documental e que haja tese firmada em julgamentos repetitivos, e.g., a exclusão do ICMS da base de cálculo da contribuição ao PIS-PASEP e a COFINS. Quanto ao primeiro ponto, ressaltamos no início do presente artigo a respeito da similitude entre a prova apenas documental das alegações de fato com o direito líquido e certo do Mandado de Segurança, com prova pré-constituída.

Questionamos o seguinte cenário: se o direito líquido e certo exigido para o Mandado de Segurança, com base em prova pré-constituída, é também comparável com as alegações de fato que podem ser comprovadas apenas documentalmente, resta-nos indagar apenas se a tutela de evidência poderia ser concedida no âmbito do Mandado de Segurança.

E, para tanto, precisamos comparar e distinguir as principais características de ambas as tutelas de direito.

A medida liminar em Mandado de Segurança possui, via de regra, natureza jurídica cautelar, embora haja defensores de seu cabimento como antecipação de tutela, desde que não seja irreversível a medida liminar. Por sua vez, a tutela de evidência não especifica a sua natureza jurídica, porém, podemos extrair da presente pesquisa, que esta pode possuir tanto natureza cautelar, quanto natureza de antecipação dos efeitos da tutela pretendida.

Disso exsurge a seguinte conclusão: se a tutela de evidência tem natureza de tutela cautelar e de antecipação, não há, de início, restrição à sua utilização como tutela em Mandado de Segurança, pois mais abrangente que este.

Além disso, como vimos, tanto a tutela de evidência, quanto a medida liminar em Mandado de Segurança possuem *cognição sumária*, isso é, não exaurem o objeto em discussão, que somente terá a cognição exauriente por ocasião do julgamento final do processo em sentença. O que há, e aí julgamos importante ressaltar, é a exigência da probabilidade do direito muito mais evidente na tutela de evidência em relação ao fundamento relevante previsto para a concessão da medida liminar.

A distinção se faz clara na medida em que se entende que na medida liminar há a necessidade de se demonstrar o risco da ineficácia da medida, hipótese que não ocorre quando se fala de tutela de evidência, que prescinde da demonstração do perigo de dano. Com muito mais razão, portanto, exige-se maior demonstração do direito quando não se exige, por outro lado, o perigo de dano e menor evidenciação desse direito quando se está diante de situação que acarrete a ineficácia da medida. Isso foi abordado no capítulo da Medida Liminar em Mandado de Segurança e as lições ali expendidas servem para a discussão ora posta em análise. Pois então, se o seu perigo é muito latente, não se há de exigir fundamento relevante de forma tão rigorosa, sob pena de se perpetrar injustiças.

Nesse contexto, concluímos que ambas as tutelas são de cognição sumária e, quanto a esse ponto, portanto, vemos que não há qualquer óbice à eventual utilização da tutela de evidência no Mandado de Segurança.

Porém, questão que poderia ser tida como inviabilizadora da tutela de evidência no Mandado de Segurança é a inexistência, na figura da tutela de tutela de evidência, da necessidade de demonstração do risco da ineficácia da medida. Isso porque, no Mandado de Segurança, como vimos, o preenchimento de tal requisito é imprescindível para a concessão da liminar; por outro lado, na tutela de evidência não se mostra obrigatório.

Para o deslinde da controvérsia, entendemos que a medida liminar em Mandado de Segurança deve ser interpretada em conjunto com as disposições do CPC/2015, especialmente em razão das inovações por ele introduzidas que aproximam o instrumento processual à realidade enfrentada pelas partes, especialmente na busca da eficiência e racionalização do sistema jurídico como um todo, com o objetivo de combater o abarrotamento do judiciário.

O CPC/2015 inovou e trouxe eficiência, segurança jurídica e confiabilidade nas decisões ao trazer instituto que protege o entendimento firmado em decisões que foram julgadas em repetitivo, sendo importante instrumento de garantia de tais princípios não apenas às partes, como também aos juízes e aos tribunais, na medida em que os vinculam a obedecer a orientação então proferida. E, com relação às tutelas, não poderia ter sido diferente. A valorização dos precedentes não é vinculada a dispositivos esparsos na lei, ela é, em verdade, premissa norteadora do CPC/2015. Ou seja, cabia ao legislador incorporar a valorização dos precedentes em todos os dispositivos que tratassem dessa necessidade de vinculação dos magistrados e tribunais aos precedentes, pois constitui mais do que uma simples norma, é um verdadeiro modo de pensar o processo como instrumento de garantia da eficiência e efetividade das decisões.

Assim, quando olhamos para norma em sentido estrito que trata sobre a medida liminar e vemos a exigência do risco da ineficácia da medida, inclinamo-nos a rejeitar a aplicação da tutela de evidência no âmbito do Mandado de Segurança.

Contudo, quando compreendemos a norma especial com a norma processual geral, podemos concluir pela aplicabilidade da tutela de evidência ao Mandado de Segurança com certas restrições. Explicamos.

Primeiramente, cumpre destacar que o direito líquido e certo mediante prova pré-constituída exigido na concessão da liminar, também encontra similaridade na tutela de evidência (inciso II do art. 311 do CPC/2015), que pressupõe que as alegações de fato sejam comprovadas apenas documentalmente. Indubitável, quanto a isso, o seu cabimento.

Prosseguindo, embora a medida liminar tenha exigido o requisito do *periculum in mora* para a sua concessão, tal contexto se dá perante a existência, de outro lado, de mero "fundamento relevante". Ora, o legislador optou por prescrever apenas aqueles casos em que há urgência envolvida, exigindo em contrapartida a mera relevância do direito.

Porém, em nosso sentir, a matéria não se esgota no fato de haver requisito de urgência em uma medida, e não haver em outra. Quando se está diante de uma demonstração contundente da plausibilidade do direito e cuja tese foi firmada em sede recursos repetitivos ou súmula vinculante, que vinculam obrigatoriamente os magistrados e tribunais, parece-nos que, embora possa não haver uma urgência evidente, há, todavia, uma injustiça a ser perpetrada em face da parte que dispõe de direito evidente – muito mais satisfatório em relação ao fundamento relevante - e de vinculação obrigatória, mas em seu âmbito pessoal é imposta situação contrária ao quanto fixado em precedente vinculante (repetitivo ou súmula).

Ora, a urgência nesse caso não se mostra imprescindível, porque a parte detém direito evidente e já decidido pelos Tribunais Superiores ou firmado em Súmula Vinculante, daí a afastar a urgência. Aliás, de acordo com MACHADO SEGUNDO[32], ao abordar a medida liminar em Mandado de Segurança, entendeu pela flexibilização dos requisitos, confira-se: "A presença em maior intensidade de um deles pode justificar um menor rigor quanto ao outro. Assim, por exemplo, havendo fumaça do bom direito evidentíssima (v.g., decisões pacíficas e reiteradas do Plenário do STF considerando inválido o tributo

32. Op. Cit., p. 385.

impugnado no writ), a medida pode ser concedida ainda que o perigo da demora não esteja presente de modo tão claro".

Ou seja, ainda que a urgência não esteja presente de modo claro, a tutela de evidência pode ser utilizada no Mandado de Segurança, com fundamento no inciso II do art. 311 do CPC/2015, eis que há fundamento satisfatório, desde que, no entanto, conforme afirmado, não importe em irreversibilidade da medida. Vale lembrar que a tutela de evidência tem por finalidade precípua coibir injustiças, nesse caso, decorrente de entendimento firmado em julgados repetitivos e em Súmula Vinculante.

Cumpre trazer a lume entendimento diverso exarado em obra organizada por HUGO DE BRITO MACHADO[33] que entende pela inaplicabilidade da tutela de evidência no Mandado de Segurança, em razão do entendimento que a medida liminar é tutela de urgência, vejamos: "Na legislação do mandado de segurança a tutela provisória prevista (art. 7º, III, da Lei 12.016/2009) é de urgência, não de evidência, e tem conteúdo cautelar. A medida liminar tem por conteúdo a suspensão do ato que deu motivo à ação, e não a antecipação do bem da vida pretendido (...)". Ainda, entendeu pela satisfatividade da medida.

No entanto, devemos anotar que sempre há urgência, ainda que mínima, para o combate de injustiças. Tal urgência, todavia, pode não se mostrar latente como a urgência da medida liminar, no entanto, forçar a parte a aguardar o desfecho final do processo em face de direito evidente cuja tese foi firmada em repetitivo ou em Súmula Vinculante nos leva à conclusão de que, por si só, configura a urgência a desigualdade criada.

Ocorre que, a parte lesada pela injustiça corre o risco de em sede liminar ter o seu provimento provisório negado, sob o entendimento de que não há urgência envolvida. Por outro lado, na tutela de evidência em que o fator perigo da demora não é obrigatório, a concessão da tutela seria pautada apenas no direito evidente consubstanciado no inciso II do art. 311 do CPC/2015.

---

33. MACHADO, Hugo de Brito (org.). *O processo tributário e o Código de Processo Civil/2015*. São Paulo: Malheiros, 2017, p. 162.

Com relação à natureza tipicamente satisfativa, conforme destacamos no tópico da medida liminar, embora a regra seja a natureza cautelar, na prática, a medida liminar acaba assumindo cunho também de antecipação da tutela. Assim, defendemos o entendimento de que a tutela de evidência somente poderá ser deferida no âmbito do Mandado de Segurança, independentemente de sua natureza cautelar ou antecipatória, quando não importar na irreversibilidade da medida, eis que tal foi expressamente vedado pela lei especial.

Diante das considerações expostas, concluímos pelo cabimento da tutela de evidência, com fundamento no inciso II do art. 311 do CPC/2015 em sede de Mandado de Segurança, desde que não enseje a irreversibilidade da medida.

CONCLUSÃO

Para o deslinde da controvérsia, entendemos que a medida liminar em Mandado de Segurança deve ser interpretada em conjunto com as disposições do CPC/2015, especialmente em razão das inovações por ele introduzidas que aproximam o instrumento processual à realidade enfrentada pelas partes, especialmente na busca da eficiência e racionalização do sistema jurídico como um todo, com o objetivo de combater o abarrotamento do judiciário, a fim de entregar uma prestação jurisdicional eficiente e efetiva.

O CPC/2015 inovou e trouxe eficiência, segurança jurídica e confiabilidade nas decisões ao introduzir instituto que protege o entendimento firmado em decisões que foram julgadas em repetitivo, sendo importante instrumento de garantia de tais princípios não apenas às partes, como também aos juízes e aos tribunais, na medida em que os vinculam a obedecer a orientação então proferida. E, com relação às tutelas, especificamente ao inciso II do art. 311 do CPC/2015, não poderia ter sido diferente.

Assim, quando compreendemos a norma especial com a norma processual geral, podemos concluir pela aplicabilidade da tutela de evidência ao Mandado de Segurança com certas restrições.

Isso porque, o direito líquido e certo mediante prova pré-constituída exigido na concessão da liminar, também encontra similaridade na tutela de evidência (inciso II do art. 311 do CPC/2015), que pressupõe que as alegações de fato sejam comprovadas apenas documentalmente. Indubitável, quanto a isso, o seu cabimento.

Com relação ao *periculum in mora*, parece-nos que há sua flexibilização quando se está diante de uma demonstração contundente da plausibilidade do direito e cuja tese foi firmada em sede de recursos repetitivos ou súmula vinculante, que vinculam obrigatoriamente os magistrados e tribunais, ante a injustiça a ser perpetrada em face da parte que dispõe de direito evidente – muito mais satisfatório em relação ao fundamento relevante - e de vinculação obrigatória.

Acrescente-se, ainda, que a tutela da evidência fundada no inciso II do art. 311, do CPC/2015, tem a característica de inverter o ônus do tempo em existindo alta probabilidade de vitória da parte por fundamentar seu pleito em tese fixada em julgamento repetitivo ou súmula vinculante.

Por fim, entendemos que, embora a regra seja a natureza cautelar, na prática, a medida liminar acaba assumindo cunho também de antecipação da tutela. Assim, defendemos o entendimento de que a tutela de evidência somente poderá ser deferida no âmbito do Mandado de Segurança, independentemente de sua natureza cautelar ou antecipatória, quando não importar na irreversibilidade da medida, eis que tal foi expressamente vedado pela lei especial.

REFERÊNCIAS

ALVIM, Arruda. *Novo Contencioso cível no CPC/2015* – São Paulo: Editora Revista dos Tribunais, 2016.

CONRADO, Paulo Cesar (coord.). *Processo tributário analítico*. Camila Campos Vergueiro ...[et. Al.]; coordenação Paulo Cesar Conrado. 1 ª ed – São Paulo: Noeses, 2016.

DINAMARCO, Cândido Rangel. *Instituições de direito processual civil*: volume I e III. 8ª ed., rev. e atual. Segundo o Novo Código de Processo Civil – São Paulo: Malheiros, 2016.

FUX, Luiz. *Mandado de Segurança* – 1ª ed. – Rio de Janeiro: Forense, 2010.

MACHADO Hugo de Brito. *Mandado de segurança em matéria tributária*: (de acordo com a Lei nº 12.016/2009). 8ª ed., São Paulo: Dialética, 2009.

MACHADO, Hugo de Brito (org.). *O processo tributário e o Código de Processo Civil/2015*. São Paulo: Malheiros, 2017.

MACHADO SEGUNDO, Hugo de Brito. *Processo tributário* – 9ª ed. rev. Atual. – São Paulo: Atlas, 2017.

MARINONI, Luiz Guilherme. *O novo processo civil*/ Luiz Guilherme Marinoni, Sérgio Cruz Arenhart, Daniel Mitidiero. – São Paulo: Editora Revista dos Tribunais, 2015.

MARINS, James. *Direito processual tributário brasileiro*: (administrativo e judicial) (atualizado com o CPC/15, comparativamente com o CPC/73 – 8ª ed. – São Paulo: Dialética, 2015.

MEIRELLES, Hely Lopes; WALD, Arnold; MENDES, Gilmar Ferreira. *Mandado de segurança e ações constitucionais*. 32ªed. São Paulo. Malheiros, 2009.

THEODORO JÚNIOR, Humberto. *Curso de Direito Processual Civil* - Teoria geral do direito processual civil, processo de conhecimento e procedimento comum - vol. I. 51 ed. rev., atual. e ampl. Rio de Janeiro: Forense, 2016.

Legislação

BRASIL. Câmara dos Deputados. Projeto de Lei 5.067, de 2001 (Do Poder Executivo). Disciplina o mandado de segurança individual e coletivo e dá outras providências. Disponível em: https://www2.camara.leg.br/legin/fed/lei/2009/lei-12016-7-agosto-2009-590271-norma-pl.html. Acesso em 19/05/2019.

BRASIL. Presidência da República. Lei 5.869, de 11 de janeiro de 1973. Institui o Código de Processo Civil. Disponível em: http://www.planalto.gov.br/ccivil_03/LEIS/L5869impressao.htm. Acesso em 18/05/2019

BRASIL. Presidência da República. Lei 12.016, de 7 de agosto de 2009. Disciplina o mandado de segurança individual e coletivo e dá outras providências. Disponível em: http://www.planalto.gov.br/ccivil_03/_ato2007-2010/2009/lei/l12016.htm. Acesso em: 15/05/2019.

BRASIL. Presidência da República. Lei º 13.105, de 16 de março de 2015. Código de Processo Civil. Disponível em: http://www.planalto.gov.br/ccivil_03/_ato2015-2018/2015/lei/l13105.htm. Acesso em: 15/05/2019.

Capítulo 4

RECURSOS

RECURSOS NO PROCESSO JUDICIAL TRIBUTÁRIO: INOVAÇÕES INTRODUZIDAS PELO NOVO CÓDIGO DE PROCESSO CIVIL

Fulvia Helena de Gioia[1]

Ricardo da Cunha Chimenti[2]

1. CONSIDERAÇÕES INICIAIS

O assoberbamento do Poder Judiciário brasileiro é reconhecidamente um entrave à celeridade e eficiência das decisões e a dispersão de decisões judiciais sobre a mesma matéria um risco à segurança jurídica, um dos alicerces do Estado de Direito.

Desde a promulgação da Constituição de 1988 (CF/88) buscam-se caminhos para minimizar os efeitos nocivos do

1. Doutora em Direito Político e Econômico pela Universidade Presbiteriana Mackenzie, Mestre em Direito Tributário pela PUC/SP e bacharel pela USP/SP. Coordenadora Adjunta de Pesquisa e TCC, Chefe do Núcleo Tributário e Professora de Direito Tributário da Faculdade de Direito da Universidade Presbiteriana Mackenzie. Advogada em São Paulo.

2. Juiz de Direito em São Paulo, atualmente juiz substituto em segundo grau do TJSP, atuando na 18ª Câmara de Direito Público, especializada em tributos municipais. Coordenador de cursos da Escola Paulista da Magistratura e da Escola Judicial dos Servidores do Tribunal de Justiça de São Paulo. Mestre em Direito Processual Civil pela Universidade Paulista /SP. Professor de Direito Tributário da Universidade Presbiteriana Mackenzie e de Direito Financeiro e Direito Eleitoral no Complexo Educacional Damásio de Jesus.

volume de demandas judiciais e algumas medidas foram adotadas com base em experiências de direito comparado.

Nesse sentido, o texto constitucional prevê o efeito vinculante das decisões proferidas em ações diretas de inconstitucionalidade ou declaratórias de constitucionalidade (art. 102, §2º), a exigência da demonstração da repercussão em recurso extraordinário (art. 102, §3º) e a súmula vinculante (art. 103-A).

Na mesma esteira, o advento da nova lei processual trouxe a unificação de julgamento de demandas repetitivas em sede de recursos extraordinário e especial, bem como de apelação.

As relações jurídicas entre o Fisco e cidadãos com base na exigência de tributos têm conduzido a uma excessiva judicialização. O processo judicial tributário, assim entendido como o conjunto de atos desenvolvidos perante o Poder Judiciário com o objetivo de pôr fim a esse conflito de interesses, não se encontra especificamente codificado no ordenamento jurídico brasileiro. A ele se aplicam as normas processuais gerais. Assim, ressalvados os procedimentos específicos veiculados pela Lei 6.830/80 (Execução Fiscal) e pela Lei 8.397/93 (Medida Cautelar Fiscal), o processo tributário, estruturado e direcionado por princípios a partir da Constituição Federal, é regido pela Lei 13.105/2015 - o Novo Código de Processo Civil (NCPC).

Destarte, o estudo dos recursos no processo judicial tributário, com exame dos efeitos reflexos das inovações relacionadas aos efeitos da admissibilidade e decisões de demandas repetitivas introduzidas no ordenamento jurídico pátrio, será feito a partir dos princípios constitucionais direcionadores do processo e com base no sistema recursal legal previsto pela nova lei processual.

2. OS PRINCÍPIOS FUNDAMENTAIS DO PROCESSO JUDICIAL

Os princípios constitucionais devem ser estudados, de forma preliminar, uma vez que são os vetores direcionadores do exercício de todas as funções estatais, incluindo a função jurisdicional. Em grande parte, estão previstos expressamente;

porém, pode estar implícito na base normativa estruturante delineada com a constituição de um Estado Federal, Democrático e Republicano de Direito.

Sem adentrar no aprofundamento teórico, é importante lembrar que há princípios de natureza geral e de natureza específica, a depender da extensão da carga valorativa da proteção e do objeto de suas diretrizes. Há, ainda, princípios gerais e específicos veiculados por lei. Nesse sentido, diferencia-se, em abrangência, por exemplo, o princípio da isonomia do princípio da unirrecorribilidade. O primeiro, de natureza geral e abrangendo o dever de tratamento igual às situações e pessoas iguais nas mais diversas relações jurídicas, incluindo a relação jurídica processual. O segundo, já no campo do processo judicial, aplicável especificamente ao direito de interpor recurso.

Para estruturação didática do estudo dos princípios aplicáveis ao tema sob análise, parte-se dos princípios gerais para chegar-se aos princípios específicos regentes dos recursos.

2.1 Princípio da segurança jurídica

O *princípio da segurança jurídica* é inerente ao Estado Democrático de Direito e expressamente abarcado pelo *caput* do art. 5º da CF/88. É, portanto, o vetor máximo e inafastável que garante a todos os cidadãos o conhecimento prévio das regras norteadoras das condutas obrigatórias, permitidas e proibidas e a previsibilidade dos efeitos de seu respectivo cumprimento ou descumprimento, propiciando a confiabilidade. Assim, é possível destacar três características essenciais do *princípio da segurança jurídica*: cognoscibilidade, previsibilidade e confiabilidade[3].

Na mesma linha, Canotilho se reporta ao que denominou "princípios materiais concretizadores" da segurança jurídica.

---

3. GIOIA, Fulvia Helena de. Tributação, Direitos Fundamentais e Cidadania: algumas reflexões sobre a dupla face da Tributação em busca da Justiça Fiscal. In: *Revista Brasileira de Direito Tributário e Finanças Públicas*, n. 36, ano VI. São Paulo: Magister, 2013, pp. 170-185.

São eles, segundo o autor, o "princípio da determinabilidade de leis expresso na exigência de leis claras e densas e o princípio da protecção da confiança, traduzido na exigência de leis tendencialmente estáveis ou, pelo menos, não lesivas da previsibilidade e calculabilidade"[4].

Barros Carvalho se refere à segurança jurídica como sobreprincípio[5], reconhecendo-a como diretriz condutora do ordenamento jurídico em sentido amplo, ou seja, aí incluídos todo o conjunto normativo proveniente não somente do Poder Legislativo, mas também dos Poderes Executivo (quando no exercício das funções atípicas legislativa e judicante) e Judiciário.

Nesse cenário, emergiram os fundamentos para adoção das medidas passíveis de garantir a unificação do entendimento jurisprudencial para situação idênticas, associadas à ampla publicidade e obrigatoriedade de observância por meio da vinculação. São ela: os julgamentos unificados de demandas repetitivas, as súmulas vinculantes e a vinculação de todos os órgãos do Poder Judiciário e da Administração Pública às decisões, como a seguir se verá.

Entretanto, é preciso considerar que a previsibilidade dos julgamentos unificados nos processos cujo objeto e causa de pedir sejam idênticos, de *per si*, não representam garantia de segurança jurídica, razão pela qual é imprescindível a delimitação procedimental, os meios de publicidade e, especialmente, os efeitos das mutações jurisprudenciais e formas de revisibilidade das decisões introduzidas nos temas repetitivos e com efeitos vinculantes.

Nesse sentido, ao analisar os julgamentos das demandas repetitivas e súmulas vinculantes, Perez Tavares chama adverte para o risco da insegurança jurídica na medida em que ocasiona "o engessamento do judiciário, mitigando-se o seu

---

4. CANOTILHO, J. J. Gomes. *Direito Constitucional*. Coimbra: Almedina, 1993, p. 372.

5. CARVALHO, Paulo de Barros. O princípio da Segurança Jurídica. In: *Revista de Direito Tributário*, vol. 61. São Paulo: Malheiros, p. 86.

caráter dialógico e fundamentalmente pautado no contraditório amplo", ressaltando que a decisão unificada e vinculante se consubstancia em "norma geral e abstrata que, tais como aquelas de origem legislativa" e, como tal, submetida à interpretação e "aplicação subsuntiva"[6] .

2.2 Princípio do devido processo legal

Pela primeira vez incluindo expressamente no texto constitucional (art. 5º, LIV da CF/88), o *princípio do devido processo legal* deve ser compreendido e, consequentemente, aplicado, tanto na abrangência formal quanto na material. Isso significa que no processo judicial deve ser assegurada não somente a observância das normas procedimentais (direito formal) mas, também, as normas assecutatórias do direito material, de cada uma das partes, sob litígio na relação jurídica processual.

O *princípio do devido processo legal* é também inerente ao Estado Democrático de Direito e, assim como reconhecido no direito americano, a partir de sua origem do direito inglês[7], origina-se na aplicabilidade da lei, formal e materialmente isonômica (isonomia perante a lei e isonomia na lei, respectivamente[8]). É princípio que instrumentaliza o cidadão para "para superação de toda e qualquer forma de injustiça processual ou substancial", como afirma Ângelo Pariz[9] em monografia sobre o tema.

---

6. TAVARES, Gustavo Perez. *Insegurança Jurídico-Tributária no Poder Judiciário.* Rio de Janeiro: Lumen Juris, 2018, p. 195.

7. Sobre a origem e aplicação do *devido processo legal*: DANTAS, San Tiago. Igualdade perante a lei e *due process of law.* In: *Problemas de Direito Positivo.* Rio de Janeiro: Forense, 1953.
FIGUEIREDO, Lucia Valle. Estado de Direito e Devido Processo Legal. In: *Revista de Direito Administrativo,* n. 209, Rio de Janeiro: FGV, 1997, pp. 7-18. Disponível em: http://dx.doi.org/10.12660/rda.v209.1997.47039 . Acesso em: 15.mai.2019.

8. FIGUEIREDO, Lucia Valle. Estado de Direito e Devido Processo Legal. In: *Revista de Direito Administrativo,* n. 209, Rio de Janeiro: FGV, 1997, p. 10-11. Disponível em: http://dx.doi.org/10.12660/rda.v209.1997.47039 . Acesso em: 15.mai.2019

9. PARIZ, Ângelo Aurélio Gonçalves. *O Princípio do Devido Processo Legal – Direito Fundamental do Cidadão.* Coimbra: Almeida, 2009, p. 303.

2.3 Princípio da inafastabilidade da apreciação do Poder Judiciário

Toda lesão ou ameaça de direito pode ser submetida à apreciação do Poder Judiciário é o que dispõe o art. 5º XXXV da CF/88, garantindo o controle que é da essência do Estado Federal.

Nas relações jurídicas tributárias litigiosas é facultado ao sujeito passivo pleitear seus direitos perante a Administração Pública, que detém competência para o exercício da função judicante (atípica).

Como o exercício da função administrativa está submetido à estrita legalidade, o dever de controle interno dos atos administrativos, dentre os quais se inclui a exigibilidade do crédito tributário, impõe a anulação daqueles atos praticados em desconformidade com a lei.

Não obstante, caso não efetuada de ofício a revisibilidade, cabe à Administração, se provocada, rever os atos praticados, no exercício da função judicante, em conformidade com a estruturação hierárquica de seus órgãos e as leis regentes do processo administrativo que, entretanto, é opcional ao sujeito passivo.

A discussão no âmbito administrativo, porém, não é nem pré-requisito, nem impedimento para o acesso ao Poder Judiciário. Vale dizer, ainda que indeferido o pleito do sujeito passivo em última instância de decisão administrativo, é possível a submissão do litígio ao Poder Judiciário para afastar o efeito vinculante da decisão desfavorável obtida no âmbito do processo administrativo.

2.4 Princípios da ampla defesa e do contraditório

Nos processos litigiosos, judicial ou administrativo, assegurou o constituinte o "contraditório e ampla defesa", o que deve incluir "todos os meios e ela inerentes", nos termos do art. 5º, LV da CF/88.

A extensão dos *princípios da ampla defesa e do contraditório* deve ser aferida, por certo, conforme o *devido processo legal*, com base em dois outros princípios: o da legalidade e o da isonomia. Isso significa que os meios de defesa assegurados às partes litigantes pela diretriz constitucional, de forma igual, são, e somente podem ser, aqueles previstos em lei.

É importante ter em mente que a ampla defesa depende do conhecimento das alegações e respectivos fundamentos de fato e de direito colacionados pela parte contrária. Eis aí a inafastabilidade dos princípios da publicidade e motivação. Motivação, registre-se, que, não se confunde com motivo legal (fundamento legal), mas vai além para contemplar as razões que ensejaram a prática de determinado ato. Nas relações jurídicas tributárias submetidas ao Poder Judiciário, por exemplo, o conhecimento do inteiro teor processo administrativo que, posteriormente, deu ensejo à lide, é imprescindível para que, o sujeito passivo, ciente das razões que fundamentaram a exigência do tributo, possa exercer seu direito à ampla defesa.

O *contraditório*, que pressupõe a abertura das mesmas oportunidades de manifestação e produção de provas, funda-se no tratamento isonômico das partes.

Ampla defesa e contraditório são princípios aplicáveis em todas as fases do processo judicial (e também administrativo), incluindo os recursos legalmente previstos.

2.5 Princípio do duplo grau

A estruturação constitucional hierárquica dos órgãos do Poder Judiciário associada às competências para processar e julgar em sede de recurso trazem, implicitamente, o denominado *princípio do duplo grau* de jurisdição, a ser observado à luz do devido processo legal em toda sua extensão: formal e material.

As espécies de recursos, normativamente previstos, e a previsão da competência para o respectivo processamento e julgamento, conduzem à obrigatoriedade de observância do duplo grau, um desdobramento do princípio da inafastabilidade da apreciação pelo Judiciário (enquanto cabível) e do direito à ampla defesa.

2.6 Princípio da celeridade

Introduzido pela Emenda Constitucional 45/2004, o *princípio da celeridade* veio para assegurar "a duração razoável do prazo e os meios que garantam a celeridade de sua tramitação" (art. 5º, LXXVIII da CF/88).

Primeiramente, é preciso registrar que, com base na finalidade do exercício da função judicial, qual seja, a solução de controvérsias em busca da garantia de direitos e da Justiça, propiciando a estabilidade das relações jurídicas e do próprio ordenamento jurídico, a celeridade na entrega da prestação jurisdicional é pressuposta e, portanto, princípio implícito.

Ademais, considerando-se o Poder Judiciário como parte da Administração Pública em sentido amplo (isto é, incluindo o exercício de todas as funções estatais), todos os princípios do art. 37, *caput,* da CF/88, também a ele se aplicam. E, dentre esses, está o princípio da eficiência, igualmente já implícito quando promulgada a Constituição, mas, ainda assim, introduzido bem antes, pela Emenda Constitucional 19/98.

Em verdade, o que realmente importa é fixar a diretriz interpretativa do princípio da celeridade processual por meio de um delineamento dento do qual se pode considerar cumprido ou descumprida em cada caso concreto. Para tanto, é preciso conciliar a complexidade da pretensão deduzida em juízo (o bem da vida ou direito pleiteado) com a finalidade da atuação do Poder Judiciário (a solução do litígio com o resguardo e entrega final do que se buscava a quem de direito). A demora na decisão que reconhece um direito pode, em diversas situações, torná-la inócua: pelo perecimento do sujeito, do próprio direito ou objeto. Por outro lado, decisões céleres, mas tomadas sem fundamento, sem motivação ou com vícios de legalidade não cumprem a finalidade.

Evidentemente que o excesso de processos é um dos fatores, embora não o único, da demora na tramitação processual e, nesse sentido, o julgamento conjunto das demandas repetitivas, bem como a vinculação das decisões, é um dos caminhos para a celeridade.

2.7 Princípio da publicidade e da motivação da gratuidade

Há, ainda, que se mencionar a previsão constitucional de que todos os julgamentos nos órgãos do Poder Judiciário serão públicos (art. 93, IX), ressalvados os casos de preservação da intimidade e sigilo nos termos da lei, bem como o dever de fundamentação das decisões sob pena de nulidade.

Ressalta-se que a fundamentação deve incluir as razões de fato e de direito que conduziram a tomada da decisão, sem o que ficará, inclusive, prejudicado o exercício do direito à ampla defesa.

2.8 Princípio da inadmissibilidade das provas obtidas por meios ilícitos

Por fim, o constituinte garantiu a "assistência jurídica integral e gratuita aos que comprovarem insuficiência de recursos" (art. 5º, LXXIV) e determinou a "inadmissibilidade das provas obtidas por meios ilícitos" (art. 5º, LVI), o que, pela abrangência e valores veiculados, devem também ser consideradas como diretrizes principiológicas do processo judicial.

2.8.1 Outros princípios

Além dos princípios constitucionais regentes do processo, muitos dos quais são incorporados, expressamente pela lei processual (NCPC), há aqueles específicos por ela estabelecidos. Destaca-se:

a) o *princípio da oficialidade* (art. 2º do NCPC), que impõe, "após a iniciativa da parte", o desenvolvimento do processo por "impulso oficial, salvo as exceções previstas em lei";

b) o *princípio da boa-fé* (art. 5º do NCPC) imposto como diretriz às partes na relação processual;

c) o *princípio da cooperação* (art. 6º do NCPC) entre as partes, com a finalidade de colaborarem para a obtenção "em tempo razoável, uma "decisão de mérito justa e efetiva".

3. OS PRINCÍPIOS REGENTES DOS RECURSOS

No que se refere especificamente aos recursos cabíveis no processo judicial, merecem destaque os seguintes princípios veiculados pelo Novo Código de Processo Civil:

3.1 Princípio da taxatividade e da unirrecorribilidade

O rol de recursos estabelecido no art. 994 do NCPC é taxativo e, portanto, no processo judicial somente são cabíveis os seguintes recursos: apelação; agravo de instrumento; agravo interno; embargos de declaração; recurso ordinário; recurso especial; recurso extraordinário; agravo em recurso especial ou extraordinário; embargos de divergência.

Portanto, de acordo com a nova legislação processual, não há mais cabimento do denominado "embargos infringentes"[10].

O cabimento de cada uma das espécies de recurso é distinta e cada decisão somente é recorrível por uma das espécies de recurso, não sendo permitida a interposição concomitante.

10. Embora ainda previsto no art. 34 da Lei 6.830/80 (Lei de Execução Fiscal), que é lei especial e estabelece uma hipótese específica, já distinta daquele (embargos infringentes) disposto no Código de Processo Civil anterior: "Art. 34. Das sentenças de primeira instância proferidas em execuções de valor igual ou inferior a 50 (cinquenta) Obrigações Reajustáveis do Tesouro Nacional - ORTN, só se admitirão embargos infringentes e de declaração".

3.2 Princípio da fungibilidade (ou instrumentalidade das formas)

Sem previsão expressa na lei processual, o princípio da fungibilidade ou instrumentalidade das formas encontra-se implícito nas disposições que permitem a concessão de prazo à parte para regularizar vício na interposição de recurso (arts. 932, parágrafo único, art. 1007, §3º do NCPC).

A aplicabilidade é restrita mas cabível quando, por exemplo, há dúvida razoável sobre a espécie recursal e, por óbvio, desde que o prazo para a interposição do recurso corretamente aplicável ao caso seja o mesmo.

Se, de um lado, a aplicabilidade do princípio encontra fundamento na celeridade e economia processual, de outro lado, caso não aplicado com cautela, pode implicar violação à legalidade.

3.3 Princípio da proibição da "reformatio in pejus"

Trata-se de princípio implícito aferível da normatização que rege a admissibilidade e objeto dos recursos.

De fato, o objeto do recurso é a decisão recorrível e o pedido limita a decisão. É possível que a parte, ao recorrer, devolva apenas parte da decisão ao conhecimento da instância superior, delimitando a parte da decisão recorrida que é passível de alteração.

Destarte, a vedação da alteração *in pejus* da decisão encontra fundamento na delimitação do pedido formulado pela parte no recurso.

Assim postos, ainda que de forma condensada, os princípios regentes do processo judicial, igualmente aplicáveis aos litígios tributários, passa-se ao exame dos recursos previstos pelo NCPC, com destaque às inovações introduzidas pela Lei 13.105/15 (NCPC).

4. O SISTEMA RECURSAL E AS INOVAÇÕES INTRODUZIDAS PELO NOVO CÓDIGO DE PROCESSO CIVIL

Assim postos, ainda que de forma condensada, os princípios regentes do processo judicial, igualmente aplicáveis aos litígios tributários, passa-se ao exame dos recursos previstos pelo NCPC, com destaque às inovações introduzidas pela Lei 13.105/15 (NCPC).

4.1 A Apelação

O artigo 926 do CPC de 2015, o primeiro do Livro III (que dispõe sobre os recursos), dita que os tribunais devem uniformizar sua jurisprudência e mantê-la estável, íntegra e coerente. E o teste maior para a observância de tal preceito é a apelação, veículo por meio do qual são analisadas questões de fundo fáticas e jurídicas dos casos concretos.

Relembre-se, ainda, que o art. 34 Lei de Execuções Fiscais traz que das sentenças de primeira instância proferidas em execuções de valor igual ou inferior a 50 (cinquenta) Obrigações Reajustáveis do Tesouro Nacional - ORTN, só se admitirão embargos infringentes e de declaração, sendo que a atualização de tal montante foi bem delineada pelo acórdão proferido no Recurso Especial nº 1.168.625/MG, Rel. Min. Luiz Fux, DJ 09/06/2010.

Nos Juizados Especiais Cíveis e da Fazenda Pública verifica-se que, contra a sentença, cabe Recurso Inominado, em 10 (dez) dias, sem prazo em dobro para a Fazenda Pública.

Disposição importante que se aplica para a apelação e demais recursos previstos no CPC é a prevista no inciso III do seu art. 932, pela qual se estabelece que incumbe ao relator não conhecer de recurso inadmissível, prejudicado ou que não tenha impugnado especificamente os fundamentos da decisão recorrida.

O parágrafo único do artigo em comento, por sua vez, estabelece que antes de considerar inadmissível o recurso, o relator concederá o prazo de 5 (cinco) dias ao recorrente para que seja sanado vício ou complementada a documentação exigível, disposição que só se aplica aos casos em que seja necessário sanar vícios formais, como ausência de procuração ou de assinatura, e não à complementação da fundamentação. Com base nessa orientação, a Primeira Turma do C. STF, por maioria, negou provimento a agravo regimental e condenou a parte sucumbente ao pagamento de honorários advocatícios. O colegiado destacou que, na situação dos autos, o agravante não atacara todos os fundamentos da decisão agravada. Além disso, estar-se-ia diante de juízo de mérito e não de admissibilidade. O Ministro Roberto Barroso, em acréscimo, afirmou que a retificação somente seria cabível nas hipóteses de recurso inadmissível, mas não nas de prejudicialidade ou de ausência de impugnação específica de fundamentos (ARE 953221 AgR/SP, rel. Min. Luiz Fux, 7.6.2016).

Cabe ao julgador, portanto, observar se a hipótese é de recurso prejudicado ou de violação ao princípio da dialeticidade (especialmente pela não impugnação específica dos fundamentos da decisão recorrida), casos nos quais que desde logo deve encaminhar os autos à Secretaria com o relatório (931 NCPC) e solicitação de inclusão na pauta de julgamento. Já na hipótese de recurso inadmissível (interposto contra ato irrecorrível - a exemplo de despacho de mero expediente - , interposto por parte ilegítima, interposto quando não há interesse utilidade ou interesse necessidade, falta de preparo, etc.), há que se observar o princípio da sanação (salvo se vício insanável, a exemplo da intempestividade), concedendo-se o prazo de cinco dias para que seja sanado o vício ou complementada a documentação exigível (peça obrigatória ou não), nos termos do parágrafo único do art. 932 do NCPC.

O art. 933 do CPC, por sua vez, estabelece que se o relator constatar a ocorrência de fato superveniente à decisão recorrida ou a existência de questão apreciável de ofício ainda não examinada que devam ser considerados no julgamento do recurso, intimará as partes para que se manifestem no prazo de 5 (cinco) dias, dispositivo que exteriroiza aquilo que a doutrina denomina "Dever de diálogo" (art. 489, § 1º, IV, CPC) e de "Direito de Influência" (art. 9º e 10 do CPC).

O art. 995 do CPC, por sua vez, dita que os recursos não impedem a eficácia da decisão, salvo disposição legal ou decisão judicial em sentido diverso. Ou seja, o efeito suspensivo de um recurso é a exceção, mas pode ser dar *ex lege* ou *ope judicis*.

De acordo com Dinamarco[11], em entendimento que compartilhamos mas que não é unânime, no caso de recurso com efeito suspensivo *ex lege*, a decisão tem seu efeito obstado desde o momento da prolação, ou seja, antes mesmo da interposição do recurso ou do seu recebimento.

Nas hipóteses em que a sentença começa a produzir efeitos imediatamente a sua eficácia poderá ser suspensa pelo relator se o apelante demonstrar a probabilidade de provimento do recurso ou se, sendo relevante a fundamentação, houver risco de dano grave ou de difícil reparação. Observe-se que o §4º do art. 1.012 do CPC parece exigir menos do que o art. 300 do mesmo Código, pois para a concessão da tutela antecipada exige-se probabilidade mais risco de dano, enquanto para o efeito suspensivo exige-se ou a demonstração da probabilidade de êxito do recurso, ou relevância da fundamentação acompanhada de demonstração do periculum in mora.

É possível ao julgador de 2º grau conhecer de questão não apreciada na sentença, mas que foi suscitada e discutida no processo e que seja relativa à matéria impugnada via recurso (§1º do art. 1013 do NCPC), faculdade que se mostra mais restritiva do que aquela antes prevista no art. 515 do CPC/1973

As questões conhecíveis de ofício podem ser apreciadas pelo relator independentemente de terem sido suscitadas pelas partes, em razão do efeito translativo do recurso de apelação.

---

11. DINAMARCO, Cândido Rangel. *Teoria Geral do NCPC*. São Paulo, Malheiros, 2016, p. 207.

Pode-se conhecer, ainda, de fundamentos fáticos que foram objeto do pedido ou da defesa, ainda que sobre eles não tenha ocorrido discussão ou decisão, conforme § 2º do art. 1013 do NCPC.

O Enunciado 6 da ENFAM orienta que não constitui julgamento surpresa o lastreado em fundamentos jurídicos, ainda que diversos dos apresentados pelas partes, desde que embasados em provas submetidas ao contraditório.

Subsiste no CPC de 2015 a Teoria da Causa Madura, ou seja, a possibilidade de, desde logo, julgar-se o mérito da causa quando anular-se sentença que extinguiu o processo sem resolução do mérito, ou quando for afastada a tese de prescrição ou a decadência nela reconhecida, desde que a causa esteja apta a ser julgada com segurança.

O Tribunal também se pode desde logo julgar o mérito quando decretar a nulidade de sentença que não seja congruente com os limites do pedido ou a causa de pedir, quando a sentença for declarada nula por falta de fundamento ou quando a sentença for omissa quanto a algum dos pedidos. Por outro lado só se deve conhecer de questões de fato novas (que exigirão a superação do contraditório) quando o suscitante provar, desde logo, que não as manifestou em primeiro grau em razão de força maior.

4.2 Agravo de Instrumento

O artigo 1015 do NCPC e o seu parágrafo único arrolam as decisões interlocutórias passíveis de Agravo de Instrumento. O inciso XIII deste artigo, por sua vez, estipula que além dos casos ali previstos o Agravo de Instrumento somente será cabível em outros casos expressamente referidos em lei (a exemplo do art. 1037, §13, I, do NCPC na redação da Lei 13.256/2016), tudo a sugerir de que o rol legal é taxativo e, assim, outras decisões interlocutórias não precluem e poderão ser suscitadas como preliminares nas razões ou contrarrazões de apelação.

O C. STJ, contudo, ao julgar o Tema 988 dos Recursos Repetitivos que lhe cabe julgar, firmou a tese de que "o rol do artigo 1.015 do CPC é de taxatividade mitigada, por isso admite a interposição de agravo de instrumento quando verificada a urgência decorrente da inutilidade do julgamento em questão no recurso de apelação".

O relator do Agravo de Instrumento poderá atribuir efeito suspensivo ao recurso ou deferir, em antecipação de tutela, total ou parcialmente, a pretensão recursal. Efeito suspensivo ativo é a denominação normalmente dada ao caso no qual a decisão negativa do juiz de primeiro grau é suspensa e substituída por outra de natureza positiva concedida pelo relator.

4.3 O Recurso Especial Repetitivo, o Recurso Extraordinário e os precedentes vinculantes

Admitidos como constitucionais os precedentes vinculantes veiculados por meio de lei ordinária como é caso do CPC (há entendimentos no sentido de que a competência de um tribunal para proferir decisões vinculantes é matéria reservada às normas constitucionais, há que se observar que a inobservância de um precedente firmado em Recurso Extraordinário com repercussão geral reconhecida ou em um Recurso Especial repetitivo autoriza, após o esgotamento das vias ordinárias (art. 988 § 5º, III do NCPC), a Reclamação (art. 985, §1º, do NCPC). Já a decisão baseada em enunciado de súmula ou acórdão proferido em julgamento de casos repetitivos que não tenha considerado a existência de distinção entre a questão discutida no processo e o padrão decisório que lhe deu fundamento autoriza, após o esgotamento das vias ordinárias, a Reclamação (art. 988, §4º, do NCPC) e até mesmo ação rescisória (art. 966, §5º, do NCPC, na redação da Lei 13.256/2016).

Quanto à satisfação do crédito tributário podemos apontar os seguintes incrementos validados por meio de recursos cujas decisões têm efeito vinculante:

a. A partir da vigência da Lei 11.382/2006, que deu nova redação ao art. 655-A do CPC/1973, foi reconhecido que pagar tributo caracteriza um dever fundamental e já não se exige a superação de infindáveis diligências para o acionamento do Sistema BACEN-JUD. O C. STJ, em julgamento submetido ao regime do art. 543-C do CPC/1973 (REsp. 1.184.765), decidiu que: "9. A antinomia aparente entre o art. 185-A do CTN (que cuida da decretação de indisponibilidade de bens e direitos do devedor executado) e os arts. 655 e 655-A do CPC (penhora de dinheiro em depósito ou aplicação financeira) é superada com a aplicação da Teoria pós-moderna do Diálogo das Fontes, idealizada pelo alemão Erik Jayme e aplicada, no Brasil, pela primeira vez, por Cláudia Lima Marques, a fim de preservar a coexistência entre o Código de Defesa do Consumidor e o novo Código Civil. 10. Com efeito, consoante a Teoria do Diálogo das Fontes, as normas gerais mais benéficas supervenientes preferem à norma especial (concebida para conferir tratamento privilegiado a determinada categoria), a fim de preservar a coerência do sistema normativo. 11. Deveras, a *ratio essendi* do art. 185-A, do CTN é erigir hipótese de privilégio do crédito tributário, não se revelando coerente 'colocar o credor privado em situação melhor que o credor público, principalmente no que diz respeito à cobrança do crédito tributário, que deriva do dever fundamental de pagar tributos (arts. 145 e seguintes da Constituição Federal de 1988)' (REsp 1.074.228/MG, Rel. Ministro Mauro Campbell Marques, Segunda Turma, j. 7-10-2008, DJe 5-11-2008). 12. Assim, a interpretação sistemática do art. 185-A, do CTN, com os arts. 11, da Lei 6.830/80, e 655 e 655-A, do CPC, autoriza a penhora eletrônica de depósitos ou aplicações financeiras independentemente do exaurimento de diligências extrajudiciais por parte do exequente... Com isso, manteve o bloqueio liminar dos depósitos e aplicações financeiras dos executados. Já a decretação de indisponibilidade propriamente dita, que vai muito além da apreensão de valores pelo Sistema BACEN-JUD, exige que já houve a citação do executado, inexiste pagamento ou oferecimento de bens à penhora ou garantia efetiva da execução e que não foram localizados bens penhoráveis, conforme decidiu o STJ em 26-11-2014 ao julgar, sob a luz do art. 543-C do CPC, o REsp. 1.377.507". E as disposições do art. 655-A do CPC/1973 foram ampliadas pelo art. 853 do CPC/2015.

b. Desde a vigência da Lei 12.767/2012 (que inseriu o parágrafo único ao art. 1º da Lei 9.492/97 e é objeto da ADI 5.135, processada sem liminar) as CDAs passaram a constar explicitamente dentre os títulos protestáveis. Na sua redação originária, a Lei n. 9.492/97 já permitia o protesto de "outros documentos de dívida", além daqueles nela especificados. A CDA é um título executivo extrajudicial com presunção (ainda que relativa) de certeza e liquidez. Ademais, a medida não é mais gravosa do que a execução fiscal que ela pode evitar. Pela legalidade do protesto, merece destaque o REsp. 1.126.515/PR, j. 3-12-2013 e a ADI/STF 5.135. De outro lado, há quem sustente, a partir dos arts. 38 da Lei 6.830/80 e 204 do Código Tributário Nacional, que a CDA serve apenas para aparelhar a execução fiscal, sendo que a discussão foi objeto de Recurso Repetitivo conforme Tema 777 do C. STJ, no qual se fixou a seguinte tese: " A Fazenda Pública possui interesse e pode efetivar o protesto da CDA, documento de dívida, na forma do art. 1º, parágrafo único, da Lei 9.492/1997, com a redação dada pela Lei 12.767/2012"

c. Em 2016 o C. STF concluiu que não representa quebra de sigilo fiscal "o intercâmbio de informação sigilosa", que, "no âmbito da Administração Pública, será realizado mediante processo regularmente instaurado, e a entrega será feita pessoalmente à autoridade solicitante, mediante recibo, que formalize a transferência e assegure a preservação do sigilo" (art. 198, §2º, do CTN). O receptor deve preservar o sigilo dos dados, pois, conforme reconheceu o C. STF ao julgar improcedentes as ADI 2.390/DF, 2.386/DF, 2.397/DF e 2.859/DF, em 24-2-2016, o legislador teria se preocupado em criar mecanismos que impedissem a circulação ou o extravasamento das informações relativas ao contribuinte. Diante das cautelas fixadas na lei, não haveria propriamente quebra de sigilo, mas, sim, transferência (compartilhamento) de informações sigilosas no âmbito da Administração Pública.

d. Sem ferir as disposições que tratam do sigilo bancário, a Lei Complementar 105/2001 permite que as autoridades e os agentes tributários da União, dos Estados, do Distrito Federal e dos Municípios, desde que haja processo administrativo instaurado ou procedimento fiscal em curso e a medida seja indispensável, examinem documentos, livros e registros de instituição financeira, independentemente de autorização judicial. O C. STF, ao julgar improcedentes as ADI 2.390/DF, 2.386/DF, 2.397/DF e 2.859/DF, em 24-2-2016, destacou os mais recentes compromissos internacionais assumidos pelo Brasil e afastou a tese de que o acesso do Fisco aos registros bancários, sem ordem judicial, é inconstitucional, pois a norma não autoriza a exposição das informações bancárias obtidas pelo Fisco. O que ocorre não é propriamente a quebra de sigilo, mas a "transferência de sigilo" dos bancos ao Fisco. Nessa transmutação, inexistiria qualquer distinção entre uma e outra espécie de sigilo que pudesse apontar para uma menor seriedade do sigilo fiscal em face do bancário. Ao contrário, os segredos impostos às instituições financeiras – muitas das quais de natureza privada – se manteriam, com ainda mais razão, com relação aos órgãos fiscais integrantes da Administração Pública, submetidos à mais estrita legalidade. O Plenário, conforme se extrai do Informativo STF 815, destacou que, em síntese, a Lei Complementar n. 105/2001 possibilita o acesso de dados bancários pelo Fisco, para identificação, com maior precisão, por meio de legítima atividade fiscalizatória, do patrimônio, dos rendimentos e das atividades econômicas do contribuinte. Não permite, contudo, a divulgação dessas informações, resguardando-se a intimidade e a vida íntima do correntista. Além de consistir em medida fiscalizatória sigilosa e pontual, o acesso amplo a dados bancários pelo Fisco exige a existência de processo administrativo – ou procedimento fiscal. Isso já atrairia para o contribuinte todas as garantias da Lei 9.784/99 – entre elas, a observância dos princípios da finalidade, da motivação, da proporcionalidade e do interesse público –, a permitir extensa possibilidade de controle sobre os atos da Administração Fiscal. De todo modo, por se tratar de mero compartilhamento de informações sigilosas, seria mais adequado situar as previsões legais combatidas na categoria de elementos concretizadores dos deveres dos cidadãos e do Fisco na implementação da justiça social, a qual teria, como um de seus mais poderosos instrumentos, a tributação.

e. Ao julgar o RE 601.314, sob o rito da Repercussão Geral (Tema 225), o C. STF confirmou que o art. 6º da Lei Complementar 105/2001 não ofende o direito ao sigilo bancário, pois realiza a igualdade em relação aos cidadãos, por meio do princípio da capacidade contributiva, bem como estabelece requisitos objetivos e o translado do dever de sigilo da esfera bancária para a fiscal.

Em decorrência do exposto, nos termos do inciso VI do §1º do art. 489 do CPC, não se considera fundamentada qualquer decisão judicial, seja ela interlocutória, sentença ou acórdão, que deixar de seguir enunciado de súmula, jurisprudência ou precedente invocado pela parte, sem demonstrar a existência de distinção no caso em julgamento ou a superação do entendimento. E de acordo com o Enunciado 11 da Escola Nacional de Formação e Aperfeiçoamento de Magistrados (ENFAM), "Os precedentes a que se referem os incisos V e VI do § 1º do art. 489 do CPC/2015 são apenas os mencionados no art. 927 e no inciso IV do art. 332".

4.4 Salvaguardas dos precedentes vinculantes

No caso de descumprimento de enunciado de Súmula Vinculante ou de acórdão proferido pelo C. STF em controle concentrado de constitucionalidade admite-se a Reclamação (art. 988, IV, do CPC/2015), ainda que não estejam esgotadas as vias ordinárias. Há, ademais, precedente que confere legitimidade ativa para a Reclamação a terceiros que não intervieram no processo de fiscalização normativa abstrata (no caso, a ADPF 130), inclusive a particulares (Rcl 21.505, Segunda Turma do STF, j. de 17/11/2015).

Sobre o tema também merece destaque o Enunciado 138 da II Jornada de Direito Processual Civil realizada pelo Centro de Estudos Judiciários do Conselho da Justiça Federal, do seguinte teor:

> *É cabível reclamação contra acórdão que aplicou indevidamente tese jurídica firmada em acórdão proferido em julgamento de recursos extraordinário ou especial repetitivos, após o esgotamento das instâncias ordinárias, por analogia ao quanto previsto no art. 988, § 4º, do CPC.*

O enunciado confirma o entendimento de que há um microssistema dos precedentes vinculantes, já que regras criadas para os IRDR ou para os IAC se aplicam para os acórdãos proferidos em Recursos Especiais Repetitivos, e vice-versa. A possibilidade de o magistrado, fundamentadamente, deixar de observar um precedente vinculante (*stare decisis*), em decorrência da distinção entre o precedente e o caso em julgamento (*distinguishing*), ou em razão da superação daquele por julgado mais recente (*overruling*) também está explicitada no art. 489, §1º, VI, do NCPC. Observo que na doutrina há quem diferencie o *stare decisis* horizontal (que vincula apenas os membros do Tribunal que construiu o precedente) do *stare decisis* vertical (*binding effect* ou *precedent*), sendo que neste último o que se verifica é a obrigatoriedade de todos os Tribunais seguirem a *ratio decidendi* dos precedentes das Cortes Superiores.

Parece oportuno, também, relembramos que a parte vinculante de um precedente é aquela extraída da sua *ratio decidendi*, e não as manifestações de natureza *obter dictum* frequentemente utilizadas na construção de um raciocínio apenas como apoio argumentativo. Daí a pertinência do Enunciado 8 da ENFAM, do seguinte teor:

> *Os enunciados das súmulas devem reproduzir os fundamentos determinantes do precedente.*

4.5 O conflito dos precedentes no tempo

A evolução legislativa e interpretativa não deve atingir atos praticados sob a égide de precedente vigente à época de sua realização, sob pena de violação do princípio da segurança jurídica e da proteção da confiança. Nesse sentido, é o §4º do artigo 927 do NCPC, do seguinte teor: "A modificação de enunciado de súmula, de jurisprudência pacificada ou de tese adotada em julgamento de casos repetitivos observará a necessidade de fundamentação adequada e específica, considerando os princípios da segurança jurídica, da proteção da confiança e da isonomia".

Em 12/06/2018, ao julgar o ARE 951533, a Segunda Turma do C. STF decidiu, conforme noticiado pelo CONJUR em 7/7/2018, que o Superior Tribunal de Justiça afronta o princípio da segurança jurídica ao aplicar nova jurisprudência, de forma retroativa, a processos que estavam em curso quando ainda vigorava antigo entendimento.

Assim entendeu a 2ª Turma do Supremo Tribunal Federal, pouco antes do recesso forense, ao impedir o STJ de fazer "mudanças bruscas" — no caso, alterar sem transição a contagem da prescrição tributária. O STJ entendia que, quando determinado tributo é declarado inconstitucional pelo Supremo, o cálculo de prescrição para a repetição de indébito só começava a partir do trânsito em julgado dessa decisão. Em 2007, porém, o STJ passou a levar em conta o pagamento: o direito de pleitear o dinheiro de volta acaba em dez anos — cinco anos do fato gerador mais cinco da data da homologação tácita (REsp. 435.835). Esse entendimento começou a ser aplicado de imediato às ações já ajuizadas.

Com isso, vários contribuintes que já tinham casos em juízo e até decisões favoráveis nas instâncias ordinárias passaram a sofrer derrotas na corte superior. A controvérsia chegou ao Supremo quando uma companhia de comércio exterior disse ter sido uma das prejudicadas. A empresa alega ser necessário calcular a prescrição de um crédito tributário a partir da declaração de inconstitucionalidade da cota de contribuição nas exportações de café, em 2004.

No caso exposto, venceu o voto-vista do ministro Dias Toffoli, que reconheceu a impossibilidade de se aplicar ao caso a orientação jurisprudencial do STJ. Ele disse que a aplicação imediata da nova tese às pretensões já ajuizadas em curso ofendeu o primado da segurança jurídica. "É importante ter em mente que não se pleiteia, por meio da tese ora em discussão, a manutenção *ad eternum* do entendimento prevalecente na corte superior", ressaltou. "O que se requer é que, com base diretamente no princípio da segurança jurídica, a mudança brusca da jurisprudência acerca do prazo prescricional não alcance a presente ação, a qual estava em curso na data do julgamento ou da publicação do acórdão (4/6/07). Ainda segundo Toffoli, impedir os efeitos retrativos não exige "revolvimento fático-probatório para acolher-se a tese veiculada no presente extraordinário, mas, tão somente, a análise dos fatos incontroversos, votando, assim, pelo provimento do recurso". "A violação dos preceitos da confiança no tráfego jurídico e do acesso à Justiça — contidos no da segurança jurídica — em casos como o presente é objetivamente verificável, necessitando-se ter em vista apenas prazos e datas (que, no caso, são incontroversos) e a lógica jurídica que envolve a questão."

Ao acompanhar a divergência vencedora, o ministro Ricardo Lewandowski sustentou que o Superior Tribunal de Justiça passou a aplicar essa nova orientação indistintamente, sem observar situações de contribuintes que haviam pautado seus comportamentos. Lewandowski ainda afirmou que o processo judicial deve ser revestido de segurança jurídica a fim de assegurar direitos, resguardar comportamentos até então reconhecidos em conformidade com o direito e salvaguardar valores e princípios constitucionais. "O STJ fez incidir a nova regra de prescrição tributária de forma retroativa em clara afronta ao princípio da segurança jurídica. Toda inflexão jurisprudencial que importe em restrição de direito dos cidadãos, como é o caso da definição do termo a quo para o prazo prescricional, deve observar para sua aplicação certa regra de transição para a produção de seus efeitos, levando em consideração os comportamentos tidos até então como legítimos porquanto praticado", disse. O ministro Celso de Mello também concordou. Lewandowski havia sugerido suspender o julgamento até o Plenário analisar tema semelhante na ADPF 248, mas ficou vencido nesse ponto. Com a decisão, foi restabelecido o acórdão do Tribunal Regional Federal da 2ª Região que reconheceu a legitimidade de ação proposta em 1999 para restituir a cota de contribuição nas exportações do café, tendo em vista que o STF declarou a inconstitucionalidade do referido tributo em 1997, termo inicial da contagem do prazo prescricional".

Há que se observar, ainda, que os artigos 23 e 24 da Lei de Introdução às Normas do Direito Brasileiro, norma de sobredireito que não pode ser ignorada em matéria tributária, igualmente trazem regras interpretativas que visam a segurança jurídica. O artigo 23 da LINDB determina que a decisão administrativa, controladora ou judicial que estabelecer interpretação ou orientação nova deverá prever regime de transição. Já o artigo 24 afirma que a revisão, nas esferas administrativa, controladora ou judicial, quanto à validade de ato, contrato, ajuste, processo ou norma administrativa cuja produção já se houver completado levará em conta as orientações gerais da época, sendo vedado que, com base em mudança posterior de orientação geral, se declarem inválidas situações plenamente constituídas.

Por fim é importante destacar que não se pode admitir que apenas magistrados fiquem vinculados aos procedentes, sendo certo que o §2º do art. 985 do NCPC, que dispõe sobre o IRDR, estabelece que, "Se o incidente tiver por objeto questão relativa a prestação de serviço concedido, permitido ou autorizado, o resultado do julgamento será comunicado ao órgão, ao ente ou à agência reguladora competente para fiscalização da efetiva aplicação, por parte dos entes sujeitos a regulação, da tese adotada". Pensamos que a partir do momento em que há uma obrigação legal, a inércia dos responsáveis pela fiscalização pode caracterizar improbidade administrativa (art. 11, II, da Lei n. 8.429/1992) e deve ser comunicada ao Ministério Público.

5. CONCLUSÃO

Inovações são bem-vindas e necessárias, mas devem respeitar o Princípio da Segurança Jurídica.

Conforme pudemos observar, as evoluções e os retrocessos em matéria tributária decorrem muito mais das interpretações dadas pelo Poder Judiciário a determinadas normas do que à edição ou revogação destas. E pelos efeitos que geram, os precedentes vinculantes se inserem dentre as fontes do direito, ao lado das leis e de outas normas de observância compulsória, tudo a exigir dos formuladores de tais precedentes ampla visão consequencialista, já que ao contrário dos países da *Common Law*, cuja jurisprudência tem natureza declaratória de costumes há muito respeitados pelos seus cidadãos, nossos precedentes muitas vezes se fundam em poucos julgados anteriores e acabam por ter natureza constitutiva.

O consequencialismo, aqui entendido como a projeção que deve ser feita pelo julgador dos efeitos futuros de suas decisões, e que agora está positivado no *caput* dos artigos 20 e 21 da Lei de Introdução às Normas do Direito Brasileiro (LINDB), conforme redação que lhe foi dada pela Lei 13.655/2018, é dever ético dos magistrados, circunstância que se se extrai inclusive do artigo 25 do Código de Ética da Magistratura (Resolução 60 do CNJ).

6. REFERÊNCIAS

CANOTILHO, J. J. Gomes. *Direito Constitucional.* Coimbra: Almedina, 1993, p. 372.

CARVALHO, Paulo de Barros. O princípio da Segurança Jurídica. In: *Revista de Direito Tributário,* vol. 61. São Paulo: Malheiros, p. 86.

CHIMENTI, Ricardo Cunha. Os Processos Judiciais Tributários e os Precedentes Vinculantes - Interpretação e Limites. In: CARVALHO, Paulo de Barros e SOUZA, Priscila de. (org.) *30 anos da Constituição Federal e o Sistema Tributário Brasileiro.* São Paulo: Noeses, 2018, p. 1047-1062.

CONRADO, Paulo. *Processo Tributário.* 3ª ed. São Paulo: Quartier Latin, 2012.

DANTAS, San Tiago. Igualdade perante a lei e *due process of law.* In: *Problemas de Direito Positivo.* Rio de Janeiro: Forense, 1953.

DINAMARCO, Cândido Rangel. *Teoria Geral do NCPC.* São Paulo, Malheiros, 2016.

FIGUEIREDO, Lucia Valle. Estado de Direito e Devido Processo Legal. In: *Revista de Direito Administrativo,* n. 209, Rio de Janeiro: FGV, 1997, pp. 7-18. Disponível em: http://dx.doi.org/10.12660/rda.v209.1997.47039 . Acesso em: 15.mai.2019.

FURTADO, Juliana; CONRADO, Paulo. (coord.) *O Novo CPC e seu impacto no Direito Tributário*. 2ª ed. São Paulo: Fiscosoft, 2015.

GIOIA, Fulvia Helena de. Tributação, Direitos Fundamentais e Cidadania: algumas reflexões sobre a dupla face da Tributação em busca da Justiça Fiscal. In: *Revista Brasileira de Direito Tributário e Finanças Públicas*, n. 36, ano VI. São Paulo: Magister, 2013, pp. 170-185.

JESUS, Isabela Bonfá de.; JESUS, Fernando Bonfá de.; JESUS, Ricardo Bonfá de. *Manual de Direito e Processo Tributário*. 4ª ed. São Paulo: RT, 2017.

MARINONI, Luiz Guilherme. O "problema" do incidente de resolução de demandas repetitivas e dos recursos extraordinário e especial repetitivos. In: *Revista de Processo*. Vol. 249, Ano 40, p. 399-419. São Paulo: RT, 2015, Disponível em: http://www.marinoni.adv.br/wp-content/uploads/2016/10/PROF-MARINONI-O_PROBLEMA_DO_INCIDENTE_DE_RESOLUCAO_DE-3.pdf. Acesso em 20.mai.2019.

MARINS, James. *Direito Processual Tributário Brasileiro*. 12ª ed. São Paulo: RT, 2019.

TAVARES, Gustavo Perez. *Insegurança Jurídico-Tributária no Poder Judiciário*. Rio de Janeiro: Lumen Juris, 2018.

OS EFEITOS DO RECURSO DE APELAÇÃO CÍVEL EM EMBARGOS À EXECUÇÃO FISCAL/AÇÃO ANULATÓRIA E O RISCO DE LIQUIDAÇÃO DA CARTA DE FIANÇA/SEGURO GARANTIA

Fernanda Ramos Pazello[1]

Honram-me as professoras Isabela Bonfá de Jesus e Renata Elaine Silva Recita Marques com o convite para escrever nesta obra que trará a posição atual da doutrina e da jurisprudência tendo em vista a Lei de Execução Fiscal ("Lei 6.830/80" - LEF), o Código de Processo Civil ("Lei 13.105/2015" – CPC/2015) e os métodos alternativos de cobrança do crédito tributário. Sendo confiado a mim a tarefa de trazer para reflexão questão jurídica ligada ao capítulo dos "Recursos", rapidamente me veio à mente o desafio de tratar dos riscos da liquidação de garantias – no caso, carta de fiança e seguro garantia - no bojo de embargos à execução fiscal ou ação anulatória de débito tributário quando prolatada sentença contrária ao contribuinte, tendo em vista os efeitos do recurso de apelação cível.

Em razão da mudança da LEF - que aumentou o rol de garantias para incluir o seguro garantia; e da pacificação da

---

1. Mestre e Bacharel em Direito Tributário pela Pontifícia Universidade Católica de São Paulo. Advogada em São Paulo.

jurisprudência quanto à inconstitucionalidade da exigência de depósito prévio em ação anulatória, o cenário atual é diferente do vivido há mais ou menos 5 (cinco) ou 10 (dez) anos. Atualmente é comum nos deparamos com contribuintes utilizando cada vez mais cartas de fiança ou seguros garantia ao invés do depósito judicial para garantia do débito tributário e, além disso, buscando a tutela do Poder Judiciário via ação anulatória com pedido de tutela provisória ao invés de aguardar uma execução fiscal em que há uma conotação mais forte de devedor/executado.

Diante disso, verificamos a necessidade de refletirmos e debatermos sobre os riscos de liquidação antecipada da carta de fiança ou seguro garantia quando prolatada sentença contrária em embargos à execução fiscal ou ação anulatória em razão dos efeitos do recurso de apelação cível e das iniciativas adotadas pela Fazenda Pública (que pode ser a Procuradoria da Fazenda Nacional, Estadual ou Municipal) para liquidação destas garantias antes do fim do processo.

O presente artigo será dividido nos seguintes tópicos: (i) Relevância do tema em razão das situações atuais; (ii) Contexto legislativo e os efeitos do recurso de apelação cível em embargos à execução fiscal e ação anulatória; (iii) Perigo de dano e liquidação da garantia: posição da jurisprudência e nossas considerações; e (iv) Conclusão.

1. Relevância do tema em razão das situações atuais

Em 2014, a LEF foi modificada pela Lei 13.043/2014 para ampliar o rol das garantias do artigo 9º e, assim, permitir que o débito inscrito em dívida ativa seja garantido também por seguro garantia, além do depósito judicial, fiança bancária e penhora de bens próprio ou oferecidos por terceiros[2]. Além

---

2. Confira-se:
"Art. 9º - Em garantia da execução, pelo valor da dívida, juros e multa de mora e encargos indicados na Certidão de Dívida Ativa, o executado poderá:
I - efetuar depósito em dinheiro, à ordem do Juízo em estabelecimento oficial de

disso, seu § 3º equiparou os efeitos do depósito judicial à carta de fiança/seguro garantia[3].

Por outro lado, em fevereiro de 2010, o Supremo Tribunal Federal (STF) sedimentou o entendimento - que já vinha sendo manifestado pela jurisprudência pátria - de que seria "*inconstitucional a exigência de depósito prévio como requisito de admissibilidade de ação judicial na qual se pretenda discutir a exigibilidade de crédito tributário*" (Enunciado da Súmula Vinculante 28 do STF). Com isso, ficou claro ao contribuinte a possibilidade de ajuizar ações anulatórias sem a exigência de depósito judicial prévio do débito tributário em discussão.

Antes de prosseguirmos, destacamos que, segundo ensinamentos de Cleide Previtalli Cais[4], a ação anulatória pode ser promovida pelo contribuinte contra o Poder Público tendo como pressuposto a preexistência de um lançamento fiscal, cuja anulação se pretende, pela procedência da ação, desconstituí-lo. Ademais, nos ensina Julio M. de Oliveira[5], que a ação anulatória é "*meio de provocação do Poder Judiciário, a ser proposto pelos interessados contribuintes ou terceiros em face da Fazenda Pública ou de entidades parafiscais, com vistas a desconstituir o lançamento ou os créditos constituídos nos termos do art. 150 do CTN, sejam decorrentes de obrigação tributária ou de descumprimento dos deveres instrumentais tributários ou provenientes de penalidades advindas de normas sancionatórias tributárias ou, ainda na hipótese de decisão*

crédito, que assegure atualização monetária;
II - oferecer fiança bancária ou seguro garantia; (Redação dada pela Lei 13.043, de 2014)
III - nomear bens à penhora, observada a ordem do artigo 11; ou
IV - indicar à penhora bens oferecidos por terceiros e aceitos pela Fazenda Pública."

3. "(...) § 3º A garantia da execução, por meio de depósito em dinheiro, fiança bancária ou seguro garantia, produz os mesmos efeitos da penhora (...)"

4. CONRADO, Paulo César, *Processo Tributário*, 3ª Ed., Ed. Quartier Latin, São Paulo, 2012, p. 173.

5. OLIVEIRA, Julio M. de. "Ação Anulatória de Débito Fiscal", in *Processo Tributário Analítico*, Coordenador: Paulo César Conrado. São Paulo: Dialética, 2011, p. 107.

administrativa denegatória de restituição nos termos do art. 169 do CTN. O provimento jurisdicional desta ação possui, pois, conteúdo constitutivo negativo ou meramente constitutivo, na hipótese especial do artigo 169 do CTN".

Esta é a função da ação anulatória, sendo inclusive incluída na LEF em seu artigo 38 como uma das alternativas do contribuinte para discutir a exigibilidade de débito tributário inscrito em dívida ativa. No entanto, este mesmo dispositivo impunha como condição o prévio depósito judicial do valor do débito[6]. Com o afastamento desta condição pela jurisprudência pátria conforme informamos acima, os contribuintes passaram a se valer de ações anulatórias visando ao cancelamento do débito e, concomitantemente, pleiteando a concessão de tutela provisória de urgência que autorize a garantia do débito mediante seguro garantia ou carta de fiança nos termos da LEF.

Julio M. Oliveira, em seu artigo sobre ação anulatória de débito fiscal, ratificou que "é pacífico o entendimento que pode ser ajuizada a ação anulatória tributária sem o depósito do valor discutido. *Evidentemente, acaso se queira suspender a exigibilidade do tributo em discussão para evitar o ajuizamento do executivo fiscal, o depósito ou outra causa suspensiva deverá ser providencida, nos termos do artigo 151 do CTN*." [7] Ou seja, sem o depósito judicial, a opção do contribuinte para suspender a exigibilidade do crédito tributário e, ao mesmo tempo, discutir judicialmente sua exigibilidade, seria mediante a concessão de tutela antecipada que suspenda o débito ou que autorize a apresentação de outra garantia, como, por exemplo, o seguro garantia e a carta de fiança, garantias aceitas pela LEF.

Destacamos também que o Poder Judiciário passou a conceder estas tutelas provisórias para autorizar o contribuinte a

---

6. "Art. 38 - A discussão judicial da Dívida Ativa da Fazenda Pública só é admissível em execução, na forma desta Lei, salvo as hipóteses de mandado de segurança, ação de repetição do indébito ou ação anulatória do ato declarativo da dívida, esta precedida do depósito preparatório do valor do débito, monetariamente corrigido e acrescido dos juros e multa de mora e demais encargos."

7. OLIVEIRA, Júlio M. de. obra já citada – p. 107.

garantir seus débitos tributários com carta de fiança ou seguro garantia, especialmente em razão da orientação da 1ª Seção do E. Superior Tribunal de Justiça (STJ) que, no Recurso Especial nº 1.123.669/RS, julgado sob a sistemática dos recursos repetitivos, reconheceu que o contribuinte teria o direito de "*após o vencimento da sua obrigação e antes da execução, garantir o juízo de forma antecipada, para o fim de obter certidão positiva com efeito de negativa*".

Assim, diante deste cenário, o que se percebeu foi uma maior utilização pelos contribuintes das cartas de fiança e especialmente dos seguros garantia nas execuções fiscais e ações anulatórias. Note-se que o seguro garantia ainda é mais utilizado do que a carta de fiança em razão de suas vantagens que o torna mais atrativo[8]. A utilização crescente deste tipo de garantia ensejou inclusive a expedição de normas secundárias pela União Federal e por alguns Estados da Federação disciplinando os requisitos necessários para sua aceitação.

Nesse sentido, temos (i) em âmbito federal, a Portaria da Advocacia-Geral da União 440, de 21.6.2015 e a Portaria da Procuradoria-Geral da Fazenda Nacional 164, de 27.2.2014, que disciplinam as condições de aceitação da carta de fiança e do seguro garantia (como praazo de vigência, documentos necessários, valor a garantia e, inclusive, hipóteses de sinistro); e (ii) em âmbito estadual, algums exemplos como a Resolução CPPGE 76, de 17.10.2016, alterada pela Resolução 81, de 16.12.2016, do Estado do Mato Grosso do Sul; e a Portaria GAB/PGE 57, de 19.2.2014 e a Resolução Conjunta PGE/SEFA 17, de 29.10.2018, expedidas pelo Estado de Goiás.

---

8. Embora ambos objetivem garantir o cumprimento de um contrato, a fiança bancária é um contrato em que uma instituição financeira, no papel de fiador, garante o cumprimento do trato firmado. Já no seguro garantia, é uma relação contratual onde o tomador paga um prêmio (mensalidade do serviço) para a seguradora assegurar o cumprimento da obrigação, entregando indenizações ao segurado (beneficiário da apólice). Como o seguro possibilita a negociação de coberturas e detém políticas de taxas mais flexíveis, possui melhor custo-benefício.

Assim, as duas situações que descrevemos abaixo passaram a ser vivenciadas com muita frequência pelos contribuintes:

1ª situação: o contribuinte garante a execução fiscal com carta de fiança ou seguro garantia e ajuíza embargos à execução fiscal, os quais são recebidos no efeito suspensivo com base no artigo 919[9] do CPC/2015, que prevê que os embargos à execução fiscal não possuem efeito suspensivo, podendo o juiz concedê-lo se os requisitos da tutela provisória de urgência forem verificados e se a execução fiscal estiver garantida. Posteriormente, em razão da sentença de improcedência nos embargos à execução fiscal, o contribuinte/apelante interpõe recurso de apelação cível para os Tribunais Estaduais ou Regionais Federais; e

2ª situação: o contribuinte ajuíza ação anulatória para cancelar débito tributário e pleiteia a concessão de tutela provisória de urgência para garantir o débito mediante carta de fiança ou seguro garantia, nos termos do artigo 300 do CPC. Em sendo confirmada a idoneidade e preenchidos os requisitos exigidos pela União Federal, Estado ou Município, a tutela é concedida para autorizar a garantia. Posteriormente, em razão da sentença de improcedência da ação anulatória, o contribuinte/apelante interpõe recurso de apelação cível para os Tribunais Estaduais ou Regionais Federais.

O que passou a se verificar em ambas as situações é a atuação da Fazenda Pública buscando a liquidação das cartas de fiança ou dos seguros garantia sob o fundamento de que (i) no caso de embargos à execução fiscal, houve a revogação do efeito suspensivo concedido com a prolação da sentença, sendo que o recurso de apelação cível não possui efeito suspensivo; e (ii) no caso de ação anulatória, houve a revogação da tutela provisória com a prolação da sentença contrária e,

---

9. "Art. 919. Os embargos à execução não terão efeito suspensivo.
§1º O juiz poderá, a requerimento do embargante, atribuir efeito suspensivo aos embargos quando verificados os requisitos para a concessão da tutela provisória e desde que a execução já esteja garantida por penhora, depósito ou caução suficientes"

embora o recurso seja dotado de efeito suspensivo, este não se aplica à tutela revogada.

Diante disso, se faz necessário analisar os efeitos dos recursos de apelação cível nestas situações, os requisitos necessários para que o julgador conceda o efeito suspensivo em situações excepcionais e, mais ainda, se poderia ocorrer a liquidação antecipada da carta de fiança e do seguro garantia tendo em vista a LEF, o CPC e os princípios constitucionais. É o que passamos a tratar.

2. Contexto legislativo e os efeitos do recurso de apelação cível em embargos à execução fiscal e ação anulatória

Em março de 2016, passou a vigorar o Novo Código de Processo Civil - instituído pela Lei 13.015/2015 (CPC/2015) e, no que interessa ao nosso estudo, o artigo 995[10] estabeleceu que os recursos não impedem a eficácia da decisão (salvo disposição de lei em contrário), mas seu §1º permitiu ao julgador suspender a eficácia da decisão se houver risco de dano grave, de difícil ou impossível reparação e, além disso, ficar demonstrada a probabilidade de provimento do recurso.

Especificamente sobre a apelação cível, o artigo 1.012 estabeleceu que o recurso de apelação cível será dotado de efeito suspensivo. De acordo com José Miguel Garcia Medina e Teresa Arruda Alvim Wambier:

> o efeito suspensivo é aquele em virtude do qual se impede a produção imediata dos efeitos da decisão, qualificada esta que perduda até o julgamento do recurso, com a preclusão ou com a coisa julgada. A consequência da incidência do princípio é

10. "Art. 995. Os recursos não impedem a eficácia da decisão, salvo disposição legal ou decisão judicial em sentido diverso.
Parágrafo único. A eficácia da decisão recorrida poderá ser suspensa por decisão do relator, se da imediata produção de seus efeitos houver risco de dano grave, de difícil ou impossível reparação, e ficar demonstrada a probabilidade de provimento do recurso."

> 'inexiquibilidade imediata' da decisão. Tal efeito é conferido por razões de ordem prática, que leva a lei a impedir que se modifique o estado de direito e de fato entre as partes, enquanto pende de julgamento o recurso interposto[11].

Além disso, seu §1º aumentou o rol das hipóteses de exceção, ou seja, que não teriam efeito suspensivo automático, mantendo nas exceções as hipóteses de "*julga improcedentes os embargos do executado*" e "*confirma, concede ou revoga tutela provisória*" [12].

Ao tratar destas duas hipóteses, Fredie Didie Jr. e Leonardo Carneiro da Cunha[13] trazem relevantes contribuições que servirão para fomentar o nosso debate. No caso de sentença que julga improcedentes os embargos do executado, os doutrinadores entendem necessária esta exceção já que a execução fundada em título extrajudicial é sempre definitiva e, além disso, estaria em linha com o Enunciado 317 da Súmula do STJ, a saber: "*É definitiva a execução de título extrajudicial, ainda pendente de apelação contra sentença que julgue improcedentes os embargos*".

Neste ponto, ainda, os Autores destacam que o recurso de apelação cível no caso de execução fundada em título

---

11. MEDINA, José Miguel Garcia e WAMBIER, Teresa Arruda Alvim. *Processo Civil Moderado*. Vol. 2: Recursos e Ações Autônomas de Impugnação. Ed. Revista dos Tribunais, 2ª Ed. revista e atualizada de acordo com a Lei 12.322/2010, de São Paulo, 2011, p. 113/114.

12. "Art. 1.012. A apelação terá efeito suspensivo.
§ 1º Além de outras hipóteses previstas em lei, começa a produzir efeitos imediatamente após a sua publicação a sentença que:
I - homologa divisão ou demarcação de terras;
II - condena a pagar alimentos;
III - extingue sem resolução do mérito ou julga improcedentes os embargos do executado;
IV - julga procedente o pedido de instituição de arbitragem;
V - confirma, concede ou revoga tutela provisória;
VI - decreta a interdição."

13. DIDIER JR., Fredie; CUNHA, Leonardo Carneiro da. *Curso de Direito Processual Civil*. Volume 3: Meios de impugnação às decisões judicias e processo nos Tribunais. Editora JuPodivm, de 2019, pp. 227/230.

extrajudicial contra a Fazenda Pública teria efeito suspensivo, uma vez que o artigo 910, §1º, do CPC/2015[14], prescreve que a expedição de precatório ou a requisição de pequeno valor deve observar o artigo 100 da Constituição Federal de 1988 (CF/88) e os §§ 3º e 5º[15] do artigo 100 condicionam ao trânsito em julgado do processo.

Na segunda hipótese, ou seja, no caso de apelação contra sentença que confirma, concede ou revoga a tutela provisória, nos interessa quando a sentença de improcedência revoga a tutela provisória (expressamente ou tacitamente para aqueles que assim entendem). Sobre este ponto, os doutrinadores destacam que "*o propósito é bem evidente: a revogação da tutela provisória deve produzir efeitos imediatamente, pois a sentença, que negou o direito em cognição exauriente, deve prevalecer sobre a decisão que concedeu a tutela fundada em cognição sumária. O inciso, no ponto, consagra entendimento jurisprudencial bem consolidado, consagrado, há tempos, no mandado de segurança (enunciado. 405 da súmula do Supremo Tribunal Federal)* ".

---

14. "Art. 910. Na execução fundada em título extrajudicial, a Fazenda Pública será citada para opor embargos em 30 (trinta) dias.
§ 1º Não opostos embargos ou transitada em julgado a decisão que os rejeitar, expedir-se-á precatório ou requisição de pequeno valor em favor do exequente, observando-se o disposto no art. 100 da Constituição Federal."

15. "Art. 100. Os pagamentos devidos pelas Fazendas Públicas Federal, Estaduais, Distrital e Municipais, em virtude de sentença judiciária, far-se-ão exclusivamente na ordem cronológica de apresentação dos precatórios e à conta dos créditos respectivos, proibida a designação de casos ou de pessoas nas dotações orçamentárias e nos créditos adicionais abertos para este fim. (Redação dada pela Emenda Constitucional 62, de 2009). (Vide Emenda Constitucional 62, de 2009)
(...)
§ 3º O disposto no caput deste artigo relativamente à expedição de precatórios não se aplica aos pagamentos de obrigações definidas em leis como de pequeno valor que as Fazendas referidas devam fazer em virtude de sentença judicial transitada em julgado. (Redação dada pela Emenda Constitucional 62, de 2009).
(...)
§ 5º É obrigatória a inclusão, no orçamento das entidades de direito público, de verba necessária ao pagamento de seus débitos, oriundos de sentenças transitadas em julgado, constantes de precatórios judiciários apresentados até 1º de julho, fazendo-se o pagamento até o final do exercício seguinte, quando terão seus valores atualizados monetariamente. (Redação dada pela Emenda Constitucional 62, de 2009)."

A Súmula 405 do STF, mencionada na transcrição acima, refletiu o posicionamento da Corte Superior no sentido de que a denegação do mandado de segurança tornaria imediatamente sem efeito a liminar concedida, retroagindo os efeitos. Ou seja, seguindo este entendimento, a conclusão seria a de que a sentença contrária revoga automaticamente a tutela anteriormente concedida. Independentemente da nossa posição quanto à revogação automática, desde já gostaríamos de deixar claro que a dicção desta súmula não impede que, em sendo cassada a liminar em razão de sentença denegatória, o Tribunal conceda efeito suspensivo ao recurso interposto pela parte vencida, seja ao recurso de apelação cível ou aos recursos especial e extraordinário, considerando os requisitos legais previstos para sua concessão.

Nesse sentido, confira-se o voto do Ministro Relator Gilmar Mendes em situação envolvendo efeito suspensivo em recurso extraordinário:

> A segunda alegação da agravante também não merece prosperar, no sentido de que foi ferida a lógica da Súmula 405 do STF, pois não se está a revigorar os efeitos da liminar em mandado de segurança, cujo pedido foi denegado, mas sim, suspendendo-se provisoriamente a execução de atos que possam ser irreversíveis, pelo fato de a questão estar sob a análise do Supremo Tribunal Federal[16].

Aplicando estes dispositivos às situações descritas no tópico anterior (1ª situação e 2ª situação), temos que, no caso de embargos à execução fiscal, o recurso de apelação cível interposto não é dotado de efeito suspensivo pois se trata de uma das hipóteses de exceção do §1º, do artigo 1.012. Por esse motivo, o que se verifica nestes casos é a Fazenda Pública buscando liquidar a carta de fiança/seguro garantia e o contribuinte buscando efeito suspensivo diretamente no Tribunal com base no artigo 1.012, §§ 3º e 4º, que será exposto a seguir. No entanto, desde já indagamos se o contribuinte/apelante

16. Ag. Reg. na Medida Cautelar na Ação Cautelar 882-4, Relator Min. Gilmar Mendes, Segunda Turma do STF, 13.9.2005.

precisaria obter este efeito suspensivo ou se os argumentos contrários à liquidação antecipada da garantia já poderiam ser analisados diretamente pelo juiz da execução fiscal.

Já no caso de ação anulatória, os contribuintes podem vivenciar duas hipóteses distintas. Na primeira, a sentença expressamente revoga a tutela provisória concedida, o que leva o contribuinte/apelante a recorrer inclusive desta parte e pleitear ao Tribunal a concessão de efeito suspensivo ao seu recurso cumulado com tutela que novamente lhe assegure o direito de garantir o débito tributário; e, na segunda hipótese, a sentença não revoga expressamente a tutela provisória que havia sido concedida.

Nesta segunda hipótese, a considerar que o objeto da tutela provisória (direito de garantir com carta de fiança/seguro garantia) é diverso do mérito da ação anulatória, entendemos que a tutela não teria sido revogada e, portanto, o contribuinte ainda estaria protegido por provimento jurisdicional que lhe assegura a garantia do débito com carta de fiança ou seguro garantia. Por conta disso, entendemos que não se aplicaria o racional da Sumula 405 do STF, uma vez que o objeto da tutela de urgência não se confunde com o objeto do mérito. Independentemente da nossa posição, ainda assim a Fazenda Pública vem tentendo liquiadar a garantia sob o argumento de que a sentença contrária teria revogado automaticamente a tutela existente, o que portanto justificaria o pedido do contribuinte de nova tutela.

Feitas estas considerações, passamos agora a tratar das normas do CPC que atribuem ao Poder Judiciário - no caso o juiz do Tribunal/relator do recurso - o poder de conceder efeito suspensivo a estes recursos que não os detém. Os §3º e §4º[17]

17. "Art. 1.012 –
(...)
§ 3º O pedido de concessão de efeito suspensivo nas hipóteses do § 1º poderá ser formulado por requerimento dirigido ao:
I - tribunal, no período compreendido entre a interposição da apelação e sua distribuição, ficando o relator designado para seu exame prevento para julgá-la;

do artigo 1.012 determinam que (i) poderá o apelante pleitear diretamente no Tribunal via pedido de concessão de efeito suspensivo a atribuição de efeito suspensivo ao seu recurso; e (ii) o relator poderá suspender a eficácia da sentença se restar demonstrada a probabilidade de provimento do recurso ou se, sendo relevante a fundamentação, houver risco de dano ou de difícil reparação.

Ou seja, o pedido de efeito suspensivo será feito diretamente ao Tribunal de Justiça ou ao Tribunal Regional Federal e, distribuído ao relator, este verificará a presença ou não dos requisitos exigidos no § 4º. Cássio Scarpinella Bueno, contrário à preservação do efeito suspensivo *ope judicis*[18] pelo novo CPC, assim se pronunciou sobre o artigo 1.012, §4º, do CPC/2015:

> Sobre os referenciais a serem observados para a atribuição *ope judicis* do efeito suspensivo do apelo, o § 4º do art. 1.012 refere-se à 'probabilidade de provimento do recurso ou se, sendo relevante a fundamentação, houver risco de dano grave ou de difícil reparação'. É previsão que autoriza, como escrevo no n. 3.2 supra, interpretação mais ampla para discernir os casos em que prepondera a probabilidade de êxito do apelo como fundamento suficiente para a concessão *ope judicis* do efeito suspensivo dos casos em que este efeito depende também de 'dano grave ou de difícil reparação', os quais não dispensam, todavia, a análise da relevância da fundamentação recursal. (Manual de Direito Processual Civil, Volume único, Editora Saraiva, São Paulo, 2015, p. 619).

Percebam, leitores, que são duas situações distintas a serem consideradas pelo relator para fins de concessão de efeito suspensivo ao recurso. O efeito suspensivo pode ser concedido se o relator entender que há probabilidade de provimento do recurso e, caso não se convença neste juízo preliminar, poderá ainda assim conceder o efeito suspensivo se a fundamentação

---

II - relator, se já distribuída a apelação.
§ 4º Nas hipóteses do § 1º, a eficácia da sentença poderá ser suspensa pelo relator se o apelante demonstrar a probabilidade de provimento do recurso ou se, sendo relevante a fundamentação, houver risco de dano grave ou de difícil reparação."

18. Deriva de disposição legal.

for relevante e, conjuntamente, restar demonstrado risco de dano ou de difícil reparação.

Para Fredie Didier Jr. e Leonardo Carneiro Cunha[19], a probabilidade de provimento do recurso se assemelharia à tutela de evidência recursal, mas com a fragilidade de que o artigo 1.012 teria trazido o enunciado de forma vaga. Diante disso e considerando que o CPC estruturou um sistema com respeito a precedentes obrigatórios (artigo 927[20]), estes Autores concluíram que "*há 'probabilidade de provimento', a permitir a concessão do efeito suspensivo à apelação, nos casos em que a sentença apelada não tenha observado precedente obrigatório, sem apresentar qualquer fundamento de distinção ou superação (art. 489, § 1º, VI, CPC). Do mesmo modo, não será possível conceder esse efeito suspensivo, nos casos de apelação interposta contra sentença que segue precedente obrigatório, sem que o apelante demonstre fundadas razões para a distinção ou superação*". Notem que o artigo 489[21] prescreve que a sentença não se considera fundamentada quando deixar de seguir as hipóteses do artigo 927.

---

19. DIDIER JR., Fredie; CUNHA, Leonardo Carneiro da. *Curso de Direito Processual Civil*. Volume 3: Meios de impugnação às decisões judicias e processo nos Tribunais. Editora JuPodivm, de 2019, pp. 230/232.

20. "Art. 927. Os juízes e os tribunais observarão:
I - as decisões do Supremo Tribunal Federal em controle concentrado de constitucionalidade;
II - os enunciados de súmula vinculante;
III - os acórdãos em incidente de assunção de competência ou de resolução de demandas repetitivas e em julgamento de recursos extraordinário e especial repetitivos;
IV - os enunciados das súmulas do Supremo Tribunal Federal em matéria constitucional e do Superior Tribunal de Justiça em matéria infraconstitucional;
V - a orientação do plenário ou do órgão especial aos quais estiverem vinculados."

21. "Art. 489. São elementos essenciais da sentença:
(...)
§ 1º Não se considera fundamentada qualquer decisão judicial, seja ela interlocutória, sentença ou acórdão, que:
(...)
VI - deixar de seguir enunciado de súmula, jurisprudência ou precedente invocado pela parte, sem demonstrar a existência de distinção no caso em julgamento ou a superação do entendimento (...)"

Já a segunda situação, ou seja, de relevante fundamentação somada ao risco de dano, o efeito suspensivo pleiteado é similar ao caso de tutela de urgência recursal. Ou seja, não bastaria a relevante fundamentação, sendo necessário também a demonstração do perigo, na linha do artigo 300 do CPC/2015[22], que prevê sua concessão quando houver elementos que evidenciem a probabilidade do direito e o perigo de dano ou o risco ao resultado útil do processo.

Ou seja, à exceção da primeira hipótese do artigo 1.012, § 4º do CPC (probabilidade de provimento do recurso), é possível verificar que as demais normas que tratam da concessão de efeito suspensivo e da suspensão da decisão indicam como critérios: relevante fundamentação e o perigo de dano, ou seja, mesmos requisitos da tutela de urgência do artigo 300.

Estes são os dispositivos usualmente indicados pelos contribuintes/apelantes no intuito de que seja atribuído efeito suspensivo ao seu recurso de apelação cível em embargos à execução fiscal ou ação anulatória no bojo dos pedidos de efeito suspensivo do artigo 1.012, §3º, do CPC/2015. A relevante fundamentação dependerá do mérito de cada processo específico, mas o risco de dano comumente refere-se ao risco iminente de liquidação da carta de fiança e do seguro garantia com a obrigação de depósito judicial, que eventualmente será feito pelo fiador ou seguradora mas terá que ser arcado pelo contribuinte.

Sob a ótica do contribuinte, temos que partir da premissa que obviamente ele não quer ser obrigado a modificar sua garantia de carta de fiança/seguro garantia para depósito judicial, pois isso significaria despender elevado montante em dinheiro (lembrando que atualmente há autos de infração que superam 500 milhões de reais) *versus* pagar uma taxa mensal/anual de um percentual pequeno do montante garantido para manter a carta de fiança/seguro garantia.

---

22. "Art. 300. A tutela de urgência será concedida quando houver elementos que evidenciem a probabilidade do direito e o perigo de dano ou o risco ao resultado útil do processo."

Considerando que a relevante fundamentação dependerá do caso a caso, nos dedicaremos a tratar no próximo item do perigo de dano nesta situação, como a jurisprudência tem analisado a questão da liquidação antecipada da garantia antes do encerramento do processo e quais seriam os argumentos de defesa para se evitar esta liquidação.

3. Perigo de dano e liquidação da garantia: posição da jurisprudência e nossas considerações

A jurisprudência do STJ é firme no sentido de que o recurso interposto contra sentença de improcedência de embargos à execução fiscal não é dotado de efeito suspensivo. Da mesma forma, o recurso contra a sentença em ação anulatória que revoga tutela será recebido no efeito suspensivo mas não na parte em que trata da revogação da tutela. Ou seja, em ocorrendo o pedido de liquidação da garantia, caberá ao contribuinte/apelante demonstrar a probabilidade de provimento do seu recurso ou a relevante fundamentação/perigo de dano para que lhe seja concedido efeito suspensivo e/ou nova tutela.

A questão que nos interessa agora é demonstrar que, nestas situações, deve ser concedido efeito suspensivo nos moldes do artigo 1.012, §4º, do CPC/2015, pelo fato de a liquidação da garantia implicar perigo de dano e grave prejuízo ao contribuinte/apelante.

Na vigência do antigo CPC/73, o E. STJ[23] já conferia duplo efeito à Apelação interposta contra sentença que julgava

---

23. Confira-se:
"PROCESSUAL CIVIL. EXECUÇÃO FISCAL. EMBARGOS DO DEVEDOR JULGADOS IMPROCEDENTES. APELAÇÃO RECEBIDA NO DUPLO EFEITO. SITUAÇÃO EXCEPCIONAL. ART. 558, PARÁGRAFO ÚNICO, DO CPC.
1. A Apelação interposta contra sentença que julga improcedente o pedido nos Embargos à Execução é recebida, em regra, apenas no efeito devolutivo (art. 520, V, do CPC).
2. Permite-se, excepcionalmente, a atribuição de efeito suspensivo quando houver fundamentação relevante, em casos dos quais possa resultar lesão grave e de difícil reparação (art. 558, parágrafo único, do CPC).

improcedente os Embargos à Execução, quando presentes os requisitos do artigo 558 do antigo CPC/73, correspondendo ao atual artigo 1.012, §4º, do CPC/2015, ou seja, fundamentação relevante (no caso, prescrição) e risco de dano (no caso, alienação da empresa).

No entanto, verificamos que há precedentes dos Tribunais e do STJ que não atribuem efeito suspensivo ao recurso de apelação cível e, com relação a liquidação da garantia, entendem que não seria um prejuízo para o contribuinte, uma vez que o montante será depositado em juízo e somente convertido em renda com o trânsito em julgado nos termos do artigo 32, §2º, da LEF[24]. Estes precedentes são utilizados in-

---

3. Hipótese em que o Tribunal de origem corretamente atribuiu o efeito suspensivo ao apelo, com fundamento de que é plausível a tese de que o crédito tributário foi atingido pela prescrição, e de que, por esse motivo, seria desarrazoado permitir o prosseguimento da ação principal, com alienação da sede da empresa. (...)"
(REsp 1349034/RJ, Rel. Ministro HERMAN BENJAMIN, SEGUNDA TURMA, julgado em 13/11/2012, DJe 15/02/2013)

24. Confira-se:
"DIREITO PROCESSUAL CIVIL. AGRAVO INOMINADO. AGRAVO DE INSTRUMENTO. EMBARGOS À EXECUÇÃO FISCAL. EFEITO SUSPENSIVO. RECURSO DESPROVIDO.
1. Encontra-se consolidada a jurisprudência, firme no sentido de que não tem efeito suspensivo a apelação interposta contra sentença de rejeição liminar ou de improcedência total ou parcial de embargos à execução, fundada em título extrajudicial, pois definitiva a sua execução, nos termos do artigo 587 do Código de Processo Civil.
2. Consolidando a jurisprudência, o Superior Tribunal de Justiça fez editar a Súmula 317: "É definitiva a execução de título extrajudicial, ainda que pendente apelação contra sentença que julga improcedentes os embargos".
3. Encontra-se reforçada, na atualidade, com a edição da Lei 11.382/06, que incluiu ao Código de Processo Civil o artigo 739-A, prevendo que "Os embargos do executado não terão efeito suspensivo", estando firme e consolidada a jurisprudência no sentido de que tal preceito tem aplicabilidade nas execuções fiscais (AGRMC 13.249, Rel. Min. TEORI ZAVASCKI, DJU 25/10/07; e AG 2007.03.00.088562-2, Des. Fed. CARLOS MUTA, DJU 08.07.08).
4. A alegação de relevância jurídica do pedido de reforma, essencial para a atribuição excepcional do efeito suspensivo, foi descrita pela agravante de forma genérica, sem efetiva comprovação da grande probabilidade de provimento do recurso, com a consequente extinção da execução, limitando-se, em verdade, a ressaltar a possibilidade de dano pela execução da carta de fiança enquanto pendente de julgamento o recurso de apelação.
5. As quantias decorrentes da liquidação das garantias admitidas e válidas na execução fiscal, assim, por exemplo, a fiança bancária à luz da Lei 6.830/1980, não

clusive em acórdãos que analisam situações na vigência do CPC/2015[25]. Vale notar que o artigo 32, §2º[26], da LEF, assegura que o depósito judicial somente será convertido em renda com o trânsito em julgado do processo judicial.

Além disso, também há precedentes do STJ (AgRg na Mc 19565/RJ, relator Min. Herman Benjamim, Segunda Turma, de 4.9.2012), entendendo que "*O STJ considera possível a liquidação da carta de fiança, porém ressalva que o levantamento do depósito realizado pelo garantidor fica condicionado ao trânsito em julgado, nos termos do art. 32, §2°, da LEF (AgRg na MC 18.155/RJ, Rel. Ministro Castro Meira, Segunda Turma, DJe 16/8/2011; RCDESP na MC 15.208/RS, Rel. Ministro Mauro Campbell Marques, Segunda Turma, DJe 16/4/2009)*".

Portanto, é concreto o risco de liquidação antecipada de garantia ante a existência de precedentes judiciais que não atribuem efeito suspensivo ao recurso dos contribuintes e entendem que a liquidação da carta de fiança e do seguro garantia antes do encerramento do processo judicial não configuraria perigo de dano. No entanto, não concordamos com esta posição, sendo que inclusive há acórdãos que impedem

podem ser levantadas antes do trânsito em julgado, ainda que recebido o apelo apenas no efeito devolutivo, o que afasta risco de dano irreparável ou de difícil reparação.
6. Seja porque inexistente prova da relevância jurídica do pedido de reforma, pois nada deduzido especificamente a respeito, seja porque inexistente dano irreparável a ser protegido, o efeito meramente devolutivo é o aplicável à apelação interposta de sentença de improcedência dos embargos do devedor, nos termos da Súmula 317/STJ, sendo excepcional, e injustificado no caso dos autos, o efeito suspensivo atribuído ao recurso, pelo que manifestamente improcedente a pretensão de reforma da decisão agravada.
7. Agravo inominado desprovido" (Agravo Legal em agravo em Agravo de Instrumento nº 0023816-98.2014.4.03.0000/SP, da Terceira Turma do TRF3, Relator Des. Federal Carlos Muta, de 27.11.2014)

25. Na mesma linha: Pedido de Efeito Suspensivo nº 5007007-40.2017.4.03.0000, Des. Fed. Consuelo Yoshida, da 6ª Turma, de 13.6.2017

26. "Art. 32 –
§ 2º - Após o trânsito em julgado da decisão, o depósito, monetariamente atualizado, será devolvido ao depositante ou entregue à Fazenda Pública, mediante ordem do Juízo competente."

a liquidação antcipada da garantia com base em argumentos diversos e que demonstraremos a seguir.

Primeiramente, sobre o perigo de dano, há manifestação de diversos Ministros do STF analisando os efeitos do recurso e se sensibilizando com o risco de liquidação antecipada da garantia . O voto transcrito abaixo indica estas posições, em uma situação em que foi deferida a liminar para suspender a conversão da fiança bancária até solução definitiva da ação principal na AC 2598 MC/MG, de relatoria do Ilmo. Ministro Dias Toffoli, de 27.4.2010, a saber:

> Surge, então, o problema central da cautela: a validade de se conferir eficácia suspensiva ao recurso, com o objetivo de impedir a liquidação imediata da fiança bancária em pecúnia. Na jurisprudência do STF encontram-se alguns precedentes, de natureza monocrática, que prestigiam a cautela e impedem a transformação de execução provisória em definitiva, quando se está em jogo a liquidação de cartas de fiança bancária.
>
> (...)
>
> O Ministro Ayres Britto, ao enfocar especificamente o problema da fiança bancária, anotou que lhe parecia "razoável o pedido alternativo da requerente, no sentido de que não se execute a fiança bancária até a solução definitiva do apelo extremo. Digo razoável -- e portanto cabível tal pedido -- porque seu deferimento não trará prejuízo à Fazenda, que apenas terá projetada no tempo a satisfação de seu crédito, na parte em que eventualmente sair-se vencedora.
>
> Em reforço a esse modo de apreciar a questão, o relator afirmou que 'ao apreciar a Pet 2.254, Relator Ministro Sepúlveda Pertence, a mesma Turma decidiu: 'RE: medida cautelar: deferimento para sustar levantamento de quantia objeto de execução fiscal, enquanto pende de julgamento recurso extraordinário oposto pelo contribuinte à decisão que julgou improcedente os embargos do devedor, cuja fundamentação, à primeira vista, tem o respaldo de precedente do Tribunal (RE 161031, Plenário, RTJ 166/588).'
>
> (AC 1776 AgR, Relator Ministro Ayres Britto, DJe-113 01-10-2007).
>
> Em idêntico sentido: AC 1467 MC, Relator Ministro Cezar Peluso, DJ 07/12/2006).

> De mais a mais, o julgamento do agravo de instrumento servirá como elemento definidor da perdurabilidade dessa cautela, porquanto seu insucesso reverterá as expectativas de êxito da pretensão do requerente e poderá, agora com absoluta segurança, ocorrer a liquidação da fiança bancária, convertida em pecúnia.
>
> A ausência de risco para a Fazenda Pública e a irreversibilidade dessa conversão no momento atual são fatores persuasivos a oferecer, de modo provisório e precário, o tipo de proteção judicial almejada pela requerente.
>
> Ante o exposto, defiro a liminar para suspender a conversão da fiança bancária em pecúnia até o julgamento do agravo de instrumento e, eventualmente, do recurso extraordinário que lhe é vinculado. (...)

É certo que a liquidação da carta de fiança ou seguro garantia antes do encerramento do processo representa grave prejuízo à apelante, que terá que desembolsar o valor do débito atualizado, inclusive com os encargos legais. O fato de este valor não ser convertido imediatamente em renda não afasta o prejuízo da apelante, pois se trata de caixa que será privado por tempo indeterminado, ou seja, até o trânsito em julgado da ação.

Por outro lado, a manutenção da garantia idônea - e que, frise-se, foi aceita pela parte contrária por ocasião da sua apresentação na execução fiscal ou em razão da tutela concedida em ação anulatória - além de representar menor custo para o apelante (arcará apenas com os custos necessários à manutenção da garantia), não trará nenhum prejuízo para a parte contrária, uma vez que a garantia é idônea, de notória liquidez, podendo ser prontamente executada na hipótese de, ao final, o crédito tributário ser declarado devido em decisão judicial transitada em julgado.

Com efeito, a não atribuição do efeito suspensivo ou mesmo concessão de nova tutela provisória no caso de ação anulatória desencadeando a liquidação da garantia compromete a própria eficácia da LEF, uma vez que:

(i) embora seu artigo 9º permita o oferecimento de seguro garantia/carta de fiança, estar-se-ia admitindo única e exclusivamente a hipótese do item I do referido dispositivo (depósito judicial); e

(ii) o artigo 32 determina que o depósito judicial somente será convertido com o trânsito em julgado, devendo-se aplicar o mesmo raciocínio para as outras hipóteses de garantia. Ou seja, ao permitir a liquidação da garantia, estar-se-á admitindo somente o depósito judicial como forma de garantia.

Portanto, a liquidação antecipada da carta de fiança ou do seguro garantia está na contramão das alterações da LEF, que aumentou o rol de garantias e atribuiu os mesmos efeitos às garantias; e especialmente da jurisprudência do STF, que sumulou a inconstitucionalidade da exigência de depósito prévio e inclusive vem impedindo a liquidação das garantias antes do final do processo.

Há ainda uma clara ofensa ao princípio da isonomia, uma vez que, se a execução fosse de título extrajudicial contra a Fazenda Pública, o precatório somente seria expedido com o trânsito em julgado do processo (artigo 910, §1º, do CPC/2015).

Trago os ensinamentos de Iris Vânia Santos Rosa[27] sobre a interpretação do artigo 9º da LEF e o uso das garantias:

> Grifamos, com ênfase, as palavras 'garantia', no caput, 'depósito em dinheiro', no inc. I, e 'fiança bancária e seguro garantia', no inc. II, para demonstrar que nesse momento as modalidades são tidas, todas, como garantia eficiente em nível de execução fiscal, outorganndo-se ao executado a faculdade de indicá-las sem aprisionamento a um ou outro modelo. Insta destacar também que o § 3º do artigo acima transcrito determina que essas modalidades de garantia terão os mesmos efeitos da penhora; isso significa que, apesar de nesse momento figurarem como 'garantia', podem ser equiparadas, mormente

---

27. ROSA, Iris Vânia Santos. "Dinheiro, Seguro garantia judicial e Fiança Bancária, Execução Fiscal e o Novo Código de Processo Civil", in *O Novo CPC e seu Impacto no Direito Tributário*. Coordenadores: Paulo Cesar Conrado e Juliana Furtado Costa Araujo. Ed. Thomson Reuters, São Paulo, 2015, p. 179.

para fins de suspensão de exigibilidade do crédito tributário (e mesmo de suspensão da execução fiscal), à penhora.

Há também precedentes do Superior Tribunal de Justiça ("STJ") no sentido de que "*o levantamento da fiança bancária, de igual forma, está condicionado ao trânsito em julgado da sentença*" (RESP 1.254.985-SC[28]). Confira-se[29]:

> TRIBUTÁRIO. AGRAVO REGIMENTAL NO AGRAVO DE INSTRUMENTO. EXECUÇÃO FISCAL. EMBARGOS DO DEVEDOR NÃO RECEBIDOS NO EFEITO SUSPENSIVO. CONVERSÃO OU LEVANTAMENTO DA GARANTIA. NECESSIDADE DE TRÂNSITO EM JULGADO. SÚMULA 83 DO STJ. AGRAVO DO ESTADO DE PERNAMBUCO DESPROVIDO.
>
> 1. Nos termos do art. 32, § 2º da Lei 6.830/80, somente após o trânsito em julgado é possível a conversão do depósito em renda ou o levantamento da garantia.
>
> 2. Agravo Regimental do ESTADO DE PERNAMBUCO desprovido.

Os Tribunais Regionais Federal também possuem precedentes reconhecendo que a execução da garantia deve ocorrer apenas após o trânsito em julgado dos Embargos à execução fiscal e impedem a liquidação prematura da garantia. Vejam as ementas abaixo:

> TRIBUTÁRIO. PROCESSUAL CIVIL. EXECUÇÃO FISCAL. AGRAVO INTERNO EM AGRAVO DE INSTRUMENTO. SEGURO GARANTIA. EQUIPARAÇÃO A FIANÇA BANCÁRIA. LIQUIDAÇÃO E CONVERSÃO EM RENDA APÓS O TRÂNSITO EM JULGADO DA DECISÃO QUE PÕE FIM À DEMANDA. PRECEDENTES DESTA CORTE REGIONAL. PRECEDENTES STJ. AGRAVO DESPROVIDO.
>
> 1. A possibilidade de garantia da execução por meio do seguro já era prevista pelo Código Civil de 1973, já sendo aplicada, devido à subsidiariedade do referido diploma, nas execuções fiscais.

---

28. STJ, AgRg no REsp 1254985/SC, Rel. Ministro BENEDITO GONÇALVES, PRIMEIRA TURMA, julgado em 01/03/2012, DJe 06/03/2012

29. STJ, AgRg no Ag 1317089/PE, Rel. Ministro NAPOLEÃO NUNES MAIA FILHO, PRIMEIRA TURMA, julgado em 22/04/2014, DJe 26/05/2014.

2. Não se mostra razoável a liquidação da garantia para depósito em conta vinculada ao Juízo. Não havendo a conversão imediata da garantia em renda a favor da exequente, não se justifica que seja imposto esse ônus ao réu, quando ainda não há definitividade na decisão judicial, ainda com recurso pendente.

3. Sendo ambos, seguro garantia e fiança bancária, espécies de garantias bancárias oferecidas à execução, não há razão suficiente para não se aplicar o mesmo tratamento dispensado à fiança bancária, somente sendo deferido seu levantamento ou liquidação para conversão em renda ao fim do processo, diga-se com o trânsito em julgado da decisão que põe fim ao litígio.

4. Agravo desprovido."(Agravo Legal em Agravo de Instrumento nº 0003503-19.2014.4.03.0000, Terceira Turma, Desembargador Relator: Nelton dos Santos, DJe: 24.4.2017)

AGRAVO DE INSTRUMENTO. EMBARGOS À EXECUÇÃO. ATRIBUIÇÃO DE EFEITO SUSPENSIVO. POSSIBILIDADE. RECURSO IMPROVIDO. (...)

3. No caso dos autos, conforme reconhecido pelo MM. Juízo a quo: "... Além disso, tratando-se de seguro-garantia, eventual execução somente poderá ser realizada após o trânsito em julgado, nos termos do artigo 32, §2º, da Lei 6830/80, haja vista que, consoante remansoso entendimento jurisprudencial, o seguro garantia equipara-se a dinheiro."

4. Por outro lado, a mencionada sentença de improcedência proferida nos autos da ação anulatória nº. 0008421-70.2012.403.6100 é objeto de reapreciação através da interposição de recurso de apelação recebido no duplo efeito (fls.485), não constituindo óbice, neste momento processual, para a concessão do efeito suspensivo aos embargos a execução, nos termos em que questionado nos autos.

5. Verifica-se, ainda, que a União Federal concordou com as garantias ofertadas, alegando que são compatíveis com os termos da Portaria PGFN 164/2014 (fls. 413).

6. Agravo de instrumento improvido" (Agravo de Instrumento nº 0011404-67.2016.4.03.0000, Quarta Turma, Desembargador Relator: Marcelo Saraiva, DJe: 12.7.2017)

PROCESSO CIVIL - AGRAVO DE INSTRUMENTO - EXECUÇÃO FISCAL – EMBARGOS DO DEVEDOR REJEITADOS - APELAÇÃO SEM EFEITO SUSPENSIVO – LIQUIDAÇÃO DA CARTA DE FIANÇA: IMPOSSIBILIDADE.

1. Além da razão de conveniência apontada pelo contribuinte – a prematura liquidação da carta de fiança não traria proveito ao Fisco -, parece, também, que a norma jurídica é sensível ao fato.

2. O seguro e a fiança não são objeto de depósito. Mas de liquidação. O valor da liquidação é objeto do depósito.

3. A bem da exatidão, a linguagem da lei é incorreta. O "depósito, monetariamente atualizado, será devolvido ao depositante ou entregue à Fazenda Pública": isto nunca aconteceu ou acontecerá.

4. Depósito é instituto jurídico. O objeto do depósito, o dinheiro, é que poderá ser devolvido ao depositante ou entregue a terceiro.

5. Quando a lei equipara depósito, fiança e seguro, para efeito de garantia, é preciso considerar que a liquidação destes instrumentos está sujeita, sempre, ao trânsito em julgado.

6. Ou, nas hipóteses de fiança e seguro, será criada cláusula inexistente na lei. Ou seja, os instrumentos servirão ao propósito de garantia, até a sentença de improcedência, nos embargos, cuja apelação não seja qualificada com eficácia suspensiva.

7. Depois disto, liquidada a fiança ou o seguro, o valor correspondente ficará à disposição do juízo, em regime de depósito necessário.

8. Parece induvidoso que a lei não fez tal distinção: qualquer das três modalidades de garantia tem eficácia até o trânsito em julgado. Para o credor, não há diferença.

9. Agravo de instrumento provido. (...)" (TRF 3, Agravo de Instrumento nº 0019425-66.2015.4.03.0000/SP, Relator Des. Fed. Fábio Prieto, Sexta Turma, de 28.11.2017)

PROCESSUAL CIVIL. TRIBUTÁRIO. GARANTIA DO JUÍZO POR MEIO DE CARTA DE FIANÇA BANCÁRIA. LIQUIDAÇÃO OU CONVERSÃO EM RENDA

CONDICIONADA AO TRÂNSITO EM JULGADO DA DECISÃO FINAL PROFERIDA NOS EMBARGOS À EXECUÇÃO FISCAL. PRECEDENTES. AGRAVO DE INSTRUMENTO PROVIDO.

1. Agravo de instrumento interposto contra a decisão que deferiu pedido formulado pela exequente para que fosse procedida a liquidação de fiança bancária prestada em garantia de execução fiscal, antes do julgamento final dos respectivos embargos.

2. In casu, encontrando-se a execução fiscal devidamente garantida por carta de fiança expedida, por prazo indeterminado, pelo Banco Bradesco S/A, segundo maior banco privado brasileiro, a qual possui similaridades com o depósito judicial, nos termos do artigo 9º, § 3º, e artigo 15, inciso I, todos da LEF, a suspensão de sua execução até decisão final dos embargos à execução fiscal não oferece risco à satisfação da pretensão executória da agravada.

3. A execução da fiança bancária oferecida na execução fiscal (conversão em depósito judicial e/ou em renda) deve ficar condicionada ao trânsito em julgado da decisão final dos embargos à execução.

> (TRF 1ª Região - AG nº 0007500- 35.2012.4.01.0000 / MG, Órgão julgador: Sétima Turma Relator: Desembargador Federal Luciano Tolentino Amaral - e-DJF1 de 27/04/2012 Decisão: Unânime).
>
> 4. Agravo de instrumento ao qual se dá provimento.(...)" (TRF 5, Agravo de Instrumento nº 0043792-71.2013.4.05.0000, Relator Des. Federal Francisco Cavalcanti, da Primeira Turma, de 13.2.2014)

> (...) TRIBUTÁRIO. AGRAVO DE INSTRUMENTO. SUSPENSÃO DE LIQUIDAÇÃO DE CARTA DE FIANÇA. AUSÊNCIA DE INTERESSE LEGÍTIMO DA FAZENDA PÚBLICA.
>
> 1. Presentes a fundamentação relevante e a possibilidade de lesão grave e de difícil reparação é de se autorizar a suspensão da liquidação da fiança bancária com sua conversão em depósito.
>
> 2. Não há, in casu, vantagem efetiva para a Fazenda Pública em antecipar a liquidação da Carta de Fiança, pois que essa operação eqüivale a depósito em dinheiro e a exequente estará impedida de levantar o depósito, antes do trânsito em julgado da decisão, consoante a norma específica do art. 32, §2o, da Lei 6.830/80.
>
> 3. Deve-se prestigiar a norma do art. 620, que recomenda que a execução se faça pelo modo menos gravoso ao executado, pois essa norma só deve ser mitigada quando houver legítimo interesse do credor (art. 612, CPC), o que, na hipótese, inexiste.
>
> 4. Agravo de instrumento provido.(...)" (TRF2, Agravo de Instrumento nº 0010766-03.2012.4.02.0000, 3ª Turma Especializada, Relatora Des. Federal Salete Maccalóz, voto da Des. Federal Lana Regueira, de 9.9.2014)

Da mesma forma, confira-se acórdão do Tribunal de Justiça do Rio Grande do Sul (TJ/RS) que impediu a liquidação antecipada da garantia enquanto pendente julgamento dos recursos especial e extraordinário do contribuinte. Confira-se ementa:

> AGRAVO DE INSTRUMENTO. DIREITO TRIBUTÁRIO. EMBARGOS À EXECUÇÃO FISCAL. INTERPOSIÇÃO DE RECURSO ESPECIAL OU EXTRAORDINÁRIO SEM EFEITO SUSPENSIVO. PRETENSÃO DE LIQUIDAÇÃO DO SEGURO GARANTIA. IMPOSSIBILIDADE. INTERPRETAÇÃO EXTENSIVA DO ART. 32, §2º, DO CPC. EQUIPARAÇÃO DO SEGURO GARANTIA E DA CARTA FIANÇA AO DEPÓSITO EM DINHEIRO. PRINCÍPIO DA MENOR ONEROSIDADE. INAPLICABILIDADE DOS PRECEDENTES DO SUPERIOR TRIBUNAL DE JUSTIÇA. MUDANÇA DE ENTENDIMENTO. (TJ/RS, Agravo de Instrumento nº 70080859564 – Nº CNJ 0057865-10.2019.8.21.7000, 22ª Câmara Cível, Relatora Des. Marilene Bonzanini, de 23.5.2019)

Os fundamentos utilizados nos precedentes citados acima servem tanto para que seja atribuído efeito suspensivo ao recurso ou concedido uma nova tutela de urgência em ação anulatória em razão do evidente perigo de dano quanto para que seja indeferido o pedido da Fazenda Pública de liquidação antecipada de garantia na própria execução fiscal ou ação anulatória.

Na nossa opinião, independentemente da atribuição de efeito suspensivo ao recurso interposto em embargos à execução fiscal/ação anulatória, o juiz deveria impedir a liquidação antecipada da garantia (carta de fiança ou seguro garantia) com base na LEF, uma vez que (i) o seu §1º, do artigo 9º, atribui os mesmos efeitos do depósito juicial à carta de fiança/seguro-garantia; e (ii) o artigo 32, § 2º, estabelece que o depósito judicial somente será convertido em renda com o trânsito em julgado da ação.

Ao se permitir a liquidação antecipada da carta de fiança/seguro garantia para transformá-la em depósito judicial, o que ocorre é a desconsideração de uma espécie de garantia (seguro garantia ou carta de fiança) em abono de outra (o depósito), como se houvesse hierarquia entre as garantias.

Assim, além de violar a LEF, a liquidação da garantia neste momento processual representará inevitavelmente violação ao princípio da menor onerosidade do devedor, consagrado pelo art. 805 do CPC/2015[30], já que imporá à apelante diversas consequências negativas.

Da mesma forma e valendo-se dos mesmos argumentos, no caso de ação anulatória, a concessão de uma nova tutela é medida que se impõe, seja em razão dos pontos suscitados acima e que evidenciam o perigo de dano, seja porque se deve aplicar o entendimento do STJ e do STF no sentido de que é inconstitucional a exigência prévia de depósito judicial e o contribuinte tem direito de garantir antecipadamente o débito tributário. No caso,

30. "Art. 805. Quando por vários meios o exequente puder promover a execução, o juiz mandará que se faça pelo modo menos gravoso para o executado.
Parágrafo único. Ao executado que alegar ser a medida executiva mais gravosa incumbe indicar outros meios mais eficazes e menos onerosos, sob pena de manutenção dos atos executivos já determinados."

a fundamentação relevante para a concessão da tutela seria o direito de garantir o débito com carta de fiança ou seguro garantia e não o mérito relacionado à exigibilidade ou não do débito.

4. CONCLUSÃO

Diante do exposto, concluímos que não é admissível a liquidação prematura da carta de fiança ou do seguro garantia antes do encerramento do processo judicial, garantia esta que está assegurando um débito tributário no contexto de execução fiscal/embargos à execução fiscal ou ação anulatória/tutela provisória com sentença contrária e recurso de apelação cível interposto, em razão dos seguintes argumentos:

(I) de acordo com a LEF, a carta de fiança/segurogarantia possuem os mesmos efeitos do depósito judicial, razão pela qual a liquidação das garantias somente se dá com o trânsito em julgado, nos termos dos art. 9º, §1º e 32, §2º da LEF;

(II) ao se permitir a liquidação da carta de fiança/seguro garantia, estar-se-á limitando o art. 9º da LEF apenas à hipótese de depósito judicial e trazendo graves prejuízos ao contribuinte/apelante;

(III) a transformação da carta de fiança/seguro garantia em depósito judicial ofende ao princípio da menor onerosidade, assegurado pelo art. 805 do CPC/2015; e

(IV) a manutenção da carta de fiança/seguro garantia mesmo na hipótese de sentença contrária não traz prejuízo à Fazenda Pública, uma vez que se trata de garantia idônea e líquida e que será liquidada no momento do encerramento do processo, da mesma forma que o depósito judicial.

Considerando estes argumentos de defesa, sustentamos que:

1ª situação (execução fiscal/embargos à execução fiscal): independentemente da atribuição ou não de efeito suspensivo ao recurso de apelação cível pelo Tribunal, o juiz da execução fiscal deveria indeferir eventual pedido de liquidação da carta de fiança ou seguro garantia, relembrando que os embargos à execução fiscal havia sido recebido no efeito suspensivo e, portanto, a garantia foi considerada à época idônea. Por outro lado, entendemos que a liquidação antecipada da carta de fiança/seguro garantia representa perigo de dano e, portanto, se há fundamentação relevante, cabe ao Tribunal conceder o efeito suspensivo ao recurso interposto e evitar a liquidação da garantia; e

2ª situação (ação anulatória com tutela provisória): se não houver a revogação expressa da tutela provisória – que permitiu a garantia do débito com carta de fiança ou seguro garantia - na sentença contrária, a tutela permanece em vigor, pois neste caso a tutela concedida não se confunde com o mérito da ação. Ou seja, a tutela estaria em vigor e a garantia não poderia ser liquidada. Por outro lado, se houver a revogação expressa da tutela, defendemos que a fundamentação relevante para a concessão do efeito suspensivo, cumulado com nova tutela, seria idêntica ao direito à garantia antecipada do débito sem necessidade de prévio depósito judicial (ou seja, aplicação dos precedentes do STJ e STF) e o perigo de dano seria a transformação destas garantias em depósito judicial. Portanto, cabe ao Tribunal conceder nova tutela de urgência em razão da presença dos requisitos do art. 300 do CPC.

Espero assim, ter contribuído nesta questão que aflige os contribuintes e trazido elementos que justifiquem o indeferimento do pedido de liquidação antecipada das garantias (cartas de fiança/seguros garantia), seja por ofensa à LEF, ao CPC e aos princípios constitucionais, seja por acreditar que o requisito do perigo de dano estaria presente tanto para a concessão de efeito suspensivo em recurso (art. 1.012, §4º) quanto para a concessão de uma nova tutela de urgência (art. 300).

ALGUMAS CONSIDERAÇÕES SOBRE O RECURSO DE APELAÇÃO E O EFEITO TRANSLATIVO (ART. 1013 DO CPC)

Maria Helena Tavares de Pinho Tinoco Soares[1]

1. INTRODUÇÃO

Satisfação e honra são o resultado do convite recebido para participar da obra "Novos Rumos do Processo Tributário: Judicial, administrativo e métodos alternativos de cobrança do crédito tributário", para elaboração de artigo para compor o capítulo atinente aos Recursos.

O tema é instigante, principalmente se levarmos em conta as recentes alterações na legislação processual civil e a discussão da aplicabilidade (ou não) dos respectivos princípios no processo administrativo tributário.

A lei existe, está vigente, mas, desafortunadamente, nem sempre a interpretação é a mais coerente e/ou sua aplicabilidade é efetivamente observada na prática.

---

1. Doutoranda em Direito Tributário pela Pontifícia Universidade Católica de São Paulo (PUC/SP). Juíza Titular da 10ª Câmara do Tribunal de Impostos e Taxas de São Paulo. Relatora desde 2004 da 2ª Turma Disciplinar do Tribunal de Ética da OAB – Secção São Paulo. Advogada Tributarista.

Desde meus tempos de graduação na Pontifícia Universidade Católica de São Paulo havia a inquietação típica de qualquer estudante do direito em relação ao elevado número de recursos existentes, quer no *Codex* Processual Civil, quer nos Regimentos Internos dos Tribunais, de forma que todos deveriam (e ainda devem) estar em harmonia para a busca da justiça.

A pergunta sempre foi a mesma: para que servem tantos recursos? Ainda: se a busca é a defesa do direito, quer individual, quer coletivo, por qual razão há tantas condições a serem observadas e fielmente atendidas para que o direito perquirido seja alcançado?

Mas meu verdadeiro espanto sempre ficou por conta de particularidades que se mostram excessivas em razão de um deslize processual que pode ser ínfimo, como, por exemplo, a deserção decorrente do não recolhimento de centavos, que implica perda do próprio direito, ainda que legítimo.

Trabalhei por muitos anos em uma renomada banca e nas reuniões técnicas internas não raramente os mais novos, os estagiários, os recém formados e até mesmo os mais experientes que não atuavam mais diretamente nas causas contenciosas, não entendiam a razão da existência de tantos recursos, tantos juízos de admissibilidade, quer no Tribunal *a quo*, quer no Tribunal *ad quem*, seguido da possibilidade de interpretações distintas sobre o mesmo tema, as mesmas provas, o mesmo processo.

Escolhi discorrer neste estudo sobre o Recurso de Apelação, pois no meu sentir é o recurso que "devolve" a discussão, é a base do inconformismo que, muito embora requeira o atendimento de condições, não se presta a particularidades (com exceção da perda de prazo e da deserção) que possam implicar a extinção do próprio direito.

E a nova legislação processual trouxe relevante alteração nesse sentido, o chamado efeito translativo da Apelação.

Aqui faço uma ressalva: os recursos devem atender requisitos para que possam ser recebidos e regularmente processados, mas não deveriam ficar à mercê de exigências tão especiais que invariavelmente invalidam a própria discussão, principalmente se levado em conta que tais exigências quase sempre estão relacionadas ao entendimento discricionário do intérprete que fará o juízo de admissibilidade do recurso interposto.

Há muito o que tratar acerca do Recurso de Apelação, mas neste artigo procurarei me ater a abordagem de pontos que facilitaram a possibilidade de discussão na fase recursal que, a depender do ponto de vista, pode ser prejudicial à parte e ao próprio processo.

2. RECURSO – CONCEITO - ALCANCE

Nas lições de Nelson Nery Junior, o Recurso é

> o meio processual que a lei coloca à disposição das partes, do Ministério Público e de um terceiro, a viabilizar, dentro da mesma relação jurídica processual, a anulação, a reforma, a integração ou o aclaramento da decisão judicial impugnada.

No processo, os atos podem ser praticados pelas partes, pelos serventuários da justiça, por peritos, por terceiros ou pelo juiz. Os atos do Juiz, por sua vez, podem ser decisórios e não decisórios (aqueles que têm função administrativa).

O Magistrado profere três tipos de atos decisórios: sentença, decisão interlocutória e despacho.

A Apelação é o recurso cabível a ser interposto em face das sentenças (art.1009 do CPC/15) e o Agravo é o remédio competente para reforma de decisões interlocutórias (art.1015 do CPC/15).

Já os despachos, a depender da natureza, podem ser irrecorríveis, observando, assim, que nem todos os atos do Juiz são passíveis de reforma via interposição de recurso.

De fato, o recurso impede o efetivo trânsito em julgado da decisão recorrida, prolongando a litispendência e impedindo, deste modo, a formação de coisa julgada soberana.

3. APELAÇÃO NO DIREITO PROCESSUAL CIVIL

No âmbito do Direito Processual Civil, a Apelação é o recurso competente que visa a reforma das sentenças proferidas em primeira instância, isto é, em primeiro grau de jurisdição.

Nos termos do Código de Processo Civil, sentença é ato do juiz que pode ser terminativo (sem resolução de mérito) ou de mérito (com resolução de mérito).

Assim, a Apelação é o recurso a ser interposto em face da sentença, isto é, que ponha fim ao processo ou à fase de conhecimento. É possivelmente o mais importante do ordenamento jurídico e o utilizado com mais frequência.

Esse recurso por excelência pode ser interposto contra todo tipo de sentença, seja ela de mérito ou meramente terminativa.

Sim, o recorrente, via Apelação, objetiva a reforma ou a anulação da sentença, por um órgão superior. Serve para que se alegue tanto *error in procedendo* como *error in judicando*.

A Apelação, portanto, é a efetiva insurgência do vencido em face de sentenças proferidas em todos os tipos de processo.

A parte tem o prazo de 15 (quinze) dias úteis para interposição da Apelação que devolverá à Instância Superior (2ª Instância) o reexame da matéria.

Em se tratando de causas decididas em desfavor da Fazenda Pública, além do recurso *ex officio*, o representante fazendário tem o prazo em dobro para recorrer ao Tribunal de 2ª Instância.

Além do prazo, há outro ponto de desvantagem quando o recorrente não é a Fazenda Pública: há a obrigatoriedade de recolhimento de custas, denominadas "preparo". Uma vez não recolhidas, o recurso não é conhecido.

Nelson Luiz Pinto, em relação à Apelação assim se manifesta:

> Quer se trate de sentença processual, quer se trate de sentença de mérito, o recurso contra elas cabível será sempre o de

> apelação. É, pois, o recurso cabível exclusivamente contra decisões sentenças de primeiro grau, não sendo cabível contra acórdãos, decisões colegiadas de tribunal, ainda que com conteúdo de sentença e ainda proferidas em processo de competência originaria de tribunal, como por exemplo ação rescisória.

Apelação, portanto, é o recurso que se interpõe das sentenças dos juízes de primeiro grau de jurisdição para ao reexame da matéria impugnada pelos tribunais de 2ª Instância, visando a reforma total ou parcial da decisão, ou, até mesmo, seu decreto de nulidade.

Diante da relevância que possui, pois "devolve" à Instância Superior o reexame da matéria, sem dúvida a Apelação pode ser entendida como o recurso de maior relevância, visto que, a partir dele e das questões por ele julgadas, há a possibilidade de revisão pelas Cortes Superiores.

A despeito da exigência dos requisitos de admissibilidade, não há dúvida que a Apelação se apresenta muito mais simples quando comparada a outros recursos: Agravo de Instrumento, Recurso Especial ou Recurso Extraordinário.

Com efeito, para interposição da Apelação não há exigência de maior complexidade, como a demonstração de prequestionamento da matéria recursal, ou que o tema tenha sido efetivamente objeto de apreciação pelo órgão julgador, ou, ainda, que a matéria objeto de impugnação recursal se limite a questão federal ou constitucional etc.

Basta apenas que a parte apresente a petição observando as formalidades legais, demonstre a necessidade de reforma e fundamente as razões da necessidade de alteração do julgado. Nada mais!

Acerca dos requisitos de admissibilidade, vale o magistério de Barbosa Moreira:

> "Com efeito, independentemente de qualquer análise teórica, o fato é que o exame do mérito do recurso somente pode ser feito após a análise da presença dos requisitos de admissibilidade, que funcionam como condição necessária, mas não suficiente, ao julgamento do recurso de apelação interposto, propriamente. A

> essência do juízo de admissibilidade reside, justamente, na verificação da existência ou inexistência dos requisitos necessários para que o órgão competente possa legitimamente exercer sua atividade cognitiva, no tocante ao mérito do recurso. (MOREIRA apud JORGE, 2002, p. 65)

Também se fazem oportunas as palavras de Nelson Nery Júnior:

> "Vige, no tocante aos recursos, o princípio da dialeticidade. Segundo este, o recurso deverá ser dialético, isto é, discursivo. O recorrente deverá declinar o porquê do pedido de reexame da decisão. (...). São as alegações do recorrente que demarcam a extensão do contraditório perante o juízo ad quem, fixando os limites de aplicação da jurisdição em grau de recurso. As razões do recurso são elemento indispensável a que o tribunal, para o qual se dirige, possa julgar o mérito do recurso, ponderando-as em confronto com os motivos da decisão recorrida. A sua falta acarreta o não conhecimento. Tendo em vista que o recurso visa, precipuamente, modificar ou anular a decisão considerada injusta ou ilegal, é necessária a apresentação das razões pelas quais se aponta a ilegalidade ou injustiça da referida decisão judicial. (in Teoria Geral dos Recursos, São Paulo: RT, 6ª ed., p. 176/177).

À vista disso, conclui-se que as razões aduzidas em Apelação devem ser e estar em conformidade com os pedidos e a decisão recorrida e, o mais importante, devem enfrentar a decisão, sob pena de não conhecimento do recurso.

A Apelação é recurso de devolução ampla, ou seja, por meio dele podem ser discutidas matérias processuais e de mérito, bem como ser realizada nova análise dos fatos da causa, *errores in judicando* e *errores in procedendo*, vale dizer, a cognição do Tribunal é ampla, mas limitada pelo próprio recurso (extensão e profundidade do efeito devolutivo).

É através dessa modalidade recursal que a parte pode obter a anulação ou a reforma do provimento atacado (sentença).

Pode-se dizer que a Apelação é, certamente, a maior expressão do princípio do duplo grau de jurisdição, afinal, a sentença atacada será objeto de "revisão" pela instância superior.

Exatamente por isso que a maioria dos doutrinadores processualistas se referem à Apelação com frequência como sendo recurso ordinário por excelência.

Nelson Luiz Pinto é um dos adeptos de que o Tribunal, ao apreciar a Apelação, pode, sim, adentrar em matérias não suscitadas nas razões recursais, sem implicar afronta ao princípio da *reformatio in pejus et in melius*, Confira:

> "Apenas tratando-se de questões de ordem pública a respeito das quais não inexiste preclusão *pro juducado,* poderá o tribunal pronunciar-se de ofício para proferir decisão fora dos limites estabelecidos pelo recorrente e seu recurso. Trata-se de exceção à regra de que tudo aquilo que a parte deixou de alegar no momento próprio (petição inicial para o autor e contestação para o réu) não poderá posterior fazê-lo. Da mesma forma não poderá a parte a pretexto de insurgir contra decisão de primeiro grau, levar ao conhecimento do tribunal fatos que não foram objeto de alegações e, portanto, de apreciação no juízo inferior, sob pena de violação do princípio do duplo grau de jurisdição, pois a questão não teria passado pelo crivo do juízo de primeiro grau."

Por outro lado, a doutrina ainda dominante se posiciona no sentido de que sendo requerido pelo apelante apenas a reforma parcial do julgado, o Tribunal não poderá conceder-lhe a reforma total, ainda que seja a melhor solução para a lide, pois o Órgão Julgador deve observar a matéria que lhe foi devolvida para apreciar e julgar.

Trata-se do efeito devolutivo que é comum a todos os recursos, pois todos devolvem, isto é, promovem a apreciação da matéria discutida no decorrer do processo pela segunda instância ou instância recursal.

Nesse sentido se pronuncia Nelson Nery Jr. (2002, p. 34):

> "O tribunal reputa-se investido do poder de decidir novamente, por força da devolução que os recursos operam (devolução imediata ou gradual, conforme o caso), nos limites da lei e da vontade expressa pela parte que recorre. Todo recurso é limitado por uma precisa dimensão horizontal, estabelecida pela matéria em relação a qual a nova decisão é pedida; a uma dimensão vertical, representadas

pelo conjunto de questões suscetíveis de serem apreciadas; e uma dimensão subjetiva, representativa dos sujeitos a serem possivelmente beneficiados ou prejudicados pelo novo julgamento."

Dessa forma, a rigor, o tribunal está limitado a decidir somente aquilo que lhe foi suscitado nas razões da Apelação.

Contudo, nesse ponto merece destaque o entendimento manifestado por Nelson Luiz Pinto que não é isolado, (2002, p. 103) no sentido de que:

"de acordo com a nossa posição, Barbosa Moreira, Alexandre de Paula, Arruda Alvim (citado por Barbosa Moreira) e Nelson Nery Jr. sustentam que compete ao tribunal proferir decisões de procedência ou improcedência de questões não examinadas.

É exatamente esse ponto que entendo ser o sustentáculo do efeito translativo da Apelação, expressamente acolhido pela nova legislação processual civil.

Mas no que consiste especificamente tal efeito? É o que tentaremos discorrer a seguir.

4. EFEITO TRANSLATIVO

Por efeito translativo entende-se o poder que o tribunal terá de adentrar nas questões ainda que não suscitadas pela parte na Apelação, por se tratar de assunto que se encontra superior à vontade das partes, eis que a matéria tratada vai além da vontade do particular, por ser de ordem pública.

Nelson Nery Júnior assim define o efeito translativo:

"O sistema autoriza o tribunal a julgar fora do que consta nas razões e contrarrazões. Não se trata de julgamento ultra, extra ou infra petita, pois a própria norma o autoriza. O efeito translativo autoriza, portanto, o exame de questões de ordem pública mesmo que não decididas no juízo a quo ou não impugnadas por agravo de instrumento ou retido. Concluindo, as questões não decididas podem ser objeto de devolução por incidência do art. 515, e não por incidência do art. 516 do CPC."

Através deste efeito, portanto, o tribunal está autorizado a enfrentar questões decididas ou não pelo Juízo de 1ª Instância, pois estará o Órgão Colegiado revestido de poder para julgar além do suscitado na Apelação pela parte.

Cássio Scarpinella Bueno assim se manifesta em relação ao efeito translativo:

> Desta sorte, todas as questões passíveis de conhecimento de ofício, isto é, sem provocação de qualquer das partes (ou dos eventuais intervenientes, inclusive o Ministério Público naqueles casos em que deve atuar na qualidade de custos legis), ao longo do procedimento podem e devem ser apreciadas igualmente de ofício no segmento recursal.
>
> Por força do efeito translativo do recurso, que devolve a esta Corte de Justiça à apreciação de matérias de interesse público, suscita-se, de ofício, preliminares e até mesmo a inépcia da petição inicial.

O atual Código de Processo Civil, no meu entender, acolheu expressamente o efeito translativo no seu artigo 1013, *verbis:*

> ***Art. 1.013. A apelação devolverá ao tribunal o conhecimento da matéria impugnada.***
>
> ***§ 1º Serão, porém, objeto de apreciação e julgamento pelo tribunal todas as questões suscitadas e discutidas no processo, ainda que não tenham sido solucionadas, desde que relativas ao capítulo impugnado.***
>
> ***§ 2º Quando o pedido ou a defesa tiver mais de um fundamento e o juiz acolher apenas um deles, a apelação devolverá ao tribunal o conhecimento dos demais.***
>
> *§ 3º Se o processo estiver em condições de imediato julgamento, o tribunal deve decidir desde logo o mérito quando:*
>
> *I - reformar sentença fundada no art. 485;*
>
> *II - decretar a nulidade da sentença por não ser ela congruente com os limites do pedido ou da causa de pedir;*
>
> *III - constatar a omissão no exame de um dos pedidos, hipótese em que poderá julgá-lo;*
>
> *IV - decretar a nulidade de sentença por falta de fundamentação.*

> ***§ 4º Quando reformar sentença que reconheça a decadência ou a prescrição, o tribunal, se possível, julgará o mérito, examinando as demais questões, sem determinar o retorno do processo ao juízo de primeiro grau.***
>
> ***§ 5º O capítulo da sentença que confirma, concede ou revoga a tutela provisória é impugnável na apelação.*** *(g.n.)*

Por derradeiro, Fredie Didier Jr., enfatiza que:

> O efeito devolutivo (extensão) relaciona-se ao objeto litigioso do recurso (a questão principal do recurso); o efeito translativo (profundidade do efeito devolutivo) relaciona-se ao objeto de conhecimento do recurso, às questões que devem ser examinadas pelo órgão ad quem como fundamentos para a solução do objeto litigioso recursal. É preciso, porém, fazer uma advertência: o efeito devolutivo limita o efeito translativo, que é o seu aspecto vertical: o Tribunal poderá apreciar todas as questões que se relacionam aquilo que foi impugnado – e somente aquilo. O recorrente estabelece a extensão do recurso, mas não pode estabelecer a sua profundidade.

Por tais motivos, Fredie Didier Jr. enfatiza que *"o efeito devolutivo determina os limites horizontais do recurso; o efeito translativo, o material com o qual o juízo ad quem trabalhará para decidir as questões que lhe foi submetida"*.

Dessa forma, pode-se afirmar, sem medo de errar, que, via efeito translativo, o tribunal está, sim, legitimado à apreciação e julgamento de todo e qualquer tema decidido ou não pelo Juízo de 1ª Instância, desde que a parte recorrente suscite tais questões nas suas razões recursais.

5. PRECLUSÃO

Um ponto que merece destaque para legitimar (ou não) o efeito translativo da Apelação é a preclusão.

A preclusão é a perda do direito de manifestar-se no processo, vale dizer, a perda da capacidade da parte praticar atos processuais por estes não terem sido exercidos no momento oportuno.

Também pode ser definida como sendo a perda de uma situação jurídica ativa processual: seja a perda de poder processual das partes, seja a perda de um poder do julgador (juiz).

Analisando a função do instituto da preclusão, Fredie Didier Jr. salienta que:

> **Frise-se: a preclusão não serve somente à ordem, à segurança e à duração razoável do processo. Não se resume à condição de mera mola impulsionadora do processo. A preclusão em, igualmente, fundamentos ético-políticos, na medida em que busca preservar a boa fé e a lealdade no itinerário processual.** A preclusão é técnica, pois, a serviço do direito fundamental a segurança jurídica, do direito à efetividade (como impulsionadora do processo) e da proteção à boa-fé. É importante essa observação: como técnica que é, a preclusão deve ser pensada e aplicada em função dos valores a que busca proteger.

Nas palavras de Vicente Greco Filho, (2009, p.325),

> ... ocorre preclusão quanto as matérias já decididas pelo juízo *a quo*. Na apelação, é possível voltar a discutir todas as questões discutidas em primeiro grau, tanto as de fato quanto as de direito, renovando-se integralmente o exame da cousa, com exclusão, apenas, das questões decididas antes da sentença, em relação às quais tenha ocorrido a preclusão.

Desta feita, a preclusão é um limitador do exercício processual das partes, pois se o ato não for praticado no momento e na medida devida, resta o impedimento à prática posterior deste, impedindo que questões já decididas pelo Juiz possam ser reexaminadas.

Assim, como bem apontado por Vicente Greco Filho, na Apelação, há, sim, a possibilidade de rediscussão de todas as questões que já foram (ou não) discutidas em 1ª Instância, sendo vedado apenas o exame em relação às matérias que a parte se apresentou inerte no momento oportuno, antes da prolação da sentença.

6. CONSIDERAÇÕES FINAIS

Os principais objetivos do "Novo" Código de Processo Civil, aprovado pela Lei 13.105/2015, certamente são a celeridade processual e a segurança jurídica.

Com efeito, a morosidade da tramitação dos processos e a imprevisibilidade das decisões judiciais sempre constituíram motivo de "pavor" para todo e qualquer demandante.

O "Novo" *Codex* Processual Civil, que hoje já não mais se apresenta "novo", contém uma legislação extremamente organizada e inovadora, visando a agilidade dos procedimentos, dando maior liberdade às partes, com a possibilidade, inclusive, de ajustarem um negócio jurídico no processo, além da inclusão expressa de princípios constitucionais.

A lei foi alterada, existe e é bastante para ser cumprida, sempre em prol da celeridade e da segurança jurídica que, juntas, objetivam a busca pela justiça.

Especificamente em relação aos recursos, houve louvável simplificação na legislação, que suprimiu alguns, reduziu requisitos e procedimentos de outros, além de prever mecanismos para impedir (ou ao menos "tentar" impedir) que um processo "se arraste" por muito tempo.

Não foi diferente em relação à Apelação que também sofreu mudanças, cabendo destacar:

(i) o juízo de admissibilidade não é mais realizado em primeira instância, que apenas colhe as razões e contrarrazões;

(ii) há juízo de retratação, que será realizado antes da admissibilidade do recurso, apenas nos casos de indeferimento, improcedência liminar ou qualquer caso de sentença terminativa;

(iii) a regra é o recurso ser recebido no duplo efeito, mas em alguns casos não haverá o efeito suspensivo, à

semelhança do que se verificava na legislação anterior (CPC/73);

(iv) há a permissão para requerimento dirigido ao Desembargador do Tribunal Julgador para a concessão de efeito suspensivo, desde que exista probabilidade de provimento do recurso ou risco de dano grave ou de difícil reparação;

(v) permanece o efeito devolutivo na extensão.

Especificamente no tocante ao efeito translativo expressamente conferido à Apelação por força do art; 1013 do Código Processual Civil vigente, a nova regra pode ser analisada de ângulos distintos, para o bem, ou para o mal.

De um lado, a parte fica legitimada a "devolver" ao Tribunal *ad quem* questões não expressamente decididas pelo Juízo *a quo*.

Mas, de outro, não se pode ignorar que esse mesmo Tribunal *ad quem*, que será o responsável para processar e julgar a Apelação, poderá ter ampliada sua competência de julgamento, pois não estará afastada a possibilidade de que o mesmo suscite temas que já possam ter sido atingidos pela preclusão.

Essas mudanças poderão, ainda, atingir diretamente a celeridade processual, tão almejada pela nova legislação.

No entanto, se o objetivo for, de fato, a segurança jurídica e a busca pela justiça, a possibilidade de apreciação da matéria na sua totalidade, ainda que prejudique (em parte) a celeridade, pode dar maior efetividade às decisões, resguardando, na essência, o direito do demandante.

Há quem também argumente que a possibilidade de apreciação pelo tribunal *ad quem* de matérias preclusas pode mitigar a coisa julgada.

E aqui vale uma observação: no atual sistema, será que existe dúvida que a coisa julgada, há muito, tem sido vilipendiada?

Entendo que o risco se justifica, pois, finalmente, em se tratando de discussão tributária, a parte recorrente, sendo o contribuinte, terá maior chance de ver reformadas decisões que não sejam técnicas, que se apresentem em total desconformidade com as provas produzidas no processo, como se verifica atualmente na prática.

Estando o contribuinte legitimado e calcado na possibilidade de elaborar apelação que possa devolver ao tribunal integralmente a matéria, inclusive com efeito translativo, suas chances de êxito certamente serão mais expressivas.

A possibilidade de sucesso final, pela busca de uma decisão final efetivamente justa, no meu entender, fundamenta que a tão almejada celeridade processual sofra algum retardamento.

Na verdade, o que se conclui é que a nova sistemática processual tem por objetivo, na apelação, garantir que o princípio do duplo grau de jurisdição tenha maior abrangência, assegurando ao tribunal julgador maior eficiência nos julgamentos.

7. REFERÊNCIAS

ARAGÃO, Egas Dirceu Moniz de. "preclusão". *Estudos em Homenagem ao Professor Lacerda Galeno*. Porto Alegre: Sergio Antônio Fabris Editor, 1989.

ASSIS, Araken de. *Manual dos Recursos*. São Paulo: RT.

BARBOSA MOREIRA, José Carlos. *Comentários ao Código de Processo Civil*. vol. V. Rio de Janeiro: Forense, 2013.

BRASIL. Lei 13.105, de 16 de marco, Diário Oficial da União, Brasília, DF de 2015.

BUENO, Cassio Scarpinella, *Curso Sistematizado de Direito Processual Civil*, vo. 5, São Paulo. Saraiva. 2014.

DIDIER JUNIOR, FREDIE. *Curso de Direito Processual Civil*. ed. 11ª Vol. 3, Ed. Juspodivm, 2014.

DIDIER Jr., Fredie; CUNHA, Leonardo Carneiro da. *Curso de direito processual civil.* Salvador: Editora JusPODIVM, v.3, 15ª edição revista, ampliada e atualizada, 2018.

DIDIER JUNIOR, Fredie. *Curso de Direito Processual Civil.* Introdução ao Direito Processual Civil e Processo de Conhecimento. Vol. 1. 14ª ed. Ed. JusPodivm, 2012.

DINAMARCO, Candido Rangel. *Instituições de Direito Processual Civil.* V.3 São Paulo: Malheiros, 2009.

DONIZETTI, Elpídio. *Curso Didático de Direito Processual Civil*, 18º Edição. São Paulo, Editora Atlas S.A. 2014.

GRECO FILHO, Vicente. *Direito Processual Civil Brasileiro.* Vol. 2, Ed. 20. São Paulo, ED. Saraiva, 2009.

MARINONI, L. G.; ARENHART, S. C.; MITIDIERO, D. *O Novo Processo Civil.* São Paulo: Revista dos Tribunais, 2015.

MARINONI, Luiz Guilherme; ARENHART, Sérgio Cruz. *Curso de Processo Civil.* Processo do Conhecimento. Vol. 2. 8ª ed. São Paulo: Ed. Revista dos Tribunais, 2010.

MARQUES, José Frederico, *Manual de Direito Processual Civil.* Vol. 2. São Paulo. ED. Millennium. 2003.

MOREIRA, Barbosa. *O novo processo civil brasileiro.* 19ª Ed. Rio de Janeiro: Forense, 1997.

NERY JUNIOR, Nelson. *Teoria Geral dos Recursos.* 6a edição. São Paulo: Revista dos Tribunais, 2004.

NERY JUNIOR, Nelson; NERY, Rosa Maria de Andrade. *Código de Processo Civil Comentado.* 9 ed. São Paulo: Editora Revista dos Tribunais, 2006.

NERY JUNIOR, Nelson; NERY, Rosa Maria de Andrade. *Código de Processo Civil Comentado.* 16ª ed. São Paulo: Editora Revista dos Tribunais, 2016.

NERY JR. Nelson e WAMBIER, Tereza Arruda Alvim. *Aspectos Polêmicos e Atuais dos Recursos Cíveis*, Vol. 5, ED. Revista dos Tribunais. 2002.

NEVES, Daniel Amorim Assumpção. *Novo CPC comentado.* Salvador: Juspodivm, 2016.

ORIONE NETO, Luiz. *Recursos Cíveis*: teoria geral, princípios fundamentais, dos recursos em espécie, tutela de urgência no âmbito recursal, da ordem dos processos no Tribunal. 3. Ed. São Paulo: Saraiva, 2009.

PINTO, Nelson Luiz. *Manual dos Recursos Cíveis.* 3ª ed. São Paulo, Ed. Malheiros, 2002.

THEODORO JR., Humberto, *Curso de Direito Processual Civil.* 55ª ed. Vol.1. Rio de Janeiro, Ed, Forense, 2014.

WAMBIER, Luiz Rodrigues. *Breves comentários à 2ª fase da reforma do código de processo civil* – 2 ed. ED. Revistas dos tribunais. 2014.

RECURSO DE APELAÇÃO E O AGRAVO NO DIREITO TRIBUTÁRIO

Rogerio Mesquita[1]

1. CONCEITO DE RECURSO

Os magistrados[2] devem obrigatoriamente ser imparciais e suas decisões ter um caráter de imutabilidade. Entretanto, os juízes são humanos e vulneráveis a erros e a cometer injustiças variadas. Por isso, encontramos várias decisões proferidas por magistrado durante o processo, causando prejuízo a uma das partes, devendo haver possibilidade de serem revistas pelo próprio órgão jurisdicional que as criou ou pelos tribunais que são autoridade de hierarquia superior.

Acrescenta-se também, que a natureza humana é encontrada pelo inconformismo da parte vencida insatisfeita pela decisão dada ao litígio por entender injusto, faccioso e parcial que só abranda quando ocorre uma revisão.

Nesse sentido, os ordenamentos processuais modernos fornecem meios pelos quais as decisões judiciais podem ser

---

1. Mestre em Ciência Jurídico-Empresarial pela Universidade de Coimbra em Portugal (validado na USP). Advogado (PUC/SP). Contador (Mackenzie/SP). Sempre atuando como profissional em assuntos empresariais.

2. CPC. 139. Também cabe aos desembargadores sendo ampliadas e ajustadas para com competências funcionais necessárias ao tribunal (art.932 do CPC) inclusive ente suas funções pode requer produção de provas (CPC. Art. 435 e 932, I).

impugnadas, com maior ou menor intensidade, objetivando conceder justiça afastando decisões errôneas ou injustas[3].

A origem no latim da Etimologia *recursos,* em um conceito genérico, significa a repartição de um caminho já utilizado. O vocábulo "recurso" pode ser entendido como o direito subjetivo processual que a parte tem para impugnar decisões, podendo ainda ser entendido como o próprio instituto jurídico processual que torna concreto o principio do duplo grau de jurisdição.

Para o mestre Barbosa Moreira[4] "todo recurso nasce da iniciativa de alguém em impugnar uma decisão" (...) "Pode-se conceituar recurso, no direito processual civil brasileiro, como o remédio voluntário idôneo a ensejar, dentro do mesmo processo, a reforma, a invalidação, o esclarecimento ou a integração de decisão judicial que se impugna."

Para entender recursos é necessário compreender os atos que os magistrados determinam no processo, os quais são:[5] *o despacho* que tem como objetivo assegurar a marcha processual que e não causam prejuízos as partes; *a decisão interlocutória* é todo pronunciamento judicial de natureza decisória que não se enquadre no conceito de sentença; a *sentença e o acórdão* o primeiro é o pronunciamento por meio do qual o juiz, com fundamento nos arts. 485 e 487, põe fim à fase cognitiva do procedimento comum, bem como extingue a execução. O segundo é o julgamento colegiado proferido pelos tribunais.[6]

O processo tributário possui particularidades, porém o Código de Processo Civil terá aplicação subsidiária em casos de omissões nas Leis especiais.[7]

---

3. Nery Junior, Nelson. *Teoria Geral dos Recursos*. 7ª. Ed. Editora Revista dos Tribunais Ltda. Pág. 198. 2014.

4. BARBOSA MOREIRA, José Carlos. *Comentários ao Código de Processo Civil*. 17. Ed. Rio de Janeiro: Forense, 2013. V5, p. 232-233.

5. CPC. Art. 203.

6. CPC. Art. 204.

7. Lei 6.830/80. Art. 1º "A execução judicial para cobrança da Dívida Ativa da União, dos Estados, do Distrito Federal, dos Municípios e respectivas autarquias será regida por esta Lei e, subsidiariamente, pelo Código de Processo Civil."

Nesse sentido, o processo tributário não está imune das decisões imperfeitas, arbitrarias e parciais, sendo necessária a correção e justiça da decisão propriamente dita (*erro in judicando*) ou os relacionados ao procedimento judicial (*error in procedendo*).

2. PRINCÍPIOS PROCESSUAIS RELACIONADOS AOS RECURSOS

Os princípios são as normas fundamentais e nucleares de um sistema, que se apresentam como balizadores do ponto inicial dos estudos de uma disciplina do direito, sendo instrumentos de preenchimento das lacunas das Normas Jurídicas. Assim, compreender os princípios que norteiam o processo é fundamental para interpretação e aplicação dos recursos.

a) Duplo grau de jurisdição: consiste na possibilidade de se provocar o reexame da matéria para um novo julgamento, em regra por órgão em hierarquia superior àquele que proferiu a decisão.

b) Principio da Taxatividade: A Constituição Federal, apesar de permitir aos Estados criar procedimento em matéria processual,[8] somente a União, através da Lei Federal pode criar recursos nos sistema processual [9] como apresentado no CPC.[10] Além disso, é vedada qualquer restrição por normas inferiores da Legislação Federal ou Normativos internos dos tribunais criando requisitos ou estabelecendo efeitos não previstos em Lei Federal para determinado recurso.

c) Princípio da singularidade ou unirrecorribilidade: Por esse princípio só é possível a interposição de um recurso contra a mesma decisão desfavorável recorrível, no momento iter procedimental, pelo mesmo recorrente. Exceções é o caso do Recurso Especial e do Recurso Extraordinário contra um mesmo acórdão.

---

8. CF/88. Art. 24, XI.

9. CF/88. Art. 22, I.

10. CPC. Art. 994.

d) Princípio da fungibilidade: A fungibilidade tem fundamento no princípio da instrumentalidade das formas e na ideia de ausência de prejuízo para as partes, ou seja, permite flexibilizar o cabimento de um recurso interposto (entendido como inadequado em razão de uma dúvida objetiva) trocando por outro recurso cabível, desde que não haja erro grosseiro ou má-fé do recorrente. Apesar da inexistência expressa do princípio da Fungibilidade no texto legal é compatível no atual CPC.[11]

e) Proibição da *reformation in pejus*: É vedado reforma da decisão impugnada em prejuízo do recorrente e em benefício do recorrido, quando houver recurso apenas por uma das partes.

f) Juízo de admissibilidade e de mérito: Interposto o recurso, serão feitos dois exames (pelo órgão jurisdicional competente) para sua apreciação, sendo a primeira se ele atende os requisitos de admissibilidade (juízo de admissibilidade positivo ou negativo) para poder ser apreciado o mérito do recurso (juízo de mérito).

Quando órgão ad quem entender que o recorrente tem razão dará provimento a este (total ou parcial), se, nessa mesma hipótese, entender não ter razão, negará provimento.

O órgão destinatário do recurso (órgão ad quem) que possui competência para exercer o juízo de admissibilidade e de mérito. Porém, existem hipótese que a lei confere, ao órgão *a quo* (quem proferiu a decisão) o poder para exercer o juízo de admissibilidade "diferindo, preliminar e provisório, sujeito sempre à decisão definitiva do juízo *ad quem*"[12]. A admissibilidade definitiva do recurso será reapreciada pelo órgão *ad quem* que irá confirmá-la ou não. Lembrando que o juízo de admissibilidade (feito) pelo órgão *a quo* não vincula o órgão *ad quem* (matéria de ordem pública) cabendo ao relator do recurso, em sendo o caso, conhecê-lo ou não, independentemente da decisão proferida por aquele.

---

11. Enunciado 104 do FPPC.

12. NERY JUNIOR, Nelson; NERY, Rosa Maria Andrade. *Código de processo civil comentado e legislação processual civil extravagante em vigor*. 10.ed. São Paulo. Revista dos Tribunais. 2007. Pág. 811.

Assim, caso seja negado pelo órgão a quo caberá outro recurso ao órgão *ad quem,* destacando que se a admissibilidade for positiva, em tese, não poderá a parte contrária impugná-lo mediante outro recurso, obviamente por lhe faltar interesse[13] somente sendo possível manifestar ao juízo *ad quem* a análise da admissibilidade.

3. EFEITOS DOS RECURSOS

Os recursos, como regra, não impedem a eficácia da decisão, salvo disposição legal ou decisão judicial em sentido diverso.[14] O relator poderá conceder o efeito suspensivo em determinados casos devendo seguir os requisitos da lei[15] que são cumulativamente: I) a imediata produção de efeitos da decisão recorrida deverá gerar risco de dano grave, de difícil ou impossível reparação; e, II) a demonstração da probabilidade de provimento do recurso.[16]

A interposição do recurso tem como objetivo entravar o transitado em julgado da decisão impugnada que repercute em consequências para o processo dos "efeitos" que ocorrem em maior ou em menor grau sendo o efeito devolutivo e o suspensivo.[17] Some-se a isto, que diversos processualistas se referem a outros efeitos que são nominados como: *efeito expansivo,*[18] *efeito translativo* e *efeito substitutivo* do recurso.[19]

---

13. O ato é irrecorrível.

14. CPC. Art. 995.

15. CPC. Art. 995, parágrafo único e art. 1.019, I.

16. Theodoro Júnior, Humberto. *Curso de Direito Processual Civil.* V.III. Ed. Forense. 51ª. Ed. 2.108. Pag. 1.104.

17. Nery Junior, Nelson. *Teoria Geral dos Recursos.* 7ª. Ed. Editora Revista dos Tribunais Ltda. Pág. 427-428. 2014.

18. O recurso interposto por um litisconsorte aproveita aos restantes. BARBOSA MOREIRA, José Carlos. *Comentários ao Código de Processo Civil.* 17. Ed. Rio de Janeiro: Forense, 2013. V5, p. 257.

19. Nery Junior, Nelson. *Teoria Geral dos Recursos.* 7ª. Ed. Editora Revista dos Tribunais Ltda. Pág. 401. 2014.

O efeito devolutivo consiste em reabrir a oportunidade de reapreciar, julgar novamente, a questão já decidida, ou seja, transferi ao órgão *ad quem* o conhecimento da matéria impugnada, a fim de que possa reexaminar a decisão recorrida, impedindo que a decisão recorrida produza efeitos desde logo, produzindo efeitos somente depois do julgamento do recurso e do respectivo transitado em julgado dessa decisão.

Indubitavelmente o efeito devolutivo é a manifestação do principio dispositivo fundamental no processo. Melhor elucidando, o juiz, em regra não pode agir de oficio, mas somente quando provocado pela parte interessada, devendo julgar nos limites do pedido que são fixados na petição inicial pelo autor. A decisão do juiz é limitada pelo pedido do autor, ele não pode cometer excesso de poder e julgar extra, ultra ou infra petita. Do mesmo modo, o recurso interposto, ao devolver ao órgão *ad quem* o conhecimento da matéria impugnada, deverá o requerente indicar as suas razões de recursos em seu pedido não sendo permitido ser interposto recurso de forma genérica.

Portanto, o efeito natural de todo e qualquer recurso é ser devolutivo, postergando a formação da coisa julgada pelo prolongamento do procedimento (processo) ficando pendente até que a decisão judicial não mais seja impugnável, quer pela inércia da parte em não interpor recurso ou por ter exaurido a instância recursal.

Na doutrina encontramos a configuração do direito devolutivo se desdobrando em dois efeitos os quais são: a *extensão* e a *profundidade*. A *Extensão* do efeito devolutivo é delimitar o que se submete, por força do recurso, ao julgamento do órgão *ad quem*. A Profundidade é determinada com qual material há de trabalhar o órgão *ad quem* para julgar.[20]

Além disso, a doutrina apresenta o *efeito substituto*[21] como um derivativo do efeito devolutivo, que é a força do julgamento

---

20. Por exemplo, o recurso interposto por um litisconsorte aproveita aos restantes. BARBOSA MOREIRA, José Carlos. *Comentários ao Código de Processo Civil*. 17. Ed. Rio de Janeiro: Forense, 2013. V5, p. 257.

21. Theodoro Júnior, Humberto. *Curso de Direito Processual Civil*. V.III. Ed. Forense. 51ª. Ed. 2.108. Pág. 1.061-1063.

de qualquer recurso de substituir, para todos efeitos, a decisão recorrida, nos limites da impugnação. Acrescenta-se também, o *efeito translativo*[22] sendo algo que existe primariamente na esfera de atribuições de qualquer órgão jurisdicional que assume a função de decidir nos processos em que ele esteja tramitando, ou seja, existindo recurso nos tribunais superiores poderá o tribunal examinar todas a matérias que possam ser examinadas em qualquer tempo, inclusive a prescrição, a decadência e as questões de ordem públicas.[23]

Por fim, encontramos na doutrina o *efeito expansivo*[24] que delimita a área de cognição e decisão dos tribunais Superiores, na espécie, consiste em reconhecer que a devolução operada pelo recurso "não se restringe às questões resolvidas na sentença, compreendendo também as que poderiam ter sido decidas, seja porque suscitadas pelas partes, seja porque conhecidas de ofícios".[25]

Por outro lado, o efeito suspensivo não se relaciona ao recurso em rigor, mas ao efeito da decisão, que só pode ser executada se não for atacada pelo recurso adequado, devendo permanecer em condição suspensiva. Dessa forma, o efeito suspensivo é quando impede a produção imediata da decisão,[26] adiando a produção dos efeitos da decisão impugnada assim que interposto o recurso, não sendo possível executar o comando emergente da decisão, perdurando até que transite em julgado a decisão sobre o recurso, sendo seu inicio com a publicação da decisão impugnável por recurso para o qual a lei prevê efeito suspensivo, e termina com a publicação da decisão que julga o recurso.[27]

---

22. Theodoro Júnior, Humberto. *Curso de Direito Processual Civil.* V.III. Ed. Forense. 51ª. Ed. 2.108. Pág. 1.104.

23. CPC. Art. 267, § 3º.

24. Theodoro Júnior, Humberto. *Curso de Direito Processual Civil.* V.III. Ed. Forense. 51ª.Ed. 2.108. Pag. 1.064.

25. CPC. Art. 1.13, § 2º.

26. BARBOSA MOREIRA, José Carlos. *Comentários ao Código de Processo Civil.* 17. Ed. Rio de Janeiro: Forense, 2013. V5, p.429.

27. Nery Junior, Nelson. *Teoria Geral dos Recursos.* 7ª. Ed. Editora Revista dos Tribunais Ltda. Pág. 401. 2014.

4. APELAÇÃO

A apelação é o recurso ordinário que visa a reforma ou anulação de sentença proferida (terminativa ou de mérito),[28] não importa qual seja a natureza jurídica do processo em que foi proferida e qualquer que seja o procedimento segundo, o qual se devolve ao tribunal por ela conter algum vício de juízo (erro in iudicando) ou de atividade/forma (error in procedendo)

O ato que busca se a reforma é a Sentença "o pronunciamento por meio do qual o juiz, com fundamento nos arts. 485 (sentença terminativa) e 487 (sentença definitiva) põe fim à fase cognitiva do procedimento comum, bem como extingue a execução." [29-30]

No Direito Tributário, as decisões não favoráveis à Fazenda Pública em qualquer um de seus níveis federativos devem ser confirmadas pelo Tribunal,[31] integrando o rol do instituto do reexame necessário, também conhecido como duplo grau de jurisdição obrigatório, sendo dispensado quando o valor da condenação for inferior a patamares estipulado no CPC,[32] não se aplicando a sentenças ilíquidas.[33]

4.1 CABIMENTO/ADEQUAÇÃO

Como regra, para que qualquer recurso seja admitido é preciso verificar o cabimento (taxativo artigo 496) e a adequação ao tipo de pronunciamento que se pretende impugnar.

---

28. Art. 485 e 487 do CPC.

29. Art. 203, §1º do CPC.

30. Teresa Arruda Alvim em sua obra trata sobre Sentenças típicas, atípicas e suas nulidades. *Nulidades do Processo e da Sentença*. 9ª Ed. Revista dos Tribunais. 2018.

31. CPC. Art. 496.

32. CPC. 496 § 3º Não se aplica o disposto neste artigo quando a condenação ou o proveito econômico obtido na causa for de valor certo e líquido inferior a: I - *1.000 (mil) salários-mínimos* para a União e as respectivas autarquias e fundações de direito público; II - *500 (quinhentos) salários-mínimos* para os Estados, o Distrito Federal, as respectivas autarquias e fundações de direito público e os Municípios que constituam capitais dos Estados; III - *100 (cem) salários-mínimos* para todos os demais Municípios e respectivas autarquias e fundações de direito público.

33. STJ. Súmula 490.

A apelação tem cabimento contra pronunciamentos do juiz que coloca fim ao processo que contemplar o prescrito no art. 485 e 487 do CPC.

Não cabe Apelação contra decisão que julga a liquidação de sentença devendo interpor o Agravo de Instrumento.[34]A saber, decisões proferidas em procedimentos especiais podem prever o cabimento de Apelação, como encontramos no Mandado de Segurança.[35]

Todas as questões decididas na sentença, a respeito das quais a parte deseje insurgir-se é necessário integrar as razões do recurso de apelação.[36]

4.2 REGULARIDADE FORMAL

Para que o apelante tenha preenchido o requisito de regularidade normal é preciso que elabore petição[37] de interposição para o juízo *a quo* contendo: os nomes e a qualificação das partes; a exposição do fato e do direito; as razões do pedido de reforma ou de decretação de nulidade; o pedido de nova decisão (caso de pedido de nulidade, com a remessa ao primeiro grau, ou julgamento imediato da teoria da causa madura). A falta dos nomes e a qualificação das partes são vícios sanáveis, mas falta de pretensão recursal ou do objeto não caberá sanabilidade por operar preclusão consumativa.

A Petição deve ser protocolada no juízo *a quo* no prazo de 15 dias (uteis)[38] e está sujeito ao recolhimento de preparo[39] sob

---

34. Enunciado 145 da II Jornada de Direito Processual Civil do CJF https://www.cjf.jus.br/cjf/noticias/2018/setembro/cej-divulga-enunciados-da-ii-jornada-de-direito-processual-civil

35. Lei 12.016/09 art. 10, §1°.

36. CPC. Art. 1.009." § 3°. Art. 1.013. § 5°.

37. CPC. Art. 1010.

38. Agravo de Instrumento n° 2227223-51.2016.8.26.0000, Rel. Des. Antônio Celso Faria, 8ª Câmara de Direito Público, julgamento em 27/1/2017.

39. CPC. Art. 1007.

pena de deserção, lembrando que em caso de pedido dos privilégios da justiça gratuita deverá ser requerida no ingresso da Apelação. Para da Fazenda Pública manteve os privilégios do prazo em dobro para todas as suas manifestações no processo.[40]

O juízo de retratação é dado ao juiz singular no caso de indeferimento da petição inicial,[41] de improcedência liminar[42] e de sentenças terminativas.[43]

Recebido o recurso de apelação no tribunal e distribuído imediatamente, o relator[44] decidi-lo-á monocraticamente *I*) não conhecer de recurso inadmissível, prejudicado ou que não tenha impugnado especificamente os fundamentos da decisão recorrida;[45] *II*) negar provimento a recurso que for contrário a: [46] a) súmula do STF, do STJ ou do próprio tribunal; b) acórdão proferido pelo STF ou pelo STJ em julgamento de recursos repetitivos; c) entendimento firmado em incidente de resolução de demandas repetitivas ou de assunção de competência; *III)* dar provimento ao recurso[47] depois de facultada a apresentação de contrarrazões, se a decisão recorrida for contrária a: a) súmula do STF, do STJ ou do próprio tribunal; b) acórdão proferido pelo STF ou pelo STJ em julgamento de recursos repetitivos; c) entendimento firmado em incidente de resolução de demandas repetitivas ou de assunção de competência.

O meio de impugnar a Decisão monocrática do relator será o agravo interno ao respectivo órgão colegiado.[48] Quando

---

40. CPC. Art. 183.

41. CPC. Art. 331.

42. CPC. Art. 332.

43. CPC. Art. 485 §7º.

44. CPC. Art. 1.011.

45. CPC. Art. 932, incisos III.

46. CPC. Art. 932, incisos IV.

47. CPC. art. 932, incisos V.

48. CPC. Art. 1.021.

não couber julgamento monocraticamente o relator elaborará seu voto para julgamento do recurso pelo órgão colegiado.

Na sessão de julgamento, após a exposição do relator, será facultada às partes a possibilidade de sustentação oral por 15 minutos para defender as razões de seu recurso. Ato contínuo, os desembargadores pronunciarão seus votos. Se o resultado não for unânime, o julgamento terá prosseguimento em sessão a ser designada com a presença de outros julgadores, que serão convocados nos termos previamente definidos no regimento interno, em número suficiente para garantir a possibilidade de inversão do resultado. Nessa nova sessão também será conferida a possibilidade de ser realizada a sustentação oral.

4.3 ÂMBITO DE DEVOLUTIVIDADE DA APELAÇÃO

O recurso de apelação devolve ao tribunal,[49] o conhecimento dos fatos, das alegações, das provas e de todas as questões que envolvem o processo, ou seja, toda matéria efetivamente impugnada[50] possuindo ampla devolutividade. Logo, cabe ao recorrente, em sua própria interpretação, decidir em devolver ao tribunal toda matéria da Sentença ou apenas algumas delas,[51] devendo descrever o erro que considera estar presente, fundamentando os motivos que a decisão judicial deve ser reformada ou anulada.

O órgão *ad quem* não pode reformar a sentença para piorar a situação do recorrente (proibição da *reformatio in pejus*), tampouco para melhorá-la além ou fora do que foi pedido (proibição da *reformatio in melius*). Vigora o princípio *tantum devolutum quantum appellatum.*

---

49. Ressalvadas as apelações que combatem os pronunciamentos previstos no art. 1.012 § 1º do CPC.

50. CPC. Art. 1.013.

51. Art. 1.002. A decisão pode ser impugnada no todo ou em parte.

O efeito devolutivo veda a inovação em sede de apelação, ou seja, não permiti modificação da causa de pedir ou do pedido, porém destacamos que é admissível incluir diretamente ao Tribunal questões de fato (novas) não propostas no juízo inferior desde que demonstrado pelo recorrente que deixou de fazê-lo por motivo de força maior.[52] Por outro lado, se houver duas causas de pedir na ação e a sentença decidir apenas por uma delas é licito (permitido) ao tribunal apreciar o outro fundamento no julgamento da apelação.[53]

Ademais, não ocorrendo impugnação não é dado ao tribunal conhecer das matérias ainda que vinculadas ao pedido transitado e julgado. [54]

4.4 QUESTÕES SUSCITADAS E DISCUTIDAS

O pedido do recorrente limita a atuação do tribunal, mas o mesmo não se aplica à fundamentação, podendo este, ao julgar a apelação, examinar todas as questões suscitadas e discutidas no processo, ainda que a sentença não as tenha decidido por inteiro. Veja o caso em que foi formulado diversos pedidos decorrentes, o tribunal, ao reformar a sentença poderá examinar todos eles.

Matéria de ordem pública[55] não ocorre a preclusão ainda que não tenha sido discutida e impugnada por meio de recursos (agravo) podendo ser reexaminada pelo tribunal e questão que, em função do direito material, pode ser arguida

---

52. CPC. 1.014.

53. Enunciado 102. FPPC. (arts. 1.013, §2º; 117 e 326, parágrafo único) "O pedido subsidiário ou alternativo não apreciado pelo juiz é devolvido ao tribunal com a apelação."
https://institutodc.com.br/wp-content/uploads/2017/06/FPPC-Carta-de-Florianopolis.pdf

54. Enunciado 100. FPPC. "(art. 1.013, § 1º, parte final) Não é dado ao tribunal conhecer de matérias vinculadas ao pedido transitado em julgado pela ausência de impugnação."
https://institutodc.com.br/wp-content/uploads/2017/06/FPPC-Carta-de-Florianopolis.pdf

55. Nem para o juiz a preclusão se opera (antigo art. 267, § 3º e 301 § 4º CPC).

a qualquer tempo e em qualquer grau de jurisdição, ainda que possa ser conhecida de ofício.

Relativo à prescrição pode ser conhecida de oficio pelo juiz ou ainda pelo tribunal caso não tenha sido suscitada em primeiro grau.

4.5 QUESTÕES EXCLUSIVAMENTE DE DIREITO

Conhecido como "julgamento da causa madura" ou "teoria da causa Madura" é a regra que o autoriza ao tribunal apreciar a lide de imediato na causa que versar somente sobre questão de direito e estiver em condições de julgamento imediato,[56] ou seja, não necessitar de produção de outras provas além das quais já constam nos autos.[57]

Essa regra encontrava respaldo pela doutrina e já estava no CPC anterior,[58] sendo que a alteração ao Novo CPC foi que antes o verbo usado era "pode" e pelo atualmente é "deve", ou seja, tornou obrigatório o julgamento imediato da causa nas situações cabíveis.

A teoria da causa madura prestigia os princípios da celeridade e da instrumentalidade sem que nenhuma das partes saia prejudicada.

5. AGRAVO DE INSTRUMENTO

Agravo de instrumento é o recurso cabível contra algumas decisões interlocutórias, ou seja, contra os pronunciamentos

56. Artigo 1.013. § 3º Se o processo estiver em condições de imediato julgamento, o tribunal deve decidir desde logo o mérito quando: I - reformar sentença fundada no art. 485; II - decretar a nulidade da sentença por não ser ela congruente com os limites do pedido ou da causa de pedir; III - constatar a omissão no exame de um dos pedidos, hipótese em que poderá julgá-lo; IV - decretar a nulidade de sentença por falta de fundamentação.

57. O juiz poderá julgar o *meritum causae* sem sequer citar a parte contrária artigo 332 do CPC.

58. Art. 515 §3º CPC/73 alterado pela Lei 10.352/01.

judiciais de natureza decisória que não se enquadre no conceito de sentenças.[59]

Com o CPC/2015 houve alteração das hipóteses de cabimento para o agravo de instrumento sendo cabível, em primeiro grau de jurisdição, contra específicas decisões interlocutórias previstas em lei.[60]

Para melhor entendimento esclarecemos que a decisão interlocutória é todo pronunciamento com conteúdo decisório proferido no curso do procedimento, que não encerra a fase cognitiva nem o processo de execução. Mas não podemos esquecer que o juiz pode pronunciar sem conteúdo decisório que é ***despacho de mero expediente***, o qual, não cabe Agravo de Instrumento.

Em regra, as decisões interlocutórias são irrecorríveis de modo autônomo e imediato, não podendo ser objeto de agravo de instrumento na fase de conhecimento e, se a parte pretende impugnar nessa fase, deverá aguardar a prolação da sentença, para então formular sua insurgência na apelação ou contrarrazões,[61] destacando que para essas decisões não ocorrerá a preclusão.[62]

O art. 1.015 do CPC apresenta quais são as decisões interlocutórias cabíveis o Agravo de Instrumento:

- Tutelas provisórias – Cabível para tutela de evidência e de urgência. O recurso é cabível também contra aquele que a indefere, modifica-a[63] ou define

---

59. Theodoro Júnior, Humberto. *Curso de Direito Processual Civil*. V.III. Ed. Forense. 51ª. Ed. 2.108. Pag. 1.092.

60. Art. 1.015.

61. Enunciado 662.FPPC. (art. 1.009, § 1º) "É admissível impugnar, na apelação, exclusivamente a decisão interlocutória não agravável."
https://institutodc.com.br/wp-content/uploads/2017/06/FPPC-Carta-de-Florianopolis.pdf

62. STJ. REsp 595.649. 5ª T. Min. Felix Fischer. J.18.03.04. DJU 10.05.04; STJ. REsp 870.283. 3ªT. Min. Gomes de Barros. j.06.03.08. DJU 24.03.08; STJ. 2ª T. Resp 834.089. Min. Herman Benjamim. j. 04.09.08. DJ. 11.03.09.

63. CPC. Art. 296. "A tutela provisória conserva sua eficácia na pendência do processo, mas pode, a qualquer tempo, ser revogada ou modificada." "Parágrafo único.

o regime que lhe será aplicável.[64] Por certo, permitir o recurso nesse caso é respeitar o principio ao duplo grau de jurisdição afastando ou impedido uma ameaça ou lesão sendo eficiente e efetivo o Tribunal.[65] Lembrando que a Tutela provisória pode ser concedida na Sentença, com a finalidade de afastar o efeito suspensivo da apelação[66], ou por qualquer motivo que a Sentença confirma, concede ou revoga a tutela provisória. Nesse caso, a impugnação sobre essa decisão da Tutela provisória é passível de apelação[67] e não de agravo de instrumento.[68]

- Mérito do processo: Decisões de mérito são casos em que a decisão aborda sobre o mérito e se limita a excluir a ocorrência de um fato impeditivo ou extintivo do direito do autor não definindo parcela da lide. Podemos tomar como exemplo, quando o juiz rejeita a alegação de prescrição ou de decadência, determinando a instrução probatória, ou decida parcialmente o mérito.[69] [70] Além disso, a decisão que

---

Salvo decisão judicial em contrário, a tutela provisória conservará a eficácia durante o período de suspensão do processo"

64. Art. 305. "Parágrafo único. Caso entenda que o pedido a que se refere o caput tem natureza antecipada, o juiz observará o disposto no art. 303."

65. Enunciado 29 FPPC (art. 298, art. 1.015, "É agravável o pronunciamento judicial que postergar a análise do pedido de tutela provisória ou condicionar sua apreciação ao pagamento de custas ou a qualquer outra exigência."

66. CPC. Art. 1.012, § 1º, V.

67. CPC. Art. 1.009, § 3º, V; Art. 1.013, § 5º.

68. Enunciado 70 da I Jornada de Direito Processual Civil do CJF "é agravável o pronunciamento judicial que posterga a análise de pedido de tutela provisória ou condicioná-la a qualquer exigência."
https://www.cjf.jus.br/cjf/noticias/2017/setembro/copy_of_Enunciadosaprovadosvfpub.pdf

69. CPC. Art. 356 e art 1.015, II.

70. Enunciado 103 do FPPC. (arts. 1.015, II, 203, § 2º, 354, parágrafo único, 356, § 5º) "A decisão parcial proferida no curso do processo com fundamento no art. 487, I, sujeita-se a recurso de agravo de instrumento."

homologa a renúncia parcial, a transação parcial ou reconhecimento de um dos pedidos cumulados também é decisão parcial do mérito.[71] Do mesmo modo, a decisão que durante a marcha processual condena multa à parte[72] é resultado de um incidente instaurado, sendo igualmente uma decisão de mérito, cabível o Agravo de Instrumento. Porém, se a multa é imposta na sentença, aí caberá apelação.[73]

Se o requerente postular a produção antecipada de mais de uma prova em cumulação de pedidos, o juiz não admitir por decisão interlocutória a produção de uma delas, de maneira idêntica trata se de uma decisão de mérito, cabível de agravo de Instrumento.[74]

- Rejeição da alegação de convenção de arbitragem:[75] A Convenção de arbitragem pode ser suscitada como preliminar de contestação[76], sendo peremptória, de modo que o seu acolhimento acarreta a extinção do processo sem a resolução do mérito, resultando unicamente no cumprimento. Se a preliminar é determinada pelo juiz essa decisão é impugnada pelo Agravo de Instrumento.[77]

---

71. CPC. Art. 487, III.

72. CPC. Art. 77, § 2º - pelo descumprimento de deveres processuais; Art. 334, § 8º - Ausência injustificada em audiência de conciliação; Art. 81 – Litigância de má-fé; Art. 234, § 1º - Não devolução dos autos.

73. CPC. Art. 1.009, § 3º.

74. CPC. Art. 381 e 382.

75. Em Portugal a Arbitragem Tributária é permitida pela Lei 3-B/2010 e Decreto--Lei 10/2011.

76. CPC. Art. 337.

77. Enunciado 435 do FPPC. (arts. 485, VII, 1015, III) "Cabe agravo de instrumento contra a decisão do juiz que, diante do reconhecimento de competência pelo juízo arbitral, se recusar a extinguir o processo judicial sem resolução de mérito." https://institutodc.com.br/wp-content/uploads/2017/06/FPPC-Carta-de-Florianopolis.pdf

- Incidente de desconsideração da personalidade jurídica:[78] No processo tributário é cabível requerer a Desconsideração da Personalidade Jurídica em fase posterior à inicial. Será instaurado o incidente que suspende o processo originário até que seja decidido se é cabível a desconsideração. O juiz abrirá o contraditório[79] ao responsável patrimonial da pessoa jurídica e decidirá se acata ou não o requerimento de desconsideração. E quando encerrada a instrução, passará proferir por decisão interlocutória sendo cabível o Agravo de Instrumento. A propósito, se a desconsideração da personalidade jurídica for requerida na petição inicial,[80] o incidente não é instaurado e o pedido é resolvido na sentença o recurso adequado é a apelação. De certo, a decisão que pronunciar sobre o Incidente que ocorrer no tribunal pelo relator de forma monocrática cabe o agravo interno.[81]

- Rejeição do pedido de gratuidade da justiça ou acolhimento do pedido de sua revogação:[82] Quando solicitado pelo contribuinte a manifestação do magistrado pelo indeferimento da gratuidade da justiça ou também quando for requerida sua revogação pela Administração Publica em preliminar de contestação e

78. Inexiste dispositivo específico no CTN e na LEF que contemple a desconsideração da personalidade jurídica, estabelecendo todas as regras e diretrizes para afastar divergência doutrinária e jurisprudencial quanto à sua aplicação como incidente nas execuções fiscais, desse modo deve se seguir o prescrito no CPC/2015 que demonstra um significativo avanço na garantia do contraditório e da ampla defesa do contribuinte.

79. CF/88 art. 5°, LV. CPC. 9° e 10.

80. CPC. Art. 134, §2°.

81. CPC. Art. 1.021.

82. Apenas para relembrar que o executado contemplado pela gratuidade de justiça não é obrigado a impugnar a ação de execução fiscal sem demonstrar a garantia do juízo, ou seja, a isenção das despesas de natureza processual não alcança a isenção de garantia do juízo para propor os embargos à execução. STJ, REsp. N° 1.437.078/RS, Min. Humberto Martins, Segunda Turma, DJe 31/03/2014 — Informativo de Jurisprudência do STJ n° 0538, de 30 de abril de 2014.

atendida, tendo em vista a extrema gravidade para o pretenso beneficiário caberá o Agravo de Instrumento. Destacamos que havendo a rejeição da impugnação da parte contraria em contestação, restará apenas aguardar a sentença ser proferida para atacar a gratuidade na apelação ou em suas contrarrazões.

- Exibição ou posse de documento ou coisa: A pretensão que a parte exiba documento ou coisa[83] que esteja em seu poder, se o requerido não efetuar a exibição nem fizer nenhuma declaração no prazo de cinco dias ou ainda, se a recusa for havida por ilegítima, os fatos podem ser admitidos como verdadeiro na formação do convencimento pelo juiz.[84] Nesse caso, o remédio jurídico que a parte poderá usar é a interposição do recurso do agravo de instrumento.

- Exclusão de litisconsorte: Havia confusão nos casos exclusão de litisconsorte se caberia a Apelação, porque encerra o processo em favor daquele litisconsorte,[85] o que a jurisprudência entendia como erro grosseiro porque não acarretava a extinção do processo.[86] O CPC/2015 avançou nesse sentido determinando que trate de decisão é interlocutória[87] devendo interpor o Agravo de Instrumento.

- Rejeição do pedido de limitação do litisconsórcio: Rejeição do pedido de limitação do litisconsórcio; Havendo comunhão de direitos ou obrigações, conexão ou afinidade poderá ser formada litisconsórcio pelos contribuintes quando ingressar com ação, desde que

---

83. CPC. Art. 396. Art. 400.

84. CPC. Art. 400.

85. CPC. Art. 354.

86. TJRS. Agravo de Instrumento 70066018052. 15ª Câmara Civil. Desembargadora Adriana da Silva Ribeiro, 10.05.2015.

87. CPC. Art.485, VI.

preenchidos os requisitos legais. Nesse momento, o juiz poderá limitar o litisconsórcio quando entender que comprometi a rápida solução do litígio ou dificultar a defesa ou o cumprimento da sentença. No direito tributário, por exemplo, quando contribuinte recolhe tributo à maior ou de forma indevida poderá pleitear a restituição de seu crédito (art. 168 Código Tributário Nacional), o julgador poderá determinar o desmembramento do processo por entender que o processo irá requer a análise minuciosa de grande número de documentos em geral anexados no processo, nesse caso, caberá a interposição de agravo de instrumento;

- Admissão ou inadmissão de intervenção de terceiros: Pelo simples fato de que a coisa julgada tributária pode produzir **efeitos** sobre a esfera jurídica de interesses de pessoas estranhas à relação processual haverá necessidade de um terceiro intervir no processo. Por exemplo, as procuradorias fazendárias tentar transferir a incumbência fiscal aos sócios, administradores e terceiros quando não conseguem satisfazer a persecução fiscal diretamente da pessoa jurídica devedora, sendo fundamental que o Fisco demonstre e comprove de forma inconteste que as pessoas acima mencionadas praticaram atos com excesso de poderes ou infração de lei, contrato social ou estatutos, nos termos do artigo 135 do Código Tributário Nacional. Sempre que houver intervenção de terceiros no processo tributário o órgão judiciário irá proferir decisão interlocutória que é cabível o Agravo de Instrumento.;

- Concessão, modificação ou revogação do efeito suspensivo aos embargos à execução;

- Redistribuição do ônus da prova:[88] Em matéria tributária, admitiu-se sempre a ideia de que o ônus

88. O ato administrativo tem como característica a presunção de validade, não

da prova cabe ao contribuinte, mas a doutrina foi evoluindo rebatendo e essas premissas abriram se o questionamento sobre situações que a Administração Pública deve provar os fatos que afirma, um exemplo é a cobrança da taxa de licença e funcionamento, e sua renovação, quando a Administração Pública deve provar que efetuou procedimento de atividade de fiscalização para instituição e cobrança dessas taxas de polícia.[89]

- Decisões interlocutórias proferidas na fase de liquidação de sentença ou de cumprimento de sentença, no processo de execução e no processo de inventário.
- Outros casos expressamente referidos em lei: Como exemplo, na hipótese de extinção do processo[90]; Caso o juiz, por faltar algum requisito processual, profira decisão terminativa quanto a um dos pedidos[91] A

sendo absoluta, podendo ceder à prova em contrário, devendo contribuinte o ônus de impugnar o ato, defender-se manejando Embargos à Execução, ou através dos outros meios de defesa, refutando a presunção, naqueles casos em que o lançamento foi devidamente fundamentado.

89. Em matéria tributária, admitiu-se sempre a ideia de que o ônus da prova cabe ao contribuinte, mas a doutrina foi evoluindo e questionando e rebatendo essas premissas abrindo questionamento sobre a Administração Pública de provar os fatos que afirma impactando na jurisprudência. Tomando como exemplo a cobrança da taxa de licença e funcionamento, e sua renovação, quando a Administração Publica sem efetuar nenhum procedimento de atividade de fiscalização para instituição e cobrança das taxas de polícia. Nesse sentido, a presunção de veracidade é relativizada cabendo a Fazenda Pública comprovar a existência de atividade a ser fiscalizada e na ausência dessa comprovação evidencia a falta de fiscalização por parte do Poder Público e a não ocorrência do fato gerador.
STF. RE nº 259.980, Min. ILMAR GALVÃO, Primeira Turma, julgado em 02/05/2000, DJ 04/08/2000.
STF. AI-AgR 618150/MG - MINAS GERAIS. Min. EROS GRAU Julgamento: 13/03/2007.
STJ. Resp. 900.309/RN, Rel. Ministra ELIANA CALMON, SEGUNDA TURMA, julgado em 01/04/2008, DJe 11/04/2008.
STJ. Resp. 272.394/SP, Rel. Ministro MILTON LUIZ PEREIRA, PRIMEIRA TURMA, julgado em 21/11/2000, DJ 30/04/2001.

90. CPC. Art. 354 parágrafo único.

91. CPC. Art. 485, IV, V ou VI do CPC.

decisão que defere ou indefere liminar em mandado de segurança[92]; A decisão sobre a compensação de débitos perante a Fazenda Pública Federal com créditos provenientes de precatórios[93]; Decisão sobre ingresso de ação improbidade administrativa.[94]

A propósito, para verificar a aplicação do Agravo de Instrumentos nas legislações tributarias extravagantes anteriores ao CPC/2015) deve se fazer uma interpretação histórica e sistemática para entender pela recorribilidade, já que na época que foram elaboradas a regra era a da recorribilidade, não havendo necessidade em destacar a recorribilidade ou não. Para as Normas tributárias extravagantes pós CPC/2015 caberá atenção do legislador prevendo a recorribilidade das decisões interlocutórias quando entender cabível.

5.1 AGRAVO DE INSTRUMENTO E O MANDADO DE SEGURANÇA

Para decisão que cause gravame ou prejuízo de difícil reparação e não esteja no rol de cabimento do agravo de instrumento uma questão que surge é sobre a possibilidade da impetração de Mandado de Segurança.

Existindo relevância e urgência, torna-se necessária e primordial a revisão pelo tribunal e não havendo como aguardar a análise do recurso de apelação pelo tribunal (decisão que indefere a alegação de incompetência absoluta), ou, ainda, quando a decisão tornar impossível a interposição da apelação (decisão que inadmite os embargos de declaração mercê de sua intempestividade, fazendo com que haja interrupção do prazo para a apelação), surgiria ao menos em uma primeira análise, o cabimento do mandado de segurança contra ato judicial.

---

92. Lei. 12.016/09. Art. 7º, § 1º.

93. Lei 12.431./11. Art. 34.

94. Lei 8.429/92. Art. 17º, § 10º.

Demonstrado a lesão de direito líquido e certo na marcha processual por decisão interlocutória não agravável e não sendo possível aguardar a decisão final, pode ser interpretado como um ato judicial do qual não caiba recurso com efeito suspensivo[95] enquadrando nos requisitos para impetração do mandado de segurança.[96]

O debate que surgir é relativo se as hipóteses de cabimento são taxativas, o que acarreta na inviabilidade de ser utilizado em pressuposto não previsto expressamente em lei.

5.2 ROL PREVISTO NO ART. 1.105 DO CPC

O CPC/2015 na direção das alterações anteriores e dos princípios da celeridade e da efetividade do processo, promoveu modificações no Agravo de Instrumento criando catálogo de decisões que admitem a interposição do recurso. A doutrina debate sobre essa taxatividade legal, onde encontramos aqueles que integram o grupo que o rol não é taxativo, mas apenas exemplificativo.

Esse entendimento poderá criar entraves processuais como situações na fase de apelação se o desembargador relator entender que era admissível Agravo de Instrumento para decisões interlocutórias, não reconhecendo no recurso essas decisões fazendo que passem a ficar irrecorríveis.[97]

Outra hipótese que parece mais sustentável é que o rol é taxativo, porém admite extensão para outras hipóteses correlatas através da interpretação extensiva de cada um dos seus tipos, porque há determinadas situações bastante semelhantes àquelas expressamente previstas no art. 1015 do CPC.

---

95. Lei 12.016/09. art. 5º, II.

96. Theodoro Júnior, Humberto. Curso de Direito Processual Civil. V.III. Ed. Forense. 51ª. Ed. 2.108. Pag. 1.098.

97. CPC. Art. 1.009, § 1º.

A interpretação normativa não pode ser unicamente em seu sentido literal, mas deve ser examinada e criticada sistematicamente, a fim de averiguar se a interpretação literal esta de acordo com o sistema em que esta inserida, buscando integrar uma interpretação corretiva extensiva, ampliando o sentido da norma para além do expresso no texto legal.

No Direito tributário temos como exemplo a interpretação do STJ entendendo que a lista de serviços tributáveis de incidência do ISS é taxativa quando à incidência do ISS, permitindo se, em ampliação ao serviços já existentes, apresentados com outra nomenclatura, o emprego da interpretação extensiva,[98] ou seja, admite leitura extensiva de cada item, a fim de enquadrar serviços idênticos nos expressamente previstos.[99]

No rol previsto no art. 1015 do CPC há casos especificamente em que não é possível aguardar apelação para que possa discutir a reparação provocada pela decisão interlocutória.

O julgamento do Recurso Especial repetitivo de (tema 988) do STJ[100] interpretou o rol do art. 1.015 do CPC/2015 como de "taxatividade mitigada" para se admitir a interposição de Agravo de Instrumento contra decisão interlocutória que não esteja apresentada nas hipóteses prescrita na Norma.

Primeiramente na decisão a Min. Nancy Andrighi destaca os casos em que não houve interposição de Agravo de Instrumento sobre determinada decisão interlocutória na marcha

---

98. STJ. 1ª.T. AgRg no AREsp 109.763/GO. Min. Napoleão Nunes Maia Filho. J. 25/11/2014, Dje 04/12/2014.

99. STJ. 2ª.T. EDcl no AREsp 182.036/ES, Min Herman Bejamin, j. 18/6/2014. DJe 18/8/2014;
STJ. 2ª.T. AgRg no AREsp 118.207/SP Min Assusete Magalhaes, j.16/09/2014, DJe 23/09/2014;
STJ. 2ª.T. AgRg no AREsp 1.441.427/RS Min Humberto Martins, j. 13/05/2014, DJe 19/05/2014;
STJ. 2ª.T. AgRg no AREsp 1.442.930/PR Min Herman Bejamin, j. 15/05/2014, DJe 20/06/2014;
Recurso Repetitivo do Resp. 1.111.234/PR.

100. STJ. Recurso Especial 1.704.520/MT e Recurso Especial 1.696.396/MT, Corte Especial. Min. Nancy Andrighi, j. 05/12/2018. Dje 19.12.2018.

processual, quando não haverá de falar em preclusão de qualquer espécie na fase de apelação. Ademais, por maioria dos votos, os julgadores acompanharam a relatora na interpretação que o rol é exaustivo, podendo ser objeto de mitigação em razão da urgência decorrente da inutilidade em aguardar a apelação, sendo facultada a parte o entendimento que existe prejuízo devendo interpor o Recurso ou, na inexistência de prejuízo imediato ou urgência, irá aguardar o momento da Apelação inexistindo quaisquer hipóteses de preclusão.

O prazo para interposição do agravo de instrumento é de 15 dias utéis, contado da intimação da decisão interlocutória. Para Fazenda Pública e Ministério Público o prazo é contado em dobro.[101]

O agravo de instrumento[102] deve ser interposto em petição escrita diretamente no tribunal competente sendo certo que a petição deverá observar além dos nomes do agravante e agravado e o nome e o endereço completo dos advogados constantes do processo: I) a exposição do fato e do direito; II) as razões do pedido de reforma ou de invalidação da decisão e o próprio pedido.

Interposto o agravo deverá o agravante em 3 dias comunicar ao juízo *a quo* por meio de petição sobre o agravo somente para os processos físicos,[103] sendo o prazo preclusivo.

Destacamos ainda a comunicação ao juízo *a quo* requerida aos processos físicos, sendo tal providencia facultativa aos processos eletrônicos.[104]

---

101. CPC. Art. 180 e 183.

102. CPC. Art. 1.016.

103. CPC. "Art. 1.018. O agravante poderá requerer a juntada, aos autos do processo, de cópia da petição do agravo de instrumento, do comprovante de sua interposição e da relação dos documentos que instruíram o recurso."
"§ 2º Não sendo eletrônicos os autos, o agravante tomará a providência prevista no caput, no prazo de 3 (três) dias a contar da interposição do agravo de instrumento."

104. Enunciado 663 do FPPC. (art. 1.018, caput e §2º) "A providência prevista no caput do art. 1.018 somente pode prejudicar o conhecimento do agravo de instrumento quando os autos do recurso não forem eletrônicos."
https://institutodc.com.br/wp-content/uploads/2017/06/FPPC-Carta-de-Florianopolis.pdf

Desse panorama considera que existem inúmeras outras questões resolvidas na fase cognitiva, mediante decisões interlocutórias, que não comportam agravo de instrumento, pois não estão elencadas no rol do art. 1.015 nem há qualquer outra previsão legal expressa. Tais situações não são acobertadas pela preclusão, podendo ser suscitadas em razões ou nas contrarrazões de apelação (art. 1.009, § 1.º e 2º).

5.3 PEÇAS PARA FORMAÇÃO DO INSTRUMENTO

O Agravo de instrumento processa fora dos autos do processo de onde emanou a decisão interlocutória agravada, sendo interposto por meio de petição escrita diretamente ao tribunal competente, é necessário para que o órgão *ad quem* possa realizar, com segurança, o juízo de admissibilidade e de mérito do recurso a juntada de documentos, sendo dispensado para os processos eletrônicos[105] e obrigatório para os processos físicos, os quais são: [106]

a) Cópias da petição inicial, da contestação, da petição que ensejou a decisão agravada, da própria decisão agravada, da certidão da respectiva intimação ou outro documento oficial que comprove a tempestividade e das procurações outorgadas aos advogados do agravante e do agravado;

b) Declaração de inexistência de qualquer dos documentos referidos no item anterior, feita pelo advogado do agravante, sob pena de sua responsabilidade pessoal;

c) Facultativamente, com outras peças que o agravante reputar úteis.

---

105. CPC. Art. 1017, § 5º.

106. CPC. Art. 1.017.

d) Comprovante do pagamento das respectivas custas e do porte de retorno, quando devidos, conforme tabela publicada pelos tribunais.

e) Cópia da Certidão de intimação da decisão agravada.

f) Procuração dos advogados.

O preparo do Agravo de Instrumento é pressuposto de admissibilidade extrínseco do recurso, sem o qual há a aplicação da pena de deserção ao recorrente, isto se intimado para o recolhimento em dobro e ainda assim não o fizer.

Na sessão de julgamento, após a exposição do relator, será facultada às partes a possibilidade de sustentação oral por 15 minutos para defender as razões de seu recurso. Ato contínuo, os desembargadores pronunciarão seus votos. Se o resultado não for unânime, o julgamento terá prosseguimento em sessão a ser designada com a presença de outros julgadores, que serão convocados nos termos previamente definidos no regimento interno, em número suficiente para garantir a possibilidade de inversão do resultado. Nessa nova sessão também será conferida a possibilidade ser realizada a sustentação oral.

O juiz, ao tomar ciência da interposição do agravo de instrumento poderá retratar-se.

Relativo ao Agravo de Instrumento deve existir o contraditório[107] abrindo prazo para manifestação do agravado.[108]

O agravado terá 15 (quinze) dias úteis para responder ao agravo após publicação, devendo observar as mesmas regras dispostas para o agravante na interposição, podendo juntar a documentação que entender conveniente. Documentos novos só devem ser

---

107. Enunciado 592. (arts. 932, V; 1.019) Aplica-se o inciso V do art. 932 ao agravo de instrumento.
https://institutodc.com.br/wp-content/uploads/2017/06/FPPC-Carta-de-Florianopolis.pdf

108. STJ. REsp. 1.038.844/PR. Primeira Seção. Min Teori Albino Zavascki. J. 08.10.08. DJE 20.10.2008.STJ. ArRg Ag 1.190.187/SP. 3ª. T. Min Sidnei Beneti. J. 09.06.2012. DJE 28.06.2012. STJ. REsp. 1.038.844/PR. 2ª T. Min Eliana Calmom. J. 13.05.2008. DJ 26.05.2008.

juntados para produzir prova de fatos deduzidos depois de articulados ou contrapô-los aos que foram produzidos nos autos. Sempre deve ser respeitado o prazo para parte contraria[109], inclusive para manifestar sobre a falsidade de documento.[110] Urge que incluir documentação sem qualquer critério ocasiona a violação do dever de lealdade e probidade processual devendo ser repelida.

5.4 O EFEITO DO AGRAVO

Em regra, todo recurso tem efeito devolutivo, haja vista impugnar a decisão trazendo ao tribunal o reexame da matéria. Porém, o Agravo de Instrumento somente haverá a concessão de efeito suspensivo[111] se for comprovada a probabilidade de êxito no recurso e ficar demonstrado o risco de dano grave de difícil ou impossível reparação na eventualidade de não ser concedido ao agravante devendo ser devidamente fundamentado.[112]

Para receber efeito suspensivo o agravante deve requerer ao relator e demonstrar a existência cumulativa:[113] a imediata produção de efeitos da decisão recorrida irá gerar risco de dano grave, de difícil ou impossível reparação; e, demonstrar a probabilidade de provimento do recurso.[114]

6. AGRAVO INTERNO

O Agravo Interno é o recurso cabível contra as decisões unipessoais proferidas em tribunal, ou seja, aquelas proferidas pelo relator, Presidente ou vice-presidente do tribunal.[115]

---

109. CPC. Art. 437 § 1º.

110. Art. 430, caput, 431 e 432 do CPC.

111. CPC. 995. Parágrafo Único.

112. CF/88. Art. 93, IX. CPC. Art. 11.

113. CPC. Art. 995, parágrafo único e art. 1.019, I.

114. Theodoro Júnior, Humberto. Curso de Direito Processual Civil. V.III. Ed. Forense. 51ª. Ed. 2.108. Pag. 1.104.

115. CPC. Art. 1.021; art. 1.030, I, "a" e "b", § 2º; art. 1035 § 7º; art. 1036 § 3º; Lei

Esse recurso tem como objetivo garantir o acesso ao julgamento colegiado para garantir rediscutir os argumentos apresentados contra decisão monocrática[116], sob pena de violação do princípio do juiz natural.

O novo código unifica o tema que estava espalho em diversas Normas disciplinado no art. 1.021 do CPC esclarecendo quando esse instrumento poderá ser utilizado, mas o seu processamento será regulado pelos regimentos internos dos tribunais.[117]

Para melhor elucidar algumas decisões monocráticas temos: a possibilidade do relator dirigir e ordenar o processo no tribunal, determinar a produção de provas, apreciar o pedido de tutela provisória nos recursos e nos processos de competência originária, análise de efeito suspensivo a recurso que não tem[118].

Da decisão monocrática do relato que concede ou nega o efeito suspensivo ao agravo de instrumento ou que concede, nega, modifica ou revoga, no todo ou em parte, a tutela provisória nos casos de competência originária ou recursal, cabe agravo interno (CPC. Art. 1.021).[119]

Temos também como decisão monocrática, aquela que o relator não conhece um recurso que entende ser inadmissível prejudicado ou que não tenha impugnado especificamente os fundamentos da decisão recorrida.[120]

Cabe Agravo de Instrumento Interno também quando o relator negar provimento ao recurso por entender ser contrário: a Súmula do STF ou STJ ou do próprio Tribunal; Acórdão proferido em julgamento de recurso especial repetitivo no STJ ou de recurso extraordinário repetitivo no STF;

8.038/90.

116. CPC. Art. 932, I ao VI.

117. CPC. 1.021, caput.

118. CPC. Art. 932, I e II.

119. Enunciado 142 do FPPC.

120. CPC. Art. 932, III.

entendimento firmado em incidente de resolução de demandas repetitivas ou incidente de assunção de competência.[121] E ainda, contra decisões que julgar o mérito a favor do recorrente, após apresentação de contrarrazões recursais, quando a decisão recorrida for contrária a: I) a Súmula do STF ou STJ ou do próprio Tribunal; II) Acórdão proferido em julgamento de recurso especial repetitivo no STJ ou de recurso extraordinário repetitivo no STF; III) entendimento firmado em incidente de resolução de demandas repetitivas ou incidente de assunção de competência.[122]

O prazo para interpor está na regra geral uniforme de 15 dias.[123] É dispensado o preparo porque o custo do agravo interno está embutido no custo da causa que tramita no tribunal, cujas despesas já foram antecipadas, pelo recorrente ou pelo autor da ação de competência originaria.

Na petição de agravo interno o recorrente impugnará especificamente os fundamentos da decisão[124] agravada em argumentação qualificada, não sendo necessária repetição de peças processuais,[125] devendo o recorrido elaborar as suas contrarrazões.[126] Cabe destacar que Requerente deve demonstrar uma distinção ou a impossibilidade de aplicação do precedente de forma clara.

Integra o rol de Recurso que cabe o Agravo de Instrumento Interno, a decisão monocrática do incidente de desconsideração da personalidade jurídica previsto nos arts. 133 a 137 do CPC quando for instaurado originariamente no tribunal.[127]

---

121. CPC. Art. 932, IV.

122. CPC. Art. 932, V.

123. CPC. Art. 1.070.

124. A decisão do impugnada deve estar inter-relacionada com a regra que impõem o dever de fundamentação analítica CPC. Art. 489, § 1º.

125. CPC. Art. 1.021, § 1º.

126. CPC. Art. 1.021, § 2º.

127. CPC. Art. 932, VI.

Não havendo retratação isolada do relator[128] o julgamento ocorrerá com a inclusão em pauta do órgão colegiado[129] onde caberá sustentação oral quando interposto contra decisões de relator que extingam processo de competências originárias de tribunal.[130]

Com o propósito de combater a chamada jurisprudência defensiva,[131] se o órgão julgador entender que nos embargos de declaração o recurso cabível é o agravo interno, este será conhecido como se fosse agravo interno[132] devendo o recorrente complementar as razões recursais ajustando nos termos do art. 1.021, §1º do CPC.

Quando o órgão colegiado declarar o agravo interno manifestamente inadmissível ou improcedente condenará o agravante a pagar ao agravado multa fixada entre um e cinco por cento do valor atualizado da causa. [133] O entendimento que essa multa não é automática não se tratando de mera decorrência lógica do não provimento do agravo interno em votação unânime sendo necessário análise ao caso concreto que conclua, de plano que a interposição do agravo foi abusiva ou protelatória"[134]

Para interpor qualquer outro recurso será necessário o depósito prévio do valor estipulado pelo órgão colegiado, sendo dispensada a Fazenda Pública e o beneficiário da justiça gratuita, cujo pagamento será feito somente ao final. [135]

---

128. A inclusão em pauta não significa que o voto do relator seja contrário porque ele pode retratar se no colegiado.

129. CPC. Art. 1.021, § 2º.

130. Ação Rescisória, Mandado de segurança e reclamação. Art. 937, § 3º do CPC. Não cabe contra decisão de relator proferida em julgamento de recurso.

131. Theodoro Júnior, Humberto. *Curso de Direito Processual Civil*. V.III. Ed. Forense. 51ª. Ed. 2.108. Pag. 1.118.

132. CPC. Art. 1.024, § 3º.

133. CPC. Art. 1.021, § 1º.

134. STJ. Seção. AgInt. Nos EResp 1.120.356/RS. Min. Marco Aurélio Bellizze. AC. 24.08.2016., Dje. 29.08.2016.

135. CPC. Art. 1.021, § 5º.

O efeito do Agravo Interno tem um aspecto particular a ser observado, se o recurso agravado tinha efeito suspensivo da eficácia do julgado primitivamente impugnado esse efeito será prolongado na sua pendência, se não tinha esse efeito não será pelo agravo interno que receberá. Cabe à parte alterar os efeitos peticionar cautelarmente para obtê-lo.

REFERÊNCIAS

ARRUDA ALVIM, Teresa. *Nulidades do Processo e da Sentença*. 9ª Ed. Revista dos Tribunais. 2018.

ASSIS. Araken de. *Manual dos Recursos*. 8ª Ed. RT. 2016

BARBOSA MOREIRA, José Carlos. *Comentários ao Código de Processo Civil*. 17. Ed. Rio de Janeiro: Forense, 2013. V5.

BUENO, Cassio Scarpinella. *Manual de Direito Processual Civil*. 4ª Ed. Saraiva. 2018.

JESUS, Isabela Bonfá de. *Manual de Direito e Processo tributário*. 3ª Ed. RT.2016.

MEDINA. Jose Miguel Garcia. *Novo Código de Processo Civil Comentado*. 5ª Ed. RT. 2018.

MONTENEGRO FILHO, Misael. *Curso de Direito Processual Civil*. 12ª ed. Atlas. 2016.

NERY JUNIOR, Nelson. *Teoria Geral dos Recursos*. 7ª. Ed. Editora Revista dos Tribunais Ltda. 2014.

NERY JUNIOR, Nelson; NERY, Rosa Maria Andrade. *Código de processo civil comentado e legislação processual civil extravagante em vigor*. 10.ed.

NERY JUNIOR, Nelson. *Teoria Geral dos Recursos*. 7ª. Ed. Editora Revista dos Tribunais Ltda. 2014.

THEODORO JÚNIOR, Humberto. *Curso de Direito Processual Civil*. V.III. Ed. Forense. 51ª. Ed. 2.108.

AGRAVO DE INSTRUMENTO NO NOVO CÓDIGO DE PROCESSO CIVIL: ENTRE A EFETIVIDADE PROCESSUAL E A SEGURANÇA JURÍDICA

Aline Martinez Hinterlang de Barros Detzel[1]

Jeferson Teodorovicz[2]

1. A NOVA PERSPECTIVA RECURSAL DO CÓDIGO DE PROCESSO CIVIL

Existem incontáveis aspectos constantes no novo Código de Processo Civil de 2015 que são realmente dignos de nota, tendo motivado os operadores do direito, de um modo geral, a recebê-lo com certo entusiasmo e otimismo. Naturalmente,

---

1. Mestre em Direito Constitucional e Processual Tributário pela Pontifícia Universidade Católica de São Paulo. Professora de Direito Tributário nos cursos de Graduação e Pós-Graduação junto à Faculdade de Estudos Sociais do Paraná-FESP. Membro da Comissão de Direito Tributário da OAB/PR. Advogada.

2. Doutor em Direito Econômico e Financeiro pela Faculdade de Direito da Universidade de São Paulo - USP. Mestre em Direito Econômico e Socioambiental pela Pontifícia Universidade Católica do Paraná - PUCPR. Especialista em Gestão Contábil e Tributária pela UFPR. Bacharel em Direito pela PUCPR. Professor Permanente do Programa de Pós-Graduação *Stricto Sensu* em Direito da Universidade Católica de Brasília. Professor Substituto da Faculdade de Direito da Universidade Federal do Paraná-UFPR. Professor dos Cursos de Direito da Uninter e da Unidombosco (licenciado). Advogado.

não se pretende com isso subtrair a evidente importância desempenhada pelo antigo Código de Processo Civil de 1973, renegando toda a sua história e conquista.

No entanto, é premente reconhecer que o atual Código de Processo Civil desperta considerável otimismo em razão de alguns motivos.

O primeiro, evidentemente, decorre do fato de que toda a construção, desenvolvimento e finalização do projeto, - este culminado com a promulgação da Lei 13.105/2015, em março de 2016- , ocorreu na plenitude da vigência da Constituição Federal de 1988, responsável pela garantia e manutenção do nosso Estado Democrático de Direito.

É justamente para validar o sistema constitucional, que o atual Código de Processo Civil apresenta, logo no Capítulo I, as denominadas "normas fundamentais do processo civil", destacando as garantias constitucionais do acesso à justiça; da celeridade processual; da ampla defesa e contraditório; da igualdade entre as partes; da obrigatoriedade de fundamentação das decisões judiciais; dentre outras.

O segundo, em razão do profundo desejo, agora positivado através do artigo 926[3], de se conferir a tão almejada segurança jurídica aos jurisdicionados, determinando aos tribunais o dever, e não a faculdade, de não apenas uniformizar a jurisprudência, mas também mantê-la estável, íntegra e coerente. Neste sentido, alinha-se a este mandamento normativo a sistemática da observação dos precedentes jurisprudenciais.

O terceiro, e é especialmente sobre este aspecto que o nosso estudo se desenvolverá, a notória intenção da legislação processual em imprimir um sistema processual mais célere, visando à efetividade da tutela jurisdicional.

Para isso, buscou-se através dos longos estudos e debates promovidos pela comissão de juristas responsável pela

3. Art. 926, CPC. Os tribunais devem uniformizar sua jurisprudência e mantê-la estável, íntegra e coerente.

elaboração do Anteprojeto[4], identificar os principais gargalos e empecilhos à concretização da almejada pauta, para então, encontrar meios alternativos tendentes a reduzir as suas complexidades, especificamente na parte recursal, aproximando a nova sistemática recursal, em certa medida, à sistemática recursal que permeia o processo trabalhista e o procedimento estabelecido pela Lei 9.099/1995, que dispõe sobre o Juizado Especial Cível e Criminal.

Extrai-se da exposição de motivos do Anteprojeto[5] em análise, as seguintes considerações apreendidas pela já citada comissão:

> Sendo ineficiente o sistema processual, todo o ordenamento jurídico passa a carecer de real efetividade. de fato, as normas de direito material se transformam em pura ilusão, sem a garantia de sua correlata realização, no mundo empírico, por meio do processo.
>
> O novo Código de processo Civil tem o potencial de gerar um processo mais célere, mais justo, porque mais rente às necessidades sociais e muito menos complexo.
>
> A simplificação do sistema, além de proporcionar-lhe coesão mais visível, permite ao juiz centrar sua atenção, de modo mais intenso, no mérito da causa.
>
> Com evidente redução da complexidade inerente ao processo de criação de um novo Código de processo Civil, poder-se-ia dizer que os trabalhos da Comissão se orientaram precipuamente por cinco objetivos: 1) estabelecer expressa e implicitamente verdadeira sintonia fina com a Constituição Federal; 2) criar condições para que o juiz possa proferir decisão de forma mais rente à realidade fática subjacente à causa; 3) simplificar, resolvendo problemas e reduzindo a complexidade de subsistemas, como, por exemplo, o recursal; 4) dar todo o rendimento possível a cada processo em si mesmo considerado; e, 5) finalmente, sendo talvez este último objetivo parcialmente alcançado pela realização daqueles mencionados antes, imprimir maior grau de organicidade ao sistema, dando-lhe, assim, mais coesão.

---

4. Disponível em: >http://www2.senado.leg.br/bdsf/bitstream/handle/id/496296/000895477.pdf?sequence=1. Acesso em 27.05.2019.

5. Disponível em: http://www2.senado.leg.br/bdsf/bitstream/handle/id/496296/000895477.pdf?sequence=1. Acesso em 27.05.2019.

De fato, as constantes transformações socioculturais que incansavelmente se apresentam, passaram a exigir do Direito algo muito além da técnica processual. Na realidade, ao analisarmos as motivações que impulsionaram a criação do atual Código de Processo Civil, verifica-se, de maneira incontroversa, a veracidade daquelas lições fundamentais de processo civil, no sentido de que o processo não prescinde da Constituição, sendo instrumento fundamental para a concretização do direito material.[6]

Feitas estas considerações de cunho relevante, importa adentrarmos na análise do recurso de agravo de instrumento estabelecido pelo atual Código de Processo Civil. Ao nos debruçarmos sobre o estudo deste recurso, na forma em que positivado, verificamos consideráveis mudanças se comparado ao agravo de instrumento previsto no antigo Código de Processo Civil.

O cabimento de recurso de agravo de instrumento contra decisão interlocutória sofreu variações legislativas ao longo da história processual. Desde a existência do já revogadíssimo Código de Processo Civil de 1939, avançando para o antigo Código de Processo Civil de 1973; o recurso de agravo sempre esteve previsto. No antigo Código Processual de 1973, havia a previsão de duas modalidades de agravo, quais sejam: o de instrumento e o retido.

Na sistemática inaugural do Código de Processo Civil de 1973[7], o agravo de instrumento era cabível contra toda e qualquer decisão interlocutória, reservando-se obrigatoriamente ao agravo retido as hipóteses de: decisões proferidas em audiência de instrução e julgamento e decisão de inadmissibilidade da apelação.

Diante desta possibilidade legal, a interposição de agravo de instrumento, sobretudo em razão da possibilidade de concessão de efeito suspensivo, cresceu vertiginosamente, transformando-se,

---

6. SCHMITZ, Leonard Ziesemer. *A Teoria Geral do Processo e a parte geral do novo Código de Processo Civil.* São Paulo: RT. p. 123. 2013.

7. Disponível em: https://www2.camara.leg.br/legin/fed/lei/1970-1979/lei-5869-11-janeiro-1973-357991-publicacaooriginal-1-pl.html. Acesso em 27/05/2019.

rapidamente, em um dos motivos impeditivos da realização da efetividade processual, sob o aspecto da celeridade.

A necessidade de se limitar a interposição do recurso de agravo de instrumento foi marcada pelo advento da Lei 11.187/2005, a qual conferiu novo caráter ao art. 522 do antigo Código de Processo Civil de 1973. Com efeito, com o advento desta Lei, o recurso de agravo de instrumento, antes ilimitado, passou a ser devido apenas contra decisões que pudessem acarretar "risco de lesão ou de difícil reparação".

A rigor, a regra era de que toda decisão interlocutória deveria ser agravada pela modalidade de agravo retido, salvo se esta decisão possuísse potencial risco de lesão ou de difícil reparação, possibilitando a interposição do recurso de agravo na modalidade de instrumento.

Em que pese a motivação da Lei 11.187/2005 no sentido de limitar as hipóteses de interposição de agravo de instrumento, - conforme consta do Projeto de Lei nº 4.727-A de 2004[8], que estabeleceu: "sob a perspectiva das diretrizes estabelecidas para a reforma da Justiça, faz-se necessária a alteração do sistema processual brasileiro com o escopo de conferir racionalidade e celeridade ao serviço de prestação jurisdicional, sem, contudo, ferir o direito ao contraditório e à ampla defesa",- verifica-se que a exceção do agravo na modalidade de instrumento virou regra, de modo que poucos foram os agravos de instrumentos efetivamente convertidos em agravo retido.

Aliás, a doutrina processualista, ao analisar a alteração promovido no antigo Código de Processo Civil de 1973, se antecipou em criticar a situação aventando:

> Poderia ter optado, o legislador da Reforma, por ter restringido o campo de cabimento do recurso de agravo a algumas interlocutórias, já que se comentava não ser conveniente que toda e

8. Disponível em: https://www.camara.leg.br/proposicoesWeb/prop_mostrarintegra?codteor=260586. Acesso em 25/05/2019.

qualquer interlocutória fosse recorrível como era no regime anterior e continua sendo no sistema atual.[9]

Com o advento do atual Código de Processo Civil de 2015, o sistema recursal é outro. Eliminou-se o agravo na modalidade de retido e estabeleceu-se, -*a princípio*-, um rol taxativo de decisões sujeitas ao agravo de instrumento, conferindo ao recurso de apelação o instrumento recursal para o julgamento de todas as decisões interlocutórias não agraváveis.

Se por um lado a intenção do legislador foi marcada por reduzir a demanda processual, - seja através da imposição de respeito aos precedentes jurisprudenciais, seja em razão da limitação do uso de instrumentos recursais, ou até mesmo pela imposição de multa recursal ou sucumbência de honorários em sede recursal, - com vistas a promover um provimento jurisdicional mais célere; por outro lado, a taxatividade do rol de decisões desafiáveis por agravo de instrumento traz questionamentos que se fazem acompanhados de notória insegurança jurídica, sobretudo se considerado o aspecto da preclusão processual e da impossibilidade de interposição de agravo de instrumento para situações relevantes, mas não previstas no rol do art. 1.015 do Código de Processo Civil.

Com efeito, não há mais a modalidade de agravo retido, e a modalidade do agravo de instrumento foi verdadeiramente modificada, tornando determinadas decisões interlocutórias passíveis de serem agraváveis e outras decisões não agraváveis, transferindo a sua impugnação recursal para o recurso de apelação ou contrarrazões, nos termos do §1º art. 1.009 do Código de Processo Civil.

Conforme discorremos neste estudo, a compreensão acerca do manejo destes instrumentos recursais tem sido um desafio tanto para a doutrina, quanto para o Poder Judiciário.

---

9. WAMBIER, Teresa Arruda Alvim. *Os agravos no CPC brasileiro*. 4ª ed. São Paulo: Revista dos Tribunais. 2006, p. 102.

É inexorável que o atual Código de Processo Civil surgiu em decorrência da inegável necessidade de reposicionamento do sistema processual, sobretudo do sistema recursal, alinhando-o às diretrizes impostas pela Constituição Federal, de modo a conferir maior efetividade e celeridade aos jurisdicionados quanto à concretização do direito material posto em discussão.

Em certa medida, a ideia de efetividade e celeridade processual é subjacente à segurança jurídica, uma vez que permite que o jurisdicionado obtenha a prestação jurisdicional do Poder Judiciário de maneira célere, adequada, eficiente e efetiva. Nesta toada, aliás, destaca-se a lição clássica de Rui Barbosa de que "uma justiça atrasada não é justiça, senão injustiça institucionalizada"[10].

No entanto, é preciso cautela para que, sob a pecha da promoção do princípio da efetividade, a aplicação irrestrita da taxatividade do rol previsto no art. 1.015 do Código de Processo Civil prejudique os jurisdicionados e se torne um mecanismo legítimo de desigualdade e violação aos direitos e garantias, afrontando de maneira direta o sobreprincípio da segurança jurídica, cuja função precípua é assegurar um estado de cognoscibilidade, confiabilidade e calculabilidade dos fundamentos que compõem o sistema jurídico em sua amplitude e não apenas sob o aspecto tributário.[11]

2. O ROL DO ARTIGO 1.015 DO CÓDIGO DE PROCESSO CIVIL SOB A PERSPECTIVA DOUTRINÁRIA

Estabelece o art. 1.015 do Código de Processo Civil:

> *Art. 1.015. Cabe agravo de instrumento contra as decisões interlocutórias que versarem sobre:*
>
> *I - tutelas provisórias;*

10. BARBOSA, Rui. *Oração aos Moços*. Russel: São Paulo. 2004. p. 47.

11. ÁVILA, Humberto. *Teoria da Segurança Jurídica*. 4ª ed. Malheiros: São Paulo. 2016. p. 273.

> *II - mérito do processo;*
>
> *III - rejeição da alegação de convenção de arbitragem;*
>
> *IV - incidente de desconsideração da personalidade jurídica;*
>
> *V - rejeição do pedido de gratuidade da justiça ou acolhimento do pedido de sua revogação;*
>
> *VI - exibição ou posse de documento ou coisa;*
>
> *VII - exclusão de litisconsorte;*
>
> *VIII - rejeição do pedido de limitação do litisconsórcio;*
>
> *IX - admissão ou inadmissão de intervenção de terceiros;*
>
> *X - concessão, modificação ou revogação do efeito suspensivo aos embargos à execução;*
>
> *XI - redistribuição do ônus da prova nos termos do art. 373, § 1º ;*
>
> *XII - (VETADO);*
>
> *XIII - outros casos expressamente referidos em lei.*
>
> *Parágrafo único. Também caberá agravo de instrumento contra decisões interlocutórias proferidas na fase de liquidação de sentença ou de cumprimento de sentença, no processo de execução e no processo de inventário.*

Conforme já introduzido anteriormente, verifica-se que, ao menos segundo o texto normativo, o novo recurso de agravo de instrumento não possui aquela ideia estabelecida pelo Código de Processo Civil de 1973 de ampla recorribilidade em casos de potencial risco lesivo decorrente de determinada decisão.

Após a análise do parágrafo único do artigo em comento, percebe-se que a restrição quanto à recorribilidade diz respeito à fase de conhecimento, não se aplicando às fases de liquidação e cumprimento de sentença, nem ao processo de execução, cuja possibilidade de interposição de agravo de instrumento em face de toda e qualquer decisão é mantida.

À luz do próprio inc. XIII do art. 1.015, mantém-se, ainda, a possibilidade de interposição de recurso de agravo de instrumento para situações estabelecidas pela legislação extravagante. Neste aspecto, destaca-se que o cabimento de agravo de instrumento contra decisão que negar ou conceder medida liminar em Mandado de segurança (art. 7º, §1º da Lei 12.016/2009); contra decisão que decreta a falência ou recuperação judicial (art. 17 da Lei 11.101/2005); dentre outras hipóteses estabelecidas na legislação extravagante.

É pertinente repisar que, à luz do §2ª do art. 203 do CPC[12], todo pronunciamento judicial de natureza decisória que não ponha fim à fase cognitiva do procedimento comum, se revela uma decisão interlocutória.

Diferentemente da decisão interlocutória, a existência de conteúdo decisório terminativo é imprescindível para o reconhecimento de uma sentença, sendo importante destacar a lição de Fredie Didier Jr. e Leonardo Carneiro da Cunha:

> É decisão interlocutória o ato do juiz que exclui um litisconsorte, ou que reconhece a prescrição ou decadência de apenas um dos pedidos, prosseguindo o procedimento quanto aos demais. A decisão parcial de mérito (art. 356, CPC) é também uma decisão interlocutória.[13]

Reconhecer tais situações é de suma importância, uma vez que o art. 1.015 do Código de Processo Civil de 2015 inaugurou uma sistemática inédita, qual seja: das interlocutórias agraváveis e das interlocutórias cuja possibilidade de impugnação será diferida para posterior recurso de apelação, conforme consta do art. 1.009, §1º do CPC:

> *Art. 1.009. Da sentença cabe apelação. § 1º As questões resolvidas na fase de conhecimento, se a decisão a seu respeito não comportar*

---

12. Art. 203. Os pronunciamentos do juiz consistirão em sentenças, decisões interlocutórias e despachos.
§ 1º Ressalvadas as disposições expressas dos procedimentos especiais, sentença é o pronunciamento por meio do qual o juiz, com fundamento nos arts. 485 e 487 , põe fim à fase cognitiva do procedimento comum, bem como extingue a execução.
§ 2º Decisão interlocutória é todo pronunciamento judicial de natureza decisória que não se enquadre no § 1º.

13. I. DIDIER JR, Fredie. II. CUNHA, Leonardo Carneiro. *Curso de Direito Processual Civil.* V. 3. 16ª ed. Bahia: JusPodivm. 2019. p. 206.

> *agravo de instrumento, não são cobertas pela preclusão e devem ser suscitadas em preliminar de apelação, eventualmente interposta contra a decisão final, ou nas contrarrazões.*

Por ocasião do advento do Código de Processo Civil de 2015, a doutrina se mostrou dividida, questionando se o rol das decisões interlocutórias agraváveis estabelecidas pelo art. 1.015 seria taxativo, sujeitando-se a uma interpretação literal; ou, mesmo sendo taxativo, se possibilitaria a aplicação de interpretações extensivas ou análogas; ou, por fim, se seria meramente exemplificativo.

A corrente doutrinária que sustenta a taxatividade do rol estabelecido pelo art. 1.015 do Código de Processo Civil o faz ao argumento da conscienciosa opção do Poder Legislativo, bem como no receio da promoção de insegurança jurídica, caso o rol de hipóteses pudesse ser interpretado de maneira extensiva, causando diferenciação entre os jurisdicionados, os quais poderiam ser prejudicados com relação à eventual preclusão.[14]

> O Código claramente pretendeu estabelecer rol fechado para as hipóteses passíveis de justificar a interposição do agravo de instrumento. O ideal subjacente à lista dos casos de agravo de instrumento foi a diminuição na utilização de tal via recursal, como pretendido desafogo ao Poder Judiciário. Voltou-se ao regime do CPC de 1939 (art. 842), historicamente reconhecido como desastroso (por isso alterado no CPC de 1973), na medida em que o legislador não consegue represar a realidade em seus esquemas formais. Como o rol apresentado pelo art. 1.015 é manifestamente insuficiente, não prevendo, para ficarmos apenas em um exemplo, agravo de instrumento contra decisão versando sobre competência, não tardaram entendimentos a propugnar uma interpretação ampliativa do rol estipulado.(...) Nada obstante, considerado o direito posto, não se pode ampliar o rol do art. 1.015, sob pena inclusive de comprometer todo o sistema preclusivo eleito pelo Código.[15]

---

14. GAJARDONI, Fernando da Fonseca; DELLORE, Luiz; ROQUE, André Vasconcelos; OLIVEIRA JR., Zulmar. *Execução e recursos*: comentários ao CPC de 2015. São Paulo: Método, 2017. p. 1070.

15. GAJARDONI, Fernando da Fonseca; DELLORE, Luiz; ROQUE, André Vasconcelos; OLIVEIRA JR., Zulmar. *Execução e recursos*: comentários ao CPC de 2015. São Paulo: Método, 2017. p. 107.

Seguindo a mesma ideia subjacente à taxatividade, Teresa Arruda Alvim destaca o receio de que eventual interpretação extensiva do rol estabelecido no art. 1.015 do Código de Processo Civil pudesse acarretar fatal violação ao princípio da isonomia, na medida em que determinados jurisdicionados poderiam se valer do agravo de instrumento para situações não estabelecidas no rol, em detrimento de outros jurisdicionados.[16]

Outro aspecto a fundamentar o receio de interpretação extensiva estaria na notória intenção do novo Código de Processo Civil em privilegiar a segurança jurídica, contribuindo para uma simplificação do sistema recursal, sendo certo que ignorar esta tentativa poderia contribuir por tornar inócua toda a pretensão refletida através dos princípios e garantias processuais.[17]

Segundo esta premissa, entende-se que a manutenção da taxatividade do rol das decisões passíveis de serem desafiadas por agravo de instrumento, não tornariam irrecorríveis as decisões não previstas no rol, uma vez que a sua impugnação recursal seria diferida para o recurso de apelação ou contrarrazões, nem tampouco contribuiria por tornar a prestação da tutela jurisdicional inócua.

Reitera-se que a solução apontada pela doutrina adepta dessa corrente estaria na possibilidade de utilização do próprio recurso de apelação, nos termos do §1º do art. 1.009 do Código de Processo Civil, ou até mesmo na possibilidade de impetração de mandado de segurança, em hipótese de violação a direito líquido e certo.[18]

Uma segunda posição doutrinária a ser destacada neste estudo segue capitaneada por Luiz Guilherme Marinoni e

---

16. Disponível em: https://www.conjur.com.br/2018-jun-14/teresa-arruda-alvim-agravo-dois-serios-problemas. Acesso em 17/05/2019.

17. Disponível em: https://www.conjur.com.br/2018-jun-14/teresa-arruda-alvim-agravo-dois-serios-problemas. Acesso em 17/05/2019.

18. WAMBIER, Luiz Rodrigues; ALVIM, Teresa Arruda. *Temas essenciais do novo CPC*: análise das principais alterações do sistema processual civil brasileiro: de acordo com a Lei 13.256/2016. SP: RT, 2016. p. 449.

Daniel Mitidiero[19], Cassio Scarpinella Bueno[20], Fredie Didier Jr e Leonardo Carneiro da Cunha[21], os quais, a despeito de defenderem a existência de um rol taxativo, admitem a possibilidade de interpretação extensiva, para fins de solucionar questões corriqueiras que se apresentariam ao longo do curso processual, mas que não estariam presentes do mencionado rol.

Esta alternativa se justificaria na necessidade de se manter a pretendida efetividade processual, conferindo soluções jurídicas céleres, capazes de evitar a inocuidade da resolução em momento posterior, especialmente no recurso de apelação, por exemplo.

Segundo esta linha doutrinária, não haveria incompatibilidade entre a taxatividade e a interpretação extensiva, sendo que esta forma de interpretação ampliaria o "sentido da norma para além do contido em sua letra".[22]

> A interpretação extensiva opera por comparações ou isonomizações, não por encaixes ou subsunções. As hipóteses de agravo de instrumento são taxativas e estão previstas no art. 1.015 do CPC. Se não se adotar a interpretação extensiva, corre-se o risco de se ressuscitar o uso anômalo e excessivo do mandado de segurança contra ato judicial, o que é muito pior, inclusive em termos de política judiciária.[23]

Por fim, concluem que sem a adoção de uma linha interpretativa extensiva, "corre-se o risco de se ressuscitar o uso anômalo e excessivo do mandado de segurança contra ato judicial".[24]

---

19. MARINONI, Luiz Guilherme. MITIDIERO, Daniel. *Comentários ao Código de Processo Civil*. Volume XVI. Revista dos Tribunais. 2018.

20.BUENO, Cassio Scarpinella. *Manual de direito processual civil*: inteiramente estruturado à luz do novo CPC – Lei nº 13.105, de 16-3-2015. São Paulo: Saraiva, 2015. p. 622

21. I. DIDIER JR, Fredie. II. CUNHA, Leonardo Carneiro. *Curso de Direito Processual Civil*. V. 3. 16ª ed. Bahia: JusPodivm. 2016. p. 209.

22. Idem. p. 209.

23. Ibidem, p. 210.

24. I. DIDIER JR, Fredie. II. CUNHA, Leonardo Carneiro. *Curso de Direito Processual Civil*. V. 3. 16ª ed. Bahia: JusPodivm. 2016. p. 210.

É preciso contextualizar o tema acerca do cabimento de eventual interpretação extensiva.

Uma das situações práticas que contribuem para a construção de críticas quanto à inocuidade do sistema recursal que decorre da interpretação taxativa do artigo 1.015, seria a impossibilidade de interposição de agravo de instrumento contra decisão que indefere a produção de determinada prova, por exemplo.

Pela nova sistemática recursal, esta decisão não seria desafiada via agravo de instrumento, mas sim através de recurso de apelação ou contrarrazões, em momento diferido (art. 1.009, §1º do CPC). No entanto, a necessidade de resolução desta situação é premente, sob pena de se comprometer o próprio julgamento que deve ser marcado pela celeridade, contraditório e ampla defesa.

Ademais, caso esta decisão não possa vir a ser atacada via agravo de instrumento, mas apenas via recurso de apelação nos moldes do §1º do art. 1.009 do CPC, a necessária economia processual estará comprometida, uma vez que eventual sentença poderá vir a ser facilmente anulada, devolvendo toda a matéria para que o Juízo natural realize nova instrução e promova um novo julgamento.

Enfim, o prejuízo, seja este considerado a partir da ideia subjacente à celeridade processual, seja este considerado sob o aspecto dos custos financeiros envolvidos em toda a estrutura processual, é evidentemente muito maior do que seria se esta decisão pudesse ser prontamente revisitada através da interposição de agravo de instrumento.

O mesmo raciocínio pode ser empreendido para a hipótese de decisão que não reconhece a incompetência de determinado Juízo. É incontroverso que postergar a análise desta reconhecida hipótese de nulidade para eventual recurso de apelação ou contrarrazões não se revela uma medida coerente sob o ponto de vista da garantia constitucional da razoável duração do processo ou eficiência processual.

É fato incontroverso que ambas as situações apresentadas se revelam como decisões caracterizadas por seu potencial risco lesivo, não fazendo, a rigor, qualquer sentido diferir a sua análise para quando da interposição do recurso de apelação.

Quanto à última corrente doutrinária apresentada, relacionado à existência de um rol exemplificativo, defende-se que o critério a ser utilizado para fins de verificação do cabimento do recurso de agravo de instrumento deve ser aquele subjacente à ideia de necessidade e utilidade.[25]

Por fim, adentramos na questão da preclusão inerente à ausência de interposição do recurso de agravo de instrumento. Pela nova sistemática recursal, a ausência de possibilidade de impugnação via recursal de decisões com (i)rrelevante potencial lesivo não gerará, a princípio, preclusão.

Com efeito, se determinada decisão coincidir com alguma das hipóteses previstas no art. 1.015 do Código de Processo Civil, tornando-a, portanto, agravável sob o ponto de vista da taxatividade do rol, a eventual ausência de interposição deste recurso gerará imediata preclusão. Se, todavia, determinada decisão não coincidir com as hipóteses previstas no art. 1.015 do Código de Processo Civil, esta decisão não será agravável, postergando o fenômeno da preclusão, o qual será diferido para o recurso de apelação ou contrarrazões, nos moldes do já mencionado §1º do art. 1.009 do CPC.

Parece-nos que, em algumas situações, especialmente naquelas marcadas pela possibilidade de existência de nulidades, as quais de maneira invariável acarretarão na inocuidade da prestação jurisdicional, há uma inconsistência no sistema recursal, sobretudo se considerado o teor do art. 278 do Código de Processo Civil, o qual estabelece: *"A nulidade dos atos deve ser alegada na primeira oportunidade em que couber à parte falar nos autos, sob pena de preclusão"*.

---

25. FERREIRA, William Santos. Cabimento do agravo de instrumento e a ótica prospectiva da utilidade – O direito ao interesse na recorribilidade de decisões interlocutórias in *Revista de Processo* nº 263, São Paulo: RT, jan. 2017, p. 193/203.

Portanto, verifica-se que a despeito da efetividade processual estar impressa em diversos artigos constantes do atual Código de Processo Civil, - seja no aspecto da simplificação de procedimentos, tais como na redução de hipóteses desafiáveis via agravo de instrumento; seja na antecipação da tutela pela demonstração da evidência ou até mesmo na redução de demandas em razão da necessária observação aos precedentes-, é preciso que haja uma compatibilização com o princípio da segurança jurídica, o qual garante que a prestação jurisdicional seja feita de modo a assegurar os direitos e garantias constitucionais.

É, pois, neste sentido, que se defende neste estudo não haver uma incompatibilidade entre a efetividade processual pretendida pelo Código de Processo Civil e o princípio da segurança jurídica. Afinal, se a efetividade pressupõe a adoção de medidas processuais capazes a promover a prestação da tutela jurisdicional, deduz-se que a segurança jurídica será capaz de proporcionar os fins pretendidos.

Entretanto, por efetividade não se entende a adoção de medidas puramente simplistas, relacionadas estritamente com a ideia de celeridade processual, independentemente da possibilidade destas medidas acarretarem prejuízo às partes na prestação jurisdicional. E, é sob este aspecto que se funda a crítica ao rol taxativo do art. 1.015 do Código de Processo Civil, uma vez que a admissão irrestrita desta taxatividade pode acarretar uma atividade jurisdicional incompleta, violando direitos e garantias constitucionais.

3. O ROL DO ARTIGO 1.015 DO CÓDIGO DE PROCESSO CIVIL SOB A PERSPECTIVA DA JURISPRUDÊNCIA

Passados os primeiros anos de vigência do atual Código de Processo Civil, algumas soluções aos diversos questionamentos decorrentes do novo regime processual começaram a se apresentar.

As demandas cuja temática diziam respeito à suposta taxatividade do rol do art. 1.015 do Código de Processo Civil exigiram a manifestação do Superior Tribunal de Justiça.

No julgamento do Resp n. 1.700.308/PB pela 2ª Turma do Superior Tribunal de Justiça, manteve-se, por unanimidade, a decisão de não conhecimento do agravo de instrumento proferida pelo Tribunal *a quo,* ao fundamento de que o art. 1.015 do Código de Processo Civil teria estabelecido um rol taxativo de hipóteses a serem enfrentadas via agravo de instrumento. O *case,* ora em comento, tratava do enfrentamento de uma decisão interlocutória que indeferira a produção de determinada prova, bem como não reconhecera a incompetência do Juízo Inaugural.[26]

Note-se que contribuiu para a formação da fundamentação o princípio da separação dos poderes. Com efeito, segundo consta do acórdão, o estabelecimento de um rol taxativo teria sido uma opção consciente e amadurecida do Poder Legislativo, não podendo o Poder Judiciário invadir competência constitucional que não lhe pertenceria.

Em entendimento diametralmente oposto, a 4ª Turma do Superior Tribunal de Justiça, ao julgar o Resp. 1.679.909[27], alterou decisão proferida pelo Tribunal *a quo,* para fins de conhecer do recurso de agravo de instrumento interposto em face de decisão que não reconhecera da incompetência do Juízo, ao fundamento de que esta situação poderia aproveitar de uma interpretação analógica ou extensiva do inciso III do art. 1.015 do CPC, que trata da "rejeição da alegação de convenção de arbitragem".

Note-se que contribuiu para a formação da fundamentação desta decisão as seguintes ponderações: i) a necessidade de impedimento da tramitação do processo perante um juízo incompetente, fato este que poderia, passado em julgado a decisão, ensejar o ajuizamento de ação rescisória; (II) o risco de invalidação ou substituição das decisões, nos termos do art. 64, §4º do CPC[28]; III) malferimento do princípio da celerida-

---

26. BRASIL. Superior Tribunal de Justiça. REsp 1700308/PB, Rel. Ministro HERMAN BENJAMIN, SEGUNDA TURMA, julgado em 17/04/2018, DJe 23/05/2018.

27. BRASIL. Superior Tribunal de Justiça. REsp 1679909/RS, Rel. Ministro LUIS FELIPE SALOMÃO, QUARTA TURMA, julgado em 14/11/2017, DJe 01/02/2018.

28. Art. 64. A incompetência, absoluta ou relativa, será alegada como questão preliminar de contestação.

de ao diferir a análise da decisão interlocutória não agravável para o recurso de apelação; IV) risco de "perpetuação da incompetência" e a incerteza da parte em ter o seu processo julgado por juiz incompetente.

Note-se que ambas as decisões opostas entre si foram proferidas pelo Superior Tribunal de Justiça, causando inconteste insegurança jurídica neste recente cenário de novo sistema processual recursal.

Imperioso destacar que a insegurança jurídica não decorre especialmente do proferimento de decisões antagônicas sobre a mesma temática, qual seja, a taxatividade do art. 1.015 do CPC.

Em que pese a incontestável relevância deste fator, outro motivo ensejador de questionamentos diz respeito à preclusão subjacente à discussão de decisão agravável ou decisão não agravável.

Como destacado anteriormente, as decisões interlocutórias não agraváveis não se submetem à preclusão imediata, sendo que esta somente poderá se efetivar em caso de não impugnação através do recurso de apelação ou contrarrazões, conforme determinação do §1º art. 1.009 do CPC.

Entretanto, é preciso considerar que, uma vez identificada a possibilidade de interpretação extensiva a amparar a interposição de recurso de agravo de instrumento, a ausência de interposição deste, dentro do prazo recursal, teria o condão de desencadear a preclusão?

Todos estes questionamentos decorrentes da controvérsia quanto ao cabimento do recurso de agravo de instrumento fizeram com que a resolução da questão se tornasse premente, cabendo ao Superior Tribunal de Justiça, de maneira ágil, posicionar-se sobre o tema, de modo a não contribuir para a pulverização de posicionamentos distintos provenientes do próprio Poder Judiciário, capazes de acarretar insegurança jurídica.

---

§ 4º Salvo decisão judicial em sentido contrário, conservar-se-ão os efeitos de decisão proferida pelo juízo incompetente até que outra seja proferida, se for o caso, pelo juízo competente.

Neste contexto, coube à Corte Especial do Superior Tribunal de Justiça, julgar em sede de recurso repetitivo, os Resp 1.696.396 e Resp 1.704.520, ambos submetidos à temática 988.

Através deste relevantíssimo julgamento, com a presença *amicus curiae* da União Federal, Ordem dos Advogados do Brasil, Associação Brasileira de Direito Processual, Instituto Brasileiro de Direito Processual e outros, reconheceu-se a possibilidade de mitigação da taxatividade das hipóteses elencadas no rol do art. 1.015 do CPC, quando verificada a urgência decorrente da inutilidade do julgamento da questão do recurso de apelação.[29]

Foi o primeiro julgamento proferido pela Corte Especial, em sede de recurso repetitivo, com relação ao novo Código de Processo Civil, sendo interessante destacar que a votação favorável computou 7 votos em detrimento dos 5 votos desfavoráveis, fato este que demonstra a divergência de posicionamentos quanto à nova sistemática processual, especialmente relacionada aos recursos.

A preocupação externada pela doutrina processualista foi devidamente considerada por ocasião do julgamento, de maneira que a Relatora do caso, a Ministra Nancy Andrighi, considerou que, independentemente da interpretação conferida pelo Superior Tribunal de Justiça, haveria efeitos positivos e negativos a serem considerados, comparando este julgamento ao clássico do cinema "A escolha de Sofia".

Através de uma interpretação sistemática do sistema jurídico, em especial do Código de Processo Civil aliado à Constituição Federal, o julgamento privilegiou as diretrizes estabelecidas através das "normas fundamentais do processo civil", constantes do capítulo I, as quais conferem ao jurisdicionado a garantia da devido processo legal, ampla defesa e contraditório, celeridade, efetividade processual, dentre outros.

Para complementar a fundamentação desenvolvida por ocasião do julgamento, reconheceu-se que o critério urgência seria o elemento norteador de quaisquer interpretações

29. BRASIL. Superior Tribunal de Justiça. REsp 1696396/MT, Rel. Ministra NANCY ANDRIGHI, CORTE ESPECIAL, julgado em 05/12/2018, DJe 19/12/2018.

relacionadas ao cabimento de agravo de instrumento contra decisões não previstas no art. 1.015 do CPC.

Não se acolheu, ao menos integralmente, nenhum dos posicionamentos doutrinários anteriormente apresentados, restando inaugurada a interpretação mitigada da taxatividade do rol previsto pelo art. 1.015, a partir do critério da urgência que decorre da inutilidade futura do julgamento do recurso diferido da apelação.

> Como se percebe, o entendimento aqui exposto pretende, inicialmente, afastar a taxatividade decorrente da interpretação restritiva do rol previsto no art. 1.015 do CPC, porque é incapaz de tutelar adequadamente todas as questões em que pronunciamentos judiciais poderão causar sérios prejuízos e que, por isso, deverão ser imediatamente reexaminadas pelo 2º grau de jurisdição. De igual modo, deve ser afastada a possibilidade de interpretação extensiva ou analógica das hipóteses listadas no art. 1.015 do CPC, pois, além de não haver parâmetro minimamente seguro e isonômico quanto aos limites que deverão ser observados na interpretação de cada conceito, texto ou palavra, o uso dessas técnicas hermenêuticas também não será suficiente para abarcar todas as situações em que a questão deverá ser reexaminada de imediato – o exemplo do indeferimento do segredo de justiça é a prova cabal desse fato.
>
> Finalmente, também não deve ser acolhido o entendimento de que o rol do art. 1.015 do CPC é meramente exemplificativo, pois essa interpretação conduziria à repristinação do art. 522, caput, do CPC/73, contrariando frontalmente o desejo manifestado pelo legislador de restringir o cabimento do recurso, o que não se pode admitir
>
> A tese que se propõe consiste em, a partir de um requisito objetivo – a urgência que decorre da inutilidade futura do julgamento do recurso diferido da apelação –, possibilitar a recorribilidade imediata de decisões interlocutórias fora da lista do art. 1.015 do CPC, sempre em caráter excepcional e desde que preenchido o requisito urgência, independentemente do uso da interpretação extensiva ou analógica dos incisos do art. 1.015 do CPC, porque, como demonstrado, nem mesmo essas técnicas hermenêuticas são suficientes para abarcar todas as situações[30].

Para solucionar a aventada preocupação subjacente ao alargamento das hipóteses de cabimento do agravo e o efeito preclusivo inaugurado pelo art. 1.003, §1º do CPC e art. 1.015 do

30. BRASIL. Superior Tribunal de Justiça. REsp 1696396/MT, Rel. Ministra NANCY ANDRIGHI, CORTE ESPECIAL, julgado em 05/12/2018, DJe 19/12/2018.

CPC, definiu-se que, quando ausentes quaisquer requisitos de excepcionalidade e urgência, mantido estará o estado de imunização e inércia da questão incidente, sem preclusão, possibilitando a sua análise em recurso de apelação ou contrarrazões.

Em decorrência da imediata repercussão deste julgado, considerou-se acertadamente modular os seus efeitos, a fim de que a tese jurídica passasse a ser aplicada apenas às decisões interlocutórias proferidas após a publicação do acórdão.

4. O PRINCÍPIO DA EFETIVIDADE PROCESSUAL E O SOBREPRINCÍPIO DA SEGURANÇA JURÍDICA: RELAÇÃO DE CONFLITO OU COMPLEMENTAÇÃO?

A despeito das incertezas que o novo Código de Processo Civil de 2015 apresenta, é incontroverso que a nova codificação processual não deva ser vista com pessimismo. Muito pelo contrário, empreender estudos que possam contribuir para o debate que circunda a temática da efetividade processual devem persistir, porquanto relevantes para a formação da própria jurisprudência, que deve observar a concretização da tutela jurisdicional.

A título exemplificativo, denota-se a notória influência doutrinária no julgamento do Resp 1.696.396, o qual culminou com o Tema 988 em menção.

Entretanto, é preciso acautelar-se para evitar que, sob a pecha da manutenção do princípio da efetividade processual, o princípio da segurança jurídica tenha a sua importância subtraída.

Por oportuno, entende-se que o princípio da efetividade processual se justifica na própria prevalência da segurança jurídica. Significa dizer que, não há que se falar em efetividade processual sem segurança jurídica, nem tampouco tratar da segurança jurídica sem a efetividade processual. Com efeito, emprestando a expressão de Sainz de Bujanda, trata-se de verso e reverso de uma mesma moeda.[31]

31. DE BUJANDA, Fernando Sainz. Teoria jurídica de laexencion tributária *In Hacienda y derecho*, v. 3, Madrid: Centro de EstudiosPoliticos y Constitucionales. 2015. p.390.

Sob a mesma perspectiva, destaca-se o entendimento de Humberto Ávila: "(...) a segurança jurídica não está em uma posição de oposição aos outros princípios, mas em uma relação de pressuposição que, se não afasta o conflito, pelo menos o redimensiona integralmente. (...) Enquanto os outros princípios são a luz, o princípio da segurança jurídica é a energia sem a qual a luz não é produzida".[32]

A pergunta que se coloca à luz da definição do tema 988 pelo Superior Tribunal de Justiça consiste em apurar como se fará a análise da urgência? Caberá a cada julgador fixar, de modo subjetivo, critérios identificadores de urgência para cada caso concreto? E, se assim o for, haveria o risco da decisão decorrente do Tema 988 do Superior Tribunal de Justiça tornar-se inócua?

Primeiramente, é imperioso tecer algumas considerações acerca do princípio da efetividade processual, cuja ideia subjacente decorre do próprio princípio da eficiência previsto no art. 37 da Constituição Federal. Neste sentido, cumpre à Administração Pública, em especial ao Poder Judiciário, garantir ao jurisdicionado não apenas o acesso à justiça, mas o respeito ao devido processo legal, através do contraditório e da ampla defesa, bem como a celeridade processual, através da razoável duração do processo, garantias constitucionais elencadas ao longo do art. 5º do texto constitucional.

Poder-se-ia acrescentar dois aspectos do princípio da efetividade processual. O primeiro voltado para um julgamento célere. O segundo voltado para a realização do direito material.

Neste sentido, pertinente destacar a lição de Fredie Didier Jr:

> O direito à tutela jurisdicional, o direito a um procedimento adequado, o direito a técnicas processuais adequadas para efetivar o direito afirmado, o direito à prova e o direito de recorrer são

---

32. ÁVILA, Humberto. *Teoria da Segurança Jurídica.* 4ª ed. Malheiros: São Paulo, 2016, p. 681.

> corolários do exercício do direito de ação. Todos são situações jurídicas que compõem o conteúdo eficacial do direito de ação.[33]

Ainda que se considere que a tese firmada através do Tema 988 possibilite a utilização "irrestrita" do agravo de instrumento, não se pode tolher do jurisdicionado uma atuação do Estado julgador com vistas à concretização da tutela jurisdicional.

Aliás, não se pode ignorar que a função última do direito processual é a realização do direito material e este deve ser perseguido *ultima ratio.*

Em nossa opinião, é preciso considerar a temática a partir de uma interpretação teleológica, ou seja, aquela que, sem desconsiderar a existência dos pressupostos constitucionais, busca efetivar a realização da finalidade de determinada norma, assegurando a prevalência do princípio da segurança jurídica.

É, pois, neste sentido que entendemos como razoável e correta a interpretação no sentido de mitigação da taxatividade do rol previsto no art. 1.015, sem que esta interpretação derrogue a efetividade pretendida através da nova sistemática processual.

Com efeito, não vislumbramos que esta interpretação mitigadora da taxatividade seja um risco à efetividade processual ou uma causa interruptora da marcha processual, capaz de prejudicar a sistemática do novo código processual, tornando-o, ao longo do tempo, parecido com a sistemática recursal antiga.

Ademais, é imperioso reconhecer que o próprio Código de Processo Civil estabelece outros mecanismos capazes de reduzir a interposição de recursos infundados, com notório efeito protelatório. A propósito destes mecanismos que dificultam ou até mesmo bloqueiam a interposição de recursos com efeito meramente protelatório, destacam-se: a sucumbência recursal, nos termos do art. 85, §11º do CPC; ii) e a força vinculadora do precedente, nos termos do art. 926 do CPC.

---

33. DIDIER JR., Fredie. *Curso de direito processual civil.* Vol. 1. 16ª edição. Bahia: Jus Podivm, 2015, p. 285.

É premente considerar que a ideia de efetividade sempre encontrará limites no sobreprincípio da segurança jurídica, o qual exige, de todos os Poderes, com foco especial no Poder Judiciário, - em razão da temática apresentada neste estudo-, a adoção de comportamentos que contribuam para a promoção de benefícios aos cidadãos, conferindo-lhes confiabilidade e calculabilidade jurídica, com base na cognoscibilidade das normas gerais e individuais.[34]

Ao tratarmos de matéria tributária, a necessidade de preservação do princípio da segurança jurídica é mandamental. Isto porque, é inquestionável que o Direito Tributário atinge de maneira direta os direitos e garantias relacionados à propriedade e liberdade.

No âmbito do Direito Tributário, invoca-se de maneira contundente as garantias constitucionais perpetuadas através da Constituição Federal de 1988, as quais demonstram de maneira inquestionável a preocupação em se preservar a proteção e respeito aos cidadãos/contribuintes em face do poder de tributar, o qual, aliás, é limitado.

Ao analisarmos a temática do recurso de agravo de instrumento sob o aspecto do processo judicial que envolva matéria tributária, a importância da solução decorrente do tema 988 do Superior Tribunal de Justiça se sobressai.

Mais uma vez, é preciso contextualizar o tema.

Para tanto, citaremos alguns casos concretos, dentre os quais envolvem questões não essencialmente tributárias, mas com aplicação direta em matéria tributária, que foram objeto de julgamento perante o Poder Judiciário.

Imaginemos que o contribuinte, em ação de embargos à execução, requeira a concessão de efeito suspensivo nos termos do art. 919, §1º do CPC, com aplicação subsidiária à Lei 6.830/80. No entanto, o juízo inaugural entende por bem não conceder o pretendido efeito suspensivo, em razão da discordância da Fazenda Pública quanto ao bem objeto de penhora.

---

34. ÁVILA, 2016. p. 704.

Em face desta decisão o contribuinte interpõe recurso de agravo de instrumento, com fulcro no art. 1.015, inc. X do Código de Processo Civil, o qual não é conhecido sob o fundamento da taxatividade das hipóteses previstas. Este é um caso real de não conhecimento de recurso de agravo de instrumento. Com efeito, entendeu o Tribunal julgador que o inciso X do art. 1.015 do Código de Processo Civil somente preveria a hipótese de agravo de instrumento contra decisão que: (I) concede; (II) modifica ou (III) revoga efeito suspensivo em embargos à execução, não se enquadrando no rol a hipótese de não concessão de efeito suspensivo.

A discussão foi submetida ao Superior Tribunal de Justiça através do Resp 1.745.358[35], de modo que se reconheceu a possibilidade desta decisão agravável, com fulcro na hipótese prevista pelo inciso I do art. 1.015 do Código de Processo Civil, o qual trata da hipótese envolvendo tutela provisória.

Outra situação com reflexo imediato em matéria tributária diz respeito aos temas envolvendo prescrição e decadência. Em que pese constar do art. 1.015, inciso I do Código de Processo Civil, a possibilidade de interposição de recurso em face de decisões envolvendo o mérito do processo, constatou-se uma situação real em que a temática de prescrição e decadência não foi reconhecida como matéria de mérito, de modo que o Tribunal julgador entendeu não se tratar de hipótese elencada no art. 1.015 do CPC, não conhecendo do recurso, por consequência.

Sobre esta questão em específico, coube recentemente ao Superior Tribunal de Justiça a solução. Em julgamento do Resp 1.772.839, já sob a perspectiva do Tema 988, definiu-se ser agravável, nos moldes do inciso II do art. 1.015 do CPC, decisões que tratem da prescrição e decadência.[36]

---

35. BRASIL. Superior Tribunal de Justiça. REsp 1745358/SP, Rel. Ministra NANCY ANDRIGHI, TERCEIRA TURMA, julgado em 26/02/2019, DJe 01/03/2019.

36. BRASIL, Superior Tribunal de Justiça. REsp 1772839/SP, Rel. Ministro ANTONIO CARLOS FERREIRA, QUARTA TURMA, julgado em 14/05/2019, DJe 23/05/2019.

Notório destacar que em ambas as situações mencionadas, as soluções advieram do enquadramento do caso em concreto às hipóteses já previamente estabelecidas no artigo 1.015 do CPC, sem condicionar o provimento recursal à demonstração da urgência decorrente da inutilidade da interposição de recurso de apelação, conforme definido por ocasião do julgamento do Resp 1.696.396, o qual definiu o Tema 988.

Evidente que diversas outras decisões interlocutórias envolvendo situações práticas, mas não previstas no rol do art. 1.015 do CPC, surgirão, exigindo do julgador uma interpretação extensiva, mas limitada às próprias hipóteses previstas no referido artigo, ou, a autorizada mitigação da taxatividade, quando constatada hipótese de urgência decorrente da inutilidade da interposição de recurso de apelação.

Uma situação hipotética que pode ser apresentada diz respeito à nova modalidade de julgamento perante os Tribunais. Trata-se, com efeito, do julgamento virtual, o qual, dada a sua evidente natureza, não permite a presença pessoal do procurador do jurisdicionado para se valer de sustentação oral, a menos que este se manifeste contrariamente de maneira antecipada.

Imaginemos que da decisão que formalizou o julgamento virtual o procurador do jurisdicionado não tenha sido devidamente intimado, conforme determinado pelo próprio código processual. Apesar da tentativa de reversão do quadro, o contribuinte não obteve um provimento jurisdicional favorável.

Naturalmente que se estará diante de um caso de nulidade que demandará a interposição de um recurso de agravo de instrumento. Contudo, nos moldes do art. 1.015 do CPC, esta situação não perfaz uma decisão agravável.

Entretanto, por se tratar de uma incontestável situação de nulidade, com a marcante presente do quesito urgência, o contribuinte poderá se utilizar do recurso de agravo de instrumento, para evitar que os princípios ao devido processo legal, contraditório e ampla defesa, sejam renegados em razão de uma possível argumentação a favor do princípio da efetividade.

Em suma, à luz dos fundamentos empreendidos, reconhecemos a dificuldade em se alegar eventual conflito entre o princípio da efetividade e o princípio da segurança jurídica, na medida em que um complementa ao outro. No entanto, caso a situação concreta apresente elementos que indiquem de fato a existência de conflito aparente entre estes princípios, é incontroverso que a prioridade deve estar em prol da manutenção da segurança jurídica.

REFERÊNCIAS

ÁVILA, Humberto. *Teoria da Segurança Jurídica*. 4ª ed. Malheiros: São Paulo. 2016.

BARBOSA, Rui. *Oração aos Moços*. Russel: São Paulo. 2004.

BUENO, Cassio Scarpinella. *Manual de direito processual civil: inteiramente estruturado à luz do novo CPC – Lei nº 13.105, de 16-3-2015*. São Paulo: Saraiva, 2015.

DE BUJANDA, Fernando Sainz. *Teoria jurídica de laexencion tributária* In Hacienda y derecho, v. 3, Madrid: Centro de Estudios Politicos y Constitucionales. 2015.

DIDIER JR, Fredie, CUNHA, Leonardo Carneiro. *Curso de Direito Processual Civil*. V. 3. 16ª ed. Bahia: JusPodivm. 2016.

______, Fredie. *Processo nos Tribunais e Meios de Impugnação às Decisões Judiciais*. 2ª ed. Bahia: JusPodivm, 2016.

FERREIRA, William Santos. Cabimento do agravo de instrumento e a ótica prospectiva da utilidade – O direito ao interesse na recorribilidade de decisões interlocutórias in *Revista de Processo nº 263,* São Paulo: RT, jan. 2017.

GAJARDONI, Fernando da Fonseca; DELLORE, Luiz; ROQUE, André Vasconcelos; OLIVEIRA JR., Zulmar. *Execução e recursos: comentários ao CPC de 2015*. São Paulo: Método, 2017.

MARINONI, Luiz Guilherme. MITIDIERO, Daniel. *Comentários ao Código de Processo Civil.* Volume XVI. Revista dos Tribunais. 2018.

SCHMITZ, Leonard Ziesemer. *A Teoria Geral do Processo e a parte geral do novo Código de Processo Civil.* São Paulo: RT. p. 123. 2013.

WAMBIER, Teresa Arruda Alvim. *Os agravos no CPC brasileiro.* 4ª ed. São Paulo: Revista dos Tribunais. 2006, p. 102.

WAMBIER, Luiz Rodrigues; ALVIM, Teresa Arruda. *Temas essenciais do novo CPC: análise das principais alterações do sistema processual civil brasileiro: de acordo com a Lei 13.256/2016.* SP: RT, 2016.

O PRINCÍPIO DA DIALETICIDADE RECURSAL E SEUS REFLEXOS NO AGRAVO INTERNO

Sílvia Helena Gomes Piva[1]

INTRODUÇÃO

Constantes reflexões fazem parte do dia a dia daqueles que atuam no contencioso tributário judicial. A reflexão, porém, que mais reputamos oportuna é a seguinte: o que podemos fazer para contribuir para a redução da litigiosidade e da celeridade processual?

O trâmite de um processo judicial costuma ser moroso. Dados do CNJ apontam em média 6 anos para que um processo chegue até a fase de sentença.[2] No mais das vezes, não raro notarmos que uma demanda judicial pode chegar a dez anos de tramitação até que seja resolvida definitivamente.

Em números, o Poder Judiciário Brasileiro detém aproximadamente 80 milhões de processos ativos. Dentre este espantoso número, ainda estão pendentes demandas tributárias relevantes para o país e que ainda não foram solucionadas de forma

---

1. Doutora e Mestre em Direito Tributário pela Pontifícia Universidade Católica de São Paulo -PUC/SP, Coordenadora do Instituto Brasileiro de Estudos Tributários (unidade Campinas), autora de diversos livros e artigos na Área Tributária e advogada atuante no contencioso tributário judicial.

2. Justiça em Números 2018 (ano-base 2017) – www.cnj.jus.br.

definitiva, a despeito de amplos debates na Doutrina. Ao mesmo tempo, existem temas já pacificados perante nossos Tribunais que ainda são objeto de autuações fiscais que, futuramente, aumentarão o estoque de processos perante o Judiciário.

Existem diversos fatores que contribuem para isso, porém, voltando nosso olhar para o contencioso tributário judicial, acreditamos que alguns deles nos parecem bastante determinantes: processos onde já existe decisão dos Tribunais Superiores já pacificando a questão e recursos que tentam ignorar a orientação jurisprudencial. Não queremos parecer simplistas, porém, é fato que em determinados casos a Jurisprudência pacificada não se aplica perfeitamente ao caso, por outro lado, é fato também que muitas vezes, as decisões dos Tribunais são objeto de recurso para que se tente estender ao máximo o curso processual.

É fato, ainda, que o desejo de redução da litigiosidade não é apenas daqueles que já amadureceram a ideia de que o processo judicial não seria o caminho mais desejado para se obter a tão sonhada Justiça. O Poder Judiciário, há anos, debate a ideia de redução de litigiosidade como um caminho a ser perseguido.

Uma série de mecanismos foram trazidos pelo Código de Processo Civil para tentar, de certa forma, desestimular o curso processual de matérias que já estão pacificadas. Desde o reforço à aplicação do precedente obrigatório, até a condenação em honorários de forma mais clara, aos recursos protelatórios.

O advento do CPC em 2015 trouxe amplo debate sobre o uso do precedente obrigatório em nosso ordenamento e o reforço ao quanto decidido em demandas repetitivas e de repercussão geral trazidas pelo Diploma anterior.

Ainda, tivemos um aceno para um Diploma que desse prestígio a duração razoável do processo, além da permissão da possibilidade de conciliação e diálogo processual.

Como, então, resolver a questão da diminuição da litigiosidade e da morosidade processual? Como transformar este ciclo entre o elevado número de litígios e a proteção aos contribuintes contra decisões instáveis e cobrança do crédito tributário sobre temas já decididos pelos Tribunais?

Porém, dentre tantas modificações trazidas pelo CPC/15, acreditamos que uma delas deveria contribuir com a redução da litigiosidade e da morosidade processual. Estamos falando do princípio da dialeticidade, especialmente no tocante a admissibilidade dos recursos aos Tribunais Superiores.

PRINCÍPIO DA DIALETICIDADE NO CÓDIGO DE PROCESSO CIVIL

Os manuais de direito processual civil[3] indicam o princípio da dialeticidade como um requisito de admissibilidade, segundo o qual, para que o recurso seja dotado de combatividade recursal, isto é, seja *dialético*, suas razões devem, necessariamente, impugnar os fundamentos da decisão recorrida.

Assim, o recurso interposto em face de ato judicial a que se pretende impugnar deve não só abarcar a manifestação de inconformidade da parte, mas, obrigatoriamente, também os motivos de fato e de direito - trazidos de forma expressa – que sejam capazes de ensejar novo julgamento da questão.

Ainda sob a óptica da doutrina, o princípio da dialeticidade pode ser entendido como uma derivação do princípio do contraditório, previsto pela Constituição em seu art. 5º, inciso LV, na medida em que a impugnação expressa da fundamentação da decisão recorrida é imprescindível à defesa da parte que intenta mantê-la.

De forma geral, e especialmente pela inovação trazida pelo Código de Processo Civil em 2015 com relação ao princípio da dialeticidade, que falaremos de forma mais aprofundada a seguir, o caminho a ser adotado não deve ser outro que não aquele que exija da parte recorrente o apontamento específico do desacerto contido na decisão combatida para que seu recurso seja admitido pelos tribunais.

---

3. JORGE, Flávio Cheim. *Teoria Geral dos Recursos Cíveis*. 5 ed. São Paulo: Revista dos Tribunais, 2011, p. 221.
NERY JR., Nelson. *Teoria Geral dos Recursos*. 6 ed. São Paulo: Revistas dos Tribunais, 2004, p. 176-178.

Relativamente ao Diploma Processual, o princípio da dialeticidade aparece de forma inédita e incisiva, notadamente, mas não só, no art. 932, ao garantir à figura do relator, a prerrogativa de não conhecer dos recursos que "*não tenham impugnado especificamente os fundamentos da decisão recorrida*".

Vemos por certo que o CPC engrossou o coro e positivou o princípio da dialeticidade dos recursos, na tentativa de mitigar a prática consistente em tão somente reproduzir os fundamentos até então lançados pelas partes sem atacar especificamente a decisão recorrida, prática esta que, indubitavelmente, contribui de forma massiva para a litigiosidade e congestionamento nas câmaras superiores.

Também de forma inédita na lei processual, vieram os artigos 1010 e 1021, ambos no mesmo sentido de que a impugnação pelas partes em sede recursal deve ser feita de forma específica e estar umbilicalmente ligada à decisão impugnada. Vejamos abaixo o quadro descritivo dos supramencionados dispositivos legais no CPC/2015.

CPC/15

Artigo 932

Incumbe ao relator:

(...)

III - não conhecer de recurso inadmissível, prejudicado ou que não tenha impugnado especificamente os fundamentos da decisão recorrida

- **Não** há correspondente no CPC/1973.

Artigo 1010

A apelação, interposta por petição dirigida ao juízo de primeiro grau, conterá:

(...)

III - as razões do pedido de reforma ou de decretação de nulidade;

- **Não** há correspondente no CPC/1973.

Artigo 1021

Contra decisão proferida pelo relator caberá agravo interno para o respectivo órgão colegiado, observadas, quanto ao processamento, as regras do regimento interno do tribunal.

(...)

§ 1o Na petição de agravo interno, o recorrente impugnará especificadamente os fundamentos da decisão agravada.

- **Não** há correspondente no CPC/1973.

Podemos perceber, então, que com a menção expressa do princípio da dialeticidade no CPC/15, a postura do legislador é exatamente a de desestimular as partes a apresentarem recursos protelatórios e que venham promover o congestionamento no Poder Judiciário. É, portanto, uma tentativa de redução da litigiosidade que merece ser lembrada e, melhor, posta em prática pelos tribunais afora e por todos os atores do processo.

E por que estamos falando do princípio da dialeticidade como mecanismo de redução da litigiosidade? E mais, como ele impacta no curso dos processos judiciais tributários?

As execuções fiscais representam hoje cerca de 39% dos casos pendentes no Poder Judiciário, com taxa de congestionamento atingindo os assombrosos 92%.[4]

Grande parte desses processos de execução estão a tratar de matérias concernentes à exigibilidade do crédito tributário e são, em muito, reflexos da política fiscal adotada pelo país, que ao longo dos anos foi ficando cada vez mais complexa, resultando em uma estrutura burocrática pesada para gerir todo esse complexo contencioso.

Fato é que também em razão dessa complexidade, o acionamento do Poder Judiciário aumentou, culminando em uma série de ações ajuizadas pelos contribuintes que visavam a definição de certas matérias tributárias. Igualmente verdade é que alguma parte dessas matérias hoje já possuem definição nos tribunais superiores, tendo sido, inclusive, julgadas sob a sistemática dos recursos repetitivos ou em sede de repercussão geral.

Isso significa que algumas questões na seara tributária já contam com entendimento pacificado, razão pela qual, cada vez mais, os tribunais deverão atuar aplicando o entendimento consolidado e encerrando a discussão processual. Não estamos dizendo, neste caso, da aplicação da Jurisprudência defensiva, no sentido de apego à rigidez formal e de inviabilizar a admissibilidade recursal, mas para, da aplicação, fato, do

4. Justiça em Números 2018 (ano-base 2017) – www.cnj.jus.br.

entendimento consolidado na Jurisprudência e evitar que a simples irresignação das partes continue a alcançar os tribunais superiores de modo a congestioná-los sem o intuito de obter uma resolução da lide de maneira efetiva.

É certo, porém, que hoje temos um grande desafio em identificar, para os casos que não estão abarcados em recursos repetitivos ou repercussão geral, o cenário majoritário do entendimento jurisprudencial, tarefa essa que poderá ser muito melhorada com o uso de recursos tecnológicos, como o da inteligência artificial.

Enquanto isso não ocorre, temos que ter em mente que o princípio da dialeticidade é um importante mecanismo de controle na redução da litigiosidade, especialmente quanto à admissibilidade dos recursos, como veremos a seguir.

A ADMISSIBILIDADE RECURSAL E O PRINCÍPIO DA DIALETICIDADE

Desde que estabelecido o pacto constitucional, se tem por certo que os recursos são indispensáveis para o acesso à Justiça, já que são responsáveis por viabilizar a reanálise da decisão proferida em primeira instância e assim, aumentam as chances de acerto da decisão jurisdicional, veiculam meio idôneo de insurgência do jurisdicionado e proporcionam a conformação e uniformização da jurisprudência, objetivos esses imprescindíveis para o bom resultado do processo.

Nesse contexto, os requisitos de admissibilidade recursal, que precedem a análise do mérito e funcionam como uma espécie de "filtro", constituem os pressupostos formais e de condição da ação que devem estar presentes para que se acesse os tribunais. Exatamente por mitigarem o acesso à Justiça, constitucionalmente garantido no art. 5º, XXXV da CF é que devem estar previstos em lei e possuir uma finalidade de interesse público.

O princípio da dialeticidade, amplamente trazido pelo CPC/2015, é senão um requisito de admissibilidade recursal, uma vez que exige que o recurso interposto frente à decisão judicial esteja nela fundamentada, de forma a trazer os elementos específicos que contribuem, sempre sob o amparo da legislação, para sua reforma.

É importante entendermos que não se trata de um impeditivo do acesso à justiça, porque não se pretende encerrar a possibilidade de interpor recursos e ter o justo direito de tramitação das questões no segundo grau de jurisdição. Ao contrário, com a aplicação do princípio da dialeticidade o que se deseja é contribuir para a otimização dos julgados em trâmite perante o Judiciário, dando-se real efetividade aos precedentes por este instaurados, e, assim, atuar de forma a garantir a segurança jurídica nas decisões judiciais.

É próprio do juízo de admissibilidade a determinação quanto o efetivo exame da pretensão da parte recorrente, de forma que possui prioridade lógica sobre o juízo de mérito, pois opera sobre o plano de validade dos atos jurídicos. Não tem por intuito, entretanto, invalidar todo e qualquer ato, impedindo de "prosseguir" apenas aqueles que carecem das condições necessárias para vinculação da pretensão com quem a postula e de que forma o faz.

No caso específico do princípio da dialeticidade, notadamente no art. 932, III do CPC, se impedem que as pretensões que não ataquem os fundamentos da decisão que se combate ganhem a força jurisdicional para serem conhecidas e remetidas ao tribunal competente para realizar a análise de mérito.

Podemos observar, então, que não se trata de uma "barreira processual" e sim um filtro – necessário – para que as questões, a exemplo das que já contam com pacífica definição, ainda sejam objeto de pretensões protelatórias que, ao serem remetidas aos tribunais superiores, entram para a assustadora estatística do congestionamento processual.

Ainda sob a óptica da admissibilidade recursal, importa fazer uma reflexão sobre a competência dos tribunais inferiores em afastar as decisões que não atacam especificadamente os argumentos da decisão contestada.

Seguindo a lógica de que diante de matérias que contam com precedentes ou julgados definitivos os tribunais superiores atuaram como balizadores da atividade dos tribunais de justiça e tribunais federais, podemos entender que, tal qual a aplicação da decisão, a estes últimos também cabe o juízo de admissibilidade quando a pretensão da parte for contra o que foi decidido pelos tribunais superiores, especialmente se não houver em suas razões os argumentos específicos e capazes de infirmar a tese já definida.

Assim, além de contribuir para não aumentar o congestionamento do Judiciário, se desestimulará a mera reprodução das peças já apresentadas pela parte, diferenciando-se, assim, a irresignação da verdadeira motivação de direito na hora de interpor recursos. É o que vemos acontecer ao analisar os casos concretos.

DIALETICIDADE EM AGRAVO INTERNO: DIFERENCIAÇÃO ENTRE INCONFORMISMO E RECURSO

O Código de Processo Civil ao inaugurar um sistema normativo de precedentes judiciais exigiu, por certo, a reformulação do modo de atuação dos sujeitos processuais.

Entre as mudanças, podemos citar o até agora explicitado princípio da dialeticidade, uma vez que tem aparecido de forma recorrente nas decisões dos tribunais superiores.

No entendimento do STJ, em especial na redação referente ao Agravo Interno, que falaremos em seguida, a não observância do princípio da dialeticidade enseja a aplicação de multa, tal como foi decidido no AgInt no REsp 1623353/RS, que entendeu que:

> *O simples repisar de alegações recursais, sem apresentação de tese jurídica capaz de infirmar a decisão agravada, viola o princípio*

> *da dialeticidade e o disposto no § 1º do art. 1.021 do CPC/2015, torna o recurso inadmissível e atrai a incidência da multa prevista no § 4º do mesmo artigo.*

Na mesma linha, o STF entendeu que:

> *O princípio da dialeticidade recursal impõe ao recorrente o ônus de evidenciar os motivos de fato e de direito suficientes à reforma da decisão objurgada, trazendo à baila argumentações capazes de infirmar todos os fundamentos do decisum que se pretende modificar, sob pena de vê-lo mantido por seus próprios fundamentos, a teor do que dispõem as Súmulas 284 e 287 do STF.*[5]

Não se tratam de julgados isolados, mas sim de uma tendência verificada nos tribunais afora, que consideram indispensável para a admissão do recurso a especificação dos argumentos trazidos na decisão recorrida.

Assim, desde a entrada em vigor do CPC/2015, os tribunais vêm empregando o princípio da dialeticidade de modo que - entre a motivação utilizada como fundamento do julgamento e as razões do recurso que impugna tal decisão - haja relação de congruência, de maneira a permitir que o órgão com competência recursal possa examinar a juridicidade da *ratio decidendi*.[6]

Isto gera um grande ganho técnico para o modelo coparticipativo trazido pela lei processual, ao impedir a reprodução mecânica de peças que se limitem a copiar peças antes elaboradas.

Dentro dessa linha de raciocínio, podemos dizer que uma importante introdução na lei processual foi a possibilidade de interposição do recurso de Agravo Interno contra decisões de Relator, no prazo de 15 dias[7].

De acordo com a disposição do Código de Processo Civil, na petição de Agravo Interno, o recorrente impugnará

---

5. RMS 30842 AgR/DF.

6. STJ, 1ª S, AgIntEDcl no PUIL Nº 111, Rel. Min. Campbell Marques, DJe: 08/11/2016.

7. Art. 1021 e seguintes do CPC.

especificadamente os fundamentos da decisão agravada. Vê-se claramente materializando, para este recurso, o princípio da dialeticidade.

Segundo o que leciona Araken de Assis (2013, p. 41), entende-se por princípio da dialeticidade o ônus de o recorrente motivar o recurso no ato de interposição. Por impugnação específica a explicitação dos elementos de fato e as razões de direito que permitam ao órgão ad quem individuar com precisão o *error in iudicando* ou o *error in procedendo* objeto do recurso.

Segundo o dispositivo processual, portanto, deverá ficar claro quais são os pontos da decisão que estão sendo impugnados e por quais razões, devendo evitar a repetição de argumentos postos nas razões do agravo de instrumento, sob pena de ter o agravo interno indeferido por inexistência de impugnação específica, possibilitando inclusive a caracterização como manifestamente inadmissível.

Além disso, sua interposição deve ser bem avaliada pelos aplicadores do direito pois, de acordo com o §4º do art. 1021, quando o agravo interno for declarado manifestamente inadmissível ou improcedente em votação unânime, o órgão colegiado, em decisão fundamentada, fixará multa ao agravante entre 1 e 5% do valor atualizado da causa.

Como vemos, trata-se de penalidade imposta àquele que deixar de observar, de forma reiterada, o princípio da dialeticidade recursal. A esse parágrafo podemos atribuir o objetivo de garantir a interposição de recurso contra decisão monocrática do relator quando se verificar necessário, sem, contudo, causar uma avalanche de recursos protelatórios nos tribunais.

Vejamos o seguinte exemplo: a parte interpõe recurso de apelação diante de sentença que lhe foi desfavorável. A sentença retrata fielmente a aplicação de tema já decidido em sede de recurso repetitivo pelo STJ em desfavor de uma das partes. Portanto, ao realizar o juízo de admissibilidade, o relator identifica que a questão da qual se pretende recorrer foi decidida pelos tribunais superiores por meio da sistemática de recursos repetitivos. Tem, portanto, definição já assentada pela jurisprudência. Em assim sendo, resolve por bem negar seguimento ao recurso de apelação da parte. Diante da negativa, a parte interpõe o recurso de agravo interno, visando a reforma da decisão monocrática, para que seu recurso seja apreciado na instância superior. Ao fazê-lo, entretanto, limita-se a reproduzir as alegações trazidas em sede de apelação, sem trazer qualquer fundamento novo que seja capaz de modificar a posição adotada pelo relator na decisão agravada e baseada na Jurisprudência. Ainda assim, verifica-se que este recurso, muitas vezes, é submetido a sequência processual, com novos julgamentos pela frente e até mesmo novos recursos.

O questionamento que entendemos oportuno é: por que, de forma habitual, o magistrado tem realizado a remessa desses recursos que claramente afrontam o princípio da dialeticidade aos tribunais superiores? Se, como vimos, o recurso se limita a enfatizar a pretensão já trazida pela parte, por que não encerrar a questão com a aplicação do precedente e deixar de submeter o recurso à análise em instância superior quando nitidamente existe a aplicação exata de determinado precedente?

Em julgado no STJ vemos a exposição de motivos do Tribunal ao inadmitir recurso contrário ao princípio da dialeticidade.

> Dessa maneira, o cumprimento do ônus da dialeticidade impunha ao agravante que procedesse a uma de quatro alegações, a saber, deveria (a) dizer que a jurisprudência não era dominante ou pacífica, indicando precedentes contemporâneos ou mais recentes que contradissessem isso, (b) dizer que a jurisprudência havia sido dominante, mas que houvera uma mudança de orientação, também indicando precedentes contemporâneos ou mais recentes, (c) dizer que a jurisprudência era minoritária nesse sentido, com referência a precedentes contemporâneos ou mais recentes ou, ainda, (d) dizer que os precedentes aludidos no juízo de inadmissibilidade não se aplicavam ao caso concreto, analisando-os e esclarecendo porquê da inaplicabilidade. No caso em exame, a parte não refuta precisamente os motivos da decisão (...) as razões recursais estão dissociadas do conteúdo da decisão recorrida. RESp. 1.043.184 – PR, DJe: 15/03/2017.

Notamos, assim, que o entendimento firmado pelo STJ pressupõe, para fins de admissão do recurso, que haja a correlação entre os fundamentos trazidos pela parte recorrente e a decisão atacada, de modo que as alegações sejam capazes de afastar o entendimento dos Tribunais. Se, no entanto, o recurso for utilizado apenas para reproduzir e salientar as alegações já trazidas anteriormente, meramente reproduzido os termos do recurso anteriormente apresentado, deverá ser inadmitido.

Não estamos trabalhando aqui com a hipótese de que este princípio venha a ser subvertido e que venha a implicar na inadmissão de recursos que merecem uma ampla discussão jurídica perante os tribunais. Estamos tratando de hipóteses em que já se verifica um padrão decisório e a tentativa de uniformização da jurisprudência sobre um determinado tema.

Diante de tudo o que foi apresentado, cabem algumas considerações específicas quanto ao recurso do agravo interno.

Ao que pudemos ver, o agravo interno veio circunscrito pelo princípio da dialeticidade recursal, na medida em que outorgou ao relator o poder de inadmitir o recurso que não se prestar a justificar os motivos específicos pelo qual se combate a decisão.

Identificamos, assim, o desejo de reduzir o alto número de recursos interpostos que em nada alteram as definições já trazidas pelos tribunais, especialmente porque desde o advento do CPC em 2015, debate-se a necessidade de observância dos precedentes, recursos repetitivos e de repercussão geral.

Ainda, no caso do Agravo Interno, há a possibilidade de o relator determinar a inadmissão do recurso nos casos que afrontam o referido princípio, o que, indubitavelmente, serve para encerrar a demanda posta ao tribunal superior de forma inadequada e sem trazer qualquer inovação dos fatos e da matéria de direito. O que, lembremos, não significa encerar o debate constitucionalmente previsto.

Fato é que o princípio da dialeticidade não traz consigo um rigor excessivo quanto à formalidade nos recursos, mas tão somente direciona por uma adequada atuação no âmbito do processo, para que o recurso cumpra efetivamente seu papel na resolução do conflito.

Portanto, é certo para nós que, inarredavelmente, a observância da dialeticidade entre os atores processuais contribui para que o Poder Judiciário se torne mais eficiente e menos congestionado a longo prazo e, bem por isso, devemos considerá-la como um importante princípio colaborador do processo.

OS DESAFIOS NO JUÍZO PROVISÓRIO (A QUO) DE ADMISSIBILIDADE DO RECURSO ESPECIAL: RECURSOS CABÍVEIS E SEUS EFEITOS

Ricardo Berzosa Saliba[1]

1. INTRODUÇÃO

É sabido que a problemática enfrentada no juízo de admissibilidade *a quo* do recurso especial sempre foi – e ainda continua sendo – uma das mais árduas tarefas dos defensores que pretendam reformar ou anular no âmbito do Superior Tribunal de Justiça, acórdãos exarados pelos Tribunais Regionais Federais ou Tribunais de Justiça.

Trata-se do diferenciado campo jurídico-processual recursal de onde suas particularidades construídas através dos

1. Mestre em Direito do Estado (Direito Tributário) pela PUC/SP; Pós-graduado em Direito Tributário pela Universidade de Salamanca/Espanha; Especialista em Direito Processual Tributário pela PUC/SP; Juiz do Tribunal de Impostos e Taxas do Estado de São Paulo – TIT para o biênio 2004-2005; Assessor de Ministro do Superior Tribunal de Justiça – STJ de 2010 a 2012; Membro da Comissão do Contencioso Administrativo Tributário para o biênio 2014-2015, da Ordem dos Advogados do Brasil, Seção São Paulo; Membro da Comissão de Direito Constitucional e Tributário para o triênio 2019-2021, da Ordem dos Advogados do Brasil, Subseção Pinheiros; Professor do curso de pós-graduação em Direito Tributário da EPD (Escola Paulista de Direito); Professor convidado da Faculdade de Direito de São Bernardo do Campo (FDSBC); Professor do Instituto Brasileiro de Estudos Tributários (IBET); Advogado.

tempos, tanto pela legislação de regência quanto pela jurisprudência, acabam com muita frequência levando o recurso especial ao seu insucesso, frequentemente de modo prematuro, muito embora as questões de mérito deduzidas desde o Juízo de 1º grau possam ter expressivo potencial de êxito.

Isso porque, na verdade, essa jornada – excepcionados os casos sobrestados pelo regime dos recursos repetitivos *ainda não decididos* pelo Superior Tribunal de Justiça[2] – vai exigir específico conhecimento e a extrema cautela logo após a prolação de acórdão nessas cortes locais que, se desafiado por meio do cabível recurso especial que não contrarie tese firmada em regime de julgamento de recursos repetitivos ou que atenda precisamente todos os requisitos legais a ele inerentes, será processado e encaminhado à Corte *ad quem*, oportunidade em que poderá estar sujeito à sua análise meritória; é o que a parte sucumbente sempre almeja.

Ao contrário, se se tratar de acórdão recorrido em conformidade com tese *já firmada* em julgamento repetitivo ou, por exemplo, se ausente o devido prequestionamento inclusive pela falta do manejo de embargos declaratórios (súmulas 282[3] e 356[4] do STF), se acórdão não fundamentado em lei federal (súmula 280[5] do STF) ou até mesmo para que sua análise exija o revolvimento

---

2. Isso porque nos tribunais locais, art. 1.030. Recebida a petição do recurso pela secretaria do tribunal, o recorrido será intimado para apresentar contrarrazões no prazo de 15 (quinze) dias, findo o qual os autos serão conclusos ao presidente ou ao vice-presidente do tribunal recorrido, que deverá: (...) III – sobrestar o recurso que versar sobre controvérsia de caráter repetitivo ainda não decidida pelo Supremo Tribunal Federal ou pelo Superior Tribunal de Justiça, conforme se trate de matéria constitucional ou infraconstitucional.
Já nos tribunais superiores, art. 1.037. Selecionados os recursos, o relator, no tribunal superior, constatando a presença do pressuposto do caput do art. 1.036, proferirá decisão de afetação, na qual: (...) II - determinará a suspensão do processamento de todos os processos pendentes, individuais ou coletivos, que versem sobre a questão e tramitem no território nacional.

3. É inadmissível o recurso extraordinário, quando não ventilada, na decisão recorrida, a questão federal suscitada.

4. O ponto omisso da decisão, sobre o qual não foram opostos embargos declaratórios, não pode ser objeto de recurso extraordinário, por faltar o requisito do prequestionamento.

5. Por ofensa a direito local não cabe recurso extraordinário.

do conjunto fático-probatório (súmula 7[6] do STJ), desde logo estaremos diante de um recurso fadado ao seu não conhecimento.

Mas partindo da premissa de que esses óbices – como outros também – não foram reconhecidos nesse estágio processual, porque ausentes, mitigam-se, com efeito, algumas das várias dificuldades inerentes à pragmática recursal excepcional perante os Tribunais de origem, de onde são exaradas com muita frequência e demasiadamente decisões que *negam seguimento* ou *não admitem* o recurso especial.

Justamente nessas hipóteses é que nos deparamos com alguns desafios da mais alta complexidade que orbita em torno não só dos recursos cabíveis como também seus efeitos que daí possam decorrer, quadro esse, portanto, que passaremos a analisar a seguir.

2. FUNDAMENTO DE CABIMENTO DO RECURSO ESPECIAL

Consoante o cediço art. 105, inciso III, da Constituição Federal, compete ao Superior Tribunal de Justiça o julgamento em recurso especial em face das causas decididas em única ou última instância, leia-se, pelos Tribunais Regionais Federais ou pelos Tribunais dos Estados, do Distrito Federal e Territórios, quando a decisão recorrida (a) contrariar tratado ou lei federal, ou negar-lhes vigência; (b) julgar válido ato de governo local contestado em face de lei federal; e (c) der a lei federal interpretação divergente da que lhe haja atribuído outro tribunal.

Trata-se esse dispositivo do fundamento constitucional de validade autorizador do cabimento do recurso especial. É por meio desse normativo de excelência que, caso determinado acórdão exarado pelos Tribunais locais esteja em desacordo com esse arquétipo constitucional, em tese o recurso está autorizado a iniciar sua esperada e pretendida marcha,

6. Pretensão de simples reexame de prova não enseja recurso especial.

somado, evidentemente, ao atendimento dos pressupostos gerais e constitucionais de admissibilidade aplicáveis à espécie.

Será nesse âmbito de julgamento excepcional perante o Superior Tribunal de Justiça que se oportunizará a *pacificação na interpretação de normas federais*, haja vista que, o recurso especial, sem dúvida alguma, não é o instrumento e nem serve para o reexame das causas, como ocorre na apelação.

Assim, diante do que foi decidido na instância ordinária, somado ao esgotamento de todos os recursos cabíveis na espécie, a exemplo do agravo interno e dos embargos de declaração, o acórdão oriundo de qualquer dos competentes órgãos colegiados dos Tribunais Regionais Federais ou Tribunais de Justiça proporcionará para os sucumbentes[7], mais uma vez em tese, a possibilidade da via estreita e excepcional do recurso especial, cujo manejo, como sói ser, tem seu início nesses mesmos Tribunais (*a quo*).

2.1 JUÍZO DE (IN)ADMISSIBILIDADE DO RECURSO ESPECIAL

Como já adiantado há pouco, exarado acórdão pelos Tribunais locais, cujo teor afronte o delineado quadro traçado no art. 105, inciso III, da Constituição Federal, abrir-se-á como corolário a hipótese de cabimento do recurso especial, se atendidos, ainda, aos pressupostos de admissibilidade para o seu esperado e regular processamento.

Assim, com a disponibilização do acórdão pelo órgão oficial e confirmada a irresignação da parte através do tempestivo protocolo de seu apelo especial, cujas razões devem estar

7. Há precedente do STJ, que entende ser possível até mesmo a parte vencedora manejar recurso especial, pois presente o interesse recursal. (REsp 182.944/SP, Rel. Ministro SÁLVIO DE FIGUEIREDO TEIXEIRA, QUARTA TURMA, julgado em 23/05/2000, DJ 07/08/2000). No mesmo sentido a doutrina especializada quando descreve que "a mera possibilidade de o vitorioso obter julgamento mais vantajoso conduz à admissibilidade do recurso por ele interposto" (SOUZA, Bernardo Pimentel, "Introdução aos Recursos Cíveis e à Ação Rescisória", São Paulo: Saraiva, 2014, p.128).

amparadas na boa-fé[8] e cooperação[9] processuais e ainda com a suficiente[10], específica, clara e robusta[11] fundamentação, dar-se-á início perante o Tribunal de origem à chamada técnica de gestão recursal.

Nessa fase, após o cumprimento dos cânones do contraditório e da ampla defesa (art. 5 º, inciso LV da CF e art. 7º do CPC) onde se garantirá à parte adversa a oportunidade de ofertar suas contrarrazões ao recurso especial, os autos serão conclusos ao presidente ou ao vice-presidente do respectivo Tribunal *a quo*, cuja competência nesse tocante diz respeito ao exame provisório de admissibilidade (art. 1.030 do CPC).

Observe-se, por oportuno, que esse juízo é de natureza *bifásica*, posto que a decisão proferida pela Corte local, que é *provisória*, não vincula posteriormente o Superior Tribunal de Justiça, cuja competência é plena e *definitiva*[12].

---

8. CPC, Art. 5º Aquele que de qualquer forma participa do processo deve comportar-se de acordo com a boa-fé. Ademais, ressalte-se que o Supremo Tribunal Federal já se manifestou acerca da aplicação de multa por litigância de má-fé, ainda que no juízo provisório de admissibilidade perante o Tribunal de origem, *verbis*: EMBARGOS DECLARATÓRIOS - OMISSÃO. Verificado o silêncio quanto a certa matéria de defesa, cumpre afastá-lo mediante o provimento dos embargos declaratórios. RECURSO - JUÍZO PRIMEIRO DE ADMISSIBILIDADE - NATUREZA DO ATO - LITIGÂNCIA DE MÁ-FÉ - MULTA. Embora de cognição incompleta, o ato do juízo primeiro de admissibilidade do recurso possui natureza jurisdicional, podendo alcançar o enquadramento do recorrente como litigante de má-fé e a consequente imposição de multa. (AI 420450 AgR-ED, Relator(a): Min. JOAQUIM BARBOSA, Relator(a) p/ Acórdão: Min. MARCO AURÉLIO, Primeira Turma, julgado em 24/11/2004, DJ 01-07-2005).

9. CPC, Art. 6º Todos os sujeitos do processo devem cooperar entre si para que se obtenha, em tempo razoável, decisão de mérito justa e efetiva.

10. Súmula 283/STF: É inadmissível o recurso extraordinário, quando a decisão recorrida assenta em mais de um fundamento suficiente e o recurso não abrange todos eles.

11. Nesse sentido, confira-se os seguintes enunciados: Súmula 284/STF. É inadmissível o recurso extraordinário, quando a deficiência na sua fundamentação não permitir a exata compreensão da controvérsia e Súmula 287/STF. Nega-se provimento ao agravo, quando a deficiência na sua fundamentação, ou na do recurso extraordinário, não permitir a exata compreensão da controvérsia.

12. Cf. AgRg nos EDcl no REsp 1175564/SP, Rel. Ministro Marco Buzzi, Quarta Turma, julgado em 10/11/2015, DJe 17/11/2015.

Atento, portanto, ao citado normativo, o presidente ou ao vice-presidente dos Tribunais Regionais Federais ou Tribunais de Justiça ao receber o recurso especial – repisa-se, único recurso que é objeto deste estudo – se debruçará nele a fim de aferir de modo fundamentado acerca do seu prosseguimento.

Com efeito, advirá desse ato uma decisão – e não despacho[13] – que poderá, em síntese, ter os seguintes mandamentos: (i) negar seguimento a recurso especial contra acórdão que esteja em conformidade com entendimento do Superior Tribunal de Justiça exarado no regime de julgamento de recursos repetitivos (art. 1.030, inciso I, letra "*b*" do CPC).

Ainda, (ii) encaminhar o processo ao órgão julgador para realização do juízo de retratação, tendo em vista que o acórdão recorrido diverge do entendimento já pacificado no Superior Tribunal de Justiça no regime de recursos repetitivos; (iii) sobrestar o recurso que versar sobre controvérsia de caráter repetitivo ainda não decidida; ou (iv) selecionar o recurso como representativo de controvérsia (repetitivos) infraconstitucional (art. 1.030, incisos II, III e IV do CPC).

E, por fim, notadamente naquilo que mais nos interessa para o nosso estudo, (v) *realizar o juízo de admissibilidade de recurso especial* (art. 1.030, inciso V, letras "*a*", "*b*" e "*c*" do CPC).

Nessa etapa, portanto, se positiva a decisão – e exceptuadas as hipóteses em que o recurso (i) não tenha sido submetido ao regime de julgamento de recursos repetitivos, (ii) tenha sido selecionado como representativo da controvérsia ou (iii) o Tribunal recorrido tenha refutado o juízo de retratação –, o recurso especial será remetido ao Superior Tribunal de Justiça que, após a sua autuação e antes de ser distribuído a um relator, se sujeitará a análise no âmbito da Presidência dessa Corte[14].

---

13. Não raramente, nos deparamos com recurso de agravo contra "despacho" denegatório, termo esse equivocado, por óbvio pois, além de se distanciar do que prevê nosso código processual quanto ao recurso cabível, artigo 1.042 do CPC, também destoa do que dispõe o artigo 1.001 do CPC, cuja a prescrição é a seguinte: "Dos despachos não cabe recurso".

14. RISTJ, Art. 21-E. São atribuições do Presidente antes da distribuição:
(...)

Todavia, se negativa a decisão – considerando que o magistrado a quem compete esse exame entendeu que (i) o acórdão recorrido está em conformidade com entendimento do Superior Tribunal de Justiça exarado no regime de julgamento de recursos repetitivos ou que (ii) um ou alguns dos seus pressupostos gerais e constitucionais de admissibilidade não foram atendidos –, então, inevitavelmente, nos depararemos, enfim, com uma decisão que inviabilizará o processamento do recurso especial, cujos desafios, recursos cabíveis e efeitos devem ser indene de dúvidas.

Isso porque, se a partir desse momento não houver o manejo do recurso cabível para a espécie – o que não é raro, muito pelo contrário –, inevitavelmente a causa estará desde já fadada ao insucesso.

Por isso, diante desse particular quadro sensível, passemos então a analisar de forma fracionada os possíveis recursos cabíveis (e seus efeitos) que podem ser manejados em face das prováveis espécies de decisão no juízo de admissibilidade do recurso especial exarada pelo presidente ou ao vice-presidente dos Tribunais locais, vejamos.

3. DECISÃO OBSCURA, CONTRADITÓRIA, OMISSA, QUE CONTENHA ERRO MATERIAL OU QUE SEJA *GENÉRIA*

Tratando-se de decisão que inadmite o processamento de recurso especial, e aqui frise-se, em qualquer uma das

V - não conhecer de recurso inadmissível, prejudicado ou que não tiver impugnado especificamente todos os fundamentos da decisão recorrida;
VI - negar provimento a recurso que for contrário a súmula do Supremo Tribunal Federal ou do Superior Tribunal de Justiça, a acórdão proferido em julgamento de recursos repetitivos ou a entendimento firmado em incidente de assunção de competência;
VII - dar provimento a recurso se a decisão recorrida for contrária a súmula do Supremo Tribunal Federal ou do Superior Tribunal de Justiça, a acórdão proferido em julgamento de recursos repetitivos ou a entendimento firmado em incidente de assunção de competência;
(...)
§ 1º Opostos embargos de declaração contra decisão do Presidente, caberá a ele a sua análise.
§ 2º Interposto agravo interno contra a decisão do Presidente proferida no exercício das competências previstas neste artigo, os autos serão distribuídos, observado o disposto no art. 9º deste Regimento, caso não haja retratação da decisão agravada.

hipóteses previstas no art. 1.030, incisos I e V do CPC, e considerando o rol previsto no art. 994[15] também do CPC, é sugerido *primo ictu oculi*, diante de supostos vícios de fundamentação, o cabimento, em tese, de embargos declaratórios.

Isso porque, consoante o disposto no art. 1.022 do CPC, esse recurso tem acolhida contra *qualquer decisão judicial*[16], a fim de sanar obscuridade, contradição, omissão de ponto ou questão sobre o qual devia se pronunciar o juiz de ofício ou a requerimento da parte e, ainda, para corrigir erro material[17].

Relembre-se que o conteúdo decisório no juízo de admissibilidade de recurso especial diz respeito a duas questões, a saber: (i) referente a acórdão recorrido em conformidade com tese já firmada em julgamento repetitivo e (ii) ao exame provisório dos pressupostos específicos e constitucionais relacionados ao mérito da controvérsia.

Dessa forma, se se pretender enfrentar tal decisão sob o argumento de que ela contém desacerto de fundamentação baseado em obscuridade, contradição, omissão ou erro

---

15. CPC, Art. 994. São cabíveis os seguintes recursos:
I - apelação;
II - agravo de instrumento;
III - agravo interno;
IV - embargos de declaração;
V - recurso ordinário;
VI - recurso especial;
VII - recurso extraordinário;
VIII - agravo em recurso especial ou extraordinário;
IX - embargos de divergência.

16. Nesse sentido, o Superior Tribunal de Justiça entende cabível os embargos de declaração interpostos contra quaisquer decisões judiciais, seja sob a égide do CPC/73, seja sob o CPC/15. Confira-se: REsp 478.459/RS, Rel. Ministro JOSÉ DELGADO, PRIMEIRA TURMA, julgado em 25/02/2003, DJ 31/03/2003; REsp 762.384/SP, Rel. Ministro TEORI ALBINO ZAVASCKI, PRIMEIRA TURMA, julgado em 06/12/2005, DJ 19/12/2005; REsp 1661931/SP, Rel. Ministro HERMAN BENJAMIN, SEGUNDA TURMA, julgado em 18/05/2017, DJe 20/06/2017 e EDcl no AgInt nos EAREsp 1013581/RJ, Rel. Ministro MAURO CAMPBELL MARQUES, CORTE ESPECIAL, julgado em 14/03/2019, DJe 02/04/2019.

17. Nunca é demais lembrar que se trata de um recurso cujas hipóteses de cabimento são taxativas, configurando, portanto, um recurso de fundamentação vinculada.

material, viabilizar-se-á, ao menos em termos legais, o manejo de embargos declaratórios no prazo de 5 (cinco) dias úteis[18] dispensado o preparo, nos termos do art. 1.023 do CPC.

Recorde-se ainda que o efeito prático da sua interposição, além de sanar eventual vício na decisão embargada, diz respeito a interrupção da contagem de prazo para o ingresso de outro recurso, conforme se denota no art. 1.026 do CPC, cuja redação é a seguinte: "*Os embargos de declaração* não possuem efeito suspensivo e *interrompem o prazo para a interposição de recurso*".

Nesse sentido, inclusive no que toca à decisão proferida no juízo de admissibilidade, é o enunciado 75, da I Jornada de Direito Processual Civil, promovida pelo Centro de Estudos Judiciários (CEJ) do Conselho da Justiça Federal (CJF): "*Cabem embargos declaratórios contra decisão que não admite recurso especial ou extraordinário, no tribunal de origem ou no tribunal superior, com a consequente interrupção do prazo recursal*".

Assim, tratando-se de decisão com supostos vícios baseada (i) em acórdão recorrido em conformidade com tese já firmada em julgamento repetitivo e (ii) nos pressupostos de admissibilidade recursal, a tendência aparentemente natural e tendenciosa nesse *iter* processual é da possibilidade do manejo de embargos declaratórios.

Contudo, há que se alertar que essas hipóteses podem gerar sérios riscos à sorte da causa, ainda que o mérito dela como já dissemos seja promissor. Isso porque, nossas Cortes superiores ao serem provocadas sobre o cabimento desse recurso em face de decisão de inadmissibilidade de recurso especial, entenderam que eles são incabíveis.

No Supremo Tribunal Federal, por exemplo, em aresto levado a julgamento pelo seu Plenário, já foi decidido que o

---

18. Art. 219. Na contagem de prazo em dias, estabelecido por lei ou pelo juiz, computar-se-ão somente os dias úteis.
Parágrafo único. O disposto neste artigo aplica-se somente aos prazos processuais.

recurso aclaratório é *manifestamente incabível* contra decisão que inadmite, na hipótese, recurso extraordinário. Desse modo, não tem ele ainda o condão de interromper o prazo para a interposição de recurso que, se manejado posteriormente, será considerado intempestivo, *verbis*:

> "AGRAVO REGIMENTAL. DECISÃO DE INADMISSIBILIDADE DE RECURSO EXTRAORDINÁRIO. INTERPOSIÇÃO DE EMBARGOS DECLARATÓRIOS INCABÍVEIS. NÃO INTERRUPÇÃO DO PRAZO PARA INTERPOSIÇÃO DE AGRAVO. INTEMPESTIVIDADE.
>
> O agravo interposto da decisão que inadmitiu o recurso extraordinário é intempestivo, porquanto prevalece nesta Corte o entendimento de que os embargos de declaração opostos da decisão que, na origem, nega seguimento a recurso extraordinário, por serem manifestamente incabíveis, não suspendem ou interrompem o prazo para a interposição de recurso. Agravo regimental a que se nega provimento.
>
> (STF - ARE 767991 AgR, Relator: Min. JOAQUIM BARBOSA (Presidente), Tribunal Pleno, julgado em 27/02/2014, DJe- 25-03-2014)".

Já no Superior Tribunal de Justiça, cuja competência já dissemos é plena e *definitiva*, e na mesma linha adotada pelo Supremo Tribunal Federal, foi decidido que os embargos declaratórios opostos no Tribunal local contra a decisão no âmbito do juízo de admissibilidade de recurso especial não interrompe o prazo recursal, gerando, por conseguinte, a intempestividade de seguinte recurso – a exemplo do agravo – que se pretenda ofertar.

De qualquer forma, ainda que esse tipo de fundamentação não fosse o bastante, o que por si só já seria motivador de extrema cautela, a Corte Especial do Superior Tribunal de Justiça acabou também nessa oportunidade viabilizando uma aguda exceção a tal entendimento a fim de atribuir, como consequência do cabimento dos aclaratórios, efeito interruptivo.

Isso acontece na específica hipótese em que constatada decisão de inadmissibilidade tão "*genérica que sequer permite a interposição do agravo*". Para uma melhor compreensão da questão, vejamos com mais precisão a ementa desse julgado:

"PROCESSO CIVIL. DECISÃO QUE NEGA SEGUIMENTO A RECURSO ESPECIAL. PRAZO RECURSAL INTERROMPIDO PELA OPOSIÇÃO DE EMBARGOS DE DECLARAÇÃO.

Salvo melhor juízo, todas as decisões judiciais podem ser objeto de embargos de declaração, mas a jurisprudência do Superior Tribunal de Justiça, sem explicitar a respectiva motivação, tem se orientado no sentido de que os embargos de declaração opostos contra a decisão que, no tribunal a quo, nega seguimento a recurso especial não interrompem o prazo para a interposição do agravo previsto no art. 544 do Código de Processo Civil. Excepcionalmente, atribui-se esse efeito interruptivo quando, como evidenciado na espécie, a decisão é tão genérica que sequer permite a interposição do agravo.

Embargos de divergência conhecidos e providos.

(STJ - EAREsp 275615/SP, Rel. Ministro ARI PARGENDLER, CORTE ESPECIAL, julgado em 13/03/2014, DJe 24/03/2014)".

Como se pode notar, a justificativa para o atípico cabimento dos embargos declaratórios reside exclusivamente na confirmação de que a decisão que desafiará esse é recurso é "*tão deficitária*", "*tão genérica*", que "*sequer permite a interposição do agravo*".

Confira-se, por oportuno, trechos do sucinto voto do ministro relator Ari Pargendler e do voto-vista do ministro João Otávio de Noronha, que muito bem revelam o entendimento que atualmente é pacificado no Superior Tribunal de Justiça, *verbis*:

"EXMO. SR. MINISTRO ARI PARGENDLER (Relator):

(...)

"2. O desate do *thema decidendum* depende de saber se a oposição de embargos de declaração à decisão que na instância ordinária nega seguimento a recurso especial interrompe o prazo para a interposição de agravo para o Superior Tribunal de Justiça.

A jurisprudência, sem explicitar a respectiva motivação, tem se orientado no sentido de que esse prazo não é interrompido.

Tal orientação produz, é certo, o salutar efeito prático de coibir embargos de declaração que ou veiculam matéria de recurso (tipo, não é caso de Súmula 7 do STJ) ou que visam procrastinar o desfecho da causa.

> Há casos, todavia, em que eles não veiculam matéria de recurso nem visam procrastinar o desfecho da causa, basicamente aqueles em que há erro material corrigível por meio de simples petição, e não obstante são opostos embargos de declaração - e outros, ainda, *como evidenciado na espécie*, em que a decisão é tão deficitária que sequer permite a interposição do agravo".
>
> (...)
>
> "O EXMO. SR. MINISTRO JOÃO OTÁVIO DE NORONHA:
>
> (...)
>
> A decisão que inadmitiu o recurso especial é tão genérica que não havia como dela recorrer sem antes obter esclarecimentos que permitissem ao embargante identificar seus fundamentos para, então, atacá-los".

Trata-se, com efeito, de um critério de exceção baseado em um juízo eminentemente subjetivo, cuja aferição definitiva somente ocorreu no âmbito do Superior Tribunal de Justiça. Por conta disso, identificar com ampla segurança se a decisão é "*tão genérica*" a fim de desafiar os embargos de declaração certamente poderá custar a sorte da causa prematuramente, o que sem dúvida alguma é arriscado.

Não obstante tal entendimento até então consolidado[19], e com vistas a mitigar todo e qualquer percalço processual até que a causa conquiste a tão almejada análise do mérito, o agravo em recurso especial é, de fato, o recurso cabível – e ao que parece o mais seguro – contra decisão que não admite ou nega seguimento ao recurso especial.

---

19. No mesmo sentido, confira-se AgRg no AREsp 814.385/SC, Rel. Ministro BENEDITO GONÇALVES, PRIMEIRA TURMA, julgado em 09/08/2016, DJe 23/08/2016; AgInt no AREsp 1146707/RS, Rel. Ministro HERMAN BENJAMIN, SEGUNDA TURMA, julgado em 24/04/2018, DJe 21/11/2018; AgInt no AREsp 1133585/SP, Rel. Ministro RICARDO VILLAS BÔAS CUEVA, TERCEIRA TURMA, julgado em 24/10/2017, AgInt no AREsp 1276095/RJ, Rel. Ministro MOURA RIBEIRO, TERCEIRA TURMA, julgado em 28/08/2018, DJe 03/09/2018; DJe 31/10/2017; AgInt no AREsp 1144690/DF, Rel. Ministro LUIS FELIPE SALOMÃO, QUARTA TURMA, julgado em 07/12/2017, DJe 13/12/2017; AgRg no AREsp 673.955/BA, Rel. Ministro NEFI CORDEIRO, SEXTA TURMA, julgado em 27/02/2018, DJe 08/03/2018.

Por fim, o que se poderia alegar para tentar abrandar o rigor desse entendimento, *ad argumentandum tantum*, é se seria a hipótese de aplicação do princípio da fungibilidade recursal, objetivando com isso o recebimento dos *embargos declaratórios* como *agravo em recurso especial* na tentativa de não inviabilizar o seguimento do recurso nesse estágio processual.

Nesse contexto, o que se sabe, é que existem julgados no próprio Superior Tribunal de Justiça que vêm admitindo em algumas hipóteses a fungibilidade entre *embargos de declaração* e *agravo interno* – e não *agravo em recurso especial* –, quando há vícios no julgado e se pretende efeitos infringentes[20].

Diante desse quadro, no entanto, pode surgir o seguinte dilema aos olhos do patrono da causa (*quid iuris*): na hipótese de supostos vícios de fundamentação (i) ingressa-se com embargos declaratórios e corre-se o risco do seu não conhecimento por se tratar de uma decisão que não é *"tão genérica"* à vista dos olhos do julgador – fulminando qualquer futuro recurso pela intempestividade – e anseia sejam admitidos/convertidos os embargos em agravo em recurso especial (fungibilidade) ou, (ii) objetivamente, se opte desde logo pelo manejo do agravo em recurso especial que será inevitavelmente enviado ao Superior Tribunal de Justiça ao menos para o juízo definitivo de admissibilidade? Eis a questão!

Mas não é só; sigamos para os próximos desafios.

4. DECISÃO QUE NEGA SEGUIMENTO AO RECURSO ESPECIAL

Outra importante hipótese que inviabiliza o processamento do recurso especial pelo Tribunal de origem, é a que

20. EDcl no AREsp. 175.781/RS, Rel. Min. BENEDITO GONÇALVES, DJe 22.8.2012; EDcl no AREsp. 101.112/MG, Rel. Min. FRANCISCO FALCÃO, DJe 24.8.2012; EDcl no AREsp. 102.413/SP, Rel. Min. ARNALDO ESTEVES LIMA, DJe 20.8.2012; EDcl no AgRg no AREsp 520.500/PE, Rel. Ministro NAPOLEÃO NUNES MAIA FILHO, DJe 01/04/2019 e EDcl no RE no AgInt nos EDcl no AREsp 1261213/SP, Rel. Ministra MARIA THEREZA DE ASSIS MOURA, DJe 28/02/2019.

nega seguimento ao apelo manejado contra acórdão que esteja em conformidade com entendimento do Superior Tribunal de Justiça exarado no regime de julgamento de recursos repetitivos (art. 1.030, inciso I, letra "*b*" do CPC).

Trata-se de um juízo baseado na sistemática de casos repetitivos (art. 928 do CPC), cuja *ratio* é "produzir a eficácia pacificadora de múltiplos litígios, mediante o estabelecimento de tese aplicável a todos os recursos em que se debata a mesma questão de direito[21]".

A par disso, nos Tribunais locais, o presidente ou ao vice-presidente selecionará 2 (dois) ou mais recursos representativos da controvérsia, que após o encaminhamento dos autos ao Superior Tribunal de Justiça para fins de afetação, determinará, com efeito, "a suspensão do trâmite de todos os processos pendentes, individuais ou coletivos, que tramitem no Estado ou na região, conforme o caso" (art. 1.036, §1º do CPC).

Já no Superior Tribunal de Justiça, o relator sorteado, constatando que se trata efetivamente de litígio gerador de (i) multiplicidade recursos especiais e (ii) com fundamento em idêntica questão de direito, selecionará alguns recursos dessa natureza e os afetarão como representativos da controvérsia.

Ato seguinte, (i) após "identificar com precisão a questão a ser submetida a julgamento" ou (ii) se entender necessário requisitar aos presidentes ou vice-presidentes dos Tribunais de origem a remessa de um – ou mais – recurso representativo da controvérsia, o relator (iii) "determinará a suspensão do processamento de todos os processos pendentes, individuais ou coletivos, que versem sobre a questão e tramitem no território nacional" (art. 1.037, incisos I, II e III do CPC).

Pois bem, julgado então julgado o mérito da causa repetitiva após toda essa sistematização, é corrente o surgimento no juízo *a quo* de admissibilidade de decisão que nega seguimento

21. Theodoro Júnior, Humberto. *Curso de Direito Processual Civil*, Vol. III, 48ª ed. Rio de Janeiro: Forense, 2016, pág. 1138.

a recurso especial com base no art. 1.030, inciso I, letra "*b*" do CPC, quando o acórdão recorrido coincidir com a orientação do Tribunal Superior (art. 1.040, inciso I do CPC).

Por isso, se a parte interessada se insurgir quanto aos seus fundamentos por entender que a tese já fixada no regime de julgamento de recursos repetitivos não se aplica à sua causa, então o recurso cabível é o *agravo interno*, nos termos do art. 1.030, §2º do CPC.

Trata-se de um recurso que deve ser interposto no prazo legal de 15 (quinze) dias úteis[22], em que a parte deve em suas razões impugnar especificamente todos os fundamentos da decisão objurgada[23], dispensado o preparo, nos termos do art. 1.021 do CPC.

Nem se alegue, que eventual manejo de *agravo em recurso especial* ao invés do devido *agravo interno*, viabiliza a conversão daquele neste (fungibilidade), isso porque o Superior Tribunal de Justiça tem vedado categoricamente o retorno dos autos ao Tribunal de origem para que o aprecie como agravo interno, sob o fundamento de se tratar de erro grosseiro[24].

Se não ocorrido esse óbice, portanto, e protocolizado o correto recurso de agravo interno, competirá então ao Tribunal local (Tribunais Regionais Federais ou Tribunais de Justiça) receber e processar o recurso nos termos do seu respectivo regimento interno, cabendo na hipótese juízo de retratação.

---

22. Art. 219. Na contagem de prazo em dias, estabelecido por lei ou pelo juiz, computar-se-ão somente os dias úteis.
Parágrafo único. O disposto neste artigo aplica-se somente aos prazos processuais.

23. No mesmo sentido, é o enunciado 182 da Súmula do Superior Tribunal de Justiça, cujos termos são os seguintes: "É inviável o agravo do art. 545 do CPC que deixa de atacar especificamente os fundamentos da decisão agravada".

24. Nesse sentido: AgInt no AREsp 1255905/SP, Rel. Ministro LÁZARO GUIMARÃES (DESEMBARGADOR CONVOCADO DO TRF 5ª REGIÃO), QUARTA TURMA, julgado em 16/08/2018, DJe 27/08/2018 e AgInt no AREsp 1387784/SP, Rel. Ministro MARCO AURÉLIO BELLIZZE, TERCEIRA TURMA, julgado em 25/03/2019, DJe 28/03/2019.

No entanto, se de fato o recurso especial tiver por objetivo reformar ou anular acórdão que esteja em plena sintonia/conformidade com entendimento do Superior Tribunal de Justiça exarado no regime de julgamento de recursos repetitivos, o agravo interno inexoravelmente não será provido.

Ademais, é importante ressaltar que se o agravo interno for declarado (i) manifestamente inadmissível ou (ii) improcedente *em votação unânime*, o respectivo órgão colegiado, em decisão fundamentada, poderá condenar o agravante a pagar multa ao agravado em montante fixado entre 1 (um) e 5 (cinco) por cento do valor atualizado da causa (art. 1.021, §4º do CPC).

Por outro lado, se realmente os argumentos expostos no recurso justificarem a reforma da decisão, pois dissociados da tese firmada em recurso repetitivo, então o relator – em juízo de retratação – ou o colegiado darão provimento ao recurso de agravo interno viabilizando, com isso, seja feita nova análise de admissibilidade do recurso especial.

Nessa nova fase o presidente ou ao vice-presidente poderá (i) negar seguimento ao recurso especial com base novamente no art. 1.030, inciso I, letra "*b*" do CPC, contanto que a tese firmada em recurso repetitivo seja outra que não a anteriormente aplicada à espécie, (ii) admiti-lo, pois atendidos os pressupostos de admissibilidade recursal ou, (iii) inadmiti-lo, pela ausência do preenchimento dos pressupostos de admissibilidade recursal, situação essa que a partir de agora passamos analisar.

5. DECISÃO QUE NÃO ADMITE O RECURSO ESPECIAL

Outra decisão que pode surgir no juízo provisório de admissibilidade realizado perante os Tribunais Regionais Federais ou Tribunais de Justiça, é a que se funda nos pressupostos recursais de admissibilidade[25]. Será nessa etapa em que o

25. Súmula 123 do STJ. A decisão que admite, ou não, o recurso especial deve ser fundamentada, com o exame dos seus pressupostos gerais e constitucionais.

presidente ou ao vice-presidente do respectivo Tribunal *a quo* verificará "se estão satisfeitas as condições impostas pela lei para que o órgão possa apreciar o conteúdo da postulação[26]", qual seja, o seu mérito.

Diante disso, nos termos do art. 1.030, inciso V do CPC, se *positivo* o juízo decisório – ressalvado como já adiantamos, que o recurso ainda não tenha sido submetido ao regime de julgamento de recursos repetitivos, tenha sido selecionado como representativo da controvérsia ou o tribunal recorrido tenha refutado o juízo de retratação –, o recurso especial, portanto, será remetido ao Superior Tribunal de Justiça e lá chegando se sujeitará aos seus trâmites internos de processamento e julgamento[27] [28].

---

26. Barbosa Moreira, José Carlos. Comentários ao Código de Processo Civil, Vol. V, 15ª ed. Rio de Janeiro: Forense, 2010, pág. 261.

27. RISTJ, Art. 21-E. São atribuições do Presidente antes da distribuição:
(...)
V - não conhecer de recurso inadmissível, prejudicado ou que não tiver impugnado especificamente todos os fundamentos da decisão recorrida;
VI - negar provimento a recurso que for contrário a súmula do Supremo Tribunal Federal ou do Superior Tribunal de Justiça, a acórdão proferido em julgamento de recursos repetitivos ou a entendimento firmado em incidente de assunção de competência;
VII - dar provimento a recurso se a decisão recorrida for contrária a súmula do Supremo Tribunal Federal ou do Superior Tribunal de Justiça, a acórdão proferido em julgamento de recursos repetitivos ou a entendimento firmado em incidente de assunção de competência;
(...)
§ 1º Opostos embargos de declaração contra decisão do Presidente, caberá a ele a sua análise.
§ 2º Interposto agravo interno contra a decisão do Presidente proferida no exercício das competências previstas neste artigo, os autos serão distribuídos, observado o disposto no art. 9º deste Regimento, caso não haja retratação da decisão agravada.

28. RISTJ, art. 255, § 4º Distribuído o recurso, o relator, após vista ao Ministério Público, se necessário, pelo prazo de vinte dias, poderá:
I - não conhecer do recurso especial inadmissível, prejudicado ou que não tiver impugnado especificamente os fundamentos da decisão recorrida;
II - negar provimento ao recurso especial que for contrário a tese fixada em julgamento de recurso repetitivo ou de repercussão geral, a entendimento firmado em incidente de assunção de competência, ou, ainda, a súmula ou jurisprudência consolidada do Supremo Tribunal Federal ou do Superior Tribunal de Justiça;
III - dar provimento ao recurso especial após vista ao recorrido, se o acórdão recorrido for contrário a tese fixada em julgamento de recurso repetitivo ou de repercussão geral, a entendimento firmado em incidente de assunção de competência ou,

De outro lado, se *negativa* a decisão – excepcionada quando fundada na aplicação de entendimento firmado em julgamento de recursos repetitivos –, o recurso será *não admitido* por conta de entendimento de que um ou alguns dos seus pressupostos gerais e constitucionais de admissibilidade não foram satisfeitos.

Diante desse obstáculo, e consoante o que dispões o art. 1.030, §1° do CPC, contra a decisão que inadmite o recurso especial com fundamento no inciso V desse mesmo dispositivo, caberá, portanto, recurso a ser analisado pelo Superior Tribunal de Justiça.

Trata-se, especificamente, do *agravo em recurso especial*[29], cuja petição será dirigida ao presidente ou ao vice-presidente do Tribunal de origem no prazo de 15 (quinze) dias úteis e independentemente do pagamento de custas e despesas postais (artigos 1.003, § 5°; 1.042 *caput* e § 2°, todos do CPC).

Será com o manejo desse recurso, após o contraditório e não havendo retratação (art. 1.042, §§ 3° e 4° do CPC), que se possibilitará ultrapassar o juízo provisório (*a quo*) para que, num outro, o definitivo (*ad quem*), se viabilize novamente o seu processamento.

Com isso, independentemente do específico conteúdo que não admitiu o seguimento do recurso especial, pois não vinculativo, o agravante terá nova chance de demonstrar que houve desacerto nas razões que o fundamentaram.

---

ainda, a súmula ou jurisprudência consolidada do Supremo Tribunal Federal ou do Superior Tribunal de Justiça.
§ 5° No julgamento do recurso especial, verificar-se-á, preliminarmente, se o recurso é cabível. Decidida a preliminar pela negativa, a Turma não conhecerá do recurso; se pela afirmativa, julgará a causa, aplicando o direito à espécie, com observância da regra prevista no art. 10 do Código de Processo Civil.

29. Sobre o assunto, foi editada a Resolução nº 7 de 9 de dezembro de 2010, cujo artigo 1° tem a seguinte redação: Art. 1°. Fica criada a classe processual de agravo em recurso especial (ARESP). Além, no RISTJ, Art. 253. O agravo interposto de decisão que não admitiu o recurso especial obedecerá, no Tribunal de origem, às normas da legislação processual vigente.

Vale destacar, pela oportunidade e em homenagem ao acautelamento processual, acerca do aceite da fungibilidade recursal na hipótese de a parte recorrente manejar no Tribunal de origem *agravo interno* ao invés do *agravo em recurso especial* contra decisão que não admitiu o seguimento do recurso especial.

Esse desacerto, conquanto seja sugestivo que não ocorra, ainda que subsidiado por decisão do Tribunal local que permite a fungibilidade para receber o agravo interno como agravo em recurso especial[30], pode gerar o não conhecimento do recurso sob o fundamento de erro grosseiro.

Isso porque, como se trata de um cenário ainda não decidido à exaustão e, portanto, não pacificado, ao menos até então, e visando dar maior segurança no processamento da causa em prol dos interesses e direito da parte recorrente, cujo julgamento do mérito da questão é o que se busca, a excelência na atuação processual deve ser devidamente prestigiada em seu pleno rigor.

Assim, além da escolha específica e acertada desse recurso, somado ao atendimento das suas particularidades no ato da interposição (juízo competente e prazo), existe uma questão de notável relevância que deve ser muito bem observada nessa fase, qual seja, a necessidade de o patrono da causa em suas razões impugnar *específica* e *suficientemente todos os fundamentos da decisão agravada.*

Frise-se que esse ônus processual é de importância tão eminente que, se a parte recorrente dele não se desincumbir, seu agravo sequer será conhecido pois, incidirá na espécie, o óbice da súmula 182 do STJ, cuja redação é a seguinte:

30. Nos autos do AGRAVO EM RECURSO ESPECIAL Nº 1.018.536, min. Moura Ribeiro, DJe: 07/12/2016, se tem notícia em que a fungibilidade foi admitida no Tribunal de origem, *verbis*: "Em juízo de admissibilidade, a Vice-Presidência do Tribunal Regional Federal da 5ª Região inadmitiu referido apelo nobre com fundamento na incidência da Súmula nº 7 do STJ.
Contra essa decisão, AVELINO e MARIA manejaram agravo interno, recebido como agravo em recurso especial, onde alegaram, em síntese, que não se trata de reexame de matéria de fato, mas tão somente de direito".

"É inviável o agravo do art. 545 do CPC que deixa de atacar especificamente os fundamentos da decisão agravada".

Embora tal enunciado se refira a dispositivo do revogado código processual (CPC/73), há que se observar que ele tem ampla e pacífica aplicabilidade no agravo em recurso especial previsto no art. 1.042 do vigente diploma adjetivo (CPC/15)[31].

Disserta essa orientação acerca da obrigatoriedade de se impugnar *todos* os fundamentos da decisão agravada na hipótese de manejo do agravo em recurso especial interposto contra a decisão do Tribunal de origem que não admite o recurso especial.

Pois bem, não obstante esse já conhecido e pacificado entendimento que com muita frequência vem sendo aplicado nas decisões, destaque-se que a Corte Especial do Superior Tribunal de Justiça, nos autos do EAREsp 831.326/SP, Rel. Ministro JOÃO OTÁVIO DE NORONHA, Rel. p/ Acórdão Ministro LUIS FELIPE SALOMÃO, CORTE ESPECIAL, julgado em 19/09/2018, DJe 30/11/2018, decidiu de maneira mais aprofundada acerca da necessidade de impugnação específica de todos os fundamentos da decisão recorrida em sede de agravo em recurso especial.

Nesse paradigmático julgado, foi definido por esse órgão colegiado especial[32] que a decisão que *não admite* o recurso especial tem como escopo exclusivo a apreciação dos pressupostos de admissibilidade recursal e seu dispositivo é único, mesmo que a fundamentação "*permita concluir pela presença de uma ou de várias causas impeditivas do julgamento do mérito recursal, uma vez que registra, de forma unívoca, apenas a inadmissão do recurso*".

---

31. "Nos termos da Súmula 182 do STJ, é manifestamente inadmissível o agravo em recurso especial que não impugna, especificamente, todos os fundamentos da decisão confrontada". (EDcl no AREsp 614.968/SP, Rel. Ministro NEFI CORDEIRO, SEXTA TURMA, julgado em 18/02/2016, DJe 29/02/2016). No mesmo sentido, AgInt no AREsp 848.189/RS, Rel. Ministro HUMBERTO MARTINS, SEGUNDA TURMA, julgado em 07/04/2016, DJe 15/04/2016, dentre outros.

32. RISTJ, Art. 2º, § 2º A Corte Especial será integrada pelos quinze Ministros mais antigos e presidida pelo Presidente do Tribunal.

Diante dessa premissa o Superior Tribunal de Justiça concluiu – e esse é o exato modo como deve ser observado – que a decisão agravada que inadmite o processamento do recurso especial é *incindível* gerando, com efeito, o dever de o agravante impugná-la na sua integralidade, sob pena, incontinenti, do não conhecimento do agravo em recurso especial.

Não cabe, portanto, a escolha para se impugnar um ou alguns argumentos que foram objeto de análise no juízo de admissibilidade no Tribunal local. O recurso deve infirmar na sua integralidade todos fundamentos adotados como causa de decidir.

As razões, repisa-se, devem ser *específica* e *suficientemente* em relação a todos os fundamentos da decisão agravada, sob pena do insucesso recursal, situação essa consternável e que deve ser totalmente evitada.

6. DECISÃO QUE NEGA SEGUIMENTO E NÃO ADMITE O RECURSO ESPECIAL

Por fim, porém não menos importante, resta-nos pontuar outro desafio que cada vez mais vem ocorrendo no âmbito do juízo de admissibilidade. Trata-se da decisão de inadmissibilidade que além de *negar seguimento* também *não admite* o processamento do recurso especial.

No entanto, vale mais uma vez lembrar que, salvo as hipóteses de casos sujeitos ao regime da sistemática dos recursos repetitivos em que haverá o sobrestamento de recurso que versar sobre essa controvérsia *ainda não decidida* pelo Superior Tribunal de Justiça, o juízo de admissibilidade normalmente será resolvido de duas maneiras: uma referente a acórdão recorrido em conformidade *com tese já firmada* em julgamento repetitivo (art. 1.030, inciso I, letra "*b*" do CPC) e, a segunda, fulcrada no exame dos *pressupostos de admissibilidade* (art. 1.030, inciso V do CPC).

Diante disso, também há que se pontuar que será cada vez mais natural o surgimento de teses definidas pelo Superior

Tribunal de Justiça sob o regime de julgamento de casos repetitivos (art. 1.036 do CPC), motivo pelo qual, não raramente no juízo de admissibilidade de recurso especial será exarada decisão que observa na causa naturezas diversas e independentes.

Por conta desse cenário, a parte recorrente estará então diante de uma decisão com fundamentos autônomos, também chamada de mista, a excepcionar, portanto, a máxima da unirrecorribilidade recursal que se baseia "*na exigência de que cada decisão seja atacada por apenas um recurso*"[33], demandando, com efeito, o manejo simultâneo de dois recursos para essa única hipótese, ambos no prazo de 15 (quinze) dias úteis.

Se se tratar de juízo de inadmissibilidade fundamentado em entendimento baseado em tese já firmada pelo Superior Tribunal de Justiça em julgamento de recursos repetitivos (decisão que *nega seguimento*), o recurso cabível será o *agravo interno* (art. 1.030, inciso I, letra *b* c/c art. 1.030, §2°, do CPC).

Por outro lado, e no mesmo *decisum*, se o juízo de inadmissibilidade decorre da inobservância pelo recorrente dos pressupostos específicos e constitucionais de admissibilidade (decisão que *não admite*), então o recurso cabível será o *agravo em recurso especial* (art. 1.030, inciso V, c/c art. 1.030, §1°, do CPC).

Especificamente quanto a esse assunto, podemos destacar o entendimento firmado na I Jornada de Direito Processual Civil, por meio do enunciado 77, cujos termos são os seguintes:

> *Para impugnar decisão que obsta trânsito a recurso excepcional e que contenha simultaneamente fundamento relacionado à sistemática dos recursos repetitivos ou da repercussão geral (art. 1.030, I, do CPC) e fundamento relacionado à análise dos pressupostos de admissibilidade recursais (art. 1.030, V, do CPC), a parte sucumbente deve interpor, simultaneamente, agravo interno (art. 1.021 do CPC) caso queira impugnar a parte relativa aos recursos repetitivos ou repercussão geral e agravo em recurso especial/extraordinário (art. 1.042 do CPC) caso queira impugnar a parte*

33. Cf. Bernardo Pimentel Souza, *Introdução aos Recursos Cíveis e à Ação Rescisória*, São Paulo: Saraiva, 2014, p.72.

> *relativa aos fundamentos de inadmissão por ausência dos pressupostos recursais.*

Também em sede jurisprudencial, outro não é o entendimento já manifestado pelos nossos Tribunais Superiores a respeito da obrigatoriedade do manejo dos dois recursos de agravo frente uma única decisão, *verbis*:

> AGRAVO INTERNO. RECURSO EXTRAORDINÁRIO COM AGRAVO. RECURSO CONTRA DECISÃO QUE APLICA A SISTEMÁTICA DA REPERCUSSÃO GERAL NA ORIGEM. IMPOSSIBILIDADE. PRECEDENTES. NECESSIDADE DE REEXAME DA LEI INFRACONSTITUCIONAL. INVIABILIDADE. REANÁLISE DOS FATOS E PROVAS DOS AUTOS. SÚMULA 279 DO STF. VIOLAÇÃO AO PRINCÍPIO DA RESERVA DE PLENÁRIO. INEXISTÊNCIA. MERA INTERPRETAÇÃO DA LEI FRENTE AO CASO CONCRETO PELA INSTÂNCIA DE ORIGEM. PRECEDENTES.
>
> *1. Ao proceder ao juízo de admissibilidade de recurso extraordinário com capítulos independentes e autônomos, o Tribunal de origem aplicou precedente formado sob o rito da repercussão geral para algumas questões e óbices de outra natureza para os demais pontos.*
>
> *2. As decisões de admissibilidade com esse perfil têm sido apelidadas de "mistas" (ou "complexas").*
>
> *3. Tais decisões comportam duas espécies de recursos: agravo interno quanto às matérias decididas com base em precedente produzido sob o rito da repercussão geral (CPC, art. 1.030, § 2º); e agravo do art. 544 do CPC/1973 ou do art. 1.042 do CPC/2015 (a depender do momento em que publicada a decisão agravada) quanto aos aspectos resolvidos por outros tipos de fundamentos.*
>
> (...)
>
> (ARE 1017409 AgR, Relator(a): Min. ALEXANDRE DE MORAES, Primeira Turma, julgado em 27/10/2017, PROCESSO ELETRÔNICO DJe-258 DIVULG 13-11-2017 PUBLIC 14-11-2017)
>
> PROCESSUAL CIVIL. AGRAVO INTERNO NO AGRAVO EM RECURSO ESPECIAL. ENUNCIADOS ADMINISTRATIVOS 2 E 3 DO STJ. INTERVENÇÃO DO ESTADO NA PROPRIEDADE. DESAPROPRIAÇÃO POR INTERESSE SOCIAL PARA FINS DE REFORMA AGRÁRIA. INDENIZAÇÃO. APURAÇÃO

> EM LAUDO PERICIAL. CONDENAÇÃO EM JUROS COMPENSATÓRIOS. *JUÍZO DE INADMISSIBILIDADE. INTERPOSIÇÃO CONCOMITANTE DE AGRAVO EM RECURSO ESPECIAL E DE AGRAVO INTERNO. POSSIBILIDADE. CAPÍTULOS DECISÓRIOS COM FUNDAMENTOS DISTINTOS. EXPRESSA PREVISÃO LEGAL.* REEXAME DO FEITO. VIOLAÇÃO A NORMATIVOS FEDERAIS. CRITÉRIOS E METODOLOGIA DO LAUDO PERICIAL. IMPOSSIBILIDADE DE REVISÃO. SÚMULA 07/STJ. CONTEMPORANEIDADE. AVALIAÇÃO JUDICIAL. JURISPRUDÊNCIA DO STJ. PASSIVO AMBIENTAL. DEDUÇÃO DO VALOR NO MONTANTE INDENIZATÓRIO. IMPOSSIBILIDADE. DEFINIÇÃO UNILATERAL. SUJEIÇÃO AO CONTRADITÓRIO. FUNDAMENTAÇÃO INATACADA. SÚMULA 283/STF.
>
> *1. O juízo de admissibilidade negativo feito na origem, quando contiver capítulos decisórios fundados autonomamente no inciso I e II do art. 1.030 do CPC/2015 e também no inciso V do mesmo preceito legal, desafia a interposição concomitante de agravo interno e de agravo em recurso especial, hipótese em que admitida exceção à regra da unirrecorribilidade. Precedente.*
>
> (...)
>
> (AgInt no AREsp 827.564/BA, Rel. Ministro MAURO CAMPBELL MARQUES, SEGUNDA TURMA, julgado em 12/12/2017, DJe 18/12/2017)

Dessa forma, e primeiramente em relação à parte da decisão que se baseou em conformidade *com tese já firmada* em julgamento repetitivo e após o oferecimento de agravo interno, *caberá ao respectivo competente colegiado local*, cumpridas suas formalidades, conforme adrede já pontuado, e caso não ocorra juízo de retratação, decidir a respeito de seu acerto.

Se confirmada a decisão, reitera-se o entendimento da aplicação do direito à espécie pela sistemática dos recursos repetitivos; se reformada, o Tribunal local pode novamente negar seguimento ao recurso especial, contanto que a tese firmada em recurso repetitivo seja outra que não a anteriormente aplicada ou, então, pode partir para a análise da questão sob a ótica do cumprimento (ou não) dos pressupostos específicos e constitucionais de admissibilidade.

Posteriormente, já em relação ao outro trecho da decisão baseado inicialmente na inadmissão do recurso especial pela *inobservância dos pressupostos de admissibilidade* e após o oferecimento do agravo em recurso especial, após cumpridas suas essenciais formalidades, conforme também já exposto, aliado ainda a inocorrência do juízo de retratação, *os autos serão encaminhados à Corte ad quem* onde a causa passará derradeiramente pelo juízo definitivo de admissibilidade.

Com isso, cumpre-se com precisão o rigor do que disposto na legislação e jurisprudência, evitando-se, por conseguinte, óbices – que na verdade não são poucos – nessa delicada e importantíssima fase recursal.

7. CONCLUSÃO

Diante tudo o que foi exposto, denota-se sugestivo, portanto, o aprofundado conhecimento normativo (Constituição Federal, Código de Processo Civil e Regimento Interno do Superior Tribunal de Justiça) aliado à jurisprudência firmada sobre a técnica recursal no âmbito do juízo provisório de admissibilidade do recurso especial, visando, com efeito, seja oportunizada na sua máxima amplitude a análise do mérito recursal pelo Superior Tribunal de Justiça. Isso porque, repisa-se, é o que a parte sucumbente sempre almeja!

8. REFERÊNCIAS

BARBOSA MOREIRA, José Carlos. *Comentários ao Código de Processo Civil*, Vol. V, 15ª ed. Rio de Janeiro: Forense, 2010.

SOUZA, Bernardo Pimentel, *Introdução aos Recursos Cíveis e à Ação Rescisória*, 10ª ed. São Paulo: Saraiva, 2014.

THEODORO JÚNIOR, Humberto. *Curso de Direito Processual Civil*, Vol. III, 48ª ed. Rio de Janeiro: Forense, 2016.

OS REFLEXOS DAS DECISÕES DO SUPREMO TRIBUNAL FEDERAL SOBRE A COISA JULGADA EM MATÉRIA TRIBUTÁRIA

Rogério Hideaki Nomura[1]

Introdução

Um dos temas mais intrigantes e importantes para o sistema jurídico brasileiro, há muito, objeto de discussão pela doutrina e pela jurisprudência, diz respeito à coisa julgada em matéria tributária. Dentre suas questões de maior relevo, destaca-se o seu limite temporal, especialmente, em se tratando de relação jurídica tributária de trato continuado ou sucessivo.

Como é sabido, admite-se que o julgado possua efeitos prospectivos (para o futuro), especialmente, quando o juízo de certeza contido na sentença judicial disser respeito a relações jurídicas que se repetem no tempo, de forma continuada. Exemplo desta espécie de vínculo jurídico encontra-se fartamente no campo tributário, como o ICMS, o ISSQN, as contribuições previdenciárias, dentre outras exações fiscais.

---

1. Mestre em Direito pela PUC/SP. Especialista em Direito Processual Civil pela PUC/SP. Especialista em Direito Tributário pelo IBET. Juiz do Tribunal de Impostos e Taxas do Estado de São Paulo. Professor Universitário. Advogado em São Paulo.

Assim, um contribuinte que detém decisão de mérito transitada em julgada, na qual foi declarada, incidentalmente, a inconstitucionalidade de uma norma jurídica, e a consequente inexistência de relação jurídica tributária com determinado Ente Político tributante, por certo, se beneficiará deste julgado relativamente aos fatos posteriores àquela decisão, ao menos, enquanto se mantiverem as circunstâncias de fato e de direito expostos na respectiva demanda.

Entretanto, se para tal situação não se verificam maiores discordâncias, há, por outro lado, divergências a respeito da influência que as decisões do Supremo Tribunal Federal, exaradas em controle de constitucionalidade, exercem sobre os efeitos prospectivos das sentenças de mérito, já transitadas em julgado, proferidas em demandas individuais e que tenham decidido de modo contrário àquele afirmado posteriormente pela Suprema Corte.

Interessa-nos, portanto, analisar o comportamento da coisa julgada, ou, propriamente, dos efeitos da sentença de mérito já transitada em julgado diante de decisões proferidas posteriormente pelo Supremo Tribunal Federal em controle de constitucionalidade difuso e concentrado, a partir de breve retomada de alguns temas fundamentais norteadores, quais sejam: Segurança Jurídica; princípio da igualdade; e limite temporal da coisa.

1. Segurança jurídica e princípio da igualdade

Uma das principais conquistas do Estado de Direito é a noção de segurança jurídica, a qual, considerada como sobreprincípio, firma-se não só no princípio da igualdade, mas também no princípio da certeza jurídica.

Dentre as noções ou manifestações possíveis de segurança jurídica, destaca-se a proteção da confiança e da boa-fé, consistentes na garantia conferida ao cidadão contra modificações substanciais inesperadas, bem como na manutenção dos atos da administração, seja pelo decurso de tempo ou pela sua prática reiterada.

HUMBERTO ÀVILA, em relevante estudo sobre a proteção da confiança como manifestação de segurança jurídica, assim assevera:

> Os atos administrativos funcionam como instrumentos garantidores de segurança de orientação e, precisamente por isso, não podem deixar de proteger a confiabilidade inerente ao seu próprio funcionamento.
>
> (...)
>
> Pode ocorrer que a Administração não tenha editado formalmente um ato administrativo, todavia tenha, durante um período, tornado visível seu entendimento geral sobre determinada matéria. Os argumentos utilizados para justificar a proteção excepcional da confiança relativamente aos atos normativos servem para explicar a sua garantia relativamente à prática administrativa: também nesse caso – ainda que mais excepcionalmente, dada a falta de formalização e de publicação, que produzem uma maior confiabilidade à base normativa – pode haver proteção da confiança do contribuinte, desde que, porém, tenha havido, de sua parte, disposição dos seus direitos de liberdade e de propriedade com base na prática administrativa.
>
> (...)
>
> Os atos administrativos individuais, dirigidos a determinados contribuintes, criam uma 'relação de confiança', na medida em que conotam uma 'pessoalidade'. A maior proximidade entre o Poder Público e o cidadão também instaura um compromisso entre eles e, por consequência, gera um dever de lealdade: o descumprimento de um compromisso é causa de deslealdade, a seu turno, violadora do princípio da moralidade administrativa. Exatamente em decorrência dessa proximidade é que se fala, no caso dos atos e dos contratos administrativos, em dever de boa-fé administrativa: a relação de proximidade entre Estado e contribuinte cria deveres recíprocos de lealdade que restringem ou que atenuam as próprias exigências de legalidade e de previsibilidade.[2]

Como se vê, o Estado não pode revogar ou rever livremente seus atos, ainda que sejam contrários ao Direito, pois, quanto maiores forem a aparência e legitimidade do ato, a influência comportamental dele decorrente e a proximidade de sua eficácia no tempo, maiores serão as razões para a sua manutenção.[3]

---

2. *Teoria da Segurança Jurídica*, p. 458-477.

3. De fato, conforme afirma HUMBERTO ÁVILA, "não se pode decretar a nulidade

E a mesma proteção da confiança que se impõe aos atos administrativos em geral, também se aplica às decisões judiciais, cuja concretização, na nossa compreensão, pode se dar pela adoção de fundamentação suficiente e racional e pela proibição de mudanças jurisprudenciais retroativas que atinjam confianças legítimas.

Por estas breves linhas, é possível perceber que a segurança jurídica, a partir das manifestações acima tratadas, vale dizer, poucas de tantas outras que dela se pode extrair, sem dúvida, é uma das principais conquistas do Estado de Direito.

Assim, dada a sua inegável posição de preeminência em nosso ordenamento jurídico, porque elevada ao grau máximo pela nossa Constituição, a doutrina qualifica a segurança jurídica como sobreprincípio, não só por portar valores, mas também por realizar-se por outros princípios (ou subprincípios)[4].

---

de uma atuação administrativa pelo simples fato de que ela é, do ponto de vista formal, contrária ao Direito. Porque os direitos fundamentais e os princípios relacionados à atuação estatal são os fundamentos da aplicação reflexiva do princípio da segurança jurídica, é preciso ultrapassar a perspectiva meramente estatal e normativa em favor de uma perspectiva baseada na disposição dos contribuintes e na atuação séria, legal e justificada da administração". (*Teoria da Segurança Jurídica*, 3ª ed. rev., atual. e ampl., São Paulo: Malheiros Editores, 2014, p. 476)

4. Esta também é a lição de ROQUE ANTONIO CARRAZZA, *verbis*: "É certo que o princípio (ou sobreprincípio) da segurança jurídica é implícito. Mas é igualmente certo que todo o ordenamento jurídico milita no sentido de fazê-lo valer. (*Curso de Direito Constitucional Tributário*, 30ª ed. rev., atual. e ampl., São Paulo: Malheiros Editores, 2015, nota de rodapé 41, p. 481). PAULO DE BARROS CARVALHO também ensina que "Há 'princípios' e 'sobreprincípios' isto é normas jurídicas que portam valores importantes e outras que aparecem pela conjunção das primeiras. Vejamos logo um exemplo: a isonomia das pessoas politicas de Direito Constitucional interno tem importante repercussão no setor das imposições tributárias. Não há, contudo, formulação expressa que lhe corresponda no texto do Direito Positivo. Emerge pelo reconhecimento de outras normas que, tendo a dignidade de princípios, pelo *quantum* de valor que carregam consigo, fazem dele um 'sobreprincípio'. Realiza-se pela atuação de outros princípios. [...]. A segurança jurídica é, por excelência, um sobreprincípio. Não temos notícia de que algum ordenamento a contenha como regra explícita. Efetiva-se pela atuação de princípios, tais como a da legalidade, da anterioridade, da igualdade, da irretroatividade, da universalidade da jurisdição e outros mais" (*O princípio da segurança jurídica em matéria tributária*, Revista de Direito da Faculdade de Direito da Universidade de São Paulo, v. 98, 2003, p. 173-175. Disponível em: www.revistas.usp.br. Acesso em: 23/11/2015).

E dentre os princípios que efetivam a segurança jurídica, põe-se aqui em destaque, ao lado de outros não menos importantes, o princípio da igualdade, o qual, a par de ser expressão da democracia[5], constitui um dos principais instrumentos de concretização da almejada previsibilidade e estabilidade do ordenamento jurídico.

O princípio da igualdade ou da isonomia, também considerado como um dos pilares da segurança jurídica está previsto na Constituição Federal de 1988, no *caput* do art. 5º e no seu inciso I.[6]

A compreensão do que vem a ser o princípio da igualdade ou da isonomia deflui, como anota Manoel Gonçalves Ferreira Filho, decorre do exato entendimento do que é lei, de modo que o conceito de igualdade está implícito nos caracteres de generalidade e abstração que a doutrina clássica vê como inerentes à lei.[7]

Neste sentido, percucientes são as lições de ELIZABETH NAZAR CARRAZZA:

> Sem igualdade não se pode falar em democracia. Sem igualdade não há república. É princípio constitucional de onde parte a fundamentação necessária da validade de todas as leis – pelo que não podem estas olvidar daquele – ao mesmo tempo em que sua *força dominadora* acaba mediando e limitando a interpretação dos textos legais, consubstanciando a necessidade de que as leis sejam isônomas e que sua interpretação leve tais postulados até

5. MANOEL GONÇALVES FERREIRA FILHO assim anota: "Embora não sejam, *stricto sensu*, direitos políticos, os princípios da igualdade e legalidade, com os direitos que deles decorrem, são expressão direta de um regime político, qual seja, a democracia. O mesmo, aliás, se pode dizer do princípio de proteção judiciária, pouco encarecido pelos autores nacionais mas de importância capital" (*Curso de Direito Constitucional*, 39ª ed. rev. e atual., São Paulo: Saraiva, 2013, p. 313).

6. Art. 5º Todos são iguais perante a lei, sem distinção de qualquer natureza, garantindo-se aos brasileiros e aos estrangeiros residentes no País a inviolabilidade do direito à vida, à liberdade, à igualdade, à segurança e à propriedade, nos termos seguintes: I - homens e mulheres são iguais em direitos e obrigações, nos termos desta Constituição;

7. *Estado de direito e estado legal*, Revista de Direito Administrativo, Rio de Janeiro, v. 157, p. 14-44, jan. 2015. ISSN 2238-5177. Disponível em: http://bibliotecadigital.fgv.br/ojs/index.php/rda/article/view/44119>. Acesso em: 12 Abr. 2017. doi: http://dx.doi.org/10.12660/rda.v157.1984.44119.

> as últimas consequências no plano concreto de aplicação.[8] (destaque do autor)

De fato, se a lei é fruto da democracia e verdadeiro instrumento de proteção dos interesses coletivos comuns – e obstáculo aos interesses unicamente do poder público – a igualdade constitui inegável norte para criação e aplicação concreta das normas jurídicas, vale dizer, únicas fontes limitadoras da vida em sociedade.

Seria como que a igualdade impusesse, antes, a criação de normas abstratas (ou impessoais), genéricas (sem discriminações arbitrárias) e irretroativas (para o futuro), cuja lei, vigente e válida em dado sistema, constitui o único instrumento apto a influir, positiva ou negativamente, no comportamento dos indivíduos e no poder do Estado.

A igualdade, portanto, como afirmado por GERALDO ATALIBA, é "a primeira base de todos os princípios constitucionais e condiciona a própria função legislativa, que é a mais nobre, alta e ampla de quantas funções o povo, republicamente, decidiu criar".[9]

A expressão *todos são iguais perante a lei* contida no caput do art. 5º da Constituição Federal, a par das distinções de ordem formal e material que a doutrina comumente destaca[10], é entendida correntemente no sentido de que a igualdade não deve ser empregada como instrumento de discriminação, privilegiando-se alguns por conta da sua classe social.[11]

---

8. *IPTU e Progressividade - Igualdade e Capacidade Contributiva*, 2ª ed. reformulada e atualizada, São Paulo: Quartier Latin, 2015, p. 31.

9. *República e Constituição*, 3ª ed., Rosolea Miranda Folgosi (atualiz.), São Paulo: Malheiros Editores, 2011, p. 159.

10. JOSÉ AFONSO DA SILVA anota que no Direito estrangeiro costuma-se fazer distinções entre a igualdade *perante* a lei e a igualdade *na* lei. No primeiro, a aplicação da norma jurídica ocorreria tal como prevista, abstraindo-se eventuais discriminações nela contidas, caracterizando uma isonomia puramente formal. No segundo (igualdade na lei), exige-se que nas normas jurídicas não hajam distinções que não tenham sido autorizadas constitucionalmente, caracterizando assim, a isonomia material (*Curso de Direito Constitucional Positivo*, 23ª ed. rev. e atual., São Paulo: Malheiros Editores, 2004, p. 214).

11. Sobre isso, ELIZABETH NAZAR CARRAZZA ensina: "Não mais se aceita o

De fato, busca-se, atualmente, a igualdade material, consistente no tratamento igualitário de todos na medida de suas respectivas igualdades e desigualdades. Ao mesmo tempo em que se conferem os mesmos ônus e as mesmas vantagens em situações idênticas, atribui-se encargos e benefícios diversos para situações distintas.

Ou, como consignado na célebre expressão de Rui Barbosa em *Oração dos Moços*, inspirado na lição secular de Aristóteles: *tratar igualmente os iguais e desigualmente os desiguais na medida de suas desigualdades*.

Realmente, como observado por CELSO ANTÔNIO BANDEIRA DE MELLO, a "lei não deve ser fonte de privilégios ou perseguições, mas instrumento regulador da vida social que necessita tratar equitativamente todos os cidadãos. Este é o conteúdo político-ideológico absorvido pelo princípio da isonomia e juridicizado pelos textos constitucionais em geral, ou de todo modo assimilado pelos sistemas normativos vigentes".[12]

A par do estado ideal das coisas que o princípio da igualdade anela, é cediço que no mundo real não existe igualdade absoluta, já que diferenças existem, por serem decorrentes da

emprego da igualdade como instrumento de discriminação. Pelo contrário, quer se parta de um conceito negativo de igualdade (originado logo após os movimentos revolucionários, que buscaram derrubar os regimes autoritários e, com eles, os privilégios da aristocracia e toda ordem de regalias atribuídas a determinadas classes), quer de um conceito positivo (com conteúdo definido de tratamento isônomo de todos aqueles que se encontrem em determinada situação), não se aceita simplesmente que o princípio da igualdade esteja sendo observado quando os membros de uma determinada classe social são tratados de modo igual, nos seus privilégios. Este, positivamente, não é o real conteúdo do princípio da isonomia" (*IPTU e Progressividade - Igualdade e Capacidade Contributiva*, 2ª ed. reformulada e atualizada, São Paulo: Quartier Latin, 2015, pp. 34-35). No mesmo sentido, KLAUS TIPKE assim assevera "O princípio da igualdade é inimigo de privilégios; tem uma característica igualitária. Volta-se contra prerrogativas de uma casta, de uma classe, de uma nacionalidade, de uma religião ou raça; volta-se também contra o feudalismo, contra o aristocrático *quod licet, non licet bovi*" (*Princípio de Igualdade e Ideia de Sistema no Direito Tributário*, In: MACHADO, Brandão (coord.). Direito Tributário – Estudos em homenagem ao Prof. Ruy Barbosa Nogueira, São Paulo: Dialética, 1984, p. 517).

12. *Conteúdo Jurídico do Princípio da Igualdade*, 3ª ed. 22ª tiragem, São Paulo: Malheiros, 2013, p. 10.

própria natureza. No entanto, cabe ao Estado amenizar as diferenças tidas por ilegítimas.

É certo também que o princípio da igualdade não significa que a lei deva tratar todos de forma *integralmente* iguais entre si, mas igualmente a partir de certos aspectos considerados pela norma, vale dizer, desde que legítimos.

Dito por outras palavras, as pessoas podem ser consideradas iguais por certos aspectos *essenciais*, ainda que se diferenciem por outras condições.

Daí dizer, segundo anota SEABRA FAGUNDES, que "os conceitos de igualdade e desigualdade são relativos, impõem a confrontação e o contraste entre duas ou várias situações, pelo que onde uma só existe não é possível indagar de tratamento igual ou discriminatório".[13]

Aliás, por vezes, a distinção se faz necessária para que pessoas que se encontrem em situações desiguais não sejam tratadas do mesmo modo, o que, por certo, resultaria em inegável injustiça.

É o que ocorre no Direito Tributário, em que a situação econômica do contribuinte poderá constituir fator de distinção para fins de aplicação do princípio da capacidade contributiva[14].

---

13. *O princípio constitucional da igualdade perante a lei e o poder legislativo.* Revista de Direito Administrativo, Rio de Janeiro, v. 41, p. 1-12, jan. 1955. ISSN 2238-5177. Disponível em: <http://bibliotecadigital.fgv.br/ojs/index.php/rda/article/view/14874/13774>. Acesso em: 14 Abr. 2017. doi:http://dx.doi.org/10.12660/rda.v41.1955.14874.

14. ELIZABETH NAZAR CARRAZZA bem demonstra a íntima relação entre os princípios da capacidade contributiva e da isonomia: "a igualdade demanda uma complementação de seu conteúdo, enquanto modelo de aplicação do Direito – conteúdo este que será dado pelo princípio da capacidade contributiva, determinando o critério de repartição dos encargos fiscais. (*IPTU e Progressividade - Igualdade e Capacidade Contributiva*, 2ª ed. reformulada e atualizada, São Paulo: Quartier Latin, 2015, p. 79). RENATO LOPES BECHO, por sua vez, afirma que "O princípio da isonomia tributária sofreu evolução no seu entendimento para passar a determinar que a lei deve dar tratamento iguais aos iguais, mas desigual aos desiguais. Se não fosse assim, estaria vedada a instituição de alíquotas diferenciadas de tributos como o Imposto de Renda, que tributa diferentemente as diversas faixas de renda. Por isso, também, uma proposta de alteração legislativa, ainda que por emenda constitucional, que viesse a instituir uma única alíquota para o Imposto sobre a renda – por mais cômodo que possa ser para fins de administração e arrecadação

Registre-se ainda, que não só o legislador é o destinatário do princípio da igualdade, mas também a autoridade administrativa e o juiz, os quais, sendo aplicadores de normas jurídicas, devem fazê-lo com isonomia.

JOSÉ AFONSO DA SILVA[15] chega a salientar que a existência do *princípio da igualdade jurisdicional*, o qual funcionaria como interdição ao juiz de fazer distinção entre situações iguais ao aplicar a lei, e como interdição destinada ao legislador ao editar leis que acabem por fazer distinção em situações idênticas ou conferir tratamento igual a situações desiguais.

Portanto, o princípio da igualdade possui função essencial no ordenamento jurídico, na medida em que orienta não só a criação da lei, mas também a sua aplicação concreta, constituindo assim, instrumento essencial de consecução da desejada segurança jurídica.

2. Eficácia temporal da coisa julgada e a cláusula *rebus sic stantibus*

Inobstante os efeitos (material, formal, positivo e negativo) e os limites (objetivos e subjetivos) que a coisa julgada produz e impõe, especificamente sobre o aspecto temporal da *res judicata*, o art 505 do CPC/2015 estabelece que nenhum juiz decidirá novamente as questões já decididas relativas à mesma lide, salvo se: *tratando-se de relação jurídica de trato continuado, sobreveio modificação no estado de fato ou de direito, caso em que poderá a parte pedir a revisão do que foi estatuído na sentença.*

A primeira observação que deve ser feita sobre o dito dispositivo é que ele não trata de exceção à coisa julgada, muito

---

tributárias, a cargo do Poder Executivo – seria inconstitucional, por ferir o princípio da isonomia tributária. Como está consolidado em nossa cultura jurídica, deixar de tratar diferentemente é ferir o princípio da isonomia". (*Lições de Direito Tributário: Teoria Geral e Constitucional*, 2ª ed. São Paulo: Saraiva, 2014, p. 412.).

15. *Curso de Direito Constitucional Positivo*, 23ª ed. rev. e atual., São Paulo: Malheiros Editores, 2004, p. 217.

menos, contrapõe o que estabelece o artigo 502[16] do CPC/2015. Prevê, a bem da verdade, a possibilidade de *revisão* do que fora anteriormente decidido na hipótese de alteração das circunstâncias de fato ou de direito, de uma relação jurídica continuativa, que se baseou a sentença transitada em julgado.

Neste sentido, cite-se o magistério de CANDIDO RANGEL DINAMARCO:

> A vinculação pela coisa julgada material atinge os efeitos das condenações para o futuro em geral, entre as quais que dispõem sobre as obrigações de trato sucessivo. É, porém, indispensável ressalvar as peculiaridades ao conteúdo substancial dessas sentenças, cujo momento declaratório se refere a obrigações ainda não exigíveis, porque vincendas e não vencidas. Ordinariamente é inadmissível o julgamento sobre obrigações futuras, ou ainda inexigíveis, carecendo de ação por falta de interesse-necessidade aquele que viesse a juízo com uma pretensão a obter condenação a satisfazê-las. A lei, todavia, fundada em razões pragmáticas de aceleração da tutela jurisdicional, abre caminho para que sejam objeto de julgamento e possível condenação certas obrigações futuras que de algum modo estejam entrelaçadas com obrigações existentes e exigíveis no presente.[17]

E continua o referido doutrinador:

> Nessas situações, o juiz é autorizado a proferir sentença condenatória cujo primeiro momento lógico-substancial tem por conteúdo a declaração de obrigações já exigíveis, em associação a outras ainda inexigíveis, mas que *provavelmente* não seriam cumpridas voluntariamente pelo obrigado à medida que se fossem vencendo. A autorização a proferir sentença para o futuro é concedida, portanto, em contemplação de inadimplementos prováveis, posto que futuros.[18]

---

16. Art. 502. Denomina-se coisa julgada material a autoridade que torna imutável e indiscutível a decisão de mérito não mais sujeita a recurso.

17. *Instituições de Direito Processual Civil*, v. III, 6ª ed. rev. e atual., São Paulo: Malheiros Editores, 2009, p. 316.

18. DINAMARCO, Candido Rangel, ob. cit., p. 317.

Exemplo clássico citado pela doutrina é o caso da sentença que condena o pai a pagar alimentos ao filho de um salário-mínimo, cuja fixação se baseou na situação econômico-financeira do genitor na época. Posteriormente à decisão, ocorre substancial modificação da capacidade financeira do pai de modo a permitir a elevação da pensão fixada na sentença transitada em julgado. Neste caso, relativamente à decisão que transitou em julgado, ela se mantém íntegra, mas o ordenamento jurídico, diante da alteração da situação de fato do pai, permite que o filho proponha nova demanda para aumentar o valor da respectiva pensão, já que se trata de nova causa de pedir, vale dizer, diverso da demanda anterior.

Com efeito, a propositura de nova demanda pelo filho requerendo a elevação da pensão alimentícia (pedido) anteriormente fixada pela sentença transitada em julgado, por conta da modificação substancial da capacidade financeira do pai (causa de pedir baseada na alteração do estado de fato), não poderá ser obstada em razão da coisa julgada formada na decisão originária. Tal entendimento aplica-se também para alteração do pedido ou das partes.[19]

No âmbito tributário aplica-se o mesmo raciocínio, como na hipótese em que tenha sido reconhecida, por decisão judicial transitada em julgado, a inexistência de relação jurídica tributária do ICMS incidente sobre produtos industrializados objetos de exportação, em face da imunidade prevista no art. 155, §2º, inciso X, letra "a", da Constituição Federal de 1988.[20]

---

19. A corroborar tal assertiva, CASSIO SCAPINELLA BUENO assim assevera: "À mesma conclusão é possível chegar tendo presente que a alteração dos fatos ou do direito é, por si só, suficiente para alterar a *causa de pedir* e, neste sentido, viabilizar o início de um *novo* processo, porque *qualitativamente* diverso do anterior, em cuja decisão recaiu a coisa julgada. O mesmo raciocínio deve ser empregado para os casos em que houver alteração do *pedido* ou das *partes* sobre as quais operou-se a coisa julgada anterior. Em todas estas situações, porque de nova 'demanda' se trata, não há como entender que a coisa julgada anterior seja óbice a uma *nova* e *diversa* manifestação do Estado-juiz" (*Curso Sistematizado de Direito Processual Civil: Procedimento Comum: ordinário e sumário*, 2 : Tomo I, 6ª ed. rev., atual. e ampl., São Paulo: Saraiva, 2013, p. 381).

20. Sobre isso, o então Ministro do Superior Tribunal de Justiça, Luiz Fux, ao julgar o Recurso Especial nº 875.635/MG, assim observou: "(...) Deveras, a coisa julgada

Cite-se também o caso da Lei nº 7.689/1988 - que instituiu a Contribuição Social sobre o Lucro Líquido – a qual, inobstante as alterações posteriores promovidas pelas Leis nºs 7.856/1989, 8.034/1990, 8.212/1991 e 8.383/1991, foi declarada constitucional pelo Supremo Tribunal Federal quando do julgamento da ADIN nº 15/DF.

Saliente-se, por oportuno, que nos casos como tais, vale dizer, que se permite a revisão da sentença transitada em julgado por conta da modificação posterior do estado de fato ou de direito, não se trata de mitigação ou atenuação da coisa julgada, mas sim, cessação da eficácia da decisão em razão da alteração superveniente do objeto do julgado.

Se uma decisão se baseia nas circunstâncias de fato e de direito suscitados pelas partes na demanda, o comando naquela contida (norma jurídica concreta emanada pelo Estado-juiz) atua enquanto subsistentes aquelas circunstâncias. Mas, alteradas estas, o respectivo comando deixa de atuar se o fato ou direito analisado pela decisão desaparecerem ou se alterarem.

---

material, entendida como a imutabilidade do dispositivo da decisão e seus efeitos, incide sobre determinada relação jurídica de direito substancial, que constitui o objeto do processo, de forma que, para sua configuração, imperiosa é a identidade de partes, pedido e causa de pedir entre duas lides. (...) Destarte, conquanto seja de sabença que o que faz coisa julgada material é o dispositivo da sentença, faz-se mister ressaltar que o pedido e a causa de pedir, tal qual expressos na petição inicial e adotados na fundamentação do *decisum*, integram a *res judicata* , uma vez que atuam como delimitadores do conteúdo e da extensão da parte dispositiva da sentença. Dessa forma, enquanto perdurar a situação fático-jurídica descrita na causa de pedir, aquele comando normativo emanado na sentença, desde que esta transite em julgado, continuará sendo aplicado, protraindo-se no tempo, salvo a superveniência de outra norma em sentido diverso, o que inocorreu *in casu*. (...) Deveras, é autorizado inferir que os limites da coisa julgada devem ser compreendidos sempre em relação ao objeto do processo - causa de pedir e pedido - que, fundando-se em elementos permanentes e imutáveis da relação jurídica de direito tributário material, faz com que a autoridade dos efeitos da coisa julgada seja estendida aos eventos vindouros, perdurando no tempo enquanto se mantiverem inalterados o direito e o suporte fático sobre os quais foi estabelecido o juízo de certeza.
Isto porque tem-se por reconhecido um determinado regime jurídico - como sói ser a situação de não-incidência do ICMS sobre produtos industrializados destinados à exportação, por expressa previsão constitucional - o qual perdurará como norma válida do sistema, até a superveniência de norma jurídica que altere essa situação fática". (destaque do original) (Disponível em: www.stj.jus.br, acesso em: 04 jul 2017).

Neste sentido, eis as lições de ENRICO TULLIO LIEBMAN:

> Ora, se é certo, primeiramente, que a possibilidade da acenada mudança se verifica só para as sentenças dispositivas que se referem a uma relação continuativa, cujos elementos sejam por sua natureza variáveis; em segundo lugar, é certo, igualmente, que também para elas a coisa julgada se forma como para todas as outras sentenças e vale enquanto permaneçam inalteradas as condições da relação, só se tornando possível uma mudança quando e na medida em que variam as circunstâncias que determinaram a decisão.
>
> Mas será que isso signifique uma atenuação dos princípios da coisa julgada? A mim me parece que não. De certo modo todas as sentenças contêm implicitamente a cláusula *rebus sic stantibus*, enquanto a coisa julgada não impede absolutamente que se tenham em conta os fatos que intervierem sucessivamente à emanação da sentença: por exemplo, se o devedor paga a soma devida, perde a condenação todo o valor. Outra coisa não acontece para os casos ora considerados, nos quais, tratando-se de uma relação que se prolonga no tempo, e dizendo a decisão ser determinada pelas circunstâncias concretas do caso, a mudança deste justifica, sem mais, uma correspondente adaptação da determinação feita precedentemente, o que será uma aplicação, e numa uma derrogação dos princípios gerais e nenhum obstáculo encontrará na coisa julgada".[21]

Portanto, nas relações jurídicas continuativas a coisa julgada possui, de fato, um limite temporal indeterminado, já que os respectivos efeitos da decisão de mérito permanecerão atuando enquanto mantidas as circunstâncias de fato e de direito que lastrearam a conclusão judicial.

3. A influência das decisões de mérito exaradas pelo Supremo Tribunal Federal em controle difuso ou abstrato de constitucionalidade, sobre as decisões de mérito transitadas em julgado proferidas pelos demais órgãos judiciais

---

21. *Eficácia e autoridade da sentença e outros escritos sobre a coisa julgada*, Tradução de Alfredo Buzaid e Benvindo Aires, Tradução dos textos posteriores à edição de 1945 com notas relativas ao direito brasileiro vigente de Ada Pellegrini Grinover, 4ª ed. 2ª tiragem, Rio de Janeiro: Forense, 2007, p. 27-28.

O ordenamento jurídico processual estabelece que a decisão de mérito, em regra, opera efeitos para o passado, na medida em que o juízo de valor realizado pelo Estado-juiz cinge-se sobre fatos já efetivamente ocorridos.

Admite-se, porém, que a eficácia do julgado atinja eventos futuros, em especial, na hipótese de situação jurídica concreta e presente, mas de caráter permanente ou duradouro.

Neste sentido, mantidas as circunstâncias de fato e de direito que se baseou o Estado-juiz para reconhecer a incidência ou não de uma norma jurídica sobre determinado fato, a respectiva decisão de mérito surtirá efeitos também para o futuro, ao menos, até que se mantenham aquelas situações bases.

É que, como já tratado anteriormente, "a força do comando judicial tem uma condição implícita, a da *cláusula rebus sic stantibus*, a significar que ela atua enquanto se mantiverem íntegras as situações de fato e de direito existentes quando da prolação da sentença".[22]

Seria o caso, por exemplo, de um contribuinte que, acometido por doença, obtém decisão de mérito que lhe reconheça o direito ao não recolhimento do imposto sobre a renda enquanto perdurar a moléstia. Sobrevindo a cura completa após o trânsito em julgado da respectiva decisão, a força vinculativa desta cessará, em razão da alteração da situação de fato (cura da doença).

Cite-se também o caso de uma empresa contribuinte do ISSQN que obtém decisão de mérito reconhecendo a impossibilidade da tributação sobre um serviço não contemplado pela respectiva lista anexa à Lei Complementar n° 116/2003. Após o trânsito em julgado da sentença, o serviço que antes não era previsto como passível de tributação passa a ser tributado por conta de alteração normativa. Neste caso, modificada a situação de direito (inclusão do serviço questionado na dita

22. ZAVASCKI, Teori Albino, *Eficácia das Sentenças na Jurisdição Constitucional*, 4ª ed. rev., atual. e ampl., São Paulo: Revista dos Tribunais, 2017, p. 105.

lista anexa), a força vinculativa do julgado cessará, passando a empresa a se submeter ao recolhimento do dito imposto.

Dessa forma, alteradas as situações de fato e de direito, a cessação dos efeitos do comando contido na sentença transitada em julgado se dará de forma automática e imediata, dispensando-se assim, a revisão daquele julgado.

Nestas circunstâncias, não há que se falar em violação à coisa julgada, já que, por expressa previsão legislativa (art. 505[23] do CPC/2015), permite-se a revisão do que foi anteriormente decidido em razão da alteração dos fatos ou do direito em que se baseou o Estado-juiz para exarar o comando contido na sentença de mérito.

Por outro lado, há situações em que, declarada *incidentalmente* a constitucionalidade ou a inconstitucionalidade de uma norma jurídica tributária em demanda individual, e transitada em julgado a respectiva decisão, sobrevém sentença de mérito proferida pelo Supremo Tribunal Federal, via controle difuso ou concentrado, em sentido contrário àquela decisão.

Neste caso, constituindo típica modificação do estado de direito, o posicionamento final do Supremo Tribunal Federal exerce substancial influência sobre as decisões de mérito transitadas em julgado. Senão, vejamos.

A norma contida no comando sentencial decorrente da análise de um dado caso concreto, se transitada em julgado, terá efeitos *ex tunc* e força vinculante apenas às partes litigantes do processo, não prejudicando terceiros (artigo 506 do CPC/2015).

É dizer, o reconhecimento da inexistência de relação jurídica tributária decorrente da declaração *incidental* de inconstitucionalidade de uma norma jurídica, vincula apenas as

---

23. Art. 505. Nenhum juiz decidirá novamente as questões já decididas relativas à mesma lide, salvo: I - se, tratando-se de relação jurídica de trato continuado, sobreveio modificação no estado de fato ou de direito, caso em que poderá a parte pedir a revisão do que foi estatuído na sentença; II - nos demais casos prescritos em lei.

partes litigantes do processo, cujos efeitos do comando contido na sentença retroagirão, afastando, portanto, a incidência da respectiva norma sobre os fatos pretéritos, mas com possibilidade de albergar fatos futuros (se idênticos os fatos e o direito suscitados pelas partes do processo).

Já no âmbito do Supremo Tribunal Federal, as decisões proferidas em controle difuso ou abstrato de constitucionalidade possuem efeitos distintos das decisões emanadas pelos demais órgãos do Poder Judiciário.

No exercício da sua competência constitucional, o Supremo Tribunal Federal, ao realizar o controle de constitucionalidade (difuso ou concentrado) de uma determinada norma jurídica, o faz partindo apenas da análise da norma *abstratamente* considerada frente à Constituição Federal, cujos efeitos da decisão de mérito transitada em julgado serão *ex tunc* e *erga omnes*.[24]

E aqui reside o primeiro e importante ponto definidor da prevalência do comando contido nas decisões proferidas pelo Suprema Corte sobre aqueles constantes nas sentenças emanadas pelos órgãos judiciários inferiores. Trata-se da abrangência da força normativa contida em cada uma das respectivas decisões.

Com efeito, as sentenças proferidas pelo Supremo Tribunal Federal, resultante da análise abstrata da norma, possuem eficácia *ultra partes* e *ex tunc*, sendo certo que o respectivo comando sentencial não se destina a regular um específico caso concreto, mas sim, estabelecer um comando abstrato aplicável a um conjunto indefinido de situações e de pessoas.

---

24. O efeito vinculante da decisão que declara inconstitucional uma norma jurídica em sede de controle difuso, depende da publicação da resolução do Senado Federal, nos termos do artigo 52, X, da CF/88. Na hipótese de declaração de inconstitucionalidade em sede de recurso extraordinário com repercussão geral, em razão da transcendência dos interesses das partes litigantes, a respectiva decisão de mérito vinculará todas as instâncias judiciais inferiores e os órgãos da administração pública. Em relação à declaração de inconstitucionalidade realizada na modalidade concentrada, o efeito vinculativo do julgado decorre de expressa disposição legal (artigo 102, § 2º, da CF/88 e artigo 28, § único, da Lei nº 9.868/1999; artigo 1º, § único, inciso I, e artigo 10, §§ 1º e 3º, da Lei nº 9.882/1999).

O contrário ocorre com as decisões proferidas a partir de um caso concreto, pois, diante dos efeitos *inter partes* e *ex tunc*, o comando normativo contido na sentença de mérito transitada em julgado destina-se a regular uma específica relação jurídica (existência, inexistência ou modo de ser da relação jurídica entre autor e réu).

Seria o mesmo que afirmar que nas decisões de mérito transitadas em julgado emanadas pelo Supremo Tribunal Federal, contém norma jurídica geral e abstrata com aptidão para regular outras relações jurídicas semelhantes, enquanto que nas decisões de mérito proferidas pelos demais órgãos judiciais locais, contém norma individual e concreta com determinação para regular *apenas* a relação jurídica específica suscitada pelas partes litigantes.

Assim, ao contrário de uma decisão de mérito que apenas afasta a aplicação de uma norma jurídica tida por inconstitucional sobre um dado suporte fático, a declaração de constitucionalidade ou de inconstitucionalidade pelo Supremo Tribunal Federal opera diretamente no plano normativo (abstrato), mantendo ou excluindo a norma impugnada do sistema jurídico.

Além disso, ao se declarar a validade ou a invalidade de uma norma jurídica tributária, via controle difuso ou concentrado de constitucionalidade realizado pela Suprema Corte, há verdadeira modificação do estado de direito apta a influir sobre os efeitos das decisões de mérito já transitadas em julgado proferidas pelos demais órgãos do Poder Judiciário.

Entretanto, a eficácia da dita modificação não ocorre de forma imediata, de modo a afastar automaticamente o juízo de certeza contido no comando decisório decorrente de um específico caso concreto.

É que a força vinculativa do julgado proferido em controle difuso ou abstrato de constitucionalidade, apenas ocorrerá com a efetiva publicidade da respectiva decisão que tenha declarado a constitucionalidade ou a inconstitucionalidade de uma norma jurídica. Explica-se.

Conforme asseverou TEORI ALBINO ZAVASCKI[25], no controle difuso ou concentrado de constitucionalidade, existem dois efeitos, quais sejam, a *eficácia normativa da sentença*, que diz respeito à nulidade ou a validade da norma, e a *eficácia vinculante da declaração judicial da validade ou nulidade da norma*, os quais, sendo fenômenos distintos, possuem termos iniciais diferenciados.

Segundo o referido autor, a declaração de inconstitucionalidade ou constitucionalidade de uma norma jurídica, por ser decorrente da análise da validade ou invalidade desta desde a sua origem frente à Constituição Federal, possui eficácia *ex tunc*. Neste caso, fala-se em *eficácia normativa* da declaração.

Já o efeito vinculante (*erga omnes*) da declaração de inconstitucionalidade da norma se dá a partir da publicação da resolução do Senado Federal determinando a suspensão da execução da lei declarada inconstitucional pelo Supremo Tribunal Federal (no controle difuso) ou da publicação do acórdão do Supremo Tribunal Federal (controle abstrato). Seria a *eficácia executiva* do reconhecimento judicial de inconstitucionalidade da norma.

Relativamente à decisão de mérito proferida em recurso extraordinário com repercussão geral reconhecida, apesar de não haver disposição legal expressa de atribuição de efeitos gerais do quanto decidido pelo Supremo Tribunal Federal, mas, em razão da transcendência dos interesses subjetivos do processo, tem-se admitido o efeito expansivo e vinculante das decisões tomadas pela Suprema Corte[26].

De fato, as decisões emanadas pelo Supremo Tribunal Federal, em sede de controle difuso ou abstrato de constitucionalidade, exercem significativa influência sobre os efeitos das decisões de mérito já transitadas em julgado proferidas pelos órgãos judiciários inferiores, especialmente, por promoverem a alteração do

---

25. *Eficácia das Sentenças na Jurisdição Constitucional*, 4ª ed. rev., atual. e ampl., São Paulo: Revista dos Tribunais, 2017, p. 66-68 e 108-111.

26. Neste sentido, confira-se o voto proferido pelo Ministro Gilmar Mendes, nos autos da Reclamação nº 4.335 (DJ 20/03/2014).

estado de direito, vale dizer, seja validando ou declarando nulo determinado ato normativo.

Neste sentido, se uma decisão de mérito transitada em julgado proferida em demanda individualizada afasta ou confirma a incidência de uma determinada norma jurídica sobre um suporte fático entendendo ser ela inconstitucional ou constitucional, seus efeitos cessarão, após a publicação no Diário Oficial da Resolução do Senado Federal suspendendo a execução da lei declarada inconstitucional ou do acórdão proferido em sede de controle difuso ou concentrado de constitucionalidade realizado pelo Supremo

Tribunal Federal, reconhecendo a compatibilidade ou a incompatibilidade da respectiva norma com a Constituição Federal, a partir da nova decisão de mérito proferida em ação rescisória ou em ação revisional.

É que, embora se possa admitir a observância espontânea da solução adotada pelo Supremo Tribunal Federal acerca da constitucionalidade ou da inconstitucionalidade de um determinado ato normativo questionado via controle difuso ou concentrado de constitucionalidade, a cessação da eficácia das decisões de mérito já transitadas em julgado proferidas em ações individuais, somente será possível através de outro ato estatal específico.

Isto porque, como bem afirma JAMES MARINS, "(...) em nosso ordenamento processual a norma geral e abstrata (lei, ainda que inconstitucional) pode perder sua eficácia, por inconstitucionalidade, diante de nova norma de caráter geral e abstrato (súmula vinculante); enquanto que a norma individual e concreta de conteúdo inconstitucional (acórdão passado em julgado) perde sua eficácia diante de nova norma individual e concreta (sentença de rescisão)".[27]

A par do referido autor tratar da súmula vinculante, tal solução também se aplica às decisões proferidas em sede de

27. *Direito Processual Tributário Brasileiro: administrativo e judicial*, 9ª ed. rev., atual. e ampl., São Paulo: Revista dos Tribunais, 2016, p. 671.

controle difuso ou abstrato de constitucionalidade, porquanto a análise objetiva realizada pelo Supremo Tribunal Federal nestas formas de controle, vale dizer, em que não figuram partes e nem se considera relação jurídica subjetiva, muito menos, direito subjetivo, inviabiliza a adoção de quaisquer providências satisfativas, direta e imediatamente, sobre os efeitos de uma decisão de mérito já transitada em julgado prolatada em demanda individual pelos demais órgãos do Poder Judiciário.

Em que pese a ação de revisão prevista no art. 505, inciso I[28], do novo Código de Processo Civil ser o instrumento processual mais adequado para estancar os efeitos de uma decisão de mérito já transitada em julgado proferida em demanda individual, especialmente, por não ensejar a desconstituição da coisa julgada produzida naquela demanda e em razão dos efeitos da nova decisão serem não retroativos (*ex nunc*)[29], não ignoramos a possibilidade do manejo da ação rescisória para tanto, com base no inciso V do art. 966 do daquele *Codex*.

Neste sentido, acerca do cabimento da ação rescisória na hipótese aqui tratada, TEORI ALBINO ZAVASCKI assim afirma:

> A estabilidade dos julgados é valor jurídico que se preserva independentemente dos fundamentos neles adotados pelo juiz. Todas as sentenças de mérito assumem, quando não mais atacáveis por recurso, a qualidade de coisa julgada (=a imutabilidade), inclusive as que decidem, incidentalmente, questões constitucionais. Sua

---

28. Art. 505. Nenhum juiz decidirá novamente as questões já decididas relativas à mesma lide, salvo: I - se, tratando-se de relação jurídica de trato continuado, sobreveio modificação no estado de fato ou de direito, caso em que poderá a parte pedir a revisão do que foi estatuído na sentença;

29. HUGO DE BRITO MACHADO SEGUNDO e RAQUEL CAVALCANTI RAMOS MACHADO assim também entendem: "Ao que nos parece, no plano das relações continuativas e da ulterior mudança na jurisprudência do STF (ou do STJ), a rescisória é um instrumento inadequado, impróprio, exagerado, desproporcional. Ou desmancha (pelo menos potencialmente) tudo o que se construiu à luz de uma decisão transitada em julgado, até então tida como correta, ou então permite que a produção de efeitos por tal decisão se eternize no tempo". (*Coisa Julgada, Constitucionalidade e Legalidade em Matéria Tributária, in* Coisa Julgada: Constitucionalidade e Legalidade em Matéria Tributária, Coord.: Hugo de Brito Machado, São Paulo: Dialética; Fortaleza: Instituto Cearense de Estudos Tributários - ICET, 2006, pp. 189-190).

> modificação, nesses casos como nos demais, é, todavia, admissível nas hipóteses do art. 966 do CPC. Pode-se afirmar, portanto, que a sentença de mérito, mesmo envolvendo matéria constitucional, faz coisa julgada, mas pode ser rescindida, com base no inc. V, quando "violar manifestamente norma constitucional.[30]

Após relatar a relevância dos mecanismos processuais destinados à tutela das normas constitucionais, inclusive, da eficácia transcendental das decisões proferidas pelo Supremo Tribunal Federal, acrescenta o referido autor:

> A mesma orientação foi – e ainda está sendo – dada nos casos de ação rescisória fundada no art. 966, V do CPC (correspondente ao art. 485, V, do CPC/1973): tratando-se de norma infraconstitucional, não se considera existente "violação a literal disposição de lei", e, portanto, não se admite ação rescisória, quando "a decisão rescidenda se tiver baseado em texto legal de interpretação controvertida nos tribunais" (Súmula 343). Todavia, esse enunciado não se aplica quando se trata de "texto constitucional": relativamente a este, é cabível ação rescisória mesmo que a seu respeito haja controvérsia interpretativa nos Tribunais. As razões fundantes do tratamento diferenciado, segundo é possível colher da jurisprudência do STF, são, essencialmente, a da "supremacia jurídica" da Constituição, cuja interpretação "não pode ficar sujeita à perplexidade", e a especial gravidade de que se reveste o descumprimento das normas constitucionais, mormente o "vício da inconstitucionalidade das leis.[31]

E concluiu o precitado jurista:

> O que se quer afirmar, por isso mesmo, é que, se tratando de ação rescisória em matéria constitucional, concorre decisivamente para um tratamento diferenciado do que seja "violar manifestamente" a existência de precedentes do STF, guardião da Constituição. Ele, associado aos princípios da supremacia da Constituição e da igualdade perante a lei, é que justifica, nas ações rescisórias, a substituição do parâmetro negativo da Súmula 343 (negato porquanto indica que, sendo controvertida a

30. *Eficácia das Sentenças na Jurisdição Constitucional*, 4ª ed. rev., atual. e ampl., São Paulo: Revista dos Tribunais, 2017, p. 155.

31. Ob. cit., p. 157-158.

> matéria nos tribunais, não há violação literal ou manifesta a preceito normativo a ensejar rescisão) por um parâmetro positivo, segundo o qual há violação à Constituição na sentença que, em matéria constitucional, é contrária a pronunciamento do STF.[32]

Entretanto, no tocante aos efeitos da decisão de mérito proferida em ação rescisória, perfilhamos do mesmo entendimento esposado por JAMES MARINS[33], ou seja, sendo admitido o cabimento desta espécie de ação pela jurisprudência da nossa mais alta Corte de nosso país, seriam eles *ex nunc* (não retroativos).

Quanto à ação revisional prevista no precitado art. 535, inciso I, do no CPC/2015, a qual, como afirmado anteriormente, constitui instrumento processual mais adequado para revisão do comando contido numa decisão de mérito transitada em julgado, em razão de superveniente decisão do Supremo Tribunal Federal em sentido contrário àquela, seu cabimento, a nosso ver, teria lugar não só após o escoamento do prazo decadencial de dois anos da ação rescisória[34], mas também, a partir da publicação no Diário Oficial da Resolução do Senado Federal ou do respectivo acórdão da Suprema Corte.

Anote-se ainda que na dita ação revisional, sendo de conhecimento e de natureza constitutiva negativa, a decisão de

---

32. ZAVASCKI, Teori Albino, *Eficácia das Sentenças na Jurisdição Constitucional*, 4ª ed. rev., atual. e ampl., São Paulo: Revista dos Tribunais, 2017, p. 160.

33. "(...) a desconsideração, pura e simples, de qualquer efeito decorrente da coisa julgada é expediente que se volta contra valores profundamente enraizados no Direito Constitucional contemporâneo, no Brasil e no exterior: a segurança das relações jurídicas, a certeza do direito aplicável, a proteção da boa-fé e a manutenção de situações consolidadas no tempo, quando sua alteração se mostrar juridicamente inaceitável, sobretudo quando está em jogo a eficácia da garantia constitucional da coisa julgada. Por isso, a consideração, corrente, segundo a qual a decisão em ação rescisória opera efeitos *ex tunc*, não impede suscitar casos em que esses efeitos sejam inadmissíveis, por ferirem princípios superiores de direito constitucional, além da própria justiça do caso concreto" (*Direito Processual Tributário Brasileiro: administrativo e judicial*, 9ª ed. rev., atual. e ampl., São Paulo: Revista dos Tribunais, 2016, p. 671).

34. Neste caso, JAMES MARINS afirma pela possibilidade da aplicação do princípio da *actio non nata non praescribitur*. (*Direito Processual Tributário Brasileiro: administrativo e judicial*, 9ª ed. rev., atual. e ampl., São Paulo: Revista dos Tribunais, 2016, p. 678).

mérito a ser proferida nesta espécie processual terá efeitos *ex nunc*, não atingindo, portanto, o comando contido na decisão anterior objeto de revisão.[35]

Diante disso, não há que se falar em violação à coisa julgada, já que, inobstante a alteração das circunstâncias de direito, não só a eficácia vinculante do comando contido na decisão emanada pelo Supremo Tribunal Federal ocorrerá para o futuro, mas também, os efeitos oriundos das decisões decorrentes do julgamento da ação rescisória e da ação revisional não retroagirão, mantendo-se, portanto, íntegra e intocável a decisão de mérito proferida em um dado caso concreto.

A razão da integridade e imutabilidade da sentença transitada em julgada em casos como tais, a nosso ver, justifica-se pela simples razão de que o Estado-juiz, na época da prolação da decisão, deparando-se com uma norma jurídica ainda não declarada inconstitucional ou constitucional pelo Supremo Tribunal Federal, apenas exerceu uma função que o próprio sistema lhe atribui, qual seja, a de controlar, difusamente, a constitucionalidade das leis.

Com efeito, se a coisa julgada é uma qualidade dos efeitos da sentença que torna imutável o comando nela contido, após o esgotamento de todos os recursos contra ela cabíveis[36], dita

---

35. Neste sentido, FREDIE DIDIER JR., RAFAEL OLIVEIRA e PAULA SARNO BRAGA assim observam: "A ação de revisão de revisão que poderá ser interposta é uma outra ação (elementos distintos), porque fundada em outra causa de pedir; a nova sentença, nesta demanda, alteraria *ex nunc* a regulação jurídica da relação, nem de perto tocando a primeira. Trata-se de duas normas individuais concretas que regulam situações diversas. A sentença proferida no segundo processo não ofenderá nem substituirá a que fora proferida no primeiro, que tem a sua eficácia condicionada à permanência das situações de fato e de direito – imaginar que a primeira sentença não ficaria acobertada pela coisa julgada, seria o mesmo de defender que ela estaria desprotegida do influxo de lei nova, por exemplo. Trata-se de posicionamento majoritário" (*Curso de Direito Processual Civil*, v. 2, ed. rev., atual. e ampl., Salvador: JusPodivm, 2007, p. 501).

36. *Eficácia e autoridade da sentença e outros escritos sobre a coisa julgada*. Tradução de Alfredo Buzaid e Benvindo Aires. Tradução dos textos posteriores à edição de 1945 com notas relativas ao direito brasileiro vigente de Ada Pellegrini Grinover, 4ª ed. 2ª tiragem, Rio de Janeiro: Forense, 2007, p. 51.

imutabilidade permanece, ao menos, até que sobrevenha modificação do estado de fato ou de direito em que se baseou o Estado-juiz para concluir em um ou em outro sentido.

Neste sentido, ENRICO TULLIO LIEBMAN assim nos ensina:

> outra coisa não acontece para os casos ora considerados, nos quais tratando-se de uma relação que se prolonga no tempo, e dizendo a decisão ser determinada pelas circunstâncias concretas do caso, a mudança se justifica, sem mais, uma correspondente adaptação da determinação feita precedentemente, o que será uma aplicação, e nunca uma derrogação dos princípios gerais e nenhum obstáculo encontrará na coisa julgada. esta, pelo contrário, fará sentir toda a sua força, neste como em todos os outros casos, no excluir totalmente uma apreciação diversa do caso, enquanto permaneça alterado. o que há de diversos neste casos não é a rigidez menor da coisa julgada, mas a natureza da relação jurídica, que continua a viver no tempo com conteúdo ou medida determinados por elementos essencialmente variáveis, de maneira que os fatos que sobrevenham podem influir nela, não só no sentido de extingui-la, fazendo por isso extinguir o valor da sentença, mas também no sentido de exigir mudança na determinação dela, feita anteriormente.[37]

Anote-se, uma vez mais, que os efeitos prospectivos do comando sentencial nos casos de relação jurídica tributária de trato continuado ou sucessivo depende, necessariamente, da não alteração das circunstâncias de fato e de direito suscitados pelas partes litigantes numa demanda individual.

Por certo, não faria sentido uma sentença reconhecer a inexistência ou a existência de uma relação jurídica tributária apenas no tocante ao passado por ser a respectiva norma inconstitucional ou constitucional, e impedir que o mesmo juízo de certeza reflita sobre eventos idênticos posteriores à decisão.

Ora, o silogismo que o Estado-juiz exerce sobre a lei e sobre os fatos suscitados pelas partes, continua sendo o mesmo

---

37. *Eficácia e autoridade da sentença e outros escritos sobre a coisa julgada*. Tradução de Alfredo Buzaid e Benvindo Aires. Tradução dos textos posteriores à edição de 1945 com notas relativas ao direito brasileiro vigente de Ada Pellegrini Grinover, 4ª ed. 2ª tiragem, Rio de Janeiro: Forense, 2007, p. 27-28.

após o trânsito em julgado da sentença, desde que, à evidência, os respectivos fatos e a respectiva norma não sofram modificações posteriores.

Não obstante isso, cremos que os objetivos da coisa julgada (não eternização de discussões judiciais e estabilidade das relações jurídicas) estarão plenamente atendidos, porquanto o que foi decidido pela sentença transitada em julgado é totalmente preservado, ao menos, até que se mantenham as mesmas circunstâncias de fato e de direito suscitados pelas partes no respectivo processo.

Ademais, a influência substancial que as decisões do Supremo Tribunal Federal exercem sobre sentenças já transitadas em julgado proferidas pelos demais órgãos judiciários, não viola o princípio da igualdade perante a lei, especialmente, a lei constitucional. Ao contrário, o reafirma.

Isto porque, o Supremo Tribunal Federal, no exercício da sua função e missão que a própria Constituição Federal lhe atribui, universaliza a interpretação e a aplicação de uma dada norma jurídica, declarando, pois, um determinado *status* jurídico: a constitucionalidade ou a inconstitucionalidade daquela norma.

Diríamos que as decisões proferidas pelo Supremo Tribunal Federal exercem sobre os efeitos prospectivos das sentenças concernentes às relações jurídicas de trato continuado ou sucessivo, constitui forma de equalização de situações que, *a priori*, seriam desiguais, tornando assim, iguais.

De fato, não faria sentido – e ousamos a afirmar – nem justo que um contribuinte permaneça sendo cobrado por uma exação fiscal pelo fato de um juízo ter declarado, incidentalmente, constitucional uma norma, enquanto outro contribuinte esteja dispensado da respectiva cobrança, em razão do tempo ou de outros fatores que o beneficiaram para, em tempo, usufruir de uma decisão proferida pelo Supremo Tribunal Federal em controle de constitucionalidade.[38]

---

38. Neste sentido, HUMBERTO ÁVILA assim também afirma: "Isso não quer dizer,

E não nos parece cogitável que entre os dois contribuintes haveria uma condição essencial capaz de diferenciá-los e assim, autorizar a manutenção dos efeitos prospectivos de uma sentença já transitada em julgado. Além de inegável afronta à livre concorrência, vez que um contribuinte estaria sendo mais onerado do que o outro, haveria inquestionável desigualdade perante a lei.

Aliás, se a coisa julgada se destina conferir segurança jurídica individual para o litigante, as decisões do Supremo Tribunal Federal que declaram constitucional ou inconstitucional uma norma, por certo, primam pela segurança jurídica coletiva, na medida em que tentam preservar a ordem jurídica para a toda coletividade.[39]

---

contudo, que não ocorram situações em que um estado grave de desigualdade possa surgir no caso de relações continuativas, em razão de uma decisão favorecer ou prejudicar um contribuinte em detrimento de outros. Nesses casos deverão ser verificados os próprios contornos da coisa julgada em face de uma decisão posterior do Supremo Tribunal Federal declarando a (in)constitucionalidade do tributo. Sendo assim, se um contribuinte tiver uma decisão transitada em julgado declarando a constitucionalidade do tributo em discussão e for proferida uma decisão posterior do Supremo Tribunal Federal, em controle concentrado de constitucionalidade ou em controle difuso, com algum expediente de ampliação da eficácia subjetiva da decisão (suspensão da lei pelo Senado ou súmula vinculante), a validade da coisa julgada decorrente da decisão judicial individual fica ainda assim mantida; apenas os seus efeitos futuros é que ficam limitados em decorrência – e partir – da decisão judicial do Supremo Tribunal Federal" (*Teoria da Segurança Jurídica*, 3ª ed., rev., atualiz. e ampl., São Paulo: Malheiros Editores, 2014, p. 367).

39. "A segurança pode assumir uma dimensão estritamente individual quando a sua utilização visa a resguardar interesses particulares do indivíduo. O ordenamento jurídico contém várias normas que protegem essa dimensão, como é o caso da proteção do direito adquirido, do ato jurídico perfeito e da coisa julgada, nos quais a segurança jurídica atua, concreta e reflexivamente, relativamente a um sujeito determinado. (...) A segurança jurídica, todavia, também pode assumir uma dimensão coletiva, quando o seu uso tem a finalidade de preservar a ordem jurídica como um todo para toda a coletividade. O ordenamento jurídico também contém várias normas que protegem essa dimensão, como é o caso da competência para o Supremo Tribunal Federal, em controle concentrado de constitucionalidade, modular os efeitos da declaração de inconstitucionalidade com base na segurança jurídica. Esse também é o caso do controle difuso de constitucionalidade quando, no recurso extraordinário, é reconhecida a repercussão geral. Nesses casos, examinam-se questões gerais relacionadas à efetividade do ordenamento jurídico ou de um setor seu (...)" (Humberto Ávila, *Teoria da Segurança Jurídica*, 3ª ed., rev., atualiz. e ampl., São Paulo: Malheiros Editores, 2014, p. 168).

Neste sentido, reafirmando o entendimento adotado neste trabalho, cremos que a declaração de constitucionalidade ou inconstitucionalidade pelo Supremo Tribunal Federal não atinge a coisa julgada formada anterior e contrariamente a esta declaração, mas apenas os fatos posteriores a esta, vale dizer, e a partir de nova decisão proferida em ação rescisória ou em ação de revisão prevista no art. 505, inciso I, do novo Código de Processo Civil.

Portanto, a par da pendência de definição pelo Supremo Tribunal Federal[40] acerca do tema aqui discutido, cremos que as decisões proferidas por esta Corte Constitucional em controle difuso ou concentrado de constitucionalidade, influem substancialmente sobre os efeitos prospectivos das sentenças de mérito transitadas em julgado (quando baseadas em relação jurídica de trato continuado ou sucessivo), por caracterizarem inegável modificação do estado de direito.

Conclusão

Uma das principais conquistas do *Estado de Direito*, sem dúvida nenhuma foi a noção de *segurança jurídica*, a qual, firmada nos princípios da igualdade e da certeza jurídica, impõe que o Direito seja determinado, previsível e estável, de modo a transmitir a todos a confiança de que suas expectativas não serão modificadas ou revogadas por atos estatais arbitrários.

A *segurança jurídica*, considerada como sobreprincípio, porque elevada ao grau máximo pela nossa Constituição, efetiva-se não só através do exercício dos direitos e garantias fundamentais previstas na Magna Carta, mas também se realiza por outros subprincípios, com destaque para os princípios da legalidade, da igualdade e da universalidade da jurisdição.

O *princípio da igualdade* revela-se de extrema relevância, já que não só orienta a criação (pelo legislador) e a aplicação

40. Recursos Extraordinários n°s 949.297/CE e 955.227/BA em que foi reconhecida a existência de repercussão geral das questões ali ventiladas.

(pela autoridade administrativa e pelo juiz) concreta da lei, como também prima pelo tratamento igualitário de todos na medida de suas respectivas igualdades e desigualdades. A par do estado ideal das coisas idealizado por tal princípio, eventuais desigualdades decorrentes do mundo real podem existir, cabendo ao Estado, neste caso, mitigar as diferenças ilegítimas.

Por outro lado, dito princípio não significa que todos devem ser tratados de forma integralmente iguais, mas sim, igualmente por certo aspectos essenciais, desde que legítimos, ainda que se diferenciem por outros elementos. É o que ocorre no Direito Tributário em que a situação econômica do contribuinte constitui fator de distinção para aplicação do princípio da capacidade contributiva.

Sendo verdadeira expressão de segurança jurídica, a *coisa julgada* é um tema puramente constitucional (por ser uma garantia e, portanto, uma cláusula pétrea), constituindo assim, objeto de proteção não só em relação ao legislador, mas também de decisão judicial.

Definida como sendo uma qualidade da sentença e não um efeito desta, a coisa julgada tem por objetivo essencial obstar a eternização de discussões judiciais e garantir a estabilidade das relações jurídicas, conferindo, portanto, certeza e confiança sobre uma das principais funções do poder judiciário, que é a prestação de tutela jurisdicional em prol da pacificação de conflitos.

Para além dos efeitos e limites produzidos pela coisa julgada, no tocante à sua eficácia temporal, a coisa julgada, via de regra, surte efeitos para o passado, podendo, no entanto, possuir efeitos prospectivos (futuros), especialmente, em se tratando de relações jurídicas de trato continuado ou sucessivo. Nestes casos, permite-se a revisão da sentença transitada em julgado por conta da modificação posterior do estado de fato ou de direito (*cláusula rebus sic stantibus*).

Diante disso, conclui-se que, tidas como típicas modalidades de modificação do estado de direito, as decisões de mérito exaradas pelo Supremo Tribunal Federal, em controle difuso ou concentrado de constitucionalidade, exercem substancial influência sobre os efeitos das decisões de mérito (transitadas em julgado) proferidas pelos demais órgãos judiciários e que tenham decido de forma contrária ao entendimento da Suprema Corte.

É que, tendo sido atribuído ao Supremo Tribunal Federal a função de declarar a última palavra sobre a interpretação e aplicação das normas constitucionais, ao exercer o controle (difuso ou concentrado) de constitucionalidade, mediante análise abstrata da norma frente à Constituição Federal, suas decisões de mérito, além do efeito normativo abrangente, possuem dupla eficácia, quais sejam, *eficácia normativa da sentença* e *eficácia vinculante da declaração judicial da validade ou nulidade da norma.*

A *eficácia normativa da sentença* opera no plano normativo, porquanto decorrente da declaração de validade ou nulidade da norma impugnada, cujos efeitos serão *ex tunc.* Já a *eficácia vinculante da declaração judicial da validade ou nulidade da norma*, por atuar no plano da execução (observância e aplicação) do comando contido na decisão de mérito de constitucionalidade ou inconstitucionalidade, impondo assim, a todos a observância da decisão de mérito proferida pela Suprema Corte, possui efeitos *ex nunc.*

Assim, em demandas que tenham por base situação jurídica concreta e presente, mas de caráter permanente ou duradouro, os efeitos prospectivos da respectiva sentença já transitada em julgado e que tenha declarado incidentalmente constitucional ou inconstitucional uma norma, poderá cessar nos casos em que o Supremo Tribunal Federal, em controle difuso ou concentrado, decida supervenientemente e de modo contrário àquela decisão.

No entanto, dita cessação dos efeitos dar-se-á a partir de uma nova decisão de mérito proferida em ação rescisória ou em ação revisional, vale dizer, diante da necessária compatibilidade de atos. Anote-se que, embora crermos que a ação de revisão prevista no art. 505, inciso I, do novo CPC ser o instrumento processual adequado para cessação dos efeitos prospectivos de uma decisão de mérito já transitada em julgado, não ignoramos a possibilidade de utilização da ação rescisória, especialmente, ante a posição da doutrina e do Supremo Tribunal Federal.

Nestas hipóteses, não se cogita em violação à coisa julgada, já que as soluções definitivas proferidas pelo Supremo Tribunal Federal em controle de constitucionalidade possuem o condão apenas e tão somente de obstar a continuidade dos efeitos prospectivos das sentenças de mérito em sentido contrário emanadas pelos demais órgãos judiciários.

Mantendo-se íntegra e imutável a coisa julgada formada anteriormente às decisões do Supremo Tribunal Federal (cuja constitucionalidade ou inconstitucionalidade foi declarada pelo Estado-juiz no legítimo exercício da função que o próprio sistema lhe atribuiu, que é o controle incidental de constitucionalidade), não se cogita em afronta aos princípios da segurança jurídica e da igualdade, ao contrário, os realiza.

Inobstante crermos na consecução dos fins almejados pela coisa julgada (não eternização de discussões judiciais e estabilização das relações jurídicas) mesmo na hipótese de cessação dos efeitos prospectivos da sentença proveniente da análise de situação jurídica concreta, mas de caráter duradouro ou permanente, as decisões de mérito do Supremo Tribunal Federal acerca de um conflito sobre a incompatibilidade ou compatibilidade de uma norma em face de Constituição Federal, uniformiza, em caráter geral, a interpretação e a aplicação da norma questionada. Trata-se de uma forma para reestabelecer a igualdade de todos os contribuintes perante uma norma tributária. Ou, dito de outra maneira, forma de concretização da segurança jurídica coletiva, preservando-se, pois, a ordem jurídica como um todo.

Referências

ATALIBA, Geraldo, *República e Constituição*, 3ª ed., Rosolea Miranda Folgosi (atualiz.), São Paulo: Malheiros Editores, 2011.

ÁVILA, Humberto, *Teoria da Segurança Jurídica*, 3ª ed. rev., atual. e ampl., São Paulo: Malheiros Editores, 2014.

BECHO, Renato Lopes, *Lições de Direito Tributário*: Teoria Geral e Constitucional, 2ª ed. São Paulo: Saraiva, 2014.

BUENO, Cassio Scarpinella, *Curso Sistematizado de Direito Processual Civil*: Procedimento Comum: ordinário e sumário, 2: Tomo I, 4ª ed. rev., atual. e ampl., São Paulo: Saraiva, 2011.

CARRAZZA, Roque Antonio, *Curso de Direito Constitucional Tributário*, 30ª ed. rev., atual. e ampl., São Paulo: Malheiros Editores, 2015.

CARRAZZA, Elizabeth Nazar, *IPTU e Progressividade* - Igualdade e Capacidade Contributiva, 2ª ed. reformulada e atualizada, São Paulo: Quartier Latin, 2015.

CARVALHO, Paulo de Barros, O Princípio da Segurança Jurídica em Matéria Tributária, *Revista de Direito da Faculdade de Direito da Universidade de São Paulo*, v. 98, 2003, p. 173-175. Disponível em: www.revistas.usp.br.

COSTA, Regina Helena, *Curso de Direito Tributário*: Constituição e Código Tributário Nacional, 5ª ed. rev. atual. e ampl., São Paulo: Saraiva, 2015.

DIDIER JR., Fredie; OLIVEIRA, Rafael; BRAGA, Paula Sarno, *Curso de Direito Processual Civil*, v. 2, ed. ver., ampl. e atual., Salvador: JusPodivm, 2007.

DINAMARCO, Cândido Rangel, *Instituições de Direito Processual Civil*, v. III, 6ª ed. rev. e atual., São Paulo: Malheiros Editores, 2009.

FAGUNDES, Miguel Seabra, O princípio constitucional da igualdade perante a lei e o poder legislativo. *Revista de Direito Administrativo,* Rio de Janeiro, v. 41, p. 1-12, jan. 1955. ISSN 2238-5177. Disponível em: <http://bibliotecadigital.fgv.br/ojs/index.php/rda/article/view/14874/13774>.

FERREIRA FILHO, Manoel Gonçalves, *Curso de Direito Constitucional,* 39ª ed. rev. e atual., São Paulo: Saraiva, 2013.

______,______, Estado de direito e estado legal. *Revista de Direito Administrativo,* Rio de Janeiro, v. 157, p. 14-44, jan. 2015. Disponível em: http://bibliotecadigital.fgv.br/ojs/index.php/rda/article/view/44119.

LIEBMAN, Enrico Tullio, Eficácia e autoridade da sentença e outros escritos sobre a coisa julgada. Tradução de Alfredo Buzaid e Benvindo Aires. Tradução dos textos posteriores à edição de 1945 com notas relativas ao direito brasileiro vigente de Ada Pellegrini Grinover, 4ª ed. 2ª tiragem, Rio de Janeiro: Forense, 2007.

MACHADO SEGUNDO, Hugo de Brito; MACHADO, Raquel Cavalcanti Ramos, Coisa Julgada, Constitucionalidade e Legalidade em Matéria Tributária, In: *Coisa Julgada*: Constitucionalidade e Legalidade em Matéria Tributária, Coord.: Hugo de Brito Machado, São Paulo: Dialética; Fortaleza: Instituto Cearense de Estudos Tributários - ICET, 2006.

MARINS, James, *Direito Processual Tributário Brasileiro*: administrativo e judicial, 9ª ed. rev., atual e ampl. São Paulo: Revista dos Tribunais, 2016.

MELLO, Celso Antônio Bandeira de *Conteúdo Jurídico do Princípio da Igualdade*, 3ª ed. 22ª tiragem, São Paulo: Malheiros Editores, 2013.

SILVA, José Afonso da, *Curso de Direito Constitucional Positivo*, 23ª ed. rev. e atual., São Paulo: Malheiros Editores, 2004.

THEODORO JR., Humberto, *Curso de Direito Processual Civil*: Teoria Geral do Direito Processual Civil, Processo de Conhecimento, Procedimento Comum, v. 1, 56ª ed. rev., atual. e ampl., Rio de Janeiro: Forense, 2015.

TIPKE, Klaus, Princípio de Igualdade e Ideia de Sistema no Direito Tributário, In: MACHADO, Brandão (coord.). *Direito Tributário* – Estudos em homenagem ao Prof. Ruy Barbosa Nogueira, São Paulo: Dialética, 1984.

ZAVASCKI, Teori Albino, *Eficácia das Sentença na Jurisdição Constitucional*, 4ª ed. rev., atual. e ampl., São Paulo: Revista dos Tribunais, 2017.

DOS EMBARGOS DECLARATÓRIOS NO NOVO CPC

Anna Emilia Cordelli Alves[1]

Pretende-se com o presente estudo, abordar alguns aspectos que envolvem o alcance do instituto - Embargos de Declaração - a partir do novo Código de Processo Civil, em especial a sua importância do na formação da coisa julgada processual.

Para tanto, passando rapidamente pela análise de sua natureza jurídica e seu papel na disciplina recursal do CPC de 2015, será abordado o conteúdo da expressão "omissão do julgado", como pressuposto para o cabimento do referido recurso. Também será analisada a ampliação da "coisa julgada" no novo CPC, em face das chamadas questões processuais prejudiciais e sua relação com os Embargos; a inclusão virtual na decisão embargada da questão objeto dos embargos não acolhidos e a natureza constitucional do princípio da fundamentação das decisões judiciais que dá fundamento aos Embargos de Declaração.

---

1. Professora de Direito Tributário na PUCSP, Diretora do Instituto Geraldo Ataliba- IDEPE, Advogada Tributarista.

1. Aspectos Gerais - Embargos de Declaração- Sua *Natureza Recursal*

O novo Código de Processo Civil de 2015 cuida, a partir do artigo 994 dos recursos judiciais.

O dispositivo enumera nove recursos, sendo 3 recursos ordinários (apelação, agravo de instrumento e recurso ordinário) e 4 recursos extraordinários (recurso extraordinário, recurso especial, agravo em recurso especial e extraordinário e embargos de divergência. O agravo interno e os embargos de declaração podem ser ordinários ou extraordinários dependendo da decisão recorrida[2]

Para conceituar "recurso" adota-se lição de Jose Carlos Barbosa Moreira: " *remédio voluntário idôneo a ensejar, dentro do mesmo processo, a invalidade, o esclarecimento ou a integração de decisão judicial que se impugna*"[3]

A doutrina debate sobre a natureza recursal dos Embargos de Declaração

MARINONI, ARENHART e MITIDIERO justificam a dúvida: (...) *precisamente por conta de sua função e do fato de serem os embargos de declaração dirigidos ao próprio juiz prolator da decisão inquinada, sem que se possa então pensar em um "juízo recursal diverso"*[4]

> Sobre a questão propõem o seguinte entendimento: (...) *parece correto entender que os embargos de declaração efetivamente constituem espécie recursal. A falta de exame do recurso por outro órgão jurisdicional não lhe tolhe o caráter recursal, já que isso não é essencial à definição de recurso. Por outro lado, a função complementar que têm os embargos de declaração também não pode*

2. MIRANDA, Gilson Delgado - in "Comentários ao Código de Processo Civil, 15ª edição, RJ, Forense, 2009, v.5, pag. 1168

3. Idem Ibidem, p.233

4. MARINONI, Luiz Guilherme; ARENHART, Sergio Cruz; MITIDIERO, Daniel- Curso de Processo Civil- volume 2- Tutela dos Direitos Mediante Procedimento Comum, 2ª edição, Editora Revista dos Tribunais, 2016, pag.549

> *ser menosprezada, uma vez que uma decisão obscura, omissa ou mesmo contraditória, praticamente equivale à ausência de decisão (ou pelo menos à sua falta de fundamentação), já que não se pode alcançar sua extensão adequada, ou não se podem compreender as razões que levaram o órgão jurisdicional a determinado entendimento.*[5]

Sobre os efeitos das espécies recursais, cumpre lembrar que na sistemática anterior (CPC/73) a regra, na omissão do Código, era de que o recurso tinha duplo efeito: devolutivo e suspensivo. Já o novo CPC tratou diversamente esse tema: os recursos não impedem a eficácia da decisão, "*salvo disposição legal ou decisão judicial em sentido diverso*" (artigo 995 NCPC). Assim, não havendo previsão de efeito suspensivo, a eficácia da decisão judicial poderá ser suspensa por decisão do relator se da imediata produção de seus efeitos houver (i) *risco de dano grave, de difícil ou impossível reparação* e (ii) *ficar demonstrada a probabilidade de provimento do recurso*[6]

Quanto aos efeitos do *recurso de embargos de declaração*, ora objeto deste nosso estudo, o NCPC resolveu dissenso existente sobre a matéria sob o Código de 1973, ao estabelecer regra expressa de que os embargos não possuem efeito suspensivo da eficácia da decisão monocrática ou colegiada

2. Papel dos embargos declaratórios e sua importância na disciplina recursal do Código de Processo Civil de 2015

A disciplina do recurso de embargos declaratórios está prevista no Código de Processo Civil de 2015 a partir do art. 1.022.

Desde logo, o "caput" do dispositivo legal deixa claro que o *recurso de embargos de declaração* pode ser oposto contra qualquer decisão judicial, afastando, pois, a necessidade de se distinguir as espécies decisórias para fins de impugnação por

---

5. idem ibidem

6. MIRANDA, Gilson Delgado, obra citada, p. 1173

essa modalidade processual, cabendo impugnar via embargos também as decisões interlocutórias e as decisões monocráticas proferidas nos tribunais.

Portanto, qualquer decisão judicial será impugnável por Embargos Declaratórios.

Nesse sentido, pergunta-se: qual o papel desempenhado pelos Embargos Declaratórios e qual sua importância na disciplina recursal do Código de Processo Civil de 2015?

Vejamos.

O provimento jurisdicional é um ato de vontade fundado num juízo lógico-jurídico, que se legitima apenas e tão somente na ausência de vícios. Para exarar esse provimento o Juízo deve apreciar todas as questões trazidas pelas partes aos autos judiciais, sob pena de omissão, contradição ou obscuridade.

Via da regra, com a publicação do provimento jurisdicional resta vedada sua alteração em razão do encerramento da competência funcional do magistrado que o prolatou[7].

Em algumas situações o encerramento da competência funcional, porém, pode não ocorrer, como previsto no art. 463 do CPC/2015

Após a publicação da sentença o juiz somente poderá alterá-la para lhe corrigir de oficio, ou a requerimento da parte, inexatidões materiais, ou para retificar erros de cálculo. Poderá também alterar o referido provimento na hipótese de acolhimento de embargos de declaratórios opostos pela parte.

Portanto, nos termos do art. 463 do NCPC os embargos declaratórios estão previstos como instrumento de possível alteração do provimento jurisdicional após sua publicação, se acolhidos pelo Magistrado.

Apesar da amplitude do quanto disposto no art. 463 do NCPC ao permitir que o juiz altere sua sentença com o acolhimento das

---

7. MIRANDA, Gilson Delgado, obra citada, p. 244

razões recursais de embargos declaratórios, os limites dessa alteração são estabelecidos pelo art. 1022 do mesmo CPC, ao cuidar das hipóteses de cabimento do referido recurso.

Assim, os embargos de declaração podem ser opostos contra qualquer decisão judicial para *esclarecer obscuridade* ou *eliminar* contradição; suprir omissão de ponto ou questão sobre o qual devia se pronunciar o órgão jurisdicional, de ofício ou a requerimento.

O parágrafo único do art. 1022 considera omissa *a decisão que deixe de se manifestar sobre tese firmada em julgamento de casos repetitivos* ou em *incidente de assunção de competência* aplicável ao caso sob julgamento.

Assim, o julgado há que apresentar uma *omissão relevante*.

Para fins de cabimento dos Embargos de Declaração, o conceito de *omissão relevante* *"é dado pelo direito ao contraditório (arts 5º, LV, da CF, 7º, 9º e 10) e pelo dever de fundamentação analítica (arts. 93. IX, da CF. 11 e 489§§ 1º e 2º)"*[8]

No dizer de estudiosos do processo civil, quando se fala em *omissão*, não se trata de se aferir a completude da motivação das decisões judiciais mediante a verificação do esquema lógico-jurídico utilizado pelo Juiz para chegar à decisão. Trata-se de compreender o direito ao contraditório como:

> direito de influência e o dever de fundamentação como dever de debate". (...) a completude da motivação somente pode ser aferida em função dos fundamentos arguidos pelas partes. Assim, é omissa a decisão que deixa de se pronunciar sobre o argumento formulado pela parte capaz de alterar o conteúdo da decisão judicial.[9]

Vale dizer, a fundamentação insuficiente (art. 1022, II) caracteriza omissão relevante, aí incluída a ausência de enfrentamento

---

8. MARINONI, Luiz Guilherme; ARENHART, Sergio Cruz; MITIDIERO, Daniel- Curso de Processo Civil- volume 2- Tutela dos Direitos Mediante Procedimento Comum, 2ª edição, Editora Revista dos Tribunais, 2016, pag.550

9. idem ibidem fls. 551

de precedentes das Cortes Supremas arguidos pelas partes e de jurisprudência formada a partir do incidente de resolução de demandas repetitivas (art. 1022, parágrafo único, I)

O art. 1022 do Novo CPC ainda classifica como *omissa* a decisão que incorra em qualquer das condutas descritas no art. 489, *§1º do CPC/15 (item II, "d" do parágrafo único)*. Tal dispositivo veio positivar o conceito de "*decisão não fundamentada*", que igualmente é considerada uma decisão omissa, podendo ser objeto de Embargos de Declaração.

O dispositivo legal estabelece os elementos essenciais da sentença, isto é, aqueles elementos que não podem faltar no provimento jurisdicional: *o relatório* (nomes das partes, identificação do caso, resumo do pedido e da contestação, e o registro das principais ocorrências havidas no andamento do processo); *os fundamentos* (analise das questões de fato e de direito) e o *dispositivo* (no qual o juiz resolverá as questões principais trazidas pelas partes para sua decisão).

Em seu artigo 489, §1º e incisos, o Estatuto processual não considera fundamentada a decisão judicial (interlocutória, sentença ou acórdão) que;

(I) se limite a indicar, a reproduzir ou a parafrasear ato normativo, sem explicar sua relação com a causa ou questão decidida;

(II) empregue conceitos jurídicos indeterminados sem explicar o motivo concreto de sua incidência no caso. Vale dizer o uso dos referidos conceitos, por sua natureza aberta, por sua "vaguedad", somente poderão ser invocados e aplicados ao caso sub judice, mediante a efetiva contextualização do conceito, isto é, a sua subsunção ao caso concreto.

(IV) não enfrentar todos os argumentos deduzidos no processo capazes de, em tese, infirmar a conclusão adotada pelo julgador. Desse modo, além de justificar o acolhimento de argumentos que dão respaldo à decisão, o Juiz há que enfrentar igualmente aqueles argumentos contrários à decisão tomada, justificando o seu afastamento.

(V) se limitar a invocar precedente ou enunciado de súmula, sem identificar seus fundamentos determinantes, nem demonstrar que o caso sob julgamento se ajusta aqueles fundamentos.

Cuida ainda o artigo 489 do NCPC da hipótese de "*colisão entre normas*" (§2º) e em seu §3º estabelece "*regra para a interpretação da decisão judicial*"

A "*colisão entre normas*", segundo o NCPC, requer que o Juiz as pondere. Nesse sentido deve justificar o objeto e os critérios gerais da ponderação efetuada, com a enunciação das razões que autorizam a interferência na norma afastada e as premissas fáticas que fundamentam a conclusão.

A chamada "*colisão de normas*" agasalhada pelo §2º do art. 489 do CPC 2015, tem gerado diversos estudos jurídicos com a adoção de posições dispares acerca da validade e constitucionalidade do procedimento.

Tangenciando esse tema, posto estar fora do objeto do presente estudo, a expressão "*colisão de normas*", desde logo, gera dúvidas sobre o alcance da previsão legal.

Ao mencionar "*normas*" pretende o NCPC referir-se a "*regras jurídicas*", a "*princípios jurídicos*" ou a ambos?

Sabe-se que a *norma jurídica não se confunde com a regra jurídica*. A *norma jurídica* é encontrada a partir de uma construção de sentido que muitas vezes leva em conta não apenas uma, duas, mas muitas vezes inúmeras regras objeto de dispositivos legais diversos.

Por outro lado, os princípios jurídicos são também normas, ou melhor, sobrenormas.

Quando se cuida da aplicação da lei, há situações concretas que podem ser solucionadas pelo Juiz mediante a aplicação de mais de uma norma. Neste caso, estar-se-á diante de um "*conflito de normas*" que deve ser equacionado mediante a aplicação do art. *2º da Lei de Introdução ao Código Civil.*

De fato, eventuais "*conflitos de normas*" geram a chamada *antinomia*, isto é, a presença de duas normas conflitantes, válidas e emanadas de autoridade competente, sem que se possa dizer qual delas merecerá aplicação em determinado caso concreto.

Para a análise dessas antinomias três critérios devem ser levados em conta: cronológico, da especialidade e hierárquico[10].

A nosso ver, não é às antinomias, porém, que se refere o §2º do artigo 489 do NCPC. Tal dispositivo refere-se a "colisão" de normas e não a conflito de normas.

Quer parecer que a colisão somente pode ocorrer em relação aos princípios jurídicos.

Assim, ao analisar e decidir uma situação concreta, o Juiz realiza a subsunção dos fatos a determinada norma (construção mental a partir da análise de uma ou mais regras), e, em muitos casos, para decidir, tem que prosseguir mediante a ponderação entre um ou mais princípios, de modo a concluir pela aplicação daquele princípio que se mostrar mais forte, mais eficaz, mais pertinente para a solução do caso concreto.

3. Os Embargos Declaratórios e A Coisa Julgada

Voltando ao ponto central deste trabalho, que consiste no papel dos Embargos Declaratórios para o esclarecimento e aprimoramento da decisão judicial, cumpre vincular o tema de que ora se trata à questão do *alcance da coisa julgada.*

De fato, o Código de 2015 em seu art. 287 estabelece em seu "caput" que "*a sentença que decidir total ou parcialmente a lide terá força de lei nos limites das questões decididas*".

---

10. TARTUCE, Flavio- in "Lei De Introdução e Parte Geral " Ed Forense- edição 2019- pag..38)

No parágrafo único do mesmo art. 287, o legislador processual estabeleceu que "serão consideradas decididas todas as questões que constituam premissa necessária da conclusão".

A afirmação trazida pelo parágrafo único causou grande alvoroço no meio doutrinário, sobre se ao considerar como *"decididas todas as questões que constituam premissa necessária da conclusão", estaria o legislador determinando que a coisa julgada formada em um processo abrangeria também as questões prejudiciais nele decididas"*[11]

No CPC de 1973, a *coisa julgada não abrangia a apreciação da questão prejudicial decidida incidentemente no processo (art.* 469), salvo se requerido pela parte, via ação declaratória incidental, e desde que o juiz fosse competente em razão da matéria e que a resolução da questão fosse pressuposto necessário para o julgamento da lide (art. 470 do CPC 1973).

Porém, o CPC de 2015, consagrou a *teoria ampliativa dos limites objetivos da coisa julgada.*

O art. 503 do novo Estatuto processual dispõe que além da questão principal expressamente decidida, igualmente a questão prejudicial expressamente decidida terá força de lei nos limites da decisão.

A questão prejudicial decidida expressa e incidentalmente será alcançada pela coisa julgada se da sua resolução depender o julgamento do mérito (art. 503, I); se a seu respeito tiver havido contraditório prévio e efetivo, não se aplicando na hipótese de revelia (art. 503, II); se o juízo tiver competência em razão da matéria e da pessoa para resolvê-la como questão principal (artigo 503, III).

Portanto, nos termos do novo estatuto processual a decisão da questão prejudicial integrará a coisa julgada se for uma

11. DAL´COL, Caio de Sá e ABREU, Lívia Dalla Bernadina - in "Aspectos Polêmicos do Novo Código de Processo Civil" "Primeiras linhas a respeito do interesse recursal no CPC 2015 e a sua relação com as questões prejudiciais e a formação da coisa julgada, pag. 121

questão que deva ser prévia e necessariamente decidida como pressuposto da decisão da questão principal, e desde que antecedida, a questão prejudicial, do contraditório necessário. O requisito de "competência do juízo" já estava previsto no Código de 1973.

Essa regra de extensão da coisa julgada às questões prejudiciais não alcançará os feitos judiciais que se caracterizem por restrições probatórias ou limitações à cognição que impeçam o aprofundamento da análise da questão prejudicial (ex: Mandado de Segurança).

De qualquer modo, os motivos constantes da parte dispositiva da sentença - ainda que importantes - e a verdade dos fatos estabelecida como fundamento da sentença não fazem coisa julgada. (art. 504 do CPC 2015).

Para o tema ora desenvolvido mostra-se importante a análise dos dispositivos que cuidam do alcance da *coisa julgada*, uma vez que os Embargos Declaratórios deverão ter em mira, com a vigência do novo Código, não apenas a explicitação judicial dos fundamentos da decisão da *questão principal.*

Ao analisar a inteireza da decisão, a parte recorrente deverá também voltar sua preocupação às *questões prejudiciais* solucionadas como pressuposto da decisão da questão principal, visto que, após o trânsito em julgado, não mais poderá retornar o tema versado em questão prejudicial decidida, à apreciação do Poder Judiciário.

Assim, tomemos um exemplo na seara do Direito Tributário.

Determinada empresa de transportes coletivo na modalidade de fretamento propõe uma ação judicial contra a Fazenda do Estado pretendendo a anulação de autos de infração lavrados pela Fazenda com a exigência do IPVA anual sobre os seus veículos. Entende a Autora que seus veículos são alcançados pela imunidade tributária, posto que utilizados para a realização de transporte coletivo.

Assim, a *questão principal* posta à decisão judicial consiste na existência ou não do direito da autora à anulação dos lançamentos tributários, por força da regra constitucional da imunidade tributária.

Para decidir a *questão principal* deve o Juiz apreciar e decidir a questão que constitui premissa necessária da conclusão: A condição de ente imune da autora.

Ao apreciar o pedido o Juiz pode:

(a) *concluir que a autora é imune*, e a partir dessa declaração judicial julgar procedente a ação, determinando a anulação dos autos de infração lavrados;

(b) *deixar de analisar a questão da imunidade*, em razão de não ter a Ré contestado a alegada imunidade da autora, julgando procedente, porém, o pedido de anulação dos lançamentos do IPVA por fundamento outro, como por exemplo, mediante a aplicação, pelo Juiz, de uma lei estadual que conceda isenção do IPVA aos referidos veículos.

(c) *apreciar e decidir a questão prejudicial*, concluindo pela inexistência da imunidade tributária, e a seguir acolher o pedido de anulação dos autos de infração por fundamento diverso (prescrição, vicio formal, isenção etc.)

Tem-se, na hipótese *(a)* a solução de questão prejudicial como pressuposto para a procedência da ação judicial - *anulam-se os autos de infração em razão da imunidade a proteger os veículos da autora da incidência do IPVA estadual-*. (art. 503, I, CPC/2015)

Na hipótese *(b) não há questão prejudicial* prévia, uma vez que a imunidade tributária afirmada pela autora em seu pedido não foi objeto de contraditório, isto é, não foi contestada pela Ré Fazenda do Estado e *a resolução do mérito não restou atrelada a questão prejudicial (imunidade)* - (art; 503, II do CPC 2015)

Finalmente, na hipótese *(c)* a *questão prejudicial* foi objeto de contraditório instaurado pela Fazenda em sua contestação, tendo sido decidida contrariamente à autora, o que não impediu que o Juiz considerasse procedente o pedido de anulação dos autos de infração, por outros fundamentos.

Em duas das três hipóteses – *a* e *c* – a empresa autora conquistou a procedência do feito com o atendimento judicial do pedido formulado na petição inicial.

O interesse recursal será, na *hipótese "a"* da Fazenda, que deverá buscar alterar a decisão tanto com relação à *questão prejudicial* (reconhecimento judicial da imunidade da autora) como em relação à *questão principal* objeto do pedido (anulação dos autos de infração).

Já com relação à *hipótese "c"*, apesar de ter seu pedido atendido (*anulação dos autos de infração*) a decisão referente *à questão prejudicial* – imunidade tributária da autora- também fará coisa julgada, salvo se impugnada por recurso da Autora. Na mesma hipótese a Fazenda igualmente terá interesse recursal de modo a tentar garantir a integridade dos autos de infração por ela lavrados

No exemplo aventado, a Autora, apesar de vencedora no feito, não mais poderá retornar ao Poder judiciário invocando a condição de ente imune em matéria tributária, ou buscando o reconhecimento dessa condição em novo processo, em razão do trânsito em julgado da *questão prejudicial* e, portanto, da imutabilidade do Juízo proferido no sentido de que a autora não goza de imunidade tributária. No dizer de Caio e Lívia, *pode a parte lograr-se integralmente vencedora e, ainda assim, ter interesse em recorrer de uma decisão, pois a decisão das questões prejudiciais lhe fora desfavorável e isso não mais poderá ser discutido futuramente*[12]

Portanto, resta demonstrado o efetivo interesse processual a autorizar a interposição de *Embargos Declaratórios* para que restem claras questões que não mais poderão ser debatidas entre as partes.

Professores que se debruçaram sobre o tema[13] cuidam da matéria sob o título de *limites objetivos da coisa julgada,* asseverando que *se esse fenômeno* (coisa julgada) *incide sobre a declaração contida na sentença e se essa declaração somente pode*

12. Obra e autores citados, pag129

13. MARINONI, Luiz Guilherme; ARENHART, Sergio Cruz; MITIDIERO, Daniel- Curso de Processo Civil- volume 2- Tutela dos Direitos Mediante Procedimento Comum, 2ª edição, Editora Revista dos Tribunais, 2016, pag.681

esse papel dos Embargos, sob o argumento de que não está o magistrado obrigado a responder a todas as questões que as partes lhe submetem, ou consignam a observação de que "toda a matéria esta prequestionada, independentemente da interposição dos declaratórios".

Para contornar essa dificuldade quando os embargos prequestionadores são rejeitados tem-se interposto recurso especial sob a violação do art. 535 do CPC de 1973, que, provido, implicava na devolução dos autos ao Tribunal de origem para manifestar-se sobre as questões omissas [18].

Enfrentando essa dificuldade o novo Código de Processo Civil, em seu art. 1.025 passou a considerar "*incluídos no acordão os elementos que o embargante suscitou, para fins de pré-questionamento, ainda que os embargos de declaração sejam inadmitidos ou rejeitados, caso o tribunal superior considere existentes erro, omissão, contradição ou obscuridade*". Vale dizer ainda quando os embargos declaratórios não sejam acolhidos, "*tal recurso terá o efeito de incluir virtualmente os argumentos suscitados no acordão recorrido de modo a viabilizar o manejo dos recursos augustos e angustos. (...) O Novo CPC atribui efeito integrativo aos embargos declaratórios, imediatamente decorrente de sua interposição com o fim de prequestionamento, virtualizando no acordão recorrido a questão submetida por aqueles*".[19]

5. O Princípio da Fundamentação das Decisões Judiciais é Princípio Constitucional

O art. 93 da Constituição Federal, em seu inciso IX, estabelece o princípio da fundamentação das decisões judiciais: "*todos os julgamentos dos órgãos do Poder Judiciário serão públicos, e fundamentadas todas as decisões, sob pena de nulidade*"

18. DUARTE, Zulmar. "Embargos Declaratórios: Efeito Integrativo (Prequestionamento Virtual)", p. 253, in "Aspectos Polêmicos do NCPC".

19. idem, ibidem, p. 254

A fundamentação adequada é uma das características do processo contemporâneo, calcado no *due process of law*, e representa uma garantia inerente ao Estado de Direito.

A ausência dessa fundamentação implica maltrato da norma inscrita no art. 93, inciso IX, da Constituição Federal, implicando em nulidade da decisão proferida.

Como decidido pelo Ministro Sálvio de Figueiredo Teixeira, *"elevada a cânone constitucional, a fundamentação apresenta-se como uma das características do processo contemporâneo, calcado no "due process of law", representando uma garantia inerente ao Estado de direito"*.[20]

No dizer de Jose Carlos Barbosa Moreira, *"só o conhecimento das razões de decidir podem permitir que os interessados recorram adequadamente e que os órgãos superiores controlem com segurança a justiça e a legalidade das decisões submetidas a sua revisão(...) os litigantes têm o direito de conhecer precisamente as razões de fato e de direito que determinaram o sucesso ou insucesso de suas posições de tal modo que as questões submetidas devem ficar claramente resolvidas sem obscuridades ou omissões, inclusive para proporcionar o reexame da matéria pela Superior Instância"*.[21]

A questão da ofensa aos *princípios do contraditório, da ampla defesa, do devido processo legal e dos limites à coisa julgada*, foi examinada pela Suprema Corte no "leading case" ARE n. 748.371/MT.

A obrigatoriedade de fundamentação das decisões judiciais, nos termos do art. 93, IX, da Constituição é tratada no rito dos recursos repetitivos AI n. 791.292/PE.

Referências

BARBOSA MOREIRA, José Carlos - "Temas de Direito Processual", segunda edição, Saraiva.

---

20. (Resp 131.899- MG- 4ªTurma - Relator Ministro Sálvio Teixeira)

21. BARBOSA MOREIRA, José Carlos. "Temas de Direito Processual", segunda edição, Saraiva, p. 86.

DAL´COL, Caio de Sá e ABREU, Lívia Dalla Bernardina. "Primeiras linhas a respeito do interesse recursal no CPC 2015 e a sua relação com as questões prejudiciais e a formação da coisa julgada", in "Aspectos Polêmicos do Novo Código de Processo Civil".

DUARTE, Zulmar. "Embargos Declaratórios: Efeito Integrativo (Prequestionamento Virtual)", in "Aspectos Polêmicos do NCPC".

MARINONI, Luiz Guilherme; ARENHART, Sergio Cruz; MITIDIERO, Daniel. "Curso de Processo Civil", volume 2, "Tutela dos Direitos Mediante Procedimento Comum", 2ª edição, Editora Revista dos Tribunais, 2016.

MIRANDA, Gilson Delgado. In "Comentários ao Código de Processo Civil", 15ª edição, RJ, Forense, 2009, v.5.

TARTUCE, Flavio. In "Lei de Introdução e Parte Geral". RJ, Ed. Forense, 2019.

Impressão e acabamento
psi7 psi7.com.br | book7 book7.com.br